BERGISCHE FORSCHUNGEN

# BERGISCHE FORSCHUNGEN

Quellen und Forschungen zur bergischen Geschichte, Kunst und Literatur

Herausgegeben
im Auftrage des Bergischen Geschichtsvereins und seiner
Wissenschaftlichen Kommission
von Jörg Engelbrecht und Jürgen Stohlmann

Band XXVII

Charles Schmidt

# Das Großherzogtum Berg
# 1806-1813

Eine Studie zur französischen Vorherrschaft
in Deutschland unter Napoleon I.

Aus dem Französischen übersetzt von
Lothar Kellermann

und mit Beiträgen von
Burkhard Dietz, Jörg Engelbrecht und Heinz-K. Junk

herausgegeben von
Burkhard Dietz und Jörg Engelbrecht

Neustadt/Aisch 1999

Das französische Original des Textes von Charles Schmidt wurde 1905 in Paris im Verlag Félix Alcan unter dem Titel „Le Grand-Duché de Berg (1806-1813). Étude sur la Domination Française en Allemagne sous Napoléon I$^{er}$" veröffentlicht.

Gedruckt mit Unterstützung des Landschaftsverbandes Rheinland und der Sparkassen-Stiftung zur Förderung rheinischen Kulturguts

Die Deutsche Bibliothek - CIP-Einheitsaufnahme

**Schmidt, Charles:**
Das Großherzogtum Berg, 1806 - 1813 : eine Studie zur
französischen Vorherrschaft in Deutschland unter Napoleon I. /
Charles Schmidt. Aus dem Franz. übers. von Lothar Kellermann. Mit
Beitr. von Burkhard Dietz … Hrsg. von Burkhard Dietz und Jörg
Engelbrecht. - Dt. Orig.-Ausg. - Neustadt/Aisch : Schmidt, 1999
   (Bergische Forschungen ; Bd. 27)
   Einheitssacht.: Le Grand-Duché de Berg <dt.>
   ISBN 3-87707-535-5

Deutsche Originalausgabe
Neustadt/Aisch 1999, 2. unveränd. Aufl. 2000
Druck und Verlag:
Verlagsdruckerei Schmidt GmbH, Neustadt/Aisch
© 1999 Bergischer Geschichtsverein e.V.
© der Übersetzung: Lothar Kellermann
© der Beiträge: Burkhard Dietz, Jörg Engelbrecht, Heinz-K. Junk
Schutzumschlag: Klaus Tettinger (Entwurf), Fotografie Maas (Aufnahme)
Betreuung der Druckvorlage: Klaus Herdepe, Corinna Nauck
ISBN 3-87707-535-5

# Inhalt

✳
✳✳

# Zum Geleit

„Habent sua fata libelli", d. h. Bücher haben ihre Schicksale, besagt eine antike Sentenz. Das „geflügelte Wort" kennzeichnet treffend auch die Entstehungsgeschichte dieses Buches, nämlich der deutschen Übersetzung der immer noch umfassendsten, daher bleibend wichtigen historiographischen Darstellung über „Le Grand-Duché de Berg (1806-1813)". Diese Studie zur französischen Vorherrschaft in Deutschland unter Napoleon I. von Charles Schmidt, dem Archivar in den Archives nationales in Paris, erschien 1905 im Druck und erhielt sogar jenseits der Grenzen in deutschen Fachkreisen Lob und Anerkennung.

Schon damals wünschte sich Otto R. Redlich, der Rezensent des Geschichtswerks im 21. Band der „Beiträge zur Geschichte des Niederrheins (Jahrbuch des Düsseldorfer Geschichtsvereins)", dessen baldige Übersetzung ins Deutsche. Vielleicht hätte er die eigene Anregung auch selbst in die Tat umgesetzt, zumal er bereits 1905 einen Aufsatz von Charles Schmidt zum Teil übersetzt und unter dem Titel „Die Industrie des Großherzogtums Berg im Jahre 1810" in den „Beiträgen" veröffentlicht hatte. Aber die damals unter Gebildeten verbreitete Beherrschung der französischen Sprache und die bis in die jüngste Zeit von Historikern erwartete Kenntnis derselben boten wenig Anlaß dazu, einen solchen Plan zu verwirklichen.

Seit vielen Jahren hat sich diese günstige Situation allerdings verändert und ins Gegenteil verkehrt, obwohl die Urlauberströme von heute anderes annehmen lassen könnten. Übersetzungen aus dem Französischen sind sogar im wissenschaftlichen Bereich, wenn auch nicht offen eingestanden, zum Desiderat geworden.

Vielleicht im Zusammenhang mit seinem Engagement für die Städtepartnerschaft Remscheid - Quimper (Bretagne), gewiß aber bei seinen Untersuchungen zur Geschichte der Post im Bergischen Land sind dem pensionierten Oberpostdirektor Alfred Brass die allgemeinen Defizite in der Kenntnis des Französischen bewußt geworden, die deutsche Übersetzungen wichtiger französischer Werke einfach notwendig machen.

1990 legte Brass seine Übersetzung des Standardwerks zum „Großherzogtum Berg" von Charles Schmidt als Typoskript vor. Auf Vorschlag meines Amtsvorgängers Professor Dr. Wolfgang Köllmann wurde im Hauptvorstand des Bergischen Geschichtsvereins beschlossen, die Übersetzung prüfen zu lassen, um Beiträge zum Forschungsstand und eine Bibliographie zu ergänzen und 1992 als Jahresgabe zu veröffentlichen.

Hierzu ist es nicht gekommen, denn die Brass´sche Übersetzung hat die detaillierte Überprüfung nicht „bestanden". Das Buch-Projekt selbst aber blieb bestehen, wurde erneut begonnen mit Lothar Kellermann als Übersetzer und mit Burkhard Dietz, dann auch Jörg Engelbrecht als Herausgebern. Schließlich oblag Fritz Dross die Endredaktion der deutschen Übersetzung, Corinna Nauck über Jahre die Erfassung des Textes, Klaus Tettinger der Entwurf von Schutzumschlag und Werbe-Prospekt und Klaus Herdepe die endgültige Gestaltung der Druckvorlage. Allen Beteiligten am Zustandekommen dieses Bandes der Bergischen Forschungen, Genannten und Ungenannten, sage ich an dieser Stelle von Herzen Dank und schließe die Mitarbeiter der Verlagsdruckerei Schmidt

GmbH. ebenso mit ein wie die Institutionen des Landschaftsverbandes Rheinland und der Sparkassen-Stiftung zur Förderung rheinischen Kulturguts, die uns bei der Finanzierung mäzenatisch zur Seite standen.

Unser aller geduldiges Warten auf den „Charles Schmidt" hat sich gelohnt, meine ich: Abbildungen und Karten nach zeitgenössischen Vorlagen veranschaulichen den oft spröden Inhalt des Buches, die ergänzenden Beiträge bringen den Text von 1905 an den heutigen Forschungsstand heran, und das umfängliche detaillierte Register reizt zum Nachlesen, zur Auseinandersetzung mit dem schon bekannten Wissen.

So möge denn dieses vielen Geschichtsfreunden bisher unzugängliche, also unbekannte Buch als „historische Quelle" über die relativ kurze, aber in vielen Bereichen bis heute nachwirkende Zeit des „Großherzogtums Berg" Anregungen geben und vor allem der ortsgeschichtlichen Forschung neue Impulse verleihen.

Wer aber meint, hier und da an der deutschen Übersetzung mäkeln zu müssen, dem sei gesagt: Von einer Sprache in die andere zu übersetzen ist stets mit Interpretieren verbunden - und daher mit Subjektivität beladen.


Dr. Jürgen Stohlmann
1. Vorsitzender des
Bergischen Geschichtsvereins

# Vorwort der Herausgeber

Seitdem der französische Nationalarchivar Charles Schmidt im Jahre 1905 seine Studie über die Geschichte des Großherzogtums Berg vorlegte, hat sich bezeichnenderweise weder auf deutscher noch auf französischer Seite ein Historiker gefunden, der eine neue, anders akzentuierte Studie über dieses kurzlebige Staatswesen in Angriff genommen hätte. Offensichtlich vermag also das Schmidtsche Werk heute noch den Grundbedürfnissen der Geschichtswissenschaft gerecht zu werden, auch wenn die Forschung an der Schwelle zum 21. Jahrhundert in Einzelfragen sicherlich andere Sichtweisen vertritt.

Gerade die Geschichte des Rheinbundes, des vielbeschworenen "Dritten Deutschlands", ist in den vergangenen zwei Jahrzehnten auf beiden Seiten des Rheins neu bewertet worden, nachdem die deutsche Historiographie zuvor recht einseitig auf die Geschichte der Preußischen Reformen fixiert war. In diesem Zusammenhang erfahren die sogenannten "Napoleoniden", also jene Staatswesen, die eine Neuschöpfung Napoleons waren, eine verstärkte Aufmerksamkeit. Hier lassen sich Reformansätze nachweisen, die weit über dasjenige hinausgingen, was man in Bayern, Württemberg oder Baden realisierte, auch wenn zahlreiche Neuerungen im Planungsstadium verblieben. Insofern kann die Geschichte der Großherzogtümer Berg und Frankfurt sowie des Königreichs Westfalen mit Recht als ein Bestandteil jenes umfassenden Modernisierungsprozesses gewertet werden, von dem ganz Deutschland im Zeitalter der Französischen Revolution und Napoleons erfaßt wurde.

Nachdem man zuvor in Deutschland lange Zeit nur den Aspekte der sogenannten "Fremdherrschaft" betonte - dessen wissenschaftliche Berechtigung auch heute gewiß nicht von der Hand zu weisen ist, der aber häufig zu einer allzu nationalen Geschichtsbetrachtung führte -, erkennt man inzwischen, daß in den genannten Staaten durchaus ein inneres Reformpotential vorhanden war, daß sich erst während der französischen Herrschaft entfalten konnte. Barrieren, die im Aufgeklärten Absolutismus noch nicht zu überwinden waren - in erster Linie zählt dazu der ständische Charakter der Gesellschaft -, wurden nach 1806 umstandslos niedergelegt, womit eine entscheidende Voraussetzung zum Übergang in eine neue, staatsbürgerliche Gesellschaft gegeben war. Die Veränderungen, die in den wenigen Jahren der "französischen Dominanz unter Napoleon I." (Charles Schmidt) verwirklicht oder in Gang gesetzt wurden, waren tatsächlich derart tiefgreifend, daß man in der nachfolgenden "Epoche der Restauration" nicht ohne weiteres zu den Verhältnissen des Ancien Regime zurückkehren konnte. Die preußische Gesellschaftsordnung, wie sie im Rheinland nach 1815 Gestalt annahm, bewahrte zahlreiche Elemente aus der Zeit der französischen Herrschaft und war weit davon entfernt, eine bloße Wiederaufnahme des alten geburtsständischen Gedankens zu sein.

Exemplarisch zeigt Charles Schmidt am Beispiel des Großherzogtums Berg aber auch die Grenzen der französischen Reformpolitik auf, die immer dann erreicht wurden, wenn die machtpolitischen Interessen Frankreichs tangiert waren. Dies gilt insbesondere für den Bereich der Wirtschaftspolitik. Der stark protektionistische Kurs, den Napoleon und seine Minister verfolgten, vertrug sich kaum mit der in den Gewerbegebieten des Großherzogtums erhobenen Forderung nach Freihandel. Diese Situation wurde seit 1810 noch durch das Kontinentalsystem verschärft, das sich zwar in erster Linie gegen Großbritannien richtete, aber auch den mit Frankreich verbündeten Staaten und ihren Exportgewerben schweren Schaden zufügte. Bis zu einem gewissen Grad konnten diese Beschränkungen durch ein blühendes Schmuggelwesen wettgemacht werden, dessen Darstellung in Schmidts Werk breiten Raum einnimmt. Selten hat dieses Phänomen in der älteren Geschichtsschreibung eine anschaulichere Schilderung erfahren.

Der Umstand, daß Napoleon seit der Gründung des Großherzogtums Berg permanent Krieg führte, wirkte sich desintegrativ im Hinblick auf die von ihm eigentlich angestrebte Reformpolitik aus. Zum einen konnten wichtige Projekte nicht mit der eigentlich wünschenswerten Energie vorangetrieben werden, zum anderen verlangte die Armee des Kaisers nach immer mehr Soldaten und sonstigen Ressourcen, die für den Unterhalt der Armee und ihrer Schlagkraft von Bedeutung waren. Auch die Bevölkerung des Großherzogtums Berg hatte ihren Beitrag zur Befriedigung dieser militärisch-machtpolitischen Bedürfnisse zu leisten, und bergische Truppen entrichteten in Spanien und Rußland einen hohen Blutzoll. Hier lagen auch die Wurzeln für den in der Endphase des Großherzogtums Berg erkennbar werdenden Widerstand gegen das französische System, einen Widerstand allerdings, der nicht ausschließlich als Keimzelle des deutschen Nationalismus anzusehen ist. In ihm artikulierte sich vielmehr der grundsätzliche Unwille der Untertanen, weiter für die machtpolitischen Interessen eines fernen Monarchen in den Krieg zu ziehen. Interessanterweise sind solche Unruhen auf dem linken Rheinufer, das immerhin schon seit 1794 in großen Teilen von französischen Truppen besetzt und seit 1801 ein integraler Bestandteil des französischen Staates war, nicht zu beobachten. Offensichtlich ist es hier gelungen, die Menschen von den grundsätzlichen Vorteilen der französischen Herrschaft zu überzeugen, weil sie in diesen Gebieten - im Gegensatz zum Großherzogtum Berg - in den uneingeschränkten Genuß der staatsbürgerlichen Rechte von "Franzosen" kamen.

Dies alles schildert Charles Schmidt in einer dichten, faktengesättigten Darstellung, wie sie heute wohl kaum noch geschrieben würde. Gerade darin, in dem historistischen Charakter eines selbst zum Bestandteil der Geschichte gewordenen Geschichtswerks, liegt der besondere Reiz, den dieser Text auf den Historiker und den wissenschaftlichen Laien gleichermaßen ausüben dürfte. Mit der vorliegenden Edition verbinden die Herausgeber daher vor allem zwei Anliegen: Zum einen soll der Geschichtswissenschaft ein in öffentlichen Bibliotheken nur sehr selten verfügbares Standardwerk in einer deutschen Ausgabe zugänglich gemacht werden, zum anderen soll dem legitimen Bedürfnis breiterer Leserkreise nach Information über eine in den populären Geschichtswerken häufig vernachlässigte oder verzerrt dargestellte Epoche der deutschen und westeuropäischen Geschichte Rechnung getragen werden. Wer Näheres über die Entstehungsgeschichte und Rezeption dieses Buches sowie über den neueren Forschungsstand zur Geschichte des Großherzogtums Berg erfahren möchte, der sei auf die im Anhang befindlichen drei Beiträge verwiesen, die ausdrücklich als aktuelle Ergänzungstexte und Kommentare des Schmidtschen Werkes anzusehen sind. Die darüber hinaus am Ende des Bandes abgedruckte Forschungsbibliographie dient der weiterführenden Lektüre und Beschäftigung mit Spezialproblemen der Geschichte des Großherzogtums Berg und des Rheinbundes.

Abschließend sollen noch einige Bemerkungen zur vorliegenden Übersetzung gemacht werden: Die französische Historiographie verstand sich seit jeher auch als literarische

Gattung, ja sie betrachtete sich stets als integralen Bestandteil der nationalen Literatur. Die Lektüre wissenschaftlicher Abhandlungen aus der Feder französischer Historiker ist deshalb zumeist unter ästhetischen Gesichtspunkten ein Gewinn, während in Deutschland gerade in sprachlicher Hinsicht immer schon ein gewisser Hang zur akademischen Sprödigkeit beklagt wurde - die Verleihung des Literaturnobelpreises an Theodor Mommsen im Jahre 1902 kann in diesem Zusammenhang durchaus als Bestätigung dieser allgemeinen Tendenz angesehen werden. - Was dem Leser aber - zumal, wenn er die französische Originalfassung zur Hand nimmt - mitunter großes Vergnügen bereiten mag, kann einen deutschen Übersetzer unter Umständen in die schiere Verzweiflung stürzen. Er steht nämlich vor einer doppelten Aufgabe: Zum einen muß er den wissenschaftlichen Charakter des Textes bewahren und zum anderen ist er gehalten, die sprachliche Eleganz der Vorlage möglichst kongenial in die Zielsprache zu übertragen. Wie sich unschwer an manchem ins deutsche übersetzten französischen Geschichtswerk aufzeigen ließe, wird diese Synthese, um die gleichwohl bei der vorliegenden Übersetzung gerungen wurde, nur in wenigen Fällen letztlich zufriedenstellend bewerkstelligt.

Bei dem Schmidtschen Werk kommt jedoch noch eine weitere Schwierigkeit hinzu: Sein Verfasser pflegte, um es entgegenkommend auszudrücken, einen recht extravaganten, bisweilen gar manierierten literarischen Stil, der auch bei seinen Zeitgenossen selten zu finden ist. Es ist zu vermuten, daß er - als gebürtiger Lothringer mit familiären Bindungen zum Elsaß - etwaige Zweifel an seiner Zugehörigkeit zum französischen Kulturkreis gar nicht erst aufkommen lassen und deswegen ein Zeugnis besonderer schriftstellerischer Kunstfertigkeit ablegen wollte. Die Fülle der konjunktivischen Konstruktionen, an der das Französische allerdings grundsätzlich reicher ist als das Deutsche, seine zahlreichen Parenthesen und der exzessive Gebrauch von Semikola, Kola und Anführungszeichen erleichtern hingegen nicht unbedingt den Zugang zum wissenschaftlichen Gehalt seiner Publikation, auch wenn sie möglicherweise um 1900 von literarischer Originalität zeugten. Für den Übersetzer unserer Tage stellt sich hier also die Frage, wie man der Zeitgebundenheit des Textes und seiner Individualität, gleichzeitig aber den berechtigten Bedürfnissen der heutigen deutschen Leserschaft nach Verständlichkeit Rechnung tragen kann. In dieser Hinsicht stellte sich während der Übersetzungsarbeiten bald heraus, daß es nahezu unmöglich sein würde, den besonderen Stil des Autors Charles Schmidt nur annäherungsweise ins Deutsche zu übertragen, zumal deutlich werden sollte, daß es sich bei dem vorliegenden Buch um einen Text handelt, der mehr als neunzig Jahre alt ist und seinerseits schon beinahe den Rang eines historischen Dokuments beanspruchen kann.

Der Übersetzer, Lothar Kellermann, hat sich angesichts dieser Problemlage für einen Mittelweg entschieden: Er versucht, so nahe wie möglich am Originaltext zu bleiben, dabei aber jene Passagen stilistisch zu "glätten", in denen der Schriftsteller dem Historiker im Wege steht. Die Herausgeber haben ferner stillschweigend manchen Irrtum des Verfassers korrigiert, ohne dies an jeder Stelle zu vermerken. Vor allem hinsichtlich der geographischen Angaben und der Schreibweise von Eigennamen läßt Charles Schmidt zuweilen eine gewisse Sorglosigkeit walten. Allerdings konnte nicht bis zum letzten Einzelfall festgestellt werden, was tatsächlich von Charles Schmidt gemeint war; dies haben wir im Text durch entsprechende Anmerkungen kenntlich gemacht. Im Zweifelsfall entschied immer die Fassung des Originals.

Die Fußnoten und Belege wurden nicht eigens aktualisiert. Sie entsprechen dem Forschungsstand vom Anfang des 20. Jahrhunderts. Dies gilt ebenso für die Archiv- und Bibliothekssignaturen, die sich in der Zwischenzeit geändert haben können. Sie alle auf den neuesten Stand zu bringen, hätte der Arbeit zusätzlicher Monate bedurft. Der Leser sei aber in diesem Kontext ausdrücklich auf die im Anhang befindliche Forschungsbibliographie verwiesen, welche die wichtigste seit 1905 erschienene Literatur zur Geschichte des Großherzogtums Berg, seiner Nachbarstaaten und des Rheinbundes aufführt.

Das Verdienst der Übersetzung gebührt Herrn Lothar Kellermann (Wermelskirchen), der sich dieser mühevollen Aufgabe mit nie erlahmender Begeisterung über einen langen Zeitraum hinweg gewidmet hat. Er war den Herausgebern stets ein freundlich-kollegialer und konstruktiver Gesprächspartner. Dafür sei ihm herzlich gedankt. Danken möchten wir aber auch Herrn Fritz Dross M.A. (Düsseldorf), der die Endredaktion der Übersetzung besorgt hat, und Frau Dr. Corinna Nauck (Siegen) sowie Herrn Dr. Klaus Herdepe (Solingen); sie erstellten mit großer Umsicht und Sorgfalt die Text- und Druckvorlage. Last not least gebührt unser Dank selbstverständlich dem Bergischen Geschichtsverein e.V., besonders seiner Wissenschaftlichen Kommission und dem Hauptvorstand, für die Aufnahme des Bandes in die Reihe der ''Bergischen Forschungen'' und für die langjährige Förderung des Gesamtprojekts. Das Ergebnis unserer Bemühungen möchten wir dem Gedenken an unseren leider viel zu früh verstorbenen Münsteraner Kollegen Dr. Heinz-K. Junk (1947-1996) und an Prof. Dr. Wolfgang Köllmann (1925-1997), den ehemaligen Vorsitzenden des Bergischen Geschichtsvereins, widmen. Beide haben die Charles Schmidt-Edition engagiert begleitet und die Forschung zur Geschichte des Großherzogtums Berg tatkräftig unterstützt.

Burkhard Dietz und Jörg Engelbrecht
im Oktober 1999

# VORWORT

Von den drei Staaten, die Napoleon in Deutschland errichtet hatte - Berg, Westfalen und Frankfurt -, "die keine Wurzeln in der deutschen Vergangenheit hatten" und zusammen mit der französischen Herrschaft wieder verschwanden, ist über den zuerst geschaffenen, das Großherzogtum Berg, am wenigsten bekannt. Einige Kapitel, und nicht die besten, der Erinnerungen von Beugnot, einige Seiten aus den Reisebildern, in denen der Dichter Heine aus Düsseldorf mit seinem Tambour le Grand ein unvergeßliches Bild gezeichnet hat, vermitteln nur unzureichende "Eindrücke".

Die Geschichte des *Königreichs Westfalen* ist schon mehrfach und sehr zutreffend geschrieben worden: Goecke-Ilgen und dann Thimme haben auf ausgezeichnete Weise dargestellt, worin die Regierungstätigkeit Jérômes und seiner Minister bestand und wie der französische Einfluß sich in diesem Königreich auswirkte, dessen Errichtung ein seit langem geplantes Vorhaben in die Tat umsetzte, indem Preußen auf das jenseitige Elbufer zurückgedrängt und von Frankreich durch einen dazwischen liegenden Staat ("Pufferstaat") getrennt wurde.

In einer kürzlich erschienenen modellhaften Monographie hat Paul Darmstätter die Geschichte des *Großherzogtums Frankfurt* dargestellt, der letzten Staatsschöpfung Napoleons in Deutschland. Seine Studie ist für alle wertvoll, die nicht nur Frankfurt, sondern die Zeit des Rheinbundes kennenlernen wollen.

Wenn die deutschen Historiker, die seit einigen Jahren die "Franzosenzeit" zu einem ihrer bevorzugten Forschungsgegenstände machen[1], dem *Großherzogtum Berg* noch keine Gesamtdarstellung in der Art der angeführten gewidmet haben, so deswegen, weil die bedeutendsten Dokumente, die wesentlichen Quellen dieser Arbeit, in Paris aufbewahrt werden. Berg, 1808 dem Zentrum des Kaiserreichs direkt angeschlossen, wurde von da an mehr wie eine Gruppe französischer Departements denn als ein unabhängiger Staat verwaltet.

Sicherlich darf man an der Studie, die R. Goecke 1876 über das Großherzogtum Berg verfaßt und sich dabei an der Geschichte der französischen Vorherrschaft versucht hat, nicht stillschweigend vorübergehen. Dieses Buch aber gibt, vor allem, da es fast ausschließlich auf der Grundlage der Dekrete geschrieben wurde, vielmehr einen Eindruck davon, was man machen wollte, als daß es angibt, was verwirklicht worden ist. Darüber hinaus vernachlässigt er, wie der Historiker Hüffer festgestellt hat, fast vollständig den wirtschaftlichen Aspekt seines Themas.

Seitdem haben Spezialstudien, vor allem die von Redlich über *Napoleon in Düsseldorf im Jahre 1811* und über *die Industrie des Großherzogtums Berg*, deren Quellen den Archiven in Düsseldorf entnommen worden sind, bewiesen, daß die Arbeit von Goecke lediglich eine hastige und unvollständige Skizze war.

Es ist nicht verwunderlich, daß von da ab in den allgemeinen Werken über die französische Herrschaft in Deutschland, die den französischen Geschichtsforschern Rambaud und Denis zu verdanken sind, das Großherzogtum Berg nur eine notwendigerweise ein-

---

[1] M. Th. Ludwig, Professor an der Universität Straßburg, bereitet gerade ein Buch über das Großherzogtum Baden während der französischen Zeit vor.

geschränkte Stelle einnimmt: wo Einzelarbeiten fehlen, greifen Synthesen unfehlbar zu kurz.[2]

Eine Einzeldarstellung dieser Region blieb daher noch zu schreiben: Die *Erinnerungen* von Beugnot beiseite lassend, die bereits Sainte-Beuve seit 1866 mehr als eine Serie von Porträts und Bildern verstand denn als eine zusammenhängende Darstellung und ein sicheres Zeugnis, habe ich versucht, mit Hilfe von in Paris und Deutschland archivierten Dokumenten diese Lücke zu schließen. Meine Absicht bestand darin aufzuzeigen, wie der Einfluß der revolutionären Ideen und der napoleonischen Eroberung sich auswirkte und bis zu welchem Punkt "der von außen gekommene Anstoß"[3] notwendig war, um dort wie im übrigen Deutschland Vorstellungen von einem modernen Staatswesen Aufnahme finden zu lassen.

Andererseits haben in diesem Gebiet des rechten Rheinufers, welches seit dem Anfang des 19. Jahrhunderts eine bedeutende industrielle Entwicklung erlebte, die Kontinentalsperre und vor allem die Zolltarife das Wirtschaftsleben erheblich gestört und dadurch die Verbreitung revolutionärer Ideen gehindert. Kein anderes Land in Europa hat so schwer alle Folgen der Wirtschaftspolitik Napoleons erlitten: Mein Werk wäre daher unvollständig geblieben, wenn ich nicht einen großen Teil der Studie dieser Politik gewidmet hätte.

\*

\* \*

Nach Abschluß dieser Arbeit ist es mir ein Vergnügen, die herzliche Aufnahme zu erwähnen, die ich in den deutschen Archiven, besonders in Düsseldorf, wo ich mehrere Aufenthalte verbracht habe, empfangen habe. Herr Ilgen, Direktor des Staatsarchivs, sowie die Herren Archivare Redlich und Knipping haben meine Anfragen bereitwillig beantwortet, wofür ich ihnen sehr dankbar bin. In Paris haben meine Kollegen aus dem Außenministerium, die Herren Rigault und Espinas; im Kriegsministerium Herr Hennet vom Verwaltungsarchiv und die Herren Brun und L. Tuetey vom Historischen Archiv; beim Nationalarchiv der Unterabteilungsleiter der zeitgenössischen Abteilung, Herr Gerbaux und meine Kollegen Marichal und Daumet; aus der Nationalbibliothek die Herren Macler und Maistre, mir nützliche Angaben beigesteuert: ich danke ihnen dafür sehr herzlich. Ich danke gleichermaßen Herrn Professor Euting, dem gelehrten Direktor der Universitätsbibliothek in Straßburg, der mich gerne aus den sehr großen Möglichkeiten dieser Bibliothek Nutzen ziehen ließ. Es war für mich sehr wertvoll, mit einem wissenschaftlichen Institut in Verbindung zu bleiben, in dem die Erinnerung an meinen Großvater, einst Professor an der Universität in Straßburg, bewahrt wird.

---

[2] M. Fisher, Professor in Oxford, hat in seinem Buch *Studies on Napoleonic Statesmanship*, Germany (1903), zwei Kapitel dem Großherzogtum Berg gewidmet: er hat einen Teil der Dokumente gesichtet, aber er konnte im Rahmen seiner Gesamtstudie diesen Einzelaspekt nicht gründlich genug bearbeiten.

[3] Dieses Wort von Johannes von Müller, das ich als Motto für mein Buch genommen habe, ist einem Vortrag des Historikers vor den 1808 versammelten Landständen Westfalens entnommen. Er bezog es damals auf Niedersachsen. Es schien mir, daß man es auch in allgemeiner Weise auf den französischen Einfluß in Deutschland beziehen könne.

Sehr viele Dokumente aus der napoleonischen Zeit sind in Familienarchiven verborgen. Zum Glück sind nicht alle unzugänglich: Frau Gräfin Le Marois hat mich freigiebig ermächtigt, Abschriften von den Briefen und den durch den General, Adjutant Napoleons, hinterlassenen Berichten zu fertigen. Herr Héron de Villefosse, Mitglied des Instituts und sein Neffe, Herr Jean Héron de Villefosse, hatten die Liebenswürdigkeit, mir die Papiere ihres Vorfahren zu überlassen, soweit sie sich auf seinen Aufenthalt in Deutschland beziehen. Schließlich hat Graf Roederer zugestimmt, sein reiches Familienarchiv für mich zu öffnen und mich einen Teil der Papiere des Minister-Staatssekretärs des Großherzogtums Berg auswerten zu lassen. Nachdem ich aus all diesen Dokumenten Gewinn gezogen habe, bin ich glücklich darüber, hier die Gelegenheit zu finden, eine Dankesschuld abzutragen.

Herr Chuquet, Professor am Collège de France, Herr Paul Darmstaetter und mein Kollege Herr E. Lelong, Professor an der École des Chartes, haben mich aus ihrer Gelehrsamkeit Nutzen ziehen lassen und mir wertvolle Auskünfte erteilt. Meine Freunde, die Herren Conard, ordentlicher Professor der Geschichte, und Pierre Caron, mein Archivkollege, haben mich in vielerlei Hinsicht unterstützt; sie bleiben mir in dankbarer Erinnerung.

Herr Professor Denis hat diese Arbeit wohlwollend begleitet und mir wertvolle Hinweise gegeben. Ich bitte ihn, hier den tiefen Ausdruck meiner großen Dankbarkeit zu finden.

# Bibliographie

## I. Unveröffentlichte Quellen
## Öffentliche Archive

### A. Archives Nationales, Paris

I. Im Jahre 1818 übergab Graf Roederer, ehemaliger Minister-Staatssekretär des Groß-herzogtums Berg, in Paris dem Louvre-Archiv einen Teil der Dokumente, die aus der von ihm geleiteten Verwaltung stammten. Vom Louvre gingen diese Papiere und Verzeich-nisse im Februar 1849 an das Nationalarchiv, wo sie heute in der Série AF IV (Kaiserli-ches Staatssekretariat) aufbewahrt werden. Die von Roederer ausgehändigten Papiere gliedern sich in zwei Séries:

Die Dekrete: Roederer übergab dem Louvre-Archiv die Urschriften der von Napoleon unterzeichneten Dekrete von 1806 bis 1813 - Urschriften, von ihm eigenhändig berichtigt und mit seinen Anmerkungen versehen (mehr als 300 Dekrete). Diesen Urschriften waren Rapporte, Briefe, Denkschriften und statistische Aufzeichnungen beigefügt, die stets die Vorgänge begleiten und deren Konsultation so fruchtbar machen. Während die große Se-rie der Urschriften der Dekrete des Kaisers (minutes des décrets de l'Empereur, AF IV, 125-858) sich so mit der Zeit aufbaute, wurden die Berg betreffenden Dekrete nachher chronologisch dort eingeordnet. Das Archiv zu Düsseldorf besitzt daher nur die Ausferti-gungen ohne anhängende Berichte. Ich teile daher hier keine Liste der Dekrete mit; wenn ich sie im Verlauf meiner Arbeit anführe, zitiere ich den Bestand AF IV und die Indikati-onsmarke (pl) mit ihrer Numerierung.

Die Dokumente - Denkschriften, Berichte, Eingaben usw. -, die nicht den Dekreten beigegeben werden konnten, sind in einigen Kartons und Verzeichnissen gesondert ar-chiviert in den Séries mit den Aktenzeichen: AF IV, 1225-1226, AF IV, 1833-1886[a], AF IV*, 444-445[4].

II. 1815 übergab der Sohn des kaiserlichen Kommissars, Graf Claude Beugnot, dem kai-serlichen Archiv einige Verzeichnisse, die sein Vater im November 1813 mitgenommen hatte. Unter der Kennzeichnung AF IV*, 460-479, wurden sie anschließend den von Ro-ederer übergebenen Dokumenten angehängt. Die Verzeichnisse AF IV*, 460-468 ent-halten die Abschriften der Berichte Beugnots an den Kaiser und seiner Schreiben an die Minister in Paris. Es handelt sich mithin um eine Parallelüberlieferung zu den früher in

---

[4] Ich gebe nicht im einzelnen den Inhalt jedes Konvoluts wieder. Ein ausreichender Überblick fin-det sich in der *État-Sommaire des Archives* (Seite 711, 715). Indessen enthält dieser *État-Som-maire* nicht die Verzeichnisse AF IV*, 455-456. Diese beiden Verzeichnisse stammen vom In-nenministerium aus Düsseldorf und sind ohne Zweifel von Beugnot 1813 mitgebracht und von ihm Roederer übergeben worden. R. Knipping hat ein detailliertes Inventar von AF IV in den *Mitteilungen der Königlich Preußischen Archivverwaltung* (Heft 8, Niederrheinische Archivarien im Nationalarchiv zu Paris) 1904 veröffentlicht.

das Archiv aufgenommenen Dokumenten. Allein die Verzeichnisse AF IV*, 469-479 (Erlasse Beugnots, unvollständig; Rechnungen und Budgets) müssen eigens herangezogen werden. Beugnot überbrachte aus dem Großherzogtum somit nur die Bestände, die ihn gewissermaßen persönlich angingen und die seine Verwaltungstätigkeit dokumentierten. Die Akten der laufenden Verwaltung verblieben in Düsseldorf.

Schließlich vermachte 1902 Graf Albert Beugnot, Enkel des kaiserlichen Kommissars, dem Nationalarchiv einige Verzeichnisse abschriftlicher Verwaltungsberichte der Zeit von 1792-1852 sowie persönliche Briefe. Eine Gesamtübersicht dieser Schriftstücke befindet sich in dem handschriftlichen Inventar der Série AB XIX. Ich habe in AB XIX, 335, 337, 339, 348, 349, 350-352, interessante Anregungen über die Geschichte des napoleonischen Deutschlands erhalten, insbesondere eine reichhaltige Sammlung der Briefe Roederers an Beugnot.

III. Außer diesen Dokumenten, die zunächst für die Geschichte des Großherzogtums Berg zu Rate gezogen werden mußten, habe ich selbstverständlich die verschiedenen Archivalien auswerten müssen, die Vergleichselemente und von den Ministerien stammende Akten enthielten. Ich werde hier nicht die Kartons, Akten oder Verzeichnisse der Séries F7 (Polizei), AF IV (Staatssekretariat, den für Berg nicht besonders betreffenden Teil), Fte III (öffentliche Meinung) für die benachbarten oder angrenzenden Departements, F12 (Handel und Industrie) usw. anführen; die Liste wäre zu langatmig. Beim Einordnen der letztgenannten Série habe ich wichtige Akten über die Beziehungen zwischen Berg und Frankreich gefunden. Die Aktenzeichen dieser Akten sind in den Anmerkungen vermerkt.

Es gibt unter den Beständen des Archivs des ersten Kaiserreichs nicht mehr ausfüllbare Lücken. Die Aktendeckel der Reihe AF IV tragen den Hinweis: Papiere, verbrannt auf Anordnung des Kaisers, 1812 (während des Rückzugs aus Rußland); Polizeiberichte wurden ebenfalls 1814 und 1815 vernichtet. Ein ehemaliger Angehöriger des Ministeriums der allgemeinen Polizei, Duplay, bestätigt im besonderen "daß man den Flammen die unermeßliche Arbeit über die äußeren Angelegenheiten, vor allem die Geheimverbindungen Deutschlands und des Nordens, übergab" (F7 3911).

## B. Auswärtige Angelegenheiten

Der spezielle Bestand des Großherzogtums ist unbedeutend. Dies erklärt sich daraus, daß die Angelegenheiten im Staatssekretariat bearbeitet wurden. Die Verzeichnisse tragen die Bezeichnung: Deutschland, kleine Fürstentümer, Berg und Kleve 11-14. - Ich habe im übrigen in der Allgemeinen Korrespondenz die Bände des Bestandes Deutschland für die Zeit von 1806-1813: 731-751 ausgewertet; außerdem habe ich die Bestände der Fürstentümer Salm, Arenberg, Bentheim und in den Beständen von Hamburg die Bände 119-122 zu Rate gezogen.

## C. Archiv des Kriegsministeriums

Im Historischen Archiv habe ich nur die Verzeichnisse des Briefwechsels des Generals Damas, Kommandant des großherzoglichen Truppenkontingents, ausgewertet: Für eine umfassende Geschichte dieser Truppe wäre selbstverständlich die Allgemeine Korrespondenz von 1806-1813 auszuwerten. Dies jedoch würde bedeuten, die Geschichte der napoleonischen Feldzüge aus dem Blickwinkel eines ausländischen Truppenkontingents neu zu schreiben. - Im Verwaltungsarchiv befinden sich die Akten der im Großherzogtum Berg dienenden französischen Offiziere (Damas, Marx, Lemarois usw.).

## D. Staatsarchiv Düsseldorf

Es ist verständlich, daß bei der zentral in Paris geführten Verwaltung des Großherzogtums Berg die wesentlichen Berichte im dortigen Nationalarchiv aufbewahrt werden; Bestandteile dieser allgemeinen Berichte (Berichte der Präfekten usw.) befinden sich dagegen in den deutschen Archiven. Es kommt somit oft vor, daß in deutschen Archiven eine Parallelüberlieferung zu derjenigen in Paris aufbewahrt wird: Ich führe den Fall der Beratungen des Staatsrates über die Dekrete an, die im allgemeinen abschriftlich den in Paris aufbewahrten Dekret-Urschriften beigefügt sind. Bei mehreren Aufenthalten in Düsseldorf habe ich dank ausführlicher Repertorien eine Menge Akten ausgewertet, deren Aktenzeichen ich in meiner Arbeit anführe. Besonders nützlich waren die Staatsratsakten, die Papiere der Allgemeinen Landesverwaltung, diejenigen der Justizsachen, usw. Papiere des Oberen Ems-Departements, die kürzlich dem Archiv in Düsseldorf übergeben worden sind, haben mir ebenfalls wichtige Angaben geliefert.[5]

---

[5] Ich habe einige zusammenfassende Bemerkungen über das Archiv in Düsseldorf im *Rapport sur un voyage d'Archives (Schweiz, Deutschland, Österreich, Ungarn)* veröffentlicht, die ich nach Rückkehr von einem Auftrag, der mir 1899 durch die Ecole des Hautes Etudes übertragen worden war, verfaßt habe. Man wird feststellen, daß unter den von Napoleon in Deutschland errichteten Staaten allein das Großherzogtum Berg dem Zentrum des Kaiserreichs in Paris angegliedert war. Das Nationalarchiv, reich an Dokumenten über Berg, enthält nichts oder fast nichts über Westfalen und Frankfurt.

# E. Staatsarchiv Münster

In Münster wird ein Teil der Akten des Lippe-Departements aufbewahrt (welches zum größten Teil aus vom Großherzogtum Ende 1810 abgetrennten Gebieten gebildet wurde); daher befinden sich viele dieser Papiere noch in den Archiven verschiedener Verwaltungen. Dokumente, die die Departements der Ruhr und der Ems betreffen, befinden sich ebenfalls in Münster.

# F - Staatsarchiv Wiesbaden

In diesem wichtigen Depot finden sich die aus der Verwaltung des Departements Sieg hervorgegangenen Archivalien. Der Präfekt dieses Departements, Schmitz, verfaßte interessante Berichte, die ich ausschließlich dessen, was nur von rein örtlichem Interesse war, ausgewertet habe.[6]

# Privatarchive

*Papiere des Grafen Roederer.* - Graf Roederer, unmittelbarer Abkömmling des Minister-Staatssekretärs des Großherzogtums, bewahrt in seinem Schloß Bois-Roussel zahlreiche auf die Verwaltung des Staates vom rechten Rheinufer sich beziehende Papiere auf. Er hat mir freundlicherweise sein Archiv geöffnet. Dank dieser Dokumente, die auszuwerten er mir gestattet hat, habe ich das Kapitel über die Abschaffung der Leibeigenschaft vervollständigen können und den Aufstand von 1813 besser verstanden.

*Papiere des Grafen Lemarois.* - Die Comtesse Le Marois hat mir liebenswürdigerweise die von General Lemarois, Adjutant Napoleons, stammenden Dokumente zur Verfügung gestellt. Lemarois war beauftragt, im Januar/Februar 1813 eine Aufstandsbewegung im Großherzogtum niederzuschlagen und führte einige Monate das Oberkommando des Landes: in diesen Papieren habe ich äußerst bemerkenswerte Briefe von Nesselrode und Beugnot gefunden, welche die Ereignisse in einem neuen Licht erscheinen lassen, was die offiziellen Dokumente oft verhindern. In einem vertraulichen Brief findet man gelegentlich die wirkliche Erklärung des Vergangenen.

*Papiere des Héron de Villefosse.* - Der Bergwerksingenieur Héron de Villefosse war 1809 beauftragt worden, die Bergwerke des Großherzogtums zu reorganisieren, nachdem er zuvor die westfälischen reorganisiert hatte. Für einige Monate, die er auf dem rechten Rheinufer verbrachte, bekam er von den Ingenieuren des Landes, besonders vom be-

---

[6] Im Staatsarchiv Berlin werden nur wenige Dokumente über das Großherzogtum Berg aufbewahrt. Einige nicht gekennzeichnete Akten beziehen sich vor allem auf die Verwaltung von Justus Gruner nach dem Abzug der Franzosen, die Beseitigung der Schulden usw. Wollte man eine vollständige geschichtliche Darstellung der dem französischen Regime zu verdankenden wirtschaftlichen Umgestaltungen verfassen, müßte man die einschlägigen Spezialverwaltungsarchive auswerten. Wer z.B. die Bergwerke und ihre Organisation durch Héron de Villefosse studieren wollte, müßte das Archiv der Bergwerksdirektion von Dortmund zu Rate ziehen. Herr Berghauptmann Toeglichsbeck hat mir freundlicherweise Angaben über diese Angelegenheit übergeben. Ich habe sie leider nicht benutzen können, weil ich gezwungen war, mich zu beschränken. Ich habe mich nicht weniger für den Eifer zu bedanken, den er zu meiner Unterrichtung gezeigt hat.

rühmten Eversmann, Denkschriften und eigenwillige Vorschläge: M. J. Héron de Ville-fosse, Abkömmling des Verfassers des Buches *Richesse minerale* hat mir entgegenkommenderweise alle in seinem Besitz befindlichen Dokumente anvertraut.

Maret war für fast zwei Jahre Minister-Staatssekretär in Paris. Ich nahm an, daß das Familienarchiv de Bassano interessante Dokumente enthalten würde. Es gab jedoch keine. Selbst das Archiv von Neapel hätte theoretisch die Akten aufbewahren müssen, die Murats Minister Agar 1808 fortschaffte. Die dort geführten Nachforschungen haben keinerlei Ergebnis gezeitigt. Briefe des Grafen Siméon, Minister in Kassel, an Beugnot, die bei den Aufzeichnungen des Beugnot'schen Vermächtnisses aufbewahrt werden, haben mich auf den Gedanken gebracht, daß der kaiserliche Kommissar an seinen ehemaligen Kollegen von Westfalen geschrieben habe und ich hoffte, unter diesen Briefen Eindrücke und Wertungen zu finden, welche die Verwaltungsaufzeichnungen nicht aufweisen. Der Graf Siméon, Abkömmling des Ministers von Jérôme, hat auf meine Bitte hin in den Archivalien, die er in seinem Schloß Oberhofen aufbewahrt, bereitwillig Recherchen anstellen lassen, welche jedoch ergebnislos geblieben sind.

Es gibt in den öffentlichen Archiven Lücken, die durch das Entgegenkommen von Privatleuten geschlossen werden konnten. Zahlreiche leitende Beamte des ersten Kaiserreichs haben sich - einer alten Tradition folgend, die vielleicht noch nicht ganz in Vergessenheit geraten ist - nicht allein damit zufrieden gegeben, die Privatbriefe aufzuheben, über die sie uneingeschränkte Verfügungsgewalt besitzen, sondern überdies sehr oft in ihren Archiven Verwaltungsunterlagen verwahrt, nach denen man in den staatlichen Sammlungen vergeblich sucht: Die Historiker möchten wünschen, daß das Beispiel der Familie Beugnot nicht allein dasteht.

## Nationalbibliothek

In den Fonds français (n. acq., Nr. 10226) werden die vom Grafen Albert Beugnot hinterlassenen Briefe von Jean de Müller an den Grafen Beugnot aufbewahrt. Ich habe davon Abschriften gefertigt, als M. Omont mich freundlicherweise von ihrem Eingang in das Handschriftenkabinett benachrichtigte.

## II. Gedruckte Quellen und Arbeiten aus zweiter Hand

Amé, M., Étude sur les tarifs des douanes et sur les traités de commerce, 2 Bde., Paris 1876

Andler, Charles, Les origines du socialisme d'État en Allemagne, Paris 1897

Archenholz, Johann Wilhelm v., Minerva. Ein Journal historischen und politischen Inhalts, 4 Bde., Hamburg 1792-1812

Ardenne, Armand Freiherr v., Bergische Lanziers, westfälische Husaren, Berlin 1877

Asbach, Julius, Die napoleonische Universität in Düsseldorf (1812/13), Düsseldorf 1899

Asbach, Julius, Entwurf zur Errichtung einer bergischen Landesuniversität zu Münster (1808/09), Düsseldorf 1901

Asbach, Julius, Das Düsseldorfer Lyceum unter bairischer und französischer Herrschaft (1805-1813), Düsseldorf 1900

Bacourt, Adolphe Fourier de (Hrsg.), Correspondance entre le comte de Mirabeau et le comte de la Mark pendant les années 1789, 1790 et 1791, Paris 1851

Bailleu, Paul (Hrsg.), Preußen und Frankreich von 1795 bis 1807. Diplomatische Correspondenzen, 2 Bde. (Publicationen aus den Kgl. Preußischen Staatsarchiven), Berlin 1881-1887

Bamberger, Ludwig, Die Französelei am Rhein, wie sie kam und wie sie ging, in: ders., Gesammelte Schriften, Bd. 1, Berlin 1898

Baston, Guillaume André René, Mémoires, publ. par Julien Loth et Charles Verger (Publications de la Société d'histoire contemporaine, Bd. XV, XIX, XXI), Paris 1897-1899

Bernays, Wilhelm, Schicksale des Großherzogthums Frankfurt und seiner Truppen. Eine kulturhistorische und militärische Studie aus der Zeit des Rheinbundes, Berlin 1882

Beck, Karl, Zur Verfassungsgeschichte des Rheinbundes, Mainz 1890

Beer, Adolf, Geschichte des Welthandels im neunzehnten Jahrhundert (ders., Allgemeine Geschichte des Welthandels, Bd. 3), Berlin 1864, [2]Wien 1884

Benzenberg, Johann Friedrich, Über Provinzial-Verfassung mit besonderer Rücksicht auf die vier Länder Jülich, Cleve, Berg und Mark, Hamm 1827

Berghaus, Heinrich Karl Wilhelm, Deutschland seit hundert Jahren. Geschichte der Gebietseintheilung und der politischen Verfassung, 2 Tle. in 5 Bdn., Leipzig 1859-1862

Beugnot, Jacques-Claude comte de, Mémoires du comte Beugnot, ancien ministre (1783-1845), publ. par le comte Albert Beugnot, son petit-fils, [3]Paris 1889

Blanc, Amédée, vgl. Edmond-Blanc, Amédée

Blondel, Georges, Les lois de partage successoral dans la région rhénane, in: Réforme sociales, Paris 1898 (15 S.)

Boppe, Paul, La Croatie militaire (1809-1813). Les régiments croates à la Grande-Armée, Paris 1900

Bornhak, Conrad, Geschichte des preußischen Verwaltungsrechts, 3 Bde., Berlin 1884

Bornhak, Conrad, Preußische Staats- und Rechtsgeschichte, Berlin 1903

Brandt, Otto, Studien für Wirtschafts- und Verwaltungsgeschichte der Stadt Düsseldorf im 19. Jahrhundert, Düsseldorf 1902

Cavaignac, Godefroy, La formation de la Prusse contemporaine, 2 Bde., [2]Paris 1897

Chaptal comte de Chanteloup, Jean-Antoine Claude, De l'industrie françoise, 2 Bde., Paris 1819

Chevalier, Michel, Examen du système commercial connu sous le nom de système protecteur, [2]Paris 1853

Clercq, Jules de, Receuil des traités de la France, Bd. II: 1803-1815, Paris 1864

Clément, Pierre, Histoire du système protecteur en France depuis le ministère de Colbert jusqu'à la Révolution de 1848, Paris 1854

Costa de Serda, Émile, Les troupes sociales sous le Ier Empire. Opérations des troupes allemandes en Espagne de 1808 à 1813, Paris 1874

Crole, B. E., vgl. König, Bruno Emil

Cronau, Rudolf, Geschichte der Solinger Klingenindustrie, Stuttgart 1885

Darmstaedter, Paul, Das Großherzogtum Frankfurt. Ein Kulturbild aus der Rheinbundzeit, Frankfurt a.M. 1901

Dejean, Ernest, Articles sur la création des préfectures, in: Revue politique et parlementaire, 1904, S. 147-169, 340-359, 564-573

Denis, Ernest, L'Allemagne (1789-1810). Fin de l'ancienne Allemagne, Paris 1896

Denis, Ernest, L'Allemagne (1810-1852). La Confédération germanique, Paris 1898

Ducros, Louis, Henri Heine et son temps (1799-1827), Paris 1886

Edmond-Blanc, Amédée, Napoléon Ier, ses institutions civiles et administratives, Paris 1880

Ernouf, Alfred-Auguste baron de, Maret, duc de Bassano, Paris 1878

Fahnenberg, Karl Heinrich v., Magazin für die Handlung, Handelsgesetzgebung und Finanzverwaltung Frankreichs und der Bundesstaaten, Heidelberg 1810

Fieffé, Eugène, Histoire des troupes étrangères au service de France, 2 Bde., Paris 1854

Fisher, Herbert A. L., Studies on Napoleonic Statesmanship: Germany, Oxford 1903

Fix, Wilhelm, Territorialgeschichte des preußischen Staates, ³Berlin 1884

Förster, Friedrich Christoph, Preußen und Deutschland unter der Fremdherrschaft (1807-1813), Berlin 1865

Fournier, August, Historische Studien und Skizzen, Teil VI: Illuminaten und Patrioten, Teil VII: Aus Süddeutschlands Franzosenzeit, Teil VIII: Zur Geschichte des Tugendbundes, Prag 1885

Freytag, Gustav, Bilder aus der deutschen Vergangenheit, Leipzig o.J.

Gagern, Hans C. v., Mein Antheil an der Politik, Teil 1: Unter Napoleons Herrschaft, Stuttgart 1823

Gallois, Léonard, Histoire de Joachim Murat, Paris 1828

Goecke, Rudolf, Das Großherzogtum Berg unter Joachim Murat, Napoleon I. und Louis Napoleon, 1806-1813. Ein Beitrag zur Geschichte der französischen Fremdherrschaft auf dem rechten Rheinufer, Köln 1877

Goecke, Rudolf/Ilgen, Theodor, Das Königreich Westphalen. Sieben Jahre französischer Fremdherrschaft im Herzen Deutschlands, 1807-1813, Düsseldorf 1888

Gothein, Eberhard, Geschichtliche Entwicklung der Rheinschifffahrt im XIXen Jahrhundert (Die Schiffahrt der deutschen Ströme, Bd. 2), Leipzig 1903

Grasserie, Raoul de La, Code civil allemand et loi d'introduction (Collection des codes étrangers, Bd. 19), Paris 1897

Hassel, Paul, Geschichte der preußischen Politik 1807 bis 1815, Teil 1: 1806-1808 (Publicationen aus den Kgl. Preußischen Staatsarchiven, Bd. 6), Leipzig 1881

Häusser, Ludwig, Deutsche Geschichte vom Tode Friedrichs des Großen bis zur Gründung des deutschen Bundes, 4 Bde., Leipzig 1854-1857

Héron de Villefosse, Antoine-Marie, De la richesse minérale, considérations sur les mines, usines et salines des différents États, et particulièrement du royaume de Westphalie, pris pour terme de comparaison, 3 Bde., Paris 1810-1819

Hocker, Nikolaus, Die Großindustrie Rheinlands und Westfalens, ihre Geographie, Production und Statistik (Die Großindustrie Deutschlands, Bd. 1), Leipzig 1867

Holzhausen, Paul, Heinrich Heine und Napoleon I., Frankfurt a.M. 1903

Jérôme Napoléon, Mémoires et correspondance du roi Jérôme et de la reine Cathérine (de Westphalie), 6 Bde., Paris 1861-1865

Kiesselbach, Wilhelm, Die Kontinentalsperre in ihrer ökonomisch-politischen Bedeutung, Stuttgart 1850

Kleinschmidt, Arthur, Geschichte des Königreichs Westfalen (Geschichte der europäischen Staaten, Bd. 27), Gotha 1893

Klüber, Johannes L., Staatsrecht des Rheinbundes, Tübingen 1808

Knapp, Georg Friedrich, Die Bauernbefreiung und der Ursprung der Landarbeiter in den älteren Theilen Preußens, 2 Bde., Leipzig 1887

König, Albin, Die sächsische Baumollenindustrie am Ende des vorigen Jahrhunderts und während der Kontinentalsperre (Leipziger Studien aus dem Gebiet der Geschichte, Bd. 5,3), Leipzig 1899

König, Bruno Emil, (Croles) Geschichte der deutschen Post von ihren Anfängen bis zur Gegenwart, Eisenach 1889

Lehmann, Max, Freiherr vom Stein, Bd. 1: 1757-1807, Leipzig 1902

Lenz, Max, Napoleon I. und Preußen, in: Cosmopolis, Februar/März 1898

Levasseur, Émile, Histoire des classes ouvrières et de l'industrie en France de 1789 à 1870, 2 Bde., [2]Paris 1903-1904

Lévy-Bruhl, Lucien, Allemagne depuis Leibniz. Essai sur le développement de la conscience nationale en Allemagne, 1700-1848, Paris 1890

Levy-Schneider, Léon, Les habitants de la rive gauche du Rhin, in: Révolution française, 14.2. u. 14.3.1902

Lumbroso, Alberto (Hrsg.), Correspondance de Joachim Murat [...], grand-duc de Clèves et de Berg (juillet 1791-juillet 1808), Turin 1899

Lumbroso, Alberto, Napoleone Ie e l'Inghilterra. Saggio sulle origini del blocco continentale e sulle sue conseguenze economiale, Rom 1897

Magnier-Grandprez, Jean Charles, Code des douanes de l'Empire français, au courant depuis le mois de novembre 1790 jusqu'en juin 1806, 3 Bde., Straßburg 1806

Masson, Frédéric, Napoléon et sa famille, 6 Bde., Paris 1900

Michel, Henry, L'Idée de l'État. Essai critique sur l'histoire de théories sociales et politiques en France depuis la Révolution, [2]Paris 1896

Mollien, Comte, Mémoires d'un ministre du trésor public (1780-1815), 4 Bde., Paris 1845

Montanus, vgl. Zuccalmaglio, Vincenz v.

Napoléon, Correspondance de Napoléon Ier, publ. par l'ordre de l'Empereur Napoléon IIIme, 32 Bde., Paris 1857-1870

Nemnich, Philipp Andreas, Tagebuch einer der Kultur und Industrie gewidmeten Reise, 8 Bde., Tübingen 1809-1810

Parisket, Georges, L'État et les églises sous Frédéric-Guillaume Ier (1713-1740), in: Annales de l'Est, juillet (Nancy) 1897

Pauls, Emil, Zur politischen Lage in Düsseldorf während des Besuches Goethes im Spätherbst 1792, in: Beiträge zur Geschichte des Niederrheins 14 (1900), S. 224-228

Perthes, Clemens Theodor, Politische Zustände und Personen in Deutschland zur Zeit der französischen Herrschaft, [2]Gotha 1862

Pick, Albert (Hrsg.), Aus einer Zeit der Noth (1806-1815). Schilderungen zur preußischen Geschichte. Aus dem Nachlasse des Neidhardt von Gneisenau, Berlin 1900

Pölitz, Karl Heinrich Ludwig, Der Rheinbund, historisch und statistisch dargestellt, Leipzig 1811

Pölitz, Karl Heinrich Ludwig, Handbuch der Geschichte der souverainen Staaten des Rheinbundes, 2 Bde., Leipzig 1811

Rambaud, Alfred-Nicolas, La Domination française en Allemagne. Les Français sur le Rhin (1792-1804), Paris 1873

Rambaud, Alfred, La Domination française en Allemagne. L'Allemagne sous Napoléon Ier (1804-1811), [4]Paris 1897

Redlich, Otto Reinhard, Die Anwesenheit Napoleons I. in Düsseldorf im Jahre 1811, Düsseldorf 1892

Redlich, Otto Reinhard, Napoleon I. und die Industrie des Großherzogtums Berg, in: Beiträge zur Geschichte des Niederrheins 17 (1902), S. 188-216

Rehberg, August Wilhelm, Ueber den Code Napoleon und seine Einführung in Deutschland, Hannover 1814

Reybaud, Louis, Le coton, son régime, ses problèmes, son influence en Europe. Études sur le régime des manufactures, Paris 1863

Rive, Josef Christian Hermann, Ueber das Bauerngüterwesen in den Grafschaften Mark, Recklinghausen, Dortmund und Hohen-Limburg, Köln 1824

Rocke, Paul, Die Kontinentalsperre und ihre Einwirkungen auf die französische Industrie, Naumburg a.d. Saale 1894

Rocquain, Félix, Napoléon Ier et le roi Louis, Paris 1875

Roederer, Antoine-Marie (Hrsg.), Œuvres du comte Pierre-Louis Roederer, 6 Bde., Paris 1853-1860

Rose, John Holland, Napoleon and English Commerce, in: English Historical Review 7 (1893), S. 704-725

Sagnac, Philippe, La Législation civile de la Révolution française (1789-1804). Essai d'histoire sociale, Paris 1898

Sainte-Beuve, Charles-Augustin, Nouveaux lundis ..., Bd. XI, [2]Paris 1874

Sainte-Beuve, Charles-Augustin, Causeries de lundi, Bd. VIII, Paris (1855)

Salomon, Ludwig, Geschichte des deutschen Zeitungswesens. Von den ersten Anfängen bis zur Wiederaufrichtung des Deutschen Reichs, 3 Bde., Oldenburg 1900-1906

Sauzey, Jean Camille Abel Fleuri, Les Allemands sous les aigles françaises, Bd. I: Le Régiment de Francfort, Paris 1902

Savigny, Friedrich Carl v., Vom Beruf unserer Zeit für Gesetzgebung und Rechtswissenschaft, [ND d. 3. Aufl. v. 1840] Freiburg i.Br. 1892

Schliephake, Friedrich Wilhelm Theodor/Menzel, Karl, Geschichte von Nassau von der Mitte des vierzehnten Jahrhunderts bis zur Gegenwart, 7 Bde., Wiesbaden 1879-1889

Schmidt, Charles, L'industrie du Grand-Duché de Berg en 1810. Addition aux Mémoires de Beugnot, in: Revue d'histoire moderne et contemporaine 5 (1903/04), S. 525-541, 605-622

Schönneshöfer, Bernhard, Geschichte des Bergischen Landes, Elberfeld 1895

Schröder, Richard, Lehrbuch der deutschen Rechtsgeschichte, Leipzig 1889

Schulteis, Konstantin, Erläuterungen zum geschichtlichen Atlas der Rheinprovinz, Teil 1: Die Karten von 1813 und 1818 (Pulikationen der Gesellschaft für Rheinische Geschichtskunde, Bd. 12), Bonn 1894

Scotti, Johann J. (Hrsg.), Sammlung der Gesetze und Verordnungen, welche in den ehemaligen Herzogthümern Jülich, Cleve und Berg und in dem vormaligen Großherzogthum Berg über Gegenstände der Landeshoheit, Verfassung, Verwaltung und Rechtspflege ergangen sind. Vom Jahr 1475 bis zu der am 15. April 1815 eingetretenen Königlich Preußischen Landes-Regierung, Bd. 2 u. Bd. 3, Düsseldorf 1822

Seidensticker, Johann Anton Ludwig, Einleitung in den Codex Napoleon, handelnd von dessen Literatur, Geschichte, Plan und Methode, Verbindung mit den übrigen französischen Legislation, Quellen, Verhältnis zu den älteren Gesetzen und Rechten, zu den supplementarischen Dispositionen und zur Doctrin, Verbreitung, Tübingen 1808

Sorel, Albert, L'Europe et la Révolution française, Bd. VII: Le blocus continental, le grand Empire, Paris 1904

Stahr, Adolf, Helgoland und die Helgoländer. Memorabilien des alten Helgoländer Schiffscapitains Hans Frank Heikens, Oldenburg 1844

Thibaut, Anton Friedrich Justus, Ueber die Notwendigkeit eines allgemeinen bürgerlichen Rechts für Deutschland, Heidelberg 1814

Thimme, Friedrich, Die inneren Zustände des Kurfürstentums Hannover unter der französisch-westfälischen Herrschaft (1806-1813), 2 Bde., Hannover 1893-1895

Thun, Alfons, Die Industrie am Niederrhein und ihre Arbeiter, Teil 1: Die linksrheinische Textilindustrie; Teil 2: Die Industrie des Bergischen Landes, 2 Tle. in 1 Bd. (Staats- und sozialwissenschaftliche Forschungen, Bd. 2 u. 2/3), Leipzig 1879

Treitschke, Heinrich v., Deutsche Geschichte im neunzehnten Jahrhundert, Leipzig 1879

Weber, Wilhelm, Der deutsche Zollverein. Geschichte seiner Entstehung und Entwicklung, Leipzig 1869

Winkopp, Peter Adolph (Hrsg.), Der Rheinische Bund. Eine Zeitschrift historisch-politisch-statistisch-geographischen Inhalts, Aschaffenburg u. Frankfurt a.M. 1806 ff

Zachariae, R. S., Staatswissenschaftliche Abhandlungen über das Staatsrecht in den Rheinbundstaaten und des rheinischen Bundesrechts, Heidelberg 1810

Zimmermann, P., Erinnerungen aus den Feldzügen der bergischen Truppen in Spanien und Rußland. Den Gefährten jener verhängnisvollen Zeit gewidmet, Düsseldorf 1840

Zoepfl, Heinrich, Deutsche Rechtsgeschichte, 3 Bde., ⁴Braunschweig 1871-1872

Zuccalmaglio Vincenz v., Die Helden der Republik und Bürger und Bauern am Niederrhein in den letzten [sechs] Jahren des vorigen Jahrhunderts [und unter der Fremdherrschaft], Elberfeld 1851 [²Opladen 1870]


# Regionale und lokale Zeitschriften


Monatschrift für rheinisch-westfälische Geschichtsforschung und Altertumskunde (1875-1877)

Monatsschrift für die Geschichte Westdeutschlands, hrsg. v. R. Pick (1878, 1881)

Westdeutsche Zeitschrift für Geschichte und Kunst (1882 ff)

Zeitschrift des Bergischen Geschichtsvereins (1863 ff)

Annalen des Historischen Vereins für den Niederrhein (1874 ff)

Beiträge zur Geschichte des Niederrheins. Jahrbuch des Düsseldorfer Geschichtsvereins (1886 ff)

Zeitschrift für Geschichte Westfalens (1887 ff)[9].

---

[9] Die Titel der einzelnen Zeitschriftenaufsätze, die ich benutzt habe, finden sich in den Fußnoten.

# Das Großherzogtum Berg

Erster Teil
Murat Großherzog von Berg
1806-1808

## Kapitel I

## Die territoriale Formation des Großherzogtums bis zum Zeitpunkt seiner größten Ausdehnung 1806-1808

I.  Die traditionelle Politik der "Eroberung natürlicher Grenzen", modifiziert durch einen wirtschaftlichen Faktor, den Kampf gegen England.
II.  Der Plan, zwischen Frankreich und Preußen einen "Pufferstaat" zu errichten.
III.  Das von Preußen abgetretene Herzogtum Kleve und das von Bayern abgetretene Herzogtum Berg bilden den Kern des neuen Staates. Murat wird am 15. März 1806 zum Herzog von Berg und Kleve bestimmt.
IV.  Durch den Rheinbund wird Murat "Großherzog von Berg"; weitere Gebiete werden ihm übereignet.
V.  Ausdehnung nach Norden: die Vorgänge um die Abteien Elten, Essen und Werden.
VI.  Nach Tilsit weitere Ausdehnung aus wirtschaftlichen Gründen nach Norden und Nordosten: Mark, Münster usw.
VII.  Im April 1808 erreicht das Großherzogtum flächenmäßig seine größte Ausdehnung. Es ist ein geographisch ungünstig zugeschnittener Staat.

## I.

Am Ende des 18. Jahrhunderts hatte man in Frankreich die traditionelle Politik der Eroberung "natürlicher Grenzen" weder vergessen noch aus den Augen verloren. Das wichtigste Vorhaben der Männer der Revolution war, wie zu Zeiten Heinrichs IV., Richelieus und Mazarins, im Osten Frankreichs das linke Rheinufer zu erreichen. Durch den Friedensvertrag von Basel trat Preußen, "zu schwach, das Reich in seiner ehemaligen Größe[10] zu erhalten", dieses so begehrte linke Rheinufer an Frankreich ab. Die Inbesitznahme wurde anerkannt und zweimal bestätigt: zuerst durch den Vertrag von Campo-Formio, dann durch den von Lunéville.

---

[10] Bailleu, *Preußen und Frankreich von 1795-1807*. II, LXXX und ff., (Krieg und Friede, 1806-1807).

Aber wenn auch der beherrschende außenpolitische Gedanke der Nationalversammlung sowie des Direktoriums, zumindest in ihren Beziehungen zu Preußen, darin lag, bis zum Fluß vorzustoßen und ihn nicht zu überschreiten, und auch Bonaparte noch 1800 sich an diese durch Verträge[11] festgelegte "Rheinlinie" zu halten schien, so zeichnete sich indessen seit einigen Jahren eine neue Politik ab. Diese war beeinflußt vom Kampf gegen England und sollte sich im Zusammenhang mit den Schwierigkeiten präzisieren und akzentuieren, die Frankreich hatte, jene Macht auf dem Meer zu besiegen, deren Handel es zerstören wollte. Denn es war eindeutig ein wirtschaftliches Vorhaben, das die traditionelle Politik Frankreichs in der Folgezeit verändern und vorantreiben sollte.

*Abb. 1: Europa zur Zeit Napoleons*

Seit 1795 erklärte Siéyès offen, daß England der zu besiegende Feind sei und der Augenblick kommen würde, wo England jenseits des Rheins ein unterworfenes Deutschland, bewachte Küsten und geschlossene Häfen gegenüber gestellt werden müßten. 1797 sprachen die preußischen Gesandten in ihren Berichten von der gegen den englischen Handel gerichteten Sperrung der Häfen Norddeutschlands und der Eroberung Hannovers als wahrscheinliche und bevorstehende Ereignisse; sie erklärten, daß dies seit langem das geheime Ziel der französischen Politik sei. Im Januar 1801, während der Friedensverhandlungen von Lunéville, erklärte der jetzt eine neue Tonart anschlagende Napoleon Lucchesini, daß der König von Preußen die Elbe für die Engländer sperren und das Kurfürstentum Hannover besetzen oder durch Frankreich besetzen lassen sollte, "als Faustpfand und Entschädigung für den freien Handel der Neutralen". Durch seinen Bot-

---

[11] Bailleu (siehe Anm. 10), Band I, Einführung.

schafter gewarnt, sah der preußische König den Augenblick voraus, an dem der Kampf Frankreichs mit England unweigerlich die Invasion Norddeutschlands[12] nach sich ziehen würde; dies um so gewisser, als der Erste Konsul ungleich größere Schwierigkeiten haben würde, eine Landung in England zu verwirklichen.

# II.

Um Preußen im Zaum zu halten und den Rhein gegen England abzuschirmen, dachte man sogar an die Bildung einer norddeutschen Liga oder vielmehr eines *Pufferstaates*, dessen Ausdehnung und Namen man noch nicht kannte und dessen Eigenschaften man noch nicht erörterte, der aber beide Staaten, das vom Rhein begrenzte Frankreich und das hinter die Elbe zurückgedrängte Preußen, zweckdienlich voneinander trennen würde. Dies war die Idee von Siéyès[13], und es war auch diejenige von Talleyrand. In einer Unterredung mit Lucchesini Ende 1801, wenige Monate nach dem Vertrag von Lunéville, bestand er auf der Notwendigkeit, den Rhein nicht zur Grenze zweier großer Staaten zu machen: "Eine Auseinandersetzung über den Talweg des Rheins mit einem unbedeutenden Reichsfürsten würde uns nicht dazu bewegen, sie auszufechten wie wenn sie gegenüber einem bedeutenden Staat wie dem Ihrigen bestünde; Sie sind von Basel bis nach Holland die einzige Großmacht, die am Rhein verblieben ist ....". Indem er sich auf das Beispiel Friedrichs des Großen bezog, der den bedeutenden Vorteil erkannt hatte, der seiner Macht durch den Erwerb des Landes Mecklenburg gegenüber dem ungewissen Besitz seiner Länder in Westfalen erwachsen würde, erklärte er, daß es notwendig sei, "dieses ganze Deutschland umzugestalten". In seinen Briefen an Burnonville schrieb er, daß es das erste Prinzip der französischen Diplomatie sein sollte, jede hegemoniale Macht vom Rhein fernzuhalten, jede Grenze mit einer solchen zu vermeiden und Preußen daran zu hindern, eine gemeinsame Grenze mit Holland zu haben. Beurnonville erklärte dann gegenüber Haugwitz, daß die Bildung von Pufferstaaten jede Ursache zu Auseinandersetzungen verhindern und überdies zwischen beiden Regierungen[14] ein zusätzliches Band schaffen würde. Drei Jahre später kam Lucchesini auf diesen Gedanken zurück, erklärte ihn dem König von Preußen und schrieb ihm: "Würde Preußen sich in der Auswahl seiner Verbündeten nicht freier fühlen, wenn es durch die Bildung eines kleinen Pufferstaates zwischen Ems und Rhein dahin käme, mit Frankreich eine Nachbarschaft ohne ein unmittelbares Aneinandergrenzen zu gründen .."[15]

Im nächsten Jahr nahmen Napoleons Vorstellungen hierzu im Feldlager von Boulogne Gestalt an. Da er von diesem Augenblick an eine "Invasion" zweifellos als unmöglich beurteilte, entschloß er sich, Preußen den Abschluß eines Angriffs- und Verteidigungsbündnisses anzutragen: Das von französischen Truppen bereits besetzte Hannover sollte hierfür das Pfand sein. Aber weil er noch immer damit beschäftigt war, Preußen von den

---

[12] Bailleu (siehe Anm. 10), II, 22-23; und 198 ff; Koser, *Die Rheinlande und die preußische Politik* in: Westdeutsche Zeitschrift, 1892.

[13] Bailleu (siehe Anm. 10), I, 496 ff., Siéyès an Talleyrand, 8. Januar 1799 (19., Nivôse, im Jahr VII)

[14] Bailleu (siehe Anm. 10), II 61ff. Unterhaltung von Talleyrand und Lucchesini, Dez. 1801; Brief von Talleyrand an Beurnonville, 18. Dez. 1801.

[15] Bailleu (siehe Anm. 10), II, 327; Bericht von Lucchesini an den König von Preußen, 10. Dez. 1804.

Grenzen Frankreichs fernzuhalten, das er noch mehr fürchtete, und um Herr von Wesel, des bedeutenden Brückenkopfes am Rhein zu werden, verlangte er von Preußen, ihm das ehemalige Herzogtum Kleve mit der Festung Wesel zu überlassen: "Um nicht Europa zu alarmieren" würde er dieses Territorium einem Fürsten aus Deutschland übertragen, den zu bestimmen er sich selbst vorbehielt[16].

Dieses Angebot wurde dem König von Preußen in den letzten Augusttagen des Jahres 1805 unterbreitet. Friedrich Wilhelm III. konnte sich zu dem vorgeschlagenen Bündnis nicht entschließen, zögerte, wartete die Ereignisse ab. Der Sieg von Austerlitz bewog Haugwitz, der ins Feldlager gekommen war, um Napoleon zu drohen, die Sache anders anzugehen und das einige Monate vorher verweigerte Bündnis nun anzunehmen. Zwei Wochen nach der Schlacht, am 15. Dezember 1805, kamen die zügig geführten Verhandlungen zum Abschluß. Preußen übergab, entsprechend dem Vertragsvorschlag vom August, das Herzogtum Kleve einem "Fürsten des Heiligen Römischen Reiches", der durch Napoleon[17] ernannt werden sollte. Der Vertrag wurde in Berlin nicht ratifiziert; der König von Preußen fügte den Bedingungen lauter Wenn, Denn und Aber hinzu. Er glaubte, Hannover einnehmen zu können, ohne weder Ansbach noch Kleve[18] abtreten zu müssen. Am 15. Februar gab Haugwitz den Drohungen Napoleons nach, der entschlossen war, in Deutschland "einen ganz neuen Staat nach französischem System"[19] zu errichten, und setzte seine Unterschrift unter einen neuen, diesmal definitiven Vertrag. Jede einschränkende Klausel war verschwunden: In der Tat war das Herzogtum von Preußen nun nicht mehr "einem Fürst aus dem Heiligen Römischen Reich" zu übergeben, sondern ganz einfach *an einen von Napoleon zu ernennenden*. Der Kaiser, der mehr und mehr

---

[16] Correspondence de Napoléon, XI, 129, Brief an Talleyrand vom 24. August 1805. Der Entwurf des Vertrages, den Duroc nach Berlin bringen sollte, befindet sich in AF IV 1690, V, Der Brief XI, 127, enthält die Instruktion an Duroc (24. August 1805).

[17] Der Entwurf vom Monat August war wesentlich bestimmter als der Vertrag, der im Dezember unterzeichnet wurde. Hier die zwei Einleitungen: Entwurf vom August 1805, "S.M. der Kaiser der Franzosen und S.M. der König von Preußen, beide gleich durchdrungen von dem Wunsch, Europa vor den schweren Nöten zu bewahren, die die unvermeidliche Folge eines neuen Krieges sein würden und die Ursachen der Zwietracht zu ersticken, die selbst in entferntester Zukunft das gute Einvernehmen und die Freundschaft verderben könnten, die sie vereint und insbesondere die Ruhe im Norden Deutschlands zu sichern, indem bestimmte Umstände auf immer vermieden werden, die seit mehr als einem Jahrhundert für diesen Teil des Kontinents und für den Kontinent selbst ein Grund dauernder Unruhe und Gefahr gewesen sind, endlich durch Aufrechterhaltung des kontinentalen Friedens die Wiederherstellung des Seefriedens, zu fördern ..."; Der Artikel 1 war im Entwurf so gefaßt: "Die beiden vertragschließenden Mächte verpflichten sich, gemeinschaftliche zu handeln und ihre ganzen Kräfte zu vereinen, um jeden *kontinentalen* (das Wort wurde von Napoleon hinzugefügt) Angriff, der von jetzt an gegen eine von ihnen geführt werden könnte, unverzüglich als Grund für den Kriegseintritt anzusehen, sobald das eine oder andere angegriffen werden wird." Vertrag vom 15. Dezember 1805: "S.M. ... auf eine solide Grundlage eine ewige Verbindung zwischen beiden Nationen gründend wollend ... (de Clerq *Recueil des Traités de la France* [1803-1815], II, F143). Der Artikel 1 des Vertrages vereinbarte einfach eine "Angriffs- und Verteidigungsallianz". Als Bleistiftnotiz "dem Vertrag von Wien vom 24. Frimaire des Jahres XIV, 17. Dez. 1805 beizufügen" (AF IV 1690).

[18] Correspondence de Napoléon, VII, 45, 14. Febr. 1806.

[19] Desgl., XI, 562, Note vom 30. Jan. 1806 "an M. Talleyrand": In dieser Note erklärt Napoleon, einen Staat gründen zu wollen, dessen Kern das Herzogtum Berg und das Herzogtum Kleve sein sollten und der dergestalt arrondiert sein sollte, daß er 800.000 Einwohner umfasse.

Wert darauf legte, Preußen in den Norden[20] abzudrängen, plante bereits, den zu gründenden Staat nur einem Franzosen zu übertragen.

# III.

Der Kaiser verfügte nunmehr über ein ansehnliches Herrschaftsgebiet auf dem rechten Rheinufer: Kleve besaß er nun endlich wie das Herzogtum Berg, das ihm Bayern vor zwei Monaten abgetreten hatte[21].

Gegenüber dem Rhein-Mosel-Departement und dem Departement der Roer (Rur)[22] gelegen, die bereits seit mehreren Jahren von Frankreich besetzt, verwaltet und dadurch auch schon weitgehend verändert waren, erstreckten sich die beiden Herzogtümer, die das Kernland des zu errichtenden neuen Staates bilden sollten, auf dem rechten Ufer des Flusses.

*Berg*, das bis zum Vertrag von Lunéville bereits mehrere Male von französischen Truppen durchquert und besetzt worden war, war ein bedeutendes und reiches Land. Begrenzt im Westen vom Rhein, im Süden und Osten durch Nassau-Siegen, dem Herzogtum Westfalen, der preußischen Grafschaft Mark, im Norden durch das Herzogtum Kleve, von dem es teilweise durch die Ruhr getrennt war, setzte sich das Herzogtum aus zwei deutlich verschiedenen Gebietsteilen zusammen: Zum einen die schmale Ebene entlang des Rheins, in der einige Städte wie Mülheim und vor allem die Hauptstadt Düsseldorf, deren Festung durch die Franzosen geschleift worden war, am Schnittpunkt von Handelswegen lagen, die von Holland nach Süddeutschland und von Frankreich nach Hamburg führten, sowie der namengebende gebirgige Teil, den die Sieg mit ihrem Nebenfluß Agger und die Wupper durchfließen. Dieser Fluß drückte dem Land seinen Stempel auf: In dem von ihm durchflossenen engen Tal hatten sich Städte entwickelt, aktive und reiche Ballungszentren, besonders die durch ihre Textilindustrie bekannten Elberfeld und Barmen; auf den Höhen, an den Gebirgshängen, produzierten Solingen und Remscheid, die Städte der Schneidwaren- und Kleineisenindustrie, für die gesamte Welt. Die Textil- und Eisenindustrie bildete den Reichtum des Herzogtums Berg, mißgünstiger Nachbar der reichen Kohlengruben von Essen und der Mark, die sich damals in den Händen Preußens befanden.

*Kleve* - oder wenigstens der auf dem rechten Rheinufer gelegene Teil dieses Herzogtums - erstreckte sich von Duisburg, ein wenig oberhalb der Mündung der Ruhr in den

---

[20] "Der König (von Preußen) wollte keine offensive und defensive Allianz. Am 4. Febr. erklärte Napoleon selbst, daß der Vertrag von Wien nicht mehr gelten solle und er einen anderen, für Preußen bedrückenderen vorbereite; vor allem verlangt er von ihm die Schließung der norddeutschen Häfen". Bignon, *Hist. de France*, V, 225ff.

[21] Durch eine in Schönbrunn am 16. Dez. 1805 geschlossene Konvention trat Bayern im Ausgleich für die Übergabe der Markgrafschaft Ansbach das Herzogtum Berg dem Fürsten des Heiligen Römischen Reiches ab, der von S.M. dem Kaiser der Franzosen bestimmt werden würde (de Clercq, II, 145). Napoleon hatte Ansbach für Bayern gefordert, "weil es ihm wichtig war, das Herzogtum Berg zu besitzen und er kein anderes Mittel hatte, es zu bekommen." (Talleyrand an Laforest, 23. August 1806). Bailleu, zit. Werk, II, 539 ff. - Thiers legt Wesel in das Herzogtum Berg (IV, 460).

[22] Bestehend aus dem Herzogtum Jülich, dem Kurfürstentum Köln, Geldern und Moers sowie den linksrheinischen Teilen des preußischen Herzogtums Kleve.

Rhein, bis über Emmerich, der letzten preußischen Stadt am Fluß, unweit der Grenze zu Holland.

Als schmaler Streifen eines flachen und fruchtbaren Landes wies das Herzogtum Kleve in diesem Teil nur zwei dieser Bezeichnung würdige Städte auf: Duisburg, einstmals durch seine Universität bekannt, die sich seit dem 18. Jahrhundert im Abstieg befand, und die alte Festung Wesel an der Einmündung der Lippe, ein bedeutender Brückenkopf am Rhein, der sehr bald die Begehrlichkeit Napoleons wecken sollte.

Berg, Kleve und Mark waren zusammen mit Ravensberg von 1511 bis 1609 fast ein Jahrhundert lang vereinigt gewesen. Der damals aufgetretene Erbfolgestreit hätte beinahe furchtbare Auseinandersetzungen mit sich gebracht, denn zahlreiche und mächtige Fürsten strebten nach dem Besitz dieser reichen Länder am Rhein. Im Verlauf des 17. Jahrhunderts wurde ein Übereinkommen erzielt: An den Kurfürsten von Brandenburg fielen die überwiegend protestantisch bevölkerten Länder Kleve und Mark; der Pfalzgraf von Neuburg erhielt bei der Aufteilung die überwiegend katholischen Herzogtümer Jülich und Berg[23].

Durch den Vertrag von Lunéville war der auf dem linken Rheinufer gelegene Teil des Herzogtums Kleve von Preußen an Frankreich abgetreten worden, das dieses Gebiet seit 1794 besetzt hielt. Preußen war aufgrund des Reichsdeputationshauptschlusses von 1803 für diesen Verlust sowie die Verzichtleistung auf das Herzogtum Geldern und das Fürstentum Moers mit den Abteien Essen, Elten und Werden sowie dem größten Teil des Fürstbistums Münster entschädigt worden, die zusammen mit dem bereits preußischen Mark ein etwa gleich großes Gebiet ausmachten.

Bis zum Ende des 18. Jahrhunderts teilte das Herzogtum Berg sein Schicksal mit dem des Herzogtums Jülich; auch dort hatte die französische Eroberung mit den Traditionen gebrochen. Jülich war ein Teil des Departements der Roer geworden. Berg, Apanage des Herzogs Wilhelm in Bayern, war nunmehr auf dem rechten Rheinufer isoliert und führte für einige Jahre ein isoliertes Dasein. Die französische Herrschaft sollte diese beiden Gebiete erneut vereinigen. *Das preußische Kleve* hatte von den Reformen Friedrichs II. und seiner Verwaltungsgrundsätze profitiert; *das bayerische Berg*, wo das Wirken einer Zentralgewalt kaum zu spüren war, blieb dagegen rückständig. Erst die Franzosen sollten diese beiden Herzogtümer wieder zusammenführen, die seit eineinhalb Jahrhunderten getrennt waren, und in denen sich von daher verschiedenartige Einflüsse auswirkten und deren Interessen oft im Gegensatz zueinander standen. Nach und nach mußten sie unvermeidlich die kleinen Fürstentümer, die Grafschaften und die Abteien aufsaugen und um diesen bescheidenen Kern gruppieren.

Hier wurden viele Gelüste erregt; die Hungrigen fehlten nicht: Einer der Gierigsten war Murat, der Schwager Napoleons; von seiner Frau, "der ehrgeizigen Schwester", angestachelt, hatte er seit Beginn des Feldzuges erkennen lassen, daß er davon träume, aus diesem Krieg als Herrscher eines neuen Staates[24] hervorzugehen. Als sich die Neuverteilung der Fürstentümer, der Königreiche und Herzogtümer anbahnte, rechnete er fest

---

[23] Die Bevölkerung im Tal der Wupper, im Herzogtum Berg, wie auch der industrielle Teil dieses Herzogtums im allgemeinen war protestantisch.

[24] Bailleu (siehe Anm. 10), II, 409. Lucchesini spricht in einem Bericht vom 23. Nov. 1805 von Joseph Bonaparte, der den Frieden wollte, aber den Schwung und den Despotismus seines Bruders fürchtete sowie den Rausch seiner Erfolge und die ehrgeizigen Ratschläge seines Schwagers Murat, welcher aus diesem Krieg als Souverän eines neuen Staates hervorgehen wollte.

damit, seinen Teil des Kuchens zu bekommen. Holland erschien ihm besonders begehrenswert. Aber Napoleon hatte dieses Louis vorbehalten; Murat mußte sich mit den Herzogtümern Berg und Kleve[25] zufriedengeben.

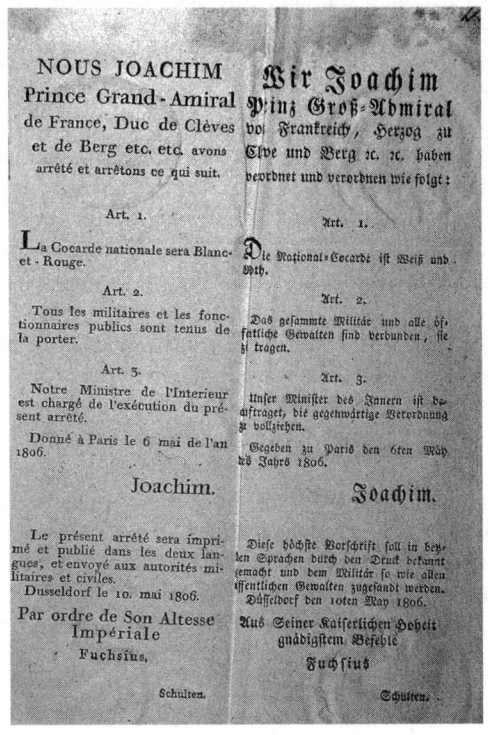

*Abb. 2: Ankündigung der Besitzergreifung durch Murat*

Am 15. März unterzeichnete Napoleon die Belehnungsurkunde, womit er die Herzogtümer, so wie sie ihm abgetreten worden waren, dem Prinzen Joachim übereignete. Murat wurde mit den Herzogtümern Kleve und Berg belehnt, welche nach dem Prinzip der Primogenitur unter Ausschluß aller weiblichen Nachfahren an seine gesetzlichen und natürlichen Nachkommen vererbt werden sollten. Mit Erlöschen der Nachkommenschaft Murats sollten die Herzogtümer an die Nachkommen des Kaisers fallen, in deren Ermangelung an die von Joseph, in deren Ermangelung an die von Louis. Auf keinen Fall durften sie mit Frankreich vereinigt werden. Eine Lobrede auf die außergewöhnlichen Fähigkeiten seines Schwagers und ein Appell an die Treue und Ergebenheit der Einwohner der

---

[25] *Correspondence de Napoléon*, XII, 165 "An Prinz Joseph", 8. März 1806: "Es wäre möglich, daß ich Louis zum König von Holland mache. Es ist sicherer, die Herzogtümer Kleve und Berg dem Prinzen Murat zu geben; dies alles ist geschehen." Vom 9. März an war das Los Murats durch einen Brief des Kaisers festgelegt, Corresp. XII, 170. In Deutschland kursierte das Gerücht, daß Joachim zum König von Istrien gekrönt und die Herzogtümer Kleve und Berg dem Herzog von Arenberg übergeben würde, der in Paris eine Verwandte der kaiserlichen Familie heiraten sollte (*Bulletin de Ratisbonne*, 12. Juli 1806, Aff. Etr. Allem., 732).

Herzogtümer beendeten wortreich die feierliche Urkunde, die den ersten Vasallenstaat auf dem rechten Rheinufer schuf[26].

Am 31. März begab sich der Fürst-Erzkanzler auf Befehl des Kaisers zum Senat und verlas dort die den Personenstand des kaiserlichen Hauses regelnden und die Throne von Neapel, Kleve und Berg, Neuchatel und Guastalla zuteilenden Dekrete. Jeder bekam seinen Anteil an offiziellen Lobpreisungen und Schmeicheleien: Der Fürst-Erzkanzler sprach vom militärischen Ruhm des Prinzen Murat, der Bedeutung und dem Glanz seiner Erfolge, seinen öffentlichen und privaten Tugenden, "die alle Franzosen ob des Preises, den er dafür erhielt, angingen und seine Autorität auch den neuen Untertanen teuer machten"; er endete mit dem Gedanken, der die Errichtung des neuen Staates geleitet hätte: "Der Prinz Murat wird mit der Bewachung eines wichtigen Teils der Grenzen des Kaiserreichs beauftragt; konnte Seine Majestät dies würdigeren Händen anvertrauen?"[27]

In Deutschland hatten manche seit dem Vertrag vom 15. Februar geahnt, daß Frankreich in Deutschland, unmittelbar nachdem es durch den Vertrag von Preßburg im Süden des Deutschen Reiches große Pufferstaaten geschaffen hatte, um eine Linie vom Oberrhein und der Schweiz bis zum Main abzudecken, "diesen großen und umfassenden Plan vollenden würde, indem es die preußischen Provinzen von den Ufern des Niederrheins entfernte und sich so eine gesicherte und ruhige Grenze schaffte": Von jetzt ab würde Frankreich die Rheinschiffahrt allein kontrollieren und neue und wirkungsvollere Abwehrmaßnahmen gegen den Schleichhandel und vor allem gegen die Einfuhr englischer Waren[28] treffen. Man sah schon voraus, daß der neue Staat vor allem eine Schutzzone Frankreichs im Kampf mit England bilden sollte.

Die Inbesitznahme der Herzogtümer war durch Napoleon geregelt worden und geschah zudem ohne daß die Einwohner der abgetretenen Länder zuvor erfahren hätten, wer ihr neuer Souverän sein würde. Am 9. März, als die Übertragung an Murat bereits entschieden, aber noch nicht bekannt gegeben war, hatte Napoleon seinem Schwager den Befehl erteilt, sich am 15. März in Köln einzufinden. Er hatte Murat die Inbesitznahme der Herzogtümer bis ins Detail vorgeschrieben, ehe dieser dort selbst feierlich einzog[29]. Das Herzogtum Kleve wurde am 16. März durch den Staatsrat des Königs von Preußen, Rappard, an General Beaumont, Adjutanten des Fürsten Joachim, übergeben; Rappard verlas im Hause des Weseler Festungskommandanten eine kurze Erklärung; die Franzosen bemächtigten sich des Arsenals, die preußischen Adler wurden abgenommen und

---

[26] Die Belehnungsurkunde wurde am 15. März 1806 unterzeichnet, aber erst am 30. im *Bulletin des Lois* veröffentlicht; gleichzeitig mit den entsprechenden Dekreten an Berthier, Joseph und Fürst Borghese (AF IV pl. 1267 und 1280). Die Urschrift vom 15. März enthielt die folgende Passage nicht, die erst bei der Absendung am 30. hinzugefügt wurde: "Der mutmaßliche Erbe der Herzogtümer Kleve und Berg wird den Titel des Herzogs von Kleve tragen. Wir verfügen damit, daß die Würde des Großadmirals von Frankreich in der angegebenen Nachkommenschaft des genannten Prinzen Joachim, unseres Schwagers, erblich sein soll, um seinen Nachfolgern mit den Herzogtümern Kleve und Berg übergeben zu werden, Uns vorbehaltend, wenn Wir es notwendig erachten, die Würde eines Fürst-Vizegroßadmiral zu stiften."

[27] *Moniteur* vom 1. April 1806. In der Botschaft, die er an den Senat am 30. März 1806 richtete, sagte Napoleon, daß er diese Staaten gegründet habe "nicht nur aus Liebe zu den Prinzen, sondern um die soziale Ordnung um seinen Thron zu festigen, welche dessen Fundament und Grundlage sei, und um diesem großen Reich Verkehrszentren und Unterstützung zu geben" (CC 14.).

[28] *Bulletin de Ratisbonne* vom 4. März 1806 (ohne Zweifel von Bacher, Aff. Étr. Allem., 731).

[29] *Correspondence de Napoléon*, XII, 170, 9. März 1806, "an Prinz Murat".

während einiger Tage fragten sich die Einwohner, wer nun über sie herrschen würde. Die Berger empfanden ebenfalls ein gewisses Erstaunen, als am 24. März eine Proklamation am Rathaus zu Düsseldorf angebracht wurde, in der ihnen bekannt gegeben wurde, daß ihr König Maximilian Joseph von Bayern sie von ihrem Treueeid entbinde und sie Napoleon anvertraue, der über ihr künftiges Schicksal entscheiden würde. Er dankte ihnen für ihre Treue und versicherte seinen ehemaligen Untertanen seines fortwährenden Wohlwollens. Ihre Verbundenheit wäre die beste Empfehlung an denjenigen, der ihm in der Regierung des Landes folgen würde[30].

*Abb. 3: Maximilian Joseph, Kurfürst von Pfalzbayern*

Als die Truppen des Generals Dupont die Herzogtümer endgültig besetzt hatten, erteilte Murat, der die Anordnung vom 15. März gerade erhalten hatte, am 21. März seine erste Anweisung als Herzog: die kaiserliche Verordnung, durch die er zum Herzog von Kleve und Berg bestimmt worden war, sei zwei Tage später zu verkünden und im ge-

---

[30] AF IV 1842. Die am 21. angeschlagene Proklamation war am 15. unterzeichnet. Die Passage der *Reisebilder* (le Tambour Le Grand), in der Heine berichtet, was in Düsseldorf geschah, als man erfuhr, daß Maximilian das Herzogtum Berg abgetreten hatte, ist zu bekannt, um hier noch einmal wiedergegeben zu werden.

samten Bereich der Herzogtümer auszuhängen[31]. Am 24. März hielt er seinen Einzug in Düsseldorf.

Kaum war Murat in seinem neuen, nach seinem Geschmack zu kleinen Herrschaftsgebiet angekommen, erhielt er von Napoleon die Anweisung, sich aller Besitzungen des reichsunmittelbaren Adels im Herzogtum zu bemächtigen[32]: Er ließ daraufhin die Herrschaften Homburg, Gimborn-Neustadt und Wildenburg[33] besetzen.

## IV.

Seit April begannen sich in Deutschland Gerüchte über Umgestaltungen und Konföderationen zu verbreiten, die in Murat den Wunsch und die Hoffnung erweckten, sich zu verbessern und seine Einkünfte ebenso wie sein Territorium zu vermehren. Dalberg bat Napoleon, Deutschland und seine kaiserliche Reichsverfassung umzugestalten und stattdessen einen Bund der deutschen Fürsten zu bilden; Bittschriften kamen nach Paris, von denen, die bei der Neuverteilung nicht vergessen werden wollten[34]. Murat, der mit einem weniger großen Staat als Württemberg und Baden nicht zufrieden war, rechnete fest damit, bei Talleyrand die Erweiterung seines Staatsgebietes zu erreichen, die ihn den mächtigsten Mitgliedern der künftigen Konföderation gleichstellen würde. Talleyrand entwarf auf dem Papier bedeutende Großherzogtümer, behielt sich aber vor, schließlich nur soviel zu verteilen, wie dies den augenblicklichen Machthunger Murats befriedigte. Einmal fügte er den beiden Herzogtümern die Grafschaft Mark, Tecklenburg und Lingen, Münster und Ostfriesland und sogar Osnabrück und Frankfurt hinzu. So entwarf er ein Land mit mehr als 900.000 Einwohnern[35]; ein anderes Mal ließ er das Gerücht verbreiten, daß er Murat mehrere Erbfürstentümer des ehemaligen Statthalters geben wolle, was den Gesandten von Preußen[36] stark beunruhigte; einmal ging er sogar soweit, Murat die Gründung eines Staates mit 1,5 Millionen Einwohnern und einer Einnahme von 15 Mil-

---

[31] Lumbroso, *Correspondance de Joachim Murat ...* 1791-1808, 114. Die Proklamation war Murat von Napoleon diktiert worden, *Correspondence de Napoléon*, XII, 191, 15. März "an Prinz Murat".

[32] *Correspondence de Napoléon*, XII, 211, 23. März 1806, "an Fürst Joachim" (und nicht mehr an Prinz Murat).

[33] Zur Geschichte dieser Herrschaften siehe Berghaus, *Deutschland vor fünfzig Jahren*, II, 187 ff. Murat schrieb: Guisborn und Wissiedinbourg. Talleyrand hatte von Anfang an diese Gebiete zu denjenigen Herrschaften gezählt, die dem Herzogtum Berg hinzugefügt werden sollten (Aff. Etrang. Berg et Clèves, Bd. XI). Lucchesini beklagte sich über die Eingriffe Murats (Bailleu (siehe Anm. 10), II, 461, 481). Napoleon hatte diese Besetzungen aufgrund des Vertrages von Preßburg befohlen, der Bayern und folgerichtig auch Murat das Recht zubilligte, sich die in seinen Staaten eingeschlossenen oder angrenzenden kleinen Herrschaftsgebiete anzueignen. - AF IV, 1842. Recueil des actes du grand-duché de Berg. 28. März 1806. Goecke, *Das Großherzogthum Berg* (S. 7-8), berichtet nach Häusser, daß Napoleon sich damit begnügte, auf dem Reichstag von Regensburg anzuzeigen, daß sein Schwager zum Herzog von Berg und Kleve ernannt worden sei. Die Versammlung der alten pedantischen Juristen war weniger gekränkt, ohne jede Form einen fremden Fürsten aufgedrängt bekommen zu haben als zu erfahren, daß der Hof von Bayern ein Gebiet, über das noch gestritten wurde, abgab, worüber ein Prozeß vor dem Reichstag angestrengt worden war.

[34] Weck, *Zur Verfassungsgeschichte des Rheinlandes*.

[35] Aff. Etrang. Allemagne, 731.

[36] Bailleu (siehe Anm. 10), II, 460, Postskriptum vom 16. Mai 1806.

lionen Florins vorzugaukeln, für den Kassel eine passende Hauptstadt abgäbe[37]. So großer Pläne bedurfte es, um Murat und Caroline zu beruhigen, die die Erhebung von Louis
auf den Thron von Holland neidisch gemacht hatte: Ihnen schien ihr Anteil auf dem
rechten Rheinufer sehr dürftig.

In der Nacht vom 16./17. Juli wurde die Rheinbundakte unterzeichnet: Von jetzt ab
waren die Staaten Murats für immer vom Gebiet des Deutschen Reiches getrennt und
durch eine Konföderation mit den übrigen neuerrichteten Staaten vereinigt; der Herzog
von Berg und Kleve wurde *Großherzog* und sollte sich der mit der königlichen Würde[38]
verbundenen Rechte, Ehren und Vorrechte erfreuen. Die Rheinbundakte befriedigte nicht
nur Murats Eigenliebe und seine Eitelkeit; sie erweiterte auch seinen Herrschaftsbereich.
Der Herzog von Nassau trat ihm die Stadt Deutz mit ihrem Gebiet sowie die Ämter Königswinter und Villich ab. Diese drei Gebiete, die einstmals dem Erzbischof von Köln
gehörten und im Reichsdeputationshauptschluß von 1803 dem Haus Nassau zugeschlagen worden waren, waren nicht ohne Bedeutung: Das gegenüber der Stadt Köln gelegene
Deutz betrieb einen bedeutenden Handel; Villich am Zusammenfluß von Sieg und Rhein
und Königswinter stromaufwärts von Bonn umfaßte bevölkerungsreiche Dörfer; vor allem sicherte ihr Besitz Murat den durchgängigen Zugang zum rechten Rheinufer[39]. Im
übrigen sollte Murat durch den Artikel 24 der Rheinbundakte Herrschaftsrechte über
weitere Herrschaften und Ämter erhalten, die seine Einkünfte erhöhen würden, woran

---

[37] Dieser Staat hätte Hessen-Kassel, Mark, Essen, Werden, Lippstadt, Elten, das Fürstentum Minden, die Grafschaft Ravensberg, die Grafschaften Lingen und Tecklenburg sowie die Fürstentümer
Münster und Paderborn umfaßt; "diesen Staat den derzeitigen Besitzungen Seiner Fürstlichen Hoheit, dem Großherzog von Berg hinzufügend, würde Seiner Hoheit ein Herrschaftsgebiet von
1.500.000 Seelen mit Einkünften von 15 Millionen Florins ergeben" AF IV 1706 B. Es ist diesbe-
züglich interessant, das Buch von Gagern *Mein Antheil an der Politik* zu lesen; vor allem was er
über den Einfluß des alten Pfeffel im Juli 1806 sagt: Er beriet und soufflierte den damals mit den
deutschen Angelegenheiten beauftragten La Besnardière, Pfeffel habe als erster die Idee einer
Konföderation gehabt, innerhalb derer Bayern, Württemberg, Baden, Darmstadt und Berg zu Kö-
nigreichen erhoben worden wären. Gagern zitiert u.a. eine bemerkenswerte Note Napoleons, datiert vom April 1806, deren Echtheit man prüfen könne: "Einen neuen Staat im Norden Deutschlands zu errichten, der dem Interesse Frankreichs entspräche, Holland und Frankreich gegen Preußen zu schützen. Der Kern würde aus dem Herzogtum Berg sowie dem Herzogtum Kleve zusammen mit Hessen-Darmstadt bestehen. In deren Umgebung wäre alles das zu suchen, was dort noch
angegliedert werden könnte, um schließlich eine Million oder eine Million zweihunderttausend
Seelen zu umfassen; Hannover hinzuzufügen, wenn man denn will, auf längere Sicht auch Hamburg, Bremen, Lübeck. Deutschland wäre demnach auf acht Staaten aufgeteilt: Bayern, Baden,
Württemberg und den neuen Staat, jene vier, die den Interessen Frankreichs entsprechen. Die vier
anderen bestehend aus Österreich, Preußen, Sachsen und Hessen-Kassel. Mit dieser Aufteilung
wäre der gesamtdeutsche Zusammenhalt zerstört und man könnte die kleineren Staaten den größeren zu deren Vorteil zuschlagen. Es ist erforderlich, eine statistische Bestandsaufnahme zu machen, um zu erfahren, ob die vier Staaten, die dem Interesse Frankreichs entsprechen, bei dieser
Aufteilung mehr verlieren oder mehr gewinnen als die vier Staaten, die nicht dabei sind ..."; siehe
die Note vom 30. Jan. 1806. *Correspondence de Napoléon*, XI, 562, die wohl das erste Projekt
Napoleons zu sein scheint.
[38] Es gab damals in Europa nur zwei Großherzogtümer, das der Toskana und das Finnlands.
[39] Berghaus (siehe Anm. 33), II, 173; Deutz trieb viel Schmuggel. Villich, auf beiden Ufern der
Sieg, umfaßte die Herrschaft Schwarz-Rheindorf und fünf Dörfer; Königswinter bestand aus den
Herrschaften Königswinter, Drachenfels und Wolkenburg.

ihm in hohem Maße gelegen war: Er nahm Besitz von den Herrschaften Limburg-Styrum, Broich, Hardenberg, Gimborn-Neustadt, Wildenburg, den Grafschaften Homburg, Bentheim, Steinfurt und Horstmar; von den Besitzungen des Herzogs von Looz, von dem bedeutenden Gebiet der Grafschaften Siegen, Dillenburg und Hadamar, einer industriellen und waldreichen Region, die das Großherzogtum bis über die Lahn hin erweiterte; schließlich bescherte ihm der Besitz der Herrschaften von Westerburg, Schadeck und Beilstein und des Teils der am rechten Lahnufer gelegenen von Runkel im Südosten ein geschlossenes Staatsgebiet[40]. Die Benutzung einer Straße durch die Staaten des Fürsten von Salm wurde ihm zugestanden: Dies war in der Tat unerläßlich, um vom Herzogtum Kleve in das Gebiet von Bentheim und Horstmar[41] zu gelangen.

Im Juli 1806 stellt sich das Territorium des Großherzogtums Berg folgendermaßen dar: Es war ein eigenartig zusammengesetztes Land, dessen an den Rhein angrenzenden Territorien ein recht zweckentsprechendes Ganzes bildeten, aber im Süden durch ein unzureichend mit dem Kernraum verbundenes Gebiet begrenzt war und im Norden eine Exklave ohne direkte Verbindung mit dem Rest des Landes besaß. Berghausen bemängelt mit Recht diese unvollkommene Gestalt des Landes. Er fragt sich nicht lange, warum die mediatisierten Gebietsteile des Nordostens, vom Großherzogtum Berg durch Salm und Münster getrennt, nicht lieber einem der Fürsten von Salm oder dem Herzog von Arenberg zugeteilt worden seien: Man wollte eine künftige Ausdehnung in den Nordosten Deutschlands vorbereiten, und es wurde sehr schnell deutlich, daß die Erwerbungen von 1806 weitere bereits voraussetzten und vorbereiteten[42].

## V.

Drei kleinere Territorien hatten seit Anfang März die Begehrlichkeiten Murats geweckt: Durch den Reichsdeputationshauptschluß von 1803 hatte Preußen, im Austausch gegen die auf dem linken Rheinufer an Frankreich abgetretenen Gebiete, die Abteien Elten, Essen und Werden erhalten. Das Territorium des adeligen Damenstiftes Elten, an der äußersten Grenze des Herzogtums Kleve gelegen, stromabwärts von Emmerich, grenzte an Holland und zählte kaum 1.350 Einwohner. Die beiden anderen waren sehr viel bedeu-

---

[40] Zur Geschichte dieser Fürstentümer siehe Berghaus (siehe Anm. 33), II, 187 ff. Als erstes Mitglied der Konföderation bemächtigte sich Murat sämtlicher Gebiete, die in der Rheinbundakte aufgeführt waren; vom 26. Juli an nahm er sie in Besitz: In der bei dieser Gelegenheit verfaßten Urkunde wurde keinerlei Anspielung auf die Konföderation gemacht; die Ausdrucksweise war so zweideutig, daß man denken konnte, es handele sich nicht nur um die Herrschaft, sondern auch um den Besitz. Es gab einige Schwierigkeiten bei der Besetzung der Grafschaft Bentheim (Correspondence de Napoléon, XII, 556). - Siehe in AF IV pl. 2481 ein Dekret vom 14. Nov. 1808 bezüglich der dem Landgrafen von Hessen-Darmstadt gehörenden Herrschaft Broich und *Lettres inédites de Talleyrand au Napoleon*, veröffentlicht von P. Bertrand (17. Juli 1806).

[41] Murat schrieb am 15. Juli 1806 an Talleyrand, von Neuilly, um ihn um eine Verbindung mit seinen neuen Nordprovinzen zu bitten; Talleyrand konnte in die bereits unterzeichnete Urkunde noch am anderen Tag die für die Straße durch die Staaten des Fürsten Salm entsprechende Klausel einsetzen.

[42] Am 2. August waren die abgetretenen Gebiete besetzt; siehe bei Beugnot, *Memoires* (I, 298 ff.) den authentischen (?) Bericht der Unterredung des Generals Beurnonville und des Fürsten von Nassau. - AF IV 1842: Proklamation der Inbesitznahme.

tender; die Benediktinerabtei Werden beiderseits der Ruhr besaß mehr als 7.000 Einwohner und die Abtei Essen, die daran im Norden angrenzte, zählte mehr als 13.000. Aber nicht nur die Einwohnerzahl machte eine Vereinigung dieser Gebiete mit dem Großherzogtum Berg wünschenswert, denn der Besitz der bereits genutzten Kohlengruben des Essener Territoriums und die sehr bedeutenden dortigen Waffenfabriken versprachen große Einnahmen und erlaubten vor allem eine geregelte Entwicklung der Fabriken von Elberfeld und Remscheid. Am 15. März 1805 hatte ein Erlaß des preußischen Ministeriums die Vereinigung der Abteien mit dem Herzogtum Kleve festgelegt; nun hatte Preußen durch den Friedensvertrag vom 15. Februar 1806 dieses Herzogtum dem von Napoleon designierten Fürsten mit vollem Besitz, mit allen Rechten und Vorrechten abgetreten, die der König von Preußen dort vormals besaß.

Dem Geist dieses Vertrages entsprechend, war Murat der Meinung, übrigens in Übereinstimmung mit Napoleon, daß er das Recht besitze, diese reichen Gebiete seinen Staaten einzuverleiben. Einige Tage nach seinem Einzug in Düsseldorf am 28. März 1806 ließ er Napoleon wissen, daß er dem General Beaumont den Befehl gegeben habe, sich der beiden Abteien Essen und Werden[43] zu bemächtigen. Ermutigt im übrigen durch die Eingaben der Industriellen des Herzogtums Berg, besonders durch die von Elberfeld, - die ruinöse Schutzzölle befürchteten, wenn die Kohlengruben in den Händen Preußens verblieben -, bat Murat den Kaiser, ihn zu unterstützen und lieferte ihm ein entscheidendes Argument: "Die Engländer würden", so schrieb er, "von der einzigen (industriellen) Konkurrenz dieser Art in Europa befreit sein, wenn die Vereinigung nicht durchgeführt würde"[44]. Um noch besser "seine Rechte zu beweisen", ließ er die Archive von Duisburg und Wesel durchsuchen und übersandte dem Kaiser Dokumente, die seinen Standpunkt bekräftigten; der preußische Kommissar von Rappard, der nur "der Form halber" gegen die Besetzung der Abteien protestierte, räumte übrigens lächelnd ein, daß die Vereinigung der Gebietsteile mit Preußen offiziell bereits am 7. Februar stattgefunden habe: Zu diesem Zeitpunkt ließ der Finanzminister in Berlin diese Vereinigung an Ort und Stelle durchführen, während der Minister für Auswärtige Angelegenheiten die Abtrennung des Herzogtums Kleve mit allen Rechten und Vorrechten in Paris[45] unterzeichnen ließ! Indessen spitzte sich die Angelegenheit zu: Als Murat, der einige Truppen in den Abteien einquartiert hatte, erfuhr, daß der Befehlshaber in Westfalen, General Blücher, mit mächtigen Streitkräften die französischen Truppen vertreiben wollte, sprach er davon, "diesem unverschämten Nachbarn eine Lektion zu erteilen und das Land von ihm zu befreien." Ein Brief Napoleons hielt ihn davon ab[46].

---

[43] Das weniger bedeutende Elten überging er mit Stillschweigen.

[44] Lumbroso (siehe Anm. 31), S. 117 ff. Briefe von Murat über diese Angelegenheit vom 28. März bis 20. August. General Rapp, der am 3. April Wesel passierte, schrieb an Napoleon, daß die Einwohner der beiden Herzogtümer unglücklich sein würden, wenn die Abteien nicht mit ihnen vereinigt würden (AF IV 1594).

[45] "In der That war dies (die Vereinigung) auf einem Landtage in Hamm am 7. Februar geschehen: In Wahrheit erfolgte die Besitznahme aber, weil die Einwohner von Berg und besonders Elberfeld die reichen Kohlenlager im Gebiete der drei Abteien nicht entbehren mochten." Bailleu (siehe Anm. 10), II, LXX.

[46] *Correspondence de Napoléon*, XII, 273, 13. April 1806. "Die Meinung der Bauern", von denen am Ende dieses Briefes die Rede ist, waren in Wahrheit die Wünsche der Industriellen, die die

Der Kaiser war ärgerlich, sich kompromittiert und bloßgestellt zu sehen; denn obwohl er die Ansprüche Murats für sehr gerechtfertigt hielt, und er selbst sie ihm am 14. März[47] bekannt gemacht hatte, warf er ihm die Art vor, wie er versucht habe, sie durchzusetzen sowie "die Beleidigung, die er seinen Waffen zufügte", indem er unklug vorgegangen sei.

*Abb. 4: Joachim Murat*

Die Wutausbrüche Murats verdarben seiner Meinung nach alles: "Eine solche Hitz-köpfigkeit" sei unnütz und gefährlich; in "freundschaftlicher Art" und mit Sanftmut könnte man "alles regeln"[48]. Man "regelte" in der Tat alles, aber es bedurfte hierzu langer Verhandlungen. Auf beiden Seiten waren die Gemüter erregt: Preußen hielt sich kriegs-bereit[49], und der König fragte sich, ob Frankreich nur einen Vorwand suche, mit ihm zu

---

Vereinigung wünschten; eine dieser Bittschriften befindet sich in Aff. Etr. Berg und Kleve, Bd. XI.
[47] *Correspondence de Napoléon*, XII, 186. Am 14. März 1806 schrieb er an Talleyrand: "Es gibt drei Länder, die ich gerne zur Abrundung der Interessen des Fürsten Murat haben würde: zuerst die Abteien Essen und Werden, diese umfassen nur 20.000 Seelen; dann die Grafschaft Mark (La-mark) und endlich die Grafschaft Wittgenstein. Falls Essen und Werden zu Kleve gehören, dann handelt es sich um von Preußen erworbene Besitzungen."
[48] *Correspondence de Napoléon*, XII, 17. April 1806.
[49] Noch im Monat August schrieb ihm der Adjutant Murats, daß die ganze preußische Armee den Krieg wünsche, (Aff. Etr. Berg und Kleve, Bd. XII).

brechen[50]. Zweimal noch mußte Napoleon Murat daran hindern, "Torheiten" zu begehen: Er marschiere "mit Hast" und verstehe nichts von der Politik des Kaisers, der seinerseits den König von Preußen nicht verstimmen wolle; er erweise sich als ungebärdiger Nachbar; statt die großen Mächte durch sein Verhalten und seine voreiligen Entschlüsse vor den Kopf zu stoßen, würde er besser daran getan haben, nach Wesel eine gute Garnison zu legen, denn wenn eine Armee sich vor diesem Ort zeigte, was würde er dann machen?[51]

Während Murat vor Ungeduld kochte, arbeiteten Lucchesini und Talleyrand daran, eine einvernehmliche Lösung zu erzielen: Am 10. Juli wurde ein Abkommen unterzeichnet, nach dessen Bestimmungen die preußischen und französischen Truppen die strittigen Gebiete räumen sollten; vorläufig sollte von beiden Seiten kein Souveränitätsakt ausgeübt werden. Murat, der sich als Soldat verstand und dem diplomatische Winkelzüge und Verzögerungen fremd waren, bestand jedoch hartnäckig darauf, das einzige ihm geläufige Argument, Gewalt, anwenden zu wollen. Noch einmal traf ein strenges Schreiben Napoleons ein, und er mußte zurückstecken: Gegenüber seinem Schwager, der ihn wie einen Schuljungen behandelte, der ihm seine "hoffnungslose Übereilung" vorwarf, der seine Pläne als Wahnsinn bezeichnete[52], gab Murat schließlich nach und fügte sich ihm. Man bildete eine Kommission aus Vertretern des Königs von Preußen und des Großherzogs von Berg, welche die Abteien in der Erwartung verwaltete, daß ihr Schicksal endgültig durch einen formgerechten Vertrag geregelt würde. Beschwichtigende Schreiben des Großherzogs von Berg an den Grafen Haugwitz und an den König von Preußen beendeten den Zwischenfall[53].

## VI.

Murat war noch nicht offiziell Herzog von Berg, als Napoleon schon daran dachte, dieses Land "zu arrondieren", wobei er nicht nur an Essen und Werden, sondern auch an die Grafschaft Wittgenstein und vor allem an die Grafschaft Mark[54] dachte. Die von der Ruhr durchflossene Grafschaft Mark, die im Südwesten mit einem großen Teil ihres Territoriums an das Herzogtum Berg stieß und im Norden annähernd von der Lippe begrenzt wurde, war bereits eine bedeutende industrielle Region: "In den engen Tälern folgten einander Fabrik auf Fabrik und der Lauf des Stromes ermöglichte dort häufig den Betrieb von mehr als 50 Fabrikanlagen. Am Ufer der Ruhr vorhandene Kohleflöze hatten in der Grafschaft die Industrie entstehen lassen. Die zahlreichen, auf diesen Flözen erschlossenen Zechen lieferten einen Teil ihrer Produkte in die gebirgige Gegend, wo sie die Fabriken in Altena, Iserlohn, Plettenberg, Lüdenscheid, Hagen und Schwelm versorgten. Die übrige Kohlenmenge wurde auf der Ruhr und dem Rhein in die Herzogtümer Berg und Nassau und bis zu den Küsten Frankreichs befördert, wo sie mit derjenigen von der Rur

---

[50] Bailleu (siehe Anm. 10), I, 459.
[51] *Correspondence de Napoléon*, XII, 290, 16. April 1806.
[52] Ebd., XIII, 33 und 66, 2. August und 11. August 1806.
[53] Am 14. August schrieb Murat an Talleyrand: "Bemühen Sie sich, den Kaiser zu beruhigen, er scheint ein wenig böse gegen mich zu sein." Lumbroso (siehe Anm. 31), 138, 142 ff.
[54] *Correspondence de Napoléon*, XII, bereits zitiert.

und der Saar konkurrierte. "[55]. Der darüber gut unterrichtete Murat, von den Bergern sehr darum angegangen, war sich über die Bedeutung, die eine Nordosterweiterung für seine Untertanen haben würde, schnell im klaren; am 28. März schrieb er an Talleyrand: "Die Grafschaft Mark wird vom Land lebhaft begehrt; die Handelsbeziehungen, alles spricht zugunsten dieses Zusammenschlusses; diese beiden Länder können einander nicht entbehren, und da es so aussieht, daß Preußen sie nicht behalten soll, bemühen Sie sich, sie an uns abtreten zu lassen; Sie sehen, daß bald Vergrößerungspläne ins Auge zu fassen sind; solche sind einem armen, kleinen Fürsten, Herzog von Kleve und Berg, hoffentlich erlaubt." An den Kaiser schrieb er dasselbe: "Das Land, das Eure Majestät mir übereignet hat, kann der Grafschaft Mark[56] nicht entbehren." Bei jeder Gelegenheit erklärte er, daß der Erwerb dieser Grafschaft "ihm äußerst gelegen sein würde"; "der Kaiser wolle ihn sicher nicht wie einen vorgeschobenen Posten jenseits des Rheins liegen lassen. Wenn er seiner preußischen Majestät eine beachtliche Gebietserweiterung zubillige, dann wäre es ihm sicherlich auch eine Freude, einiges für Berg zu tun"; Murat mußte über den Verlust der Kronen von Italien, Neapel und Batavien getröstet werden, denen er immer noch nachtrauerte[57].

Nach Jena und Auerstädt mußte auch dem preußischen König zweifelsohne wieder der Anschein von Größe verliehen werden; dabei konnte zugleich einiges für Murat bewirkt werden. Napoleon war in Berlin und sprach als Herr. Er regelte zunächst die strittige Frage der Abteien: Durch ein in Potsdam erlassenes Dekret erklärte der König von Preußen diese Gebiete als mit dem Großherzogtum Berg vereinigt. Murat besetzte daraufhin am 3. November 1806 Essen und Werden, am nächsten Tag Elten[58]. Nach dem Frieden von Tilsit wurde das Königreich Westfalen errichtet, das als weiterer "Pufferstaat" zwischen Frankreich und Preußen fungierte. Aber erst im Januar 1808 wurde das Schicksal der dem Großherzogtum benachbarten Gebiete, vor allem der von Preußen im Vertrag vom Juli 1807 abgetretenen Grafschaft Mark, endgültig geregelt[59]. Gemäß einem in Paris am 21. Januar 1808[60] unterzeichneten geheimen Abtretungsvertrag vereinigte der Kaiser,

---

[55] Héron de Villefosse, *De la richesse minerale*, I, 271. Über die Rolle des Bergwerksingenieurs Héron de Villefosse siehe Kapitel IX.
[56] Lumbroso (siehe Anm. 31), 120, 123.
[57] Bailleu (siehe Anm. 10), II, LXXV, Anm. 1. Blücher schrieb in einem Bericht vom 21. Juli: "Herzog Joachim soll König in Westfalen werden und noch viele Provinzen dazu erhalten" und S. 433 ff., Rapports von Lucchesini.
[58] Goecke (siehe Anm. 33), 15, gibt Einzelheiten über die Verwaltung der Abteien durch den Grafen von Westerholt.
[59] Bailleu (siehe Anm. 10), II, 587. Im Oktober diktierte Napoleon Duroc einen Vertragsentwurf, in dem Preußen das linke Elbufer an Frankreich abtrat. An dieser Stelle wäre die Geschichte der Verwaltung des Generals Loison im Gebiet von Münster von 1806 bis 1808 darzustellen. Siehe dazu die kurze Studie von L. Schücking, *Die Franzosen im Münsterland,* in: Zs. für vaterländ. Geschichte ... Münster, 1900, LVIII, 153 und folgende. Die übereigneten Territorien hatten Deputierte nach Paris geschickt, um den Kaiser zu bitten, endgültig über ihr Geschick zu bestimmen. Gerüchte liefen um, nach denen sie an Holland, Westfalen oder das Großherzogtum gehen sollten. Lumbroso (siehe Anm. 31), 163.
[60] Der Vertrag befindet sich in AF IV, pl. 2020; er wurde am 23. Januar ratifiziert. Die Vereinbarung über die Inbesitznahme der dem Großherzogtum durch diesen Vertrag zugefügten Territorien wurde in Berlin am 20. April 1808 unterzeichnet und in Bayonne am 24. Mai ratifiziert. Daru vertrat Napoleon, Damas vertrat Murat. Das Original dieser Vereinbarung befindet sich in AF IV pl.

der zugleich "seiner Schwester Caroline eine Freundlichkeit erweisen und die Dienste Murats anerkennen" wollte, das Großherzogtum Berg und die Grafschaft Mark mit Teilen des dem König von Preußen gehörenden Gebietes von Lippstadt, dem Fürstentum Münster einschließlich Cappenberg, den Grafschaften Tecklenburg und Lingen, der Grafschaft und Stadt Dortmund und, dieses Mal endgültig, den Abteien Essen, Elten und Werden. Außerdem durfte der Großherzog in den Besitzungen von Bentheim, Tecklenburg und Rheda alle Hoheitsrechte ausüben, wie sie die Rheinbundakte festlegte: Gesetze erlassen, Steuern erheben und Truppen[61] ausheben. Eine Bevölkerung von fast 350.000 Einwohnern wurde somit dem Großherzogtum Berg hinzugefügt.

So wurde auch dem Verlangen des Gewerbeinspektors Eversmann entsprochen, der das Großherzogtum als ein bedeutendes Land zu sehen wünschte, das unter den Industriestaaten einen der ersten Plätze einnehmen sollte. Er legte dar, daß der Herrscher des durch die Grafschaft Mark, Siegen, Dillenburg, Essen und Werden erweiterten Großherzogtums Berg auch der Beherrscher der Schiffahrt auf dem Unterrhein sein würde: Da nun die angestrebten Gebietserweiterungen erreicht worden waren, war eine beträchtliche industrielle Entwicklung des Gebietes vorauszusehen und zu erwarten. Die äußeren Umstände, die Zollbestimmungen und andere unüberwindliche Hindernisse, sollten jedoch alle Hoffnungen zerstören[62]. Derselbe Vertrag bestätigte die Abtretung der Festung We-

---

2193. Beugnot beschreibt in seinen Memoires (I, 303-304), daß Wesel von Murat gegen das Herzogtum Nassau und das Fürstentum Dissembourg (= Dillenburg) getauscht würde: Das ist ungenau, wie bereits gesehen. Auf der anderen Seite erklärt er (ebd.) das Doppel des Tauschvertrages aufbewahrt zu haben, was ebenso ungenau ist; Tatsächlich hatte er eine der beiden Ausgaben der Vereinbarung vom 20. April 1808 aufbewahrt; dieses luxuriös gebundene Dokument wurde von Beugnots Enkel dem Museum Carnavalet übergeben. Es ist bekannt - und ich werde dafür weitere Beispiele anführen - wie unpräzise die Erinnerungen Beugnots waren, als er sie um 1830 redigierte.

[61] Über diese Städte und Grafschaften siehe G. Pariset, *L'État et les Églises en Prusse sous Frédéric-Guillaume Ier*, 1713-1740 (12 und siehe "Tableau des territoires prussiens"). Das Fürstentum Münster mit der Abtei Cappenberg westlich von Hamm war durch den Reichsdeputationshauptschluß 1803 Preußen als Entschädigung für das Herzogtum Geldern zugeschlagen worden. - Die Grafschaft Dortmund war seit 1803 eine Besitzung von Nassau-Oranien-Fulda. - Bentheim-Tecklenburg-Rheda hatte Gütersloh zur Hauptstadt. - Die Grafschaft Mark war ein Erbteil Jülichs. - Artikel 2 des Vertrages legte fest, daß Murat am 1. März in Besitz der neuen Territorien gesetzt werden sollte, wenn bis zu diesem Zeitpunkt die von Generalintendant Daru auferlegten Kontributionen bezahlt worden seien. Am 20. April 1808, als in Berlin die Vereinbarung über die Inbesitznahme geschlossen wurde, blieben vom Schatzamt des Großherzogtums 1.500.000 Francs schuldig, die am 1. Februar 1809 bezahlt werden sollten (AF IV pl. 2193). Weiterhin reservierte Napoleon sich in Artikel 3 die Hälfte der dem vorhergehenden Besitzer der durch den Vertrag übergebenen Länder gehörenden Domänen; Murat konnte im übrigen als Ersatz eine jährliche Zahlung von 250.000 Francs leisten. Über diese Verhandlungen siehe Goecke (siehe Anm. 33), 18.

Die Einwohner von Schwelm und der Grafschaft Mark hatten Murat im Dezember 1806 geschrieben, er möge beim Kaiser intervenieren, um ihre Kriegskontributionen zu vermindern (Aff. Étr. Berg, t, XII). Der offizielle Bericht über die Besitznahme der Abtei Elten (14. März 1808) ist in den *Großherzoglich Bergischen Wöchentlichen Nachrichten* (Nr. 12) 1808 (Bibl. Düsseldorf) enthalten.

[62] Bericht des Gewerbeinspektors der Grafschaft Mark, Eversmann. Zu dem von Friedrich II. sehr geschätzten Ingenieur Eversmann siehe Beugnot, *Memoires* I, 296. Die oben analysierte *Erinne-*

sel an Napoleon mit einem Gebiet von 3000 Metern rings um den Festungsgürtel: Napoleon legte besonderen Wert auf diesen wichtigen Brückenkopf. Murat würde ihn auch gerne behalten haben; er sprach sogar davon, sich mit Truppen dort einzuschließen, den Kaiser dort zu erwarten und eine Belagerung durchzustehen; Napoleon regte sich über diese ebenso schnell gefaßten wie vergessenen Pläne nicht sonderlich auf. Murat mußte Wesel abtreten: Diese Festung "kann nur einer Großmacht gehören". Am 24. Februar 1808 nahm der Unterpräfekt des Arrondissements Kleve, Baron von Keverberg, im Namen des Kaisers die Stadt in Besitz: Von der Freitreppe des Rathauses aus verlas er den Senatsbeschluß vom 21. Januar, wie zwei Jahre vorher der General Beaumont die Proklamation von Murat verkündigt hatte; von diesem Tag bis 1814 blieb Wesel in das Roerdepartement[63] eingegliedert.

## VII.

Im April 1808 hatte das Großherzogtum Berg einen Umfang erreicht, den es nicht mehr übertreffen sollte[64]; um die beiden den Kern des neuen Staates bildenden Herzogtümer herum hatte Napoleon Murat zahlreiche Gebiete übergeben. Der Kaiser hatte Murat damit zu einem Herrschaftsbereich verholfen, in dem die Bevölkerung aktiv, die Industrie erfolgreich und weiter erfolgversprechend war sowie die Rohstoffe nicht mehr durch Grenzen von den Fabriken getrennt waren. Wohlgestaltet in seinem Kernraum, war das Großherzogtum dagegen im Norden und Süden durch zwei Anhängsel bizarr begrenzt. Das Gebiet von Münster und das von Siegen waren durch Einschnürungen mit dem Zentrum unzureichend verbunden: Neue Gebietserweiterungen wären notwendig gewesen, um ein geschlossenes Staatsgebiet mit guten Verbindungen zu schaffen, das seine volle wirtschaftliche Potenz hätte entwickeln können. Aber Napoleon würde einen solchen Staat nur geschaffen haben, wenn das besondere Interesse des Großherzogtums im Ein-

---

*rung über die Handelsbeziehungen der Grafschaft Mark mit den benachbarten Regionen* datiert aus der Mitte des Jahres 1806. Sie war ohne Zweifel an Héron de Villefosse adressiert, der sich von 1803 bis 1806 in Clausthal, Hannover, als Beauftragter der Regierung für Bergwerke aufhielt und die Bekanntschaft Evermanns machte. Sie befindet sich bei den Unterlagen der Familie Héron de Villefosse.

[63] Der Senatsbeschluß vom 15. Januar 1808 vereinigte Kehl, Kassel, Wesel und Vlissingen mit Frankreich. Vom Monat Juli 1807 an war die Festung Wesel in den 25. Militärbezirk eingegliedert worden. Goecke erklärt den langen Zeitraum, der zwischen dem Friedensvertrag von Tilsit und dem vom 21. Januar 1808 verstrich mit den zwischen Napoleon und Murat aufgetretenen Schwierigkeiten; vgl. Beugnot, *Memoires*, I, 303-304, *Correspondence de Napoléon*, XII, 310, 358, XIII, 24, und Staatsarchiv Düsseldorf, Wesel, 377.

[64] Es ist unmöglich, die genaue Bevölkerungszahl zu diesem Zeitpunkt anzugeben: Goecke gibt 928.000 an; Beugnot nennt in seinen Berichten über die Einteilung des Landes 886.000 (Rhein: 322.000; Sieg: 133.000; Ruhr: 221.000; Ems: 210.000). Die Aufstellung der Territorien durch die Finanzverwaltung nennt 896.000 Einwohner, dies ist sicher die genaueste Zahl. (Siehe *Anhang* A). Die für bestimmte einzelne Gebiete genannten Zahlen variieren enorm: Für Lingen geben die einen 12.000 Quadratmeilen und 24.000 Einwohner an, andere 9.000 Quadratmeilen und 30.000 Einwohner; für Münster gingen die Zahlen von 125.000 Einwohner und 52.000 Quadratmeilen bis 176.000 und 40.000 Quadratmeilen! - Roederer kannte die Unmöglichkeit einer genauen Zahlenangabe; in seinen Steuerberechnungen ging er nach der Verminderung des Gebietes im Jahre 1810 von 750.000 Einwohnern aus (es gab damals in Wirklichkeit 783.000, AF IV, pl. 5099).

klang mit dem allgemeinen Interesse des Kaiserreichs gestanden hätte. Die Beschneidungen, die das Großherzogtum seit 1810 erleiden mußte, verdeutlichten, daß dessen Interessen sich mit denen des Kaiserreiches nicht vertrugen und ihm im Zweifel geopfert wurden.

*Abb. 5: Napoleon um 1805, Büste von Antoine-Denis Chaudet (1763–1810)*

# Kapitel II

## Die Verwaltung unter Murat (1806-1808)

I.     Die Franzosen im Herzogtum Berg vor 1806.

II.    Die Besitzergreifung durch Murat.

III.   Die Verwaltung der Herzogtümer vor 1806.

IV.   Die Vereinfachung der Zentral-, Provinz- und Kommunalverwaltung.

V.    Das Ende der bergischen Landstände: ein einziges Mal zusammengetreten, verzichtete man auf ihre Mitwirkung.

VI.   Erhöhung der Staatseinnahmen durch eine bessere Verwaltung und durch neue Steuern; die Finanzorganisation wird beibehalten; die Bedeutung der "Einnahmen des Großherzogs".

VII.  Vereinfachung des Zollwesens: Freiheit des Binnenverkehrs. - Vereinfachung des Gerichtswesens: alle Berufungen nach Düsseldorf.

VIII. Organisation des durch den Rheinbund festgelegten Truppenkontingents: Schwierigkeiten der Rekrutierung.

IX.   Die öffentliche Meinung: Arbeiter und Bauern, Beamten. Wißbegierde der Massen, Katzbuckelei der Beamten.

X.    Was unter der "Verwaltung" Murats zu verstehen ist; die Arbeit wird von Gaudin und Agar geleistet, den Napoleon lenkt. Murat erhält die Einnahmen seines Landes.

XI.   Murat wird König beider Sizilien; "Abwicklung" seiner Finanzen in Düsseldorf; wie Napoleon den "Wirbel" um den Großherzog und den Skandal vermeidet.

## I.

Bevor Murat seinen Einzug in Düsseldorf hielt, hatte die Stadt seit 1792 bereits sehr viele Franzosen durchziehen sehen, vor allem geflüchtete Adelige und Soldaten der Revolutionsarmeen. Goethe, der sich nach der Rückkehr aus Valmy einige Zeit bei seinem Freund Fritz Jacobi in Pempelfort bei Düsseldorf aufhielt, hatte die Stadt vollgestopft mit Emigranten erlebt, die auf der Flucht in Richtung Westfalen waren, so daß die Hotels und Privatunterkünfte nicht ausreichten. Sie waren so zahlreich, daß ihre Dienerschaft auf offener Straße in den Kutschwagen kampieren mußte. Goethe hat in seinem Reisetagebuch vermerkt, daß mit den Flüchtlingen - oder vielmehr gleichzeitig mit ihnen - demokratisches Empfinden und "ein gewisses Freiheitsgefühl" den Rhein überquert hatten: Die Büsten von Mirabeau und Lafayette sowie Nachbildungen der Originalwerke Houdons waren überall zu sehen; man "betete" sie förmlich an und das Bürgertum verfolgte mit Leidenschaft die Vorgänge in Frankreich. Einige begaben sich selbst nach Paris, um dort die berühmten Redner zu hören, und im folgenden Jahr nahm die Familie des Dichters Varnhagen von Ense aus Begeisterung für die Revolution ihren Wohnsitz in Straßburg, um dort auf freiheitlichem Boden zu leben.

*Abb. 6: Marschall Jean-de-Dieu Soult*

Am Ende des Jahres 1794 erschienen französische Truppen, die bereits am 16. Dezember 1792 in Aachen eingerückt waren, auf dem linken Rheinufer: Auf dem Zollgebäude wurde ein Freiheitsbaum errichtet, der von einer phrygischen Mütze gekrönt war; der Kommandant der Düsseldorfer Garnison, der alte bayerische General Lamotte, ließ einige Kanonenkugeln auf dieses neue seltsame Zeichen des Sammelplatzes abfeuern. Bernadotte antwortete vom anderen Ufer aus und ließ die Stadt beschießen, so daß am 5. und 6. Oktober 1794 einige Häuser in Flammen aufgingen. Während des folgenden Winters wurde die Schiffahrt auf dem Rhein unterbrochen, und die landwirtschaftlich geprägte linke Stromseite konnte das industriell geprägte rechte Ufer nicht mehr mit Getreide versorgen, das man dann unter hohen Kosten aus der Mark und aus Danzig herbeischaffen mußte. Anfang September 1795 überschritten die Franzosen unter dem Befehl des Generals Jourdan den Rhein: Am 7. September rückten sie in Düsseldorf ein. Von hier aus rückten französische Truppen unter dem Befehl von Lefèvre, Ney, Soult (der sich in diesem Land verheiraten sollte), Hoche und Beurnonville bis über die Wupper vor und besetzten bis zum Jahre 1801 das Bergische Land, wo sie von Kriegskontributionen lebten. Durch die den Einwohnern der gesamten Region auferlegten Frondienste wurden die Düsseldorfer Befestigungsanlagen verstärkt. Nach dem Friedensvertrag von Lunéville, der die Abtretung des linken Rheinufers an Frankreich verfügte, räumten die Franzosen das rechtsrheinische Ufer: Die Festungsanlagen von Düsseldorf wurden entsprechend den Vertragsbestimmungen geschleift, und am 31. Mai 1801 verließen die letzten französischen Soldaten das Herzogtum Berg, wo sie fast sechs Jahre lang gelebt hatten. Die Macht der Verhältnisse ließ sie den Rhein eines Tages wiederum überqueren und diese "natürliche Grenze" zwischen der französischen Republik und Deutschland erneut überschreiten. Aber 1806 überquerte keine Eroberungsarmee die bewegliche Brücke über den Rhein, sondern das Gefolge eines neuen Souveräns, des Fürsten und Großadmirals von Frankreich und Schwagers des Kaisers, der nun von seinem Staat[65] Besitz ergriff.

## II.

Am 24. März wurde "das Ereignis, das die politische Existenz des Herzogtums veränderte und ihm eine neue wirtschaftliche Prosperität" verhieß, mit großem Pomp[66] begangen. Murat zog in Düsseldorf ein, flankiert von Gendarmen aus dem Roër-Departement, unter Glockengeläut und Kanonendonner, empfangen von einer großen Menschenmenge, die am vorigen Abend an den Mauern die vom Hauptquartier in Köln erlassene Proklamation gelesen hatte.

---

[65] E. Pauls, *Goethe in Düsseldorf 1792*, in: Beiträge zur Geschichte des Niederrheins, 1900, Bd. XIV, 224ff. Schönneshöfer, *Geschichte des Bergischen Landes*, 1895 und II. Carnot, *Les prémiers echos de la révolution française au delà du Rhin* (Compte rendu de l'académie des sciences morales et politiques 1888, S. 159). Der Präfekt des Roër-Departements, der Staatsrat Laumond, schrieb in seinem Polizeibericht vom 17. bis 19. Frimaire des Jahres XIV. (Dezember 1805): "Es gibt in Düsseldorf zwei ausgeprägte Parteien, eine für Preußen und die andere für Frankreich. In Anbetracht der Beziehungen, die den bayerisch-pfälzischen Kurfürsten an die letztere Macht binden, zieht die Mehrzahl der Einwohner es vor, von den Franzosen besetzt zu werden," (F[7] 8349). Von diesem Augenblick an war er mit der Düsseldorfer Regierung in Kontakt, von der er forderte, den lokalen Zeitungen nicht mehr zu erlauben, unrichtige Nachrichten über die Bewegungen der französischen Armeen zu veröffentlichen, (ebd.). Über die Besatzung durch die französischen Truppen von 1795-1801 siehe Montanus, *Helden und Bürger und Bauern am Niederrhein in den letzten sechs Jahren des vorigen Jahrhunderts und unter der Fremdherrschaft*, Opladen 1870, ein eher patriotisches als wissenschaftliches Buch, welches aber einige Sachverhalte präzise schildert und einige interessante Ideen bietet.

[66] Der *Moniteur* vom 31. März enthält in der Rubrik *Deutschland* einen schwungvollen Bericht über den Einzug Murats in Düsseldorf: Dieser Bericht, der mit bedauernden Äußerungen der Berger endet, bei diesem Fest Caroline Murat nicht gesehen zu haben, ist derart abgefaßt, daß man an eine durch die neuen Untertanen Murats hergestellte Beziehung glauben könnte. Der anonyme Verfasser (er zeichnet nur mit L.) einer 1816 erschienenen Biographie Murats beschuldigt den Herzog von Berg der Scharlatanerie beim Bericht über seinen Einzug: Ohne Zweifel ist der Ton übertrieben und der Stil schwülstig, jedoch ist gewiß, daß der Empfang warmherziger gewesen ist als man erwartet hatte. Alle Biographen Murats haben kaum weitergehendes über den Großherzog von Berg Murat berichtet als die aus dem *Moniteur* übernommenen Zeilen. Siehe die Instruktionen von Napoleon an Murat, Correspondance, XII, 191.

Die Tochter des Geheimrates Baron von Pfeil übergab auf einem weißseidenen Kissen dem Großherzog die goldenen Schlüssel der Stadt und erhielt als Gegengabe eine goldene Uhr. Der zum Schlag der Trommel marschierende kleine Heine erlebte den Einzug der französischen Truppen - "das freudige Volk des Ruhmes, das singend und klingend die Welt durchzog, die heiter-ernsten Grenadiergesichter, die Bärenmützen, die dreyfarbigen Kokarden, die blinkenden Bajonette, die Voltigeurs voll Lustigkeit und Point d'honneur, und den allmächtig großen, silbergestickten Tambour-Major, der seinen Stock mit dem vergoldeten Knopf bis an die erste Etage werfen konnte und seine Augen sogar bis zur zweiten Etage - wo ebenfalls schöne Mädchen am Fenster saßen"[67]. Die Stadträte waren Murat entgegengeeilt um ihn bei seiner Ankunft auf bergischem Boden zu begrüßen; schon gingen, wie der amtliche Berichterstatter behauptete, "die bemerkenswertesten Ausdrücke seiner Antworten voller Leutseligkeit in der Menge von Mund zu Mund und hinterließen den nachhaltigsten Eindruck". Er sprach mit den Mitgliedern der Regierung, der Landstände und des Geheimen Rates von der wichtigen Industrie des Landes, die er fördern wolle ...

Am nächsten Tag leisteten die Behörden den Treueeid: "... ein neues Wappen hing am Rathause, das Eisengeländer an dessen Balcon war mit gestickten Sammetdecken überhängt, französische Grenadiere standen Schildwache, die alten Herren Rathsherren hatten neue Gesichter angezogen und trugen ihre Sonntagsröcke, und sahen sich an auf französisch und sprachen *bon jour*, aus allen Fenstern guckten Damen, neugierige Bürgersleute und blanke Soldaten füllten den Platz...." Vor dem unter dem herzoglichen Thronhimmel sitzenden und pompös gekleideten Murat wandte sich der Geheimratspräsident Baron von Hompesch, der im Namen des bayerischen Königs das Land an den General Beaumont übergeben hatte, in einem großen Saal an die bergischen Stände und forderte sie auf, dem Herrscher den Eid zu leisten. Alle schworen im Namen des allmächtigen Gottes und seines heiligen Evangeliums seiner kaiserlichen Hoheit, dem Landesherrn Joachim und der Verfassung des Landes Treue und Gehorsam. Dann sprach Murat; er versprach im Gegenzug zu der ihm erwiesenen Ergebenheit nichts zu vernachlässigen, um seine Untertanen glücklich zu machen, den Wohlstand ihres Landes zu erhalten und sogar zu steigern[68]. Diese Versprechungen wurden der Menge gegenüber wiederholt: "Endlich füllte sich der Balcon des Rathauses mit bunten Herren, Fahnen und Trompeten, und der Herr Bürgermeister, in seinem berühmten rothen Rock, hielt eine Rede, die sich etwas in die Länge zog, wie Gummi-Elasticum, oder wie eine gestrickte Schlafmütze, in die man einen Stein geworfen - nur nicht den Stein der Weisen - und manche

---

[67] Das Kissen und einer der Schlüssel befinden sich im Museum von Düsseldorf. Heine, *Reisebilder*, Zweyter Theil. Ideen. Das Buch Le Grand, Cap. VI. Zit. nach: Heinrich Heine, Historisch-kritische Gesamtausgabe seiner Werke (= Düsseldorfer Ausgabe), hrsg. von Manfred Windfuhr im Auftrag der Landeshauptstadt Düsseldorf. Band 6, bearb. von Jost Hermand: Briefe aus Berlin, Über Polen, Reisebilder I/II (Prosa), Hamburg 1973, S. 185.
[68] Die Rede ist im *Moniteur* abgedruckt und bei Lumbroso wiedergegeben. Der Baron von Hompesch war den Franzosen nicht unbekannt; er hatte die erste Kapitulation von Düsseldorf unterzeichnet und die Regierung aufgefordert, auf ihrem Posten zu bleiben; irrtümlich durch den General Joubert verhaftet, war er freigelassen worden; das Direktorium hatte im Jahr V vorgesehen, ihm eine Schutzwache zu stellen, um ihn für seine loyale Haltung zu belohnen (AF III 59, 10. Termidore des Jahres IV).

Redensarten konnte ich ganz glücklich vernehmen, z.B. daß man uns glücklich machen wolle - und beim letzten Worte wurden die Trompeten geblasen, und die Fahnen geschwenkt, und die Trommel gerührt, und Vivat gerufen"[69]. Murat war zufrieden. Am selben Tag schrieb er an die Kaiserin Josephine, um ihr seine Freude mitzuteilen: "Die Rufe: *Es lebe Napoleon* und *Es lebe Josephine* waren von allen Seiten zu vernehmen, ihre Anfangsbuchstaben waren überall eingeritzt, überall sprach man vom Ruhm Napoleons, die Kunde von den Wohltaten Josephines war in aller Munde!"[70] In gleicher Weise drückte er gegenüber Talleyrand seine Genugtuung aus und beglückwünschte sich, "in so wunderbarer Weise" empfangen worden zu sein. "Ich würde vergeblich versuchen, Ihnen den Jubel der Einwohner von Düsseldorft (sic) zu schildern: Sie waren im Freudenrausch, ich hätte niemals geglaubt, daß Deutsche zu einer derartigen Begeisterung fähig sind!"[71]

Währenddessen mußte General Beaumont die Eidesleistung der Autoritäten des Herzogtums Kleve entgegennehmen: Zunächst empfanden die Beamten Skrupel, den von ihnen geforderten Eid zu leisten, weil sie noch nicht von demjenigen entbunden waren, der sie dem König von Preußen verpflichtete. Man ließ sie jedoch wissen, daß sie sich durch die Abtretung des Herzogtums als vom Eide entbunden zu betrachten hätten, und so war es nicht erforderlich, sie festzunehmen, sie ins Gefängnis zu werfen und ihr Eigentum zu beschlagnahmen, wie es Napoleon verlangt hatte[72]. Am 3. April zog Murat in Wesel ein; auch dort wurde er mit Begeisterung empfangen. Man lobte seine Liebenswürdigkeit, und er gewann die Herzen der Menschen. Am nächsten Tag "überreichte" man ihm ein Gedicht, das mit naiver Fehlerhaftigkeit die Segnungen seiner Herrschaft im voraus pries:

"Junger und tapferer Held, Kind des Sieges,
Mit den Strahlen deines Ruhms
kommst Du unsere Städte und Felder zu bedecken.
Möge glänzender Lorbeer diese erhabene Stirn umkränzen!
...
Die höchste Macht würde keine Freude verspüren,
außer wenn die Liebe der Untertanen dabei die Wonnen wäre! ... "

---

[69] Heinrich Heine, s. Anm. 67, S. 186.

[70] Lumbroso (s. Anm. 31), 116.

[71] Lumbroso (s. Anm. 31), 119.

[72] AF IV, 1842: Recueil des actes de l'ancien gouvernement. Laumond, Präfekt der Roër, schrieb, daß man in Wesel das Porträt des Königs von Preußen mit Füßen getreten habe; man glaubte im Land, schrieb er am 15. März, an eine Abtretung an die Batavische Republik; die Großgrundbesitzer des Herzogtums Kleve waren bestürzt, denn das Gerücht war aufgekommen, daß das gesamte Land zwischen Ems, Lippe und Holland mit der "Batavischen Republik" vereinigt werden sollte. Am 16. März 1806 ließ Beaumont aus Wesel eine Bekanntmachung über die Inbesitznahme des Herzogtums verkünden (F[7] 8349). Lumbroso (s. Anm. 31), 121 und *Correspondance de Napoléon*, XII, 259, Brief an den Fürsten Joachim, 4. April 1806.

Am 5. April nahm er an einem zu seinen Ehren veranstalteten Ball teil und versprach jedem, alles ihm mögliche zu tun, um das Land glücklich zu machen[73]. Der strahlende Reitergeneral, dem der Ruf der Kühnheit vorauseilte, fand Anklang, und die Menschen sagten sich, "daß er aus bester Familie sei und die Schwester des Kaisers Napoleon geheiratet habe"."

## III.

Murat erschien in seinen Herzogtümern ohne einen festen Plan von der zukünftigen Verwaltung des Landes zu haben; er wußte nichts von der Administration, die er dort vorfinden würde und von den Reformen, die vielleicht notwendig sein würden. Napoleon, der von Anfang an alles genau beobachtete und in die kleinsten Details der Aktivität seines Schwagers hineinregierte, hatte anscheinend vorerst noch nicht die Absicht, den gesamten französischen Verwaltungsapparat, wie er auf der andere Rheinseite bereits bestand, en bloc zu übertragen. Alles wurde im bisherigen Zustand belassen: An der Verwaltung des Landes wurde vorläufig nichts geändert[74]; die Stadtverwaltungen sowie die Justiz- und Polizeibeamten verblieben in ihren Funktionen und begnügten sich damit, von jetzt ab Gericht im Namen von Joachim, Herzog von Berg und Kleve[75], zu halten. In einem Punkt hatte Napoleon allerdings bald eine feste Vorstellung: Es sollte im Prinzip beiden Territorien dieselbe Organisation gegeben werden, nachdem bereits vorher über die bestehende Organisation eine umfassende Studie[76] angefertigt worden war. Murat stimmte Napoleon zu; die Verwaltung mußte zusammengefaßt werden, und es war vor allem notwendig, sich in dem "Chaos" der Instanzen beider Herzogtümer zurechtzufinden. Sein Sekretär Agar, "einer seiner Landsleute", den er seit einigen Jahren bei sich hatte[77], lieferte ihm nach den Angaben der örtlichen Beamten innerhalb von

---

[73] AF IV 1594. Brief des Generals Rapp vom 3. April 1806. Der aus Hannover kommende General Rapp hielt sich am 3. April in Wesel auf und wohnte dort dem Einzug Murats bei; er schrieb: "Der Rest von Westfalen *rechnet damit*, Untertan des Herzogs zu werden, und man beglückwünscht sich dazu; die Preußen waren in diesem Land, besonders in Münster, nicht beliebt." Staatsarchiv Düsseldorf, Wesel, 377.

[74] AF IV 1842, 19. März 1806.

[75] Lumbroso (s. Anm. 31), 114, 21. März.

[76] *Correspondance de Napoléon*, XII, 211, Brief an den Fürsten Joachim, vom 23. März 1806.

[77] Agar (und nicht Agard wie Beugnot und viele andere schrieben), geboren 1771 in Mercuèz (Departement Lot), war Rechtsanwalt in Cahors, als ihm durch die Fürsprache Murats ein Lehrstuhl für Literatur an der École Centrale (1799) verschafft wurde; für diese Tätigkeit erhielt er ein Gehalt von 2000 Francs; Kommissar bei der provisorischen Regierung von Toskana bis 1801, wurde er im Jahr XII Abgeordneter des Departements Lot und begleitete Murat im Feldzug von 1805 ohne festumrissene Aufgaben; auf Bitten von Caroline und Murat wurde er im Juni 1812 zum Grafen des Kaiserreichs ernannt; der Kaiser verlieh ihm den Titel eines Grafen von Mosbourg (Morsbroich bei Altenberg), das ihm Murat einige Jahre vorher übereignet hatte (AF IV pl. 5435, F[17] 1344[21], Goecke s. Anm. 33, Notiz der letzten Seite). Durch eine besondere Gunsterweisung konnte Agar nach 1815 wieder den Besitz seines Landgutes Morsbroich antreten; er starb 1844 (Siehe *Dictionnaire des Contemporains*, de Rabbe).

zwei Wochen eine Übersicht. So erlangte Murat eine Vorstellung von den dortigen Zuständen. Der fleißige und kluge Verwaltungsfachmann Agar soufflierte sie ihm.[78]

Seit der franzosenfreundliche Herzog Wilhelm in Bayern von seinem Schwager, dem Kurfürsten von Bayern, im Jahre 1804 nach Düsseldorf entsandt worden war, besorgte die herzogliche Regierung bzw. Landesdirektion die Verwaltung des Herzogtums. Die Regierung hatte bereits die Verhältnisse in den zwei Herzogtümern Jülich und Berg während der Zeit ihrer Personalunion geregelt; nachdem die beiden Länder getrennt worden waren, wurde sie natürlich für das Herzogtum Berg allein zu umfangreich und kostspielig. Dennoch ließ der Kurfürst sie bestehen, wie er sie vorgefunden hatte, um altgediente Untertanen, die ihr Vermögen auf dem linken Rheinufer verloren hatten, nicht ohne Auskommen zu lassen. Die Landesdirektion war in zwei Abteilungen gegliedert: Die erste besorgte die landesherrliche Verwaltung und demnach alles, was die Privilegien des Herrschers betraf, die lehensrechtlichen und kirchlichen Angelegenheiten sowie die Polizei; die andere die Wirtschafts- und Finanzverwaltung des Staates, die Verwaltung der Forste und der Bergwerke.

Da die Einnahmen der Domänen Herzog Wilhelm als Apanage gegeben und er ermächtigt worden war, in seinem Namen die niedere Polizeigewalt, die Strafgerichtsbarkeit und sogar die Zivilgerichtsbarkeit in beiden Instanzen ausüben zu lassen, mußte ein weiterer Rat gebildet werden: Man bildete ihn aus der zweiten Abteilung der Landesdirektion und nannte ihn *herzogliche Verwaltung*. Unter dieser Bezeichnung war eine Kammer aus elf Mitgliedern mit der Verwaltung der Domänen beauftragt; ihr oblag ebenfalls das Polizei- und Gerichtswesen in den herzoglichen Domänen. Weiterhin berief man in die erste Abteilung alle Richter des obersten Appellationsgerichtes[79] und bildete aus diesem Gremium einen Rat von fünfzehn Mitgliedern, der als *Kurfürstlicher Geheimer Rat* bezeichnet wurde. Ihm wurden die Staatsfinanzen, die oberste Staatsgewalt und die äußeren Angelegenheiten übertragen; von da ab lagen die Verwaltung und das Gerichtswesen des Herzogtums Berg in den Händen der gleichen Personen.

Der Rat tagte bald als oberstes Gericht, bald als Geheimer Exekutivrat des Souveräns. Entsprechend dem damals gemachten Unterschied zwischen den Einnahmen des Fürsten und denen des Staates besaß jeder Rat in seinem Zuständigkeitsbereich eine eigene Rechnungs-

---

[78] AF IV 1225 (Jahr 1806), "Die Übersicht über die bürgerliche und gerichtliche Verwaltung der Herzogtümer Kleve und Berg unter der preußischen Herrschaft", bearbeitet von Agar. Agar übersandte sie am 1. Mai 1809 an Maret als Antwort auf das vom Staatssekretär an ihn gerichtete Ersuchen um Unterlagen bezüglich seiner Verwaltungstätigkeit im Großherzogtum: Diese Denkschrift wurde am Ende eines zweiwöchigen Aufenthaltes schnell gefertigt; die wesentlichen Angaben, von den Zahlen abgesehen, sind brauchbar, denn sie sind Agar von den Behördenleitern geliefert worden, und er konnte deren Genauigkeit prüfen. In demselben Brief vom 1. Mai 1809 bestätigt Agar, seinen Schriftwechsel mit dem Großherzog von Berg nach Neapel gebracht und dann an Murat übergeben zu haben: Er war vertraulich, und er durfte ihn nicht behalten: Ebenfalls "konnten die von ihm gefertigten Berichte nicht in den Büros bleiben, denn sie enthielten die Beweggründe und die Entwicklung der dem Souverän unterbreiteten Projekte". Diese Dokumente, die für die Geschichte der Verwaltung Agars wertvolle Quellen wären, befinden sich nicht in den Archiven von Neapel; sie müssen in den Händen der Nachkommen des Königs beider Sizilien sein.
[79] Mehrere von ihnen gehörten bereits dazu.

kammer. Die eine war zuständig für die Domänen, die andere für die Steuern: eine komplizierte und kostspielige Bürokratie. Die erste einzuführende Reform bestand darin, die zu
hohen Gehälter abzubauen und vor allem das System *der damals in Deutschland fast überall
herrschenden* kollektiven Verwaltung abzuschaffen. Wegen der Gewohnheit, alles in Rats-
kollegien zu beraten und zu entscheiden, hatte Murat große Mühe, geeignete und zu selbstän-
digem Handeln befähigte Persönlichkeiten zu finden. Agar sah voraus, daß diese Reformen
Klagen hervorrufen würden, aber er vertrat die Auffassung, daß diese entweder unverzüglich
oder niemals durchgeführt werden könnten.

*Abb. 7: Herzog Wilhelm in Bayern, Gemälde von Moritz Kellerhoven*

Die lokale Verwaltung in Berg war sowohl kompliziert als auch unzulänglich. In den sechzehn Ämtern, an deren Spitze ein grundsätzlich adliger Amtmann stand, der nicht dort an-
sässig war und sich wenig mit seinen Verwaltungsangelegenheiten beschäftigte, wurden
durch dessen Untergebene die Staatseinnahmen eingetrieben. Die ortsansässigen und tatsächlich tätigen Beamten zweiten Ranges waren von den adligen Amtmännern abhängig, aber
auch sehr gierig und gewinnsüchtig, denn sie lebten von den aus Anlaß ihrer gerichtlichen

Funktionen erhobenen Gebühren[80]. Agar wollte auch hier vereinfachen und gleichzeitig sparen: Das Herzogtum Berg sollte in vier Distrikte unter Leitung eines nachgeordneten Verwaltungsbeamten eingeteilt werden: dadurch sollte alles schneller und geordneter vor sich gehen; die Bürgermeister und die Magistrate der Städte sollten ihnen untergeordnet werden; Justiz und Verwaltung waren voneinander zu trennen. Man konnte sich im übrigen auf das Beispiel des Herzogtums Kleve berufen, wo alles viel einfacher organisiert war[81]: Die Kammer der Finanzen in Hamm, die seit langem mit den Angelegenheiten in der Grafschaft Mark beauftragt war, hatte die Verwaltung nach preußischem Muster eingerichtet, d.h. mit Methode und mit Ordnung. Ein Rat, der ständig von der Kammer delegiert war, lenkte alles in Wesel: Das Herzogtum, das 29 Herrschaften oder Ämter umfaßte, war in zwei große Kreise zusammengefaßt: Emmerich-Wesel und Duisburg. In jedem dieser Kreise besorgten zwei Räte die ganze Verwaltung, einer für die Städte, einer für das flache Land. Das System des Herzogtums Kleve empfahl sich somit durch die Einheit der Leitung, durch die Einteilung in weiträumigere Gebiete und durch die wirksamere Überwachung und straffere Kontrolle in jedem Gebiet: Das war das Ziel der Reformen[82]. Das preußische Verwaltungssystem kennzeichnete den Übergang von der altertümlichen Verwaltung der kleinen deutschen Fürstentümer zur französischen Präfekturalverwaltung.

## IV.

Ein erster Vorschlag Murats wurde durch den Kaiser als unzureichend und schlecht beurteilt: Napoleon verstand nicht, warum man es nicht wagte, den Direktoren, die mit der Leitung der einzelnen Verwaltungszweige beauftragt werden sollten, den Titel "Minister" zu geben; "es gibt in Deutschland keinen kleinen Fürsten, der nicht einen hätte; indessen müssen Sie drei Minister haben;" jeder Minister sollte 6.000 Francs erhalten; acht Staatssekretäre, die 2.000 Francs beziehen sollten, sollten ihnen nachgeordnet sein. Aber es war nichts zu überstürzen, denn es sei erforderlich, "zu beobachten und abzuwarten, (...) lassen Sie alle Auskünfte sammeln, durch die es möglich sein wird, zu einer Organisation zu gelangen, die den Einwohnern und Ihnen zusagt und die Ihre Nachbarn begierig macht, unter Ihre Herrschaft zu kommen: dies ist vor allem das Ziel, daß man sich setzen soll."[83] Dem Grundsatz der Ministerialverwaltung entsprechend wurden die herzogliche Verwaltung und der Geheime Rat des Herzogtums Berg überflüssig: Diese beiden veralteten sperrigen Räderwerke wurden am 24.

---

[80] Der König von Bayern hatte begonnen, sie mittels Aufhebung abzuschaffen.

[81] Siehe in Bornhak, *Geschichte des Preußischen Verwaltungsrechts*, II, 169 f. Die zusammengefaßte Geschichte der Einführung der preußischen Verwaltung in Kleve und Mark. Erst 1752 wurden die richterlichen und verwaltungsmäßigen Aufgaben voneinander getrennt; seit der Einführung der *Kreisverfassung* 1753 existierte das Amt der Landräte, die vor allem Polizei- und Überwachungsfunktionen ausübten.

[82] Murat hatte in seinem Brief vom 31. März 1806 Napoleon einen Eindruck des Chaos vermittelt: "Es war niemals eine Verwaltung weniger geregelt als diejenige, die hier existierte ..." (Lumbroso, s. Anm. 31, 121-123).

[83] Ebd. und Correspondance de Napoléon, XII, 259 (4. April).

April abgeschafft[84]. Am selben Tag wurde eine Verordnung publiziert, welche die Herzogtümer Kleve und Berg unter einer einzigen Verwaltung zusammenfaßte und so die Basis für eine gleichmäßige und einfache Verwaltung legte: Drei Minister würden alles leiten; der erste, zugleich Kanzler-Staatssekretär, übernahm die Justiz und auswärtigen Angelegenheiten, der zweite die Finanzangelegenheiten, dem dritten kamen die Lehensangelegenheiten, die Landwirtschaft, der Handel, das öffentliche Schulwesen und die Armee zu; zehn den Ministern nachgeordnete Staatsräte sollten ihnen assistieren. Als Staatsrat sollten sie gemeinsam die Verwaltungsgerichtsbarkeit handhaben; in Abwesenheit des Großherzogs sollte ein Minister den Vorsitz übernehmen. Schließlich sollte ein Geheimer Rat, bestehend aus den Ministern und zwei Staatsräten, ausgewählte Angelegenheiten erörtern[85]. Mangels geeigneter Persönlichkeiten oder mangels Geld ernannte Murat nur zwei Minister: Der Staatssekretär Agar erhielt die Ressorts Finanzen und auswärtige Angelegenheiten; er war der wirkliche Chef der neuen Regierung.[86]

Der eifrige und äußerst pünktliche bergische Jurist Fuchsius erhielt das Ministerium des Innern; aber er blieb dort nur einige Wochen[87] und wurde am 3. Juni 1806 durch den Grafen von Nesselrode-Reichenstein zum Stein ersetzt, Chef einer alten Diplomatenfamilie und vordem Marschall und Erbdirektor der alten Ritterschaft des Herzogtums Berg. Diese Wahl war vortrefflich. Nesselrode wollte zwischen dem Kaiser und seinen bergischen Mitbürgern vermitteln; wiederholt empfand er die Bürde als zu schwer und wollte davon entbunden werden, aber es gelang, ihn zum Bleiben zu bewegen. Bis 1813, d.h. bis zum endgültigen Zusammenbruch, diente er seinem Land mit Hingabe, ohne jemals indessen der Sache untreu zu werden, die er freiwillig übernommen hatte[88]. Zum Staatsrat gehörten unter anderen der Graf von Goltstein, Fuchsius und der Literatensohn Jacobi, denen wir später noch begegnen werden, denn auch Beugnot versicherte sich ihrer Dienste[89].

---

[84] AF IV 1842, 24. April 1806.

[85] AF IV 1842 und AF IV 1225, 24. April 1806, Murat schickt Napoleon die verschiedenen Verordnungen aufgrund von dessen Anordnungen (Lumbroso, s. Anm. 31, 127). Die Ernennungen zum Staatsrat wurden folgendermaßen vorgenommen: Im April 1806 ernannte Murat den Grafen von Goltstein (Vorsitzender), Fuchsius, Jacobi, Linden, Ark (für das Innere), Schram, Bislinger (für die Finanzen). Im September des gleichen Jahres ernannte er Hazzi und Damas, dann Dupreuil. Der erste "Schub" war aus ehemaligen Mitgliedern des Geheimen Rates zusammengesetzt.

[86] In Abwesenheit von Murat saß Agar üblicherweise dem Staatsrat vor und ließ dort die Entwürfe der Verfügungen, bevor sie dem Souverän vorgelegt wurden, beraten. AF IV 1842, 8. Juli 1806.

[87] Liest man die *Erinnerungen* von Beugnot, könnte man glauben, es habe dort drei Minister gegeben, von denen Fuchsius mit der Justiz betraut war; Fuchsius wurde Vorsitzender des Appelationsgerichts. "Er liebte das neue System nicht, aber er war vorsichtig und unfähig, irgendetwas gegen die Regierung zu unternehmen. Er hätte viel Gutes tun können, wäre er nicht zu politischer Bedeutungslosigkeit verurteilt gewesen" (AB XIX 339).

[88] Im Juni beantragte Murat die Aufnahme des Grafen von Nesselrode in die Ehrenlegion: "Er ist Erbdirektor der Landstände meines Fürstentums, und die Landstände würden sich durch den ihrem Chef bewiesenen Gunstbeweis als geehrt betrachten". (Lumbroso, s. Anm. 31, 132.) Lumbroso datiert dieses Schriftstück nicht; es stammt vom Juni 1806.

[89] Ein Erlaß vom 24. April 1806 untersagte den Beamten, künftig außer ihrem Gehalt noch Getreidezuwendungen, Viehfutter usw. anzunehmen. Vom 6. Mai ab waren die Zivil- und Militärbeamten

Als am 3. August das Großherzogtum durch die Rheinbundakte vor allem in seinem süd-lichen Teil vergrößert worden war, wurde die Organisation der Bezirksverwaltung in Angriff genommen. Das Land wurde in sechs Arrondissements eingeteilt: Siegburg, Mülheim, Elber-feld, Düsseldorf[90], Duisburg und Wesel[91]; später bildete man zwei neue Arrondissements, eines in Dillenburg für den südlichen Teil, das andere in Steinfurt für den nördlichen. An die Spitze jeder dieser Untergliederungen wurde ein Provinzrat gestellt, der die Verwaltung unter der Aufsicht des Ministers zu leiten, die Gesetze und Verordnungen auszuführen bzw. aus-führen zu lassen, die Steuer festzulegen und einzutreiben, die Einkünfte der landesherrlichen Domänen beitreiben zu lassen, die Sicherheit, die Polizei und die öffentliche Ordnung mit Hilfe der Gendarmerie aufrecht zu erhalten hatte; alle Beamten der Region waren ihm unter-stellt. Er wurde durch einen Rechnungssekretär unterstützt, der ihn, falls notwendig, vertrat. Als vorgesehenes Gegengewicht gegen die Willkür von Beamten sollte der Rat umherreisen und Beschwerden entgegennehmen; er war das Auge der Regierung für die Kontrolle der unteren Verwaltungsbehörden.

Somit gab es keine Kollektivverwaltung, keinen um räuberische Hilfskräfte vermehrten und unnützen Amtmann mehr. Entscheidung und Ausführung waren nun einer Person anver-traut, die unmittelbar verantwortlich und dadurch an einem normalen Funktionieren der Ver-waltung, die sie überwachen sollte, äußerst interessiert war. Den Kopf mit einem Zweispitz bedeckt, bekleidet mit weißer Weste und Hosen, blauem Frack nach französischem Schnitt mit Goldstickereien auf den Taschen, Besätzen und Kragen, besaß der Provinzialrat fast alle Kennzeichen und auch bereits die Amtstracht des französischen Präfekten; nur seine Amtsbe-zeichnung war noch preußisch.

Fast alle ernannten Räte stammten aus dem Land selbst. In Düsseldorf setzte man den jun-gen Grafen Spee ein, "einen sehr reichen Mann, der aber sehr wenig darstellte" und später Präfekt des Rhein-Departements wurde; in Dillenburg wurde der Graf von Borcke ernannt, ein ehemaliges Mitglied der klevischen Stände und preußischer Kammerherr. Der Regierung treu ergeben, in seinen Grundsätzen beständig, war er für kurze Zeit Präfekt des Rhein-De-partements und später mit der Leitung des öffentlichen Schulwesens beauftragt. In Siegburg wurde der ehemalige Richter aus Elberfeld Vetter ernannt; er war für seine Anhänglichkeit an den Kaiser bekannt und wurde später zum Friedensrichter in Elberfeld ernannt und als Prä-fekt von Herrn von Kochs ersetzt. In Mülheim berief man einen Deutschen von der linken Rheinseite, Pettmesser, den ehemaligen Unterpräfekten von Prüm (Saar-Departement). Zum bedeutenden Amt des Präfekten von Elberfeld wurde Theremin ernannt; eine Persönlichkeit, deren merkwürdige Karriere kurz angerissen werden soll: Geboren 1762 in der Umgebung von Berlin, aus einer französischen Flüchtlingsfamilie stammend und Bruder des gleichnami-

---

gehalten, die weiß-rote Nationalkokarde zu tragen. Ein Erlaß vom 10. Oktober bestimmte die Amts-tracht der Minister: Hellblauer französischer Frack, ganz mit Goldstickerei versehen, Jackett und Hosen weiß, ebenfalls mit Goldstickereien verziert, mit Goldschnur umnähter und mit weißen Federn ge-schmückter Hut. Die Staatsräte trugen ein kräftig-blaues Kostüm, die Mitglieder des Berufungsge-richtes ein schwarzes (AF IV 1842).

[90] Im ehemaligen Herzogtum Berg.

[91] Im ehemaligen Herzogtum Kleve.

gen Theologen Theremin, war er nach einer diplomatischen Mission bei der preußischen Vertretung in London 1793 nach Frankreich gekommen. Im Jahre III wurde er durch Bücher und Schriften bekannt, besonders durch eine Arbeit mit dem Titel *Von den Interessen der kontinentalen Mächte in bezug auf England*, worin er die Notwendigkeit eines gemeinsamen Zusammenschlusses gegen die englische Konkurrenz darlegte. In den Jahren 1798 und 1799 vom Direktorium mit geheimen Aufträgen in Deutschland beauftragt, wurde er 1800 Unterpräfekt in Monaco, von wo er in gleicher Funktion nach Birkenfeld wechselte; von diesem Posten kam er nach Elberfeld. Sein Aufenthalt im Großherzogtum war nicht von langer Dauer und seit 1808 war er in Paris bei Gaudin, dann bei Maret mit den Angelegenheiten des Großherzogtums betraut. 1811 wurde er zum Generalkonsul in Leipzig ernannt, jedoch verbarg sich hinter dieser Aufgabe eine andere: In Wirklichkeit war er von Savary beauftragt worden, Auskünfte über die Geheimgesellschaften und Illuminaten einzuholen. Nach Frankreich zurückgekehrt, wurde er für kurze Zeit Unterpräfekt in Savenay, dann, nachdem er für ein Jahr Funktionen bei der auswärtigen Liquidation erfüllt hatte, scheint es, daß man sich seiner Dienste entledigte. 1830, inzwischen 68 Jahre alt, verlangte er erneut eine Präfektur. Obwohl Beugnot ihn unterstützte, erhielt er sie jedoch nicht[92].

Die städtische Verwaltung wurde als letzte reorganisiert, man begann damit in Düsseldorf: Agar hatte einen "Magistrat" vorgefunden, der sich aus 24 vom Fürsten ernannten Räten zusammensetzte. Es handelte sich um eine komplizierte Organisation ohne eindeutig geregelte Verantwortlichkeiten: Eine Verordnung vom 7. Oktober 1806 bestimmte, daß ein Stadtdirektor die gesamte Verwaltung in seinen Händen hielt, die er notfalls an einen Stellvertreter delegieren konnte; der Stadtdirektor sollte allein die exekutive Gewalt ausüben. Angelegenheiten, die eine gründliche Beratung erforderten und die Abstimmung über eine Kreditaufnahme, konnte er nicht ohne den Beschluß eines "Stadtrates" entscheiden, der ihm als ständige Kontrolle beigegeben war, der alle Rechnungen prüfte und den jährlichen Haushaltsplan beschloß. Der Stadtrat umfaßte fünfzehn Mitglieder, darunter zwölf Notabeln - Kaufleute, Bankiers und Angehörige des Adels - die vom Souverän ausgewählt und dem Direktor, seinem Stellvertreter und dem Polizeikommissar zur Seite gestellt wurden[93].

Der Düsseldorfer Versuch glückte; ein Jahr später wurden die gleichen Verwaltungsbehörden in den Städten eingesetzt, die bisher als Leitungsspitze noch überkommene Körperschaften besaßen. Die Direktoren und ihre Beigeordneten sollten aus solchen Persönlichkeiten ausgewählt werden, deren Vermögen sie in die Lage versetzte, die städtischen Funktionen ohne Gehalt auszuüben. Allein in Düsseldorf wurden diese Tätigkeiten nicht unentgeltlich verrichtet. Die Ratsmitglieder der anderen Städte sollten Grundbesitzer, Landwirte, Fabrikanten und Kaufleute sein. Um das Ansehen der städtischen Magistrate zu heben und um ihren schwierigen Aufgaben und Verpflichtungen mehr Ansehen zu geben, wurde eine Amts-

---

[92] AF IV 1842, AB XIX 339. Das Dossier über Theremin befindet sich in F 1 b 1. Diese merkwürdige Persönlichkeit müßte näher erforscht werden.

[93] Stadtdirektor wurde der Baron von Pfeil; er verwaltete die Stadt Düsseldorf während der gesamten französischen Herrschaft; die Berichte der 1813 in das Großherzogtum geschickten Geheimagenten präsentieren ihn ängstlich, unentschlossen und von der Öffentlichkeit als wetterwendisch beschuldigt; er war Großmeister der Freimaurerloge St. Joachim (AB IX 339).

tracht entworfen: In ihrem flohbraunen Frack à la française, verziert mit goldenen und silbernen Tressen, umgürtet von einem Degen, einer die Brust kreuzenden Schärpe in den Landesfarben, auf dem Kopf einen Hut mit goldener Schnur, in Weste und weißen Hosen, hatten die Stadtdirektoren ein großartiges Aussehen, und ihre elegante Verkleidung imponierte der Bevölkerung. Es schien auch notwendig, ihre Autorität zu verstärken, denn sie sollten mit der Durchführung der rigorosen fiskalischen Maßnahmen und der harten militärischen Anordnungen beauftragt werden. Murat hatte nicht die Zeit, die Munizipalverwaltung in allen Städten einzuführen: nur zehn waren eingerichtet, als Beugnot ins Land kam[94].

# V.

Alle diese Veränderungen wurden im Großherzogtum eingeführt, ohne daß die Landtage aufgerufen worden wären, sie ernsthaft und gewissenhaft zu beraten und zu bestätigen. Als Murat seinen neuen Staat betrat, gab es eine Vertretung des Adels und der Städte, die vorher eine gewisse Rolle gespielt hatte: Im Herzogtum Berg existierte ein Landtag, bestehend aus den zwei Kollegien des Adels und der Städte. 160 Rittersitze gaben ihren Inhabern das Recht, auf den Landtagen einen Sitz einzunehmen, wenn sie sechzehn adelige Ahnen nachweisen konnten; 1806 waren indes nur noch 28 landtagsfähige Güter im Besitz hinreichend qualifizierter Adeliger. Vier Städte waren auf dem Landtag vertreten: Lennep, Ratingen, Düsseldorf und Wipperfürth. Jede entsandte ihren Bürgermeister und den des Vorjahres; somit gab es acht Vertreter der Städte. Die jährlich einberufene Versammlung, deren Beratungen mittels Verschwiegenheitseides aller Mitglieder geheimgehalten wurden, stimmte über die Steuern ab, verteilte sie und überwachte deren Verwendung. Der Landtag verfocht das Prinzip, daß alle Landesangelegenheiten dort beraten werden sollten, tatsächlich jedoch fällte der Fürst die meisten Entscheidungen aus eigener Machtvollkommenheit. Agar, der Murat die Organisation des Landtages vorgestellt hatte und der als Mitglied des Corps législative in Frankreich diesen Versammlungen zweifellos eine gewisse Bedeutung beimaß, riet dem Großherzog, dem Handel und der Industrie, den beiden großen Kräften des Landes, das Recht zuzugestehen, Vertreter in den Landtag zu entsenden oder sogar eine spezielle Kammer zu bilden, damit die Vertretung wirklich ausgewogen sei; andererseits waren die vier Städte, Düsseldorf ausgenommen, nicht mehr die bedeutendsten Städte des Landes. Diese archaische Organisation mußte geändert werden.

Im Herzogtum Kleve gab es ebenfalls eine Kammer des Adels und eine Kammer der Städte: Nur drei landtagsfähige Güter waren noch im Besitz des alten Adels. Die vertretenen Städte waren Wesel, Duisburg, Emmerich und Rees. Seit der Vereinigung des Herzogtums Kleve mit der Grafschaft Mark tagten die Stände in Hamm und vereinigten sich mit den mär-

---

[94] Die Munizipalverwaltungen der bedeutendsten Städte wurden von Murat ernannt, die der anderen vom Minister oder den Provinzialräten. Die ersteren hatten das Recht auf zwei Goldtressen, die anderen auf eine Tresse in Gold oder Silber. AF IV 1842, 13. Oktober 1807. Vom Dezember 1807 bis Februar 1808 organisierte man die Verwaltungen in zehn Städten.

kischen zur Wahrung gemeinsamer Interessen; seit kurzem hatten sich darüber hinaus die Vertreter der Abteien Essen, Elten und Werden mit denen aus Kleve zusammengeschlossen.

Jetzt, nachdem alle diese Landesteile außer der Grafschaft Mark einem einzigen Territorium angehörten und unter die Herrschaftsgewalt desselben Fürsten gestellt worden waren, sollten auch die Ständevertretungen vereinigt werden: Die Abgeordneten von Kleve konnten sich nur geschmeichelt fühlen, einer so angesehenen Ritterschaft wie der bergischen beizutreten[95].

Murat traf die Mitglieder dieser Landtage, als er in Düsseldorf und Wesel einzog; sie leisteten ihm den Treueid und sie dankten dem Kaiser, ihnen einen so ruhmreichen Fürsten gegeben zu haben[96]. Sie gingen davon aus, daß ihre Kompetenzen weiter bestehen blieben, vielleicht sogar noch erweitert würden, und daß sie bei der Durchführung von Reformen keinesfalls übergangen würden. Napoleon riet auch in diesem Fall abzuwarten, "bevor man einen Plan faßt"[97]. Kaum würde der Kaiser Murat jedoch ermutigt haben, eine Vertretungskörperschaft einzurichten, welche mehr war als eine Scheinorganisation. Murat selbst wußte übrigens nicht, was zu tun war, selbst nach mehreren Monaten Aufenthalt im Land und nach den präzisen Ratschlägen von Agar: Sollte er die Stände so belassen, wie er sie vorgefunden hatte, sollte er welche in den neuen Provinzen bilden, wo es bisher keine gegeben hatte, sollte er alles abschaffen und eine einzige gesetzgebende Körperschaft einrichten, oder aber schließlich alles beseitigen ohne etwas Neues zu schaffen? Er neigte zur letzten Lösung, wobei er "an das Übel dachte, das die Stände durch ihr Mitspracherecht, dauernd die Maßnahmen der Regierung hemmen konnten"[98]. Talleyrand, den er deswegen um Rat anging, fand diese Entscheidung voreilig: Murat hätte sich bisher noch nicht über seine Stände zu beklagen gehabt; er dürfe nicht der Versuchung zu großen Eifers nachgeben; Murat solle nichts übereilen und vorschnell handeln. Talleyrand erinnerte Murat an seine eigene Erfahrung: "Wenn ich es wage, mich selbst zu zitieren, würde ich Eurer kaiserlichen Hoheit das Bedauern bezeugen, das ich hatte, in Benevent voreilige Unterdrückungen und Veränderungen vorgenommen zu haben."[99]

Murat jedoch, der letzten Endes entschlossen war, alles zu beseitigen, berief im September 1806, als er zum zweiten und letzten Mal in sein Großherzogtum zurückkehrte, die Landstände ein. Man hat ernsthaft nach seinen Motiven dafür gesucht, den Landtage zu versammeln: So wurde behauptet, seine revolutionären Prägungen verlangten nach einer repräsentativen Versammlung, oder auch, daß er in diesen regionalen Versammlungen eine Möglichkeit sähe, unabhängig zu werden und sich vom Joch der Abhängigkeit vom Kaiser zu befreien, ferner - dieser letzte Grund ist aber recht unbedeutend - wegen der Möglichkeit zur Repräsentation, die sich ihm bei diesen feierlichen Zusammenkünften boten. Dabei wurde übersehen, daß Murat, seit er mit seinen Grenadieren die Mitglieder des Rates der Fünfhundert

---

95 Rapport von Agar, AF IV 1225. Im Bergischen Land sprach man noch 1870 von "Landtagen" im Sinne von: ein unnützes Leben, dasjenige der Faulen führen. Montanus (s. Anm. 65).

96 Affaires étrangères Berg et Clève, Bd. XI, 30. März 1806.

97 *Correspondance de Napoléon*, XII, 259, 4. April 1806.

98 Lumbroso (s. Anm. 31), 146.

99 Affaires étrangères Berg et Clève, Bd. XII, Urschrift eines Briefes von Talleyrand an Murat.

auseinandergetrieben hatte, allergrößtes Mißtrauen gegenüber solchen "Versammlungen" hegen mußte. Wenn er also diejenige, die er im Großherzogtum vorfand, einberief, so hoffte er wohl hieraus irgendwelchen Nutzen zu ziehen. In einem zwei Tage nach Bekanntwerden der Einberufung an den Kaiser geschriebenen Brief gab er ohne Umschweife den wahren Grund an: "Meine Absicht ist es, von den Ständen die Entscheidung billigen zu lassen, sowohl alle Vermögen steuerlich zu belasten als auch alle Privilegien aufzuheben, die hieran gebunden sind ... Die Mitglieder der Stände haben mich um die Initiative gebeten, um sich damit in den Augen ihrer Mitbürger verdient zu machen."[100] Über diese "Initiative" gibt es keinen Beleg, aber eine Sache ist gewiß: Murat - hauptsächlich damit beschäftigt, soviel Geld als möglich aus seinem Land herauszuziehen -, wollte, daß die neuen Opfer seinen Untertanen durch ihre Vertreter und nicht unmittelbar durch ihn selbst auferlegt würden. Es ist daher müßig, andere Gründe für die Einberufung der Stände und ihre offenkundig stattgefundenen Beratung zu suchen.

Die Nachricht über die Einberufung der Stände des Großherzogtums Berg hatte sich in Deutschland verbreitet und dort Hoffnungen geweckt: Die Zeitung *Le Journal de Jéna* sah darin ein Zeichen für den großen Anteil, den die Länder an ihrer eigenen Verwaltung nehmen sollten[101]. Die Wirklichkeit aber ließ diese Träume bald zerplatzen: Die Stände erhielten keinerlei Selbständigkeit, man schlug ihnen einen Gesamtreformplan vor, über den sie nicht lange beraten konnten. Eine aus ihrer Mitte gewählte Abordnung mußte mit den Ministern eine Reihe besonderer Maßnahmen vorbereiten: die gleichmäßige Verteilung der öffentlichen Abgaben, ein bürgerliches Gesetzbuch usw. Als deutlich wurde, daß die Ständevertreter nicht die gewünschte Anpassungsbereitschaft mitbrachten und sich erlaubten, persönliche Anregungen zur Sprache zu bringen, entledigte sich die Regierung ihrer Mitarbeit[102].

Entsprechend wurde später im Königreich Westfalen verfahren: die durch die Verfassung geschaffenen Ständevertretungen traten nur zweimal zusammen; nach 1810 wurden sie nicht mehr einberufen und die "Regierung ging ihren Gang". Die Stände des Großherzogtums Frankfurt erlebten nur eine einzige Sitzung. Napoleon dachte nicht daran, in Deutschland eine Herrschaftsordnung der freien Diskussion heimisch zu machen, nachdem er eine solche in Frankreich beseitigt hatte[103].

---

[100] Lumbroso (s. Anm. 31), 145.

[101] Winkopp veröffentlichte in *Der rheinische Bund* einen Artikel des Journals de Jéna, in dem der Verfasser die größten Erwartungen in diese Vereinigung der Stände von Berg setzt.

[102] Goecke, der sonst so wortkarg über andere Angelegenheiten ist, berichtet eingehend, in Teilen nach Winkopp, über die einzige Sitzung der Stände (51 ff); im Anhang gibt er sogar die von den Ständen an den Kaiser im März und Dezember 1806 gerichteten Ergebenheitsadressen wieder. Diese Dokumente sind jedoch nicht charakteristisch, es sind vornehmlich amtliche und verabredete Schmeicheleien (Beilagen, I und II).

[103] Hüffer, Bericht über das Buch von Goecke in: *Monatsschrift für Rheinisch-Westfälische Geschichte*, 1877, 567ff. - Thimme, *Die inneren Zustände des Kurfürstentums Hannover ...*, 1806-1813, II, 99 und Darmstädter, *Das Großherzogtum Frankfurt*, 99-104.

# VI.

Die größte Sorge bereiteten Murat - noch bevor er seine Länder in Besitz nahm - die Finanzangelegenheiten. Als ihm Napoleon die Herzogtümer Berg und Kleve übertrug, häufte er in Paris Gehälter und Einkünfte an, die ihm jahraus, jahrein Einnahmen von 140.000 bis 150.000 Francs[104] sicherten! Als Herzog von Kleve und Berg rechnete er mit fürstlichen Einkünften, während er überdies noch die hohen Bezüge eines Großadmirals behielt. Aber ungünstige Erkundigungen zwangen Napoleon, Murat zu beschwichtigen: Ein Land mit mehr als 300.000 Einwohnern sollte ihm mindestens vier Millionen Francs[105] einbringen. Napoleon täuschte sich jedoch, oder er berechnete die Einkünfte, als handele es sich um ein Land mit reicher und leichter Bodenkultur wie Frankreich; dagegen waren die Herzogtümer Industrieländer. Die große Masse der Arbeiter zahlte keine Steuern; überhaupt war die Bevölkerung des viel dichter als das übrige Europa besiedelten Territoriums nicht einheitlich steuerpflichtig. Vor allem aber waren die Staatsfinanzen in Unordnung und bedurften einer grundlegenden Reform, wie sich durch einen Bericht von Agar sehr bald herausstellte[106]. Bereits der Kurfürst von Bayern hatte den Unterhalt der bergischen Truppen auf eigene Kosten bestreiten müssen, um seinem Schwager, dem Herzog Wilhelm, wenigstens die dürftige Apanage von 150.000 Reichstalern (450.000 Francs) zu überlassen. Berg und Kleve vereint brachten Murat durchschnittliche jährliche Einkünfte in Höhe von 1.362.000 Francs. Um die finanziellen Ressourcen sowohl des Landesherrn als auch des Staates zu verbessern, waren eine Grundsteuer einzuführen und alle feudalen Privilegien als zwingende Voraussetzung für die Erstellung eines zuverlässigen Katasters abzuschaffen (in Kleve war ein Zehntel des Grundbesitzes von Abgaben befreit, in Berg zwei Drittel). Weiterhin waren die Akzise, eine Zollabgabe auf Waren, die mit den einheimischen konkurrierten, sowie die städtischen Steuern zu erhöhen, und schließlich mußte man die Industrie zu den Staatserfordernissen heranziehen. Die Staatsdomänen waren so mangelhaft verwaltet, daß man ihren genauen Umfang nicht kannte; sie mußten ebenso wie die Forste, die Preußen in einem beklagenswerten Zustand zurückgelassen hatte, effizienter verwaltet werden.

Neue Einnahmequellen kamen zu den bestehenden: Die Einkünfte der den Herzogtümern zugeschlagenen Unterherrschaften, die Abgaben der Rheinschiffahrt, die Murat beizubehalten dachte, das Postwesen, das der Großherzog sich unterstellte und dessen Gewinne er vereinnahmte, die Besitzungen der aufgelösten religiösen Korporationen. Man konnte auch die Stempelsteuer einführen, überflüssige Beamte entlassen, die Diäten von zwölf Francs täglich für die Mitglieder der Stände streichen, Ordnung in der Verwaltungs- und der Wirtschaftsführung schaffen: Wenn dabei nicht ungestüm vorgegangen würde, könnten die Einnahmen

---

[104] Masson, *Napoleon et sa famille*, III, 52 ff.

[105] *Correspondance de Napoléon*, XII, 211, 23. März 1806.

[106] Lumbroso (s. Anm. 28), 118. Die "Statistiken" von Elberfeld und Remscheid, von denen in diesem Brief die Rede ist, befinden sich im Nationalarchiv (AF IV 1225); zu Elberfeld: "2.646 Familien, 12.670 Seelen, 22 Beamte, 468 Kaufleute und Fabrikanten, 148 Handlungsgehilfen, 2.265 Weber, 8 Landwirte, 504 Diener, 298 Dienstmädchen, 155 Pferde, 67 Kühe, 30 Schafe, 3 Pfarrkirchen, 5 öffentliche Schulen, 4 öffentliche Gebäude, 6 Mühlen, 1.284 Privathäuser".

des Großherzogtums so auf drei Millionen Francs gesteigert werden, wovon der Herzog die Truppen unterhalten und die Kosten der Hofhaltung bestreiten konnte. Dieses Programm wurde verwirklicht und das versprochene Ergebnis erreicht[107].

Aus einem Ständestaat der Privilegien und Exemtionen, die Talleyrand bestehen lassen wollte[108], wurde ein Regime ähnlich dem französischen geformt, welches die Teilhabe aller an den öffentlichen Lasten zum Prinzip hatte. Die im September 1806 in Düsseldorf versammelten Landstände erklärten bzw. mußten erklären, daß sie vom 1. Januar 1807 an auf die Steuerprivilegien verzichteten. Sie verhehlten nicht, daß ihnen dies schwer fiel und daß diese Entscheidung enorme Veränderungen herbeiführe, aber sie betonten, allein an die Erleichterung der Steuerpflichtigen zu denken und dabei alle persönliche Besorgnis hintan zu stellen.

Zum ersten Mal wurde in diesem Gebiet eine nach Prinzipien geordnete, allgemeine Besteuerung des Grund und Bodens entsprechend der in Frankreich bestehenden Grundsteuer eingeführt. Bis dahin hatten die Fürsten Sonderabgaben für bestimmte und zeitlich befristete Bedürfnisse erhoben. Seit 50 Jahren waren die Steuerrollen nicht erneuert worden; nun wurde es notwendig, die Grenzen der Gemeinden festzulegen und den besteuerbaren Grund in den Gemeinden zu ermitteln. Ab Anfang des Jahres 1807 arbeitete die großherzogliche Verwaltung an einer allgemeinen Bestandsaufnahme und Klassifizierung des Grundbesitzes; die Erstellung des Katasters war ernsthaft begonnen worden, als Beugnot das Land in Besitz nahm. Aber dies genügte noch nicht angesichts steigender Bedürfnisse sowie des vom Rheinbund festgesetzten Truppenkontingents: Um die Einnahmen weiter zu steigern, wurde eine progressive Vermögenssteuer, eine *Familiensteuer (taxe de famille)* eingeführt, welche vor allem für militärische Zwecke vorgesehen war: Zum ersten Mal bezahlten die Einwohner des Herzogtums Berg eine persönliche Steuer (von der Industrieabgabe abgesehen), die so bemessen war, daß sie theoretisch nichts Drückendes hatte: Die Steuerpflichtigen ordneten sich selbst einer der elf Steuerklassen zu, die von 30 sous (Stüber) bis 25 Écus (Reichstaler) jährlicher Steuer reichten; man wollte keine Vermögenserklärung, die den Interessen der Industriellen[109] hätte schaden können. So wurden die Staatseinnahmen gleichzeitig mit denen des Großherzogs gesteigert.

---

[107] Rapport von Agar, AF IV 1225.

[108] Talleyrand billigte den Vorschlag für die Abschaffung steuerlicher Privilegien nicht: "dies ist unmöglich! In einer Erbmonarchie muß es einen erblichen Adel geben und einem Adel stehen Privilegien zu: Man muß diese Privilegien beibehalten trotz des Verzichts der Adeligen, die ihnen entsagen wollen; sie haben dazu kein Recht, diese Privilegien gehören ihnen nicht persönlich, andererseits wäre der Augenblick zur Aufhebung dieser Privilegien schlecht gewählt, denn in den Zeitungen wird das am 14. August im *Gesetzes-Bulletin* bereits veröffentlichte Statut erscheinen, das mit soviel Weisheit das wieder in Gang setzt, was mit soviel Unvorsichtigkeit zerstört worden war". (Affaires étrangères Berg et Clève).

[109] AF IV 1842, Mai 1807 und AF IV, pl. 4417. Bericht von Beugnot (1811): Das Kataster war seit drei Jahrhunderten nicht mehr überarbeitet worden; während der ersten Besetzung durch die Franzosen hatte es derartige Klagen über die Verteilung der Kontributionen gegeben, daß 1801 die örtliche Regierung eine Grundstücksvermessung entschied. Der mit dieser Aufgabe betraute Astronomieprofessor Benzenberg stellte fest, daß man sich bis dahin ungleicher Maßstäbe (!) bedient hatte und mußte eine

Es waren neue Steuern eingeführt worden, aber die Finanzverwaltung, das Rechnungswesen und die Steuereinziehung waren nicht verändert worden: Bis zum 1. August 1808, dem Tag der Inbesitznahme des Großherzogtums durch den Kaiser oder vielmehr bis zum 1. Mai 1809, dem Zeitpunkt der Einrichtung einer Staatskasse, behielten die nacheinander dem territorialen Kern angeschlossenen Provinzen ihr eigenes und je besonderes Rechnungswesen, ihr Rechnungsjahr, ihre Art der Steuereinziehung, ihre spezielle Währung und vor allem ihre besonderen Einnahmen und Ausgaben; tatsächlich wurde die ganze lokale Organisation - Verwaltungsstellen, Provinzräte, Gerichte der zweiten Instanz - aus dem Provinzialhaushalt bezahlt und unterhalten. Andererseits leistete jede Provinz einen festgelegten Anteil zu den allgemeinen Staatsausgaben - den Unterhalt der Truppen, die Gehälter der Minister und ihrer Büros, den Berufungsgerichtshof, den Strafgerichtshof - kurz, für alles, was im allgemeinen Interesse lag: So gab es bis 1809 zehn verschiedene Rechnungsführungen der öffentlichen Gelder, neun Provinzialrechnungsführungen und eine Rechnungsführung für die Staatsausgaben.

Das Budget der allgemeinen Ausgaben des Großherzogtums für das Jahr 1807 wurde auf eine Million Écus (Reichstaler), das entspricht drei Millionen Francs, festgesetzt[110]; die Armee allein verschlang 2.160.000 Francs, denn in diesem Jahr mußte das beträchtlich angewachsene Truppenkontingent ausgerüstet werden. Das Budget des Jahres 1808 lag ein wenig niedriger, 810.000 Écus bzw. 2.460.000 Millionen Francs: Das Innenministerium beanspruchte 586.000 Écus, davon 550.000 für die Armee, die Finanzen 84.000 Écus, das Berufungsgericht 13.000, die Auswärtigen Beziehungen 70.000[111].

Neben diesem Haushalt bestand noch ein beachtlicher zweiter, den zu vermehren Murat sich sehr bemühte, denn es handelte sich um den des Fürsten: Kaum waren zwei Jahre verflossen, als die Einkünfte des Großherzogs eine jährliche Gesamthöhe von fast drei Millionen Francs erreicht hatten. Für die ersten sechs Monate des Jahres 1808 erbrachten die Domänen, die reorganisierten Forsten, die von nun ab zuverlässigen Untertanen anvertrauten Bergwerke, die Salinen, die Zölle, die Ruhrschiffahrt, die seit dem 28. März 1807 in Kraft befindliche Stempelsteuer, das Postwesen sowie schließlich die Domänenakzisen dem Fürsten, abzüglich aller Verwaltungskosten, 1.455.367 Francs, die, auf das ganze Jahr umgerechnet, einem Betrag von 2.910.734 Francs entsprachen, über die Murat nach seinem Gutdünken verfügen konnte. Aber zu dieser Zeit waren seine Ansprüche bereits gestiegen und selbst drei Millionen genügten ihm nicht mehr: Das Königreich beider Sizilien, anstelle desjenigen von Spanien, sollte ihm einen höheren Ertrag einbringen[112].

---

Feldmesserabteilung bilden. Agar nahm diese Maßnahme wieder auf bzw. setzte sie fort. Archiv Düsseldorf, Allgemeine Verwaltung, Nr. 27.

[110] Nach dem 1806 festgesetzten Kurs rechnete man 31 Écus für 100 Francs.

[111] AF IV 469 und 470. Berechnung des Rückstandes. Über diese für die "Auswärtigen Beziehungen" ausgegebene Summe von 70.000 Francs siehe u. 65 f. Über die Art der Akzisenerhebung siehe die Berichte des Provinzrates Theremin in Elberfeld, in: *Zeitschrift des Bergischen Geschichtsvereins*, Jg. 1887.

[112] Die Forstverwaltung war am 30. Oktober 1807 neu organisiert worden; die Bergwerksverwaltungen von Essen und Werden am 30. Dezember 1806; die Stempelsteuer war am 28. März 1807 ein-

# VII.

Während die Vereinfachung der Verwaltung und des Finanzwesens noch nicht weit gediehen war, wurde mit den Reformen im Wirtschaftsbereich und dem Gerichtswesen begonnen: Jedes der Territorien, die nach und nach das Großherzogtum bildeten, hatte seine Zölle und Schlagbäume; diese wurden nun abgeschafft, und die Waren konnten im Landesinnern frei verkehren[113]. Weiterhin wurde ein einheitlicher Zolltarif eingeführt, der den Zusammenschluß festigen sollte.

Eine Straße von Elberfeld nach Siegen sollte den Handel beschleunigen und bessere Verbindungen zwischen den Industrie- und den Bergbauregionen ermöglichen, die bisher durch Zollschranken getrennt und durch schlechte Straßen unzureichend miteinander verbunden waren[114].

Agar verfolgte zahlreiche Pläne auf dem Gebiet des Gerichtswesens: Er wollte die Leibeigenschaft aufheben lassen, womit sich der Staatsrat bereits befaßt hatte, er hatte die Einführung des Code Civil zum Abschluß bringen wollen, für die es nur noch eines Gesetzes bedurfte, er hatte eine Prozeßordnung inkrafttreten sowie ein besseres Pfandbriefverfahren als das französische einführen lassen wollen. Der Weggang von Murat bremste jedoch jegliche Reform, so daß es anderen vorbehalten blieb, diese Reformen zu vollenden. Währenddessen hatte man Zeit, mit der unerläßlichen Vereinfachung zu beginnen, ohne an die alte örtliche Organisation zu rühren: Die Sondergerichte, wie das der Flüchtlingskolonie in Wesel, wurden abgeschafft; die Berufungen nach Berlin, nach Wetzlar und nach Hadamar existierten nicht mehr. Von jetzt ab wurden alle zivil- und strafrechtlichen Fälle in letzter Instanz in Düsseldorf verhandelt. Trotz allem bewahrte das Großherzogtum sein überkommenes buntscheckiges und veraltetes Gerichtswesen; das wesentliche blieb noch zu tun[115].

---

geführt worden; das Postwesen wurde auf Befehl Napoleons der Familie Thurn und Taxis abgenommen; ein Postamt war in Hamburg eingerichtet worden, der Briefverkehr des Kontinents befand sich in den Händen der Beamten Murats. Schließlich rechnete man noch mit den Abgaben aus der Rheinschiffahrt; in diesem Punkt gab es Auseinandersetzungen mit der Abgabenverwaltung, die zu erörtern hier zu weit führen würde; die Verwaltung entschied den Streit für sich. AF IV 1842, Lumbroso (s. Anm. 31), 130, 161, 164, *Correspondance de Napoléon*, XII, 211 und Berghaus, *Deutschland vor fünfzig Jahren*, II, 176. Murat vergaß die Seinigen nicht: seine Tochter Laetitia wurde Äbtissin von Elten, das bedeutete Einkünfte von 20.000 Francs (AF IV 1842, 18. Januar 1808).

[113] 9. September 1806 und August 1808, zum Zeitpunkt der territorialen Vereinigung und nach dem Rheinbund und dem Vertrag vom Januar 1808. AF IV 1842 und 1225.

[114] Zölle: 8. September 1807. Straßen: 30. August 1806. Für den Handel und die Industrie von 1806-1808, siehe Kap. X.

[115] AF IV 1223 und AF IV 1842. Das Sondergericht der französischen Kolonie in Wesel und Emmerich wurde am 8. August 1806 aufgelöst; es gab damals nicht mehr als 91 Flüchtlinge, "übrigens in die aus dem Lande stammende Bevölkerung eingebürgert". Über die Gerichtordnung siehe Kap. VII.

# VIII.

Als Napoleon aus den Trümmern der eroberten oder ihm durch Verträge überlassenen Länder einen neuen Staat bildete, erlangte er tatsächlich nicht nur das Recht, alles zu erfahren, was sich in diesem Staate zutrug, sondern auch - was das deutlichste Zeichen der Macht ist - aus diesem Staat zu seinen Diensten und seinem Nutzen Geld und Truppen herauszuziehen. Murat war noch nicht in Düsseldorf eingezogen, als Napoleon, die Herzogtümer wie eine fette Pfründe anbietend und Murats Unruhe wegen der Mittelmäßigkeit der Einkünfte besänftigend, ihn zu Einsparungen verpflichtete, um "eine kleine Armee zu unterhalten", welche "ebenso zur Beschäftigung der Jugend des Landes wie für die Würde seines neuen Staates" notwendig wäre. Diese kleine Armee würde er günstig bekommen, denn "gemäß französischer Art kosten Truppen zuviel, nach bayerischer Art sind sie viel billiger"[116]. Murat verlangte nichts mehr als eine Armee, aber er hätte gerne gesehen, wenn der Kaiser sie besoldet und ernährt hätte[117]. Napoleon, taub gegen seine Klagen, diktierte ihm ein detailliertes Programm des "Militärstandes" und schrieb ihm vor, ein Regiment aus vier Bataillonen aufzustellen, jedes Bataillon mit acht Kompanien, so daß Murat 2.400 Mann mit einer Kompanie Artillerie und sechs Kanonen ins Feld schicken könne[118]. Dies war nach einem Bekenntnis Murats das mindeste, um dem Spott jener kleinen Fürsten zu entgehen, die einige Soldaten unterhielten, die hinter ihren Wagen herritten oder bei ihren Jagden das Wild trieben. Die von Murat aufzustellende Truppe sollte dem Kaiser dienen[119].

Bis zum Juli hatte Murat nicht genug Zeit, eine Armee aufzustellen: Damit beschäftigt, sich der Abteien von Essen, Elten und Werden zu bemächtigen, mit dem Kaiser zu verhandeln und die Verwaltung zu vereinfachen, begnügte er sich damit, für einige Zeit die beiden französischen Regimenter zu behalten, die unter dem Kommando des Generals Beaumont gestanden hatten. Zu seinen eigenen Diensten verfügte Murat über das im Herzogtum vorgefundene bayerische Bataillon sowie zwei Veteranenkompanien, welche aus ehemaligen Soldaten der Regimenter von Hageken und Schenck bestanden, armseligen Truppen, die das Kernstück der künftigen Armee bilden sollten[120].

Im Juli wurde der Rheinbund ins Leben gerufen. In einem Artikel der umfangreichen Gründungsakte wurden die Truppenkontingente der einzelnen Staaten festgelegt: Das Groß-

---

[116] *Correspondance de Napoléon*, XII, 212, 23. März 1806. Napoleon kam oft auf diese Überlegung zurück: Am 4. April schrieb er noch: "Man muß der wirtschaftlichen Art des Landes folgen, die deutschen Truppen kosten viel weniger als die unsrigen." Als er 1811 nach Düsseldorf kam, hörte er nicht auf, sich zu wundern, wie wenig Geld die bergischen Soldaten kosteten.

[117] Lumbroso (s. Anm. 31), 116 und folgende.

[118] *Correspondance de Napoléon*, XII, 258, 4. April 1806.

[119] Lumbroso (s. Anm. 31), 119.

[120] AF IV pl. 2719, Dekret vom 31. März 1809, welches 36 ehemalige Soldaten in den Ruhestand entließ, die bei der Ankunft von Murat Teil der Veteranenkompanien bildeten, welche er behalten und dann im Veteranenkorps des Großherzogtums zusammengefaßt hatte. Durch Verordnung vom 14. April 1806 ließ Murat die Kasernen in Düsseldorf von den Invaliden räumen, um darin dienstfähige Truppen unterzubringen. Diese Einzelheit zeigt deutlich den Zustand, in dem das Kontingent von Berg sich noch befand.

herzogtum Berg sollte 5.000 Mann stellen. Wenn auch der Rheinbund politisch niemals Wirklichkeit wurde und die damals errichteten Staaten weder jemals jene innere Verbindung noch jene gemeinsamen Interessen entwickelten, die ihnen die in Paris unterzeichnete feierliche Akte versprach, so erinnerte die Notwendigkeit, Napoleon, dem *"Protektor des Rheinbundes"*, jedes Jahr zahlreichere Truppen zu stellen, die verbündeten Fürsten ständig an das Band, das sie vereinte: Von seinem Beginn an war deutlich, daß "der Zweck des Bundes in erster Linie ein militärischer war"[121].

Um diese kleine Armee aufzustellen und auszurüsten, die ihm "jenes Ansehen verleihen sollte, das sich unter den Fürsten in Deutschland auf die Zahl guter Truppen gründet, die sie bereitstellen können"[122], hatte Murat weder Offiziere, um seine Soldaten auszubilden, noch Gewehre oder Kanonen, um sie zu bewaffnen. Er verlangte von Napoleon 10.000 Gewehre, eine kleine Ausrüstung mit Feldartillerie und ein Regiment polnischer Ulanen, das die Desertion der im preußischen Dienst stehenden Polen provozieren sollte. Gleichzeitig bat er den Kaiser, ihm einige französische Offiziere zu schicken, wie den General Broussier und den Hauptman Gentil, oder schweizerische, deutschsprachige Offiziere, wie den Oberst Brayer, um aus den bayerischen, preußischen und dillenburgischen Haufen eine reguläre Armee zu formen. Napoleon bewilligte 2.000 Gewehre österreichischen Modells, zwölf Stück Feldartillerie und ermächtigte einige Offiziere, in den Dienst seines Schwagers zu treten[123].

---

[121] Bayern sollte 30.000, Württemberg 12.000, Baden 8.000 Mann stellen. - Darmstaedter zeigt am Anfang des dem Kontigent gewidmeten Kapitels seines Buches (*Das Großherzogtum Frankfurt*) den militärischen Zweck, "der Zweck des Rheinischen Bundes war in erster Linie ein militärischer; die Bundesstaaten hatten dem Protektor deutsche Soldaten zu liefern". - Bernays, *Die Schicksale des Großherzogtums Frankfurt und seiner Truppen* äußert sich in gleicher Weise: "Es war offensichtlich, daß Napoleon mit der Rheinbundakte nichts bezweckte, außer sich der Hilfe der Truppen zu versichern."

Napoleon schrieb in einem Brief an den König von Württemberg: "Ich würde kein Vorrecht im Rheinbund haben und es wäre mir von keinem Nutzen, wenn als Gegenleistung der Garantie, die ich Ihm gegen jede Macht gewähre, ich nicht das Recht hätte, sein Kontingent zum geeigneten Zeitpunkt zu berufen", (XXII, 14, 2. April 1811). Er schätzte übrigens die ihm von den Rheinbundfürsten gestellten Soldaten: "Die deutschen Soldaten sind brav und nicht so Nörgler wie unsere Franzosen" (Darmstaedter, 196.)

In einem ersten und sehr unklaren (nicht datierten) Projekt des Bundes liest man zum Kontingent: "(für den gesamten Rheinbund) ein gutes Infanterieregiment, ein Regiment leichter Kavallerie und eine Kompanie Artillerie; diese kleine Division von 4.000 Mann soll von einem Marschall des Rheinbundes befehligt werden; dies wäre ein gutes Kommando für einen französischen Marschall" (AF IV 1706[b]). Dieses Projekt war bescheiden im Vergleich zu dem, was in der Folgezeit beschlossen wurde.

[122] *Correspondance de Napoléon*, XIII, 75, 15. August 1806.

[123] Affaires étrangères, Berg und Kleve und Lumbroso (s. Anm. 31), 132-133. Murat schrieb irrigerweise: Der Hauptmann Gentil ist Deutscher; der Hauptmann Genty war in Saintes geboren. Über die Offiziere wie Geither, Genty, Mouff, siehe das dem Kontingent gewidmete Kapitel 5, *Correspondance de Napoléon*, XII, 569, 21. Juni 1806 (Gheiter anstelle von Geither, Gentil anstelle von Genty). V. Siehe ebenso AF IV plaq. 4403, 4433. - Murat hatte Napoleon um Plätze in der Militärschule von Fontainebleau gebeten. Es scheinen jedoch trotz Napoleons Erlaubnis weder damals noch später junge Leute des Landes nach Fontainebleau oder Saint-Germain entsandt worden zu sein.

Gleichzeitig berief Murat einen Offizier, den er in Ägypten und Italien kennengelernt hatte und als vorzüglichen Organisator schätzte: den General Damas, "einen Tapferen der ersten Stunde, dessen Glück durch ein schweres Mißverständnis belastet war". Indem Muat ihm die Aufgabe übertrug, sein Truppenkontingent zu organisieren, versicherte sich Murat nicht nur eines klugen und zuverlässigen Mitarbeiters, sondern holte einen Offizier aus der Ungnade und dem Vergessen, der seit mehreren Jahren vergeblich versuchte, eine Betätigung zu finden. Freund Klébers, von Menou "beneidet", von Bonaparte "verfolgt", war Damas im Jahre XI mit einem Schub von Generälen wie Semonville und Lahorie in den Ruhestand entlassen worden. Später wegen seiner Sympathie für Moreau beargwöhnt, verbrachte Damas im Ruhestand ein eingeengtes und beschwerliches Dasein und versuchte vergeblich, Napoleon zu erweichen und erneut einen Dienst zu erlangen. Murat erschien zur rechten Zeit, um ihn von den "ständigen Kränkungen" zu befreien, und legte ein gutes Wort beim Kaiser ein: "Jeder Verfehlung gebührt Barmherzigkeit; ich stehe für ihn ein; sollten Eure Majestät zur Milde nicht geneigt sein, anerbiete ich, Eure Majestät mich nicht mehr von ihm sprechen zu hören." Dieses Mal gab Napoleon nach und ermächtigte Damas, das Militärkommando des Großherzogtums zu übernehmen. Dort ging er unter von Tag zu Tag schwierigeren Bedingungen daran, unaufhörlich größere Kontingente auszuheben, und machte sich dabei dennoch beliebt und hinterließ gute Erinnerungen[124].

Zu Beginn war seine Aufgabe besonders schwierig: Aushebungen zum Militärdienst waren zunächst nur im Herzogtum Berg eingeführt worden[125], erst später, wenigstens theoretisch, im gesamten Großherzogtum. In der Praxis hatte man in diesem buntscheckigen Land das neue Gesetz jedoch nicht durchführen können, und General Damas, dem Zwangsmittel fehlten, war gezwungen, alle Verfahren anzuwenden, um die kleine Armee zu schaffen, die aufzustellen er die Pflicht hatte. Zu seiner Verfügung hatte er nur eine mit zwei nicht gebrauchsfähigen Ka-

---

[124] Über Damas siehe die Notiz, die ihm in der *Biographie universelle des contemporains* ... von Rabbe (Paris 1836, Bd. II) gewidmet ist; über seine Haltung in Ägypten siehe *Kléber et Menou en Egypte* (1799-1801), sowie die von F. Rousseau veröffentlichten Dokumente in der collection de la Societé d'histoire contemporaine (Paris 1900) und in Villiers du Terrage, *Journal des souvenirs sur l'expedition d'Egypte* (Paris 1899); - Damas bewahrte die Papiere von Kléber betreffend die Expedition in Ägypten und den Krieg in der Vendée: Er gab sie Napoleon im November 1810 (AF IV 1867). - Siehe weiterhin: F$^7$ 6147 (Brief an Le Febvre, wo er sich verteidigt, die Projekte seines Sekretärs unterstützt zu haben, ein Verräter mit Namen Beaumont, verhaftet in Gießen im Jahre VI); F$^2$ 6393 (Brief an Moreau im Jahre IX, wo er sich über den Haß von Menou beklagt, die Intrigen, die in Kairo auftraten, aufzeigt und "befürchtet, daß der erste Konsul nicht von ihnen beeinflußt worden sei"); AF III 196, AF IV pl. 2380 (lobende Note von Carnot). Er war für die Präfektur in Finistère vorgeschlagen worden, doch Miollis wurde ihm vorgezogen. Endlich enthält seine Personalakte in den Archives administratives de la Guerre interessante Briefe. Als Divisionsgeneral in französischen Dienst zurückgekehrt am 21. November 1813, wurde er 1814 zum Armeeoberst von Paris ernannt, organisierte die Königliche Garde "zusammengesetzt aus alten Soldaten, die Bonaparte treu waren und seinen Groll gegen seine Person kannten"; Generalinspektor der Gendarmerie seit 1816, starb er in Paris 1828. - Siehe im übrigen Beugnot, *Mémoires*, I, 321.
[125] Im Herzogtum Kleve war die Aushebung noch nicht eingeführt worden; diese Provinz erfüllte provisorisch ihr Kontingent durch Männer, die sie im Dienst Preußens gehabt hatte (AF IV 1874, Rapport von Nesselrode).

54

nonen ausgerüstete armselige Abteilung der Nationalgarde; während Napoleon die Preußen bei Jena schlug, befürchtete Damas einen möglichen Angriff des preußischen Nordkorps. Die Düsseldorfer Garnison hätte sich selbst gegen schlecht ausgebildete Truppen nicht lange gehalten[126]. Nach und nach trafen die Rekruten ein, aber von 24 Mann mußte er zwölf als kränklich, zu alt, zu jung oder zu klein bzw. "gut um ein Kinderkorps zu bilden" zurückschicken. Es handelte sich um Seminarschüler, denen zweifellos moralische Qualitäten unterstellt wurden, bevor "ihre Statur besehen wurde". Ein anderes Mal erfuhr er, daß sich in der Kompanie des Fürsten von Oranien-Fulda, die in die bergischen Truppen eingegliedert werden sollte, 21 verheiratete Soldaten, 42 Kinder und etwa 20 Männer über 40 Jahren - teilweise sogar bis zu 50 und 60 Jahre alt - befanden! Beim einsetzenden Winter trugen diese unglücklichen Bauern nur Kleider aus Leinen[127]!

Zu den Schwierigkeiten, diensttaugliche Männer zu finden, kamen vor allem holländische Rekrutenanwerber, die das Land durchstreiften und die Kolonnen bei ihrer Passage erwarteten, um den Soldaten zu trinken zu geben und sie abzuschleppen[128]. Wie sollten die Rekruten, die "weder Schuhe noch Hemden oder Bekleidungsstücke" besaßen, die in einer derartigen Unsauberkeit lebten, daß man sich überall weigerte, sie aufzunehmen, wie sollten sie zunächst der Entmutigung und dann dem Handgeld der Werber widerstehen? Des Streites müde, entschied Damas sich, auch außerhalb der Grenzen des Großherzogtums zu "rekrutieren". Anfang 1807 reiste er nach Nancy und Dijon und besuchte die Lager der preußischen Kriegsgefangenen; er erlebte eine Enttäuschung. Die gesunden und dienstfähigen waren bereits für den Dienst in Spanien, in der Schweiz, in Holland oder in Polen herangezogen worden. Es blieben nur verheiratete Soldaten übrig, die wenig geneigt waren, wieder ins Feld zu ziehen. Damas gelang es dennoch, im Lager von Nancy 800 Gefangene ausfindig zu machen und nach Düsseldorf zu führen. Sie waren nicht uniformiert, kamen aus Lazaretten und mußten vom Scheitel bis zur Sohle eingekleidet werden. In zwei Kolonnen marschierten sie nach Metz, von dort fuhren sie bis zum Bestimmungsort mit dem Schiff, um Schuhwerk zu sparen. Einige Unteroffiziere, die Damas zu Unterleutnants ernannt und die Uniform in den bergischen Farben hatte anziehen lassen, eskortierten und führten diese seltsame Truppe. Acht nach ihrer Entlassung aus dem Lazarett angeworbene preußische Musiker hielten die Truppe in Stimmung und Schwung. Die Irrfahrt dieser "Ausgehobenen" verlief eigenartig: Eine erste Abteilung von 500 Mann wurde von Düsseldorf nach Magdeburg weitergeleitet; 281 kamen am Zielort an, 25 waren im Lazarett geblieben, der Rest war desertiert. Als General Eblé die ihm überstellte Truppe inspizierte, staunte er nicht schlecht, die ehemalige preußische Garni-

---

[126] Diese Einzelheiten und alle folgenden stammen aus der *Correspondance* des Generals Damas in drei Verzeichnissen (1806-1811) in den Archives historiques de la Guerre.

[127] In seinem Briefwechsel beklagt sich Damas ständig über die Kleinheit und Schwäche des Kontingentes der Arrondissements Mülheim und Siegburg: "Eine Schwäche, von der man sich keine Vorstellung machen kann, wenn man sie nicht gesehen hat." In einem der kleinen, dem Herzogtum Berg angegliederten, südlich gelegenen Fürstentümer fand man ein Kontingent aus einem Unteroffizier, einem Gefreiten und acht Soldaten, alle alt oder gebrechlich.

[128] In F[7] 8136 (Nr. 7822) findet man Briefe von Präfekten des linken Rheinufers, die sich über die holländischen Rekrutenwerber beschweren.

son von Magdeburg wiederzuerkennen. Er weigerte sich, in der neuen Garnison, die sich gegen Angriffe der Preußen zu verteidigen hatte, diejenigen zuzulassen, die vor kurzem noch gegen die Franzosen gekämpft hatten. Er erklärte sie zum zweiten Mal zu Kriegsgefangenen und schickte sie nach Mainz, von wo aus sie nach Frankreich zurückkehren sollten. Damas, der sich damals in Kassel aufhielt, um Hessen auf Rechnung Murats in Besitz zu nehmen, sah die Soldaten vorbeimarschieren und erkannte sie: Erneut wurden sie aufgehalten. Um den Staatsschatz des Großherzogtums von den Ausgaben, die sie verursacht hatten, zu entlasten, versuchte man, sie in Holland "unterzubringen".

Ab Juli 1806 mußte Murat dem Aufgebot des Rheinbundes 5.000 Mann stellen: Im September hatte er begonnen, ein Regiment mit zwei Bataillonen aufzustellen. Einige bayerische und dillenburgische Kompanien wurden eingesetzt, aber um das Regiment zu vervollständigen, mußte Damas in Hessen den holländischen Offizieren Konkurrenz machen, die zwei Dukaten bei der Verpflichtung und zwei weitere am Ende des ersten Dienstjahres versprachen. Die Mehrzahl der ehemaligen Soldaten des hessischen Kurfürsten hatten indes geheiratet, und die jungen Leute waren von Holland geworben worden; außerhalb der Grenzen des Großherzogtums waren keine Männer für den Militärdienst zu finden.

Es wurde notwendig, mit Hilfe der schon versammelten ersten Truppen die Dienstunwilligen zu verfolgen und die Aushebung zu reglementieren, um möglichst alle jungen Männer des Landes zu verpflichten. Am 9. Juni 1807 unterzeichnete Nesselrode eine detaillierte Instruktion, die dem trotz offizieller Einrichtung der Aushebung provisorischen Zustand ein Ende setzte: Von nun an durfte das Kontingent ausschließlich aus Einheimischen bestehen; die Zeit der Reisen nach Hessen oder Nancy auf der Suche nach preußischen Gefangenen oder Freiwilligen, die bereitwillig zum Meistbietenden desertierten, war vorbei.

Alle männlichen Untertanen im Alter von 20 bis 25 Jahren waren zum Militärdienst verpflichtet, einschließlich der Kinder von Juden und der ansässigen Ausländer; befreit waren der landtagsfähige Adel, die Söhne der Staatsräte und einer bestimmten Anzahl von Beamten, die Geistlichen, die höheren Beamten, die Lehrer, in bestimmten Fällen die Söhne von Witwen oder betagten Eltern, die ältesten Brüder verwaister Geschwister, die Künstler und die bedeutenden Fabrikanten. Die Dauer der Militärpflicht war auf acht Jahre festgesetzt.

Der Zustrom von Männern war Anfang 1808 so langsam wie der 1807: Es gab eher Aushebungsversuche als ernsthafte Aushebungen; man brachte Rekruten nach Düsseldorf, die sich nach kurzer Zeit in ihr Dorf zurückbegaben und dort blieben. Der Geheimvertrag über die Vergrößerung vom Januar 1808 enthielt eine Klausel, welche die Zahl des jährlichen Kontingents auf 7.000 Männer festlegte; aber die neuen, ehemals preußischen Provinzen, die sich lange Zeit hindurch besonderer Vergünstigungen erfreuten, fügten sich der Konskription nicht. Damas mußte in der Grafschaft Mark Gendarmeriestreifen organisieren und für jeden festgenommenen Deserteur vier Francs versprechen[129]. Nesselrode, der Innen- und Kriegsmi-

---

[129] Im Großherzogtum Frankfurt waren die Juden in gleicher Weise dem allgemeinen Gesetz unterworfen (Darmstaedter, s. Anm. 121, 198). In seiner Geschichte über das Regiment aus Frankfurt schreibt der Hauptmann Sauzey: "Die Juden waren vom Gesetz ausgenommen, weil man ihnen immer jede militärische Tugend abgesprochen hatte." Er wiederholt hier einen Irrtum von Bernay. Im Großherzogtum Frankfurt waren die jungen Leute von 17 bis 25 Jahren der Aushebung unterworfen. Diese

nister, bereitete einen Organisationsplan für dieses vergrößerte Kontingent vor, als Murat für den Thron beider Sizilien bestimmt wurde: Beugnot fiel die Aufgabe zu, das Dekret im August 1808 Napoleon vorzulegen.

## IX.

Wenn man in dieser Zeit von der "öffentlichen Meinung" in Deutschland spricht, muß zwischen der Meinung der Bauern oder der Fabrikarbeiter und derjenigen einiger Beamter und der Adeligen, die den Souverän umgaben und von ihm Stellungen und Ehren erwarteten, genau unterschieden werden, um nicht schwerwiegenden Mißverständnissen aufzusitzen.

Die Volksmenge war belustigt und unterhalten durch den Vorbeizug der glänzenden Ehrengeleite, an deren Spitze der berühmte Marschall des Kaiserreiches und Schwager des Kaisers auf tänzelndem Pferd ritt, jung und in der "Erscheinung sowohl ein gutmütiger Kerl wie martialisch". Die Bewohner auf dem Land und die der Städte liefen herbei, um ihn vorbeireiten zu sehen, und schrien aus vollem Halse: "Es lebe Herzog Joachim!" Handel und Industrie litten noch nicht zu sehr unter der Kontinentalsperre. Die Aushebung zum Militärdienst kündigte sich zwar unerfreulich an, die Kontributionen begannen wirklich bedrükkend zu werden - beunruhigende "tumultartige Bewegungen" hatten sich bereits im August 1807 in der Gegend von Dillenburg, in Fronhausen, gezeigt, als die Taxatoren der Ländereien eingetroffen waren, aber die Berger hofften, daß dies alles nicht andauerte und das neue Regime sich in Frieden einrichten würde. Die offiziellen Kreise und der Adel wetteiferten emsig um die Aufmerksamkeit Murats und seiner Minister, und wie das Volk "respektvoll und gehorsam" war, waren die Adeligen "unterwürfig und damit beschäftigt, zu gefallen und die Gunst des Landesherrn" und seiner Repräsentanten zu gewinnen. Es gab keine Form der übertriebenen Bewunderung und der platten Ergebenheit, die nicht bei Willkommensansprachen und den zu jeder Gelegenheit abgesandten Grußadressen Murat oder Napoleon vorgetragen oder niedergeschrieben worden wäre. Fest des Kaisers, Fest des Großherzogs, Sieg von Jena, Einzug der Franzosen in Berlin, alles taugte zum Vorwand für eine offizielle Lobrede, geschmückt mit würdelosen Formulierungen übertriebenen Respektes. Und dennoch: Wer weiß, wie verbreitet seinerzeit die Schmeichelei war sowie vor allem "die fast religiöse Verehrung, die die Bewohner der deutschen Residenzstädte" ihren Fürsten und Prinzessinnen entgegenbrachten, die rührende Aufmerksamkeit, mit der sie die geringsten Schritte ihrer Souveräne verfolgten, die etwas kindliche Zuneigung, die sie ihnen bezeugten, die Bedeutung, die in ihren Augen die geringsten Posten am Hof und die mittelmäßigsten Funktionen hatten, dem erscheinen die Ergebenheitsadressen - gelegentlich übrigens von Franzosen redigiert - weniger platt und die Bücklinge weniger demütig. Schließlich, und das sollte nicht

---

offiziellen Begrenzungen wurden jedoch überschritten; 1813 gab es Soldaten von 50 Jahren. Die Ausnahme zugunsten der Fabrikanten wurde in Berg nicht beibehalten; man verweigerte seit 1807 denen von Elberfeld die Genehmigung, wie 1806, 200 Écus für jeden Stellvertreter zu zahlen (*Correspondance de Damas*). Die Instruktion ist in AF IV 1842. Siehe bezüglich der Desertionen und der Schwierigkeiten der Rekrutierung: AF IV 1225 und *Correspondance de Damas*.

vergessen werden, war die Vorstellung eines *deutschen* Patriotismus noch nicht so entwickelt, wie sie es einige Jahre später sein sollte, und das Bedauern, einen gutherzigen Fürsten wie den bayerischen Herzog zu verlieren, wurde aufgewogen durch die Freude, unter die Herrschaft eines Monarchen und Verwandten des großen Kaisers zu wechseln[130].

# X.

Es würde einen weiteren Irrtum bedeuten und hieße sich durch den Trug der Worte blenden lassen, ernsthaft von den "Reformen Murats" oder den "Ideen Murats" zu sprechen.[131] Murat persönlich hatte weder genaue Vorstellungen von den Bedürfnissen der ihm anvertrauten Länder, noch von den Reformen, die dort eingeführt werden mußten. Ebenso wie später Jérôme von Westfalen "machte er sich die außergewöhnliche Kompliziertheit seiner Aufgabe nicht klar"[132]. Vor allem darum besorgt, gute und ertragreiche Domänen vorzufinden, betrachtete Murat das Großherzogtum als eine Orange, die er würde "auspressen" können (das Wort stammt von Beugnot). Gleichzeitig wartete er darauf, daß der gute Wille des Kaisers ihm ein wirkliches Königreich und beträchtlichere Einnahmen verschaffe. In Paris durch die Freuden des Hoflebens zurückgehalten, dann; während des Feldzugs gegen Preußen zur Armee abberufen, residierte er kaum in seinen deutschen Ländereien: In den zwei Jahren seiner Herrschaft hielt er sich kaum fünf Monate dort auf; ein erstes Mal von Ende März bis Anfang

---

[130] Nesselrode war im August 1807 über diesen kleinen Aufstand in Dillenburg sehr beunruhigt. Er hatte in Düsseldorf keine Truppen. Er schrieb Brief auf Brief an Agar, der damals in Paris war, und Kellermann mußte aus Koblenz Truppen schicken, um mit Hilfe dessen, was Damas zusammenbringen konnte, den Beginn einer Erhebung zu unterdrücken (Archiv Düsseldorf, Allgemeine Verwaltung, 10B). Goecke (s. Anm. 30), 57 ff gibt Einzelheiten über die öffentliche Meinung; man findet in den *Großherzoglich bergischen wöchentlichen Nachrichten* die Anweisungen von Nesselrode für die öffentlichen Festlichkeiten zum 25. März: An diesem Tag sollte man sowohl den Geburts- und Namenstag von Murat feiern, den Geburtstag seiner Frau und den Jahrestag des Beginns seiner Herrschaft im Land. Im Monat August 1807 kam ein Besuch Murats beim Landtag zur Sprache; Nesselrode schrieb an Agar: "Sie wissen, daß die Einwohner von Düsseldorf bereit sind, das Menschenmögliche zu tun, um ihren Eifer zu bezeugen, ihren geliebten Herrscher wiederzusehen" (Archiv Düsseldorf, wie oben).

[131] Siehe Masson, *Napoléon et sa famille*, III, 279-280, Einzelheiten über die "Organisation" des Landtages von Murat; jede der Behauptungen von Masson, über andere Punkte übrigens recht gut durch Bailleu und den napoleonischen Briefwechsel informiert, wird durch ein aufmerksames Studium der Texte widerlegt. Er gibt durch Murat begründete Institutionen an, die er aufgelöst hatte, er schreibt ihm von Beugnot ergriffene Maßnahmen zu usw. Weiterhin sind in diesem Werk und in den folgenden die Namen der Orte fast alle verstümmelt: Willenberg für Wildenburg (III, 275), Marck für Mark (III, 278), usw.), Gumborn für Gimborn (286), Beilstern für Beilstein (286), Dissembourg für Dillenbourg (IV, 101); wo hat der Autor gefunden, daß Murat seine Hauptstadt von Düsseldorf nach Münster verlegen wollte? (IV). Wo hat er die Zahl der Bevölkerung von 1.200.000 Seelen gefunden? (IV, 104). Von Murat ganz zu schweigen, der anfangs die Namen seiner neuen Domäne verstümmelte, gibt es auch in den *Mémoires de Beugnot* Irrtümer, die offenbar auf Lesefehler des Verlegers zurückzuführen sind; Ronstorf für Ronsdorf, Romscheit für Remscheid (I, 302), de Bock für de Borke (I, 324).

[132] E. Denis, *L'Allemagne*, 1798-1810, 289. Hüffer bewertet Murat so: "Halb geniales, halb abenteuerliches Wesen"; siehe den Bericht über das Buch von Goecke (Monatsschrift für Rheinisch-westfälische Geschichte, 1877).

Mai 1806. "Er musterte seine Staaten im Galopp" und "erledigte seine anläßlich der Besitzer-greifung unternommene Rundreise mit der Geschwindigkeit eines Kavallerieangriffs"[133]. Ein zweites Mal von Ende Juli bis Ende Oktober desselben Jahres verbrachte er seine Zeit in Schloß Benrath mit Jagd, Liebe und eitlem Putz[134], leitete mit großem Pomp die einzige Vollsitzung des Landtags und nahm noch zweimal an den Beratungen des Staatsrates teil. Dann verschwand er wieder und kehrte nicht mehr zurück. Der Großherzog begnügte sich damit, die Einkünfte seiner Staatsgüter zu vereinnahmen, die ihm sein Ministerintendant Agar pünktlich überwies[135]. Was seine Frau betrifft, so dachte sie niemals daran, ihre Residenz im Élysée-Palast zu verlassen oder sich von General Junot zu trennen, um ihre Pflicht und Auf-gabe als Großherzogin zu erfüllen. Für einen kurzen Augenblick kursierte in Düsseldorf das Gerücht, daß Caroline ins Land käme und Hof hielte; prompt bat man um Beschäftigungen an diesem künftigen Hof: Der Abbé von Rathsamhausen, ein Flüchtling, schrieb an einen seiner Freunde - ebenfalls ein Flüchtling und umherreisender Freimaurer, der Übersetzungen der Digesten verkaufte -, daß er vorstellig geworden sei, um zum Beichtvater der Großherzogin ernannt zu werden[136]. Alle diese Hoffnungen entschwanden indes bald, Caroline erschien nicht.

Die wirkliche Reform- und Verwaltungsarbeit vollzog sich neben Murat oder über seinen Kopf hinweg: Der Impuls hierzu stammte vom Kaiser, der seit der Staatsgründung die ge-samte Leitung in seine Hand genommen hatte. Da er auf die Dienste des "Marschalls" Murat nicht verzichten konnte, überließ er dem Großherzog keinerlei Raum für Eigeninitiative. Im übrigen hatte er kaum Vertrauen in dessen Talente als Verwalter und erklärte, jedesmal, wenn er nach eigenem Kopf handelte, begehe er "nur Dummheiten"[137]. Dem französischen Fi-

---

[133] L. Gallois, *Histoire de Joachim Murat*, Paris 1828. Er hatte jedoch die Zeit, die schönen Jagden von Benrath zu schätzen, von denen er einen Plan machen ließ, der heute im Museum von Düsseldorf aufbewahrt wird.

[134] Schloß Benrath bei Düsseldorf aus dem 18. Jahrhundert, s. Goecke, 33.

[135] Archiv Düsseldorf. Allgemeine Verwaltung, 17 B. Man hatte sich bei der Gründung des Großher-zogtums gefragt, ob Murat, indem er Lehnsmann der römisch-deutschen Kaiserkrone wird, den Treue- und Huldigungseid leisten würde: Talleyrand sah bei der gegenwärtigen Sachlage den Eid als eine reine Formsache an. Napoleon entschied, diese Frage in der Schwebe zu halten; mit der Zeit würde er sehen, ob die Herzogtümer Lehen des deutschen oder des französischen Kaiserreiches seien; man müsse "Zeit gewinnen". Ironisch fügte er hinzu: "Unterdessen hoffe ich, daß die kaiserliche Kammer in Wetzlar so freundlich sein wird, mich es in Freiheit in Besitz nehmen zu lassen", (Correspondance de Napoléon, XII, 191, Entscheid vom 15. März 1806). Nach dem Juli 1806 gab Murat, eilig darauf bedacht, als Souverän tätig zu sein, seinen Regierungsantritt dem König von Preußen durch ein Schreiben bekannt; dessen Anrede "mein Bruder" "erregte viel Anstoß bei aller Freundschaftlichkeit des Inhaltes": Man war über die "Formlosigkeit" des neuen Großherzogs schockiert (Bailleu, s. Anm. 10, II, 487, Lum-broso, s. Anm. 31, 144). Nesselrode errichtete für Murat einen "Hofstaat", aber es sieht nicht so aus, daß die sorgfältig ausgewählten Pagen jemals nach Paris gekommen seien, um dort ihren Dienst zu verrichten: "Es ist beschämend", schrieb Nesselrode an Agar im November 1807, als er ihm von den Schwierigkeiten berichtete, junge Leute zu finden, geeignet, "Pagen" beim Großherzog zu werden. Ar-chiv Düsseldorf, Allgemeine Verwaltung, 10 B.

[136] F[7] 6508.

[137] *Correspondance de Napoléon*, XIII, 192, 15. September 1806, Brief an den König von Holland.

nanzminister, dem rührigen Gaudin[138], war die Aufgabe übertragen worden, mit dem Finanzminister in Düsseldorf zu korrespondieren; alle zwei Wochen faßte Gaudin für den Kaiser die Gesuche, Wünsche und Beobachtungen der Minister des Großherzogtums zusammen. Die in der Rheinbundakte (Art. 26) eindeutig festgelegte "Souveränität" Murats war also nur die eines Vasallen des Kaiserreichs[139].

Der kluge und arbeitsfreudige Agar begriff, daß er nicht einfach die Rolle eines Intendanten des Großherzogs und Empfängers seiner persönlichen Einnahmen zu spielen habe. Mit Freundlichkeit und ohne Übereilung konnte er die Reformen einführen, die man in Paris von ihm verlangte oder für die er spontan die Initiative ergriffen hatte, wenn er alles soweit wie möglich bewahrte, was er im Lande gut fand. Er wollte eine Departementaleinteilung einführen, er hatte die Abschaffung der Leibeigenschaft vorbereitet und er wünschte sehnlich die Einführung des Code Civil. Lange Aussprachen fanden im Staatsrat statt, die dies zum Gegenstand hatten[140], aber angesichts des provisorischen Zustands fruchtlos blieben. Als Murat dasjenige erledigt hatte, was für die Erhöhung der fürstlichen Einkünfte unerläßlich war, als er seine Domänen organisiert, die Verwaltung nach Möglichkeit vereinfacht, die notwendigen Einsparungen getätigt und einiges unnütze Getriebe beseitigt hatte, war er der Meinung, daß das Wesentliche getan sei. Fortan kümmerte er sich nicht mehr um sein Land, in dem er auch nicht residierte. Sein Minister Agar hatte ohne Murats Zutun "die Keime des Wohlergehens reichlich gesät"[141].

# XI.

In den ersten Augusttagen des Jahres 1808 wurde den Einwohnern des Großherzogtums mittels einer an die Mauern angeschlagenen Proklamation bekannt gegeben, daß Murat sie von ihrem Treueeid und allen Verpflichtungen entband, die sie ihm gegenüber so getreulich erfüllt hatten, seitdem die göttliche Vorsehung ihn dazu berufen habe, sie zu regieren. Er erinnerte sich ihres durch religiöse Loyalität ausgezeichneten Charakters, ihrer Ergebenheit und Treue; sie seien seine Kinder, er werde nicht aufhören, ihnen gegenüber väterliche Gefühle zu hegen. Anstelle des spanischen Thrones, den er verdient zu haben glaubte, übertrug ihm der am 15. Juli in Bayonne unterzeichnete Vertrag den Thron Neapels. Im Gegenzug übergab

---

[138] Ich habe keine Spur eines Entschlusses finden können, der Gaudin mit der Arbeit des Großherzogtums beauftragt. Über Gaudin und seine Funktionen siehe Beugnot, *Memoires* I, 308 und folgende.
[139] Berghaus, s. Anm. 33, II. 51.
[140] AF IV 1225. Brief von Agar an Maret (wie oben), 1. Mai 1809. Agar, der kein Deutsch sprach, hatte die Arbeit des Finanzministeriums geregelt: Die in französischer Sprache abgefaßten Schreiben mußten seinem Kabinett unmittelbar zugeführt, die übrigen dem Generalsekretär übergeben werden; die Berichte mußten auf französisch abgefaßt sein; falls ein deutsch verfaßter Brief abgesandt werden mußte, war dem Schriftstück eine französische Erläuterung beizugeben. Beugnot, der auch nicht besser Deutsch verstand, setzte dieses Verfahren fort. Es muß im übrigen festgestellt werden, daß die Arbeit wesentlich erleichtert wurde durch die weitverbreitete Kenntnis der französischen Sprache in den oberen Gesellschaftsschichten. Persönlichkeiten wie Nesselrode beherrschten die französische Sprache fast mit derselben Gewandtheit wie das Deutsche. Archiv Düsseldorf, Allgemeine Verwaltung, 27.
[141] Brief von Beugnot an Agar, 1809, im Vermächtnis Beugnot, AF XIV 348.

Murat dem Kaiser die Souveränität über das Großherzogtum Berg wie auch alle seine Rechte in Deutschland zur freien Verfügung. Der Staatsrat übersandte auf Vorschlag Nesselrodes dem scheidenden Herrscher eine Abschiedsadresse: Seine Untertanen seien bei dem Gedanken in Traurigkeit verfallen, ihn nicht mehr wiederzusehen und niemals die Fürstin zu sehen, deren "Züge sie nur durch den Einklang mit ihren Tugenden kennen würden"[142].

Abb. 8: Joachim Murat als Herzog von Kleve, Kupferstich (1806)

Sobald er über sein Schicksal Bescheid wußte, sobald er erfahren hatte, daß er nicht mehr nach Düsseldorf zurückkehren würde, hatte Murat Befehl erteilt, alles was fortgeschafft werden konnte, abzutransportieren: Die Equipagen und Pferde - sowohl die aus den fürstlichen Stallungen wie die des Duisburger Wildpferdegestüts - wurden über Tirol nach Neapel, der neuen Residenz, weggeführt. Bacher in Frankfurt sah einen großen Treck von 150 Pferden vorüberziehen und vermerkte in seinem Bericht diesen Auszug edler Pferde.

---

[142] Der Vertrag ist in AF IV pl. 2295; er wurde am 17. Juli ratifiziert; die Proklamation "Gegeben in unserem Palais in Paris am 7. August" ist auf deutsch und französisch verfaßt (AF IV 1842).

Napoleon verzieh gerne "die Habgier", wenn sie geschickt getarnt wurde, nicht aber den Skandal: "Wem dient es", so schrieb er, "für Firlefanz Habgier zu zeigen und im Land und in ganz Deutschland Anstoß zu erregen, wo die Sache bald ruchbar wird. Wenn Sie so großen Wert auf Ihre Gestüte legen, warum können sie sich nicht 15 oder 20 Tage gedulden? Dies ist unüberlegt und wirkt schlecht auf die öffentliche Meinung. Geben Sie Befehl, daß nichts weggeschafft und nicht das geringste Zeichen von Habgier gezeigt wird."[143]

Aber Napoleon blieb mißtrauisch. Er ahnte, daß nicht nur die Pferde fortgeschafft worden waren. Er empfahl Beugnot, der im Begriff war, das Land in kaiserlichem Namen in Besitz zu nehmen und zu verwalten, Härte gegenüber dem in Düsseldorf verbliebenen Finanzminister Agar zu zeigen, der Beugnot in die Verwaltung einführte. Beugnot führte die erteilte Weisung gewissenhaft aus. Alsdann begann eine lange, peinliche "Abrechnung", die notwendigerweise obskur bleiben mußte. Der Vertrag von Bayonne hatte festgelegt, daß ab dem ersten August die Einkünfte des Großherzogtums dem Kaiser gehörten, daß aber alle Einnahmen bis zu diesem Tag in die Hände Murats übergehen sollten. Darüber entstanden Streitigkeiten: Einerseits stellte Beugnot fest, daß der Großherzog Staatsgüter illegal für eine Summe von fast 2 Millionen Francs verkauft hatte, die er in die Domänenkasse und somit in die Kasse "des Fürsten" hatte fließen lassen.

Weiterhin hatte Murat die festgelegte Bestimmung von Steuererträgen verändert, die er aus dem staatlichen Bedarf in die fürstliche Kasse umleitete. Schließlich mußte Beugnot entdecken, daß Murat unrechtmäßig Kredite den "Auswärtigen Beziehungen" zugeführt hatte, obwohl er keine Repräsentanten im Ausland hatte, und forderte von der großherzoglichen Regierung eine Summe von 1.953.000 Francs! Agar, dessen absolute Integrität übrigens der kaiserliche Kommissar anerkannte, ließ dagegen nicht gelten, daß ein Fürst Rechenschaft abzulegen habe und vor seinen ehemaligen Untertanen über seine Verwaltung verhört werden könne. Nicht nur sei Murat nichts schuldig, sondern ihm stünden noch 1.260.000 Francs Rückstände aus Einnahmen seines Staates bis zum 1. August zu! Nach Agar hatte Murat aufgrund eines ehemaligen Gesetzes des Herzogtums Berg das Recht, die Staatsgüter zu verkaufen; die Kredite zugunsten der ausländischen Beziehungen hatte er als Geschenke für die in Paris akkreditierten Minister, die ihm Dienste erwiesen hatten, verwendet. Agar war "schmerzlich betrübt über diese unvorhergesehenen Diskussionen", aber er erklärte sich alleinverantwortlich, "seine Abrechnungen seien fertiggestellt, er habe nichts zu befürchten".

Der entrüstete Murat beklagte sich bei Napoleon über diese Scherereien: "Es ist sehr schmerzlich", schrieb er dem Kaiser, "daß man heute von mir Rechenschaft verlangt über Handlungen, die ich als Souverän vollzogen habe: Es wird also nötig sein, daß ich das Handeln König Josephs in Neapel untersuche. Sollte ich hierzu ermächtigt werden, würde ich es dennoch unterlassen, denn das Beispiel wäre zu gefährlich." Wer wollte Souverän sein, "wenn der Kaiser in einer derartigen Weise einschreitet?" Einige Tage später erfuhr er von Albano, daß die Beanstandungen weiter liefen. Nun schrieb er seinem kaiserlichen Schwager

---

[143] Lecestre, *Lettres inédites de Napoléon Ier*, I, 226 (30. Juli 1808); Affaires étrangeres Allemagne, Bd. 734. *Correspondance de Napoléon*, XVII, 466 (28. August 1808), Brief an Eugène, Vizekönig von Italien.

wutentbrannt: "Sire, Beugnot setzt seine vom Zaun gebrochenen Streitereien mit meinem Finanzminister über meine Verwaltungstätigkeit fort. Ich habe soeben den Minister wegen des Rechenschaftsberichtes, den er Beugnot gegeben hat, mit Nachdruck gerügt. Das bedeutet, dem Minister der Finanzen in Frankreich und seinen Dienststellen, meinen Feinden, die inneren Verhältnisse meines Haushaltes und meine vertraulichen Angelegenheiten zur Kenntnis zu bringen, und ich übergebe Ew. Majestät den Auszug eines Berichtes von Agar, der augenscheinlich beweist, daß Beugnot unter feindseligem Einfluß handelt, denn es wäre für mich schmerzlich anzunehmen, daß er durch Anweisung Ew. Majestät beauftragt ist, in meiner Verwaltungstätigkeit Unregelmäßigkeiten zu suchen. Das Benehmen Beugnots ist skandalös und verletzt die herrschaftliche Würde, und wenn ich annehmen könnte, daß er auf Eure Anordnung hin handelte, würde ich keine Minute zögern, Sie zu bitten, über den Thron beider Sizilien zu verfügen und mich von dort in die tiefe Provinz zurückziehen, wo ich das Gesicht der Welt erblickt habe; ich würde in den Schoß einer ehrenhaften Familie zurückkehren, mich Ihrer Wohltaten erinnern, Ihrer vergangenen Freundlichkeiten, und ich würde Sie immer liebend bis an das Ende meiner Tage für Ihr Glück und das meines Landes bitten."[144]

Um die "Abrechnung" zu Ende zu bringen, fand Napoleon eine Lösung, die "Lärm um den Großherzog vermied", jeden Skandal vertuschte und so die Interessen des Kaisers "pflegte". Die Veräußerungen des Staatsgutes, so nachteilig sie gewesen sein mochten, die weggeschafften Pferde standen nicht mehr zur Debatte. Im Gegenzug sollte von der noch ausstehenden Zahlung, die Murat aufgrund des Vertrages von Bayonne zustand, nicht ein Sou nach Neapel gehen. Napoleon bemächtigte sich ihrer und ließ aus der Staatskasse des Großherzogtums Berg 600.000 Francs nach Paris an die Schuldentilgungskasse überweisen. Die Angelegenheit saldierte sich also für Murat ausgezeichnet; Napoleon gewann dabei noch einiges Geld; allein die Finanzen des Großherzogtums waren geopfert worden.

---

[144] Die hier angeführten Briefe Murats befinden sich in AF IV pl. 2402 und 2454. Der erste stammt vom 22. August und ist aus Paris datiert; der zweite, allerdings datiert zum 20. Oktober, ist vom 4. September, datiert aus Albano. Siehe im übrigen in AF IV 1842 die unvollständige Akte der Liquidation und AF IV pl. 2402 und 2481. Beugnot hatte durch ein Übereinkommen mit Agar die Angelegenheit beendet, worin die Summe des geschuldeten Rückstandes auf 600.000 Francs festgesetzt wurde. Napoleon wollte Beugnot nicht zustimmen; er willigte nicht ein, Murat die Möbel zu bezahlen, die er in Düsseldorf zurückgelassen haben mochte (in Wirklichkeit handelte es sich um einen Zahlungsrückstand des Staatsgutes): Beugnot hatte vergessen, daß es hinter dem König von Neapel eine Königin gab, "die viel mehr bedeutete" (*Mémoires*, I, 307 und folgende und *Correspondance de Napoléon*, XVIII, 59, 14. Nov. 1808).

# Zweiter Teil

# Das Großherzogtum unter unmittelbarerVerwaltung Napoleons. 1808-1813

## Kapitel III
## Die Verwaltung in Paris und Düsseldorf

### Das Streben nach einer Verfassung

I.     Napoleon als "Großherzog von Berg" von Juli 1808 bis März 1809.

II.    Abtretung des Großherzogtums an Napoleon Louis, den ältesten Sohn des Königs von Holland, am 3. März 1809; örtliche Kundgebungen; Befürchtungen wegen einer Vereinigung mit Holland.

III.   Regierungstätigkeit: Die im Namen Napoleons erlassenen Dekrete; der "Hof" des Großherzogs.

IV.    Der kaiserliche Kommissar Beugnot repräsentiert den Kaiser in Düsseldorf; seine Vergangenheit.

V.     Der Mitarbeiter von Beugnot: Innenminister Graf von Nesselrode.

VI.    Die Überwachung in Paris durch Gaudin, dann Maret; 1810 Einsetzung eines Minister-Staatssekretärs für das Großherzogtum Berg: Roederer. Seine Beziehungen zu Beugnot; der verwaltungsmäßige "Zusammenschluß" ist 1812 vollendet.

VII.   Das Verfassungsprojekt 1809.

VIII.  Neues Projekt 1809: Die Vorstellungen Beugnots über die Verwaltung des Landes. Der Vorschlag von Roederer von 1811. Das Provisorium wird beibehalten.

IX.    Eine Verfassung war 1812, nach dem Besuch Napoleons in Düsseldorf, in Aussicht gestellt; Gründung eines "Kollegiums des Großherzogtums" nur auf dem Papier; der Zusammenbruch 1813.

X.     Errichtung eines Staatsrates am 15. März 1812. Die beiden in Deutschland angewendeten Methoden.

### I.

Die Lage nach dem Weggang von Murat war ungewiß: Der Investiturakt vom 15. März 1806 hatte ausdrücklich festgelegt, daß die Herzogtümer auf keinen Fall mit Frankreich vereinigt werden durften. Andererseits hatte der König von Neapel dem Kaiser seine

Souveränität über das Großherzogtum abzutreten, damit letzterer darüber nach seinem Gutdünken verfügen könne. Welche Regierungsform sollte in solchen deutschen Ländern eingeführt werden, die bereits nach zwei Jahren den Herren wechselten? Welchem Fürsten oder welchem Marschall sollten sie übergeben werden?

Diese Fragen stellten sich nicht lange, denn bald erfuhr man in Düsseldorf, daß ein Staatsrat, Beugnot, als "Sonderkommissar" damit beauftragt worden war, die Gebiete auf dem rechten Rheinufer im Namen des Kaisers in Besitz zu nehmen, die der Weggang des Königs von Neapel herrenlos ließ. Der Kaiser verwaltete also das Großherzogtum selbst, ohne daß dieses Land mit Frankreich vereinigt wurde. Als sie die Nachricht offiziell erfuhren, beschlossen die in Düsseldorf versammelten Ratsmitglieder auf Vorschlag des Staatsratspräsidenten und Ministers des Inneren, Nesselrode, zwei Schreiben abzusenden. Eines ging an Murat, worin sie ihm ihr Bedauern über seinen Wegzug mitteilten, das andere sollte Napoleon überreicht werden: Dieses letztere und wichtigere ermöglichte dem Staatsrat, einen Wunsch zu äußern, der nicht nur der dieser kleinen Versammlung war, sondern der durchaus die Wünsche aller Landesbewohner widerspiegelte: Die vollständige Angliederung des Großherzogtums an Frankreich. Sie zeigten sich erfreut, daß Napoleon selbst das Land regiere, sie dankten ihm, sie zu einer Familie vereinigt zu haben, sie, die nur Nachbarn waren; sehr ehrerbietig gelobten sie ihm die geschworene Treue und fügten hinzu: "Sie werden aus unserem Mund nicht den voreiligen Ausdruck der Begeisterung vernehmen, sondern Sie werden in unser aller Herzen das tiefe, dauerhafte Gefühl der Bewunderung, der Achtung und der Liebe finden. Sie werden dies überall finden, auf den Feldern, wo der Bauer sich mit dem kargen Boden abmüht, in unseren Fabriken, wo das ganze Leben Arbeit ist, wo Ordnung und Wirtschaftlichkeit Reichtümer bereithalten, in unseren Fabriken, wo soviele Arme für einen so kargen Lohn sich regen ..." Die Industrie des Landes hatte es bisher ermöglicht, die Schuldigkeit der Untertanen gegenüber ihrem Souverän zu gewährleisten; diese Industrie sollte Napoleon nun besonders schützen: "Geruhen Sie zu wollen", fuhren sie fort, "daß der Rhein nicht mehr fließt, um zwei Ufer voneinander zu trennen, und daß die Erzeugnisse des unseren zusammen mit den Ihrigen gehen, um die Menge des Warenaustauschs Ihres Kaiserreichs zu vergrößern."

Mit taktvollen Worten und in bescheidener Form erbaten sie die Angliederung an das Kaiserreich, die Abschaffung der Zölle, welche die Einfuhr der Erzeugnisse vom rechten zum linken Ufer verhinderten, sowie die Angleichung des Großherzogtums Berg an die bereits annektierten Departements. Nesselrode, der die Ergebenheitsadresse an Napoleon übermittelte, versicherte, daß die vom ersten Organ des Staats ausgedrückten Gefühle die Meinung aller Bürger wiedergaben; seitdem er das Land verwalte, habe er eine so hohe Vorstellung vom Charakter seiner Einwohner erhalten, daß er sich für ihre Treue verbürgen könne. Er hegte Vorbehalte nur bezüglich der kürzlich angeschlossenen Provinzen: Vor allem bewahre die Grafschaft Mark eine große Anhänglichkeit an Preußen, und die Verwaltung müsse noch lange über dieses Gebiet sorgfältig wachen. Den Entwurf einer zu präzisen Antwort, die Gaudin ihm vorlegte, ersetzte Napoleon durch eine verschwommene und banale Fassung: Die von den Staatsräten zum Ausdruck gebrachten Gefühle seien ihm Gewähr für den Eifer, seine Absichten für das Wohlergehen seines

Landes zu unterstützen, das jetzt in mehrfacher Hinsicht auf sein Wohlwollen und seinen Schutz rechnen dürfe. Von einer Vereinigung mit dem Kaiserreich war keine Rede[145].

*Abb. 9: Louis Napoleon, Kupferstich von Ernst Thelott*

## II.

Schon verbreitete sich auf dem rechten Rheinufer das Gerücht, daß dieses Regime nur provisorisch sei. Die Kaufleute, die sehnsüchtig die Beseitigung aller Zollschranken wünschten, ließen in ganz Deutschland ihre Hoffnungen verbreiten, und die Vorstellung

---

[145] Die Schreiben des Staatsrates, entworfen von dem französischen Postdirektor des Großherzogtums und Staatsrat Dupreuil, der Brief Nesselrodes und die Urschrift der Antwort Napoleons befinden sich in AF IV pl. 2382 vom 3. Sept. 1808. Gaudin hatte zunächst geschrieben: "Für das Wohlergehen eines Landes, *das in meinen Augen schon französisch geworden war*: kann ich Ihnen sagen, daß seine Einwohner zu allen Zeiten auf mein Wohlwollen rechnen dürfen." Diese Formulierung wurde zweifellos von Napoleon als zu bestimmt empfunden, der sie eigenhändig verbesserte und sie durch die unbestimmte Erklärung ersetzte, die oben zu lesen ist. In der *Zeitschrift für Preußische Geschichte*, 1876, S. 62 ff sind die beiden Schreiben veröffentlicht, die in Urschrift im Archiv zu Düsseldorf liegen, nicht jedoch die Antwort Napoleons.

von der Vereinigung zu einem Staatenbund "beunruhigte die Politik". Das ganze politisch-territoriale System Deutschlands sollte modifiziert werden. Der Tag käme vielleicht, an dem auch das Königreich Westfalen angegliedert werden würde, und man fragte sich, was dieses gewaltige französische Kaiserreich vom Atlantik bis über die Elbe darstellen sollte. Im ehemaligen Land Berg verbreitete sich als sicheres Gerücht, daß das Land vorgesehen sei, unter eine Prinzessin von Bayern gestellt zu werden. "Schon richteten sich die Blicke der ehemaligen Diener dieses Hauses auf die Prinzessin und ihren Vater ..., die weniger wohlgesinnten Personen gefielen sich in einem Zustand der Ungewißheit, der noch einige Chancen für ihre Klagen bot"[146].

Das Dekret vom 3. März 1809 bereitete der "Ungewißheit" ein Ende, erzeugte allerdings dabei neue Ungewißheit: Napoleon übertrug das Großherzogtum dem Prinzen Napoleon Louis, dem ältesten Sohn des Königs von Holland. Er sollte es in voller Souveränität besitzen und an seine Nachfolger entsprechend den für die durch Napoleon gegründeten Staaten erlassenen Bestimmungen weitervererben. Sollte die Nachkommenschaft des Prinzen aussterben oder sich ein Nachfolger zum Zeitpunkt der Thronbesteigung ohne männliche Kinder befinden, behielt der Kaiser sich und seinen Nachfolgern das Recht vor, über das Großherzogtum zu verfügen und demjenigen zu übergeben, der ihnen geeignet erscheine. Anstelle des gerade drei Jahre alten Prinzen werde der Kaiser das Großherzogtum bis zu dessen Volljährigkeit verwalten sowie gleichzeitig die Aufsicht und Erziehung des jungen Prinzen übernehmen. Alles schien perfekt geregelt: Louis Napoleon sollte als König von Holland seine deutschen Staaten nicht behalten. So kam es, daß der Erzkanzler im Sénat conservateur die Patentbriefe kommentierte: "Heute", sagte er, "vertraut Seine Majestät dieses Land dem Prinzen Louis Napoleon, seinem Neffen, an, einem wertvollen Kinde, auf das die Blicke von soviel Völkern gerichtet sind. Alle vorausschauenden Maßnahmen sind getroffen worden, sei es, um dem Prinzen die etwaigen Nachfolgerechte zu sichern, sei es, um in diesem Fall (dem Fall der Thronbesteigung) die Rückgabe des Großherzogtums in die Hände Seiner Majestät zu bewirken."

Die holländische Seite wollte dem feierlichen Akt vom 3. März nicht diesen Sinn beimessen. Am selben Tag, an dem die Botschaft im Senat vorgelesen wurde, gab Admiral Verhuell dem König die getroffene Entscheidung bekannt und übermittelte ihm seinen Eindruck: "Nach meiner Auffassung", schrieb er, "wird das Großherzogtum eine Apanage des Erbprinzen sein, dem künftigen Nachfolger Ew. Majestät." König Louis empfing unverhofft den kurzen Brief, durch den ihm der Kaiser die über seinen Sohn getroffene Wahl ankündigte; zur selben Zeit ging ihm auch das Schreiben seiner Gesandten zu. Sofort schickte der König seinem Staatsrat und seiner Gesetzgebenden Körperschaft eine Botschaft, worin er seine ganze Freude ausdrückte. Er glaubte zu erraten, daß es der geheime Wunsch des Kaisers gewesen sei, diese Schenkung an Holland zu tätigen, ohne dadurch den gegenwärtigen König zu belohnen, mit dem er unzufrieden war. Das Opfer, dem er zustimmte, indem er sich von seinem Sohn trennte, würde eines Tages dazu dienen, das Königreich um das gesamte Großherzogtum zu vergrößern. Die im Ausland akkreditierten holländischen Minister dachten ebenso. Goedberg aus Berlin beglückwünschte seinen Souverän zu einem Ereignis, das den Glanz und die Macht des

---

[146] AF IV 1225. Bulletin aus der zweiten Märzhälfte 1809, aufgesetzt von Beugnot.

königlichen Hauses vergrößerte und dem holländischen Handel notwendige und wichtige Absatzwege sicherte.

*Abb. 10: „Triumph des Jahres 1813", Karikatur Napoleons*

Im Großherzogtum wurde es unruhig: Die Botschaft des Königs Louis alarmierte die Berger, die eine mögliche Vereinigung mit Holland aufgrund der ungeheuren Schulden- last, die auf dem Land lag und die zu teilen es keinen Staat drängte, erschreckte. Beugnot hatte jedoch sofort begriffen, daß der König von Holland aus den Patentbriefen übertrie- bene Folgerungen zog. Vielleicht hatte er sogar geglaubt - er versichert es wenigstens -, daß Napoleon dieses Land seinem Bruder wieder abnehmen wollte, aber er wagte nicht, jemandem diese Überlegungen mitzuteilen. Um die Gemüter zu beruhigen, kommentierte er den Text der Abtretungsakte und erläuterte seiner Umgebung, daß die Formulierungen darin so klar und bestimmt seien, daß es hieraus keinen Zweifel über die Absichten des Kaisers geben könne.

Um auf die Einbildungskraft der Massen einzuwirken, organisierte er "die dem Ereig- nis entsprechenden Feierlichkeiten", wie ihm aus Paris geraten wurde. Am Tag nach Ostern, nachdem die Woche der "Bußübungen der Christenheit" vorüber war, war das Großherzogtum offiziell in Festlichkeit. Beugnot übersandte den Priestern den Text zu ihren Danksagungspredigten, der Innenminister empfahl den Polizeibeamten, "den ungestörten Ausdruck der Freude und der Dankbarkeit anzuregen". Präfekten, Unterpräfekten, Bürgermeister, Pfarrer und Pastoren sprachen Worte der Dankbarkeit vor Pyramiden, auf denen Holzstöße angezündet worden waren. Alle waren sich einig, Napoleon zu danken, das Großherzogtum ausgewählt zu haben, um es seinem Neffen, einem Sprößling der kaiserlichen Familie, zum Geschenk zu machen: Sie fühlten sich erfüllt von Liebe zu dem kleinen Großherzog; sie sahen das Glück des Landes für Jahrhunderte gesichert. Das Land war bis dahin vom Krieg verschont geblieben, und wenn in Europa Frieden einkehrte, sollte deutlich werden, welchen Vorzug die Region erwartete, vom Kaiser unmittelbar verwaltet zu werden; Handel und Industrie würden sich entwickeln, die derzeitigen Prüfungen würden ein Ende nehmen. Einige übertrafen die Grenzen der offiziellen Plattheiten: So der Kapitularvikar von Siegburg, der sich an den "unsterblichen Napoleon" wandte, oder jener Ratsherr aus Duisburg, der erklärte, daß das alte Ansehen deutscher Frömmigkeit verloren gehen würde, wenn man nicht erkenne, daß die gegenwärtigen Ereignisse vom König der Könige gewollt seien! In Düsseldorf drängte man sich zu den von Beugnot veranstalteten Festen, und die nicht Eingeladenen beklagten sich bitterlich. Nur in Münster gab es einige disharmonische Töne: Der Bischof ließ im Dom einen einfachen Pfarrer den Gottesdienst halten, offizielle Persönlichkeiten wurden im Chor nicht zugelassen, und abends kamen die Autoritäten nicht zu dem von einem Festveranstalter gegebenen Ball. Selbst in der ehemals preußischen Grafschaft Mark, wo unerfreuliche Kundgebungen befürchtet wurden, verlief alles bestens. Beugnot beglückwünschte sich zu diesen Festen und dem "guten Geist, den alle Ansprachen offenbarten".

Um auch dem Kaiser die Möglichkeit zu geben, die Dankbarkeit des Landes unmittelbar zu erfahren, entsandte Beugnot eine Abordnung nach Paris, die aus "den bedeutendsten Persönlichkeiten jedes Departements" bestand. Der ehemalige Oberstallmeister Murats, Graf Westerholt, der Staatsrat Fuchsius, der Düsseldorfer Maire von Pfeil, kirchliche Würdenträger und Industrielle wurden von Napoleon in feierlicher Audienz im Thronsaal der Tuilerien am 2. April empfangen; anwesend waren Fürsten, Großoffiziere seines Hauses und Minister. Ehrerbietig gaben sie dem Kaiser zu erkennen, daß es wohl im großen Kaiserreich für sie keinen Platz gäbe und sie es sicherlich niemals gewagt hätten, ihre Augen auf den ersten Sproß der kaiserlichen Familie zu richten; der Königin Hortense, die ihren jungen Sohn an der Hand hielt, versicherten sie ihre Hochachtung, Zuneigung und Treue. Prunkvolle Empfänge fanden bei Minister-Staatssekretär Maret statt; der Aufenthalt in Paris war angenehm: Beugnot mußte viel Geld überweisen und Bescheidenheit empfehlen.[147]

---

[147] Der Empfang im Palast der Tuilerien am 2. April 1809 vor der Messe ist in den Protokollen der Feierlichkeiten (AF IV 176) beschrieben. In der an Napoleon gerichteten Ansprache sagten die Abgeordneten unter anderem, daß Murat, "der erste aus Ihrer Hand empfangene Fürst seine Liebe den Untertanen *lediglich gezeigt* hat". Schon im März/April 1808 hatte die mit Berg gerade vereinigte Grafschaft Mark eine Abordnung von vier Männern nach Paris entsandt, um Murat die Glückwünsche seiner neuen Untertanen zu Füßen zu legen. Diese Abordnungen waren aber nur ein Vorwand für Reisen und Vergnügungen: die Delegation der Grafschaft Mark gab in 60 Tagen 23.000 Francs aus! Die Abgeordneten hatten sich 72 Francs täglich für Verpflegungsaufwand bewilligt; der Baron von Elverfeld hatte sich ein Kostüm für 556 Francs gekauft! Roederer, der 1812 die Rechnung der Abordnung überprüfte, verringerte den Rechnungsbetrag auf 16.000 Francs (AF IV 1864).

Offizielle Festlichkeiten, offizielle Ansprachen, anbefohlene Plattheiten, dies alles beruhigte die Einwohner des Landes wenig. Solange das Schicksal Hollands nicht geklärt war, blieb auch dasjenige des Großherzogtums ungewiß. Die "Freude und Dankbarkeit", welche die Nachricht über die erneute Abtretung ausgelöst hatten, waren nicht tief; in Wirklichkeit "erzeugte diese Maßnahme einen schlechten Eindruck"[148].

## III.

Eine Frage stellte sich: Sollten die Verfügungen im Namen des Kaisers oder im Namen des Großherzogs erlassen werden? Seit dem Weggang von Murat hatte Napoleon nach dem Titel des "Protektors des Rheinbundes" auch den des "Großherzogs von Berg" angenommen. Jetzt, als er nur noch Vormund, eine Art Verwalter war, sollte letzterer aus der Unterzeichnung der sich auf die deutschen Länder beziehenden Dekrete verschwinden: Sollte der Name von Louis Napoleon dort allein erscheinen?

Der Verwalter der historischen Bibliothek der Staatskanzlei, Desrenaudes, forschte nach einem älteren vergleichbaren Vorgang. Er fand jedoch nichts, was auf diesen neuen Fall hätte angewandt werden können: Man mußte den Anschein vermeiden, daß die Autorität, die der Kaiser ausübte, von derjenigen der Herzöge von Berg abgeleitet war. Er optierte für eine etwa so entworfene Fassung: "Napoleon, Kaiser, Vormund von Louis, Großherzog von Berg und Regent", oder vielleicht "Verwalter seiner Staaten". Maret konnte sich nicht vorstellen, daß der Name des Großherzogs in den Urkunden der Regierung erscheinen könnte. Dem Kaiser waren weder der Titel eines Regenten noch der eines Verwalters angemessen; es war unter seiner Würde, daß er im Namen eines anderen sprechen solle. Beugnot wurde in dieser heiklen Frage um Rat gebeten. Diese kleine diplomatische Studie sollte ihm "etwas Erholung und ein wenig Abwechslung in seine trockenen Arbeiten als Verwalter bringen". Die Frage war neu für den kaiserlichen Kommissar: Er schrieb seinem Freund, dem Historiker und Minister für öffentliche Er-

---

[148] Die Patentbriefe vom 3. März 1809 in AF IV pl. 2666 enthalten den Briefwechsel von Murat und Beugnot; die Botschaft an den Sénat conservateur ist in CC. 5 und datiert vom 6. März 1809: Die Berichte von Verhuell und von Goedberg sind in AF IV 1732; der Brief des Kaisers an seinen Bruder ist in der Correspondance, Bd. XVIII, S. 317. Die Botschaft des Königs Louis an die Gesetzgebende Körperschaft ist in den *Documents historiques et reflexions sur le gouvernement de Hollande*, Paris, 1820, XII, 37ff. Die Berichte von Beugnot über die öffentliche Stimmung sind in AF IV 1225 und 1839. In seinen *Mémoires*, I, 327-328, vermittelt er den wirklichen und wahrheitsgetreuen Eindruck, den die Abtretung hervorrief: "Diese Maßnahme produzierte einen schlechten Effekt." In seinen Berichten beginnt er abzuschwächen, wenn er von Freude und Dankbarkeit des Landes spricht, verhehlt dann aber nicht die Unruhe der Bewohner. Vielleicht maßt er sich eine rückblickende Klarheit an, wenn er in seinen *Mémoires* betonte, daß er vorhergesehen habe, daß Holland Louis weggenommen werden würde. Er hatte wenigstens klar begriffen, daß der König von Holland dem Übereinkommen vom 3. März eine Bedeutung geben würde, die es nicht besaß, wie seine Berichte von 1809 beweisen. Am Ende des Jahres 1809 verbreitete sich auf dem rechten Rheinufer das Gerücht, daß Holland mit dem Kaiserreich vereinigt würde und daß der König mit Hannover, Berg, den Herzogtümern, den Grafschaften und mit einem großen Teil der Staaten des Fürstprimas entschädigt werden würde (Bericht von Ladoucette, Präfekt des Roer-Departements, 12. Dezember 1809, F$^7$ 6524).

ziehung unter König Jerôme, Johannes von Müller. Dieser sprach mit Siméon, Minister des Innern, und aus ihrer Zusammenarbeit entstanden mehrere Formulierungen.

Aus der Antwort des Historikers fertigte Beugnot ein " kleines juristisches Gutachten", das er mit der Empfehlung der leicht geänderten Formulierung schloß, die Johannes von Müller favorisierte: "Napoleon Louis, Großherzog von Berg, unter der Autorität seines Onkels ..." Die Ideen seines Freundes aus Kassel aufnehmend und ihnen eine literarischere und zugleich anspruchsvollere Wendung gebend, beendete er sein Schreiben: "Im übrigen stellt der in allem unvergleichbare Kaiser eine Entmutigung für die Gelehrsamkeit dar, indem er gut ein Vorbild abgeben, aber keines für ihn herangezogen werden kann. Er hat eine neue Ordnung der Dinge geschaffen, es ist an ihm, jeder Sache ihren Namen zu geben, so hat es der erste gemacht, so soll es der größte der Menschen machen." Dies alles war Geschwätz der Pedanten, mittelmäßige Gelehrsamkeit: Der Kaiser entschied, daß allein der Titel *Napoleon, Kaiser der Franzosen und Protektor des Rheinbundes* im Kopf der Dekrete zu stehen habe[149].

Für den Großherzog wollte Napoleon einen "Hof" bilden. Beugnot wurde damit beauftragt, die hohen Würdenträger vorzuschlagen: Für diese Stellungen waren Landeseinwohner von "Herkunft, Vermögen und Adel" zu finden. Die Zahl derjenigen, die diese drei Eigenschaften vereinigten, war in einem Staat mittlerer Größe zwangsläufig beschränkt, in dem die Besten in der Armee engagiert waren, um dort militärischen Geist zu verbreiten oder dort der Regierung zur Sicherheit zu dienen. Nesselrode und Beugnot gelang es, eine Liste zu erstellen, auf der für die hohen Würden folgende Persönlichkeiten vorgesehen waren: der Graf von Westerholt, ehemaliger Oberstallmeister von Murat, ein Mann mit ausreichendem Vermögen, von gutem Ruf, ruhiger Wesensart, gefälligem Benehmen, voller Anstand und Höflichkeit; der Baron von Plettenberg-Bodelschwingh, ehemaliger Direktor der Stände der Grafschaft Mark, ein geistvoller und ehrgeiziger Mensch sowie der größte Grundbesitzer der Region nach dem Präfekten von Romberg; der Graf Wilhelm von Nesselrode, Sohn des Innenministers, ein ehrenhafter Mann ohne Geist; für das Amt des Oberhofstallmeisters der Graf von Goltstein, Kommandant des Jägerregiments zu Pferd und eine Person "von nicht glücklichem Äußeren" sowie ohne Vermögen; der Graf von Nesselrode-Ehreshoven, ein ziemlich hübscher Mann und sehr guter Offizier sowie einige andere. Als Maret bei Beugnot anfragte, ob sie alle bereit wären, nach Paris zu kommen, mußte Beugnot antworten, daß außer den beiden erstgenannten keiner von ihnen abkömmlich war. Selbst die beiden ersten waren aber entweder krank oder zu unerfahren, um in Paris zu residieren. Die Reichen wägten vorsichtig ab, die weniger Reichen waren gezwungen zu sparen; keiner war darauf vorbereitet, eine

---

[149] AF IV pl. 2666 und Briefe von Johannes von Müller an Beugnot B. N. n. acq. fr. Nr. 10226; Johannes von Müller hatte Beugnot geschrieben: "Er hat eine neue Regelung der Dinge getroffen, es ist an ihm, jeder Sache seinen Namen zu geben; so machte es Adam im Paradies." Es ist offensichtlich, wie Beugnot die Briefe seiner Freunde verwertete. Die nach dem 3. März 1809 erlassenen Dekrete führen in der Tat nicht mehr den Titel "Großherzog von Berg" und erwähnen nicht mehr den Namen Napoleon Louis.

Stellung bei Hofe auszuüben. Die Anfragen schlummerten in den Kartons und der "Hof des Fürsten" blieb immer im Zustand eines Projekts[150].

# IV.

Um das Großherzogtum zu verwalten, hatte Napoleon einen Mann ausgewählt, dem nicht nur die französische Verwaltung von Grund auf vertraut war, sondern der sich zudem schon in Deutschland bewährt hatte: Er ernannte Beugnot zum kaiserlichen Kommissar in Düsseldorf.

Der kleine Rechtsanwalt aus der Champagne wurde seit der Errichtung der Provinzversammlungen bekannt als Syndikus der Wahlversammlung von Bar-sur-Aube und als Finanzverwalter dieser Wahlkörperschaft, gleichzeitig wurde er zum Vorsitzenden des kürzlich errichteten obersten Provinzialgerichtshofs berufen. In diesen beiden noch bescheidenen administrativen und juristischen Ämtern hatte er eine Lehrzeit durchlaufen, die ihm später zustatten kam, und er hatte eine lokale Popularität gewonnen, die ihm seit Errichtung des Departements den Titel eines "Generalprokurator-Syndikus" einbrachte. Im November 1790 erstattete er als solcher vor dem Departements-Direktorium einen bemerkenswerten Bericht über die Hilfsmittel und Erfordernisse der Region: Mit der Industrie und dem Handel der großen Baumwollindustriestadt Troyes befaßt, zeigte er, daß sein Wissensdrang sich nicht auf die Grenzen seiner Provinz beschränkte, sondern daß er über die große industrielle Entwicklung Englands auf dem laufenden war und die wirtschaftliche Umwälzung voraussah, die in Frankreich die notwendige, aber nicht unproblematische Einführung der Mechanisierung auslösen würde. Obwohl in einem Stil bedauerlicher Lässigkeit dargeboten und in einen hochtrabenden Wortschwall eingebettet, beeindruckten die Reformideen und Vorschläge Beugnots seine Kollegen so tief, daß sie die Publikation seines Berichtes beschlossen. Kurz darauf wurde er zum Abgeordneten des Departements Aube in die Gesetzgebende Versammlung gewählt.

Von Natur aus gemäßigt, Anhänger langsamer Reformen, klug und geschickt, war Beugnot der Auffassung, daß in politischer Hinsicht das wesentliche an Reformen bis 1792 verwirklicht worden war und daß man die vorteilhaften Auswirkungen der Verfassung bis zur nächsten Generation abwarten sollte. Nach seiner Ansicht war es notwendig, sich vor allem mit der Landwirtschaft, der Industrie, dem Handel und der Ordnung in den

---

[150] Wie übrigens seine "Garde" (AF IV 1226 und AF IV 1843): Im *Almanach imperial* erschien der Großherzog von Berg und Kleve in der Liste der europäischen Fürsten zwischen Baden und Hessen. Man hatte als Ärzte für Louis die ehemaligen Mediziner seines Vaters, Latour (AF IV pl. 4314) und Pasquier, bestellt (AF IV pl 1314); das "Gehalt" von Louis Napoleon betrug 120.000 Francs (AF IV pl. 4428). Vom 1. Januar 1809 bis Ende 1810 waren aus der Staatskasse des Großherzogtums 120.000 Francs an Louis und 120.000 Francs an Charles Napoleon gezahlt worden. Während derselben Zeit sind der Königin aus derselben Kasse 600.000 Francs zugeflossen. Im Jahr 1811 verlangte die Königin Hortense für sich persönlich nichts mehr, aber sie ersuchte um ein Gehalt von 240.000 Francs für Louis und 120.000 Francs für Charles. Napoleon gewährte für Louis nur 120.000 Francs (AF IV pl. 4428). Seit dem 18. Februar 1809, d.h. vor dem Abtretungsakt, als man das "Budget der großen Privatschatulle" regelte, wurde der Kredit für die Königin Hortense von 100.000 Francs auf 600.000 Francs gebracht. Eigenhändig fügte Napoleon 2.400 Francs für die Amme von Louis für 1809 hinzu (AF IV pl. 2645).

Finanzen zu beschäftigen. Das Land sollte für seine Vertretung keine Männer wählen, die dem alten Regime nachtrauerten, oder Hitzköpfe bestimmen, die es in die Anarchie und dann in die Knechtschaft führen würden: Beugnot nahm seinen Parlamentssitz bei den Konstitutionellen ein. Bald darauf trennte er sich von seinem Landsmann Danton, der ihn als "großen Unterwürfigen" beschimpfte, und erklärte, daß mit ihm nichts anzufangen sei, hielt am 3. Mai 1792 eine heftige Rede gegen Marat, verschwand und verbarg sich nach dem 10. August. Im Monat Brumaire des Jahres II wegen seiner Anklagerede gegen *L'Ami du Peuple* festgenommen, hat er das Gefängnis von La Force bis zum 9. Thermidor nicht verlassen[151].

Während eines Zeitraumes von sechs Jahren bald in Troyes, bald in Paris lebend, verschaffte Beugnot sich Beziehungen zu den Gemäßigten, beobachtete die Ereignisse und wartete auf eine günstige Gelegenheit, die ihm erlaubte, "seine gute Arbeit und seine Fähigkeiten als Verwaltungsfachmann" nutzbringend zu verwerten. Lucien Bonaparte griff auf seine Talente als ehemaliger Generalprokurator-Syndikus zurück, als die Zeit gekommen war, die Verwaltung zu reorganisieren: Aus ihrer Zusammenarbeit stammt das Gesetz vom 28. Pluviôse des Jahres VIII, durch das die Präfekturen eingerichtet wurden, aber Beugnot, der hoffte, zum Präfekten des Seine-Departements ernannt zu werden, erhielt nur die Präfektur in Rouen.

Im Departement Seine-Inférieure war seine Tätigkeit fruchtbar: Er ließ aus Manchester englische Arbeiter kommen, die im Departement neue Spinnereien errichteten, er bemühte sich, in England Modelle mechanischer Webstühle aufzuspüren, bildete einen Handelsrat und entwickelte auf eine sehr glückliche Art die Initiative des Generalrates. Sehr aktiv, aber auch sehr geduldig, verstand er es, mit der Zeit zu rechnen, "diesem Faktor, der bei Reformen so wichtig ist"[152].

Am 6. März 1806 wurde der Präfekt des Departements Seine-Inferieure, auf dessen Verdienste man aufmerksam geworden war, obwohl der Erste Konsul anläßlich einer Reise nach Rouen ihn einen "Ideologen" genannt hatte, in die Abteilung für innere Angelegenheiten des Staatsrates berufen[153].

Er blieb dort nicht lange: Sobald das Königreich Westfalen errichtet worden war, entsandte Napoleon ihn im April 1807 nach Kassel, um dort zusammen mit Jollivet, Siméon und dem General Lagrange Mitglied der Regierung zu werden, die bis zum Eintreffen

---

[151] S. Archives des l'Aube, C. 2308, 2317; der Bericht von Beugnot aus dem Jahre 1790 ist in Kopie in Fte III Aube, und gedruckt in AD xix I, 25; aufschlußreich ist auch sein Brief an den Prokurator-Syndikus des Distriktes von Bar-sur-Aube, 18. August 1791, Bibliothek Nationale, L^b 39. 10159; seine Rede gegen Marat ist im *Moniteur*, 1792, S. 516, abgedruckt; s. auch seine Rede über die Ernennung der Agenten der Staatsgelder, 16. April 1792, AD xviii^e 274. Die Geschichte der Verhaftung und der Haft von Beugnot ist unklar und müßte einmal erhellt werden; in seinen viel später geschriebenen *Mémoires* gibt Beugnot Hinweise, denen die Tatsachen zu widersprechen scheinen; ich werde eines Tages auf diesen Punkt zurückkommen.
[152] Über seine Zusammenarbeit mit Lucien siehe die Artikel von M.E. Dejean, in: *Revue politique et parlamentaire*, année 1904, Bd. XLI, 147-169, 340-359, 564-573. - Über seine Rolle als Präfekt in Rouen wird Dejean in dieser Revue eine neue Serie von Artikeln erscheinen lassen.
[153] Chaptal, *Mes souvenirs sur Napoléon*; de Barante berichtet in Band I seiner *Mémoires* auf belustigende Weise über die Anfänge Beugnots im Staatsrat: Er wollte auf Napoleon einen großen Eindruck machen und erreichte nur dessen Erregung.

von Jérôme das Königreich verwalten sollte. Beauftragt mit der Finanzverwaltung, blieb er auch noch im Ministerrang, als der König, für den er übrigens die erste Proklamation entworfen hatte, im Dezember seine Regierung einrichtete. Im Februar 1808 erhielt er zusätzlich noch das Ministerium des Schatzamtes.

M. BEUGNOT.

*Abb. 11: Jacquies Claude Comte Beugnot (cliché Bibliothèque nationale de France)*

Beugnot war hin- und hergerissen zwischen den Ansprüchen von Jérôme, der aus diesem ausgesaugten Land viel Geld verlangte und bald darauf bestand, daß seine Minister ihm durch einen Eid verbunden seien, und dem Willen Napoleons, der verlangte, daß Beugnot "sein Minister" bleibe und sehr genau die westfälischen Angelegenheiten verfolge und den Franzosen nicht gestattete, den Eid zu leisten, "nicht einmal seinen Brüdern". Er konnte nicht in Kassel bleiben und bat, nach Frankreich zurückzukehren. Ende April war er in Paris[154]. Seine Vergangenheit als Verwaltungsfachmann, seine Kenntnisse

---

[154] Nachlaß Beugnot, AB xix 339. - Regnaud de Saint-Jean-d'Angely hatte ihm geschrieben, daß der Kaiser nicht wünschte, daß er sich durch einen Eid mit Jérôme verbände; "seine Minister sollen sich nicht durch einen Eid einem anderen Herrscher - selbst nicht seinen Brüdern - verbinden. Dies würde sie zwischen zwei Pflichten stellen, die, bei gegebenem Anlaß, in Opposition zueinander stehen könnten: Das Provisorium soll von ihrer Seite keinerlei Verbindlichkeit nach sich ziehen, die ihnen den Zugang zum Staatsrat verschließen würde, und dürfe nicht länger als ein Jahr

als Ökonom und seine Erfahrungen in Deutschland empfahlen ihn für eine neue Aufgabe: Am 19. Juni 1808, wenige Tage nach der Unterzeichnung des Abtretungsvertrages, ernannte Napoleon ihn zum "Sonderbeauftragten für die Inbesitznahme der Herzogtümer Berg und Kleve, von Münster und der Grafschaft Mark" und befahl ihm, vor dem 1. August in Düsseldorf zu sein.

Welches genau seine Aufgaben in dem Land sein würden, wußte noch niemand. Napoleon dachte, daß er einfach die Nachfolge Agars übernehmen könne, zum Minister der Finanzen und des Äußeren ernannt werden und mit den Angelegenheiten der Staatskanzlei betraut werden könnte. Aber er ließ ihm die Freiheit, auch jede andere Ämterkombination vorzuschlagen, die ihm zweckmäßiger erschiene. In diesen Staaten, deren Schicksal noch nicht entschieden war und für die nur vorübergehende Maßnahmen getroffen werden konnten, war es die Hauptsache, nichts zu verändern. Vor allem Verschwendungen sollten vermieden und die Beauftragten des Großherzogs daran gehindert werden, aus den Umständen Gewinn zu schlagen: Der Kaiser verließ sich auf Diensteifer und Treue von Beugnot.

Ohne zu zögern verließ Beugnot Bayonne, reiste über Paris, wo ihm Cambacérès auftrug, nicht zu vergessen, ihm Schinken aus dem Großherzogtum zu senden, und kam am 31. Juni in Düsseldorf an, wo er mit Unterstützung von Pépin de Belle-Isle, einem jungen Auditoren im Staatsrat, Besitz vom Großherzogtum Berg nahm[155].

Das Gehalt des "Kaiserlichen Kommissars" war auf 100.000 Francs festgesetzt, aber er mußte als Konsequenz seines Amtes ein entsprechend großes Haus führen, für das Agar 60.000 Francs jährlich aufgewendet hatte. Beugnot durfte nicht dahinter zurückblei-

---

dauern." Januar 1808, Nachlaß Beugnot, AB xix 350. Andererseits hatte Napoleon am 4. Januar 1808 an Jérôme geschrieben: "Beugnot und Siméon steht es frei, bei Ihnen zu bleiben. Wenn sie den Eid geleistet haben, den Sie gefordert haben, werde ich sie von der Liste meiner Staatsräte streichen." Thimme, s. Anm. 103, spricht von Beugnot mit den Worten: "Der ehemalige Sekretär Voltaires"; woher hat er diese Angabe?

In Westfalen hatte er sich mit Johannes von Müller, dem Minister für das staatliche Schulwesen, befreundet, mit dem er einen lebhaften Briefwechsel bis zu dessen Tod ein Jahr später unterhielt. "Obwohl er im Innersten seines Herzens Deutscher" war, schrieb er, als er von seinem Tod erfuhr, "war Johannes von Müller ein aufrichtiger Bewunderer des Kaisers und sprach über ihn nur mit Begeisterung". Er sagte ihm oft: "Mein Freund, ich erblicke in der Zukunft einen wunderbaren Platz des Unsterblichen, der ist für den, der mit Würde die Geschichte eines so schönen Lebens schreiben wird."

[155] *Mémoires*, I, 288-289. Der junge Pépin de Belle-Isle, der Beugnot nach Düsseldorf begleitete, wurde am 12. Februar 1809 zum Auditor im Staatsrat (Abteilung Finanzen) ernannt. Er war damals 23 Jahre alt: "Verwandter von Madame Beauharnais, Gattin des Senators, besaß er ein beträchtliches Vermögen, das sich durch den Tod seines Vaters, der während einer Mission in Portugal verstorben war, noch vergrößert hatte. Er hatte Beugnot nach Kassel, dann nach Düsseldorf begleitet, und Beugnot präsentierte ihn als jemand mit mehr Kenntnissen und Talenten als Lebensjahren." Beugnot hatte ihn der Finanzabteilung zugewiesen, wo er gute Dienste erwies und bat, zum Auditor in besonderem Auftrag ernannt zu werden. Goecke irrt sich, wenn er ihn zum Auditor seit 1808 macht. - Beugnot war Präsident des Wahlkollegiums der Haute-Marne; er stand ihm "mit Würde" vor (Fte III, Haute-Marne 3: AF IV 1226). In seinen *Mémoires* behauptet er, für das Departement de l'Aube in den Senat designiert worden zu sein; das ist falsch: Er erhielt in der Haute-Marne 1812 nur 96 Stimmen gegen 109, die seinem Konkurrenten Henrion de Pensey gegeben wurden.

ben, denn er war der einzige, um dem Großherzogtum diese Ehre zu erweisen, und er hatte für diese Rolle weder Kollegen noch Konkurrenz. Napoleon mußte würdevoll in Deutschland vertreten werden: Mit diesen äußerlichen Mitteln vor allem erwarb sich ein Minister im Ausland die Achtung der Einwohner und sicherte sich ihr Wohlwollen. Bis 1813, bis zum endgültigen Zusammenbruch, blieb Beugnot in Düsseldorf; die Erinnerung an seine Tätigkeit ist dort nicht verloren gegangen[156].

# V.

Bei seiner Ankunft im Großherzogtum Berg traf Beugnot im Ministerium des Innern auf den Grafen von Nesselrode, der seit 1806 seine Aufgaben präzise erfüllte. Erschöpft oder zweifellos die wachsenden Schwierigkeiten seiner Aufgabe vorausahnend, wollte er sich zum wiederholten Male davon zurückziehen. Im August 1808, im November 1809 und schließlich im Oktober 1810 entschloß er sich nur auf Drängen von Beugnot, dann von Roederer, auf seinem Posten auszuharren[157]. Bis 1813 kam er eifrig seinen erdrückenden Aufgaben nach und bemühte sich, die Verwaltung des Inneren, der Justiz, des Krieges und des Unterrichtswesens zu leiten.

Die Situation der beiden Minister war delikat: Beugnot beklagte sich, daß von Nesselrode direkt mit Roederer korrespondiere, und der Minister-Staatssekretär war gezwungen, ihm zu antworten, daß dieser nicht nur das Recht dazu habe, sondern daß der kaiserliche Kommissar derart handeln solle, um sich mit seinem deutschen Kollegen besser zu stehen. Dies wäre der einzige Weg, seine Loyalität sicherzustellen. Es hat gelegentliche Zerwürfnisse gegeben. Die Berichte waren oft gespannt und Roederer mußte intervenieren, um Beugnot zu beruhigen, der verlangte, daß alles durch seine Hände ginge, sich über die "Boshaftigkeit" Nesselrodes beklagte, sich nicht entschließen konnte, sein "Gehilfe" zu sein. Nesselrode stöhnte, keine ausreichende Autorität zu haben, verlangte über seine Stellung gegenüber dem kaiserlichen Kommissar aufgeklärt zu werden, warf ihm vor, sich in alles einzumischen und durch seine Rundschreiben die Präfekten glauben zu machen, daß er allein alle Macht erhalten habe. Trotz dieser Reibereien und Kränkungen waren der Eifer und die Zuverlässigkeit der beiden Minister niemals in Gefahr: Beugnot

---

[156] Die deutschen Geschichtsforscher geben sämtlich Zeugnis der guten Verwaltungsarbeit Beugnots (Thimme, Goecke-Ilgen, Goecke usw.). Heine spricht in seinen *Briefen aus* Berlin von "Beugnot, der brave Franzose, der den Bewohnern des Großherzth. Berg, trotz seiner haßerregenden Stellung, so manche schöne Beweise eines edeln und großen Charakters gegeben hat, und jetzt in Frankreich so wacker kämpft für Wahrheit und Recht". Heinrich Heine, Briefe aus Berlin, 1822, zweiter Brief, zit. nach: Heinrich Heine, Historisch-kritische Gesamtausgabe der Werke, hrsg. von Manfred Windfuhr im Auftrag der Landeshauptstadt Düsseldorf (= Düsseldorfer Ausgabe). Bd. 6, bearb. von Jost Hermand, Hamburg 1972, S. 31. Es trifft zu, daß die Juden besondere Gründe hatten, für die Wohltaten dankbar zu sein, die ihnen die französische Herrschaft gebracht hatte.

In seinen *Mémoires*, Bd. III, geht de Barante mit Beugnot nicht gerade zartfühlend um. Er gesteht ihm Verstand zu, viel Verstand, sogar zu viel Verstand; er wirft ihm seinen Mangel an gefestigten Ansichten vor, dies trifft zumindest für die Zeit nach 1814 zu; er spricht von der Eifersucht derjenigen, die befürchteten, daß er zuviel Begünstigung und Erfolg erlange, was erklärt, daß er abseits gehalten worden sei, sowohl in Rouen wie in Kassel und Düsseldorf.

[157] AF IV 1225.

als Finanzminister war emsig und betrieb die Reformen mit einem Eifer und einer Beharrlichkeit, die Roederers Erwartungen übertrafen. Als kaiserlicher Kommissar übte er die allgemeine Aufsicht aus; in dieser Beziehung kam er in Konkurrenz zu von Nesselrode, aber diese Konkurrenz selbst war nicht ohne positiven Effekt.

"Beugnot hatte weniger Vertrauen zu den Deutschen als sein Kollege, Nesselrode war eher geneigt, die Fehlleistungen der Franzosen wahrzunehmen. Beugnot überwachte stärker den Adel und die einstigen Grundherren, Nesselrode mehr die Bauern und die schikanösen Advokaten. Der letztere organisierte übrigens die Armee mit viel Sorgfalt und großer Sparsamkeit; wenn er auch als Minister des Inneren die Grundsätze der französischen Munizipalverwaltung nicht gut begriffen hatte, so verstand er es zumindest als Präsident des Staatsrates, den Ansichten Beugnots beizustehen. Beugnot hat mehr Eingebungen", schloß Roederer seinen umfassenden Bericht von 1812, von "Nesselrode mehr Haltung. Beugnot besitzt mehr den an den französischen Institutionen geschulten Verstand, von Nesselrode versteht es besser, mit den deutschen Gepflogenheiten umzugehen. Beugnot hat mehr Überlegenheit in seinen Beziehungen zu seinen Untergebenen, von Nesselrode mehr Lebensart, Höflichkeit und Einfühlungsvermögen. In ihren gegenseitigen Beziehungen führt Beugnot die Besorgnis der Regierung zu weit; er bildet sich leicht ein, daß seine Autorität angegriffen oder verkannt wird und verteidigt sie mit Verärgerung. Der nach seiner Wesensart wenig unternehmungsfreudige von Nesselrode ist zuweilen zu nachgiebig gegenüber seinen Untergebenen, die ihm vorwerfen, Schwäche gegenüber dem kaiserlichen Kommissar zu zeigen. Aber sowie ihm bewußt wird, daß er zu weit gegangen ist, zieht er sich freimütig und bereitwillig zurück ... Sie einigen sich immer zum großen Vorteil Eurer Majestät ..." Beugnot hatte in Düsseldorf einen gewissenhaften und exakten, routinierten und vorsichtigen Mitarbeiter gefunden[158].

## VI.

Als er den ersten Vasallenstaat auf dem rechten Rheinufer errichtet hatte, hatte Napoleon - in der Absicht, dessen Verwaltung zu überwachen wie er später die des Königreichs Westfalen überwachen sollte - entschieden, daß die Minister des Großherzogtums Berg mit seinem Finanzminister Gaudin korrespondieren sollten. Nach dem Weggang von Murat fuhr man fort wie vorher: Beugnot mußte seine unverschlossenen Depeschen an Gaudin senden, der sie dann dem Kaiser vorlegte. Der kaiserliche Kommissar, dem der Finanzminister Frankreichs jede Freiheit ließ, die sich mit der Furcht vereinbaren ließ, daß Napoleon seine langsamen Reformpläne nicht billige, schätzte sich glücklich ob dieser Organisation. Dieses Verfahren wurde nur über den Zeitraum von sechs Monaten nach dem Weggang Murats geübt. Am 21. Dezember 1808 unterzeichnete Napoleon ein Dekret mit Wirkung vom 1. Januar 1809, nach dessen Wortlaut der Minister-Staatssekretär

---

[158] AF IV 1226. Allgemeiner Bericht über das Großherzogtum vom 1. November 1812 - Nachlaß Beugnot, AB xix 352. Briefe von Roederer vom 2. Januar 1812, 6. April 1813. In den Papieren des Grafen Roederer befindet sich ein Brief des Grafen von Nesselrode, worin folgendes zu lesen ist: "Der Frieden ist geschlossen, möge er dauern!" (12. April 1812). Es trifft zu, daß Beugnot mit Nesselrode ziemlich rücksichtslos umging, z.B. verringerte er den Haushalt des Inneren, ohne den Innenminister zu benachrichtigen, (AF IV 1848).

dem kaiserlichen Kommissar die Anordnungen des Kaisers zuzuleiten hätte. Beugnot mußte nun künftig sämtliche Berichte, Dekretentwürfe und Auskünfte an Maret senden, der die Anweisungen Napoleons entgegennahm. Beugnot beglückwünschte sich, den Herzog von Gaëte (Gaudin) los zu sein und "in die Hände des Herzogs von Bassano (Maret) zu fallen"; "sie hatten zusammen über das große Theater der Revolution beraten".

Beugnot, den sein unablässiges Suchen nach dem Sinn im allgemeinen zur Verleumdung und zur Ironie drängte, schonte Maret in seinen *Mémoires*. Trotz einiger Pfeile - wie im Vorbeigehen abgeschossen - erscheint der Staatssekretär dort recht sympathisch: "Dieser Mann von ausgezeichnetem Gemüt, kultiviertem Geist, ehrerbietig, zuvorkommend, bereit, vor den Fähigkeiten anderer zurückzutreten, war indes unfähig zu einer schlechten Tat." Er war also glücklich, in seine Befugnisse eingesetzt zu sein, "und weil ein Staatssekretär für die Verwaltung des Großherzogtums erforderlich war" (hier klingt das Bedauern durch, nicht ausreichend unabhängig zu sein), fand er es "ehrenvoll für die Verwaltung, daß dieser Staatssekretär ein solcher des Kaiserreichs war"[159]. Er entdeckte, daß er "den Blicken des Meisters" näher gerückt war, denn man verlangte bald darauf von ihm die Einführung der französischen Gesetze sowie detaillierte und regelmäßige Berichte über den Zustand des Großherzogtums[160]. Diese Berichte sandte er regelmäßig, jedoch konnte Maret, durch die für andere wie für ihn erdrückende Arbeit im Staatssekretariat bereits stark in Anspruch genommen, nicht noch die tägliche Besorgnis des Großherzogtums erledigen. Er verachtete keinesfalls die 100.000 Francs, die ihm jährlich für die Aufgabe, mit Düsseldorf zu korrespondieren, zufielen, tatsächlich jedoch setzte er die Gewohnheiten von Gaudin fort: Die Beschäftigung mit dem Großherzogtum war für ihn zweitrangig[161].

Die Einführung der französischen Verwaltung und Gesetze erforderte einen umfangreichen Schriftwechsel. Napoleon erkannte recht bald, daß der Zeitpunkt gekommen war, dem unmittelbar seiner Kontrolle unterworfenen Land einen besonderen Minister zuzuordnen, der einzig und allein mit dieser Aufgabe betraut war.[162] Dieses spezielle Staatssekretariat errichtete er 1810 und der Senator Roederer wurde dazu ausgewählt, weil die

---

[159] AF IV pl. 2369, Brief von Napoleon an Gaudin (unveröff.), 24. August 1808. AF IV pl. 2526, Dekret vom 21. Dezember 1808.

[160] Das "Projekt über eine Organisation der Regierung" wurde von Beugnot erst im Oktober 1810 angefordert. In dieser Angelegenheit sind seine *Mémoires* abermals ungenau. Er wollte so verstanden werden, daß man dieses Projekt bereits 1809 von ihm verlangt habe (*Mémoires*, I, 319).

[161] Die Daten der Dekrete sind interessant: Maret sammelte die Vorschläge von Beugnot und wenn das Paket zu groß oder die Anfragen des kaiserlichen Kommissars zu dringlich geworden waren, "liquidierte" er einen gewaltigen Rückstand: Maret ließ die Dekrete von Januar bis März 1809 unterzeichnen, dann ließ er acht Monate verstreichen, bevor er sich mit dem Großherzogtum beschäftigte. Ein Paket wurde im November/Dezember 1809 und im Januar 1810 abgesandt: Dann vergingen erneut acht Monate, in denen man das Großherzogtum vergaß. Im September 1810 ersetzte Roederer Maret, von da ab wurden die Dekrete dem Kaiser regelmäßig vorgelegt; es wird deutlich, daß ein Mann sich täglich mit der zentralen Verwaltung beschäftigt.

[162] Als er sich in einem Brief an den Fürsten Eugène beklagte, die Verwaltung seines Königreiches Italien nicht zu kennen, drohte Napoleon ihm, wenn er ihn nicht besser auf dem laufenden hielte, einen *Staatssekretär* zu bestimmen, der mit seinen Ministern in Verbindung stehen würde. Correspondance de Napoléon, XII, 99, 25. Februar 1806.

immer drückendere Last der Geschäfte Maret daran hinderte, sie mit Erfolg fortzuführen. Roederer sollte mit Beugnot und Nesselrode unmittelbar Verbindung aufnehmen, die Anweisungen des Kaisers empfangen und nach Deutschland weiterleiten. Napoleon maß dieser Aufgabe große Bedeutung zu, denn er gab Roederer die Würden und Vorrechte eines französischen Ministers und ermächtigte ihn, seinen Rang unmittelbar nach denen des Königreichs Italien einzunehmen. Von Tag zu Tag beanspruchte das Großherzogtum mehr Platz innerhalb der Haupttätigkeiten Napoleons. Roederer leistete in Fontainebleau den Eid in die Hand des Kaisers, der zu ihm sagte: "Diese Verwaltung muß die 'Normalschule' für die anderen Staaten des Rheinbundes werden. Das ist eine Sache, die getan werden muß!"[163]

Beugnot möchte uns in seinen *Mémoires* glauben machen - man fragt sich, aus welchem Grund -, daß ihm die Ernennung Roederers unerfreulich war, daß Roederer, "jedermanns Feind" gewesen sei, ihm Übles wollte und daß er in dem Augenblick, als er erfuhr, daß er mit ihm beständige Verbindungen haben würde, den Entschluß faßte, seine Stellung aufzugeben: Dem ist aber nicht so; kaum ernannt, schrieb der neue Minister dem kaiserlichen Kommissar über "die ganze Freude, die ihm die neuen Beziehungen bereiteten, die das Wohlwollen des Kaisers ihm gerade eingebracht haben". "Ich kenne Ihre Talente", sagte er ihm, "Ihre Einsichten, Ihren Eifer. Ich hoffe, daß ich weder dem Erfolg der Maßnahmen, die sie in Gang gebracht haben werden, noch den persönlichen Erfolgen, die die Folge der anderen sein müssen, im Wege stehen werde." Die Pflichten seines neuen Amtes ernstnehmend, reiste er wenig später nach Düsseldorf, verbrachte "angenehme Stunden" bei Beugnot, erfreute sich an "seiner stets verbindlichen und immer lehrreichen Unterhaltung, an seinem liebenswürdigen Geist, der so leicht die rauhe Welt der Geschäfte vergessen ließ", führte mit ihm endlose philosophische Gespräche und machte der Frau Gräfin seine Aufwartung, "dabei seine Vorsichtsmaßnahmen treffend, um nicht zum Billard festgehalten zu werden, wenn er sich eigentlich zurückziehen wollte". Bei einer Besichtigungsfahrt, die er anschließend im Großherzogtum unternahm, "das Beugnot mit Auszeichnung verwaltet", vermißte er in den Nebeln von Elberfeld "den

---

[163] 'Normalschule': frz. 'école normale', (Lehrerseminar).
AF IV pl. 3692, 24. September 1810; AF IV 1833. Das Gehalt Roederers wurde wie bei Maret auf 100.000 Francs festgesetzt, die den Steuererträgen des Großherzogtums entnommen wurden. (AF IV pl. 4160, 9. März 1811). Roederer, der seine Bediensteten aus eigener Tasche bezahlte, verlangte von Beugnot wiederholt Vorauszahlungen. (Nachlaß Beugnot, AB xix 352, März 1811 usw.). Am 24. September 1810 schrieb Roederer dem Kaiser, um ihm für seine Ernennung zu danken. Am 1. Oktober teilte er seinem Sohn mit, "daß er den Eid geleistet und in den Rang und die Würden eines Ministers eingetreten sei"; "an einem Tag wie diesem findet man nur Freunde". Der Herausgeber der *Oeuvres* von Roederer (sein Sohn) fügte hinzu: "Diese Stellung hatte in den Augen von Roederer einen zusätzlichen Vorteil, sie verlangte nichts von ihm, was gegen seine Prinzipien war. Im Gegensatz zu den anderen Ministern, welche die prohibitiven Grundsätze gegen jede ausländische Industrie unterstützen mußten, war er gezwungen, sie als Bewahrer der Interessen des Großherzogtums Berg, einem der industriereichsten Länder Europas, zu bekämpfen. Und Napoleon, der seine Minister als Grundprinzip der Verwaltung ein Zollsystem errichten sah, das im Grunde für seine Politik nur eine Kriegsmaschine gegen England war, gefiel sich mehr als einmal darin, den Minister des Großherzogtums mit den Befürwortern des Schutzmonopols, die ihn in seinem Verwaltungsrat umgaben, in Konflikt zu bringen."

komfortablen Empfang", der ihm im Schloß Jägerhof von Düsseldorf bereitet worden war[164].

*Abb. 12: Pierre Louis Graf von Roederer, Kupferstich von H. C. Lips*

Wenn also Beugnot einige Monate später, Anfang des Jahres 1811, Schritte unternahm, um die Stelle des Generaldirektors der Staatsdruckerei und der Staatsbibliothek zu erhalten, so nicht als ein Mann, der "alle Brücken hinter sich abreißt" und Aufsehen erregen will, sondern aus dem einfachen Grund, daß ihm Paris fehlte, und er trotz des geringeren Gehaltes eine Stellung anstrebte, die seinen literarischen Neigungen besser entspräche, sich darin zu entfalten und zugleich dem "Gebieter" näher zu sein. Tatsächlich

---

[164] Nachlaß Beugnot, AB xix 352. Briefe von Roederer, 4. Oktober 1810, 3. Dezember 1810, 7. Januar 1811; am 12. November 1810 schrieb Roederer von Düsseldorf seinem Sohn: "Dieses Land hier ist glücklich und brav, Beugnot verwaltet es mit Auszeichnung". Er fügte hinzu: "M. und Mme. Beugnot sind von einer sehr angenehmen Gesellschaft und er ist ein ganz ausgezeichneter Mann in allen Angelegenheiten". Roederer, *Oeuvres*, VIII, 512. Diese Privatbriefe räumen mit der Legende auf, die Beugnot bezüglich die ihn betreffende Animosität Roederers schaffen wollte. Die *persönlichen* Eindrücke Roederers sind also im Einklang mit den *offiziellen* Zeugnissen, die er der Tätigkeit des kaiserlichen Kommissars gab. S. auch im Anhang die *kritischen Bemerkungen* über die *Mémoires* von Beugnot.

schrieb er dem Polizeiminister und Roederer, alles für das Wohlergehen des Großherzogtums wünschend, daß der Kaiser ihn in Düsseldorf beließe, unternahm aber gleichzeitig Schritte zur Verwirklichung seiner Wünsche. Er konnte sie nicht verwirklicht sehen; es war de Pommereul, der das Amt erlangte[165].

Die Beziehungen zwischen Roederer und Beugnot waren also, mit einem Wort: herzlich. Sicherlich gab es zuweilen Reibereien, vor allem verursacht durch die Eifersucht des kaiserlichen Kommissars, der sich darüber ärgerte, daß sein Kollege Nesselrode von Roederer konsultiert wurde, und leicht geneigt war zu glauben, seine Autorität werde verkannt. Er verstand ihn tatsächlich als "den Mann, der am Ort am wenigsten die Arten und Prinzipien der französischen Gesetzgebung ignoriert" und als einzigen Repräsentanten des Kaisers im Großherzogtum[166]. Gewiß suchte auch Roederer ständig seinen Anteil an der Autorität und der Kontrolle zu verstärken und Beugnot mußte manchmal die glückliche Zeit zurücksehen, in der das Staatssekretariat in Paris eine Pfründe war, das Großherzogtum nur ein hohes Gehalt für einen bereits mit Arbeit überlasteten Minister bedeutete und dieser Minister nicht daran dachte, aus seinem Amt alles herauszuholen, was es ihm an Einfluß und Ansehen hätte geben können.

So schloß sich die Verwaltung der deutschen Länder durch immer enger werdende Bande dem Zentrum des Kaiserreiches in Paris an. Während anfangs der französische Finanzminister sich nebenher und gleichsam in seinen Mußestunden mit den Herzogtümern zu beschäftigen hatte, die französische Verwaltungsmaschinerie noch nicht vollkommen in Gang gesetzt worden war und unter Maret das Staatssekretariat für Berg dem von Frankreich nachgeordnet war und daher zwangsläufig vernachlässigt wurde, veränderte sich mit Roederer alles: Es waren nicht mehr einfach Berichte über die öffentliche Meinung, die nach Paris kamen, um den Minister und durch ihn den Kaiser über die Stimmungslage in diesem Teil Deutschlands zu unterrichten, es waren nicht allein Berichte der Minister über ihr Ressort, sondern solche der Leiter der zivilen und militärischen Abteilungen, die sich in den Büros von Roederer häuften und ihm die Grundlage eines Gesamtbildes lieferte, das er Napoleon präsentierte. Dieser gesamte Schriftverkehr hielt die beiden Minister in Düsseldorf in Atem, sicherte die Festigkeit und die Bedeutung ih-

---

[165] Nachlaß Beugnot, AB xix 352. Brief von Roederer vom 7. Januar 1811 (und nicht 1810); F$^{ID}$II B$^{II}$. Brief von Beugnot an den Polizeiminister, 12. Januar 1811; der Abbé Morellet wünschte Beugnot in der Bibliothek ankommen zu sehen.

[166] AF IV 1840, Brief an Roederer, 29. September 1811. Dieser Brief ist im Ton ziemlich heftig: "Die allgemeine Verwaltung und die Polizei unterstehen mir nicht mehr, ich bin unbeteiligt an dem, was sich bei der Armee, der Gerichtsordnung, der Stadtverwaltung, den öffentlichen Arbeiten usw. tut." Er beklagrt sich, nicht mehr über die Häfen der Hansestädte zu verfügen und somit keinen Gesamtüberblick mehr zu haben. "Das einzige Zeichen des guten Willens, das ich geben könnte, ist, dem Herrn Innenminister meine Mithilfe anzubieten und mich als Hilfskraft in den Lauf der Dinge einzuordnen, die ich damals allein bearbeitet hatte." Roederer beruhigte ihn und antwortete, daß er 1811 wie 1810 kaiserlicher Kommissar sowie gleichzeitig Finanz- und Schatzminister sei, daß er stets die Gesamtüberwachung habe, daß er das *Gouvernement* vertrete, daß seine Autorität überall intervenieren könne, wenn er es für notwendig erachte. Er erinnerte ihn, daß er ihm stets die vom Innenminister vorgelegten Dekrete vorgelegt habe und daß sein Eingreifen überall notwendig sei (Brief vom 5. Dezember 1811).

rer Autorität, ohne daß er allerdings jemals Anordnungen hervorbrachte, die nicht von ihnen beiden allein stammten[167].

Die Vereinigung mit dem Kaiserreich, welche die Bewohner des Großherzogtums inständigst wünschten, war in verwaltungsmäßiger Hinsicht vollzogen. In dieser Hinsicht hatten die rechtsrheinischen Departements denen des linken Rheinufers nichts mehr zu neiden. Doch war dies nicht die Angliederung, um deren Gewährung die Industriellen Napoleon inständig gebeten hatten: Die Zollschranken blieben unüberwindlich in Kraft und sollten schließlich dazu führen, diese unvollkommene Vereinigung verhaßt und drückend zu machen.

# VII.

Ohne einen im voraus entworfenen Plan, ohne rechte Vorstellung und ein wenig dem Zufall tastender Versuche überlassen sowie schließlich ohne ausformulierte Verfassung, hatte sich die Verwaltung des Großherzogtums in Paris und in Düsseldorf etabliert. Murat hatte auf den Rat Napoleons hin zwei Minister eingesetzt, Beugnot hatte es dabei belassen, wie er es vorgefunden hatte. Napoleon hatte durch das Staatssekretariat die Domänen dem Kaiserreich angegliedert, als deren wirklicher Herrscher er sich für lange Jahre betrachtete. Aber kein "Grundgesetz" hatte, wie in Westfalen oder in den meisten Staaten des Rheinbundes, ein für allemal die Prinzipien der Gesetzgebung und Verwaltung festgelegt, die in dem neugebildeten Staat gelten sollten. Im Großherzogtum Berg vollzogen sich die Dinge gewissermaßen experimentell und auf die tagtägliche Erfahrung gründend: Während Agar noch in gewisser Hinsicht tastend und dann vor allem Beugnot das französische Regime einführten, suchte man in Paris nach einer Verfassung, die dem Land am besten entspräche ... und tat dies bis 1812!

Am Ende des Jahres 1807 war das Königreich Westfalen vollständig aufgerichtet und mit einer Verfassung versehen worden: Es handelte sich dabei nicht einfach um eine rechtsrheinische (Grenz)-Mark zwischen Rhein und Ems, die Napoleon hier einem Familienangehörigen verlieh. Jérôme sollte nach den Vorstellungen Napoleons nicht allein der Wächter eines Grenzabschnittes sein wie Murat; ihm hatte der Kaiser eine wichtigere Aufgabe zugedacht. Die Völker Deutschlands "wünschten Gleichheit und wollten liberale Ideen". Sein Thron "sollte auf das Vertrauen und die Zuneigung der Bevölkerung gegründet sein, eine liberale Regierung wäre daher eine stärkere Barriere gegen Preußen als Flüsse, befestigte Plätze und der Schutz des Kaiserreiches es je sein könnten"[168]. Als das Schicksal des Großherzogtums 1809 entschieden worden war und Napoleon dort als seinen Stellvertreter und Berichterstatter einen Mann eingesetzt hatte, der bereits in Westfalen Erfahrungen gesammelt hatte, konnte man annehmen, daß auch dort eine geschrie-

---

[167] Diese Berichte der Präfekten usw. sind nicht alle in den Archives Nationales; Roederer hat es zweifellos nicht für nützlich befunden, sie dort zu den Akten zu nehmen und aufzubewahren; er hat nur die wesentlichen Dokumente behalten, die heute von seinem Urgroßenkel aufbewahrt werden.

[168] Brief an Jérôme; 15. November 1807, *Correspondance de Napoléon*, XVI, 166, oft zitiert und reproduziert. S. auch die Rede von Jérôme zu den Deputierten der Provinzen, 1. Januar 1808, in den *Mémoires du Roi Jèrôme*, III, 157.

bene Verfassung die Machtbefugnisse des Großherzogs begrenzen und ihm aufzeigen werde, nach welchen Grundsätzen die Minister das Land in seinem Namen zu verwalten hätten. Der Augenblick war für Napoleon gekommen, eine seiner feierlichen Proklamationen zu veröffentlichen, die den eroberten Völkern ein Regiment verhieß, in dem Freiheit und Gleichheit herrschen sollten und das sie auf diese Weise in der Hoffnung auf eine vollständige Umgestaltung wiegte.

Der Kaiser dachte tatsächlich einen Augenblick daran, dem Provisorium, in dem die ehemaligen Untertanen Murats lebten, ein Ende zu bereiten, und als er den feierlichen Akt vorbereiten ließ, der die politische Existenz des Großherzogtums sichern sollte, verlangte er, daß eine Verfassung auszuarbeiten sei, die seine generelle Organisation festlegte.

Man mußte nicht lange nach einem Vorbild suchen, es bot sich eines an, das vollständig ausgearbeitet, brauchbar und gut zu übertragen war. Die Verfassung des Königreichs Westfalen mußte nur bezüglich der Andersartigkeit der Orte und der geringeren Ausdehnung des Landes modifiziert werden: die Gleichheit aller Untertanen vor dem Gesetz und die freie Religionsausübung wurden proklamiert, die General- und Provinzialstände, die politischen Korporationen und die Vorrechte der Städte wurden aufgehoben, ebenso die persönlichen Privilegien. Die Leibeigenschaft wurde abgeschafft und der Adel blieb zwar bestehen, jedoch als reiner Ehrentitel und losgelöst von jeglicher öffentlicher Tätigkeit. Ein einziger Minister sollte mit der Verwaltung beauftragt werden und für die Ausführung der Gesetze und der Anordnungen des Souveräns verantwortlich sein. Ein Staatsrat sollte ihn unterstützen, dessen Mitglieder durch den Großherzog ernannt und nach Belieben abgesetzt werden konnten. Dieser Staatsrat fungierte gleichzeitig als Kassationshof und sollte die Steuersachen sowie die zivil- und strafrechtlichen Gesetze beraten und in administrativen Konflikten entscheiden. Die aus fünfzig Mitgliedern bestehenden Landstände, vom Kollegium der Departements ernannt und aus den Reihen der Grundbesitzer, Kaufleute, Fabrikanten und Wissenschaftler[169] ausgewählt, sollten die vom Staatsrat eingebrachten Gesetzesvorlagen beraten. Das Kollegium der Departements bestand zu vier Sechsteln aus den 600 Meistbesteuerten des Landes und war aus vom Großherzog auf Lebenszeit ernannten Mitgliedern zusammengesetzt und damit beauftragt, die Landstände, die Departements- und die Arrondissementsträte zu wählen. Der Code Napoléon sollte eingeführt sowie eine unabhängige Gerichtsordnung nach französischem Vorbild eingerichtet werden. Die Militärpflicht sollte zu einem grundlegenden Gesetz des Großherzogtums werden.

Napoleon unterzeichnete die Abtretungsakte zugunsten von Louis Napoleon, aber er verwarf eine Verfassung, die er für das Königreich seines Bruders Jérôme noch für gut befunden hatte. Ohne Zweifel hielt er sie zum gegenwärtigen Zeitpunkt für überflüssig.

---

[169] In Westfalen, wie später auch im Großherzogtum Frankfurt, war das Verhältnis: 30 Grundbesitzer, 10 Kaufleute oder Fabrikanten, 10 Wissenschaftler oder andere Bürger, die sich um den Staat verdient gemacht hatten. Für das Kollegium: vier Sechstel der 600 Meistbesteuerten, ein Sechstel aus den reichsten Kaufleuten und Fabrikanten, ein Sechstel aus den Wissenschaftlern und Künstlern. Man kam auf die italienische Verfassung vom 25. Januar 1802 zurück mit ihren *"Possidenti, Commercianti und Dotti"*, siehe Darmstaedter, Fn. 121, 101. Nach Ernouf, Maret, *Duc de Bassano*, 224, soll die italienische Verfassung von Maret vorbereitet worden sein.

Solange die Vormundschaft dauern würde, und sie sollte fünfzehn Jahre lang bestehen, wollte Napoleon sich nicht festlegen oder den Anschein geben, daß ihm bei der Verwaltung eines Landes, dessen einziger Gebieter er zu bleiben gedachte, die Hände gebunden seien. Überdies bewies das Beispiel Westfalens einmal mehr, daß er auf Landstände und beratende Versammlungen verzichten konnte, die oft ihre Aufgabe allzu ernst nahmen und eine tatsächliche Kontrollfunktion anstrebten. In der Tat verzichtete man im Großherzogtum Berg völlig darauf; kurze Zeit später waren auch in Westfalen und im Großherzogtum Frankfurt die "Stände" nichts mehr als eine Erinnerung[170].

# VIII.

Bis zum Oktober 1809 blieb es bei dem Provisorium, als Napoleon seine Absicht äußerte, diese "Maschine" in die Hand zu nehmen, die er nicht selbst organisiert hatte. Maret machte Beugnot mit der noch unklaren kaiserlichen Absicht bekannt, die Verwaltung zu vereinfachen, die er zu kopflastig fand. Beugnot ergriff die sich bietende Gelegenheit, um seine nach einjährigem Aufenthalt im Lande gereiften Vorstellungen einer zu oktroyierenden Verfassung kundzutun und sandte eine Ausarbeitung über die zukünftige Organisation des Großherzogtums nach Paris. Zuallererst mußte man sich über den Sinn des Wortes "Verfassung" verständigen: Wenn damit eine systematische und feierlich verkündete Sammlung organischer Gesetze der öffentlichen Gewalt gemeint sein sollte, war eine entsprechende Sammlung für das Land bisher noch nicht angelegt worden; wenn man aber darunter ganz einfach die Art des politischen Daseins eines Landes verstand, resultierend aus seinen Gesetzen und Gewohnheiten, besaß das Großherzogtum bereits zu einem großen Teil eine Verfassung. Die Verwaltung war organisiert, die Finanzordnung war seit kurzem entsprechend dem französischen System eingerichtet. Das Armeewesen war durch das organische Dekret vom 29. August 1808 geregelt und auch die Rechtsordnung sollte vollständig umgestaltet werden.

Die Verfassung des Großherzogtums war also kein Gesetzbuch, sondern ein Zustand; die Erfahrung bewies, daß eine solche gelebte Verfassung mitunter besser funktionierte als eine solche, die schriftlich fixiert war, aber bloßer Buchstabe blieb. Beugnot zögerte nicht zu erklären, daß geschriebene Verfassungen, selbst die, die durch den Kaiser den benachbarten Staaten gegeben worden waren, wenn sie schon nicht nichts, so doch wenigstens nicht viel wert sein konnten, denn man hatte dort bereits dagegen verstoßen und diese Verstöße würden solange anhalten, wie es in diesen Staaten keine wirkliche Gewalt gebe, die ihre Einhaltung überwache. Die Einrichtung einer derartigen Gewalt, "die ohne

---

[170] AF IV pl. 2666. Projekt einer Verfassung "dem Statut vom 3. März zuzufügen". Für Westfalen siehe Timme, Anm. 103, für Frankfurt Darmstaedter, Anm. 121. - Die Abordnung, die Beugnot nach Paris entsandte, um dem Kaiser zu danken, das Schicksal des Großherzogtums bestimmt zu haben, hatte um eine Verfassung gebeten. Sie kehrte aber mit leeren Händen nach Düsseldorf zurück. Staatsrat Hazzi, ein Bayer, übermittelte zweimal hintereinander zunächst an Maret, dann an Roederer, einen Verfassungsentwurf, teilweise aus dem von Westfalen kopiert. Er verlangte darin nur die vollständige Abschaffung der lehensherrlichen Rechte und des ehemaligen Adels. AF IV 1225 und AF IV pl. 5099 (Januar und Oktober 1810). In dem letzten Brief betonte er das "Provisorium", in welchem das Großherzogtum lebte, wo alles unerledigt sei.

anzuhalten bewahrt und ohne anzugreifen verteidigt, wäre sie nicht in dieser Sache der Stein der Weisen"?

Es blieben also nur zwei Teile der Staatsgewalt im Großherzogtum zu errichten, ein legislatives Organ und die exekutive Gewalt, oder besser ausgedrückt, eine administrative Gewalt erster Stufe. Aber war es notwendig oder überhaupt möglich oder auch nur wünschenswert, in diesem Gebiet ein gesetzgebendes Organ einzurichten? Beugnot dachte aus mehreren Gründen nicht daran: Das Großherzogtum war geographisch noch zu schlecht gestaltet, und es war zunächst erforderlich, es entweder auf Kosten seiner Nachbarn zu erweitern oder es zum Vorteil dieser Nachbarn zu verkleinern. Aus übergeordnetem Interesse und unter Beachtung der Stellung des Landes im Verband des Rheinbundes erinnerte Beugnot - der an die Realität dieses Bundes als eine politische Gruppe von Staaten geglaubt zu haben scheint - daran, daß den Bundesgenossen eine gemeinsame politische Gesetzgebung, die aus einer Bundesversammlung hervorgehen sollte, zugesagt worden war. Seit 1806 fragten sich in der Tat die Pedanten in Deutschland, wie diese Versammlung konstituiert werden solle, von der in der Bündnisakte vom 19. Juli die Rede gewesen war, wo sie zusammentreten und mit welchen Angelegenheiten sie sich beschäftigen werde. Doch bereits seit seiner Gründung "hatte der Bund die Waffen in der Hand, um seine Existenz zu verteidigen"; die Errichtung einer gesetzgebenden Versammlung mußte somit vertagt werden bis zu dem Zeitpunkt, an dem die derzeitige Anarchie in den verbündeten Staaten ihr Ende gefunden haben würde. Die Gesetze, derer das Großherzogtum bedurfte, fand man in Frankreich und empfing sie daher vollständig. Zudem zog das Großherzogtum seinen Vorteil aus den auf der anderen Rheinseite gewonnenen Erfahrungen. Ein solches Organ war also nicht notwendig, sondern hinderlich, hemmend, sogar schädlich! In seinem Bestreben, die Errichtung einer Versammlung zu verhindern, die ihm lästig werden könnte, ging Beugnot bis zu der Behauptung, daß es für die Festsetzung des jährlichen Budgets und die Ermächtigung zur Steuererhebung keineswegs erforderlich sei, sich an eine beratende Versammlung zu wenden. Die Departementsversammlungen und die Departementsräte genügten vollkommen, um eine proportionale Gleichheit bei Steuerangelegenheiten zu erreichen, der "wirklich auf das Land zu verteilenden Wohltat".

Die exekutive Gewalt, so wie sie Beugnot vorfand und beibehielt, bestand aus zwei Ministern und einem Staatsrat: der Staatsrat war seit Anfang des Jahres 1809 nicht mehr einberufen worden. Der kaiserliche Kommissar fand dies peinlich, nicht, weil er den Ministern nicht traute, sondern weil es nicht im Einklang mit der Regierungsform war. Als Murat den Staatsrat bildete, wollte er den französischen nachahmen, hatte aber übersehen, daß ein solcher Rat nur in Verbidung mit einem beratenden legislativen Organ Sinn macht.

Ein Staatsrat in Düsseldorf - "zusammengesetzt aus Deutschen, die davon überzeugt waren, daß die französischen Ordnungen nichts taugten und es für ihr Vaterland verdienstvoller sei, sich sobald als möglich dagegen aufzulehnen, sie zu hemmen, wenn man sich nicht dagegen auflehnen könne, und zu verzögern, wenn man nicht hemmen kann" -; das war gefährlich. Die Interessen des Landes und die der Franzosen standen überdies nicht immer im Einklang: Die indirekten Steuern gehörten dem Fürsten, der davon zu den

Staatsausgaben nichts beisteuerte. Er war daher vorrangig an ihrer Vermehrung interessiert, während die Einwohner nur ihre Verringerung wünschen konnten.

Vor einer Neuordnung des Staatsrates mußten die Ministerien reorganisiert werden. Hier stellte Beugnot die Frage, ob es zweckmäßig sei, zwei Minister zu behalten, oder nur einer vorteilhafter sei. Die Entscheidung für letzteres versprach erhebliche Vorteile: einheitliche Leitung, schnellere Amtsführung, Wirtschaftlichkeit. Aber andererseits sähe man im Land nicht gern alle Machtbefugnisse in der Hand eines einzigen Kommissars vereinigt, zumal gerade die Amtsbezeichnung "Commissaire" in diesem Teil Deutschlands abschreckte. Sie erinnerte an die Befehlshaber, die sie früher auf beiden Seiten des Rheins geführt und schlechte Erinnerungen zurückgelassen hatten (Rudler, Jollivet usw.). Man würde dadurch nicht nur im Land glauben, von einer allmächtigen Instanz ohne gleichzeitige Regierung beherrscht zu werden, sondern darüber hinaus auch den Vorteil einer notwendigen gegenseitigen Kontrolle verlieren. Außerdem mußte man sich völlig im klaren sein, daß die in den Institutionen und Gesetzen eingetretenen, überwiegend vorteilhaften Veränderungen im höchsten Grad die Vorteile und die Interessen der privilegierten Klassen verletzten. Solange also diesen Klassen Opfer aufzuerlegen waren, wäre es eine kluge Politik, ihnen diese Opfer durch einen der ihren ankündigen zu lassen, der speziell aus den ältesten Familien Deutschlands ausgesucht werden solle. "Auf dessen Schultern sollten dann die Unzufriedenheiten, die geheimen Tränen, die versteckte Hoffnungslosigkeit lasten; nichts wäre geeigneter, als diese Stimmungen auf ein prominentes Opfer abzulenken. Ein deutscher Minister würde im vergleichbaren Fall ein solches Verfahren der Entstehung einer ungünstigen politischen Stimmung immer vorziehen, dessen Einrichtung Machiavelli empfiehlt, um zu verhindern, daß sich eine solche Stimmung in der Öffentlichkeit ausbreite."

Nach diesen Darlegungen zugunsten der Beibehaltung eines doppelten Ministeriums[171] beendete Beugnot seine Denkschrift mit einem seiner bei ihm üblichen Meinungsumschwünge. Er schlug vor, die exekutive Gewalt, die "Regierung", auf einen einzigen Minister zu begrenzen, dem vier Staatsräte als Gehilfen assistieren sollten. Die Staatsräte sollten sich mit den verschiedenen Dienstzweigen befassen und regelmäßig mit dem Minister die zu treffenden Entscheidungen besprechen. In der beigefügten Dekretvorlage bezeichnete er sich als *Minister des Großherzogtums* und teilte Jacobi, Rappard, Fuch-

---

[171] Im März 1809 war Beugnot Anhänger eines Doppelministeriums. Ein Minister sollte mit den inneren Angelegenheiten, dem Unterrichtswesen, den Religionsangelegenheiten, der Justiz und dem Kriegswesen befaßt sein: "Man unterrichtet die Menschen, damit sie gut seien, man macht sie religiös, damit sie besser werden, man bestraft sie, wenn sie schlecht sind", das Kriegswesen als völlig unterschiedliche Verwaltung könnte demselben Minister belassen werden. Der andere Minister sollte die Finanzangelegenheiten erhalten, die von den inneren Angelegenheiten sauber zu trennen seien: "die Abteilung, die zahlt, ist niemals hinreichend getrennt von denjenigen, die ausgeben; sie selbst darf nichts ausgeben, ausgenommen die Pensionen, die festgesetzten Gehälter usw., die keine Beratung verlangen." Diesem Minister teilte Beugnot auch die Kommunalverwaltung zu, wie einstmals in Frankreich die Städte einem Generalkontrolleur unterstellt gewesen waren. "Nur der Finanzminister kann aufgrund der mehr oder weniger gewissenhaften Zahlung der Steuern den Einfluß der städtischen Verwaltung auf das Wirtschaftswachstum beurteilen." Schließlich hatte der mit der städtischen Verwaltung beauftragte Finanzminister auch die Polizei unter sich. Dieser Vorschlag vergrößerte besonders die Befugnisse des kaiserlichen Kommissars.

sius sowie den Truppeninspekteur Morin seinem Geschäftsbereich zu. Maret, dem es oblag, eine Entscheidung zu treffen, entschied in Wahrheit nichts; das Provisorium nahm seinen Fortgang[172].

Roederer entdeckte in den Akten seines Vorgängers die von Beugnot verfaßte Denkschrift: Er begriff, daß der kaiserliche Kommissar, dank der unvermeidlichen Enthaltung von Maret, der alleinige Machthaber des Großherzogtums hatte sein wollen. Roederer war zuerst damit beschäftigt, seine Befugnisse zu erweitern, indem er die seines Kollegen in Düsseldorf zersplitterte. Er schlug im Gegensatz zu Beugnot die Beibehaltung beider Ministerien, deren Konkurrenz ihm vorteilhaft erschien und unter denen er sogar ein wenig gegenseitige Eifersucht wünschte, die Abschaffung des Titels "kaiserlicher Kommissar" sowie die Einsetzung von drei Staatsräten vor, welche ihre Sitzungsprotokolle nach Paris zu senden hatten: So sollte die Verwaltung des Großherzogtums vollkommen mit derjenigen der Zentrale verbunden werden. Doch auch diese Vorstellungen blieben nur ein Vorschlag; das Provisorium dauerte an. Napoleon traf keine Entscheidung[173].

Als Beugnot zu Beginn des Jahres 1811 seine Rückkehr nach Paris verlangte, dachte der Kaiser, daß Roederer zweifelsohne das Land hinreichend regieren könne; er war der Ansicht, daß ein "Gouverneur", der 200.000 Francs ausgeben könne und keinerlei Anteil an der Verwaltung haben sollte, - etwa ein Soldat wie L... -, Frankreich in Düsseldorf sehr gut repräsentieren könne. Aber Beugnot war bereits dort und er war ebenso gut wie jeder andere; er sollte noch ein Jahr bleiben, dann könne man weitersehen[174]. Das Provisorium wurde ein drittes Mal beibehalten.

---

[172] Ich habe in wenigen Worten die umfangreiche Denkschrift von Beugnot mit seinem Vorschlag eines Dekretes vom 10. November 1809 zusammengefaßt, die sich in AF IV pl. 5099 befindet. In dieser Denkschrift finden sich interessante Bemerkungen über den Staatsrat Frankreichs, der immer geneigt war, dem Einfluß Napoleons zu "entschlüpfen". 1811 fertigte Beugnot für Roederer eine Zusammenfassung seiner Anmerkungen von 1809. Diese Zusammenfassung findet sich in den Papieren des Grafen Roederer.

[173] Einen Augenblick jedoch hatte Roederer die Vorstellungen Beugnots akzeptiert. In der Urschrift zu einem Organisationsvorschlag vom Juni 1811 heißt es: "Zwei Minister, das ist zuviel, einer genügt. Um den französischen Einrichtungen im Großherzogtum Geltung zu verschaffen, ist es erforderlich, daß ein französischer Minister dort über die örtlichen Gewalten gestellt wird und weder die Opposition eines deutschen Ministers noch die Schwäche der Ausführung, die schlimmer als die Opposition ist, zu befürchten hat. Ich behaupte außerdem, daß der wunde Punkt im Großherzogtum das Verwaltungswirrwarr der Gemeinden ist und daß die Verwaltung der Gemeinden ein Gebiet ist, in dem der kaiserliche Kommissar sich ausgezeichnet und erprobt gezeigt hat, nämlich in Rouen als Präfekt und im Staatsrat Ew. Majestät als Mitglied der Sektion des Inneren" (AF IV 1862).

[174] Die Anmerkungen Roederers zu der Denkschrift Beugnots und sein eigener Vorschlag befinden sich in AF IV pl. 5099. In den *Oeuvres* des Grafen Roederer findet sich (III, 562) ein Dialog zwischen Roederer und Napoleon, der recht eigenartig ist und dessen Ende ich deswegen hier zitiere: "... Aber Beugnot ist dort, er ist dort ebenso gut wie ein anderer! - Sire, er ist in dem Land geschätzt. - Spricht er ein wenig Deutsch? - Nein, Sire, die Franzosen sprechen die Sprache dort immer nur mittelmäßig. - Und warum? Die Elsässer? - Aber, Sire, die Elsässer sind nicht gut geeignet, die französischen Institutionen in Deutschland zur Geltung zu bringen. Beugnot ist der geeignetste Mann, den ich kenne, um sie im Großherzogtum einzuführen. - Beugnot muß dieses Jahr dort bleiben; ich wüßte nicht, was mit ihm hier zu tun wäre: ich habe ihm überhaupt keinen Platz zu geben.". Der Sohn des Grafen Roederer, Herausgeber der Erinnerungen seines Vaters, ergriff

# IX.

Als endlich eine Entscheidung getroffen und dem Land eine Verfassung im Embryonalzustand gegeben worden war, war es zu spät für eine effiziente neue Organisation. Die allgemeine politische Lage verhinderte alles weitere und die Dekrete von 1812 wurden durch den Zusammenbruch von 1813 gewissermaßen annulliert.

Im November 1811 kam Napoleon, nachdem er eine Reise in das kürzlich dem Kaiserreich angegliederte Holland unternommen hatte, bei seiner Rückreise nach Paris durch das Rheinland und hielt sich für einige Tage in Düsseldorf auf: Er, der "nicht alles sah und auch nicht alles sehen konnte", aber der "es verstand, Fragen zu stellen und die Schwachpunkte zu aufzudecken"[175], bemerkte bei den in Düsseldorf abgehaltenen Ratsversammlungen sehr schnell, daß eine allgemeine Organisation erst noch einzurichten war und zeichnete summarisch deren große Linien. Anhand der auf der Reise rasch formulierten Ideen[176] machte Roederer sich in Paris an die Arbeit und ließ am 15. März

---

dort die Gelegenheit, um die Legende der Animosität des Minister-Staatssekretärs gegenüber dem kaiserlichen Kommissar zu zerstören. Er fügte hinzu, daß er noch manchen anderen Beweis seines Wohlwollens Beugnot gegenüber anführen könne. Die Anmerkungen Roederers zum Vorschlag Beugnots befinden sich in den Papieren des Grafen Roederer. Der Staatssekretär notiert hier die häufigen Mißhelligkeiten zwischen Beugnot und Nesselrode und bemerkt: "Beugnot bestreitet dem ergebenen M. von N. nichts und verlangt nur den Gehorsam des widerspenstigen M. von N."

[175] Nachlaß Beugnot. AB xix 352. Brief von Roederer, 21. Juni 1811.

[176] Die "Protokolle der in Amsterdam und im Großherzogtum Berg abgehaltenen Sitzungen" befinden sich in AF IV 1253. Man findet in dem betreffenden Karton die von Roederer bei den vom Kaiser geleiteten Sitzungen aufgezeichneten Notizen: Diese schnell geschriebenen Notizen wurden in Paris erneut abgeschrieben. Nachfolgend diejenigen, die die *Verfassung* betreffen, und die im *Corr. de Napoleon* XXII, 548 und folgende nicht enthalten sind: "Verfassung des Landes: Nachdenken über seine Grundlagen. Die drei Departements und die neun Unterpräfekturen belassen wie sie bestehen. Die drei Präfekturräte belassen. Nur festlegen, daß die Richter an den Gerichten der ersten Instanz und beim Berufungsgericht ihre Funktionen mit denen des Präfekturrates kumulieren können. Man wird sehen, ob man die Richter verwenden kann, die, vom Präfekten präsidiert, aus dem Staatsrat und den Ministern hervorgehen. Von dem Moment ab wäre dies wie in Frankreich organisiert, und es gäbe vor allem eine Einsparung an Männern und dann an Geld, denn ihnen sollte nur das halbe Gehalt gegeben werden. Dies würde übrigens den Richtern Beschäftigung geben. Man wird nicht sagen können, daß die Richter Verwaltungsaufgaben übernehmen, denn ein Mitglied des Präfekturrates ist ein besonderer Richter. Es soll für die Landstände von Berg ein Kollegium des Großherzogtums eingerichtet werden. Das Kollegium soll aus 30 oder 40 unbesoldeten Mitgliedern zusammengesetzt werden, den tüchtigsten Grundbesitzern des Landes, die sich alle zwei oder drei Jahre versammeln. In der Mitte dieses Kollegiums sollte es eine Kommission für Streitsachen geben, zusammengesetzt aus acht Mitgliedern, die als Rechnungshof fungieren und über alle Streitsachen der Verwaltung, der Präfekturräte, richten soll. Sie wird als besoldete Kommission mit den Rapporten und den Diskussionen zur Regelung [dieser Streitsachen, Anm. d. Übers.] beauftragt sein. Diese Art Staatsrat könnte aus einer bedeutenderen Körperschaft, die ein Kollegium sein sollte, hervorgehen. Das Kollegium soll mit der Steuerverteilung zwischen verschiedenen Departements und Arrondissements auf Vorschlag der Minister beauftragt werden (dieses Verfahren ist nicht überall gleich vorteilhaft, aber es kann beim Fehlen des Katasters zweckmäßig sein). Das Kollegium soll die Rechnungslegung des Finanzministers entgegennehmen, seine Feststellungen treffen und sie dem Großherzog durch eine Abordnung von fünf Mitgliedern überreichen, mit allem, was die Verwaltung interessieren könnte, z. B. den Reklamationen

1812 durch den Kaiser ein Dekret unterzeichnen, das einen Staatsrat und ein beratendes Kollegium des Großherzogtums gründete, um die künftige Verfassung zu erarbeiten.

Roederer hatte an der fälschlich demokratisch genannten Verfassung des Jahres VIII[177] mitgearbeitet, wie auch bei der Ausarbeitung derjenigen des Jahres X, und wußte, daß der grundlegende Gedanke bei den im Jahre 1802 und 1807 im Königreich Italien und in Westfalen eingeführten Verfassungen die fast vollständige Verleihung des Wahlrechtes an das reiche Bürgertum war: Er errichtete somit für das Großherzogtum ein kompliziertes Gebäude mit mehreren Stockwerken, dessen Zugang allein der besitzenden Minderheit vorbehalten war. Sicherlich lag darin der Beginn einer sozialen Transformation, wie sie etwa in der Abschaffung aller nur durch die Geburt gegebenen Privilegien und die dem Wirtschaftsbürgertum zugesicherte reale Möglichkeit politischer Teilhabe bestand. Aber dies war nur ein Anfang, und Napoleon dachte niemals daran, dieses erste Stadium einer Monarchie mit Klassenwahlrecht zu überschreiten.

In jedem der 59 Kantone des Großherzogtums stellte der Finanzminister, d.h. der kaiserliche Kommissar, aus den Meistbesteuerten des Kantons eine Liste der "Notabeln" auf, aus welchen die Kantonalversammlungen der Notabeln bestehen sollten. Diese entsprechend der Bevölkerungsgröße des Kantons mehr oder weniger zahlreichen Versammlungen bestimmten in geheimer Wahl 75 Mitglieder aus den 600 Meistbesteuerten des Großherzogtums, deren Liste gleichfalls durch den Finanzminister aufgestellt worden war[178]: Es handelte sich also im Großherzogtum wirklich um ein Klassenwahlrecht. Tatsächlich wurde das beratende Kollegium durch den Beitritt von zehn Mitgliedern, die der Kaiser unter den wegen ihrer zivilen und militärischen Verdienste am höchsten ausgezeichneten Männern auswählen sollte, auf 85 Mitglieder komplettiert, aber die Rolle dieser Minderheit von "Dotti" sollte gezwungenermaßen begrenzt sein.

Das Kollegium sollte jährlich auf kaiserliche Einberufung hin zusammentreten[179], die direkten Steuern auf Vorschlag des Finanzministers unter den Departements, den Arrondissements und den Gemeinden festsetzen, die Rechnungslegung über Einnahmen und Ausgaben prüfen sowie Anregungen hinsichtlich der beschlossenen oder zu beschließenden Gesetze und über die einzuführenden Verbesserungen in der Verwaltung äußern können. Jedes Jahr sollte eine Deputation von fünf Mitgliedern Zugang zum Fuß des

---

der Untertanen. Alle neuen, von der gegenwärtigen Verfassung verschiedenen Auflagen, werden durch den Großherzog nur festgesetzt, nachdem er sie angehört hat. Die Mitglieder des Kollegiums könnten diese Aufgabe zusammen mit jeder anderen öffentlichen Tätigkeit wahrnehmen."

[177] Deren Analyse siehe in A. Aulard, *Histoire politique de la revolution française*, 706 f.

[178] Man zählte 7.540 kantonale Meistbesteuerte, 2.860 Notabeln der Kantonalversammlungen und 600 Meistbesteuerte des Großherzogtums sowie 75 Mitglieder des Kollegiums, die aus diesen 600 ausgewählt wurden. Die ersten Listen mußten von Napoleon angeordnet werden; die beiden Höchstbesteuerten jedes Kantons mußten folgerichtig in die Liste der 600 Höchstbesteuerten eintreten, damit man für jeden Kanton die Repräsentation sichern konnte. Dieser Vorbehalt war wegen des großen Unterschiedes der Vermögen z.B. im Departement der Ruhr und dem der Sieg getroffen worden. Im ersteren gab es viele Fabrikanten und sehr reiche Grundbesitzer, im zweiten wurde bereits ein Einkommen von 3.000 Francs als außergewöhnlich angesehen. Die Mitglieder der verschiedenen Versammlungen waren auf Lebenszeit ernannt. Sie ergänzten sich alle fünf Jahre durch Mehrheitswahl.

[179] Der Vorschlag sah vor, daß die Zusammenkunft nicht mehr als 20 Tage dauern sollte; Napoleon erklärte diese einschränkende Klausel jedoch für nichtig.

Thrones bekommen, um die Bedürfnisse des Landes darzulegen. Als bemerkenswerte Neuerung wurden zudem die Ratsversammlungen der Arrondissements und die der Präfektur aufgehoben und die Funktionen der letzteren den Gerichten der ersten Instanz in den Hauptorten zugewiesen, die dadurch in bestimmten Fällen zu Verwaltungsausschüssen werden sollten. Diese Verdoppelung der Aufgaben "würde ihnen Beschäftigung geben"[180].

Die Grundsätze waren festgelegt: Ihre Umsetzung war indes nicht nur langsam, sondern beschränkte sich auf Ansätze: Im November, d.h. acht Monate nach der Unterzeichnung des Dekretes, sandte Beugnot an Roederer die Listen der Notabeln, die er mit Sorgfalt und großer Vorsicht aufgestellt hatte. Dem aus Rußland zurückkehrenden Kaiser überreicht, gingen sie bei der Großen Armee verloren. Erst Anfang des Jahres 1813 unterzeichnete Napoleon das Dekret über die Ernennung von 550 Höchstbesteuerten, aus denen die Mitglieder des Kollegiums und die 2.800 Notabeln aus den Kantonen, die sie zu wählen hatten, ausgewählt werden sollten[181]. Aber in diesem Augenblick brach ein Aufstand aus, verursacht durch die Notlage der Arbeiter, die Agitation Preußens und die Nachrichten aus Rußland: Als wieder Ruhe eingekehrt war, erlaubten es die allgemeinen Umstände nicht mehr, an die Einführung von Reformen zu denken: Die Regierung war sich nicht mehr sicher, ob die Stimmung im Lande ihren Interessen noch wohlgesonnen war; die Dinge standen nicht gut genug, um keinen Zweifel an der Ergebenheit der Bevölkerung aufkommen zu lassen, die Einberufung konnte gefährlich werden. Sie war im übrigen auch überflüssig geworden: Es war zu spät, um die Kontributionen von 1814 noch zu verteilen.

Beugnot, dem der Kaiser die Sorge überließ, die erste Zusammenkunft der Kantonsversammlungen zu veranlassen, und dem er die Wahl des günstigsten Zeitpunktes dafür überließ, erklärte Roederer, daß die Meinung in diesen Versammlungen die des ganzen Landes wäre. Nun waren aber überall die Gemüter in gespannter Erwartung, überall war Unzufriedenheit, alle Welt wünschte das Ende des französischen Einflusses in Deutschland. Im Großherzogtum bestände das Kollegium selbstverständlich zum größten Teil aus Kaufleuten: Deren Interesse war seit langem durch die Kontinentalsperre , "deren hohes Ziel sie nicht bemerkten", beeinträchtigt. Diese Unzufriedenen zu versammeln, das hieß, einer großen Gefahr entgegenzugehen. Der Friede mußte abgewartet werden, bevor ein konstitutionelles Regierungssystem etabliert werden konnte: "Später könne man die Gemüter auf das Gemeinwohl und die sozialen Werte lenken und sie von der Neigung zu alten Gewohnheiten und altdeutschen Vorurteilen abbbringen", die Beugnot als "noch

---

[180] Roederer hatte am 17. April 1812 an Beugnot geschrieben: "Das Jahr 1812 wird große Veränderungen bringen, eine Verfassung ..." (Nachlaß Beugnot, AB xix 352.)

[181] Beugnot hatte nur 550 Namen vorgeschlagen; er hatte, wie es in Frankreich üblich war, einen Spielraum offen lassen wollen, damit man später die 50 Namen hinzufügen könnte, die noch fehlten, denn für die letzten könnte es Irrtümer und in der Folge Reklamationen geben. Den Präfekten wurde empfohlen, zur Aufstellung der Notabelnliste auf den Besitz, die öffentliche Achtung, den Lebenswandel, die Kenntnisse und vor allem die Anhänglichkeit an die Person des Kaisers zu achten. Die Anhänglichkeit und der Besitz waren wichtiger als die Kenntnisse (AF IV pl. 5696-5697).

tief verwurzelt" bezeichnete[182]. In der Erwartung besserer Zeiten und um die Ungeduldigen zu beruhigen, verteilte man die Ernennungsurkunden an die Mitglieder der Notablenversammlungen: Dies konnte überdies "die Zuneigung der ehrenhaften Leute gewinnen und die Hoffnung auf eine für das Land günstige Verfassung wachhalten".

## X.

Das beratende Kollegium des Großherzogtums wurde durch dasselbe Dekret wie der Staatsrat gegründet. Während aber das Kollegium niemals das Tageslicht erblickte, wurde der Staatsrat tatsächlich eingerichtet und begann zu funktionieren. Entsprechend den Auskünften von Roederer und Beugnot betrachtete Napoleon den bis dahin nur theoretisch bestehenden Staatsrat als nicht existent; bevor er den in Düsseldorf abgehaltenen administrativen Versammlungen präsidierte, hatte er folgenden Vermerk diktiert: "Für die allgemeine Organisation bedarf es zunächst eines Staatsrates. Der heute bestehende scheint indes keiner zu sein. Er muß die Funktion eines Revisionsgerichtes wahrnehmen; er muß oberstes Gericht in Streitsachen sein, das Gesetz auslegen sowie das Budget und die Rechnungslegung überprüfen."[183]

Der Rat war bis dahin in der Tat kaum mehr gewesen als eine Versammlung der Behördenchefs, die den beiden Ministern zugeordnet waren und ihnen bei der Verwaltung zuarbeiteten. Als Murat noch aus der Ferne regierte und der Minister Nesselrode in Düsseldorf einigen Einfluß hatte, spielte er die Rolle einer Versammlung, die mit der Studie von Gesetzesentwürfen beauftragt war, wie etwa bei der Abschaffung der Leibeigenschaft. Als Beugnot ins Land gekommen und vor allem nachdem die Verwaltung in Paris zentralisiert worden war, nahm das Gewicht des Rates ab; seine Kontrollfunktion wurde zu einer reinen Formsache. Der mit der Einführung französischer Verwaltungsgewohnheiten beauftragte Beugnot mochte keine Versammlung neben sich sehen, die sich zum

---

[182] AF IV pl. 5697. Korrespondenz von Januar 1813. Man kann sich fragen, ob Beugnot ebenso skeptisch im Hinblick auf dieses *Kollegium* war, wie er es im Hinblick auf andere, von Napoleon während seines Besuches in Düsseldorf eingeführte Reformen gewesen war. Nesselrode schrieb in der Tat am 14. Dezember 1811 an Roederer, daß Beugnot, dem er ein Dekret über die Religionsausübung vorgelegt hatte, ihm erklärt habe, "daß dieses nicht dringlich sei und daß weder diese Organisation noch die Errichtung der Universität, noch schließlich das, was S. M. wegen der Verschönerung Düsseldorfs gesagt habe, stattfinden würde. Er ging soweit zu erklären, daß ihn dies alles langweile und daß es gehen möge, wie es könne." Nesselrode führte diesen unpassenden Ausfall auf den schlechten Gesundheitszustand Beugnots zurück. - Beugnot hatte niemals großes Vertrauen, weder in das allgemeine Wahlrecht noch in Versammlungen: Nachzulesen hierüber ist seine Rede gegen den Antrag von Condorcet bezüglich der Berufung von Beamten, welche die Verwendung der Staatsgelder zu leiten und überwachen hatten, 16. April 1792. Arch. nat. AD XVIII[e], 274. Er blieb immer vor allem ein autoritärer Verwaltungsmann. - In dem umfangreichen Bericht über das Land, den er im November 1812 verfaßte, schrieb Roederer: "Das Kollegium wird mit Ungeduld erwartet ... , die Verfassung, die das Land an seine ehemaligen Stände erinnert, wurde mit einer allgemeinen Zufriedenheit empfangen. Der Graf von Nesselrode schrieb mir im Monat Mai: Die Öffentlichkeit erwartet mit einer in diesem Land ungewöhnlich seltenen Ungeduld die Aufstellung von Listen für die Zusammensetzung des Kollegiums, es eilt der Zeit voraus und möchte schon die Verwirklichung dieser Verfassung sehen" (AF IV 1226).

[183] *Corr. de Napoleon*, XXII, 548 f und AF IV 1253.

größten Teil aus Angehörigen der früheren Regierung zusammensetzte und die, an ihren alten Vorurteilen hängend, die Verwaltung eher behinderte als sie zu fördern. Bereits einige Monate nach seiner Ankunft im Großherzogtum berief er den Staatsrat nicht mehr ein. Mit Nesselrode, dem General Damas und dem Truppeninspekteur Morin, einem weiteren Franzosen, bildete er jede Woche einen kleinen Verwaltungsrat, der die Angelegenheiten zügig und ohne Widerspruch erledigte[184].

Beugnot leugnete zwar die theoretische Nützlichkeit eines Gremiums nicht, welches Beanstandungen entgegen nimmt und sie beurteilt, eines "regulierenden Organs, das einen normalen Ablauf in allen Bereichen der Verwaltung aufrecht erhält." Aber er hatte es auf drei bis vier Gehilfen der Minister beschränken wollen[185]. Bis 1812 blieb die ehemalige Versammlung, die nicht mehr zusammentrat, aber deren Mitglieder wenn schon nicht ihre einstigen Funktionen, so doch wenigstens ihre ehemaligen Titel beibehalten hatten, intakt aber fast einflußlos bestehen[186].

Am 15. März 1812 wurde der Staatsrat wieder eingerichtet, neu gestaltet und seine Aufgaben näher bestimmt. Bei seinem Aufenthalt in Düsseldorf hatte Napoleon sich mit den Ratsmitgliedern unterhalten. Er war überrascht, daß in einem Land, in dem die oberste Autorität von einem Franzosen ausgeübt wurde, die Kontrolle der Verwaltung nicht einer Versammlung anvertraut worden war, die ausschließlich aus angesehenen Männern des Landes bestand. Künftig sollte ein aus 14 Mitgliedern und acht Beisitzern gebildeter Rat unter dem Vorsitz des Justizministers (Nesselrode)[187] die ihm vom Kaiser zugeleiteten Gesetzesvorlagen beraten, in Streitfällen richten und die Haushalte der Gemeinden prüfen. Aufgeteilt in zwei Sektionen, sollte er gleichzeitig Gerichtsfunktionen sowie diejenigen eines Rechnungshofes übernehmen.

Roederer und Beugnot ernannten mehrere Angehörige der ehemaligen Versammlung zu Mitgliedern des neuen Rates: den Rechtsgelehrten Fuchsius, Bislinger, Linden, von

---

[184] Die Beschlüsse des Staatsrates hören im Archiv von Düsseldorf am 15. Dezember 1808 auf. Otto Redlich sagt von den Staatsratsakten: "Die Akten des Staatsrats sind so lückenhaft als nur möglich überliefert und gewahren kein vollständiges Bild dessen, was dieses Institut bis dahin (1811) geleistet hatte." vgl. seine Arbeit mit dem Titel *Die Anwesenheit Napoleons I. in Düsseldorf.*

[185] Das Projekt vom November 1809 wurde weiter oben analysiert (AF IV pl. 5099). In diesen Rat nahm Beugnot Fuchsius, Jacobi, von Rappard und den Franzosen Morin auf; die beiden Erstgenannten waren Mitglieder des 1806 eingerichteten Rates. Er entfernte von Goltstein, der bis über beide Ohren in Schulden steckte, Damas, Dupreuil usw. Roederer wollte ebenso einen verkleinerten Staatsrat.

[186] Ich sage *fast unnütz*. In einem Punkt beriet der Staatsrat 1808 jedoch wirklich: Er überprüfte die Vorschläge zur Abschaffung der Leibeigenschaft. Archiv Düsseldorf, Staatsratsakten, 7.

[187] In einem vertraulichen Brief Nesselrodes an Roederer beklagte sich der Minister des Innern heftig über den Staatsrat, wie er vor seiner Neuordnung bestand. Er behauptete, daß er aus Männern zusammengesetzt war, denen die Interessen des Großherzogtums fremd waren, die in ihren Beratungen nur das Mittel sahen, sich bei Beugnot beliebt zu machen, und die glaubten, dies zu erreichen, indem sie die Arbeit des Innenministers behinderten. Er erinnerte Roederer an die von Napoleon bei seiner Durchreise durch Düsseldorf geäußerten liberalen Absichten und sagte, man müsse den Staatsrat bald reorganisieren, "den unpopulärsten Teil unserer Verwaltung. Es ist widerlich, sich von Menschen eines Schlages gleich dieser Mehrheit getadelt zu sehen." Brief vom 2. Dezember 1811. Papiere des Grafen Roederer.

Rappard, den Franzosen Dupreuil und Jacobi. Vom ehemaligen Rechnungshof ernannten sie Vetter und Schlechtendahl, lehnten aber diejenigen ab, welche angesichts ihrer Schulden, ihres "ausschweifenden" Lebens oder ihrer Unfähigkeit ungeeignet waren. Schließlich ließen sie als neue Mitglieder einige "namhafte Persönlichkeiten" hinzukommen: den Grafen von Westerholt, den ehemaligen Oberhofjägermeister Graf von Trips, den Präfekten des Rhein-Departements Graf von Borcke, den Kaufmann Scheibler, dessen Mitwirkung in einem überwiegend gewerbetreibenden Land vortrefflich war sowie einen Einwohner der ehemaligen Grafschaft Oranien, Herrn von Hatzfeld[188].

Am 1. Mai 1812 wurde der neue Rat feierlich eingeführt. Da Beugnot in Paris aufgehalten wurde, hielt von Nesselrode den Räten eine Ansprache über ihre Pflichten und Rechte und ließ sie den Treueeid auf den Kaiser schwören. Per Akklamation beschloß der Rat eine Ergebenheitsadresse an Napoleon. Nach den üblichen Banalitäten äußerten sich die Räte über die durch den Kaiser bewirkte Umgestaltung Deutschlands: "Vermöge des Einflusses Ihrer Ideen, Sire, fliehen im gesamten Deutschland die einstigen Vorurteile und Irrtümer vor ihnen, nicht mehr kämpfend, sondern im Stillen, und wie beschämt, noch zu bestehen. Daß Sie nicht Zeuge des Erstaunens sein können, wie der Erfolg Ihrer Gesetze und Ihrer Institutionen und der allgemeine Eifer, sie nachzuahmen, unsere Alten umzuwerfen scheint! Sie sind der Gegenstand all ihrer Gespräche. Zuweilen würden Sie glauben, daß in diesen Diskussionen zwar weniger Begeisterung aber ebenso wie in Frankreich die Liebe zur Wahrheit herrscht, zuweilen auch, Ihre Historiker erklären zu hören, daß ein derartiger Erfolg und ein derartiger Eifer nur Gesetzen habe folgen können, die sich mit der ewigen Vernunft vereinbaren, den Bedürfnissen und Leidenschaften der Menschen angepaßten Gesetzen, kurz: guten Gesetzen. Sire, die Herrschaft der Ihren wird allgemein sein, aber welche Kraft sie haben, über welche Hingabe sie gebieten mögen, wird die Zukunft zeigen ..." Zum Ende ihrer pompösen Ansprache baten sie Napoleon um die Überlassung seines Porträts, um ihren Sitzungssaal auszuschmücken: "Wenn wir unseren Irrtum spüren, werden wir die Blicke auf Eure Majestät richten und aus Ihren beflügelnden Zügen das uns fehlende Wissen und die Weisheit empfangen."[189]

Der erneuerte Staatsrat hatte keine wichtige Gesetzesvorlage mehr zu prüfen: 1812 waren die Dekrete, die das soziale Leben dieses Teiles Deutschlands umgestalteten, bereits erlassen worden. Im Land war der Code Civil eingeführt und die Justiz reorganisiert worden. Die Ironie der Geschichte ließ ihm klare Befugnisse und eine beachtliche Rolle erst zukommen, als sein Einschreiten nicht mehr notwendig war. Es blieben ihm also in der Tat nur die Verwaltungsgerichtssachen und die Prüfung der Rechnungslegung der

---

[188] Im Dekret vom 15. März gab es nur 13 Ernennungen. Roederer ließ Napoleon darauf aufmerksam machen, der antwortete, daß eine Vakanz für einige Zeit nicht nachteilig sei. Am 22. März wurde Nesselrode zum Präsidenten ernannt (AF IV pl. 5121-5122). Man findet in diesen beiden Schriftstücken reichhaltige Anmerkungen über die alten und die neuen Mitglieder des Rates, insbesondere über Hazzi, wie auch, daß Napoleon, der erklärt hatte, keinen Franzosen im Staatsrat haben zu wollen, dennoch dort den Postdirektor Dupreuil ernannte, aber er schloß Damas aus, für den er anscheinend seinen ganzen Groll im Jahre 1812 aufbewahrt hatte.

[189] Diese Ergebenheitsadresse ist zweifellos von Dupreuil verfaßt worden: Man erkennt in ihr seine "Schreibweise"; vgl. die Ergebenheitsadresse vom Jahre 1808 am Anfang dieses Kapitels.

Gemeinden: Selbst für diese bescheidene Aufgabe hatte er nicht mehr genügend Zeit, sich vorzubereiten[190].

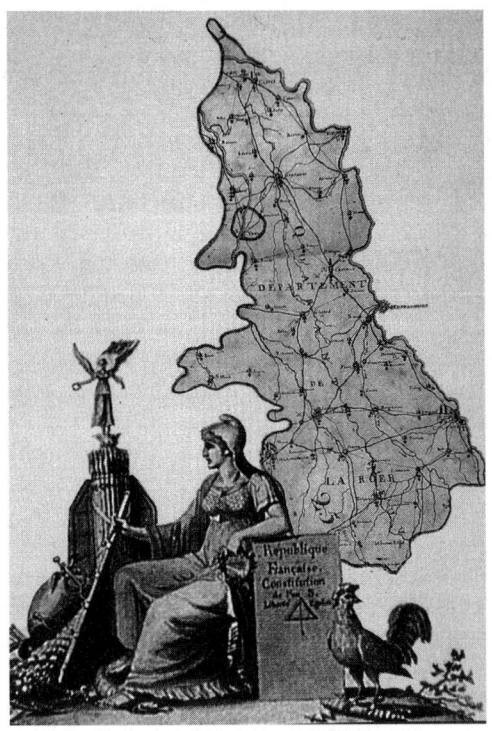

*Abb. 13: Allegorie des Roerdepartements, Kupferstich von B. J. V. Roger (1799)*

\* \* \*

Zwischen der nach französischem Vorbild organisierten und im Kaiserreich vollständig assimilierten Departementalverwaltung des linken Rheinufers sowie derjenigen des komplett errichteten, mit einer Verfassung ausgestatteten und theoretisch unabhängigen Königreiches Westfalen, nahm das Großherzogtum eine Zwischenstellung ein, in der sich seit 1806 die Expansionskraft Frankreichs versuchte. So wie seine territoriale Gestaltung schwerfällig gewesen war und unvollkommen blieb, so war seine politische Entwicklung

---

[190] Beugnot schlug vor, unbesoldete Beisitzer den Ministern beizugeben, damit diese die Verwaltung kennenlernten. Er wollte so "der Regierung die kommende Generation zuführen und sozusagen dafür sorgen, daß der Fürst bei Übernahme seiner Staaten Untertanen vorfinden würde, Franzosen aus Übung". Roederer versah dieses Verlangen mit der Anmerkung: "Man muß von so weit her nicht den Fürsten sehen, arbeiten wir für den Kaiser"(AF IV 1865). Indessen - und dies zeigt, daß Beugnot das Spiel gewonnen hatte - wurde die Zahl der Beisitzer am 1. Oktober 1813 auf 24 angehoben. In diesem Augenblick erklärte Beugnot, daß die jungen Leute aus guter Familie, die es ablehnten, in die Dienststellen als einfache Angestellte einzutreten, mit der Verwaltung durch einen ehrenvollen Titel und einer günstigen Perspektive verbunden wären. AF IV pl. 6546.

verspätet und blieb unvollständig. Erst als er verschwand, erhielt dieser Staat eine erste Organisation und einen Verfassungsentwurf. So wurden in Deutschland zwei entgegengesetzte Methoden angewendet: In Westfalen ging man von der Abstraktion der generellen Prinzipien zur konkreten Verwirklichung der Reformen; im Großherzogtum Berg dagegen verwirklichte man die gleiche Serie von Reformen, ohne daß die leitenden Ideen jemals explizit zum Ausdruck gebracht worden wären.

# Kapitel IV

## Die Einheit in der lokalen Verwaltung

## Departements, Präfekten, Maires

I.    Einteilung des Großherzogtums in vier Departements: Rhein, Sieg, Ruhr, Ems.

II.   Das Land bleibt geographisch unzweckmäßig gestaltet: Erstes Projekt einer Abrundung (1808).

III.  Zweites Projekt (1809).

IV.   Das 1810 um seinen gesamten Nordteil verkleinerte Großherzogtum wird dem "Kontinentalsystem" geopfert.

V.    Die Präfekten ersetzen die Provinzialräte; das französische System der zentralisierten Verwaltung wird einem einzigen Verantwortungsträger anvertraut und ersetzt das deutsche "Kollegialsystem": Dekret vom 18. Dezember 1808.

VI.   Die Präfekten und Unterpräfekten werden aus den Provinzialräten und örtlichen Verwaltungsbeamten ausgewählt; Deutsche führen im Land die Verwaltung auf französische Art ein.

VII.  Als die Präfektur Verwaltungseinheit im Großherzogtum wird, versucht Stein in Preußen erfolglos, das "Kollegialsystem" zu reformieren; seine Reformen sind unvollständig.

VIII. Die Generalräte und die Arrondissements-Räte: Beugnot äußert sich nicht über ihre wie in Westfalen zweifellos unscheinbare Rolle.

IX.   Die Gemeindeverwaltung wird nur dem Anschein nach organisiert: Die Maires mißbrauchen ihre Funktionen oder nehmen sie nicht ernst. Die unabhängige Gemeinde wird unmündig.

X.    Trotzdem bleibt die örtliche Verwaltung nach 1813 erhalten: erst in der Ruhe des wiedergekehrten Friedens wirken die neuen Prinzipien in Deutschland.

## I.

Um die ehemaligen Provinzgrenzen abzubauen und "den Wirrwarr und die Überorganisation zu beseitigen", hatte die konstituierende Versammlung das Departement geschaffen. Dies bot einen einheitlichen Rahmen für das ganze Verwaltungs- und Sozialleben. "Durch eine erleichterte Kommunikation von den einzelnen Orten ins Zentrum formte es damit eine wirkliche Gemeinsamkeit des Daseins." Logischerweise brachte die Revolution durch ihre Eroberungen allen benachbarten Ländern die Departementalverwaltung wie auch die Menschenrechte, die territoriale Einteilung erfolgte also gleichzeitig mit der

Einführung der universellen Prinzipien von Freiheit und Gleichheit. Das "Département", als sichtbares Zeichen des modernen Staates, wurde seit der Eroberung von Belgien eingeführt und die Einteilungen des Jahres III haben dort alle politischen Veränderungen überlebt. Nur die den Flußläufen entliehenen Namen der damals errichteten Bezirke wurden durch "historische" Provinzbezeichnungen ersetzt. Die Militärbefehlshaber auf dem linken Rheinufer, Custine, Hoche und Augereau, begriffen die Bedeutung der territorialen Neugruppierung und des Bruches mit den alten Territorialbezügen nicht. Aber als ein Zivilist, nämlich Rudler, damit beauftragt wurde, die eroberten Länder zu organisieren, war seine erste Sorge, alle revolutionären Einrichtungen und vor allem das Departement dort einzuführen. Später, als Napoleon Gebieter Italiens, eines Teils von Deutschland und Hollands geworden war, wollte er dort nicht nur die alten territorialen Verhältnisse beseitigen und eine "Gemeinsamkeit des Daseins" stiften. Darüber hinaus - vor allem, um seine Vorherrschaft zu festigen und die eroberten Gebiete in der Hand zu behalten - unterteilte er die von ihm gegründeten Königreiche und die ihm abgetretenen Länder in "Départements".

Die Westfalen gegebene Verfassung verordnete die Einteilung des Landes in Departements. Die Regierung, die das Königreich vor dem Eintreffen Jérômes verwaltete, war instruiert worden, die Landkarte zu zerschneiden und als einzigen Maßstab die physikalische Natur anzusehen, ohne sich mit den Grenzen der ehemaligen Provinzen zu befassen: Das Departement mit seinem Präfekt sollte eines der wesentlichen "Instrumente" der napoleonischen Herrschaft werden[191].

Das Großherzogtum Berg, nach und nach zusammengefügt und bevölkert mit "Untertanen aus zwölf unterschiedlichen Herrschaften, die alle ihre Sitten, ihre Gesetze, ihre Gewohnheiten, ihren Verwaltungsstil hatten", sollte in einige großräumige Bezirke eingeteilt werden, damit sich in diesem Land ein politisches Leben und eine verwaltungsmäßige Gemeinsamkeit entfalten und daraus ein wirklicher Staat werden könne. Murat hatte bereits Arrondissements eingerichtet, die ausgedehnter als die alten Ämter waren, aber er wagte es nicht, mit den Gewohnheiten und alten Traditionen zu brechen. So hatte er diesen "Arrondissements" die Grenzen der dem ehemaligen Herzogtum Berg als Kern nacheinander zugefügten Gebiete gegeben.

Eine durchgreifende Neugestaltung war notwendig. Ein wenig gegen seinen Willen bereitete Beugnot sie seit seiner Ankunft in Düsseldorf vor: Der Grundsatz für die Neueinteilung des Staatsgebietes bestand darin, alles Gewesene zu vergessen, "einzig die natürlichen Grenzen zu beachten, die aus den Wasserläufen und Gebirgskämmen bestanden". Dem bergischen Staatsrat wurden Vorschläge unterbreitet, aber man einigte sich über keinen einzigen, denn alle verletzten Vorurteile und Interessen[192]. Man fand in

---

[191] Im Großherzogtum Frankfurt (1810 eingerichtet) widersetzte sich Dalberg dem Plan einer Einteilung des Landes in gleichförmige Distrikte: Er berücksichtigte die alten Vorrechte der Residenzstädte und teilte das Großherzogtum in "historische" Departements ein, was die Bildung eigenartiger Enklaven bewirkte, wie speziell Hanau. In den von Offizieren verwalteten oder ganz einfach einer vorübergehenden Herrschaft durch Frankreich unterworfenen Provinzen veränderte man die ehemaligen Einteilungen nicht: Erfurt mit Thiébaud, Bayreuth mit de Tournon.
[192] Der Staatsrat hat drei Departements (Sieg-Wupper, Lippe, Ems) bzw. fünf (Sieg, Rhein, Wupper, Lippe, obere Ems) vorgeschlagen. Archiv Düsseldorf, Allgemeine Verwaltung, 17 B.

Deutschland genau jene "Widersprüche im Detail wieder, die in Frankreich 1790 die beste Maßnahme der konstituierenden Versammlung auf die Probe gestellt hatten". Napoleon verlangte im September eine Einteilung des Landes in Departements (er wollte davon fünf) und eine Verwaltung, die so schnell wie möglich der französischen Verwaltung angeglichen werden sollte. Ende Oktober sandte Beugnot einen Projektvorschlag nach Paris, der angenommen und am 14. November in ein Dekret umgesetzt wurde.

Mit der Ausdehnung und der Bevölkerungszahl des Landes waren nicht mehr als vier Departements vereinbar. Um sie zu bilden, hatte man sich auf die natürlichen Grenzen beschränkt und so Einwohner mit identischen oder vergleichbaren lokalen Interessen zusammengebracht. Als Hauptorte einer Untergliederung hatte man nach Möglichkeit deren geographische Mittelpunkte gewählt, d.h. Orte, zu denen eine größtmögliche Zahl von Verwalteten auf möglichst kürzestem Wege gelangen konnte. Diesen Grundsätzen folgend, setzte sich das Großherzogtum Berg aus den Departements des *Rheins*, der *Sieg*, der *Ruhr* und der *Ems* zusammen, die alle ihre Namen von den sie durchfließenden Flüssen erhielten. Es war nicht immer möglich gewesen, für die Distrikte oder Arrondissements Städte zu finden, die im Mittelpunkt des Arrondissements lagen; aber immer war der Hauptort einer Unterabteilung mit Rücksicht auf den Hauptort des Departements gewählt worden, um die Kommunikation einfach zu halten und "Retouren" zu vermeiden. Für die Kantone hatte Beugnot einen Durchschnitt von 10.000-15.000 Einwohnern für richtig befunden, aber es war zuweilen erforderlich, in den Ländern mit geringerer Bevölkerungsdichte kleinere Einheiten zu bilden, wie andererseits in den industriellen und handeltreibenden Gebieten die Zahl von 15.000 Einwohnern überschritten werden mußte. Für die Munizipalitäten hatte man schließlich die zu kleinen Gemeinden zusammengefaßt und die 1.313 Orte in 286 Mairien gegliedert[193].

Das Departement *Rhein* wurde durch die Ebene gebildet, die sich entlang des Stromes hinzieht, mitsamt den sie begrenzenden Tälern. In dieser Region stand eine Zerstückelung außer Betracht, die Fruchtbarkeit des Bodens war überall gleich, die Handels- und Wirtschaftsbeziehungen der Einwohner bestanden schon lange, wie ebenfalls die durch die Unterhaltung der Fahrdämme und Deiche notwendigen besonderen Verhältnisse. Dieses Departement umfaßte den westlichen und nördlichen Teil des Herzogtums Berg, den auf dem rechten Rheinufer liegenden Teil des Herzogtums Kleve sowie die Abteien Essen und Werden. Seine Fläche betrug 64 Quadratmeilen, seine Bevölkerung 322.000 Einwohner. Wegen seiner günstigen Verkehrsverbindungen, des Reichtums an Bodenschätzen sowie seiner Lage im Mittelpunkt einer von Norden nach Süden gezogenen Linie war Düsseldorf, die ehemalige Hauptstadt des Herzogtums Berg, der konkurrenzlose Hauptort dieses Departements. Es war in vier Distrikte eingeteilt: Düsseldorf, d.h. die Rheinebene von der Ruhr bis jenseits der Wupper und die bergige Gegend, die dieser Fluß durchfließt, ein Landwirtschaft und Handel treibender Distrikt; Mülheim reichte von der Wupper bis an die Grenzen Nassaus, d.h. die Hochebene des Rheins, ein Teil des Siegtals, das Siebengebirge und die umliegenden Täler, ein Gebiet mit Ackerbau, Wein-

---

[193] V.G. Schulteis, *Erläuterungen zum geschichtlichen Atlas der Rheinprovinz* (I. die Karten von 1813 und 1818). - Schulteis gibt an (S. 87), daß man sich im ehemaligen Herzogtum Berg zuweilen der alten Einteilung in Kirchspiele bedient habe. Im ehemaligen Herzogtum Kleve gab es mehr Überschneidungen. - Für die Departementale Einteilung s. die diesem Band beigefügte Karte.

anbau und Forstbetrieben sowie mit Bergwerken und Steinbrüchen - sicherlich war Mühlheim als Köln benachbarte Handelsstadt in diesem Departement die einzige Stadt, welche die Bezeichnung Hauptort beanspruchen konnte, obwohl fast am Ufer des Rheins an der äußersten Grenze dieses Bezirks gelegen; das dritte Arrondissement war Elberfeld, ein bergiges, industrielles Land; das Arrondissement Essen war schließlich aus den Resten des Herzogtums Kleve und den Herrschaften Essen, Werden und Broich gebildet worden. Mit seinem an das Herzogtum Arenberg angrenzenden Teil umschloß dieses Arrondissement Heidegebiete und karge Böden, aber um Essen und Werden gelegene unerschöpfliche Kohlengruben machten aus ihm eine Region außergewöhnlichen Reichtums - die Stadt Essen sollte der Hauptort sein, nicht seiner zentralen Lage wegen, sondern weil es an einer wichtigen Nord-Süd-Straße auf dem Verbindungsweg zwischen Holland und Frankfurt gelegen war.

Das *Sieg*-Departement bot keine homogene Erscheinung wie das des Rheins: zusammengesetzt aus der gebirgigen Region des Westerwaldes, woher die Flüsse in alle vier Himmelsrichtungen fließen, an drei Seiten begrenzt von Provinzen, mit denen es unwegsame Verbindungen hatte, berührte es nur im Westen das Rhein-Departement. Als Wald- und Erzregion setzte es sich aus mehreren Fürstentümern zusammen und war das merkwürdigste der vier Departements. Der Südostteil des Herzogtums Berg, die Herrschaften Gimborn-Neustadt, Homburg, Wildenburg, Westerburg, Runkel, Schadek und das Fürstentum Nassau-Oranien, diese zusammengefügten Stücke bildeten ein Gebiet von 39 Quadratmeilen mit einer Bevölkerung von 133.000 Einwohnern. Das etwa im Mittelpunkt gelegene Siegen - wenn man überhaupt von einem Mittelpunkt für ein Departement von so bizarrer Form sprechen kann -, hätte der Hauptort sein können. Aber diese Stadt der Hüttenwerke und des Handels bot den Beamten keinerlei Lebensgrundlage. Man wählte die kleine Stadt Dillenburg, den ehemaligen Sitz einer Regierung und einer Domänenkammer: Die Anwesenheit der Behörden war die einzige Lebensgrundlage dieses großen, in einem tiefen Tal verlorenen Marktfleckens. Halb so groß wie das Rhein-Departement, zählte das der Sieg nur zwei Distrikte: Siegen, durchzogen von der aus der Grafschaft Mark nach Frankfurt gehenden Verkehrsstraße, und Dillenburg, ein Gebiet der Wälder und Erzgruben.

Das aus Ebenen und von den durch Ruhr und Lippe durchflossenen Tälern geformte Ruhr-Departement war in seinem nördlichen Teil landwirtschaftlich und im südlichen industriell geprägt. Normalerweise wäre es an der Lippe zu begrenzen gewesen, aber dadurch wäre das Departement zu klein ausgefallen. So wie es war, stellte es ein Gebiet mit leichten Verbindungswegen dar, das sich zusammensetzte aus der Grafschaft Mark und der Stadt Lippstadt, dem südlichen Teil des Fürstentums Münster, der Grafschaft Dortmund und den Herrschaften Limburg und Rheda. Größer als das Rhein-Departement (69 Quadratmeilen), war es trotzdem geringer bevölkert (224.000 Einwohner). Dortmund und Hamm konkurrierten um die Stellung als Hauptort. Hamm, ehemals Sitz der Kriegs- und Domänenkammer der Grafschaft Mark, lag zu nahe an der Grenze. Das eher im Zentrum gelegene Dortmund verfügte über eine bessere Verbindung mit Düsseldorf, besaß zweckentsprechende Gebäude und entschied den Streit für sich. Das Ruhr-Departement wurde in nur drei Distrikte eingeteilt: Dortmund, Ackerbau treibend und fruchtbar,

Hagen, gebirgig und Gewerbe treibend, sowie das industriell geprägte Hamm, das fast an den Grenzen des Emsdepartements lag[194].

Schließlich gab es das Ems-Departement, das nördlichste und flächenmäßig größte, aber nicht das bevölkerungsreichste des Großherzogtums (88 Quadratmeilen und 210.000 Einwohner) Es bestand aus dem nördlichen Teil des Fürstentums Münster, den Grafschaften Tecklenburg-Lingen, Horstmar und Rheina-Wolbeck, Steinfurt und Bentheim. Landwirtschaft und Weberei ernährten die Bevölkerung, ohne sie reich zu machen. Münster, die ehemalige Hauptstadt des gleichnamigen Bistums, war, obwohl im Süden dieses Departements gelegen, der natürliche Hauptort. Drei Distrikte waren gebildet worden, Münster, Coesfeld und Lingen: Landstriche mit weiten Ebenen, Heideland und Flachsfeldern, wo die Wege in einem beklagenswerten Zustand und die Verbindungen schlecht waren.

So war dieser Staat also eingeteilt, dessen Grenzen nichts weniger als abgerundet waren, der in mehrfacher Hinsicht durch Gebirge und schwer zu überquerende Flüsse zerschnitten war, und wo das Straßennetz noch in den Kinderschuhen steckte. "Die Menschen durch die Institutionen einander näherzubringen, die Natur bis in die Distanzen zu bezwingen", dies waren dort die "dem Kaiser anvertrauten Wunder". Der mit der Einführung der französischen Institutionen in einem so schlecht formierten Gebiet beauftragte Kaiserliche Kommissar mußte allein auf diese "Wunder" zählen, um die Bevölkerung daran zu hindern, "in die Barbarei zurückzufallen"[195].

## II.

Um diese "Wunder" zu erleichtern oder vielmehr um sie einzusparen, scheute Beugnot sich nicht, wiederholt die territoriale Formation des Landes zu kritisieren und notwendige "Abrundungen" zu ihrer Korrektur zu verlangen.

Am Ende des Jahres 1808 bot sich zum ersten Mal eine Gelegenheit, aus dem Großherzogtum einen homogenen Staat zu bilden: Intensiv damit beschäftigt, sich in Richtung Mainz auszudehnen und eine Straße zu schaffen, um von dort nach Frankfurt zu gelangen, der großen Handelsstadt, die ihm soviel Sorgen bereitete, und um so das große Lager englischer Waren besser zu kontrollieren, verlangte Napoleon von Champagny, die immer noch schwebenden Gebietsverhandlungen zwischen dem Herzogtum Nassau und Berg[196] zu nutzen, um einen Gebietsaustausch vorzunehmen und einen "Mainzer Be-

---

[194] Iserlohn, die reichste Stadt, lag zu sehr am Rande des Arrondissements, Altena war mit dem Mittelpunkt schlecht verbunden, Soest war die bedeutendste Stadt des Arrondissements Hamm, aber es lag an der Peripherie.

[195] Ich habe hier den Bericht Beugnots ausgewertet, der sich in AF IV 1841, 24. Oktober 1808 befindet. Das Dekret vom 14. November 1808 befindet sich in AF IV pl. 2481. Napoleon glaubte, eine Einteilung in drei Departements zu unterzeichnen, Brief vom 14. November 1808 an Gaudin, in AF IV pl. 2481. Beugnot konnte in einem so unvorteilhaft konstruierten Land niemals ein Paßsystem einführen. Darunter litt die Überwachung 1813.

[196] Es handelte sich um kleine Enklaven im Süden des Großherzogtums. Siehe Anm. 33 Goecke, op. cit., S. 11: "Bis 1813 zog sich die Grenzregulierung an dieser Seite hin und ist erst in preußischer Zeit zur Erledigung gekommen."

reich" zu schaffen. Frankreich besaß in dieser Region zwischen Bingen und Koblenz die Grafschaft Katzenelnbogen. Das Herzogtum Nassau trennte diese beiden Provinzen und verhinderte den unmittelbaren Zugang nach Frankfurt. Champagny befragte Beugnot nach den Kombinationsmöglichkeiten und der Kaiserliche Kommissar schlug in einer umfangreichen Denkschrift die vollständige Umbildung der gesamten einbegriffenen Region zwischen Rhein, Sieg und Main vor.

Das Großherzogtum Berg, das nach den Vorstellungen des Kaisers ohne Zweifel enger mit Frankfurt zusammenrücken sollte, könnte an die Fürsten von Nassau das gesamte Gebiet von Siegen, Dillenburg und Hadamar, das ganze Sieg-Departement, abtreten. Dieses war ohnehin mit dem Rest des Landes nur durch einen engen Durchlaß im Grenzwinkel der nassauischen Grafschaft Sayn und dem hessischen Herzogtum Westfalen verbunden. Diese von der Metropole Düsseldorf räumlich getrennten Provinzen sollten dem Fürsten von Nassau ein homogenes Territorium bescheren. Als Gegenleistung aber sollte dieser dem Großherzogtum das gesamte Land westlich einer Linie von Frankfurt nach Wissen an der Sieg übereignen: Zwischen Holland und Frankfurt sollte sich das Großherzogtum in einem zusammenhängenden Streifen entlang des Rheins erstrecken. Die Verwaltung sollte durch die Beseitigung jeglicher territorialer Unterbrechung vereinfacht werden, eine bedeutende Handelsstraße durchzöge dann Deutschland von Holland in den Süden. Der Kaiser als unumschränkter Herrscher des rechten Rheinufers könnte dem holländischen Handel entgegentreten, "wenn er sich von den Grundsätzen des umfassenden kontinentalen Systems entfernen wollte". Frankreich würde schließlich durch das Aneinandergrenzen von Holland, Berg und Baden den lange geplanten "Staatengürtel" erhalten[197]. Die Fürsten von Nassau sollten bei diesem Austausch nichts verlieren, denn für die Aufgabe der Weinberge des Rheingaus und einiger Salinen sollten sie im Gegenzug in den Besitz der reichen Gruben des Siegerlandes, fetter Weideplätze und ausgedehnter Wälder von Dillenburg und Hadamar kommen.

Eine letzte Erwägung schien Beugnot wichtig zu sein: Wenn die beratende Versammlung des Rheinbundes tagen würde, der versprochene "Bundestag", dann wollte der Protektor den Beratungen beiwohnen: Weder in Mainz noch in Frankfurt war ein würdiges Palais zu finden, während das prächtige Schloß von Biebrich, ein tatsächlich königlicher Wohnsitz, Napoleon und seinen Hof aufnehmen könne. Von diesem Palais aus, "von dem man den mächtigen Rheinstrom und die Tore von Frankfurt erblickt, sollte sein Auge über Europa wachen und er sollte Deutschland und Frankreich beherrschen"[198].

Das Vorhaben war zu ehrgeizig, um realisiert zu werden. Viel mehr sorgte sich Napoleon - der durch den Krieg in Spanien und die Beunruhigung, die ihm Österreich berei-

---

[197] Menzel, *Geschichte von Nassau*, Bd. VII, S. 681 ff. zitiert Briefe von Lucchesini, abgedruckt bei Bailleu, die aufzeigen, daß man seit 1806 Neugestaltungen des Gebietes entlang des Rheins zwischen Düsseldorf und Mainz entwarf.

[198] Denkschrift vom 6. Febr. 1809 in AF IV 1225. Die Idee einer Residenz des "Protektors" war nicht neu: Seit der Gründung des Rheinbundes war daran gedacht worden, sich vier Millionen für die Unterhaltung eines Palais des Protektors in Frankfurt, Hanau oder Mainz zu beschaffen. 1807 dachte man daran, sich die Grafschaft Hanau abtreten zu lassen, deren Schloß als Residenz dienen sollte. 200 vom Grafen gestellte Leute sollten die Garde Napoleons, Protektor des Rheinbundes, bilden. AF IV 1706B

tete, zu sehr in Anspruch genommen wurde - um die Passage zwischen Mainz und Frankfurt: Champagny begnügte sich damit, dem nassauischen Minister in Paris, Gagern, den Tausch der Grafschaft Katzenelnbogen gegen einen schmalen Landstreifen am Mainufer anzubieten. Selbst dies wollte Gagern nicht: Er könne Frankreich nicht die Weinberge des Rheingaus abtreten und dafür nur ein gebirgiges und waldreiches Land erhalten. Champagny erriet den wahren Grund der Weigerung: Gagern ängstigte sich, daß sein Fürst in eine unmittelbare Nachbarschaft mit Frankreich geriete[199].

## III.

Beugnot verzichtete indessen nicht darauf, die ihm notwendig erscheinenden Gebietserweiterungen für das Großherzogtum zu erhalten. Bei seinen Forderungen dachte er nicht nur an die unmittelbaren Belange des Landes, dessen Gouverneur er war, sondern auch an den gesamten Rheinbund, und sogar an die Ordnung Deutschlands.

Je mehr er die unter napoleonischer Herrschaft stehenden deutschen Länder kennenlernte, desto mehr war er davon überzeugt, daß der Rheinbund "indem er die kleinen Fürsten, aus denen er sich zusammensetzte, von jeglicher gemeinsamen Bindung löste, Deutschland abermals in die Barbarei zurückwarf": Die Zukunft in Deutschland gehörte den Großstaaten, und man mußte deshalb diese kleinen Fürstentümer beseitigen. Deren Souveräne, "deren Regierung zwangsläufig obskur und deren Schicksal ruhmlos war", boten mit der einen Hand ihren Untertanen den Code Napoleon an und mit der anderen preßten sie sie unter das Joch einer belastenden Feudalherrschaft, die Aufstände provozierte.

Das Großherzogtum Berg war von solchen Duodezstaaten umgeben, die ohne Rücksichtnahme auf Flächengröße und Einwohnerzahl von ihren 20.000 Untertanen Steuern verlangten und sie mit Abgaben bedrängten, deren Vorbild im französischen Kaiserreich zu finden war. Dagegen wurde protestiert und geklagt. Vom Ruin bedrohte Grundbesitzer begehrten von Beugnot, sie mit dem Großherzogtum zu "vereinigen". Der Handel des Landes selbst war durch diese Nachbarschaften behindert; es war lächerlich und bedrückend zugleich, an den Herzog von Arenberg beim Betreten und Verlassen seines Fürstentums Recklinghausen ebenso hohe Transitabgaben für eine Wegstrecke von 16 Meilen in einem Land ohne Straßen zu zahlen wie für einen Weg von 60 Meilen im Großherzogtum Berg auf mit hohen Kosten gebauten Straßen. Ebenso erhöhte der Großherzog von Hessen-Darmstadt im Herzogtum Westfalen die Straßenmaut über jedes Maß. Die Regenten von Anholt und Bocholt drohten, die bergischen Untertanen in ihren Besitzungen auf dem Gebiet von Salm zu behindern, wenn diese Maßnahmen nicht zurückgezogen und die entsprechenden Gesetze nicht aufgehoben würden. Die Prinzessin von Detmold, zusammen mit dem Großherzog Herrin der Stadt Lippstadt, verbot die Ausführung kaiserlicher Dekrete und die verunsicherten Einwohner zahlten niemandem mehr etwas. Im Süden des Landes erlaubten die Fürsten von Nassau ihren Untertanen, sich mit Waffengewalt der Bezahlung der Ausfuhrabgaben für bestimmte aus dem Großherzogtum

---

[199] Von Gagern, *Mein Anteil an der Politik*, Bd. I, S. 191 ff. und *Correspondance de Napoléon*, XVIII, 109.

ausgeführte Waren zu widersetzen. Überall herrschte Unordnung; dieser Anarchie mußte ein Ende bereitet werden. Im zerstückelten Deutschland mußten durch einheitliche Gesetze das Zollwesen, das Postwesen und die Währungsverhältnisse geregelt und durch den Zusammenschluß der Staaten die Regierungsgewalt konzentriert werden. Das Großherzogtum Berg benötigte, mehr als jeder andere Staat des Rheinbundes, freien Verkehr mit seinen Nachbarn und im Interesse einer guten inneren Verwaltung eine Homogenität, die Anleihen bei fremden Territorien überflüssig machte.

Um daraus im wahrsten Sinne des Wortes einen Staat zu bilden, mußte das Land im Norden und Süden vergrößert, die Departements Rhein und Sieg vereinigt, die Strecke von Holland nach Frankfurt von jedem Transit befreit und es den Eisenerz- und Getreidelieferungen ermöglicht werden, ohne Schwierigkeiten von der Sieg zum Rhein zu gelangen: Begrenzt im Westen durch den Rhein, im Norden durch Holland, im Osten durch das Herzogtum Oldenburg und das Königreich Westfalen sowie im Süden durch die Lahn, war das Großherzogtum immer noch nicht wirtschaftlich unabhängig. Seit mehreren Jahren von Getreidelieferungen aus dem ehemaligen Herzogtum Jülich abgeschnitten, dessen Transport auf das rechte Rheinufer von Frankreich unterbunden wurde, war es gezwungen, dieses unter hohen Kosten aus anderen Teilen Deutschlands einzuführen. Der Preis der Arbeitskosten stieg an - ein weiterer Grund für den Ruin der Industrie - die schon durch die Kontinentalsperre und die Zolltarife auf eine harte Probe gestellt worden war.

Um die Ernährung dieses Landes sicherzustellen, wozu das märkische Getreide nicht ausreichte, mußte es abermals um die Herzogtümer Nassau und Hessen bis an die Grenzen des Königreiches Westfalen im Osten und im Süden den Main von seiner Mündung bis Hanau und von dort bis Wertheim erweitert werden[200]. Mit der Umsetzung dieses noch ehrgeizigeren Vorschlags wurde niemals begonnen. Die wirtschaftliche Unabhängigkeit des Großherzogtums fand in den Plänen Napoleons keinen Platz.

## IV.

Indessen hatten am Ende des Jahres 1810 territoriale Veränderungen stattgefunden. Aber anstatt das Großherzogtum "abzurunden", verkleinerte man es. Seit Holland französisch geworden war (9. Juli 1810) und Napoleon, der "seine Zustimmung nicht dazu geben konnte, daß sein Neffe und Mündel König von Holland wurde", entschieden hatte, das Land selbst zu regieren[201], war vorhersehbar, daß er sich mit dieser Annexion nicht zu-

---

[200] Hier ist die Liste der Fürstentümer, deren Anschluß Beugnot verlangte: Anholt, Salm-Salm, Recklinghausen, Meppen, Lippe-Lippstadt, Herzogtum Westfalen, Teile des Staates Nassau auf der rechten Lahnseite, von Gießen bis zum Rhein. Man müßte auch darüber entscheiden, ob Wetzlar und Frankfurt weiterhin beim Fürst-Primas verbleiben oder Bestandteil des Großherzogtums werden sollten. Projekt vom September 1809 mit drei Karten zur Veranschaulichung. AF IV 1225-1226.

[201] Briefe vom 9. Juli 1810: Instruktion für den Fürsten Lebrun und Brief an den Präsidenten der Regierungskommission zu Amsterdam, *Correspondance de Napoléon*, XX, 452-454. Am 10. Juli sandte Napoleon seinen Adjutanten Graf Lauriston, um den Großherzog von Berg nach Paris zurückzubringen.

frieden geben würde. Wenn er sich der unmittelbaren Überwachung der Küsten bis zur Mündung der Ems (Emden) bemächtigte, dann schien es nicht ausgeschlossen, daß er durch seine Soldaten und Zöllner nicht auch Beherrscher der Mündungen von Weser und Elbe werden sollte. Da der Kampf gegen den englischen Handel und der Krieg gegen den Schmuggel alle Maßnahmen der kaiserlichen Politik bestimmte, konnten sich auch die Häfen Bremen, Hamburg und Lübeck seiner unmittelbaren Kontrolle nicht entziehen. Im August 1810 dachte er noch nicht daran, die Grenzen Hollands bis zur Lippe und Ems[202] auszudehnen. Im Dezember entschied er sich für den Anschluß der Hansestädte, Lauenburgs und der gesamten Küsten von der Elbe bis zur Ems: Die "Umstände verlangten diesen Zusammenschluß"[203].

Die Staaten des Rheinbundes waren von nun an von jeglicher Verbindung mit der Nord- und Ostsee abgeschnitten. Eine Linie von der Einmündung der Lippe in den Rhein bis zum Zusammenfluß der Stecknitz mit der Elbe über Haltern und Minden[204] begrenzte das vergrößerte Frankreich. Das Großherzogtum Berg verlor ein Gebiet von 87.000 Quadratmeilen und eine Bevölkerung von 213.000 Einwohnern, d.h. den nördlich der Lippe gelegenen Teil des Departements Rhein und das gesamte Departement Ems[205].

---

[202] Notiz, diktiert im Finanzverwaltungsrat am 30. August 1810: "Der Minister des Inneren fordert die Sektion des Inneren des holländischen Rates auf, ein Projekt der Teilung des Territoriums zu machen, das die holländische Grenze bis zur Ems bringt. Wesel würde dadurch Teil Hollands werden. Die Grenze würde dem Rhein bis Wesel folgen: Sie würde die Lippe aufsteigen bis Münster und von dort der Ems folgen bis zu dem Ort, wo dieser Fluß Ostfriesland erreicht. Diese Linie würde die tatsächliche Zoll-Linie sein. Man könnte dieser Linie die des Großherzogtums Berg und das, was vom Land Aremberg bliebe, zufügen, das durch eine einfache Zoll-Linie belastet werden würde." *Correspondance de Napoléon*, XXI, 80.

[203] Siehe den bedeutenden Bericht von Champagny vom 8. Dezember 1810. *Correspondance de Napoléon*, XXI, 305 f.

[204] Der Senatsbeschluß vom 13. Dezember 1810 vereinigte das Kaiserreich mit Holland, den Hansestädten, Lauenburg und den zwischen der Nordsee und einer Linie von der Einmündung der Lippe in den Rhein bis Haltern, von dort bis zur Ems, vorbei an Telgte, von der Ems bis zur Einmündung der Werra in die Weser und von Stolzenau an der Weser bis zur Elbe oberhalb des Zuflusses der Steckenitz gelegenen Gebiete. Siehe Berghaus, *Deutschland vor fünfzig Jahren* III, 21f.

[205] Mit Ausnahme der Kantone Warendorf und Sassenberg. Nach dem ersten Plan zur Organisation der zusammengeschlossenen Gebiete sollte Münster eine Unterpräfektur werden, abhängig von dem in Arnheim residierenden Präfekten. Am 27. April 1811 wurde Münster Hauptort des Departements Lippe, es wurde das letzte von Napoleon eingerichtete deutsche Departement. Vgl. Berghaus. In dem dem Senat vorgelegten Bericht zur Vorbereitung des dieses Departement gründenden Senatsbeschlusses ist zu lesen: "Die Völker dieser Länder, die seit 12 Jahren so oft die Plagen der Regierungswechsel erlitten, sehen in ihrem Anschluß an das französische Kaiserreich den Endpunkt ihrer Wechselfälle und die Stabilität ihres Geschickes": Man trennte es von Holland, weil "man ihnen das holländische Finanzsystem nicht auferlegen konnte und weil ein Anschluß an Holland nicht das beste Mittel ist, sie mit dem französischen Kaiserreich zu vereinigen." CC. Dossier 445. Bacher, der einer der mit der Besitzübernahme der neuen Departements beauftragten Kommissare war, schrieb am 1. Mai 1811 von Münster aus (man kannte dort das Dekret vom 27. April noch nicht), daß man überall wünsche, daß die Lippe direkte Grenze zwischen Deutschland und dem Kaiserreich würde, daß das Gerücht über die Bildung eines Lippe-Departements umlief und daß Münster darin der Hauptort sein müßte: "Diese Stadt", so schrieb Bacher, "muß die Han-

Es gab indessen einen kleinen Ausgleich: Die Grafschaft Recklinghausen und der zwischen der Lippe und der Stever gelegene Teil der Grafschaft Dülmen wurden ihm angegliedert bzw. der Großherzog konnte dort die in der Rheinbundakte definierten Souveränitätsrechte ausüben, d.h. Steuern erheben, Truppen ausheben und die Rechtsprechung wahrnehmen. Es waren dies Territorien, mit denen Napoleon nichts anzufangen wußte und die er abstoßen konnte, ohne hierdurch die Undurchlässigkeit des Zollnetzes aufs Spiel zu setzen, das zu errichten er im Begriff war[206].

---

delszentrale zwischen Binnenfrankreich, den Hansestädten, Preußen und Polen werden". Er forderte, daß der Kanal zwischen Rhein und Weser mit dem von Münster verbunden würde. Aff. etr., Allemagne, Bd. 743. - Aus zollpolitischen Gründen wurden die Gemeinden Angelmode und Wolbeck am 6. August 1811 aus dem Großherzogtum herausgelöst und dem Lippe-Departement angegliedert (AF IV pl. 4504).

[206] Das Dekret ist vom 22. Januar 1811 (AF IV pl. 4013): Eine Übereinkunft vom 26. Februar 1811 zwischen Roederer und Champagny bestätigte alle Gebietsveränderungen. Der Text hierzu findet sich bei de Clercq, *Recueil des traités*, V, 343-344 (mit Fehlern: Talget für Telgte, Nerra für Werre). Schon im *Moniteur* waren die Namen verstümmelt worden (Berghaus, s. Anm. 33, S. 21). Siehe darüber hinaus AF IV pl. 4127, Brief von Roederer an Napoleon bezüglich der Titel von Louis Napoleon. - Ein am 17. Dezember 1811 unterzeichnetes Dekret schloß diese beiden Gebiete endgültig dem Rhein-Departement und dem Ruhr-Departement, die bis dahin provisorisch von den Präfekten verwaltet worden waren, an(AF IV pl. 4816). Der Graf von Aremberg, Senator des Kaiserreichs, beklagte sich, als man sich der Besitzungen seines Sohnes bemächtigte, der damals in englischen Gefängnissen festgehalten wurde. Als er 1814 daraus zurückkehrte, fand er den Rest seiner Besitzungen durch die in Münster eingerichtete preußische Regierung unter Sequester gestellt. Aff. etr., Aremberg.

Karte A : Das Großherzogtum Berg im Moment seiner größten Ausdehnung
(1808/1809)

Erhard Fres. sc.

Karte B : Die Verkleinerung des Territoriums nach dem Senatsbeschluß
vom 13. Dezember 1810

(aus: *Rothert*, Rheinland Westfalen im Wechsel der Zeiten, Düsseldorf 1910)

Das der Kontinentalsperre preisgegebene Großherzogtum blieb unvorteilhaft zugeschnitten: Beugnot bemühte sich noch nach den großen Umbildungen, für das verkleinerte Land Gebietserweiterungen zu erreichen, um die Enklaven zu beseitigen, dort weitgehend Schmuggel sowie Schleichhandel mit Salz und Tabak zu unterbinden und die von Napoleon geplanten großen Straßen von jeder Passage durch das Ausland zu befreien. Es war erforderlich, einem industriell so hoch entwickelten Land die Chance zu geben, etwas besseres zu werden als das gesegnete Land des Schleichhandels und Zufluchtsort für Militärdienstverweigerer. Napoleon hatte dies bei seinem Besuch in Düsseldorf begriffen und sich von Beugnot vorschlagen lassen, daß das Land als Grenzen den Rhein, die Lahn, die Lippe und das Königreich Westfalen haben sollte: Innerhalb dieser fast durchweg natürlichen Grenzen wäre es homogen gewesen[207]. In seiner Vorstellung stellte er sich das Großherzogtum als eine Art vorgeschobene Rüstkammer Frankreichs vor, er sah es von großen Straßen durchzogen, direkt von Frankfurt nach Süden, nach Magdeburg oder zur Elbe im Osten und nach Hamburg im Norden. Aber, unsicher und unklar gegründet, sollte dieses Land unsicher und unklar bleiben. Die "großen Schritte nach dem Kompaß und der Karte", die man sonst bevorzugt hatte, wurden in diesem Teil Deutschlands nicht gegangen.

## V.

Um im Land die von Napoleon[208] geforderte Verwaltung nach französischem Muster einzuführen, genügte es nicht, es in vier große Regionen einzuteilen und dabei wie in einem Schmelztiegel die verschiedenen historischen Ursprünge und die zuweilen gegensätzlichen Traditionen zusammenzugießen. Das Werk der Assimilation wäre unvollständig geblieben, hätte man das Verwaltungssystem bestehen lassen, durch das die Traditionen und die Unterschiede konserviert wurden.

Mannigfaltig in Erscheinung und Namen hatten die Administrationen all dieser plötzlich zusammengerückten kleinen Gebiete einen gemeinsamen Charakter: den der deutschen Verwaltung; fast überall in dieser Epoche waren sie kollegial verfaßt. Gewiß hatte Murat damit begonnen, die Zentralisation in allgemeinen Umrissen anzudeuten, indem er die ihm übertragenen Länder in sechs Arrondissements gliederte und jedem dieser Arrondissements einen Provinzialrat zuteilte, den preußischen "Landrat", den er in Kleve vorgefunden hatte. Als seine Herrschaft zu Ende ging, war das Großherzogtum um bedeutende Provinzen vergrößert worden, die alle ihre eigenen Einteilungen und ihr Ver-

---

[207] In diesem Vorschlag setzte Beugnot die Abtretung des rechten Lippeufers voraus: Er beseitigte so das Kondominium von Lippstadt, welches Anlaß zu soviel Schwierigkeiten gegeben hatte. Über diese Konflikte s. die in AF IV 1225 aufbewahrten Dokumente. Beugnot verlangte eine gewaltsame "Eroberung", um diesem archaischen Regime ein Ende zu setzen (AF IV 1226 u. Aff. etr. Berg und Kleve Bd. XIII). - Im Juli 1812 neuer Vorschlag von Beugnot; der Vorschlag verzeichnet am Rande: "Zurückgestellt bis zum Winter; Witepsk, am 3. August 1812, auf Befehl des Kaisers"(AF IV pl. 5434).

[208] *Correspondance de Napoléon*, XVII, 506. Brief an Gaudin vom 11. September 1808: "In dem Großherzogtum ist eine Verwaltung einzurichten, die es so schnell wie möglich der französischen Verwaltung angleicht."

waltungssystem hatten: Speziell das Fürstentum Münster mit seinen 12 Ämtern, an deren Spitze ein aus dem Adel gewählter Amtsdroste stand, war 1802 Preußen übertragen worden und hatte den Beginn einer Verwaltungsreorganisation unter dem Einfluß Steins erlebt. Nach der Schlacht von Jena hatten es die Truppen des Generals Loison besetzt. 1808 wurde es der Domäne Murats mit ihrer unvollkommen umgestalteten Organisation angefügt. Die dem Großherzogtum im selben Jahr angegliederte Grafschaft Mark war seit Friedrich II. nach preußischen Grundsätzen wie das Herzogtum Kleve organisiert. Sie war in von adligen Landräten verwaltete Kreise eingeteilt. In diesen Kreisen hatte der örtliche Adel sämtliche Macht: In den anderen Fürstentümern und Grafschaften, die Zug um Zug um den ursprünglichen Kern von Berg und Kleve gruppiert worden waren, verhielt es sich genauso. Überall kollegial verfaßte "Regierungen", überall der vorherrschende Einfluß des Adels.

Agar hatte nicht die Zeit gefunden, dies alles zu verändern und zu vereinheitlichen: Vor allem damit beschäftigt, Geldmittel für seinen Herrn zu beschaffen - dies war seine ganze Sorge -, hatte er es nicht vermocht, eine allgemeine Verwaltung aufzubauen. Er war dem Weg gefolgt, den er vorgezeichnet gefunden hatte, die "Geschäfte des Fürsten" hatten ihn absorbiert. Die "Stände jeder Provinz hatten sich um die Belange ihrer Einwohner gekümmert"[209].

Zwei gegensätzliche Verwaltungstraditionen fanden sich somit vor: Die 22 Provinzialräte, unterstützt von ihren Körperschaften, ihren Landständen, ihren kleinen örtlichen Versammlungen, setzten die deutsche oder vielmehr preußische Tradition fort. Es war die Tradition des "Kreises", einer Gebietseinheit, in der noch am Ende des 18. Jahrhunderts die monarchische Zentralisation kaum begonnen hatte, ihre Kontrolle und Tätigkeit auszuüben, und in der große Grundbesitzer vielleicht ebenso die örtliche Feudalherrschaft repräsentierten wie ihr Gebieter, der König; eine Gesellschaftsschicht repräsentierte die politische Zentrale. Im Gegensatz dazu war Beugnot ein moderner Mensch, als Kleinbürger allein durch die Lehrzeit im öffentlichen Dienst zu großen Verwaltungsfunktionen berufen, und stand in der französischen, zentralistischen Tradition. Der ehemalige Präfekt, der ehemalige Generalprokurator-Syndikus, Erbe der Befugnisse des Intendanten, so wurde in dem von Napoleon fortgesetzten 18. Jahrhundert der beauftragte Kommissar zum Präfekt, der in seinem Departement der einzige Vertreter und Agent der Zentralgewalt war. Jedoch bringt die Herrschaft des einen Landes über ein anderes, wenn es sich nicht einfach um eine materielle oder fiskalische Ausbeutung handelt, wenn es einen Willen zur Angleichung gibt, zwangsläufig die Beseitigung der örtlichen Traditionen zugunsten derer des erobernden Landes mit sich.

Zum ersten Mal hatte Beugnot ein Jahr vorher in Westfalen bei der Ersetzung des deutschen Herrschaftssystems durch das französische assistiert; d.h. beim Austausch eines System der exekutiven Gewalt, das einem Kollegium anvertraut ist, durch ein Verwaltungssystem, das von einem einzelnen geführt wird. Vor allem hatte er die sich vollziehende Trennung der juristischen und administrativen Funktionen erlebt, was für das

---

[209] Bericht von Beugnot an Gaudin, 10. März 1809 (AF IV 1841).

rechte Rheinufer damals eine Neuerung war[210]. Was in Westfalen eingeführt worden war, das führte er, viel schneller als er es gewollt hatte[211], im Großherzogtum Berg ein; einen Monat nach der Einteilung in Departements war am 18. Dezember die gesamte französische Lokalverwaltung im Land organisiert.

Wenn es darum ging, in einem fremden Land die Verwaltungsorganisation des Jahres VIII einzuführen, wurden nicht nur die allgemeinen Vorschriften reproduziert, so wie sie dem Tribunat und der Gesetzgebenden Körperschaft vorgelegt und dann im *Bulletin des lois* veröffentlicht worden waren. Siméon und Beugnot hatten bereits in Westfalen den Artikel der Verfassung ausgearbeitet, durch den das französische Regime im Königreich eingeführt wurde. Sie hatten ausführlich sämtliche Obliegenheiten aller Verwaltungsbeamten, wie auch der Präfekturräte, der General- und Munizipalräte beschrieben. Der einzige Artikel des Gesetzes des Jahres VIII dagegen: Der "Präfekt wird allein mit der Verwaltung beauftragt", war zu einer reichhaltigen Aufzählung aller Funktionen des Repräsentanten der Zentralgewalt im Departement geworden.

Beugnot machte es im Großherzogtum genauso: Er bereitete einen Dekretvorschlag entsprechend dem, den Jérôme in Kassel unterzeichnet hatte, vor. Aber Napoleon, der stets bedacht war, sich die unmittelbare Kontrolle vorzubehalten, und der andererseits den abwartenden Charakter Beugnots kannte, ließ diesen Vorschlag einer aus drei Staatsräten - Regnaud de Saint-Jean d'Angély, Pelet de la Lozère und Treilhard - bestehenden Kommission vorlegen, die ihn prüfte und einige kleinere Änderungen vornahm: Ihrer Fassung stimmte er zu und dekretierte sie am 18. Dezember 1808 im "Kaiserlichen Hauptquartier zu Madrid"[212].

---

[210] Siehe die von Siméon, Minister des Innern im Königreich Westfalen, vorgelegte Instruktion, welche die Vorzüge des Präfektorialsystems, die Nachteile des Kollegialsystems, die Notwendigkeit, Gerichte mit mehreren Richtern zu besetzen usw., erläutert (26. Januar 1808), in Timme, s. Anm. 103, II, 106. Sie ist zu vergleichen mit dem Exposé der Motive des Gesetzes des Jahres VIII, von Roederer dem Tribunat zugesandt.

[211] Vgl. Anhang B die Vorstellungen Beugnots über die Verwaltung in den deutschen Ländern: Er wollte keine Departements, sondern Kantonsmunizipalitäten mit einem Regierungskommissar als "der Verbindungsstelle zwischen dem Minister und den Munizipalitäten" einrichten. (Brief an Gaudin vom 7. September 1808, AF IV 1842).

[212] Beugnot hatte das französische Regime nicht so schnell einführen wollen. Ursprünglich fand er, daß dies "für die Größe des Landes ein zu groß geschnittenes Gewand" wäre. Er hätte sich eine "einfachere und lokalbezogenere Verwaltung" gewünscht, aber "ich habe keine Spur von diesen Vorschlägen gefunden" (AF IV, pl. 5099, Rapport vom November 1809). Vgl. ebenfalls seine *Mémoires*, I, 314. Am 31. Dezember 1808 unterzeichnete Beugnot eine Bekanntmachung, erschienen am 3. Januar 1809 in *Großherzogliche Wöchentliche Nachrichten*: Dort war gesagt worden, daß wegen der über die Neuorganisation des Großherzogtums sich verbreitenden Gerüchte in Düsseldorf massenweise Bewerber und Gesuche ankamen. Beugnot ließ verkündigen, daß jedes Gesuch um eine Stellung vergeblich sei, und es sich nicht darum handele, das Großherzogtum zu organisieren, sondern einfach die Formen seiner Verwaltung zu verbessern, und daß das Land im übrigen die Verwaltungsleute habe, die es benötigte. - Das Dekret vom 18. Dezember erschien nicht in den Zeitungen.

# VI.

Hinsichtlich der Auswahl der Verwaltungsbeamten hatte Napoleon keine Präferenz geäußert. Als Murat sich eine Armee aufbaute, hatte der Kaiser ihm empfohlen, seine Offiziere aus den jungen Leuten des Landes zu nehmen. Sollte Beugnot die Präfekten und Unterpräfekten ebenso "aus dem Lande" nehmen? Es wurde ihm darüber keine genaue Anweisung erteilt.

*Abb. 14: Amtstracht eines Präfekten, Kupferstich von P. M. Alix*

Er entschied sich für eine Methode, die seiner Vorliebe für langsame Reformen und eine abgestufte Angleichung entsprach: Indem er sich an das erinnerte, was in Westfalen auf seine Ratschläge hin getan worden war, schlug er für die verschiedenen Posten fast ausschließlich Männer vor, die Funktionen in den Verwaltungskammern oder als Provinzialräte ausgeübt hatten. Unterstützt und informiert durch Nesselrode erkundigte sich Beugnot im Verlauf von zwei Monaten nach den Fähigkeiten, Auffassungen, Tendenzen und das Vermögen der Beamten, die der Minister des Innern seit langem am Werk sah. An Napoleon sandte er für jeden Posten eine Liste von zwei oder drei Kandidaten, unter denen er auswählen sollte.

111

Im Rhein-Departement ging er beispielsweise folgendermaßen vor: Drei Provinzial-räte erschienen ihm zum Präfekt geeignet: Der Graf von Borcke, Rat in Dillenburg, der Baron von Sonsfeld in Emmerich und der Baron von Dunzer in Hörde. Alle drei waren aus "alter Familie" und von "ausreichendem Vermögen". Wenn er indessen den Grafen von Borcke vorrangig in Vorschlag brachte, so geschah dies, weil er "eine höhere Befähi-gung und eine eher französische Erziehung hatte". Für das Amt des Generalsekretärs hat-te er Anwärter aus den Mitgliedern der ehemaligen Verwaltungskollegien und den ehe-maligen Regierungen gesucht, für die der Präfekturräte wurden ebenso ehemalige Syndici der Stände und ehemalige Regierungsmitglieder präsentiert: Beugnot wollte in dem neu-en Verwaltungstribunal die aufgehobenen Organe berücksichtigen, indem er je eine Per-son aus jedem von ihnen auswählte. Schließlich sollten aus Provinzialräten ausge-zeichnete Unterpräfekten werden. So verfuhr er in den verschiedenen Departements, oh-ne daß sich der Kaiserliche Kommissar ausschließlich damit befaßte, in jedem Departe-ment ehemalige Verwaltungsleute der Regierung auszuwählen oder im Gegenteil syste-matisch die Provinzialräte, die er vorschlug, von einem Departement in ein anderes wechseln zu lassen. Er machte nur eine Ausnahme für den Grafen von Spee: Im Hinblick auf dessen Vermögen und die Interessen, die er im Rhein-Departement hatte, glaubte er, ihn für das Ems-Departement vorschlagen zu müssen.

Die Kandidaten des französischen Administrators waren in erster Linie Deutsche. Für zwei Präfekturen allerdings trug er Namen von Franzosen ein: der eine war der Schwie-gersohn des Staatsrates Bénézech, Blanchard, damals Generalsekretär des Inneren in Düsseldorf. Er schlug ihn an zweiter Stelle für das Sieg-Departement vor. Der andere war Arnaud de Vitrolles, verheiratet mit einer im Land geborenen und begüterten Frau. Er hatte noch kein öffentliches Amt bekleidet, aber er besaß "Bildung und geistige Fähig-keiten" und war vom Schatzminister, dem Staatsrat d'Hauterive, und dem Oberhofzere-monienmeister empfohlen worden. Er setzte ihn als dritten Anwärter für die Präfektur des Ems-Departements ein[213]. Selbst diese zwei Ausnahmen, diese beiden Kandidaturen der Form halber, diese beiden "im übrigen der Wertschätzung würdigen" Männer, bestätigten die Regel, die Beugnot sich zu eigen gemacht hatte: Die Funktionsträger aus dem Land zu rekrutieren, das sie entsprechend den neuen Grundsätzen verwalten sollten.

Napoleon berücksichtigte durchgängig die Hinweise Beugnots. Für die Präfektur der Ruhr indessen bevorzugte er anstelle des "arbeitsfreudigen und ehrenhaften" Provinzial-rates Vetter den reichen Großgrundbesitzer Baron von Romberg: Es war eine kluge Poli-tik, sich über Ämter und Ehren die Treue der hochgestellten Persönlichkeiten des Landes zu sichern. Am 10. März 1809 unterzeichnete Napoleon das Dekret, das den Grafen von Borcke zum Präfekten des Rhein-Departements, Schmitz zum Präfekten des Sieg-De-partements, den Baron von Romberg zum Präfekten des Ruhr-Departements und den Grafen von Spee zum Präfekten des Ems-Departements ernannte. Die beiden ersten und

---

[213] Vitrolles hatte ein Fräulein de Folleville aus einer mit Metternich verwandten französischen Flüchtlingsfamilie geheiratet. Er hatte Beugnot in Düsseldorf kennengelernt, wo er einer Erb-schaftsangelegenheit seiner Frau nachging. Er rühmte den Verstand und die Intelligenz der Unter-nehmungen des Kaiserlichen Kommsissars, erklärte aber, daß er Talent besitze, weil er keinen Charakter habe. *Mémoires ... du Baron de Vitrolles*, I, 215.

der letzte waren zur Zeit ihrer Ernennung Provinzialräte, der Baron von Romberg hatte früher die Funktionen eines Kammerherrn des Königs von Preußen ausgeübt[214].

Das Ingangbringen der neuen Organisation, die der "Verwaltung Energie geben" sollte[215], war langsam und kompliziert: Die Kriegsnachrichten verursachten während der ersten Monate 1809 eine Unruhe, die das Einrichten neuer Autoritäten mühsam machte. Die Stimmung der Funktionäre war gut[216], aber die Verwaltungsreformen - und in dieser Hinsicht hörte Beugnot nicht auf sich zu beklagen - waren durch das Fehlen von Justizreformen im voraus schwierig gemacht: In einem Land, in dem 20 verschiedene Rechte galten, bereiteten diese Unterschiede unaufhörlich Hindernisse[217]. Trotz allem war die Verwaltungsorganisation Mitte des Jahres 1809 abgeschlossen.

Angespornt durch die Rundschreiben von Beugnot und Nesselrode[218], verpflichtet zu häufigen Dienstreisen[219], gezwungen, regelmäßige Auskünfte über den Zustand ihres De-

---

[214] Die Ernennungen wurden am 10. März 1809 ausgesprochen (AF IV pl. 2680). Dem Dekret beigefügt finden sich sämtliche von Beugnot für alle Posten unterbreiteten Vorschläge, mit Wertungen über jeden Bewerber. Vor der Unterzeichnung des Dekretes hatte Beugnot in einem Brief geschrieben: "Seine Majestät der Kaiser und König hat sich nicht dahingehend geäußert, nur Einheimische zuzulassen." Im Mai 1809 schrieb er: "Wenn der Kaiser es nicht zugelassen hätte, grundsätzlich nur im Großherzogtum geborene Personen anzustellen ...", so entnahm er diesen Grundsatz den ausgesprochenen Ernennungen. In Wirklichkeit war er es, der diesem Grundsatz gefolgt war. - Der Graf von Spee konnte aus persönlichen Gründen den Posten im Departement Ems nicht annehmen. Er wurde dort provisorisch durch Herrn von Mylius, einem Rat der Präfektur der Roër, der im Jahre 1811 zum Präfekt des Lippe-Departements ernannt wurde, ersetzt.

[215] Rapport vom März 1809 (AF IV 1839).

[216] Rapporte vom Mai 1809, ebd.

[217] Rapport vom Juni 1809, ebd.; "Man muß indessen noch die Gesetze miteinander koordinieren. Es wird nichts unternommen werden können, solange es nicht eine vollständige und von denselben Grundsätzen geleitete Gesetzgebung geben wird."

[218] Roederer empfahl in seinen Rundschreiben Beugnot mehr Strenge gegenüber den Präfekten: Er schätzte, "daß sie vom Minister der Finanzen mehr zu erwarten haben als vom Innenminister, weil die Aussage des Ministers des Staatsvermögens wesentlich die des Ministers für Hospitäler überwiege." Er benachrichtigte ihn, daß er direkt an die Präfekten "mit mehr Nachdruck" schreiben werde. Januar 1812, Nachlaß Beugnot AB xix, 350.

[219] Goecke hat in der *Monatsschrift* von Pick, Jg. 1877, Berichte der Präfekten über die öffentliche Stimmung in den Jahren 1809-1810 veröffentlicht. Nesselrode hatte ihnen jährliche Inspektionsreisen, wie sie in Frankreich durchgeführt wurden, vorgeschrieben. Die Verwaltungsleute der ehemaligen Provinzen, die so leicht in das französische Lager überwechselten und die französischen Funktionen übernahmen, leisteten ihren Mitbürgern gute Dienste. Sie scheuten sich nicht, die beobachteten Mißstände anzuprangern, wie die Schikanen der Zöllner, die Erhöhung der Steuern sowie die schwere Bürde der Exekutionssoldaten: Sie waren ein wenig die Anwälte der Bevölkerung, dabei treulich ihre Verwaltungsaufgaben erledigend. - Was viele Deutsche in dieser Zeit beeindruckte, war die von den Franzosen eingeführte ausgezeichnete Praxis, Statistiken aufzustellen und Erhebungen durchzuführen. Sicherlich geschah dies, um die Steuer besser einziehen zu können, wie auch die Personenstandsaufnahme den Zweck hatte, besser Truppen ausheben zu können; aber diese momentanen Anforderungen von Geld und Menschen hatten ausgezeichnete und dauerhafte Reformen zur Folge. Siehe *Die Franzosen im Münsterland*, von L. Schücking, in: Zeitschrift zur Geschichte Westfalens, 1900, Bd. LVIII. - Winkopp, *Der Rheinische Bund*, XXI, 228 f. bringt ein von Beugnot 1811 versandtes Rundschreiben, dessen Kopie sich in AF IV 1841

partements oder ihres Arrondissements zu erteilen, haben die deutschen Präfekten und Unterpräfekten nicht einfach nur die Amtstracht ihrer französischen Kollegen angezogen[220], sondern sehr schnell auch deren Arbeitsgewohnheiten übernommen. Solange die französische Herrschaft andauerte, waren fast alle ebenso treue Verwaltungsleute wie linksrheinische Präfekten nur hätten sein können. Sie mußten sicherlich "im Auge behalten" werden; einige unter ihnen blieben "Preußen", denn um für die Verwaltung geeignete Personen zu finden, hatte man protestantische Preußen[221] nehmen müssen, aber alle kamen mit Eifer den verlangten Verwaltungsaufgaben nach. Während der vier Jahre der französischen Herrschaft hatte Beugnot nur zwei Absetzungen anzuordnen: die der Unterpräfekten von Elberfeld und Siegen, die während des Aufstandes Anfang 1813 nicht genügend Tatkraft gezeigt hatten. Damit soll gesagt sein, mit welcher Gewandtheit alle diese Verwaltungsleute ihre neue Situation akzeptierten und mit welcher Geschmeidigkeit sich das napoleonische Präfektorialsystem den Ländern anpaßte, in denen seine Einführung und Akzeptanz am schwierigsten schien[222].

Es bestand in der Tat die Gefahr, daß man in Deutschland mit der Wahl von ehemaligen Provinzialräten oder an das kollegiale System gewohnten Mitgliedern der Verwaltungskammern das wesentliche Ziel der Zentralisation und Vereinheitlichung verfehlte. Siméon in Westfalen und Beugnot im Großherzogtum zögerten indessen nicht, sich der örtlichen Kräfte zu bedienen: Vom Kaiser ernannt, nach Belieben absetzbar, ihre Autorität nicht mehr der Wahl einer aristokratischen Körperschaft, sondern der durch einen Minister bestimmten Auswahl verdankend, direkt und persönlich für ihre Handlungen verantwortlich, wurden die deutschen Präfekten zu ausgezeichneten Instrumenten der napoleonischen Zentralisation[223].

---

befindet. Der Anfang davon ist sehr feierlich: "Die Staatsverwaltung ist auch eine Wissenschaft ..."; er verlangt, daß man in jeder Gemeinde des Großherzogtums "einen Menschen, einen Christen, einen Bürger heranbilden könne".

[220] Ihre Amtstracht entsprach der Kleidung der französischen Präfekten mit dem Unterschied, daß der Rock kornblumenblau und die Stickerei in Gold gehalten war, (AF IV 1225, April 1810).

[221] AF IV pl. 2980. Brief von Beugnot bezüglich der Präfektur der Ems.

[222] Schleicher, Unterpräfekt von Elberfeld, und Hermann, Unterpräfekt von Siegen, hatten sich als "Feiglinge" während der Unruhen erwiesen, man setzte sie im März 1813 ab. (AF IV pl. 5994). Schleicher, geboren in Solingen, ehemaliger Sekretär des bayerischen Kanzlers Baron von Knapp, dann Advokat, war als weich und träge bezeichnet worden (Polizeivermerk, 1813, AB xix 339).

[223] Einer dieser Präfekten verdient eine besondere Erwähnung: Schmitz, Sohn eines Bäckers aus Aachen, ehemaliger Provinzialrat von Schweinfurt, von Beugnot in die Präfektur des Sieg-Departements berufen, war einer der regsamsten und einer der treuesten deutschen Verwaltungschefs im eroberten Land. Wenn man die bedeutenden Berichte veröffentlichte, die er über sein Departement verfaßt hat (die heute in Wiesbaden und in Münster aufbewahrt werden), so könnte gezeigt werden, wie diese Provinzialräte sich schnell in ihre neuen Funktionen eingearbeitet hatten und mit welcher Regelmäßigkeit die Verwaltungsmaschinerie arbeitete. Ohne die Kontinentalsperre und die Truppenaushebungen hätte es dort nie Aufstände und Protest gegeben: Ganz im Gegenteil, überall erfreute man sich der eingeführten Ordnung und Einheitlichkeit. Schmitz folgte Beugnot 1813 nach Frankreich und kehrte erst 1814 nach Deutschland zurück.

# VII.

Während auf diese Weise in den beiden neuen Staaten bedeutende Reformen ohne allzu große Schwierigkeiten durchgeführt wurden, suchte der Minister vom Stein in Preußen - ebenfalls 1808, als die Reformen im Königreich Westfalen und im Großherzogtum Berg eingeführt wurden (man hat bisher nur nicht genügend auf diese Übereinstimmung geachtet) - erfolglos nach einer Verbesserung des Kollegialsystems. Auch Stein war eingehend damit beschäftigt, die Zentralgewalt zu stärken, hatte jedoch mit seinem Vorhaben keinen Erfolg, einzig und allein weil er vor einer vollständigen und in der Methode radikalen Umwälzung zurückschreckte. Sein von englischen Ideen beeinflußter Mitarbeiter Vincke glaubte, daß die Vorzüge des napoleonischen Systems - exekutive Schnelligkeit und Einheitlichkeit - in Verbindung mit einem verjüngten und reformierten Kollegialsystem hätten erreicht werden können. Aber er konnte sich nicht entschließen - und Stein entschloß sich noch weniger -, "den adeligen Grundbesitzern die zergliederte öffentliche Gewalt" abzunehmen[224]. Die Steinschen Reformversuche schlugen fehl, weil sie unvollständig und zaghaft waren.

Im 18. Jahrhundert hatte der König von Preußen in den eroberten Ländern, z.B. in Polen, das System der *Kreise* en bloc eingeführt, allerdings ohne die Versammlungen, die darin eine oligarchische Verwaltung bildeten. Er hatte in diesen Ländern nur den *Landrat* eingeführt, aus dem er ein Instrument absoluter Zentralisation gemacht hatte: Er hatte ein echtes Präfektorialsystem begründet[225]. Im Voraus hatte er in einer Provinz das verwirklicht, was Napoleon nach 1806 in den Staaten des Rheinbundes durchführte.

Der wesentliche und neue Gedanke der Verfassung des Jahres VIII lag darin, individuell ausgeübte exekutive Gewalt mit der Kontrolle durch Versammlungen zu kombinieren, "die Gewalt, die ausführen soll, von derjenigen, die überwachen und anordnen soll, zu unterscheiden, ohne sie zu trennen"[226]. Diese Vorstellung "germanisierte" Napoleon, indem er die Ausführungsgewalt der Verwaltungskammern abschaffte und die *Landräte* in Präfekten verwandelte. Er machte aus ihnen "Kaiser im Kleinen", die ihre Anweisungen von einem direkt den Kaiser vertretenden Minister erhielten, deren Handlungsweise bis in ihre kleinsten Details geregelt war und die - jeder in seinem Bereich - sogar in

---

[224] Vincke war, nachdem er in England, in Frankreich und in Spanien gereist war, 1804 Präsident der Kammer von Münster und Hamm geworden. 1807 hatte er Schwierigkeiten mit der französischen Regierung und wurde abgelöst. Von da ab schmiedete er Pläne, Westfalen mit Hilfe Englands zu befreien, und unterbreitete Stein seine Reformpläne. Die Denkschrift, in der er die Vorzüge des Kollegialsystems mit denen des Präfektorialsystems vergleicht, ist von Meier in *Die Reform der Verwaltungsorganisation unter Stein und Hardenberg* ausführlich untersucht worden. Er erklärte, daß das System eines einzigen Verwaltungsträgers theoretisch das bessere sei, aber außergewöhnliche Menschen erfordere. Das kollegiale System sei mehr wert im Hinblick auf die allgemeine Mittelmäßigkeit der Verwaltungsträger.

[225] Bornhak, Anm. 81, I, 300.

[226] Tocqueville, *L'ancien régime et la revolution*.

Deutschland mithalfen, "die kompakteste Regierung zu errichten, die jemals bestanden hat"[227].

Beugnot berichtet, daß zu Beginn des Jahres 1809 die ehemaligen Stände der Grafschaft Mark ihre Unabhängigkeit nachweisen wollten und sich ohne Zustimmung des Kaisers versammelten. Sie wichen nur vor der Autorität des Kaiserlichen Kommissars zurück, der drohte, sie wie eine unerlaubte Zusammenrottung auseinanderzutreiben. Es war die Verwaltungskammer, deren Präsident Stein früher gewesen war, die heimlich die ehemaligen Abgeordneten des Landes aufwiegelte und Unruhe entfachte: Beugnot löste sie auf und ersetzte sie durch einen Kommissar in Erwartung der Ernennung eines Präfekten. Dieser Zwischenfall zeigt, daß die neuen Ideen ihre Wirkung nicht in einem Land entfalten konnten, in welchem allmächtige Oligarchien ihre ehemalige Macht bewahrt hatten. Ebenso wie die territoriale Einteilung in Departements war die präfektorale Verwaltung als sichtbares Kennzeichen der Einheit und Instrument der Zentralisation notwendig, um Deutschland für das moderne Leben wachzurütteln[228].

# VIII.

Das Dekret vom 18. Dezember 1808 richtete nicht nur die Präfekturen des Großherzogtums ein, es regelte auch die Tätigkeit der Departements- und Arrondissementsräte und legte die Befugnisse der Bürgermeister und der Munizipalräte fest.

Schon Murat hatte die kollegialen Verwaltungen einiger Städte durch Bürgermeister ersetzt, die teils durch die Regierung, teils durch die Provinzialräte ernannt und denen Beigeordnete und Gemeinderäte beigegeben waren. 1806 hatte er die städtische Behörde von Düsseldorf eingerichtet. Im darauffolgenden Jahr hatte er angeordnet, das System der französischen Munizipalverwaltung in allen Gemeinden des Großherzogtums einzuführen. In Wirklichkeit hatte das Werk der Vereinheitlichung erst begonnen. Beugnot setzte es fort, noch bevor ein organisches Dekret herausgegeben worden war: Am 24. August 1808 organisierte er die Munizipalitäten des Arrondissements Düsseldorf, am 4. Oktober die des Arrondissements Duisburg, am 11. die des Arrondissements Emmerich. Als am 18. Dezember das Generaldekret unterzeichnet wurde, hatten eine große Zahl von Munizipalitäten bereits ihren Maire und die Beigeordneten. Es verging jedoch noch ein Jahr,

---

[227] Siehe *Correspondance de Napoléon*, XXXII, 297 f., Überlegungen von Napoleon über die Verwaltungsorganisationen. Auf St. Helena gestand Napoleon ein, daß die Präfektur eine Einrichtung der Diktatur sei. Er erklärte, daß er später lokale Regierungen eingerichtet und die regionale Autonomie entwickeln wollte. In den Teilen Deutschlands, wo es sich nicht darum handelte, wirklich zu verwalten, sondern einfach nur Steuern während einer vorübergehenden Besetzung zu erheben, ließ Napoleon die Verwaltungsbehörden bestehen, die dann unter der Befehlsgewalt von Generälen oder Intendanten ausgezeichnete Vermittler zwischen der Bevölkerung, von der sie finanzielle Opfer verlangten, und den Beamten Napoleons wurden, denen gegenüber sie verantwortlich waren. - Fournier, *Napoleon I.*, I, S. 225 f, hat das System der Präfekturen so gekennzeichnet: "Es war ein System der straffen Zentralisation, das dem Menschen an der Spitze des Staates einen unbegrenzten Einfluß auf die geringsten Details der kommunalen Verwaltung einräumte ..."

[228] Selbst Treitschke mußte dies anerkennen (I, 174 f.).

bis Napoleon die Departements- und Arrondissementsräte bestimmte und die getroffene Auswahl von Maires und Beigeordneten für die Städte mit mehr als 5.000 Einwohnern bestätigte, um die Organisation des Landes zu vollenden.

Abb. 15: Siegel des Arrondissements Elberfeld

Für die Ernennung der Departementsräte hatten Beugnot und Nesselrode mit Hilfe der dreifachen Vorschläge der Präfekten eine Liste aufgestellt: Sie hatten darauf acht gegeben, in den verschiedenen Kantonen und Arrondissements die gleiche Anzahl von Mitgliedern aufzustellen, damit jede Untergliederung mit der gleichen Mitgliederzahl in dem mit der Verteilung der Steuern beauftragten Rat vertreten war. Sie hatten gleichermaßen acht gegeben, dem Kaiser nur Grundbesitzer, Kaufleute und tüchtige Beamte vorzuschlagen. Sie hatten in die neugeschaffenen Körperschaften sogar mediatisierte Fürsten aufgenommen; deren Zuneigung zu Frankreich war zwar nicht weniger halbherzig als die der anderen auf den Listen vertretenen Großgrundbesitzer, aber sie mußten mit der neuen Ordnung der Dinge vertraut gemacht werden. Beugnot wollte, daß die Mühen der Staatswirtschaft zugleich Verstand und Gefühl anzogen und erinnerte sich, in den ersten Provinzialversammlungen bemerkt zu haben, wie die alten Vorurteile der Anziehungskraft dieser Mühen wichen. Im übrigen war die Berufung von Adeligen in diese Ratsgremien, bei denen es sich ausschließlich um beratende und der Tätigkeit der Regierung unterworfene Versammlungen handelte, gefahrlos[229].

So setzte sich im Rhein-Departement, um nur dieses zu erwähnen, der Departementsrat aus dem Grafen von Spee, dem Baron von Beveren, dem Baron von Schell, dem Baron von Pfeil, Maire von Düsseldorf - alles Großgrundbesitzer des Departements -, aus Bankiers und Fabrikanten, einigen Advokaten und Ärzten zusammen[230].

Wie funktionierten diese Räte und welche Dienste leisteten sie? Beugnot verlor in seinen Berichten darüber kein Wort. Wenn sie rührig gewesen und wenn sie regelmäßig zusammengetreten wären, ist es wahrscheinlich, daß der Kaiserliche Kommissar dafür gesorgt hätte, dies wissen zu lassen. Es muß daher vermutet werden, daß ihre Zusammenkünfte unregelmäßig waren, daß ihre Aktivität gering gewesen ist und daß man im Großherzogtum wie in Westfalen weder die Zeit noch überhaupt den Wunsch hatte, die Initiativkraft dieser Versammlungen, die sich überwiegend aus erklärten Gegnern sozialer Reformen und der Bauernbefreiung zusammensetzten, sich entfalten zu lassen. Die Abschaffung der Leibeigenschaft und die Einführung des Code Civil erschreckten diese an ihren einstigen Privilegien hängenden Krautjunker. Als Roederer 1812 eine kommentierte Liste der Landesrepräsentanten aufstellte, die er im November 1811 gesehen hatte, mußte er darin viele Abwesenheiten, zahlreiche Abtrünnige und in den bäuerlichen Gebieten eine Widerstandshaltung gegen die französische Herrschaft vermerken. Als Napoleon in Düsseldorf einzog, ließ man die Departements- und Arrondissementsräte vor ihm defilieren: Seiner Leidenschaft für Uniformen war damit Genüge getan worden, und er bildete sich zweifellos ein, daß die Verwaltung nach französischer Art im Land heimisch geworden sei. Beugnot hatte ihm jedoch nicht verheimlicht, daß eine ehrenamtlichen Dienst voraussetzende Institution in Deutschland noch keinen Erfolg haben konnte. Es bedurfte noch einiger Jahre französischer Herrschaft, bevor man die Bewohner des Landes zu irgendeiner Repräsentation hätte berufen können: Es hieße, Fremde zu hoch einzuschätzen, ihnen so schnell die französischen Institutionen anzubieten[231].

## IX.

Während der kurzen Anwesenheit Napoleons in Düsseldorf hielten viele Maires pompöse Ansprachen, und eine Menge von Stadträten drängte sich zu den feierlichen Empfängen: Napoleon konnte glauben, daß im Großherzogtum das städtische Leben ebenso geordnet war wie in einem französischen Departement. Die Berichte seiner Minister ließen jedoch keinen Platz für Illusionen: Die städtische Verwaltung war nur scheinbar organisiert. Sie blieb in Wirklichkeit den alten Routinen, den alten Mißständen verhaftet[232], und die Prä-

---

[229] Brief von Beugnot vom 5. Juli 1809, beigefügt dem Dekret vom 3. November 1809, das die Personen für die Departements- und Arrondissementsräte bestimmt, AF IV pl. 3095. In dem Runderlaß, den er im Jahre VIII für die ersten Präfekten entworfen hatte und den Lucien unterzeichnete, hatte Beugnot bereits geschrieben: "Die Kenntnisse der Staatswirtschaft ziehen Geist und Gefühl gleichermaßen an"( F[1a] 23)

[230] Dgl., Liste der Mitglieder des Rates.

[231] AF IV 1840, Bericht von Beugnot.

[232] Bericht von Beugnot vom 10. Dezember 1811, in: AF IV 1840.

fekten beklagten sich in ihren Berichten über das Verhalten der Maires und über die geringe Unterstützung ihrer Verwaltung durch die Stadträte.

Welche Autorität konnte der - übrigens die französischen Gewohnheiten ignorierende - Innenminister über die Maires haben, die über ihre neuen Funktionen lachten und sich über ihr städtisches Amt mokierten: "Um Sie für einen Augenblick aufzumuntern", schrieb der zum Maire von Münster ernannte Baron von Ketteler an seinen Freund Rohan Chabot, "will ich Ihnen eine Geschichte erzählen, sie wird Sie zum Lachen bringen. Ich, so wie Sie mich kennen, bin durch Seine Majestät den Kaiser zum Maire von Münster ernannt worden. Ich weiß nicht, welche gute Seele sich hat über mich lustig machen wollen, denn der Kaiser kennt mich nicht. Stellen Sie sich vor, ich Maire von Münster! Bestimmt werden Sie vor Lachen platzen ..."[233] Andere, die ihre neuen Funktionen ernst nahmen, bemühten sich eifrig darum, ihr bescheidenes Amt so auszuüben, wie sie früher ihre Grundherrschaft ausgeübt hatten. Letztere dachten praktischer und hatten Titel und Amtstracht akzeptiert, um ihre alten Schikanen leichter fortsetzen zu können. Sie "bedienten sich ihrer Anstellung, um daraus einen unlauteren Gewinn zu ziehen, und überließen die Sorge um die städtische Verwaltung den Stadtsekretären, die meistens ihre Intendanten waren"[234]! Alle kamen ihren polizeilichen Pflichten ungenügend nach, erledigten sie aufs Geratewohl, verletzten die Formen und griffen in die Befugnisse der Justizbehörden ein. Nur die bedeutenden Munizipalitäten, wie die von Düsseldorf, die unmittelbar unter die Überwachung und Autorität der Minister gestellt waren, wurden mit Eifer verwaltet und mit Umsicht geleitet[235].

Nach der Revolte von 1813 mußte Beugnot fünfzehn Munizipalitäten "säubern": Die Unruhen hatten die Ergebenheit der Maires und ihrer Stadträte auf eine harte Probe ge-

---

[233] Brief vom 2. Januar 1810, von der Polizei des Großherzogtums beschlagnahmt; AF IV 1840. Später hinderte der Baron von Ketteler seinen Sohn daran, der Ehrengarde beizutreten. Das Abenteuer des Maires von Werden war pikant: Ein braver Gastwirt war von der Zentralverwaltung ernannt worden, die Aufgaben des Maires zu übernehmen. Die Notabeln des Ortes sandten Eingaben, um gegen diese Wahl zu protestieren. Erschrocken und fast beschämt, ausgewählt worden zu sein, entschuldigte sich der Maire bei seinen Mitbürgern und erklärte ihnen, daß ihm diese Ernennung zugegangen sei, ohne daß er damit gerechnet habe, und bot seinen Rücktritt an; Archiv Düsseldorf, Communalsachen, Nr. 23.

[234] Generalbericht über das Großherzogtum vom 1. November 1812, AF IV 1226, und Bittschrift des Rechtsanwaltes Mallinckrodt an Napoleon im Jahre 1811, AF IV 1837.

[235] Bericht des Generalstaatsanwalts vom April 1813, AF IV 1834. In AF IV 1840 befinden sich von Roederer gefertigte Notizen über die wesentlichen Persönlichkeiten des Großherzogtums: Das Ratskollegium von Düsseldorf wird darin wortreich gelobt. Der Präfekt des Sieg-Departements schrieb 1810 nach seiner jährlichen Rundreise, daß die in Eile und teilweise gegen ihren Willen ernannten Maires wenig fähig, den ehemaligen Institutionen noch zugetan, und nicht willens seien, sich über Neuerungen auf dem laufenden zu halten. Im Ruhr-Departement mußte man in Ermangelung qualifizierten Personals zuweilen einen Maire für zwei Gemeinden ernennen. Archiv Düsseldorf, Allgemeine Landesverwaltung, 29.

stellt. Wie zu erwarten, waren die Vertreter der Gemeinden gegenüber dem Volkszorn weich geworden[236].

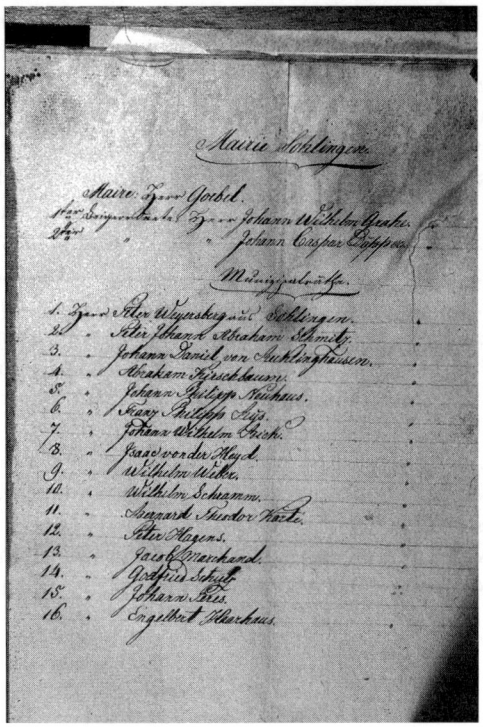

*Abb. 16: Liste mit Angehörigen der Munizipalität Solingen*

Tatsächlich waren die Reformen viel tiefgreifender als gewöhnlich angenommen: Die Gemeinden erfreuten sich vor der französischen Herrschaft wenigstens bezüglich der Steuern einer gewissen Autonomie. Plötzlich waren sie degradiert worden, sie waren zur untersten Verwaltungsstufe abgestiegen, sie waren unter Kuratel gestellt worden. Als sie noch Herrscherinnen ihres Vermögens waren, verwalteten sie ihre Finanzen nach ihrem Gutdünken, wobei sie dem Fürsten nur den Mehrertrag ihrer Einnahmen ablieferten und den gesamten Rest für sich behielten. Unter dem neuen Regime waren sie dagegen belastet mit unaufhörlichen militärischen Requisitionen, gezwungen, für die Staatsausgaben regelmäßig aufzukommen, gehalten, Verwaltungs- und Polizeikosten zu bestreiten, die sie niemals gekannt hatten, und deshalb waren sie dauernd im Defizit. Den Maires waren Instruktionen geschickt worden, um ihnen beizubringen, wie ein Haushaltsplan aufge-

---

[236] AF IV pl. 6546, 1. Oktober 1813. Dazu zählten vor allem die Stadtverwaltungen von Elberfeld, Barmen, Remscheid, Duisburg und Mülheim/Ruhr. Nach dem Februar 1813 wollte keiner mehr städtische Funktionen ausüben, AB xix 339.

stellt wird, und um ihnen das Prinzip zu erklären, daß die Ausgaben die Einnahmen niemals übersteigen dürfen. Es waren Dekrete erlassen worden, die den Präfekten die Kontrolle der Gemeindefinanzen wieder entzogen, weil sie sie nicht durchführten, und sie dem Staatsrat übertrugen: Alles war vergeblich, alle Maßnahmen erwiesen sich als illusorisch. Der Staatsrat begriff die Bedeutung einer guten kommunalen Finanzwirtschaft nicht, er überprüfte die ihm vorgelegten Budgets nur oberflächlich oder zu langsam: Man wollte sich gerade dazu entschließen, alle Budgets über 10.000 Franken in Paris zu überprüfen, als der Zusammenbruch jegliche Reform verhinderte[237].

Um dem städtischen Leben die ihm fehlende Einheitlichkeit zu geben und einem so neuartigen Regime Akzeptanz zu verschaffen, das den Unterschied zwischen Stadt und Land beseitigte, um im Lande begreiflich zu machen, daß von jetzt ab der Staat sowohl die städtischen Finanzen als auch die öffentlichen Abgaben regelte, bedurfte es Persönlichkeiten, welche die Gewohnheit nicht mit der herkömmlichen Methode verwechselten. Beugnot, der zunächst als Präfekt, dann als Staatsrat die Ausübung der Kontrolle kennengelernt hatte, hätte mit der städtischen Verwaltung beauftragt werden müssen, als Finanzminister hätte er die Budgets der Gemeinden geprüft. Roederer wollte diese Reform durchsetzen, "die beste Sache, die für das Land gemacht worden wäre", aber das Dekret, das er vorbereitete, ist niemals unterzeichnet worden[238].

## X.

Man hätte annehmen können, daß nach dem Abzug der Franzosen ohne Zögern zur alten Verwaltungsmethode zurückgekehrt worden wäre, daß die Privilegien der *Stände* und der Adeligen wieder in Kraft gesetzt und daß die ersten Versuche einer Zentralisation und ei-

---

[237] AF IV 1837: Instruktionen zur Regelung der kommunalen Rechnungsführung, Oktober 1809, AF IV pl. 4818; Dekret vom 17. Dezember 1811 zur Einrichtung der Kontrolle durch den Staatsrat, Briefe von Roederer an Beugnot, von 1813 in: AF IV 1837. - Generalbericht über das Großherzogtum vom 1. November 1812, AF IV 1226. - AF IV* 461, S. 88-89.

[238] AF IV 1837: Vorschlag eines Dekretes zur Vereinigung der Stadt- und Gemeindeverwaltung mit der Finanzabteilung. Zur Darlegung der Motive liest man im besondern folgendes: "Unter der ehemaligen Regierung erfreuten sich die Gemeinden einer völligen Unabhängigkeit in bezug auf ihre innere Verwaltung. Sie besteuerten sich für ihre Bedürfnisse und lieferten ihren Beitrag für die Bedürfnisse des Staates, ohne daß eine vorgesetzte Autorität sich irgendwo einmischte. Heute regelt die Regierung die öffentlichen Abgaben und die städtischen Einnahmen. Früher erhielt der Staat seine Einnahmen von den Gemeinden, heute erhalten die Gemeinden die ihren vom Staat ... " Er schrieb an Beugnot am 2. Januar 1812: "Ich unterstütze voll und ganz die Idee, die Gemeindeverwaltungen mit der Finanzabteilung zu vereinigen. Ich werde das tun, was von mir abhängt, damit seine Majestät ihm zustimmt. Dies wird die beste Sache sein, die für das Land gemacht worden sein wird ..." Nachlaß Beugnot, AB xix 352. Dies war nicht immer die Meinung des Kaiserlichen Kommissars. Anfänglich hatte er gedacht, daß es gut wäre, Nesselrode die städtische Verwaltung zu lassen, denn dies könnte "ein Mittel sein, in den Augen der Deutschen das fremde Joch zu versüßen, wenn man mit der Leitung dieses Teils der Verwaltung, deren Auswirkungen täglich zu spüren sind, einen Mann von Geburt beauftragt, der ihre Sprache spricht, ihre Auffassungen und auch ihre Schwächen teilt und dessen Beispiel allen Vorurteilen widerspricht". Später bedauerte er, alles dies Nesselrode ohne Kontrolle überlassen zu haben. *Mémoires*, I, 321.

ner "Demokratisierung" des Staates nutzlos gewesen wären und keine Spur hinterlassen hätten. Die Hoffnungen und die reaktionären Wünsche der von Romberg und der Bodelschwingh wurden enttäuscht. Hardenberg und Justus Gruner, der ihn im Land vertrat, gaben zu verstehen, daß gewisse von den Franzosen durchgeführte Abänderungen endgültig seien und daß bestimmte ihrer Einrichtungen beibehalten werden: Die Bezeichnungen der Landesverwalter wurden geändert, die Präfekten wurden *Präsidenten*, die Unterpräfekten *Kreisdirektoren* und die Maires wurden *Bürgermeister*, aber die Verwaltungorganisation, wie übrigens auch die Gerichtsorganisation, blieb intakt[239].

Solange die Franzosen die Herren des Landes waren, schien alles, was von ihnen stammte, widerwärtig, nicht nur denjenigen, denen durch die neuen Prinzipien ihre alten Privilegien weggenommen worden waren, sondern auch denjenigen, die durch diese neuen Prinzipien befreit und erlöst wurden. Die harten Bedingungen der Truppenaushebungen und die durch die Kontinentalsperre verursachten Bedrängnisse verschleierten die besten Reformen und die nützlichsten Erneuerungen. In Deutschland im Gefolge der napoleonischen Armeen eingeführt, konnten sich die Prinzipien der zentralisierten und vereinheitlichten Verwaltung dort erst nach dem Abzug eben dieser Armeen und in der Ruhe des wiederhergestellten Friedens weiter entfalten.

---

[239] Bornhak, Anm. 81, III, 41. - Siehe in Scotti die Anordnungen von Justus Gruner, III, 1525, usw.

# Kapitel V

## Die Einheit durch den Militärdienst

## Das bergische Kontingent

## I.

Die wesentliche Aufgabe der Zentralverwaltung in Paris und Düsseldorf und ihrer Beamten in den Ortsverwaltungen, Präfekturen und Mairien bestand darin, Truppen auszuheben und dem Land Geldmittel abzufordern, um die Truppen zu unterhalten. Das erste wichtige von Napoleon erlassene Dekret, als er nach dem Weggang Murats die Regierung des Großherzogtums selbst übernommen hatte, bezog sich auf das Truppenkontingent.

Solange Murat nur die Herzogtümer Berg und Kleve beherrschte, erschien ein Infanterieregiment und ein Kavallerieregiment ausreichend[240]. Nach dem Frieden von Tilsit, als das Bistum Münster und einige andere Fürstentümer dem Großherzogtum hinzugefügt worden waren, hatte Murat die Aufstellung eines zweiten Infanterieregiments angeordnet. Napoleon begnügte sich nicht mit diesen Truppen. Bereits bevor sein Schwager Düsseldorf in Richtung Neapel verlassen hatte, hatte er Nesselrode befohlen, einen Vorschlag auszuarbeiten, um die kleine bergische Armee zu reorganisieren und zu vergrößern. Diesen Vorschlag überprüfte der Kaiser in Paris, überarbeitete ihn und am 29. August 1808

---

[240] Am 21. Mai 1807 hatte Murat die Aufstellung eines "leichten Kavallerieregimentes des Herzogs von Kleve" angeordnet, dessen Organisation er dem General Marx anvertraut hatte. Man brauchte ein Jahr, um dieses Regiment zu organisieren, das erst im April 1808 im Militäretat des Kaiserreichs erschien; AF IV 1110-1144. Die Infanterie ist dort erst 1809 aufgeführt; AF IV 1842.

entschied er, daß in Zukunft das Großherzogtum eine Infanteriebrigade aus drei Regimentern, ein Kavallerieregiment (Jäger)[241], ein Artilleriebataillon und zwei Veteranenkompanien, insgesamt 6.600 Mann, aufzustellen habe. Das Truppenkontingent von 1806 war also stark angewachsen[242]. In 26 Monaten war der "Militärstand" von einem auf sieben Bataillone, die Zahl der Kompanieoffiziere von sechs auf 52 angestiegen.

Drei Jahre später, nachdem das Großherzogtum um einen beträchtlichen Teil seines dem Kaiserreich direkt angegliederten Staatsgebietes verkleinert worden war, schrieb ein neues Dekret den "Militärstand" auf vier Infanterieregimenter und ein leichtes Lanzenreiterregiment fest[243] und verlangte von dem kleinen Staat ein Kontingent von 9.400 Mann[244].

Nach der Rückkehr vom Rußlandfeldzug hatte Napoleon keine Armee mehr, obwohl er eine benötigte, um seinen Kampf gegen die Aliierten fortzusetzen. Ende Dezember 1812 hatte er zu seinem Gesandten in Warschau, de Pradt, gesagt, daß 300.000 Mann ausgehoben werden müßten. Er ließ sie tatsächlich ausheben und ab April 1813 ging er mit einer neuen Armee ins Feld: Der Rheinbund war einmal mehr zur Kontribution gezwungen worden. Für das Großherzogtum Berg, dessen Kontingent fast vollkommen in

---

[241] Napoleon bildete das leichte Reiterregiment, dessen sehr elegante Uniform (zartbraune Farbe, rosafarbige Ornamente und Tschako mit dem Löwen des bergischen Wappens, weiße Epauletten) zu teuer war, in ein Jägerregiment um, dessen Uniform so wirtschaftlich und schmucklos wie möglich sein sollte. Schreiben an Gaudin, AF IV pl. 2433, 6. Oktober 1808. Murat verließ das Großherzogtum ohne seinen Militärschneider zu bezahlen. Dieser hatte ihm 200 Uniformen für seine Garde angefertigt und reklamierte nach seinem Weggang, im übrigen ohne Erfolg, einen Teil seiner Forderungen, F⁷6524, Nr. 142.

[242] AF IV, pl. 2381. Die ehemalige Uniform war beibehalten worden: kurzer weißer Rock, wie jener der französischen Linieninfanterie, mit geraden, himmelblauen Aufschlägen, das Unterfutter in gleicher Farbe. Bei diesen Unterlagen befindet sich eine farbige Zeichnung der Uniformen von Berg. VGL. *Mémoires* von Beugnot, I, 377 und 409-410. Napoleon befand die Soldaten aus Berg gut gekleidet, aber bezeichnete ihre Uniform als "schmutzempfindlich im Felde". - Die Fahnen bestanden aus Taffet mit weißem Grund und in der Mitte goldgesticktem Adler, in seinen Krallen einen Blitzstrahl haltend, über dem Kopf eine kaiserliche Krone auf einem azurblauen Wappenschild, unterhalb des Adlers die in Gold gestickte Schrift: Infanteriebrigade des Großherzogtums Berg, über dem Adler die Devise *Et nos caesare duce*. Beugnot fand diesen Wahlspruch "... in gleicher Weise richtig, geistreich und kurz und bündig". Er bat Napoleon, diese Fahne den Truppen zu geben, "denn es ist vor allem die Hand, die sie übergibt, die den Grund legt zur Verehrung dieser Insignien der Ehre und des Ruhms". Napoleon hatte nicht die Zeit, diese Fahnen selbst zu übergeben; AF IV 1868.

[243] Die Jäger waren im September in leichte Lanzenreiter umgebildet worden. Die polnischen Lanzenreiter der Garde in Versailles hatten sie im Gebrauch der Lanze ausgebildet: Darauf wurden die einen nach Spanien, die anderen nach Napoleonsville geschickt, um die Küsten zu bewachen und den Schmuggel zu unterbinden, vgl. von Ardenne, Bergische Lanciers, 1877.

[244] AF IV 1868 und AF IV, pl. 4721; Dekret vom 25. Juni 1811, welches das Projekt gebliebene vom 22. annullierte. Dieses letzte Dekret stellte eine "Garde du Prince" auf, auf welche letztlich verzichtet wurde. Tatsächlich wurde die Zahl von 9.400 Männern der großen Zahl von Deserteuren und Verweigerern wegen nicht erreicht. Goecke irrt sich, wenn er nur 8.180 angibt. Es gab theoretisch: 6.400 Mann Infanterie und 560 Mann Stammtruppe, 1.200 Reiter und 610 Artilleristen, 342 Gendarme und 290 Veteranen, insgesamt 9.402 Mann.

124

Rußland oder in Spanien geblieben war, wurden 5.000 Mann angesetzt und seine Armee auf eine Kavalleriebrigade, ein Infanterieregiment und eine Kompanie berittener Artillerie verringert[245].

Als die Dekrete in Düsseldorf eintrafen, war der durch Arbeitslosigkeit verursachte Aufruhr ausgebrochen. Die Truppenaushebung vollzog sich unter besonders unerfreulichen Bedingungen. Man wußte, wenn auch nicht aus den offiziell stummen Zeitungen, sondern aus privaten Nachrichten und in den Handelsstädten angelangten Briefen, von den schweren Niederlagen der letzten Monate des Jahres 1812. Die in Schrecken geratenen jungen Leute verbargen sich, um dem Militärdienst zu entgehen. Aber harte Maßnahmen wurden getroffen, die in der Jagd auf Militärdienstverweigerer zum Experten gewordene Gendarmerie ergriff sie, führte sie ab und so wurde die "Vollständigkeit" schließlich in einem in hellem Aufruhr befindlichen Land erreicht.

Ein englischer Dragoner, George Farmer, der in Spanien von einem bergischen Offizier gefangen genommen und nach Düsseldorf gebracht worden war, hat dieser Truppenaushebung beigewohnt. Er hielt bildreiche Einzelheiten fest, welche die offiziellen Berichte nicht brachten: "Wie andere Länder", so schrieb er in seinen Erinnerungen, "erhielt das Großherzogtum Berg 1813 Befehl, der Großen Armee eine Verstärkung von 5.000 Mann Infanterie und von 500 Mann Kavallerie zu stellen. Sofort kam die Truppenaushebung in Gang. Berg war bereits des kräftigsten und aktivsten Teils seiner Jugend beraubt, jedoch ließ die gegenwärtige Anforderung keine Diskussion zu. Da die Namen aller männlichen Einwohner zwischen 15 und 50 Jahren schon in den Händen der Obrigkeiten waren, veranstaltete man eine Art Auslosung für diejenigen, die dienen sollten, und die Gendarmen wurden aus der Stadt geschickt, ihre Festnahmen zu vollziehen. Es war ein beklagenswertes Schauspiel, diese jammervollen Unglücklichen zu sehen, zu zwanzig oder dreißig um den Hals gefesselt und mit einem Strick am Sattel eines Gendarmen zu Pferd befestigt. Man brachte sie in einer abgesonderten Baracke unter, wo sie von einer Abteilung alter französischer Soldaten, deren Treue und Wachsamkeit sich bewährt hatten, streng bewacht wurden. Nur einmal geschah es, daß eine Gruppe Konskribierter sich auf das Wachpersonal stürzte: 200 konnten entweichen. Aber nachdem sie einige Tage in den Wäldern umhergeirrt waren, waren sie heilfroh, sich selbst stellen zu können. Die Behörden hatten dafür gesorgt, beim Eintreffen eines jeden Konskribierten exakt den Namen und den Wohnsitz seiner Eltern zu vermerken. Der Konskribierte wurde so zu einem bloßen Werkzeug in den Händen der Behörden. Wenn einer von ihnen desertierte, befaßte man sich nicht damit, ihn zu suchen. Man schickte eine Patrouille zu seinem Vater, den man festnahm, ins Gefängnis steckte und so lange festhielt, bis sein Sohn wieder zu den Fahnen zurückkehrte. Durch diese Maßnahme gelang es, daß von 200 Geflohenen bald nicht einer mehr fehlte."[246]

---

[245] AF IV, pl. 5811, Schreiben von Napoleon vom 29. Januar 1813 zur Reorganisation der bergischen Armee. Goecke irrt sich, wenn er in dieser Aushebung von 5.000 Mann eine Vergrößerung des Kontingentes sieht. Es handelt sich um eine durch die totale Ausschöpfung des Landes notwendig gewordene Reorganisation.

[246] Ich verdanke Herrn Fisher, Professor am New College zu Oxford, den Hinweis auf diese Stelle aus den Erinnerungen von G. Farmer (herausgegeben von Gleig in sehr wenigen Exemplaren, die sich nicht im Handel befinden). Farmer, Reiter im 11. leichten Dragonerregiment, hat in seinen

Die zahlenmäßige Bedeutung des bergischen Kontingents hatte sich also bis Anfang des Jahres 1813 erhöht: Es waren kaum 3.000 Mann, die Murat zum Beginn seiner Herrschaft aufstellen sollte. 5.000 Mann verlangte der Rheinbund. 7.000, dann 8.000 und schließlich 9.000 Mann verlangte Napoleon von einem Staat, der jedoch in seiner Fläche und entsprechend auch in seiner Bevölkerungszahl verringert worden war.[247] Diese Truppen mußten zusammengestellt und in sehr kurzen Fristen ausgerüstet werden: Als es darum ging, die durch das Dekret vom August 1808 vorgesehene Armee aufzustellen, gab es weder Männer noch Pferde, noch Ausrüstungen, nichts als den kleinen Kern desjenigen Regimentes, das in sehr schlechter Verfassung von Stralsund zurückkehrte. In 50 Tagen mußte rekrutiert, sollten Pferde auf dem linken Rheinufer angekauft, Ausrüstungsgegenstände gefertigt und 1.400 Konskribierte der neuen Aushebung ausgerüstet werden, um das geforderte Truppenkontingent im November aufzustellen[248].

Der Handel mit Ersatzgestellungen, der sich in den Amtsräumen abspielte, erhöhte die Schwierigkeiten der Rekrutierung zusätzlich: Mehr als einmal mußten Unteroffiziere festgenommen werden, die von ihrer Stellung profitierten, um Entlassungsscheine zu verkaufen oder sich der Kautionssumme der Ersatzmänner zu bemächtigen.

---

Erinnerungen merkwürdige und wichtige Einzelheiten über die Geschichte der Kriege auf der Halbinsel überliefert. In der von mir hier angegebenen Textstelle (die Herr Fisher teilweise in seinem oben zitierten Buch, S. 216, wiedergegeben hat), irrt Farmer sich in den Zahlen: Das gesamte Anfang 1813 angeforderte Kontingent betrug 5.000 Mann, und die Kavallerie war im Verhältnis stärker, als er es darlegt. Abgesehen von diesem geringfügigen Irrtum sind die Einzelheiten genau und durch örtliche Dokumente belegt. Die Zeitungen waren voll mit von Eltern aufgegebenen Anzeigen, welche die Rückkehr ihrer Söhne zum Regiment bewirken sollten. Tatsächlich wurden die Eltern und selbst die Arbeitgeber für die Fahnenflucht haftbar gemacht und ihr Mobiliar wurde bis zur Höhe von 500 Talern verkauft; AF IV 1865. Über die improvisierte Kavallerie berichtet Farmer Einzelheiten: Die Männer waren unfähig, ein Pferd zu besteigen, die Pferde waren nicht gewohnt, dem Zügel und noch weniger dem Trompetensignal zu gehorchen. Im März 1813 gab Roederer Nesselrode den Rat, Männer unterhalb der geforderten Körpergröße anzunehmen. Ebenso erlaubte er, kleine Pferde von der Gendarmerie zu entleihen. Napoleon "verlange keine Perfektion"; AF IV* 452.

[247] Das Kontingent des Rheinbundes sollte 1/100 betragen. Dieser Satz wurde im allgemeinen nicht erreicht: Bayern 1/114; Großherzogtum Berg (anfangs) 1/133; Württemberg 1/112; in Westfalen 1/91; Frankfurt 1/100. 1811 stellte Berg 1/104. Roederer schätzte, daß dies ausreichend sei; AF IV 1862.

[248] AF IV, pl. 2481. Brief Beugnots an Gaudin, 26. November 1808. Die Fristen waren immer sehr kurz: Am 29. Januar 1811 entschied Napoleon, daß 1.830 Mann der Konskription von 1810 ausgehoben werden sollen und daß die erste Einheit aus jedem Departement am 1. April in Marsch zu setzen sei. Am 6. August 1811 entschied er, 1.850 Mann der Konskription von 1811 auszuheben, die am 1. Oktober in Marsch zu setzen seien; AF IV, pl. 4043 und 4054. Das Rhein-Departement stellte die größte Zahl an Rekruten, dann folgte das Ruhr-Departement, schließlich das gebirgige und arme Sieg-Departement. 1811 stellte das Rhein-Departement 810 Männer, das Ruhr-Departement 613 und das Sieg-Departement 361; AF IV, pl. 4043. Das Ems-Departement war zu dieser Zeit vom Großherzogtum abgetrennt.

# II.

Bei seiner Ankunft im Großherzogtum Berg hatte Beugnot die militärischen Angelegenheiten des Landes in den Händen des Innenministers Nesselrode vorgefunden. Er beließ sie ihm, und bis zum Schluß kam Nesselrode seinen Aufgaben mit einem niemals nachlassenden Eifer nach. Der im Lande geborene verstand besser als jeder andere die Beschwernisse der Konskription. Er zeigte große Aktivität und Gewissenhaftigkeit bei der Aufstellung der Kontingente. Von Paris wußte Roederer durch die Rapporte, die Nesselrode ihm unmittelbar sandte, was sich abspielte; er wurde über die gesamte Militärverwaltung des Landes auf dem laufenden gehalten. Zuweilen gab es zwischen dem Staatssekretär und dem deutschen Minister Schwierigkeiten und Auseinandersetzungen, aber diese bezogen sich immer auf Personalfragen, wenn Nesselrode z.B. Offiziere vorschlug, die Roederer für ungeeignet befand, oder provisorische Ernennungen aussprach, die dieser mißbilligte. In solchen Fällen wurde der Ton der gegenseitigen Schreiben gereizt. Nesselrode wollte seine Rechte darlegen, Roederer antwortete ihm barsch, daß es Zeitverschwendung sei, über die Vorrechte ihrer Stellungen zu diskutieren. Der Tatkraft und den Talenten des Ministers in Düsseldorf Hochachtung bezeugend, erinnerte er ihn gleichzeitig daran, daß auch er seine Meinung zu geben habe, und daß allein der Kaiser das Recht habe, seine Kompetenzen zu verändern.

Übrigens lobte Roederer seinen Mitarbeiter gegenüber Napoleon in den höchsten Tönen und im Generalbericht, den er ihm 1812 sandte, schrieb er: "Der Graf von Nesselrode ist mit nichts im Verzug, was das Militär betrifft. Er hat die Konskription, das neue Regiment der Lanzenreiter, die Verpflegungswagen mit viel Emsigkeit und so gut es möglich war aufgestellt. Er hat mir berichtet, daß die Verpflegungswagen des Großherzogtums besser gelungen sind als die französischen. Ich halte seine Verwaltung für wirtschaftlich und treu, und Eure Majestät können dies an den jährlichen Ergebnissen der Kriegsausgaben beurteilen, die mäßig sind ..." Im übrigen "war seine Ergebenheit für den Kaiser ohnegleichen und grenzenlos". Nesselrode bewies 1813, daß seine Ergebenheit aufrichtig war, und am Verhalten, das er im Augenblick des endgültigen Zusammenbruchs gezeigt hat, kann der Mann beurteilt werden, der seit 1806 die schwierige Aufgabe übernommen hatte, Truppen zum Dienst für Frankreich auszuheben[249].

---

[249] Brief von Roederer, in: AF IV 1869; Rapport desselben in AF IV 1226.

# III.

In einem so buntscheckigen Land wie dem Großherzogtum Berg, dessen verschiedene Teile so unterschiedliche Regime kennengelernt hatten, mußte die Rekrutierung zwangsläufig auf mehr oder weniger große Schwierigkeiten stoßen, je nachdem ob die Konskription eine Neuerung bedeutete oder einfach alte Gepflogenheiten fortsetzte. In den preußischen Provinzen, in der Mark und im Bistum Münster, war die Konskription etwas Neuartiges: In diesen Gebieten galten die Privilegien der "Stände" als am ausgedehntesten und umfassendsten, und man hegte dort ein instinktives Mißtrauen gegen stehende Heere. Der Fürst hatte in diesen Gebieten niemals regelmäßig Truppen ausheben können. Die Konskription löste also während der gesamten Zeit der französischen Herrschaft heftige Proteste aus. In den Herzogtümern Berg und Kleve dagegen sowie im nassauischen Teil des neuen Staates erschien sie weniger schwierig und ließ sich verhältnismäßig leicht durchführen.

Beugnot faßte diese Einstellung nach 1809 zusammen: "Der Einfluß der unterschiedlichen Anlagen der Provinzen ist nirgends spürbarer als bei den Truppenaushebungen der Konskription. Im Bergischen Land läßt sie sich verhältnismäßig leicht durchführen, und man verzeichnet hier nur wenige Desertionen. Im Bistum Münster ist sie eine so neuartige Maßnahme, daß sie kaum begriffen wird. Die Konskribierten kommen wie Maschinen an, die einem höheren Antrieb gehorchen. In der Grafschaft Mark vollzogen sich die Maßnahmen der Konskription mit Leichtigkeit, aber im Moment des Abmarsches von Düsseldorf desertierten die Soldaten dieser Landschaft massenweise. Diese Neigung zur Fahnenflucht war zunächst den Soldaten der Grafschaft Mark eigen. Die Nachbarschaft zu Holland und die Entfernung von Berlin hatte bei ihnen diese verhängnisvolle Neigung genährt. Zur Grafschaft Mark zählt man auch die Länder Tecklenburg und Lingen, die bis jetzt jeglicher Konskription entgangen sind. Die Bewohner dieser Gebiete sind von je her an die Wanderung nach Holland gewöhnt. Sie verbringen dort den Frühling und bleiben dort bis zum September, beschäftigt mit der Heuernte, Gartenarbeiten, dem Ausschachten von Gräben und Torfstechen. Der Vater nimmt seinen Sohn dorthin mit, sobald er imstande ist, den Tageslohn zu verdienen. Zur Konskription einberufen, findet er in Holland Unterschlupf und Arbeit, und da sein Heimatland nichts Lockendes hat, verzichtet er darauf ohne Schmerz. Seit zwei Jahren vollzieht sich dieser Ortswechsel zur selben Zeit und unter denselben Begleitumständen, und wenn man dem nicht vorbeugt, wird es damit enden, daß die Bevölkerung dieser Gegenden zu Grunde gerichtet wird. Die Konskription wird sich an den Rändern nach Holland hin immer nur unter großen Schwierigkeiten durchsetzen lassen, solange die inmitten unfruchtbarer Sandgebiete oder mooriger Seen lebenden Menschen vor dem Ende des Tages in ein reiches Land, welches immer Arme benötigt und die Arbeit gut bezahlt, überwechseln können. Dennoch vollzog sich die Truppenaushebung 1809 leichter als die vorausgegangene. Sogar aus den benachbarten Kantonen von Düsseldorf wurde etwas wie Eifer und sogar französische Heiterkeit gemeldet. Wir ziehen jetzt die Konsequenzen aus der Vergangenheit, d.h. wir werden einen Teil der Männer zurückkehren lassen, die zum Kontingent des Vorjahres im Rückstand geblieben sind."[250]

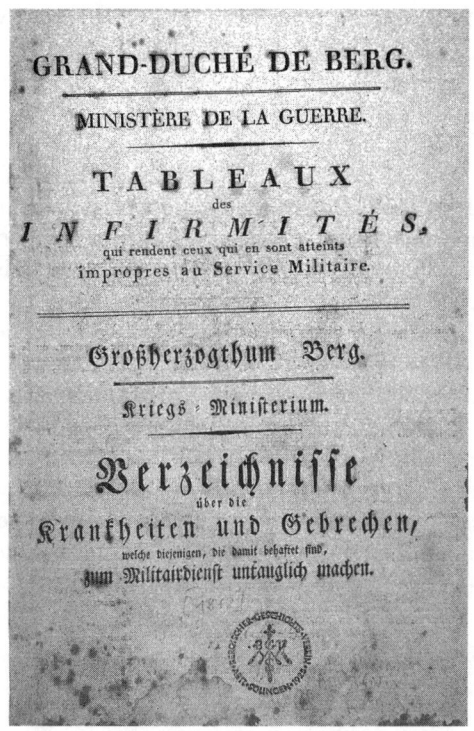

*Abb. 17: Verzeichnis von Krankheiten im Militärdienst*

Wiederholt kam Beugnot auf die Schwierigkeiten der Rekrutierung im Märkischen zurück, wo unaufhörlich gegen die Konskription gemurrt wurde. Er war besorgt über das aus Rekruten der preußischen Provinzen gebildete dritte Infanterieregiment. Er verlangte, dieses Regiment nicht nach Deutschland zu entsenden, da alle Männer desertieren würden. Es solle mit den beiden anderen Regimentern einrücken; sie sollten sich gegenseitig Korpsgeist vermitteln. Beunruhigt über die Streifzüge von Schill sah er voraus, daß dieser in Paderborn herzlich empfangen würde, falls er es erreichte: Die Einwohner dort hegten eine Neigung für Preußen. "Tumultartige" Unruhen beunruhigten ihn im Juni 1809: Der einzige Grund dafür lag in der Konskription. Im übrigen breiteten sich Bewegungen dieser Art überall aus: Auch in Westfalen provozierte die Konskription Aufstände[251].

---

[250] Bulletin des Großherzogtums; erste Märzwoche 1809, AF IV 1223.
[251] AF IV 1839; Bulletins von 1809; Beugnot schrieb zur selben Zeit: "Das sicherste Mittel ist, sie auf der Stelle nach Frankreich zu verlegen, aber sie dürfen dort nicht zu früh eintreffen." Beim

Damas und Nesselrode mußten ebenfalls die Schwierigkeiten erfahren, die es machte, in den preußischen Provinzen Truppen auszuheben: Der erstere verlangte, daß die aus der Mark stammenden Soldaten nur hinter siegreichen Armeen eingesetzt werden dürften, die sie mitreißen sollten[252]. Der andere beobachtete, daß aus der Grafschaft viele Männer kamen, deren Zeigefinger der rechten Hand verstümmelt war. "Die Gewohnheit, die auszurotten Preußen niemals gelungen ist, ist alt", schrieb er. Aber er verlangte die Ausdehnung des Dekretes vom 8. Fructidor des Jahres XII auf das Großherzogtum und schlug vor, die Verstümmelten in den Hafen von Antwerpen zu senden, um diese Gewohnheit auszurotten[253].

Seit es darum ging, das Dekret über die Aufstellung der bergischen Armee durchzuführen, hatte Nesselrode in einem Bericht an Beugnot erklärt, daß man keinesfalls auf die Zuneigung der Einwohner aus Münster, aus der Mark, von Steinfurt und Bentheim zählen könne, und er befürchtete in diesem Augenblick, daß die vom Joch der Konskription und der Kontributionen verbitterten Gemüter, deren Last sie unter den vorausgegangenen Regierungen nicht zu tragen hatten, sich zu irgendeiner Aufstandsbewegung entschlössen, wenn sich eine Gelegenheit ergäbe[254].

Die Schwierigkeiten der Rekrutierung erklären sich nicht nur mit der Anhänglichkeit an Preußen: Es gab auch wirtschaftliche Gründe. In den landwirtschaftlichen Gebieten - allerdings nicht im ehemaligen Bistum Münster - hatte sich die Bevölkerung mit der Konskription abgefunden. In gewissen industriellen Distrikten bot die Abschaffung des ehemaligen Systems der Exemtionen dagegen keinen Trost: In der Gegend von Lüdenscheid und Unna gab es 1808 Unruhen; die Fahnenflüchtigen fanden im nahen Westfalen Zuflucht[255].

# IV.

Es liegt auf der Hand, daß sich in einer Armee, die aus derartig widerwillig eingezogenen Soldaten besteht, die Fahnenflucht schnell einbürgert und bald zur Gewohnheit wird. So gibt es nicht einen Bericht von Beugnot oder Nesselrode, der nicht Klagen enthält und in dem die beiden Minister nicht neue Maßnahmen fordern, um, wenn schon das unheilbare Übel nicht zu heilen sei, so doch wenigstens seine Heftigkeit zu mindern. Seit seinem Eintreffen fiel Beugnot auf, daß die Fahnenflucht extrem war und besonders begünstigt

---

Auszug der beiden Regimenter hatte man das Gerücht ausgestreut, daß sie für Indien bestimmt seien: "Diese boshafte Lüge bewirkte mehr als eine Desertion. Man hat dabei den erheblichen Unterschied der französischen Offiziere zu den anderen feststellen können. Den letzteren ging dies nahe bis zum Skandal, während die Franzosen es ganz selbstverständlich empfanden, von der Weichsel bis zu den Ufern des Ganges zu marschieren, sobald der Kaiser es befahl"; AF IV 1225.

[252] Corresp. du Général Damas, Archives de la Guerre.

[253] AF IV pl. 3096, 4. November 1809, Dekret zu dieser Forderung; eine Kopie dieses Dekretes wurde dem preußischen Minister am 25. Januar 1812 geschickt, aus welchem Grunde ist unklar.

[254] AF IV pl. 2469, 30. September 1808.

[255] Nesselrode schrieb im März 1809, daß man sich in den Landesteilen Berg, Kleve, Steinfurt und Dillenburg an die seit zwei Jahren eingeführte Konskription mit Mühe gewöhnt habe und dort nicht mehr mit Deserteuren rechne; AF IV 1867; AF IV 1225. Das war nicht immer so.

wurde durch die Aufnahme, die den Konskribierten in Holland zuteil wurde. Nesselrode seinerseits bat den Minister in Paris inständigst, der holländischen Regierung klarzumachen, daß sie sich gegenüber den Fahnenflüchtigen aus Berg so verhalten solle, wie sie sich gegenüber denen aus Frankreich verhielt[256]. 1809 verlangte Beugnot, daß das Truppenkontingent in Spanien eingesetzt werden sollte, wo die Versuchungen, so glaubte er wenigstens, geringer waren als in Deutschland. Die Kriegsgerüchte, die sich auf dem rechten Rheinufer ausbreiteten, trieben die Konskribierten aus der Mark zur Flucht in das Großherzogtum Hessen oder in die Herrschaft Arenberg. Beugnot mißbilligte die Maßnahme des Generals Rivaud, das dritte Regiment zur Verwendung auf Posten nach Kassel entsandt und den Truppen beigegeben zu haben, welche die Aufstandsbewegung unterdrücken sollten. Der Kontakt mit den Bauern war gefährlich; den Nachrichten aus Westfalen durfte keine zu große Verbreitung im Herzogtum eingeräumt werden. Es hieße, diese Truppen zu verlieren, wenn sie inmitten aufständischer Bauern stationiert würden, deren Haltung nicht weit von ihrer eigenen entfernt war[257]! Um die täglich zahlreichere Fahnenflucht zu unterbinden, wurden Maßnahmen getroffen: Düsseldorf wurde bewacht wie eine offene Stadt nur bewacht sein kann. Die Soldaten erhielten tagsüber Ausgangsverbot in der Stadt, im Quartier während der Nacht. Von Sonnenuntergang an zog man eine Postenkette mit geladenen Waffen um die Kasernen[258]. Trotz all dieser Vorsichtsmaßnahmen waren es zuviele Fahnenflüchtige, als daß sie im Land hätten gesammelt werden können - selbst nicht in Werkstätten oder in Lagern von Verurteilten, die an Schleifkugeln gekettet waren. Um eine Verwechslung mit Zivilverurteilten auszuschließen, sah sich die Regierung gezwungen, sie nach Jülich zu verlegen[259].

Wenn zahlreiche ausgehobene Soldaten in ihrem Heimatland fahnenflüchtig wurden, so desertierten noch bedeutend mehr im Ausland und gaben den Verlockungen der englischen, holländischen oder deutschen Rekrutenanwerber nach. Überall bemühte man sich um sie: In Spanien versuchten die Aufständischen, die ausländischen Truppenkontingente zu zersetzen, indem sie viersprachige Flugblätter in Umlauf brachten, auf denen folgendes zu lesen war: "Deutsche, Polen, Italiener und Schweizer der französischen Armee! Österreich und die Türkei haben gerade Frankreich den Krieg erklärt; der Tyrann Napoleon muß diesem Gewittersturm erliegen. Ihr seid ohne Aussicht auf Rückkehr dazu bestimmt, im Norden oder in Spanien umzukommen. Aber es verbleibt euch noch ein Zu-

---

[256] AF IV pl. 2469, 25. Oktober 1808. Es wurde beschlossen, nach Holland zu schreiben. 18. April 1811, Schreiben Roederers an den Herzog von Feltre: "Holland fährt fort, ein Zufluchtsort für Fahnenflüchtige aus dem Großherzogtum zu sein. Der Präfekt von Amsterdam hat durch die Zeitungen bekanntmachen lassen, daß man die Staatsangehörigen des Rheinbundes aufnehmen würde. Dies ist unzulässig, denn dann würde man im Großherzogtum im Namen des Kaisers Männer als Fahnenflüchtige verfolgen, die eines Deliktes schuldig wären, das nicht nur toleriert werden müßte, sondern sogar durch seinen Namen, seine Autorität und die holländische Verwaltung provoziert wurde." Roederer schließt mit den Worten: "Die Konskription des Großherzogtums ist tatsächlich eine kaiserliche Konskription"; AFF IV* 452.
[257] AF IV 1867. (1809).
[258] AF IV 1867. Die Ersatzmänner waren an das Korps durch eine Kaution gebunden, die sie in die Regimentskasse einzahlten.
[259] AF IV pl. 3096. Siehe auch Fußnote 253.

fluchtsort, das ist der unserer Freundschaft. Und hier die Bezahlungen: Jeder Soldat, der sich auf die Seite der spanischen Armee schlägt, wird 200 Reals erhalten; derjenige, der sein Gewehr mitbringt, 300 Reals; Soldaten der Kavallerie werden darüber hinaus den Preis des Pferdes erhalten. Diejenigen, die nicht mehr die Waffen gegen die Franzosen erheben wollen, werden auf unsere Kosten von uns nach Hause befördert (sic!)."[260]

Andererseits erzählten die aus Spanien zurückkehrenden Männer im Großherzogtum die schrecklichsten Sachen: Die Truppen ernährten sich nur von Pferdefleisch, die Spanier könnten nicht besiegt werden, weil eine gleichgroße Zahl von Aufständischen ständig auf die folgte, die man gerade vernichtet hatte; im übrigen desertierten die Franzosen und Westfalen massenweise. Diese Gerüchte verbreiteten sich auf beiden Rheinseiten, versetzten die jungen Leute in Schrecken und erhöhten noch die Schwierigkeiten der Rekrutierung. Beugnot lächelte über den "Familiengeist", der sich an den Berichten über die in Spanien erduldeten Leiden entzündete: "Die Väter, die sechs oder sieben Jungen besaßen, beklagten bitter den Weggang jedes einzelnen; die Mütter konnten sich von ihm nicht trennen und jede Inmarschsetzung der Ausgehobenen war von äußerst heftigen Szenen begleitet, die nicht vorgetäuscht waren." Beugnot verstand den Widerwillen nicht - oder erweckte wenigstens den Anschein, ihn nicht zu verstehen -, in weit entfernte Kriege zu ziehen; einen so großen Widerwillen, daß Väter und Mütter sogar ihre Kinder sich verstümmeln ließen oder ihnen dabei halfen. "Die Zahl der *pollice truncatos* oder Feiglinge war so groß, daß man davor die Augen abwenden mußte!"[261]

Die Fahnenflucht war verständlicherweise bei den in Deutschland eingesetzten Truppenteilen nicht geringer: Eine Abteilung von 161 Mann, von Magdeburg nach Stettin in Marsch gesetzt, verlor unterwegs 147! Der der Truppe begleitende Hauptmann führte diese außergewöhnliche Desertion auf die Bemühungen der Einwohner zurück, und ein zur Truppe zurückgekehrter Mann erzählte, daß man ihm 5 Taler für den Eintritt in die preußischen Truppen geboten habe[262]. Kavalleristen aus Berg schlossen sich den Truppen von Braunschweig-Oels an und desertierten mit Pferd und Ausrüstung, denn es wurde das Gerücht verbreitet, daß die Österreicher das Großherzogtum besetzten, und wenn sie nicht die Partei Preußens ergriffen, würde jeder zehnte Mann zur Todesstrafe ausgelost. Man versprach bis zu 15 und 20 Dukaten pro Kopf: Der ehemalige Kurfürst von Hessen bezahlte! Es wurden zwar einige Exempel statuiert, einige von der Gendarmerie aufgegriffene Konskribierte wurden füsiliert, aber selbst diese Exempel blieben vergeblich, die Fahnenflucht ging weiter.

Als der Bedarf an Soldaten besonders dringend wurde, wurde gerade rechtzeitig eine Generalamnestie gewährt. Im Juni 1813, als Napoleon Männer für den Feldzug in

---

[260] Dieses auf Spanisch, Italienisch, Deutsch und Französisch abgefaßte Flugblatt ist im Werk von Costa de Serda und in dem von Sauzey reproduziert, siehe Literaturhinweis. Weiterhin hatten die Engländer in Perpignan Agenten, die auf ihre Rechnung anwarben; AF IV 1834.
[261] Korrespondenz des Generals Damas, 24. September 1810; Archives de la Guerre, Bericht von Beugnot, März 1809, AF IV 1225.
[262] AF IV pl. 4580. 29.;August 1811. Der General Michaud berichtet, daß die treugebliebenen Mannschaften murrten, von Franzosen befehligt zu werden. Er begegnete auf den Marschstraßen "Einheiten von jungen Leuten des Landes, als Bauern gekleidet und von einigen preußischen Kürassieren geführt".

Deutschland suchte, war die Zahl der Verweigerer und Fahnenflüchtigen im Großherzogtum so beachtlich, daß die Einberufung von zwei Jahrgängen den Fehlbestand nicht hatte ausgleichen können: Eine zur zweckmäßigen Zeit erlassene Amnestie brachte 1.200 Mann in die Kasernen! In diesem Moment betrug die nach dem Rußlandfeldzug verringerte Sollstärke jedoch 5.000 Mann![263]

*Abb. 18: General Lemarois (cliché Bibliothèque nationale de France)*

Seit dem Jahre 1808 war eine Gendarmerie organisiert worden, deren wichtigste Aufgabe darin bestand, Deserteure festzunehmen und die Militärdienstverweigerer aufzustöbern. Die Zivilbehörden beklagten die Abwesenheit einer bewaffneten Macht, besonders in den ehemaligen preußischen Provinzen, wo sie weder auf die Zuneigung der Einwohner zählen noch Truppen hinschicken konnte, die desertieren würden, um sich den Unzu-

---

[263] Im November 1811 verkündete Napoleon bei seinem Aufenthalt in Düsseldorf die erste Amnestie. In dem Bericht, in dem er diesen Gnadenbescheid erbat, schrieb Nesselrode: "Viele dieser Individuen, die all den Verlockungen nicht haben widerstehen können, von denen sie beim Marsch durch die Länder, die ihren ehemaligen Herrschern gehört hatten, umgeben sind, bezeugen heute den Wunsch, unter Ihre Fahnen zu treten"; AF IV pl. 4740. Es gehört sich im übrigen, darauf hinzuweisen, daß die örtlichen Gerichte den Verrat der Deserteure nicht bestraften; AF IV pl. 6257.

friedenen anzuschließen[264]. Unter der Direktion eines Elsässers namens Fittremann, den Beugnot zum Legionschef hatte ernennen lassen, machte die Gendarmerie, im ewigen Krieg mit den Einwohnern, Jagd auf die Deserteure. Selbst in dieser Einheit, welche die Ausführung des Gesetzes sicherzustellen hatte, mußten zuweilen "Säuberungen" durchgeführt und Absetzungen ausgesprochen werden, um Versagen zu bestrafen. Besonders nach dem Aufstand von 1813 verlangte General Lemarois dringend die Absetzung von Offizieren, "deren Haltung völlig preußisch gewesen sei"; die einen hatten auf die Gesundheit des Königs von Preußen getrunken, die anderen hatten öffentlich bekannt gegeben, daß sie ihre Entlassung beantragen werden, weil die Russen kämen und der König von Preußen seine ehemaligen Staatsgebiete bald wieder in Besitz nehmen würde. Wieder andere waren offenkundig untauglich und konnten weder lesen noch schreiben[265]!

# V.

Die Organisation und der Oberbefehl über die Truppen des Großherzogtums wurde Offizieren übertragen, die bereits in den französischen Truppen gedient hatten und von denen viele, die aus dem Elsaß oder den linksrheinischen Departements stammten, wegen ihrer Kenntnis des Deutschen ausgewählt wurden. Zur selben Zeit, als Napoleon Murat den General Damas unterstellte, um sich seiner zu entledigen, - Damas sollte während der gesamten Besatzungszeit Chef des bergischen Truppenkontingents bleiben -, ermächtigte er Geither, Genty und einige andere Offiziere der französischen Truppen, in den Dienst seines Schwagers zu wechseln. Der erste war ein Bayer, der seit 1784 in Frankreich diente; 1806 wechselte er mit dem Rang eines Obersten in den Dienst von Murat und seit der Aufstellung des Truppenkontingentes hatte er das Kommando der Infanterie[266]. Der zweite, ein Franzose, trug zum Aufbau der Infanterie bei; er war nach dem Urteil von Beugnot ein wahrhaft ausgezeichneter Offizier, von einer seltenen Intelligenz und von großer Entschlossenheit[267]. Ein Elsässer, der General Marx, organisierte - zumindest dem

---

[264] AF IV pl. 2469, 24. Oktober 1808. Napoleon verweigerte 1809 eine Erhöhung der Sollstärke, um die Beugnot gebeten hatte; AF IV 1867, September 1809.

[265] AF IV 1870, Mai 1813.

[266] Der 1767 im Bistum Speyer geborene Geither (Michel), oft unter dem Namen Kaitter vermerkt, war zum ersten Mal im Regiment von Reinach-Suisse in den Krieg gezogen. Brigadegeneral seit 1811, befehligte er während der Hundert Tage die Festung Landau. Generalquartiermeister seit 1817, nahm er 1820 seinen Abschied und starb 1834. Mehrfach in Spanien verwundet, wurde ihm an der Beresina die rechte Hand einschließlich des Gelenks abgerissen. Er hatte Schadenersatz für seine während des Rückzugs aus Rußland verlorengegangene Ausrüstung gefordert: 14.000 Francs für Uniformstücke, Wagen, Küchenbatterie und acht Pferde! Sein Sohn war Schüler des Gymnasiums in Straßburg; 1842 verlangte er, daß der Name seines Vaters in den Arc de Triomphe eingemeißelt werden sollte; man antwortete ihm, daß dort kein Platz mehr sei; Arch. adm. de la Guerre. In den dem Archiv übergebenen Papieren Beugnots findet sich ein Brief von MacDonald (aus Lerida, 31. August 1810), in dem er Beugnot die hervorragende Führung Geithers, den Mut und die Gelassenheit des Regiments, das er befehligte, schildert; AB xix 350.

[267] Genty, geboren in Saintes, war 1791 als Freiwilliger in den Militärdienst eingetreten. 1808 Major, 1813 Oberst I. Klasse, wurde er bei Waterloo gefangengenommen. 1821 Generalquartiermeister, starb er 1828 (Arch. adm. de la Guerre).

Vernehmen nach - die Kavallerie, die 1812 und 1813 ein Landsmann von Lemarois aus der Normandie befehligte. Damit ist General Travers, Baron von Jever, gemeint, der aus holländischen in bergische Dienste gewechselt war. [268]

Schwieriger war es, subalterne Offiziere zu finden. Napoleon hatte Murat geraten, sehr streng bei seinen Nominierungen vorzugehen und vor allem Grundbesitzer des Landes heranzuziehen[269]. Bei der Neuorganisation im Jahre 1808 hatte er Beugnot eingeschärft, das Offizierskorps aus den Besten zu bilden, die es im Lande gab[270]. Der Anteil der deutschen Offiziere war also sehr groß: Man zählte zum Beispiel in der ersten Infanteriebrigade 148 Deutsche auf 39 Franzosen und 108 Deutsche gegenüber 48 Franzosen in der Lanzenreiterbrigade.

Alle schlugen sich gut, sowohl in Spanien als auch in Rußland, aber die Generäle mußten sich sehr oft über ihre Unwissenheit und ihre Disziplinlosigkeit beklagen. Beugnot hatte eine geringe Meinung von diesen Männern, die sich den Meistbietenden verkauften, und er zeichnete vom deutschen Offizier ein wenig schmeichelhaftes Bild: "Die deutschen Offiziere sind im allgemeinen recht schwach und selbst die aus der preußischen Armee hervorgegangenen sind schlecht. Der deutsche Offizier, eine Art dekorierter Vagabund, hat weder Herrscher noch Vaterland. Er gehört zu dem Fürsten, der ihn in seine Dienste nimmt, und für einige Taler mehr oder weniger wechselt er gleichgültig von einem Lager zum andern. Die im Großherzogtum Dienst leistenden Leute sind von dieser schlechten Angewohnheit noch nicht geheilt. Der preußische Offizier, ausgerichtet auf die Armee seines Fürsten, war auch nicht mehr wert. Er war eine Mischung aus Dünkel, Unwissenheit, Prahlerei, Niederträchtigkeit, Ausschweifung und Habsucht. Alle sind mehr oder weniger von diesen traurigen Prägungen betroffen, und wir hätten den Entschluß gefaßt, in den Truppen des Großherzogtums davon nichts zuzulassen, wenn Eure

---

[268] Marx (Daniel), geboren 1761 in Wissembourg (Weißenburg im Elsaß), gestorben als Generalquartiermeister 1839. Nesselrode gab ihm bei seinem Abschied 1814 ein hervorragendes Zeugnis. Roederer dagegen beklagte sich über ihn; bei seinem Aufenthalt in Düsseldorf 1811 hatte er ihn gebeten, die Kavallerie und Artillerie vorzuführen; er mußte ihm eingestehen, daß dies das erste Mal war, daß er diese Truppen sah! Arch. adm. de la Guerre und AF IV* 452, Brief an Beugnot vom 5. August 1812 und Nachlaß Beugnot AB xix, 350. - Travers, 1787 in den Militärdienst eingetreten, wechselte 1806 nach Holland und 1812 in das Großherzogtum; nach 1813 befehligte er das Schelde-Departement, als Gent in Gefahr war, von arbeitslosen Arbeitern geplündert zu werden. Er trat 1816 zurück. Seit 1807 naturalisierter Holländer wurde er von König Louis zum Baron von Jever ernannt. Im März 1813 wurde er zum Baron des Reiches ernannt. - Man könnte noch den im Ruhr-Departement geborenen Grafen Goltstein erwähnen, Sohn des Staatsratspräsidenten von Berg, 1804 Schüler in Fontainebleau, 1813 Eskadronchef, 1841 General, gestorben 1852. 1815 begleitete er Ludwig XVIII. nach Gent. Beugnot erklärt: "Goltstein weiß nichts, unternimmt nichts, wird niemals seinen Dienst kennen und verrichten"; AF IV 1870. Die Urteile über diesen Offizier waren widersprüchlich: Der Herzog von Istrien und der General Walter beurteilen ihn ausgezeichnet: "Er war der beste Oberst der Armee in Spanien." Im Gegensatz hierzu spricht Junot von ihm als einem lächerlichen Menschen ...; Nachlaß Beugnot, AB xix 352. Endlich soll auch Witzleben eine Notiz gewidmet werden, Chef einer Eskadron der bergischen Lanzenreiter, der 1813 desertierte und später Romane unter dem Namen von Tromlitz geschrieben hat.
[269] Brief von Napoleon an Murat: 4. April 180, *Correspondance. de Napoléon.* XII, 258.
[270] AF IV pl. 2381, 29. August 1808, Brief von Napoleon an Gaudin.

Majestät nicht zur Pflicht gemacht hätte, die Offiziere unter den Landesbewohnern zu rekrutieren. Aber wir haben ganz besondere Sorgfalt bei der Auswahl der Kommandeure walten lassen und uns bemüht, für die ersten Ränge nur solche zuzulassen, die diese Ehre rechtfertigten."[271]

Die Dienstverhältnisse der Subalternoffiziere sind in der Tat ein interessanter Gegenstand: Ein Unterleutnant etwa, der 1803 in einem Regiment in Münster diente, eine Pension von Preußen erhielt, als dieses Land durch den Friedensvertrag von Lunéville an Preußen abgetreten wurde. Als dann 1806 die französischen Truppen den Norden Deutschlands besetzten, kam er zu Frankreich; nach Tilsit beantragte er eine Verwendung im Dienst des Großherzogtums, machte mit seinem Truppenteil die Feldzüge mit und nahm nach 1813 wieder seinen Dienst in der preußischen Armee auf. Diese Abenteurer schämten sich nicht, ihre Landsleute zu erpressen, und sie führten sich in Deutschland wie in Rußland oder Spanien auf, plünderten oder ließen schamlos ausplündern und versuchten sogar ihre Brutalität durch Ironie zu würzen, die flott zu sein vorgab. Man machte eines Tages auf einen Leutnant aus Elberfeld aufmerksam, der, nachdem er in Preußen gedient hatte, zu den bergischen Truppen gewechselt war und es lustig fand, als in der Umgebung von Stettin seine Soldaten unter seinen Augen einen Bauernhof geplündert hatten, eine Empfangsbescheinigung zu hinterlassen: "Ich der Unterzeichnete erkenne an, auf dem Hof des Herrn Kloten für eine Nacht die Unterkunft für 20 Offiziere und 50 Mann, 18 Flaschen Wein, 20 Flaschen Branntwein, 2 fette Schweine, einen Ochsen, zehn Taler und ein Faß Branntwein für die Soldaten erhalten zu haben." Er unterschrieb: "Rochus Pumpernickel, Hauptmann" und datierte: "32. Februar 1819"[272].

Seit dem Tag, an dem Beugnot sich beklagt hatte, nur wenige ergebene und treue Leute um sich zu haben, hatte sich die Lage kaum verändert[273]. In sehr vielen Fällen wurde bei der Auswahl der Offiziere nicht zu kleinlich verfahren und den Regeln der Beförderung keine Rechnung getragen. In zwei Jahren war die Militärstärke von einem auf sieben Bataillone erhöht worden, und in zwei Jahren hatte das Kontingent 156 getötete oder verabschiedete Offiziere verloren. Von da ab war es erforderlich, aus Unteroffizieren ohne Ausbildung Offiziere zu machen und Leutnants, die kaum sechs Monate ihren Dienstgrad bekleideten, zu Hauptmännern zu befördern. Scharfe Diskussionen entstanden zwischen Nesselrode und Roederer. Der letztere fand diejenigen zu jung, zu unerfahren oder zu schlecht beurteilt, die ihm der deutsche Minister vorschlug. Aber die Fehlstellen mußten ausgeglichen und die Augen mußten vor den Zuständen verschlossen werden, die zu anderen Zeiten außerordentlich schwerwiegend erschienen wären. Für die Artillerie indessen konnte man sich trotz allem nicht mit Infanterieunteroffizieren zufrieden geben, die man auf ihren neuen Dienst zu trainieren versucht hatte: Es blieb nichts anderes übrig, als Napoleon zu bitten, einige französische Offiziere abzustellen, die als "Leihgabe" in das deutsche Kontingent überwechselten[274].

---

[271] AF IV 1225 Bulletin des Großherzogtum, aus der ersten Märzwoche 809.
[272] AF IV 1869, August 1812.
[273] AF IV 1867, Mai 1809.
[274] Roederer war über die Offiziere des Großherzogtums eingehend unterrichtet; er hatte sein "Wörterbuch" und kannte oft die Einzelheiten, die Nesselrode und Beugnot ignorierten; AF IV* 453. Für die Offiziere der Artillerie siehe AF IV pl. 4535.

In Deutschland eingetreten oder aus Frankreich kommend, gaben die Subalternoffiziere zu oft, vor allem in Spanien, ein Beispiel für Disziplinlosigkeit: Sie waren unruhige, unbotmäßige, aufsässige Köpfe und Plünderer; sie lebten in der niedrigsten Völlerei, waren ständig betrunken und wurden in den Kneipen gewalttätig, teilten aus oder empfingen dort Faustschläge, mißbrauchten ihre Macht oder Autorität, um Geld aus den örtlichen Verwaltungen zu pressen. Chavin, ein Tapferer, der Murat in einer Schlacht gerettet hatte, wurde wegen Zuchtlosigkeit aus der Führungsliste gestrichen; andere wurden entlassen oder nach Deutschland zurückgeschickt. Roederer war unerbittlich, weil er um die Folgen dieser Disziplinlosigkeit wußte: "Besser über die spanischen Angelegenheiten unterrichtet, habe ich die Überzeugung gewonnen, daß die Schikanen und Plünderungen in diesem Land uns mehr Feinde gemacht haben als die nationale Abneigung und daß deshalb die tadellose Haltung der Offiziere in diesem Feldzug ebenso nützlich ist wie ihre Tapferkeit für den Ruhm und die Erfolge der Waffen Eurer Majestät."[275] Auch wenn sie sich oft schlecht aufführten, sie schlugen sich immer gut. Die Einheiten der bergischen Regimenter wurden zwei- oder dreimal aufgefüllt, so groß waren die Verluste in Spanien, in Rußland und in Deutschland 1813.

Murat hatte in seinen Dienst nicht nur Offiziere aus der regulären französischen Armee genommen; er hatte zuweilen auch jungen Leuten Rangstellungen gegeben, die gekommen waren, um ihren Dienst anzubieten und ihn zu bitten, "ihnen eine Beschäftigung entsprechend ihrer Jugend und ihren militärischen Neigungen zu geben", sobald sie erfuhren, daß in dem neuen Staat eine Armee im Aufbau war. Unter diesen Abenteurern gab es einen, dessen Karriere eigenartig war. Der ehemalige Anführer der Chouans, de Saint-Aubin, war in Rouen in den Jahren IX und X unter Polizeiaufsicht gestellt worden. Beugnot, damals Präfekt der Seine-Inférieur, hatte ihn dort kennengelernt. Als "der Aufstand und seine Bestrafung vergessen waren", versuchte er, seine Fähigkeiten als Bandenführer nutzbringend zu verwerten. Der Prinz Joachim nahm ihn bei seinen leichten Reitern auf. Das Regiment lag in Münster in der Garnison. De Saint-Aubin machte dort die Bekanntschaft einer gewichtigen und großgewachsenen Westfälin, "hinreichend vermögend, angenehme Erscheinung", und da auf beiden Seiten die gleiche Bereitwilligkeit bestand, war bald die Rede von einer Heirat. Die Familie des Fräuleins stellte sich dagegen. Der Widerstand wurde bald allgemein, als herauskam, daß de Saint-Aubin in Frankreich bereits verheiratet war und dort eine Frau und recht gesunde Kinder zurückgelassen hatte. Es trifft zu, daß die Ehescheidung als legale Möglichkeit angekündigt worden war, "aber die Gesetze des Landes erlaubten die Scheidung noch nicht und wiesen selbst den Gedanken daran zurück". Er entführte das Fräulein und heiratete sie in Frankreich entsprechend den französischen Gesetzen. Er war dabei, nach Münster zurückzukehren, als er erfuhr, daß die Familie seiner Frau ihn wegen Menschenraub und Bigamie verfolge, und daß man unbedingt gewillt war, ihn festnehmen zu lassen, wenn er sich im Lande zeigen sollte. General Marx, der damals in Münster kommandierte, riet ihm, aus dem

---

[275] Roederer griff übrigens nur durch, nachdem er sich durch Nachforschungen vergewissert hatte, daß von seiten der deutschen Truppenführer keine Abneigung gegenüber verdächtigten Offizieren bestand. Er schrieb: "Die Disziplinlosigkeit der französischen Offiziere wird das Ergebnis des schlechtgeordneten französischen Geistes sein, die der deutschen Autorität mißtraut; die Franzosen gehorchen heute nur Franzosen"; AF IV pl. 4843 und AF IV 1868, Januar-Dezember 1811.

Dienst auszuscheiden, was er ohne zu zögern tat. Begeistert für den Soldatenstand ging de Saint-Aubin nach Westfalen, wo die napoleonische Gesetzgebung gerade eingeführt worden war, und fand dort Verwendung. Die Ungnade eines Ministers, der ihn protegierte, und der wachsende Einfluß des deutschen Elementes in Kassel entmutigten ihn, und er reichte zum zweiten Mal seinen Abschied ein. Unterdessen war im Großherzogtum der Code Napoléon eingeführt worden; de Saint-Aubin konnte hoffen, dorthin zurückzukehren, ohne die Zornesausbrüche der Familie seiner Frau zu riskieren. Er bat erneut um einen Rang in der bergischen Armee. Beugnot unterstützte den Antrag des ehemaligen Anführers der Chouans eifrig, eines guten Offiziers wie alle seinesgleichen. Napoleon jedoch verweigerte seine Aufnahme in das Kontingent und strich seinen Namen aus den Listen, auf denen er vorgeschlagen war[276].

## VI.

Es wäre zu weitschweifig und wenig nützlich, diese so schwer zu rekrutierenden Truppen, die Offiziere, die weder Herkunft noch Lebensgewohnheiten, nicht einmal eine gemeinsame Sprache näher brachte, sondern nur die einzige Neigung zu Abenteuern und die Kriegsleidenschaft, in all ihren Feldzügen zu verfolgen. Das hieße, wegen einer kleinen Armee-Einheit die Militärgeschichte von 1806 bis 1813 noch einmal abzuhandeln. Es ist jedoch nicht ohne Interesse darzulegen, mit welcher Bravour sich diese Hilfstruppen schlugen und welche Opfer Napoleon von diesen Deutschen des Rheinbundes verlangte, dessen anspruchsvoller "Protektor" er war.

In Deutschland wurden die Bergischen bei den Belagerungen von Graudenz und Stralsund eingesetzt. Sie trugen dazu bei, den durch Braunschweig-Oels entfachten Aufstand zu ersticken. Besonders in Spanien und in Rußland lieferten sie Beweise ihrer Zuverlässigkeit und verdienten sich die Bewunderung der französischen Generäle, die sie am Werk sahen. Zeugen ihrer Ausdauer und "Gelassenheit" fehlten nicht: MacDonald, Verrier, de la Ferrière, Roguet ebenso wie Nesselrode und Roederer hörten nicht auf, ihre hervorragende Führung zu loben. Die von Mouff und später von Geither geführte Infanterie erstürmte mit dem Bajonett die wichtige Stellung von Nôtre Dame des Anges; sie erwarb sich große Verdienste bei der schwierigen Belagerung von Girone und beim Sturmangriff auf den Mont-Jouich sowie auf Graudenz.

Im März 1811 waren die drei Regimenter aus Berg auf ein Drittel ihrer Sollstärke zusammengeschmolzen und hatten noch keinerlei Auszeichnung erhalten: Man mußte bei Napoleon darauf dringen, daß er solche verlieh. Es mußte ihm begreiflich gemacht werden, daß die Truppen nicht ohne irgendein Zeichen der Zufriedenheit des Kaisers nach Düsseldorf zurückkehren konnten. Das unmittelbare Interesse verlangte, Belohnungen zu verteilen: Ansonsten wäre die Truppenaushebung und die Konskription gefährdet; es wurde jedes Jahr notwendiger, den Diensteifer der Konskribierten durch Ordensbänder und Verdienstkreuze anzufeuern[277].

---

[276] Ich habe den ausführlichen Brief vom 17. Juni 1811 analysiert, mit dem Beugnot den ehemaligen Chouan Roederer empfahl, 17. Juni 1811, AF IV, 1868.
[277] AF IV 1858, 1869, AF IV pl. 5666, 5695.

Die Kavallerie erstaunte die Generäle durch ihre stürmischen Angriffe, welche die Truppen "entzückten". Der Tapferkeit der leichten bergischen Lanzenreiter in Spanien war "mehr als eine außergewöhnliche Unternehmung" zu verdanken. Die bergischen Reiter schonten sich nicht: Im August 1812 blieben dem Lanzenreiterregiment nur 108 Männer verwendungsfähig! "Belohnungen" erwarteten die Versehrten und Krüppel bei ihrer Rückkehr in das Großherzogtum. Anläßlich der Hochzeit Napoleons 1810 schlug Nesselrode Roederer ernsthaft vor, 40 junge Töchter des Landes mit Aussteuer zu versehen, die Militärangehörige im Ruhestand oder mit Anrecht auf Ruhestand heiraten sollten: Viele verstümmelte oder verkrüppelte Soldaten kehrten aus Spanien zurück, so werde man ihr Glück bereiten. 600 Francs sollten ihnen als Heiratsgut gegeben werden, sogar 1.200 Francs die jungen Mädchen erhalten, die Soldaten heiraten wollten, die einen Arm oder ein Bein bei der Armee verloren hatten[278]!

In Spanien litten alle Truppen schwer; sowohl die französischen als auch die des Rheinbundes. Neben der Geschichte der "Waffentaten" und Siege muß auch die der Seuchen und der Hungersnot geschrieben werden, welche die schlechternährten, mangelhaft bekleideten und gering besoldeten Soldaten dahinrafften. Damas scheute sich nicht, in seinen Briefen die Sorglosigkeit und Unwissenheit der Artillerie und des Pionierwesens anzuprangern, welche die bergische Infanterie zum Sturmangriff auf Girone drängten, bevor die Bresche passierbar war. Er beklagte sich über die Generäle, die den Truppen nur "Lobreden und Komplimente" spendeten und die die materielle Hilfe vernachlässigten. Der Sold blieb unbezahlt, Proviantkolonnen wurden abgefangen, und mehr noch als die Franzosen litten die Deutschen als starke Esser an Hunger. Mit dem Hunger kam die Krankheit, mit der Krankheit die Krätze: 1810 standen von 3.300 Mann Infanterie nur noch 800-900 unter Waffen, und von dieser Zahl waren 500 von einer hartnäckigen Krätze befallen. Seit einem Jahr standen diese Männer im Feld und hatten nicht einen Tag Ruhe erhalten. Wiederholt mußte Geld aus den Kassen genommen und mußten Anleihen getätigt werden, um den Truppen wenigstens den halben Sold auszuzahlen und so den Soldaten zu ermöglichen, sich das Lebensnotwendige zu beschaffen. Wenn wenigstens verdiente Beförderungen gekommen wären, um die Entmutigung zu verhindern, die Damas befürchtete! Selbst auf diese Beförderungen mußte man lange warten "und sich mit den glücklichen Kriegsergebnissen für Frankreich und Europa trösten"[279].

---

[278] Die Ruhestandspensionen betrugen 120, 180 und 200 Francs, und man gewährte sie besonders den von Schwindsucht, Blindheit oder Verlust eines Beines betroffenen Invaliden; AF IV 1867.

[279] AF IV 1867-1868. Die Geschichte der Kavallerie von Berg ist von dem Zeitgenossen von Ardenne, Oberleutnant im Regiment der Westfälischen Husaren Nr. 11 (Nachfolger der Lanzenreiter von Berg), geschrieben worden. Es gibt in diesem Buch Irrtümer: Das Großherzogtum wurde nicht 1807 errichtet; der General Marx (und nicht Marr) war damit beauftragt, die bergische Kavallerie aufzustellen; es gibt auch zuviel verallgemeinernde Urteile: Murat war mehr und besser als nur ein "grotesker Reiterführer". Man findet in diesem Buch die ganze Geschichte der Verwendung der Kavallerie aus Berg in Spanien, in Rußland, bei Napoleonville. Der Verfasser berichtet darin die Affäre Charin-La Nougarède. Für die Geschichte der Kriege in Spanien müßten die Berichte der Offiziere ausgewertet werden, die von Ardenne zitiert hat. Hier und da gibt es kuriose Bemerkungen: Der Verfasser fragt sich, wieso Napoleon so viel herrliche Kavalleriesiege erringen konnte, wenn man um die Schwierigkeiten weiß, die er hatte, Pferde aufzutreiben, und daß er 1805 z.B. nichtberittene Kavallerieregimenter schickte, denen man durch Requisition genommene Pferde aus

In Rußland fehlten dem Kontingent schließlich auch "die glücklichen Erfolge", die zur Geduld der Armee in Spanien beitragen mußten, um sich über den Verlust an Menschen und die Opfer jeglicher Art zu trösten: Das bergische Kontingent, dessen Sollstärke im Januar 1813 9.600 Mann betrug, zählte in Wirklichkeit kaum 2.500; es ergab sich ein Fehlbestand von 7.000 Mann[280]!

*Abb. 19: Bergische Soldaten auf dem Marsch nach Rußland (1812)*

Ende 1812 wurde in Düsseldorf bekannt, daß viele Soldaten des Landes in Rußland gestorben seien. In Elberfeld hatte die Bevölkerung sehr schnell von den Kaufleuten die schweren Niederlagen erfahren. Das Gerücht war umgelaufen, daß die kleine Armee viel gelitten hatte, daß die Ausrüstung verlorengegangen sei, daß Geither und Hofmeyer ver-krüppelt zurückkehrten: Sofort hatte Nesselrode die Veröffentlichung des Bulletins vom

---

dem Land gab. Von Ardenne vermittelte ebenfalls Einzelheiten über das Erwachen des deutschen Nationalgefühls im Jahre 1813. Anfang 1813 begannen Beamten, die sich vorher in einem schlechten Französisch schrieben, Deutsch zu sprechen und sich auf deutsch zu schreiben. In dem Werk von Costa de Serda mit dem Titel *Les troupes sociales sous le premier Empire, operations des troupes allemandes en Espagne de 1808 à 1813*, Paris 1874, finden sich ebenfalls Einzelheiten über das bergische Kontingent in Spanien. Costa de Serda stellt fest, daß im gesamten Kontingent des Rheinbundes in Spanien die Soldaten desertierten, weil sie Hunger hatten. Er nennt Zahlen: Von 1.012 Soldaten des Ersten Regimentes gab es 382 Kranke, von 1.024 des Zweiten Regimentes gab es davon 315.
[280] AF IV pl. 5811.

3. Dezember, des berühmten 29. Bulletins, in den Zeitungen aussetzen lassen. Die aus Rußland stammenden schlechten Nachrichten waren im Lande hinreichend bekannt; es war unnütz, sie noch offiziell in den "Kneipen" zu verbreiten, als die Konskription des Jahres 1813 ausgehoben werden sollte[281]!

Zwei Monate später, im Februar, kamen die von Major Hofmeyer übersandten "Listen" an; nun war genau bekannt, was der Feldzug und der Rückzug des Kontingents gekostet hatten. Das Zweite Infanterieregiment und ein Bataillon des Dritten Regimentes war mit 70 Offizieren ausgerückt, 25 waren noch übriggeblieben; sieben sind beim Übergang über die Beresina getötet worden, 38 sind in Gefangenschaft geraten oder wurden als vermißt gemeldet. Der Major, der seinen rechten Arm durch eine Kanonenkugel verloren hatte, notierte mit der linken Hand, in großer und ungelenker Schrift, die Namen seiner Offiziere: Den einen waren beide Beine erfroren, andere waren krank in Wilna zurückgeblieben, wieder andere waren "zum letzten Mal bei Wilna gesehen worden und wurden als gefallen betrachtet ...". Am Rande gab er Alter und Dienstjahre dieser Offiziere an: Der Major war 35 Jahre alt und hatte 25 Dienstjahre; ein Bataillonschef war 34 Jahre alt mit 22 Dienstjahren; ein Hauptmann war 35 Jahre alt mit 13 Dienstjahren, ein anderer 25 Jahre alt mit 11 Dienstjahren; und ebenso andere. Es waren Kinder, die sich mit 14, 15 oder 16 Jahren in den Revolutionsarmeen oder in den deutschen Truppen verpflichtet hatten! Von den einfachen Soldaten war keine Rede: Eine globale Zahl genügte.

Die Kavallerie hatte ebenso gelitten: Im März 1813 waren 56 Offiziere ernannt worden, um die durch die Feldzüge entstandenen Lücken aufzufüllen. Den im Februar waren einschließlich des Generals Travers nur 26 Offiziere übriggeblieben; 28 Unterleutnants wurden benötigt, und es blieb nicht ein einziger übrig; 20 Leutnants waren erforderlich, aber auf den Bestandslisten blieben nicht mehr als 3! Man mußte auf Gendarmen zurückgreifen und sie zu Offizieren der Lanzenreiter ernennen[282]. Unter dem Kommando des Generals Travers kämpften die bergischen Lanzenreiter in Deutschland tapfer. Während der Oktobertage fielen zahlreiche von ihnen oder wurden vermißt. Im November waren die Mannschaftsbestände derart zusammengeschmolzen, daß man entschied, die Pferde der Kavallerie an die kaiserliche Garde abzugeben und die Soldaten der Infanterie zu unterstellen[283]. Was von der bergischen Infanterie noch übrig blieb, wurde nach Cherbourg überführt: In dieser Festung waren die Deutschen nach dem Urteil von La Tour-Maubourg so diszipliniert, daß sie Wut und Eifersucht erregten. Ihr Oberst Genty mußte

---

[281] Brief von Nesselrode an Roederer, 3. Januar 1813, Papiere Roederer.

[282] AF IV 1870. Roederer schrieb am 10. Januar 1813 an Beugnot: "Ich muß der Notwendigkeit nachgeben, Ihnen im Vertrauen meine Unruhe über die Lanzenreiter des Großherzogtums auszudrücken. Man glaubt, sie seien Gefangene (am Rand mit Bleistift: Lanzenreiter von Dombrowski), aber einige Leute scheinen zu vermuten, sie seien freiwillige Gefangene. Ich gestehe, daß das Stillschweigen des Generals Damas zu ihrer Sache mich sehr überrascht. Indessen kann ich nicht glauben, daß die preußische Ansteckung ein Korps des Großherzogtums hat befallen können. Sagen Sie mir, was Sie wissen und was Sie denken mit demselben Vertrauen, mit dem ich Sie an meiner Besorgnis teilnehmen lasse." Nachlaß Beugnot, AB XIX, 352.

[283] AF IV pl. 6644, AF IV 1870. Der General Travers beklagte sich über die Unordnung der Rechnungsführung: Abzüge wurden gemacht, um eine Musikkapelle zu bezahlen, die niemals existiert hatte. Mannschaften hatten seit fünf oder sechs Jahren keinen Sold erhalten.

sie verteidigen und an die glänzenden Feldzüge von 1806 bis 1808 in Deutschland, von 1809-1811 in Spanien, an zwei in der Gironde und Les Landes zur Verfolgung von Fahnenflüchtigen verbrachte Jahre, schließlich an den Feldzug in Rußland und an den fatalen Rückzug erinnern!

## VII.

Ende 1813 und Anfang 1814 wurden die Reiter und Infanteristen entwaffnet und wie Kriegsgefangene nach Bourges gebracht. Man befürchtete Aufstandsbewegungen von seiten der Offiziere, die sich nicht entschließen konnten, den Dienst zu quittieren: Es gab "viele vergossene Tränen", und mehrere baten, bei den Truppen Frankreichs zu dienen. Den Deutschen vom linken Rheinufer wurde es erlaubt, Dienst in den französischen Rängen zu nehmen; denen des rechten Ufers verweigerte man diese Vergünstigung, die sie "kompromittiert hätte, sie selbst, ihr Hab und Gut und ihre Familie". Übrigens hatten einige bereits für ihren Wechsel in die preußische Armee gesorgt - wie jener Hauptmann, dem das Ehrenkreuz gesandt wurde und der es nicht mehr erhielt, weil er schon in den Rängen der Invasionsarmee war[284].

## VIII.

1809 fragte sich der über die Schwierigkeiten der Rekrutierung stöhnende Beugnot, wieviel Zeit benötigt würde, "um ein Vaterland für aus zehn oder zwölf verschiedenen Herrschaftsgebieten zusammengewürfelte Menschen zu schaffen, über die keine Revolution hinweggegangen war wie auf der anderen Rheinseite". Es bedurfte hierzu nicht vieler Jahre: In derselben Truppe, die Bauern aus der Ebene des Münsterlandes, die Holzfäller des Westerwaldes, die Kaufleute von den Ufern des Rheins und die Arbeiter von der Ruhr oder Wupper vereinte und sie gemeinsame Leiden in fernen Ländern erdulden ließ, wo sie die lokalen Antipathien vergaßen, wo man sich näher kam, ohne an die "verschiedenen Herrschaftsbereiche" mehr zu denken, wo man sich als "Deutsche" wiederfand ge-

---

[284] AF IV 1861 und Arch. adm. de la guerre. - Das Buch von Fieffé *Histoire des troupes étrangères au service de la France* enthält über das Kontingent von Berg ebensoviele Fehler wie Worte. - Am 29. November 1838 fanden sich einige Überlebende des bergischen Aufgebotes bei einem von ihnen, dem Gastwirt Zilgen, einem ehemaligen Zahlmeister der Artillerie, zusammen und beschlossen, ihre Erinnerungen zu veröffentlichen. So erschien 1840 in Düsseldorf eine kleine Broschüre mit dem Titel *Feldzüge der bergischen Truppen in Spanien und Rußland*, worin P. Zimmermann, ehemaliger Leutnant im Ersten Bergischen Infanterieregiment und dann Oberleutnant in der 15. Invalidenkompanie von Preußen, anhand seines Tagebuches, das geführt zu haben er angab, die Geschichte des bergischen Kontingents in Spanien und Rußland schildert. Besonders eigenartig ist der Schlußteil dieses kleinen Buches, wo Zimmermann berichtet, daß die bergischen Offiziere bei der Rückkehr in ihr Heimatland unfreundlich empfangen worden seien. Viele Beamte, die zur Zeit der französischen Herrschaft die Lobeshymnen über Frankreich gesungen hätten, sahen sie ein wenig als Verräter an, und sie mußten lange den halben Sold reklamieren, der ihnen schließlich bewilligt worden ist. Die meisten hatten übrigens wieder Dienst in den preußischen Truppen aufgenommen.

genüber Spaniern oder Russen an der Seite der Franzosen. Das war eine andere Weise "eine Revolution durchzumachen"; diesen Menschen, die bis dahin nur ihr kleines, lokales Vaterland gekannt hatten, ein größeres Vaterland zu schaffen und zu offenbaren. Dies war das "furchtbare, aber sehr wirksame Erziehungsmittel", das der kaiserliche Kommissar erstrebte. Wenn diese Erziehung durch Frankreich geschah, so geschah sie gleichzeitig und verhängnisvollerweise auch gegen Frankreich.

*Abb. 20: Napoleon, Eisenfeingußmedaille*

# Kapitel VI

## Die Abschaffung der Leibeigenschaft und des Lehnswesens

## I.

Um die revolutionären Taten Frankreichs in Deutschland zu vervollständigen, genügte es nicht, bis dahin getrennte Länder einander näher zu bringen und nach dem Niederreißen alter Schranken den vereinigten Gebietsteilen eine gemeinsame Verwaltung mit einheitlichem Personal zu geben. Innerhalb dieser modernisierten Staaten mußten die alte Ungleichheit der Menschen abgeschafft und - zumindest theoretisch - das Standesdenken mehr oder weniger zum Verschwinden gebracht werden, das in Frankreich grundsätzlich beseitigt worden war. Der rein politischen Aktion mußte daher eine "soziale" Aktion folgen; nach der Einheit mußte in Deutschland die Gleichheit heimisch gemacht werden.

Die notwendige Beseitigung der sozialen Ungleichheiten erschien im Großherzogtum Berg besonders dringlich, als es im Januar 1808 um weiträumige ländliche Gebiete in Westfalen erweitert wurde, in denen noch die Leibeigenschaft bestand, wenn auch in einer sehr abgeschwächten Form[285]. Im April dieses Jahres hatte Agar den Staatsrat beauftragt, ein Gesetz vorzubereiten, das die Leibeigenschaft aufhob. Aber diese Arbeit war - wie alle anderen, mit denen eine neue Ordnung geschaffen werden sollte - nach dem Weggang Murats eingestellt worden[286].

---

[285] Siehe Kapitel I: Die territoriale Entstehung des Großherzogtums.
[286] Archiv Düsseldorf, Staatsratsakten. Entwurf der Motive in: "Projekt des Gesetzes die Unterdrückung der Leibeigenschaft betreffend"; Sitzung des Staatsrates vom 19. April 1808.

Als die Reorganisation des Truppenkontingents gesichert und die Verwaltungsorganisation vorbereitet war, nahm Beugnot diese Arbeiten wieder auf und ließ sie zum Abschluß bringen: Er sah voraus, daß der Augenblick nicht auf sich warten ließ, in dem Napoleon den Code Civil im Großherzogtum einführen würde, und er beschäftigte sich vornehmlich damit, diejenigen Reformen zu verwirklichen, ohne die es vollkommen sinnlos war, feierlich zu proklamieren, daß die Untertanen des Kaisers sich überall in gleichem Maße sämtlicher bürgerlicher Rechte erfreuen sollten. Bevor den Einwohnern des Großherzogtums ein gemeinsames Gesetz und gleiche Rechte zugestanden wurden, mußten die veralteten, erblichen Dienstpflichten und die ungerechtfertigten Grundzinsen aufgehoben, die Leibeigenschaft und das Lehnswesen beseitigt werden. Zunächst wurde die Leibeigenschaft in Angriff genommen.

In der Grafschaft Mark und vor allem in den Fürstentümern Münster, Lingen, Tecklenburg, Bentheim und Steinfurt war die persönliche Abhängigkeit an die Scholle gebunden, das so genannte "Colonat". Seit mehreren Jahrhunderten gaben die Grundherren ihren "Colonen" zur immerwährenden Nutzung Land, das sie urbar machen und bebauen mußten. Der Grundherr blieb Eigentümer des Bodens, an dem der Colone nur das erbliche Nutzungsrecht besaß. Dafür mußte der Colone dem Grundherrn Abgaben in zweierlei Form leisten: die einen fest und jährlich, die anderen "unbestimmt" und veränderlich. Zur ersten Kategorie der "bestimmten" Rechte gehörten alle pachtähnlichen Beträge, welche die Colonen ihrem Grundherrn zu zahlen hatten. In der zweiten Kategorie der "unbestimmten" Rechte figurierten Leistungen, die sozusagen die persönliche Abhängigkeit begründeten.

Hierzu zählt an erster Stelle der *Gesindedienstzwang*: Die von leibeigenen Eltern abstammenden Kinder beiderlei Geschlechts waren ab einem gewissen Alter verpflichtet, für ein halbes Jahr im Hause des Grundherrn zu dienen, der übrigens seinerseits während dieser Zeit für ihren Unterhalt und ihre Nahrung zu sorgen hatte. In sehr vielen Fällen konnte sich der Colone von diesem Dienst freikaufen, indem er dem Grundherrn einen gewissen Geldbetrag zahlte. Die Kinder der Colonen blieben solange Leibeigene, wie sie nicht vom Grundherrn freigelassen wurden: In freier Übereinkunft, entsprechend der Zahl seiner Kinder und dem Umfang seines Colonats, konnte der Colone Freilassungsbriefe kaufen: Er bezahlte so das Recht der *Freilassung* bzw. des *Freikaufs*. Wenn der Colone verstarb, konnten seine natürlichen Erben nur dann die Nutznießung der Colonatserträge antreten, wenn sie vom Grundherrn anerkannt und angenommen wurden; in freier Übereinkunft erörterten sie den Kauf des neuen Anrechtes und der Colone kaufte das Recht des *Erbgewinns*[289]. Wenn ein Ehepartner verstarb, fiel die Hälfte des Erbes an den Grundherrn, die andere Hälfte verblieb dem Überlebenden und seinen Kindern. Beim Tod der Witwe oder des Witwers erfolgte eine erneute Halbierung zwischen dem Grundherrn und den Kindern des Colonen. Sollte der Colone kinderlos sterben, fiel das ganze

---

[289] In der zeitgenössischen Begrifflichkeit hieß dies auch: "Erbgewinn-, Auffahrts- oder Weinkaufsgelder bey Auflassung eines neuen Colonen zum Erbnießbrauch".

Gut unter Ausschluß der Seitenerben an den Grundherrn: Dies war der für die Landwirtschaft so schädliche sogenannte *Sterbfall* bzw. *Heimfall*[290].

So stellte sich - vereinfachend und in ihren Grundzügen dargestellt - die Hörigkeit in Westfalen dar: In der Praxis ergaben sich jedoch Linderungen und die Lage der Bauern war nicht so, wie sie Voltaire 1750 beschrieben hatte[291]. Tatsächlich erlaubten die Grundherren ihren Colonen, "ihren Söhnen eine Schulbildung zu ermöglichen" und sie einen Beruf erlernen zu lassen, für den im Rahmen des Colonats keine Verwendung vorhanden war; sie zogen es vor, aus ihnen Kaufleute, Prokuratoren, Advokate, Ärzte und Militärs zu machen. Häufig verzichtete der Grundherr auf den Gesindedienst, und anstelle wirklicher Dienstleistungen trat die Bezahlung eines Geldbetrags. Sehr oft erhöhte oder verringerte er die im Belehnungsvertrag festgelegten jährlichen Abgaben und übte das Heimfallrecht nicht mit zu großer Härte aus[292].

## II.

Nachdem die Juristen des Staatsrates angewiesen worden waren, die Abschaffung der Leibeigenschaft vorzubereiten, war es ihr vornehmlichstes Anliegen, diese Abschaffung mit den Rechten der Grundbesitzer in Einklang zu bringen. Überzeugt von der Großartigkeit der Wohltat, welche die Durchführung dieser Maßnahmen für die große Masse der Bauern bedeutete, waren andererseits deren Folgen für die Grundherren, ihr Vermögen und ihr Ansehen nicht zu übersehen, jedenfalls wenn sie ohne jegliche Behutsamkeit durchgeführt würde[293]. Deshalb verfolgten sie die nachstehenden Grundsätze: 1. Abschaffung der Leibeigenschaft, d.h. aller Verpflichtungen der Colonen gegenüber dem Grundherrn, außer denen, die der Code Napoléon zwischen solchen Personen erlaubt, welche uneingeschränkt die bürgerlichen Rechte genießen; 2. Sicherung des Eigentums am Colonat für den Nutzungsberechtigten in der Weise, daß die bis dahin von den Leib-

---

[290] Sterbfall; Erbfolge (droit mortuaire); Heimfall oder Erlöschung des Erbnießbrauches; Beugnot stellte fest, daß die diesem Gesetz unterworfenen Landesteile gegenüber anderen "in der Kultur, im Handel und in den Künsten der Zivilisation" sehr rückständig waren.

[291] Während seiner Reise nach Berlin im Jahre 1750 schrieb er an Madame Denis: "Ich habe die ausgedehnten, traurigen, unfruchtbaren und abscheulichen Landesstriche Westfalens durchquert. In den großen Hütten, die man Häuser nennt, sieht man Tiere, die man Menschen nennt, die im herzlichsten Durcheinander der Welt mit anderen Haustieren zusammenleben. Ein gewisser harter, schwarzer und klebriger Stein, bestehend, nach dem was man sagt, aus einer Art Roggen, ist die Nahrung der Bewohner des Hauses. Wenn man danach mit unseren Bauern kein Mitleid hat, kann man überhaupt niemanden bemitleiden ..." (Oeuvres, hg. v. Dupont, 1825. XII; vgl. die Verse, die er Westfalen im Dezember 1740 gewidmet hat "Vier Meilen von Wesel, ich weiß nicht wo ..." "O abscheuliches Westfalen ...").

[292] Der Abbé Baston, der acht Jahre in Westfalen, teils in Coesfeld, teils in Münster, verbracht hatte, hat eine merkwürdige Abhandlung über die Leibeigenschaft am Ende des 18. und Beginn des 19. Jahrhunderts in diesem Teil Deutschlands hinterlassen. Er schildert diese Ordnung als sehr gemäßigt und milde, ohne zu verkennen, daß sie für die Landwirtschaft abträglich war. Die Denkschrift befindet sich am Ende von Band III der *Mémoires de l'Abbé Baston*, hg. v. J. Loth und Ch. Vergé für die Societé d'histoire contemporaine, 1899, Bd. 8.

[293] Vgl. Anm. 286.

146

eigenen besessenen Güter, was die Vererbung und alle zivilen Transaktionen von Grundbesitz betrifft, durch die Bestimmungen des gleichen Codes geregelt werden können; 3. vollständige Entschädigung des Grundherrn für alle Nutzungsrechte und Einkünfte, deren Verzicht von ihm erwartet wurde.

Beugnot stimmte dieser Sichtweise zu. Auch er war der Ansicht, daß man zu angemessenen Bedingungen das Eigentum des angestammten Nutzungsberechtigten sichern müsse. Es mußten daher der Gesindedienstzwang, das Freikaufsrecht, das Rückfallrecht und das Heimfallrecht abgeschafft werden. Aber war es ratsam, sie ohne Entschädigung abzuschaffen? Für die beiden ersteren konnte es keinen Zweifel geben; sie stellten in hohem Maße Knechtschaft und Sklaverei dar und konnten daher nicht weiter bestehen bleiben. Die beiden anderen und die Frondienste dagegen, setzte Beugnot den Bodenrenten gleich und erklärte, daß sie im wesentlichen nicht vom Colonat herrührten. Er verlangte, sie mittels einer Erhöhung der fixen jährlichen Grundzinsen abzulösen[294].

Am 12. Dezember 1808 erklärte Napoleon durch ein in Madrid unterzeichnetes Dekret jede Art von Leibeigenschaft ebenso wie alle von ihr abgeleiteten Rechte und Verpflichtungen für abgeschafft. Die ehemaligen Leibeigenen und Colonen sollten sich in gleicher Art und Weise wie die anderen Untertanen der vollen bürgerlichen Rechte erfreuen: Das Colonat und die darauf gegründete Beziehung zwischen dem Grundherrn und dem Colonen waren aufgehoben; die Colonen sollten in den vollen und ganzen Besitz des Colonats und seiner Zugehörigkeiten gelangen; ebenso war der Besitz des erblich erhaltenen Gutes für den Einzelnen gesichert. Soweit zu den Prinzipien.

Die Anwendung des Dekrets war sorgfältig geregelt: Ohne Entschädigung waren der Gesindedienstzwang, das Recht der Freilassung, das Heimfallrecht, das nicht auf ein Colonat gegründet war, die Frondienste, Hand- und Spanndienste und andere persönliche Dienstleistungen abgeschafft und so - im Gegensatz zu Beugnots Ansicht - als von der Leibeigenschaft abhängig bewertet. Dagegen wurden die aus dem Colonat herrührenden und wie Pachtzinsen angesehenen Rechte gegen Entschädigung aufgehoben: Die Bauern sollten sich also vom Heimfallrecht (Mortuarium), vom Eintrittsrecht und vom Rückfallrecht freikaufen. Sie sollten weiterhin ebenfalls alle durch Verträge festgesetzten fixen Abgaben wie früher in Geld oder in Naturalien leisten. Die Entschädigungen für aufgehobene Rechte sollten in aller Güte in einer Frist von drei Monaten geregelt werden[295]. Mit diesem Dekret wurde, wie es Beugnot gewollt hatte, "das Eigentum bis an die Grenze des Skrupels respektiert". Dieses Gesetz war "das günstigste, das die Grundherren erhalten hatten, seit sich das neue öffentliche Recht Europas etablierte". Wenn es auch "den Stolz einiger Privilegierter verletzte, verletzte es nicht im Geringsten ihre Interessen, denn die nutzbringenden Rechte der Grundherren waren bewahrt worden"[296].

---

[294] Bericht Beugnots an den Kaiser über die Abschaffung der Leibeigenschaft vom 16. November 1808; AF IV* 460. In seinen *Mémoires* stellt sogar Beugnot die Leibeigenschaft als ein verhältnismäßig mildes Regime dar; er kündigt dort (Bd. I, S. 364), seine "Arbeiten über den Ursprung des Colonats" an; dabei handelt es sich ohne Zweifel um die in AF IV* 460 aufbewahrten Berichte.

[295] AF IV pl. 2524, Dekret vom 12. Dezember 1808. Am selben Tag wurde die Leibeigenschaft in anderen Regionen aufgehoben, so in Erfurt, Bayreuth und Fulda.

[296] Bericht von Beugnot: AF VI* 460.

Die Reform war zaghaft: Nur die beiden Rechte, welche die Leibeigenschaft am deutlichsten zum Ausdruck brachten, wurden ohne Entschädigung aufgehoben. Alle anderen Merkmale der Lehnsherrschaft ebenso wie der Leibeigenschaft waren zu ablösbaren Rechten erklärt worden. Die Juristen des bergischen Staatsrates hatten ehemals die von Möser und Fichte formulierte Kritik gelesen. Wie der erstere wagten sie kaum, die Leibeigenschaft als solche zu kritisieren und entwarfen nur ihre Umwandlung in Halbpacht. Wie der zweite trugen sie "die Sorge um die Behutsamkeit des Übergangs, die das deutsche Denken selbst bei radikalen Revolutionären stets bestimmt"[297]. Um ihre Wünsche nach einer gemäßigten und vorsichtigen Reform vorzutragen und weiterzugeben, hatten sie in Beugnot einen vorsichtigen und gemäßigten Fürsprecher gefunden. Der Bewunderer der Gesetze der Constituante, der gleichwohl befangen war von all seinen Vorstellungen hinsichtlich des Unterschieds zwischen der Grund- und der Gutsherrschaft, wollte die Idee einer endgültigen und totalen Abschaffung der Vergangenheit nicht zulassen[298].

## III.

Der Abschaffung des Lehnswesens mußte zwangsläufig die der Leibeigenschaft folgen: Beugnot und der Staatsrat machten sich sofort daran, nachdem das Dekret vom 12. Dezember 1808 übergeben worden war. Vor Einführung des Code Civil mußten alle Gewohnheiten, die Alters- und Geschlechtsunterschiede in der Erbfolge begründeten, z.B. den Frauen lehnsherrlichen Besitz zu erben verboten, aufgehoben werden. Ebenso mußte vor der Einrichtung einer Gerichtsorganisation nach französischem Vorbild den Grundherren die niedere Gerichtsbarkeit entschädigungslos aberkannt werden.

Die bergischen Juristen wollten die lehnsherrliche Erbfolge beibehalten: Sie folgerten, daß Verträge im Glauben an die Gültigkeit bestehender Gesetze zum Zeitpunkt ihrer Unterzeichnung geschlossen worden waren und daß somit ein neues Gesetz keine rückwirkende Gültigkeit beanspruchen könne. Im Gegensatz dazu behauptete Beugnot, dies hieße, den Nutzeffekt der neuen Gesetze unendlich zu verzögern und zu Gunsten einer

---

[297] Vgl. in Jaurès, *Hist. socialiste*, II, 489 ff., eine Analyse der Kritik von Wieland und von Möser und S. 626 ff. ein Resümee der Forderungen Fichtes.

[298] Der Gelehrte Kindlinger hatte in Westfalen gewohnt und dort die Leibeigenschaft untersucht, bevor er Archivar des Prinzen Wilhelm von Oranien in Fulda wurde. Nach dem Vorbild Mösers hatte er sich Studien über den Grundbesitz gewidmet. Er hat etliche Manuskripte hinterlassen, die heute im Staatsarchiv Münster liegen. In einer kleinen Zeitschrift, die der Rechtsanwalt Mallinkrodt in Dortmund publizierte, hatte er 1797 in einer Untersuchung des bäuerlichen Besitzes die Leibeigenschaft in dieser Region beschrieben. Als das Dekret vom 12. Dezember 1808 erschien, erklärte er, daß es alle seine Hoffnungen übersteige, weil es nicht nur die persönliche Abhängigkeit, sondern auch die Rechte abschaffe, die Kennzeichen der Lehnsherrschaft waren. Mallinkrodt nennt Kindlinger "unseren zweiten Möser"; AF IV 1837. In seinem Buch mit dem Titel *Geschichte der deutschen Hörigkeit* (erschienen 1819), definiert Kindlinger den "Leibeigenen" oder "leibeigenen Menschen" folgendermaßen: "Ein Mensch, dessen Körper die Sache, das Eigentum eines anderen Menschen ist, den sein Eigentümer nach seiner Laune dirigieren, dessen körperliche Kräfte er nach seinem Gutdünken benutzen oder ungenutzt lassen auf eine Weise, der die Gesetze des Staates hier keinerlei Hindernis entgegensetzen". Er schätzt, daß diese Form der Leibeigenschaft im 16. Jahrhundert in Westfalen entstand.

gehobenen Gesellschaftsklasse alle Privilegien, die durch altes Recht begründet waren, aufrechtzuerhalten sowie die durch dieses Recht begründeten Vorurteile zu konservieren. Wie in Frankreich mußte die Substitution abgeschafft werden. Dort hatte das Gesetz vom 25. Oktober 1792 die freien Güter dem gegenwärtigen Besitzer zugewiesen. Tatsächlich waren in Westfalen, wo die deutschen Minister Wolfradt und Bülow das Lehnswesen gegen den französischen Minister Siméon[299] verteidigten, die Rechte der lebenden Nacherben respektiert worden, weil man eine Umwälzung der Familienordnung befürchtete, wenn die Erbfolge für so viele Familien umgestürzt würde. Im Großherzogtum Berg jedoch waren die Lehnsgüter weniger verbreitet und weniger bedeutend, so daß diese Ausnahmeregelung nicht erforderlich war. Im übrigen gestattete ein neuer Senatsbeschluß den Familien, Majorate einzurichten[300]. Beugnot verlangte daher die klare und eindeutige Abschaffung des Lehnswesens "in der Absicht, dem Code Napoléon den Weg zu bereiten und mittels der ewigen Prinzipien der Gerechtigkeit und der Vernunft, alte, entstellte und fast vom Rost der Zeit zerstörte Einrichtungen zu ersetzen".

Am 11. Januar 1809 unterzeichnete Napoleon in Valladolid ein Dekret, das neben der Feststellung, das lehnsherrliche System habe beim gegenwärtigen Stand der Gesellschaft keinen Sinn mehr, alle im Großherzogtum Berg bestehenden Lehen - gleich ob sie der Krone oder privaten Lehnsherren zugehörig waren - aufhob. Die diese Lehen ausmachenden Land- und anderen Besitztümer gingen in den freien Besitz der Lehnsmänner über, die entsprechend den Gesetzen künftig darüber frei verfügen sollten. Die lehnsherrliche Erbfolge wurde ebenfalls aufgehoben. Schließlich erklärten zwei zu unbestimmte, zu vage, zu allgemeine Artikel, die viele Konflikte heraufbeschwören sollten, alle Lehnsabgaben für entschädigungslos aufgehoben, schlossen aber von dieser Aufhebung alle Renten, Abgaben oder Dienstleistungen aus, die weder personengebunden noch zugunsten einer Person auferlegt waren[301].

## IV.

Innerhalb eines Monats waren zwei einander ergänzende Dekrete erlassen worden, die im Großherzogtum Berg die Gewohnheiten, Abgaben und Leistungen verschwinden lassen sollten, welche die Ungleichheit zwischen den Einwohnern des Landes begründeten. Dies war in der Theorie sehr schön, aber als einerseits die Einführung des Code Civil auf sich warten ließ und andererseits die Gerichte anschließend nicht neu geordnet und verjüngt wurden, wurde schnell klar, welch eine schwierige Angelegenheit die Umsetzung der aufgestellten Grundsätze war. Beugnot im Großherzogtum Berg und Siméon in Westfalen bemerkten sehr schnell, daß es viel leichter war, die Einheit der Verwaltung herzustellen oder sogar den Militärdienst durchzusetzen, als die bestehende Gesellschaftsordnung "durch Recht und Vernunft zu verändern". Die Krautjunker beanspruchten einerseits den Posten des Präfekten, aber sie protestierten andererseits gegen die Abschaffung der Leib-

---

[299] Siehe Thimme, Bd. II, S. 203 ff.

[300] Vom 1. März 1808, *Bulletin des lois*, Nr. 3207, S. 180 ff.

[301] Bericht vom 21. Dezember 1808 über die Abschaffung des Lehnswesen, in AF IV* 460 und entsprechendes Dekret unterzeichnet in Valladolid am 11. Januar 1809, AF IV pl. 2553.

eigenschaft. Es war ihnen recht, im Namen des Kaisers die Administration auszuüben, aber es fiel ihnen schwer, auf ihrem eigenen Grundbesitz die neuen Gesetze anzuwenden, durch die ihre Privilegien gemindert wurden[302]. Die revolutionäre Begeisterung und deren Prinzipien drangen nur langsam und verschlungen in die hinsichtlich der grundherrschaftlichen Verhältnisse rückständigsten Gebiete Deutschlands vor.

Im Herzogtum Arenberg ereigneten sich in der Mitte des Jahres 1809 zuerst bezeichnende Unruhen. Die Leibeigenschaft war in diesem kleinen Territorium im Juli 1808 aufgehoben worden, jedoch war die entsprechende Bekanntmachung mehrdeutig formuliert. "Unsicherheiten, Streitigkeiten, Bitterkeit" verbreiteten sich und ließen die Bauern bei der Regierung Zuflucht zu nehmen: Diese erklärte, daß die Grundherren das Recht auf Leistungen hätten, solange die Bauern nicht alle Entschädigungen geleistet hätten, zu denen sie verpflichtet seien. Durch diese Entscheidung gestärkt, verlangte Herr von Mérode anmaßenderweise die Ableistung der Frondienste auf seinem Gut Merfeldt. Die Bauern protestierten dagegen, denn sie konnten nicht den ehemals geforderten Frondienst von vier Tagen in der Woche leisten und dabei gleichzeitig durch Kriegslasten und Einquartierungen belastet sein. Es blieben ihnen nur zwei Tage in der Woche, um auf eigene Rechnung zu arbeiten! Notariell ließen sie die Regierung wissen, daß sie sich weigerten, die Regierungsentscheidung anzuerkennen. Angesichts der bäuerlichen Beharrlichkeit griff die Regierung zu gewalttätigen Maßnahmen: Eine Abteilung Jäger betrat das Gut Merfeldt, verlieh den Aufforderungen des Richters Nachdruck und wollte sich einiger Widerspenstiger bemächtigen. Mit Stöcken bewaffnet, griffen die Bauern die Soldaten an, die daraufhin das Feuer eröffneten. Zwei Männer wurden getötet, woraufhin sich die gesamte Landbevölkerung zusammenrottete; die aufgebrachten Fronbauern bewaffneten sich mit Gewehren, verjagten die Truppe und vertrieben den Richter und den Grundherrn.

Die "aus geldgierigen und ungeschickten Rechtsgelehrten" zusammengesetzte Regierung unter dem Präsidium des Grafen von Westerholt, einem "alten Feudaledelmann", verlangte von Beugnot Hilfe und Soldaten, um die Ordnung wiederherzustellen: Alle Grundherren besaßen Leibeigene und wollten daher die Leibeigenschaft verteidigen und "im Trüben fischen". Beugnot gab ihnen nicht nach: Da sie in dieser Angelegenheit Richter und Partei zugleich wären, hätten sie die Bauern vor der Anwendung von Gewalt vor die Gerichte bringen müssen; es wäre unklug, die Bauern in einem von allen Seiten durch das Großherzogtum umschlossenen Land, in dem die Leibeigenschaft gerade ohne Entschädigung abgeschafft worden war, zu provozieren. Angesichts dieser widersinnigen Halsstarrigkeit verweigerte der Kaiserliche Kommissar jegliche Truppengestellung; wenn aber die Aufstandsbewegung nicht zur Ruhe kommen sollte, würde er den General Damas beauftragen, der Regierung, Herrn von Mérode und den Bauern Ruhe zu gebieten bis der Kaiser ein Machtwort spräche. Der über diese Angelegenheit unterrichtete Napoleon stellte fest: Die Untertanen des Herzogs von Arenberg sollten sich wie diejenigen aller Rheinbundfürsten der Wohltat der Abschaffung der Leibeigenschaft erfreuen; die Regie-

---

[302] Hierfür ein Beispiel: Der Sohn des Barons von Ketteler, der den Posten des Präfekten als Ausgleich für Verluste verlangte, die ihm die Abschaffung der Leibeigenschaft verusachte; AF IV pl. 3220.

rung und die Grundherren sollten die Abwesenheit ihres Fürsten nicht ausnützen, um in diesem Land das Feuer der Insurrektion anzufachen. Es wurden keine Truppen geschickt und bald herrschte wieder Ruhe. Trotzdem hatte dieser kleine Ausbruch des Volkszornes Beugnot beunruhigt: Das Beispiel hätte ansteckend wirken können. Was wäre in einem von Truppen beinahe entblößten Land passiert, wenn der Aufstand allgemein geworden wäre?[303]

Wenn sie auch nicht überall so deutlich hervortrat wie in dem kleinen Land Arenberg, so war die Opposition tatsächlich nicht weniger allgemein und beunruhigend. Zu Beginn des Jahres 1809, als der Krieg sich abzuzeichnen begann, hegte der Adel geheime Sympathien für Österreich. Er bildete sich ein, daß die Niederlage Napoleons zwangsläufig die Restauration aller ehemaligen Privilegien zur Folge haben würde. "Dieser Krieg", schrieb Beugnot, "wird ganz lehnsrechtlich sein; es ist der merkantile und von England ersonnene Despotismus, der zu seiner Unterstützung noch den Fanatismus und das Lehnswesen herbeiruft."[304] Die "Illuminaten" wirkten auf die privilegierten Klassen ein, indem sie ihnen die Wiederherstellung der ehemaligen lehnsherrlichen Verhältnisse und den Kaufleuten und Gewerbetreibenden diejenige der Handelsbeziehungen mit England versprachen[305]. Adlige, die sich durch die Dekrete ruiniert wähnten, richteten Denkschriften, Bittgesuche und Beschwerden an Beugnot und Maret. Landjunker aus dem Münsterland versuchten darzulegen, daß die Leibeigenschaft stets nur eine Art Übereinkunft zwischen zwei vertragsschließenden Parteien gewesen sei und ihre Abschaffung den Wohlstand des Landes ruiniere[306]. Der große Bewunderer der Weisheit der kaiserlichen Entscheidungen, Graf von Bentheim, verlangte, die Colonen anzuhalten, wie früher die Abgaben und Leistungen in Geld oder Naturalien und die in ihren Verträgen fixierten Frondienste zu leisten. Er verwies auf das Beispiel des Königreichs Westfalen, wo zwei aufeinanderfolgende Dekrete sorgfältig die Abgaben und festgesetzten Frondienste aufzählten, die den Gutsbesitzern zugestanden blieben[307]. Die Baronin von Ketteler beklagte sich über den gewaltigen Verlust, der ihr durch die Abschaffung der "sogenannten Leibeigenschaft" entstanden sei. "Der hiesige Bauer", so schrieb sie, "war niemals Sklave oder Leibeigener als bloß dem Namen nach. Alles beschränkte sich auf einen Pachtzins und einige Frondienste"; es hätte wohl einen Gesindedienstzwang und ein Recht des Erbgewinns gegeben, aber diese Rechte waren ablösbar. Es gebe nicht einen Bauern, der über seine sogenannte Leibeigenschaft nicht glücklich sei, nicht einen, der nicht wünsch-

[303] AF IV 1839, Polizei-Bulletin des Großherzogtums, 8. und 12. Juli 1809; Brief Marets vom 22. Juli 1809 aus Wien: Im Januar 1810 wollten Beauftragte des Herzogs die ehemals von Einwohnern des Großherzogtums in seinen Landen besessenen Lehnsgüter unter seine Lehnsherrlichkeit bringen. Beugnot untersagte den Untertanen Napoleons, die Belehnung des Herzogs anzunehmen. Napoleon habe das Lehnswesen in seinen Staaten nicht abgeschafft, damit es in anderen wiederhergestellt würde und seine Untertanen lediglich die Herren wechselten; AF IV 1837.

[304] AF IV 1225, März 1809.

[305] Aff. étrang. correspondance d'Allemagne, Band 748. Denkschrift über die Illuminaten.

[306] Papiere Roederer: Bittschrift signiert von von Plettenberg, Baron Spiegel, Baron von Ketteler (Mai 1809); ebenfalls in AF IV 1837.

[307] Dekret vom 23. Januar 1808 und vom 27. Juli 1809; Thimme, Bd. II, 299 ff. Die Bittschrift des Grafen von Bentheim vom 30. September 1809 befindet sich in AF IV pl. 4585.

te, daß alles wieder in den einstigen Zustand zurückgeführt würde; "diese ganze Angelegenheit war nichts als ein Irrtum", meinte die gute Dame, "und der Kaiser, sowohl Vater der Grundherren als auch der Bauern", würde gewiß nicht ihren Ruin wollen[308].

# V.

Auch die Bauern beklagten sich. Ebenso wie 1789 in Frankreich hatten sie geglaubt, daß die Abschaffung der Lehnsherrschaft für sie das Zeichen der vollkommenen Befreiung[309] wäre. Wie in Westfalen 1808 hatten sie sich vorgestellt, daß jegliches Lehnsrecht, welches es auch war, abgeschafft und kein Frondienst mehr gefordert werden dürfte[310] Als das Dekret vom Dezember 1808, dann das vom Januar 1809 in den Kirchen feierlich verlesen wurde, erkannten auch im Großherzogtum Berg nicht alle die subtilen Unterschiede persönlicher und dinglicher Abhängigkeiten, die darin enthalten waren. Ihre einfältigen Gemüter erfaßten nur die allgemeinen Grundsätze der Gesetzestexte: Die Leibeigenschaft ist aufgehoben, die Lehnsherrschaft ist abgeschafft.

In mehreren Regionen, besonders im Raum um Dortmund, verweigerten sie die Frondienste. Vor die zum Teil aus Grundherren zusammengesetzten Gerichte geladen, wurden sie in erster Instanz verurteilt. Für die Dauer von zwei r Jahren entstanden permanente Auseinandersetzungen: Immer unterlagen die Bauern, die jedoch in ihrem Widerstand nicht nachließen. Sie hofften, sich der Wohltaten zu erfreuen, die ihnen die befreienden Dekrete verkündeten, sie glaubten, bereits vom beschwerlichen und erdrückenden Joch der Leibeigenschaft und des lehnsherrlichen Systems befreit zu sein. Aber sie wurden unerbittlich unterdrückt und Exekutionssoldaten bei ihnen einquartiert[311].

Beugnot war über die lehnsherrlichen Ansprüche informiert, unternahm aber nichts zu ihrer Abwendung: Er war der Meinung, die privaten Interessen sollten für eine gewisse Zeit sich selbst überlassen und Vergleiche zwischen Grundherren und Vasallen getroffen werden. Andererseits war er nicht allein der mit der Einführung der neuen gesetzlichen Prinzipien beauftragte Kaiserliche Kommissar, sondern gleichzeitig auch der Verwalter der fürstlichen Domänen, "dem an aufgehobenen Rechten reichsten Grundbesitzer des

---

[308] Bittschrift, signiert 18. Dezember 1809: Baronin von Ketteler, geb. Baronin von Galen; AF IV pl. 3220.

[309] "Die Bauern mögen sich momentan unterwerfen, aber sie erdulden die Ansprüche wie die Tyrannei eines zu Tode getroffenen Regimes. Alle die Ablösung betreffenden Verfügungen erschienen ihnen als skandalöser Widerruf und notwendigerweise provisorisch im Verhältnis zu den Grundsätzen der Befreiung, mit der das Dekret der Nationalversammlung begann." Jaurès, *Hist. socialiste*, Bd. I, S. 291. Dieselbe Meinung findet sich 1809 in verschiedenen Teilen Deutschlands.

[310] Im vorangegangenen Jahr waren in Westfalen Schwierigkeiten aufgetreten: Als beim Herannahen der Ernte diejenigen Bauern, die noch für Grundherren arbeiteten, jegliche Dienstleistung zu verweigern schienen, schritt die Regierung ein. Ein Dekret vom 5. April 1808 bestimmte, daß die bis jetzt für die Ernte geleisteten Hand- und Spanndienste dieses Jahr vorläufig noch zu erbringen seien, unter dem Vorbehalt der Bezahlung und Entschädigung der Fronbauern sowie für den Fall, daß eine richterliche Entscheidung nachträglich festlegen sollte, daß sie zu diesen Frondiensten nicht gehalten seien; Thimme, Bd. II, 199.

[311] Bittschrift der Bauern von der Ruhr an den Kaiser, Juli 1811 in den Unterlagen Roederer.

Großherzogtums", und als solcher hielt er darauf, "den größeren Teil der Interessen der ehemaligen Lehnsherren zu wahren". Er hatte versucht, Prozesse zu vermeiden, hinzuhalten und über jede Angelegenheit seine Ansicht mitgeteilt. Inzwischen war jedoch der Zeitpunkt gekommen, um durch einen gesetzgeberischer Akt eindeutig festzulegen, was aufgehoben und was beibehalten werden sollte[312].

## VI.

Besonders beunruhigend wurde der Widerstand in der Umgebung von Dortmund. Ein Rechtsanwalt, der von den Bauern zum Verteidiger ihrer Rechte bestellt worden war, führte hier die bäuerliche Opposition an. Arnold Mallinkrodt, ein ehemaliges Mitglied des Magistrats seiner Geburtsstadt Dortmund, hatte 1787 eine Buchhandlung gegründet. Seit 1798 leitete er eine kleine, außerordentlich liberale Zeitschrift,[313] an der auch der Mystiker Jung-Stilling zeitweilig mitarbeitete. 1804 hatte die preußische Kammer in Hamm das Verbot des Blattes von Mallinkrodt verlangt, der seine Meinung zu freimütig äußere. Aber der preußische König Friedrich Wilhelm III. hatte dem Ersuchen nicht stattgegeben und dem westfälischen Rechtsanwalt gestattet, seine Publikation fortzusetzen[314]. Zum Präfekturrat des Ruhr-Departements ernannt, hatte Mallinkrodt die Forderungen der Bauern aus der Nähe verfolgt und sie durch Broschüren und Artikel in seiner Zeitschrift unterstützt. Als Freund seines Mitarbeiters Kindlinger wollte er wie dieser, daß die Leibeigenschaft ehrlich und vollständig aufgehoben werde, und er scheute sich nicht, die Parteilichkeit der örtlichen Gerichte anzuprangern, die mehr damit beschäftigt waren, die alten Privilegien zu erhalten als Recht zu sprechen.

Zweifellos auf seinen Rat hin legten etwa 30 Familien aus der Umgebung von Dortmund Anfang des Jahres 1811 einen Geldbetrag zusammen, um eine Abordnung nach Paris zu entsenden, die zu Füßen des Thrones eine Bittschrift der unterdrückten Colonen niederlegen sollte. Im Januar 1811 fuhren zwei Bauern aus dem Dorf Westerfeld, Giesbert Alef und Püttbach, als Überbringer der Bittschrift nach Paris. Von Landsleuten empfangen und beherbergt, warteten sie zunächst auf eine Audienz bei Roederer. Der Minister-Staatssekretär empfing sie nach einigen Wochen, hörte ihre Klagen an und speiste sie mit schönen Worten ab. Aus Skepsis oder Mißtrauen glaubte er nicht an die Existenz der Leiden der Bauern oder zumindest nicht, daß es möglich sei, diese zu lindern: "Im allgemeinen", schrieb er, "sind die Bauern des Großherzogtums an ihre Dienstbarkeit ebenso gebunden wie die Grundherren an ihre Forderungen. Unter einem Unterdrücker gibt es immer 20 kleine Unterdrücker der zum Unterdrücktsein bestimmten Klasse, die gegen ihre eigenen Brüder sprechen, wenn sie eigentlich dafür sprechen sollten."[315]

Alef, der allein in Paris geblieben war[316], ließ sich nicht entmutigen: Er wartete auf eine günstige Gelegenheit, um den Kaiser zu treffen. Er streifte in der Umgebung der Tui-

[312] Bericht von Beugnot vom Mai 1811 in AF IV* 465.
[313] Magazin für Westfalen.
[314] Salomon, Geschichte des deutschen Zeitungswesens, II, 31 ff.
[315] Bemerkung von Roederer, 13. Februar 1811, AF IV 1837.
[316] Der Gefährte Alefs scheint im März nach Deutschland zurückgekehrt zu sein.

lerien oder von Saint-Cloud umher und erkundigte sich nach den Ausfahrten Napoleons; er hoffte, ihm das von einer großen Zahl von Bauern aus dem Ruhr-Departement unterzeichnete Papier übergeben zu können. Endlich, am 9. Juli, nach sechs Monaten Aufenthalt in Paris, wurde sein Warten belohnt: An diesem Tag konnte er seine Bittschrift Napoleon übergeben, als dieser in Begleitung der Kaiserin das Schloß Saint-Cloud verließ. Der Kaiser erkundigte sich nach seinem Ansinnen, aber Alef konnte kein Französisch. Marie-Louise übersetzte dem Bauern die Frage Napoleons und diente dem Berger für eine halbe Stunde als Dolmetscherin, welche die Klagen der Bauern erläuterte. Napoleon behielt die französisch abgefaßte Bittschrift und versah sie mit folgender Anmerkung: "Ich wünsche, daß der Staatsrat Merlin den Kölner Richter des Kassationshofes[317] vorladen läßt, die Beschwerde mit dem Dekret vergleicht, das ich erlassen habe, und mich wissen läßt, ob die Klagen der Bauern aus dem Großherzogtum begründet sind."[318]

Die Klagen der Bauern hatten Napoleon erstaunt: Er glaubte zweifelsohne, daß es nur eines Dekretes bedurft hatte, das Lehnswesen abzuschaffen; er mußte nun feststellen, daß sich zwischen dem von ihm unterzeichneten feierlichen Akt und der Wirklichkeit eine tiefe Kluft auftat. Dieser Deutsche interessierte ihn. Er gewährte ihm eine Audienz für den übernächsten Tag. Alef eilte nach Saint-Cloud, aber der Kaiser hielt sich in Trianon auf. Er traf ihn dort und schilderte ihm erneut die Leiden seiner Landsleute. Am selben Abend war er bei Merlin, der ihn lange befragte und ihn um Erläuterung seiner in zu unbestimmten Formulierungen abgefaßten Bittschrift ersuchte. Im Oktober, als das Dekret, das den Unklarheiten ein Ende setzen sollte, übergeben worden war, kehrte Alef in sein Land zurück: Er war dort sofort dem Zorn der Grundherren ausgesetzt. Der Bürgermeister seines Dorfes, der gleichzeitig sein Grundherr war, ließ ihn in der Mairie einschließen und unter Polizeiaufsicht stellen. Weit von der politischen Zentrale entfernt, rächten sich die Junker für die Kühnheit ihrer Colonen[319].

---

317 Daniels war der "Kölner Richter": Nachdem er an der Akademie zu Bonn bis zu ihrer Aufhebung 1794 Jurisprudenz gelehrt hatte, hatte er von 1798-1804 Rechtswissenschaft an der Zentralschule in Köln gelehrt. 1805 war er zum kaiserlichen Generalprokurator am Kassationshof ernannt worden. Dort fiel er Merlin auf. Seine Übersetzung des Code Civil (1805) wurde im Königreich Westfalen und im Großherzogtum Berg benutzt. 1813 zum Generalprokurator am Gericht zu Brüssel ernannt, wurde Daniels 1817 erster Präsident des Appellationsgerichts in Köln. Vgl. u.a. die Dekrete der Serie AF IV, Winkopp, ebd., Bd. VI, S. 93.

318 Aufzeichnungen Roederer; der zusammenfassende Bericht über den Auftrag Alefs in Paris befindet sich in einer Broschüre, die Mallinkrodt Ende des Jahres 1811 druckte, um die Dekrete von 1808, 1809 und 1811 zu kommentieren: "Belehrung des Bauernstandes über die demselben von S. K. M. durch die Verordnung vom 12. Dezember 1808 und 13. September 1811 verliehenen Rechte und über dessen Pflichten gegen die bisherigen Hofesherren". AF IV, 1837. Aus Westfalen reisten auch weitere Abordnungen der Bauern, im besonderen aus der Altmark; vgl. AF IV 1511, AF IV 1706B.

319 Sethe, ein preußischer Verteidiger der Rechte der Feudalherren, schätzte Alef so ein: "Dieses Individuum ist einer dieser Bevollmächtigten der Bauern, deren verderbliches Handwerk darin besteht, das Vertrauen der über die Kampagne nur mangelhaft unterrichteten Bauern zu mißbrauchen, um sie zu verleiten, unnütze Prozesse anzustrengen und die schlechtesten Rechtsgründe geltend zu machen. Er ist selbst in mehrere Prozesse verwickelt gewesen, was ihn erheblich in seinen Angelegenheiten verwirrt hat. Von sehr ungestümer Wesensart, befand er sich 1809 in dem Ort

# VII.

Während die Bauern in Paris einen günstigen Augenblick abwarteten, um ihre Beschwerden vorzubringen, hatte Beugnot die Domänenverwalter um Auskünfte über die ihm unbekannten lokalen Rechte gebeten. Weiterhin hatte er den Staatsrat mit der Prüfung eines Berichtes beauftragt, den der Generalprokurator Sethe, "ein hervorragender Rechtsgelehrter", über diese Auskünfte verfaßt hatte. Eine dreiköpfige Kommission wurde ernannt, die an Ort und Stelle eine Untersuchung durchführte, die Klagen der Bauern prüfte, die der Grundherren anhörte und, nach langen Diskussionen, dem Kaiserlichen Kommissar einen detaillierten Kommentar zu den beiden Abschaffungsdekreten als "Gutachten" übergab.

Die Juristen des Staatsrates waren der Auffassung, daß alle diejenigen Feudalrechte aufgehoben werden müßten, die allein als Gegenleistung für den äußeren und inneren Schutz anzusehen und somit eine ungerechtfertigte Wiederholung der Grund- und Mobilarsteuern seien. Ebenfalls forderten sie die Aufhebung all derjenigen Bestimmungen, die für die Ausübung irgendwelcher exklusiver Privilegien zu bezahlen seien: Sie widersprächen dem in diesem Land eingeführten Gewerbesteuergesetz. Was die persönlichen Dienstleistungen, das Recht auf Freilassung, die Frondienste und die Hand- und Spanndienste anbetraf, so ließ ihre durch die im Grundsatz bereits entschiedene Abschaffung keinen Zweifel: "Diese schamlosen oder lächerlichen Rechte waren mit der germanischen Freiheit unvereinbar, so wie sie sich durch die Gesetze Napoleons d. Gr. glücklicherweise wiederhergestellt fand."

Andererseits darauf bedacht, alle Grundabgaben im Prinzip zu bewahren, die durch eine Überlassung von Boden tatsächlich oder dem Anschein nach gerechtfertigt waren, hielt sich der Staatsrat an die für die linksrheinischen Departements durch das Dekret vom 9. Vendémiaire des Jahres Jahr XIII festgelegten Regeln. Hierin waren alle Abgaben aufrechterhalten, die auf einer vertraglichen Vereinbarung zu beruhen schienen[320]. Als Beugnot diese Ansicht Roederer übermittelte, fügte er hinzu, daß die in Europa eingeführte neue Ordnung die politische Unabhängigkeit, die Freiheit des Individuums und die Befreiung des Landes vorausgesetzt habe: "Nur um den Preis der politischen Unabhängigkeit kann die Konskription oder die Steuer in Natura erhoben werden, nur um den Preis der persönlichen Freiheit und der Befreiung des Landes werden Kontributionen oder Steuern in Geld bezahlt. Sobald also ein Bürger seiner Konskription folgt und seine Kontributionen bezahlt hat, ist er gegenüber der Gesellschaft quitt, aber die Gesellschaft muß ihm ihrerseits alle Vorteile garantieren, für die er bezahlt hat. Wären ihm diese Vorteile nicht garantiert, Trüge er Belastungen, die kein Äquivalent hätten, er würde unbegründete Zinsen bezahlen oder Pflichten erfüllen, die gegenstandslos wären, wenn auf

---

Menge an der Spitze eines Aufstands, wobei er sich der Polizei und der Gendarmerie widersetzte, was ihm eine Gefängnisstrafe von 9 Monaten eingebracht hat ..." (August 1811), Aufzeichnungen Roederer. Beugnot, den die Beschwerden der Bauern in Paris ärgerten, sagte: "Ich befürchte, daß er ein Intrigant ist"; AF IV 1837. Der den Beschwerden Alefs bereitete Empfang zeigt deutlich, daß er kein einfacher Intrigant war.

[320] Dekret vom 9. Vendémiaire des Jahres XIII.

seiner Person oder seinem Besitz weiterhin die ungesetzlichen Lasten der alten Ordnung liegen blieben." Den Völkern sollte nicht - wie in gewissen Nachbarstaaten des Großherzogtums - der Code Napoléon verkündet und gleichzeitig die Konskription, die Kontributionen sowie alle ehemaligen lehnsrechtlichen Abgaben und anderer deutscher Trödelkram auferlegt werden. Eines der beiden Prinzipien würde das andere zerstören: Man sollte sich den Ärger über diesen Streit ersparen[321].

Lange Monate gingen ins Land, bevor ein Dekret erlassen wurde. In Düsseldorf machten sich unterschiedliche Auffassungen zwischen den Staatsratsmitgliedern, Anhängern einer radikalen Abschaffung und dem zögerlichen Staatsanwalt Sethe bemerkbar, der vornehmlich damit beschäftigt war, die ehemaligen Gewohnheiten weitestgehend zu erhalten. Beugnot - hin- und hergerissen zwischen seinen Pflichten als Vertreter des Kaisers und seiner Aufgabe als Verwalter der Domänen - befürchtete die Anwendung der neuen Maßnahmen, welche die Staatskasse jährlich 600.000 Francs kostete und schreckte vor einer klaren und einfachen Abschaffung aller Zwangsrechte ohne Entschädigung zurück. Nur vom Staatsrat gedrungen, entschied er sich zu dieser Forderung. In Paris überprüften Merlin und Daniels die Bittschriften der Bauern und arbeiteten umfangreiche Berichte aus, welche die deutschen Juristen noch erörterten[322]. Roederer erwartete ungeduldig das Ende dieser Arbeit: Solange der Kaiser in seinen Domänen kein Beispiel für die notwendigen Opfer abgab, war die Anwendung des Gesetzes unmöglich; Napoleon "brachte der Frage Interesse entgegen". Da er beabsichtige, eine Reise in den Norden zu unternehmen, mußte die Abschaffung der lehnsherrlichen Privilegien verwirklicht sein, wenn er das Großherzogtum durchquerte. Im übrigen beschwerten sich die Bauern ständig, und neue dringliche Bittschriften trafen in Paris ein[323]. Endlich unterzeichnete Napoleon am 13. September 1811 ein umfangreiches Dekret, das die Abgaben und Leistungen bestimmte - die als abgeschafft betrachtet werden sollten - das die durch die beiden vorhergegangenen Dekrete entstandenen Schwierigkeiten beseitigte und die Art des Besitzes der Güter mit den Prinzipien des Code Napoléon harmonisierte[324].

Entschädigungslos wurden solche Abgaben aufgehoben, welche die ehemaligen Finanz-, Kriegs- und Domänenkammern und allgemein die einstigen Souveräne oder die Grundherren auf die unbeweglichen Güter oder Vieh erhoben hatten, z.B. der *Rauch-und Schätzungshafer*, eine sehr alte und fast allgemeine Steuer, die für Kamine erhoben

---

[321] AF IV* 465, S. 329 ff. Bericht von Beugnot vom Mai 1811; "diese Ansicht" des Staatsrates wird am Ende des Berichtes von Merlin und Daniels zitiert, vgl. nächste Anm.

[322] Der wichtige Bericht von Merlin (26. Juli 1811) befindet sich unter den Papieren von Roederer. Merlin untersucht dort die drei wesentlichen Beanstandungen der Bauern: den Mühlenzwang, wirkliche Frondienste, Leib- und Zeitgewinnsgüter. Bei den Zwangsrechten gibt er den Bericht wieder, den er am 8. Februar 1790 der Verfassungsgebenden Versammlung machte (Archives parlamentaires, Bd. XI, S. 498 ff). Der Herzog von Padua (General Arrighi), der im Großherzogtum eine Dotation besaß, verlor durch die Abschaffung der lehnsherrlichen Rechte 50.000 Francs. Napoleon verweigerte ihm den Ausgleich, weil er fand, daß die verbleibenden Einnahmen von 188.000 Francs noch "ein großes Vermögen" darstellten; Januar 1812, AF IV pl. 4899.

[323] Die Korrespondenz zwischen Beugnot und Roederer sowie die Berichte von Sethe befinden sich zum größten Teil in den Papieren Roederers. Vgl. im übrigen die dem Dekret beigefügten Berichte in AF IV pl. 4585, die Berichte von Beugnot in AF IV* 466 und AF IV 1837.

[324] Das Dekret vom 13. September 1811 ist in AF IV pl. 4585.

wurde und die mit Hühnern, Hafer oder Geld zu bezahlen war; das *Aerariengeld von Heimbergern*, das während des Dreißigjährigen Krieges in bestimmten Kantonen des Sieg-Departements eingeführt und nicht gleichzeitig mit den neuen Steuern erhoben werden konnte; das *Hundegeld* und der *Kuhschatz*, das erstere war eine Abgabe, die in drei Departements erhoben wurde und die ältere Verpflichtung der Einwohner ersetzte, die Jagdhunde des Fürsten zu ernähren; die zweite war eine sehr alte Steuer auf das Vieh und wurde unter verschiedenen Bezeichnungen im Ruhr-Departement erhoben; die *Maibutter* im Fürstentum Hadamar, die aus zwei Pfund Butter je Milchkuh und einem Pfund je Anspannkuh bestand; und noch viele andere Abgaben, deren Aufzählung langweilig wäre.

Gleichfalls ohne Entschädigung, weil durch die indirekten Steuern ersetzt, blieb die Abschaffung der Akzise, der Abgaben für Gewerbetätigkeit und alle Abgaben, die auf dem Handel, der Industrie oder der Ausübung mechanischer Künste lasteten; z.B. im Sieg-Departement die *Musikpacht* als Abgabe für die Erlaubnis zum Musizieren; das *Nahrungsgeld*, das die Fremden bezahlten, um ein Handwerk ausüben oder Handel betreiben zu dürfen; das *Ladengeld* oder Gewerbesteuer, welche die Bäcker und die Fleischer bezahlten, um Marktstände zu unterhalten; das *Schiffahrtsgeld nach Frankfurt*, das der Fabrikbesitzer entrichtete, der dafür das Recht erhielt, zweimal im Jahr zur Messe nach Frankfurt zu reisen, und Hunderte anderer Abgaben, welche die Schneider, die Weißgerber, die Abdecker und die Feldmesser zahlten.

Die entschädigungslose Aufhebung bezog sich auch auf Abgaben, die unter dem ehemaligen Regime zu zahlen waren, sei es als Entgelt für die Gewährung von Privilegien, die das neue Gesetz aufhob, sei es für Dispense vom Aufgebot oder von Ehehindernissen, sei es für den Antritt des Verwaltungs- oder Justizdienstes, sei es schließlich in Erkenntlichkeit und als Preis für den Schutz durch den Grundherrn. Die *Postrecognition* oder die Erlaubnis, eine Postwagenanstalt und Postwagen zu unterhalten, war in der Tat bereits durch die neue Postorganisation aufgehoben worden. Das *Zunftgeld*, d.h. das bezahlte Recht, in eine "Korporation" bzw. in eine Berufsvereinigung einzutreten, vertrug sich nicht mit der feierlich verkündeten Freiheit des Handels und Abschaffung der Zünfte. Die geringen Abgaben, die bestimmte Gemeinden in Erinnerung an frühere Gerichtsbarkeiten schuldeten, hatten keine Daseinsberechtigung mehr in einem Land, in dem das Justizwesen nach französischen Vorbild eingerichtet werden sollte[325]. Aber es genügte nicht, nur diejenigen Abgaben aufzuheben, die mit den öffentlichen Steuern nun überflüssig wurden: Es mußte allen Beanstandungen ein Ende gesetzt werden, die das sehr unklare Dekret vom 11. Januar 1809 hervorgerufen hatte.

Das neue und vollständigere Dekret stellt einen präzisierenden Kommentar des ersten dar: Unter dem gleichen Titel war die Feudalherrschaft, das "emphyteutische Erbpachtsystem", beseitigt worden. Die Rechtsfiktion, die zwischen Nutzungsrecht und Obereigentum unterschied, war damit gegenstandslos. Künftig sollte das Eigentum über alles unbewegliche Gut - sei es vordem lehnsherrlich oder ursprünglich allodial gewesen - demjenigen gehören, der daran das Nutzeigentum besaß.

---

[325] Der historische Kommentar zu all diesen Abgaben ist von Sethe erarbeitet worden und findet sich bei den Papieren Roederer. Ich habe nur einige Abgaben als Beispiele aufgeführt, es gibt noch unendlich viel mehr. Das Dekret in AF IV pl. 4585 nennt nur ihre deutsche Bezeichnung, oft übrigens entstellt.

# VIII.

Eine wichtige Kategorie von Besitzungen mehrerer tausend Bauern in der Umgebung von Dortmund hatte ständige Auseinandersetzungen hervorgerufen: Es waren die *Leib- und Zeitgewinnsgüter*, Güter, die zur lebenslänglichen oder zeitlichen Nutzung vergeben wurden. Die Colonen versicherten in ihrer Bittschrift an den Kaiser, daß es sich dabei tatsächlich um erbzinsliche Güter handele, die seit kurzem nicht mehr der persönlichen Dienstbarkeit unterworfen waren, obwohl die Mehrzahl der Verpflichtungen dieselben geblieben seien. Seit Jahrhunderten, versicherten sie, habe sich die Übergabe des Colonats vom Vater auf den Sohn vollzogen. Die Besitzer waren zu jährlichem Zins an den Grundherrn verpflichtet, leisteten alle gewöhnlichen und außergewöhnlichen Abgaben, bezahlten in ihrem eigenen Namen alle Kriegs- und andere Lasten und trugen alleine die Kosten für die Errichtung und den Unterhalt der Gebäude. Der neue Colone nahm von seinem Gut Besitz, bezahlte dem Grundherrn das Erbstandsgeld und leistete ihm sämtliche Hand- und Spanndienste. Mit einem Wort, alle Beziehungen der Bauern als Nutzer dieser Güter waren - ausgenommen die persönliche Hörigkeit - die eines Leibeigenen gegenüber seinem Grundherrn. Die Bittsteller verlangten, daß diese Güter denen gleichgestellt würden, die durch das Dekret vom 12. Dezember 1808 befreit worden waren. Die Grundherrn sollten nicht mehr das Recht haben, sie wie einfache Zeitpachtungen anzusehen.

Der Staatsrat des Großherzogtums erkannte die Berechtigung der bäuerlichen Beschwerden an und befand wie diese, daß die Güter in Wirklichkeit den Pächtern dauerhaft überlassene Colonate waren; im Gegensatz dazu waren Sethe und mit ihm einige Rechtsgelehrte der Auffassung, daß die Pächter nur Bauern seien, deren Rechte nach Ablauf der Pacht aufhörten[326]. Merlin de Douai und Daniels zogen die gleichen Schlußfolgerungen wie der Staatsrat: Die Leib- und Zeitgewinnsgüter waren Colonate. Sicherlich sei die Frage umstritten, und die Rechtsprechung habe oft variiert: Erlasse der Regierung von Kleve hatten 1749 verfügt, daß die Verpachtungen dieser Güter alle den Charakter von Zeitpachten hatten, andererseits hatte aber die Regierung in Münster 1805 wiederholt erklärt, daß eine für 15 Jahre abgeschlossene Verpachtung als immerwährende Verpachtung betrachtet werden müsse, der Zeitraum von 15 Jahren sei nur verabredet, um den Zeitabschnitt festzulegen, für den der Pächter das Erbstandsgeld bezahlen mußte. Schließlich hatte die Überprüfung aufeinanderfolgender Pachtverträge gezeigt, daß diese Güter dem Ursprung nach von Colonen als Leibeigene bestellt worden waren. Diese Entscheidungen, die Traditionen und die Autorität einiger deutscher Rechtsgelehrter ermög-

---

[326] AF IV, 1837. Brief von Beugnot an Roederer (8. September 1811); Rive, *Über das Bauerngüterwesen in den Grafschaften Mark* ... über die Zeitgewinnsgüter gilt folgende Definition: "Solche Güter, die auf eine gewisse Anzahl von Jahren z.B. von 12 zu 12, 15 zu 15, 20 zu 20, 24 zu 24 Jahren, verliehen und von denen nach Ablauf dieser Jahre ein neues Gewinngeld den Gutsherren accordirt und gegeben werden mußte. Sie sind mit den Leibgewinnsgütern der nämlichen Natur und gehören zu dem nämlichen Rechtssystem ... Sie unterscheiden sich nun darin von den Leibgewinnsgütern, daß bei diesen die Gewinnserneuerung nach dem Ableben des verliehenen Leibes oder der verliehenen Leiber und bei jenen nach Ablauf der bestimmten Jahre geschehen muß" (S. 193).

lichten eine Lösung und eine Beendigung der Prozesse, welche die Gerichte des Dortmunder Arrondissements "überschwemmten"[327]. Der Artikel 12 des Dekretes vom 13.
September 1811 legte demnach fest, daß die Leib- und Zeitgewinnsgüter als volles Eigentum derjenigen galten, die sie innehatten, wenn diese eine gewisse Zahl von Beweisen
erbrächten, wie etwa ein gleichmäßiges Pachtgeld, einen über drei Generationen fortlau-
fenden Besitz usw. Dies galt unter der Auflage, daß die Abgaben bis zum Rückkauf aufrecht erhalten blieben[328].

Unter die entschädigungslos aufgehobenen Abgaben zählt das Dekret unter anderem
den Lehnsretrakt, die Zwangsrechte, die Frondienste, alle Abgaben bezüglich der Freilassung usw.[329] Im Gegensatz hierzu wurden alle Lehnsrechte und -pflichten oder erbzinsliche Nutzlastungen, die der Preis und die Bedingung einer einfachen Abtretung von
Grund waren, als ablösbar erklärt.

# IX.

Das seit so langen Monaten geforderte und mit so viel Mühe vorbereitete Dekret bereitete den Auseinandersetzungen kein Ende. Die Grundherren fingen wieder an, sich zu beklagen, protestierten gegen die Abschaffung der Grundzinsen und gegen die Aufhebung
der Wege- und Brückenzölle[330]. Durch den Gesetzestext gestärkt, verweigerten die Bauern mit mehr Energie als je zuvor die Frondienste und Leistungen und zogen vor Gericht.
Die Prozesse, denen man ein Ende zu bereiten geglaubt hatte, liefen erneut an, und die
Richter gaben wiederum den eifersüchtig auf die Wahrung ihrer Vorrechte bedachten
Grundherren recht. Alef, der bis zum Oktober in Paris geblieben war, hatte zweifellos
vorausgesehen, daß die Grundherren trotz des Gesetzes versuchen würden, ihre Privilegien zu bewahren. Er fragte Roederer, ob das Dekret voll ausgeführt würde, und er bestand darauf, noch vor seiner Abreise vergewissert zu werden, daß es im Großherzogtum
feierlich und ohne Einschränkung öffentlich bekannt gegeben werde. Beugnot erhielt
neue Bittschriften, in denen die Bauern - "glücklich vom Saumsattel befreit und in den
Rang von Menschen erhoben worden zu sein" - sich beschwerten, trotz der Entscheidungen des Kaisers wie in der Vergangenheit zu Handdiensten verurteilt worden zu sein. Be-
stürmt von den Beschwerden der Grundherrn, die ihre Schädigung beklagten, und von
den Forderungen der Bauern nach Anwendung des Gesetzes, glaubte Beugnot, daß die
Gerichte zu häufig "den Forderungen der Grundbesitzer nachgaben, von denen sie um-
ringt waren und unter denen einige sehr wenig Maß hielten". Sie sollten allerdings dem

---

[327] Hieraus wird deutlich, daß Alefs Beschwerden Merlin begründet erschienen.

[328] Die Bauern hatten in ihren Bittschriften einen Präzendenzfall angeführt: Der Großherzog von
Hessen und die Fürstin von Lippe hatten erklärt, daß die Grundsätze des Dekretes auf diese Güter
ebensogut wie auf die wirklichen Colonate anwendbar waren.

[329] Beugnot hatte Entschädigungen für die Abschaffung der Zwangsabgaben nur in gewissen Fällen vorgesehen. Der Staatsrat von Berg forderte sie in jedem Fall. Beugnot schloß sich dieser Ansicht an (Papiere Roederer). Es hatte hierbei Unsicherheiten gegeben: Der Präfekt des Ruhr-Departements hatte 1810 den Mühlenzwang aufgehoben; dann, zweifellos von den Grundherrn bedrängt,
führte er ihn wieder ein (ebd.).

[330] Bittschrift von de Gillhausen (Februar 1812), AF IV 1837.

von oben gegebenen Beispiel folgen; in den kaiserlichen Domänen waren die ehemaligen Rechte geopfert worden. "Die gegenwärtige Zeit", schrieb er, "ist eine Periode vollkommener rechtlicher Umwälzung. Man darf sich nicht scheuen, den Lauf der Gerechtigkeit aufzuhalten, um die Dinge unabhängig zu prüfen."[331]

Der Staatsrat Bislinger wurde mit einer Untersuchung beauftragt. Er konnte darlegen, daß die Frondienste wie in der Vergangenheit tatsächlich verlangt wurden und daß das Dekret vom 13. September nicht in allen Gemeinden des Ruhr-Departements bekanntgegeben worden war. Die Gerichte hatten entschieden, daß die Inhaber von Leib- und Zinsgewinnsgütern nur Pächter auf Zeit waren. Diesen endlosen Streitigkeiten mußte ein Ende gesetzt werden: "Es war den Gerichten nicht mehr erlaubt, sich zu irren oder den Grundherren recht zu geben". Der Staatsrat Bislinger, Beugnot und Roederer stimmten darin überein, daß im Großherzogtum Berg wie in den Hansedepartements alle schwebenden Prozesse kassiert werden sollten. Dies entschied das Dekret vom 28. März 1812: Von diesem Tag an wurden alle anhängigen Prozesse um die entschädigungslos aufgehobenen Abgaben eingestellt. Jede Partei mußte die durch sie verursachten Kosten tragen. Alle Urteile - selbst die letztinstanzlichen - vor der Veröffentlichung des Dekrets vom 13. September waren als null und nichtig zu betrachten.

Trotz dieser neuen und kategorischen Entscheidung gab es weiter Streitigkeiten, Prozesse und Machtmißbrauch. Noch ein Jahr später beschwerte sich Mallinkrodt in seinen Bittschriften an den Kaiser darüber, daß die Bauern mit Prozessen erdrückt würden[332].

## X.

Der verzweifelte Widerstand der Grundherren war der beste Beweis, daß die nun in Anwendung gebrachten Prinzipien der Befreiung wirksam bleiben mußten. Aber er zeigte gleichzeitig, daß ihre Verwirklichung schwierig war und daß das Befreiungswerk gerade erst begonnen hatte. Während die deutsche Bevölkerung des linken Rheinufers bereits seit langer Zeit der französischen Herrschaft unterworfen - und dies vor allem *vor* dem Kaiserreich - und von jeglicher lehnsrechtlichen Dienstbarkeit ausnahmslos befreit war[334], waren im Gegensatz dazu die Menschen auf dem rechten Rheinufer erst seit kurzer Zeit mit der neuen Gesetzgebung in Kontakt. Verwaltet von Leuten, die engagiert die Interessen der privilegierten Klassen wahrnahmen, waren sie noch kaum davon befreit

---

[331] Düsseldorf, Staatsratsakten und AF IV 1837.

[332] AF IV pl. 5140 und AF IV 1837. Während er in Paris war, um sich um die Bauern zu kümmern und für sich selbst eine Stellung am Appellationshof in Düsseldorf zu erbitten, wurde Mallinkrodt von Gerichten, die "aus den ersten Grundbesitzern zusammengesetzt" waren, als "Schmähschriftenschreiber" verfolgt. - Anzumerken ist, daß die Leibeigenschaft und das Feudalsystem in den hanseatischen Departements durch ein einziges Dekret am 9. Dezember 1811 aufgehoben wurden. *Bulletin des lois*, No. 408, S. 521 ff mit vielen Druckfehlern. Dieses sehr umfassende Dekret, welches alle Zweifelsfälle ausräumte, setzte mit einem Federstrich alles außer Kraft, was in Westfalen und im Großherzogtum nur sehr zögerlich abgeschafft worden war; man hatte aus den dort gemachten Erfahrungen gelernt.

[334] Über diese Umformung der "vier Departements", vgl. Perthes, *Politische Zustände*, und das Resümee, das Denis in *l'Allemagne 1798-1810*, S. 217, gibt.

und hatten gerade einmal die Zeit, die Auseinandersetzungen kennenzulernen, die mit einer derartigen ohne Gesamtplan und aufs Geratewohl durchgeführten gesellschaftlichen Umwälzung untrennbar verbunden waren.

Die Verfassung des Königreichs Westfalen hatte zwar die Abschaffung der Leibeigenschaft und des Feudalsystems proklamiert, aber es war versäumt worden, die Leibeigenschaft zu definieren und die abgeschafften Abgaben zu präzisieren. Man mußte durch nachfolgende Gesetze den zu vage formulierten Verfassungsartikel weiterentwickeln und kommentieren. Auch im Königreich Jerômes gab es "Streitigkeiten und Prozesse ohne Zahl", in denen die deutschen Minister für die Grundherren Partei ergriffen, während Siméon als Einziger versuchte, die Partei der Bauern zu ergreifen. Die Ablösung hatte kaum Erfolg, denn die Bauern besaßen kein Geld. Aus dem Code Civil wurden nicht alle Schlußfolgerungen gezogen[334], die man aus ihm hätte ziehen können, und die Unsicherheit hinderte viele Reformen daran, zum Ende zu kommen[335].

Auch im Großherzogtum Berg provozierten die zu schnell vorbereiteten oder zu früh verkündeten Dekrete zunächst Auseinandersetzungen. Als festgelegt werden mußte, was beibehalten und was abgeschafft werden sollte, waren es die Männer der Constituante - wie Merlin und Roederer - sowie ein Gemäßigter der Legislative - wie Beugnot - die mit diesen Festlegungen beauftragt wurden: Sie verfuhren "entsprechend den Grundsätzen der Constituante"[336]. Besorgt "bis zum Skrupel" alles zu bewahren, was auch nur den "Anschein von Recht" hatte, sowie zweitens damit beschäftigt, die Einnahmen der von ihnen verwalteten Domänen nicht übermäßig zu vermindern, und vor allem von juridischem Geist beherrscht, waren sie Gegner klarer Lösungen und verärgerten durch ihre Vorsicht die Bauern, für die sie resolut hätten Partei ergreifen müssen.

Das hatte Bacher wohl erkannt, der am 11. Juni 1811 aus Frankfurt folgende Zeilen schrieb, als es in Deutschland ein "soziales" Aktionsprogramm gab: "Diese seit mehreren Jahren hin- und herbewegte große Frage [Abschaffung der persönlichen und wirklichen Leibeigenschaft] ist noch in mehreren Teilen des Rheinbundes auf der Tagesordnung ebenso in den erst kürzlich mit dem französischen Kaiserreich vereinigten Departements, ohne daß man sie bis jetzt in zufriedenstellender Weise hätte lösen können. Es erweist sich in der Tat, daß die nach und nach im Königreich Westfalen, in den Großherzogtümern Berg, Frankfurt und Hessen erlassenen Verordnungen eher dazu dienen, die Schwierigkeiten und Klippen dieser Umgestaltung kennenzulernen, als über die Methode aufzuklären, wie das Ziel mit möglichst geringer Verletzung der betroffenen Interessen

---

[334] Thimme, wie zit., II, 203.

[335] Ebd.

[336] Wiederholt schrieb Roederer an Napoleon und Beugnot, daß die Arbeit "entsprechend den Grundsätzen der Constituante" getan sei. Es ist interessant, diese Reformarbeit in Deutschland mit der französischen zu vergleichen. Maßgeblich ist das bemerkenswerte Buch von Ph. Sagnac *La Législation civile de la Révolution Française*. - Beugnot schrieb in seinen Memoiren (I, 363): "Die Annahme des Code Civil hatte die Umwandlung der Leibeigenschaft und des Colonats in freie Besitzungen erfordert. Es entwickelte sich ein wahrhafter Wetteifer zwischen Roederer und mir, wer stärker die Rechte der ehemaligen Grundherren beachten würde. Allem Anschein nach ist es uns gelungen, denn es hat von ihrer Seite keine Beschwerde gegeben." Er vergißt zu sagen, daß es Beschwerden, und zwar schwere, gab: von Seiten der Bauern nämlich!

zu erreichen sei. Nachdem sie die Vorteile und Unzuträglichkeiten dieser Reformen ausbalanciert haben, werden die Regierungen der Staaten des Rheinbundes endlich gezwungen sein zuzugestehen, daß die Politik ihnen gebietet, die Ablösung zu begünstigen, um dadurch beliebter zu werden und die Landbevölkerungen zu gewinnen. Sie werden in der Tat nicht verkennen, daß der Rheinbund sich nicht stabilisieren wird, solange die Mehrzahl seiner Bewohner nicht Kirchengüter und Nationaldomänen erworben, oder sich zu geringem Preis von dinglichen oder persönlichen Dienstbarkeiten losgekauft haben wird, ebenso wie von dem größten Teil der lehns- oder gutsherrlichen Zinsen. Aus dem gleichen Grund werden die Säkularisierten, die Mediatisierten, der hohe Adel und die Besitzer der Grundherrschaften im allgemeinen, deren Untertanen und Güter dem Recht der Toten Hand unterworfen waren oder noch sind, niemals, was man auch für sie tue, Anhänger der neuen Ordnung sein."[337]

Immerhin war die Frage nach den bäuerlichen Besitzrechten durch Frankreich gestellt worden: Trotz der nach 1815 einsetzenden Reaktion mußte sie früher oder später in den verschiedenen Teilen Deutschlands gelöst werden.

---

[337] Aff. étr., Allemagne, Bd. 744. In wenigen Zeilen faßt Knapp die Arbeit zusammen, die im Westen Deutschlands getan wurde: "Die bäuerlichen Reformen im Westen bestehen vor allem in der Umgestaltung des unvorteilhaften Eigentumsrechtes und in der Abschaffung der auf dem bäuerlichen Landbesitz liegenden Reallasten". Vgl. ebenfalls die Rezension Knapps über die Arbeit von Wittlich: *Die Grundherrschaft in Nordwestdeutschland* (Historische Zeitschrift, 1897, S. 78). Der sozialen Umgestaltung des Großherzogtums Berg widmet Goecke nur einige Zeilen. Er erläutert kurz die Dekrete, aber er sagt nichts über deren Anwendung: Es entsteht der Eindruck, daß die beschlossenen Reformen vollständig verwirklicht worden seien.

# Kapitel VII

## Die Einführung des Code Civil und der Gerichtsordnung

## Der Code Civil

I.   Die Verbreitung des Code Civil; Diskussion in Deutschland über die Zweckmä-
     ßigkeit seiner Einführung.
II.  Die Konferenz von Gießen 1809.
III. Agar bereitet die Einführung des Code Civil im Großherzogtum Berg vor.
IV.  Aufhebung des Eheverbotes zwischen Adel und Bürgerlichen; Aufhebung der
     Standesunterschiede.
V.   Das Dekret vom 12. November 1809: Seit dem 1. Januar 1810 ist der Code Civil
     allgemeingültiges Recht im Großherzogtum.
VI.  Rechtsrheinisch behält nur das ehemalige Herzogtum Berg nach 1815 den franzö-
     sischen Code; auf dem linken Rheinufer bleibt er überall bestehen.

## Die Gerichtsordnung

VII.  Das Gerichtswesen in den Territorien, die das Großherzogtum Berg bildeten: des-
      sen notwendige Vereinheitlichung.
VIII. Zwei Jahre Verhandlungen waren erforderlich, um das Justizwesen zu organisie-
      ren: das Dekret vom 17. Dezember 1811.
IX.   Das Justizpersonal: die Verwaltungsbeamten des Landes werden dort beschäftigt.
X.    Funktion des reorganisierten Gerichtswesens.
XI.   Nach 1815: Allein das Herzogtum Berg behielt, wie die linksrheinischen Depar-
      tements, die französische Gerichtsordnung; die rheinischen Länder dienen Preu-
      ßen später als Modell.

## I.

Die Beseitigung der Leibeigenschaft und der lehnsherrlichen Rechte war nur eine vorbereitende Reform, um den Grundbesitz zu befreien. Erst diese erlaubte die Einführung des
Code Civil, einer notwendigen und schicksalhaften Konsequenz der französischen Herrschaft in Deutschland.

Ende des Jahres 1809 sollte das Dekret erscheinen, um im Großherzogtum Berg die
Verschiedenartigkeit der Rechtsgebräuche zu beseitigen und einheitliches Recht zu verkünden. Zu diesem Zeitpunkt hatte der durch öffentliche Bekanntmachung in den

linksrheinischen Departements eingeführte Code Civil die Grenzen des französischen Kaiserreichs bereits überschritten: 1805 war er im Königreich Italien[338], den Staaten von Parma, Plaisance und Guastalla Gesetz geworden. Im selben Jahr waren zwei deutsche Übersetzungen erschienen, eine in Koblenz aus der Feder von Lassaulx, die andere in Köln als Werk des Juristen Daniels. Der Code Civil wurde in Deutschland noch vor der Gründung des Rheinbundes gelesen und kommentiert.

Als dieser im Juli 1806 errichtet und vor allem Preußen bei Jena geschlagen worden war[339], "wuchs das Interesse am Code Civil": Er wurde an den Universitäten verbreitet, und zwischen seinen Gegnern und seinen Anhängern entbrannten heftige Diskussionen. Während die Weitsichtigen seine Einführung vorbereiteten, erklärten die am Vergangenen hängenden und entschiedenen Gegner Frankreichs, daß die Deutschen ihren verschiedenartigen und widersprüchlichen Gewohnheiten treu bleiben oder im preußischen Recht Friedrichs II. ihr Modell finden sollten, wenn schon eine Rechtsvereinheitlichung unerläßlich sein sollte[340]. Die Buchläden quollen über von Büchern und Broschüren, in denen die Professoren und die Juristen nicht ohne Pedanterie erörterten, wie der Rheinbund organisiert und unter welchen Gesetzen die deutschen Völker leben sollten. Wegbereiter des Neuen und Bewahrer des Alten, Bewunderer Napoleons und entschiedene Gegner seiner Herrschaft argumentierten und diskutierten in ihren Vorlesungen und Büchern.

Im Lager der Feinde aller aus Frankreich kommenden Neuerungen versuchte der Reichskammergerichtsassessor in Wetzlar und spätere preußische Staatsmann von Kampz[341] zu beweisen, daß jede zu schnelle Veränderung im bürgerlichen Recht einer Nation gefährlich sei und unheilvolle Konsequenzen zur Folge habe. Er sah voraus, daß der Code Civil soziale Reformen nach sich ziehen mußte. Dieser Code, der weder den Adel noch die lehnsherrlichen Rechte berücksichtigte, sei für französische Verhältnisse gemacht und ließe sich auf Deutschland nicht übertragen, wo an all diesen Privilegien und Partikulargesetzen als dem Ergebnis der Weisheit und der Fürsorge wohlwollender

---

[338] Statut Constitutionel vom 3. Juni 1805; in Wirklichkeit trat es erst am 1. Januar 1806 in Kraft.

[339] Thibaut sagt im Anhang zu seiner *Die Nothwendigkeit eines allgemeinen bürgerlichen Rechts in Deutschland* (1814), daß nach Jena der Code Civil mit übertriebener Vorliebe übersetzt und verbreitet worden sei.

[340] Das *Allgemeine Landrecht für die Preußischen Staaten*, kompiliert auf Befehl Friedrichs II., wurde erst 1794 publiziert. Beugnot war über diese Diskussionen auf dem laufenden, denn er schrieb in einem Bericht von 1813: "In Deutschland hat man viel geschrieben und sich gefragt, ob die französischen Gesetze alle auf einmal oder nacheinander eingeführt werden sollten." Er erinnerte daran, daß juristische Schriften erschienen seien und daß die Mehrheit sich für eine sukzessive Einführung ausgesprochen habe. Er kritisierte übrigens das Landrecht Friedrichs: "Es galt als ein Meisterwerk der Gesetzgebung; man ist von dieser irrtümlichen Auffassung abgekommen; die Überzeugung kehrt ein, daß der preußische Gesetzgeber die ersten Prinzipien der Gesetzgebung verkannt hat; daß es ihm entgangen ist, daß die bürgerlichen Gesetze nicht auf dem Willen des Gesetzgebers gegründet sind, sondern daß sie alle sich aus den Prinzipien a priori ergeben sollten, d.h. aus dem Verstand und einer gesunden Philosophie"; Archiv Düsseldorf, allg. Landesverwaltung 9a.

[341] In Winkopp, *Der Rheinische Bund* (III, 474), August 1807, veröffentlichte von Kampz, der einfach V. K...Z, W(etzlar) Reichskammergerichtsassessor signierte, seine *Gedanken über die Einführung des Code Napoléon in den Staaten des Rheinbundes*.

Fürsten festzuhalten sei! Sich auf einen Ausspruch von Portalis stützend - "Man wird den Code Civil nie begreifen, wenn man nur dessen Text studiert" - erklärte er, daß seiner Einführung in deutschen Ländern notwendigerweise das Studium der französischen Provinzrechte folgen müsse. Es genüge, das Privatrecht in jedem einzelnen Staat zu verbessern und sich hierbei allenfalls von den besseren Bestimmungen des Code Civil inspirieren zu lassen, wenn das möglich sei.

Während die Theorie in den Zeitschriften diskutiert wurde, drängte die schnelle und rücksichtslose "Praxis" Napoleons verschiedenen Ländern die Gesetzessammlung auf, was einige deutsche Juristen erschreckte. Im Januar 1806 hatte Napoleon noch in einer dunklen Redewendung vor dem Senat erklärt, daß die Einförmigkeit der Gesetze der Kraft und der guten Administration der Reiche schade, wenn sie die nationalen Sitten oder geographische Besonderheiten ignoriere[342]. Im Juli 1807 ordnete er dagegen das Inkrafttreten des französischen Code Civil im Herzogtum Warschau an. Kurze Zeit darauf sagte er zu Champagny: "Schreiben Sie an Sieur Bourrienne in Hamburg von meiner Absicht, in den Hansestädten den Code Napoléon einzuführen, und daß vom 1. Januar 1808 an diese Städte nach diesem Gesetz zu verwalten sind. Schreiben Sie in derselben Angelegenheit an General Rapp in Danzig; sie sollen diese Anordnung durch die Magistrate des Landes bekanntmachen lassen. Ich wünsche, daß Sie gleichfalls an Otto in München, an meine Geschäftsträger beim Fürstprimas und bei den Großherzögen von Hessen-Darmstadt und Baden schreiben, um ihnen anzuordnen, vorsichtige und nicht geschriebene Andeutungen zu machen, daß der Code Napoléon als bürgerliches Gesetz in deren Staaten angenommen und alle bisherigen Gewohnheiten zugunsten des Code Napoléon beseitigt werden."[343] Am selben Tag sandte er an den König von Holland ein kurzes Billet: "Ich wünsche Ihre Anordnung, daß vom nächsten 1. Januar an der Code Napoléon das Gesetz ihrer Völker sein wird."[344] Im November schließlich verordnete Napoleon, daß das Gesetz, dem die amtliche Schmeichelei eben den Namen des Kaisers beizulegen begann, "das bürgerliche Gesetzbuch des Königreichs Westfalen vom 1. Januar 1808 an bilde"[345]. So galt der Code Napoléon nach und nach in ganz Europa und schuf neue Beziehungen zwischen den Völkern des Kontinents, deren zivile Verhältnisse er vereinheit-

---

[342] Botschaft an den Senat vom 12. Januar 1806, welche die Adoption von Eugène sowie die Nachricht bekanntgab, daß diese Adoption Eugène nicht autorisiere, irgendeinen Anspruch auf die Krone Frankreichs zu erheben: Dies war die Grenze, über die hinaus eine Gleichförmigkeit der Gesetze nicht möglich war. *Correspondance de Napoléon*, XI, 533.

[343] *Correspondance de Napoléon*, XVI, 128. Der Code Napoléon wurde am 19. November in Danzig eingeführt: vgl. Seidensticker, *Einleitung in den Codex Napoleon*, Tübingen, 1808, 8a, S. 465.

[344] *Correspondance de Napoléon*, XVI, 131. Als Louis gebeten hatte, in dem Gesetz Änderungen vorzunehmen, schrieb ihm sein Bruder: "Sie sind sehr unerfahren in Verwaltungsdingen, wenn Sie glauben, daß die Einführung eines endgültigen Code die Familien entzweien und im Land eine unheilvolle Verwirrung bringen kann. Das ist ein Märchen, das man Ihnen erzählt hat, weil die Holländer alles das mit Eifersucht betrachten, was aus Frankreich stammt. Indessen kann eine Nation von 1.800.000 Seelen keine abgesonderte Gesetzgebung haben. Die Römer gaben ihre Gesetze ihren Verbündeten; warum sollte Frankreich nicht die seinen in Holland verkünden lassen?" (Brief vom 13. November, S. 161). Der Code Napoléon wurde überarbeitet in Holland eingeführt.

[345] Artikel 45 der Verfassung des Königreichs Westfalen.

lichte, wie vorher die politischen vereinheitlicht worden waren[346]. Europa war dabei, sich zu einer Staatenföderation unter französischer Führung mit einheitlichen Gesetzen, militärischen Institutionen und Finanzverwaltungen zu entwickeln.

Während sie ihre Leser über die Verbreitung des Code Civil auf dem laufenden hielt, veröffentlichte die Zeitschrift des Buchhändlers Winkopp auch gegensätzliche Auffassungen, welche die neue, noch unbekannte Konföderation in Deutschland sowie deren einheitliche Gesetzgebung kritisierten, über welche die Meinungen geteilt waren: Der Jurist von Berlepesch, den man einst mit Mirabeau verglichen hatte, erkannte bereits, daß man im Königreich Westfalen die sich bis dahin feindselig gegenüberstehenden Bevölkerungsteile einigen würde, und forderte in diesem neuen Staat die Abschaffung der Leibeigenschaft - jenes Regimes, das Menschen wie Sachen behandelt - und die Beseitigung des Feudalsystems - jenes langsamen Todes der Staaten[347]. Seidensticker, der damals in Jena Jurisprudenz lehrte, empfahl den Code Civil nicht nur in der Zeitschrift von Winkopp, sondern veröffentlichte auch eine *Einführung in den Code Napoléon*[348]. Darin argumentierte er, daß, nachdem gewisse deutsche Völker den Code jetzt erhalten hätten, die anderen ihn schon aus Furcht vor Isolierung ebenfalls annehmen sollten. Jeder Souverän in seinem Staat oder vielmehr der gesamte Rheinbund sollte ihn durch einen einheitlichen Akt erlassen. Er erkannte sehr genau, daß sich zwei Prinzipien gegenüberstanden: Auf der einen Seite das bis dahin vorherrschende rein juristische Prinzip, welches den Code Civil ohne politischen Hintergedanken übernehmen und dessen Verbreitung nicht auf den Rheinbund beschränkt sehen wollte; auf der anderen Seite ein neues politisches Prinzip, welches den Code als Mittel der Vereinheitlichung eben dieses Bundes ansah.

Klüber teilte vor allem den politischen Gesichtspunkt, als er im selben Jahr sein *Staatsrecht des Rheinbundes* veröffentlichte - das beste Werk über diesen Gegenstand. Dort versuchte er, die Zukunft des Rheinbundes vorherzusagen und skizzierte einen Idealplan: Seitdem die Einheit des Reiches und seine politische Verfassung durch seinen Kontakt mit Frankreich im Jahre 1793 erschüttert worden waren, hatte sich Deutschland zu einer Union unabhängiger Staaten unter einem Protektor entwickelt. Es war vorauszusehen, daß das in der Mehrzahl dieser Staaten provisorisch beibehaltene Privatrecht durch die neuen Gesetze völlig umgeworfen werden würde. Dies sogar trotz der Rheinbundakte, die den 1806 beigetretenen Fürsten und Grafen ihre Domänen mit ihren guts- und lehnsherrlichen Rechten, ihre Güter mit ihrer Rechtsprechung, ihre Zehnten und ihre Leistungen garantierte[349]! Die Rheinbundakte war durch Diplomaten vorbereitet worden,

---

[346] Chabot de l' Allier, Wortführer des Tribunats, brachte die Idee der Universalität des Codes zum Ausdruck.

[347] Winkopp, *Der Rheinische Bund.* VI. 126 ff. vgl.. auch die Rezension zu der Publikation *Über das Königreich Westfalen rücksichtlich eines gewagten Blicks in die Zukunft.*

[348] Seidensticker, op. cit.

[349] Art. 27 der Rheinbundakte vom 12. und 14. Juli 1806. Klübers Buch erschien 1808 in Tübingen, hier wird zum ersten Mal der Widerspruch aufgezeigt, der zwischen diesem Artikel 27, der in Deutschland die rechtliche Unabhängigkeit in jedem Staat sichert und der Einführung des schon in Westfalen Gesetz gewordenen Code Civils bestand. Der Augenblick war vorauszusehen, an dem die Staaten des Rheinbundes sich daran ein Beispiel nehmen oder eingeladen würden, sich am Königreich von Jerôme ein Beispiel zu nehmen.

welche die bestehenden Privilegien bewahren wollten und nicht daran dachten, das innere Leben derjenigen Staaten umzuformen, welche sie unterzeichneten: Der revolutionäre Geist riß die durch Verträge errichteten Schranken ein, die Deutschland in einer sterilen Zersplitterung festhielten. Gerade in dem Maße, in dem die Rheinbundakte - zumindest vom juristischen Standpunkt aus - nicht respektiert wurde, konnte Deutschland aus der Revolution Nutzen ziehen. Einige Deutsche hatten eingesehen, daß das Wohlergehen ihres Landes in der Tat darin bestünde, "aus der Revolution Nutzen zu ziehen", ohne durch die furchtbaren Prüfungen eines sozialen Umbruchs gehen zu müssen[350].

## II.

Durch das Beispiel Westfalens und Badens angeregt[351] beschäftigten sich die deutschen Fürsten damit, in ihren Ländern den Code Napoléon einzuführen: Im September 1809 versammelten sich auf Einladung des Ministers von Gagern in Gießen, Juristen aus Nassau, Hessen-Darmstadt und Frankfurt, die vor seiner Annahme die am Code vorzunehmenden Modifikationen untersuchen sollten. Der Angesehenste unter ihnen und Vertraute des Fürsten von Nassau, Geheimrat Harscher von Almendingen, war gleichzeitig ein aufrichtiger Bewunderer des französischen Codes. Er war der Ansicht, daß seine Verbreitung in Deutschland ein Werk der Zeit sein müsse und er nicht brüsk und durch einfache Verordnung eingeführt werden dürfe. Er hatte bereits geschrieben, daß nichts leichter sei, als ein neues Gesetz öffentlich bekannt zu geben: Es genüge dem Souverän, ein Dekret zu unterzeichnen. Aber sehr oft gebe der Fürst seinem Volk auf diese Weise nur tote Buchstaben und eine Form ohne Leben[352]. Er forderte, eine Gruppe Juristen zu bilden, die mit den französischen Gesetzen gut vertrauten wären. Diese sollte die Einführung des Code Civil vorbereiten und dabei in ihren Publikationen und in Zeitschriften dessen Prinzipien verbreiten. Durch Unterweisung des allen Staaten des Rheinbundes gemeinsam gegebenen Rechtes wollte er eine wirkliche Einheit des Rechtes schaffen. "Die vollkommenen Gesetze", schrieb er, "sind die schönen und freiheitlichen Formen des inneren Lebens einer Nation; sie entspringen diesem Leben selbst. Da nun der Code Civil nicht aus dem Leben der deutschen Nation hervorgegangen ist", und um ihn sicherer zu "akklima-

---

[350] Siehe den kuriosen Briefwechsel zwischen dem Hofrat eines zum Souverän gewordenen Fürsten und einem "Präsidenten" im Dienst eines mediatisierten Fürsten: *Ansichten des Rheinbundes., Briefe zweier Staatsmänner* (Göttingen, 1808), rezensiert in Winkopp, op. cit., IX, 224 ff.
[351] Im Großherzogtum Baden sollte der Code Civil überarbeitet und zum 1. Januar 1810 eingeführt werden; er hielt sich dort nach 1815 bis 1900.
[352] *Anzeige einer die Einführung des Codex Napoléon in den Staaten des Rheinbundes vorbereitenden Zeitschrift*, in Winkopp, VIII, 360 ff, Dezember 1808. - In dem Rapport, den sie dem Herzog von Nassau im Juni 1808 über den inneren Zustand des Herzogtums zugestellt hatten, hatten die Staatsminister von Gagern und Marschall die Notwendigkeit der Vereinheitlichung der Gesetze anerkannt. Aber sie hatten zumindest die Erfahrungen studieren wollen, die anderswo größere Länder damit gemacht hatten (Menzel, *Geschichte. von Nassau*, VII, 698.). Seit Mai 1808 waren junge Leute aus Nassau nach Dijon gegangen, um dort an einem Kursus über den Code Napoléon teilzunehmen. Bulletin de Bacher, datiert von Frankfurt; Aff. etr. Allemagne, Bd. 734.

tisieren", wollte er durch gründliche Vorbereitung einen Umschwung der öffentlichen Meinung erreichen.

Man diskutierte lange in Gießen: Sollte der Code Napoléon ohne Verzug eingeführt, oder sollten die örtlichen Gesetze provisorisch beibehalten werden; sollte die Gerichts-, Finanz- und Kirchenorganisation, die sich mit dem neuen Gesetz nicht mehr vertrug, umgestaltet oder einige Jahre abgewartet werden, ehe man sie umformte? Schwere Meinungsverschiedenheiten traten zutage: Von Almendingen war kein Anhänger der Zivilehe, andere verlangten ihre Einführung. Die Nassauer waren für Übergangsmaßnahmen, die Hessen wollten im Gegensatz dazu alles auf einmal einrichten: Gerichte, Friedensgerichte, Notariat[353]. Die Ersteren erklärten, daß die Rheinbundakte und der Code in vollkommenem Gegensatz stünden; die anderen hielten dagegen, daß es keinerlei Widerspruch gäbe. Aus den endlosen Diskussionen und unendlichen Debatten ging dennoch der Gedanke hervor, daß ohne einen totalen Bruch mit der Vergangenheit, wie er sich in Frankreich vollzogen hatte - sei er schnell oder abgestuft -, ohne eine Reorganisation des staatlichen Gerichtswesens, die Einführung des Code Civil unmöglich sei. Die Konferenz von Gießen hatte kein anderes Ergebnis als dieses rein theoretische, welches zum gegenwärtigen Zeitpunkt wirkungslos blieb[354].

## III.

Das Großherzogtum Berg war lediglich durch einen Fluß von den deutschen Departements getrennt, in denen der Code Civil seit mehreren Jahren allgemeines Recht war; es war Nachbar eines großen Staates, des Königreichs Westfalen - in dem er gerade öffentlich bekanntgegeben worden war, und konnte von daher dem Einfluß und der Einwirkung der neuen Gesetze nicht entrinnen. Ohnehin hatte Agar, der Minister Murats, nicht nur die Dringlichkeit der Abschaffung der Leibeigenschaft, sondern auch die Notwendigkeit der Einführung des Codes in den rechtsrheinischen Staaten erkannt. Seit dem 17. April 1807 erarbeiteten einige Staatsräte einen Bericht über den Code Civil und kamen zu der

---

[353] Ein Jurist, der in der Zeitschrift von Winkopp mit "Lycurgue" zeichnete, schrieb den in Gießen versammelten Bevollmächtigten, daß am Code nichts geändert werden dürfe, und daß *zunächst* die Gerichte reorganisiert werden müßten; man benötige die Hebel, um die Maschine laufen zu lassen (Winkopp, op. cit., XIII, 143 ff). Von Dahlwigk behauptete, daß der Code Civil wegen der komplizierten Verwaltungsorganisation, die er notwendigerweise mit sich bringen würde, nur in den großen Staaten eingeführt werden könne.

[354] Charles de Villers verfaßte im November 1809 in Lübeck eine Arbeit über den Handel der Hansestädte (die er mit Ergänzungen 1814 drucken ließ). Er schrieb: "Der Code Napoléon ist großartig für Frankreich; ... wenn man diesen Code, so wie er ist, auf andere Nationen überträgt, stellen sich einige Reibungen und Umsetzungsschwierigkeiten ein. Aber warum läßt der Protektor des germanischen Rheinbundes nicht durch ein Gremium deutscher Rechtsgelehrter (in Wetzlar z.B.) *einen deutschen Code Napoléon* redigieren, wie es einen französischen gibt, der nach denselben grundlegenden Prinzipien konzipiert, aber in einigen Punkten modifiziert ist! Dieser Wunsch ist der aller weisen Männer in Deutschland, und man würde diese Maßnahme als eine unendliche Wohltat des Kaisers ansehen." Die Abhandlung befindet sich in F[12] (noch nicht inventarisierte Dokumente); Bourrienne, *Mémoires,* VI, 243 kritisiert ebenfalls die plötzliche Einführung des Codes, 1807-1808; der Code wurde in den Hansestädten erst nach ihrer Annexion 1811 eingeführt.

Schlußfolgerung, daß ein einheitliches Zivilrecht notwendig sei. Sie schlugen vor, Harscher von Almendingen, der wegen seiner juristischen Kenntnisse in das Großherzogtum berufen worden war, die Aufgabe anzuvertrauen, ein Zivil- und Strafrecht sowie eine Prozeßordnung auszuarbeiten. Von Almendingen nahm an; im Prinzip sollte aus jeder Provinz ein Bevollmächtigter gewählt werden, der bei der Abfassung des neuen Gesetzes mitwirken sollte. Das neue Gesetz sollte aus den in Anwendung befindlichen Gesetzen, dem preußischen Landrecht sowie schließlich dem französischen Code gebildet werden. Das erstere stimmte mit den Gebräuchen des Landes überein. Mit einigem Grund konnte gefragt werden, ob man es nicht als subsidiäres Recht nehmen solle, wenn der neue Code Ungewißheiten ließe. Nach einer Reihe tastender Versuche drückte die von Hazzi geleitete Kommission des Staatsrates ihre Bewunderung für den Code Civil aus, "der den höchsten Grad der Kultur und der Menschlichkeit darstelle, der bis jetzt erreicht worden ist". Die Staatsräte fanden die Einführung der Zivilehe, die Möglichkeit der Ehescheidung, die Abschaffung der Leibeigenschaft - "diesem Überbleibsel der Barbarei" - und den verbesserten Status nichtehelich geborener Kinder ausgezeichnet. Dieser Code, der so vielen alten Vorurteilen ein Ende bereitete, war für sie "ein Phönix, der sich über das Chaos der Gesetze erhob, und Napoleon hatte mit der feierlichen Verkündigung für seinen Ruhm mehr getan als mit manchem errungenen Sieg!" Die wohlgeformte Einheit des französischen Codes mit der alten deutschen Uneinheitlichkeit vergleichend, fügten sie hinzu: "Laßt uns umherschauen: Nirgendwo findet man das Recht, überall nur die Konfusion *der Gesetze*; keine noch so kleine Provinz, in der nicht ihre eigenen Statuten und ihre lokalen Rechtsbräuche in stetem Konflikt mit der angehäuften Masse der alten und der neuen Anordnungen, des römischen, des kanonischen Rechts und der feudalen Gewohnheitsrechte stehe! ... die französische Revolution gehört der Menschheit; sie hat bereits die Italiener und die Westfalen von ihren Fesseln befreit, sie muß auch die Bauern des Münsterlandes befreien! ..." Und sie verlangten den Code Civil in seiner Gesamtheit, "das schönste Juwel", das Napoleon ihnen schenken konnte[355].

## IV.

Als Beugnot die Verwaltung des Landes in seine Hände nahm, konnte er auf eine Reihe von Erfahrungen zurückgreifen, die er bereits in Deutschland gemacht hatte: In Westfalen hatte die feierlich verkündete Verfassung den Code Civil en bloc zusammen mit der Gerichtsorganisation eingeführt sowie die Leibeigenschaft und die feudalen Rechte für abgeschafft erklärt. Dagegen hatte es im Großherzogtum Berg kein grundsätzliches Statut gegeben, das im voraus und ein für alle Male festgelegt hätte, was von den ehemaligen Gewohnheitsrechten verschwinden und durch was sie ersetzt werden sollten. Beugnot als Befürworter langsamer Reformen hatte wohl erkannt, welche Vermessenheit es bedeute,

---

[355] Ich habe in einigen Zeilen den Bericht der Kommission des Staatsrates von Berg wiedergegeben, den Winkopp veröffentlicht und den Goecke danach wiederholt hat, op. cit., S. 37 ff. Vgl. ebenfalls Düsseldorf, Staatsratsakten, Nr. 1. - Von Almendingen verließ kurz darauf das Großherzogtum "wegen einer geringfügigen Mißhelligkeit mit Agar". Brief von Nesselrode, 1. Januar 1813, AF IV 1838.

mit einem Schlag die sozialen Ungleichheiten zu beseitigen und einen Code einzuführen, dessen Prinzip in der Gleichheit aller vor dem Gesetz bestand. Planmäßig hatte er zunächst im Dezember 1808 die Abschaffung der Leibeigenschaft und im Januar 1809 die Beseitigung des Lehnswesens dekretieren lassen. Nachdem er auf diese Weise, zumindest theoretisch, den Boden befreit hatte, beschäftigte er sich mit der Einführung des Code Civil.

Die in einem Spezialfall gefundene Lösung hatte bereits die Geister für den Gedanken der Aufhebung der Standesunterschiede vorbereitet: Am 1. September 1808 hatte der Duisburger Provinzialrat von B... den Kaiser um die Genehmigung gebeten, ein nichtadeliges Fräulein S... zu heiraten. Das in dieser Region gültige preußische Allgemeine Landrecht untersagte formell die Heirat zwischen einem Adeligen und einer Bäuerin oder einem jungen Mädchen aus dem Kleinbürgertum. Wenn jedoch nicht mindestens drei Personen aus der Verwandtschaft des jungen Mannes Einspruch gegen die Eheschließung erhoben, konnte die Gerichtskammer der Provinz einen Dispens von dieser Bestimmung gewähren. Beim Fehlen dieser verwandtschaftlichen Zustimmung konnte schließlich der Souverän die Ehe gestatten. Der Fall des Herrn von B... war, ehrlich gesagt, nicht einer der ehrenhaftesten: Er beabsichtigte, eine Frau zu heiraten, die seine Mätresse gewesen war, während sie in seinen Diensten stand und mit der zusammen er ein Kind hatte. Außerdem hatte er sie zur Ehescheidung gezwungen, nachdem er sie zuvor bewegt hatte, sich zu verheiraten. Es läßt sich denken, daß er sich nicht darum bemühte, eine Eheerlaubnis zu erlangen, die ihm seine Verwandten verweigert hätten und die das Gericht ohne jeden Zweifel abgewiesen hätte. Er hatte es vorgezogen, sich unmittelbar an den Kaiser zu wenden.

Natürlich forderte Beugnot eine Untersuchung: Der Kaiserliche Kommissar enthüllte die Situation des Herrn von B..., den für eine Unterpräfektur an erster Stelle vorzuschlagen er sich nicht hatte entschließen können, da dieser "ein Stein des Anstoßes in seinem Kanton war, den Beschimpfungen des Pöbels ausgesetzt". Die Genehmigung wurde indessen erteilt. Napoleon aber war von den Bestimmungen dieses sonderbaren Gesetzes befremdet. Indem er sich in diesem "wenig erbaulichen" Einzelfall liberal zeigte, verallgemeinerte er die für eine Einzelperson verfügte Maßnahme und hob per Dekret das Heiratsverbot zwischen Adel und Nichtadel für die Zukunft auf, weil seine Aufrechterhaltung nicht mehr zeitgemäß war. Wie die Leibeigenschaft stand auch dieses alte Gesetz derartig "im Gegensatz zu den Rechten der in der Gesellschaft zusammengeschlossenen Menschen", daß die Einführung des Code Civil nicht abgewartet werden mußte, um seine Abschaffung anzuordnen. Die Bestimmung des preußischen Landrechts war "beleidigend für die zahlreichen und wertvollen Schichten, welche die Felder bestellen, die Werkstätten mit Leben erfüllen und die der Kaiser in seinem väterlichen Herz trägt". Gleichzeitig mit der Erlaubnis derartiger Ehen erklärte Napoleon, daß jeder Unterschied zwischen den Bauern und dem hohen und niedrigen Bürgertum aufgehoben sei[356].

---

[356] Das Dekret ist vom 31. März 1809, AF IV, pl. 2719. Das Bittgesuch des Herrn von B... datiert vom 1. September 1808 und ist bei den Unterlagen von Gaudin vergessen worden. Maret fand es dort und veranlaßte eine Untersuchung. Winkopp (XI, 351) veröffentlicht die durch das Dekret aufs Korn genommenen Artikel des preußischen Gesetzes. Das *Großbürgertum* waren die Beamten

# V.

Einige zentrale neue Vorstellungen waren also im März 1809 bereits bekannt, als Beugnot darlegte, wie das Werk der gesetzgeberischen Vereinfachung zu vervollständigen war. Von jetzt an sollte es - wenigstens im Prinzip - auf dem Lande keine Leibeigenen mehr, keine lehensherrlichen Abgaben, keine sozialen Schranken mehr geben! Aber dies waren nur einige, wenn auch breite und richtige Wege aus dem unentwirrbare Dickicht der Vorurteile und säkularen Traditionen: Das Großherzogtum Berg, das darf nicht vergessen werden, war aus fünfzehn verschiedenen Provinzen gebildet, die alle zuvor einem anderen Fürsten gehört hatten; nun aber, als in allen diesen Provinzen - theoretisch - die Aufhebung der sozialen Ungleichheiten in einem Akt proklamiert wurde, behielt jede dieser Regionen weiterhin ihre besonderen Gesetze, Statuten, ihre mit dem Römischen Recht vermengten Gewohnheiten, die feudalen Institutionen, die Doktrin der Universitäten, die Autorität der Kommentatoren! In diesem Chaos verstanden die Richter die Rechtsgrundlagen genauso wenig wie die Untertanen die mannigfaltigen Urteile. Die Prozesse dauerten Jahrhunderte, denn in dem Maße, wie sich die Richter Klarheit zu verschaffen suchten, wurden sie irre![357] Der Appellationsgerichtshof in Düsseldorf war gezwungen, sich nach zehn oder zwölf verschiedenen Gesetzgebungen zu richten[358]!

Die Rechtseinheit war also notwendig: Allein der Code Napoléon, der "einem Teil Deutschlands schon gehörte", mußte im Großherzogtum Berg verkündet werden; nicht plötzlich und von einem Tag auf den andern, denn Beugnot hielt nichts von schnellen Maßnahmen, sondern nachdem den Richtern, den Juristen und den einfachen Bürgern einige Bedenkzeit eingeräumt worden war. In Frankreich war dies nicht notwendig gewesen, denn der Code war dort mehrere Jahre vorbereitet und in aller Öffentlichkeit diskutiert worden. Diese Diskussion hatte diejenigen, die ihn anwenden sollten, genauso beschäftigt wie diejenigen, die ihm unterworfen sein sollten[359]. In Deutschland dagegen hatte der Code Widersacher: Das Wissen der einen und die Ignoranz der anderen. Es bestand keine Gefahr, einige Monate zwischen seiner Veröffentlichung und seiner Inkraftsetzung verstreichen zu lassen. Es war beispielsweise nicht zu befürchten, daß in einem Land mit weit verbreiteter Erbteilung viele Familienväter sich beeilten, vor dem Inkrafttreten der neuen Gesetze ihre Erstgeborenen zu begünstigen. Die Gemüter mußten sich langsam und allmählich an das Verschwinden der verschiedenen Gewohnheiten gewöhnen, damit war alles zu erreichen.

Napoleon unterzeichnete das von Beugnot erbetene Dekret nicht unverzüglich: Die Mitte März 1809 in Paris eingetroffene Ausarbeitung des Kaiserlichen Kommissars wur-

---

mit Ausnahme derjenigen, deren Kinder dem Militärdienst unterworfen waren, die Gelehrten, die Künstler und die Kaufleute. Das Dekret hob diese Unterschiede auf.

[357] AF IV 1833: Rapport von Beugnot über die Veröffentlichung des Code Napoléon, datiert vom 13. März 1809.

[358] Brief von Maret an Treilhard, um ihm zu erklären, daß das Großherzogtum mit Ungeduld einen Code erwartet, 4. April 1809 AF IV 1833.

[359] Mit Bleistift fügte man dem Bericht Beugnots hinzu: "Und wo war nicht (in Frankreich) ein neues und unbekanntes System zu schaffen, sondern zwischen seit langem bekannten Systemen, ihren Prinzipien und ihren Konsequenzen zu wählen", AF IV 1833.

de den beiden Staatsräten Regnaud de Saint-Jean d'Angely und Treilhard zugeleitet, die sie prüfen sowie zweifellos im Sinne des Kaisers weitestmöglich den französischen Gewohnheiten angleichen sollten. Am 15. Juli erging ihr Bericht: Die Ideen Beugnots erschienen ihnen insgesamt akzeptabel, wenn sie auch in gewissen Punkten Modifikationen verlangten. So erschien es ihnen vorteilhaft, den neuen Code diskutieren zu lassen, und sie glaubten nicht, daß es untersagt werden müsse, ihn zu kommentieren. Trotz seines dringenden Wunsches, den neuen Code nach und nach im Großherzogtum einzuführen, hatte Beugnot das Erscheinen von "dickleibigen Büchern, die gefährlich waren in einem Land, in dem Unklarheit für Gründlichkeit und schlecht durchdachte Gelehrsamkeit für Genie angesehen werde", gefürchtet. Er dachte, in Deutschland würden die Kommentare den Code ersticken, und je mehr darüber geschrieben würde, um so weniger würde er verstanden. Eine weitere Bitte Beugnots ließen die beiden Staatsräte nicht gelten, daß nämlich die Führung der Standesamtsregister den Pfarrern und den Pastoren überlassen lassen blieben. Der Kaiserliche Kommissar hatte in diesem Punkt die Gewohnheit des Landes beibehalten wollen, denn er schätzte, daß es schwierig, gefährlich, vielleicht sogar unmöglich sei, die Führung der Register "unwissenden Menschen anzuvertrauen wie es die Mehrzahl der Westfalen waren, die weder lesen noch schreiben konnten und deren Beschäftigung von aller Ewigkeit her die Bestellung der Felder, die Aufzucht von Tieren, die Ausbeutung der Bergwerke und andere grobe Arbeiten waren". Dagegen befürchteten Treilhard und Regnaud, daß die Geistlichen durch ihren Glauben abgehalten werden könnten, bestimmte Amtshandlungen vorzunehmen. Die Führung der Personenstandsregister wurde entsprechend ihrem Vorschlag wie in Frankreich den Bürgermeistern und deren Vertretern übertragen, wenn auch gestattet wurde, Stadtsekretäre zu bestimmen, die bei Unwissenheit der höheren Stadtbeamten Hilfestellung bieten sollten[360].

Der Napoleon nach Österreich folgende Maret hatte nicht genug Zeit, in seiner Kanzlei die als zweitrangig und nebensächlich angesehenen Akten zu prüfen und unterzeichnen zu lassen. Dennoch reklamierte Beugnot in seinen Monatsberichten mit eindringlicher Beharrlichkeit eine "aus einheitlichen Prinzipien abgeleitete einheitliche Gesetzgebung".

Das mit Ungeduld erwartete Dekret wurde erst am 12. November unterzeichnet: Der Code Napoléon sollte am 1. Januar 1810 inkrafttreten[361]. Als Instrument der Integration

---

[360] AF IV 1833. - In Westfalen vertraute das Dekret vom 22. Januar 1808 provisorisch die Führung der Personenstandsregister den Geistlichen an; Thimme, op. cit., II, 207. Im Großherzogtum Baden ebenso; dagegen wurde sie im Großherzogtum Frankfurt den städtischen Beamten anvertraut; Darmstaedter, op. cit., S. 143.

[361] Einige Tage zuvor war die Hypothekenordnung durch das Dekret vom 3. November 1809 organisiert worden. AF IV pl. 3094. Beugnot hatte eine Arbeit über die im Lande gebräuchliche Hypothekenordnung und über einzuführende Modifikationen angefertigt. Sein in Paris geprüfter Vorschlag wurde abgelehnt und durch die französischen Prinzipien ersetzt. Er irrt sich also, wenn er in seinen *Mémoires*, I, S. 363 sagt, daß die Hypothekenordnung nicht reorganisiert worden sei. Er irrt sich auch, wenn er sagt, daß er diese mit Roederer hätte prüfen sollen; denn es war Maret. Beugnot wollte ohne Zweifel glauben machen, daß seine Reformvorschläge "vergessen" worden seien: Es mißfiel ihm, uns mitzuteilen, daß sie zuweilen kritisiert worden sind. - Das Dekret über die öffentliche Bekanntmachung des Code Civil vom 12. November 1809 ist in AF IV, pl. 3113.

sollte er die Einwohner ihre unterschiedliche Herkunft vergessen lassen, indem er sie unter einem gemeinsamen Gesetz einander näher brachte[362].

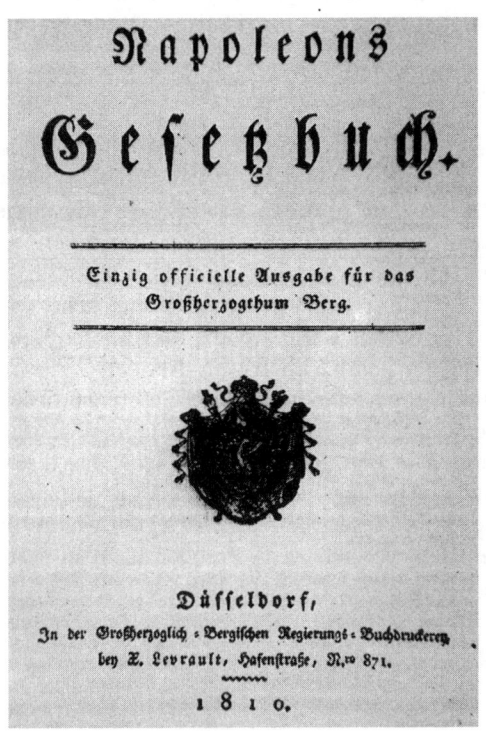

*Abb. 21: Titelseite des Code Civil (1810)*

Die Einführungsfrist war zu kurz, um die Öffentlichkeit entsprechend vorzubereiten. Es mußten Konferenzen organisiert werden, um die neue Gesetzgebung zu erläutern. Der Unerfahrenheit der mit dem Personenstand unvermittelt beauftragten und mit ihren neuen Funktionen überhaupt nicht vertrauten Maires mußte mit detaillierten Anweisungen und Formularen abgeholfen werden. In den riesige Flächen umfassenden ländlichen Gemeinden des Nordens war die Anwendung der Gesetze schwierig. Die wortgetreue Ausführung der Vorschriften des Code verursachte Klagen; "der eine Maire durchstreifte drei Tage hintereinander jeden Winkel seiner Munizipalität, um dort die Leichname Verstorbener zu visitieren, während ein anderer verlangte, daß man bei einer Entfernung von zwei oder drei Meilen und bei ungewöhnlicher Kälte die neugeborenen Kinder zur Bürgermeisterei bringe!" Viele von der strengen Pflichterfüllung Erschöpfte ließen sich ent-

---

[362] Beugnot sagte, daß nichts so sehr wie der Unterschied der Gesetzgebung von Provinz zu Provinz den Einwohnern unaufhörlich ihre Herkunftsunterschiede und die Tatsache, daß sie verschiedenen Fürsten angehört hatten, ins Gedächtnis zurückrief. Mai 1809, AF IV 1839.

mutigen, und es entstand eine fast allgemeine Pflichtverletzung der städtischen Beamten: Im September 1813 verlangten Beugnot und Nesselrode noch die Anwendung des Dekrets vom 12. November 1809, das die Bürgermeister ermächtigte, sich vertreten zu lassen. In Erwartung einer Entscheidung, die jedoch niemals kam, vergaben die von Beugnot dazu ermächtigten Präfekten provisorische Vertretungen an Gemeindesekretäre[363].

Wenn man diese - bei der Einführung einer komplett neuen Gesetzgebung unvermeidlichen - Schwierigkeiten im Detail vernachlässigt, kann gesagt werden, daß der Code Civil keine grundlegende Opposition hervorrief: In einem bedeutenden Punkt, z.B. auf dem Gebiet der Erbteilung, änderte er nichts an den bestehenden Gewohnheiten und tastete Traditionen nicht an. Es passierte zuweilen, daß er diese Gewohnheiten förderte und jene Traditionen stärkte, wenn sie mit den französischen Prinzipien im Einklang standen. Im Norden, im ehemaligen Herzogtum Kleve, einem überwiegend ländlichen Gebiet mit isolierten Höfen wurde die Teilung kaum praktiziert; umgekehrt verhielt es sich im überwiegend industriellen Herzogtum Berg, wo die Bevölkerung zusammengedrängt lebte und die Teilung seit langem gebräuchlich war. Als der Code Civil zum Landesgesetz wurde, drehten die Bauern aus Kleve dieses neue Gesetz um, indem sie das Erbteil eines der Kinder zu Lebzeiten des Vaters erhöhten. Umgekehrt verstärkte sich in den Industrieregionen die Bewegung zugunsten der Teilung so sehr, daß die Zerstückelung der Parzellen in beunruhigendem Umfang zunahm. Seit 1830 befanden sich die Juristen in Alarmstimmung. Allerorts in dieser rheinischen Region wären die neuen Gesetze ohne Schwierigkeiten beibehalten worden, wenn Preußen nicht in bestimmten Provinzen das Allgemeine Landrecht wieder in Kraft gesetzt hätte[364].

---

[363] AF IV 1840; Januar 1810; AF IV 1836; Jahr 1813. - Ein Dekret vom 3. April 1813, AF IV pl. 6051, regelte einige Sonderfälle: In den evangelischen Ländern erlaubte das preußische Recht die Heirat zwischen Schwager und Schwägerin als vorteilhaft für die aus erster Ehe stammenden Kinder. Der am 1. Januar 1810 in Kraft gesetzte Code Civil hatte eine Reihe von beschlossenen Ehen vor seiner Bekanntmachung verhindert. Die Verlobten sandten Petitionen, um eine Ausnahme zu erbitten. Sie warteten drei Jahre; erst am 3. April 1813 gestattete ein Dekret eine Reihe von Eheschließungen zwischen Schwägern und Schwägerinnen. Nesselrode hatte gewollt, daß wie in Westfalen, Thimme, op. cit., II, 208, ein Dekret diese Eheschließungen als im Grundsatz mit den Gesetzen übereinstimmend erklären sollte. Beugnot widersetzte sich einer allgemeinen Maßnahme, die, wie er versicherte, nur den Anschein haben würde, alleine die Protestanten zu begünstigen.
[364] Vgl. den Artikel von G. Blondel: *Les Lois de partage successoral dans la région rhénane* (Paris 1898), worin der Verfasser eine im Auftrag der preußischen Regierung 1897 erarbeitete Untersuchung zusammenfaßt. Das große Anwachsen der Industriestädte verminderte am Ende des XIX. Jahrhunderts ein wenig die Aufteilung der Parzellen; dennoch bestand in dieser Region eine starke Bewegung zugunsten des *Anerbenrechts* (System der an einen einzigen gehenden Erbschaft, genannt *Anerbe*). 1887 wurde ein Gesetz verkündet, das empfahl, die Naturalteilung zu verhindern, und das sie sogar untersagte, wenn einer der Mitinteressenten sich dagegen aussprach.

# VI.

1815 fielen wieder Gebiete auf beiden Ufern des Rheins an Preußen, die, wie das Herzogtum Kleve oder die Grafschaft Mark, noch unlängst unter preußischer Herrschaft gestanden hatten und in denen 1794 das Gesetzbuch Friedrichs II. eingeführt worden war. Weiterhin kamen Länder zu Preußen wie das Herzogtum Jülich oder Berg, die niemals zu dessen Machtbereich gehört hatten und denen preußisches Recht unbekannt war. Berlin versuchte, den Code Napoléon, der dort seit mehr oder weniger langer Zeit gültiges Recht war, bei den einen wie den anderen aufzuheben: Auf dem linken Rheinufer waren die Widerstände einmütig und selbst in den ehemals *preußischen* Ländern gelang es den Preußen nicht, ihr Landrecht, das sie als das wahre nationale Recht ansahen, durchzusetzen. Seit 20 Jahren hatten die französischen Gesetze in diesen Regionen eine vollständige Rechtseinheit geschaffen; sie hatten dort nicht nur alle örtlichen Gewohnheiten ausgelöscht, sondern auch das Landrecht Friedrichs II. vergessen lassen. Im rechtsrheinischen Großherzogtum Berg, das aus erst seit kurzem zusammengefaßten und vereinigten Ländern bestand, waren die preußischen Anstrengungen, die Bevölkerung auf eine aus dem Ausland eingeführte Gesetzgebung verzichten zu lassen, teilweise von Erfolg gekrönt: Das Herzogtum Kleve und die Grafschaft Mark kehrten zum Landrecht Friedrichs II. zurück, das vergessen zu lassen kaum drei Jahre französische Gesetzgebung nicht ausgereicht hatten. Allein das ehemalige *Herzogtum* Berg, wo das preußische Landrecht nie gegolten hatte, behielt den Code Napoléon, da er einen beträchtlichen Fortschritt gegenüber der früheren Uneinheitlichkeit der Rechtsverhältnisse bedeutete[365].

# VII.

Der Vielfalt der Gesetze entsprach in diesen aus unabhängigen Teilen gebildeten Ländern die Vielfalt der Gerichte: Die Gerichtsverfassung bot den Anblick eines Harlekinmantels wie zuvor die durch den Code Napoléon inzwischen ersetzte Gesetzgebung. Einige allgemeine Verfahrensgrundsätze waren jedoch diesen so verschiedenen Gerichten gemeinsam. Sie wurden im übrigen bei fast jeder deutschen Gerichtsorganisation in dieser Zeit

---

[365] Eine Karte der Gebiete, in denen der Code Civil nach 1815 beibehalten wurde, findet sich bei Schröder, *Deutsche Rechtsgeschichte* und in dem kürzlich erschienenen Buch von Bornhak, *Preußische Staats- und Rechtsgeschichte* (1903). Man sieht dort, daß der französische Code auf dem linken Rheinufer, im Großherzogtum Baden und im Herzogtum Berg seine Gültigkeit behielt. Bornhak, *Geschichte des preußischen Verwaltungsrechts*, III, 123 ff sagt, ohne übrigens hierfür Beweise zu liefern, daß der französische Code von der rheinischen Bevölkerung günstiger für Industriegebiete eingeschätzt wurde, während das preußische Recht mehr für landwirtschaftlich geprägte Gebiete gemacht sei. Dies ist eine Verallgemeinerung, der die Tatsachen widersprechen: Die Mark war ein Industrieland und dennoch wurde nach 1815 das Gesetz Friedrichs dort wieder in Kraft gesetzt. Auf der anderen Seite waren die linksrheinischen Länder nicht allesamt Industrieländer, und trotzdem blieb der französische Code dort in Kraft. Sollte man nicht ganz einfach die *Dauer* der Wirksamkeit der neuen Gesetzgebung in Betracht ziehen?

beachtet: Im zivilen Bereich gab es überall höhere Gerichtshöfe und niedere oder lokale Gerichte. Überall bearbeiteten diese Instanzen nicht nur die Fälle der ordentlichen, sondern auch die der freiwilligen Gerichtsbarkeit, von der die Hypothekengrundbücher ein wichtiger Bestandteil waren. Die Instanzen waren im allgemeinen dreistufig, zuweilen gab es auch vier. Die Zuständigkeit der unteren Gerichte war selten auf eine festgelegte Streitsumme begrenzt. Bestimmte besonders privilegierte Personen waren der Rechtsprechung der unteren Gerichte nicht unterworfen und konnten auch in erster Instanz nur vor den höheren belangt werden. Dies war das Privileg der höheren Beamten, der Adeligen und des Fiskus.

Bezüglich der Prozeßordnung existierte ein bemerkenswerter Unterschied zwischen den preußischen und den anderen Provinzen: In den letzteren - wie übrigens in der Mehrzahl der deutschen Länder - wurden die Verhöre schriftlich und mittels Austausch der Protokolle und Akten durchgeführt; das Verhör wurde mit einer Antwort und zuweilen nochmaliger Rückantwort beschlossen. In den ersteren wurde ähnlich wie im französischen System verfahren: Die in der Klage vorgebrachten Sachverhalte wurden durch den Richter ermittelt. Es fand eine tatsächliche Ermittlung statt, an der die Parteien teilnehmen bzw. vom Richter vorgeladen werden konnten. Nach Abschluß der Ermittlung hielten die Anwälte ihre Plädoyers und erst dann wurde das Urteil gefällt. Andererseits erhielten die Richter überall Sporteln oder Gerichtsgebühren, wenn der Staat oder die Grundherren ihnen keine Besoldung bewilligten. Soviel zu den allgemeinen Prinzipien.

Im Detail war die Organisation der Zivilgerichte bizarr: Im ehemaligen Herzogtum Berg wurde das höchste Gericht durch das ehemalige Dikasterium oder den Hofrat repräsentiert, dessen Ressort um den rechtsrheinischen Teil des Herzogtums Kleve, die drei Abteien und einige Herrschaften vergrößert wurde. Dieser Hofrat wurde zum Obergerichtshof des RheinDepartements[366]. Er setzte sich aus einem Präsidenten sowie neun Räten zusammen und entschied in erster Instanz die Fälle privilegierter Personen und fällte Berufungsurteile über die von den 36 nachgeordneten Gerichten getroffenen Entscheidungen. Der Präsident und die sieben dienstältesten Richter erhielten ein festes Gehalt und ein Drittel der Sporteln. Die beiden jüngsten Richter bezogen keine Gehälter; sie erhielten die Gesamtheit der Sporteln für die von ihnen untersuchten Angelegenheiten. Unterhalb dieses Hofrates bildeten 36 Gerichte die erste Instanz. Sie waren im allgemeinen mit einem Richter und seinem Gerichtsschreiber besetzt. Drei dieser Gerichte waren "Patrimonialgerichte", d.h. daß die Richter vom örtlichen Grundherren ernannt und besoldet wurden. Die anderen erhielten keine feste Besoldung, sondern die Sporteln[367].

In den seit 1609 unter preußischer Herrschaft stehenden nördlichen Provinzen des Großherzogtums war die Gerichtsorganisation zugleich unkomplizierter und moderner als im Rest des Landes. Bereits im 16. Jahrhundert - noch bevor diese Provinzen in das hohenzollernsche Territorium integriert wurden - begann man in Kleve und Mark, die

---

[366] Und einiger Kantone des Sieg-Departements. Über die Verfahrensweise des Hofrates siehe auch den Rapport von Schram, Hofrat, in AF IV 1834.

[367] Aber seit der Einführung des Code Napoléon hatten die Richter die Befugnis verloren, die Hypothekenbücher und die Akten der freiwilligen Gerichtsbarkeit zu führen; ihre Einnahmen hatten sich entsprechend verringert. Es gab darüber hinaus ein Bergwerksgericht in Essen; der Richter wurde durch die Bergwerkskasse bezahlt und erhielt Sporteln.

Gerichtsbarkeit als staatliche Aufgabe anzusehen. Wenn die Richter dort andererseits bis 1649 das Recht der Steuererhebung behielten, gab es indessen seit langem die Tendenz, sie von Verwaltungsleuten, dem "Drosten" oder den "Amtsleuten", unabhängig zu machen. Das Herzogtum Kleve und die Grafschaft Mark waren hinsichtlich der staatlichen Tätigkeit den preußischen Ostprovinzen - speziell Brandenburg - immer voraus. Friedrich II. und Cocceji fanden auf den beiden Rheinseiten Länder vor, in denen ihre Reformen, vor allem ihre Rechtsreformen, bereits gut vorbereitet waren.

Als die Franzosen in diese Regionen einrückten, fanden sie dort ein den bayerischen Ländern und den unabhängigen Herrschaften überlegenes Rechtssystem vor: Die Richter erhielten dort feste Bezüge, die Gerichte waren "kollegial" verfaßt, die grundherrlichen Gerichtsbarkeiten waren nicht mehr sehr zahlreich.

Als 1803 das Bistum Münster an Preußen fiel, wurden die Regierungen der ehemaligen Provinzen von Kleve, Mark und Münster in einem einzigen Gerichtshof, der "Regierung" zu Münster, vereinigt. Die Regierung hatte von da ab einen beträchtlichen Gerichtsbezirk: das Herzogtum Kleve, die Grafschaft Mark, Münster und die Berufungen aus den Territorien von Minden und Paderborn; aber infolge der politischen Veränderungen wurde er auf das Fürstentum Münster und die Grafschaft Mark reduziert, die dann unter französischer Herrschaft das Ruhr-Departement bildeten[368]. Auf zwei "Senate" aufgeteilt urteilten sieben Räte, zwei Beisitzer und ihr Präsident in erster Instanz über die Prozeßangelegenheiten der Privilegierten und die des Fiskus, in zweiter Instanz über die Berufungen der unteren Gerichte. Die letzteren waren zahlreich und sehr verschieden: Es gab insgesamt 59, die sich aus zwei oder drei Richtern zusammensetzten, welche in der Mehrzahl dem Fürsten, d.h. dem Staat, andere einer Stadt, noch andere schließlich einem Grundherrn unterstanden[369].

Vor der französischen Herrschaft wurde die letzte Instanz für die preußischen Provinzen durch ein in Berlin tagendes Gericht und im Herzogtum Berg durch einen in Düsseldorf tagenden oberen Gerichtshof repräsentiert. Als nach 1808 das Großherzogtum seine größte Ausdehnung erreicht hatte, gingen sämtliche Berufungen nach Düsseldorf, wo der ehemals von den bergischen Herzögen zur Ergänzung der Instanzen des Hofrates eingerichtete Gerichtshof seine Zuständigkeit auf das gesamte nunmehr vereinigte Land ausgedehnt hatte. Die Arbeitsweise dieses mit zehn Richtern besetzten Gerichtshofes war kompliziert: Eine Sektion urteilte in zweiter Instanz über die Berufungen der vom Hofrat erstinstanzlich gefällten Urteile und in dritter Instanz über die vom selben Rat in zweiter Instanz ergangenen Urteile. Die andere Sektion bestimmte in dritter Instanz über die Revision der von der ersten gefaßten Urteile in Berufung.

Im Polizeiwesen und in Strafsachen war die Organisation nicht weniger heterogen: Wenn in den preußischen Provinzen die strafpolizeilichen Angelegenheiten vor die gewöhnlichen Zivilgerichte gebracht wurden, auferlegten im Gegensatz dazu in den ande-

---

[368] Das Großherzogtum zählte - 1811 um seinen Nordteil vermindert - nur drei Departements. Zur Gerichtsorganisation von Cleve-Mark seit 1609 vgl. Bornhak, op. cit.

[369] Es gab im übrigen eine Justizkanzlei in Rheda, eine in Limburg und eine in Dortmund. Die dem Fürsten von Oranien vor dem Reichsdeputationshauptschluß abgetretene Stadt Dortmund war mit Beamten übersetzt: Nesselrode machte darauf aufmerksam, daß man in diesen kleinen Gerichten die Richter nach ihrem Ableben nicht mehr ersetzte.

ren Gebietsteilen die Bürgermeister als Erben der Gewalt der ehemaligen Stadtmagistrate die Strafen auf dem Verwaltungswege. Ebenso war bei kriminellen Delikten das Verfahren regional unterschiedlich: Im ehemaligen Herzogtum Berg wurden sie von den unteren Zivilgerichten eingeleitet und dann vor den Hofrat gebracht, der einen zuständigen Referenten ernannte; die Arbeit des letzteren wurde einem in Düsseldorf tagenden Schöffenkollegium vorgelegt, welches das Urteil fällte. Wenn die Strafsache in Berufung an den Hofrat zurückkam, konnte dieser nur die Strafe verringern, niemals besaß er das Recht, sie heraufzusetzen. In den preußischen Provinzen überprüfte ein besonderer Strafgerichtshof im Ressort der Regierung zu Münster die Strafsachen[370]. Falls es eine Berufung gab, wurde sie vor dem Berufungsgerichtshof verhandelt[371].

In diesem aus großen, mittleren und winzigen Stücken zusammengesetzten Land, in dem die Gerichtsorganisation intakt erhalten worden war, gab es Gerichte, deren Zuständigkeitsbereich enorm und andere, bei denen er lächerlich klein war: Der Richter von Rheda mit 10.874 Einwohnern hatte 202 Prozesse pro Jahr zu erledigen; der von Byfang (einer Unterherrschaft) mit 142 Einwohnern dagegen 14! Ein anderer Richter hatte 14.000 Gerichtsuntertanen und 449 Prozesse pro Jahr, wieder ein anderer hatte 113 und richtete in einem Prozeß im Jahr! Die Einkommen waren dementsprechend: Der Richter der Stadt Lennep mit 313 Franken und der des Gerichtes von Buddenburg mit 65 Franken waren gezwungen, ihr dürftiges Einkommen mit Sporteln aufzubessern, die ihnen die Prozeßführenden in Getreide oder Geld entrichteten, das ihnen die Domänen des Fürsten lieferten. Selbst die letzte Einnahmequelle war ihnen genommen worden, seitdem Murat beschlossen hatte, alles zu behalten, um seine Einnahmen zu erhöhen. Es ist nicht verwunderlich, wenn seitdem hinsichtlich des Polizeiwesens die Richter Untersuchungsverfahren über zehn Jahre lang hinschleppten und erst dann eine Strafe verhängten, wenn das Verbrechen und der Schuldige lange vergessen waren. Nicht allein Beugnot wies auf die Mängel einer derartigen Gerichtsorganisation hin. Den Bewohnern des Landes blieb das Elend dieses Systems nicht verborgen, in dem die auf Sporteln angewiesenen Richter die Zivilprozesse notwendigerweise verzögerten und die Strafprozesse vernachlässigten. Das Ansehen der Justiz in dem pfälzischen Territorium war bis nach Paris gedrungen. Maret schrieb an Beugnot: "Sie werden noch mehr für dieses Land tun, wenn Sie ihm gute Richter anstelle guter Verwalter geben."[372] Es bedurfte hierzu einer vollkommenen

---

[370] Zusammengesetzt aus fünf Richtern und einem Direktor, den Mitgliedern der Regierung, dem Stand der Advokaten oder dem Berufungsgerichtshof entnommen. Zur Organisation der Regierung zu Münster vgl. Bornhak, op. cit., II, 328.

[371] Die ehemaligen Grafschaften von Limburg, Rheda, Dortmund und Dillenburg besaßen kein besonderes Kriminalgericht. Die Urteile wurden von den Zivilgerichten gefällt, die Berufungsverfahren wurden vor die juristischen Fakultäten gebracht. Sie hätten 1806-1808 vor das Berufungsgericht in Düsseldorf gebracht werden müssen, aber es fiel keine Strafsache an, die zu diesem Verfahren gezwungen hätte. - Ich habe hier den Bericht über die Gerichtsorganisation zusammengefaßt, den Nesselrode am 12. Februar 1811 an Roederer sandte und der sich in AF IV 1833 befindet.

[372] Der Präfekt des Rhein-Mosel-Departements, Lézay-Marnésia, schrieb dem Polizeiminister am 18. Dezember 1808: "Es sind weder die Konskriptionen noch die Kontributionen, noch irgendwelche öffentliche Abgaben, die jemals den Fürsten der Zuneigung seiner Völker entreißen können, sondern es ist die schlechte Verwaltung der Justiz" ($F^1$ 8379).

Umgestaltung; Beugnot schrieb: "Wenn auch in den preußischen Staaten das Justizwesen unvergleichlich besser als im Rest des Landes ist, so weicht es doch derart vom französischen System ab, daß es nicht möglich ist, etwas davon beizubehalten. Soweit bekannt, sind die Männer des Gesetzes keine große Stütze. Lange Zeit eröffnete in Deutschland die Geburt den Zugang zu den höchsten Stellen; und man weiß, daß jenseits des Rheins die Geburt die rechtliche Stellung bestimmte. Es wird vor allem in den ersten Jahren einiger Anstrengung bedürfen, die neue Gerichtsordnung einzuführen und in Gang zu bringen. *Alles ist in diesem Bereich neu zu erschaffen*, selbst die Gerichtsgebäude."[373]

## VIII.

In seiner kurzen Geschichte des Großherzogtums Berg hat Goecke sich damit begnügt darzulegen, daß die Gerichtsorganisation als natürliche Folge der Einführung des Code Civil erst zwei Jahre nach dem das neue Recht einführenden Dekret verwirklicht wurde. Er hat es nicht für nötig gehalten - wozu ihm im übrigen die Quellen fehlten -, wenigstens kurz auf die Verhandlungen hinzuweisen, die diese zwei Jahre ausfüllten. Diese Verhandlungen und ihr langsames Tempo sind jedoch signifikant: Hinter der schönen Fassade des einheitlichen Kaiserreiches lassen sich die Ursachen der Schwäche und des Ruins erahnen. Es war ein unmögliches Unterfangen, alles von Paris aus dirigieren und korrigieren zu wollen: Der Augenblick kam, an dem der schlecht unterrichtete oder sogar irregeführte Napoleon nicht mehr wußte und nicht mehr wissen konnte, was in den 130 Departements und in den Vasallenstaaten vor sich ging. Während ein großer Teil Europas durch die von Frankreich eingeführte Zentralisation und Einheit in die Moderne aufbrach, verbrauchte Frankreich gleichzeitig seine Kräfte durch diese erdrückende Zentralisation und durch den Exzeß der Einheit.

Im November 1809 "liquidierte" Maret, nachdem er mehr als sechs Monate das Großherzogtum vergessen oder vernachlässigt hatte, eine Reihe unerledigter Dekrete: Er bemerkte plötzlich, daß die Gerichtsorganisation des Landes, in dem der Code Civil in weniger als zwei Monaten eingeführt werden sollte, noch nicht umgebildet war, und es kam ihm die Idee, daß zuvor zweifellos in diesem so bizarr zusammengesetzten Land die Gerichte in Übereinstimmung mit dem neuen Gesetz gebracht werden mußten. Hastig ersuchte er Beugnot, hierfür einen Vorschlag auszuarbeiten. Der Kaiser war ungeduldig; Eile war geboten: der Code sollte am 1. Januar 1810 allgemeingültiges Recht werden[374]. Der Kaiserliche Kommissar und der Minister des Innern waren nicht unvorbereitet: Am 1. Dezember 1809 konnten sie dem Staatssekretär den lange geprüften, sorgfältig kom-

---

[373] Berichte Beugnots vom 10. Dezember 1811 in AF IV 1840, vom 26. September 1809 in AF IV 1225, vom 10. November 1809 in AF IV, pl. 5099, vom Februar-März 1809 in AF IV, 1839, von Hazzi über die allgemeine Polizei vom März 1809, in AF IV 1839. In Erwartung einer neuen Organisation hatten Beugnot und Nesselrode entschieden, daß die bestehenden Gerichte fortfahren sollten, indem sie entsprechend den Vorschriften des Code Napoléon urteilten (Anordnung vom 26. Dezember 1809, Staatsarchiv Düsseldorf, Sammlung der Anordnungen von Baumestier).

[374] Brief vom 4. November 1809, AF IV 1833; in diesem Karton finden sich die wesentlichen Dokumente bezüglich der Gerichtsorganisation; im folgenden verzichte ich auf die Angabe der Aktennummer.

mentierten und erläuterten Entwurf eines Dekretes samt einer Liste der möglichen Beamten und eines summarischen Budgets der Kosten der Neuorganisation zusenden.

Die zwei Jahre eher erfolgte Reorganisation der Justiz im Königreich Westfalen nachahmend, ließen sich Beugnot und Nesselrode von der französischen Organisation inspirieren und schufen auf dem Papier das Berufungsgericht, die Arrondissementsgerichte und die Friedensgerichte, welche die kleinen grundherrlichen Gerichte und die winzigen Kanzleien ersetzen sollten. Beugnot kannte die wirklichen Bedürfnisse des Landes und seine Ressourcen. Er war weniger von der Idee der Gleichförmigkeit besessen als die Minister in Paris und damit beschäftigt, die französischen Einrichtungen eher "anzupassen" als sie ohne Unterscheidung zu importieren. Ihm war bewußt, daß die Zahl der Juristen im Land nicht bedeutend war und daß die Kandidatenzahl nicht durch zu strenge Altersbegrenzungen verringert werden durfte. In seinem Projekt hatte er nicht von dem Alter gesprochen, in dem man zum Richter der ersten Instanz oder Rat am Berufungsgericht berufen werden konnte. Voraussehend, daß die große Zahl der Prozesse in lehnsrechtlichen Angelegenheiten die Gerichte für lange Zeit beschäftigen sollte, hatte er verlangt, daß wie in Westfalen, die Zahl der Richter höher als in Frankreich sein solle[375]. Darauf bedacht, den Prozeßparteien kostspielige Wege und unnütze Reisen zu ersparen, hatte er die Zuständigkeit der Friedensrichter erweitert. Diese Maßnahme war im übrigen der Veränderung des Geldwertes wegen notwendig geworden, welche eine allgemeine Verteuerung zur Folge hatte. Schließlich - dies war noch wichtiger - hatte er nicht in jedem Arrondissement ein Gericht einrichten wollen. Er wußte um die Nachteile dieser Gerichte, die "zu zahlreich waren und deren Richter schlecht bezahlt, wenig beschäftigt, entblößt von dem, was die Strebsamkeit unterstützt oder die Würde anregt, schandhaft verkommen waren". Er hatte sogar, darauf bestand er gegenüber Nesselrode, bloß ein einziges Gericht pro Departement gewollt. Er fand es "sehr gut, in Deutschland die Einrichtungen Frankreichs nachzuahmen", aber er erklärte, "es ist ganz und gar unmöglich, sie dort ohne Unterschied anzuwenden". Die Untersuchungskosten der Rechtshändel ließen den Innenminister zurückschrecken, und man entschied, daß es grundsätzlich ein Gericht pro Arrondissement geben solle. In Dillenburg wurde dies für unnütz gehalten: Das Arrondissement war arm, mittelmäßig bevölkert, und Prozesse waren dort selten; alles konnte in Siegen zusammengefaßt werden. Ebenso, aber aus anderen Gründen, war in Elberfeld keines erforderlich: "In dieser völlig auf den Handel ausgerichteten Stadt, einem wirklichen Jahrmarkt, war das Leben sehr teuer; dort waren weder ein Gebäude für ein Gericht, noch das Gelände für ein solches Gebäude zu finden; gewisse Beamte waren genötigt, im Gasthaus zu wohnen, und die Post mußte sich außerhalb der Stadt einrichten. Ein Richter konnte bei seinem Gehalt im Kreis dieser Kaufleute und reichen Fabrikanten nicht mithalten, die an großen Aufwand gewöhnt und ganz darauf ausgerichtet waren, das Ansehen nach dem Geld zu messen und folgerichtig nur sehr wenig davon den armen Juristen zuzubilligen. Dort müßte ein Handelsgericht eingerichtet, in Düsseldorf aber, wo

---

[375] In Frankreich war das Verhältnis 1:25.000, in Westfalen 1:11.000 Einwohner. Alle diese Einzelheiten sind aus der von Nesselrode ausgearbeiteten erklärenden Denkschrift entnommen, in der die Ansichten von Beugnot und dem Innenminister dargelegt werden.

das Richteramt geachtet würde, sollten die Zivil- und Strafsachen zusammengefaßt werden."[376]

Gleichzeitig wurde in Frankreich zu Anfang des Jahres 1810 die Gerichtsorganisation komplett geändert[377] und nach Erörterung der Strafprozeßordnung das Strafgesetzbuch vorbereitet[378] - was die Organisationschwierigkeiten in Deutschland noch vergrößerte. Beugnot kamen Bedenken, die Siméon in Westfalen nicht kennengelernt hatte[379]: Sollte nun abgewartet werden, bis Frankreich die neuen Gesetze in Kraft gesetzt hatte? Aber erhielten nicht dann die neu einzurichtenden Gerichte die alten Formen, wenn die neuen noch nicht bestanden? Sollte alles zurückgestellt werden, die Gerichtsorganisation und das Inkrafttreten der Gesetze? Und würde nicht der Code Civil, der seit dem 1. Januar 1810 gültiges Recht war, durch die alten auf gut Glück gebildeten und unzulänglich zusammengesetzten Gerichte schlecht angewandt werden? Beugnot entschied sich für einen Mittelweg, den "Übergang". Den neu einzurichtenden Gerichten sollte zunächst die Feststellung der Verbrechenstatbestände und die Beweissicherung übertragen werden, um "sich der ersten Wege der Untersuchung zu vergewissern". Wenn sie genügend Praxiserfahrungen mit den französischen Gebräuchen gesammelt hätten, könnte die im Königreich Westfalen eingeführte Straf- und Zivilprozeßordnung in Kraft gesetzt werden.

"Ich stütze mich", schrieb der Kaiserliche Kommissar, "auf die Notwendigkeit des Übergangs und auf eine gewisse Erfahrung, welche ich jeden Tag von der Schwäche der Rechtsgelehrten des Großherzogtums erlange. Sie sind so weit von denen Frankreichs entfernt, daß man sich mehr als einer Gefahr aussetzen würde, wenn von ihnen plötzlich die gleichen Leistungen verlangt würden: *Es ist schon viel, unsere Einrichtungen benachbarten Völkern zu bringen, aber es bleibt immer eine schwierige Sache, die Menschen für diese Einrichtungen auszubilden, bis sie aus diesen Einrichtungen selbst hervorgehen.*"[380]

---

[376] Brief von Beugnot an Maret vom 6. Januar 1810. Der Kaiserliche Kommissar erklärte und rechtfertigte die Regelwidrigkeiten in dieser Antwort auf einen Brief von Maret vom 13. Dezember 1809; Maret wollte wie in Frankreich die absolute Gleichförmigkeit.

[377] Man bereitete dort das Gesetz vor, das am 20. April 1810 unterzeichnet werden sollte und die Justiz reorganisierte.

[378] Die Strafprozeßordnung war im Juni 1808 verabschiedet worden, sollte jedoch erst am 1. Januar 1811 rechtskräftig werden; das Strafgesetzbuch, verabschiedet im Februar 1810, sollte ebenso am 1. Januar 1811 in Kraft treten.

[379] In Westfalen war die der französischen nachgebildete Zivilprozeßordnung von August 1808 bis März 1810 bekanntgegeben worden; die Strafprozeßordnung, eine Anpassung der Anweisung über das Strafverfahren von 1790 und des Projektes des Kriminal-Polizeistrafgesetzes, gedruckt 1801 (erst 1808 diskutiert) wurde vom 17. August 1808 bis zum 14. Februar 1810 veröffentlicht. Im Königreich Jérômes wurde kein Strafprozeßgesetz eingeführt. Der Artikel 28 des Gesetzes vom 14. Februar 1810, betreffend das Strafprozeßverfahren, erklärte, daß bis zur Veröffentlichung des neuen Strafprozeßgesetzes (das niemals ans Tageslicht trat) die bisherigen Gesetze in Gebrauch bleiben sollten. Zu diesen Gesetze siehe Thimme, op. cit., II, 209 und 210.

[380] Brief an Maret vom 5. Februar 1810; er sandte ihm zur gleichen Zeit einen Entwurf für die Strafprozeßordnung. Am 5. November 1810 hatte Nesselrode verlangt, daß das durch das Königreich Westfalen angenommene Zivilgerichtsverfahren auch im Großherzogtum Berg angenommen werde. Er hatte solange gewartet, weil er dieses Gesetz mit Beugnot hatte erörtern wollen. Es

Seitdem das Großherzogtum der Herrschaft Napoleons unmittelbar unterstellt war, waren die von den örtlichen Behörden, dem französischen Kommissar und dem deutschen Minister vorbereiteten wichtigsten Dekrete vom Staatssekretär in Paris einer Kommission von Staatsräten unterbreitet worden, die sie überprüfen und verbessern sollten und die sie tatsächlich immer weitestmöglich den entsprechenden französischen Dekreten anglichen. Merlin, Treilhard, Renaud de Saint-Jean d'Angely und andere hatten so den Vorschlag für die Verwaltungsorganisation und das den Code Civil einführende Dekret verbessert. Über die Verhältnisse in Deutschland unkundig, waren diese Juristen und Verwaltungsleute von der Großartigkeit der Zentralisation bis in die geringsten Einzelheiten hinein überzeugt. Sie trugen ihren Teil dazu bei, dem Kaiserreich jene uniforme Erscheinung zu geben, die ihrer Illusion entsprach, und arbeiteten dadurch unbewußt an seinem Untergang. Ausnahmsweise wurde die Gerichtsorganisation Justizminister Régnier übertragen, dem Maret das Projekt von Beugnot und Nesselrode übersandte[381]. Régnier behielt es mehrere Monate und schickte es am 17. Juli 1810 umgearbeitet zurück. Zu diesem Zeitpunkt hätte das Dekret unterzeichnet werden können, das den Code Civil und die Gerichtsorganisationen in Übereinstimmung brachte, aber Roederer hatte gerade Maret ersetzt. Der weder das Land noch seine Gewohnheiten kennende neue Minister wollte seinerseits über die örtliche Organisation unterrichtet werden; so wurden weitere 18 Monate verloren[382]. Man hätte sicher noch länger gewartet, wenn Napoleon anläßlich seines Aufenthaltes in Düsseldorf im November 1811 nicht erklärt hätte, die Gerichtsorganisation könne nicht weiter aufgeschoben werden[383].

Am 17. Dezember 1811 wurde das Organisationsdekret endlich unterzeichnet: Außer einigen geringfügigen Abänderungen[384] war die Gerichtsorganisation dieselbe wie die in

---

war das französische Gesetz mit einigen Änderungen: Abschaffung der Schiedsgerichte (in Frankreich übrigens gefordert); Zeugenanhörung in Gegenwart der Rechtsanwälte und nicht der Parteien, was immer in Deutschland praktiziert worden war; Reduzierung der Einspruchsfrist; Vereinfachung der in Frankreich kostspieligeren und komplizierteren Formen der Pfändung unbeweglicher Güter.

[381] Am 17. Februar 1810; er übersandte gleichzeitig das Projekt der Strafprozeßordnung, das Beugnot ihm zugeleitet hatte.

[382] Nesselrode beklagte sich am 11. Oktober 1810, daß einer seiner Briefe seit zwei Jahren ohne Antwort geblieben sei. Im Februar 1811 sandte er an Roederer die Ausarbeitung über die Gerichtsorganisation, die ich oben analysiert habe.

[383] *Correspondance de Napoléon*, XXII, 548 f und AF IV 1253, Noten diktiert am 3. und 4. November 1811 in Düsseldorf. Seit Juni 1811 hatten die Staatsräte des Großherzogtums, welche die Vorschläge für die Gerichtsorganisation zu prüfen hatten, ihre Anmerkungen abgesandt: Sie forderten das Handelsgesetzbuch, die französische Zivilprozeßordnung und lieber als die westfälische die französische Strafprozeßordnung, "das schönste Monument, das man einem Volke errichten könne. Die Öffentlichkeit der Verhandlungen ist darin der Schutz des Unschuldigen und der Schrecken des Schuldigen." Sie forderten, daß die Kassation in den Händen des Staatsrates liegen solle, wie es in Westfalen, in Frankfurt und im Großherzogtum Warschau praktiziert werde (Anmerkungen vom 29. Juli 1811).

[384] Entsprechend den Wünschen Beugnots gab es kein Arrondissementsgericht in Elberfeld und in Dillenburg; die Bergwerksgerichte wurden aufgelöst: Das Gericht in Dortmund erkannte über die Streitigkeiten der Bergwerke des Ruhr-Departements, das von Essen über die des Rhein-Departe-

Frankreich. Sie folgte demselben Instanzenzug bis zu dem in Düsseldorf tagenden und aus 24 Mitgliedern zusammengesetzten Appellationsgericht. Die Gesuche um Aufhebung der Urteile der erstinstanzlichen Gerichte und des Appellationsgerichtshofes gingen nach Paris. Dem örtlichen Staatsrat wurde nicht - wie in Westfalen - die Kompetenz übertragen, sie zu überprüfen[385]. Die ersten Artikel des Dekretes stellten die neuen Prinzipien auf: Vom 1. Februar 1812 an waren die patrimonialen, seigneurialen, geistlichen, kommunalen und markgenossenschaftlichen Gerichtsbarkeiten und allgemein alle gerichtlichen Autoritäten im Großherzogtum Berg aufgehoben, unter welcher Form, welchem Titel oder welcher Bezeichnung sie auch existierten[386]. Jedes Privileg in Sachen Ge-

---

ments. - Das Notariat wurde am 29. Januar 1811 organisiert. Treilhard hatte im März 1810 den Dekretentwurf von Beugnot geprüft: Das Notariat wurde nach französischem Modell organisiert. Das Personal wurde aus den ehemaligen Notaren rekrutiert, die bis dahin nur einfache Sachwalter mit dem Auftrag, die Akten in Form zu bringen, gewesen waren. In Deutschland wandte man sich im allgemeinen bei Testamenten und bei den wichtigen Rechtsgeschäften an die Gerichte. Die Funktionen der Notare von denen der Richter zu trennen, war mithin eine bedeutende Neuerung, "die Ausstellung der Urkunden sollte nicht den Personen anvertraut werden, die über ihre Gültigkeit entscheiden" (Darmstaedter, op. cit., S. 153). Das das Notariat begründende Dekret befindet sich in AF IV pl. 4043. Das verfügbare Personal war so mittelmäßig, daß man keinen Notar auf Lebenszeit ernennen konnte.

[385] Beugnot und Nesselrode hatten gefordert, daß die Kassation dem Kassationshof in Paris anvertraut werden sollte. Roederer schrieb in dem Rapport, den er dem Dekret hatte vorausgehen lassen: "Diese Anordnung ... wird dem Großherzogtum den unschätzbaren Vorteil verschaffen, ein durch seine Kenntnisse und Erfahrungen gebildetes Korps über das Einhalten der Prinzipien und der Gleichheit der Rechtswissenschaft wachen zu sehen. Aber dieses Ziel würde nicht erreicht, wenn nur die Urteile des Berufungsgerichtes dem kaiserlichen Kassationshof unterworfen wären. Es könnte möglich sein, daß das Berufungsgericht, zusammengesetzt aus mit bisher der französischen Gesetzgebung nicht vertrauten Personen, sich in seinen Entscheidungen irrte und in den Gerichten der ersten Instanz eine dem Geist des Gesetzes gegensätzliche Rechtsauffassung errichtete, die Eure Majestät im Großherzogtum rechtskräftig werden ließ. Folglich schickt der Artikel 127 (126) des Projektes alle Berufungsanträge an den kaiserlichen Kassationshof, die sich auf andere Urteile beziehen als die, die von Friedensrichtern oder durch die Polizeigerichte gefällt worden sind." Die Berufungsangelegenheiten sollten nach Lüttich, Brüssel, Den Haag und Hamburg gehen. Roederer fügte die letzten drei Namen hinzu. AF IV pl. 4815; das Dekret wurde im *Bulletin des Lois* Nr. 312 und im *Moniteur* vom 19. Januar 1812 veröffentlicht, dessen gesamte Ausgabe davon vereinnahmt wird.

[386] Im Projekt Beugnot-Nesselrode von 1809 und im erläuternden Bericht war diese Beseitigung erwähnt. Obwohl sie im Widerspruch zur Rheinbundakte stand, fügte Nesselrode hinzu: "Es ist aber nicht möglich, dieses Vorrecht (das Fortbestehen der ehemaligen Gerichtsbarkeiten) mit der beabsichtigten Organisation, noch mit der bereits durchgeführten Territorialeinteilung in Einklang zu bringen. Jede Art Erbgerichtsbarkeit ist mit dem neuen System der Gesetzgebung unvereinbar. Man hat um so weniger gezögert, die Gerichtswesen der mediatisierten Staaten in die allgemeine Aufhebung mit einzuschließen, als die Rechtsprechung kein gewinnbringendes Anrecht ist, sondern selbst für denjenigen, der sie ausübt, ein Gegenstand der Ausgaben, weil er gezwungen ist, alle Kosten daran zu tragen." Ich habe weiter oben darauf hingewiesen, daß selbst in dem Maße, wie die Rheinbundakte nicht respektiert wurde, Deutschland von den Errungenschaften der Revolution Nutzen ziehen konnte. - Hier der Hinweis, durch den der Präfekt des Ems-Departements, Mylius, die *Marken* definierte, die im nicht landwirtschaftlich genutzten Teil des Departements

richtsbarkeit war und blieb abgeschafft. Alle Untertanen des Großherzogtums mußten ohne Unterschied ihre Sache in der gleichen Form vertreten, vor den gleichen Richtern in den gleichen Fällen. Die richterlichen Funktionen waren und blieben von den Verwaltungsfunktionen getrennt: Es bedeutete eine zu bestrafende Pflichtverletzung der Richter, wenn sie - wie auch immer - die Tätigkeiten der Verwaltung störten oder die Verwaltungsakten einsahen. Dies alles war neu in Deutschland[387].

<h1 style="text-align:center">IX.</h1>

Am selben Tag unterzeichnete Napoleon das seit langen Monaten vorbereitete Dekret, das alle Richter, Anwälte, Advokaten und Gerichtsdiener ernannte. Beugnot und Nesselrode gerieten bei ihrer Auswahl nicht gerade in Verwirrung: Die Zahl der zu Justizbeamten befähigten Gesetzesleute war so eingeschränkt, daß sie nicht genügend hatten finden können, um für jeden Sitz drei Personen vorzuschlagen. Wenigstens hatten die befragten Präfekten und der Staatsrat die Titel der Kandidaten geprüft. An Maret - ein peinlich genauer Beachter der Regeln, aber kein Kenner der örtlichen Verhältnisse -, der ihm vorwarf, daß er nicht die übliche dreifache Vorschlagsliste gesandt hatte, schrieb Beugnot: "Ich bitte Eure Exzellenz zu bemerken, daß man bei einer ersten Organisation sich allerdings wohl denen anvertrauen soll, die damit beauftragt sind. Ich erinnere Ihn daran, daß nach dem 18. Brumaire weder für die Richter noch für das Verwaltungspersonal die Regel der dreifachen Vorschlagsliste eingehalten worden sind; dies in Frankreich und zu einer Zeit, in der alles Personal seine Fähigkeit bereits zehn Jahre bewiesen hatte."[388]! Als Roederer zwei Jahre später das erwartete Dekret vorbereitete, und als er bei seinen Reisen im Großherzogtum festgestellt hatte, daß der Kaiserliche Kommissar ihm nicht eine willkürlich aufgestellte Liste aufdrängen wollte, begnügte er sich mit den Namen, die ihm vorgelegt wurden. Er ernannte die von Beugnot vorgeschlagenen Leute: Die Mitglieder des ehemaligen Appellationsgerichtes wurden in das neue übernommen; aber da dieses künftig 24 Mitglieder anstatt elf zählen sollte, mußten die zusätzlich zu ernennenden Räte aus ehemaligen Regierungsmitgliedern in Düsseldorf, im aufgelösten einstigen Staatsrat und in einigen lokalen Gerichten, ausgesucht werden: Der Staatsrat

---

umfangreich waren: Große Gemeindevermögen, deren ungeteilter Besitz immer an gewissen Gütern und Colonaten haftete, die daraus den ausschließlichen Nutzen hatten. Die *Marken* wurden durch eine Gemeinschaft verwaltet, sie hatten ihre besondere Gerichtsbarkeit. Der Präfekt beantragte, deren Verkauf zu genehmigen (1810); Archiv Düsseldorf, allgemeine Verwaltung, 29.

[387] Das Dekret vom 17. Dezember setzte das Mindestalter der Richter fest; es verlieh ihnen ebenfalls die französische Amtstracht, die Nesselrode in Deutschland, wo die schwarze Robe im Gebrauch war, nicht hatte einführen sehen wollen. Er schrieb am 19. Februar 1811: "Jede Institution, die keinen anderen Wert hat, als den, den die öffentliche Meinung ihm beimißt, muß sich notwendigerweise auf diese Meinung stützen. Es ist zweifelhaft, ob die Amtstracht der französischen Richter dieselben Vorstellungen von Wichtigkeit und Respekt im Großherzogtum wachruft (sic), wo sie unbekannt ist, und hier eher bizarr als respektabel erscheinen würde". AF IV 1833.

[388] Dieses ist zum Teil unexakt: Als nach dem 18. Brumaire Beugnot mit Lucien Bonaparte die Präfekturen organisierte, konnte er die Verwaltungsleute "wählen". Siehe über diese Gründung der Präfekturen die Artikel von M. E. Dejean, die ich in Kapitel II zitiert habe.

Fuchsius wurde zum ersten Präsidenten ernannt, Gerichtshofpräsidenten wurden der ehemalige Präfekt Mylius sowie der Direktor und ein Mitglied des ehemaligen Berufungsgerichtes, von Kylman und von Hymen. Die Wahl des Generalstaatsanwaltes war schwieriger: Ein Preuße, Heinrich Sethe, ehemals Geheimer Rat und Präsident des Rheinischen Revisionsgerichtes, wurde aus Münster, "wo er in der Arbeit seinen patriotischen Kummer zu vergessen suchte", in dieses hohe Amt berufen, das er mit Freude annahm und mit hinreichender Loyalität ausübte[389]. Ein junger Jurist, von Sandt, Schwiegersohn des Senators Sauer und vom Feldmarschall von Danzig wärmstens empfohlen, wurde in eine in Deutschland damals unbekannte neue Stellung berufen, die eines Oberstaatsanwaltes. Die Richter der Arrondissementsgerichte und die Friedensrichter wurden aus dem im Amt befindlichen Personal ausgewählt. Um die neuen Gesetze schneller und sicherer einzuführen, wurden in sehr vielen Fällen ehemalige Mitglieder des früheren Hofrates oder ehemalige hohe Beamte, die für ihre umfassende juristischen Ausbildung bekannt waren, in die Gerichte der ersten Instanz - gewissermaßen wie Missionare - entsandt: So wurde in Mülheim ein Mitglied des Düsseldorfer Hofrates mit dem Vorsitz betraut; in Dillenburg der ehemalige Direktor des Regierungsrates von Hamm[390].

Die den Richtern der kleinen Gerichte gewährte Besoldung war im allgemeinen besser als die, die sie zur Zeit hatten, als sie von mageren Sporteln lebten. Die der Räte am Berufungsgerichtshof, die ehemals recht häufig ein gutes Einkommen mit reichlichen Gerichtssporteln anhäuften, war mittelmäßig: In gemeinsamen Gesuchen baten sie, den Richtern in Hamburg und Den Haag gleichgestellt zu werden. Aber Napoleon weigerte sich, ihnen mehr als 3.000 Francs zuzubilligen, und ließ Nesselrode mitteilen, daß künftig vermögende Richter auszusuchen seien[391]. Als es darum ging, die Beisitzer am Berufungsgerichtshof zusammenzustellen, suchte Beugnot hierfür begüterte junge Leute von guter Herkunft, "um die Minister vor diesen Bettelgesuchen zu schützen, mit denen sie geplagt wurden". Es bedurfte einiger Mühe, vier junge Adlige zu finden, die ausreichend vermögend waren, um nicht später die Minister mit ihren unbescheidenen Petitionen "zu langweilen". Der Adel des Landes, "der weder zu Fabrikunternehmungen noch zu finanzieller Betätigung oder zu Verwaltungstätigkeiten, die er von Schreibern ausüben ließ, geneigt war, betrachtete den Richterstand als unter seiner Würde, weil er Studien und Fleiß voraussetzte und weil man sich dabei voll und ganz einsetzen mußte"[392].

---

[389] Über Sethe siehe das dem Aufstand von 1813 gewidmete Kapitel: Man wird darin sehen, daß dieser hohe Verwaltungsbeamte, den Freytag in seinen *Bildern aus der deutschen Vergangenheit* und nach ihm Treitschke zu einem Helden haben machen wollen, in Wirklichkeit ein fügsamer Beamter war. Bei einer einzigen Gelegenheit machte er Opposition gegen das napoleonische Regime, eher durch seine Weichheit zu wüten als durch eine offensichtlich feindliche Haltung.
[390] AF IV pl. 4817, Dekret vom 17. Dezember 1811.
[391] AF IV 1834, 24. April 1813.
[392] AF IV 1834 und AF IV 1226.

# X.

Am 1. Februar 1812 mußten die alten Kanzleien ihre Tätigkeit einstellen. Mehrere Monate gingen vorüber, bevor die neue Gerichtsorganisation abgeschlossen war. Die Übersetzung der Grundgesetze sowie die der Codes nahm viel Zeit in Anspruch. Die materielle Ausstattung der Gerichte war keine Kleinigkeit, und erst am Ende des Jahres ging das Gerichtswesen überall seinen normalen Gang. In einem Land, in dem bis dahin die Rechtsfälle schriftlich eingeleitet und die Sitzungen hinter verschlossenen Türen abgehalten worden waren, war die Bevölkerung frappiert über die Öffentlichkeit der Verhandlungen; die Verteidigungen zogen einen großen Strom von Zuschauern an. Es gefiel den Menschen, daß von jetzt an in der Rechtsprechung neue und wichtige Garantien gegeben waren. Anläßlich der Eröffnung des Appellationsgerichtshofs hielt der Generalstaatsanwalt Sethe eine Ansprache, in der er die Wohltaten der neuen Ordnung feierte: "Die Strafprozeßordnung vertreibt die ehemals zusammengeballten Wolken; künftig wird der Rechtsbrecher an den Ufern des Rheins mit derselben Waage gewogen wie der Verbrecher an den Ufern der Sieg oder der Ruhr. Klare und eindeutige Strafgesetze, eine öffentliche Verhandlung und die Einrichtung der Geschworenen sichern alle und jeden vor Willkür. Wir treten unsere neuen Funktionen an, indem wir die feierliche Verpflichtung eingehen, in unseren Urteilen stets die Gerechtigkeit und die Billigkeit vor Augen zu haben. Unsere Pflicht muß es heute sein, die Unterdrückten zu schützen, die Unschuldigen zu retten und nur die Schuldigen zu bestrafen." Bei der Eröffnung des Akzisenhofes des Rhein-Departements am 6. Juli 1811 hielt der Präsident Bölling vor überfülltem Saal eine Rede, in der er die Gegenwart mit der Vergangenheit verglich und seine Freude über die Reformen ausdrückte. Im wesentlichen sagte er den in ihre Aufgaben einzuführenden Geschworenen: Einstmals wurden die Verbrecher von einer kleinen Zahl von Richtern und fern der Öffentlichkeit abgeurteilt. Ein einziger Richter befaßte sich allein mit dem ganzen Prozeß; der Urteilsspruch war seine persönliche Angelegenheit. Heute wird die Untersuchung noch immer vor einem einzigen Richter durchgeführt, aber diesem Richter ist der Staatsanwalt beigegeben, der darüber wacht, daß sich alles rechtmäßig vollzieht. Heute wird immer noch ein schriftlicher Bericht an die Anklagekammer übermittelt, aber, und darin liegt der gravierende Unterschied, diese Kammer äußert sich nur über die Gewißheit der Tat: Es ist Sache der Richter, zu *urteilen*. Sie sind jetzt wie die Priester am Hochaltar. Sich nach den Formalitäten der Justiz richtend und aus den aufgeklärten Gesellschaftskreisen gewählt, haben sie über die Straffälligkeit der Angeklagten zu befinden. Bölling beendete seine Rede mit ausführlichen Darlegungen über die Wichtigkeit und die Schwere der Aufgabe des Geschworenen[393].

---

[393] Rapport von Roederer vom November 1812, in AF IV 1226. Ein Drucker aus Düsseldorf ließ 1813 eine Broschüre erscheinen mit dem Titel "*Tagesgeschichte der merkwürdigen öffentlichen Verhandlungen bey dem Assisenhofe des Rhein-Departements zu Düsseldorf*". Hervorgehoben setzte er die hier wiedergegebenen Sätze, die Sethe bei der Einrichtung des Appellationshofes gesprochen hatte. - Er beschreibt den Gerichtssaal, bemerkt, daß der Angeklagte nicht angekettet war, sondern einfach von Gendarmen bewacht, gab die Ansprache des Präsidenten an die Geschworenen wieder und reproduzierte die in der Sitzung vom Juli 1812 ergangenen verschiedenen

In den zivilen Angelegenheiten hatten sich die Justizbeamten nach einem Jahr sehr gut mit den neuen Gerichtsformen vertraut gemacht. Das Volk war über die Schnelligkeit der Justiz überrascht: Die Gerichte der ersten Instanz des Ruhr- und die des Sieg-Departements waren "besonders gut zusammengesetzt". In den ehemaligen preußischen Provinzen waren die Richter im allgemeinen fähig und ließen sich nicht bestechen; ebenso war die Beamtenschaft in den ehemaligen Ländern des Herzogs von Nassau gut rekrutiert. Im ehemaligen Herzogtum Berg, im Rhein-Departement, herrschte eine schlechte Tradition: Die zu oft unwissenden Richter galten als bestechlich; unter der bayerischen Herrschaft wurden Ämter sogar zu Lebzeiten des Amtsinhabers verkauft. Diese Beamten mußten sorgfältig überwacht werden, besonders die in Düsseldorf und in Mülheim. Dagegen gab es nirgendwo Klagen über die aus den ehemaligen örtlichen Richtern ausgesuchten Friedensrichter, die ihre Aufgaben angemessen erfüllten.

Der Generalstaatsanwalt warf dem Appellationsgerichtshof vor, wenig solide Urteile in den schwebenden Berufungssachen, die aus den preußischen Provinzen stammten und noch nach den Vorschriften und Konstitutionen der ehemaligen Länder Kleve und Mark beurteilt werden sollten, zu fällen. Dieser Gerichtshof war in der Tat fast ausschließlich mit bergischen Richtern besetzt. Von den beiden einzigen mit preußischem Recht vertrauten Räten gehörte einer zur Anklagekammer, weil er schwerhörig war, der andere war der Strafrechtsabteilung zugewiesen, weil er gut redete. Aber es handelte sich um ein Übergangsregime; der Zeitpunkt sollte kommen, an dem Berufungsfälle ausschließlich nach französischen Gesetzen gerichtet werden sollten[394].

Wenn es auch verhältnismäßig leicht ist, in einem eroberten Land eine neue Art bürgerlicher Gerichtsbarkeit in privaten Streitfällen einzurichten und zu pflegen, so ist es dagegen sehr schwierig, mit dem örtlichen Personal und notwendigerweise aus Einwohnern des Landes bestehenden Geschworenen das Justizwesen im Straf- und Kriminalbereich zu reorganisieren. Es ist eine fast unmögliche Sache in einer Region, die durch Zoll- und Steuerlasten verarmt, ausgelaugt durch unaufhörliche Rekrutierungen von Männern und zum Aufstand bereit ist. Hin- und hergerissen zwischen ihren Amtspflichten und den Gefühlen für ihre Landsleute, verfahren die Richter zunächst widerwillig streng; bei den ersten Anzeichen des Aufstandes jedoch nehmen sie Partei gegen die bedrückende Fremdherrschaft. Genau so trug es sich im Großherzogtum Berg zu: Während des ganzen Jahres 1812 urteilten die neuen Gerichte noch streng in den unzähligen durch die zunehmende Arbeitslosigkeit, die ständig wachsende Verelendung sowie den Verfall des Handels und der Industrie hervorgerufenen Strafsachen - in einem Land, das die Kontinentalsperre zugrunde richtete. Als dann Anfang des Jahres 1813 die Nachrichten aus Rußland die Hoffnung auf Befreiung weckten und die Truppenaushebung sowie die Arbeitslosigkeit den ersten wirklichen Volksaufstand auslösten, der sich bis dahin in Deutschland ereignet hatte, änderte sich die Haltung der Gerichte: Während des ganzen Jahres, dem letzten der französischen Herrschaft, erfolgten zahlreiche Freisprüche für wegen Teilnah-

---

Urteile. Sethe, Bölling und der Rat Schram waren nach Lüttich gegangen, um die Formen einer Assisensitzung kennenzulernen. AF IV, 1834.

[394] Generalrapport von Sethe, vom April 1813; AF IV 1834. Der Präfekt des Rhein-Departements erklärte im September 1812: "Was die neue Gerichtsorganisation am heilsamsten macht, das ist die Einrichtung des Staatsanwaltes"; Archiv Düsseldorf; allgem. Landesverwaltung 9ª.

me am Aufstand angeklagte Personen. Die Geschworenen sprachen in diesen Fällen immer "*nicht schuldig*", und in manchen Fällen wurden organisierte Banden freigesprochen, die wegen gemeinsamer Plünderung angeklagt waren. Wenn zuweilen diese Aufstände milde bestraft worden sind, so geschah dies deshalb, weil die Anklageschrift es "unterlassen" hatte, vom Tatbestand des Angriffs mit offener Gewalt zu sprechen, der den Fall besonders erschwerte[395]. Die Gendarmerie dagegen erfüllte streng ihre Pflicht: Sie füllte die Gefängnisse mit Militärdienstverweigerern und Schmugglern, die sie "wie Neger auf einem Schiff zusammenpferchte, das Sklavenhandel treibt". Epidemien brachen in diesen Anhäufungen von verhungernden Unglücklichen aus, die das typhoide Fieber dezimierte. Alleine im Juli beliefen sich die "Zugänge" in den Gefängnissen auf die Zahl von 1.177; in einem bestimmten Augenblick mußten die Prozesse ausgesetzt werden, denn "wenn Gefangene einkamen, kamen sie nicht mehr heraus"[396].

# XI.

Als 1815 die Ruhe wieder eingekehrt war, als die linksrheinischen Departements und die Gebiete, die das Großherzogtum Berg gebildet hatten, wieder an Preußen zurückgegeben oder abgetreten worden waren, folgte die Gerichtsorganisation dem Schicksal der Gesetzgebung; die Parallelität dieser beiden Entwicklungen ist bemerkenswert. Gegen die Anstrengungen der preußischen Reaktion widersetzte sich das gesamte linke Rheinufer. Wie hier der von der Bevölkerung voll akzeptierte Code Civil hatte aufrechterhalten werden müssen, so mußte auch die durchweg ausgezeichnet akzeptierte Gerichtsorganisation intakt gelassen werden. Auf dem rechten Rheinufer akzeptierten die ehemals preußischen Gebiete Kleve, Mark und Münster, zu den preußischen Rechtsformen zurückzukehren, so wie diese Gebiete auch eingewilligt hatten, das Recht Friedrichs II. wieder in Kraft zu sehen.

So bildeten sich in diesen Territorien erneut die grundherrlichen Gerichte, die abzuschaffen sich Stein im Jahre 1808 vergeblich bemüht hatte. Die Privilegien in der Rechtsprechung kehrten zurück, an denen den großen Grundbesitzern gelegen war. Im Gegensatz dazu wurde im Herzogtum Berg der französische Code Civil ebenso beibehalten, wie

---

[395] AF IV, 1840: Berichte über die Justiz vom November 1812 bis September 1813 und AF IV, 1865: Situation des zweiten Trimesters 1813. - Beugnot schrieb, daß die Gerichte sich der Verwaltung widersetzten und sie die Zölle und die Post behinderten usw.; er fügte hinzu: "Die Minister haben selbst gesehen, wie sich das bewahrheitet, was sie oft vorausgesehen und haben beobachten lassen, daß nämlich die gerichtliche Ordnung so wie sie in Frankreich sich eingerichtet findet, für das Großherzogtum zu schwierig und übrigens zu kostspielig ist." Roederer fügte hinzu: "Wer? Wo? Wann? Was ist die Gerichtsordnung? Es gibt zwei Dinge: Das Personal, die Methode oder das Verfahren und den Urteilsspruch; wovon sprechen Sie? Es ist die Hauptsache, wenn das Verfahren gut ist."

[396] Die Untersuchungsrichter von Essen und von Hagen wurden Opfer der Ansteckung und starben. AF IV 1834, Rapport von Sethe über die Gefängnisse. - Alleine im Departement Ruhr gab es 547 Einkerkerungen, es war das Bergwerks- und Industrie Departement. AF IV 1865, Situation des zweiten Trimesters von 1813, von Beugnot dargelegt. Im September 1813 beklagte Sethe sich über die zahlreichen Freisprüche in Sachen der Falschmünzerei, AF IV 1834.

die französische Gerichtsorganisation mit all ihren Grundsätzen weiterhin gültig blieb: Abschaffung der Privilegien, Gleichheit aller vor dem Gesetz, Öffentlichkeit der Gerichtsverhandlungen, Trennung von Justiz und Verwaltung. Aus den "juges de paix" wurden die "Friedensrichter", die Gerichte der ersten Instanz nannten sich "Kreisgerichte" und später "Landgerichte". Die Staatsanwaltschaft und die Geschworenen - letztere waren eine zeitlang suspendiert worden - wurden beibehalten. Die Kassation wurde von Paris nach Berlin verlegt[397]. Die glühendsten deutschen Patrioten hatten die Überlegenheit des französischen Gerichtswesens anerkannt, und der ehemalige Generalstaatsanwalt des Großherzogtums Berg, der Preuße Sethe, machte 1815 alle Anstrengungen, die Reaktion zu bekämpfen, um "die liberalen Formen der rheinischen Rechtsprechung zu erhalten"[398]. 1848 wurden die grundherrlichen Gerichte überall aufgehoben; nun war nicht nur an den Ufern des Rheins die Justiz eine Sache des Staates. Als im folgenden Jahr die preußische Justiz reformiert wurde, wurden im ganzen Land Geschworenengerichte und die bis dahin allein den Gebieten des französischen Rechtes vorbehaltene Öffentlichkeit der Verhandlungen eingeführt: So waren die rheinischen Gebiete seit 1815 dank des Einflusses französischer Vorstellungen für Deutschland Beispiel und Modell geblieben.

---

[397] Die Zuständigkeit der Friedensrichter wurde 1821 erweitert. Zur Gerichtsorganisation nach 1814 siehe Bornhak, op. cit., III, 139 ff.
[398] Freytag, op. cit., IV, 348 ff. (*Aus der Zeit der Zerstörung*). Am 2. November 1813 bei der Eröffnung des Berufungsgerichtshofes begnügte sich Sethe, der begriffen hatte, daß die französische Herrschaft zu Ende war, eine Ansprache voll von moralischem Pathos zu halten. Über Napoleon verlor er kein Wort; er dachte, daß die öffentliche Schmeichelei nun nicht mehr nötig sei und bereitete einen Wechsel der Tonart vor; Archiv Düsseldorf, Sammlung Baumeister (Drucksachen).

# Kapitel VIII

## Schule und Kirche

### Die Schule

### Die Kirche

## I.

An den Universitäten entstand die Idee der deutschen Einheit; der Rheinbund sollte diese Idee verwirklichen: So dachten diejenigen Deutschen, welche die napoleonische "Protektion" akzeptierten und wollten, daß sie sich auf sämtliche Bereiche erstrecke. In dem naiven Glauben an die zukünftige Organisation des Rheinbunds bedauerten sie, daß zur

Entwicklung der Universitäten nichts unternommen wurde[399]. Das Statut von 1806 sah einen Bundestag vor und bestimmte vor allem die Truppenkontingente. Über das Unterrichtswesen wurde in der Rheinbundakte nichts bestimmt, dies sollte jeder Staat einzeln regeln.

Die dringenden Verwaltungs- und sozialen Reformen kosteten das Großherzogtum Berg fatalerweise viel Zeit, der Unterhalt des Truppenkontingents viel Geld. So fehlten sowohl die Zeit als auch das Geld, die für eine grundlegende Neugestaltung des Unterrichtswesens notwendig gewesen wären. Pläne waren indessen reichlich vorhanden; die Erfordernisse waren ebenso bekannt wie die neuen Ideen, die nach 1815 keimten. Der dadurch erweckten Hoffnungen sowie der Neugierde wegen, die sie im gelehrten Deutschland erregten, sind diese Projekte interessant.

Im Großherzogtum, wie es 1806 bestand, existierte eine Universität in Duisburg für das Herzogtum Kleve. 1654 von dem brandenburgischen Kurfürsten Friedrich-Wilhelm gegründet, hatte sie glanzvolle Jahre erlebt. Seit Ende des 18. Jahrhunderts, besonders seit das linke Rheinufer französisch geworden war, nahm die Zahl der Studenten wie auch die der Professoren jedes Jahr ab. Niemand wollte mehr eine ungewiß gewordene kirchliche oder Verwaltungslaufbahn einschlagen. 1798 gab es nicht mehr als fünf Studenten der Theologie, seit 1801 waren fünf Lehrstühle unbesetzt[400].

Der künftige Minister vom Stein hatte, als er von 1802 bis 1804 Oberpräsident in Münster war, diese Universität als unnütz auflösen und die so gewonnenen Mittel für die Verbesserung des Gymnasiums in Wesel verwenden wollen[401]. Er hatte nicht mehr die Zeit, dieses Projekt zu verwirklichen.

Als Murat Duisburg 1806 besuchte, erhielt er feierlich die Insignien der Universität, hörte die von den Professoren vorgetragenen Wünsche nach Wiederaufrichtung ihrer Universität und sprach einige freundliche Worte.

In Düsseldorf waren Hochschulen mit einer sieben Professoren zählenden "Akademie" der Theologie und der Rechte, einer "Akademie" der Zeichenkunst mit drei Professoren und einer Lehranstalt der Chirurgie vertreten. Aber dabei handelte es sich eher um Spezialschulen als um eine Universität im eigentlichen Sinn. Ebenso verhielt es sich mit den Hochschulen von Herborn, Hadamar und Lingen, die übrigens alle im Niedergang begriffen waren[402].

---

[399] Wienkopp, Der *Rheinische Bund*.

[400] Eschbach, Die Universität von Duisburg unter der französischen Verwaltung in: *Beiträge zur Geschichte des Niederrheins* (1900).

[401] Lehmann, *Freiherr vom Stein*, 1902, I, 203 ff.

[402] Asbach, *Der Zustand des Bergischen Schulwesens im Jahre 1809 und die napoleonische Universität in Düsseldorf*, in: *Annalen des Historischen Vereins für den Niederrhein* (Jg. 1900). In diesem Artikel wird *in extenso* aus dem Bericht von Hardung, Direktor des öffentlichen Unterrichtswesens, über den Zustand der Lehreinrichtungen des Großherzogtums zitiert. Ich werde verschiedentlich darauf hinweisen.

# II.

Es hieße Murat zu viel Ehre antun, ihm die Organisationspläne zuzuschreiben, die 1806 - erst recht die späteren von 1808 - erwogen wurden: Bereits unter Maximilian Joseph war der beklagenswerte Zustand des Unterrichtswesens im Herzogtum Berg Gegenstand von Erörterungen. In den preußischen Provinzen hatte vom Stein seit 1802 ebenfalls Pläne verkündet, um die alten, unnütz vermehrten und erbärmlich hinfälligen Schulen durch ein modernes Unterrichtswesen zu ersetzen. Die französische Herrschaft jedoch verlieh den hier und da entstandenen Reformideen mehr Breite und Einheitlichkeit, indem sie die bis dahin sich gegenseitig fremd gebliebenen Provinzen vereinigte und einander näherbrachte. 1806 wurde ein Organisationsplan entwickelt und im Staatsrat erörtert: In einer einzigen Universität, deren Name schnell gefunden - Joachimsuniversität -, deren Sitz aber noch festzulegen war[403], sollten die Mittel aller bis dahin bestehenden Einrichtungen konzentriert werden[404]. Dieses erste Projekt blieb Papier.

1808, als das Großherzogtum durch die Eingliederung des Fürstentums Münster und der Grafschaft Mark vergrößert, fast verdoppelt worden war, kam eine neue Universität hinzu: die von Münster. Dort war der Reformgedanke vom Steins bereits Vergangenheit. Er hatte diese katholische Universität ohne wissenschaftliche Einrichtungen verjüngen wollen; sie war alleine den Geistlichen des Landes vorbehalten und blieb jedem von außen kommenden Professor verschlossen. Die Göttinger Universität nachahmend, wollte er in diesem Teil Westfalens eine Heimstatt des geistigen Lebens und der wissenschaftlichen Tätigkeit gründen: Es gelang ihm indes nicht, die örtlichen Widerstände zu brechen[405].

Der Direktor des öffentlichen Unterrichtswesens, Hardung, unterbreitete Murat ein neues Projekt nach den Grundsätzen Steins: "Ihre Arbeit muß auf der Organisation der berühmtesten Universitäten Deutschlands aufgebaut werden."[406] Im Großherzogtum, das auf dem Höhepunkt seiner Entwicklung angekommen war, sollte es nur eine Universität mit Sitz in Münster geben. Der Verwaltungsmittelpunkt sollte in Düsseldorf sein; Münster sollte die großen wissenschaftlichen Einrichtungen bekommen. Diese Stadt verfügte über ausreichend Gebäude, weniger Zerstreuungen, reinere Sitten und mehr Ruhe als Düsseldorf. Die Universität sollte nicht mehr allein den Katholiken vorbehalten und die theologische Fakultät in zwei Sektionen aufgeteilt werden; in einer sollte die protestantische Glaubenslehre gelehrt werden. Renommierte Professoren wurden zur Mitarbeit aufgerufen: Vor allem Friedrich Schlegel und der Chemiker Wurzer, ein ehemaliger Professor der zentralen Lehrstätte in Bonn, hatten zugesagt, nach Münster zu kommen, wenn die neue Organisation Gestalt angenommen habe. Zunächst wurde erwogen, 90 Lehr-

---

[403] Man entschied sich für Düsseldorf trotz der Reklamationen und Bittschriften der Duisburger Professoren.
[404] Archiv in Düsseldorf, allgemeine Verwaltung 17$^B$. Das Projekt von 1806 scheint aus der Hand des 1809 zum Präfekten ernannten Grafen von Borcke zu stammen.
[405] Lehmann, op. cit.
[406] Asbach, *Entwurf zur Einrichtung einer bergischen Landesuniversität zu Münster* (1808-1809), Düsseldorf 1901. Der Autor dieser Abhandlung zitiert die Idee Murats nach dem Bericht von Hardung.

stühle einzurichten, schließlich blieben 24 übrig. Aber die politischen Veränderungen und die Landesorganisation, welche die gesamte Zeit der Beamten in Anspruch nahm, verhinderten das Zustandekommen dieses zweiten Projektes. Ein drittes sollte dasselbe Schicksal erleiden.

## III.

Am Ende des Jahres 1811 durchquerte Napoleon auf dem Rückweg von Holland das Großherzogtum. Bei der Reise durch Duisburg traf er einige der dortigen Professoren. Einer von ihnen schilderte ihm den erbärmlichen Zustand der Universität und bat ihn beim Übergeben einer Bittschrift, sie wieder aufzurichten[407]. In Düsseldorf angekommen diktierte er Roederer folgende Anweisung: "Der öffentliche Unterricht muß in der Weise gestaltet sein, daß Düsseldorf der Mittelpunkt des Unterrichtswesens mit einer alle akademische Grade verleihenden Universität wird und alle Lehrstühle dort ausschließlich mit Graduierten der Universität besetzt werden."[408]

Am folgenden Tag stellte Nesselrode in einer vom Kaiser geleiteten Staatsratssitzung an der Champagny, Roederer, Beugnot, Nesselrode und Maret teilnahmen, ein Organisationsprojekt vor. In einer Verbalnote wurden die definitiv angenommenen Prinzipien festgehalten: In Düsseldorf sollte eine Universität für die Landeskinder eingerichtet werden, denen das auswärtige Studium verboten werden sollte[409]. Duisburg und die anderen verfallenen Hochschulen sollten aufgegeben werden.

Nesselrode machte sich an die Arbeit. Aufgrund der erteilten Anweisungen, der älteren Projekte von 1808 und 1809 sowie des Gründungsdekrets der Universität von Frankreich bereitete er zügig ein entsprechendes Dekret vor, das am 17. Dezember 1811 unterzeichnet wurde, weniger als einen Monat nach der Durchreise des Kaisers: Eine aus fünf Fakultäten zusammengesetzte Universität - protestantische und katholische Theologie, Rechtswissenschaft, Medizin, Mathematik und Physik, Literatur - sollte in Düsseldorf errichtet werden und ihren Lehrbetrieb am 1. März 1812 aufnehmen. Vom gleichen Tag an sollte kein junger Mann des Großherzogtums mehr auf ausländische Universitäten ge-

---

[407] In dieser Bittschrift, von der auch Roederer ein Exemplar überreicht wurde, forderten die Professoren auch den freien Zugang der Industrieerzeugnisse des Großherzogtums in Frankreich oder zumindest die Senkung der Zollgebühren. Einstmals, so besagte die Bittschrift, gab es in Duisburg 12 Professoren und 100 Studierende, aber seit mehreren Jahren habe die preußische Regierung die Verstorbenen nicht mehr ersetzt. 1813 war die Universität Duisburg so in Verfall geraten, daß sie nur noch vier Professoren und ... fünf Studenten hatte! AF IV 1838. Asbach (*Die napoleonische Universität in Düsseldorf*, Düsseldorf 1899), behauptet nach Sybel (*Die Gründung der Universität Bonn*), daß es 1811 in Duisburg drei Professoren und 20 Studenten gab.
[408] Correspondance de Napoléon, XXII, 549, 2. November 1811. Von Münster, das seit fast einem Jahr vom Großherzogtum abgetrennt worden war, war nicht mehr die Rede.
[409] AF IV 1253: Protokolle der in Amsterdam und im Großherzogtum abgehaltenen Ratssitzungen (Oktober-November 1811); Sitzung vom 3. November.

schickt werden und die dort Studierenden zurückgerufen werden[410]. Der Grad eines Lizenziaten wurde von Notaren, Rechtsanwälten, Richtern und Ärzten gefordert; die auf ausländischen Universitäten erworbenen Grade wurden nach Errichtung der Düsseldorfer als wertlos für die Ausübung dieser Berufe erklärt: Dies war die im Großherzogtum festgelegte "Universitätssperre".

Das Jahr 1812 war mit Besprechungen, Beratungen und Korrespondenzen ausgefüllt, um das "das Reglement betreffende Gesetz" der Universität vorzubereiten: Beugnot beklagte sich, von Nesselrode nicht hinreichend eingebunden zu werden. In seiner Eigenliebe gekränkt, erinnerte er Roederer daran, daß er bei der Organisation des öffentlichen Unterrichtswesens in Frankreich um seine Ansichten gefragt wurde "wie ein ehemaliger Schüler, an den sich seine ehemalige Universität das Andenken bewahrt"[411]. Jacobi, der Sohn des Philosophen, den Roederer im Sommer 1812 in Paris empfangen hatte, überreichte seine Bemerkungen zu dem Dekret vom 17. Dezember und bemängelte vor allem, daß die Zahl der Theologieprofessoren nicht hoch genug und die Dotation der Universität zu gering bemessen sei. Der Staatsrat prüfte im Dezember 1812 drei Tage lang das Dekret, hörte die langen Rapporte Jacobis und versah das vorgelegte Projekt mit Anmerkungen und Verbesserungen. Beugnot stellte seinen Groll hintan und faßte die Vorschläge zusammen; er kommentierte und kritisierte sie bei der Übermittlung an Roederer.

Er wollte keine sieben Theologieprofessoren: "Behandelt man dieses Fach zeitgemäß, genügen vier Professoren, zwei für die katholische und zwei für die protestantische Theologie, denn es scheint, daß es hier zwei Spezies der Wahrheit gibt und infolge dessen zwei unbedingt entgegengesetzte Wissenschaften, so daß es nicht möglich ist, sie beim gleichen Professor zu vermengen, ohne damit die Theologie bzw. die Theologen der Lächerlichkeit preiszugeben." Dagegen billige er den Jacobischen Gedanken einer Vereinigung der Universität mit der von Karl Theodor gegründeten Akademie (der Malerei). Beugnot wünschte die Wiedereinrichtung der vor kurzem nach München[412] überführten Galerie. "Das Gebäude steht in Düsseldorf; das Museum in Paris besitzt viele Bilder, die man nicht auszustellen weiß. Ein Wort des Kaisers würde genügen ..." Schließlich, um hier nur die charakteristischsten Feststellungen festzuhalten, gestand er dem Staatsrat nicht zu, der Universität die Sorge über die *christliche* Religion zuzugestehen: "In dem Reglement muß festgehalten werden, daß die Unterrichtsanstalten die Leh-

---

[410] Das Projekt von 1808 war liberaler und hatte kein rigoroses Monopol geschaffen. Art. 12 genehmigte den jungen Leuten das Auslandsstudium, wenn sie vorher schon drei Jahre Vorlesungen der großherzoglichen Universität gehört hatten.

[411] AF IV 1838. Brief an Roederer vom 25. Januar 1812. Roederer bat ihn um seine Meinung über die zu gewährenden Gehälter. Beugnot antwortete darauf geradeheraus, daß er nicht an einer Einzelregelung arbeiten könne, wenn er nicht seine Vorstellungen über den Grundplan vorher äußern dürfe. Er entschuldigte sich, im übrigen ziemlich geistlos, wegen seiner Heftigkeit in einem Brief vom 15. Januar 1813. Roederer schrieb in einem Rapport vom November 1812: "Die Einrichtung der Universität ist aufgeschoben worden in Erwägung, daß ein Reglement notwendig war ..."

[412] Die berühmte "Galerie" von Düsseldorf war zum Zeitpunkt des Einmarsches der Franzosen nach München gebracht worden. Beugnot beschäftigte sich damit, erneut eine "Galerie" zu gründen; 1810 stand er mit dem Grafen von Brabeck im Briefwechsel, der ihm seine Galerie aus Söder bei Hildesheim verkaufen wollte; AB, XIX, 351, Vermächtnis Beugnot.

ren *der Religion* als Grundlage ihres Unterrichts betrachten sollen; es darf nicht vergessen werden, daß im Land einige tausend Juden leben, alles sehr ehrenhafte und ruhige Leute."[413]

Beugnot hatte also erneut eine Gelegenheit gefunden, einen schönen Bericht zu verfassen und einige Ideen in pompösen Ausführungen zu entwickeln, die er so sehr liebte. Dennoch ahnte er sehr wohl, daß die Universität nicht mehr eingerichtet werden würde. Es war bereits Januar 1813, das Großherzogtum bereitete dem Kaiserlichen Kommissar schon erhebliche Sorgen, die allgemeine Stimmung war schlecht; schließlich hatte der aus Rußland zurückgekehrte und neue Feldzüge vorbereitende Napoleon nicht mehr die Zeit, Schulvorschriften zu prüfen! Auch das Geld fehlte. Das Truppenkontingent verschlang alle Mittel des Landes. So vergingen die Hoffnungen Beugnots, die zweifellos niemals sehr ernsthaft waren, und zerrannen die Träume von Nesselrode, der eine Zeitlang an die Reorganisation des Unterrichtswesens geglaubt hatte.

Der Innenminister kannte die Projekte seines Freundes vom Stein; er hatte durch ihn die Bedeutung erkannt, die ein intellektuelles Zentrum für diese so im Stich gelassene gesamte rechtsrheinische Region haben würde. Schon 1806 hatte er begonnen, in Deutschland Professoren zu suchen, die bereit wären, ihre alten Universitäten zu verlassen, um an der *Joachimsuniversität* oder an der *Universität Napoleona Augusta* zu lehren[414]. Beugnot hatte zu der Zeit, als er noch an die Verwirklichung all dieser Projekte glaubte, nach Göttingen, Halle und Jena, "an Männer ersten Ranges geschrieben, die er in Westfalen kennengelernt und mit welchen er die Mängel der Universitäten und deren Abhilfe diskutiert hatte". So wurden Ideen entwickelt, Pläne geschmiedet und Ratschläge erteilt, deren Kenntnis hochinteressant wäre. Bis 1813 erreichten Briefe Düsseldorf, welche die Neugierde des gelehrten Deutschlands dokumentierten, das an diesen Vorhaben lebhaft interessiert war. Selbst in Paris waren Professoren und Ärzte, deren Ansehen über die Grenzen Frankreichs gedrungen war, von den Kandidaten um Unterstützung bei Roederer oder Beugnot angegangen worden: Sylvestre de Sacy, Pinel, Dubois und noch andere richteten "Empfehlungen" an den Staatssekretär und den Kaiserlichen Kommissar. Von dieser gesamten - heute vermutlich in unzugänglichen Familienarchiven verschlossenen - Korrespondenz ist fast nichts mehr vorhanden[415]. Ein merkwürdiger Brief ist indessen überliefert: Mit seiner Kritik des Dekrets vom 17. Dezember und in seiner Art, dieses zu

---

[413] Die Anmerkungen von Jacobi, die Überlegungen des Staatsrates und die Anmerkungen Beugnots sind in AF IV 1838. Asbach, der davon im Archiv zu Düsseldorf die Abschrift gefunden hat, hat sie zum großen Teil in seinem Aufsatz: *Die napoleonische Universität ...* wiedergegeben, auf die ich bezüglich der Details verweise. - Die von Beugnot verlangte Korrektur erinnert an die umgekehrte Korrektur, die der Kardinal Fesch im Jahre 1808 im Gründungsdekret der Universität erhielt. Der Staatsrat hatte "die Lehren der *christlichen* Religion" zu den Grundlagen des Unterrichtswesens erklärt; er verlangte die *katholischen*. Taine, *Le Régime moderne*, II, 178, irrt sich, wenn er diese Korrektur Napoleon zuschreibt.

[414] Der Staatsrat hatte beschlossen, der Universität diesen Namen zu verleihen. Er bat den Minister, "diese Entscheidung zu Füßen des Thrones niederzulegen". AF IV 1838; und Asbach, op. cit.

[415] In AF IV 1838 finden sich Empfangsbestätigungen und Übergabebriefe von Sylvestre de Sacy usw.; die Briefe selbst sind nicht aufbewahrt worden.

kommentieren, zeigt er uns besser als irgendein Verwaltungsdokument die Hoffnungen und die Neugierde, die dieses Dekret in Deutschland erweckte und hervorrief.

## IV.

Der ehemalige Jura-Professor an der Universität zu Marburg und damals Geheimer Rat der Fürsten von Nassau in Wiesbaden, Harscher von Almendingen, wurde durch Nesselrode, den er in Düsseldorf kennengelernt hatte, dazu angeregt, bei "mehreren der wichtigsten Gelehrten Erkundigungen einzuziehen oder einziehen zu lassen"; vor allem bei solchen, "die in Frankreich bekannt, geachtet und geschätzt wäre." "Herr Sartorius"[416], schrieb er am 23. Oktober 1812, "Mitglied des Nationalinstituts von Frankreich, Professor für Geschichte und Staatswirtschaft an der Universität Göttingen, Herr Langsdorf, Professor für Mathematik und Physik in Heidelberg, den man in Frankreich, in Deutschland und in Rußland, wo er sich lange Zeit aufgehalten hat, schätzt und Herr Schömann[417], Professor des Bürgerlichen Rechtes in Jena, haben mir unzweideutige Neigungen gezeigt, Professuren in Düsseldorf anzunehmen, wenn Eure Exzellenz geruhen würde, sie mit einer Berufung zu ehren. Herr Sartorius ist ein brillanter Kopf, er verbindet die Begabung der hervorragenden Diktion mit einer überragenden Gelehrsamkeit. Er ist der würdige Nachfolger des berühmten Schlözer". Aber das Geld sollte keineswegs genügen, um diese Professoren, die ein hohes Ansehen, wissenschaftliche Verbindungen und eine ausgezeichnete Bibliothek in der Stadt hatten, die sie verlassen sollten, anzulokken. Sie würden auf keinen Fall einer "wenig angesehenen Universität" angehören wollen[418], und der Organisationsplan, den man ihnen vorlegte, erschien ihnen recht mittelmäßig.

Von Almendingen erklärte, daß die Zahl der vorgesehenen Professuren[419] "so gering sei, daß sie kaum genüge, eine drittklassige deutsche Universität einzurichten. Sie läßt im Bildungswesen wesentliche Lücken: Es ist moralisch und physisch unmöglich, daß *ein* Theologieprofessor jeder Konfession für die Unterweisung der Theologen genüge. Die in England entstandene, in Deutschland besonders gut kultivierte und in Frankreich, der Wiege des berühmten physiokratischen Systems, sehr geschätzte Lehre der Nationalökonomie wurde völlig vergessen. Ebenso hat man nicht an jenen Teil der Wissenschaft gedacht, der sich bei uns *die Forstwissenschaft* nennt. Es gibt überhaupt keinen Lehrstuhl

---

[416] Sartorius (Georg), deutscher Historiker, geb. 1765, gest. 1828 in Göttingen, Freund von Goethe und von Benjamin Constant. Siehe den Artikel, den ihm F. Freusdorff in der *Allgemeinen Deutschen Biographie*, XXX, 390 ff gewidmet hat.

[417] Schömann (F.-J. Constantin) war seit 1810 Professor der Rechtswissenschaften an der Universität Jena. Die *Allgemeine Deutsche Biographie*, XXXII, 237, gibt nur diesen kurzen Hinweis am Anfang eines seinem Sohn, einem berühmten Mediziner, gewidmeten Artikels.

[418] Die Gehälter bewegten sich zwischen 4.000 und 8.000 Francs, was selbst in Deutschland zu dieser Zeit als angemessen bezeichnet werden konnte; AF IV 1838.

[419] Zwei Theologieprofessoren, drei der Rechtswissenschaft, drei der Medizin, drei der Wissenschaften Mathematik und Physik und drei der Literatur, "denen auch die Lehre der französischen Sprache aufgetragen werden sollte".

der Metaphysik, der Logik, der spekulativen und transzendentalen Philosophie. Wenn sich unter den Bewerbern der Lehrstühle an der Universität zu Düsseldorf ein Mann wie Kant, Schelling oder Fichte, präsentierte, müßte man ihn zurückschicken. Clarke und Locke, obgleich Köpfe ersten Ranges, wären draußen geblieben[420]. Die Staatsmänner und die Leute der Gesellschaft mögen die Metaphysik nicht: Ich glaube, daß sie recht haben; aber sie haben unrecht, die Anstrengungen des menschlichen Geistes zu verachten, denen zu folgen sie weder die Muße noch das Interesse haben. Die großen Entdeckungen im Bereich der Geistes- und Naturwissenschaften sind durch echte Metaphysiker gemacht worden, d.h. durch Köpfe, die in hohem Grad zur Abstraktion und Spekulation fähig waren. Die Metaphysik ist mehr ein Instrument als eine wirkliche Wissenschaft; ihre Reflexionen und ihre Systeme über die Gesetze des menschlichen Begriffsvermögens erzeugen nichts besonders Substantielles, aber wenn der wirkliche Metaphysiker den forschenden Geist, der ihm von Natur aus gegeben ist, den praktischen Wissenschaften, z.B. der Rechtswissenschaft oder der Physik zuwendet, vollbringt er Wunder."

"Die Rechtswissenschaft", fuhr von Almendingen fort, "ist die Wissenschaft, die der Organisationswahn am meisten ergriffen hat. Trotzdem gab es keinen Lehrstuhl für das Studium des Verwaltungsrechts; zumindest hätte man damit einen der drei Professoren beauftragen müssen. Davon ist in den in Frankreich eingerichteten Rechtsschulen viel die Rede. Dies ist ein für einen erst vor kurzem nach dem Modell des französischen Kaiserreichs eingerichteten deutschen Staat doppelt wichtiger Zweig der französischen Rechtswissenschaft." Es war allein die Mittelmäßigkeit des Universitätsplanes, die Sartorius davon abgehalten hat, dort einen Posten anzunehmen. Langsdorf, der gerade eine Berufung nach Berlin abgelehnt hatte, "würde zusagen, aber mit so vielen Wenn und Aber!"

Der berühmte Jurist und Jenaer Professor Schömann würde nur einen Lehrauftrag der ersten Klasse annehmen, "denn außer Herrn Hugo in Göttingen und Herrn Thibaut in Heidelberg, die beide den Vorzug verdienten, aber die sicherlich ablehnen würden, besitzt ganz Deutschland zum gegenwärtigen Zeitpunkt keinen *Lehrer des Zivilrechts*, der mehr in der kritischen Textauslegung und der gründlichen und vertieften Rechtswissenschaft zu Hause ist". Für die anderen weniger herausragenden Posten schlug von Almendingen Bauer aus Marburg sowie Jaup aus Gießen vor. "Ich wage zu wiederholen", so schrieb er, "daß man, wenn es möglich ist, den *Organisationsplan vervollständigt, daß man liberaleren Ideen Raum gibt*[421], und man wird ohne Mühe das finden, wonach man sucht."

Dann ging er zur Verteidigung der Theologen beider Konfessionen über, die in dem Projekt "schlecht behandelt" worden waren: "Dies ist nach meiner Ansicht nicht der Geist der Philosophie, eine solche Knauserei der Stellen und Gehälter zu diktieren. Sie beweist im Gegenteil eine wenig philosophische und wenig liberale Gleichgültigkeit für die Bedeutung religiöser Vorstellungen. Nehmen wir die Theologen aus dem Kabinett, aus dem Fürstenkollegium heraus[422], sie sollen dort nicht dominieren, sie sollen der Verwaltung keinesfalls den von ihrer Art untrennbaren intoleranten und eingeschränkten

---

[420] Am Rand schrieb Roederer: "Kein Verlust, was Kant anbetrifft, bei Locke ist das anders". AF IV 1838.
[421] Dies scheint von Roederer unterstrichen worden zu sein.
[422] Am Rande: "Gut".

Geist aufdrücken, recht so. Aber da die religiöse Unterweisung des Volkes in die Hände der Theologen gelegt werden muß, da die öffentliche Ordnung eng an die Kraft der religiösen Meinungen gebunden ist, müssen die Theologen gewürdigt und geachtet werden ...". Nach einer Begründung der Theologie als Wissenschaft fügt er hinzu: "Die Protestanten Deutschlands haben die Hierarchie abgeschafft, oder, um es genau auszudrücken, sie haben den Priester auf die schlichte Rolle des Predigers zurückgeführt. Politisch bewertet haben sie Schlechtes bewirkt. Diese Metamorphose war der erste Schritt zum Zustand der Entwertung, in den die kirchliche Ordnung gegenwärtig gesunken ist[423]. Die Hierarchie muß eingeschränkt werden, ohne sie zu zerstören. In England wurde die Hierarchie beibehalten, und es gibt keinen Grund, dies zu bereuen. Auch sind die Theologieprofessoren dort sehr geachtet. Einige sind als Bischöfe wie Lowth, Tillotson und andere in die Kammer der Pairs gekommen; dennoch ist England das Land, in dem die politischen und religiösen - oder, wenn man will: irreligiösen - Meinungen den freiesten Aufschwung genommen haben, ohne indessen dort die öffentliche Ordnung zu stören und ohne daß sie die große Masse der Nation hätten verführen können. Ist es Größe, ist es Würde oder Weisheit von Napoleon, die Theologen herabzuwürdigen? ..."

Um die Universitätsorganisation zu vervollständigen, empfahl von Almendingen die Herausgabe einer *Gazette littéraire* ähnlich der von Jena oder Halle. Die Regierung solle die Geldmittel zusichern und so die erste *offizielle Literaturzeitung* herausbringen. Aber alles dies war nur ein Traum; selbst der Korrespondent Nesselrodes glaubte kaum, daß dieser Traum jemals Realität werde: "Ich würde viel aktiver gewesen sein", schrieb er abschließend, "wenn ich nicht gedacht hätte und wenn ich nicht immer noch dächte, daß die Universität nicht vor Ende des gegenwärtigen Kontinentalkrieges eingerichtet werden wird; und wer könnte die Folgen dieses Ereignisses für den Rheinbund, für das Großherzogtum von Berg, für die Universität Düsseldorf oder erst recht für ihre innere Gestalt voraussagen oder abwägen? ..."[424]

Bis zum Juli 1813, d.h. bis zu den letzten Tagen der französischen Herrschaft, kamen Bewerbungsgesuche an; das letzte stammte von Alexander Haindorf[425]. Vom August ab, nach den ersten Niederlagen in Deutschland, trafen keine mehr ein. Nesselrode hatte Anfang 1812 an Roederer geschrieben, daß er nicht mehr wisse, was er den Professoren, die ihm geschrieben hätten, versprechen solle, und er fügte hinzu: "Wird die Universität er-

---

[423] Roederer notiert am Rand: "Befindet sich das Land deswegen in einem schlechten Zustand? Gibt es in protestantischen Ländern weniger gute Sitten und Wohlergehen als in den katholischen? Die angebliche Entwertung der kirchlichen Ordnung ist keineswegs ein Schlechtes, wenn sie nur das Recht der Geistlichen verletzt. Man muß den Staat im Auge haben!"

[424] AF IV 1838. Am 14. Dezember 1812 übermittelte von Almendingen Nesselrode einen Brief des Professors Hufeland, "Verfasser der *Neuen Theorie* der Wirtschaftspolitik, die in Methode und Tiefe und durch die Neuartigkeit der Ansichten das berühmte Werk von Adam Smith *Enquiry into the Nature and the Causes of the Wealth of Nations* übertrifft". Hufeland hielt von Almendingen über seine Arbeiten auf dem laufenden und erklärte ihm, daß er eine Aufgabe in Düsseldorf nicht übernehmen könne; in Landshut, wo er lehrte, bekam er ein Gehalt von 4.000 Florins, das ihm ermöglichte, seine aus acht Personen bestehende Familie zu unterhalten.

[425] Haindorf (Alexander), geb. 1782, gest. 1862, bekannt als Mediziner und Gemäldesammler. Siehe *Allgemeine Deutsche Biographie*, X, 392-393.

richtet?"[426] Projekte, Berichte, Beratungen blieben in den Kartons des Staatssekretariats in Paris vergraben: Die Universität wurde niemals errichtet.

# V.

Die seit 1806 nacheinander ausgearbeiteten und auf der französischen Organisation basierenden Projekte sahen nicht einfach *nur je eine* Universität in Münster oder in Düsseldorf vor, d.h. eine Gruppierung wissenschaftlicher Einrichtungen, - welche die geringen Mittelzuweisungen übrigens fast auf die Rolle von Fachschulen reduzierte - , sie gründeten, auch auf dem Papier, *die* Universität, d.h. die napoleonische "Korporation", die sich aus den drei Unterrichtsstufen zusammensetzte, welche ein Ganzes bilden[427].

Der Sekundarschulunterricht im Großherzogtum Berg wurde in den Gymnasien und in "Lateinschulen" erteilt. Diese waren mittelmäßig eingerichtet, und Latein stellte noch die Grundlage der Ausbildung dar; es wurden Halbgelehrte ausgebildet[428]. Im katholischen Teil des Landes war der Unterricht ausschließlich den Geistlichen anvertraut; er war rein formal und literarisch. Weder Geschichte noch Naturwissenschaften wurden unterrichtet, selbst das Deutsche nur sehr unzureichend. Stein wollte, während er das Fürstentum Münster für Preußen verwaltete, als entschiedener Anhänger der staatlichen Aufsicht über den öffentlichen Unterricht, diese alten Schulen verjüngen, in die moderne Vorstellungen noch keinen Eingang gefunden hatten. Er war kein fanatischer Verfechter der alten Kultur und hatte davon geträumt, die strengen Programme der Gymnasien durch die Einführung neuer Fächer aufzulockern. Er hatte nicht die Zeit, seine Reformpläne zu verwirklichen[429].

Für das Großherzogtum, so wie es 1806 existierte, wurde der Zusammenschluß mehrerer Gymnasien zu einem vorgeschlagen: Von 14 sollte die Zahl auf vier Lehranstalten verringert werden[430]. Nachdem das Land 1808 im Frieden von Tilsit vergrößert worden war, sah ein neues Projekt sieben Gymnasien und 17 Sekundarschulen vor.[431] Im folgenden Jahr bot der von seinem Freund Beugnot über diese Organisationsprojekte unterrichtete Historiker Johannes von Müller, damals Minister des öffentlichen Unterrichts unter König Jêrome von Westfalen, dem Kaiserlichen Kommissar an, der König könne ihm "großzügig 30 bis 40 Professoren überlassen, wobei er im ganzen genommen sogar auf die Zustimmung des Finanzministers verzichten könne"; er fügte hinzu: "Ich möchte Ihnen in Wahrheit zwar nicht die unumschränkte Auswahl der Professoren zugestehen,

---

[426] Papiere des Grafen Roederer, Brief vom 7. Mai 1812.
[427] Siehe L. Liard: *L'enseignement supérieur en France.*
[428] Berichte der Präfekten der Ems- und Sieg-Departements im Jahre 1809, Archiv Düsseldorf, Allgemeine Landesverwaltung, 29.
[429] Hardung gibt in seinem von Asbach wiedergegebenen Bericht eine Übersicht über die Anstalten des Sekundarunterrichts: Ein Gymnasium in Düsseldorf, 23 Gymnasien mit drei bis acht Professoren; 19 Sekundarschulen.
[430] Wesel, Duisburg, Düsseldorf, Siegburg.
[431] Die Gymnasien sollten in Düsseldorf, Duisburg, Hadamar, Herborn, Hamm, Emmerich und Münster plaziert werden; Asbach, op. cit.

jedoch sollten Sie jedenfalls den Geist der Billigkeit ermessen, der mich in dieser sehr wichtigen Angelegenheit leitet: Ich werde Ihnen keine alten Männer überlassen, die der Tod Ihnen prompt hinwegraffen wird, es werden Gelehrte sein, welche die Gemüter nicht mit vielen neuen Ideen verwirren, solche Männer, die der blanke Neid niemals einer Ketzerei wird beschuldigen können, die aber, wenn sie zur rechten Zeit ihr Gehalt empfangen, *vadere mundum sicut vadis* lassen werden, sei es zum Teufel"![432] Diese "großzügige Überlassung" mußte Beugnot ablehnen, denn das Geld fehlte, um zur "rechten Zeit" dem neuen Personal Gehälter zu zahlen; er mußte bessere Zeiten abwarten ...

## VI.

1811 soll Napoleon bei seiner Durchreise in Düsseldorf in dem verkleinerten Großherzogtum nur ein Gymnasium in der Hauptstadt gewollt haben, in welchem der Staat 100 Schüler unterhalten hätte, sowie vier oder fünf Sekundarschulen, in denen Französisch, Latein und Mathematik gelehrt werden sollten[433]. Dies wäre unzureichend gewesen. Die Minister, vor allem Nesselrode, setzten die Einrichtung von neun Sekundarschulen durch, eine für jeden Gerichtsort[434]. Selbst dies war zu wenig; das am 17. Dezember 1811 vom Kaiser unterzeichnete Dekret errichtete nicht nur ein Gymnasium in Düsseldorf, für das 60 unter den Söhnen der Militär- und Verwaltungsangehörigen bestimmte Schüler ernannt und von der Regierung unterhalten werden sollten, sondern noch 32 Sekundarschulen der ersten und zweiten Klasse, in denen jeweils drei Professoren Latein, Deutsch, Französisch und Mathematik unterrichten sollten[435]. Indem man die französischen Verhältnisse nachahmte, wurden die Direktoren, Professoren, Rektoren und Ordinarien zum Zölibat und zum Leben in Gemeinschaft verpflichtet. Der im Dezember 1812 zur Entscheidung über die gesamte Schulorganisation einberufene Staatsrat konnte einer derartigen Verpflichtung nicht zustimmen. Beugnot billigte in jeder Hinsicht, daß er sie verwarf: Es dürfe nicht vergessen werden, daß in dieser Region die Protestanten fast ebenso zahlreich wären wie die Katholiken; "nachdem man den Katholiken ohne nachteilige Folgen die Mönche weggenommen habe, die sich letzten Endes wenig genug deswegen bekümmert hätten, könne nun nicht ungestraft die Schattenseiten des Klosterlebens den Protestanten aufgezwungen werden, sei es nun nur aus Tradition oder dem Namen nach. Denn es gibt in Deutschland nicht wenige Menschen, die - zur gleichen Zeit und in einem

---

432 Brief von Johannes von Müller vom 16. April 1809: Bibl. Nat. n., acq. fr., Nr. 10, 226 (stammt aus dem 1902 eingerichteten Nachlaß Beugnot).
433 Roederer diktierte die Noten am 2. November 1811, Corr. XXII, 549; Napoleon räumte dem Deutschunterricht keinen Platz ein.
434 Verhandlungsprotokolle der in Düsseldorf am 3. November 1811 gehaltenen Sitzungen; AF IV 1253.
435 Die Liste teilt Asbach mit. - L. Ducros begeht in seinem übrigens interessanten Buch: *Heine et son temps* einen Fehler, wenn er sagt, daß die Gymnasien im Großherzogtum von Fontanes am 17. März 1808 gegründet worden seien. Das Gymnasium in Düsseldorf bestand vor 1806, und das Dekret vom 17. März 1808 gilt allein für das Kaiserreich.

seltsamen Widerspruch - ziemlich laue Christen und sehr eifrige Protestanten sind."[436] Genauso wenig wie die Kritik des Staatsrates wurden die Kommentare von Beugnot in Paris geprüft und diskutiert: Der Sekundarschulunterricht wurde nicht reorganisiert.

Eine Einrichtung indessen gedieh dank der materiellen Unterstützung des Staates: Das Gymnasium in Düsseldorf. Einige Zeit vor der Ankunft der Franzosen wiederbegründet, ausgestattet mit einem ausgezeichneten Curriculum und mit Lehrern, die nicht ohne Bedeutung waren, zog es aus der französischen Herrschaft Vorteile. Im Staatshaushalt waren ihm relativ beachtliche Zuwendungen vorbehalten. Die Zahl der das Gymnasium besuchenden Schüler wuchs von 1806 bis 1813: etwa 100 besuchten die Kurse 1806, etwa 150 waren 1813 am Gymnasium eingeschrieben. In diesem letzten Jahr der französischen Herrschaft hörte der junge Harry Heine, Schüler der Philosophie, die französischen Vorlesungen des Abbé Daulnoy, eines Emigranten mit roter Perücke[437].

# VII.

Wenn die französische Herrschaft auch in diesem Teil Deutschlands fast ohne Resonanz im Bereich der Universitäten und Mittelschulen blieb, so hat sie doch wenigstens im Volksschulwesen einen gewissen Einfluß ausgeübt. Dies geschah nicht durch die Verbesserung seiner bereits guten Lehrmethoden, sondern durch eine neue Idee: die der Einflußnahme des Staates auf das Unterrichtswesen. Durch die den Gemeinden gewährte umfassendere Zuständigkeit bereitete sie - zugegebenermaßen aus großer zeitlicher Distanz - die 1846 verwirklichte Reform vor, deren wesentliches Ziel darin bestand, der Kirche die unumschränkte Macht über das Volksschulwesen zu entziehen.

Im katholischen Herzogtum Berg und in den evangelischen nassauischen Provinzen ließ der Primarschulunterricht zu wünschen übrig. In den Schulen wurden gerade einmal die endlosen Titel des Fürsten auswendig gelernt[438]. Dagegen hatte im nördlichen Teil der Wetteifer der weiterentwickelteren preußischen Provinzen gute Ergebnisse gezeitigt: Jedes Kirchspiel besaß wenigstens eine Schule; jedoch waren die Schüler in unzureichenden Gebäuden zusammengepfercht. Auch hier hatte Stein die Macht des Staates verstärken, eine offizielle Überwachung der Schulbücher und eine Inspektion einführen wollen, aber er hatte seine Projekte fallen lassen müssen, für deren Verwirklichung ihm die Zeit fehlte.

1806 wurde der erste Plan einer allgemeinen Schulorganisation gemeinsam für alle Länder entworfen, welche die französische Herrschaft vereinte: Es sollte *Warteschulen*

---

[436] AF IV 1838 und Asbach, op. cit.

[437] Über das Gymnasium in Düsseldorf siehe Asbach, *Das Düsseldorfer Lyzeum ...* (1805-1813). Das Budget des staatlichen Unterrichtswesens betrug 36.000 Francs, 17.000 Francs waren allein für das Gymnasium angesetzt; s.u. - Heine hat im Buch Le Grand über das Düsseldorfer Gymnasium und den Abbé Doulnay geschrieben. Der letztere, ein Emigrant, unterrichtete in Düsseldorf bereits vor Ankunft der Franzosen: Er war "Professor der französischen Sprache, der politischen Geschichte und der Geographie". - Die Schülerlisten nennen *Harry* Heine.

[438] Montanus, op. cit.; Rapport des Präfekten des Sieg-Departements, 1809, Archiv zu Düsseldorf, Allgemeine Verwaltung, 29.

für Kinder von vier bis sieben Jahren und Primarschulen für die sieben- bis zwölfjährigen geben; mehr sagt das Projekt darüber nicht. Das 1808 entworfene, als von der Gründung einer Universität in Münster die Rede war, war schon genauer und umfassender: Eine Primarschule sollte für je 80 Kinder eingerichtet werden. In den bedeutenderen Gegenden, wo mehrere Schulen eingerichtet werden sollten, sollten Jungen- und Mädchenschulen voneinander getrennt werden[439]. In Gemeinden mit mindestens 60 Kindern von vier bis sieben Jahren sollten *Warteschulen* eingerichtet werden. Die Eltern, die ihre Kinder nicht beaufsichtigen konnten, sollten gehalten werden, sie dort hinzuschicken. Aber der den Gemeinden voll anvertraute und zu ihren Lasten gehende Volksschulunterricht war weiterhin nicht kostenlos.

Napoleon sorgte sich kaum um den Primarunterricht: die Gymnasien gaben ihm Offiziere, die Universitäten lieferten ihm die in jedem Staat benötigten Juristen, Mediziner und Professoren. Schulen, welche ihre Schüler mit zwölf Jahren ohne brauchbares Diplom entließen, waren ihm gleichgültig. Als er sich in Düsseldorf aufhielt, begnügte er sich damit, "anzunehmen, daß die Primarschulen in einem zufriedenstellenden Zustand seien", und bestand schlichtweg darauf, daß sie einzig zu Lasten der Gemeinden gingen[440]; so sollte der Staat für die Ausbildung des Volkes keinen Centime ausgeben müssen.

Nesselrode und der Staatsrat nahmen die Vorschläge von 1806 und 1808 wieder auf, überarbeiteten sie, bewahrten die wesentlichen Einrichtungen. Darüber hinaus forderten sie die Einrichtung einer aus Universitätsprofessoren gebildeten Prüfungskommission, die sich der Eignung der Lehrer versichern sollte, sowie derjenigen eines Korps von Inspektoren, die die Gemeinden bereisen und das Lehrpersonal in Schwung halten sollten. Beugnot billigte diese Vorschläge und hielt sie für vorzüglich. Mit der Ausbildung von Rednern und Gelehrten beschäftigte man sich im allgemeinen ausreichend genug; aber an die große Masse des Volkes, das lesen, schreiben und rechnen können sollte und dem die wichtigsten Grundsätze der Moral eingeschärft werden müßten, war nicht gedacht worden. Die Elementarschulen des Herzogtums verdienten eine sorgfältige Inspektion um so mehr, als sie in einem besseren Zustand als die französischen waren. In dieser Hinsicht war das Bildungsniveau auf der rechten Rheinseite höher; Beugnot erwähnte mit Bewunderung die Tatsache, daß es nicht eine Gemeinde gab, in der nicht wenigstens eine Person, und sei es ein Bauer, fähig gewesen wäre, mit der Zentralregierung lateinisch zu korrespondieren. Konnte man dies auch von Frankreich sagen?[441]

---

[439] Der Präfekt des Ruhr-Departements beklagte sich über "die Gemeinschaft der Geschlechter in den Schulen"; Rapport von 1809, Archiv Düsseldorf, ebd.

[440] Noten vom 2. und 3. November 1811, Corresp., XXII, 549 und AF IV 1253.

[441] Bericht von Beugnot in AF IV 1838 und Asbach, op. cit. Hazzi hatte in einem Bericht von 1809 über den Zustand des Großherzogtums erklärt, daß kein Land Deutschlands so von Schulen entblößt sei und daß die Schulmeister Bettler seien. Dies ist unzutreffend, AF IV 1839. Hardung gibt in seiner weiter oben zitierten Statistik interessante Zahlen: 1809 gab es bei einer Bevölkerung von 900.000 Einwohnern 127.000 *schulfähige* Kinder (6-12 Jahre); in dem vor 1808 vereinigten Teil des Großherzogtums gab es 78.000 schulfähige, aber nur 52.000 *schulbesuchende* Kinder. Das größte Defizit bezieht sich auf die katholischen Kinder. Für die nach 1808 vereinigten Länder fehlen die entsprechenden Zahlen.

Das Fehlen präziser Statistiken erlaubt keine Angaben darüber, in welchem Maß das Dekret vom 17. Dezember 1811, das für die beiden anderen Bereiche des Bildungswesens Makulatur geblieben war, wenigstens in den Elementarschulen umgesetzt worden ist. Eine sehr genaue und minutiöse Anweisung des Innenministers sowie einige Studien über einzelne Schulen erlauben uns dennoch anzunehmen, daß der Primarunterricht wenigstens den Anfang einer Neuorganisation erlebte. Immerhin funktionierte die Kommission für die Überprüfung der Lehrer; die Lehrerschaft wurde sorgfältig auf ihre Aufgabe vorbereitet. Es gab im Übrigen keinen Grund, den Primarunterricht zu vernachlässigen: Er kostete den Staat nur die Rundschreiben[442]!

## VIII.

1809 schrieb Beugnot an Maret, daß der Aufbau des staatlichen Unterrichtswesens von Grund auf angegangen werden müsse, aber vor allen Dingen müßten die Finanzen des Großherzogtums konsolidiert werden[443]. In der Tat findet sich in den jährlichen Budgets die Ursache und Erklärung für das endgültige Scheitern und die Grenze, an der die Reformabsichten endeten. Bis zur Einrichtung einer Staatskasse im Jahre 1809 waren die Ausgaben für das Unterrichtswesen - wie übrigens auch für die anderen Bereiche - provinzbezogen geblieben, d.h. daß jedes dieser Gebiete, aus denen sich nach und nach das Großherzogtum zusammensetzte, für seinen Teil einen gewissen Betrag zu den Einkünften und Ausstattungen leistete, von denen die Universitäten und Schulen lebten. Die so erbrachte Gesamtsumme betrug 1808 nicht einmal 28.000 Francs. 1809 ließ Beugnot in das neue Staatsbudget die Summe von 37.000 Francs eintragen. Im nächsten Jahr beanspruchte er sie und erhielt sie von neuem: "In Erwartung einer Schulorganisation", schrieb er, "können wir die gebrechlichen Unterrichtsanstalten nicht völlig fallen lassen, die noch im Lande vorhanden sind. Ich bitte Eure Majestät inständig, die vom Innenminister erbetene Summe zu bewilligen, um so mehr als sie kaum ausreichend ist, den Übergang zu einer besseren Ordnung der Dinge vorzubereiten"[444]. Von dieser mageren Summe wurden ein Teil des hauptstädtischen Gymnasiums, zwei Lehrerseminare, einige Sekundarschulen, die Bibliothek und der Botanische Garten unterhalten. Die 1811 auf dem Papier gegründete Universität sollte den Staat die Summe von 140.000 Francs kosten: Niemals wurde ein derartiger Betrag im Budget vorgesehen, und während die Militärausgaben jedes Jahr zunahmen, blieben die des öffentlichen Unterrichtswesens unver-

---

[442] Die Rundverfügung vom 21. Juni 1812 ist in Scotti, III, Nr. 3349 veröffentlicht. Zwei Lehrerseminare wurden in Düsseldorf und in Soest eingerichtet.

[443] AF IV 1838.

[444] Eschbach schreibt in der Besprechung einer Untersuchung von Asbach (*Beiträge zur Geschichte des Niederrheins*, 1901): "Eine Finanzgeschichte des Großherzogtums würde zeigen, daß die Militärausgaben alle Einnahmen des Landes verschlangen."; AF IV* 460 und AF IV 1862; AF IV* 472. - 1809 schrieb Beugnot als Anmerkung zum Haushaltsplan des öffentlichen Unterrichtswesens: "Nichts ist beklagenswerter als dieser Teil der staatlichen Ordnung, der einer schnellen Erneuerung bedarf."

ändert bescheiden: Bis 1813 blieb der Anteil des Staates auf 37.000 Francs festgeschrieben!

## IX.

Die Reorganisation des Kirchenwesens wurde wie die der Schulen projektiert und diskutiert, jedoch niemals realisiert.

Einige Monate nach seiner Ankunft im Großherzogtum überlegte Beugnot, was der Staat alles zu reformieren oder organisieren habe; folgendes schrieb er beim Überblicken der verschiedenen Dienstbereiche über die Kirchen: "Die Besoldung der Geistlichen stellt die Schwierigkeit bei den Kirchen dar. Diese Schwierigkeit ist dieselbe wie in Frankreich. Die Landbewohner sind eifersüchtig darauf bedacht, Geistliche zu haben, aber unter der Bedingung, sie nicht bezahlen zu müssen. Es muß hinzugefügt werden, daß der Minister hier die Kirchenpolizei ausübt, daß er die Geistlichen ohne Mitwirkung irgendeines Kirchenoberen einsetzen und versetzen kann, was sehr gut ist, denn das macht keine Umstände." Und etwas weiter fügt er, auf das Kapitel zurückkommend, hinzu: "Die Kirchen sind in einem völlig vernachlässigten Zustand: Einige Geldmittel sind für das katholische Kirchenwesen vorhanden, aber weil sie schlecht verwendet werden, genügen sie keineswegs den Notwendigkeiten. Mehrere Gemeinden sind ohne Priester, während der Souverän sie zu Tausenden unterhält, halten sie sich von der Arbeit fern, die sie noch gar nicht begonnen haben. Schließlich ist nicht mehr bekannt, welchem Bistum die Kirchen unterstehen. Die Generalvikare der Bischöfe von Köln und Münster, vor allem die ersteren, nehmen nur wenig Anteil an der kirchlichen Verwaltung, so daß die Schwierigkeiten, die sonst von den Bischöfen und ihren Räten gelöst wurden, hier von den Ministern behandelt werden. Der katholische Kultus erfordert somit eine organisatorische Neugestaltung. Er umfaßt die Hälfte der Bevölkerung und darf nicht länger mehr in Unordnung und Notstand bleiben. Die protestantische Kirche, der die andere Hälfte angehört, erfordert ebenfalls einige Überwachung. Die Fürsten von Nassau und der König von Preußen, in deren Staaten sie überwiegend leben, hatten es sich zur Aufgabe gemacht, ihnen den Vorrang vor dem katholischen Kultus einzuräumen. Die Fürsten von Nassau hatten dies offen getan, der König von Preußen jedoch versteckt und durch besondere Zugeständnisse, die heute ebenfalls Ursache von Beschwerden sind."[445]

Im Großherzogtum lebten Protestanten und Katholiken in fast gleicher Zahl: Die größten katholischen Bevölkerungsteile gab es in der Ebene entlang des Rheins, in den landwirtschaftlichen Gebieten und auf den großen Gütern des Bistums Münster. Die Protestanten lebten eher in den gebirgigen Teilen von Nassau-Siegen, wo die Reformierten vorherrschten, im lebendigen und aktiven Tal der Wupper im Herzogtum Berg sowie in der industriellen Grafschaft Mark, wo die Lutheraner in der Überzahl waren. In Kleve und in der Umgebung von Mülheim waren beide Konfessionen gemischt vorhanden.

---

[445] AF IV pl. 5099. Am 9. November 1809 fügte er hinzu: "Man könnte schließlich den Befugnissen dieses ersten Bereiches die Einrichtungen der Wohlfahrt und der Fürsorge beigeben, die noch weit davon entfernt sind, ihren ehrwürdigen Zweck zu erfüllen."

Der katholische Kultus war desorganisiert: Vor den politischen und territorialen Veränderungen der Jahre 1801 und 1803 gehörten die Länder, die den Staat Murats bilden sollten, zur Erzdiözese Köln und zur Diözese Münster. Seit dem Tod des letzten Erzbischofs von Köln 1801, der zugleich Fürstbischof von Münster war, blieb der Sitz der rheinischen Metropole ebenso wie der des westfälischen Bistums verwaist. Das Herzogtum Berg, oder vielmehr die Departements des Rheins, der Ruhr und teilweise der Sieg wurden vom rechtsrheinisch in Deutz residierenden Vikarkapitular des Kölner Domkapitels verwaltet. Das Departement der Ems, das einen Teil der Münsteraner Diözese ausmachte, wurde provisorisch von einem durch das Kapitel ernannten Vikar verwaltet[446]. Fünfzehn Gemeinden des südlichen Teils des Sieg-Departements unterstanden dem Bischof von Trier! Unvermeidliche Konflikte kamen auf, die sich noch vermehrten, als am Ende des Jahres 1810 der gesamte nördliche Teil des Großherzogtums an Frankreich angegliedert und dem Konkordat unterworfen wurde. Der in Münster ernannte Bischof, der seine Gerichtsbarkeit in den Gemeinden des Großherzogtums behielt, beanspruchte die Ernennung der Geistlichen, während in Deutschland die Nominierung durch den Souverän oder die Regierungen noch im allgemeinen Gebrauch war und die geistliche Autorität lediglich die kanonische Investitur ausübte.

## X.

Die Intervention des Staates in die kirchlichen Angelegenheiten hatte sich am Ende des Jahres 1809 abzuzeichnen begonnen. Bereits seit einem Jahr wurde im Großherzogtum theoretisch nach dem französischen Verwaltungssystem verfahren; die Munizipalitäten waren eingerichtet, die Maires ernannt. Mittels Runderlaß wollte der Innenminister die Beziehungen zwischen den örtlichen Repräsentanten der Behörde und den Geistlichen der verschiedenen Konfessionen bestimmen, um die kirchliche Autorität der munizipalen unterzuordnen. Die Pfarrbezirke sollten künftig keine anderen Grenzen als die Kommunen haben. Die Maires sollten das Budget der Kirchen regeln und maßgeblichen Einfluß auf die Verwaltung ihrer Vermögen haben.

Diese neuen Grundsätze riefen heftige Proteste hervor: Als Roederer im folgenden Jahr das Land bereiste, übergaben ihm Priester und Pastoren, die letzteren in größerer Zahl, Bittschriften mit der Forderung, die neue Ordnung nicht in Kraft treten zu lassen. In vielen Fällen die Grenzen der Pfarrbezirke zu ändern hieße, die gesamte Kirchenordnung umzustoßen, zum Bau neuer Kirchen zu zwingen, ehemalige Gemeinden zu verkleinern oder sogar zu zerstören. Die Kontrolle der Maires über die Budgets war bedrückend und ungerechtfertigt. Die Vermögen, von denen die Kirchen lebten, waren Sondervermögen. Katholiken und Protestanten ließen die Einmischung munizipaler Autoritäten nicht zu.

---

[446] AF IV 1838; Bittschrift des Barons von Wenge, Domherr zu Münster und Mitglied der im April 1809 nach Paris entsandten Deputation. In der Bittschrift bat er Napoleon, den bischöflichen Sitz in Münster beizubehalten und dort einen Bischof zu ernennen. Am 30. Dezember 1812 ermächtigte Napoleon die jungen Leute des Großherzogtums, die sich auf den "geistlichen Stand" vorbereiteten, im Seminar in Köln zu studieren; AF IV 1838.

Einige Katholiken forderten die im Konkordat vorgesehene Ordnung, fast alle Protestanten bestanden darauf, im Großherzogtum die Grundartikel anzuwenden.

Das Jahr 1811 verlief im Provisorium: Runderlasse und Verfügungen blieben Makulatur. Es bedurfte der Ankunft Napoleons in Düsseldorf im November 1811, um wenigstens zu einer theoretischen Lösung zu kommen. Beugnot, Nesselrode und Roederer hatten wiederholt dem Kaiser die Notwendigkeit einer umfassenden Reform dargelegt, aber keine Entscheidung war erfolgt. An Ort und Stelle wurde Napoleons Entschluß schnell gefaßt: In diesen deutschen Ländern sollte die Verwaltung eingeführt werden, die in Frankreich funktionierte. Am 2. November diktierte er Roederer diese wenigen Worte: "Ein Dekret vorlegen, um in Düsseldorf ein Bistum und ein Kapitel einzurichten; die Pfarrbezirke einteilen und umschreiben und die Grundsätze des Konkordats auf das Großherzogtum ausweiten. An der Universität soll eine theologische Fakultät eingerichtet werden. Niemand soll Geistlicher werden können, wenn er nicht an dieser Fakultät oder in Frankreich ausgebildet worden ist. Die Protestanten *und* die Calvinisten (sic) sollen wie in Frankreich organisiert werden. Seine Majestät wird die Kirchendiener und Pastoren ernennen."[447] In der Sitzung am folgenden Tag forderte Napoleon Nesselrode auf, ein Dekret zur Gründung einer Diözese im Großherzogtum vorzubereiten[448]. Mit dem Konkordat und den Grundartikeln schuf der Innenminister seit Dezember 1811 eine Organisation der katholischen und protestantischen Kirche analog der französischen, bei der aber jede öffentliche Manifestation angesichts des Nebeneinanderbestehens zweier etwa gleichstarker Konfessionen verboten wurde. Nachdem man es Roederer vorgelegt hatte, der es seinerseits durch Bigot de Préameneu überprüfen ließ, wurde dieses Projekt als ausgezeichnet befunden, kam aber über den Zustand der Planung nicht hinaus ...

Roederer bedauerte dies zweifellos nicht, denn er behauptete, daß die große Eintracht, die bis dahin im Lande zwischen den beiden Religionen bestanden hatte, zu einem großen Teil aus dem *Nichtvorhandensein kirchlicher Institutionen* resultierte. Es erschien ihm schwierig, ein Bistum zu errichten; er fürchtete den ultramontanen Geist ebenso wie er voraussah, daß man die Konsistorien, wenn sie eingerichtet wären, im Hinblick auf Sympathien für Preußen würde überwachen müssen[449].

---

[447] Correspondance de Napoléon, XXII, 550. "Protestanten und Calvinisten" steht für: Lutheraner und Calvinisten.

[448] AF IV 1253. Verhandlungsprotokoll der in Düsseldorf abgehaltenen Sitzungen.

[449] Das Dekretprojekt und die Korrespondenz dazu sind in AF IV 1838. In einem Generalbericht über das Großherzogtum schrieb Roederer im November 1812: "Die Geistlichen sind ihrer bisherigen Brüderlichkeit unter sich und mit ihren Pfarrkindern treu geblieben. Sie sind von jeglichem Anspruch auf eine Vorherrschaft im Staate und in der Gesellschaft entfernt. Sie werden Brüder und Bürgerliche bleiben, solange sie kein geistliches Oberhaupt haben werden, das, um seinen Rang zu markieren, sie zwingt, ihren eigenen Standpunkt zu markieren und auf einen Sondergeist zu achten". AF IV 1225.

# XI.

Wenn die endgültige Organisation ständig versprochen und ständig aufgeschoben wurde, so war die Tätigkeit des Staates indessen nicht gleich Null: Bis 1810 waren die Gehälter der Priester und Pastoren allein aus den Einnahmen der Dotationen, aus den Zehnten, aus den Einkünften der ländlichen Besitzungen sowie aus den zu Anfang des Jahrhunderts von Carl Theodor fast durchweg aufgehobenen Besitzungen der kirchlichen Körperschaften bestritten worden. Die so gezahlten Gehälter waren unzureichend: Viele Pfarrer waren zum Leben buchstäblich auf "Almosen" angewiesen. "Der katholische Kultus wurde zum großen Teil durch Ordensgeistliche versehen; ihre Klöster waren aufgelöst und ihre Güter verkauft oder vergeben worden, ohne daß auf die Dotation der Pfarreien geachtet worden wäre. Andererseits war fast die Gesamtheit der Zehnten an Laien verlehnt worden, die nicht verpflichtet waren, zu den Kosten der Kirche beizutragen. Die Freigebigkeit war in diesem Teil Deutschlands nach Aussage Beugnots weniger groß als in Frankreich. Den Gemeinden war es zwar angenehm, Pfarrer zu haben, nicht aber, diese zu besolden. Die protestantischen Geistlichen waren besser dran; außer ihrer speziellen Protektion durch die protestantischen Fürsten waren die Bewohner, die sich zu dieser Glaubensrichtung bekannten, schon länger daran gewöhnt, ihre Pfarrer zu besolden." Im Budget von 1810 verlangte Beugnot die Bereitstellung von 10.000 Francs, "eine Hilfe, die es erlauben würde, Besseres zu erwarten", die es ermöglichen sollte, die Gehälter aller Geistlichen auf 800 Francs zu setzen[450]. 1811 verlangte er 15.000 Francs und erhielt erneut nur 10.000; so blieb es bis 1813: Der Anteil des Staates an den Kosten des Kirchenwesens überschritt diesen Betrag niemals[451].

# XII.

Wenn auch unzureichend in der Ausführung, so waren die Ergebnisse der französischen Herrschaft unter einem übergeordneten Gesichtspunkt doch beträchtlich: Die Idee der Toleranz, die nun in diesen Regionen zutage trat, wurde entwickelt, gestärkt und in gewisser Art offiziell und legal. Zunächst wurde das Armenwesen wirklich "säkularisiert": Durch die Schaffung von Wohlfahrtsanstalten, die ausschließlich von den Munizipalitä-

---

[450] Vor 1810 war den Kirchen tatsächlich ein gleicher Betrag aus dem Kredit für unvorhergesehene Ausgaben bewilligt worden. Beugnot schrieb am 25. November 1809: "In bezug auf den Kultus und den öffentlichen Unterricht haben die beiden vorhergegangenen Regierungen nur ohne Vorsicht zerstört. Beide Institutionen, die auf irgendeine Weise beide geheilt sind, bleiben in einem Zustand der Unordnung, der auf lange Sicht einen unheilvollen Einfluß auf die Moral und den Charakter der Einwohner haben wird"; AF IV* 472.
[451] In den Budgets von 1812-1813 ist im Kapitel des Kultus ein Gesamtbetrag von 164.000 Francs ausgewiesen; das rührt daher, daß seit Juni 1811 die Schulden, Zuwendungen und rechtmäßig zustehenden Beträge, die bis dahin im Budget des Fürsten aufgeführt waren, nunmehr in das Budget des Staates übertragen wurden. Die Staatskasse hatte somit die Schulden der Domänenkasse zu tragen. 1811 gab es 388 Pfarrer, 456 Pastoren (241 reformierte und 215 lutherische) mit einem Gesamteinkommen von 771.690 Francs; AF IV 1863^A und AF IV 1861.

ten betrieben wurden; ein Artikel des entsprechenden Dekretes führte sorgfältig auf, daß alle Bedürftigen zur öffentlichen Hilfe zugelassen wären, ohne daß "die religiöse Gemeinschaft, zu der sie gehörten, einen Unterschied zwischen ihnen begründen könne". Verwaltungsregulierungen wurden den weiterbestehenden - ausschließlich karitativen Tätigkeiten zugewandten - weiblichen Kongregationen auferlegt, um deren Schlechterstellung zu verhindern. Alles dies zeigt gut, daß von jetzt ab die Armenpflege allein eine Aufgabe des Staates bzw. der ihn repräsentierenden Munizipalitäten sein sollte[452].

Dann verschwanden durch einfache Verwaltungsmaßnahmen die alten Gewohnheiten der Intoleranz und die unzeitgemäßen doktrinären Manifestationen, Überbleibsel aus Zeiten hitzigen Bekehrungseifers: Im Großherzogtum bestand seit langem der alte Brauch, in den katholischen Kirchen bei hohen Festen und anläßlich von großen Prozessionen "Kontroverspredigten" zu halten. "Statt zu lehren, gefielen sich die Prediger darin, in ihren Predigten das System der gegensätzlichen Konfessionen darzulegen; oft endet dies mit Streitereien." Schon die bayerische Regierung hatte diese Predigten im Herzogtum Berg verboten, jedoch ohne Erfolg. Nesselrode erneuerte dieses Verbot und untersagte durch einen Runderlaß vom 10. April 1811 erneut "alle diese den Grundsätzen der gegenwärtigen Regierung zuwiderlaufenden Handlungen". Der katholische Klerus nahm die Maßnahme an und beugte sich, verlangte aber dafür, daß den Protestanten jeder analoge Akt der Intoleranz und alles das verboten werde, was die andere Lehre angreifen könne.

Besonders schockierend für die Katholiken war die 80. Frage des Heidelberger Katechismus, von dem eine in Elberfeld heimlich hergestellte neue Ausgabe erscheinen sollte: Die "Messe des Papstes" wurde darin als "verfluchte Häresie" bezeichnet. Um den Buchhändler nicht zu ruinieren, der diesen Katechismus gedruckt hatte, genehmigte Nesselrode den Verkauf der bereits gedruckten Exemplare, verbot aber, zukünftig die 80. Frage darin aufzunehmen[453]. Die Protestanten dankten dem Innenminister für die getroffene Maßnahme. Grimm, ein Theologieprofessor aus Herborn, lobte ihn in einem Artikel, den ein örtliches Journal veröffentlichte[454].

Beugnot hatte die Feste und Prozessionen radikal reformieren wollen; die nicht enden wollenden Prozessionen und die Feiertage, die den Katholiken ein Drittel des Jahres nahmen. Er hatte im Land dieses "Sediment des Aberglaubens, das die Jesuiten, die am bayerischen Hof allmächtig waren, gelegt hatten", ausrotten wollen. Er wollte, daß die Karwoche nicht mehr völlig verloren ginge "mit lächerlichen Praktiken und frommen Maskeraden". Aber er durfte dies alles nicht frontal angreifen: Der Status quo wurde beibehalten[455]. Ebenso hatte er gefordert, daß die Protestanten keine in der Woche gefeierten Gemeindefeste oder wöchentliche Predigten außer den sonntäglichen halten sollten.

---

[452] Dekret vom 3. November 1809, AF IV pl. 3095, und vom 17. Dezember 1811, AF IV pl. 4818. Mit der Bitte, die einem Wohltätigkeitsdienst dienenden Frauenkongregationen bestehen zu lassen, erklärte Beugnot, daß man damit den Wohltätigkeitsbüros "Kräfte zuführe, deren Eifer stets gleich bliebe und um so wertvoller sei, da in Erwartung ihres höheren Lohnes sie auf keine Weise die Kassenverwalter hier unten behelligen".
[453] Die Frage war: "Welcher Unterschied besteht zwischen dem Abendmahl des Herrn und der Messe des Papstes?"
[454] Im Wochenblatt des Sieg-Departements: *Neue Intelligenznachrichten*, AF IV 1838.
[455] AF IV 1839. Rapport von Hazzi, vom März 1809, mit Anmerkungen Beugnots.

Weiterhin sollte es keine Gedächtnisfeiern an unglückliche Ereignisse mehr geben, die bedeutungslos geworden seien, weil das Gedenken an diese Ereignisse sich verloren habe. Trotz der Unterstützung durch den Staatsrat wagte er es nicht, in diesem Punkt die Gewohnheiten und die Traditionen zu verändern[456].

Für die Juden war die französische Herrschaft überall dort vorteilhaft, wo sie sich auswirkte: Sie gewährte ihnen Freiheit, vollkommene Gleichheit und assimilierte sie den übrigen Bürgern. Im Juni 1808 hatte Beugnot in Paris den Ausdruck der Dankbarkeit der westfälischen Juden entgegengenommen, die in ihm einen der Urheber des Befreiungsdekretes vom 27. Januar sahen[457]. Sie übersandten ihm eine zur Erinnerung an diesen bedeutenden Akt geprägte Medaille[458]. Im Großherzogtum wurde keine Medaille geprägt, um an die Ankunft einer Regierung der Gleichheit zu erinnern, aber unter den 4-5.000 Juden, die im Land lebten, befand sich ein Dichter, Heinrich Heine, der in seinen *Reisebildern* und in seinen Briefen das Andenken des wohltätigen Frankreichs und Beugnots, dem "guten Franzosen", unsterblich machen sollte.

*

* *

Das Handeln Frankreichs im Bereich Schule und Kirche darf nicht nach den unmittelbar erzielten Ergebnissen beurteilt werden, sondern nach den proklamierten Prinzipien und den verbreiteten neuen Ideen: Zu Beginn des 19. Jahrhunderts war fast überall in Deutschland die Schule in den Händen der Kirche; nur wenige und erfolglose Versuche waren unternommen worden, Kirche und Unterricht zu trennen. In den Ländern, wo sich der französische Einfluß unmittelbar auswirkte, wurde die Schule, theoretisch in vollkommener Weise, praktisch in dem Maße, wie die materiellen Voraussetzungen[459] gegeben waren, Sache des Staates. Ob diese Reform in Deutschland auch durch die Philosophen des 18. Jahrhunderts vorbereitet wurde, oder ob ihre Idee wesentlich revolutionär und französisch war, darüber kann man streiten. Jedenfalls ist gewiß, daß es der territorialen Umwälzungen und der von Frankreich aufgedrängten Verwaltungseinheit bedurfte, um sie in Gang zu setzen und zu realisieren.

---

[456] AF IV pl. 4817, Sitzung des Staatsrates vom 15. Oktober 1811. Projekt eines mehrere protestantische Feste aufhebenden Dekretes.

[457] Thimme; op. cit., II, 230.

[458] AB XIX 351. Nachlaß Beugnot.

[459] Auch in Westfalen verhinderte der Geldmangel viele Reformen: "Die Geldfrage war überhaupt der wunde Punkt in dem westfälischen Schulwesen"; Thimme, op. cit., II, 256.

Wenn auch die kirchliche Organisation kaum verändert worden ist, ausgenommen vielleicht im Großherzogtum Frankfurt, wo Dalberg ein nützliches Werk der Vereinfachung unternahm, so wurde wenigstens der Toleranzgedanke, der bisher einzig im Bereich individueller Träume bestand, plötzlich durch die Konstitutionen und die Gesetze im Volke verbreitet und wirksam[460].

---

[460] Einer der Verfassungsartikel des Königreichs Westfalen bestimmte "die Gleichheit aller Bürger vor dem Gesetz und die freie Ausübung der Kulte". Wie ich bereits an anderer Stelle gezeigt habe, wurden nur in Westfalen die Prinzipien des napoleonischen Staates durch eine feierlich verkündete Verfassung in Deutschland eingeführt.

# Kapitel IX

## Die Finanzen

## I.

Der Minister Murats im Großherzogtum hatte nicht die Zeit, Einheitlichkeit in die Finanzorganisation zu bringen. Als Beugnot im Namen Napoleons das Land in Besitz nahm, fand er nicht nur das partikulare Rechnungswesen der preußischen Provinzen vor, was sich ihrer ganz frischen Vereinigung erklärt, sondern auch dasjenige der Herzogtümer

Berg und Kleve und der seit 1806 zusammengefaßten Fürstentümer war noch intakt. Am 1. August 1808 bestanden zehn verschiedene Rechnungswesen für die Staatsfinanzen: neun für die Provinzen, eines für allgemeine Ausgaben. Die Provinzen erhoben sämtliche Einnahmen und gaben davon eine bestimmte Summe für die im allgemeinen Interesse liegenden Ausgaben ab: Die Truppenbesoldung, den Unterhalt der Minister und ihrer Büros, das Berufungsgericht, das Kataster usw. Der ganze Rest, Schulden, Pensionen, öffentliche Arbeiten, Bezahlung der Verwaltungskammern und der Provinzräte, der Gerichte der ersten Instanz war "Provinzsache"[461]. Rechnungsjahr, Art der Steuereintreibung, Geldwesen, alles variierte von einer Provinz zur anderen. Fast ein Jahr lang wurden diese Rechnungswesen einfach nebeneinander beibehalten. Doch nicht in den finanziellen Angelegenheiten mußte die Einheit am dringendsten hergestellt werden: Beugnot zerbrach zuerst die Provinzialkader und schuf die Präfekturen. Erst nachdem er damit den ausdrücklichsten, dringendsten Befehlen Napoleons nachgekommen war, fand er die Zeit, an das Finanzwesen zu denken und zu überlegen, wie man die "mangelhaften Methoden" korrigieren könnte, die er im Land vorgefunden hatte.

Am 31. März 1809 reorganisierte ein Dekret die Staatskasse: Vom 1. Mai 1809 ab gab es keine Provinzialkassen mehr; alle nicht kommunalen Ausgaben und Einnahmen wurden Ausgaben und Einnahmen des Staates. Das von den Steuereinnehmern der Kantone und von denen der Arrondissements eingenommene Geld wurde in Düsseldorf unter der Verwaltung eines Kassenführers zentralisiert. Ein Generaldirektor und ein Generalkontrolleur sicherten das Funktionieren der ganzen Maschinerie. Dem Finanzminister, d.h. Beugnot, stand das Recht zu, der Staatskasse direkte Anweisungen zu erteilen[462].

Erst im Juli versandte der inzwischen informierte Beugnot seine Vorschläge für das Personal des Fiskus: Überall benannte er Deutsche und behielt nach Möglichkeit die ehemaligen örtlichen Steuereinnehmer bei. Er vermied prinzipiell die Berufung von Ausländern. Wie er wiederholt in Westfalen geraten hatte, wollte er die Geister nicht einander entfremden, indem er die Einheimischen von öffentlichen Ämtern fernhielt, die sie mit einigem Recht als ihr überliefertes Erbe ansahen. Er hielt es für klug, auf diese Weise eine unnütze Verschärfung der Last der Renten und Pensionen zu vermeiden. Der Direktor des Staatsschatzes, Zabel, war ein Mann aus dem Land, der schon unter der Herrschaft Murats die Rechnungsführung der Staatsgelder zur Aufgabe hatte und der bis 1813, als er in das Königreich Neapel überwechselte, seine Aufgabe mit Eifer und Rechtschaffenheit erfüllte. Da jedoch im Zentrum, in Düsseldorf, die schriftlichen Aufzeichnungen in doppelter Ausführung und entsprechend den französischen Formen ausgefertigt werden mußten, ließ Beugnot einen Franzosen, Comte, erster Beamter der Steuerkasse des Departements Oberrhein, kommen: Da er beide Sprachen beherrschte, sollte er im Land die

---

461 Siehe Kap. II. Es gab darüber hinaus die kommunalen Ausgaben. AF IV* 470.
462 AF IV pl. 2719: Seit Januar 1809 verlangte Beugnot die Organisation des Schatzes; sein Vorschlag wurde Mollien mitgeteilt, der ihn als "sehr gut" beurteilte und nur in Einzelpunkten abänderte (Schreiben vom 19. März, in AF IV 1847). Vgl. *Mémoires*, I, 320: "Ich gestaltete den Schatz des Großherzogtums im Kleinen nach dem Modell desjenigen von Frankreich ...".

neuen Verfahren einführen und Finanzbeamte ausbilden. Er berief ihn zum Generalkontrolleur[463].

Als Ausnahme wurde das Amt des Steuereinnehmers einem ehemaligen Mitschüler Napoleons in Brienne, Longeaux, übertragen; ein Emigrant, der Bittgesuche an den Kaiser gerichtet und ihn um einen Posten gebeten hatte[464]. Im allgemeinen allerdings widerstand Beugnot den zahlreichen und dringlichen Gesuchen der Generäle und Minister, die um Posten für ihre Neffen und Vettern nachsuchten. Wenn er 1811 trotzdem zwei Ausnahmen machte, so geschah dies zu Gunsten eines Verwandten seiner Frau und eines Neffen der Comtesse de Chanclos[465].

Um den Staatsschatz zu vervollständigen, hatte Beugnot eine Rechnungskammer einrichten wollen: Ein Rückstand von 20 Jahren war ebenso zu prüfen wie die Budgets und Rechnungen der Gemeinden. Man entgegnete ihm von seiten des Staatssekretariats, daß ein solches Kollegium zu teuer wäre und im Mißverhältnis zum Umfang des Territoriums stünde. Dem Land mußte Erleichterung verschafft werden, und zwar auf die Weise, wie dies in den vier linksrheinischen Departements geschehen war, d.h. durch einen von Staatsräten unterstützten Kommissar. Beugnot mußte sich daher mit einer einfachen Rechnungsprüfungskommission begnügen. Das Dekret, durch welches die Rechnungskammer begründet werden sollte, wurde trotz Prüfung von Napoleon nicht unterzeichnet. Beugnot, der um die Dringlichkeit der Bildung einer Kontrollinstanz wußte, wandelte die bereits vorhandene, aber keinerlei Nutzen bringende Rechnungskammer per Dekret in eine Rechnungsprüfungskommission um, ohne ihr jedoch diesen Namen zu geben. Er erhöhte ihr Personal und übertrug ihr alle Befugnisse, die er in seinem Dekretprojekt ge-

---

[463] Comte, der 1832 Postdirektor geworden war, wurde so beurteilt: "Comte ... ist der Anhänger von Beugnot; er widerspricht seinem Meister nicht; er ist ein guter Rechner, Plänemacher und von Ehrgeiz erfüllt; alle Mittel sind ihm recht, um sich hochzuarbeiten"; F[ter], 33.

[464] Chuquet schreibt in seinem dokumentarischen und neuen *Jeunesse de Napoleon* (Brienne, p. 171), ohne Zweifel nach den *Mémoires*: "Eines Tages passierte Napoleon Bar-le-Duc; er erblickt an der Tür seines Wagens Longeaux, und bevor dieser Zeit hatte, den Mund aufzutun: ‚Sie sind Longeaux! Was machen Sie, was wollen Sie? - Eurer Majestät dienen! - Ich werde an Sie denken.' Die Pferde ziehen an; sechs Monate später besetzte Longeaux eine Stellung in der Verwaltung." Die Wirklichkeit ist weniger malerisch. Longeaux, *der sich* in Bar-le-Duc dem Kaiser *vorgestellt hatte* (er erinnert ihn daran in seinem Bittgesuch), hatte einen Brief geschrieben, in dem er um eine Beschäftigung im Großherzogtum bat; der Posten des Schatzmeisters der Spitäler in Aachen, die ihm von General Lameth (Präfekt des Roer-Departements) gegeben worden war, deckte seinen Unterhalt nicht. Napoleon versah also seine Anfrage nach Malmaison am 23. März 1809 mit der Bemerkung: "Zum Oberhofmarschall schicken, um diese Person zu sehen und mir vorzuschlagen, was ich tun kann, um ihm nützlich zu sein." Wenn also hiermit bestätigt wird, daß Napoleon sich für seine ehemaligen Mitschüler interessierte, ist damit nicht bewiesen, daß er über ihre Wünsche hinaus ging und sie immer anerkannte. Die Archivalien sind zuweilen weniger *dramatisch* als die Erinnerungen, und man sieht an Einzelheiten dieser Art, wie sich die napoleonische Legende bildete (AF IV, pl. 3094).

[465] Das Dekretprojekt, welches das Personal des Staatsschatzes aufführte, ging beim Staatssekretariat ein, als der Feldzug gegen Österreich in vollem Gange war. Es ruhte mehrere Monate zwischen den Aktendeckeln und wurde erst am 3. November 1809 unterzeichnet; AF IV, pl. 3094.

fordert hatte. Erst 1812, als der Staatsrat umgestaltet wurde, erhielt der kleine Staatsstreich des Kaiserlichen Kommissars seine amtliche Bestätigung[466].

Die Finanzorganisation und -kontrolle existierten somit: Nun mußte noch aus den unterschiedlichen Münzwesen ein einheitliches geschaffen werden. Durch eine Verordnung vom 5. Dezember 1809 führte Beugnot den Franc als die einheitliche Währung aller das staatliche Finanzwesen berührenden Transaktionen ein. Er hatte einen Volksaufruhr befürchtet, denn bei den Scheidemünzen waren Verminderungen notwendig. Er hatte deshalb die öffentliche Meinung durch Zeitungsartikel vorbereiten lassen: Die Maßnahme rief keinerlei Murren hervor, und ohne die geringste Krise wurde das Großherzogtum von der Münzunordnung befreit. Voller Illusionen stellte Beugnot sich vor, daß die "nächste Generation sich einer einzigen Währung für das gesamte Europa erfreuen werde"[467]!

## II.

Solange die Angelegenheiten des Großherzogtums mit Gaudin und Maret Ministern anvertraut waren, denen die Verwaltung in Deutschland nebensächlich war, wurden die vom Kaiserlichen Kommissar eingesandten Rechnungsberichte nicht genau geprüft und die vorgelegten Ausgabenvorschläge genehmigt. Paris begnügte sich im allgemeinen damit, die Grunddekrete unterzeichnen zu lassen; man hatte keine Zeit, die Finanzverwaltung eines peripher gelegenen Staates zu überprüfen. Es genügte, daß jedes Jahr die Zahlungen in die Kasse des Fürsten, d.h. der kaiserlichen Krone, regelmäßig eingingen.

Dies alles änderte sich mit dem Amtsantritt Roederers als ausschließlich für das Großherzogtum Berg zuständigem Staatssekretär im September 1810. Kaum im Amt, wollte das ehemalige Mitglied des Finanzausschusses die nach seiner Ansicht mangelhafte Finanzorganisation verändern: Die Kontrolle in Paris war unzureichend. Roederer bemängelte ein System, das es Beugnot ermöglichte, alle Ausgaben anzuweisen. Dieser war zwar vertrauenswürdig, aber es stellte sich die Frage, was passiere, wenn der kaiserliche Kommissar eines Tages Düsseldorf verlasse. "Es ist ein Charakterzug Ihrer Regierung", schrieb er an Napoleon, "die Staatsangelegenheiten durch Institutionen zu leiten und sich nicht auf Personen mit uneingeschränkter Vollmacht zu stützen. Auf diese Art haben Sie in Ihrem gewaltigen Reich die anmaßende Theorie Lügen gestraft, welche die großen Reiche als unvereinbar mit einer gemäßigten Regierung erklärt hat, weil sie es für unmöglich hielt, entfernte Provinzen zu regieren, ohne dorthin Unterdrücker zu schicken oder selbst einer zu sein. Da Sie mit ihren Völkern nicht über noch so viele Stellvertreter kommunizieren könnten, haben sie die Institutionen geschaffen, über die diese Kommunikation läuft.". Er bewunderte die französische Finanzorganisation, in der der Kaiser den Schlüssel für den Staatsschatz des Reiches in seiner Tasche hatte. Um im Großherzogtum eine gleichartige Überwachung zu erlangen, forderte er die Auflösung der Schatzkammer. Ein gegen eine Kaution von 600.000 Francs mit sämtlichen Einnahmen

---

[466] AF IV*, 477. Verordnung vom 27. August 1809, erteilt "in der Erwartung, daß der Kaiser das Dekret sanktioniert habe". Siehe in AF IV*, 463, den bemerkenswerten Brief von Beugnot, mit dem er die Gründung einer Rechnungskammer fordert.

[467] AF IV 1840 und 1864; *Mémoires* von Beugnot, I, 344.

betrauter Generaleinnehmer, assistiert von einem gegen Kaution von 400.000 Francs mit allen Ausgaben betrauten Generalzahlmeister sollten unter die Aufsicht des Kaiserlichen Kommissars gestellt werden, der wiederum alle Anweisungen unterzeichnete. Der derzeitige Direktor, der Kontrolleur und der Kassenführer besaßen keine hinreichende Autorität, aber eine recht große Verantwortung. Nun sollten nach Roederers Vorstellung dem Kaiserlichen Kommissar die Hände gebunden werden, indem ihm Beamte vorgesetzt wurden, die sich einer mißbräuchlichen Anweisung widersetzen konnten. Alles dies blieb im Planungszustand[468]. Die Kontrolle durch Paris wurde selten tätig und wenn sie tätig wurde, hemmte sie die Verwaltung.

Eine der wesentlichen Regeln der staatlichen Rechnungsführung in Frankreich besagte, daß kein Minister zu einer Ausgabe ohne eine kaiserlich unterzeichnete Anweisung befugt war. Beugnot hatte seit 1808 regelmäßig die monatliche Bedarfsliste nach Paris geschickt. Aber da die kaiserliche Unterzeichnung mehrfach so lange auf sich warten ließ, zeichnete der kaiserliche Kommissar, um die Dienstgeschäfte nicht in Mitleidenschaft zu ziehen oder die Truppen ohne Sold zu lassen, "auf die Staatskasse provisorische Anweisungen ohne Regulierung". Sowie er Staatssekretär geworden war, verlangte Roederer, daß vom 1. Januar 1811 an keine Ausgabe mehr ohne ausdrückliches Zahlungsdekret getätigt werden dürfe: Trotz der Beschwerden von Nesselrode, der nicht wußte, wie er regelmäßig den Truppensold bezahlen sollte, sowie der sehr respektvollen Proteste Beugnots, der befürchtete, "daß diese Forderung nicht immer praktikabel" sei - denn "es war nicht zu erwarten, daß seine Kaiserliche Majestät dem Großherzogtum die Zeit widmen werde, die eine tägliche Überwachung beansprucht", - die Regel mußte befolgt werden und wurde es auch ... allerdings unregelmäßig. Von neuem entstanden unvermeidbare Verzögerungen; von neuem erforderten dringende Fälle die Mißachtung der Prinzipien, und eines Tages schlug der kaiserliche "Blitz" ein. Die Szene, die sich in Düsseldorf im November 1811 abspielte, ist zu bekannt, um hier erneut berichtet zu werden: Beugnot hat sie in seinen Memoiren ausführlich erzählt. Sein Kummer über die heftigen Vorwürfe Napoleons ist ebenso bekannt wie die Erleichterung, die er empfand, von Napoleon als "großer Dummkopf" gescholten zu werden, und die Freude, die er spürte, als der "Meister" ihn an den Ohren zog[469]. Glücklich, "vom Kaiser angefahren" worden zu sein, der ihn daran hinderte, "sich auf seinen Lorbeeren auszuruhen"[470], fügte sich

---

[468] In einem Brief an Beugnot teilt Roederer ihm im wesentlichen mit, daß er nichts ändern wolle. Aber er denke an den Tag, an dem das Großherzogtum eine Statthalterschaft werden würde. Könnte der Staatsschatz an dem Tag in der Hand des Gouverneurs bleiben? Nachlaß Beugnot, Brief vom 25. Juni 1811, AB XIX, 252.

[469] AF IV 1847. Der Kassenführer zahlte eine Kaution von 150.000 Francs. Roederer fand das ungenügend. Er wollte auch die Funktionen des Einnehmers und des Auszahlers trennen, um die Kontrolle zu erleichtern. Diese Ideen finden sich in seinen handgeschriebenen Rapporten und in seinem *Oeuvre*, III, 566.

[470] Correspondance de Napoléon, XXII, 548 f.; *Mémoires de Beugnot*, I, 380-388, wo man eine ganze Finanztheorie von Napoleon in Düsseldorf entwickelt findet; über die Diskussion in Bezug auf die Auszahlungsdekrete siehe AF IV 1849-1859.

Beugnot und verstrickte sich nicht weiter in seinen Verantwortlichkeiten[471]. Dennoch entstanden Verzögerungen. In den letzten Monaten des Jahres 1812, während des Rußlandfeldzugs, unterzeichnete Napoleon kein Zahlungsdekret mehr. Da die Auszahlung der Gehälter keinen Aufschub duldete, mußte Roederer selbst die Zahlungsanweisungen autorisieren. Ende Februar 1813, als der Aufstand für Unruhe sorgte, gab es neue Verzögerungen; Klagen wurden laut. Beugnot hatte weder ein Dekret noch eine einfache Autorisation des Staatssekretärs erhalten. Erst am 19. März fand Napoleon die Zeit, das Papier zu unterzeichnen, welches die Überbrückung der ersten vier Monate des Jahres ermöglichte. Die Unordnung nahm weiter zu; in einem so unermeßlich ausgedehnten Reich machte die übertriebene Zentralisation fatalerweise eine Kontrolle unmöglich[472]. Hier ist im Detail zu erkennen, wie Napoleon die Führung unfehlbar entgleiten mußte und das unvermeidliche Debakel sich ankündigte[473].

## III.

Die französische Herrschaft in Deutschland bedeutete bezüglich der direkten Steuern den Übergang vom ehemaligen Regime der Steuerbefreiungen, der Privilegien und der Ungleichheiten zu einem modernen System mit gleicher Verteilung der öffentlichen Lasten. In allen Ländern, deren Zusammenschluß das Großherzogtum Berg bildete, gab es, wie überall in Deutschland, eine Grundsteuer, aber deren Umlage war schlecht, ungerecht und veraltet: Seit 50 Jahren waren die Steuerrollen nicht mehr erneuert worden. Überall wurde auf der Grundlage alter und im Laufe der Zeit ungenau gewordener Informationen besteuert. Von einem Kataster konnte nicht die Rede sein; das Land gab nicht alles, was es geben konnte, und das wenige, was die Steuern in den verschiedenen Staaten den jeweiligen Souveränen einbrachte, erschien noch drückender als Folge der außerordentlichen Ungleichheit der Belastung. Im Herzogtum Berg beispielsweise waren die Steuerlasten bis zum Ende des 18. Jahrhunderts so ungleichmäßig verteilt, daß ein Fünftel des Grundbesitzes das gesamte Steueraufkommen leistete, während die Städte zu den Grundsteuern nichts beitrugen, wie auch die adeligen Ländereien sowie die Kirchengüter davon befreit waren[474].

---

[471] AB XIX 351 (Nachlaß Beugnot). Entwurf eines Briefes an Roederer vom November 1811 nach seiner Abfahrt von Düsseldorf. In diesem Entwurf versucht Beugnot, verschiedene Unterschriftsformeln zu verwenden: "Mein ehrwürdiger Meister"; "Mein lieber Meister"; "Herr Graf und ehrwürdiger Meister".

[472] Die Anweisungsdekrete für 1813 sind so unterzeichnet: Am 19. März für die ersten vier Monate (AF IV, pl. 5994); am 14. August 1813 für die Monate Mai und August (!) (AF IV, pl. 6387); am 18. Juni für Juni-Juli (AF IV, pl. 6257); am 1. Oktober für September; nach Oktober kein Dekret mehr.

[473] Napoleon hat nur drei Budgets unterzeichnet: Die aus den Jahren 1811, 1812 und 1813. Das von 1814, das bereits vorbereitet war, wurde ihm nicht vorgelegt (AF IV, pl. 4843, Rapport von Roederer vom 27. Dezember 1811).

[474] Man gab im Rheintal Gebiete an, wo der *Morgen* Land, der sechs Reichstaler erwirtschaftete, zwei Taler Pacht und vier an Steuern bezahlte; 1870 bezahlte der gleiche *Morgen* Land bei 25-50

Tatsächlich hatte die Idee der Abschaffung der Privilegien bezüglich der Kontributionen schon vor der Ankunft der Franzosen den Rhein überschritten. Es wurde in Deutschland bekannt, daß die französischen Revolutionäre die Gleichheit aller vor der Steuer verordnet hatten. Im Herzogtum Berg hatte ein kluger und liberaler Fürst sogar bereits vor dem Reichsdeputationshauptschluß von 1803 die Kirchengüter säkularisiert, um den Druck der steuerlichen Belastungen zu mindern. Seit 1790 war ebenso in Preußen eine Bewegung zugunsten der Abschaffung der Privilegien entstanden[475].

Agar, Murats Finanzminister, fand die Ungleichheiten schockierend, die Grundsteuer schlecht verteilt: Er begann mit jener elementaren Maßnahme, ohne die jede Grundsteuer ungerecht bleiben mußte, der Erstellung eines Katasters. Als er das Land 1808 verließ, waren das Sieggebiet und ein Teil des Rheinlandes entsprechend den französischen Methoden vermessen und registriert worden. Aber während der beiden Jahre, die er in Deutschland verbrachte, hatte Agar nicht die Zeit, seine gesamten Reformpläne zu einem guten Ende zu bringen: Nacheinander hatte er "Gebietsteile in dem Maße zusammenzusuchen, wie sie dem Fürsten zuteil wurden", und, von Murat gedrängt, mußte er sich vor allem damit beschäftigen, durch neue, schnell eingerichtete Steuern die Einnahmen des anspruchsvollen Souveräns zu erhöhen. Seine Verwaltungstätigkeit entsprach eher der eines Intendanten, der unter dem Zwang stand, eine Domäne einträglich zu machen, als der eines mit der Landesverwaltung beauftragten Ministers[476].

Beugnot schlug keine Reform vor, bevor er nicht den gegenwärtigen Zustand untersucht hatte: Er wollte zunächst dasjenige beibehalten, was Agar durchgeführt hatte, nichts an Einnahmen und Ausgaben ändern, vor allem, weil bei seinem Eintreffen bereits die Hälfte des Rechnungsjahres 1809 verflossen war. Er wollte "in diesem Land eine bessere Organisation ohne Erschütterung verwirklichen."[477]

Nachdem er einige Monate die Erhebung der Steuern beobachtet hatte, entschied er, keine von den existierenden Verfahren beizubehalten: Es wurde bisher rein empirisch vorgegangen, man erhob "ohne Grundlage und Beständigkeit eine Grundsteuer, eine *Familiensteuer*, die man jedem Ort auferlegte, wie man es für richtig hielt, und Industriesteuern, die nicht näher festgesetzt waren. Die Minister verlangten alles, was ihnen gefiel, das Volk zahlte recht und schlecht das, was man von ihm verlangte".

Ein erstes am 31. März 1809 erlassenes Dekret regelte die Gewerbesteuern. Die ausschließlich auf Kapitalisten und Fabrikanten festgesetzte *Industriesteuer*, die hinsichtlich ihrer Verteilung ebenso willkürlich war wie die ehemalige von der Bevölkerung so kritisierte *Gewinn- und Gewerbesteuer*, ließ Beugnot durch eine gemäßigte Abgabe ersetzen, die alle von ihrem Gewerbe lebenden Personen zu leisten hatten. Diese Steuer erbrachte 340.000 Francs, die Gewerbesteuer sollte 555.000 Francs einbringen. Aber es gab Ausfälle und viele Steuererklärungen waren unzureichend. Beugnot hätte im Jahre 1812 diese Abgabe, die nicht die erhoffte Summe einbrachte, gerne in eine Steuerveranlagung ver-

---

Reichstalern Aufkommen 10-15 für Pacht und gab dem Fiskus nur 20 Silbergroschen an Steuern (Montanus, op. cit.).

[475] Bornhag, op. cit., II, 344. Wenigstens bezüglich der Akzise.
[476] Rapport von Beugnot, vom 10. März 1809 in AF IV 1841.
[477] Rapport von Beugnot und AF IV 1842, 7. September 1808.

wandelt[478]. Es muß jedoch betont werden, daß die durch die rigorose Durchführung der Kontinentalsperre verursachte wirtschaftliche Notlage die reguläre Einrichtung und Erhebung einer Steuer, die alle Kaufleute traf, bedeutend erschwerte. Die wirtschaftliche Krise, die das Land von 1809-1813 heimsuchte, war für den systematischen Aufbau eines Steuerwesens nicht günstig, vor allem unter der Voraussetzung, daß Napoleon die Erhöhung der Einnahmen sowie des Kontingentes bis zum Äußersten anstrebte.

Die von Murat 1807 zur Erhöhung seiner Einnahmen eingeführte *Familiensteuer* war eine schlecht eingerichtete Abgabe. Ihre Veranlagung war willkürlich und rief überall Beschwerden hervor. Bereits zweimal hatte Murat ihre Abschaffung versprochen, hatte sie dann aber trotz seiner Versprechungen beibehalten. Eine regelmäßige Abgabe sollte sie ersetzen. Am 1. Januar 1810 wurde sie aufgehoben und durch eine Mobiliarsteuer ersetzt: Jedes Jahr sollte der einzutreibende Gesamtbetrag durch ein besonderes Dekret festgelegt werden; ein Zehntel des Steueraufkommens sollte den Kommunen belassen werden. Wie in Frankreich gliederte sich die Steuer in eine feste, unterschiedslos von allen erhobene Abgabe und eine veränderliche Ortssteuer[479].

Ein am selben Tag unterzeichnetes Dekret begründete die Verwaltung der direkten Steuern nach französischem Modell. Jedes Departement bildete eine Steuerdirektion, der Direktor des Rhein-Departements übernahm die Funktion eines Generaldirektors für das gesamte Land. An die Spitze aller dieser Ämter berief Beugnot Deutsche; sie sollten das Kataster zu Ende bringen, die Steuerlisten aufstellen und die Beschwerden bearbeiten: wie deutsche Präfekten im Großherzogtum die französischen Verwaltungsgewohnheiten heimisch machen sollten, so sollte aus dem Land rekrutiertes Finanzpersonal unter der Aufsicht von Beugnot dort die neuen Steuergewohnheiten einführen[480].

Anfang 1810 hatte die "französische Trinität" - Grund-, Mobiliar- und Gewerbesteuer - alle ehemaligen Steuern ersetzt[481].


## IV.


Vor der Aufstellung des Katasters hatte die Regierung von Murat versucht, die Steuern gerecht zu erheben, indem sie von den Grundbesitzern eine Erklärung über den Umfang ihrer Ländereien verlangte. Es hatte aber eine so große Zahl falscher Erklärungen gegeben, und die Flächen waren hinsichtlich ihrer Größe, Beschaffenheit und ihres Ertrages

---

[478] Die feste Abgabe ging von 2 bis 100 Francs, die proportionale Abgabe betrug ein Zehntel des Lohnes ab 20 Francs der Festabgabe (AF IV, pl. 2719, Dekret vom 31. März 1809). Die Gewerbesteuer war am 5. August 1808 in Westfalen eingeführt worden, Preußen machte sie am 2. November 1810 nach, zur gleichen Zeit, als die Freiheit des Handels verkündet wurde. Vgl. Bornhak, op. cit., III, 177.

[479] Rapport Roederers an Napoleon vom 28. Januar 1811 (AF IV 1851); das Dekret befindet sich in AF IV, pl. 3094. Beugnot hatte zunächst die geringen Arbeitslöhne von jeglicher Steuer entbinden wollen; er erklärte, daß die Mobiliarsteuer eine sehr schwierig einzurichtende Steuer sei, die man nur ungern einführe. Er bemühte sich, den Steueransatz niemals zu erhöhen (AF IV*, 461).

[480] AF IV, pl. 3094, Organisationsdekret; AF IV, pl. 3113, 12. November 1809, das Personal nominierende Dekret.

[481] Brief von Beugnot an Agar, nicht datiert (AB XIX, 348, Nachlaß Beugnot).

so schlecht bewertet worden, daß 1810 in einem einzigen Departement 500.000 Morgen Land der Steuer durchgegangen waren. In bestimmten Kantonen hatten sich die Kommunen abgesprochen, nur ein Drittel oder sogar ein Viertel ihres Landbesitzes zu deklarieren. Bestimmte Grundbesitzer bezahlten damals dem Fiskus ein Drittel oder sogar die Hälfte ihres Einkommens, während die Steuer doch ein Sechstel oder ein Siebtel des Einkommens nicht übersteigen sollte!

Um dieser Unordnung ein Ende zu machen, gründete Beugnot in der Mitte des Jahres 1810 in jeder Gemeinde Grundbesitzerversammlungen, die von den Präfekten ernannt und vor allem aus denjenigen zusammengesetzt sein sollten, die angaben, ungerecht eingestuft worden zu sein. Mit der Unterstützung spezieller Kommissare sollten sie die Beschwerden untersuchen und eine neue Veranlagung vorschlagen. Die Protokolle dieser Versammlungen sollten, überprüft durch die Kantonsversammlungen, dem Kaiserlichen Kommissar und Finanzminister übergeben werden. Nach diesen Angaben der örtlichen Versammlungen ließ Beugnot 1811 die Steuerlisten aufstellen[482]. Sofort verringerten sich die Beschwerden, die Klagen der Präfekten hörten auf, und in ihren Berichten stellten Beugnot und Roederer fest, daß es leichter geworden sei, die Grundsteuer zu erheben[483]. Im Ruhr-Departement dagegen blieben die Beschwerden und die Klagen zahlreich, sei es, daß die Direktion dort nachlässig war, sei es aufgrund der Prozeßfreudigkeit der Einwohner[484].

Beugnot ließ nicht nach, die Sache der Bewohner zu verteidigen, die von der Steuer und den Konskriptionen mehr und mehr bedrückt wurden: Um der Landwirtschaft Erleichterung zu verschaffen, wollte er, daß, wie in Frankreich, die Grundsteuer nur ein Drittel der Gesamtsteuerlast ausmachte. Aber es war trotz Verminderungen niemals möglich, zu diesem Verhältnis zu kommen[485]. Immerhin erreichte er bei Roederer, daß nach der Beseitigung der lehnsherrlichen Rechte die von den ehemaligen Colonen besessenen und von jetzt ab befreiten Ländereien nicht sofort, wie es der Staatssekretär im fiskalischen Interesse forderte, mit einer höheren Grundsteuer belastet wurden. Die Wertsteigerung des Bodens als Folge der Aufhebung der lehnsherrlichen Lasten konnte sich erst mit der Zeit ergeben. Inzwischen sollte behutsam vorgegangen werden. Damit der verkündete Grundsatz - "Steuereinheit sowie proportionale Gleichheit nach Fähigkeit der Steuerpflichtigen" - kein leeres Versprechen blieb, ermächtigten Folgedekrete die Colonen der kaiserlichen Domänen, ein Fünftel ihres Grundzinses als Entschädigung für die Grund-

---

[482] Verfügung des Kaiserlichen Kommissars vom 16. Juni 1810, in AF IV* 477.
[483] AF IV, pl. 5994 und AF IV 1225. Rapport von Roederer vom November 1812. Die Klagen der Präfekten sind in ihren Rapporten von 1810 überliefert (Archiv Düsseldorf, allg. Verwaltung, Nr. 29).
[484] Das Ruhr-Departement bestand zu einem großen Teil aus der ehemaligen Grafschaft Mark. Ich habe den Grund für diesen Widerstand gegen die Grundsteuer in dieser Gegend nicht finden können. Ist es möglich, daß die Akzise in den Städten weniger drückend schien als die Grundsteuer?
[485] Im Budget von 1810 erbrachte die Grundsteuer 4.600.000 von 7.100.000 Francs Einnahmen. Roederer stellte eines Tages fest, daß man in Frankreich 10,79 Francs je Kopf und im Großherzogtum 6,34 Francs zahlte. Dagegen war auf dem rechten Rheinufer die Mobiliarsteuer höher (Rapport über das Budget von 1811, in AF IV 1862).

steuer einzubehalten. Sie erlaubten auch anderen Colonen auf die Grundrente, mit der ihr Boden belastet war, einen Abzug im Verhältnis zur Steuer vorzunehmen[486].

In einem wichtigen Punkt wurden die französischen Gewohnheiten in den deutschen Ländern nicht eingeführt: Die Departementsräte wurden niemals einberufen, um die Steuer aufzuteilen. Wie es scheint, sind diese Versammlungen, deren Mitglieder feierlich ernannt worden waren, niemals zusammengetreten. In keiner Weise wurde die einzige lokale Vertretung, die darauf einigen Anspruch gehabt hätte, von Beugnot aufgefordert, an der Verwaltung des Landes teil zu haben[487]. Gewiß bildete Napoleon im März 1812 ein Kollegium des Großherzogtums, eine Art großen Generalrat, dessen wesentliche Funktion es war, die Steuern zu verteilen. Aber dieses Kollegium wurde, wie bereits erwähnt, niemals einberufen[488]!

Die Steuererhebung wurde immer schwieriger, nicht nur, weil die Departementsräte davon ferngehalten wurden: Die industrielle Krise, die Stagnation des Handels, die Konskription und die unaufhörlichen Truppendurchzüge sind ausreichende Gründe dafür, daß seit Anfang 1813 die Steuereinnehmer gezwungen waren, Truppen zu ihrem Beistand anzufordern, und daß sie unvermeidlich Ausfälle verzeichnen mußten[489].


# V.


Die den Physiokraten so wichtige Grundsteuer genügte, selbst wenn sie gleichmäßig erhoben worden wäre, in einem Industrieland wie dem Großherzogtum Berg den zunehmenden Bedürfnissen des Staates nicht. In Westfalen, wo allerdings die Industrie kaum entwickelt war, hatte Beugnot, der die Steuerorganisation in Gang gebracht hatte, indirekte Steuern vorsehen müssen. Wenn gewisse französische Gebühren, insbesondere das Register, im Königreich Jêromes nicht eingeführt worden sind, so lag dies einerseits daran, daß die Grundsteuer gegenüber dem Großherzogtum verhältnismäßig höhere Beträge erbrachte, und andererseits lag es daran, daß der deutsche Minister Bülow sich stets gegen eine völlige Angleichung der westfälischen Ordnung an die französische wehrte.

Schon Murat hatte die Stempelsteuer, die in den preußischen Provinzen Kleve und Mark erhoben wurde, auf das gesamte unter seiner Verwaltung stehende Land ausgedehnt. Beugnot behielt sie bei und regelte sie in einer einheitlichen Weise[490]. Als der Code Civil im Großherzogtum eingeführt worden war, wurde "die Registrierung - notwendige Konsequenz der neuen bürgerlichen Gesetzgebung, welche die Zuverlässigkeit der Daten für die privaten Verträge nur durch die Erfüllung dieser Formalität anerkennt -

---

[486] Diese letzte Maßnahme, vom Staatsrat im Juli 1811 gefordert, wurde am 19. März 1813 dekretiert! Zu dem für Napoleon nach Witepsk übermittelten Rapport am 3. August 1812 war wie vielen anderen angemerkt worden: "Zum Winter zurückstellen, auf Befehl des Kaisers" (AF IV, pl. 5994).

[487] AF IV 1851.

[488] Über das Kollegium des Großherzogtums, siehe Kap. III.

[489] AF IV*, 454.

[490] Er führte sie auf das französische System zurück: Murat hatte das preußische System nachgemacht, wonach die Urkunden proportional zu den in den Akten genannten Werten bewertet waren.

" ebenfalls auf dem rechten Rheinufer eingeführt. Zur Eingewöhnung war sie vorerst nur halb so hoch wie in Frankreich[491]. Zu Anfang des Jahres 1813, als die Bedürfnisse des Staates zunahmen und sich die Steuerpflichtigen zugleich ein wenig an die Steuer gewöhnt hatten, wurden die Abgaben erheblich erhöht und jegliche Ausnahme zugunsten der Armen zurückgewiesen. Trotz allem: diese Steuer "brachte nicht das ein", was von ihr erwartet wurde. Die Einnahmen lagen immer unter den Voranschlägen[492].

# VI.

Die indirekten Steuern, insbesondere die Tabaksteuer, welche die revolutionäre Nationalversammlung und dann das Direktorium nicht gewagt hatten, nach ihrer Abschaffung wieder einzuführen, weil sie "schmerzvolle Erinnerungen wachgerufen hätten"[493], - wurden unter dem Empire nach und nach von neuem erhoben, und dies nicht nur, weil die Theorien wechselten und nicht mehr die ganze Steuerlast auf den Grundbesitz konzentriert werden sollte. Die täglichen Bedürfnisse wurden ständig dringender; das Budget blähte sich jedes Jahr weiter auf. 1804 wurden die Abgaben auf Getränke wieder eingeführt, 1806 war es die Salzsteuer, und schließlich ließ man 1810 die Tabakregie wieder aufleben. Als neue Einnahmequellen, die der Erhöhung des Kontingentes und der Mindereinnahme an direkten Steuern wegen im Großherzogtum notwendig wurden, widerstand man der Versuchung nicht, die indirekten Steuern, welche die Einnahmen Frankreichs in beträchtlichem Maß gesteigert hatten, auch in dem deutschen Land einzuführen.

Es begann mit der Salzsteuer[494]: Der Fürst, also der junge Großherzog - d.h. in Wirklichkeit der Kaiser -, besaß in seinen Domänen eine bedeutende Saline, die von Königsborn. Als Napoleon durch das Dekret vom 22. Juni 1811 die fürstlichen Einnahmen neu festlegte, schrieb er vor, daß in Zukunft das aus dieser Saline gewonnene Salz zu einem festgesetzten Preis zu verkaufen sei. Die Einfuhr von ausländischem Salz wurde verboten, außer auf fürstliche Rechnung oder falls eine Ergänzung des Landesverbrauchs notwendig werden sollte.

Da noch eine andere, privat betriebene Saline in Sassendorf bestand, wurde eine Abbauabgabe verlangt, damit das Salz dieser Saline nicht dem des Fürsten Konkurrenz mache. Das Aufkommen dieser verschiedenen Steuern sollte dem Großherzog zufließen.

---

[491] Dekret vom 17. Dezember 1811 (AF IV pl. 4816). In AF IV 1855 findet man die Überlegungen des Staatsrates: Er versuchte, die Abgabe zu mildern.

[492] Dekret vom 28. Januar 1813 (AF IV, pl. 5808). Weiterhin muß auch die Notiz des Staatsrats Fuchsius bedacht werden: Viele Vorgänge waren vor dem 17. Dezember in Vorausschau der neuen Steuer gemacht worden; übrigens hatte die Steuer im Februar 1812 gerade erst begonnen zu arbeiten. Über die Art, wie die Registrierung im Großherzogtum Frankfurt verabscheut wurde, vgl. Darmstaedter, op. cit., S. 186.

[493] Rapport des Finanzministers an das Direktorium über die Mittel, das Gleichgewicht wieder herzustellen (25. Germinal des Jahr IV), zitiert durch Stourm, *Les finances de l'ancien régime* ..., I, 299.

[494] Brief Roederers an Beugnot vom 22. Juli 1811. (Nachlaß Roederer, AB XIX, 352.) "Das große Hindernis für die Salzregie ist, daß der Kaiser sie in Frankreich im Gegensatz zu ihrer Etablierung im Großherzogtum in Frankreich nicht einführen lassen will, denn hier hat er sie nicht nötig..."

Dies war das französische System: Ohne eine Regie für den ausschließlichen Verkauf einzuführen, wie es Roederer gewünscht hätte, mit der aber Napoleon "Frankreich nicht erschrecken wollte", wurde wie auf dem linken Rheinufer "eine leichte (sie blieb es nicht) Abgabe festgesetzt, die von den Produktionsstätten einheitlich erhoben und von jeder Überprüfung, von jeder Steuervisitation, von jeglichem Monopol befreit wurde; dem Handel wurde der freie Verkauf des Salzes überlassen."[495]

Diese Maßnahme erschreckte sicher nicht die Menschen im Herzogtum Kleve und in der Grafschaft Mark, wo seit 1751 das Salzmonopol als natürliches Nebenprodukt des Bergregals in Kraft war und wo seitdem die Festsetzung oder *Conscription* - d.h. das Regime des *Pflichtsalzes* - in Kraft war, wie es in Frankreich in den Landesteilen der großen Salzsteuer der Fall gewesen war[496]. An allen anderen Orten stellte diese Maßnahme jedoch eine beunruhigende Neuerung dar. Beugnot, der das Land kannte und vor allem um die Schwierigkeiten prohibitiver Maßnahmen in einem schlechtgeschützten Bereich wußte, machte gegen das neue, gegen seinen Willen erlassene Dekret vergebliche Einwände. Er mochte die Härten, die Regien und die Zwangsverkäufe nicht sehr, aber, da er sich fügen mußte, beschränkte er sich darauf, das vom Minister in Paris vorgegebene Ziel zu erreichen. Die Mittel dazu fand er jedoch nicht. Um die Bevölkerung zu zwingen, hätte es Zollschranken, Wächter, Beschlagnahmungen, Tribunale, Bestrafungen bedurft, denn man *verbietet* nicht allein mit Worten. Seit dieses Verbot im Land bekannt war, versorgte sich die Bevölkerung, ohne daß der kaiserliche Kommissar sich dem entgegen stellen konnte. Roederer traf seine Anordnungen aus der Ferne und machte Gesetze, ohne mit den genauen Umständen vertraut zu sein. Er antwortete, daß prohibieren heiße, den Zöllnern zu sagen: "Ihr werdet nichts hereinkommen lassen", und erklärte, daß in Frankreich die Steuerpacht 40 Jahre gebraucht habe, bevor sie es wagte, den Verkauf von Salz und Tabak nutzbar zu machen. Er riet, behutsam vorzugehen, den Schmuggel erst aufkommen zu lassen und dann streng zu bestrafen[497]. Aber sehr bald wurde deutlich, daß Beugnot recht gehabt hatte. Einige Tage nachdem das Dekret erlassen worden war, überquerten Karren mit ausländischem Salz die Grenze, und der erbitterte Kampf zwischen den zu wenigen Zöllnern und den organisierten und bewaffneten Schmugglerbanden begann.

## VII.

Nach den Erfahrungen einiger Monate, welche die Nutzlosigkeit und Undurchführbarkeit eines Monopols - um das es sich tatsächlich handelte - hätten zeigen müssen, wurden die Maßnahmen verschärft, anstatt darauf zu verzichten. Während seines Aufenthaltes in

---

[495] Exposé der Motive des Finanzgesetzprojektes von 1806, zit. von Stourm, op. cit., I, 322. Das Dekret ist vom 22. Juni 1811 (AF IV*, 475). Brief von Roederer an Beugnot, 10. Juli 1811, AF IV 1859.

[496] Bornhak, op. cit., II, 263. Das Monopol, aber ohne Conscription, war in den preußischen Ländern 1803 eingeführt worden: mit Anordnung vom 7. November 1803 in Münster. Bornhak, *Preußische Staats- und Rechtsgeschichte*, S. 308.

[497] Briefe von Beugnot, vom Monat Juli 1811, AF IV 1854.

Düsseldorf 1811 befaßte sich Napoleon mit den Möglichkeiten, die Einnahmen des Landes zu erhöhen: Seit einem Jahr funktionierte in Frankreich das Tabakmonopol, das als Maßnahme der Fürsorge angekündigt und dazu bestimmt war, die Last der Grundsteuern zu verringern, das in Wirklichkeit aber nur eine neue Steuer bzw. eine *wiedererweckte* alte Steuer war[498]. Die Länder ohne Einfuhrverbote auf dem rechten Rheinufer machten der französischen Regie Konkurrenz, indem sie prohibierten Tabak einführten. Dem Schmuggel mußte ein Ende gesetzt werden. Mehr aus diesem Grund als um dem Großherzogtum neue Quellen zu erschließen, entschied sich Napoleon in den mit Roederer und Beugnot abgehaltenen Beratungen prinzipiell für die Einführung des Tabakmonopols im Großherzogtum Berg.

Erneut kam es zu Auseinandersetzungen zwischen dem Kaiserlichen Kommissar, der die Einführung einer neuen Steuer verhindern wollte, und dem Minister-Staatssekretär als entschiedenem Anhänger der neuen Steuer. Die Partie war von vornherein verloren. Trotz der Vorhersagen Beugnots, der, wie es heißt, mit dem Ausruf "Das Großherzogtum ist verloren"[499] laut Einspruch erhob, ordnete Napoleon die Einführung einer Tabaksteuer für den 1. Januar 1812 an. Gezwungen, sich dem Prinzip zu beugen, versuchte Beugnot wenigstens, ein System der Steuererhebung durchzusetzen, das dem Land am wenigsten schädlich war. Zunächst hatte er wie Roederer daran gedacht, französischen Regietabak zu kaufen und ihn bei gleichzeitigem Verbot von heimischem Anbau und Fabrikation zum Verkauf zu stellen. Nachdem er die Bedeutung der Fabriken im Lande jedoch besser kennengelernt hatte, meinte er, daß ein derartiges Verfahren unmöglich sei, ohne einen bedeutenden Industriezweig zu vernichten und das Land mit einem fünffach stärkeren Verlust zu bestrafen als der Gewinn aus der Steuer ausmache.

Er schlug daher das folgende System vor: Den Anbau verbieten, die Einfuhr begrenzen, die Verarbeitung besteuern; von jedem im Land hergestellten und für den Verbrauch im Land verkauften Pfund Tabak sollte eine einheitliche Taxe erhoben werden. Nur bestimmte Fabriken sollten mittels Patent zugelassen werden; zur Eröffnung eines Tabakladens war eine Lizenz erforderlich. So konnte die Vernichtung einer Industrie verhindert werden, die mehr als fünf Millionen Kilogramm Rohware verarbeitete und dem Großherzogtum einen Nutzen von 500.000 Francs brachte. "In Wirklichkeit fiel ein Teil dieser Gewinne durch die Schmuggelausfuhr nach Frankreich aus, welche die Erhöhung der Preise und die Fabrikationsordnung umging; wenigstens der Gewinn der anderen Aus-

---

[498] Die Präambel des Dekretes vom 29. Dezember 1810, das die Tabakregie einführte, veröffentlicht in der *Correspondance de Napoléon*, XXI, 340, ist bemerkenswert: Napoleon legt dort die Theorie der großen Zahl der die Völker in Friedenszeiten wenig beschwerenden Steuerauflagen dar. In Wirklichkeit ist dieses Dekret nur eine der getroffenen Maßnahmen, um auf alle Abschaffungen der konstituierenden Versammlung zurückzukommen und erneut die fiskalischen Verfahren des Ancien Régime einzuführen.

[499] Hierauf soll Roederer geantwortet haben: "Nicht ganz und gar, Herr Graf!" Dieser Dialog, dessen Richtigkeit nicht überprüfbar ist, ist in *Nemesis - Zeitschrift für Politik und Geschichte*, hg. von H. Luden, Professor in Jena, wiedergegeben, der in einem 1818, Band XI, erschienenen anonymen Artikel die Geschichte der Tabakregie im ehemaligen Großherzogtum Berg darlegte. Ich verdanke diese Mitteilung Ch. Andler, dem ich an dieser Stelle meinen Dank ausdrücke.

fuhren und dem gesamten Inlandsverbrauch sollte jedoch erhalten bleiben." Man muß auch an die 800 Arbeiter denken, die von dieser Industrie lebten![500].

Beugnot sah außerdem voraus - die Zukunft bewies, daß er recht hatte -, daß die Fabriken in die benachbarten Staaten auswandern und die bergischen Behörden durch hartnäckiges Eindringen dort fabrizierten Tabaks beunruhigen würden, wenn jegliche Fabrikation aus dem Lande getrieben werde. Dies wäre ein kostspieliger Krieg, der "gegen neue, im Schoße des Landes geborene Feinde" geführt werden müsse! Gewiß, und in diesem Punkt hatte Beugnot das wesentliche Ziel Napoleons erkannt, sollte durch ein Monopol der Tabakschmuggel nach Frankreich verhindert werden. In Köln wurde der Wert des Schleichhandels und der jährliche Verlust der französischen Regie auf mehr als drei Millionen Francs veranschlagt. Aber die Preissteigerung des im Großherzogtum gefertigten Tabaks sollte nach Ansicht des Kaiserlichen Kommissars genügen, um diesen Schleichhandel zu unterbinden. Was wäre der Gewinn der dem Großherzogtum Tabak verkaufenden französischen Regie in Anbetracht des Schadens, den die Vernichtung der örtlichen Industrie anrichtete. "Der Kaiser, der das eine wie auch das andere Land regiert, würde nicht dem einen beträchtlichen Schaden zufügen wollen, um dem anderen einen nicht wahrnehmbaren Profit zu verschaffen." Genau dies trat jedoch ein: Einmal mehr wurde das Großherzogtum wie ein Pufferstaat behandelt, eine Auffangzone gegen den Schmuggel. Nach kurzer Zeit sollte deutlich werden, um den Preis welcher "Schäden".

Alle Argumente Beugnots vermochten den Widerstand Roederers nicht zu brechen: Die im Großherzogtum eingeführte französische Regie sollte Frankreich einen Gewinn von mehreren Millionen sichern, indem sie die hinterzogenen Zahlungen der Fabriken unterband, deren Zahl sich seit Errichtung des Monopols in Frankreich erhöht hatte[501].

Durch das Dekret vom 17. Dezember 1811 wurden die Einfuhr, der Anbau und die Verarbeitung ausländischen Tabaks im Großherzogtum verboten. Die vorhandenen Tabakvorräte mußten ebenso wie die Maschinen versiegelt werden. Den enteigneten Tabakfabrikanten sollte Schadenersatz gezahlt werden. Ein aus Frankreich zu versorgendes Hauptdepot sollte in Düsseldorf errichtet werden. In jedem Departementshauptort wurde ein Zwischendepot eingerichtet, und überall, wo es notwendig erschien, sollten Tabakläden ausschließlich französischen Tabak verkaufen[502]. Kurz: Anfang 1812 war das Salz steuerpflichtig und das Tabakmonopol eingeführt.

---

[500] Am Rande vermerkte Roederer dies: "Interesse des Landes".

[501] Roederer erklärte, daß es 1807 436 Arbeiter und 1811 mehr als 800 gab.

[502] Das Dekret vom 17. Dezember 1811 und die ihm vorausgegangene Korrespondenz, die ich zusammengefaßt habe, befinden sich in AF IV, pl. 4816. In dem diesem Dekret vorausgegangenen Rapport gab Roederer zu, daß die Zeiten wenig günstig seien, aber er dachte, daß liberalere Handelsmaßnahmen die Schikane der Regie kompensieren würden: "Ich kann nicht leugnen, daß jeder passive Handel im Großherzogtum sehr ärgerlich ist, seitdem die dem Handel des Landes auferlegten Zwänge die Industrie hindern, hier das Äquivalent dessen hereinzubringen, welches die Bezahlung der fürstlichen Einkünfte und der Sold der Truppen davon herausbringen. Aber ich sehe in dieser leichten Verschlimmerung der Lage des Landes nur erneut einen Anlaß, die Gerechtigkeit und die Güte Eurer Majestät zugunsten seines Handels anzurufen, und zumindest Ihre Aufmerksamkeit an die Linderungen zu erinnern, deren geeignete Bedingung der Innenminister und der ihm beigeordnete Gewerberat beurteilt haben."

# VIII.

Der Salzschmuggel, der einige Tage nach dem Dekret vom 22. Juni einsetzte, wurde bald organisiert betrieben. Es ereigneten sich Scharmützel zwischen Zöllnern und Schmugglern. Es gab Zusammenstöße, bei denen 50 Männer auseinandergesprengt und Rebellen getötet, Gefangene abgeführt und Waffen, Pistolen und eisenbeschlagene Stöcke beschlagnahmt wurden. Aus dem Herzogtum Westfalen kamen Banden Bewaffneter über die Ostgrenze, die mit Salz beladene Wagen eskortierten. Oft ließen die Zöllner, machtlos oder absichtlich blind, Konvois passieren, die enorme Mengen verbotenen Salzes ins Land brachten. Anläßlich einer Grenzinspektion fand ein Hauptkontrolleur die Zollaufseher in den Gaststätten Pfeife rauchend vereint. Darüber hinaus stellte er fest, daß sie für die Bewachung einer unübersichtlichen Grenze zu wenige waren. Schließlich fand er sogar, daß die Gerichte, besonders das in Hamm, die Schmuggler freiließen und die Zöllner bestraften, wenn sie einen Schmuggler verletzten. Im übrigen waren vor der Veröffentlichung des Dekretes in den Familien Vorräte angelegt worden. "Die schärfsten Ermittlungen würden sie nicht alle ausfindig machen", schrieb der Direktor des Zollwesens, "die in einem Haushalt vorgefundenen 50 Pfund Salz zu beschlagnahmen, scheint widerwärtig, aber das ist der Vorrat eines Jahres und somit die Befreiung von 20-30 Francs Abgaben, mit deren Einnahme gerechnet wurde."

Genauso ging es auch nach dem Einfuhrverbot für ausländischen Tabak, als die Einwohner den von den französischen Fabriken in Köln gelieferten Tabak kaufen mußten: Die hohen Preise schreckten ab, sie versorgten sich nun mit minderen Qualitäten. In den armen Gebieten, wie im Sieg-Departement oder im Arrondissement Essen, verzichteten die Bauern und die Arbeiter auf Tabak und rauchten Moos oder Kirschbaumblätter. Sehr schnell organisierte sich der Schleichhandel: Die im Großherzogtum Berg geschlossenen Fabriken ließen sich unweit der Grenze im Herzogtum Hessen-Darmstadt nieder, und der ausländische Tabak kam herein, wie das Salz. Er wurde sogar in den Kirchen unter den Hochaltären versteckt. Als die französische Regie, die zunächst Erzeugnisse guter Qualität lieferte, nicht den erwarteten Gewinn erbrachte, verkaufte sie minderwertigen Tabak; der Schmuggel stieg weiter an. Der nächtliche Hausierhandel aus dem Herzogtum Nassau wurde regelmäßig und war nicht zu unterbinden. Am Tage liefen Kinder mit einigen Kilogramm Tabak in die angrenzenden Gemeinden, wobei die Bauern hofften, daß die Zöllner sie nicht einsperren würden. Aus dem Land Arenberg kamen bewaffnete Banden von 50 bis 100 Personen, Musik an der Spitze, die sich mit dem Kampfruf "Tod den Bluthunden" zusammenrotteten[503]. Es bereitete sich "eine gefährliche Vendée in dem Augenblick aus, als in Deutschland Verleumder das Wort von der *Freiheit*, diesem zur Unruhestiftung so tauglichen Instrument, in den Ohren der Menschen klingen ließen"[504]. Die Maires hatten beim Herannahen der Banden die Sturmglocke läuten lassen; der Schmuggel triumphierte und die Monopole waren bald nichts als eine "Vorspiegelung falscher Tatsachen". Niemand wollte mehr in den zu gefährlich gewordenen Zolldienst eintreten, nur die Unbrauchbaren bewarben sich noch, während man in Frankreich die

---

[503] So nannte man im Volk die Zöllner.
[504] Rapport von Beugnot: August 1812, AF IV 1856.

Zöllner leicht rekrutierte und man in den Grenzlanden "Kinder `erfand´, um daraus Zöllner zu machen".

Der machtlose und mangelhaft unterstützte Beugnot, "der einzige Franzose im Kampf gegen ein Bündnis der Einheimischen, welche die indirekten französischen Steuern ablehnten", schrieb an die Verwaltungsleute, um ihnen darzulegen, daß die Regie eine Wohltat sei, daß sie die Grundsteuern verringere und sie den Bürgern dies verständlich machen sollten. Auf seine Anordnung hin ließen die Präfekten Schreiben über die Vorteile der indirekten Steuern und die Nachteile des Schleichhandels veröffentlichen. Nichts tat sich, und die Einrichtung eines Sondergerichtes im Januar 1812 zur Aburteilung der Zoll- und Regieangelegenheiten[505] dämmte den Schmuggel auch nicht ein. In seinen Berichten verhehlte Beugnot die Wahrheit nicht: Er plagte Roederer mit dringenden Briefen, in denen er ihn aufforderte, dem Land eine vernünftige Grenze zu geben und den Kaiser inständig zu bitten, die Regie in den Nachbarstaaten Nassau und Hessen-Darmstadt einführen zu lassen.

Roederer begriff schließlich, daß man den falschen Weg eingeschlagen hatte. Am 19. Juni 1812 erläuterte er Napoleon die Situation: Die im Budget mit einer Summe von etwa 2 Millionen angesetzte Salz- und Tabaksteuer hatte während der ersten sechs Monate des Jahres nicht ein Drittel der erwarteten Summe eingebracht. Er räumte ein, daß Paris von den Nachbarregierungen mehr "als leere Worte und eine halbherzige Unterstützung verlangen müßte". Ebenso müßte das Grenzwirrwarr beseitigt und die in Untersuchung befindlichen Korrekturen endlich durchgeführt werden. Sein Bericht wurde wie viele andere Napoleon während des vollentbrannten Rußlandfeldzugs unterbreitet, "zurückgestellt bis zum Winter" vermerkte dieser, und der Schleichhandel ging weiter, stärker als je zuvor[506].

Um das sich abzeichnende Defizit wenigstens beim Salz zu mindern, entschied Beugnot im Einverständnis mit den Munizipalbehörden, daß für die letzten vier Monate des Jahres 1812 das preußische System der *Conscription* überall angewandt werden solle. Die Verbrauchsmengen wurden in jeder Gemeinde festgelegt. Der Mindesteinkauf je Familie sollte ein Kilogramm betragen, ausgenommen wurden Fälle wirklich begründeter Bedürftigkeit. Durch diese Maßnahmen gelang es, die Einnahmen des Fürsten ein wenig zu erhöhen[507]. Aber der Verkauf von Tabak, der auf diese Weise nicht aufgezwungen werden konnte, nahm weiter ab: Während im März 1812 noch für 164.000 Francs Tabak verkauft wurde, waren es im Juli nicht mehr als 39.000 Francs. Ab Jahresmitte wies dieses Monopol, das der Staatskasse eine halbe Million pro Jahr einbringen sollte, sogar ein Defizit auf! Der "einsickernde Schleichhandel" war nicht zu unterbinden, wie ein Damm naß wird durch das Wasser, vor dem er schützen soll.

Trotz des jeden Tag offensichtlicheren Beweises, daß das durch die Kontinentalsperre verarmte Land sich jedem Monopol widersetzte, schrieb Roederer an Beugnot, daß die Abschreckung und die Härte der Urteile und der Exekutionen den Schleichhandel unterbinden würden. Er riet ihm, "öffentliche Stimmung zu erzeugen": Er empfahl ihm, über

---

[505] AF IV, pl. 4939 und 5040.
[506] AF IV, pl. 5434 "zurückgestellt zum Winter, Witebsk, 3. August 1812 auf Befehl des Kaisers".
[507] Anordnung vom 16. August 1812, reproduziert in AF IV 1853<sup>B</sup>.

*Tafel I:*     *Bergischer Cassa-Thaler, 1807 (Nachbildung), Rückseite, Wappen des Großherzogtums Berg*

*Tafel II:*     *Bergischer Cassa-Thaler, 1807 (Nachbildung), Vorderseite, „IOACHIM GROSHER-ZOG VON BERG"*

*Tafel III: XVI Eine Feine Mark, 1806, Rückseite, „BERG: UND CLEVISCHE LAND MÜNZ."*

*Tafel IV:*     *XVI Eine Feine Mark, 1806, Vorderseite, „IOACHIM HERZOG ZU BERG U: CLEVE"*

*Tafel V: Plakette, Eisen, Porträt: „MAXIMILIAN IOSEPH KÖNIG V BAIERN", Heuberger 1815*

*Tafel VI:* Gedenkmedaille, Bronze, 1805, Vorderseite, „PANNONIA SUBACTA", rechts Napoleon und Murat, unten lateinische Inschrift: Der Magistrat von Paris dankt dem siegreichen Kaiser vor den Toren Wiens am 12. Dezember 1805

*Tafel VII:   Gedenkmedaille, Bronze, 1805, Rückseite, „DE GERMANIS", unten lateinische In-
schrift: Die Göttin Fama kündet der Stadt Paris vom ersten Sieg über die Deutschen am
10. Oktober 1805*

*Tafel VIII:  Initial Napoleons aus der Rheinbundakte, 1806*

*Tafel IX:*    *Hut Napoleons aus dem Jahre 1815*

*Tafel X:     Stiefel, Anfang des 19. Jahrhunderts*

*Tafel XI:*  *Silbermedaille, Porträt des Herzogs Wilhelm in Bayern, „WILHELMUS DUX BOIOA-RIAE"*

*Tafel XII:*  *Silbermedaille, Porträt von Wilhelms Gemahlin Anna Maria von Zweibrücken, „MARIA ANNA BIPONTINA CONIUX"*

*Tafel XIII: Musterbuch der Barmer Manufaktur von Eynern, 1811 für den Besuch Napoleons in Düsseldorf gefertigt*

*Tafel XIV: Musterbuch der Barmer Manufaktur von Eynern, 1811 für den Besuch Napoleons in Düsseldorf gefertigt*

*Tafel XV:   Musterbuch der Barmer Manufaktur von Eynern, 1811 für den Besuch Napoleons in Düsseldorf gefertigt*

*Tafel XVI: Johann Franz Joseph Graf von Nesselrode, Porträt in Öl auf Leinwand*

den Schmuggel von den evangelischen Kanzeln herab "Predigten halten zu lassen. Ist dies nicht ein würdiger Text, die Pfarrer und Pastoren die Ursache der Laster, der Ärgernisse und der Verbrechen, welche die Gesellschaft betrüben, aufzeigen zu lassen?" Sie sollten "sie schildern als die akute Landplage des Großherzogtums, als einen Diebstahl am Fürsten oder vielmehr an den Staatsnotwendigkeiten ... ". Um keinen Preis dürfe man zurückstecken, "die Ehre der Verwaltung" sei betroffen. Indem er sich allein auf den Standpunkt der Interessen Frankreichs stellte, fügte der Minister-Staatssekretär hinzu: "Dem Kaiser bedeutet es im übrigen wenig, 400.000-500.000 Francs als Großherzog zu opfern, wenn er als Kaiser 5-6 Millionen Francs gewinnt."[508]

Der Anfang des Jahres 1813 ausgebrochene und zum großen Teil durch die industrielle Krise verursachte Aufstand machte die Aufrechterhaltung des Verkaufsmonopols unmöglich. Da erst erfuhr Napoleon die ganzen Härten des Monopols. Er ließ seinen heftigen Zorn darüber erkennen: Der Ärger, den ihm der Aufstand bereitete, "wog die einigen Tausend Männer und einigen Millionen, die er aus dem Land ziehen konnte, nicht auf". Er warf seinem Minister vor, daß er ihm den Grad der Unzufriedenheit im Großherzogtum verschwiegen habe. Roederer übernahm die Verantwortung für diese von Beugnot stets kritisierten Steuern, beschwor aber trotzdem gleichzeitig den Kaiser, in nichts nachzugeben. Legal ergriffene Maßnahmen sollten nicht ausgerechnet anläßlich eines ausgebrochenen Aufstandes zurückgenommen werden! So wurde nicht nur nicht nachgegeben, sondern die steuerliche Belastung noch verschlimmert: Die 500.000 Francs, welche die Steuer normalerweise einbringen sollte, wurden auf das Land verteilt, damit die fürstlichen Einkünfte, selbst in dieser Zeit allgemeiner Verarmung nicht vermindert würden. Das Monopol, das diese Verteilung abschaffen sollte, wurde theoretisch beibehalten. In Wirklichkeit betrachtete die Zolldirektion die Regie seit Anfang 1813 als tatsächlich abgeschafft. Beugnot rechnete bei der Aufstellung seines Budgets nicht mehr damit.

Trotz der Proteste des Kaiserlichen Kommissars wurden die Interessen des Fürsten über die des Landes gestellt, das zu verwalten und zu bewirtschaften er zur Aufgabe hatte. Trotz seiner wiederholten Klagen wurde ein "Ersatz" angeordnet, der ebenso drückend wie das Monopol war.

Beugnot hatte noch einmal versucht, die Sache des Großherzogtums zu verteidigen: "Die Tabaksteuer", schrieb er an Roederer, "die schon im Ansatz schlecht ist, ist durch ihre Konsequenzen noch schlechter geworden. Ich habe vorgeschlagen, ab diesem Jahr *in petto* darauf zu verzichten. Sie erbringt nichts, sie wird sogar Geld kosten. Es liegt bei Ihnen, darüber zu entscheiden, ob dieses Geld mehr oder weniger wert ist als die Steuer dem Aufstand zu opfern. Aber ich kann nicht umhin, den vorgeschlagenen Ersatz zu bekämpfen ... Worin wird diese neue Steuer bestehen? Wir können es drehen und wenden wie wir wollen, es wird immer nur diese böse, einschneidende Kopfsteuer sein, die wir beide 1787 bekämpft haben, Sie in der Provinzversammlung von Lothringen, ich in der Champagne, d.h. eine Steuer ohne Prinzipien, ohne Grundlage, und zu unserer Schande müssen wir das, was wir gesagt und geschrieben haben, gezwungenermaßen der Laune, der Willkür und allem was daraus folgt, preisgeben ..." Und er fragte an, ob es nicht

---

[508] Brief vom 18. Oktober 1812, im Original in AF IV 1856 wiedergegeben im Artikel der *Nemesis*. Vertrauliche Briefe an Beugnot in den Papieren Beugnots, AB XIX 350.

möglich sei, die Zivilliste bis zum Frieden um 500.000 Francs zu verringern ... ? "Ich habe es oft gesagt und ich werde nicht überdrüssig, es zu wiederholen", fügte er hinzu, "die wirkliche, die allerstärkste, die einzig schwere Ursache der hiesigen Unzufriedenheit, ist die Situation der Industrie, die ihre Erzeugnisse unmöglich absetzen kann. Dies bewirkt Auswanderungen, läßt die Arbeiter ohne Arbeit, erzeugt Leid; die Gegend verarmt ... ; öffnen Sie dem Handel die Tore und Sie werden gesegnet werden. Dies ist mein ganzes Bekenntnis!" Der Brief kam, wie Beugnot es befürchtete, in Paris an, als es schon zu spät war; das Dekret war bereits unterzeichnet[509].

In einem Land, wo jeder Zöllner drei Meilen Grenze zu bewachen hatte, war es nicht mehr möglich, den Schleichhandel zu unterbinden: Schließlich wurde er zu einer öffentlichen und normalen Erscheinung; die Banden passierten und die Wagen rollten an den ohnmächtigen Zöllnern vorbei. Das Salz- und Tabakmonopol war im Großherzogtum, einem Land des freien Warenverkehrs, verhaßt. Beide wurden nicht aus theoretischen Erwägungen, wie die in den Dekreten feierlich verkündete Verringerung der Grundsteuer, sondern für sehr genau in den privaten Briefen zugegebenen Zwecke, nämlich die Erhöhung der Zivilliste und die Eindämmung des Schleichhandels in Frankreich eingeführt. Die durch die Zöllner verursachten Schikanen, die Härte der speziellen Tribunale ließen die Vorzüge der französischen Herrschaft vergessen. Einige Jahre nach dem Abzug der Franzosen fragten sich die erstaunten Einwohner, was sie unter preußischer Herrschaft gewonnen hatten. Alle versprochenen Erleichterungen waren ihnen nicht gewährt worden und die Last der Steuern blieb drückend. Es genügte alsdann, sie an die Salz- und Tabakregie zu erinnern, damit die Gegenwart ihnen weniger hart als die Vergangenheit vorkam, deren Härten sie so schnell vergaßen[510].

## IX.

Die Einnahmen des Fürsten bestanden anfangs nicht nur aus indirekten Steuern: Den größten Teil seiner Geldmittel lieferten dem Kronschatz die Domänen. In den preußischen Provinzen Kleve und Mark wurden die Domänen, wie im gesamten Gebiet der preußischen Monarchie, nach gemeinsamen Regeln verwaltet. Der Fürst hatte sie nach

---

[509] Das 500.000 Francs aufteilende Dekret vom 21. Februar erklärte das Monopol für abgeschafft; jedoch bestimmte am selben Tag ein anderes Dekret, ohne Zweifel das, welches "die Ehre der Verwaltung retten sollte", die Aufrechterhaltung des Verbotes des Anbaus, der Fabrikation von und des Hausierhandels mit Tabak. Es trifft zu, daß dieses Dekret die Einfuhr und den Verkauf ausländischen Tabaks unter der Überwachung der Regierung erlaubte. AF IV* 476; die die Tabakordnung reglementierende Verordnung von Beugnot vom 24. April 1813 ist in AF IV* 478.
[510] AF IV 1853<sup>B</sup>, 1856, 1859, pl. 5434. Archiv zu Düsseldorf, Staatsratsakten und Artikel der *Nemesis*, bereits zitiert. Die Finanzkrise von 1812-1813 war allgemein: Die darauf im Großherzogtum Frankfurt unternommenen Maßnahmen hatten ebenfalls vorübergehenden Charakter und waren nichts als Notlösungen. - 1790-1791 hatte Roederer im Besteuerungskomitee die Freiheit des Anbaus und des Verkaufs verlangt und mit Eloquenz von der Unantastbarkeit des Wohnsitzes gesprochen; *Oeuvres*, III, *passim*. 1819 verlangte Beugnot für Frankreich die Einführung des Tabakmonopols, "die angenehmste, die leichteste, die am leichtesten zu erhebende von allen Steuern"; *Opinion de M. Beugnot*, ... Nationalbibliothek, L<sup>e</sup>, 62, 170-80.

und nach in große Pachthöfe oder Meiereien aufgeteilt, die an mit ihrer Bewirtschaftung beauftragte Amtleute verpachtet waren - entsprechend den französischen Intendanten. Die Amtleute waren überdies damit beauftragt, die der Krone zukommenden Zinsen und Abgaben in Naturalien oder in Geld einzunehmen. Anfänglich sollten die Amtleute in ihrem Zuständigkeitsbereich sogar die Rechtsprechung ausüben. Als Pächter, Steuereinnehmer und Richter in ihrem Bezirk wurden sie bald mächtige, von der Zentralgewalt gefürchtete und behutsam behandelte Persönlichkeiten. Im ehemaligen Herzogtum Berg und in den kleinen umliegenden Fürstentümern waren die Domänen "in mehr oder weniger ausgedehnten Flächen verpachtet, ohne daß zu erraten war, welches Belieben bei ihrer Aufteilung geherrscht hatte".

Unter der kurzen Herrschaft Murats hatte Agar nicht die Zeit, Einheit und Ordnung in die Domänen der nacheinander angeschlossenen Provinzen zu bringen. Er begnügte sich damit, in Düsseldorf einen Generaleinnehmer zu ernennen, der die Erträge zentralisierte, aber die Erträge selbst waren unsicher. Es gab keine Möglichkeit zu überprüfen, ob die Einnehmer in den verschiedenen Landesteilen alles eingenommen hatten, was sie einnehmen sollten, und alles abgegeben, was sie erhalten hatten. Die Erhebung geschah *traditionell*, und die Pächter hielten sich für entlastet, wenn sie in einem Jahr ungefähr den Anteil des vorigen Jahres abgeliefert hatten. Es bestanden wohl im Land vier *Domänenkammern*, Reste der überall zur Auflösung vorgesehenen Kollegialverwaltung, aber niemals war eine dieser Kammern dazu gekommen, eine Abrechnung zu überprüfen; ihre Tätigkeit war "kraftlos".

Frühere genaue Ordnungen stellten sich einer Veräußerung der fürstlichen Domänen durch den Fürsten entgegen. Die örtlichen Landstände widersetzten sich seit langem ihrem Verkauf, weil jede Verkleinerung der Domäne eine Erhöhung der Lasten für die Untertanen darstellte. In Kleve und Mark hatten die Landstände immer darauf bestanden, in diesem Punkt ihr Kontrollrecht beizubehalten. In diesem Teil der preußischen Monarchie, wo die Selbständigkeit immer bedeutend war, hatten sie sogar erreicht, die aus den Einnahmen der Domänen getätigten Ausgaben zu überwachen!

Murat nahm weder Rücksicht auf die Stände noch auf andere der Machtausübung des Fürsten oder seiner Vergnügungssucht entgegenstehenden Schranken. Er veräußerte Domänen wie ein Besitzer, der das Kapital verlebt, und "preßte die Orange aus", die ihm sein Schwager gegeben hatte. Als Beugnot im Land eintraf, forderte er vom König Beider Sizilien die Rückzahlung einer Summe von zwei Millionen an den bergischen Schatz. Es handelte sich um einen Betrag aus ungesetzlich getätigten Veräußerungen von Domanialbesitz, die ohne ausdrückliches Einverständnis der Landstände vorgenommen worden waren[511]. Die Forderung war im übrigen vergebens, und es blieb dem Kaiserlichen Kommissar nichts anderes übrig, als für die Zukunft eine geordnete Verwaltung und eine wirksame Kontrolle der Domänen vorzubereiten.

---

[511] In seinem Rapport über das Budget von 1811 erklärte Roederer, warum die Domänen nicht sehr ausgedehnt waren: Im protestantischen Raum gab es wenige Kirchengüter. Viele Veräußerungen waren durch Murat getätigt worden, der eine Gewohnheit des Kurfürsten von Bayern fortsetzte. Zuletzt hatte Napoleon sich 1808 aus den angegliederten Ländern eine Einnahme von 250.000 Francs reserviert. AF IV 1862.

1809 begann er, eine Übersicht aller vorhandenen Vermögensbestände aufstellen zu lassen[512]. Dann richtete er, ohne erst monatelang auf ein Dekret aus Paris zu warten, durch eine einfache Verfügung eine Domänenverwaltung nach französischem Vorbild ein, die er mit der bereits bestehenden Einrichtung der Registrierung und der Stempelsteuer vereinigte. Das neue Räderwerk arbeitete ab dem 1. Mai 1809. Es war ein Versuch, den Beugnot in einem neuen Land unternahm[513]. So gab es keine kraftlosen "Kammern", keine allmächtigen und niemals überwachten Pächter mehr; überall herrschte direktes Handeln und echte staatliche Kontrolle[514].

# X.

Die "Zivilliste", die bis 1811 die Einkünfte der Domänen und einen großen Teil der indirekten Steuer verschlang, wurde ebenfalls von den Einnahmen unterhalten, die der Forst-, Bergwerks- und Fabrikbetrieb erbrachte.

Die Forsten befanden sich 1809 "im beklagenswertesten Zustand des Verfalls. Die Hauptursache dieses Verfalls stand ihrer Gesundung entgegen: die Gemeinden übten Gewohnheitsrechte auf Eichelmast, abgestorbenes Holz oder Laub aus. Diese Gewohnheiten bestanden bereits sehr lange, so daß die bäuerlichen und ländlichen Haushalte an die Ausübung dieser Rechte gewohnt waren". Seit 1809 wurde versucht, "die Intensität dieser wichtigen Ursache der Verwüstung zu verringern, aber schon die geringsten Versuche hierzu hatten die Gemüter derart erregt, daß es fast zu Aufständen gekommen wäre. Alle Versuche zur Wiederherstellung mußten auf spätere Zeiten verschoben werden. Diese Wiederherstellung gestaltete sich um so schwieriger, als die Großgrundbesitzer selbst mit allen ihren Möglichkeiten die Verwüstung der fürstlichen Wälder unterstützten, denn der Gewinn, den ihre Pächter zogen, bildete einen Teil der Einnahmen ihrer Höfe"[515]. Eine

---

[512] Brief von Gaudin, vom 10. März 1809, AF IV 1841. Rapport über die Domänen in AF IV, pl. 4417. Beugnot schrieb in seinem Brief an Gaudin: "Vor meiner Ankunft hier kannte man dort weder Monatsaufstellungen noch Wochenaufstellungen, weder Verteilungen noch irgendeine Art Rechnungslegung. Seine königliche Hoheit (Murat) hatte keinen Rat in Paris. Ganz mit ihrer glorreichen Zukunft beschäftigt, schrieb sie zwei oder dreimal im Jahr an seinen Minister."

[513] Die Verfügung Beugnots vom 1. März 1809 fehlt in der Sammlung seiner Verfügungen, die erst im Juli 1809 beginnt. Das wichtigste zeigt er in seinem AF IV pl. 4417 beigefügten Rapport auf. Im übrigen wurde die Verwaltung der französischen Verwaltung nachgeahmt.

[514] Das Personal wurde am 3. November 1809 ernannt; AF IV, pl. 3094. Die Generaldirektion der Domänen, des Stempels und der Hypotheken wurde Ch. Theremin übertragen: Er blieb dort bis 1812, als er zum Konsul in Leipzig ernannt wurde. Er hatte zur gleichen Zeit die Direktion des Rhein-Departements inne. Ein anderer Franzose, Ceillier, der die Stempelsteuer unter Murat organisiert hatte, bekleidete das Direktorium der Sieg. Die anderen Positionen wurden an Deutsche vergeben. Ein am 22. Juni 1811 erlassenes Dekret bestätigte, abgesehen von einigen Änderungen (wie die vom Grafen Duchâtel verlangte Aufhebung des Generaldirektors) die Verfügung Beugnots. 1810 behielt der Fürst die tatsächlichen Domänen in dem an Frankreich angeschlossenen Teil des Großherzogtums und verlor nur den Stempel und die Hypotheken. AF IV, pl. 4417, 4439, 5040. AF IV, 1226, 1858.

[515] Rapport von Beugnot vom November 1809; in AF IV, pl. 5099.

der französischen nachgeahmte Organisation wurde am 22. Juni 1811 dekretiert: Die Nutzungsrechte wurden erheblich eingeschränkt[516].

## XI.

In den Ländern mit lebhafter Industrie, aus denen das Großherzogtum Berg bestand, befanden sich die Bergwerke wie überall in Deutschland bereits seit dem 16. Jahrhundert in den Händen der Fürsten. Das *Bergregal* ermächtigte sie, diese entweder selbst auszubeuten oder die Ausbeutung gegen Abgaben zu verleihen. Regional unterschiedlich überwog das eine oder andere Verfahren. In Tecklenburg-Lingen beuteten die Fürsten als Besitzer die Bergwerke selbst aus; in der Grafschaft Mark, im Gebiet von Dillenburg und Siegen - also in preußischen und nassauischen Territorien - hatte der Souverän auf das *Bergregal* verzichtet und das System der *Bergfreiheit* übernommen. Dies bedeutete nicht eine allgemein gewährte Freiheit der Ausbeutung, sondern das an Anteilseigner gewährte Abbaurecht, unter denen der Souverän einen wichtigen Platz behielt. Im Gebiet von Essen und Werden, im Herzogtum Berg, in den Fürstentümern Homburg, Wildenburg und Gimborn-Neustadt hatte sich der Souverän nur die Überwachung mit finanziellen Rechten oder Zehnten vorbehalten[517]. Was die Fabriken anbetrifft, war das Regiment ebenfalls sehr unterschiedlich: Im Gebiet von Dillenburg-Siegen übte es der Souverän unmittelbar aus; überall sonst überwachte der Staat lediglich und erhob Abgaben auf die Fabrikation. Die größte Saline des Landes, die von Königsborn, wurde auf Rechnung des Souveräns betrieben; für die beiden anderen waren Betriebsgesellschaften konzessioniert[518].

Um in diese Vielfalt eine einheitliche Linie zu bringen, hatte Beugnot in Paris darum gebeten, den Bergwerksingenieur Héron de Villefosse zu entsenden. Er sollte eine einheitliche Organisationsform vorschlagen und vor allem damit beginnen, ein Budget für alle jene Nutzungen aufzustellen, die noch keiner staatlichen Kontrolle unterworfen waren. Héron de Villefosse hatte bereits mehrere bedeutende Aufträge in Deutschland erledigt: 1803 war er in den Harz entsandt worden, wo er zwei Jahre lang ausgezeichnet wirkte, indem er verhinderte, daß die französische Besatzung den Bergwerken zum Verhängnis wurde. Im Januar 1807 wurde er zum Generalinspekteur der Bergwerke in den eroberten Ländern ernannt und 1808 organisierte er die Bergwerke des Königreichs Westfalen[519]. Selbst im Großherzogtum Berg war er kein Unbekannter: Der preußische

---

[516] Beugnot hatte bereits durch Dekret vom 29. März 1808 das Forstwesen des Königreichs Westfalen organisiert. Das Dekret vom 22. Juni 1811 ist in AF IV, pl. 4417 überliefert.

[517] Aus einem 1809-1810 Héron de Villefosse übergebenen Bericht ist ersichtlich, daß die Regelung in Siegen-Dillenburg erst 1780 eingeführt wurde, gleichzeitig mit einer Bergwerkskommission. Im Herzogtum Berg wie übrigens auch in den kleinen Fürstentümern war die Ausbeutung kümmerlich. Unterlagen Héron de Villefosse.

[518] Rapport von Beugnot vom August 1809; AF IV 1860. Hier die Zahlen für 1811: 60.000 ständig beschäftigte Arbeiter, 24.000 zusätzlich zeitweilig; 19 Kohlebergwerke (7 gehörten dem Fürsten, 12 den Aktionären); 255 eisenverarbeitende Fabriken (20 gehörten dem Fürsten, 235 in Privatbesitz); AF IV 1862.

[519] Bernadotte ließ 1804 eine Medaille prägen, auf der man auf der einen Seite die von einem Eichenkranz umgebenen Worte lesen konnte: "Die Armee von Hannover an Napoleon, Kaiser der

Gewerbeinspektor der Mark, Eversmann, hatte ihm ab 1807, noch bevor die Grafschaft Mark einen Teil von Murats Staat bildete, Angaben über die industriellen Mittel der Region und über die notwendigen "Zusammenschlüsse" geliefert, um aus wirtschaftlicher Sicht ein homogenes Land zu bilden.

Im Mai 1808 in Düsseldorf angekommen beschäftigte Héron de Villefosse sich zunächst mit der Aufstellung des Budgets der verschiedenen und noch zusammenhanglosen Verwaltungen. Dank seiner konnte Beugnot vom August an Maret eine Aufstellung der Einnahmen und Ausgaben der Bergwerke und Fabrikbetriebe übergeben. Nachdem die reine Verwaltungsarbeit erledigt war, bereiste er das Land und untersuchte die Betriebsverhältnisse vor Ort: Er sollte eine Organisation in der Art vorbereiten, "daß man sich der Leute durch gute Bestimmungen erwehren kann, und gleichzeitig Leute suchen, gegen die verteidigt zu werden man nicht nötig habe"[520]. Er erkannte genau die schlechte Verwaltung der Bergwerke im Herzogtum Berg und in den kleinen Fürstentümern, wo man die Aufsicht darüber unfähigen Leuten anvertraut hatte: In Gimborn-Neustadt wurde die Inspektion durch einen Mann ausgeübt, dessen Gehfehler ihn daran hinderte, die Stollen zu betreten! Er stellte fest, daß eine rationelle und einträgliche Nutzung der Bergwerke nur in den ehemaligen preußischen Provinzen wirklich bestand, wo sie aus Berlin oder Schlesien[521] stammenden Ingenieuren anvertraut war, wo Dampfmaschinen und "Rollförderung" der Kohle in den Flözen schon bekannt waren. In seinem bemerkenswerten Bericht, den er nach der Rückkehr von seiner Inspektionsreise aufstellte, beschrieb er das Beobachtete und schlug die Errichtung einer Hauptverwaltung für die Bergwerke vor[522]. Héron de Villefosse verlangte, daß der Staat selbst nicht abbauen solle, das Bergregal jedoch völlig beibehalten werde - was seit einigen Jahren in Frankreich erneut diskutiert wurde, nachdem 1791 die vollständige Freiheit dekretiert worden war. Der Grundsatz der *Bergfreiheit* sollte überall unter der Aufsicht des Staates zugelassen werden, und zwar mittels Zahlung eines Zehntels des Gewinns an die Staatskasse. Die Vorschläge von Villefosse wurden nicht verwirklicht: Zwischen Beugnot und ihm traten Meinungsverschie-

---

Franzosen, 1804"; auf der anderen: "Glückauf (allgemeiner Gruß der Bergarbeiter), der Bergwerke und Fabriken des Harzes, die während des Krieges geschützt waren". Der König von Preußen dankte Héron de Villefosse mit Schreiben vom 18. Juli 1814 für die Dienste, die er den deutschen Bergwerken geleistet hatte, und übersandte ihm einen mit seinem Namenszeichen und Diamanten geschmückten Ring (Unterlagen Héron de Villefosse und *Moniteur*, 1814, S. 797.) Durch Dekret vom 27. Januar hatte Héron de Villefosse die Bergwerke von Westfalen organisiert (Thimme, op. cit., II, 361).

[520] Brief Beugnots an Héron de Villefosse, in den Unterlagen Héron de Villefosse (20. Juni 1809). "Dies ist übrigens", fügte er hinzu, "das ganze Problem der Verwaltung."

[521] 1784 war der zukünftige Minister Stein in Berlin Direktor der Bergwerke von Westfalen gewesen. Es ist interessant festzustellen, daß man in dieser preußischen Region des Großherzogtums überall die Spuren des preußischen Reformers findet.

[522] Der bemerkenswerte Bericht, den Héron de Villefosse im Februar 1810 verfaßte, eine ausgezeichnete Monographie über eine der bedeutendsten Bergwerksregionen Europas, verdiente eine Veröffentlichung. Eines der beiden Exemplare befindet sich in AF IV 1225, das andere in AF IV 1860. Héron de Villefosse war auch unter den Bergleuten bekannt: In den Unterlagen von Héron de Villefosse befindet sich ein Gedicht, das ihm gewidmet wurde "Bei der Generalbefahrung der Zeche Friederika am 12. Februar 1810".

denheiten auf, wobei der erstere ihm vorwarf, sich zu ausschließlich vom wissenschaftlichen Standpunkt damit zu befassen und das fiskalische Interesse zu sehr zu vernachlässigen. Beugnot sandte allerdings niemals den Gegenvorschlag, den man von ihm angefordert hatte, und die Verwaltung der Bergwerke orientierte sich einzig und allein an fiskalischen Gesichtspunkten[523].

## XII.

Der Reichsdeputationshauptschluß von 1803 hatte durch die Artikel 34-36[524] die religiösen Korporationen aufgehoben und den Fürsten die Verwaltung und Einkünfte ihrer Besitzungen übertragen, unter der Auflage, den noch lebenden Geistlichen Pensionen zu zahlen. Es scheint nicht so, daß im Großherzogtum Berg überall die Vorschriften des Reichsdeputationshauptschlusses beachtet worden sind: Wenn in den preußischen Provinzen die Regierung die Kapitel, so etwa das von Münster, aufhob, so ließen im Gegensatz dazu die Souveräne im Herzogtum Berg die Kapitel oft "kümmerlich fortexistieren", indem sie Präbenden je nachdem vakant ließen. Murat setzte diese Tradition fort und verteilte ohne Unterschied der Geburt Präbenden an die Töchter von Funktionären, selbst an seine Tochter Laetitia, und dies sogar trotz der Proteste derjenigen Kapitel, "die adligen Fräulein vorbehalten waren, die weder erben noch einen Nichtadeligen heiraten oder einen Beruf ausüben durften und zwischen einem adligen Stammbaum und diesen mit Litzen gezierten Armenhäusern zur Welt kamen, die man adelige Stifte nennt"[525].

Beugnot wollte kurze Zeit nach seiner Ankunft die Bestimmungen des Reichsdeputationshauptschlusses zur Anwendung bringen. Er verfügte am 12. November 1808, daß die den Orden, Kongregationen und religiösen Einrichtungen beider Geschlechter gehörenden Güter und Einnahmen ab sofort durch die Domäne verwaltet und ihre Erträge in deren Kasse fließen sollten. Natürlich sollten den Mitgliedern der aufgehobenen Kongregationen Entschädigungen bewilligt werden.

Die flächendeckende und unmittelbare Durchführung eines solchen Erlasses war unmöglich: Es stellte ein enormes Hindernis dar, plötzlich an alle Geistliche Pensionen zahlen zu müssen. Andererseits machte die bestehende Unordnung und Zusammenhanglosigkeit in der Domänenverwaltung eine "Überwachung durch die Regie der Domänen" von vornherein illusorisch und wertlos. Beugnot konnte nicht daran denken, die Kongregationen aufzulösen, denn er hätte nicht gewußt, wie deren Vermögen zu verwalten wäre. Erst als die Domänenverwaltung rechtmäßig und gleichmäßig funktionierte, kehrte er zum Grundprinzip zurück.

Am 24. Oktober 1809 bestimmte ein neuer Erlaß genau die anzuwendenden Bedingungen der Säkularisierungen: Die Vermögensverwaltung der aufgelösten Einrichtungen wurde dem Einnehmer der Domäne des Kantons übertragen. Die Forsten der Klöster

---

[523] Beugnot stimmte jedoch mit Héron de Villefosse überein. Er kritisierte die Ausbeutung durch den Souverän, "der teuer fabriziert und billig verkauft". Aber offenbar wollte er die Staatseinnahmen über alles Maß erhöhen.

[524] Der Text des Reichsdeputationshauptschlusses findet sich bei Berghaus, op. cit., I, 363 ff.

[525] AF IV 1865.

wurden den Forsten des Großherzogs zugeschlagen. Dieser Erlaß sollte ausdrücklich nur bei Männerklöstern und -kapiteln angewandt werden. Einige Monate später wurde die Maßnahme verallgemeinert und ein neuer Erlaß vom 4. August 1810 berücksichtigte für ausnahmslos alle Kapitel das für die Säkularisierung aufgestellte Prinzip[526]. In diesem Augenblick wurde der Code Civil im Großherzogtum Berg eingeführt. Die adeligen Kapitel konnten unter der französischen Gesetzgebung nicht mehr fortbestehen. Beugnot hätte gewollt, daß man an ihrer Stelle zwei oder drei Häuser wie das in Ecouen einrichtete, jedoch fehlte die Zeit, und vor allem mangelte es an Geld für derartige Gründungen. Trotz der formellen Vorschriften des Dekretes vom 22. Juni 1811, das die fürstlichen Domänen neu ordnete und die tatsächliche Vereinigung der Besitzungen der Kapitel und Klöster mit den Domänen forderte, bestanden 1812 im Großherzogtum noch elf geistliche Korporationen[527].

Beugnot hatte davon rund 30 aufgehoben, er hatte sie alle beseitigen wollen; "diejenigen unter den Kongegrationen, die zu nichts nutze waren, waren reich, diejenigen, die zu irgend etwas dienten, waren schlecht fundiert und diejenigen, die viele Aufgaben wahrnahmen, lebten von Almosen". Er ließ sich nicht dadurch beeinflussen, daß die Kanoniker Kreuze und Fahnen behalten hatten, daß sie ihre Gewänder anlegten, sangen oder lieber in ihren ehemaligen Kirchen die Messe singen ließen. In Wirklichkeit wußte er sehr wohl, daß an vielen Orten nurmehr "Trugbilder von geistlichen Korporationen" bestanden: Die Kanoniker von Münster lebten nicht mehr zusammen, verheirateten sich, bekleideten öffentliche Stellen. Beugnot lieferte die juristische Theorie für die Aufhebung der Kapitel. "Es ist nicht der Zweck irgendeines religiösen Dienstes, der eine religiöse Korporation begründet; was sie begründet, ist die Kraft und Stärke der Statuten, auf denen sie beruht, es ist die fortwährende Wiederbesetzung bei jeder Vakanz, es ist die freie Verfügungsgewalt über ihre Besitzungen, es ist das Recht, sich aller Privilegien und Vorrechte zu erfreuen, welche die Bedingungen ihres Daseins waren." Dies alles beseitigten der Reichsdeputationshauptschluß und die Erlasse des Kaiserlichen Kommissars. Trotzdem währte die französische Herrschaft nicht lange genug, um das Werk der Säkularisierung zu vollenden.

---

[526] AF IV 477. Am 3. November 1810 verlieh ein Dekret vakante Präbenden des Damenstiftes von Metelen an Töchter deutscher und französischer Beamter (im besonderen der Tochter des Richters von Solingen, Schwiegervater des Generals Cambacères, der Tochter von Ch. Theremin usw.; AF IV, pl. 3095). Andererseits hob Beugnot durch Erlaß vom 13. November 1809 das Kapitel von Essen auf, bei dem es sich um ein Damenstift gehandelt hatte. Die Rechtsprechung war noch nicht eindeutig. Der Erlaß vom 4. August 1810 ist in AF IV*, 477.

[527] In dem 1810 an Frankreich angegliederten Teil des Großherzogtums wurden die Kongegrationen durch Dekret vom 30. November 1811 aufgehoben (AF IV pl. 4723). Anläßlich dieser Angliederung war durch Dekret vom 27. Januar 1811 beschlossen worden, daß der Großherzog seine Domänen in dem angegliederten Teil behalten sollte. Es gab endlose Auseinandersetzungen zwischen dem Kapitel von Münster, das seine legale Existenz behauptete, und Beugnot, der seine Aufhebung bewies. Napoleon löste dieses Problem, indem er durch Dekret vom 4. November entschied, daß die Domänenenverwaltung von allem kirchlichen Vermögen Besitz ergreife, "ausgenommen von dem derjenigen Pfarrer, denen die Seelsorge anvertraut ist". Diese Ausnahme ist in der Urschrift des Dekretes von Napoleons Hand aufgenommen. Die zivilen und kirchlichen Pensionen (vor allem die letzteren) bildeten im Budget eine Summe von mehr als einer Million!

## XIII.

Eine gewisse Zahl von Dotationen verringerte die Einkünfte des Fürsten und die des Staates: Schon Murat hatte sich mit Leichtigkeit großzügig gezeigt: Seiner Nichte hatte er als Mitgift den Landbesitz des Klosters in Homburg mit einer Einnahme von 30.000 Francs geschenkt, seinem Minister Agar hatte er das Gut Morsbroich verliehen, das 20.000 Francs einbrachte; dem General Marx hatte er das Haus überlassen, das er in Düsseldorf bewohnte. In dem Vertrag, der dem Großherzogtum die preußischen Provinzen übereignete, hatte Napoleon sich ein Kapital von fünf Millionen reserviert, das ihm einen jährlichen Ertrag von 250.000 Francs brachte. Er verteilte den so reservierten Ertrag an drei Offiziere, die Generäle Arrighi, Caulaincourt und an den Obersten Ornano[528]. Einige Zeit später wurde eine neue Dotation von 300.000 Francs zugunsten von Pauline Borghèse[529] ausgesetzt. Als das Feudalregime im Großherzogtum Berg beseitigt worden war, verringerten sich die Einkünfte der Dotationen durch Erhöhung der Grundsteuern sowie Aufhebung der Nutznießungsrechte, der Zwangsrechte und der Frondienste. Es gab heftige Einwände, die nicht akzeptiert wurden. Die allgemeine Ordnung wurde auch auf diese Besitzungen angewendet, damit sie nicht durch ungerechtfertigte Ausnahmen "einen Staat im Staate bildeten"[530].

## XIV.

Zu Beginn des Jahres 1813 verringerte sich das Budget; das Tabakmonopol brachte nichts ein, der Salzverkauf lieferte nur geringfügige Einnahmen. Beugnot dachte deshalb daran, eine Lotterie ins Leben zu rufen. Im Land Siegen-Dillenburg bestand zwar bereits eine Wohltätigkeitslotterie, aber sie war derart unattraktiv, daß die Berliner und Hamburger Lotterien trotz der Verbote ihre Lose mühelos im Sieg-Departement plazieren konnten. Jedes Jahr flossen auf diese Weise reichlich Kapitalien aus dem Land. Um sie zurückzuhalten, schlug Beugnot Roederer vor, sich dieses "unmoralischen" Mittels zu bedienen, das ihm aber als die einzige freiwillige Abgabe erschien, um den Abfluß des Geldes zu verhindern. Die Verhandlungen dauerten lange; Roederer hatte wenig Vertrauen in das Gelingen dieses Projektes, das Beugnot selbst für verspätet hielt, in einem Land, "in dem die öffentliche Meinung zu allen möglichen Veränderungen bereits vorher gebildet wurde, und wo nur wenige Leute noch auf die Zukunft spekulieren wollen". Bereits zum Zeitpunkt der Gründung der Lotterie zweifelte Beugnot an ihrem Erfolg. Im Februar 1813 beschlossen, im Juli eingerichtet, hatte sie kaum zu arbeiten begonnen, als sich schon der Zusammenbruch ereignete und alles zum Stillstand kam[531].

---

[528] Dekret vom 26. Januar 1809: Arrighi 131.000; Ornano 100.000; Coulaincourt 19.000; AF IV, pl. 2574.

[529] AF IV 1864, AF IV, pl. 2665, 4417, 4723.

[530] AF IV 1864, AF IV, pl. 5794.

[531] Beugnot hatte sich davon 198.000 Francs erhofft. Bis zum Abrücken der Franzosen gab es nur zwei Ziehungen; AF IV 1851, 1864, Dekret vom 21. Februar und Erlaß vom 10. Juli. Beugnot schrieb in seinen *Mémoires*, Bd. 1, S. 364-365: "Man wundert sich, daß zwei mehr oder weniger

# XV.

Selbst eine flüchtige Überprüfung des Staatsbudgets zeigt, bis zu welchem Punkt der neuen Finanzordnung ein höherer Steuerertrag folgte und die fiskalischen Erfordernisse mit den wachsenden militärischen Bedürfnissen stiegen. Von Anfang an flossen die Landeseinnahmen in zwei verschiedene Kassen, worauf bereits mehrfach verwiesen wurde: Der Schatz des Fürsten und der Staatsschatz. Während bis 1811 die fürstlichen Einnahmen die Zölle, die Post, die Domänen, die Forsten, die Hypotheken, die Bergwerke, Fabriken und Salinen umfaßten, bestanden sie seit Beginn dieses Jahres nur noch aus den Domänen, Forsten, Bergwerken, Fabriken und Salinen, ohne daß sich aber der dem Fürsten überwiesene Gesamtbetrag verringerte. Der Staat mußte jährlich die Differenz zwischen den fürstlichen Einnahmen und der Summe ausgleichen, die Napoleon als fürstliche Einnahmen, d.h. als seine Zivilliste, festgesetzt hatte. Diese Zivilliste wurde tatsächlich nicht dem Großherzog von Berg angewiesen, der nie mehr als 100.000 Francs jährlich erhielt, sondern dem Schatz der kaiserlichen Krone, in den die Einnahmen aus den alliierten oder annektierten Ländern flossen.

1811 sollte das Land in der Tat keine bedeutsamen territorialen Veränderungen mehr erleben, das Finanzwesen war geordnet und arbeitete regulär; der Übergang vom Provisorium zum endgültigen Zustand war geschafft. So wurde verfügt, daß von nun an alle direkten und indirekten Steuern auf das Staatskonto gehen und dem Fürsten die Erträge der Domänen und eine von den Staatseinnahmen getragene "Entschädigung" zukommen sollten. "Der persönliche Nutzen des Fürsten sollte nicht mehr als Hauptzweck der Steuern dargestellt werden, die in einem anderen Land im Namen des öffentlichen Interesses eingerichtet waren. Sein Name sollte nicht mehr allein mit der Belastung der Steuererhebungen verbunden sein. Sein aus den Domänen bezogenes Einkommen sollte mit seinem Namen, seiner Würde und seiner Nutznießung verbunden sein und möglichst in keinem Zusammenhang mit den Opfern stehen, die man dem Volk auferlegte. Es wäre somit unabhängig von den Staatsbedürfnissen und teilte seine Interessen mit denen des Besitzes, der Landwirtschaft und der wichtigsten Industrie des Landes."[532]

Die fürstlichen Einnahmen veränderten sich somit wenig: 1809 führte das Großherzogtum an die Krone 4.500.000 Francs ab, 1810 waren es 5.000.000. 1811 und 1812 betrug die Abgabe nach den bedeutenden Gebietsabtretungen nur 4.050.000 Francs; 1813 war das Budget auf 4.201.000 Francs festgesetzt. Von diesem für ein kleines Land be-

---

eifrige Anhänger der Wirtschaftslehre sich mit der Lotterie besonders beschäftigen sollen, nur um sie zum Verschwinden zu bringen." Es ist nicht richtig, daß Roederer die Lotterie gewollt hat. In den Unterlagen Beugnots AB XIX 335, befindet sich eine wenig gelungene kleine Komödie von Beugnot mit dem Titel: *Die Vorbereitung der Lotterieziehung*: Die wichtigsten Personen sind Dupreuil, der Staatsrat, dessen Uniform Beugnot bespöttelt, von Spee, Präfekt des Rhein-Departement, der stottert, usw.

[532] Dies sind die "offiziellen" Motive, die Roederer veranlaßten, das Dekret vom 22. Juni 1811 ergehen zu lassen, das die Einnahmen vom 1. Januar 1811 an reorganisierte. Dies von Roederer präsentierte Exposé der Motive wurde im endgültigen Dekret ausgelassen. Napoleon schätzte es nicht, seine Maßnahmen begründen zu sollen; AF IV, pl. 4417.

trächtlichen Einkommen wurden jährlich 50.000 Francs für den Unterhalt der Schlösser ausgegeben. Der gesamte Rest wurde regelmäßig nach Paris geschickt.

Die Einnahmen und die Ausgaben des Staates schwankten dagegen in starkem Maße: 1808 verzeichneten die noch getrennten Staats- und Provinzialkassen 6.100.000 Francs Einnahmen und Ausgaben[533]. 1809 hatte die inzwischen alle Erhebungen und Ausgaben zentralisierende Staatskasse 7.000.000 Francs erhalten und ausgegeben, von denen das Militärwesen allein 3.350.000 Francs, das ist etwa die Hälfte, verschlang. Von 1810 bis 1813 steigerte sich das Staatsbudget von 7.000.000 auf 9.690.000 Francs, die Militärausgaben schwankten von 4.300.000 bis zu den 1812 erreichten 5.000.000 Francs[534].

Während 1810 das gesamte Budget 12 Millionen betrug (fünf für den Fürsten, sieben für den Staat), waren es 1813 in einem verkleinerten und verarmten Land 12.691.000 Francs! (3.000.100 für den Fürsten, 9.690.000 für den Staat, wovon wiederum 1.200.000 an den Fürsten überwiesen wurden). Das Ertragsmaximum war erreicht, obwohl in diesem letzten Jahr der französischen Herrschaft die Steuern, insbesondere die indirekten, unter zunehmenden Schwierigkeiten eingingen.

Es muß jedoch festgehalten werden, daß neben den die Hälfte der gesamten Staatseinnahmen verschlingenden Militärausgaben die "Schulden und Pensionen" - Schulden des Staates, Pensionszahlungen an säkularisierte Geistliche und an Zivilbeamte - im Budget mit einer Summe von über einer Million zu Buche schlugen: Man kann den französischen Verwaltungsleuten also nicht vorwerfen, sie hätten die älteren Verpflichtungen nicht eingehalten oder, wie auch immer, die "Ehre der Unterschrift" der vorherigen Regierungen verletzt.

## XVI.

Die Feststellung ist billig - und bestimmte deutsche Historiker haben nicht versäumt, darauf hinzuweisen -, daß die französische Herrschaft vom fiskalischen Standpunkt aus rücksichtslos war und sich rigoros und unerbittlich im steuerlichen wie auch im militärischen Bereich auswirkte. Aber eine Finanzverwaltung allein nach ihrer nur einige Jahre währenden und von Kriegen und außerordentlichen Zollmaßnahmen gebeutelten Wirksamkeit zu beurteilen, bedeutet, einem schweren Irrtum aufzusitzen.

Es muß auch hier - wie in jedem anderen Bereich - das vorübergehende Übel der napoleonischen Bedrückung, das übrigens begleitet wurde von der in den öffentlichen Kassen hergestellten Ordnung, von dem Guten und Bleibenden getrennt werden, den weiterhin wirksamen revolutionären Prinzipien: Gleichheit vor der Steuer, Beseitigung der Privilegien, gerechtere Verteilung der öffentlichen Lasten. Diese Grundsätze wurden in Deutschland durchgesetzt.

Zum Beispiel modifizierte und reformierte der Herzog von Nassau, ein Nachbar des Großherzogtums, seine Steuern seit dem Jahr 1809, indem er jede Art von Privilegien abschaffte[535]. Im Königreich Westfalen, wo Beugnot begonnen hatte, dem Chaos die Ord-

---

[533] Die Provinzkassen waren daran mit 3.700.000 Francs beteiligt, AF IV* 470.
[534] AF IV, pl. 4860, AF IV* 473-474.
[535] Menzel, op. cit., VII, 726.

nung folgen zu lassen, anerkannten die Deutschen selbst die Wohltaten der französischen Finanzorganisation: "Das westfälische Steuersystem war hart aber konsequent: Es herrschte in demselben die vollkommenste Ordnung."[536] Das Großherzogtum Frankfurt zog ebenfalls Vorteile aus den französischen Prinzipien[537]. Schließlich ließ es sich auch Preußen angelegen sein, seine Finanzen entsprechend den westfälischen Erfahrungen zu reorganisieren: Seit Oktober 1810 waren die bei der Grundsteuer so schwierig umzusetzende Gleichheit vor der Steuer, die Abschaffung der Privilegien und die Freiheit des Handels in der preußischen Gesetzgebung festgeschrieben.

Nach 1815 bildete sich die nun preußisch gewordene Bevölkerung ein, daß die Steuern zukünftig weniger und die öffentlichen Lasten kaum spürbar sein würden: Diese Illusionen wurden jedoch sehr schnell begraben; manche fragten sich, was damit gewonnen sei, den Landesherrn zu wechseln[538].

---

[536] Meinung von Rehberg, berichtet von Thimme, op. cit., II, 506.
[537] "Damals war die französische Steuerverfassung ihrer klaren Übersichtlichkeit, ihrer technischen Vollendung und ihrer großen formalen Gerechtigkeit wegen das Vorbild für alle Staaten"; Darmstaedter, op. cit., S. 185.
[538] Vgl. dazu den Artikel in der *Nemesis* von Luden, op. cit.

# Kapitel X

## Der Einfluß der französischen Schutztarife und der Kontinentalsperre auf die Industrie des Großherzogtums

### Von 1791 bis 1810 (Tarif von Trianon)

I. Die Wirtschaftsbeziehungen zwischen dem Herzogtum Berg und Frankreich vor der Revolution

II. Der Tarif vom 15. März 1791 war bereits ein Schutztarif; die gegen England ergriffenen Maßnahmen beeinträchtigen die ehemaligen Beziehungen

III. Das Bergische Land erhält dennoch eine Vorzugsbehandlung nach der Entsendung einer Abordnung nach Paris: Gesetze der Jahre IV und V

IV. Seit dem Jahr X werden die auf dem rechten Rheinufer erzeugten Produkte dem allgemeinen Gesetz unterworfen; dennoch ermöglicht die Lohndifferenz einige Beziehungen

V. Der Tarif vom 30. April 1806, der die protektionistischen Vorstellungen gewisser Gewerbetreibender von 1791 verwirklicht, erschwert die Lage: Die zentrale Bedeutung dieses Tarifs für die Wirtschaftsgeschichte des Ersten Kaiserreichs

VI. Als Untertanen Murats verlangen die Gewerbetreibenden einen Zolltarif und den Abschluß eines Handelsabkommens; Murat unterstützt ihre Forderungen; der Einspruch der französischen Gewerbetreibenden und der frühe Widerstand der linksrheinischen deutschen Departements verhindern die Rückkehr zu einer Vorzugsbehandlung; der Rhein ist die Wirtschaftsgrenze des Kaiserreichs

VII. Die Kontinentalsperre, notwendige Folge der Prohibitionsmaßnahmen

VIII. Der dem Großherzogtum zunächst verschlossene, dann für einige Monate geöffnete italienische Markt wird ihm Ende 1807 endgültig verschlossen. Der Rheinbund bleibt außerhalb des französischen Wirtschaftssystems

IX. Die Wirtschaft des Großherzogtums befindet sich seit 1807 in einer Krise

X. Die englischen Waren gelangen über Holland und Depots auf Helgoland nach Deutschland

XI. Errichtung einer Zollinie von Rees nach Bremen im Juni 1809; Auswirkungen der gegen den englischen Handel gerichteten Maßnahmen im Großherzogtum

XII. 1810 versucht Napoleon, die Kontinentalsperre umzusetzen oder hieraus wenigstens Einnahmen für den Staat zu erzielen; die Bedeutung des Jahres 1810; die Ernüchterung beginnt in Frankreich, der Aufstand bereitet sich in Deutschland vor; Notwendigkeit territorialer Vereinigungen

# I.

Die wirtschaftlichen Beziehungen zwischen Frankreich und den rechtsrheinischen Ländern, die das Großherzogtum Berg bildeten, bestanden seit langem und umfaßten einen bedeutenden Warenaustausch: Von allen "Staaten Deutschlands", deren Einfuhren der französische Zoll registrierte, war das Herzogtum Berg, und damit der Kern des für Murat gebildeten Fürstentums, der größte Lieferant von Manufakturprodukten. Die gebirgige Landschaft am Rande des Rheins war für die Landwirtschaft wenig geeignet; im Gegensatz dazu war sie reich an Eisen, an Holz und an fließenden Gewässern, deren Antriebskraft seit langem genutzt wurde. Dieser langgestreckten, am Rheinstrom sich absenkenden Terrasse entlang entflossen schnelle und klare Bäche, an deren Ufern sich Bleichereien und Fabrikbetriebe angesiedelt hatten. In den Tälern, besonders in dem der Wupper, und auf den Höhen in der Umgebung der Bergwerke, hatten sich gewerbetreibende Städte entwickelt. Reisende, die die englischen Industriezentren besucht hatten, erklärten, daß Elberfeld und Barmen, Remscheid und Solingen einem Vergleich mit Birmingham und Sheffield standhalten könnten[539]. Die Garn- und Wollbänder aus Barmen, die Schnürbänder, Spitzen und Siamosen aus Elberfeld, die Tuche aus Lennep und Hückeswagen sowie die Klingen aus Solingen waren berühmt. Alle diese Erzeugnisse wurden in Frankreich, Spanien und Italien abgesetzt; seit einigen Jahren sogar in Nordamerika, wo Werkzeuge aus Remscheid besonders gefragt waren.

In der Ebene, am Fuß dieser industriellen Gebirge, kreuzten sich die großen Handelsstraßen von Frankreich in den Norden Deutschlands und vom Oberrhein in die Niederlande in Köln [Schmidt schreibt irrtümlich *Düsseldorf*; Anm. d. Hrsg.]: Diese Stadt war das große Zwischenlager französischer Waren geworden, deren Import keinerlei Abgabe unterlag. Dorthin kamen die Weine und die Branntweine, der Kaffee und das Indigo, das Öl, das Leder und der Zucker, die Frankreich dem Herzogtum Berg lieferte. Auch wurde von dort das den Bergern unentbehrliche Getreide aus dem Herzogtum Jülich[540] einge-

---

[539] "Ein England im Kleinen", schrieb Nemnich, der das Land 1809 bereiste (*Tagebuch einer der Kultur und Industrie gewidmeten Reise*).

[540] Später war es das Departement der Roer und nicht Roêr, wie oft gedruckt wird: Tatsächlich wird es wie *Ruhr* ausgesprochen. Die Flüsse der Rur (linkes Ufer) und die der Ruhr (rechtes Ufer) haben in Wirklichkeit den gleichen Namen. Ein deutlicher Hinweis auf die Aussprache des Departements mit Hauptort Aachen ist, daß man gelegentlich *Roure* für das Roer-Departement und Roer-"Fluß der Grafschaft Mark" für die Ruhr schrieb (AF IV 1706 B).

führt. Das fast noch ausschließlich landwirtschaftliche linke Ufer lieferte dem schon industriellen rechten Ufer das Brot[541].

Während des ganzen 18. Jahrhunderts und bis in die ersten Jahre der Revolution galten die für den bergischen Export günstigen Zolltarife von 1664 und 1667. Die gewerblichen Erzeugnisse des Herzogtums Berg gelangten in dieser Zeit leicht nach Frankreich.

Bei einer einheitlichen Einfuhrabgabe von zehn Prozent vom Wert des Marktgewichts lieferten die rechtsrheinischen Industriellen Eisenwaren, Kurzwaren, Stoffe und vor allem Bänder[542]. Diese fehlten in Frankreich und konnten dank der niedrigen Löhne in Berg dort gut abgesetzt werden.

## II.

Der Zolltarif vom 15. März 1791 kam unvermutet, und brachte diesen Austausch durcheinander und beunruhigte die Fabrikanten. Um "den Handelsvertrag mit England für Frankreich weniger nachteilig zu gestalten"[543] - er war 1786 auf zwölf Jahre abgeschlossen worden war; die Kündigung dieses Vertrages wagte die Nationalversammlung noch nicht -, hatte die Constituante ihren Ausschuß für Landwirtschaft und Handel beauftragt, gleichzeitig mit einem Projekt zur Erweiterung der Landesgrenzen einen neuen Zolltarif vorzubereiten. Dieser sollte nicht einfach nur fiskalischer Art sein, sondern die nationale Arbeitskraft gegen die ausländische Industrie schützen und verteidigen. Vor allem die Abgeordneten der Industriestädte, Goudard aus Lyon und de Fontenay aus Rouen[544], beteiligten sich an der Aufstellung dieses Tarifs. Er war bereits in vielen Punkten protektio-

---

[541] Ich gehe davon aus, daß es an dieser Stelle nicht erforderlich ist, "ein Bild" der Industrie des Großherzogtums Berg zu zeichnen. Dieses Bild ist von Beugnot in seinen *Mémoires* gegeben worden sowie in einer Arbeit, die er nach Rückkehr von einer Inspektion 1810 niederschrieb. (Ich habe diese Arbeit in der *Révue d'histoire moderne et contemporaire*, Bd. V, S. 525-541 und 605-622 auszugsweise veröffentlicht.) Auch Héron de Villefosse hat in seiner *Richesse minérale* dieser Region aufschlußreiche Zeilen gewidmet.

[542] Die Bänder nahmen unter den Einfuhren aus Deutschland den ersten Rang ein; ein Erlaß des Rates von 1720 hatte mittels Sondervergünstigung die Einfuhrabgabe für Bänder, die im Herzogtum Berg hergestellt wurden, von 20 Prozent auf 10 Prozent ermäßigt. Im selben Jahr hatte Grevenbroich, Sekretär ihrer kurfürstlichen Hoheit der Pfalzgräfin, auch die Abgabenermäßigung für Fingerhüte aus Elberfeld und Barmen gefordert; sie wurde ihm verweigert (F$^{19}$, 1911).

[543] Dieser Satz ist dem Rapport von Goudard, im Namen des Ausschusses für Landwirtschaft und Handel am 27. August 1790 erstellt, entnommen: Er erinnert dort an die von der ehemaligen Verwaltung gemachten Anstrengungen, "den Handel von allen Fesseln zu befreien", und er fügte hinzu: "Wenn alle die Reformen, die ich gerade vorgeschlagen habe, den Anschein erwecken, daß sie von einem wohlverstandenen Interesse bestimmt sind, *sei dies nur, um den mit England abgeschlossenen Handelsvertrag für Frankreich weniger belastend zu machen ...*" Diese so klar formulierte Ansicht von Goudard erlaubt bereits die Annahme, daß der Vertrag unbeliebt war. Aber für diese Unbeliebtheit gibt es noch andere Belege.

[544] De Fontenay forderte 1803 vorbereitende prohibitive Maßnahmen der Kontinentalsperre. Vgl. Amé, *Tarifs des douanes*, I, 42.

nistisch, ohne jedoch nach Änderungen und Verbesserungen schon derart prohibitiv zu sein wie seine Nachfolger[545].

Es war keine Rede mehr von einem einheitlichen Zollsatz von zehn Prozent für die bergischen Produkte: Für gewöhnliche Kurzwaren mußten 20 per Hundert Livres Warengewicht abgegeben werden, für Eisenwaren betrug der Tarif von 10 Livres bis 37 Livres 10 Sous, für die Bänder von 30 bis 70 Livres je nach Qualität, für Wolltücher 50 Livres, für gewöhnliche Tücher 150 Livres[546]!

Zwei Jahre später, als der Krieg gegen England begonnen hatte, wurde der Vertrag von 1786 zerrissen und die ersten Prohibitionsmaßnahmen getroffen: Vom 1. März 1793 an verbot ein Dekret die Einfuhr von "Waren der Art, die speziell in England hergestellt wurden", nach Frankreich, im besonderen den Import von Baumwollstoffen. Mit Hilfe dieser Zolltarife begünstigte der Konvent die Produkte der nationalen Industrie durch Ausschluß der englischen Produkte. Er traf das Herzogtum Berg, das fast genau das gleiche wie England lieferte, indirekt aber hart: Jede in Frankreich gegen England getroffene Maßnahme sollte fatalerweise eine Rückwirkung auf das Industriegebiet des rechtsrheinischen Ufers haben.

Gewiß hielten die Einfuhren nach Frankreich noch einige Jahre an, aber dies geschah allein auf Grund der "fortwährenden Entwertung der Assignaten". Sobald zu Beginn des Jahres IV die Erhebung der Abgaben in den vereinigten Ländern, welche die deutschen Produkte durchqueren mußten, ganz in hartem Geld geschah, mußten die Industriellen ihre Waren abseitige Wege gehen lassen oder waren auf Schmuggel angewiesen, um ihren Absatz zu sichern. So entschloß sich die Kaufmannschaft des Herzogtums Berg, eine Abordnung nach Paris zu entsenden, um den Konvent um eine Ermäßigung der Einfuhrabgaben zu bitten[547].

## III.

In ihrer am 24. Plûviose des Jahres IV dem Rat der 500 übergebenen Bittschrift erinnerten die bergischen Kaufleute daran, daß die rechtsrheinischen Einwohner ihre Anhänglichkeit an die Republik hinreichend bewiesen hätten, indem sie die von den Armeen verlangten Requisitionen rasch erfüllten und die Kriegskontributionen pünktlich zahlten. Sie baten, die Abgaben auf Bänder - gegenwärtig variabel nach Gewicht erhoben - in eine fe-

---

[545] Die Urteile über den Tarif von 1791 sind unterschiedlich: Amé erklärt ihn als ausschließlich fiskalisch; Levasseur ihn - höher als der von 1664 - bereits für protektionistisch. Siehe in AD, IX, 525 die folgenden Rapporte von Goudard: Dort finden sich nicht nur ein bemerkenswertes Exposé des Zustandes der inneren Zollverwaltung 1790, sondern vor allem die Erklärungen, die bereits an die 1806 getroffenen Maßnahmen denken lassen, insbesondere an den Tarif vom 30. April und an das Dekret vom 21. November.

[546] Ab 1806 waren die beiden letztgenannten Artikel im Handel von Berg mit Frankreich auf Null gesunken, und die Fabriken, die sie vor 1791 hergestellt hatten, waren fast sämtlich verschwunden.

[547] Dieser Abordnung, der viele andere folgen sollten, gehörten Johann Peter Joest d. J., Kaufmann aus Elberfeld, und Johann Knatz, sein Sekretär, an. Die Abgeordneten aus Berg wohnten in Paris im Maison de la Prime, Rue de Grenelle-Honoré Nr. 30.

ste Abgabe von acht Prozent des Wertes umzuwandeln und die durch das Dekret von 1791 erhobenen Abgaben auf Eisen- und Kurzwaren herabzusetzen. Schließlich sollten auch die seit dem 1. März 1793 von den französischen Zöllnern zurückgewiesenen Leinen- und Baumwollstoffe gegen Zahlung der verlangten Abgaben wieder nach Frankreich eingeführt werden können[548].

Das befragte Exekutivdirektorium nahm einen Teil der Beanstandungen günstig auf: Da das wesentliche Ziel der Prohibition - die Errichtung von Bandfabriken in Frankreich - nicht erreicht worden war, genügte es, die Abgaben zu senken und den Erzeugnissen des Herzogtums Berg den Zugang erneut zu öffnen. Ebenfalls sollten Stoffe aus Garn und Baumwolle - gegen Taxierung nach dem Tarif vom 1. August 1792 - nach Frankreich eingelassen werden. Bezüglich der Kurz- und Eisenwaren gab es jedoch keinen Grund, das jetzige Verfahren zu verändern[549]. Die mit der Überprüfung der Bittschrift beauftragte Kommission des Rates der 500 war großzügiger, vielleicht aus Unkenntnis der wirklichen wirtschaftlichen Bedingungen. Ihr Berichterstatter, Marec, Abgeordneter aus dem Département Finistère, erinnerte an die politischen und wirtschaftlichen Beziehungen, die behutsame Regelungen erforderten: "Das kleine Herzogtum Berg hat sich gegenüber der französischen Republik beständig in einer, zumindest stillschweigend eingeräumten Neutralität geübt, wie sie bisher zwischen der Republik und den Hansestädten bestanden hat. Die Handelsbeziehungen zwischen Frankreich und dem Herzogtum Berg sind in keinem Moment unterbrochen worden, trotz der zwischen den Regierungen ausgebrochenen und weiter bestehenden Feindseligkeiten. Ihr gegenseitiges Interesse hat diese Haltung bewirkt; sicherlich hat Frankreich mehr daran gewonnen, sie aufrechtzuerhalten, und wird mehr daran gewinnen, sie beizubehalten, als das Herzogtum Berg selbst. In der Tat liefert Frankreich diesem Herzogtum Weine, Branntweine, Spezereiwaren und Industrieerzeugnisse verschiedener Arten, vor allem Luxusgüter. Das Herzogtum führt nach Frankreich Bänder aus Garn und Wolle, Stoffe aus Garn und Baumwolle, Stahl roh und zu Eisenwaren verarbeitet aus. Die Einfuhrbilanz zwischen den beiden Staaten steht 7:1 zugunsten Frankreichs, wie versichert wird. Bedenken Sie auch, daß die französischen Waren bei ihrer Einfuhr in das Herzogtum Berg von jeglicher Abgabe befreit sind, und daß die Einfuhren des Herzogtums nach Frankreich dort verschiedenen Abgaben unterworfen sind ..." Um die Interessen der Republik und die der Einwohner des Herzogtums Berg in Übereinstimmung zu bringen, schlug er die Umwandlung der Abgaben nach dem Gewicht der Banderzeugnisse in eine einheitliche Abgabe von 8 Prozent auf deren *Wert*, die Verringerung in eine Abgabe von 10 Prozent auf den Wert der Abgaben für die Kurz- und Eisenwaren sowie die Einfuhr von Stoffen aus Garn und Baumwolle zu

---

[548] Das Dekret vom 1. März 1793 hatte nur die Samt- und Baumwollstoffe verboten; es hatte die Stoffe aus *Garn und Baumwolle* nicht erwähnt, die im Tarif von 1791 übersehen, nach einem Dekret vom 1. August 1792 150 Livres je 50 Kilo zahlen sollten, wie alle Baumwollstoffe zu dieser Zeit. Die Zöllner verweigerten seit dem 1. März 1793 die Einfuhr dieser Stoffe, sie widerrechtlich mit Baumwollstoffen gleichsetzend. Die durch die *Procès-verbaux des Cinq-Cents* (Verhandlungsprotokolle des Rates der 500) gegebene Analyse der Bittschrift von Joest ist ungenau; diejenige, die Marec in einem unten (Anm. 550) zitierten Rapport gab, ist zutreffend.

[549] Botschaft des Direktoriums vom 2. Germinal des Jahres IV in *Procès-verbaux des Cinq-Cents*, (Verhandlungsprotokolle des Rates der 500), S. 42.

einem Tarif von 8 Prozent vor. Um unvermeidliche Falschdeklarierungen zu verhindern, sollten die Waren von Ursprungszeugnissen begleitet werden, die vom Präsidenten der Kaufmannschaft der Herkunftsstädte zu unterzeichnen wären[550].

Der Rat der 500 - und später der Rat der Alten - bestimmten durch das Gesetz vom 6. Fructidor des Jahres IV eine einheitliche Abgabe von 10 Prozent auf den Wert, wodurch die ehemaligen Beziehungen bald wieder normal liefen[551].

Einige Monate später wurde die rechtsrheinische Industrie von einem furchtbaren Schlag getroffen: Das Gesetz vom 10. Brumaire des Jahres V - eines der schärfsten prohibitiven Gesetze, die zwischen 1791 und 1814 erlassen wurden - verbot nicht nur die Einfuhr von in England gefertigten oder vom englischen Handel angelieferten Waren. Unabhängig von ihrer Herkunft wurden bestimmte Produkte zu "englischen" erklärt; so die Veloure, die Stoffe, die Strumpfwaren, die Eisenwaren, der raffinierte Zucker: Dem Wortlaut nach bedeutete dieses Gesetz das Ende der Einfuhr aller bergischer Erzeugnisse, die als englische "angesehen wurden". Am 19. Pluviôse minderte indessen ein neuer Gesetzesakt für bestimmte Artikel die Schärfe des Gesetzes vom Brumaire. Das neue Gesetz erklärte in Artikel II, daß dieses Gesetz die Bestimmungen desjenigen vom 6. Fructidor des Jahres IV, betreffend die von im Herzogtum Berg hergestellten Erzeugnisse, nicht beeinträchtige. Blutel, Berichterstatter des Rates der 500, hatte dargelegt, daß die Motive, die zum Gesetz vom Fructidor geführt hatten, weiterbestünden und den Rat dazu bewegen sollten, es zu bestätigen. Johannot erinnerte beim Rat der Alten daran, daß das Gesetz vom Fructidor auf die freundschaftlichen Verbindungen der politischen und wirtschaftlichen Beziehungen gegründet sei: Insbesondere aber müsse eine Ausnahme zugunsten von Berg getroffen werden, da dieses Land Werkzeuge liefere, deren Einfuhr das Gesetz vom Pluviôse erleichtere[552].

Als das Direktorium die schärfsten Maßnahmen gegen England und ganz allgemein gegen jede ausländische Industrie ergriff, machte es also eine Ausnahme zugunsten des Herzogtums Berg: Allein aus dieser Industrieregion kamen noch Produkte gegen Entrichtung einer einheitlichen Taxe von 10 Prozent nach Frankreich.

---

[550] *Rapport für den Rat der 500 über eine Petition der Kaufmannschaft des Herzogtums Berg, jenseits des Rheins,* "durch Marec in der Sitzung vom 23. Floreale des Jahres IV" (AD, XVIII[a] Marec). Das Direktorium forderte 10 Prozent auf Bänder.

[551] Joest, der in der Absicht gekommen war, ein Handelsabkommen abzuschließen, nutzte seinen Aufenthalt in Paris, um die Ausfuhr von Getreide vom linken Rheinufer in das ausgehungerte Elberfeld und Solingen zu verhandeln. Über die Frage des seit mehreren Jahren verbotenen Getreidetransportes vom linken zum rechten Rheinufer wäre eine sorgfältige Studie anzufertigen. Hier wäre es nur Teil einer Arbeit über den Rhein, betrachtet als Handelsstraße unter dem Ersten Kaiserreich.

[552] AD, XVIII [c], 379, 15. Nivôse, des Jahres V, an die 500; 4. Pluviôse, Jahr V, an den Rat der Alten.

# IV.

Diese Vorzugsbehandlung dauerte bis zum Jahr X[553]: Nun begann die "Raserei der Prohibitionen" stärker als je zuvor. Seit Antritt seines Konsulats hatte Bonaparte den Rat der Kaufleute und Fabrikanten eingeholt; alle verlangten prohibitive Maßnahmen von ihm. "Die Fabrikanten waren noch bei ihren ersten Versuchen mit englischen Verfahren; sie waren noch Neulinge, welche die Rivalität ihrer Meister fürchteten"; ebenso "fanden die Kaufleute die Zollgesetzgebung gegen England niemals streng genug".[554]

Da nun jegliche Ausnahme intolerabel erschien, wurden die Abgaben auf Erzeugnisse aus Berg durch das Gesetz vom 6. Nivôse des Jahres X nach dem Tarif vom 15. März 1791 und somit nach Gewicht erhoben[555]. Der Sprecher der Regierung bei der gesetzgebenden Körperschaft, Regnaud de Saint-Jean-d'Angely, erklärte in einer langen Rede, daß seit dem Jahr IV, als den Deutschen besondere Begünstigungen eingeräumt worden waren, Fabriken entstanden waren und die Industrie und der französische Handel wieder "auflebten". Sie sollten ermutigt werden, indem für alle Welt ausnahmslos der Tarif vom 15. März 1791, "die Basis der Zölle", wieder gelte. Seitdem waren die bergischen Erzeugnisse dem allgemeinen Gesetz unterworfen: Die Bänder und die Eisenwaren sollten wie 1791 taxiert werden, für Stoffe aus Garn und Baumwolle sollten 150 Livres je 50 Kilogramm abgeführt werden, wie es das Gesetz vom 1. August 1792 bestimmt hatte. Die Berger sollten im übrigen keine Prohibitionen zu befürchten haben, da das Gesetz vom 1. März 1793 und das vom 10. Brumaire des Jahres V festlegten, daß die Erzeugnisse der neutralen und befreundeten Länder mit Ursprungszeugnissen nach Frankreich eingeführt wurden.[556]

Bei diesem strengen Regime wurden die Handelsbeziehungen zwischen dem rechten Rheinufer und Frankreich schwierig: Trotzdem waren sie nicht unmöglich: Die deutschen Gewerbeerzeugnisse konnten dank der Lohndifferenz zur Not importiert werden, indem dafür exorbitante Abgaben bezahlt wurden. Tatsächlich kamen sie vor allem als Schmuggelgut.

---

[553] Im Jahre VII bat ein Herr Berstecher, vordem Büroleiter des Distrikts Franciade (Saint-Denis,) in einem Brief an das Direktorium, daß bei der Verteilung der eroberten Länder das Herzogtum Berg der französischen Republik vorbehalten bliebe. Er schrieb: "Ich stamme aus Düsseldorf und lebe in Frankreich seit 89; die Einwohner dieses Herzogtums sind die geborenen Freunde der Franzosen. Mit ihnen unterhielten sie die weitestgehenden Handelsbeziehungen." Er stellte dar, daß es wirtschaftlich erforderlich sei, dieses Land zu annektieren. Reubell fügt also seiner Eingabe die Anmerkung hinzu: "Kopie an den Minister für auswärtige Angelegenheiten und eine weitere an den bevollmächtigten Minister der französischen Republik in Rastatt" (AF III, 269). Die Kopie des Briefes befindet sich in Aff. étr., Berg et Kleve, Bd. XI.
[554] Mollien, *Mémoires d'un ministre du Trésor public*, Bd. III, S. 314.
[555] Bulletin des Lois, 149, Nr. 1144: Das Gesetz vom 6. Fructidor, Jahr IV, war aufgehoben.
[556] Sitzung der gesetzgebenden Körperschaft vom 6. Nivôse, Jahr X; der *Status quo* war von Arnould verteidigt worden; im Tribunat war bekannt geworden, daß die Kaufmannschaft falsche Wertbescheinigungen abgab und daß auf diese Weise die Abgaben auf 3 und 4 Prozent fielen. Man mußte also auf die Erhebung nach Gewicht zurückkommen.

Es war vorhersehbar, daß die sich nach und nach um Frankreich legende Zollschranke - die noch immer einige wenige Zugänge aufwies - sich zu einer ununterbrochenen, streng bewachten und den Binnenraum gegen jede ausländische Konkurrenz schützenden Mauer entwickelte. Seit dem Mai 1803 war der Krieg mit England aus wirtschaftlichen Gründen wieder ausgebrochen[557]. Zur selben Zeit bereiteten der Erste Konsul und seine Mitarbeiter, insbesondere Collin de Sussy, sowie die Gewerbetreibenden und Kaufleute in fast völliger Übereinstimmung die prohibitiven Maßnahmen vor, die den englischen Handel endgültig ruinieren und die französische Industrie fördern sollten: Der Tarif von 1802 und die Dekrete vom 22. Februar und 4. März 1806 waren Etappen auf dem Weg zum Tarif vom 30. April 1806.

# V.

Der Zolltarif vom 30. April 1806, dessen zentrale Bedeutung meiner Auffassung nach bisher nicht hinreichend erkannt wurde, da sie von dem berühmten, nur wenige Monate später unterzeichneten Berliner Dekret gewissermaßen verborgen wird, bedeutete in Wirklichkeit das Ende jeglicher Entwicklung, die sich seit 1791 anbahnte, und den Beginn eines fast total prohibitiven Regimes. In seinem "Bericht über die Lage des Kaiserreichs" vom 5. März 1806 sagte Champagny: "Sie werden in dem Gesetz über die Zölle alle Sorgfalt aufgewandt finden, um unseren Handel und unser Gewerbe zu schützen sowie, soweit es von uns abhängt, dem Gedeihen der Gewerbe unserer Feinde Grenzen zu setzen."[558] Der Tarif vom 30. April 1806, das grundlegende Handelsgesetz des Kaiserreichs, verschärfte alle bisherigen Maßnahmen, denn er *prohibierte* die Musseline, die Tücher aus weißer oder farbiger Baumwolle, die Tücher aus Zwirn und Baumwolle, die Decken aus Baumwolle und die Baumwollgarne für Dochte, *gleich welchen Ursprungs*. Nun aber hatten der Konvent und das Direktorium in ihren strengsten Dekreten von 1793, vom Jahre IV und vom Jahre V, stets Ausnahmen zugunsten der neutralen oder befreundeten Länder aufrechterhalten. Nanking-Stoffe, die niemals belastet gewesen waren, wurden mit 60 Francs je 50 Kilogramm belastet. Die Kurzwaren, die niemals mit Abgaben über 20 Prozent belastet waren, wurden mit 60 Prozent taxiert, die feinen Eisenwaren wurden prohibiert, die nicht aus Baumwolle gefertigten Bänder und Tuche wurden von 60 auf 204 Prozent, bzw. von 50 auf 275 Prozent taxiert!

So verwirklichten sich 1806 die seit 1791 von einigen Industriellen, besonders von Goudard, dem Deputierten aus Lyon, geäußerten Forderungen. Der letztere wollte bereits in dem 1791 der Constituante unterbreiteten Tarifprojekt insgesamt mehr Gewerbeerzeugnisse prohibieren, als es das Dekret von 1806 tat! Es ist der Ängstlichkeit der ersten revolutionären Versammlung zu verdanken, die es nicht wagte - ich wiederhole mich -

---

[557] Rose, *Napoleon and English Commerce* (in: *English Historical Revue*, 1893, 704-725) zeigt, daß allein wirtschaftliche Beweggründe den Bruch des Vertrages von Amiens erklären. In diesem Augenblick entwickelte die Maschine von Cartwright die englische Produktion in bis dahin unbekanntem Ausmaß. England, dessen Industrie eine ungeheure Entwicklung nahm, brauchte den "Welt"-Markt. Die Maltafrage und die Ägypten-Passage waren ebenfalls Kriegsgründe.
[558] *Correspondance de Napoléon*, XII, 153 ff.

den Vertrag von Eden aufzukündigen, und dafür zu sorgen, daß nicht bereits in dieser Zeit die Maßnahmen getroffen wurden, welche die Gewerbetreibenden durch permanenten Druck sowie ermutigt durch die Fortschritte der französischen Industrie allmählich von Napoleon erlangen sollten.

Seit dem Vertrag von Eden bis 1806 ergab sich also folgende Entwicklung: Von 1786 bis zum Jahre VII ist der zunächst protektionistische, dann prohibitive Zug ausschließlich gegen England gerichtet. Vom Jahre VII bis 1806 gewann die prohibitive Bewegung mehr und mehr die Oberhand, die Maßnahmen waren nicht mehr allein gegen England, sondern gegen alle Länder gerichtet, die Frankreich solche Rohstoffe oder Gewerbeerzeugnisse lieferten wie sie auch aus England kamen. Deswegen hatte die rechtsrheinische Industrie, zunächst 1791 bedroht, dann vom Jahre IV bis zum Jahre X ausgespart, seit 1802 unter dem allgemeinen Gesetz zu leiden und wurde anschließend durch den Tarif von 1806 besonders getroffen. Als das französische Gewerbe sich zu entwickeln begann und Frankreich sich vom Agrar- zum Industriestaat wandelte, hatte die industriereichste und zugleich seinen Grenzen nächste Region Kontinentaleuropas verhängnisvollerweise Maßnahmen zu erleiden, die nicht nur die englische Konkurrenz, sondern ganz allgemein jede ausländische Konkurrenz unterbanden.

## VI.

In den ersten Tagen des Mai 1806 wurde der neue Zolltarif auf dem rechten Rheinufer bekannt: Er rief große Aufregung hervor, aber bald hoffte man im Lande auf eine Sonderbehandlung und besondere Vergünstigungen. Seit einigen Wochen waren die Herzogtümer Berg und Kleve unter einer Herrschaft vereinigt: Einem französischen Fürsten und Schwager des Kaisers war die Verwaltung dieser Länder übertragen worden, die seit langer Zeit wirtschaftliche Beziehungen zu Frankreich unterhielten. Plötzlich sahen sie ihre natürlichen Absatzwege bedroht, die bald ohne Zweifel ganz versperrt werden würden.

Die Industriellen der Region übersandten Murat im Juni eine lange Denkschrift über die Beziehungen, die zwischen Frankreich und den Herzogtümern Berg und Kleve hergestellt werden sollten. Murat hatte die wirtschaftliche Bedeutung des Landes begriffen und wollte sie von den ersten Tagen an durch territoriale Abrundungen noch steigern. Im Juli unternahm eine Deputation eine Reise nach Paris, um ihr Anliegen vorzubringen. Sie war ausgerüstet mit Mustern, die beweisen sollten, daß die bergischen Erzeugnisse nicht mit englischen Produkten zu verwechseln waren. Die Deputierten betonten unklugerweise die Lohndifferenz, die es ihrer Meinung nach erlaube, die unumgänglichen, in Frankreich fehlenden Produkte herzustellen. Die Einfuhr dieser Produkte nach Frankreich zu verhindern hieße, sagten sie, ein Monopol zu begründen; jedes Monopol bewirke jedoch Nachlässigkeit. Um gegen England zu kämpfen, müßten diejenigen kontinentalen Fabriken unterstützt werden, die gleiche Erzeugnisse lieferten: Die Vereinigung mit Berg liege auch im Interesse des Roer-Departements, denn das rechte Rheinufer übernähme das Getreide vom linken Ufer. Unter einem prohibitiven Regime würde Berg sich von der Ostseeküste her versorgen.

Die Deputierten forderten somit: Die Freiheit, ihr Getreide und ihr Vieh vom linken Ufer zu beziehen; die Einfuhr ihrer Gewerbeerzeugnisse nach Frankreich unter Bezahlung einer Abgabe von 6-8 Prozent des Warenwertes; den Transit durch Frankreich bei Zahlung von 1 Prozent; die den Fabrikanten beider Rheinufer zu gewährende Befugnis, Zweigniederlassungen auf dem gegenüberliegenden Ufer zu errichten und das Rohmaterial nach ihrem Gutdünken von einem der beiden Betriebe zu beziehen, um die gesamte oder einen Teil der Arbeitskraft des anderen zu erhalten; die Ausfuhr der notwendigen Seide und des Leinens aus Frankreich in das Großherzogtum[559]. Diese Klauseln sollten auch für Italien gültig sein, das einer der wichtigsten Absatzmärkte des Landes war. "Es ist eine feststehende Tatsache", sagten die Delegierten zum Schluß, "auf die nicht nachdrücklich genug hingewiesen werden kann, daß nämlich durch die Prohibition oder die Überbelastung der Erzeugnisse, die von inländischen Gewerbebetrieben nicht in der erforderlichen Menge geliefert werden können, es zwangsläufig zum Schleichhandel kommt. Werden die Produkte der Industrie aller Länder unterschiedslos vermischt, gelangen die englischen Waren mit den anderen ins Land. Werden dagegen nur die Produkte der verbündeten Staaten aufgrund gerechter Begünstigung importiert, die zu fordern billig erscheint und für die eine Abgabe von 10 Prozent des Wertes das *Non plus ultra* wäre, so wird der Preis dieser Waren auf einen Stand sinken, daß die Waren englischen Ursprungs der Konkurrenz nicht mehr standhalten können und so vom Markt verschwinden. Es liegt auf der Hand, daß die Zolleinnahmen im Verhältnis zur Abnahme des Schleichhandels steigen werden."[560]

Murat unterstützte die Forderungen seiner neuen Untertanen: Er nahm an, daß die Herzogtümer Berg und Kleve, "die von jetzt ab am großen Föderationssystem des Kaiserreichs teilnehmen, nicht als Ausland betrachtet werden und sich ohne Einschränkung der besonderen Vergünstigungen erfreuen" konnten[561]. Einen Augenblick schien es tatsächlich so, als ob das rechte Rheinufer schonend behandelt würde. Der Kaiser versprach, die prohibitiven Gesetze hierfür aufzuheben und mittels eines allgemeinen Tarifs die Handelsbeziehungen von einst wieder aufleben zu lassen. Bereits im August dankten die Deputierten Collin de Sussy, der ihnen diese Pläne Napoleons übermittelt hatte. Doch die Hoffnungen wurden sehr bald enttäuscht.

Die Nachricht von der Entsendung einer bergischen Deputation nach Paris hatte sich auf dem linken Rheinufer verbreitet. Seit dem September übermittelte der Präfekt des Roer-Departements Gesuche nach Paris, die vehement die Beibehaltung des *Status quo* forderten. Die beratende Gewerbekammer von Stolberg, beunruhigt über die umlaufenden Gerüchte eines Handelsvertrags, schrieb: "Es ist den von Napoleon gegen die ausländische Konkurrenz (sic) erlassenen Schutzgesetzen zu verdanken, daß die Industrien des Roer-Departements haben gedeihen und aus Preußen und Berg viele Arbeiter anziehen können. Das Gedeihen der Eisenindustrie hängt vom Weiterbestehen des Schutzes der

---

[559] Seit 1791 konnten Seide und Leinen nicht mehr exportiert werden.

[560] Die Abgesandten verlangten außerdem noch die Abschaffung des Stapelrechtes in Köln und die Schaffung einer direkten Verbindung über Rhein, Waal und Schelde zwischen den Rheinstädten und dem Hafen von Antwerpen (die Denkschrift ist in F$^{12}$ doc. noch nicht eingeordnet).

[561] Brief an Cretet, um ihm die Denkschrift von Berg mitzuteilen und seine Unterstützung zu erbitten; Neuilly, 12. Juni 1806; von Lumbroso nicht zitiert (F$^{12}$ doc., noch nicht eingeordnet).

Eisenwaren ab." Selbst die Inhaber der kürzlich im Arrondissement Krefeld errichteten Baumwoll- und Leinenspinnereien erklärten, nur durch die Gunst der gegenwärtigen Ordnung bestehen zu können. Der Präfekt unterstützte diese Anträge: "Wenn viele Fabriken aus Berg bereits auf das linke Rheinufer ausgewandert sind, so in der Erwartung, daß die Prohibition bestehen bleibt." Der befragte Handelsausschuß äußerte die Ansicht, "daß dem rechten Ufer nichts zugestanden und an den bestehenden Gesetzen nichts geändert werden dürfe"[562].

Die Gewerbetreibenden, auf die er so gern hörte, behielten recht mit Napoleons wohlwollenden Versprechungen. Von nun ab war offiziell Schluß mit der Gütereinfuhr des Großherzogtums nach Frankreich. Der Rhein war die eifersüchtig bewachte Zollgrenze des französischen Kaiserreichs. Der Nutzen der protektionistischen Politik Frankreichs sollte den Departements des linken Ufers ungeteilt zugute kommen; die annektierten Länder des rechten Ufers wurden endgültig aus dem "föderativen System" herausgeworfen. Es blieb ihnen nur der Schleichhandel oder die schwierige Erschließung anderer Absatzmärkte[563].

## VII.

Die Idee, Frankreich den englischen Gewerbeerzeugnissen zu verschließen, mußte als logische Folge auch die anderen europäischen Länder, die noch stärker als Frankreich von denselben Erzeugnissen oder von England kommenden Rohstoffen abhängig waren, daran hindern, in ihre Häfen englische Schiffe einlaufen zu lassen: sollte ein Staat des Kontinentes beginnen, vom landwirtschaftlichen zum industriellen Dasein überzugehen, so müßte dieser Staat nicht nur protektionistisch vorgehen, sondern sogar wünschen, seine protektionistischen Gesetze auf die Nachbarstaaten auszudehnen, die nach und nach den Zugang zu den Küsten verbieten und schließlich kontinentale Gültigkeit beanspruchen sollten[564]. Während Frankreich entschlossen alle englischen Waren rücksichtslos aus-

---

[562] Wenn es um ihr Interesse ging, baten die Gewerbetreibenden allerdings um Modifizierung der Tarife: Einige Zeit zuvor hatten die Fabrikanten des Arrondissements Krefeld gebeten, das Dekret vom 22. Februar 1806, das eine Zollabgabe von 60 Prozent auf Nanking-Stoffe festsetzte, zu ihren Gunsten abzuschaffen. Sie gaben als Grund an, daß die Fabriken noch nicht in der Lage seien, mit den bergischen und englischen zu konkurrieren und daß die zu hohen Abgaben den Zugang der ausländischen Stoffe im Schmuggel begünstige. Der Handelsrat erörterte diese örtlichen Gründe nicht (F$^{12}$ 1872). Darüber hinausgehend beantragte die Handelskammer zu Köln 1810, daß man die Einfuhr von Lebensmitteln, für die bereits Abgaben nach dem Tarif von Trianon in Frankreich bezahlt worden waren, unter Befreiung der Abgaben in das Großherzogtum erlaube. Sie vergrößerten so ihren Absatz (F$^{12}$ 549-550).

[563] Die fest beschlossene Absicht, das rechte Rheinufer zu opfern, ist in einem Brief von Chaptal ausgedrückt, aufbewahrt im Archiv zu Köln und von Gothein zitiert, op. cit., S. 18: "Der Kaiser hat seine feste Absicht bekannt, keine Stadt des linken Ufers zugunsten des rechten Ufers zu opfern" (5. Oktober 1807).

[564] Kieselbach, op. cit., S. 105: "Napoleon führte Krieg, um die Ausführung des Kontinentalsystems zu vervollständigen" (Bülau). Faßt man in diesem Knotenpunkte alle Kämpfe Frankreichs auf dem Festlande zusammen, vom Kriege gegen Österreich an bis zu seinem Zerschellen an Ruß-

schloß, besprach Léonard Bourdon, der von der Republik zu einer Mission nach Hamburg entsandt worden war, den Nutzen einer Elbsperrung für englische Schiffe. Er erklärte, man müsse sie "auf ihrer Insel einpferchen"[565]. Der über die Angelegenheiten in Deutschland unterrichtete Publizist Ch. Theremin, späterer Unterpräfekt im Großherzogtum und Generalkonsul in Leipzig, schrieb im Jahre III ein kleines Buch über *Die Interessen der Festlandsmächte in bezug auf England (Intérêts des puissances continentales relativement à l'Angleterre)*, worin er bewies, daß die Macht Großbritannien ihrer Natur nach allen Mächten des Kontinents feindselig und die Koalition der europäischen Nationen gegen Frankreich unpolitisch sei und gegen ihre Interessen liefe. Diese Koalition neige dazu, die einzige unter den europäischen Nationen zu schwächen, die den politischen und wirtschaftlichen Einfluß Englands ausbalancieren und eines Tages Europa von der englischen Abhängigkeit befreien könnte[566]. Kurz darauf wurde auf dem Kongreß von Rastatt geplant, den Engländern jede Verbindung mit dem Festland zu nehmen sowie diesen den Zugang zu Elbe und Weser zu verbieten. Ein "Kosmopolit" ließ wohl eine Protestschrift drucken, aber in seiner Broschüre fragte er sich nicht, ob Frankreich das Recht habe, die Hansestädte zu zwingen, das Instrument seiner Rache gegen England zu werden. Er begnügte sich damit darzulegen, an welchem Punkt das Unternehmen undurchführbar und unnütz wurde: Die ständig erneuerten Dekrete gegen die direkte Schiffahrt Englands in die französischen, belgischen und holländischen Häfen waren wirkungslos geblieben. Die französischen Magazine waren voll englischer Waren, die unter den Augen der Regierung verkauft wurden. Darüber hinaus, sagte er, würde keine Maßnahme, nicht einmal die Einnahme von Cuxhaven, den englischen Kontinentalverkehr hindern. Aus ihren gewohnten Häfen vertrieben, führen sie - von Helgoland geschützt - nach Tönning; selbst der sichere Ruin Hamburgs und Bremens bliebe unwirksam. Der Anonymus von 1797 hatte vorausgesagt, was sich einige Jahre danach abspielen sollte und wie der Handel fortging, indem er einfach seine angestammten Routen ändere[567].

Aber die Bewegung war nicht mehr aufzuhalten; die "Kontinentalsperre" wurde errichtet, noch bevor sie offiziell dekretiert war: Seit ihrem Einmarsch in Hannover im Juni 1803 bis zur ersten Räumung im Oktober 1805 verboten die Franzosen die Einfuhr englischer Waren über die großen deutschen Flüsse. Die Engländer antworteten mit einer Blockade von Elbe und Weser; der Krieg zwischen Schmugglern und Soldaten begann. Den Kaufleuten von Osnabrück, großen Leinwandhändlern, gelang es, die von den Engländern in Tönning und im Jadebusen ausgeladenen Ballen durchzubekommen. Als im März 1806 die Preußen ihrerseits Hannover besetzten, wurden sie von Frankreich ge-

---

lands Eisblöcken, so zeigt sich plötzlich "in den herrschsüchtigen, despotischen Launen", seines regierenden Genies ein ganz bestimmt gezogenes "Gedankennetz, ein Feldzugsplan, gerade so großartig wie das Ziel, gegen welches er gerichtet war. Um das stolze Albion zu bezähmen, mußte das ganze Europa aufgeboten werden, denn das Leben desselben hängt von dem Tode des Ersteren ab."
[565] Nationalarchiv, $F^7$, 6151 (Nr. 818), Mission von L. Bourdon in Hamburg.
[566] Théremin, *Intérêts des puissances continentales relativement à l'Angleterre*, Paris, Jahr III. Über Théremin siehe Kap. IV.
[567] $F^7$, 4269.

zwungen, dort die von den Engländern umgangenen prohibitiven Maßnahmen beizubehalten[568].

Das berühmte in Berlin am 21. November 1806 unterzeichnete Dekret war also nicht der Beginn einer neuen Taktik; es vollendete und vervollständigte eine lange Serie bereits seit mehreren Jahren ergriffener Maßnahmen. Sie alle hatten das Verderben Englands zum Motiv. Vom wirtschaftlichen Standpunkt aus gesehen war das "im kaiserlichen Lager zu Berlin" datierte Dekret, genau gesagt, keine Neuheit: Es fügte lediglich in politischer Hinsicht allen vorausgegangenen Dekreten neue Härten hinzu. Es verbot jeden Handel und allen Verkehr mit den Britischen Inseln und erklärte jede in von französischen Truppen oder deren Verbündeten besetzten Ländern aufgegriffene Person aus England zum Kriegsgefangenen. Auch eine prohibitive Maßnahme, war das Dekret jedoch vor allem eine Kriegsmaßnahme, ein politischer Akt[569].

# VIII.

Wenn die Industrie des Großherzogtums noch Zugang nach Italien gehabt hätte, hätte sie sich dort einen bedeutenden Absatzmarkt schaffen und die Verluste, die ihr der französische Protektionismus zufügte, teilweise ausgleichen können. Aber selbst dieser Markt wurde ihr am Ende des Jahres 1807 endgültig verschlossen. Das von Napoleon als König von Italien am 10. Juni 1806 erlassene Dekret verbot die Einfuhr englischer Waren nach Italien und begünstigte die französischen Waren. Der Schlag traf das bergische Gewerbe unmittelbar, denn das Dekret *betrachtete* die Baumwollveloure, die Stoffe und Tuche aus Wolle und ganz allgemein fast alle vom Rheinland in Hülle und Fülle über die Alpen gelieferten Gewerbeprodukte als "englische" Waren. Um den Übergang möglichst schonend zu gestalten, galt die Schutzmaßnahme an den drei der Publikation des Dekretes folgenden Tagen nicht für in Fabriken befreundeter oder verbündeter Länder bereits bestellte Waren. Die italienischen Kaufleute profitierten von diesem kurzen Aufschub und verzehnfachten ihre Bestellungen bei ihren gewohnten Lieferanten. Aber aus Furcht, daß Italien sich für zwei oder drei Jahre versorge und daß so der für die französische Industrie vorgesehene Nutzen verloren gehe, bat der Direktor des Zollwesens den Kaiser, zu erklären, daß die so bestellten Waren nur bis zum 1. Januar 1807 in das Königreich eingeführt werden dürften. Dem wurde stattgegeben[570]. Einige Monate später lief das Ge-

---

[568] Thimme, op. cit., I, 112 ff., 143 ff.

[569] Lexis definiert es im *Handwörterbuch der Staatswissenschaften* folgendermaßen: "Die Kontinentalsperre war eine außergewöhnliche Kriegsmaßregel Napoleons gegen England, die in erster Linie einen rein politischen Zweck verfolgte und daher auch nur im Zusammenhang mit den politischen Zeitereignissen richtig beurteilt werden kann"; man vermischt zu oft die momentane Einrichtung der Blockade mit dem Protektionismus, der von Colbert stammt und noch fortdauerte. Über die Blockade aus Sicht des internationalen Rechtes siehe das Buch von Fauchille, *Du blocus maritime*, Paris 1882.

[570] Am 22. Februar 1806, dem Tag der Unterzeichnung des oben erwähnten Dekrets, verlangte Napoleon von Collin de Sussy einen Vorschlag für ein Dekret, das Italien für französische Erzeugnisse öffnen und für englische Waren schließen sollte. In AF IV, pl. 1485, findet sich die Entscheidung vom 30. September 1806 bezüglich der Frist zum 1. Januar 1807. Das Dekret vom Juni

rückt um, daß die italienischen Kaufleute um eine Verlängerung der Frist bäten: Die unmittelbar interessierten Handelskammern von Lyon und Genf wurden unruhig. Champagny richtete ein dringendes Schreiben an den Kaiser, der sich in Preußen aufhielt, worin er bat, in nichts nachzugeben, falls er von ungefähr angegangen würde[571].

Bittsteller zeigten sich tatsächlich, aber sie kamen nicht aus Italien. Die bergischen Kaufleute und Fabrikanten befürchteten das Inkrafttreten des den Italienexport beendenden Dekretes zum festgesetzten Zeitpunkt. Daher hatten sie in den letzten Wochen des Jahres 1806 eine Abordnung entsandt, die von Etappe zu Etappe versuchte, Napoleon zu erreichen: Es gelang ihr schließlich, ihn in Warschau zu treffen. Auf Drängen Murats machte Napoleon eine Ausnahme zugunsten des Großherzogtums und genehmigte die Gleichbehandlung bergischer und französischer Waren bezüglich ihrer Einfuhr nach Italien. Betroffen waren gefärbte Leinwand- und Baumwolltücher, Garne und Banderzeugnisse[572]. Weitab von Collin de Sussy, weitab von den französischen Gewerbetreibenden war Napoleon großzügig.

Einige Monate später wirkten gegenteilige Einflüsse: Nach seiner Rückkehr aus Tilsit hielt sich der Kaiser längere Zeit in Paris auf, und von neuem wiesen die Protektionisten auf die Gefahr der ausländischen Konkurrenz hin. Während seiner Italienreise wurde er derart bearbeitet, daß am 28. Dezember 1807 ein neues Dekret das von Warschau aufhob. Von jetzt ab war der italienische Markt endgültig für die Fabriken des Großherzogtums Berg geschlossen[573]. Zahlreiche auf die Begünstigung der ersten Erlaubnis angewiesene Betriebe mußten ihre Tore schließen. Neue Bittgesuche, neue Abordnungen blieben ohne Erfolg; Murat wurde nicht mehr gehört[574].

Als die Rheinbundakte in Deutschland bekannt wurde, stellte man sich auf der anderen Rheinseite vor, daß Frankreich einen Handelsvertrag mit den verschiedenen Staaten[575]

---

ist nicht in den Papieren des Staatssekretariats und nicht im *Bulletin des lois*. Die Urschrift ist in Mailand verblieben. Es ist angeführt im Bericht von Collin de Sussy, beigefügt der Entscheidung vom 30. September. In diesem Bericht spricht Collin de Sussy von "in Österreich" erteilten Aufträgen; er irrt sich offensichtlich, er will von deutschen Ländern sprechen.

[571] Brief vom 26. November 1806, übergeben in Posen am 12. Dezember 1806; Napoleon entschied, nichts zu gewähren.

[572] Dekret, unterzeichnet in Warschau am 12. Januar 1807; ist nicht im Entwurf in AF IV; der Entwurf ist nach Mailand geschickt worden; Redlich, op. cit., hat es durch in Düsseldorf überlieferte Versendung gekannt.

[573] Unterzeichnet in Turin, lautet das Dekret: "Die Einfuhr aller Waren aus Baumwolle, sei es in weißen, sei es in gefärbten Tüchern gleich welcher Natur oder unbearbeitet, ist in unser Königreich von Italien verboten. Die verarbeiteten Baumwollstoffe, die über die Grenze Frankreichs, über die Zollstellen von Verceil oder Voghera gelangen, sind nur mit Ursprungsbescheinigungen zugelassen"; AF IV, pl. 1966, "Kopie als Urschrift zu senden an das Staatssekretariat des Königreichs Italien in Mailand".

[574] Redlich, op. cit., S. 5-6. Nesselrode bat im Januar 1808 wenigstens um die Einfuhr der bereits auf dem Weg befindlichen Waren nach Italien im Werte einer Million. Aff. étr., Berg et Kleve, Bd. XII.

[575] Die Handelskammer zu Straßburg hatte bereits gebeten, daß Straßburg als Zollbüro für den Handel, der sich nach dem Vertrag mit Deutschland, Holland und dem Herzogtum Berg anbahnen werde, vorgesehen würde. Ihr wurde geantwortet: "Man soll wenigstens warten, bis die Frage eines

abschließe, aber jeder Gedanke an einen Handelsvertrag war Napoleon zuwider. Anfang 1806 waren die wirtschaftspolitischen Grundsätze formuliert: Das französische Kaiserreich, durch ein durchlaufendes Band von Zollstellen geschützt, sollte autark sein. Höchstens um der binnenländischen Industrie Absatzmärkte zu verschaffen, wurde seitdem an eine Zollunion zwischen Frankreich, Italien und Holland gedacht[576].

# IX.

Seiner besten Absatzmärkte beraubt sowie die dringend nötigen Rohstoffe nur unter Schwierigkeiten und über Umwege sich beschaffend, begann die Industrie des Großherzogtums neue wirtschaftliche Bedingungen zu spüren. Um ihre Produkte abzusetzen, baute sie ihre deutschen Märkte aus: Auf der im Frühling 1807 abgehaltenen Frankfurter Messe setzten die Kaufleute der rheinischen Region ihre Strumpfwaren, ihre Bänder, ihre Tücher und ihre Haushaltswaren gut ab; auch auf der Messe des Jahres 1808 machte das Großherzogtum noch gute Geschäfte[577]. Klagen über den Stillstand des Handels machten sich trotz allem bemerkbar. Murat glaubte noch Anfang 1808, daß Napoleon mit dem Großherzogtum einen Handelsvertrag abschließen werde. Er schrieb seinem Minister Agar, daß der Kaiser den Transit durch Frankreich gestatten werde[578]. Daraus wurde nichts. Murat mußte in Neapel regieren, ohne das geringste Zugeständnis erhalten zu haben.

Als das Land im August 1808 unter die unmittelbare Herrschaft Napoleons kam, verbanden sich mit dem Regimewechsel große Hoffnungen. In der an Napoleon gesandten Ergebenheitsadresse forderten Nesselrode und die Staatsratsmitglieder nachdrücklich den Schutz ihrer Industrie. Sie wünschten, den Rhein nicht mehr fließen zu sehen, "um zwei Ufer zu trennen; .. daß man von demjenigen Frankreichs auf Rufe unserer Not antworte und, daß die Erzeugnisse des unseren zusammen mit den Ihrigen gehen, um die Menge

---

Handelsvertrages aufgeworfen ist", September 1806, Arch. nat. F[12], 609-610. Vgl Anhang C, über die Ordnung der Zölle der Konföderation.

[576] Dies ist der von Cocquebert de Monbret, dem Verfasser der Abhandlung über die Rheinzollinie, geäußerte Gedanke: Um zu vermeiden, daß Holland ein Handelsplatz für Schleichwaren würde, entwarf er eine große Zollkonföderation von Frankreich, Italien und Holland, zwischen denen jegliches Zollstellenband beseitigt werden sollte. "Niemals", schrieb er, "wird man Holland dazu bringen, englische Waren zurückzuweisen. Es ist ein Handelsland, es ist kein Industrieland. Es hat also alles Interesse, England zu schonen." Die Annexion von 1810 gab den Voraussagen von 1806 recht. Arch. nat. F[12] 642.

[577] Korrespondenz von Bacher in Frankfurt, Aff. Étr. Allemagne, 733-734. In einer Depesche vom April 1807 schrieb Bacher: "Die englischen Waren verkaufen sich in Deutschland; seitdem die englischen Stoffe teurer geworden sind, werden sie viel mehr von den französischen Reisenden nachgefragt, die Deutschland durchqueren und nach Frankreich zurückzukehren. Man sagt, daß Jeanbon Saint-André der französischen Regierung ein Mittel vorgeschlagen hat, diese Schmuggler zu fassen, aber dieses Mittel ist nicht angenommen worden, *es hätte gewisse Gewohnheiten zu sehr gestört.*"

[578] Brief vom 13. Februar 1808. Archiv Düsseldorf, Handel und Gewerbe.

der ausgetauschten Waren Ihres Kaiserreichs zu vergrößern."[579] Die Einwohner des rechten Rheinufers begriffen nicht, daß das Zollsystem Frankreichs nicht geschaffen war, "um den Warenaustausch zu steigern", sondern allein dazu, die inländische Produktion - und wenn möglich die Exporte - zu fördern, wer auch immer der Gebieter des Großherzogtums war. Die besten Absichten Napoleons als Großherzog von Berg und Protektor des Rheinbundes wurden stets siegreich bekämpft von den entgegengesetzten Absichten Napoleons als Kaiser der Franzosen.

Die Krise verschärfte sich während des Jahresendes 1808 und der ersten Monate 1809: In den Berichten, die sie Beugnot sandten, signalisierten die Fabrikbesitzer den miserablen Zustand der Industrie und beklagten das Fehlen der Absatzmärkte. Banden begannen, im Land umherzustreifen und erzeugten Unsicherheit. Die Remscheider Produzenten von Eisenwaren waren "beschäftigungslos", die Bergwerke von Essen und Werden standen still und die Baumwolltuchfabriken von Elberfeld und Barmen litten unter Rohstoffmangel, obwohl der Schleichhandel ihnen von Zeit zu Zeit etwas lieferte[580]. Während im Jahre 1807 das Großherzogtum allein für den italienischen Markt 10.000 Arbeiter beschäftigte, mußten in den Jahren 1808 und 1809, als dieser Markt weggebrochen war, die erst kürzlich errichteten Fabriken geschlossen werden. Die Notlage und das Bandenunwesen nahmen zu. Die Gewerbetreibenden entließen ihre Arbeiter. Dies hatte schwerwiegende Auswirkungen in einem Land, in dem in Ermangelung der Landwirtschaft die Industrie die Lebensgrundlage der Bevölkerung bildete. Beugnot verzichtete in seinen Berichten, die er alle 14 Tage nach Paris schickte, auf eintönige Einzelheiten über den wirtschaftlichen Zustand des Landes. Er begnügte sich damit, denselben Refrain ständig zu wiederholen: Die Industrie und der Handel, von der Prohibition schwer getroffen, sind in Gefahr. Zuweilen übermittelte er dringende Bittschriften: Die Bewohner des Ruhr-Departements verlangten den Transit nach Spanien und Portugal für ihre Eisendrähte, ihre Messingwaren, ihre Nadeln, die Ermäßigung der Zollabgaben in Bayern und in Württemberg, die Wiederaufnahme der früheren Geschäftsbeziehungen mit Preußen, dem Großlieferanten für Wolle[581]. Auch der General Damas, der das Land im Juni 1809 bereiste, verlangte den Transit für Fabrikerzeugnisse nach Italien: "Die Gewerbetreibenden bringen die größten Opfer, um die Industrie in Gang zu halten, aus Sorge, daß sie nicht abwandere. Der Handel wird der Regierung um so mehr verbunden sein, als sich seine Gefühle fast immer im Verhältnis zum Profit entwickeln." Von diesem Augenblick an riet er Beugnot, die ungestümen und unruhigen Arbeiter überwachen zu lassen. Nur die größeren Fabrikbesitzer hielten die Produktion in einem gewissen Umfang aufrecht: Ihre Kapitalien erlaubten es ihnen, bessere Zeiten abzuwarten, aber auf die Dauer erschöpften auch sie sich. Ihre Lager füllten sich mit Waren, nutzlosen Reichtümern, die sie nicht verkaufen konnten. Einige, wie der Präfekt des Ems-Departements, forderten ein

---

[579] Vgl. Kap. III. Die Bittschrift stammt vom 6. August 1808. Im Juni 1808 beklagten sich die Minister von Gagern und von Marschall beim Herzog von Nassau über den See- und Zollkrieg, die den Handel und die Industrie von Nassau lahmlegten; Menzel, op. cit., VIII, 695.

[580] Beugnot protestierte gegen diese Behauptung des Polizeidirektors Hazzi. Er wollte immer glauben lassen, daß kein verbotenes englisches Erzeugnis in das Großherzogtum Eingang fände.

[581] Vor dem Vertrag, der dieses Land dem Großherzogtums abgetreten hatte, erhielt die Ruhrregion 1.000 Zentner Wolle aus Schlesien.

zumindest unerwartetes Rettungsmittel: Die Erweiterung des Großherzogtums bis zum Meer, zweifellos um von der Ankunft der englischen Schiffe Nutzen zu ziehen[582].

# X.

Zu den bereits durch die französischen Zollstellen für die bergischen Erzeugnisse errichteten Einfuhrhindernissen gesellte sich bald ein neues. Seit längerer Zeit meldeten Polizeiberichte, daß die englischen Waren über Holland nach Deutschland kämen. Amerikanische oder unter amerikanischer Flagge fahrende Schiffe luden sie aus: Sie wurden in Ostfriesland gesammelt und von dort durch Boten nach Mitteleuropa gebracht. 1806 schrieb Bacher aus Frankfurt an Talleyrand: "Es ist nicht unwichtig darauf hinzuweisen, daß selbst wenn alle Küsten von Holland bis zur Memel streng bewacht würden und ein sehr enggezogener Gürtel eine zweite Linie bildete, die Verteilung englischer Waren durch Schmuggel lediglich erschwert, nicht jedoch ihr Absatz in Deutschland, in Holland, in der Schweiz und in Italien verhindert, noch ihr Verkehr, ihre Ausstellung und ihr Verkauf in Deutschland beendet würde. Die Anrainerfürsten des Rheins, ebenso wie die Könige von Bayern und von Württemberg, müssen aufgefordert werden, bezüglich der englischen Waren die gleichen prohibitiven Gesetze anzuwenden, die, wie es scheint, wohl bald in Italien, Holland und in der Schweiz eingeführt werden. Vor allem ist es unumgänglich - auf welchem Weg auch immer -, die polizeiliche Oberaufsicht in den Städten Frankfurt und Nürnberg ausüben zu können ..." Er schloß mit dem Hinweis, daß Gesetze allein ungenügend sind: "Es bedarf der Hilfe und der Drohung mit preußischen und französischen Truppen."[583]

Die Voraussagen von Bacher erfüllten sich: Der Briefwechsel Napoleons während der Jahre 1807 bis 1809 enthält zahllose Vorwürfe über den holländischen Schleichhandel. Auch die zweiwöchentlichen Berichte, die Beugnot seit Jahresbeginn 1809 Maret übersandte, sind in dieser Hinsicht von einer überzeugenden Gleichförmigkeit. Von dem in

---

[582] Alle diese Berichte sind im Arch. nat. AF IV 1839 und im Archiv von Düsseldorf, allg. Verwaltung, Nr. 29, Handel und Gewerbe, Nr. 57. In diesem Moment schrieb Agar aus Neapel an Beugnot: "Wie behandelt Deutschland Sie und wie behandeln Sie die guten Einwohner des Großherzogtums Berg? Ihr Handel muß ohne Zweifel leiden, aber in einem Land, wo der Kaiser herrscht, soll man niemals befürchten, lange Zeit leiden zu müssen. Sein Schutz kann der Industrie des Großherzogtum so viele Absatzmärkte erschließen ..." (5. Juni 1809), AB XIX, 350.

[583] Aff. étr. Allemagne, Bd. 731. Die gesamte Korrespondenz von Bacher ist voll von interessanten Betrachtungen über die Kontinentalsperre und die Handelspolitik Napoleons. Bacher war in Frankfurt am richtigen Platz, um die Auswirkungen dieser Politik zu sehen und zu erfahren. Man wird im übrigen nicht deutlich genug darauf aufmerksam machen können, wieviele Berichte unserer Agenten im Ausland für diese Epoche vom Standpunkt des Wirtschaftslebens bemerkenswert sind: Aber es scheint, als habe man darin immer nur die traditionellen diplomatischen Auskünfte gesucht. Schon 1850 schrieb Kiesselbach: "Es ist in der That sehr auffallend, daß selbst unsere besten Geschichtswerke der ökonomischen Seite des Kampfes zwischen England und Frankreich so gar keine Aufmerksamkeit schenken, trotzdem daß dieselbe in allen zwischen beiden Ländern zu der Zeit gewechselten Aktenstücke aufs Schärfste, fast möchte man sagen *einzig* hervortritt"; op. cit., S. 102, Anmerkung 1.

Hamburg eingerichteten großherzoglichen Postamt unterrichtet, kannte der kaiserliche Kommissar die Wege und Umwege, auf denen die englischen Erzeugnisse den Kontinent überschwemmten. Plötzlich fielen im Februar 1809 im ganzen Norden Deutschlands die Baumwollgarnpreise um 20-25 Prozent. Die Handelshäuser aus Manchester hatten auf Helgoland riesige Depots angelegt, von wo aus sie ihre Waren mit Fischerbooten nach Hamburg, Emden und Holland brachten. Auch über Holland gab es englischen Handelsverkehr, dessen Weitertransport der Bremer Senat sicherte: "An einer Küste voller Untiefen von Zeeland bis Jütland kann kaum verhindert werden, daß leichte Boote Verbindungen mit englischen Schiffen halten", schrieb der Kaiserliche Kommissar an Maret; "Im übrigen fällt es dem englischen Handel nicht schwer, Mittelsmänner zu finden: Die Zuneigung ruft ihn, die Gewinnsucht leitet ihn, die Bestechlichkeit öffnet ihm die Wege. In Amsterdam und Rotterdam verheimlicht man seine Beziehungen mit England nicht mehr als die mit Frankreich. Die Londoner Kurse werden dort wie die Pariser notiert, ebenso in Hamburg und Bremen ..." Das Land Oldenburg wurde zum "Zwischenlager" Englands. Angesichts des Fehlens französischer Truppen gelangte der englische Handelsverkehr um so leichter dorthin[584]. An Elbe und Weser standen nur zwei schwache holländische Regimenter, deren Treue zweifelhaft war, wenn es um den Kampf gegen die Einfuhr englischer Waren ging. Die zahlenmäßig geringe Gendarmerie wurde von einem Offizier befehligt, der sich betrank und mit verkommenen Frauen lebte. Vier Pferde vorgespannt, erschien er mit diesen Frauen, die er in französische Offiziersuniformen gesteckt hatte, in der Öffentlichkeit. Unter einem solchen Chef drangsalierten die Untergebenen die ohnmächtigen Bürger, protegierten die Reichen, die sie schmierten, und verdienten viel Geld, das sie bei Gelagen ausgaben. Die diensttreuen Zöllner wurden mißhandelt oder sogar halbtot geschlagen, die anderen ließen sich bestechen und alles hereinkommen[585]!

## XI.

Es blieb also noch viel zu tun, bevor das Programm Napoleons - die gesamte europäische Küste den Engländern zu verschließen - verwirklicht wurde: Um die Vollendung des "Küstensystems" - um einen Ausdruck des englischen Historikers Rose zu gebrauchen - zu beschleunigen, wurde eine durchgreifende Maßnahme getroffen. Diese sollte den Schleichhandel verringern, wenn nicht sogar unterbinden: Ende Juli 1809 überschritten

---

[584] Wenn das Herzogtum Oldenburg später in Besitz genommen wurde, so ausschließlich aus wirtschaftlichen Gründen. Bacher wurde 1810 zum Herzog geschickt, um ihn aufzufordern, sein Land zu übergeben: Er lehnte ab; Bacher schrieb: "Die Qual der Zöllner, die nichts in das Herzogtum hereinlassen und nichts ohne Gebühren zu erheben daraus herauslassen werden, die Qual der Unterhaltung eines französischen Besatzungskorps werden schließlich den Herzog überzeugen". Aff. étr. Allemagne, Bd. 741.
[585] AF IV 1839. Über Helgoland, den Sammelplatz englischer Waren von 1808 bis 1813, müßte sich eine interessante Studie anfertigen lassen. Die Elemente dazu befinden sich teilweise im Nationalarchiv. In seiner *Histoire de la grande industrie* schreibt Schulze-Goewernitz: "Der Krieg Napoleons verhinderte das Aufkommen einer kontinentalen Industrie. Es gelang in Folge der gewaltigen Ausdehnung des Schleichhandels kaum, die englische Baumwollindustrie zu beeinträchtigen." Dies ist nur teilweise zutreffend.

unerwartet 300 aus Kleve gekommene französische Zöllner den Rhein bei Rees und schnitten die gesamte Verbindung zwischen Holland und dem Großherzogtum ab, ohne daß Beugnot vorher in Kenntnis gesetzt und ohne daß infolgedessen die Präfekten benachrichtigt worden waren. Ein am 18. Juli in Schönbrunn unterzeichnetes Dekret befahl die Bildung einer Zollgrenze, die sich von Rees bis Bremen erstrecken und die Warenpassage aus Holland nach Deutschland sperren sollte. Collin de Sussy hatte von seinen Polizeibeamten erfahren, daß mit Kolonialwaren beladene Schiffe den Rhein aufwärts bis Arnheim und die Weser bis Amersfoort [diese geographische Angabe ist unklar, weil Amersfoort nicht an der Weser liegt; Anm. d. Hrsg.] fuhren, daß diese Waren auf Wagen umgeladen das Großherzogtum gegen Zahlung einer geringen Transitgebühr durchfuhren und daß so der Rheinbund mit englischen Kolonialwaren aus Ostfriesland versorgt wurde, wo seit langer Zeit Vorräte im Überfluß angelegt worden waren[586].

Große Aufregung herrschte ebenso im Königreich Westfalen, wo die Präfekten sich weigerten, die Rechtmäßigkeit der von den Zöllnern getätigten Beschlagnahmungen anzuerkennen, ebenso wie in Berg, wo Beugnot seine Anwesenheit nicht nur als unnütz, sondern als schädlich empfand: "Denn von nun an operierte die französische Verwaltung ohne seine Mitwirkung und hielt es nicht einmal für notwendig, ihn zu benachrichtigen." "Es wäre einfacher", schrieb er, "wirtschaftlicher und besser eingerichtet, die vier Departements, aus denen sich das Land zusammensetzt, nur der französischen Verwaltung anzuvertrauen." Unvermeidliche Konflikte brachen zwischen den örtlichen Behörden und den unversehens erschienenen Zöllnern aus, die plötzlich die Wagenkolonnen anhielten. 13 Wagen mit 10.000 Pfund Kaffee und 10.000 Farbhölzern waren im Weser-Departement beschlagnahmt worden; der König von Westfalen stimmte dem Präfekten zu, der sich gegen derartige Maßnahmen auflehnte. Mylius, dem Präfekten des Ems-Departements, der ihn aufgefordert hatte, seine Maßnahmen zu rechtfertigen, antwortete der Chef des Zolls von Rheina grob, daß er nur dem Direktor des Zollwesens Gehorsam schuldig sei. Der Präfekt habe sich nur in das einzumischen, was ihn etwas anginge. Es kam sogar vor, daß westfälische Zöllner aus einem *von französischen Zollbehörden durchgeführten* Verkauf stammende Ware beschlagnahmten und sich, von der Gendarmerie verfolgt, in das Großherzogtum flüchteten, wo sie die Behörden aufforderten, ihnen zu helfen, ihre Beute zu verteidigen!

Vergebens protestierte Beugnot gegen diese Haltung der französischen Agenten, die glaubten, "in einem eroberten und nicht in einem für den Frieden eingerichteten Land zu sein". Er mußte sich dem höchsten Willen des Kaisers beugen und die bergischen Truppen bei den Operationen der französischen Zöllner mitwirken lassen. "Es ist wichtig", schrieb ihm Maret, "in dieser Angelegenheit ein Gleichgewicht zu halten, wo die Befindlichkeiten der Verwalteten *augenblicklich* den politischen Ansichten seiner Majestät geopfert werden könnten ..." So konnten alle Gewalttätigkeiten gerechtfertigt werden. Allein, die "politischen Absichten" Napoleons bestanden derzeit in der "Isolation Hollands" zur Unterbindung des Schleichhandels. Einmal mehr litt die rechtsrheinische Industrie

---

[586] AF IV, pl. 2903, Dekret vom 18. Juli 1809 mit Rapport von Gaudin. 1810 sagte Beugnot, als er in seinem Polizeibericht von Ostfriesland sprach: "Diese Provinz hat seit zwei Jahren Gold in Hülle und Fülle verdient; es war eine englische Provinz." Er sagte auch ein Wort über die Mittäterschaft der französischen Konsuln; AF IV 1840.

unter den gegen England und zugunsten des inländischen Handels und der Industrie getroffenen Maßnahmen. Diese Maßnahmen änderten sich im übrigen so oft, daß die Kaufleute keine Transaktionen auf lange Sicht mehr tätigen konnten. Als Folge eines Dekretes, das die Einfuhr von Kolonialwaren, die aus Holland stammten und deren englischer Ursprung nicht bewiesen war, nach Frankreich erlaubte, hatten die Kaufleute des Großherzogtums beachtliche Einkäufe abgeschlossen: König Louis hatte im übrigen für einen Monat das Einlaufen amerikanischer Schiffe in die Häfen gestattet, und neue Bestellungen waren getätigt worden[587]. Plötzlich, ohne daß irgend etwas auf diese Härte hingewiesen hätte, war Holland erneut von Mitteleuropa abgeschnitten, und die unversehens errichtete Zollinie versperrte den holländischen Lieferanten den Zugang zu ihren jenseits des Rheins liegenden Märkten. In weniger als einem Jahr legten die aufeinander folgenden und widersprüchlichen Zollmaßnahmen den Handel lahm[588].

Collin de Sussy, Generaldirektor des Zollwesens, erklärte und rechtfertigte dieses rigorose Vorgehen: Es mußte so schnell gehen, daß die Depots in Ostfriesland und Oldenburg nicht geleert werden konnten. Im übrigen mußten die Einwohner des Großherzogtums, "die die Politik des Kaisers kannten", auf eine solche Maßnahme gefaßt sein. Auf die dringenden Beschwerden der Kaufleute antwortete Napoleon mit einer kategorischen Ablehnung, er erlaubte nicht einmal die Passage vor Errichtung der Zollgrenze bestellter Waren. Den Kaufleuten ließ er schlicht raten, das in Holland Eingekaufte dort so vorteilhaft wie möglich wieder zu verkaufen.

Beugnot, der die fatale Auswirkung dieser unvermuteten Prohibitionen voraussah, schrieb voller Resignation - um nicht zu sagen mit Ironie - an Maret: "Um dem genügend traurigen Bild zu widerstehen, das ich Eurer Exzellenz vor Augen führe, muß daran erinnert werden, daß das Opfer, wie gewaltig es sein möge, notwendig erschienen ist, um zu Ergebnissen von hoher politischer Bedeutung zu gelangen, vor denen das gegenwärtige Wohlergehen des Großherzogtums sozusagen nur ein nicht wahrnehmbarer Punkt ist." Aber die Härten erschienen den Verwaltungsleuten um so peinlicher, als sie diese bald darauf als unnütz erkannten. Während die Versicherungsprämie zur Überwindung der französischen Zollstationen 30 Prozent betrug, weil die Grenze zu Frankreich verhältnismäßig gut bewacht war, betrug sie bezüglich der neuen Linie, um nach Deutschland zu gelangen, nur 6-8 Prozent. Die örtlichen Behörden unterstützten die Zöllner nicht oder halfen sogar den Schmugglern; die Zöllner, die häufig dafür ebenso anfällig wie gewisse französische Konsuln in den deutschen Häfen waren, ließen sich kaufen[589].

Im September 1809, einige Wochen nach Errichtung der Zollinie, versuchte Beugnot darzustellen, daß das Großherzogtum nicht das behauptete Zwischenlager für englische Waren war. Er versicherte, daß diese Waren von Breda und Den Haag über Antwerpen nach Frankreich gebracht würden. Aber zugleich beklagte er sich, daß er gegenüber dem

---

[587] Das Dekret vom 4. Juni 1809 bezieht sich auf das Dekret vom 16. September 1808, das die Einfuhr von aus Holland stammenden Kolonialwaren in Frankreich verbot. AF IV, pl. 2813, und Rocquain, *Napoléon et le roi Louis*, S. LXXXI. Die Verordnung des Königs Louis war vom 30. Juni 1809; Rocquain, op. cit., S. LXXXII.

[588] Vermerk von Rocquain, op. cit., S. LXXXII; es muß sich offenbar um das die Zollinie von Rees nach Bremen errichtende Dekret vom 18. Juli handeln.

[589] AF IV 1853[A]; Aff. étr. Allemagne, Bd. 737.

Schleichhandel über keine wirksamen Hilfsmittel verfüge. Das Dekret von Berlin, das nur auf die Küstenländer anwendbar war, war den Rheinbundstaaten niemals mitgeteilt worden. "Man hat nicht näher bestimmt, wie es im Binnenland anzuwenden sei; das Beispiel Leipzigs und Frankfurts beweist, daß hier nie eine solche Bestimmung angewendet werden sollte."[590] Ende 1809 hatte das Dekret, das so viel Staub aufgewirbelt hatte, in Deutschland noch nicht die erwartete Wirkung hervorgerufen.

So stellte sich zu Beginn des Jahres 1810 die Lage des Großherzogtums Berg, einem Industrieland und Nachbarn Frankreichs, folgendermaßen dar: Die angestammten früheren Absatzmärkte, Frankreich und Italien, waren ganz oder fast ganz verschlossen, aber die Rohstoffe, Baumwolle und Wolle sowie die Kolonialwaren gelangten weiterhin ins Land, dank eines aktiven Schleichhandels im Norden und Osten. Die Fabriken waren zweifellos weniger ausgelastet, jedoch noch nicht ohne Arbeit. Beim Fortbestehen dieser Lage wären neue Absatzmärkte, nach denen man bereits suchte, sicherlich gefunden worden. Nach einer unvermeidbaren Krisenzeit hätte sich der Warenverkehr im alten Umfang, aber mit anderen Kunden und in andere Richtungen, wieder eingestellt. Bis zu diesem Zeitpunkt waren allein die durch Frankreich vor dem Dekret von Berlin getroffenen Schutzzollmaßnahmen hinderlich, weil es *nur dem französischen Reich gelang, sich in einer Zollinie einzuschließen*; die Kontinentalsperre wurde in Deutschland genauso umgangen wie in Holland[591].

## XII.

Im Verlauf des Jahres 1810 versuchte Napoleon, dem "Kontinentalsystem" eine über die bloße Fiktion hinausgehende Bedeutung zu verleihen. Europa sollte für den englischen Handel wirklich "blockiert" werden. Für die Geschichte des Ersten Kaiserreichs ist dieses Jahr, das Napoleon nach seiner Heirat mit Marie Louise in Frankreich verbrachte, entscheidend: Nur während dieser langen Monate in Trianon, Fontainebleau, Rambouillet oder in den Tuilerien hatte er die Zeit, sich über die im Verlauf der Kriegsjahre, als er Paris fern war oder dort nur eiligst durchreiste, befohlenen Maßnahmen Rechenschaft abzulegen[592]. 1810 war das Jahr der häufigen Sitzungen des Rates des Inneren und des Handels, das Jahr der großen Untersuchungen sowie das Jahr der Bildung eines Generalrates der Fabriken und Gewerbe. 1810 bilanzierte Napoleon die wirtschaftliche Lage des Kaiserreichs. Er mußte feststellen, daß sich der Staatsschatz leerte. Die Verschärfung der Blockade durch Beschlagnahmungen und Verbrennungen englischer Waren, die ausschließlich zollpolitisch begründeten Zusammenschlüsse von Ländern, alles dies datiert

---

[590] AF IV 1839, September 1809.
[591] Der Bericht Beugnots über die Industrie des Großherzogtums im Jahre 1810 - den ich an anderer Stelle veröffentlicht habe -, vermittelt diesen Eindruck einer Industrie, die eine Krise durchläuft und neue Wege sucht. Über den Einfluß der Zollmaßnahmen, viel beträchtlicher und realer als die der Kontinentalsperre, bin ich einig mit Redlich, op. cit.
[592] Außer einer Reise mit Marie Louise nach Saint-Quentin, Brüssel, Le Havre und Rouen, während derer er ohne Zweifel die wirtschaftlichen Maßnahmen des Jahresendes 1810 vorbereitete.

aus dem Jahr 1810. Gleichzeitig machten sich überall Zeichen der Ermattung und Anzeichen einer nahenden Revolte bemerkbar[593].

*Abb. 22: Napoleon, von Nino Manfredini (1770–1840), Bronze*

Das zweite Dekret von Mailand, am 17. Dezember 1807 erlassen, das an das Berliner Dekret anschloß, verbot fast allen regulären Handel: Besonders die Kolonialwaren, die bereits durch die Schutztarife von 1806 zwar nicht verboten, aber doch so hoch belastet waren, daß sie Frankreich, seitdem die Engländer den Transport monopolisierten[594], nur durch Kaperei - der von Napoleon einzig empfohlene Versorgungsweg - oder durch den unvermeidlichen Schleichhandel erreichen konnten.

Die Handelskammern hatten dem Kaiser dienstbeflissen für seine Fürsorge für die französische Industrie gedankt, aber in den Eingaben an den Innenminister klang bereits

---

[593] Untersuchung der kaiserlichen Universität usw. Sorel kommt, aufgrund anderer Dokumente, zu folgender Schlußfolgerung: "Bis 1806 wäre eine königliche Restauration nur auf Hindernisse, ab 1810 nur auf leichte Möglichkeiten gestoßen; gegen 1810 stellte sich der Kern der Verwaltung in diesem Sinne darauf ein ... "; Sorel, *L'Europe et la révolution française*, VII, 469.

[594] Seit dem *Embargoakt* von 1806 und dem Gesetz *non intercourse (kein gegenseitiges Hafenrecht)* von 1809 hatte der Transport durch amerikanische Schiffe aufgehört. Die mit englischen Schiffen eintreffenden Kolonialwaren waren tatsächlich prohibiert.

die Sorge durch, daß den Fabriken eines Tages die Rohstoffe, besonders Baumwolle, ausgehen könnten. Zwei Jahre des Schleichhandels und individuelle Ausnahmen[595] waren gerade vergangen, als erste Klagen laut wurden. Eine Kommission der Handelskammer zu Paris erklärte Anfang des Jahres 1810, daß allein die Engländer als Verkäufer, Versicherer und Frachtunternehmer der Waren, die im Schleichhandel eindrangen, daraus Nutzen zogen. Ihr Handel hatte sich von 1807 bis 1808 um 48 Millionen erhöht, und ihre Zölle hatten 1809 1.600.000 Pfund mehr erbracht als 1808. Nach Prüfung der Frage: "Muß die Kontinentalsperre im gegenwärtigen Umfang beibehalten werden?" erklärte die Kommission, daß die Bewilligungen und Sondererlaubnisse nicht mehr ausreichten, daß es sich hierbei um gefährliche Vorrechte handele und daß die häufigen und plötzlichen Abänderungen der Zollmaßnahmen ungünstig seien. Sie verlangte sofortige Maßnahmen, welche die Einfuhr von Kolonialwaren nach Frankreich ermöglichten.

Aus den Zollaufstellungen erfuhr Napoleon, daß die Anmerkungen der Handelskammer zutreffend waren. Die Einnahmen gingen jedes Jahr zurück, während die Schmuggler dank der Versicherungsprämien von 30, 40 und sogar 50 Prozent reich wurden. Die Warnungen wurden um so dringender, als Anfang des Jahres 1809 die Amerikaner das *Embargo* für alle Länder außer England und Frankreich aufhoben. Gewaltige Schiffsladungen mit Kolonialwaren erreichten Holland. Folgendes Problem galt es zu lösen: Die Industrie sollte gefördert und mit den fehlenden Rohstoffen versorgt werden; dazu mußte die Einfuhr von Kolonialwaren erleichtert werden; da das Blockadeprinzip nicht aufgegeben werden sollte, mußten diese Waren mit sehr hohen Abgaben belegt werden; gleichzeitig waren die Zolleinnahmen zu erhöhen und Geld in die Staatskasse zu bringen, so daß eine Einfuhrtaxe mit dem Ziel gefunden werden mußte, daß die Käufer kein Interesse mehr daran hatten, den Versicherern hohe Prämien zu zahlen und sich durch Schmuggel zu versorgen. Schließlich mußte die holländische Küste besetzt werden, damit die Zollmaßnahmen wirksam würden: Die Vereinigung Frankreichs mit dem Königreich von Louis ging dem voraus und erleichterte die Einführung des neu vorgesehenen Zolltarifs[596].

Am 9. Juli, als die Vereinigung mit Frankreich durchgeführt worden war, erklärte Napoleon, daß zum 1. Januar 1811 die französischen Zölle auch in Holland gelten sollten. Um zu verhindern, daß Frankreich mit Kolonialwaren, mit denen die holländischen Lagerhäuser voll waren, überschwemmt werde, was einen plötzlichen Preissturz zur Folge gehabt hätte, genehmigte Napoleon ihre Einfuhr nach Frankreich gegen Zahlung einer Abgabe von 50 Prozent, was der den Schmugglern bezahlten Versicherungsprämie entsprach.

---

[595] Mollien deutet in seinen *Mémoires* an, daß es nicht der Fiskus ist, der am meisten von den Ausnahmen beim Kontinentalsystem profitierte; op. cit., III, 115, Fußnote 1.

[596] Napoleon schrieb später an den Vizekönig von Italien: "Nur die Berücksichtigung der Zölle hat mich gezwungen, Holland einzuverleiben"; er fügte hinzu: "Die Zölle Italiens müssen auf dem Stand der von Frankreich sein, sonst, ich verhehle es Ihnen nicht, werde ich das Königreich angliedern."

# XIII.

Nachdem diese Maßnahmen getroffen waren, beauftragte er den Innenminister, ihn vom Inhalt des Vortrages in Kenntnis zu setzen, den dieser im Verwaltungsrat gehalten hatte: "Vor einigen Jahren wurde eine Verbrauchssteuer eingeführt, welche Zucker, Kaffee und andere gleichartige Produkte mit festgesetzten Abgaben belegte. Die aus unseren Kolonien kommenden Produkte gleicher Art waren ihr ebenfalls unterworfen. Heute haben sich die Preise verdreifacht, und die Abgabe lastet nicht auf dem fremden Händler, sondern auf der Nation. Es muß berechnet werden, was die ehemalige Akzise kostete und was die neue kostet. Die neue Akzise erbringt Frankreich viel Geld für die Transporte ... usw. Könnte nicht der Import jener Menge Waren, um die es geht, genehmigt werden? Es könnte eine genügend hohe Abgabe festgesetzt werden, um den Preis der Ware in Übereinstimmung mit den gegenwärtigen Preisen zu bringen. Frankreich würde nur den wirklichen Handelswert der Ware bezahlen, und der derzeit vom Volk getragene Mehrertrag würde seine Finanzen verbessern. Wieviel würde dies ergeben? Wenn dies 100 Millionen ergäbe, könnte die Summe der Marine zugewiesen werden. Dann wäre der von der Bevölkerung bezahlte Überschuß Frankreich nützlich und versetzte es in die Lage, endlich die Bevölkerung von diesem Mehraufwand zu entlasten. Unabhängig von Frankreich könnte in Italien genauso verfahren werden. So würde der Geldabfluß verringert, und die bei der italienischen Marine gewonnene Mehreinnahme diente dem gleichen Ziel. Was in bezug auf Zucker und Kaffee durchgeführt werden kann, ließe sich in gleicher Weise bei Baumwolle und allen anderen benötigten Waren durchführen. ... Dieses System wäre auch den Engländern von Vorteil, indem es ihre Magazine leert, aber zumindest könnte, wenn die Waren durch Einfuhrlizenz und in die festgelegten Häfen kommen, der Schleichhandel vermieden werden."[597]

Fünf Tage später, am 30. Juli, legte Montalivet ein auf folgendem Prinzip aufgestelltes Tarifprojekt vor: "Der Handelspreis soll aufgrund der Erfahrung mit dem Kriegszustand ermittelt werden. Der Gesamtpreis einschließlich der Abgabe ergibt sich aus der Notwendigkeit des Schleichhandels bei unseren Nachbarn. Somit soll der Schmuggel seine Attraktivität verlieren und unsere Nachbarn um so mehr ohne Prämie bleiben, da die

---

[597] Sitzung des *Handelsrates (Conseil de commerce,* am 6. Juni 1810 gegründet) vom 25. Juli 1810 in AF IV *170. Auf der gleichen Sitzung behandelte Napoleon die Frage der Beziehungen zu den Amerikanern. Man müßte eine Sonderuntersuchung über die Beziehungen zwischen Frankreich und den Vereinigten Staaten von 1800-1815 anstellen, denn jede in einem dieser Länder getroffene Maßnahme hatte eine Rückwirkung auf das andere. Es ist erheblich, daß die Vereinigten Staaten, die 1790 80 Ballen Baumwolle ausführten, 1800 45.000 Ballen und 1810 250.000 Ballen exportierten (L. Reybaud, *Le Coton*). Im Tarif von 1806 lasteten auf dem Kakao der Kolonien 6 Francs Einfuhr und 169 Francs Verbrauchsabgabe; auf Kaffee 6 Francs und 119 Francs. Die nicht aus Kolonien stammenden gleichartigen Waren wurden unterschiedslos für Einfuhr und Verbrauch mit 200 und 150 Francs belastet. Wenn Napoleon in diesem Exposé davon spricht, "das Volk zu entlasten", dann irrt er sich oder will den Handelsrat täuschen. Es handelte sich in Wirklichkeit nur darum, Geld in die Staatskassen fließen zu lassen, das in die Taschen der Versicherer ging.

französische Herrschaft den Schleichhandel in Holland schwieriger gestalten wird."[598] Der Innenminister wollte, daß von diesem Zeitpunkt an der Tarif bei allen der französischen Herrschaft unterworfenen Ländern angewandt würde: "Es scheint mir unerläßlich zu sein, diese Abgabe über den größtmöglichen Umfang von Ländern zu erheben; zweifelsohne werden so die Erträge steigen, vor allem aber ist dies das einzige Mittel, den auswärtigen Schleichhandel zu verhindern, den ausländischen Fabriken den Vorteil gegenüber den unseren zu nehmen, und unsere Häfen in den Wettbewerb mit den Häfen des Kontinents eintreten zu lassen". Das am 5. August 1810 im Trianon unterzeichnete Dekret wurde zunächst nur für das französische Kaiserreich erlassen: Neue Gebietserwerbungen sollten es bald ermöglichen, diesen neuen Schutzzolltarif und das fiskalische Interesse auf fast ganz Europa auszudehnen[599].

Wenn auch die Eingliederung Hollands den Spekulationen der dortigen Kapitalisten ein Ende bereitet hatte - verbündet mit den großen Bank- und Handelshäusern Deutschlands trieben sie die Preise für Kolonialwaren künstlich in die Höhe[600] -, so hatte sie wenigstens die Einfuhr von Kolonialwaren in den Rest Europas nicht verhindert, nicht einmal wesentlich beeinträchtigen können. Aus ihrem umfangreichen Verkehr in Deutschland schlossen die Kaufleute, daß die englischen Schiffe Mittel und Wege gefunden hätten, ihre Ladung unter falscher Flagge in Schweden, Pommern, Rußland, an den preußischen Küsten und besonders in Königsberg zu entladen. Übrigens hatten die Regierungen des Nordens das Verbot, amerikanischen Schiffen den Zugang zu gestatten, erst nach Ausladung einer sehr großen Menge an Kolonialwaren veröffentlicht.

Die in Holland und dann in den Hansestädten getroffenen rigorosen Maßnahmen hatten nur eine Richtungsänderung des englischen Handels zur Folge. In Deutschland war davon die Rede, daß die nördlichen Länder und vor allem Preußen und Rußland sich die beachtlichen Gewinne zu eigen gemacht hätten, an denen die französische Regierung hätte teilhaben können, indem sie jedes Jahr den Handel Hollands und der Hansestädte im Verhältnis der vermuteten Gewinne der Händler dieses Landes bei Kolonialwaren besteuerte. Die allgemeine Meinung jenseits des Rheins war, daß die Kolonialwaren dem Salz und dem Tabak gleichgestellt werden sollten, deren Monopol aus vollem Recht dem Souverän gehörte. Wenn die Regierung eine Abgabe von 15-20 Prozent auf diese Waren festsetzte, ergäben sich für die Staatskasse höhere Erträge als jede andere denkbare Maßnahme. Auf diese Weise sollten die Häfen Frankreichs ihre frühere Blüte zurückerlangen: Frankfurt, Nürnberg, Augsburg und die Städte in der Schweiz sollten wieder, wie vor der Revolution, Niederlagen für aus französischen Häfen stammende Kolonialwaren werden. Die Erfahrung der Vergangenheit bewies weiterhin auch die Unzulänglichkeit aller Ein-

---

[598] So kostete die Pernambuco-Baumwolle 1807 3 Francs je Pfund, ohne die Abgaben. Der Durchschnittspreis in Amsterdam und in Basel betrug 7 Francs, die festzusetzende Abgabe war demnach 4 Francs. Da man 1810 schon 0,14 Francs an Abgaben bezahlte, blieb nur noch die Erhöhung der Abgabe auf 3,60 Francs je Pfund (AF IV 1061).

[599] Von fiskalischem Interesse, denn man erhob die Abgabe auf die *im Lager* befindlichen Kolonialwaren. Siehe Anhang D. Das Dekretprojekt wurde von Montalivet vorbereitet.

[600] Sie richteten Zwischenlager ein und lieferten dem Handel monatlich eine bestimmte Menge. Sowie die Preise sanken, schlossen sie ihre Magazine. Bacher, Brief vom 3. August 1810 (Aff. étr. Allemagne, 740).

fuhrhindernisse. Die Regierung, die die Einfuhr nicht verhindern konnte, sollte sie nutzen, um sie sowohl für sich selbst als auch für die französischen Kaufleute produktiv zu gestalten[601].

Dies war genau das, was der Tarif von Trianon versuchte. Damit aber eine solche Maßnahme ihre volle Wirkung entfaltete, mußte die Zollinie dem nach Osten wandernden Schleichhandel präzise folgen und die Ausdehnung des den Abgaben unterworfenen Gebietes und die Ausdehnung der von französischen Zöllnern bewachten Küsten vergrößert werden. Hieraus erklärt sich die gesamte Politik des Jahres 1810, als Napoleon trotz der Anzeichen einer baldigen und schweren industriellen Krise das Kontinentalsystem übertrieben verschärfte und versuchte, alle Länder effektiv hineinzuzwingen. Dadurch wurden aber lediglich Keime einer Revolte gesät.

Die Angliederung von Nordbrabant und Zeeland, die Übergabe Hannovers an Jerôme, dessen Besetzung durch Davout, der auch die Hansestädte besetzt hielt, die Ausdehnung der militärischen Überwachung bis zur Elbmündung, die Angliederung Hollands und schließlich die faktische Angliederung der Hansestädte, bildeten die Etappen, die die Sperre durchlief. Trotz allem erreichten die Kontinentalsperre und alle sie begleitenden wirtschaftlichen Maßnahmen eine annähernd vollständige Umsetzung nur an denjenigen Orten, die den Beamten des Kaisers direkt unterstellt waren, nur auf französischem Gebiet also. Der beste Beweis hierfür war, daß die Kolonialwaren immer preiswerter gehandelt wurden, je weiter vom Zentrum des Kaiserreichs entfernt dies geschah[602]! "Nachdem er einmal die Kontinentalsperre zum einzig richtigen Mittel erkoren hatte, England den Frieden aufzuzwingen, war Napoleon fatalerweise genötigt, sie fast unbegrenzt auszudehnen und mittels territorialer Annexionen, die seiner Ansicht nach allein eine wirkliche und durchgreifende Ausführung sichern konnten, zu befestigen."[603]

## XIV.

Napoleon träumte davon, alle Rheinbundfürsten zu bewegen, daß sie am gleichen Tag, jeder in seinem Staat, den Tarif von Trianon übernahmen und alle Kolonialwaren, wo auch immer sie sich befanden, den Abgaben unterwarfen sowie die ankommenden entsprechend belasteten[604]. Die Rundschreiben von Champagny, die dringenden Ratschläge und Befehle des Kaisers bewirkten, daß Ende Oktober in allen Staaten des Rheinbundes, in der Schweiz und in Preußen der Tarif vom 5. Oktober publiziert wurde. Es war in der Tat logisch, diesen Tarif auf den größtmöglichen Bereich auszudehnen, denn sonst hätte

---

[601] Bacher, 27. Juli 1810 (Aff. étr. Allemagne, Bd. 739). In Wirklichkeit ist es mehr seine persönliche Meinung, die Bacher in dieser Depesche angibt.

[602] Roederer schrieb an Beugnot: "Ich habe gestern beim Diner erfahren, daß Sie in Düsseldorf den Zucker und selbst den Kaffee nur mit 3,15 Francs bezahlen, während wir diese Genußmittel mit 6 Francs bezahlen." Dieser nicht datierte Brief stammt, nach dem Kontext, aus dem Jahr 1813. Zu dieser Zeit wurde der Tarif im Großherzogtum Berg angewandt: Man kann den Preisunterschied vor Einführung des Tarifs abschätzen (AB XIX, 350).

[603] *Mémoires du Roi Jerôme*, III, 432 ff.

[604] Brief an Champagny vom 14. Oktober 1813 in Lecestre, *Lettres inédites*, II, 80.

die Konkurrenz der ausländischen Preise einen ungehemmteren Schmuggel als jemals zuvor produziert.

Die in Paris eintreffenden Berichte zeigten, bis zu welchem Punkt es notwendig war, die Spekulationen und den Schleichhandel zu beenden, oder wenigstens zu versuchen, ihn zu beenden, unabhängig davon, ob es sich um Berichte französischer Auslandsagenten oder die von einfachen "Kundschaftern" handelte. Unter den letzteren befanden sich zwei, die kurz nach der Bekanntgabe des Tarifs in Frankreich, als er außerhalb Frankreichs erst noch in Kraft treten sollte, vom Polizeiminister beauftragt wurden, die Depots mit Kolonialwaren aufzustöbern; der eine auf dem rechten, der andere auf dem linken Rheinufer. "Bei dieser Gelegenheit sollten sie die öffentliche Haltung, die Meinung in bezug auf Frankreich feststellen und versuchen, Professoren und Höherstehende aller Art kennenzulernen, die verdächtigt wurden, in Opposition zum französischen System zu stehen und gegen uns zu agitieren"[605].

Einer dieser beiden Agenten von Savary, Mallard, war ein ehemaliger Emigrant aus dem Département Saône-et-Loire, der mehrere Jahre in Hamburg Redakteur des *Journal du Nord* gewesen war. Vielleicht hat er dort selbst Handel mit englischen Waren betrieben - denn die Emigranten, vor kurzem noch Hersteller falscher Assignaten, arbeiteten in dieser Sache mit den Juden zusammen - auf jeden Fall kannte er Deutschland, Holland sowie das Rheinland sehr genau[606]. Er kannte die von den Versicherern seit dem Bruch des Vertrages von 1786 angewandten Schliche. Diese verpflichteten sich, an allen Grenzen Frankreichs mittels einer Prämie im voraus, die verbotenen Waren einzuführen oder im Falle der Beschlagnahmung durch den Zoll den Wert dafür zu bezahlen. Im Voraus bezeichnete er die zu überwachenden Punkte: Nordwestdeutschland von Hamburg bis Ostfriesland, den Süden Hollands und die Inseln der Küste, die dank Helgoland Brutstätten des Schleichhandels waren; im Norden und Osten die Ostseeküste von Stralsund bis Königsberg. Er wollte nach Amsterdam gehen, um dort der Abfahrt eines Konvois beizuwohnen, den er bis in das Landesinnere Oldenburgs verfolgen wollte, wo er einen Franzosen aus Dünkirchen kannte, der sich seit 18 Jahren am Schleichhandel bereicherte.

Von Paris am 30. September abgereist, wandte er sich nach Köln. Von Etappe zu Etappe schrieb er, um vom Verdacht abzulenken, an einen Freund von Desmaret, den Leiter der Polizeiabteilung, und berichtete ihm laufend über diesen Mittelsmann, was er über den Schleichhandel und die öffentliche Meinung erfuhr.

Auf der Durchreise in Brüssel konnte er keine Schmuggler entdecken, bemerkte aber, daß die öffentliche Meinung resignativ war. Die Konskription und die Zölle bewegten die Einwohner am stärksten. Überall als amerikanischer Handelsreisender vorgestellt, veranlaßte er die Leute zu plaudern, die ihm ihre Besorgnisse ohne Argwohn anvertrauten. In Köln wurde über den Stillstand der Geschäfte und die Not gestöhnt; die Zuneigung zu Frankreich war nicht tief. Bei einem Abstecher in das Großherzogtum Berg erfuhr er von der Existenz von Lagern mit Kolonialwaren in Elberfeld und Emmerich. Von der Weser

---

[605] Die Entsendung zu dieser Mission wurde zweifellos als Folge eines Briefs Napoleons an Gaudin entschieden, in dem Napoleon die Entsendung von Geheimagenten nach Düsseldorf, Frankfurt und an die Grenze verlangte (2. September 1810; Correspondance de Napoléon, XXI, 85).

[606] In einer Denkschrift an den Polizeiminister weist er seit Anfang 1810 auf die Umtriebe der Orangisten-Partei hin, die für England arbeitete.

und der Ems kamen die Waren auf einem Umweg über das Waldecker Land und Wetzlar aus Holland an. Die öffentliche Meinung war "wie in Köln, mit dem Unterschied, daß die Menschen von hier mehr zu leiden gehabt haben"[607]. Der seit einigen Tagen für Kolonialwaren gültige Tarif von Trianon (2. Oktober) hatte alle Konvois angehalten: Die Stimmung in Elberfeld war äußerst aufgebracht, und der Polizist schloß grob: "Man macht sich Soldaten, die nicht mehr arbeiten können, und der Staat wird dabei nichts verlieren."

Von Köln bis Mainz dem linken Rheinufer folgend, berichtete Mallard über die aktive und triumphierende Schmuggelei: Überall ließen Makler Kolonialwaren unter Erhebung einer Versicherung nach Frankreich einführen. In Koblenz bot ihm einer von ihnen, der ihm als Kaufmann vorgestellt wurde, 40 Zentner Kaffee an; überall fand er Versicherer zu 15 Prozent. Das einzige Mittel, dem Schleichhandel ein Ende zu bereiten, zumindest für eine Weile, bestand darin, schnell und unvermittelt zu beschlagnahmen. Der Polizist verlangte vom Minister, vor allem in Deutschland Beschlagnahmungen durchzuführen. Er rühmte sich, prophezeit zu haben, daß in ganz Nordeuropa kein Taler mehr übrig bliebe, wenn man dem Schmuggel noch zwei weitere Jahre freien Lauf lasse[608].

In Frankfurt, wo er wenige Tage nach dem Verbrennen englischer Waren durch den General Friant ankam, untersuchte er vorschriftsgemäß Bourrienne und sein Treiben in Hamburg[609]. Von französischen Kaufleuten erfuhr er, daß dieser Mann mehrere Millionen reich war und bereits einen großen Teil seines Vermögens nach Neu-England hatte schaffen lassen und daß er plane sich dort niederzulassen. Die Kaufleute, die Mallard unterrichteten, fügten hinzu: "Der Kaiser hat ihn schon mehrere Male absetzen wollen, aber er hat es nicht gewagt, weil dieser ehemalige Vertraute im Besitz seiner Korrespondenz aus Ägypten ist und seinen Herrn bedroht, sie ans Tageslicht zu bringen und zu veröffentlichen." Ein vermeintliches Geschäft ankündigend, - den Kauf von Kolonialwaren im Wert einer Million -, freigiebig Rheinwein verteilend, hatte Mallard das Vertrauen hamburgischer Kaufleute gewonnen. Alle bestätigten, was er über "die wichtige Person" gerade erfahren hatte. Weil er die Zungen leicht zu lösen wußte, erfuhr er ebenfalls, daß Handelshäuser aus Lyon in Leipzig und in Frankfurt große Geschäfte mit Kolonialwaren gemacht hatten; die Waren, besonders Baumwolle, kamen über Basel. Bei der letzten Leipziger Messe hatte es eine derartige Anhäufung von Waren gegeben, daß mehr als 800 prallgefüllte russische Wagen von der Ostseeküste zu lächerlichen Preisen verkauft wurden. Der Gesamtwert der in Frankfurt eingelagerten Kolonialwaren belief sich auf 84 Millionen Francs!

In politischer Hinsicht war es im Land noch einigermaßen ruhig. Mallard hatte nichts über die *Politische Gesellschaft* herausbekommen, über deren Entstehen berichtet wurde[610]: "Bevor man einige Früchte erntet, muß man sich damit begnügen, stillschweigend zu säen und anschließend keimen zu lassen, damit die Ernte sich vorbereite und in der neuen Saison reichlich vorhanden sei." Dies hatte ihm, in einer mystischen Sprache, ein

---

[607] Er fügte hinzu: "Aber Düsseldorf hat sich in einem kontinuierlichen Wohlstand gehalten; man ist hier zufrieden, eine Art abgesondertes Fürstentum zu bilden, das ihnen mehr Annehmlichkeit und Handelserleichterung gibt"; diese Wertung ist unzutreffend.

[608] Öffentliche Meinung, Mainz: "Man liebt uns nicht, wenn man uns nur fürchtet."

[609] Er nennt ihn nicht namentlich, beschreibt ihn aber hinreichend.

[610] War dies der Tugendbund?

gewisser Schiller gesagt, den er in Berlin und in Frankfurt kennengelernt hatte. Mallard hielt den seiner "kühnen und übertriebenen" Ansichten wegen gerade aus der Stadt Verjagten für einen Illuminaten. Voller Vertrauen fügt Mallard hinzu: "Diese Ideen sind nichts gegen Kanonen und 600.000 Mann. Im übrigen ist das Deutschland des Friedens von Münster ein großer, machtloser Riese." Jedoch gestand er anschließend, daß, wenn es dort auch noch keine organisierte Gesellschaft gebe, die Pamphlete schreibe, "das Feuer unter der Asche schwele". Bei einer in Frankfurt veranstalteten Aufführung von "*Der Tyrann von Syrakus*"[611] hatte es dort sicherlich nur bescheidene Versuche einer Kundgebung gegeben; aber selbst diese "Versuche" wertete Mallard als ein Zeichen der Zeit.

Von Mannheim bis Basel durcheilte er ein von Schmugglerbanden stark frequentiertes Gebiet: Straßburg und Basel waren die beiden großen Eingangspforten für Kolonialwaren und englische Erzeugnisse, dank der gekauften Mittäterschaft des Direktors der Zollbehörden von Straßburg, dessen Lob überall gesungen wurde. In Speyer und Mannheim hatte der Tarif vom 5. August den Schleichhandel fast zum Erliegen gebracht, aber in Rastatt lief das Gerücht, daß die Deklarationen falsch gewesen wären: Ein Handelshaus hatte nur 50 Pfund Cochenille-Farbstoff angegeben, während es 4.000 versteckte. Die Beschlagnahmungen und Verbrennungen riefen in aller Welt Bestürzung hervor; mit Wehmut sprach man von der glücklichen Zeit, da man mit Herrn M...[612] so schön seine Geschäfte machte. Vor dem Dekret passierten regelmäßig drei- bis vierhundert mit Kolonialwaren beladene Wagen Freiburg, die in die Schweiz oder nach Kehl gingen; Waren im Wert von mehr als zwei Millionen passierten in einer Woche die Dörfer der Umgebung von Kehl.

Die aus dem Donauraum über das Gebirge eingeführten Waren wurden auf findige Weise nach Frankreich gebracht: *Die Versicherer mit ihren Trägern* entnahmen sie den Lagern des rechten Rheinufers (Rastatt, Offenburg, Kehl) und teilten sie in Ballen von 40 bis 50 Kilogramm auf. Mit Beihilfe des Zoll-Leutnants - der seine Leute in der Weise aufstellte, daß sie die Unternehmungen nicht behinderten -, wurden sie erst auf das linke Rheinufer befördert, um dann auf Wagen verladen und ins Landesinnere gebracht zu werden. Die Zoll-Leutnants, übrigens ehemalige Emigranten ohne Vermögen, konnten von 600 Francs Jahressold nicht leben; einige von ihnen begnügten sich nicht mit Gewinnen aus dem Schmuggel, sondern bezogen auch noch eine Pension aus England.

Die *Versicherungs-Handelsleute* arbeiteten im großen Stil: Die in Straßburg etablierten Kommissionäre[613] versicherten die Waren der Handelsleute aus Frankfurt, die sie unter irgendeiner Bezeichnung durch bekannte Frachtfuhrleute verschickten. Wenn sie das erste Zollamt, genannt Rheinbrückenbüro, passierten, wurden die Wagen entsprechend dem Gesetz plombiert und zum Straßburger Lager geschickt. Um sie herauszuholen und die Abgabe zu bezahlen, hatte jedes Handelshaus seinen Sonderbeauftragten, der einen

---

[611] "Tragödie von Schiller, dessen Cousin ich kenne," Der Polizist irrte sich, es gibt keine Tragödie von Schiller, die diesen Titel trägt.

[612] Der in dem Bericht genannte M... ist der Direktor der Zölle und Autor einer Sammlung von Zollgesetzen!

[613] Mallard teilt eine Liste mit: Die Polizeiberichte geben im übrigen die wichtigsten Handelsleute an, die sich dem Schmuggel entlang des Rheins widmeten.

günstigen Augenblick abpaßte: Den Zollbeschauern zeigte er einige vorher gekennzeichnete Ballen mit korrekt deklarierten Waren; die entsprechenden Abgaben wurden bezahlt und die prohibierten oder stark besteuerten Waren kamen getarnt als nichtprohibierte oder gering besteuerte Waren nach Frankreich.

In Straßburg gab es drei Arten von Handelsleuten: Die Reichen, die sich auf empfangene Waren eine Verpackungsgebühr von 40-50 Prozent zugestehen ließen[614], die weniger Reichen, die eine geringere Tara verlangten sowie die noch weniger Reichen, bei denen die Vorschriften unerbittlich angewandt wurden; diese konnten sich gegen die Konkurrenz nicht behaupten. Die Erfindungsgabe der Kaufleute beim Schmuggel war bemerkenswert: Falsche Plomben und falsche Bürgschaftsbescheinigungen waren die elementaren Mittel, den Fiskus zu täuschen. Die Handelsleute hatten besseres gefunden: Während die in Köln gekauften Waren zum Beispiel auf dem Wasserweg ankamen und 50 Tage benötigten, um nach Straßburg zu gelangen, dienten die mit der Post viel schneller angekommenen Bürgschaftsbescheinigungen dazu, zwei oder drei Mal Waren mit falscher Plombierung zu versehen und aus der Umgebung von Kehl, wo sie gekauft wurden, herauszuholen. Alles dies geschah mit der Komplizenschaft des Zolldirektors M..., dessen Vetter Haupteinnehmer in Straßburg, der Bruder Einnehmer in Bourg-libre war und der die Angestellten, welche die Bestimmungen zu genau ausführen wollten, einfach auswechselte oder absetzte[615].

Die Stadt Basel war ebenfalls ein bedeutender Durchgangsort, ein "Schmuggelnest" wie Straßburg. In fünf Monaten hatten 200 Handelsleute aus Mülhausen das Hotel Des Trois-Rois aufgesucht, um dort über die Einfuhr von Kolonialwaren zu verhandeln[616]. "Die schmutzige Habgier" der Baseler kam bei diesen fruchtbaren Spekulationen auf ihre Kosten; Baumwolle, Musseline und Indienne kamen über Délémont nach Frankreich und gingen weiter nach Lyon: Der Kaiser war in der Stadt Basel vollständig "zum Besten gehalten" worden[617].

Der andere Polizeispion, ein Herr Calluvé, ein ehemaliger Makler von Handelswaren aus Luxemburg, übersandte kaum interessante Berichte. Er verließ, so scheint es, die

---

[614] Beispiel: Man kauft 20 Tonnen Kaffee (240 Zentner) aus dem Ausland; man besitzt für diesen Kauf ein Ursprungszeugnis; dann kauft man dieselbe Menge Kaffee ohne Ursprungszeugnis. Man vereinigt das Ganze zu 20 Doppel-Tonnen und diese 20 Tonnen enthalten dann nur 240 Zentner.

[615] Der Präfekt des Départements Bas-Rhin, Lézay-Marnésia, wußte von der Hinterziehung und sagte dies auch; er kannte den vom Zolldirektor erworbenen Reichtum; aber er fügte hinzu, daß er "in Straßburg angenommen wurde, wo man zur selben Zeit Schmuggler und Ehrenmann sein konnte". Wenig später verlangte Lézay, daß man, anstatt die englischen Waren zu verbrennen, sie in Teile zerlegen solle, um sie an Wohltätigkeitseinrichtungen zu verteilen und damit die Armen zu bekleiden.

[616] Nichts ging über Bourg-libre, um nicht den jungen M... , Bruder des Zolldirektors von Straßburg, in Verdacht geraten zu lassen.

[617] Bei seiner Rückkehr nach Frankreich im Dezember 1810 sandte Mallard seine Aufzeichnungen über die öffentliche Meinung und schrieb darin: "Allgemeine Friedenssehnsucht; man beschuldigt die Regierung, das Getreide in Beschlag zu nehmen; man verlangt die Elementarschulen gratis und die Rückkehr der Ignorantenbrüder; man raunt über den Krieg in Spanien; man versteckt das gemünzte Geld aus Furcht vor Papiergeld."

Stadt Köln nicht[618]; er begnügte sich mit der Übermittlung einiger umlaufender Gerüchte. Jedoch bemerkte er, daß die letzten in Deutschland den Tarif von Trianon umsetzenden Dekrete Bestürzung hervorgerufen und den Schmuggel zum Stillstand gebracht hatten. Beim Präsidenten des Handelsgerichtes, einem gewissen Sch...n, waren enorme Beschlagnahmungen durchgeführt worden. Er hatte dem Zoll 100.000 Francs zahlen müssen! Die öffentliche Meinung war zwar nicht bedrohlich, aber doch "gegen Frankreich"; die katholischen Priester des rechten Ufers wiegelten in ihren Predigten die Bevölkerung auf.

Der vom Polizeiminister befragte Beugnot gab das Vorkommen von Schmuggel zu, betonte aber, es handele sich nicht um englische Waren: Die bergischen Kaufleute und Fabrikanten, blockiert und in der Mitte des Kontinents eingeschlossen, hatten versucht, den sie umgebenden Damm zu durchbrechen und die ihre Warenlager überfüllenden Ballen über den Rhein zu bringen. Seit der Umsetzung der Maßnahmen war der Schleichhandel schwierig, fast unmöglich geworden: Ein bei einem Schmuggler beschlagnahmter Brief bewies dies: Er bat einen seiner Geschäftsfreunde inständig darum, "überhaupt nicht mehr zu arbeiten; gegenwärtig ist dies außergewöhnlich gefährlich"[619].

---

[618] Später, im Moment der Abrechnungen, wurde bewiesen, daß Calluvé keine Reise auf dem rechten Rheinufer unternommen hatte, für die er eine Entschädigung forderte: Das Aufgezeichnete hatte er in Köln erfahren.

[619] Die Akte über den "Schleichhandel an der Rheinlinie" befindet sich in F[7], 6549 (2063); die ankommenden Angaben Mallards wurden im *Bulletin de police* zusammengefaßt und Napoleon vorgelegt. - Bacher kritisiert den Einsatz dieser Geheimagenten, die überall Unruhe stifteten. Es wäre nötig, "die Kapitalisten sicher zu machen, sie ihre Warenlager vollfüllen zu lassen und dann alles zu beschlagnahmen: So würden die Agenten der großen Millionärsgesellschaften bekannt, welche die Kolonialwaren besaßen; aber gegenwärtig sei alles über die Schweiz gelaufen" (Aff. étr. allemagne, Bd. 740, Oktober 1810).

# Kapitel XI

## Der Einfluß der französischen Schutztarife und der Kontinentalsperre auf die Industrie des Großherzogtums

## Vom Tarif von Trianon bis Ende 1813

270

## I.

Am 2. Oktober 1810, nur wenige Tage nachdem der Tarif von Trianon durch ein neues Dekret ergänzt worden war[620], hatte Napoleon Maret befohlen, zusammen mit Roederer einen Dekretvorschlag zur Einführung des Tarifes vom 5. August im Großherzogtum vorzubereiten. Napoleon war vorrangig damit beschäftigt und hatte es eilig, solche Maßnahmen auf die seiner Herrschaft unmittelbar unterstellten Staaten auszudehnen, deren Wirksamkeit von ihrer möglichst weit verbreiteten Umsetzung abhängig war. Das bergische Dekret sollte alle ins Land kommenden englischen und Kolonialwaren den Abgaben unterwerfen - unabhängig davon, ob sie aus Frankreich, Deutschland oder welchem Land auch immer kamen. Das Dekret sollte außerdem auch jede andere in das Großherzogtum eingeführte oder gegenwärtig im Lager befindliche Ware den Abgaben unterwerfen: "Sie werden heute abend um 6 Uhr", schrieb er an Maret, "mit dem Senator Roederer kommen, und Sie werden mir diese Ausarbeitung mitbringen." Zur befohlenen Stunde brachten Maret und Roederer, letzterer erst seit wenigen Tagen mit der Aufsicht über das Großherzogtum beauftragt, das den Anordnungen entsprechende Dekret. Sie hatten nur die den Besitzern von Kolonialwaren gewährte Fristangabe für die Abgabe ihrer Erklärung offengelassen. Erst nach Ablauf dieser Frist sollten die Nachforschungen und Beschlagnahmungen durch die Zöllner beginnen. Napoleon schrieb "zehn Tage" und unterzeichnete die Urschrift[621]. Am selben Abend, während ein Sonderbote Beugnot die Instruktionen überbrachte, um die befohlene "Anwendung" für die großherzogliche Staatskasse möglichst einträglich zu gestalten, war ein anderer Bote nach Kassel entsandt worden, der Jérôme einen Brief des Kaisers übergeben sollte: "Ich übersende Ihnen das Dekret, das ich für das Großherzogtum Berg erlassen habe; ein ähnliches Dekret habe ich für Mecklenburg, Lauenburg und die Hansestädte erlassen. Ich wünsche, daß Sie dieselben Maßnahmen in Ihren Ländern ergreifen, d.h. daß Sie die im Land befindlichen sowie

---

[620] Vom 27. September 1810; es zählte eine Serie von am 5. August vergessenen Waren auf.

[621] AF IV, pl. 3695. Unveröffentlichter Brief an Maret vom 2. Oktober 1810 und entsprechendes Dekret: Beugnot fügte noch einen Aufschub von 5 Tagen hinzu. Auf diese Weise versuchte er, das Land zu schonen. Das Dekret schrieb die Bezahlung in Geld oder in Dreimonatsobligationen vor; wenig später mußten jedoch Milderungen gewährt werden: Das Dekret vom 8. November 1810 ließ die Bezahlung in Geld, in Obligationen von drei, sechs oder neun Monaten *und* in Waren zu.

die hereinkommenden Kolonialwaren demselben Tarif unterwerfen. Es wird für Sie eine große Wohltat bedeuten, denn dies wird Ihnen einen beachtlichen Ertrag bringen; es wird auch unter anderen Gesichtspunkten eine große Wohltat sein, weil die Geschäftsfreunde der englischen Handelsleute sie nicht mehr werden bezahlen können und weil der Verbrauch von Kolonialwaren ihrer Teuerung wegen zurückgehen wird. Sie werden auf diese Weise angegriffen und zu gleicher Zeit vom Kontinent vertrieben werden."[622]

So zog sich der um Deutschland gelegte Zollring unaufhaltsam weiter zusammen, das der Kaiser mit Gewalt in sein "System" einbeziehen wollte.

Am 8. Oktober wurde das Beugnot am Sonntag, dem 7. zugegangene Dekret im Großherzogtum veröffentlicht und noch am selben Tag in Düsseldorf zur Ausführung gebracht. Seine Anwendung im Land war heikel: Gewissermaßen nach allen Windrichtungen offen und schlecht abgegrenzt, war das Großherzogtum ein schwierig zu bewachendes Territorium. Es bedurfte des ganzen Einfallsreichtums des Zolldirektors, des jungen Untersuchungsrichters im Staatsrat David, das Dekret angesichts des unzureichenden und schlecht ausgebildeten Zollpersonals umzusetzen. Die Kaufleute hatten aus der Geräuschlosigkeit des Dekretes geschlossen, daß sie frei seien, Waren aus dem Land bringen zu lassen, ohne die Abgaben zu zahlen, denen sie hier unterworfen waren; sie hätten so die Ausführung der fiskalischen Maßnahme "neutralisiert". Daraufhin wurde für zehn Tage jeglicher Verkehr auf den Straßen untersagt, alle Durchgänge, Brücken und Straßenkreuzungen wurden durch die Gendarmerie und für diesen Zweck aufgestellte, aus dem Münsteraner Kavallerielager stammende berittene Brigaden bewacht. So wurde die Unzulänglichkeit des Zolls "verschleiert". Alle diese Maßnahmen riefen zahlreiche Proteste hervor; sie brachten aber ein bedeutendes Resultat in einem so wenig abgerundeten Land mit so vielen Übergangspunkten ins Ausland. Seine Gestalt bestimmte das Großherzogtum zum Durchgangsland, ohne einen bedeutenden Handelsplatz, an dem sich große Spekulationen durchführen ließen und ohne Transportstationen, wo Waren zwischengelagert wurden. Amsterdam lieferte ohne Zwischenstation nach Frankfurt, wie umgekehrt Hamburg und Leipzig nach Frankreich lieferten. Wenn man sich auch erinnerte, daß der Durchgangsverkehr seit Errichtung der Zollgrenze von Rees bis Bremen zurückgegangen und durch das jüngst erlassene Dekret des Fürstprimas behindert worden war, erschrak man doch, es fertiggebracht zu haben, Proteste zu provozieren.

Als der Fristaufschub abgelaufen war, setzten sich die Zöllner in Marsch, um Waren aufzustöbern, die noch nicht angemeldet worden waren; 400 Mann Infanterie halfen ihnen bei ihren Durchsuchungen. Die Agenten des Fiskus gingen ohne Überlegung und mit unnötiger Brutalität vor: 200 Gramm Pfeffer, ein Kilogramm Kaffee, 500 Gramm gebrannter Kaffee wurden beschlagnahmt[623]; die Waren wurden den Händen des Endverbrauchers entrissen! Diese Treibjagden brachten kein großes Ergebnis: Die Durchsuchungen "machten viel Lärm um Nichts". Ohne gezielte Denunziation war es schwierig, in den Häusern findig versteckte Waren zu finden. Die Schmuggler hatten die Verstecke seit langem ausgeheckt, und den Zöllnern blieb kaum ein Augenblick Zeit, sie zu erahnen.

---

[622] Correspondance de Napoléon, XXI, 167. Am 28. September hatte der Großherzog von Frankfurt als erster den Tarif vom 5. August umgesetzt.

[623] In den Aufstellungen der Beschlagnahmungen finden sich: Zwei Ellen Baumwollvelour, Siegellack, Sporen, 400 Gramm Tee, 30 Gramm Pfeffer, 400 Gramm Zucker.

Ein Haus wurde zwei Mal vergeblich durchwühlt, erst eine Denunziation gab das Versteck der abgabenpflichtigen Waren preis. Die Denunzianten waren im allgemeinen Hausbedienstete, deren Herrschaften ihr Stillschweigen mit Geld bezahlt hatten, das ihnen aber schon ausgegangen war und das sie nun ersetzen wollten, wenn sie nicht die Absicht hatten, sich für gebrochene Versprechen zu rächen; die Beamten warteten, "bis ihre Ehrlosigkeit reif war". Als Höhepunkt der Schikanen geschah es in Gebieten mit französischen Zollgrenzen im Norden des Großherzogtums, daß die französischen Zöllner in der Mairie bereits vom bergischen Zoll beschlagnahmte Waren "entdeckten", sich ihrer mit roher Gewalt bemächtigten und sie fortschafften. Von zwei Seiten zugleich wurden die unglücklichen Einwohner von übereifrigen oder überaus habgierigen Vollstreckern der kaiserlichen Verordnungen geplagt[624].

## II.

Diese harten Maßnahmen liefen im übrigen Gefahr, vollkommen wirkungslos zu sein, wenn die Dekrete nicht überall angewandt würden: Im Großherzogtum war der Kaiserliche Kommissar für die Durchführung verantwortlich; er war es gewohnt, Paris zu gehorchen, aber es war zu befürchten, daß dies nicht in allen anderen Rheinbundstaaten genauso sein würde; Beugnot schrieb: "Wenn dieses System irgendwo vernachlässigt wird, wird das Ziel nicht erreicht und werden die treuen Staaten unnötig beeinträchtigt, während andere Gegenden sich durch kalkulierte Nachlässigkeit bereichern, die mit Zeichen von scheinbar gutem Willen bemäntelt wird."[625]

Es mußte so kommen und es kam tatsächlich dazu, daß das "System" in vielen Ländern "vernachlässigt" wurde. Von Anfang an verfehlte es sein Ziel und drangsalierte ohne Nutzen die Regionen, in denen es angewandt wurde, zum größten Vorteil derjenigen, in denen es nicht angewandt wurde. Wenn die kleinen Rheinbundstaaten, unfähig den Aufforderungen oder Befehlen Napoleons zu widerstehen, den Tarif von Trianon annahmen[626], verminderten im Gegensatz dazu die großen Staaten die Härten. Während sie gleichzeitig ihren "guten Willen" bewiesen, weigerten sie sich sogar, Maßnahmen durchzuführen, die ihrem Handel hätten schädlich sein können: In Bayern, Württemberg, Sachsen, selbst in Westfalen wurde der Tarif vom 5. August allgemein nur auf die in diese Länder eingehenden oder für den dortigen Verbrauch bestimmten Waren angewandt; der

---

[624] Die französischen Zöllner auf der Linie von Rees bis Bremen verfügten über ein Durchsuchungsrecht in einem Gebiet bis zu 15 Wegstunden hinter dieser Linie. Die Einzelheiten sind Auszüge eines Berichtes des Zolldirektors David. Der Tarif von Trianon verursachte im November 1810 Konkurse in Hamburg, in Holland und auch in Frankfurt. Diese Stadt entsandte zwei Vertreter, die Herren Goutard und Bernus, nach Paris, die um eine liberalere Handhabung des Tarifs baten; Aff. étr. Allemagne, 741. - Es dürfen bei der Beurteilung der Kontinentalsperre allerdings nicht ausschließlich die Auswirkungen betrachtet werden, die sie für die Handelsleute, die Spekulanten und die Kommissionäre von englischen Waren hatte. Zu diesem Punkt siehe Kiesselbach, op. cit., 156, Anm. 1.

[625] Brief an den Kaiser vom 14. Oktober 1810.

[626] Frankfurt, Baden, Hessen, Würzburg (nur auf den Verbrauch), Nassau-Salm, Anhalt-Dessau, Oldenburg, Mecklenburg-Schwerin, Mecklenburg-Strelitz.

Transit entging den Abgaben[627]. In Preußen wurde noch weniger getan: Der Tarif wurde nur auf eingeführte Waren erhoben, wobei die den Fabriken notwendigen Rohstoffe davon ausgenommen blieben. In Österreich, Dänemark, Schweden und Rußland war noch im November 1810 der Tarif von Trianon nicht umgesetzt worden[628].

Der Osten Europas entzog sich dem "Kontinentalsystem" und machte es damit undurchführbar. Anstelle des Schutzes, der auf die Dauer hätte wirksam werden können, wenn er allgemein geworden wäre, kam es nur zu einer unnötigen Verteuerung der Lebenshaltungskosten und zu schikanösen Beschlagnahmungen. Dank der unvermeidlichen Risse verpuffte der gesamte Druck und blieb wirkungslos.

Um die Härten des Dekretes weitestmöglich - bei voller Wahrung seiner Prinzipien - zu mildern, hatte Beugnot die Kaufleute, die in den drei Monaten die Abgaben nicht zahlen konnten, ermächtigt, die besteuerten Waren in Zwischenlagern aufzubewahren. Die Abgaben mußten erst entrichtet werden, wenn die Ware die Lager verließ. Die Kaufleute und Zöllner gewöhnten sich auf diese Weise an das System der Obligationen und Bürgschaften, das in Deutschland fast unbekannt war. So wurde das Ziel des Dekretes erreicht, "das darin bestand, den Preis der Kolonialwaren auf einen Wert zu erhöhen, der den Verbrauch einschränkte. Dementsprechend sollte durch eine hohe Prämie die Pflege heimischer Erzeugnisse ermutigt und sollten die Beziehungen zwischen der englischen Regierung und den kontinentalen Regierungen verändert werden. Die letzteren sollten aufhören, Tributpflichtige der ersteren zu sein. Der Handel und die Schiffahrt Englands sollten von nun an die Staatskassen Frankreichs und Deutschlands füllen. Alles, was zu diesem Ergebnis hinführte, war gut; alles, was erlaubte, mit dem geringsten Verlust für den Handel des Kontinents dorthin zu gelangen, war besser."[629]

## III.

Eine schwierige Frage, welche die Dekrete hätten regeln und lösen müssen, stellte sich in allen Staaten, die den Tarif von Trianon angenommen hatten: Mußten für Kolonialwaren, für die in einem Land die Abgaben bezahlt worden waren, jedes Mal, wenn sie eine

---

[627] In Westfalen führte man Beschlagnahmungen seit dem 26. Oktober durch.
[628] Bericht von Champagny, vom 5. November 1810, "Über die den Mächten bezüglich der Kolonialwaren gemachten Anfragen"; AF IV 1318.
[629] Ende Oktober wurden 1,5 Mio. erhoben; AF IV 1511. Das *Bulletin de police* vom 10. November 1810 enthält einen Auszug aus der *Gazette du Bureau des Postes* in Frankfurt: Düsseldorf, den 3. November: Eine Bekanntmachung des Herrn Grafen Beugnot, Staatsrat, fordert die Präfekten auf, 1. den Generalzollverwalter in allem zu unterstützen, was die Dekrete vom 2. und 19. Oktober betrifft ...; 2. die Personen zu überwachen, die die von S.M. dem Kaiser angeordneten Maßnahmen kritisieren und die das Monopol der Engländer preisen; 3. diese Dekrete ohne Verzögerung und ohne Kommentar durchzuführen. - Anmerkung von Esmenard: "Man kann die Umstände nicht gebührend würdigen, die diese Proklamation einem so aufgeklärten Verwaltungsmann wie Beugnot in den Mund gelegt haben, aber es ist unglücklich, daß diese Aussage öffentlich bekanntgemacht wird und sozusagen in ganz Deutschland die durch die Dekrete hervorgerufene Unzufriedenheit und das Grummeln im Großherzogtum Berg allgemein bekannt macht. Die englischen Zeitungen werden nicht zögern, diese Proklamation zu kommentieren."

Grenze passierten, erneut Abgaben bezahlt werden? Die Lösung erschien sehr einfach, und Bacher in Frankfurt wie auch Beugnot in Düsseldorf vertraten in ihren Rapporten die Auffassung, daß der Rheinbund ein einheitliches Zollgebiet bilde und Waren, für die bei ihrer Einfuhr in einen der ihn bildenden Staaten die Abgaben bezahlt worden waren, anschließend frei zirkulieren sollten. Dies sollte nicht nur für den Rheinbund, sondern selbst für Frankreich gelten. Die meisten Fürsten waren jedoch glücklich, eine Gelegenheit zu finden, "ihren Schatz zu füllen"; sie betrachteten die Erhebung des Zolls als staatliches Hoheitsrecht und ließen das System der Erhebung für jede Grenze gelten[630]. In den Industriegebieten machte sich Unruhe breit: Was sollte zum Beispiel aus der Spinnerei und Weberei des Großherzogtums werden, wenn die den Fabriken unentbehrliche Baumwolle nur mit enormen Abgaben belastet ankommen sollte, nachdem sie den französischen Zöllen in den Hanse-Departements, im Großherzogtum Mecklenburg, im Königreich Westfalen oder im Fürstentum Arenberg und schließlich an den Grenzen des Großherzogtums unterworfen gewesen war? Die Fabrikanten aus Barmen, die diese Härten ruiniert hätten, beschwerten sich über eine derart enge Auslegung des Tarifs. Sie wiesen darauf hin, daß sie gegen die Fabriken in Sachsen und Preußen, wo Baumwolle von Einfuhrabgaben befreit war, nicht mehr konkurrieren könnten. Hatte nicht der König von Preußen in seiner Kabinettsordre vom 10. Oktober gesagt, "daß eine zu starke Belastung der Rohstoffe zwangsläufig die deutsche Industrie ruinierte und diejenige von England und den Schleichhandel begünstigte. Im Gegensatz dazu sollte die Perfektion der deutschen Gewerbebetriebe die englischen ruinieren und den Schleichhandel unmöglich machen."

Bezüglich der Verarbeitung von Baumwolle gab es die wirkungsvollste Konkurrenz gegen England ausgerechnet im Großherzogtum, wo die englischen Stoffe wunderbar nachgeahmt wurden! Beugnot, "vollkommen allein im Land gegen so viele alarmierte Interessen", zweifelte nicht daran und sah bereits den Moment voraus, an dem er diesen Einflüssen nachgeben mußte. Im Verlauf seiner Reisen im Land stellte er fest, daß durch die Unklarheit über die Ausführung des Dekretes die den Fabriken notwendigen Waren an den Grenzen zurückgehalten wurden; im Verlauf kurzer Zeit würden die Vorräte aufgebraucht sein. Mit dem Ende der Wareneingänge würde auch die Arbeit aufhören, und die Folgen der Arbeitslosigkeit warfen schreckliche Schatten: "Je mehr ich in diesen Gegenden umherreise, um so deutlicher erkenne ich, daß die Landwirtschaft von geringer Bedeutung und die Industrie alles ist; ich sehe Massen von Menschen von dieser Industrie abhängig, was mich erschreckt, und ich gestehe, daß ich nicht ohne große Sorgen und sogar großen Kummer bin." 50.000 Arbeiter lebten von der Baumwolle; wenn der Industrie Rohstoffe fehlten, wanderten die Gewerbetreibenden und ihre Kapitalien aus! Beugnot fragte nach der Isolation des Großherzogtums durch Tarife, die zum Schaden des Kaiserreichs die für seinen größten Nutzen befohlenen Abgaben in ihrer Wirkung verkehrten. Mehr als vier Monate lang wurde auf eine Lösung gewartet, die nicht kam: Roederer, der sie als nahe bevorstehend angekündigt hatte, schrieb aus Paris, als er die unheilvollen Auswirkungen der Dekrete noch nicht kannte: "Nur die Härte allein kann die Härte verkürzen; mildern heißt verlängern!" Am 16. Februar 1811 kündigte Zolldi-

---

[630] Aff. étr. Allemagne, Bd. 740 und AF IV 1318.

rektor Collin de Sussy dem Kaiserlichen Kommissar endlich an, daß Napoleon die Einfuhr von Kolonialwaren aus Holstein in das Großherzogtum, für die in Hamburg bereits Abgaben entrichtet worden waren, ohne erneute Erhebung der Abgaben autorisiere[631].

## IV.

Die Zahlung von exorbitanten Zöllen auf Rohstoffe wie Baumwolle genügte Napoleon nicht. Um die Fabrikwaren sicherer zu treffen, begnügte er sich nicht damit, sie zu beschlagnahmen, sondern ordnete an, sie zu verbrennen. Das Dekret vom 19. Oktober 1810 schrieb vor, alle englischen Waren, die sich in Frankreich, Holland, im Großherzogtum Berg, in den Hansestädten, Italien oder in Spanien befänden, durch Feuer vernichten zu lassen[632]. Auf dem rechten Rheinufer mußte der für die Beschlagnahmungen heimlich festgesetzte Termin vorverlegt werden, denn eine durch Indiskretion gewarnte Zeitung aus Leiden hatte die Kaufleute davon unterrichtet, die sich nun um jeden Preis von ihren englischen Waren zu trennen suchten; "man rannte querfeldein und schaffte Warenballen fort"! In Frankfurt war es leicht, das Dekret anzuwenden; der General Friant schloß einfach die Stadt ein und besetzte sie; aber ein Land wie das Großherzogtum konnte man nicht einschließen! Am 10. Dezember fand im Beisein der Autoritäten die erste "Verbrennung" in Düsseldorf statt. Der Zollverwalter ließ aus dem zur Lagerhalle für beschlagnahmte Waren umfunktionierten ehemaligen kurfürstlichen Schloß die zur Vernichtung bestimmten Ballen holen und übergab sie dem Maire. Dieser ließ sie auf Wagen verladen, die feierlich von Soldaten und Zöllnern eskortiert und von einer kleinen Abteilung Gendarmerie mit Trommlern der Garnison angeführt wurden. Das Gefolge bewegte sich durch die Hauptstraßen und erreichte den Kasernenplatz, wo vor einer riesigen Volksmenge die Kisten und Ballen entleert, die Stoffbahnen zerrissen und ins Feuer geworfen wurden; die Unternehmung wurde sorgfältig protokolliert[633].

Der in Deutschland angewandte Tarif von Trianon hatte in gewisser Weise den von 1806 vervollständigt und die Handelsblockade vollendet. Am Ende des Jahres 1810 mußte ein überwiegend industrielles Land, Nachbar Frankreichs - wo die Zollmaßnahmen, die ständig verschärft ausschließlich Frankreich nutzten, in einer oft lächerlichen Weise

---

[631] Hédouville schrieb am 12. April 1811 aus Frankfurt an Beugnot, daß je mehr der Zolldienst am Baltischen Meer perfektioniert wird, desto mehr wird die Priorität der Bezahlung der Abgaben für Frankreich gesichert; die Rheinbundfürsten übrigens sollten immer frei sein, "Nachlese zu halten" oder sich davon zu enthalten. Nachlaß Beugnot; AB XIX, 351. Es ist in der Tat anzumerken, daß die Anwendung des Tarifs von Trianon im Großherzogtum immer von seiner Anwendung an den Küsten abhing. Wenn der Dienst im Norden gut funktionierte, wurden die Zügel gelockert; 1813 dagegen, als die Hanse-Departements rebellisch wurden, zog man sie wieder an. Es ist leicht vorstellbar, wie die Industrie unter den plötzlichen Veränderungen litt.

[632] AF IV, pl. 3759; und nicht vom 8. Oktober, wie so oft gedruckt wird.

[633] Die Urkunde, versehen mit Siegeln und bedeckt von Unterschriften, befindet sich in AF IV 1854. Am 29. September 1811 wurden nochmals für 30.000 Francs englische Waren verbrannt. In bestimmten Gebieten wurde die angeordnete Verbrennung nicht durchgeführt. In Nassau war sie eine "Posse"; man erzählte sich, daß der kaiserliche Hof, als er in Mainz residierte, sich mit englischen Waren versorgte (Menzel, op. cit., VII, 699).

durchgeführt wurden[634] - ein Maximum an Druck erdulden. Eines bedeutenden Absatz-marktes im Westen beraubt, wohin seine Erzeugnisse nunmehr per Schmuggel gelangen konnten[635], beraubt der Exportmöglichkeiten nach Italien und des Transits nach Spanien, bald auch des holländischen Marktes, wo vom 1. Januar 1811 an die französischen Zölle eingeführt werden sollten, konnte es die notwendigen Rohstoffe kaum noch erhalten. En-de 1810 sperrten die Zollinie von Rees nach Bremen und die Vereinigung der Hanse-städte mit dem Kaiserreich im Norden den Zugang zur Ostsee bereits seit einem Jahr; die Baumwolle erreichte das Land nur noch von enormen Abgaben belastet; das im Land er-zeugte Eisen und die Kohle konnten nicht mehr ausgeführt werden. Die Krise war un-ausweichlich; sie begann im Oktober 1810[636] und steigerte sich mit jeder neuen Etappe des französischen Protektionismus.

## V.

Während einer Rundreise im Wuppergebiet im Juni 1810 hatte Beugnot bereits die Kla-gen der Industriellen gehört[637]. Im November des Jahres sandte die Kaufmannschaft von Elberfeld eine Abordnung nach Paris, um dem Kaiser und dem jüngst mit der Aufsicht über das Großherzogtum beauftragten Roederer umfangreiche Denkschriften mit den Klagen der Industriestädte zu übergeben. Napoleon befahl Roederer, sich in das Land zu begeben, um die Situation vor Ort kennenzulernen. Nach kurzer Zeit wußte Roederer ge-nug, um zum heftigen Verteidiger der Interessen des vom "Kontinentalsystem" ruinierten rechten Rheinufers zu werden. Die Einwohner von Elberfeld bewunderten in ihrer Bitt-schrift offiziell die Idee der Blockade und billigten, daß die Staaten des Kontinents dazu gebracht wurden, sich selbst zu genügen und das englische Monopol abzuschütteln; die Prinzipien der französischen Wirtschaftspolitik leichthin ignorierend, versuchten sie dar-zulegen, daß das beste Mittel gegen dieses Monopol der Schutz der "kontinentalen" In-dustrie, im besonderen derjenigen des Großherzogtums sei. Unter der Herrschaft des Hauses Bayern hatten sich Handel und Industrie des Bergischen Landes dank der Igno-ranz der bayerischen Fürsten ungehindert entwickelt. Die schlechten Jahre hatten mit der

---

[634] So wurden im Großherzogtum bei Kaufleuten beschlagnahmte englische Waren durch den französischen Zoll in Kleve an dieselben Kaufleute wieder verkauft. Da diese Waren nicht als "na-turalisiert" angesehen wurden, konnten die Kaufleute, im Falle der Beschlagnahmungen, keine Rückerstattung der bereits geleisteten Zahlungen erlangen. Napoleon erklärte, daß kein Umstand englische Waren naturalisieren könne.

[635] In Deutz, gegenüber Köln, war eine Kleiderfabrik errichtet worden. Die Kleider wurden auf das rechte Rheinufer geschmuggelt, *indem sie getragen wurden*; die Polizei behauptete, daß es englische Stoffe waren; es gab allen Grund zu glauben, daß es Stoffe aus dem Land selbst waren, und die Fabrikanten eine Möglichkeit gefunden hatten, sie auf diese Art abzusetzen.

[636] Im Oktober 1810 verlangte Nesselrode eine Unterstützung von 100.000 Francs für Arbeiter ohne Beschäftigung. Allein in der Mairie Cronenberg lebten 800 Familien im Elend. Nesselrode forderte den Bau von Straßen, um die Arbeiter zu beschäftigen, deren Aufstand er bereits befürch-tete.

[637] Ich habe den von Beugnot mitgeteilten Bericht über die Reise in das Großherzogtum publiziert (*Revue d'histoire moderne et contemporaine*, V, 525-541, 601-622).

französischen Revolution begonnen, und seitdem hatte das Großherzogtum sich neue Absatzmärkte in Deutschland und Italien suchen müssen. In den letzten Jahren des 18. Jahrhunderts hatten sich die mechanischen Spinnereien verbreitet und dank einer reichlicheren Produktion war das Großherzogtum zum Hauptlieferanten Italiens geworden. Indem es seine Produkte jenseits der Alpen einführte, schädigte es den englischen Handel mehr als alle Maßnahmen an den Küsten von Malta und Sizilien. Brutal wurde dieser Markt seit 1807 versperrt; der Krieg in Spanien ließ den dortigen wegbrechen; das Verbot des Transits verhinderte den Versand der Produkte nach Amerika. Das Großherzogtum war das Opfer der Kaufleute, die, um ihre Waren zu einem höheren Preis verkaufen zu können, sie als englische passieren ließen, selbst wenn sie deutscher Herkunft waren[638]!

Die letzten Absatzmärkte des Landes, Holland und die Hansestädte, sollten ihm genommen werden. Den Fabrikationsrückgang vorausahnend, wurden nun die Arbeiter entlassen. Bis dahin bezog Holland Tuche und Baumwollgarn aus dem Großherzogtum. Seit Anwendung des Tarifs von Trianon war es unmöglich geworden den Wettbewerb mit Sachsen, wo dieser Tarif nicht in Kraft gesetzt worden war, zu gewinnen. Amerika kaufte in Remscheid Werkzeuge; seitdem die Beziehungen schwierig geworden waren, war ihr Preis im Verhältnis 1 zu 100 gestiegen! Die Industriellen von Elberfeld entwarfen ein herzzerreißendes Bild von Tälern extremer Not mit Dörfern, in denen vordem die vor der Schreckensherrschaft geflüchteten Franzosen aufgenommen worden und der Großherzog Murat aufrichtig geliebt wurde! "Der Kaiser ist ohne Zweifel", schrieben sie, "nicht über den Zustand des Großherzogtums unterrichtet[639], denn er kann nicht die Absicht haben, eine so bedeutende industrielle Region zu zerstören."

Das einzige Heilmittel, dieser Refrain findet sich in allen Petitionen, war die allgemein gewünschte *Vereinigung mit Frankreich*. Anstelle einer Vereinigung, deren Problematik bekannt war, verlangten sie wenigstens die Wiederherstellung der Beziehungen mit Italien, die Aufrechterhaltung derjenigen mit Holland sowie den freien Transit durch Frankreich nach Spanien; "könnte eine hilfsbereite Hand", schrieben sie, "uns von dem Schicksal befreien, das uns droht"[640]. Das gleiche verlangten die Gewerbetreibenden aus Lennep, Barmen, Remscheid und Hilden: Als Roederer in diese Städte kam, übergaben ihm die Maires an der Spitze der Bevölkerung ehrerbietig die mit viel Sorgfalt vorbereiteten Petitionen, von denen man sich einige Wirkung erhoffte. "Sie können Seiner Majestät sagen", schrieben die Petenten aus Barmen, "daß dieses gewerbefleißige Volk kaum anders gerettet werden kann (als durch die Vereinigung), und daß es eines der treuesten unter all

---

[638] Dies war einer der Gründe, derentwegen die Einfuhr bergischer Erzeugnisse in Italien verboten wurde. Roederer versah die Denkschrift der Industriellen mit folgender Anmerkung: "Fabriken des Großherzogtums haben kein Interesse, englische Waren unter dem Anschein ihrer eigenen Fabrikation laufen zu lassen. Es gibt kleine Fabriken, um den großen Schleichhandel zu tarnen. Aber hier ist es augenscheinlich eine große Fabrik, die nicht genügend Absatz hat und Feind ihrer selbst würde, wenn sie betrügerisch ihren Rivalen begünstigte. Wahrscheinlich ist es die Schweiz, die englische Waren unter dem Zeichen der Fabrikation in Berg eingeführt hat."
[639] Roederer fügte hinzu: "Wenn das der Kaiser wüßte!" Er ließ es ihn wenig später wissen, aber vergeblich.
[640] Denkschrift aus Elberfeld, 14. November 1810, AF IV 1839, mit einer umfangreichen Statistik.

denjenigen ist, die bereits das Glück haben, ihren Landesvater als den größten der Herrscher zu bezeichnen"; "das Wort *Union mit Frankreich* wäre der Talisman, der uns das Leben wieder gäbe", sagten die Stahlfabrikanten aus Remscheid. Ein Land, das zunächst dank der Handelsblockade Fortschritte gemacht hatte, ging durch den exzessiven Protektionismus dem Ruin entgegen.

Diederichs, der Maire von Remscheid, zeigte auf, daß die Eisen- und Stahlfabriken in normalen Zeiten für 12 bis 15 Millionen Francs jährlich produzierten, die Tuch- und Bänderfabriken für 12 Millionen, die für Decken für sechs bis acht Millionen, die für Baumwolle und Baumwollstoffe für 15 Millionen sowie schließlich die Seiden- und Samtfabriken für acht bis zehn Millionen. Diese Fabriken beschäftigten zusammen 80.000 Arbeiter und ernährten 100.000 Familien; von allem bestand nur noch das Skelett. Gewisse Industrien konnten sicherlich auswandern, aber die im Boden selbst wurzelnde Stahlindustrie war zum Untergang verurteilt, wenn die Erzeugnisse keine Absatzmärkte mehr fänden. Doch die Fertigkeit der Fabrikanten und ihr Geheimnis in der Kunst, Stahl zu raffinieren, waren auch Exportgut. Ein Remscheider hatte in Newcastle bestimmte Geheimnisse offenbart und dort so guten Stahl hergestellt, daß die Marke *German Steel* die begehrteste wurde. Der Preußenkönig Friedrich hatte seinerzeit die Gründer der schlesischen und südpreußischen Industrien aus Remscheid geholt, und Katharina II. hatte den Diederichs glänzende Verhältnisse angeboten, wenn sie einwilligten, sich in Rußland zu etablieren. Die Auswanderungsbewegung gen Osten schien wieder anzufangen. Schon waren Fabrikanten aus Remscheid, von der Stagnation des Handels getrieben, nach Wiatka und nach Slatoustowsk gegangen und hatten dort unter dem Schutz der Krone Eisenfabriken errichtet, für die ihnen Bergwerke und gewaltige Flächen zur Verfügung gestellt wurden. Wenn die Bewegung sich verstärkte, würde das Land seine besten Arbeiter verlieren! Eine Vereinigung des Großherzogtums mit Frankreich konnte folgendermaßen begründet werden: "Seit der Revolution sind Frankreich immense Provinzen mit Gewerbebetrieben und Fabriken angeschlossen worden, die ehemals Rivalen der französischen Gewerbebetriebe gewesen waren, ohne daß die betreffende unter dieser Konkurrenz gelitten hätten. Wenn vor der Vereinigung des ehemaligen Bistums Lüttich und der umliegenden Länder vorgeschlagen worden wäre, die Tuche aus Verviers, Aachen, Eupen, Monschau, selbst unter mehr oder weniger erheblichen Abgaben, nach Frankreich einführen zu lassen, hätten die Fabrikanten von Louviers, Sedan und Elbeuf den unvermeidlichen Ruin ihrer Unternehmen und den Niedergang dieses Zweiges der nationalen Industrie an die Wand gemalt. Trotzdem wurden diese Länder mit Frankreich vereinigt: Die den französischen Fabriken daraus entstehende Konkurrenz hielt deren Fortschritt nicht weiter auf, wie der Beitritt der Seiden- und Baumwollbetriebe aus Krefeld auch nicht die alten Betriebe aus Lyon ruinierte ...[641]. Der Kampf gegen die Handelstyrannei Englands kann nur ausgehalten werden, wenn die Industriestaaten selbst privilegiert werden! Der Zusammenschluß der Fabriken des Großherzogtums mit denen

---

[641] Roederer nahm alle diese Argumente später wieder auf.

Frankreichs würde ganz Großbritannien in Schrecken versetzen, wie ihn der Tarif von Trianon verursachen möge!"[642]!

Andere Gebiete beklagten sich ebenfalls: Der Präfekt von Ems, Mylius, machte im September auf die in seinem Departement grassierenden Alarmrufe aufmerksam, welche das Inkrafttreten der französischen Zollverwaltung in Holland befürchteten: Die bedeutende Leinwandproduktion würde dem Ruin entgegengehen, wenn die Handelsbeziehungen aufhörten. Beugnot wurde dringend gebeten, zu intervenieren, um den Erhalt der alten Handelsbeziehungen zu erreichen[643].

# VI.

Derart mit Unterlagen versehen, legte Roederer im Dezember 1810 Napoleon einen bedeutenden Rapport über die Industrie des Großherzogtums, dessen Krise und die Mittel, sie zu beenden, vor. Das Plädoyer war geschickt: Roederer legte dar, daß 1807 das Land Produkte für 55 Millionen exportierte, davon für 8.300.000 nach Frankreich, für 9.650.000 nach Holland, für vier Millionen in die zu den Hanse-Departements gewordene Region des Nordens. Seitdem hatten sich die Handelsbedingungen sehr geändert und die Ausfuhren um 16 Millionen vermindert, fast um ein Drittel. Unter die Güter, deren Ausfuhr verhindert wurde, fielen auch diejenigen, deren Produktion die meisten Arbeiter beschäftigte. Die Verminderung des aktiven Handels im Lande um ein Drittel brachte die Hälfte seiner Arbeiter "an den Bettelstab"[644].

Die Fabrikanten verlangten, entweder in die französische Zollinie eingeschlossen zu werden, oder, wenn dies nicht möglich wäre, die Erlaubnis der Wareneinfuhr nach Frankreich gegen eine einheitliche Taxe von 10 Prozent auf den Wert zu erhalten; schließlich, wenn selbst dieses Zugeständnis übertrieben erschien, wollten sie sich mit einer Abgabe von 10 Prozent auf die gegenwärtig zugelassenen Waren, der Aufhebung der die Eisen- und Kurzwaren bedrückenden Prohibition, der Beibehaltung der Einfuhr von Woll- und Baumwollstoffen nach Holland und in die Hanse-Departements gegen eine Taxe von 10

---

[642] Das Großherzogtum war das beste Zwischenlager in Deutschland für Waren aus Antwerpen und Amsterdam, vor allem seit letztere Stadt der erste Handelshafen des Kaiserreichs geworden war. Denkschrift, Ende 1810, in AF IV 1839.

[643] Seit November 1810 (nach dem Dekret vom 2. Oktober) kostete die Baumwolle aus Georgien, die vor dem Tarif von Trianon in Berlin sechs Francs und in Holstein drei Francs je Kilo gekostet hatte, 12 bzw. 15 Francs. Preußen hatte tatsächlich nach einigen Wochen und nach den Drohungen Napoleons, der seinen Gesandten abberufen wollte, den Tarif vollständig umgesetzt; aber dieser Zustand dauerte nicht an.

[644] Roederer gibt für 1807 folgende Zahlen: Frankreich 8.350.000, Deutschland 22.760.000, Amerika 4.500.000, Holland 9.650.000, Rußland 800.000, Nordprovinzen 4.000.000, Spanien-Portugal 2.750.000, Italien 1.400.000, Schweden und Norwegen 400.000 ($F^{12}$ 549-550). Die Deputation des Großherzogtums gab für dasselbe Jahr andere Zahlen: Frankreich 7, Italien 6 ½, Spanien-Portugal 3, Norddeutschland 6, Sachsen und Westfalen 5 ½, Amerika und Kolonien 9 ¾, Rußland 6 ½, Holland 9 ½ (AF IV 1839).

Prozent[645], dem Transit nach Spanien und Amerika sowie der Gleichbehandlung der bergischen Produkte mit den französischen bezüglich der Einfuhr nach Italien zufriedengeben.

Roederer kannte die Einwände gegen diese Forderungen und antwortete im Voraus darauf. Ganz sicher hielt er die Vereinigung mit Frankreich im Hinblick auf die schlechte territoriale Gestalt des Großherzogtums, besonders in seinem südlichen Teil, und der Schwierigkeit, eine so bizarr gestaltete Grenze zu bewachen, für ausgeschlossen. Dagegen erklärte er die Milderung der gegenwärtigen Abgaben nicht nur für möglich, sondern für einfach. Welches war das fortgesetzt vom französischen Zoll angeführte Argument, die Prohibition beizubehalten? Es war die Ähnlichkeit der bergischen Produkte mit den englischen und die Unmöglichkeit, zwischen legal vom rechten Rheinufer eingeführten Produkten und Schmuggelware zu unterscheiden. Roederer antwortete, daß gerade diese Ähnlichkeit zum Schutz der deutschen Industrie führen würde, denn sie sei ein Vorzug, und es genügte, den Mißbrauch zu verhindern. Das Interesse der Fabrikanten des Großherzogtums sollte diese antreiben, den mit ihren Produkten konkurrierenden Schleichhandel zu verhindern. Das Großherzogtum war keines jener typischen Länder des Schleichhandels, in denen es wenig Arbeiter, wenige Werkstätten und viele Warenlager gab und der Anschein von Industrie den Schmuggel verdeckte. Es war eine aktive Region, in der 20.000 Arbeiter allein in Baumwollfabriken beschäftigt waren, die Bevölkerung nur von der Arbeit der Betriebe lebte und ein Spekulant in englischen Waren nur als Feind betrachtet werden konnte. Die Existenz von Waren- und Zwischenlagern prohibierter Waren leugnete Roederer: Was im Schleichhandel das Großherzogtum passierte, durchquerte das Land für den Handel von Frankfurt und Holland und nicht für örtliche Spekulanten. Es fiel übrigens den französischen Zöllen nicht schwer, Kennzeichnungen und Ursprungszertifikate zu verlangen, welche die Herkunft der bergischen Erzeugnisse einwandfrei auswiesen und sie von gleichartigen englischen Waren unterschieden.

Aber die französischen Fabriken wollten die Einfuhr der Produkte nicht zulassen, die ihnen dank eines geringeren Arbeitslohnes Konkurrenz machen könnten; dies war das schwerwiegendste Argument gegen eine Veränderung des gegenwärtigen Zustandes. Als wahrer Kasuist antwortete Roederer: "Wenn es zutrifft, daß die bergischen Fabriken in Frankreich billiger als die französischen Fabriken verkaufen können, so deswegen, weil sie kein Kapital für Gebäude verwenden, dort ist den Käufern eine geringere Zinslast auferlegt als in Frankreich, und wenn die Arbeit einen geringeren Preis hat, dann deswegen, weil der Arbeiter von wenigem lebt, keinen Wein trinkt und sehr viel fleißiger ist. Auf ihrer Wirtschaft und ihrer Mäßigkeit beruht der Vorzug der großherzoglichen Fabriken. Von daher gesehen hängt es von den Fabriken Frankreichs ab, diesen Vorzug verschwinden zu lassen. Wirtschaftlichkeit und Genügsamkeit sind keine geheimen Erfindungen, von denen sie nicht profitieren könnten, und Ew. Majestät wird vielleicht in der Konkurrenz so weiser und auch so empfehlenswerter Fabriken wie denen des Großherzogtums einen nützlichen Hinweis auf geschätzte Qualitäten sehen, welche die wirklichen

---

[645] Roederer machte darauf aufmerksam, daß es leicht wäre, diese Abgabe von 10 Prozent zu erheben, denn eine von der Tabakregie benötigte, nur in Frankreich existierende Zollinie würde weiterhin Holland von Frankreich trennen.

Grundlagen für kaufmännischen und betrieblichen Geist sind ...! Worin sollen also die verborgenen Mängel der französischen Fabriken bestehen, wenn sie gegen die Konkurrenz des Großherzogtums nicht bestehen können, befreit von einer Last von 10 Prozent, mit denen jene belastet wären, und von Transportkosten entlastet, denen diejenigen des Großherzogtums unterworfen wären?"

Er erklärte auch, daß die Vereinigung mit Holland, wohin das Großherzogtum Waren für acht Millionen verkaufte, die Aufrechterhaltung der noch bestehenden Beziehungen erfordere: "Es sind die Eroberungen Ew. Majestät, welche die ehemalige Industriedomäne des Großherzogtums eingenommen haben. Wenn sich die Fabriken nicht einige Meilen jenseits der neuen Grenzen befänden, sondern innerhalb derselben, wären keine Einwände gegen ihre Existenz und gegen die *unbeschränkte* Freiheit ihres Handels mit Frankreich erhoben worden. Im Grunde genommen ändert der Umstand ihrer geographischen Situation nichts an ihren tatsächlichen Beziehungen, denn sie waren zu allen Zeiten die Versorger der Vereinigten Provinzen gewesen, weil Frankreich dorthin keine konkurrierenden Produkte verkaufte. Schließlich könne nicht einmal geltend gemacht werden, daß die von ihnen ernährte Bevölkerung Frankreich keine Soldaten und Verbraucher liefere; das Großherzogtum kauft mehr in Frankreich als es dorthin verkauft und bezahlt ein Militärkontingent von 7.500 Soldaten in französischen Diensten, von denen sich ein Teil seit drei Jahren in Spanien befindet"[646].

Eine überzogene Protektion und zu große Härte gegen die ausländischen Fabriken konnten gefährlich werden: Die Industrie eines Landes, dem nach und nach jeglicher Absatz genommen wurde, würde sich in das Innere Frankreichs verlagern. Die Einwohner des Großherzogtums mußten nur den Rhein überqueren, um nach Frankreich zu gelangen; in den linksrheinischen Departements fanden sie ihre Sitten, ihre Gesetze, ihre Sprache, ihre Verwandten, die uneingeschränkte Freiheit des Kultus, was auch immer ihre Religion war, vor. Es gab übrigens schon Beispiele solcher "Übersiedlungen". Wie traurig wäre der Tag für Frankreich, an dem die deutsche Industrie ihre Aktivität und ihre Wirtschaftlichkeit in das Kaiserreich einbrächte[647]!

Collin de Sussy beglückwünschte Roederer für das Verständnis, mit dem er die Interessen des ihm anvertrauten Landes verteidigte, erklärte aber, daß er keine Änderungen des Tarifs, keine der geforderten Transite zugestehen könne: "Das System der Zölle des Kaiserreichs", sagte er, "ist im Verhältnis zu dem, wie es früher gehandhabt wurde, völlig verändert. Das angenommene und vom Kaiser ständig verfolgte Prinzip ist, alle ausländischen Erzeugnisse zurückzudrängen, die seine Staaten in ihrer Industrie finden können."[648]

---

[646] Er bemerkte auch, daß unter dem Regime der fünf großen Steuerbezirke vor 1791 die Produkte aus Berg in freier Konkurrenz mit denen Belgiens, des Rheinlandes, des Elsaß' und der Franche-Comté standen, ohne diese Provinzen zu ruinieren.

[647] Im Gegenteil, mit der vorgeschlagenen Ordnung hoffte Roederer, die französische Industrie aus ihrer Lethargie zu befreien, wie Sedan und Louviers nach der Vereinigung mit Belgien diese abgelegt hatten.

[648] Brief vom 29. Dezember 1810; AF IV 1080.

# VII.

Roederer gab sich jedoch nicht geschlagen und nutzte die erste "Arbeit mit dem Kaiser", um ihm mündlich das vorzutragen, was er ihm erfolglos schriftlich vorgeschlagen hatte. Zweifelsohne hatten der Direktor des Zollwesens und der Innenminister die Initiative zu einer abschlägigen Antwort auf die Vorschläge des Minister-Staatssekretärs ergriffen. Am 23. Januar 1811 faßte er seine Unterredung mit Napoleon wie so oft zusammen. Er schrieb: "Ich habe Seiner Majestät einen allgemeinen Überblick über die Lage und die Forderungen der Fabriken des Großherzogtums seit dem Anschluß Hollands und der Hansestädte vermittelt; ich habe Seiner Majestät drei verschiedene dem Land vorteilhafte Alternativen unterbreitet: Frankreich allen Waren unterschiedslos gegen eine Einfuhrabgabe von 10 Prozent zu öffnen; Frankreich den Eisen- und Stahlwaren zu dieser Taxe zu öffnen, aber Holland und die neuen Provinzen den Woll- und Baumwollerzeugnissen unter Bildung einer Zollinie auf derjenigen der Tabakwaren zu öffnen; oder schließlich das Großherzogtum in eine Zollgrenze einzuschließen. Seine Majestät sagte: Holland will nicht von Frankreich getrennt werden; zum dritten Vorschlag gibt es nichts zu sagen, aber Deutschland ist nach dem Anschluß der drei Städte noch nicht beruhigt; man würde dort aufschreien, wenn ich das Großherzogtum anschließen wollte. Seine Majestät fügte hinzu: Kommen Sie zur ersten Sitzung des Handelsrates[649]; der Innenminister wird anwesend sein. Sie werden dort die Bedürfnisse und die Forderungen der Gewerbe darlegen; bringen Sie den Tarif und eine gute Karte mit; Sie werden den größten Teil dessen erlangen, was Sie fordern."[650] Am 4. Februar trug Roederer seinen Bericht dem Handelsrat vor: Wurde er dort diskutiert? Die Protokolle schweigen zu diesem Punkt. Immerhin steht fest, daß die Forderungen des Ministers des Großherzogtums dem des Inneren zugeleitet wurden, der in dieser Angelegenheit zugleich Richter und Partei war[651].

Bereits 1806 hatte Napoleon ein einziges Mal Versprechungen gemacht, und es war anzunehmen, daß er der deutschen Industrie Erleichterungen gewähren wollte. Dann hatte ihn der ständige Einfluß der Räte, insbesondere Collin de Sussys, die leichthin gegebenen Versprechungen rückgängig machen lassen. Genauso 1811: Bevor er etwas entschied, mußte die Angelegenheit dem kürzlich errichteten Rat der Fabriken und Gewerbe und dem des Handels unterbreitet werden.

Am 26. Juni 1810 hatte Napoleon, der damals die Wirkungen der Kontinentalsperre studierte und den inneren Angelegenheiten viel Zeit widmete, auf Vorschlag von Montalivet - in Wirklichkeit dank des immer noch bedeutend gebliebenen Einflusses von Chaptal[652] - einen Rat der Fabriken und Gewerbe errichtet. Dazu wurde der ehemalige allgemeine Handelsrat, der seit dem Jahre XI beim Innenminister angesiedelt war, fort-

---

[649] Während der Jahre 1810 und 1811 war der "Rat der Verwaltung des Inneren" fast ausschließlich dem *Handel* gewidmet; 1812 und 1813 füllte das *Verpflegungswesen* die Sitzungen. Ich habe vor, die für die Wirtschaftsgeschichte des Ersten Kaiserreichs bedeutenden Protokolle dieser Ratssitzungen zu veröffentlichen.

[650] Roederer, *Oeuvres*, Bd. III, S. 564.

[651] AF IV *170.

[652] Die Urschrift des Gründungsdekretes stammt fast ausschließlich von seiner Hand.

entwickelt und umgestaltet. Auf jeder seiner Sitzungen hatten 60 Fabrikanten und Kaufleute die Angelegenheiten zu prüfen, die Montalivet ihnen vorlegte[653].

*Abb. 23: Prägestempel auf einem amtlichen Formular (1809)*

Es war nicht möglich, eine so schwerwiegende Frage wie die der Einfuhr von Erzeugnissen aus dem industriereichsten Nachbarland nach Frankreich zu entscheiden, wenn sie
nicht vorher durch diese beiden Räte untersucht wurde: Vielleicht wollten der Direktor
des Zollwesens und der Innenminister, entschlossen, jedes Zugeständnis zu verweigern,
sich auch irgendwie von der Meinung der französischen Kaufleute "decken" lassen, die
sie im Vorhinein als jeder Konkurrenz feindlich gesonnen kannten. Sicher trug Collin de
Sussy sehr oft keine Bedenken, die Initiative für härtere Maßnahmen zu ergreifen, aber
weil es sich dieses Mal um ein von Franzosen verwaltetes Land handelte und weil auf die
Empfindlichkeiten der Minister, die in Paris und in Düsseldorf laut aufgeschrien hätten,
Rücksicht genommen werden mußte, war es nicht unvorteilhaft, daß die Verantwortung

---

[653] Die Präfekten waren beauftragt worden, Vorschläge zu unterbreiten. Es wäre interessant, die
bei dieser Gelegenheit vorgelegten Übersichten im einzelnen zu untersuchen: Man fände dort, alles
zusammengenommen, die Liste der vornehmsten französischen Fabrikanten und Kaufleute des
Jahres 1810 mit Angaben über Ursprung und Entwicklung ihrer Geschäfte.

für eine Verweigerung geteilt und zu einem Teil von den Fabrikanten und Kaufleuten selbst getragen wurde. Eine aus Mitgliedern beider Räte zusammengesetzte Kommission prüfte während der ersten Apriltage den Rapport von Roederer.

Grelet, ein Kaufmann aus Amsterdam, Motet de Gérando, ein Kommissionär aus Lyon für Spanien, Italien und Holland, Fabrikanten aus Paris und dem Süden, Dufougerais, Rambourg, Hottinger, der große Tuchfabrikant Ternaux, Sevenne aus Rouen: alles Leute mit dem Interesse, Erzeugnisse fernzuhalten, die den von ihnen hergestellten oder beförderten gleichartig waren, übten an den Forderungen des Großherzogtums Kritik: Sie ließen das erneute Aufkommen der früheren Angriffe gegen die französische Industrie nicht zu[654]; das gegenwärtige Schutzsystem sollte jegliches Zugeständnis ausschließen. In dem beklagenswerten Zustand, in dem sich das französische Gewerbe befand, mit von Waren überfüllten Lagern, ohne jeglichen Kredit und ohne Auslandsaufträge, würden Produkte aus einem Land mit billigeren Lohnkosten den endgültigen Ruin der Industrie des Kaiserreichs herbeiführen[655]. Die Vertagung der Forderungen des Großherzogtums auf unbestimmte Zeit war bei der gegenwärtigen Lage der Dinge in ihren Augen "ein sicherer Beweis des Wohlwollens und des Schutzes des Kaisers". Wenn sie in ihren Schlußfolgerungen energisch die Aufrechterhaltung der Prohibition für Baumwollgewebe, Eisenwaren und Kurzwaren sowohl in Frankreich wie auch in den verbündeten Ländern verlangten, meinten sie wenigstens, daß die Tuche in Frankreich zugelassen werden könnten - unter Erhebung von Abgaben proportional zu ihrer Feinheit[656]. Auch die geforderten Transite durften ihrem Urteil nach genehmigt werden.

Um jedoch sicher zu sein, daß die Zugeständnisse verweigert würden, und um stärker auf die Haltung des Kaisers einzuwirken, erklärten sie abschließend: "Seine Majestät, als Sie dem Minister des Großherzogtums den Befehl erteilten, die Wünsche zu sammeln, haben Sie versprochen, diejenigen entgegenzunehmen, die dem Großherzogtum vorteilhaft seien, ohne Frankreich zu schaden. Indem wir dieses kaiserliche Wort in Betracht ziehen, sind wir im Begriff, Ihnen die gegenwärtige Situation unserer Industrie und unseres Handels darzulegen. Wir haben aus dem Zustand der Krise, in dem sie sich befindet, gefolgert, daß Frankreich einen sehr großen Schaden aus den Umgestaltungen erleide, den der großherzogliche Handel erbittet. Wir erbitten die Aufrechterhaltung der zwischen beiden Ländern bestehenden Beziehungen und wollen dem Großherzogtum nicht schädlich sein, sondern unsere Gewerbebetriebe vor einem sicheren Ruin schützen. Die Zulassung einer ausländischen Industrie führt dazu, unsere Schwierigkeiten zu vergrößern, indem uns neue Hindernisse beschert, die Märkte versperrt werden und der Absatz stockt."[657] Gewiß war dieses Krisenjahr ein schlecht gewählter Zeitpunkt, um Zugeständ-

---

[654] Im Protokoll ist dies für ungültig erklärt: "Der Angriff mit den Waffen, den die Anhänger des Handelsvertrages mit England 1786 anwandten."

[655] Die Krise von 1810-1811 war schwer; deswegen gewährte Napoleon den Gewerbetreibenden Darlehen und erteilte ihnen Aufträge, um sie zu unterstützen: Das Palais-Royal wurde mit in Lyon bestellten Möbeln vollgestopft, die unbenutzt blieben.

[656] Was eine "Steuer auf die Armut" wäre, sagte Roederer. Die groben Tuche waren in der Tat die Spezialität des Großherzogtums, das Zugeständnis war daher gleich null.

[657] In $F^{12}$ 549-550 findet sich die Urschrift einer ersten Abfassung des Berichtes der beiden Ausschüsse: sie ist harsch im Hinblick auf Roederer; man warf ihm vor, "nicht gewußt zu haben, die

nisse von den französischen Industriellen zu verlangen: Montalivet, der die Vorschläge der beiden Ausschüsse prüfte, stellte in einem Bericht die schwierige Lage der Industrie und des Handels Frankreichs dar. Seine Ausführungen waren so klar und deutlich, daß Napoleon Roederer um neue Vorschläge bat: Dies war "das Vertagen auf unbestimmte Zeit", das die französischen Handelsleute wünschten[658].

# VIII.

Während man in Paris diskutierte, wurden die Industriellen des Großherzogtums ungeduldig: Mehrfach hatten sie schon Deputierte nach Paris geschickt, um für ihre Sache zu plädieren. Einer von ihnen, Peill, wohnte sogar dort und vertrat ihre Interessen. Ohne Zweifel auf in dringenden Briefen mitgeteilten Vorschlag des letzteren, in denen er erklärte, daß ein großer Schlag erfolgen müsse, entschied sich die Elberfelder Kaufmannschaft ein weiteres Mal dafür, eine Deputation zu entsenden und ein Bittschreiben zu verfassen: Am 4. März schrieb Nesselrode an Roederer: "Gewisse Kaufleute aus Elberfeld haben die Absicht, eine Deputation nach Paris zu entsenden, um den Anschluß des Großherzogtums an Frankreich zu erbitten. Die öffentliche Meinung begeistert sich für diesen Anschluß, der Meinung muß endlich eine Richtung gegeben werden: Entweder anschließen oder dem Handel Erleichterungen gewähren."[659] Am Monatsende kündigte der Innenminister die Abreise der Deputierten an; er empfahl sie dem Verteidiger des Großherzogtums in Paris, aber er fügte hinzu: "Man hat Ihnen derart in den Kopf gesetzt, daß Sie sich als Deputierte des Landes betrachten können; Sie werden vielleicht Unklugheiten begehen; indem Sie den Anschluß fordern, riskieren Sie, daß das Großherzogtum wie Holland behandelt wird; der Handel wäre dann ohne weitere Hilfsquellen ruiniert." Er bat Roederer, "sie in angemessenem Maß zu halten"[660].

Am selben Tag plädierte Beugnot in einem viel wärmeren und überzeugenderen Brief erneut für die Sache des Landes: "Die Bevölkerung muß auswandern oder zugrunde ge-

---

Interessen des Großherzogtums zu verteidigen, ohne sich seiner Eigenschaft als Franzose zu entledigen", und die französische Industrie unberechtigt angegriffen zu haben usw. Die gesamte Einleitung wurde abgeschwächt.

[658] Der Rapport von Montalivet (22. April 1811) befindet sich im Original in $F^{12}$ 549-550. Redlich hat ihn in seinem Aufsatz über die Industrie des Großherzogtums untersucht, nach einer nach Düsseldorf übermittelten Ausführung. Dieser Rapport wurde im Handelsrat am 22. April 1811 gelesen und zwei Tage später Roederer übermittelt: Er kam zum gleichen Schluß wie die Kommission der Räte, aber die Darstellung der französischen Krise verhinderte jegliches Zugeständnis. Das Protokoll des Handelsrates (AF IV *170) weist keine Entscheidung aus. Dabei ist aus den Papieren Roederers zu ersehen, daß der Kaiser den Minister bat, ihm neue Vorschläge zu unterbreiten.

[659] Unterlagen Roederer; Brief vom 4. Mai 1811; beigefügt zwei Urschriften von Briefen Roederers; in dem einen schreibt er, daß er nicht glaube, daß Napoleon das Großherzogtum angliedern wolle; in dem anderen sagt er, daß er nur die Wünsche der Besitzer erwarte, und wenn diese Wünsche übereinstimmten, würde er bei Napoleon auf dem Anschluß bestehen. Es scheint, daß dieser letztere am 10. Mai abgeschickt wurde.

[660] Unterlagen Roederer, Brief vom 31. März.

hen. Es darf nicht gesagt werden, daß dies hier eine der zwangsläufigen Konsequenzen ist, die nur auf dem Papier begründet und eines dieser übertriebenen Bilder ist, die ein Verwalter sich zuweilen glaubt, erlauben zu müssen, um seine Voraussicht zu stützen; ja, die Auswanderung hat bereits begonnen und dauert an; die Menschen, die Kapitalien, die Maschinen gehen auf das linke Ufer oder werden in Sachsen oder Westfalen die Bewegungsfreiheit suchen, die sie benötigen. Der Anschluß ist unvermeidlich: Er muß sofort vollzogen werden, um die unnützen Auswanderungen zu vermeiden. ... Es ist völlig unmöglich, daß das Großherzogtum im Schoße Frankreichs fortbesteht, das es von allen Seiten bedrängt, das ihm alles bringt, was es will, solange es will, und das ablehnt, irgendetwas von ihm zu empfangen ..."

Die Deputierten der Kaufmannschaft aus Elberfeld, Siebel, Schlickum und Rump, kamen in den ersten Apriltagen in Paris an: Sie brachten und erhielten noch dort Bittschriften mit tausenden Unterschriften, die aus allen Industriestädten der Region kamen. Selbst die Pastoren forderten den Anschluß. Der Vorsitzende und die Deputierten der reformierten Kirchen des ehemaligen Herzogtums Berg schrieben an den Kaiser: "Oh Sire! Bald wird in unseren Bergen der Freudenruf widerhallen: Ihr seid Franzosen! Napoleon, der Größte, der Weiseste, der Gnädigste, der Gerechteste ist auch euer Vater und ihr seid seine Kinder! ..." und sie fügten hinzu: "Bald wird in unseren Gotteshäusern das feierliche Fest der Religionsausübung begangen werden, dessen sich die französischen Protestanten seit dem 18. Germinal im Jahr X erfreuen."[661] Trotz des Scheiterns der Versuche von Roederer resignierten die Deputierten nicht. Während ihres mehrmonatigen Aufenthaltes in Paris verfolgten sie mit einer unermüdlichen und vielleicht unklugen Energie die Belange ihrer Auftraggeber.

Sie stellten ebenso wie Beugnot klar, daß die Fabriken auf das linke Rheinufer verlagert würden, wenn der Anschluß nicht ausgesprochen werde; diese Entscheidung trafen die Gewerbetreibenden. Der Arbeiter aus Berg, der kein Land zu bestellen hatte, fand überall sein Vaterland: Sie erinnerten daran, daß von 1770 bis 1790 das Herzogtum Berg der Zufluchtsort für viele den Militärdienst fliehenden Preußen und Hessen gewesen war, und sie befürchteten, daß das Land durch die Auswanderung jetzt das verliere, was es damals gewonnen habe. Rußland, dem es an Unternehmern von Gewerbebetrieben fehlte, hatte im Großherzogtum Angebote unterbreitet. Die Auswanderung nach Rußland war um so mehr zu fürchten, als seit sechs Monaten die Regierung des Zaren Eversmann in ihren Dienst genommen hatte, der seinerzeit Bergrat im preußischen, dann im großherzoglichen Dienst gewesen war. Von den Aktivitäten dieses Mannes, der die Arbeiter an sich ziehen konnte, war alles zu befürchten![662] Andererseits hatten die landwirtschaftlichen Departements des linken Ufers ihre Scheunen voll Korn, das sie nicht mehr verkaufen konnten, seit ihnen die rechtsrheinischen Abnehmer fehlten. Diese Kundschaft mußte ih-

---

[661] Die Liste dieser Bittschriften hier wiederzugeben, wäre zu lang: allerdings ist zu bemerken, daß in Elberfeld die Unterschriften von 960 Fabrikanten gesammelt wurden; insgesamt unterzeichneten mehr als 4.000 Industrielle die Bitte um Anschluß. Die Originale der Bittschriften wurden in den Mairien hinterlegt, die Kopien wurden nach Paris geschickt, wo sie in AF IV 1839 aufbewahrt werden.

[662] Eversmann, sehr geschätzt von Stein, dann von Beugnot und Héron de Villefosse, scheint aus politischen Gründen entfernt worden zu sein. Er wurde Direktor der Fabriken in St. Petersburg.

nen zurückgegeben werden! Das System der französischen Regierung bestand darin, die Ausfuhr des Großherzogtums auf Deutschland auszurichten, aber da Sachsen, das sich der Blockade entzog, billiger produzierte, verblieben den Fabriken nur unzureichende Absatzmärkte: Baden, Bayern, Franken und Westfalen. Der Anschluß, den die Industriellen forderten, bestand nicht, wie es der Handelsrat befürchtete, in einer einfachen Handelsunion; die Berger wollten Franzosen werden und an den Kontributionen teilhaben; im übrigen litt das Land ohnehin mit Frankreich und kämpfte dafür![663]

Im Juni kehrten die Deputierten - ohne eine Audienz bei Napoleon erhalten zu haben - entmutigt und in dem Bewußtsein, daß die Forderungen nicht erfüllt worden waren, in ihr Land zurück. Siebel blieb jedoch noch mit dem Auftrag, die Demarchen fortzusetzen, in Paris. Über den minimalen Erfolg ihrer Bemühungen beunruhigt, fragten sich die Industriellen, ob sie genügend Petitionen vorgelegt hätten; sie boten an, sie zu vermehren: Es war leicht, Unterschriften zusammenzubringen, denn seit drei Monaten verstärkte sich die Notlage und die Armenverwaltungen konnten keine ausreichende Hilfe mehr gewähren[664].

## IX.

Im August nahm sich Roederer erneut der Angelegenheit an und unterbreitete Napoleon die neuen Vorschläge, um die er gebeten worden war: Die Fabrikanten des Großherzogtums zogen ihre Forderungen bezüglich der Baumwollstoffe zurück, "aus Hingabe an das System des Krieges und um keinen Vorwand für die Behauptung zu liefern, daß sie englischen Schmuggel betrieben", in Wirklichkeit aufgrund der Unmöglichkeit, hier etwas zu erreichen. Dieses Opfer verringerte die Zahl der Arbeiter um 12.000. Als Gegenleistung hielt der Minister-Staatssekretär alle anderen Forderungen aufrecht: Er hatte zwei Dekretvorschläge vorbereitet, deren einer "den Fabriken des Großherzogtums eine wirkliche Erleichterung brächte"[665], der andere war "entsprechend den minimalen Zugeständnissen des französischen Innenministers und des Rates der Gewerbe von Frankreich ausgearbeitet". Einen Augenblick lang hatte er die Hoffnung auf ein Gelingen; er schrieb an Beugnot: "Ich hoffe, für die Fabriken in der nächsten Woche eine Indemnität zu erhalten."[666] Aber jede Diskussion war schon im voraus unmöglich oder nutzlos: Als Roederer sagte, daß "ein derartiges Schutzbedürfnis der französischen Fabriken das Fehlen von Betriebsamkeit verrät", schrieb Montalivet als Bemerkung: "immer dasselbe Argument";

---

[663] Petition vom 3. Mai 1811; am 14. Mai kamen noch welche aus Remscheid und aus den Bergwerkgemeinden von Blankenstein usw.

[664] Sie hatten nur eine Audienz bei Maret; der ehemalige Minister-Staatssekretär des Großherzogtums hatte ihnen seine Unterstützung versprochen; Aff. étr. Berg T. XIII.

[665] Abstufung der Abgaben auf Tuche in direktem Verhältnis zu ihrer Feinheit; Aufhebung der Prohibition für geschmiedete Waren und feine Haushaltswaren; Zollermäßigung auf allgemeine Haushaltswaren und Kurzwaren, Tuche aus gefärbten Garnen, Bänder; Einfuhr von farbigen Baumwolltaschentüchern, Tuchen aus Wolle, Kurzwaren und Haushaltswaren nach Italien und Illyrien; Transit nach Spanien und Portugal.

[666] Brief an Beugnot, in AB XIX, 352.

als er bezüglich des Transits nach Italien fragte, warum das Großherzogtum und das Königreich Italien, beide unter der "Vaterschaft" Napoleons stehend, schlechter als die übrigen Staaten Europas behandelt würden, schrieb der Innenminister, von dieser Argumentation verärgert: "Warum sagt er nicht: Alle Völker erfreuen sich in Italien derselben Vergünstigungen wie Frankreich, also soll es keine Vergünstigungen mehr geben!" Eine Übereinstimmung konnte nicht erzielt werden: Es gab einerseits den Minister eines kleinen, sehr produktiven Staates, und andererseits den Minister eines großen Staates, der seine Industrie innerhalb seiner Grenzen aufbaute und entwickelte. Rapporte hätten Rapporten folgen können, ohne etwas zu bewegen. Roederer und Monatalivet waren wie zwei Männer, die zur selben Zeit in verschiedenen Sprachen reden und die, sich nicht verstehen könnend oder wollend, sich endlosen Monologen hingeben.

Im Handelsrat, der am 9. September in Compiègne tagte, hielt Montalivet die Beschlüsse seines Rapportes vom April aufrecht; einmal mehr wurde nichts entschieden. Ohne Zweifel hielt Napoleon, der eine Reise nach Holland und in das Großherzogtum vorhatte, seine Meinung zurück: Er wollte dieses Industrieland sehen, dessentwegen man sich so ereiferte, das verteidigt und mit gleicher Heftigkeit zurückgestoßen wurde![667]

## X.

Die von den Fabrikanten angekündigte industrielle Emigration auf das linke Ufer, vollzog sich seit einigen Jahren Schritt für Schritt und hatte sich seit einem Jahr verstärkt. Im September 1810 über die Auswirkungen einer Angliederung des Großherzogtums an Frankreich befragt, erklärte die Handelskammer zu Köln, daß die Gewerbebetriebe des Roer-Departementes, im besonderen die von Köln und Neuss, von den prohibitiven Maßnahmen und vor allem der Errichtung der Zollinie entlang des Rheins herrührten[668]. Die linksrheinischen Deutschen waren glücklich über ihr Schicksal und protestierten mit Nachdruck gegen eine mögliche Eingliederung der Deutschen des rechten Ufers: Der Fabrikant hängt nicht am Boden - wie Eversmann an Héron de Villefosse schrieb - und zieht fort, wenn er unterdrückt wird; als wahrer "Weltbürger" kennt er kein Vaterland[669]. Die Befürchtungen der linksrheinischen Industriellen erinnerten an die, welche die Fabrikanten aus Rouen, Tours, Lyon und Amiens geäußert hatten, als sie sich 1785 von der dem Elsaß gewährten Genehmigung bedroht sahen, seine gefärbten Tuche in die Region der fünf großen Steuerbezirke einzuführen.

Schloßherstellung, Nagelfabrikation, Bandfabrikation, Herstellung von Kaschmirtuchen, Baumwollspinnerei und Messerwaren, alle diese Industrien entwickelten sich im Roer-Departement dank der Ankunft von bergischen Fabrikanten und Arbeitern, die die

---

[667] Zweiter Rapport von Roederer vom 22. August, Projekte der Dekrete und Antwort von Montalivet in AF IV 1061. Der Rapport von Montalivet, in AF IV 1061, ist nicht datiert; der Entwurf ist im Gegensatz dazu in F$^{12}$ 549-550 vom 9. September datiert; an diesem Tag tagte der Handelsrat in Compiègne: AF IV* 171.

[668] Vgl. Anhang E.

[669] Unterlagen Héron de Villefosse: Denkschrift von Eversmann über die Mark vom September 1807.

"gegenwärtigen Verhältnisse", der Anschluß Hollands und der Hansestädte, zwangen, den Rhein zu überschreiten, um unter dem Schutz der französischen Tarife zu leben. In Frankreich konnten sie von der Einfuhr ihrer Produkte nach Italien profitieren[670]. Der mit der wachsenden Notlage befaßte Beugnot interessierte sich für den Wegzug dieser in ihrer Existenz bedrohten Gewerbetreibenden: Präfekt und Unterpräfekten des Roer-Departements unterstützten bereitwillig die Anträge auf Genehmigung für diese neuen Fabriken, eine Quelle beachtlichen Reichtums. Aber die Zollverwaltung legte für die Gründung der Fabriken Bedingungen fest: Sie erlaubte die Spinnerei, verbot aber die Weberei, so sehr fürchtete sie, daß die Fabriken in Wirklichkeit Zwischenlager für Schmuggelwaren würden. Sie verlangte von den Fabrikanten das Versprechen, jede Beziehung mit dem Großherzogtum zu beenden, bedrohte sie mit Schließung, wenn der geringste Schleichhandel bekannt würde, und verlangte von ihnen die offene Rechnungslegung über den Eingang ihrer Rohmaterialien und Produkte[671]. Trotz dieser durch das Kontinentalsystem erforderten Beschränkungen sah das Roer-Departement seine Industrieproduktion sich in bis dahin unbekanntem Ausmaß entwickeln. Gleichzeitig wuchs seine Bedeutung als Durchgangsregion. Im Dezember 1812 wurde in Wesel eine Handelskammer gegründet: Diese Stadt verfügte, seit sie zum Mittelpunkt aller Verbindungen geworden war, über bedeutende Beziehungen einerseits zwischen dem ehemaligen Frankreich und den Hanse-Departements, andererseits zwischen Holland, Deutschland und dem Großherzogtum[672]. Ganz sicher zog dieser Teil des Rheinlands Nutzen aus den französischen Tarifen und der französischen Wirtschaftspolitik.

Es ist also wichtig, zwischen den beiden Ufern des Flusses zu unterscheiden: Die oft gehörte, verallgemeinernde Behauptung, daß die Kontinentalsperre die Industrie der *gesamten* Rheinregion gefördert habe, stellt einen schweren Irrtum dar. Es wird dabei vergessen, daß der Talweg des Flusses nicht nur eine politische Grenze war, sondern daß er auch und vor allem eine wirtschaftliche Grenze markierte[673].

---

[670] Statistik von 1811; $F^{12}$ 1591. Siehe auch Nemnich, op. cit., II.

[671] Genehmigungsanträge von 1806-1813, in $F^{12}$ 1928-1931, $F^7$ 8437, 8269; für 1813. 3.000 Arbeiter waren auf das rechte Ufer gewechselt (Rapport eines Geheimagenten nach der Revolte, in AB XIX, 339, Unterlagen Nachlaß Beugnot).

[672] 20. Dezember 1812: $F^{12}$ (noch nicht verzeichnete Dokumente).

[673] Über das industrielle Wachstum des Roer-Departements und die von den bergischen Autoritäten seit 1803 unternommenen Maßnahmen, die Emigration zu verhindern, siehe die Arbeiten von Thun, *Die linksrheinische Textilindustrie* (S. 19 und 89 und passim) und *Die Industrie des Bergischen Landes*, S. 189; vgl. auch die interessanten Artikel von E. Pauls, erschienen in *Düsseldorfer Ausstellungszeitung* (Nr. 9 und 10), betitelt *Die Kontinentalsperre am Niederrhein*; Pauls hat in diesen gemeinverständlichen Beiträgen verschwiegen, daß der industrielle Aufschwung des linken Ufers vor 1806 begann, seit Frankreich alle alten Hindernisse, die den Handel und die Industrie beeinträchtigten, beseitigt hatte; über diesen Punkt siehe Thun, op. cit. - A. König und Lexis wiederholen in ihren Büchern und Beiträgen Kiesselbach, der erklärte, daß die Kontinentalsperre die ganze rheinische Region entwickelt hat. Ich glaube bewiesen zu haben, daß man hier differenzieren muß.

# XI.

Es liegt auf der Hand, mit welcher Ungeduld Napoleon im November 1811 im Großherzogtum erwartet wurde: Die Fabrikanten rechneten auf seinen Besuch, um endlich die geforderten Erleichterungen zu erhalten, vielleicht sogar den Anschluß an das Kaiserreich, der sie vor dem Ruin retten würde. Roederer, der am 13. Oktober in Düsseldorf eingetroffen war, schrieb seiner Frau am nächsten Tag: "Der Kaiser wird hier mit sehr viel ehrlicher Freude empfangen werden, denn man wünscht hier sehr ehrlich und eindringlich den Anschluß an Frankreich: Wenn ich sage *man*, sage ich nicht *jedermann*; der Abt Morellet sagt, *man* heißt: *einer*, ich glaube, er will sagen: *omnes*; bis daß sie zwischen Abt Morellet und mir entschieden haben, will *man* sagen: *viele Leute*; hier sind es mehr als viel, der größte Teil der Einwohner wünscht den Anschluß; es sind die Fabrikanten und das, was zu ihnen zählt; nun sind die Fabrikanten viele und sie sind es, die den Landeserzeugnissen in der Weise ihren Wert geben, daß die Grundbesitzer ein gemeinsames Interesse mit ihnen haben."[674]

Am 4. November besichtigte Napoleon mit Marie-Louise die Ausstellung der Industrieerzeugnisse, die für sie veranstalten worden war. Nesselrode empfing ihn dort, umgeben von den Delegierten der Industrieorte; im einzelnen wurden ihm die Baumwollerzeugnisse, die Tuche und die Nankingstoffe des Landes gezeigt. Die Fabrikanten vergaßen nicht, ihm zu sagen, daß fast alle Absatzmärkte verschlossen waren; er wurde präzise darauf hingewiesen, daß die Erzeugnisse des Großherzogtums mit denen Englands bezüglich ihrer Qualität und Preiswürdigkeit konkurrieren könnten, aber daß ihr Absatz unmöglich geworden war. Der Kaiser erweckte den Eindruck, diese Klagen nicht wahrzunehmen und begnügte sich mit der Feststellung: "*Diese Ausstellung ist einem großen Lande würdig.*" Einem Fabrikanten gegenüber, der ihn darauf aufmerksam machte, daß zwar das Land nicht groß sei, dessen Industrie es aber einst war, stellte er sich taub. Als Napoleon den Saal verließ, drehte er sich um und sagte nochmals: "*Ha! Die Ausstellung ist einem großen Lande würdig!*" Die Eindringlichkeit, mit der ihm die Notwendigkeiten des Landes präsentiert wurden, war ihm zweifellos unangenehm; nur widerstrebend versprach er den Transit nach Italien, Spanien, Dänemark. Letztlich wurde aber nichts daraus; jede Hoffnung auf Erleichterung war den Fabrikanten genommen[675].

# XII.

Nicht nur die Fabriken verspürten die Auswirkungen der Kontinentalsperre; die Steinkohleregionen hatten ebenfalls unter der Handelspolitik Napoleons zu leiden. Nach dem Anschluß Hollands konnte das Land nicht nur seine gewerblichen Erzeugnisse nicht mehr absetzen, sondern es wurde schwierig, die Kohle auszuführen, für die die Industrie weit weniger Verwendung fand. Als der Versand englischer Kohle nach Belgien und in die

---

[674] Roederer, Werke, VIII, 512.

[675] O. Redlich hat in seinem Werk *Die Anwesenheit Napoleons I. in Düsseldorf* den Besuch Napoleons beschrieben. Die hier von einem der anwesenden Fabrikanten wiedergegebenen Worte sind unkorrekt: Es ist offensichtlich das, was er zu hören hoffte.

Niederlande fast zum Erliegen kam, bewilligte das Kabinett in Amsterdam - sich Schritten des französischen Gesandten La Rochefoucauld anschließend - die freie Fahrt von Kohlefrachtern auf der Ems. Selbst Hamburg wurde ein Markt für die Kohlebezirke des Großherzogtums. Im Ruhrgebiet entstanden und entwickelten sich große Zechenanlagen und die Zahl der Dampfmaschinen wuchs.

Eine Panik entstand, als nach dem Anschluß Hollands plötzlich ein Dekret die Einfuhr von aus dem Ausland kommenden Kohlen in die neuen Departements verbot. Durch eine besondere Vergünstigung indessen wurde das Dekret für fast zwei Jahre lang auf das Großherzogtum nicht angewandt. Die Kohleausfuhren wurden zum größten Gewinn der Unternehmer sowie der fürstlichen Kasse fortgeführt. Im November 1811 ließ sich der Zolldirektor von Wesel plötzlich die Umsetzung des Dekretes einfallen; die beladenen Schiffe wurden auf die Gefahr hin auf dem Fluß angehalten, durch den nächsten Eisgang weggetrieben zu werden. Die Aktionäre, von neuem aufgeschreckt, verlangten die Aufhebung dieses nicht vorhersehbaren Verbots. Beugnot unterstützte diese Forderungen mit um so mehr Nachdruck, als er bereits nicht mehr wußte, wie er das Budget ausgleichen könne, und sah einen jährlichen Verlust von 250.000 Francs voraus. Am 5. Dezember erteilte von Collin de Sussy die Anweisung, die Anwendung des Dekretes provisorisch auszusetzen. Es scheint, daß die Genehmigung bis Ende 1813 beibehalten worden ist. Aber über ein Jahr lang lebten die Eigentümer der Minen in der Furcht vor dem Diensteifer eines Zöllners, der, in der Sorge, die Kohlefrachter versteckten englische Waren, erneut jeden Transport anhalten würde. In diesem Vorfall zeigt sich die ganze Ungewißheit des Wirtschaftslebens während der Jahre, in denen das "Kontinentalsystem" künstliche Gründe der Not und der Überproduktion schuf und die Kaufleute zwang, von einem Tag auf den anderen zu leben, ohne daß irgendeine vorausschauende Planung möglich gewesen wäre[676].

## XIII.

Zu Beginn des Jahres 1812 unternahm Roederer einen Versuch, um den Transit der Eisenwaren aus Remscheid nach Amerika durch französisches Gebiet (die Hanse-Departements) zu erreichen. Der befragte Generalhandelsrat antwortete, daß er allgemein dem Transit günstig gesonnen sei, daß er aber in diesem besonderen Fall für die französische Industrie gefährlich sein könnte. Der Rat von Rouen, Sevenne, sah ein, daß dem verbündeten, aber "zwischen den anderen Ländern eingeschlossenen und eingesperrten" Berg der Durchgangsverkehr gewährt werden müsse. Zugleich schränkte er ein: "In der politischen Ordnung, die von jetzt an die Handelssysteme der Nationen regiert, kann man sich nicht mehr allein nach den Grundsätzen des natürlichen Rechtes richten." Aus Furcht vor Konkurrenz und Schleichhandel verweigerte man dem Großherzogtum den Transit nach Amerika[677].

---

676 AF IV 1839; AF IV 1061; Pauls, *Beiträge zur Geschichte des Niederrheins* (1900).
677 F12* 194. Sitzungen vom 18. und 20. Februar 1812; die Diederichs und Hasenclevers aus Remscheid hatten seit 1804 große Unternehmen in den Vereinigten Staaten, in New York und

Nacheinander wurde so jede "Erleichterung" des rigorosen Prohibitionsregimes verworfen. Beugnot war klar geworden, daß aus Paris nichts zu erwarten war. Er nahm es auf sich, Maßnahmen zur Abmilderung des Tarifes von Trianon zu treffen. Durch Konzessionen erleichterte er die Einfuhr von Nanking-Stoffen, gesponnener Baumwolle und Zucker. Er rief "Weber, Spinner, Färber und Zöllner" nach Düsseldorf, um Tarife aufzustellen, die nicht die einen zuungunsten der anderen begünstigen und die Industrie aus der "schmerzlichen Krise" herausholen sollten. Er nahm es in Kauf, die Zolleinnahmen zu verringern und die Aufstellung eines Budgets zu erschweren[678]. Angesichts des Zustandes des europäischen Handels konnte trotz aller Versuche kein Zugeständnis mehr die Gewerbetreibenden zufriedenstellen: Kolonialwaren wurden über Rußland und Österreich frei eingeführt; die sächsische Industrie, von der freien Einfuhr bevorzugt, entwickelte sich. Napoleon erkannte selbst, daß die prohibitiven Dekrete in Italien, nicht aber in Deutschland angewandt wurden, und er fragte sich, ob nicht das System verändert werden müsse[679].

In der Tat versuchten Unternehmer aus Böhmen, Mähren und Österreich, die Arbeiter aus dem Gebiet von Verviers und der Roer anzuwerben. Bayern hatte den Tarif von Trianon modifiziert und herabgesetzt. Über Saloniki und Konstantinopel gelangte englische Baumwolle nach Deutschland und Österreich, wo Engländer Gewerbebetriebe errichtet hatten. Die protestantischen Kaufleute sagten, daß der Widerruf des Ediktes von Nantes die deutsche Industrie geschaffen habe, daß die Emigration während der letzten Revolution die Seiden- und Tuchfabriken von Böhmen, Mähren und Österreich wieder "hochgebracht" habe und daß der Tarif von 1810 den Handel und das Kapital Deutschlands an die Donau ziehen würde[680]. Die Kontinentalsperre zwang also die Staaten Europas, eine Verbindung zwischen dem Norden und dem Süden herzustellen und verband die Binnenmeere des Kontinents. Englische Agenten arbeiteten in Österreich und Preußen, und seit Februar 1811 machte sich ganz Deutschland auf einen "aus Gründen des Handels" verursachten Krieg zwischen Frankreich und Rußland gefaßt[681]. Nur das Großherzogtum

---

Charleston; 1806 forderten sie die Errichtung eines Konsulats in Nordamerika (Archiv Düsseldorf, Handel und Gewerbe, Nr. 33).

[678] Die zwischen Roederer und Beugnot im Jahre 1812 geführte Korrespondenz kann wie folgt zusammengefaßt werden: Roederer warf Beugnot vor, "sich außerhalb des Kontinentalsystems zu stellen"; Beugnot verteidigte Schritt für Schritt die Interessen des Großherzogtums; AF IV 1854, AF IV* 478 (Verordnungen vom 30. April und vom 25. Juni 1812) und AB XIX 352 (Nachlaß Beugnot).

[679] *Correspondance de Napoléon*, XXIII, 167, Note vom 13. Januar 1812.

[680] Rußland versuchte seit mehreren Jahren, Arbeiter aus dem Rheinland anzuwerben. S. die Korrespondenz des Präfekten des Departements Donnersberg, Rhein-Mosel, sowie die Korrespondenz Bachers. Über die von den englischen Waren eingeschlagene neue Route s. Anhang F.

[681] Als der Krieg zwischen Frankreich und Rußland ausbrach, sandte Collin de Sussy den Handelskammern ein vertrauliches Rundschreiben, um sie dazu zu bewegen, Geschäfte in den Ländern zu machen, in die einzufallen die französischen Armeen im Begriff waren (F$^{12}$ nicht klassifiziert). Zu diesem allen siehe Aff. étr., Allemagne, Bd. 742. Korrespondenz von Bacher. Siehe auch F$^1$ 6575 (Nr. 2965). - Bacher wies auf die merkwürdige Tatsache hin, daß die Konsuln von Frankreich und der Verbündeten in der Levante aktiven Handel mit Kolonialwaren betrieben: Es waren Engländer, oder sie waren englischen Häusern assoziiert; Aff. étr., Allemagne Bd. 746.

Berg, das außerhalb dieser neuen Handelswege und außerdem zu nahe an Frankreich lag, um sich von den Zollgesetzen zu befreien, "eingezwängt und eingeschlossen", konnte aus dem Kontinentalsystem keinerlei Vorteil ziehen.

## XIV.

Im November 1812 charakterisierte Roederer in einem Rapport, den Napoleon zweifellos niemals sah, die wirtschaftliche Situation des Großherzogtums zusammenfassend so: "Die gewerbetreibende Industrie liegt im allgemeinen darnieder; die Baumwollfabriken zehren sich auf. Unterdessen sind die Baumwollfabriken von Rouen derart in Blüte, daß ihnen nicht genug Hände zur Verfügung stehen. Ich wage es daher, Eurer Majestät zu sagen, daß das Opfer der Baumwollfabriken des Großherzogtums für die aus Rouen völlig gratis ist. Eure Majestät hat den Markt der französischen Fabriken um alles das erweitert, was sie den Fabriken des Großherzogtums weggeschnitten hat. Daher könnte die bergische Industrie wenigstens zu einer durch eine Taxe abgemilderten Konkurrenz zugelassen werden, ohne irgendjemandem zu schaden. Aber Eure Majestät hat nicht nur den Absatzmarkt der französischen Fabriken immens vergrößert; Sie haben sie vor der englischen Konkurrenz geschützt, was sie ganz erheblich über die Anfechtungen einer so begrenzten Industrie eines kleinen Landes wie das Großherzogtum Berg erhebt. Auch die Metallfabriken leiden stark unter Arbeitsmangel. Ein Drittel der Auswanderer kommt aus dieser Branche. Man versichert, daß in den Gemeinden Elberfeld und Barmen von sieben Menschen einer von Almosen lebt."[682]

Einige Wochen später, Ende Januar 1813, brach im Großherzogtum eine Revolte aus, die Napoleon beunruhigte: Dies war das erste ernsthafte Zeichen einer tiefen Unzufriedenheit in Deutschland. Obwohl streng unterdrückt, war dieser "Tumult viel mehr durch die Not als durch die Politik verursacht"[683]. Er fand ein rasches und nachhaltiges Echo in den Hanse-Departements, und im Gefolge der Unruhen gelangten Kolonialwaren in das Großherzogtum, dessen schon so schlecht bewachte Grenzen für einige Zeit ganz ohne Überwachung blieben: Es gab nur 125 Bewacher für 200 Meilen!

## XV.

Selbst in diesem Augenblick und trotz der dringenden Warnungen der Minister verlangte Napoleon die volle Anwendung des Tarifs von Trianon. Er wollte noch etwas mehr Geld aus diesen Ländern herausholen, ehe sie ihm entglitten, und vor allem wollte er versuchen, dem bedrohten Frankreich "Rückendeckung zu geben": Ein Erlaß von Beugnot, am 4. Mai entsprechend den aus Paris gekommenen Befehlen ausgegeben, untersagte jede Reduzierung des Tarifs. Zehn Tage später schlossen drei Firmen in Elberfeld ihre Betriebe; alle baumwollverarbeitenden kündigten an, dies ebenfalls zu tun. "Die Lage kann schrecklich werden", schrieb Nesselrode, "einige Tausend Arbeiter stehen vor der Alter-

---

[682] AF IV 1226.
[683] Rapport von Beugnot in Archiv Düsseldorf, Handel und Gewerbe, Nr. 22.

native, entweder zu betteln oder Banditen zu werden. Die Maßnahme ist um so unheilvoller, als die anderen Rheinbundstaaten das Dekret niemals ausgeführt haben"; er flehte Roederer an, "das Land zu retten, das in Gefahr stehe, nachdem es der einen Krise entronnen war, in eine zweite, noch unheilvollere zu geraten". Beugnot bezeichnete das Schicksal des Großherzogtums als härter als das von Frankreich, als das schlimmste Europas: "Die Industrie ist gezwungen, ihre Produktion anzuhalten und hat ihre Arbeiter entlassen; die Entlassung beginnt bei den schlechten Arbeitern, was Banditen hat entstehen lassen; ... die aufrührerischen Elemente sind von geheimen Sendlingen in Bewegung gesetzt worden, die das Gerücht in Umlauf gebracht haben, daß der Kaiser nicht einen Soldaten mehr habe; ... das Großherzogtum befindet sich in einem aufgewühlten Zustand; dieser Zustand kommt daher, daß es das einzige gewerbetreibende Land ist, welches die zwangsläufigen Härten des Kontinentalsystems ohne irgendeinen Ausgleich erträgt, denn es hat weder Binnenhandel noch solchen mit seinen Nachbarn. Es kann nicht lange produzieren, ohne absetzen und Handel treiben zu können. Es muß also entweder angeschlossen werden oder die geforderten Transitgenehmigungen erhalten. Wenn man seine Industrie vernachlässigt, könnte das Land lediglich als eine vorgeschobene Schutzgrenze Frankreichs zur Abwehr des Schmuggels jenseits des Rheins betrachtet werden; dann muß aber der Zolldienst verdoppelt werden. Der erste Weg ist durchführbar und stimmt mit der Politik des Kaisers überein; der zweite würde die notwendigen Arbeitsmöglichkeiten schaffen; der dritte erzwingt ein Opfer, über das man sich nur trösten könnte, wenn es für die Politik des Kaisers wenigstens ansatzweise notwendig wäre; *gegenwärtig richtet die Verwaltung ohne Gewinn Unheil an.*"[684]

Sie verschlimmerte dies noch, indem sie die verhaßten Beschlagnahmungen wieder aufnahm. Preußen hatte gerade Frankreich den Krieg erklärt und die Kontinentalblockade abgeschafft; die Franzosen waren aus Hamburg verjagt worden; die Polizeiberichte meldeten Napoleon, daß Deutschland mehr denn je von Kolonialwaren überschwemmt werde. Er beharrte jedoch hartnäckig darauf, den Rheinbund zur vollständigen Anwendung des Tarifs zu zwingen. Um zu verhindern, daß die angelegten Vorräte auf lange Zeit ein Erhebungshindernis darstellten, befahl er durch ein in Nossen[685] unterzeichnetes Dekret, die im Großherzogtum und im 32. Militärbezirk[686] befindlichen Kolonialwaren beschlagnahmen zu lassen, unter Sequester zu legen und sie nach Köln zu transportieren, um sie dort verkaufen zu lassen. Am 8. Mai 1813 unterzeichnet, wurde das Dekret Roederer am 14. Mai übergeben; eine Stunde später brachte es eine Stafette nach Düsseldorf;

---

[684] Gleicher Rapport; Vgl. in AF IV 1854 die merkwürdige Bittschrift des Elberfelder Industriellen Kamp. Er zeigt an, daß Baumwollgarnfärbereien im Ausland von Bergischen gegründet worden sind. Bestimmte Fabriken arbeiteten nicht mehr als drei bis vier Tage pro Woche; andere für halbe oder viertel Tagesschichten. Thun hat diese Geschichte des Einflusses der französischen Schutzrechte sehr ungenügend zusammengefaßt; wenn die Periode von 1789-1806 für die Wollindustrie gut war, war im Gegensatz dazu die von 1806-1813 eine Periode der Krise. Thun spricht von der "*Seeligkeit des Schutzzolls*". Wo hat er gesehen, daß man sich im Tal der Wupper zum Regime der Kontinentalsperre beglückwünschte? Op. cit., S. 188-189.

[685] Zwischen Dresden und Leipzig gelegen.

[686] Dieser Militärbezirk mit Zentrum in Hamburg umfaßte die Departements Obere Ems, Wesermünde und Elbmündung.

Beugnot erhielt es am 16. Mai. Noch am selben Tag traf der Kaiserliche Kommissar die erforderlichen militärischen Maßnahmen für seine Ausführung. Der ebenfalls mit Anweisungen versehene Handelsminister Collin de Sussy befahl seinerseits, zwei Militärabteilungen in das Großherzogtum einrücken zu lassen, die eine über Wesel, die andere über Köln. Sie sollten die Ausfuhrstellen bewachen, während der Zolldirektor von Wesel, Turc, die Operation leiten sollte.

Tatsächlich wurden Baumwollballen beschlagnahmt, die als Schmuggelgut nach Frankreich eingeführt werden sollten. Aber man beschlagnahmte auch solche, die von den französischen Zollbehörden an die Gewerbetreibenden verkauft worden waren[687]! Der Zolldirektor ließ alles durchsuchen. Seine Agenten drangen sogar in den Jägerhof ein, und der indignierte Beugnot bot ihnen an, sein eigenes Haus zu inspizieren. Roederer wurde von neuem durch die Klagen der Minister beunruhigt; sie fühlten sich "bedrängt von den entlassenen Arbeitern, die sie um Brot oder wenigstens um Unterstützung zur Auswanderung baten". In Rapporten an den Erzkanzler und die Kaiserin als Regentin bat er um eine Ausnahme zugunsten der Baumwolle, von der 15.000 bis 20.000 Arbeiter lebten. Am 14. Juni bilanzierte Beugnot die Auswirkung des Dekretes: Von den 20.000 Arbeitern, die in der Spinnerei, der Färberei und der Weberei beschäftigt waren, waren 13.000 ohne Arbeit, darunter 4.000 Kinder unter 15 Jahren. Die Jungen bettelten, die Älteren zehrten ihre kleinen Rücklagen auf, verkauften ihre Möbel, lebten von Unterstützungen. Sie rotteten sich zu Banden zusammen, die sich den Kanton aufteilten; seit drei Monaten hatten sich die Diebstähle verdreifacht; bei den Kaufleuten gingen Erpressungsbriefe ein - eine bis dahin unbekannte Sache -, in denen sie in dem Fall, daß sie keine Hilfe leisteten, mit Brandstiftung bedroht wurden[688]!

Schließlich konnte erreicht werden - nach langwierigen Schritten und dank der Vermittlung des Generals Lemarois, der nicht glauben konnte, daß der Kaiser die Arbeiter der Verelendung preisgeben wolle, sowie dank der Entsendung einer weiteren Deputation, die versuchte, Napoleon in seinem Hauptquartier aufzusuchen -, daß den Gewerbetreibenden die beschlagnahmte Baumwolle gelassen wurde, um ihre Fabriken nicht zu ruinieren. Am 12. Juli wurden alle anderen Kolonialwaren in Köln verkauft[689]. Diese

---

[687] Genauso wurden die im Schleichhandel eingeführte Baumwolle und diejenigen, für die Abgaben bezahlt worden war, behandelt. Siehe die Beschwerde eines Kaufmanns aus Elberfeld vom 14. Juni 1813: Er hatte 500 Arbeiter entlassen. Ein Geheimagent benannte ein Unternehmen, das bis zu 1.500 Arbeiter beschäftigt hatte und jetzt nicht einen mehr beschäftigte!

[688] Beugnot übersandte die Kopie eines dieser Drohbriefe, der im Hof der Gebrüder Graber aus Lüttringhausen gefunden wurde: "Sie werden dafür sorgen, daß heute abend 100 Taler auf ihrem Feld deponiert werden ... Wir sagen und schreiben 100 Taler, denn wir sind acht. Wir müssen es aus großer Bedrängnis tun, denn den ganzen Winter haben wir gar keine Arbeit gehabt ..., wenn Sie es nicht tun, werden Sie sich in großes Unglück stürzen und es wird Ihnen dabei schlecht ergehen ..."

[689] AF IV 1062, 1854, F⁷, 8294; Lecestre, *Lettre inédites de Napoleon I*, II, 244, Brief vom 16. Juni 1813. Das Dekret von Nossen war vor allem erlassen worden, um den Schleichhandel zu stören, der sich immer unangefochtener am Rhein ausbreitete. Man nahm an den Toren von Wesel einen Brigadier der Gendarmerie aus dem Großherzogtum fest, der 17 Stück Mousselin-Tücher bei sich trug! (F⁷, 8269). Folgendes schrieb der Auditor im Staatsrat und Polizeisonderkommissar in den Departements Roer und Rheinmündung (Boula de Coulombier) am 1. Februar 1813 über das

letzte Konzession und diese letzte Härte blieben gleichermaßen wirkungslos: Die eine konnte den Schleichhandel nicht aufhalten, die andere genüge nicht, um die Lage im Lande zu normalisieren und die alte Aktivität des Gewerbes wiederherzustellen. Seitdem sich die Neuigkeiten aus Rußland Ende 1812 im Land verbreiteten, vor allem aber seit im Januar 1813 das Signal zur Revolte von der Industrieregion des Großherzogtums nach ganz Deutschland ausgegeben wurde, lebte man in der Erwartung großer Veränderungen, die bald herbeigesehnt wurden.

## XVI.

Wenn die rechtsrheinischen Länder gegenwärtig unter den französischen Schutzmaßnahmen zu leiden hatten, so waren sie andererseits - denn jede Herrschaft eines Landes über ein anderes bringt auch gute Wirkungen mit sich - den Franzosen zu Dank verpflichtet für die Aufhebung einer Menge störender binnenländischer Grenzen, für die Zusammenführung von bis dahin getrennten Gebieten, die wie dafür geschaffen waren, sich zu ergänzen. Im wirtschaftlichen wie im Verwaltungs- und Justizbereich begann mit der französischen Herrschaft eine Horizonterweiterung und Vereinheitlichung, die in der Zukunft die besten Auswirkungen haben sollten.

Schon Murat hatte in den ihm zugefallenen Ländern die einzelnen Zollstationen beseitigt und die politischen mit den wirtschaftlichen Grenzen des neugeschaffenen Landes in Einklang gebracht. Beugnot vollendete das begonnene Werk: Als die Grafschaft Mark, das Bistum Münster und einige andere Fürstentümer dem Großherzogtum von 1806 hinzugefügt worden waren, schloß er diese Gebiete in die Zollinie ein und sicherte durch einen günstig eingerichteten Tarif gleichzeitig dem Staat Einnahmen und der Industrie des Landes einen genügenden Schutz. Das Zollsystem des Großherzogtums war "rein fiskalisch", denn die Zölle betrafen den Transit. Sie erhöhten schlicht die Frachtkosten zugunsten der fürstlichen Kasse. Die Abgaben sollten niedrig genug sein, damit die Passage des Großherzogtums dem Handel nicht verleidet wurde, sowie hinreichend einfach und nicht zu drückend. Die den Fabriken notwendigen Rohstoffe wurden mit einer geringen Einfuhrabgabe (3-4 Sols per Zentner) und einer höheren bei der Ausfuhr (10 Sols) belastet. Für die Fertigprodukte mußten verhältnismäßig hohe Einfuhr- (10 Sols) und geringe Ausfuhrabgaben (3 Sols) bezahlt werden. Um den Verbrauch zu steuern und den Wegfall der inneren Wegezölle teilweise auszugleichen, wurden auf Kolonialwaren Einfuhrabgaben erhoben. Beugnot hatte kein Zwischenlager angelegt, weil das Land politisch zu unbe-

---

Großherzogtum: "Dieses sehr industriereiche Land ... fühlt sich durch seine Lage eingeklemmt; dieser Staat ist gegenwärtig so klein, daß alles das, was man dort erzeugt, im Lande selbst nicht verbraucht werden kann. Die Fabriken des Roer-Departements würden prompt zusammenbrechen, wenn das Großherzogtum dort seine eigenen Erzeugnisse einführen könnte ... Die Einwohner der Rheinbundstaaten fürchten den Gewerbefleiß der Einwohner des Großherzogtums ebenso; von allen Seiten engen die Zollgrenzen es ein; der Schleichhandel ist die einzige Erwerbsquelle und er ist oft erfolglos ..."; (F[7], 8269).

ständig war. Das Zollsystem des großen französischen Empire durfte nicht sklavisch kopiert werden[690].

Die territorialen Veränderungen und die industrielle Krise verminderten zunehmend die Zolleinnahmen und störten die Wirtschaftlichkeit des Tarifes von Beugnot erheblich. Die französischen Weine wurden seit 1810 über Wesel statt über das Großherzogtum geliefert, um französisches Territorium nicht zu verlassen. Der Export nach Holland - wie der nach Frankreich - kam fast ganz zum Erliegen. Die Schiffahrt auf Ruhr und Rhein ging schrittweise zurück und war Ende 1810 fast ganz zum Erliegen gekommen. Sicherlich verursachte die Erhebung der durch den Tarif von Trianon festgesetzten enormen Abgaben kurzzeitig ungewöhnliche Einnahmen, aber diese plötzlichen Steigerungen weckten keinerlei Illusionen; tatsächlich gingen die regulären Zollerträge von 1810 bis 1813 zurück. Während des letzten Jahres der französischen Herrschaft endete auch der Handel mit dem Norden, es gab keine Messe in Leipzig, der Schleichhandel gedieh ungestraft: Wie sollte ein Kampf auch ausgehen, den sich vier Zöllner mit 80 Kaffeehausierern in Begleitung von sieben Bewaffneten lieferten?[691]

Der Kaiserliche Kommissar wollte - und verschiedene Male kam er auf diese Idee zurück -, daß der Rheinbund eine Zollunion bilde. Er hoffte, daß die anderen Staaten das großherzogliche Beispiel aufnehmen und einheitliche Tarife einführen würden. Er träumte von einer Art "Zollverein". Die Zeit fehlte aber, um derartige Projekte zu verwirklichen. Der Rheinbund - in politischer Hinsicht kaum im Groben entworfen - blieb in wirtschaftlicher Hinsicht eine Staatengruppe, deren Interessen nicht harmonisiert und deren Zollsysteme gezwungenermaßen widersprüchlich waren. Doch die Gründung von größeren Territorien, eingeschlossen in eine einzige Zollgrenze, blieb für die weitere Entwicklung Deutschlands nicht ohne Folgen. Schon waren auf dem rechten Rheinufer die Rohmaterialien produzierenden Länder und die Gebiete, in denen dieses Material verarbeitet wurde, einander angenähert worden. Ein wirtschaftlich homogener und ein Ganzes bildender Staat war gegründet worden, der ohne die Kontinentalsperre eine große Entwicklung hätte erreichen können. Als die "Umstände dem Handel günstiger wurden", gerieten die Krisenjahre in Vergessenheit, und man erinnerte sich daran, daß erst Frankreich die Länder Berg, Mark und das Siegerland, d.h. die Fabriken, die Kohle und das Eisen, miteinander in Kontakt gebracht hatte. Die wirtschaftliche Einheit dieser Region Westdeutschlands war vor 1815 hergestellt worden: Preußen war sehr darauf bedacht, sie zu erhalten[692].

Ebenso wie die topographische Einheit wurde die juristische Einheit realisiert - die französische Herrschaft brachte vor allem Einheit und Gleichförmigkeit der Justiz: Auf-

---

[690] Allerdings wurde die Kohle begünstigt. Es war nötig, den Export nach Holland zu erleichtern, der seit dem Seekrieg zunahm. Das Dekret über den Zolltarif und der Rapport Beugnots sind in AF IV pl. 2393 (10. September 1808). Der Zolldienst wurde durch das Dekret vom 11. Januar 1809 geregelt (AF IV, pl. 2553). Ende 1809 bereitete Héron de Villefosse für die Erzprodukte einen noch liberaleren Tarif vor; er wurde nicht in Kraft gesetzt. Papiere Héron de Villefosse.

[691] Projekte zum Wechsel im Zollregime (F$^{12}$, 1900).

[692] In den Erinnerungen, die er Héron de Villefosse widmete, sah Eversmann die Bedeutung voraus, die ein in wirtschaftlicher Hinsicht homogener Staat im Welthandel hätte. Papiere Héron de Villefosse.

hebung der Privilegien und Unterherrschaften, Gewerbepolizei, Arbeitsbücher, Eigentum an Erfindungen und Warenzeichen für die Erfinder und Fabrikanten, überall wurden Gewerbegerichte gegründet. Dies alles war das - zumindest theoretische - Ergebnis einiger Jahre französischer Verwaltung. In der Praxis hat es Klagen gegeben und die Gesetze wurden, so scheint es, nicht immer konsequent angewendet. So konnten beispielsweise die antiquierten Privilegien der Solinger Fabrikanten nicht abgeschafft werden. Noch 1840 wurden Arbeiterhäuser zerstört, weil deren Besitzer "Wilde" als Arbeiter eingestellt hatten, die nicht Söhne von ehemals in Solingen ansässigen Arbeitern waren[693].

## XVII.

Wie einst das römische Weltreich fand die napoleonische Herrschaft durch den Bau neuer Straßen einen festen Platz in der Erinnerung der Bevölkerung: Brücken und Chausseen bildeten im Großherzogtum wie in den Departements des linken Ufers einen der wichtigsten staatlichen Ausgabeposten. Unterhaltung der Flüsse, Kanalisation, Arbeiten am Rheinufer und der Bau großer neuer Straßen verschlangen jedes Jahr den zehnten Teil der Staatseinnahmen; in einem Land, wo ein Mosaik aus kleinen Fürstentümern die Einrichtung großer Chausseen bis dahin verhindert hatte, brachte die französische Eroberung zahlreiche Verbesserungen. Seit 1806 wurde an dem fehlenden Straßennetz gearbeitet. Auch die Stadt Düsseldorf, die Hauptstadt eines größeren Staates geworden war, zog Vorteile aus dem neuen Regime: Sie durchbrach ihre engen Grenzen und entwickelte sich; die Befestigungen wurden geschleift, die Stadt wurde größer und schöner. Die Boulevards und die Gärten, die heute ihre Zierde ausmachen, wurden damals angelegt; auch ein großer Flußhafen wurde dort geplant und begonnen: Dies sind dauerhafte Monumente einer kurzen Periode fremder Herrschaft[694].

In postalischer Hinsicht dagegen bedeutete die Zeit der französischen Herrschaft, und dies ausschließlich aus politischen Gründen, die Zersplitterung eines Dienstes, der nach und nach zu einem reichsweiten geworden war. Die Familie von Thurn und Taxis hatte seit 1516 in ganz Deutschland Relaispoststationen eingerichtet; der Titel "Generalpostmeister" hatte sich seit dem 16. Jahrhundert vererbt. 1804 begann in Württemberg die

---

[693] AF IV, pl. 3095, 4817, AF IV 1839, 1841; Cronau, *Geschichte der Solinger Klingenindustrie*, (die auch Thun benutzt hat, op. cit.). Es wäre interessant, jedoch fehlt hier der Platz, eine Monographie der industriellen Organisation Solingens auszuarbeiten. Man wird einige Bemerkungen darüber in meinem Aufsatz über die *Industrie des Großherzogtums 1810* finden. Beugnot forderte das Fortbestehen einer besonderen Institution in Altena, Iserlohn, Remscheid; es handelte sich um eine Vereinigung, die zum Ziel hatte, den Preisverfall für Artikel der Drahtzieherei zu verhindern, indem sie alle Fabrikanten verpflichtete, ihre Erzeugnisse in die Hände einer Genossenschaft zu legen, die ihre Qualität feststellte und anschließend den Verkauf zu einem vereinbarten Preis durchführte. Dieser freiwillige Kontrakt lief 1812 aus. Beugnot wollte daran nicht rühren, aber forderte, sie 1812 für unnötig zu erklären (AF IV 1839). Vgl. hierzu Altenaer Eisendraht-Stapel, Anhang G.
[694] AF IV 1226, AF IV* 472, 474, AF IV 1862 und Winkopp, *Der Rheinische Bund*, IV. 44.

Verstaatlichung des Postwesens. Anstelle eines einzigen Dienstes im Reich wurden in der Rheinbundzeit 26 in Deutschland tätige Postorganisationen gezählt[695].

Kaum im Großherzogtum angekommen, hatte Murat den Befehl erhalten, die Post den Beamten der Familie Thurn und Taxis abzunehmen, von denen Napoleon Indiskretionen fürchtete. Seit 1807 war nicht nur die Post im Großherzogtum reorganisiert, sondern sie dehnte sich bis nach Hamburg aus. Die Zentralisation des Postwesens in den Händen französischer Beamter hatte höchste politische Bedeutung: Es war notwendig, den Agenten des Hauses Österreich die englischen Briefe abzunehmen; es konnte nützlich sein, sie dem schwarzen Kabinett zuleiten zu lassen[696]. Durch nachfolgende Verträge wurde die bergische Post ein notwendiges Verbindungsglied zwischen Frankreich und den Hansestädten. Die an der Nordseeküste ankommende Korrespondenz mußte durch französische Hände gehen. Der Dienst war so gut organisiert, daß der Ertrag 1807 127.000 Francs betrug, während 1806 nur 80.000 Francs gezählt wurden! Der Anschluß der Hanse-Departements reduzierte die bergische Post wieder auf ihren großherzoglichen Bereich[697].

Beugnot in Düsseldorf und Bacher in Frankfurt hatten die Bedeutung einer einheitlichen Postverwaltung für den Rheinbund mit Zentrale in Frankfurt erkannt. Aber auch in diesem Punkt - wie in so vielen anderen - war der Rheinbund nur ein hohles Gebilde und ein pompöser Name. Es ist indes bemerkenswert, daß die französischen Verwaltungsleute und Diplomaten oft intuitiv die Vorstellung eines geeinigten Deutschland hatten.

Das Werk der territorialen und juristischen Vereinfachung, das sie in den verschiedenen Ländern verwirklichten, ließ sie über noch größere und umfassendere Aufgaben nachdenken, aber die Zeit für die Verwirklichung dieser Pläne fehlte.

\*

\* \*

Ich denke bewiesen zu haben, daß das Großherzogtum unter den französischen Zolltarifen und dann unter der Kontinentalsperre mehr als jedes andere Land gelitten hat. Es war ein Pufferstaat zwischen dem sich eifersüchtig schützenden französischen Kaiserreich und den deutschen Ländern des Ostens, die dank eines aktiven Schleichhandels keine Mühe mit der bergischen Konkurrenz hatten und sich bis 1810 der Kontinentalsperre entzogen. Das Großherzogtum erlitt die Rückwirkung aller von Frankreich getroffenen Maßnahmen gegen die englische Industrie und den englischen Handel, ohne aus diesen Maßnahmen selbst irgendeinen Vorteil zu ziehen, wie dies in den linksrheinischen Departements der Fall war.

Aber daraus, daß eine einzelne Region eine Krise während der Jahre durchmachte, die dem Tarif vom 30. April 1806 und dem Dekret von Berlin folgten, darf nicht die allge-

---

[695] Crole, *Geschichte der Deutschen Post*, 1889.

[696] *Correspondance de Napoléon*, XII, 211. - Im Norden Deutschlands gab es Auseinandersetzungen zwischen den militärischen und zivilen Autoritäten; die ersteren öffneten die Postkoffer aufs Geratewohl und erhoben unberechtigte Gebühren.

[697] Aff. étr., Allemagne, Bd. 732, 742, AF IV 1857.

meine Schlußfolgerung gezogen werden, daß der Wirtschaftskrieg gegen England für das gesamte Deutschland oder sogar für das gesamte kontinentale Europa wirkungslos und schädlich gewesen sei. Ein Gesamturteil über die Kontinentalsperre ist in der Tat verfrüht: Regionale Monographien und spezielle Studien sind erforderlich, bevor ein umfassendes Urteil möglich ist[698]. Die bis heute erarbeiteten Einzeldarstellungen führen, je nachdem ob sie sich auf diesen oder jenen Teil des Kontinents beziehen, zu unterschiedlichen Schlußfolgerungen: Wenn das Großherzogtum unter der Kontinentalsperre litt, zog Sachsen daraus Nutzen; wenn das rechte Rheinufer einem wirtschaftlichen "System" geopfert wurde, verdankte das linke Rheinufer im Gegensatz dazu die Gründung seiner Industrie eben diesem System! Das heißt, daß nur eingehende Studien für alle Länder - Frankreich eingeschlossen, wo sich die Wirkung der prohibitiven Gesetze mehr oder weniger auswirkte - es ermöglichen werden, exakte Schlußfolgerungen zu ziehen. Erst dann wird man sehen, wo und bis zu welchem Grad die Auswirkungen des "Systems" die erwarteten waren.

Wenn es auch schwierig erscheint, die Ergebnisse der Kontinentalsperre zu beurteilen, ist es wohl möglich, deren Ursprung zu erklären und aufzuzeigen, daß sie die notwendige Konsequenz eines bestimmten wirtschaftlichen Zustandes war.

Die Idee der Kontinentalsperre wie die Idee des gegen England gerichteten Protektionismus existierte bereits vor Napoleon, der lediglich eine alte Tradition fortsetzte. Seit Mitte des 18. Jahrhunderts erhielt das Handelsbüro Denkschriften, welche die Notwendigkeit einer Allianz Frankreichs mit den Hansestädten, Preußen und auch den Ländern des Nordens darlegten. Diese Allianz sollte die Seemacht der Engländer vernichten[699]. Als die Revolution ausbrach, entwickelte sich Frankreich als erstes Land des Kontinents vom reinen Agrarland zum Industriestaat. Bereits die Monarchie hatte seit langem die Gewerbe begünstigt und unterstützt: Es war fatal, daß der für den Fortschritt Frankreichs am meisten zu fürchtende Feind England sein sollte.

Die Mitglieder der Nationalversammlung zögerten nicht lange, den Wirtschaftskampf zu eröffnen. Sie kündigten den Vertrag von Eden, der für einen Moment die protektionistische Tradition zum größten Schaden der gewerblichen Regionen des Nordens unterbrochen hatte. Während Frankreich, in zollpolitischer Hinsicht geeint, sich energisch in einem Kampf engagierte, der weit über 1815 hinausgehen sollte, hatten die anderen Staaten Europas, noch bis zum Exzeß zerstückelt und im Partikularismus der Agrarstaaten lebend, sich weder entwickeln können noch - wie unser Staat - ein Interesse an der Zerstörung des englischen Monopols. Also mußte Frankreich Europa mit Waffengewalt unterjochen und in den gewaltigen Krieg hineinziehen. Deswegen machten die Revolutionsheere die eroberten Länder zu Hilfstruppen im Wirtschaftskrieg, während sie gleichzeitig modernisierten; deswegen zwangen die Franzosen den der Lehnsherrschaft und der kirchlichen Unterdrückung ausgesetzten Deutschen des linken Rheinufers ihre ganze prohibitive Gesetzgebung auf.

---

[698] Lexis, op. cit., und nach ihm A. König, op. cit., erklären, daß die Frage des Einflusses der Kontinentalsperre auf die Industrie des Kontinents nicht gelöst ist.
[699] $F^{12}$, 644, Jahr 1747.

Napoleon machte es genauso: Gedrängt von den Gewerbetreibenden und über eine gewaltige Militärmacht verfügend, faßte er den schon bald undurchführbar scheinenden Plan, den ganzen Kontinent durch territoriale Annexionen und einen regelrechten Zollterror zu nötigen, englische Gewerbeerzeugnisse und Kolonialwaren abzuwehren[700]. Die Verteuerung des Lebens, die Versorgungsschwierigkeiten in vielen Ländern, die durch den Schleichhandel verursachte Demoralisierung und riefen ab 1810, - d.h. seitdem die Kontinentalsperre begann, allgemein umgesetzt zu werden - unvermeidliche Unzufriedenheiten hervor und trugen neben anderen Ursachen dazu bei, den Aufstand der Völker vorzubereiten. Die Bauern, die ihren Tabak, ihr Salz, ihren Zucker teurer bezahlten als früher[701], die Arbeiter, die in bestimmten Gebieten keine Arbeit mehr fanden, dachten, daß die Not an dem Tag ihr Ende fände, an dem die Franzosen sich über den Rhein zurückzögen. Das gleiche läßt sich in Spanien, das noch kein industrielles Land war, in Portugal, faktisch einer englischen Kolonie, und in Holland beobachten, wo die freie Schiffahrt gestört worden war; überall widersetzte man sich dem Kontinentalsystem.

Als der Friede wiederhergestellt worden war, überschwemmte England - das während der ersten Jahre des Jahrhunderts seine Industrie erheblich entwickelt hatte - den Kontinent mit seinen Gewerbeerzeugnissen. Firmen brachen zusammen, im Schutz des Tarifs errichtete Fabriken wurden ruiniert. Während die Restauration in Frankreich an einem eindeutig protektionistischen Regime festhielt, meinten Politiker in Deutschland und vor allem in Preußen, daß die gleichen Prinzipien der wirtschaftlichen Verteidigung im Interesse der deutschen Industrie angenommen werden müßten. Gerade diejenigen, die - wie List[702] - die Kontinentalsperre am meisten bewunderten, waren die glühendsten Anhänger einer Zollunion, eines *Zollvereins*, der in Deutschland die wirtschaftliche Einheit herstellen sollte. Diese Idee eines Zollvereins hatten bereits die Franzosen während ihrer Herrschaft entwickelt: Bacher in Frankfurt und Beugnot in Düsseldorf hatten ihn für den Rheinbund befürwortet. Wenn damals ihre Pläne verwirklicht worden wären, hätte der Zollverein einige Jahre früher und mit weniger Schwierigkeiten gegründet werden können; es bleibt hingegen dabei, daß die Kontinentalsperre ihn vorbereitete.

Die Periode der Kontinentalsperre darf daher nicht für sich allein - losgelöst von dem, was vorher geschah, wie von dem, was danach kam - beurteilt werden. Es war eine Epoche der Krise (eine Übergangszeit)[703]; in einem solchen Moment sind die gewohnten Mittel nicht mehr passend und Opfer werden notwendig.

Diese Opfer waren in einem Gebiet Deutschlands besonders schmerzlich, das den englischen Handel kaum zu fürchten hatte. Dort war die Industrie bereits ausreichend ent-

---

[700] "Frankreich zuerst." "Die Dekrete von Berlin und von Mailand sind das fundamentale Gesetz meines Imperiums", usw. *Correspondance de Napoléon*, passim.

[701] Kiesselbach, op. cit., S. 150, Anm. 1 und S. 144, Zitat von Louis-Napoleon.

[702] Über List, siehe Ch. Andler, *Les origines de Socialisme d'etat en Allemagne*, Paris 1897, S. 279-297.

[703] Kiesselbach, op. cit. - 1829 zitierte Beugnot eine Denkschrift über den Handel wie folgt: "Nehmen wir an, daß die Revolution nicht gekommen wäre, wir wären, wohl schwach, vorangegangen sein: Wir wären gezwungen gewesen, uns vom Handelsvertrag mit England von 1786 zu befreien, was weder kurzfristig noch leicht möglich gewesen wäre, denn es hätte hierzu nichts weniger als eines Krieges bedurft ..."; AB XIX, 349 (Nachlaß Beugnot).

wickelt, um den Vergleich mit der englischen Industrie zu bestehen, und die Produktion war derart ergiebig, daß der Export, besonders nach Frankreich, beträchtlich war. Ein solches Gebiet war das Großherzogtum Berg. Es lag unserem Land zu nahe, um nicht durch dessen Zollgrenzen behindert zu werden, die es zunehmend einengten, aber gleichzeitig war es zu produktiv, um ohne nachteilige Folgen angegliedert zu werden. Während der Kontinentalsperre in seiner natürlichen Entwicklung zurückgeworfen, litt das Großherzogtum, wie der Rest Deutschlands, nach dem Abzug der Franzosen unter dem Überangebot englischer Erzeugnisse. Später zog es aus dem *Zollverein* Nutzen und wurde wieder das, was es gewesen war: eines der industriereichsten Gebiete des Erdballs[704].

---

[704] Siehe Bornhak, op. cit., III, 184 ff. "Selbst der berechtigte Kern, der in dem Kontinentalsystem gelegen, ging verloren, da das ganze System als ein Erzeugnis der Fremdherrschaft verhaßt war. Der Siegespreis, den England aus den Freiheitskriegen davontrug, war die völlige Schutzlosigkeit Deutschlands auf dem Gebiete der Industrie, so daß die englischen Waren, die während langer Zeit den auswärtigen Markt fast verloren hatten, und in England aufgespeichert waren, jetzt *Deutschland, das allein unter allen größeren Gebieten Europas kein ausreichendes Zollsystem besaß,* förmlich überschwemmten."

# Kapitel XII.

## Die öffentliche Meinung

### Das Erwachen des Nationalgefühls, der Aufstand von 1813, der Zusammenbruch

Formierte sich eine gemeinsame "öffentliche Meinung" in den von der französischen Herrschaft zusammengebrachten Gebieten?

I.      Bis 1809, d.h. bis zum Krieg gegen Österreich, manifestierte sich keine öffentliche Meinung; allerdings hatten die Niederlagen in Spanien Mitte 1808 einen großen Einfluß

II.     Der Feldzug gegen Österreich, die Streifzüge von Schill und Braunschweig-Oels bewirkten ein erstes Erwachen des deutschen Nationalgefühls

III.    Nach dem Vertrag von Wien und der Hochzeit Napoleons entspannte sich die Lage; doch bereitete die wachsende Wirtschaftskrise die zukünftigen Aufstände vor

IV.     Napoleon besucht im November 1811 Düsseldorf: die Verweigerung jeglicher wirtschaftlicher Erleichterung verursacht Enttäuschung

V.      Erste Anzeichen von Unruhe 1812

VI.     Die Vorstellungen der französischen Verwaltungsleute über die *Geheimbünde*; der Bericht Beugnots von 1809; die Pellenc zugedachte Rolle

VII.    Der Einfluß der *Gebildeten* und der Universitäten

VIII.   Was über den *Tugendbund* bekannt war; ihm wurde die gesamte antinapoleonische Bewegung angelastet; die Proklamation der *Schützenbrüder*; die Mission von Montholon

IX.     Das Pressewesen: bis 1808 Freiheit; unter der unmittelbaren Herrschaft Napoleons Überwachung

X.      Der Aufstand vom Januar/Februar 1813; Grund: das "gewaltsame" wirtschaftliche Regime; Vorwand: Die Konskription. Diese erste "Volkserhebung" beunruhigt Napoleon; schnelle Vergeltungsmaßnahmen: die Militärkommissionen

XI.     Die zweifelhafte Haltung der Justizbehörden

XII.    Seit dem April zeichnet sich der Zusammenbruch ab; Beugnot verläßt das Großherzogtum und überschreitet am 10. November 1813 den Rhein. Die französische Herrschaft hat das deutsche Nationalgefühl geschaffen

Als die Leibeigenschaft theoretisch bereits abgeschafft war, aber die Grundherren und bestimmte Gerichte versuchten, die Bedeutung der Reformen zu mindern und deren Auswirkungen abzuschwächen, beklagten sich die Bauern der Region und verlangten die Anwendung des Gesetzes. Als die Zolltarife, dann die Kontinentalsperre die industriellen Täler des Herzogtums Berg mit dem Ruin bedrohten, beklagten sich die Fabrikanten und Arbeiter und forderten eine Milderung der Härten des Kontinentalsystems. Dies alles deutet nicht darauf hin, daß sich eine allen Schichten gemeinsame öffentliche Meinung herausgebildet hatte, die sich vor allem in gleicher Weise in allen Provinzen unterschiedlicher Herkunft und Tradition, die durch die französische Herrschaft unvermittelt zusammengebracht worden waren, äußerte. Im folgenden soll gefragt werden: Bildete sich eine derartige Meinung, entwickelte sich eine Art gemeinsamen Denkens, das nicht einfach die Folge ausgeführter Reformen oder momentaner materieller Leiden war, mit einem Wort, rief die französische Herrschaft das Erscheinen einer deutschen "öffentlichen Meinung" hervor?

## I.

Während der ersten beiden Jahre französischer Herrschaft ergaben sich keine hinreichend tiefgreifenden Veränderungen, auf welche die Masse in irgendeiner Weise reagiert hätte: Murat, der zweimal in das Land gekommen war, jedesmal in Eile und einfach nur, um sich seinen Untertanen zu zeigen, erschien als eleganter, aufgeputzter und prunkvoller Souverän. Mit diesen "kriegerischen oder ritterlichen Pantomimen"[705] blendete und erfreute er die braven an die Einfachheit ihrer Fürsten gewöhnten Deutschen. Sie sahen in ihm vor allem den Schwager des Kaisers. Der Feldzug von 1806 und die Vernichtung Preußens ließen selbst die Bewohner des Herzogtums Kleve gleichgültig. 1808 wurde das Land durch die Angliederung neuer, nach dem Frieden von Tilsit abgetretener Provinzen erweitert, vor allem durch die Grafschaft Mark, in der seit langer Zeit eine enge Anhänglichkeit an Preußen bestand.

In der Mitte dieses Jahres, als das Großherzogtum der unmittelbaren Herrschaft Napoleons unterstellt wurde, verbreitete sich das Gerücht über die Niederlagen in Spanien: "Die Niederlage des Generals Dupont bei Baylen und die beschämenden Bedingungen, die sie begleiteten, erzeugten im Ausland bald einen tiefen Eindruck; die Maske war gefallen, man sah, daß es möglich war, uns zu besiegen, und dachte nur daran, uns zu bekämpfen."[706] Beugnot, der in das Land kam, um es im Namen des Kaisers zu verwalten, täuschte sich hier nicht: Gewiß, in seinen Rapporten zeigte er an, daß das Fest des 15. August [der 15. August war der Geburtstag Napoleons und wurde als Nationalfeiertag begangen; Anm. d. Hrsg] "mit Begeisterung überall im Großherzogtum" gefeiert wurde, aber er bemerkte zur gleichen Zeit, daß die Gelegenheit benutzt wurde, den Ministern des Kaisers Wünsche nach Anschluß des Landes an das französische Kaiserreich vorzutragen. Er selbst hatte diesen Bitten um Vereinigung keinen Vorschub geleistet. Denjenigen, die gekommen waren, um ihre Bittschriften zu übergeben, hatte er geantwortet, "daß sie

---

[705] Beugnot, *Mémoires*, I, 303.
[706] Beugnot, *Mémoires*, I, 326.

sich alleine der hohen Fürsorge des Kaisers anvertrauen sollten, und daß der Respekt vor ihr es nicht zulasse, deren Folgen vorauszusehen oder darum nachzusuchen"[707]: Das geringste Anzeichen der Unzufriedenheit wurde bei einer solchen Gelegenheit als Unbescheidenheit gedeutet, jedoch rief die schwierige wirtschaftliche Situation in den industriellen Kreisen bereits Klagen hervor.

Während der letzten Monate des Jahres drängten sich zahllose Beamte auf den Festlichkeiten und Empfängen des Generalkommissars. Diejenigen, die nicht eingeladen worden waren, bedauerten es sehr. In einem Brief an seine Tochter, Madame Curial, beschreibt Beugnot den Eifer der Massen, die zu den von den Ausländern organisierten offiziellen Vergnügungen herbeiströmten: "Deine Mutter ist zum Umfallen müde von ihrem ersten Ball. Seine Majestät der Kaiser und König hat mir den Auftrag erteilt, würdig zu repräsentieren; also, was die Deutschen das Hervorragendste an der Repräsentation finden, ist, daß man sie tanzen läßt; am Jahrestag der Regierung (er will *Krönung* schreiben) hat es ein großes Diner, einen großen Ball und viel prunkvolle Aufmachungen gegeben; nur das Souper wurde vergessen! Denn hier gilt nicht: *nach dem Bauch der Tanz*; das Sprichwort muß umgedreht werden. Um zwei Uhr früh 20 Offiziere vor Hunger sterbend, ebenso viele Damen, die wie Offiziere futtern, und Demoiselles, die Appetit wie die Lappen haben. Für alle diese hat meine Frau als Notbehelf nur eine Milchsuppe gefunden; sie sind vor der verwünschten Suppe zurückgewichen, wie es ein Regiment täte, dem man, aus der Schlacht kommend, Baisers servieren würde; die Offiziere gingen los, um Speisewirte zu wecken; die Frauen sind der Ohnmacht nahe weggegangen, und ich glaube, daß dies Deine Mutter krank gemacht hat. Für den nächsten Ball habe ich ihr den geheimen Rat gegeben, einen Hirsch zu erlegen."[708] Aus der Freude der zivilen oder militärischen Beamten, beim Kaiserlichen Kommissar zu dinieren oder zu tanzen, darf man keine Schlüsse ziehen. In diesem Jägerhofpalais hatten dieselben Bürokraten und dieselben Offiziere unter der vorhergegangenen Regierung getanzt und würden am nächsten Tag getanzt haben, wenn das Regime ganz plötzlich gewechselt hätte. In den rituellen Zeremonien, in denen die offizielle Welt sich gefällt, ist der Zustand der Stimmung eines Landes und der Masse seiner Bevölkerung nicht zu finden.


## II.


In den Momenten politischer Krisen tritt die Meinung der Menge zutage: Seit den ersten Wochen des Jahres 1809, "seit man in Europa anfing, an die Wahrscheinlichkeit eines bevorstehenden Kampfes zwischen Frankreich und Oesterreich zu glauben, verbreitete sich eine unbestimmte Unruhe, ein dumpfes Gerücht hiervon in Deutschland und hauptsächlich in Westphalen"[709]; der politische Horizont verfinsterte sich. Anfang März erhielt Beugnot von Staatssekretär Maret strenge Anweisungen: Er sollte jede Woche einen allgemeinen Polizeirapport nach Paris senden. Ihm wurde nicht nur aufgetragen, den inneren Zustand des Großherzogtums zu melden, sondern er sollte zudem vertrauliche Aus-

---

[707] AF IV 1225.

[708] AB XIX, 335 (Nachlaß Beugnot); Brief vom 4. Dezember 1808.

[709] Goecke-Ilgen, *Das Königreich Westfalen*, S. 150.

künfte über das Personal schicken und alles melden, was er über die Nachbarländer sowie über Deutschland im allgemeinen erfahren konnte[710]. Die großherzogliche Post in Hamburg lieferte ihm die Mittel, vielerlei Geheimnisse zu erlangen. Als Verwalter eines der Herrschaft Napoleons unmittelbar unterstellten Staates konnte Beugnot besser als jeder andere Agent in Deutschland den Kaiser davon unterrichten, daß der Zustand des Rheinbundes seit einigen Wochen zur Beunruhigung Anlaß gab und die Stimmung zugunsten Österreichs neigte[711].

Ohne Zögern gab Beugnot allgemeine Hinweise über die "Disposition der öffentlichen Meinung": Das Großherzogtum konnte nicht insgesamt beurteilt werden, denn eine einheitliche öffentliche Meinung hatte sich noch nicht so gebildet, wie sie in der Verwaltung im Begriff war, verwirklicht zu werden. Im ehemaligen Herzogtum Berg, wo der Adel "vernünftig" war und Hervorragendes geleistet hatte, "war man sehr gut auf Frankreich zu sprechen; in dieser Region gab es eine Mittelschicht zwischen dem Volk und dem Adel, ein Bürgertum, das den Reformen Beifall zollte und bei dem es leicht sein sollte, Stolz zu erwecken, dem Kaiser anzugehören". Das Münsterland dagegen war nur mit "Adeligen des 12. Jahrhunderts und leibeigenen und abgestumpften Bauern" bevölkert. In diesem Gebiet war alles österreichisch. Im übrigen war es das Land der "Karikaturen", wo der Adel, stolz auf seine zahlreichen Besitzungen, die französischen Generäle und die jüngst ernannten Barone verachtete. Dieses Land hatte es nötig, zivilisiert zu werden, und Beugnot setzte auf die sozialen Reformen, wie die Abschaffung der Leibeigenschaft, um dort eine positive öffentliche Stimmung entstehen zu lassen. "Gegenwärtig", schrieb er, "gibt es nur den Geist der Adeligen und der Kanoniker, d.h. ein Gebilde aus Unwissenheit, Fanatismus und Hochmut, das Jammern einer klerikalen Regierung, so überaus geeignet, alle diese Laster und den Haß gegen den zu nähren, der sie bekämpft, wo immer er sie antrifft." Die an das Bistum Münster grenzende Grafschaft Mark glich letzterem in nichts: "Am äußersten Ende der preußischen Monarchie gelegen, profitierte diese kleine Provinz von all den guten Gesetzen Friedrichs II. und entkam wegen der weiten Entfernung seiner fiskalischen Begierde"; in diesem Teil des Großherzogtums war das rege, arbeitsame Volk unruhig und leicht aufzuwiegeln; die Meinung war dort Preußen zugetan. Wenn im Bistum Münster eine Volksstimmung erst gebildet werden mußte, in der Grafschaft Mark mußte sie korrigiert werden[712].

Die Rapporte der Präfekten und die in Düsseldorf empfangenen geheimen Aufzeichnungen bestätigten diesen ersten Eindruck nur noch: "Es gibt nur wenige frühere Adelige", schrieb Beugnot einige Zeit später, "deren geheime Wünsche nicht für Österreich seien; sie bilden sich ein, daß, wenn Österreich Erfolg habe, sie alles wiedergewännen, was sie verloren haben; *dieser Krieg wird ganz im Zeichen des Feudalismus stehen.*"[713]

---

[710] AF IV 1839. AB XIX, 350 (Nachlaß Beugnot). Ich übergehe stillschweigend die Aussagen Beugnots über die Hansestädte und im besonderen über Hamburg, weil dies nicht zu meinem Thema gehört.

[711] *Correspondance de Napoléon*, XVIII, 268, 15. Februar 1809.

[712] AF IV 1225. Ich habe den Rapport Beugnots von der ersten Woche des März 1809 kurz zusammengefaßt; im übrigen war Münster bis 1805 gefüllt mit Emigranten, die dort die Bevölkerung "bearbeiteten".

[713] AF IV 1225, zweite Hälfte März.

Wie ein Refrain kehrte in allen nach Paris gesandten Briefen die Besorgnis über die Grafschaft Mark wieder: Dort war das *Volk* den Franzosen gegenüber deutlich feindselig; überall sonst "besaß es weder Kraft noch entschlossenen Charakter."

In der ehemaligen Grafschaft Mark lief das Gerücht um, den Grundbesitzern sei gedroht worden, daß ihre Schlösser angezündet und ihre Besitzungen verwüstet würden, wenn sie nicht mit der Mehrheit der Bevölkerung gegen Frankreich Partei ergriffen. Der Aufstand sollte ausbrechen, sobald die letzten Truppen des Großherzogtums das Land verlassen hätten. Einige "tumultartige Umtriebe", deren Vorwand die Konskription war, bestätigten die Befürchtungen Beugnots[714].

Es ist begreiflich, mit welcher Ungeduld Beugnot seitdem die Nachrichten vom begonnenen Feldzug erwartete; von seinem Erfolg oder Mißerfolg hingen die Ruhe des Landes oder der Ausbruch eines vorbereiteten Aufstandes ab. "Die Intrige war überall, arbeitete überall und in alle Richtungen; die Korruption ging bis in die Wirtshäuser": Die ersten Siege "bewahrten wunderbarerweise Deutschland vor einer schrecklichen Krise"[715].

Kaum hatte die Meldung der Einnahme von Landshut und der Besetzung von Regensburg Beugnot beruhigt, als die Streifzüge Schills erneut einen Aufstand im Norden des Großherzogtums befürchten ließen: Dieser "Tavernen-Maulheld" - der ihn sehr viel mehr beunruhigte als er in seinen Erinnerungen durchblicken läßt - hatte Freunde im Land: In der österreichischen Partei wurde über "Herrn Major Schill mit viel Anerkennung und Verehrung gesprochen; man rühmte seinen Mut, man pries seine großen Fähigkeiten". Um den Umtrieben entgegenzuwirken, ließ Beugnot die Grafschaft Mark durch einen ehemals preußischen, für die französische Sache gewonnenen Hauptmann durchstreifen, der verdächtige Personen meldete. Es war so dringend angezeigt, das Volk zu schonen, daß die Verwaltungschefs die Anordnung erhalten hatten, mit großer Milde und Mäßigung zu handeln. Die Anwendung der besonders hart erscheinenden Gesetze sollten sie sogar unauffällig aussetzen. Der General Damas begab sich unter dem Vorwand, seinen Befehlsbereich zu visitieren, zu den bedrohten Punkten, errichtete Verbindungszentralen und versuchte, die Übelgesinnten von der Macht der Regierung zu überzeugen. Entsprechend den Instruktionen Beugnots sollte er alles überprüfen. Ausgehend von dem Eindruck, den er sich vom Land machen konnte, sollte er melden, ob die Bewegung Erfolg hatte, feststellen, ob in den Städten Schießübungen durchgeführt würden, er sollte die Mißbräuche in den Verwaltungen aufspüren und melden, was auf der Bevölkerung am schwersten lastete, denn oft waren die subalternen Beamten hartherzig. Weiterhin sollte er die Bulletins der Armeen verbreiten, "denn man spricht dem Volk nicht genug vom

---

[714] Düsseldorfer Archiv, Staatsratsakten, März 1809 und AF IV 1839.
[715] AF IV 1839. Beugnot fügte hinzu: "Diese Siege haben wohl einige Tränen in den Salons fließen lassen, wo man sich zum Weinen versammelt hat"; an anderer Stelle: "Der Sieg alleine konnte diesem Land die Ruhe verordnen." Es muß auch vermerkt werden, daß viele Söhne adeliger Familien des ehemaligen Herzogtums Berg im Dienste Österreichs standen, und daß, trotz der erlassenen Befehle, diese Offiziere in der österreichischen Armee blieben. Die Nesselrode, von Pfeil und von Golstein waren davon betroffen (siehe Lecestre, *Lettres inédites*, I, 281). Vgl. im übrigen *Anhang I*. Kritische Bemerkungen zu den Erinnerungen von Beugnot.

Ruhm des Kaisers, von seinen Tugenden"[716]. In Wirklichkeit hatte Beugnot, der im Land beschwichtigende Proklamationen veröffentlichte, nicht genügend Truppen zur Hand. Er zitterte alleine bei dem Gedanken, daß eine der Banden von Schill die Grenzen des Großherzogtums überschreiten könnte[717]. Erst Anfang Juni war er beruhigt, als die Nachricht vom Tod des in Stralsund getöteten Anführers der Partisanen in Düsseldorf eintraf.

Nach Schill kam Braunschweig-Oels: "Man lebte im Alarmzustand." Braunschweig-Oels, den Beugnot als "einfachen Straßenräuber" beschimpfte und weit unter Schill bewertete, bereitete in Wirklichkeit dem Königreich Westfalen große Probleme; die Truppen aus Berg unter dem Kommando von Reubell trugen dazu bei, den Anführer der Freischaren zu verjagen. Einmal mehr zog sich das Komplott lange hin[718].

1809, nach der Erschütterung, die der Feldzug gegen Österreich und die aufrührerischen Erhebungen im Norden und in Tirol hervorriefen, entwickelte sich im Großherzogtum Berg und in ganz Deutschland allgemein ein nationales Gefühl. Es wurden Aufrufe wie der folgende verbreitet, die bereits alle Schärfe des Hasses von 1813 erkennen lassen:

"Ihr habt den französischen Stolz und Mut groß herausgekehrt; ihr Prahlhänse, ihr wollt uns täuschen; ihr werdet es mit der Kraft der Bauern zu tun bekommen. Der brave Franzose ist zum Kampf gekommen; er hat mit dem Knecht des französischen Henkers gefochten; Besiegte, entfernt Euch! Die Ungarn werden Euch das Tanzen lehren! Ihr habt uns nichts von dem erzählt, was sich in Sulzbach zugetragen hat! Dort sind 7.000 Männer, Franzosen, auf dem Platz geblieben; über Landshut sprecht Ihr ebenfalls nicht! Denn da unten seid Ihr wie die Mäuse verschwunden! In Wien seid ihr zu früh abgezogen: Die Tiroler haben Euch verjagt; in Innsbruck ist Euch ebenfalls Unglück widerfahren; dort ist das französische Blut geflossen! Tapferer Mann, irre Dich nicht! Vergiß niemals das Wort Salomos: Derjenige, der höher fliegt als er nicht sollte, fällt auch tiefer als er nicht wollte. ... Du Bonaparte, Du Sohn des Teufels! Unrechtmäßig auf dem Thron der Bourbonen sitzend [i. Orign.: "auf Burbungs Tron"], Du hast den Papst und die Kirche verfolgt; Du hast Gott und die ganze Welt getäuscht! ..."[719]

---

[716] AB XIX, 348. (Nachlaß Beugnot). 25. Mai 1809, Brief an Damas.

[717] Beugnot "veröffentlichte" im "Courrier du Bas-Rhin"; er sprach dort von einer aufgestellten Reservearmee: In Wirklichkeit gab es im Land nicht mehr als einige Gendarmen, und Beugnot hatte selbst um die Genehmigung gebeten, im Notfall sich der Garnison von Wesel zu bedienen; - über die Art, wie Beugnot die Schlacht von Essling berichtete siehe *Anhang I*.

[718] Siehe den Bericht über die Verschwörungen in Rambaud, *L'Allemagne et Napoleon 1e* (Kap. 17: die Vorläufer der Bewegung von 1813; Schill und der Herzog von Braunschweig).

[719] AF IV 1839. Der Aufruf ist in Dialekt verfaßt und unterschrieben mit: "Maria von Hoch geb. Kneip" Siehe die von Goecke in *Pick's Monatsschrift* (1877) publizierten Berichte; der Präfekt des Ruhr-Departements "versprach, in seinem Departement die Liebe zum Kaiser anzuregen".

# III.

Nach dem im Bistum Münster besonders glücklich aufgenommenen Vertrag von Wien, der den Feldzug in Österreich beendete[720], trat eine sichtbare Entspannung in Deutschland ein. Nach der Hochzeit Napoleons mit Marie-Louise waren die Familien des Großherzogtums versöhnlich gestimmt und "der Zweifel über die Ergebenheit, an die zu glauben bisher Mut gehört hatte, verflog"[721]. Die Sorgen über die immer rigorosere Anwendung der Kontinentalsperre, der auf den Rheinbund ausgedehnte Tarif von Trianon, alles dies lenkte die Gemüter von den rein politischen Sorgen ab. Gewiß, die Tätigkeit der Universitätslehrer und die der Geheimbünde wirkte sich in begrenzten Kreisen weiter aus, aber der lange Monate während Frieden war ihnen kaum günstig.

Während dieser Zeit relativer Ruhe bereiteten materielle Sorgen und die Unsicherheit des wirtschaftlichen Lebens von neuem Unzufriedenheit und Aufruhr vor: "Die Bürger sind der Beherrschung überdrüssig, beschäftigen sich nur damit, ihr durch die wirtschaftlichen Ereignisse erschüttertes Vermögen aufzubessern, die beunruhigten Kaufleute[722] dachten nur an Kaffee, Zucker und Kolonialwaren, die ihrer Einnahmequelle beraubte hohe Geistlichkeit war in gottesfürchtige Bedeutungslosigkeit zurückgeworfen, die mediatisierten Adeligen forderten nichts als zu atmen, die Fabrikanten konnten sich die Rohstoffe nicht mehr beschaffen und entließen ihre Arbeiter, die Arbeiter fürchteten die Arbeitslosigkeit, der Handel war zum Erliegen gekommen, der Zahlungsverkehr stand still, man dachte nur noch daran, sich irgendeinen Gewinn zu verschaffen und nicht, sich an falschen Nachrichten zu erfreuen."[723] Infolge der materiellen Entbehrungen begann sich überall ein Nationalgefühl zu entwickeln, das durch die Niederlagen in Spanien und die Schwierigkeiten im österreichischen Feldzug geweckt wurde. Vor allem im Großherzogtum Berg, ich habe es oft genug betont, stockten Handel und Industrie; die Klagen mehrten sich von Tag zu Tag. Die Gendarmerie hatte viel zu tun, um das Vagabundentum zu bekämpfen, die Unsicherheit war überall groß.

In diesem Jahr 1810 nahm die napoleonische Polizei in Deutschland einen Abenteurer, den Grafen Pagowski, fest. In einer Denkschrift über die Stimmung in den verschiedenen Rheinbundstaaten hatte er geschrieben: "Ich habe eine Menge Länder durcheilt, ich habe den Charakter der Höfe, des hohen Adels und des Volkes studiert, er ist überall derselbe; überall wird der französische Name verabscheut. Das Joch des Protektors lastet grausam und in allen Ländern wird nur auf einen günstigen Augenblick gewartet, sich davon zu befreien. Die Massen könnten bewegt werden, es fehlen nur die Führer; die Verzweiflung bringt häufig sehr fürchterliche hervor. ... Im Falle einer Koalition wird Frankreich nach

---

[720] Beugnot hatte von der österreichischen Regierung die Anerkenntnis einer Schuldforderung von 12 Mill. Francs erhalten; die Staatskasse in Wien hatte sich im 18. Jahrhundert durch in den Niederlanden und in den Gebieten von Münster und der Sieg geliehenes Geld gefüllt (AF IV 1865). Beugnot transskribierte eine Adresse der für den Artikel 9 des Vertrages dankbaren Einwohner von Münster. AF IV 1225. - Über diese Verhandlung siehe Aff. étr., Autriche, Bd. 383.

[721] AF IV 1840, Dez. 1811.

[722] Brief von Bacher, Agent in Frankfurt; Aff. étr., Allemagne, Bd. 740, Oktober 1810.

[723] Man war gezwungen, in den Gemeinden Nachtpatrouillen zu organisieren; AF IV 1840 und Archiv von Düsseldorf, Allgemeine Verwaltung.

zwei verlorenen Schlachten von den Völkern des Rheinbundes im Stich gelassen, und die Franzosen werden dort massakriert werden wie in Spanien, die Namen von Schill, Hofer, vom Herzog von Braunschweig-Oels und vom Erzherzog Karl genießen in ganz Deutschland Verehrung; ihre Büsten, ihre Porträts und ihre Silhouetten sind überall zu sehen; sie sind die Hausgötter der Germanen." Und er fügte hinzu: "Die Völker sind mit Steuern überladen, der Handel liegt völlig darnieder."[724] Ich hätte die Aussage dieses Abenteurers übergangen, wenn sie nicht mit den Angaben der nach Paris übersandten Berichte - sowohl von Bacher als auch von Beugnot - übereinstimmte und wenn er nicht in klaren und eindeutigen Worten das ausdrückte, was die französischen Agenten in Deutschland zu oft in vorsichtige Umschreibungen des offiziellen Stils verpackten. Zusammengefaßt bestand der allgemeine Eindruck 1810 und 1811 darin, daß die öffentliche Stimmung überall schlecht war[725].

Die Parade der offiziellen Zeremonien, deren Berichte eilfertig unter die Augen Napoleons gelegt wurden, konnte diesen über die wahren Gefühle des Volkes täuschen. Anläßlich des Einzugs in Wien organisierte Beugnot die verordneten Festlichkeiten; es gab Diners und Abendgesellschaften, der Garnison wurde ein Faß Wein gestiftet. Auch der Sieg von Wagram wurde in den Kasernen gefeiert, und das Volk freute sich: 3.000 Weißbrote waren an die Armen verteilt, ein Faß Wein an die am wenigsten begüterten Einwohner ausgegeben worden. Zur Geburt des Königs von Rom gab das Theater in Düsseldorf eine Gratisvorstellung von *Clémence de Titus*, eingeleitet mit einem ins Deutsche übersetzten Prolog von Beugnot. Den Soldaten wurde Wein bewilligt und in den Kasernen wurde der Ruhm des Kaisers besungen, dem man unverhoffte Trinkgelage verdankte!

Bei diesen festlichen Gelegenheiten griff Beugnot zu großen Worten und suchte nach Formulierungen, die zugleich pompös und geistvoll sein sollten. Sehr oft traf er, dem Geist nachlaufend, nur das dümmliche und schwerfällige: "Trajan ist übertroffen, und welchen Ort der Erde der Fuß des großen Mannes auch berührt, er läßt alle Vergleiche hinter sich! ..." Es war so recht die schwülstige und platte Sprache eines Beamten, der den Kaiser, der ihn aus der Mittelmäßigkeit herausgezogen hatte wie so viele andere, von den ersten Tagen nach seinem Sturz an verraten sollte. Beugnot begnügte sich 1815 nicht damit, die Vergangenheit zu verleugnen, er beschmutzte auch diejenigen, denen er schmeichelnd nach dem Munde geredet hatte: Seine Berichte über "Buonaparte und seine gemeine Familie" sind der traurigste Beweis für die Schwäche seines Charakters[726].

---

[724] L. Grasilier, *Aventuriers politiques, le Baron de Colli, le Conte Pagowski*, Paris 1902. Der letzte Satz ist nicht von Grasilier zitiert; er befindet sich allerdings in dem Bericht von Pagowski, aufbewahrt in F[17]. Pagowski sagte unter anderem, daß er die Existenz einer geheimen Gesellschaft mit 200.000 Anhängern in Frankreich beweisen könne, die nur eines Anführers bedürften, um die herrschende Dynastie zu stürzen.

[725] Ende 1809 war ein für den Staatsschatz bestimmter Geldtransport im Großherzogtum von 32 maskierten und bewaffneten Männern überfallen worden; darunter waren 17 Deserteure (AF IV 1840). Ein Herr Knapp, der 1810 festgenommen wurde, behauptete, daß junge Leute aus der wohlhabenden Gesellschaftsschicht des Großherzogtums heimlich Arbeiter für den Fall eines Aufstandes gegen die Franzosen angeheuert hätten ( F[7], 6537, Nr. 1674).

[726] "Der Präfekt von Rouen, mehr Literat als Verwaltungsmann", sagte der Abbé Baston ( *Mémoires*, III, 30). Beugnot zeigte sich als "Literat" in seinen *Erinnerungen*, die er mit ausgeruhtem Kopf

In ihren Mußestunden schrieben Beamte, "geküßt von deutschen Musen", allegorische Stücke über die Geburt des Königs von Rom: Hatzfeld, der Domänenverwalter von Dillenburg, sandte dem Kaiserlichen Kommissar die Verse, "die ihm ein so denkwürdiges Ereignis eingegeben hatte". Im letzten Akt seines Stückes sah man "die aufgehende Sonne mit dem Buchstaben N in der Mitte einen Tempel bescheinen, in dem junge Mädchen einen Altar mit Blumen schmückten: Der Sonnenkönig läßt, sich an Karl den Großen wendend, ihn den unsterblichen Ruhm des Sohnes Napoleons bewundern; der alte Kaiser erklärt in pompösen Versen, daß er ihn als seinen Sohn anerkenne; eine martialische Musik und der Jubel des Volkes untermalen seine Worte". Wenn auch ein mäßiger Versdichter, so war Hatzfeld doch ein geschickter Beamter: er wünschte, daß diese Bezeugung der Ergebenheit ihm das Kreuz der Ehrenlegion und ... eine höhere Stellung verschaffe[727]!

Wenn die Begeisterung der Menge oft eigennützig war und die Welt der Industriellen und der Arbeiter - d.h. mehr als ein Drittel der Bevölkerung - gegen eine immer bedrückendere Herrschaft murrte, so schätzten sich im Gegensatz dazu die Militärs zumindest bis 1812 glücklich, in gewissem Maß am Ruhm des Kaisers teilzuhaben. Das Prestige Napoleons blieb in den deutschen Kontingenten bis zum Rußlandfeldzug groß. Zur selben Zeit, als durch die gemeinsamen Leiden der Gedanke eines gemeinsamen Vaterlandes langsam keimte, der dann 1813 mächtig erscheinen sollte, war der Stolz, unter den Fahnen Frankreichs zu dienen, echt; die den bergischen Soldaten verliehenen Kreuze der Legion wurden noch nicht mit Gleichgültigkeit entgegengenommen.

In seiner gewohnten Ironie vermittelt Beugnot in einem Brief, in dem er seiner Frau das Fest des 15. August des Jahres 1811 beschreibt, ein genaues Zeugnis dieser Gefühle: "Gestern nun haben wir eine feierliche Messe und ein Tedeum mit einer ganz militärischen Musik gehabt; dies ist nicht schlecht gewesen; von da aus hat sich das Gefolge zum Jägerhof begeben. Gegenüber und am Ende der großen Allee stand eine aus Waffen gebildete Trophäe; sie bestand aus zwei Säulenreihen von Lanzen und Gewehren und hatte als Unterbau vier Geschütze. Zwischen den beiden militärischen Reihen trug eine dritte, weniger hohe Säule, in Form eines Sockels die Büste des Kaisers; ausgebreitete Fahnen wehten im Säulenraum und Lorbeergirlanden hingen über der Büste. Am Fuß der Siegestrophäe war ein Podium, das ihr als Stütze diente; unterhalb des Podiums standen Bänke für die schönen Damen, oder, wenn du willst, für die großen Damen; die Alleen der Gärten für die anderen; und der Regen allen Leuten. Das Gefolge verließ den Jägerhof und begab sich durch ein Spalier von Soldaten zum Podium. Vom Ältesten der Veteranen, unterstützt von den zwei jüngeren Soldaten, vorausgetragen wurden die auf einem Schild plazierten Auszeichnungen der Ehrenlegion. Die Glücklichen wurden aufgerufen und traten an den Fuß des Podiums vor, und ich habe eine Rede gehalten. Ich muß wie Stentor geschrien haben, denn die Deutschen selbst behaupteten, daß ihnen kein Wort entgangen sei, wahrscheinlich haben sie aber nicht ein einziges verstanden. Ich habe

---

redigierte. Der so intelligente Verwaltungsmann bediente sich im allgemeinen in seinen Rapporten eines prätenziösen Stils; seine Gefälligkeit wurde ihm zur Klippe und hinderte ihn, einfach zu sein. Ganz anders sind seine Briefe an seine Frau und an seine Tochter.

[727] AF IV 1838. Hédouville und Beugnot mokierten sich in ihrer privaten Korrespondenz über die durch die Geburt des Königs von Rom ausgelösten poetischen Ergüsse.

deutlich gemacht daß die schönen Taten und die erhabenen Tugenden nur mit Ruhm belohnt werden, und daß die Ehrenlegion dessen edelster Ausdruck sei. Ich habe die Ehrentitel derjenigen aufgerufen, die ihr künftig angehören sollten, und ich habe damit geendet, mein Herz zum Lobe seiner Majestät sprechen zu lassen. Man sagt, dieser Augenblick sei elektrisierend gewesen. Die Rufe: *Es lebe der Kaiser!* nahmen kein Ende; man hat sogar die Regenschirme fallengelassen, um mir zu applaudieren: Wohl trugen die Damen ihre Morgenhauben, aber der Triumph war deshalb nicht weniger echt. Danach trat jeder Legionär hervor, und ich habe ihm seinen Adler im Namen seiner Majestät überreicht und ihn umarmt, wobei ich ihm die unsterbliche Losung gab: *Ehre, Vaterland, Napoleon.* Anschließend ist er von allen Mitgliedern der Legion umarmt worden. Und während der Umarmung weinten diese braven Männer, die Arme oder Beine verloren haben und sich furios geschlagen haben, wie die Frauen. Der Mensch ist eine merkwürdige Maschine. Nach Verteilung der Adler haben die Truppen in der großen Allee Übungen vorgeführt; dann sind sie, mir große Ehrenbezeugungen erweisend, defiliert; anschließend bin ich zum Jägerhof zurückbegleitet worden. ..."[728]

## IV.

Drei Monate später weilte Napoleon auf der Rückfahrt einer mit Marie-Louise nach Belgien und Holland unternommenen Reise in Düsseldorf. Von Gorcum aus hatte er am 6. Oktober Roederer eingeladen, sich in die Hauptstadt des Großherzogtums zu begeben und die Anordnung zu erteilen, daß alle Beamte dort am 15. Oktober zu versammeln seien. Er rechnete damit, vom 15. bis zum 20. Oktober anwesend zu sein und "die Verwaltung des Landes zu sehen und kennenzulernen"[729].

Seit langem wurde der Besuch des Kaisers auf dem rechten Rheinufer ungeduldig erwartet. Seine Anwesenheit sollte wirtschaftliche Erleichterungen bringen. Als die offizielle Nachricht seiner baldigen Ankunft bekannt wurde, war die Emsigkeit der Behörden beträchtlich; die Empfangsvorbereitungen wurden mit Tatkraft vorangetrieben. In Wesel, einer Unterpräfektur des Roer-Departements, das Napoleon durchqueren sollte, hatte der Präfekt Ladoucette ein Rundschreiben erlassen, worin er forderte, Triumphbögen und Siegeszeichen zu errichten, Blumengirlanden aufzuhängen und Inschriften anbringen zu lassen. An den Häusern sollte von Ort zu Ort der Ausdruck "natürlicher" Freude und Begeisterung ablesbar sein. "Wenn alles fertig sein wird", fügte der Präfekt in einem Anflug von Lyrik hinzu, "werdet Ihr die Züge des mächtigsten und des meistgeliebten Monarchen betrachten, des größten Helden, den die Geschichte kennt, desjenigen, der Alexander, Caesar, Titus und Karl den Großen weit hinter sich läßt ..."[730]

In Düsseldorf wurde am Stadteingang einen Triumphbogen mit folgender Inschrift errichtet: *Divo Napoleoni magno Imperatori et Regi Victori invicto, gentiumque protectori.*

---

[728] AB XIX, 335 (Nachlaß Beugnot). Brief vom 16. Aug. 1811.

[729] AF IV, pl. 4643.

[730] Zitiert durch Redlich in seinem Aufsatz mit dem Titel: *Die Anwesenheit Napoleons I. in Düsseldorf.* Dieser ausgezeichneten Abhandlung entnehme ich nur die Einzelheiten von allgemeinem Interesse und lasse alles ausschließlich Lokale beiseite.

Die Beamten stürzten sich in Unkosten für neue Kleidung und denjenigen, die sich ihrer alten bedienten, wurde befohlen, ihre alten bayerischen oder preußischen Rangabzeichen zu verbergen.

Zum 15. Oktober erwartet, traf Napoleon erst am 3. November ein und hielt sich bis zum 5. November in der Stadt auf: Truppenmusterungen, Diners, Bälle, Illuminationen, die ganze Serie gewohnter Belustigungen wurde ihm zuteil. Die kleine Stadt stürzte sich so in Kosten, "daß, wie alle Leute sagten, die Festlichkeiten von Düsseldorf die glanzvollsten der Reise gewesen seien, selbst Amsterdam nicht ausgenommen"; die Hauptstadt des Großherzogtums war für einige Tage "ein Klein-Paris"[731].

Zwischen zwei Empfängen arbeitete Napoleon und fand die Zeit, mehreren Sitzungen der Verwaltung zu präsidieren. So ließ er eine Reihe von Maßnahmen zu Ende führen, entschied die Verschönerung Düsseldorfs, prüfte und kritisierte die Budgets des Großherzogtums, terrorisierte Beugnot durch seine Strenge und besuchte die Industrieausstellung. Aber er verließ das Land, ohne irgendeine "Erleichterung" im Hinblick auf das Kontinentalsystem gewährt zu haben[732]. Vor der Ankunft des Kaisers hatte sich in Deutschland das Gerücht verbreitet, daß die Einwohner des Großherzogtums dem Kaiserreich angegliedert werden sollten; die so sehr gewünschte Vereinigung fand hingegen nicht statt[733].

Die Festlichkeiten waren glänzend und die Neugier der Menge groß; man war von weit her herbeigeeilt, um den Kaiser zu sehen, und die prächtigen Uniformen waren die Freude der Gaffer[734]. Wirkliche Begeisterung fand man, ehrlich gesagt, nicht. Die Beamten hatten sich in respektvoll unterwürfiger Haltung verneigt und an Napoleon Ansprachen und Verse gerichtet, in denen sie die Ergebenheitsformeln variierten. Die Masse des Volkes - welche die Wohltaten einer regelmäßigeren Verwaltung und einer liberaleren Gesetzgebung vergaß - dachte nur an die gegenwärtigen Schwierigkeiten und an das immer mühsamer werdende materielle Dasein[735].

# V.

Während der ersten Monate des Jahres 1812 zeigte das Großherzogtum in politischer Hinsicht allen Anschein der Ruhe. Der allgemeine Zustand Europas war für den Ausbruch eines Nationalgefühls noch nicht günstig.

---

[731] Briefe von Roederer an seine Frau, 6. November 1811, in *Oeuvre*, VIII, 514. Am 18. Oktober schrieb er, daß man den König von Westfalen erwartete, und fügte, indem er die Vorbereitungen beschrieb, hinzu: "Hat man die Festlichkeiten von Düsseldorf gesehen, gibt es nichts mehr zu sehen."

[732] Zur Rede des Rabbiners während des Empfangs der Autoritäten siehe *Anhang I.*

[733] Bacher, Aff. étr., Allemagne, Bd. 746, 19. Oktober 1811. - Goecke, op. cit., bemerkt sehr richtig, daß nicht ein einziges Mal die Rede vom Großherzog von Berg, dem Sohn des Königs von Holland gewesen ist; er wurde vollkommen vergessen.

[734] Der damals noch sehr junge Heinrich Heine war in der Menge; er sah Napoleon in Düsseldorf zum ersten und zum letzten Male; siehe Tambour le Grand in *Reisebilder*.

[735] Den Präfekten wurden Kreuze verliehen und Nesselrode wurde zum Offizier ernannt; 30. Dez. 1811, AF IV pl. 4859.

Bald bewirkte der Rußlandfeldzug, wie zuvor der Donaufeldzug, aber dieses Mal mit größerer Intensität, ein neues und ausgeprägteres Erwachen der Sympathien für Preußen. Die ersten Siege wurden offiziell gefeiert, aber gleichzeitig fanden seit August in der Grafschaft Mark patriotische Bankette zur feierlichen Erinnerung an die Königin Louise statt. Der zu diesen Vorkommnissen befragte Bürgermeister von Hamm beteuerte seine Ergebenheit für Napoleon. Er erklärte, daß er ihm seine Ergebenheit bei dessen Aufenthalt in Düsseldorf bezeugt habe und erinnerte daran, daß er mit Begeisterung den Sieg von Marengo gefeiert habe, längst bevor daran zu denken war, daß er eines Tages ein Untertan des Kaisers sein würde. Er versicherte, daß alle diese in Paris verbreiteten Gerüchte nur üble Verleumdungen seien. Er erklärte, die Freimaurer hätten sich zu ihrem Jahresfest versammelt, die Schützenbrüder gemeinsam gegessen und getrunken; dabei wäre höchstens auf das Wohl des Königs von Preußen angestoßen worden, dem *Verbündeten unseres Kaisers*. Diese Erklärungen konnten die Tatsache nicht verdecken, daß es seit August 1812, ähnlich wie 1809, im Norden des Landes abermals gärte.

Roederer, der dies alles wußte und den diese Kundgebungen beunruhigten, versuchte, in seinen Rapporten ruhig zu erscheinen. Er bestand auf der Bereitschaft im ehemaligen Herzogtum Berg, die vorzeitig eingegangenen Nachrichten, wenn sie für unsere Waffen günstig waren, aufzunehmen, und auf der Weigerung, ungünstigen Informationen Glauben zu schenken. In Düsseldorf, Elberfeld und Barmen wurde gesagt, man empfinde die Niederwerfung der russischen Macht als europäisches Interesse und habe zu Beginn des Feldzuges tiefes Mißtrauen gegen die Proklamation des Hofes von Rußland an die Deutschen bezeugt. In den ehemaligen preußischen Staaten war es keineswegs dasselbe; aber die Bankette und Festlichkeiten blieben Entgleisungen ohne Folgen. Selbst die Unzufriedenheit der Fabrikstädte war nicht beunruhigend: Die Leute murrten, weil sie litten, nicht weil sie politisch unzufrieden waren. Das fiskalische Joch war drückend, die Monopole waren schwer, aber die Erfahrung bewies, daß im Großherzogtum wie anderswo der Haß auf den Fiskus oft einherging mit der Liebe zum Fürsten[736].

Der willig optimistische Ton der offiziellen Rapporte konnte Napoleon auf die falsche Spur führen, als er es Ende des Jahres 1812 nötig hatte, auf die Anhänglichkeit seiner deutschen Völker zu vertrauen. In Wirklichkeit trug alles, die revolutionäre Aktivität der geheimen Gesellschaften, die Lektüre von heimlich verteilten Schriften, die seit langen Jahren durch die Truppenaushebungen ertragenen Beschwernisse sowie die intensive Wirtschaftskrise dazu bei, einen unvermeidlichen Aufstand vorzubereiten.

## VI.

Was Beugnot und die französischen Verwaltungsbeamten in Deutschland dachten und über die Volksstimmung wissen konnten, wie sie sich das Anbahnen des nationalen Erwachens, dessen Zeuge sie wurden, sowie die Geheimgesellschaften und deren Einfluß erklärten, möchte ich versuchen, im folgenden kurz darzustellen[737]. In seinen *Mémoiren*

---

[736] AF IV 1226; Rapport vom 15. November 1812.

[737] Ich werde später zeigen, wie die napoleonische Polizei den Ursachen des deutschen Erwachens nachgegangen ist. Es ist nicht Aufgabe dieser Studie, alle in den Akten der Polizei aufbe-

schreibt Beugnot: "Der letzte Frieden [der von Wien] hat also den Einfluß nur wenig gestärkt, den der Kaiser auf die Meinungen ausübte. Geheime Gesellschaften, glühend und grimmig, schürten den Haß, erregten die Gefühle gegen uns und bereiteten den Tag des Triumphes der *Freunde der Tugend*, d.h. den, an dem die Franzosen im Herzen Deutschlands vernichtet oder zumindest über den Rhein zurückgeworfen worden seien. Auch an den Universitäten bildete sich diese furchtbare Mine. Männer mit Herz und Mut wie der Freiherr vom Stein, der Graf von Walmoden usw. wurden von höchster Stelle als Anführer des Bundes genannt und machten sich nicht die Mühe, dies abzustreiten. Die Minister des Kaisers jenseits des Rheins hörten nicht auf zu warnen. Ich selbst habe zwei Denkschriften vorgelegt, worin ich besser als irgendein anderer Ursprung, Fortschritte und Ziel dieser Gesellschaften habe darlegen können, weil die Einzelheiten mir durch den Historiker Johannes von Müller geliefert worden waren, der zunächst Feuer und Flamme für den Bund war, ihn aber in dem Augenblick verriet, in dem sich der Kaiser seines Schicksals angenommen hatte. Die Antworten, die wir aus Paris erhielten, sowie die uns vorgeschriebenen Maßnahmen waren unzureichend und konnten es wohl nicht anders sein. Das Kabinett des Kaisers intervenierte bei den deutschen Fürsten, in der Annahme, diese hätten den gleichen guten Willen, die Geheimbünde zu zerstören (was aber sicher nicht der Fall war). Doch selbst dann hätten ihnen die Mittel gefehlt, denn diese Gesellschaften hatten sich unabhängig von ihren Regierungen gebildet. Eines ihrer Ziele bestand sogar darin, die Schwäche dieser Regierungen zu beseitigen und das Unheil wiedergutzumachen, das die Ursache dieser Schwäche gewesen war ..."[738]

Im Juni 1809, nach den Streifzügen von Schill, sandte der Kaiserliche Kommissar in der Tat eine lange Ausarbeitung über den "geheimen Bund Deutschlands" an Maret, worin er versuchte, die Gründe der deutschen Nationalbewegung herauszuarbeiten. Er stellte fest, daß sich 1799 unter den bedeutendsten Persönlichkeiten ein Bund gebildet hatte, der sich die Wiederherstellung dessen vornahm, was damals als die "germanische Freiheit" bezeichnet wurde. Der Plan der Vereinigung war von Johannes von Müller entworfen worden, der anschließend in der gleichen Absicht sein Werk gegen die universale Monarchie schrieb[739]: Die hauptsächliche Hoffnung des Bundes war der Prinz Louis von Preußen, mit ihm rechnete er. "Der Plan wurde allen Kabinetten zugeleitet, aber die Politik machte nicht den Fehler, ihn offiziell zur Kenntnis zu nehmen. Abgesehen davon, daß dies eine zu große diplomatische Neuerung dargestellt hätte, war die Erinnerung an Pillnitz und seine traurigen Folgen noch zu frisch. Sie blieb im Bewußtsein der deutschen Minister haften und alle blieben ihr treu, vom Baron von Thugut bis zum jungen Metter-

---

wahrten Verhörprotokolle und Berichte wiederzugeben. Ich möchte hier nur einige Dokumente vorlegen und auf allgemeine Weise zeigen, was Beugnot über diesen Einfluß dachte, ohne zu versuchen, die so komplexe Frage des Einflusses der Geheimgesellschaften zu lösen.

[738] *Mémoires*, I, 358-359. Es sind genau die Beziehungen zwischen Beugnot und Johannes von Müller in Kassel, die diese beiden Denkschriften so interessant machen. Die eine von 1809 befindet sich im Arch. nat., AF IV 1839, die andere von 1811 ist in Urschrift im Düsseldorfer Archiv, Staatsratsakten (Angelegenheiten Lurmann).

[739] Beugnot fügt hinzu: "Der Tag von Jena verzögerte den Druck des 2.000 Seiten umfassenden Manuskriptes, das sich unter den Papieren befinden muß, die dieser Schriftsteller hinterlassen hat; ich habe es dort gesehen."

nich. Überdies erhob sich im Jahre 1805, als der Zeitpunkt günstig schien, ganz Deutschland wie durch Zauber. Die Leichtigkeit, mit der sich plötzlich verschiedenartige und bis dahin immer unvereinbare Interessen zusammenfanden, war erstaunlich. Wenn Preußen damals nicht auf den Schlachtfeldern erschien, so gebührt die Schande oder die Ehre hierfür dem Grafen Haugwitz, der glaubte, sein Vaterland durch eine List zu retten, welche die Politik scheinbar legitimiert, die aber allein der Erfolg rechtfertigen kann. Es trifft nichtsdestoweniger zu, daß damals, während Preußen Frankreich ein Bündnis vorschlug, innerhalb des Kabinetts und auf die Gefahr hin, den Geist Friedrichs des Großen zu empören, bittere Tränen über die Einnahme von Wien und die Schlacht von Austerlitz vergossen wurden.

Der Friede von Preßburg entfremdete einige Souveräne dem Bund, aber seine Parteiführer ließen nicht ab, auf die Umgebung dieser Fürsten zu hoffen; sie täuschten sich nicht. Eine geschickte und tatkräftige Politik entwarf daraufhin das Projekt, Deutschland in drei Teile zu teilen, Österreich im Süden zu isolieren, Preußen im Norden und dazwischen eine Konföderation von Fürsten zu bilden, die unter dem Schutz Frankreichs einen Block bilden sollte. Dies war ein ausgezeichnetes Mittel, die Ruhe in Deutschland wiederherzustellen. Es hätte zu ganz anderer Zeit zum Erfolg geführt und nur dann, wenn nicht ein sehr starkes Gift in den Adern des germanischen Körpers geflossen wäre. Aber die Rheinbundakte trennte zwar die Souveräne vom Reich, nicht jedoch die Höflinge, die Völker und vielleicht auch nicht alle wirklichen Inhaber der Macht. Wie seinerzeit in Frankreich entschuldigten viele der letzteren ihre außenpolitische Haltung mit dem Zwang der Umstände und ließen ihre Neigung zum Wechsel erkennen, wenn nur die Umstände sich änderten. Der Krieg mit Preußen kam unvermutet: In den Erinnerungen schienen die Franzosen bei Roßbach das Opfer des genialen Friedrich gewesen zu sein.

Es galt in Deutschland als Blasphemie, am positiven Ausgang eines solchen Kampfes zu zweifeln. Wenn damals nicht an eine Volksbewaffnung gedacht wurde, so deswegen, weil man glaubte, sie nicht nötig zu haben. Begeisterung, Illusion, Wahnwitz waren auf dem Höhepunkt. Der berühmte Prinz Louis erschien als Erster auf der Bühne. Alles war für den Triumph bereit: Nichts für den Sieg. Mit dem ersten Schlag brachte Napoleon die preußische Monarchie derart ins Wanken, daß sie nicht mehr in der Lage schien, sich wieder aufzurichten. Alles war von Anfang an verloren: Der Kopf des Bundes hatte nur die traurige Ehre, unter den ersten den Tod dort zu finden, wo er unbesonnen dem Ruhm nachjagte.

Österreich hatte unterdessen seine Vorkehrungen getroffen; es war im Begriff, zu wanken, aber dafür hatte es keine Zeit mehr; gezwungen seine Rache zu vertagen, begnügte es sich, Preußen die bitteren Tränen über den Tag von Jena zurückzuerstatten, die Preußen über den von Austerlitz vergossen hatte. Der Norden Deutschlands mußte angesichts des Friedens von Tilsit und der Allianz zwischen Frankreich und Rußland schweigen, aber der Geist des Bundes war noch mit seiner ganzen Kraft vorhanden. Die Berliner Minister, vor Frankreich auf den Trümmern ihres Landes kniend, beschworen stumm diesen Geist, zettelten Umtriebe an, bereiteten Aufstände vor, und während sie dem Anschein nach die Befehle vom Kabinett aus den Tuilerien erhielten, führten sie in Wirklichkeit die des Kabinetts von Wien aus. Alle einflußreichen Männer wiederholten es so oft, daß die breite Masse des Volkes schließlich glaubte, die durch den Frieden von

Preßburg und von Tilsit hergestellte Ordnung sei eine bloß vorübergehende, die Rheinbundakte nicht dauerhafter und die Allianz zwischen Frankreich und Rußland nur ein Unfall.

Ebenfalls versäumten diejenigen, denen man Posten im Königreich Westfalen anbot, nicht, bei ihren ehemaligen Souveränen um die Erlaubnis nachzusuchen, diese anzunehmen. Sie erhielten sie, aber zugleich den Hinweis, die Franzosen weitestmöglich zu verdrängen, die neuen Institutionen zu paralysieren, das heilige Feuer im Geist der Deutschen zu schüren und anzuheizen. Sie waren damit vor allem in Kassel erfolgreich, als man es dort für eine vernünftige Politik hielt, den Eingesessenen des Landes den Vorzug zu geben. Bereits nach kurzem Aufenthalt in Deutschland war zu bemerken, daß dort trotz der Verträge von Amiens, Preßburg und Tilsit kein Frieden mit Frankreich eingekehrt war, daß der Verzicht des Hauses Österreich nur eine Täuschung war, daß sich *alle jeden Tag* auf den Krieg vorbereiteten und die Gemüter derart eingestimmt waren, daß die Wahrung des Friedens unmöglich geworden war. Beugnot fuhr fort: Dies war vor 15 Monaten wahr, und ich nahm mir vor, bei meiner Rückkehr aus Kassel den Kaiser zu bitten, er möge geruhen, mir eine Viertelstunde zuzuhören, um seiner Majestät das Ergebnis meiner Beobachtungen zu unterbreiten. Ich führte zahlreiche Gespräche mit Müller, der bis zum Krieg mit Preußen die Fäden aller Intrigen in den Händen hielt, der aber, vom Tribunal des Bundes wegen einer bestimmten Lobrede auf Friedrich verurteilt, sich auf die Seite der französischen Partei geschlagen hatte, bei der ihn seine Bewunderung für den Kaiser und der Empfang hielt, den ihm jener bereitet hatte. Müller dachte, daß in Deutschland so lange nichts geschehe, wie das Haus Österreich nicht selbst am Wechsel interessiert oder ganz vernichtet worden sei. Ich wiederhole das, weit vor den Konferenzen von Erfurt: Seit 15 Monaten wurde der Krieg vorbereitet. Österreichische Agenten durcheilten Deutschland unter diesem oder jenem Vorwand. Bis zum Krieg mit Österreich lebte die Hoffnung des Bundes weiter. Dieser Krieg war nicht "ein einfaches Spiel der Politik Österreichs", er hatte tiefere Gründe: "Er war der Auslöser für das oft verhinderte, aber niemals aufgegebene Projekt der Erhebung Europas gegen Frankreich." Europa, folgerte Beugnot, könne erst dann den Frieden wiederfinden, wenn es neu, auf neuen Grundlagen und nach neuen Prinzipien wiederhergestellt sein würde; wenn nacheinander die weltliche Macht der römischen Kirche, der Deutsche Orden, der reichsunmittelbare Adel verschwunden sein würde ...

Zu diesen allgemeinen Betrachtungen lieferte er in Polizeiberichten präzise Angaben: Nach seiner Auffassung - er kam mehrfach darauf zurück - war der geheime Anführer all dieser Umtriebe Pellenc, der ehemalige Sekretär von Mirabeau, der die "verdammte Seele" von Thugut geworden sei.

Jean Joachim Pellenc hatte Frankreich nach dem 10. August verlassen und hatte sich nach England geflüchtet. Empfohlen vom Grafen de Mercy-Argenteau - den er durch den Grafen de la Mark kannte - und dem Grafen von Stadion, dem österreichischen Gesandten in England, trat er mit den Wiener Staatsmännern und mit Pitt in Verbindung, dem er Aufzeichnungen "über die Möglichkeiten, mit Frankreich fertig zu werden", übergab. Mercy-Argenteau beurteilte Pellenc sehr schnell "als einen abwägenden und tiefsinnigen Denker" und ließ ihm im Februar 1793 ein regelmäßiges Gehalt des Kaiserreichs zukommen. Pellenc erklärte, und dieser Gedanke gefiel seinen Korrespondenten, daß man "den gegenwärtigen Krieg in Deutschland und in jedem Land national machen und dazu gute Propaganda in allen Schichten betreiben müsse". Er kannte die Macht der revolutionären Propaganda und hatte die Idee einer antirevolutionären Propaganda. Von London ging er nach Wien, wo Thugut ihn an sich band und mit ihm zusammenarbeitete. Wiederholt hatte sich die französische Regierung unter dem Konsulat und zu Beginn des Kaiserreiches damit befaßt, diesen Mann "voller Talente, der viel konnte" und "käuflich war", zur Rückkehr nach Frankreich zu bewegen. Ein Geheimagent, Ducange, ein ehemaliger Redakteur der *Gazette de Leydes*, wurde nach Wien geschickt, um sich eine Meinung über ihn zu bilden. Aber er hatte mit seiner Mission keinen Erfolg und kehrte zurück, ohne irgend etwas erreicht zu haben[740]. Während seines Aufenthaltes in Schönbrunn 1809 sah Napoleon Pellenc und strich ihn aus der Liste der Emigranten: Nach Frankreich zurückgekehrt, wurde er zum Dolmetscher-Sekretär der auswärtigen Beziehungen ernannt. Gleichzeitig wurde er Zensor, beauftragt mit der Prüfung der politischen Schriften, die aus dem Ausland kamen oder die dort veröffentlicht wurden[741]. Dies war also die Persönlichkeit, die nach Beugnot eine der aktivsten Agenten im Kampf Deutschlands gegen Napoleon war: Diese Behauptung ist neu und unerwartet, und bestimmt übertreibt Beugnot die Rolle, die dieser heute fast vergessene Intrigant gespielt hat, trotz der Auskünfte, die Johannes von Müller ihm gegeben haben mag. Es wäre der Mühe wert, falls die Quellen es erlauben, nachzuforschen, welchen Einfluß dieser Advokat aus Aix und diensteifrige Mitarbeiter von Mirabeau tatsächlich haben konnte.

---

[740] F$^{7*}$, 2229, F$^7$, 6330 (Dossier 6980), F$^7$, 6442 (Dossier 9278). Dieser Ducange kam 1804 nach Rouen und sah dort den Präfekten; erhielt Beugnot in diesem Moment die Auskünfte über die Rolle von Pellenc?

[741] Die Löschungsverfügung datiert vom 28. Juli 1809; siehe im übrigen Lecestre, *Lettres inédites*, Bd. I, 334. - Der Sohn von Pellenc, 1790 in Paris geboren, Patenkind von Mirabeau, "der eine sehr gute Erziehung erhalten hatte", war seit dem 4. August 1810 Auditor im Staatsrat und wurde am 14. Januar 1811 der Direktion der Staatsbibliothek zugeordnet. Nach 1830 Präfekt des Departements Isère, starb er 1872, AF IV$^*$, 438. Notizen über den Staatsrat. - Über Pellenc siehe Stern, *Mirabeau's Leben*, de Bacourt, *Correspondence entre le Comte de Mirabeau et le Comte de la Mark (1789-1791)* und einen Artikel von Flammermont, *La correspondance de Pellenc avec le Comte de la Mark et de Mercy* (Revolution française, Jahr 1889, Bd. XVI, S. 481 ff.), wo der schmerzlich vermißte Professor die Bedeutung der von Pellenc nach 1792 gespielten Rolle ahnt. - Es ist nicht übertrieben zu behaupten, daß Pellenc Thiers über die Revolution und das Kaiserreich informierte; er spricht 1830 von ihm in einem Brief, in dem er seinen Sohn für eine Unterpräfektur empfiehlt und schreibt: "mein junger Freund M. Thiers". Er fügte hinzu: "Sie wissen, daß ich im Laufe meiner diplomatischen Laufbahn seit vierzig Jahren nacheinander mit den bedeutendsten Chefs unserer politischen Versammlungen verbunden gewesen bin. Viele unter ihnen leben noch und haben mir ihre Wertschätzung und ihr Interesse bewahrt ..." (er zitiert den General Mathieu Dumas, Lafayette, de Lameth, Laffite, Alex. Laborde, de Bondy); F$^{1b}$, I, 170$^7$. Pellenc war 1830 achtzig Jahre alt; er war nicht mehr tätig, wie Flammermont glaubt.

# VII.

Gewiß hatten viele ebenso anpassungsfähige und intelligente Emigranten wie Pellenc ihren Anteil an der Bildung der öffentlichen Meinung in Deutschland, aber der Widerstand gegen Frankreich hätte sich auch ohne sie gebildet. Auch ohne sie wären die glühendsten Anhänger der Ideen von 1789 unter dem Kaiserreich die entschiedendsten Gegner des französischen Einflusses geworden. Es war in Paris bekannt, daß neben den Doernberg, Schill, von Braunschweig-Oels, die sie insgeheim ermutigten, Gebildete und Professoren aus Norddeutschland "voller Feindseligkeit gegen Frankreich waren, und diese zu verbreiten suchten". Als der dänische Literat Jens Baggesen angezeigt wurde, in Heidelberg einem jungen Elsäßer vorgeschlagen zu haben, einer gegen Frankreich gerichteten Vereinigung beizutreten, deren Mitglieder bereits zahlreich waren (der Tugendbund?), wurden von diplomatischen Agenten Auskünfte über ihn verlangt. Durand aus Stuttgart berichtete über die während des Krieges gegen Österreich so wirkungsvolle "literarische Verschwörung"; Bignon aus Karlsruhe erklärte, daß er keine Geheimorganisation kenne, aber daß in Deutschland an den Universitäten "eine Tendenz zum Ideal einer angeblichen germanischen Freiheit" bestand; "diese Reinheit des Deutschtums, die ihre Philosophie, ihre Literatur, ihre politische Existenz beherrscht, ist Gemeinplatz aller Werke damaligen Tages. Es ist unbestreitbar, daß diese Geisteshaltung die Überwachung durch die französische Regierung verdient." Allein Reinhard, der Gesandte in Kassel bei Jérôme, war optimistisch, kannte aber den Haß der Gebildeten gegen Frankreich: "Die Sorgen über wirkliche oder vermeintliche Veränderungen könnte dem natürlichen Lauf der Dinge überlassen werden; man könnte sich auf den Vorsichtsmaßnahmen ausruhen ...; die Unabhängigkeit, oder um mich eines gebräuchlichen Wortes zu bedienen, das meinen Gedanken besser ausdrückt, die nationale Einigung Deutschlands war und ist noch das teure Verlangen einer sehr großen Zahl achtenswerter und aufgeklärter Deutscher. Nach dem Frieden von Tilsit fand sich Deutschland im Rheinbund wieder. Seitdem hat Frankreich bei den dazugehörigen Staaten auf die Ergebenheit des größten Teils dieser Menschen zählen können, sei es aufgrund der geschworenen Treue, die für diese keine leere Formalität ist, sei es aufgrund der allgemeinen Überzeugung, daß das Heil Deutschlands nicht besser als unter dem Schutz Napoleons gedeihen könne. Seit damals waren diejenigen, die in der Opposition verharrten bis auf einige Ausnahmen keine durch Verdienste, Wissen oder durch öffentliches Ansehen ausgezeichnete Menschen. ... Zwischen den Literaten besteht besonders in Deutschland keine Solidarität. Sie herstellen zu wollen hieße, einen bis zur Stunde in Deutschland unbekannten Parteigeist und vielleicht einen Fanatismus zu schaffen, der in diesem aus so heterogenen Elementen zusammengesetzten Land seinen Ursprung nur in der Unterdrückung finden kann. Dies ist so, weil in Deutschland weder Ideen noch Interessen existieren, die gleichmäßig auf eine große Zahl von Menschen einwirken, weil keine Ereignisse ähnlich denen in Spanien zu befürchten sind, und weil mit Umsicht und Behutsamkeit alle Geister zunächst in der Resignation und bald darauf in Liebe und Ergebenheit vereint werden."[742] Indessen nahmen der "Fanatismus"

---

[742] F⁷, 6523 (Nr. 1575): Von diesem Augenblick an, so scheint es, war eine Tabakdose mit dem Porträt Napoleons das Zeichen der Vereinigung der Geheimgesellschaften.

und der "Parteigeist" ihren Ursprung in der Unterdrückung, und die Ereignisse straften den Optimismus von Reinhard bald auf drastische Weise Lügen.

## VIII.

Mitte des Jahres 1809 wußten die französischen Agenten in Deutschland um die Bestrebungen der Gebildeten, nicht jedoch um die Existenz des *Tugendvereins*[743]. Diese im Jahr zuvor in Königsberg gegründete kleine Gesellschaft zählte damals kaum 700 Mitglieder, die offizielle Unterstützung der Minister fehlte ihr, und im Dezember 1809 gab der König Befehl, sie aufzulösen. Erst als sie mehr oder weniger im Begriff war, offiziell zu verschwinden, wurde ihr Name den Franzosen bekannt. Bald rankte sich eine Legende um diese Gesellschaft; es wurde angenommen, daß Stein sie gegründet habe, sie über Verzweigungen nach ganz Deutschland verfüge und sehr mächtig sei. Dem *Tugendbund* wurden alle patriotischen Umtriebe zugeschrieben; die Mehrzahl der Gesellschaften, die damals wucherten und alle die nationale Erhebung zum Ziel hatten, wurden so bezeichnet[744]. Weiterhin wurden der *Orden der Einheit und der Tugend*[745] und derjenige der *Befreiung Deutschlands*, dem sich auch Frauen anschlossen, bekannt. Man machte auf die Verbindung aufmerksam, die zwischen den Freimaurern auf beiden Seiten des Rheins und den Umtrieben der schottischen und schwedischen Logenbrüder bestand, die sich in die deutschen Logen eingeschlichen hatten und sie beeinflußten. Es wurde bekannt, daß unter den Franzosengegnern - Universitätsprofessoren und Illuminaten - das Porträt des Kaisers [gemeint ist Franz I. von Österreich; Anm. d. Hrsg.] auf den Tabakdosen ein Erkennungszeichen war; Illuminaten wurden bei allen deutschen Patrioten erblickt. Es herrschte Unruhe über die Rundschreiben der Mährischen Brüder, voll von geheimnisvollen Bibelsprüchen, die alle ankündigten, daß die Jesuiten sich der Freimaurerei bemächtigt hätten und daß die Kunde davon aus England stamme. Man sprach von der Gründung des Ordens der Verschwiegenheit, gegründet vom Münchener Professor Kistmacher. Es wurde darauf hingewiesen, daß die Philosophen die Jugend aufstachelten und ein Plan zur Erhebung fertig war. Der wachsenden Einfluß der Universitäten von Berlin, Hamburg, Frankfurt, Erfurt und vor allem von Mainz - wo ein junger Student namens Berkheim plaziert worden war, um die geheimen Gesellschaften auszuforschen[746] - wurde untersucht. Berichte, alle pessimistisch, oft widersprüchlich und unklar, strömten nach Paris, zuweilen begleitet von aufgefangenen Dokumenten[747].

---

[743] Dies war sein offizieller Name; es waren die ihm nicht Angehörenden, die ihn *Bund* nannten.

[744] Dieses ist sehr gut dargestellt worden durch A. Fournier, *Historische Studien und Skizzen* (zur Geschichte des Tugendbundes) und zusammengefaßt worden von E. Denis, *L'Allemagne* (1789-1810), S. 325.

[745] Die beiden Gesellschaften der Vereinigung und der Tugend sollten zusammengeführt werden.

[746] Jeanbon-Saint-André warf Berkheim seinen manchmal übertriebenen Eifer vor.

[747] Aff. étr., Allemagne, 739, 744, 745, AF IV 1510, 1517-1519 (Bulletins de Police). In einem Bericht von 1811 über die Illuminaten hieß es, daß sie Unterstützung von der im 17. Jahrhundert gegründeten böhmischen Sekte fänden und sich in Straßburg ein bedeutender Mittelpunkt befand, wo Jung einen Schüler namens M. Salzmann hatte; ebenso in der "Rigoristischen Unabhängigen".

So geschah es, daß Beugnot im Oktober 1811 eine Proklamation übermittelte, die aus der Umgebung von Berlin an den Magistrat der Stadt Iserlohn in der Grafschaft Mark gerichtet war: "Der Inhalt bot eine Mischung von Begeisterung und Freimaurerei und infolgedessen der Unvernunft. Der Zweck unter dieser Schale, den Deutschen Waffen in die Hand zu geben, sie darin zu üben und sie für das große Ziel bereit zu halten, war offensichtlich." Die *Proklamation* war gerichtet "An alle Freunde der Wahrheit und Verehrer des Rechtes der Völker, aber vor allem an alle aufrechten Deutschen!" "Vorwärts Kameraden", war darin zu lesen, "zu den Waffen wie es Männern ziemt! Befreien wir das Vaterland von denjenigen, die es haßt; es geht darum, das Vaterland zu retten, die Wahrheit zu verbreiten, zum Glück der Menschen beizutragen und so der Welt den allgemeinen Frieden entsprechend Gerechtigkeit und Rechten, Bedürfnissen, Gewohnheiten und Gesetz aller Völker zu bringen, bis es gelingt, alle Sterblichen zu Gliedern einer einzigen Nation zu machen. Aber es ist nur der Deutsche, der ein solches Werk beginnen und vollenden kann; es sind nur die verachtenswerten Menschen dieses Volkes, die die Sklaverei ertragen können. Also schließt Euch zusammen und bildet vor allem ein Volk; daß sein Name weder sächsisch, noch schwäbisch, noch preußisch, noch baierisch sei, sondern daß es heiße das Deutsche! Wir sind Deutsche, von der Weichsel bis jenseits des Rheins, von der Nord- und Ostsee bis zum Gotthard, und alle diejenigen, die sich würdig zeigen, diesen tapferen Namen zu tragen." Dann wurden die Stadtmagistrate aufgefordert, eine *Bürgerwehr* zu bilden, in die nur von edlen Gefühlen beseelte und vollendet deutschsprechende Männer aufgenommen werden durften, denn die Sprache "ist das grundlegende Bindeglied der Völker". "Im übrigen tarnte sich das Ganze unter der Bezeichnung eines Vergnügens und einer nützlichen Übung, an der jeder ehrenwerte Deutsche teilnehmen kann.[748]" Zum Verständnis dieser Proklamation stürzte Beugnot sich in eine lange Darstellung der Ursprünge des Illuminatenwesens; er glaubte, daß der *Tugendbund* aus den Rosenkreuzern hervorgegangen sei und führte die Gründung auf das Jahr 1806 zurück[749]!

Als die Katastrophe von Rußland in Deutschland bekannt wurde, fing die Agitation, diesmal stärker und weniger versteckt, wieder an. Der im Dezember 1812 mit der Erkundung der öffentlichen Meinung beauftragte Montholon begann natürlich mit der Versicherung, daß die Volksmeinung fast einhellig zugunsten des Kaisers sei, aber er fügte hinzu, daß das Feuer des Aufstandes in seiner ganzen Stärke glimme. Er sagte sogar, daß es nicht der Wahrheit entspräche, die Ursachen der Französischen Revolution mit den für

---

[748] Diese pangermanistischen Vorstellungen waren von anderen entwickelt worden, insbesondere von dem 1812 verhafteten Becker. (Siehe meinen Beitrag in *Révolution Française*, vom 14. März 1904 über den Gebrauch des Wortes *Nationalismus*). Die von Lurmann unterzeichnete Proklamation wurde auch in Erfurt beschlagnahmt; sie ist im Bulletin der Polizei vom 16. Oktober 1811 analysiert worden; die französische Übersetzung, die ich wiedergebe, ist in F[7], 6563, und im Düsseldorfer Archiv (Staatsratsakten, Nr. 89).

[749] Beugnot war überzeugt, daß Prinz Louis von Preußen, der in der Schlacht bei Sonsfeld (Saalfeld) gefallen war, dessen Großmeister gewesen war (Bericht, der die Übersendung der Proklamation von Lurmann begleitete).

die deutsche Erhebung ins Spiel gebrachten zu vergleichen[750]. Je mehr die Lage sich verschlimmerte, um so mehr schien es, daß es sich nicht einfach um eine Verschwörung der Universitätsprofessoren und um Träumereien der Gebildeten handelte: "Es wäre einfach", schrieb d'Aubignosc einige Wochen später aus Hamburg, "wenn alles dem Tugendfreund angelastet werden könnte; dann wäre nur ein schwacher Gegner zu bekämpfen, bei dessen Entdeckung gezielte und individuelle Schläge ausgeteilt werden könnten. Es ist aber in so hohem Maße unheilvoll, daß fast die ganze Bevölkerung bestrebt ist, sich von Frankreich loszusagen und seinen Einfluß abzuschütteln."[751]

Bereits am Ende des 18. Jahrhunderts hatten die Geheimagenten des Direktoriums festgestellt, daß die Schriftsteller und die Akademiker Deutschland zu einem Ganzen zusammenfügen und den Deutschen ein gemeinsames Vaterland geben wollten. Frankreich müsse, rieten diese Agenten, um eine gegen Frankreich gerichtete Einheit zu verhindern, Deutschland geteilt halten. Dazu sollte es teilweise *republikanisiert* und abgesonderte Teile solltenzu heterogenen Gebilden - wie die helvetische oder die batavische Republik - vereinigt werden[752]. Frankreich errichtete aber keine deutschen Republiken, sondern eroberte Deutschland, und dank Napoleon bildete sich die Einheit, aber sie bildete sich gegen Frankreich aus. Die Unterjochung verwirklichte die Idee des Emigranten Pellenc: Der Krieg gegen die Revolution war ein nationaler geworden[753].

## IX.

In dem Maße wie die Härten der Zensur und die Überwachung der Polizei es ihr erlaubten, hatte die Presse ihren Anteil an der gegen Frankreich gerichteten Bewegung. Sie spielte übrigens nur eine zweitrangige Rolle, denn die öffentliche Meinung bildete sich vor allem durch Mundpropaganda, unter der Hand verteilte Flug- und Schmähschriften, Lieder und vaterländische Gedichte: Die Zeitungen wurden nur von einer kleinen Minderheit gelesen. Sie wurden mit großer Vorsicht hergestellt, waren ständig von Einstellung bedroht und beeinflußten in jeder Stadt nur eine kleine Leserschaft, während sie die Landbevölkerung nicht erreichten. Nach der Revolte im Großherzogtum Berg im Februar 1813 versuchte ein Geheimagent der Polizei, die Gründe der Aufstandsbewegung herauszufinden; alle befragten Bauern gaben dieselbe Erklärung: "Die Russen werden in Kürze eintreffen, und die Franzosen werden binnen kurzem gezwungen sein, sich über den Rhein zurückzuziehen! - Aber wer sagt Ihnen, daß die Russen kommen werden; sie sind

---

[750] Aff. étr., Allemagne, Bd. 749. Montholon versicherte, daß die Affäre Malet in Böhmen seit dem 23. Oktober bekannt war!
[751] F[7], 8306 (107), 17. Febr. 1813; siehe Anhang II den Brief von Savary und die Antwort von d'Aubignosc.
[752] Théremin, Rapport von 1799. 1798 sprach dieser Geheimagent davon, Schwaben und ganz Süddeutschland zu republikanisieren. Er befürchtete, daß die Einheit von irgendeinem volkstümlichen Anführer geschaffen werden solle, der den Philosophen und Illuminaten vorgesetzt wird; er fügte hinzu: "Diese letzteren sind nicht so dumm wie sie scheinen."; Aff. étr., Allemagne, 699.
[753] "Das Volk nahm Platz im Staat; die nationale Unabhängigkeit wurde sein eigenes Interesse nach unserem Unglück in Rußland"; Desmarest, *Quinze ans de haute Police*, S. 201.

noch weit von hier! - Nicht so weit, wie Sie glauben; sie sind in Sachsen und in Preußen, und Sie werden in kurzer Zeit ganz Deutschland sich gegen die Franzosen erheben sehen. - Lesen Sie die Zeitungen? - Oh nein! Aber wir wissen dies alles von den Reisenden in diesem Land!"[754]

*Abb. 24: J. P. Krafft (1780–1856), „Siegesmeldung nach der Schlacht bei Leipzig"*

Solange wie das Großherzogtum nicht unmittelbar von Napoleon regiert und gewissermaßen von Paris aus überwacht wurde, konnten die hier gedruckten Zeitungen in aller Freiheit klug ausgedachte Falschmeldungen verbreiten. Im Jahre XIII beklagte sich der Präfekt des Roer-Departements, daß es in Deutz, einer kleinen Stadt gegenüber von Köln, einen Buchhändler gab, der Schmähschriften gegen Frankreich druckte und sie auf das linke Rheinufer schaffen ließ. Vor allem aber redigierte dieser eine kleine Zeitschrift mit dem Titel *Le Copiste*, in der er alles zusammentrug, *was dem französischen Einfluß Abbruch tun konnte.* Jeden Tag überquerten vier- bis fünfhundert Personen, vor allem Priester, den Rhein und gingen zu Haas, um die Gazetten zu lesen. Im Januar 1806 wurde er bei einem Aufenthalt in Köln festgenommen und eingesperrt. Er war noch in Haft, als Murat im März durch Köln kam, um von seinen Herzogtümern Besitz zu ergreifen. Der Inhaftierte richtete ein Bittgesuch an ihn, das Murat mit wohlwollenden Worten an den Polizeiminister weiterleitete. Der neue Souverän schuf sich einen Ruf von Milde, noch bevor er in seine Staaten eingezogen war. Haas wurde freigelassen, aber ausgewiesen.

---

[754] AB XIX, 339 (Nachlaß Beugnot).

Dank neuer Schritte, dieses Mal vom nassauischen Minister in Paris, von Gagern - Deutz gehörte noch zu Nassau -, konnte Haas in Köln bleiben. Von Gagern führte zu seiner Entschuldigung an, daß er ohne Arglist die Artikel der Allgemeinen Zeitung aus Elberfeld wiedergegeben habe. In dieser Zeitung jedoch, war die Schlacht von Austerlitz als Niederlage Frankreichs dargestellt worden! Alle Bemühungen brachten Haas, der den Präfekten des Roer-Departements weiter beunruhigte, nicht zur Vernunft[755].

Unter der Herrschaft Murats wurde die Presse mild behandelt, weil der Großherzog kaum in seinen Staaten weilte. Irgendwo in Deutschland oder in Spanien unterwegs, beschäftigte er sich nicht damit, was seine Untertanen lasen und schrieben. Agar ließ die Dinge laufen. Er war noch zu neu im Verwaltungswesen, kannte sich mit polizeilichen Überwachungen nicht aus und war vor allem damit beschäftigt, die regelmäßige Erhebung der fürstlichen Einnahmen sicherzustellen. Innenminister Nesselrode, ein gutmütiger Deutscher, dachte nicht daran, daß es notwendig oder möglich sei, die Verstöße der Journalisten zu unterdrücken oder ihren Artikeln eine *offizielle* Richtung aufzuerlegen. Er offenbarte das Ausmaß seiner Naivität, als er sich bei Agar über vom *Moniteur* aufgemachte Berichte beklagte: In der Nummer vom 5. August 1807 war ein Artikel erschienen - übrigens dem *Journal de Paris* vom Vorabend nachgedruckt -, in dem die Begeisterung geschildert wurde, mit der die "Freiwilligen" der Stadt Essen danach verlangten zu dienen. "Die der Konskription unterworfenen jungen Leute hatten sich geweigert, das Auswahllos zu ziehen, weil *alle* unter der Fahne des Fürsten dienen wollten." In Wirklichkeit handelte es sich um gekaufte Ersatzdienende, die als Freiwillige ausgegeben wurden; Nesselrode staunte, "derart unglaubwürdige Artikel" (sic)[756] im Regierungsblatt zu sehen. Es fehlte Nesselrode offenbar an Erfahrung und Praxis mit der offiziellen Presse. Unter diesen Umständen setzten die Zeitungen des Großherzogtums ihre früheren Gewohnheiten fort. Wie vor 1806 protestierten die Präfekten des linken Rheinufers gegen die Verbreitung von auf dem rechten Rheinufer gedruckten Blättern[757].

Als ehemaliger Präfekt verstand sich Beugnot besser darauf, die Presse zu überwachen. Bei seiner Ankunft im Großherzogtum erschienen täglich drei Zeitungen in Düsseldorf: *L'Echo de Montagne* (Echo der Berge), *Le Journal de Düsseldorf* (Düsseldorfer Zeitung) und *La Chronique du Bas-Rhin* (Chronik des Nieder-Rheins oder Niederrheinische Blätter [muß heißen: *Courier du Bas-Rhin*; Anm. d. Hrsg.]); dreimal in der Woche *La Feuille du Soir* (Abendblatt) und wöchentlich eine Zeitschrift mit dem Titel *Nouvelles Hebdomadaires du Grand-Duché* (Großherzoglich-Bergische wöchentliche Nachrichten). Die bedeutendste und am weitesten verbreitete unter diesen Zeitungen war die erstgenannte. Sie wurde vom Kaiserlichen Kommissar am sorgfältigsten überwacht. Bald wurde *L'Echo de Montagne* ein *offizielles Journal* und ihr Inhalt einheitlich geregelt: Sie begann mit einer aus Paris übersandten Rubrik "Frankreich", dann folgten zensierte Nachrichten aus Holland, Italien, Schweden und - nach allen anderen Ländern oder ganz fehlend - aus Deutschland sowie den Rheinbundstaaten. Preußen wurde zwar gelegentlich eine Rubrik gewidmet, aber dort wurde nur die Veröffentlichung etwa der Verbrennung

---

[755] F[7], 8129 (Nr. 7340); F[7], 8130 (Nr. 7364).
[756] Archiv von Düsseldorf, Allg. Verwaltung, 10 C.
[757] F[7], 8210 (Nr. 5132). Beschwerde der Präfektur von Dyle und Roer, insbesondere gegen den *Courrier du Bas-Rhin*.

englischer Waren oder tendenziöser Nachrichten wie dieser hier, datiert aus Leipzig am 31. Dezember 1812, gestattet: "Einige Offiziere, die den Rückzug (aus Rußland) mit der Großen Armee mitgemacht haben, sind durch Gera gekommen; sie widersprechen einheitlich den infolge des 29. Bulletins verbreiteten falschen Gerüchten. Sie sagen, daß der Rückzug eine einmalige historische Leistung gewesen ist, sowohl der Märsche als des Mutes wegen. Das einmalige Genie Napoleons hat erreichen können, daß dieser Rückzug mit bewundernswerter Ordnung und Pünktlichkeit vonstatten gegangen ist." Es gab jedoch einige Auseinandersetzungen mit der Verwaltung: *L'Echo* hatte am 3. Mai 1812 veröffentlicht, daß man Verbandsmaterial für die französischen Krankenhäuser nach Berlin liefere, Nesselrode drohte der Zeitung mit Verbot; eine hohe Geldbuße wurde auferlegt, als das Blatt die in Stuttgart veröffentlichte Liste der französischen Verluste in Rußland bekanntgab: Der Präfekt des Rhein-Departements rügte und bedrohte diese "Indiskretion"; kurz darauf verschwand *l'Echo*[758].

Das *Journal de Düsseldorf* war klüger. Napoleon begeistert bewundernd, schrieb es anläßlich seines Einzugs in Düsseldorf: "Friedrich Barbarossa zog an unserer Stadt vorbei, als er nach Kaiserswerth kam; unserem großen Kaiser hat es gefallen, sich drei Tage in unserer Stadt aufzuhalten ..."

In Elberfeld erschien eine *Gazette Universelle* (Allgemeine Zeitung) und ein *Journal Provincial* (Provincialzeitung): Die erstere druckte 800 Exemplare und hatte eine "gute Haltung"; die zweite, mit einer Auflage von 600 Exemplaren, mußte im Jahre 1808 zweimal ihr Erscheinen einstellen. Seitdem zeigte sie sich "behutsamer". Als die Nachrichten ernster wurden, füllte sie ihre Spalten mit dem Abdruck alter Legenden und mit Artikeln über Kindererziehung! Die Zeitungen der kleinen Städte bereiteten Beugnot mehr Sorge: Im Herzogtum Arenberg erschien ein "miserables Blatt" mit dem Titel *L'Argus*, das falsche Nachrichten verbreitete: Im April 1809 gab es die Rückeroberung Tirols durch Andreas Hofer bekannt und ließ die Österreicher die bayerische Armee besiegen. Das sehr verbreitete Blatt, es hatte 1.000 Abonnenten, wurde im Großherzogtum verboten, sickerte aber auf Umwegen ein. Beugnot unternahm vergebliche Anstrengungen bei der Regierung, um eine Änderung der Haltung zu erreichen; er wollte sogar Gendarmen schicken, um die Druckerei zu schließen und die Redakteure zu verhaften. Die Beziehungen des Herzogs von Arenberg zum Kaiser hinderten ihn daran; *L'Argus* bewegte weiter die Gemüter. *L'Indicateur de Mulheim* (Mülheimer Anzeiger) hatte sich erlaubt, die Abreise des russischen Gesandten in Paris als bedeutend zu werten, dafür verbrachte der Direktor mehrere Monate im Gefängnis.

Nur das Sieg-Departement war nicht renitent: Die in Dillenburg erscheinende Zeitung (*Dillenburger Intelligenz-Nachrichten für das Sieg-Departement*) und das in Herborn gedruckte offiziöse Journal waren zurückhaltend. In den schweren Zeiten waren dort Artikel über die Schäden, die Raupen an Obstbäumen verursachen, zu lesen. Trotz leichter

---

[758] Die Auflage betrug 300 Exemplare; es wurde von einem Geistlichen redigiert; noch 1809 sagte Beugnot, daß es "unter guter Leitung stehe". Nachfolgend eine Anmerkung der Polizei des Jahres 1813 über den Redakteur: "M. Krammer, ehemaliger Geistlicher, jetzt Redakteur der *Gazette des Montagnes*; sein Blatt ist in einem guten Geist geschrieben, weil die Umstände dies verlangen; aber wenn er sich ohne Gefahr seinen Neigungen hingeben könnte, würde er der Öffentlichkeit die Bulletins der russischen Armee bekanntgeben"; (Arch. nat., AB XIX, 339).

Ausfälle war die örtliche Presse dort also im allgemeinen nicht offensiv. Auch ging die Zahl der Leser von Tag zu Tag zurück: In Städten wie Essen oder Duisburg gab es 1811 kaum zwölf Abonnenten einer Zeitung. Im April 1813 machte der Bürgermeister einer Gemeinde dem Präfekten folgende Erklärung: "Wie im vergangenen Jahr hat man nicht einmal erlaubt, das Bulletin von Napoleon vom 27. Oktober zu veröffentlichen (er wollte vom 29. Bulletin sprechen), die Zeitungsliebhaber kommen auch so zurecht und müssen kein unnützes Geld ausgeben ..."[759]

Die Zeitungen, die Neuigkeiten enthielten, trafen aus dem Ausland ein. Aus Frankfurt kam die "zweideutige" Zeitung *Dialogue des Morts*; aus Wien kam trotz aller Verbote die "üble" *Gazette de la Cour*; Hamburg lieferte das *Journal politique*, "Berichterstatter englischer Nachrichten" oder die *Gazette*[760]. Auch die in Deutschland verbreiteten Flugschriften kamen trotz aller Bemühungen der Verwaltung aus dem Ausland herein; die Postdirektoren erleichterten zuweilen die Möglichkeit zu ihrer Lektüre[761]!

Anfang des Jahres 1809 hatte Napoleon in Deutschland ein offizielles Presseorgan gründen wollen, das alle gegenwärtig bestehenden Zeitungen ersetzen sollte: Er verlangte von Jérôme, "an die Spitze seiner Zeitungen geschickte und zuverlässige Männer zu setzen", um die Artikel aus Wien und Preßburg "ins Lächerliche zu ziehen"[762]. Er beabsichtigte, in Düsseldorf die Zeitung *Le Telegraph* einzurichten, die in Erfurt gedruckt wurde und die die Verleumdungen und Lügen der österreichischen Gazetten widerlegen sollte[763]. Auch Beugnot und später Roederer wünschten die Herausgabe einer "Zeitung, die auf die englischen Niederträchtigkeiten antworten und das neue Kontinentalsystem und das Interesse daran erörtern sollte, das Deutschland darin entgegengebracht wird. In Deutschland, wo man sich in Metaphysik verstrickt, wird eine gelehrte Polizei benötigt."[764] Eine offizielle Zeitung hätte die Journalisten gezwungen, ihren Beruf aufzugeben und sich nützlicheren Arbeiten zu widmen. Auf deutsch und französisch publiziert, hätte sie die Kenntnis des Französischen verbreitet und gleichzeitig "Material gespart", das wohl nicht im Überfluß vorhanden war. Um die aufgeklärten Personen den Tabakstuben fernzuhalten, in denen falsche Nachrichten kursierten, forderte der Präfekt des Rhein-Departements die Gründung allgemein zugänglicher Lesekabinette. Diese Projekte blieben erfolglos; das Großherzogtum Berg bekam kein offizielles Journal wie das Großherzogtum Frankfurt. Die Überwachung blieb stets schwierig und annähernd illusorisch: Wie das Salz und der Tabak als Schmuggelware über eine nicht bewachbare Grenze her-

---

[759] *Les nouvelles mensuelles du Grand-Duché* waren zur offiziellen Zeitung geworden: Darin wurden die Dekrete, die Bekanntmachungen der Minister, die Zusammenfassung der ergangenen Gerichtsurteile, die öffentlichen Versteigerungen, der Marktpreis des Brotes und des Fleisches sowie die Taufen und Heiraten bekanntgegeben. Über alle diese Zeitungen siehe Salomon, *Geschichte des deutschen Zeitungswesens*. Diesem Buch habe ich die meisten Angaben entnommen.

[760] Beugnot gibt am 28. Mai 1809 eine Übersicht dieser Zeitungen; Arch. nat., AF IV 1839.

[761] F[7], 6527 (Nr. 1551). Beim Deutzer Postdirektor wurden Zeitungen aus ganz Deutschland gelesen. Beugnot versprach, ihn eng überwachen zu lassen. Siehe in F[7], 8294 eine kuriose Schmähschrift mit dem Titel *Litanies westphaliennes*.

[762] *Correspondance*, XVIII, 201; Brief vom 13. Januar 1809 an Champagny.

[763] Brief von Fouché an Beugnot; AB XIX, 350 (Nachlaß Beugnot), 24. Januar 1809.

[764] AF IV 1840, AB XIX, 352 (Nachlaß Beugnot).

einkamen, genau so leicht und noch leichter sickerten die "aufrührerischen Schmähschriften" und die "schädlichen Blätter" ins Land und trugen zur Bildung der öffentlichen
Meinung bei.

*Abb. 25: Transport von verwundeten französischen Soldaten vom Lazarett Elberfeld (Comödien-*
*haus Hofaue) zum Lazarett Bensberg (1813)*

# X.

Trotz der Vorsichtsmaßnahme, das 29. Bulletin nicht in den Zeitungen zu veröffentlichen, kamen die Nachrichten aus Rußland im Großherzogtum an: In den "Kneipen" war
die offizielle Ankündigung des Rückzuges nicht zu lesen[765]; die Katastrophen wurden
dort aber kolportiert. Der Handel, die Reisenden aus dem Osten und die ersten nach Hause kommenden Verwundeten berichteten die Wahrheit, welche die Autoritäten zu verbergen suchten. Roederer hatte gut reden, daß man in Paris Haltung bewahre; er riet
Beugnot zu Wachsamkeit gegenüber falschen Hoffnungen und forderte ihn auf, die Verwaltung zu ermutigen, weder Nachlässigkeit noch Mutlosigkeit zu zeigen[766]. Die allge-

---

[765] Unterlagen Roederer; Brief von Nesselrode an Roederer, 22. Dezember 1812.
[766] AB XIX, 352; Brief vom 7. Januar 1813.

328

meine Stimmung beunruhigte Beugnot und seine Mitarbeiter mehr denn je[767]; vor allem in der ehemaligen Grafschaft Mark befürchteten sie eine Aufstandsbewegung: Stein war hier früher als Verwalter tätig gewesen, und dieser "fähige, kühne Mann, der dazu in der Lage war, die nämliche Begeisterung zu entfachen, die er empfand oder vortäuschte zu empfinden", wurde dort noch heiß verehrt. Er verteilte Geld, das ihm der Kurfürst von Hessen gab; dieser wurde charakterisiert als "eine Art Automat, der Taler sammle, aber dennoch bereit sei, sie freizugeben, sobald vom Wiederaufleben seines Kurfürstentums die Rede war". Soviel ehemalige preußische Beamte es in der Grafschaft Mark gab, soviele Freunde hatte Stein dort. Frech wurde er vor dem Kaiserlichen Kommissar gelobt. Sobald der Aufstand möglich sei, begänne er in der Grafschaft, wo bereits 10.000 bereitwillige Männer nur das Signal erwarteten, versicherte ein der französischen Sache treuer Preuße.

Dergestalt vorgewarnt, hatten Beugnot und Nesselrode beschlossen, alle ehemaligen preußischen, waffenfähigen und nicht zu übel aufgefallenen Soldaten einzuziehen und alle anderen in eine französische Festung zu schicken. Um die Konskription durchzuführen, forderten sie französische Truppen an: Die Umtriebe sollten im Zaume gehalten und das Entstehen eines Aufstands hinter den französischen Linien verhindert werden, dessen Urheber von Stein war. "Zu meinem großen Leidwesen", schrieb Beugnot, "habe ich sehen müssen, daß man unsere Verwaltungen mit Preußen vollstopfte, denn ein getaufter preußischer Mann ist ebenso verhärtet wie ein beschnittener Hebräer. Der Geist der Sekte, von dem sie geprägt sind, ist unauslöschlich. Wie die Juden den Messias erträumen, so erträumen sie die Wiederkehr des Ruhmes der Monarchie Friedrichs II. und sie wirken dort, jeder in seinem Kreis, mit einer unglaublichen Leidenschaft; nichts ist ihnen dafür zu teuer ... Der Kaiser soll in Preußen nur auf die befestigten Plätze zählen."[768]

Nicht eine Woche war vergangen, als der Aufstand losbrach: Entgegen aller Voraussagen entstand er nicht in der preußischen Grafschaft Mark, sondern im Herzogtum Berg, welches bis dahin ruhig geblieben war. Die industriereiche Region des Landes, die am meisten unter den Zolltarifen gelitten hatte, gab in Deutschland das Signal zum Aufstand; dieser Aufstand war zunächst ausschließlich ein Arbeiteraufstand. Anlaß, aber nicht Ursache, war die Ziehung zur Konskription. Am 22. Januar, während der Unterpräfekt von Elberfeld dem Losentscheid in der lutherischen Kirche zu Ronsdorf beiwohnte, trafen die Konskribierten aus Remscheid und Cronenberg ein, begleitet von einer Menge mit Eisenstangen bewaffneter und "schnapstrunkener" Arbeiter, die die Kirche aufbrachen, alles zerschlugen, Hurra-Rufe ausstießen und schrien: "Es lebe Alexander, es leben die Kosaken, wir wollen die Ehre haben, die ersten Aufständischen zu sein."[769] Sie versprachen

---

[767] Ibid., Roederer warnte den Präfekten der Ruhr vor den Individuen, welche die schwachen Mitbürger mit übertriebenen Schilderungen der Rückschläge der *Grande Armée* verstörten; - nach Tauroggen schrieb er an Beugnot: *Man weiß nichts mehr außer durch den Moniteur,* und entschuldigte sich, ihn nicht auf dem laufenden halten zu können.

[768] Brief von Beugnot an Roederer, 15. Januar 1819; Unterlagen Lemarois. Am nächsten Tag versicherte Nesselrode, daß die Konskription in den Departements Sieg und Rhein gut verliefe! Unterlagen Roederer.

[769] Man nannte die Revoltierenden die *Klöppelrussen* (Knapp, *Geschichte der Städte Elberfeld und Barmen*).

dem Unterpräfekten ein Stelldichein am nächsten Tag in Solingen. Am 23. konnte der nach Solingen gekommene Präfekt des Rhein-Departements trotz der Anwesenheit von Truppen das Losverfahren nicht vornehmen. Von Furcht ergriffen floh er vor den Drohungen von 3.000 Arbeitern, die dem Ruf zum Aufruhr aus der Umgebung gefolgt waren und das Losrad zerbrachen. Am 25. gab es in Velbert neue Unruhen und einen Kampf zwischen Arbeitern und Gendarmen. Am nächsten Tag sandte der bestürzte Beugnot den Staatsrat Dupreuil nach Paris, um Hilfe zu erbitten: "Die Rauchwolke ist so stark", schrieb Nesselrode, "daß mit einem großen Feuer gerechnet werden muß, das erstickt werden muß."[770] Der Präfekt des Ruhr-Departements befürchtete das Übergreifen des Aufstandes, die Unruhen von Solingen könnten schwere Folgen auch in dieser verarmten Industrieregion haben.

Zunächst auf Solingen und seine Umgebung beschränkt, breitete die Bewegung sich recht schnell nach Norden und Süden aus: Am 27. erschienen zwei Banden: Die erste, bestehend aus 700-800 Männern, plünderte und zerstörte das Haus des Maire von Wermelskirchen und das des Verkaufshalters von Salz und Tabak. Die zweite, ungefähr 500 Mann stark, wandte sich nach Mettmann vor den Toren Düsseldorfs, beschlagnahmte Lebensmittel und kündigte den Angriff auf die Zuchthäuser in Düsseldorf und Werden an. In Hilden ließen die Aufständischen den Maire einen Befehl an alle jungen Leute von 25 bis 30 Jahren unterschreiben, sich bei Todesstrafe beim russischen Generalstab - dies war der Name, den sie sich gaben - zu versammeln. Am 28. begingen die Aufständischen Gewalttaten in Wipperfürth, Solingen und Elberfeld. In den Dörfern plünderten sie die Häuser der Maires und die der Verkaufshalter. In Elberfeld gaben die verschreckten Einwohner, die befürchteten, daß ihre mehrheitlich aus Holz gebauten Häuser in Brand gesteckt würden, ihnen Geld und Waffen. Man versicherte sogar, daß ein Industrieller aus Remscheid an der Spitze des Aufstandes stehe und auf die Gesundheit des Zaren Alexander trinke[771]. Aus Düsseldorf entsandte Kavallerie griff die Masse der Aufrührer in den Straßen der Stadt an, tötete einige, verwundete mehrere und führte 40 Gefangene ab.

Im Norden waren die "Räuberbanden" in Hagen erschienen: Der Steuereinnehmer des Arrondissements hatte seinen Posten in der Nacht verlassen, um seine Bücher und seine Kasse zu retten. Der Unterpräfekt bewies seine Tatkraft, griff die Banden mit einigen Gendarmen und Einwohnern an und machte Gefangene.

Im Süden, im Sieg-Departement, ehemals dem Fürsten von Oranien gehörend, breitete sich der Aufstand, der zunächst ein Arbeiteraufstand gewesen war, auch unter der bäuerlichen Bevölkerung aus und nahm einen mehr politischen Charakter an. Am 26. Januar war auf dem Kirchturm von Herborn eine orangefarbene Krone, das vereinbarte Erkennungszeichen, angebracht worden; Frauen erschienen mit orangefarbigen Bändern. In den Dörfern verlangten die Aufständischen die Konskriptionslisten, um die Ausgehobenen zu zwingen, ihnen zu folgen, raubten die Kassen, mißhandelten die Maires und verbrannten die Personenstandsregister! Die Behörden zeigten sich kleinmütig und gaben den Dro-

---

[770] Brief von Nesselrode an Roederer; Unterlagen Roederer.

[771] Er hieß Hasenclever und sollte später verhaftet werden; aber da es dort vier Industrielle diesen Namens gab, fürchtete man, sich in der Person zu irren. Brief von Nesselrode an Lemarois, 7. Februar 1813, Unterlagen Lemarois.

hungen der Aufständischen nach: In Gummersbach, in der ehemaligen Grafschaft Gimborn-Neustadt, wo man dem Grafen von Wallmoden treu geblieben war, ereignete sich ein weiterer schwerer Zwischenfall: Von den Aufrührern aufgefordert, die Abschaffung der neuen Einrichtungen und die Wiederherstellung der ehemaligen Gewohnheiten zu proklamieren, gehorchte der Friedensrichter Pollmann: Er nahm seine frühere Amtsbezeichnung *Vogt* wieder an, erklärte das erneute Inkrafttreten der Jagd- und Fischereirechte und versprach, den Einwohnern wieder die alten Gesetze zurückzugeben[772].

Napoleon war seit dem 28. auf dem laufenden: Er beurteilte diese erste Volkserhebung Deutschlands als sehr schwerwiegend; er war sehr unzufrieden und verstimmt darüber, daß der einzige Unruheherd jenseits des Rheins sein Großherzogtum war[773]. Sofort ließ er dem General Brenier, Befehlshaber in Wesel, den Befehl erteilen, Truppen in das Großherzogtum zu senden. Man sollte "die Ansammlungen auseinandersprengen, die Hauptträdelsführer festnehmen, sie durch eine Militärkommission verurteilen, sechs von ihnen standrechtlich erschießen lassen, Geiseln nehmen, und, wenn die Hauptschuldigen flüchtig seien, ihre Häuser in Brand stecken ...; die Hauptsache war, daß sechs füsiliert würden, daß man Geiseln nähme, daß ein strenges Beispiel gegeben werde, um allen Böswilligen dieser Landschaften Furcht einzuflößen."[774]

Am übernächsten Tag befahl er, zweifellos aufgrund neuer Berichte aus Düsseldorf, seinem Adjutanten, dem General Lemarois, mit drei Adjutanten per Extrapost nach Düsseldorf zu reisen und die Bewegung aufzuhalten[775]. Roederer war vor dessen Abreise bei Lemarois, setzte ihn über die Ereignisse in Kenntnis und schrieb an Beugnot: "Der Kaiser will ein Exempel, das die Aufständischen in die Schranken verweist. Im Großherzogtum muß wie in Caen verfahren werden. Die in dieser Stadt dabei angewandte Härte hat große Schäden erspart." Nesselrode kündigte er die gegebenen Befehle an und fügte hinzu: "Wieso verschärft das Arrondissement Elberfeld die Leiden des äußeren Krieges durch die der Anarchie und des Bürgerkrieges; ist dies das Mittel, die Fabriken zum Blühen zu bringen? Die große Wohltat, die ewige Wohltat des Kaisers gegenüber Frankreich, ist es, Bürgerkriege im Keim erstickt zu haben, denen gegenüber kein Unglück vergleichbar ist. Seine Majestät wird nicht zulassen, daß hierfür sein Großherzogtum dem Rheinbund das Signal gibt. Die Russen sind noch nicht da, wo sie vermutet werden, sie haben Frankreich

---

[772] 1810 bezeichnete der Präfekt des Sieg-Departements diesen Kanton als aufsässiger gegen den Militärdienst als die anderen; Archiv Düsseldorf, Allgemeine Verwaltung 2.

[773] Brief von Roederer, AB XIX, 350.

[774] Lecestre, *Lettres inedites*, Bd. II, S. 212, 28. Januar 1813; in der Nacht schickte Clarke eine Stafette an Brenier (Unterlagen Roederer), am nächsten Tag befahl er ihm selbst mit 4.000 Mann zu marschieren (Unterlagen Lemarois). - Lemarois (Jean-Léonore-François), geboren in Bricquebec (Manche) am 17. März 1776, befehligte 1812 das Lager von Boulogne, im Juli 1813 in Magdeburg; 1832 in den Ruhestand versetzt, starb er 1836 (Akten des Kriegsverwaltungsarchivs).

[775] Unterlagen Lemarois, Brief vom 30. Januar 1813; *Correspondance*, Bd. XXIV, Brief vom gleichen Tag. Am 6. Februar, Brief an Lauriston, Befehlshaber des Aufklärungskorps der Elbe: Er soll wachen; am 8. Gegenbefehl; Kellermann in Mainz genügt. Diese Befehle und Gegenbefehle zeigen die Kopflosigkeit in Paris.

nicht geschlagen; sie haben den Vorteil eines frühzeitigen strengen Winters, das ist alles ..."[776]

So unerwartet der Aufstand ausgebrochen war, so schnell und streng war seine Niederschlagung. Vor dem Eintreffen von Verstärkung wurde am 2. Februar eine Militärkommission zusammengestellt, der man befahl, drei Aufständische zu erschießen[777]. Nacheinander kamen Truppen aus Wesel unter dem Befehl von Brenier und Truppen aus Mainz, die der Herzog von Valmy entsandt hatte. Der Herzog von Nassau ließ seine Grenzen überwachen und der Oberst Prinz von Salm, Adjutant von Jérôme, traf aus Westfalen mit Verstärkung ein[778]. Am 3. Februar traf Lemarois in Düsseldorf ein und übernahm im Lande das Oberkommando. Sehr schnell erkannte er, daß die Bewegung eine Arbeiterbewegung war, vielleicht durch Geheimagenten ermutigt: "Die meisten der Aufrührer setzen sich aus Arbeitern zusammen, die von den Fabriken entlassen worden sind. Wenn ich vertrauenswürdigen Personen glaube, ist die Not der einzige Grund der Revolte. Indessen denke ich, ebenso wie der Graf Beugnot, daß das Kabinett in St. Petersburg an dieser Bewegung nicht unbeteiligt ist." Er beunruhigte sich nicht übermäßig wegen dieser "kaum bewaffneten Räuber, die weder Führer noch Organisation hatten und sich nicht verteidigten ..."[779]

Die Banden durchstreiften weiter das Sieg- und das Rhein-Departement; die Truppe und die treu gebliebenen Einwohner lieferten ihnen ein Gefecht bei Bensberg, wo sie sich gesammelt hatten und Proklamationen verlesen wollten. Dann wurden neue Exempel statuiert[780]. Erst Ende Februar war man sich sicher: Obwohl die Gärung allgemein blieb, setzte sich die Ansicht durch, daß sich nicht das ganze Land erheben würde. Jedoch kam es unter den jungen Ausgehobenen des Jahres 1813 zu massenhaften Desertionen; Streifenkommandos mußten sie in den Wäldern aufspüren, wo sie sich versteckten[781].

Die Unruhen in Berg beunruhigten die Präfekten der benachbarten Departements. Ladoucette in Aachen ließ das Rheinufer bewachen; Dusaillant im Lippe-Departement sig-

---

[776] 28. Januar 1813; Unterlagen Roederer (Urschrift). In seinem Brief an Beugnot erinnert Roederer daran, daß der Präfekt ein Mann der Regierung sei und als gegeben voraussetzen soll, daß die Regierung weiß und das macht, was dem Volk dient; "dienen dem einen, heißt dienen dem anderen"; AB XIX, 352 (Nachlaß Beugnot).

[777] Einer sollte während der Konskription in Solingen, ein anderer in Elberfeld und der dritte in Barmen erschossen werden.

[778] Aff étr., Allemagne, 750 und Unterlagen Lemarois.

[779] Bericht an den Herzog von Feltre, 4. Februar 1813, Unterlagen Lemarois. Als Führer der Bewegung wurden Schottlanger, ein desertierter Unteroffizier der bergischen Truppen, und ein gewisser Varance de Vergniaux, französischer Herkunft, der eine Gastwirtschaft in Wald betrieb, angegeben. Über diesen de Varance, (alias Defrance oder Defrani) habe ich keinerlei Hinweis finden können. Während der Unruhen fiel auf, daß ehemalige Soldaten, die in Spanien gekämpft hatten, von dort die Strategie der aufständischen Spanier mitgebracht hatten.

[780] Eine Kommission wurde in Siegen gebildet, um die Schuldigen abzuurteilen; man füsilierte die Aufständischen am 10. und 13. Februar.

[781] Nesselrode an Lemarois, 25. März 1813. Unterlagen Lemarois. Am 31. März ging Lemarois nach Wesel, um das Kommando der 32. militärischen Division zu übernehmen, zugleich behielt er das des Großherzogtums. Am 3. April erhielten Lemarois und Roederer das Großkreuz des Ordens der Réunion.

nalisierte die Aufwiegelung, die den Aufstand verursacht hatte: "Wenn sie sich hier ausbreitet", schrieb er, "wird die Bürgerschaft nichts Unrechtes tun, aber sie wird auch
nichts verhindern." Selbst aus Erfurt teilte der Intendant Devisme mit, daß württembergische Offiziere, die durch Schmalkalden gekommen waren, unbesonnene Bemerkungen
gemacht hatten: Sie hätten die Köpfe verwirrt und die Bevölkerung dazu aufgerufen, mit
dem Aufstand des Großherzogtums gemeinsame Sache zu machen. Im Departement
Ober-Ems wurden Plakate mit den Worten angebracht: "Es lebe Zar Alexander! Napoleon hat Euch die Gleichheit des Elends gebracht, Alexander wird Euch retten und wird
Euch Zucker und Kaffee geben." So gewann die Revolte die Departements des Nordens,
während auch in Westfalen ein allgemeiner Aufstand befürchtet wurde[782].

*Abb. 26: Porträts von Franz I., Alexander I., und Friedrich Wilhelm III., Eißengußmedaille von Heuberger (vermutlich 1813)*

Der tiefere Grund für den Aufstand war die "schlimme" Lage der Wirtschaft: In diesem Punkt war sich alle Welt einig, und Napoleon selbst anerkannte, daß "das Großherzogtum unglücklicher war als Frankreich und daß die [fiskalische und zollpolitische]
Unterdrückung der Grund des Ärgernisses war, den dieses Land allein unter allen Mächten Deutschlands gab".[783] Beugnot, dieser ganz frisch geadelte Bürgerliche, hatte nicht
Verachtung genug für "die Art von Canaille", aus der sich die Banden zusammensetzte:

---

[782] Departement Lippe, Roer, Ober-Ems; Arch. nat. F$^{lem}$; Aff. étr., Allemagne, 750.
[783] Brief von Roederer an Beugnot; AB XIX, 350 (Nachlaß Beugnot) und Unterlagen Roederer.

"Alles, was die Gesellschaft an Niedrigstem, Häßlichstem und Lumpigstem in sich bergen kann; es gibt dort nicht einen Menschen, auf dem eine direkte oder indirekte Kontribution lastet; ich habe diese Schurken sehen wollen und nichts als Erbarmen empfunden ..."[784] Gewiß, es waren nicht die Notabeln, die sich mit Stöcken bewaffnet hatten, aber die vom Pöbel begonnene Bewegung konnte sich auch auf die Notabeln und die Steuerpflichtigen ausbreiten! Die Parolen der Rebellen waren bezeichnend: "Eins, zwei, drei, das Los ziehen ist auf einmal vorbei; eins, zwei, drei, vier, die Russen sind bald hier; Regie, Regie, wir sind die Herren ..."[785]. Nach der Revolte fanden die Zollbediensteten keine Wohnmöglichkeit mehr: Die verschreckten Einwohner verweigerten ihre Aufnahme und Beköstigung[786].

Die eher zufälligen Gründe dieser Erhebung eines deutschen Landes waren die Nachrichten über den fatalen Rückzug aus Rußland, die Unruhe, die die Erhöhung des Truppenkontingentes 1813 verbreitete, und die Einberufung eines Teils der Reserve von 1812. Bei der verarmten Bevölkerung konnten die Aussicht auf neue Kriege, die Arbeit geheimer Boten und die aufreizenden Schriften nicht ohne Wirkung bleiben. Nesselrode prangerte die Aktion von Stein an, aber er konnte sie nicht unterbinden. Lemarois versicherte, daß einige Gutsbesitzer des Landes die Bewegung begünstigt hatten. Man fand Aufrufe der Russen an die Preußen. Überall war der Gedanke verbreitet, daß die Russen Deutschland befreien würden; um sie angemessen zu empfangen, druckte man russische Wörterbücher mit den notwendigsten Redewendungen. Der von einem ehemaligen preußischen Husar verbreitete *Aufruf an das bergische Volk* wurde beschlagnahmt. Die zur Unterdrückung des Aufstandes entsandten Regimenter fraternisierten zuweilen mit den Einwohnern: Überall erschienen Zeichen einer allgemein bevorstehenden Erhebung[787].

# XI.

Als die gewalttätige Krise vorüber war, waren die Gefängnissen voll mit Gefangenen, die es zu verurteilen galt. Vor allem das Verfahren gegen die Friedensrichter Pollmann und Eversmann, die aus Angst oder Komplizenschaft die Partei der Aufrührer ergriffen hatten, mußte eröffnet werden. Weil das Gefühl des deutschen Patriotismus in ihnen erwacht war, oder weil sie ihre Rechte durch die Militärkommissionen beeinträchtigt glaubten - oder aus beiden Gründen zugleich -, unternahmen die zuständigen Richter alles, was sie

---

[784] AF IV 1840, 14. Februar 1813.

[785] Brief des "unglücklichen" Maire von Neustadt an Nesselrode, 29. Januar 1813, in Unterlagen Roederer. Der in das Land entsandte Geheimagent machte ebenfalls die ökonomischen Gründe der Revolte aus; AB XIX, 339 (Nachlaß Beugnot).

[786] David, Verwalter der Zölle, forderte bewaffnete Truppen an. 12. Februar 1813; Unterlagen Roederer.

[787] F⁷, 6574 (Nr. 2954), AF IV 1840: "Aufruf an das bergische Volk". Es gibt noch eine weitere Proklamation in den Papieren Lemarois; es ist immer dasselbe Lied: Deutsche, wacht auf, vereinigt euch gegen den Tyrannen usw. Es gab in den in das Großherzogtum geschickten Linienregimentern 46 und 47 viele italienische Soldaten und Soldaten aus den Departements der Roer und der Lippe. Napoleon war, als er von der Zusammensetzung dieser Regimenter erfuhr, über ihre zweifelhafte Haltung nicht erstaunt; Unterlagen Roederer und Matr. Register des Nat. Arch.

konnten, um die Aufständischen zu schonen. Sobald der General Lemarois in Wesel war und "seinen Schatten nicht mehr warf, und man aufhörte, eingeschüchtert zu sein", sprach der Appellationshof den Friedensrichter von Gummersbach frei, der seine ehemaligen Funktionen als Amtmann wieder aufgenommen hatte. Kein Belastungszeuge war vernommen worden; man hatte im Gegenteil sogar nachsichtigerweise eine Menge Entlastungszeugen angehört. Das Beispiel war gefährlich; die Amtsenthebung des jungen Fuchsius, eines "armen, kleinen Teufels von Procurator" beim Tribunal in Düsseldorf[788], ließ Nachdenklichkeit entstehen. "Der Schock seiner Absetzung säte Schrecken in das geschlossene Bataillon der gegen die Regierung opponierenden Richter"; die Magistrate bekamen Angst und marschierten zu Beugnot, um ihre Treue zum Kaiser zu bekunden[789]. Der Generalprocurator Sethe, eine Kreatur auf der Seite Steins, dessen preußische Gefühle keinen Zweifel zuließen, wurde nach Paris beordert, um dort die Haltung der Staatsanwaltschaft zu erläutern. Er rechtfertigte sich in respektvollen Darstellungen und beteuerte ehrerbietig seine Ergebenheit[790].

Trotz dieser ernsten Warnungen handelte die Justizbehörde nachlässig. Sie zog die Angelegenheiten in die Länge und fand die Schuldigen nicht: "Es scheint, daß jeder [zum Aufstand; Anm. d. Hrsg.] gezwungen worden ist", schrieb Beugnot, "ich frage mich, wer also gezwungen hat." Es war nicht möglich, von diesen deutschen Richtern eine strenge Rechtsprechung zu erwirken. Sie glaubten nicht ernsthaft, daß die Aufständischen im Unrecht wären, und sie hätten sicherlich auch den General York nicht verurteilt, sondern ihm sogar den Anführer der Aufständischen als Adjutanten abgestellt[791]. Im Rhein-Departement wurden von 28 Angeklagten 20 freigesprochen, sieben zu Gefängnis, einer in Abwesenheit zur Landesverweisung verurteilt. Im Ruhr-Departement gab es nur zwei Verurteilungen zu Zwangsarbeit und Zuchthaus[792]. Lemarois hatte alle preußischen Beamten absetzen und Nesselrode die Kriegsangelegenheiten abnehmen wollen, weil er davon nichts verstand und in seinem Büros sich alles durch Geschwätz erledigte[793]. Es war keine Zeit mehr, das Justizpersonal zu erneuern und die Verwaltung umzubilden. Dies wäre gar nicht mehr möglich gewesen, denn die Elite der Beamtenschaft kam aus preußischen Provinzen[794]. Während und nach der Krise machte sich der Gegensatz zwischen

---

[788] Er hatte ein Rundschreiben verfaßt, aus dem Kritik an der Aktion der Gendarmerie deutlich wird.

[789] "Sonderbare Art von Leuten, die weich werden und kurz davor sind, diejenigen zu lieben, die sie fürchten; die nur durch dieses traurige Gefühl geleitet werden können." Beugnot an Lemarois, 8. April 1813 usw.; Unterlagen Lemarois.

[790] Hüffer erinnert in einem Artikel der *Deutsche Rundschau* (November 1874) (*Mitteilungen über H. Heine*) daran, daß Heine mehrere Gedichte Christian Sethe gewidmet hatte, und er bei dieser Gelegenheit sagte, daß Letzterer während der Revolte von 1812 (1813) eine Haltung unversöhnlicher Opposition einnahm: Als Roederer ihm gesagt hatte, daß Napoleon ihn hätte füsilieren lassen können (wegen seines weichen Verhaltens), habe er ihm geantwortet: *Man muß vorher das Gesetz füsilieren.* Das scheint mir wohl eine Legende zu sein.

[791] Beugnot an Lemarois, 3. und 6.4.1813; Unterlagen Lemarois.

[792] AF IV 1840, September 1813. Vollmann wurde seiner Funktionen als Friedensrichter enthoben.

[793] Unterlagen Roederer, 25. Februar 1813.

[794] Nesselrode an Lemarois; Unterlagen Lemarois.

der Verwaltung und der Justiz bemerkbar: Die von Nesselrode repräsentierte Verwaltung hatte trotz allem für die eingesetzte Regierung Partei ergriffen; die Justiz dagegen, in der das preußische Element vorherrschte, hatte das Volk unterstützt; dort wurde die Ankunft der Russen bald erwartet, weswegen man vor Repressalien zurückschreckte[795].

# XII.

Seit den letzten Ereignissen lebte man in der Ungewißheit des nächsten Tages. Laufend demonstrierten neue Zwischenfälle, daß es "einen unterirdischen Herd gab, den man bersten lassen würde, wann man wollte". Eines Tages wurden in einem Haus des Sieg-Departements Bilder von Schill, von Hofer, von Braunschweig-Oels, ein Handbuch mit russischen Phrasen und ein an den russischen Zaren gerichtetes *Pater noster* entdeckt. An einem anderen Tag wurden in der Gegend von Dillenburg Wagenzüge mit Militärausrüstungen am hellichten Tag von Wehrdienstverweigerern und Deserteuren geplündert. Nesselrode verlangte von Dombrowsky 4.000 Polen, um die Fahnenflucht zu verhindern; Nachrichten aus Hamburg bestätigten, daß die Zollgrenzen in den hanseatischen Departements gefallen waren. Es war sehr wohl bekannt, daß im Lüneburgischen mysteriöse Aufrufe an die Deutschen gerichtet worden waren, sich unter dem "Kreuz des Erlösers, der einzigen Fahne, zu sammeln und unter diesem Zeichen die schändlichen Franzosen zu verjagen". Das kürzlich noch gefürchtete Ruhr-Departement rührte sich indessen nicht: Es herrschte dort große Disziplin; es war die Losung ausgegeben worden, daß der Aufstand nur im richtigen Moment losgehe; "es reifte dort ein preußischer Verrat à la York oder à la Bülow; eine Stunde vor dem Ausbruch würde man sich dort noch der gütigen Gnade Napoleons empfehlen"[796].

In seinen lange Zeit nach diesen Ereignissen aufgezeichneten *Memoiren* behauptete Beugnot, daß die Rückzugsbewegung der Beamten und der Abtransport der Kranken und Verwundeten erst nach der Schlacht von Leipzig begannen. In Wirklichkeit zeichnete sich das Debakel bereits seit April, also noch vor der Schlacht bei Lützen ab. Überall schwang sich die "Bewegung des Pöbels zu den großen Herren auf" und Beugnot dachte bereits daran, "einige Schwätzer auf das linke Rheinufer abschieben zu lassen". Er dachte sogar daran, den Staatsschatz, die Archive und das Porträt des Kaisers nach dort in Sicherheit zu bringen, denn "das Schicksal konnte gefährlich werden. Eine Epoche hatte begonnen, in der wir alles das auf uns nehmen, was sich auf die öffentlichen Angelegenheiten bezog und die Achtung vor der Ordnung auf ruhigere Zeiten verschieben muß-

---

[795] Als die Urteile im September ausgesprochen wurden, war die baldige Ankunft der Alliierten vorauszusehen.

[796] Unterlagen Roderer, AF IV 1840, Unterlagen Lemarois. Der pietistische Ton der Aufrufe dieser Zeit ist eigenartig. In der Folge verstärkte er sich: Das fromme Deutschland erhob sich gegen Napoleon, den Teufel. Die Polizeiberichte meldeten, daß in Elberfeld pietistische Sekten, die *Feinen*, die *Harmonie* und die *Erste Gesellschaft* als besonders antifranzösisch aufgefallen seien; AB XIX, 339 (Nachlaß Beugnot).

ten."[797] Am 22. April passierten Packwagen Düsseldorf, vollbeladen mit den Finanzunterlagen des Königreichs Westfalen, gleichzeitig auch zwei mit Frauen besetzte Karossen[798]. Niemand konnte mehr übersehen, daß der Feind nahe war, und von diesem Augenblick an setzte sich der Eindruck durch, daß die Partie verloren war. Einige Tage danach trafen die ersten Wagenkolonnen mit Verwundeten und Kranken ein, die bald das Schloß Bensberg und alle verfügbaren Häuser überfüllten[799].

In einem so in Aufruhr befindlichen Land befahl das Dekret von Nossen noch Zollverschärfungen und Beschlagnahmungen von Kolonialwaren. Es bedrohte die gesamte Arbeiterbevölkerung mit völliger Arbeitslosigkeit. Eine Intervention von Beugnot und Lemarois bewirkte eine Ausnahme zugunsten der Baumwolle und verhinderte die Schließung aller Fabriken.

1813 war es zu spät, die öffentliche Meinung zu beeinflussen und zu dirigieren: Auf dem Höhepunkt der Unruhen, während sich in Paris "die Stimmung von Niedergeschlagenheit zur Anmaßung wandelte", hatte Roederer die Idee, in Düsseldorf und in Elberfeld Schenkungen von Pferden zu veranlassen, "die einen Gegensatz zu den Umtrieben des Pöbels bilden sollten". Es war geschickt, im *Moniteur* neben den Einzelheiten über Plünderungen das vom Großherzogtum gemachte Angebot von Pferden anzeigen zu lassen, als aus Deutschland die ersten Nachrichten vom Aufstand eintrafen. Von allen Seiten trafen "spontane" Angebote von Pferden ein; diese "Zeitungskavallerie" hinterließ einen ausgezeichneten Eindruck[800]. Die "Anregungen" der Autoritäten wirkten sich günstig aus; das Großherzogtum bot 130 Pferde und 86.000 Francs. Der Kaiser ignorierte - oder gab sich wenigsten diesen Anschein -, daß die "Geschenke" von den Präfekten "befohlen" worden waren[801]. Später ließ die *Ehrengarde* - weit davon entfernt, der Eitelkeit der großen Familien zu schmeicheln - diese Pferde "wiehern". Zu drei Vierteln bestand die Ehrengarde aus von den Reichen bezahlten Ersatzleuten[802].

Das Bulletin über die Schlacht von Lützen machte keinen großen Eindruck mehr; genauso wirkungslos blieben die hastig erlassenen administrativen Maßnahmen - Verantwortlichkeit der Gemeinden in bezug auf die örtliche Polizei, Paßkontrollen: Nichts konnte die Bevölkerung mehr halten. Die "gute Zeit", von der Beugnot in seinen *Mé-*

---

[797] Unterlagen Lemarois, 14. April 1813. In diesem Brief beteuert Beugnot seine Ergebenheit: "Ich war am 18. Brumaire in Saint-Cloud in der Situation, entweder mit Ihnen zu gewinnen oder unterzugehen. Seitdem habe ich zehn Stunden am Tag für meinen Herrn gearbeitet, ohne daß ich mir eine Zerstreuung vorzuwerfen hätte. Ich habe weder Schenkung noch Ordensband, noch Gunstbeweis, aber ich bin von hündischer Natur; je schlechter ich behandelt werde, desto mehr schließe ich mich an"; man sah es 1814!

[798] "Keinerlei Nachrichten aus Kassel, aber sehr hübsche Frauen, die uns hierher zurückfließen, wo, wie Sie wissen, wir daran Mangel hatten"; Brief an Lemarois vom 26. April, Unterlagen Lemarois.

[799] Am 8. Mai wurden noch zwei Aufständische in Hagen füsiliert.

[800] AB XIX, 352, 2. Februar 1813. Die drei Minister schrieben sich ganz oben in Listen ein; der Bürgermeister von Düsseldorf hielt anläßlich der Gelegenheit dieser Geschenkübergabe von Pferden eine pompöse Rede, offensichtlich von Beugnot diktiert; AF IX 1840.

[801] AB XIX, 339; Rapport eines Geheimagenten.

[802] Brief an Keverberg, Präfekt des Departements Ober-Ems, 27. Mai 1813; Archiv Düsseldorf, kürzlich erworbene Dokumente über das Departements Ober-Ems.

*moires* spricht, war 1812 noch nicht ganz vorüber; sie war es aber nach dem Aufstand von 1813.

Der Durchzug König Jérômes von Westfalen Anfang Oktober, der vor den Kosaken unter Tzernikow floh, "verbreitete den Schrecken" in Düsseldorf. Nach allgemeiner Ansicht rückte der Feind bald ein; selbst ausgerissene westfälische Soldaten wurden für Russen gehalten, und die Fahnenflucht breitete sich am stärksten unter den in Düsseldorf kasernierten Truppen aus. Beugnot ließ das, was vom Kontingent im Land übrigblieb, auf das linke Rheinufer verlegen, sandte die Staatsgelder nach Aachen und bereitete den Abtransport des Mobiliars vor. Im Sieg-Departement wurde noch eine Treibjagd organisiert, um Fahnenflüchtige einzufangen. Als bekannt wurde, daß die von den Kosaken am 30. September eingenommene Stadt Kassel am 7. Oktober durch den französischen General Alix zurückerobert worden war, fand Beugnot seine Kaltblütigkeit wieder. Aber bei der geringsten Gelegenheit zeigte die Bevölkerung ihre Ungeduld in Erwartung der Alliierten. Ein Stall der Kavallerie ging am 28. Oktober unter den ständigen Rufen "*Es lebe Moskau, zum Teufel mit Frankreich*" in Flammen auf.

*Abb. 27: Abzug der letzten französischen Soldaten am neuen Markt in Elberfeld (7. November 1813)*

Einige Tage später rückte der Feind, den General Rigaud verfolgend, von Süden und Norden her in das Großherzogtum ein. Rigaud zog sich von Kassel aus nach Köln zurück. Beugnot hatte noch die Zeit, 5.000 alte Gewehre und einige Kanonen nach Wesel bringen zu lassen, die Kranken über Köln zu evakuieren, die Infanterie nach Jülich zu

schicken, die kostbarsten Möbel, die Stempelpressen, die Rechnungsbücher der Staatskasse und das wenige verbliebene Bargeld zu retten. Einen Moment lang hatte er daran
gedacht, die gesamte Verwaltung nach Aachen zu verlegen und den Staatsrat zu verpflichten, ebenfalls den Strom zu überqueren. Sehr schnell begriff er, daß dies eine Geste
"ohnmächtiger Prahlerei" gewesen wäre. Er begnügte sich damit, seine Mitarbeiter an ihre Eide und an die Wohltaten des Kaisers zu erinnern; ihm wurde "mit Entschuldigungen,
die mit der Ehre nicht zu vereinbaren waren", geantwortet. Der vor kurzem noch so untertänige Maire von Düsseldorf, Baron von Pfeill, mokierte sich über die Ehrenlegion
und die mit Brillanten verzierte Tabaksdose, die er vom Kaiser erhalten hatte. Beugnot
urteilte, daß "es abgemacht war, die Vergangenheit völlig zu verleugnen und dem Joch
entgegenzugehen, das die Zukunft bringen würde". Er übertrug Nesselrode die Regierungsgewalt und, nachdem er seiner Abreise den Anstrich einer vorübergehenden Abwesenheit gegeben hatte, überschritt er am 10. November den Rhein und sagte dem Großherzogtum Berg Adieu[803].

Am nächsten Tag rückten die Alliierten in Düsseldorf ein. Nach einigen Monaten des
Interimregimes und der Aufeinanderfolge vorübergehender Gouverneure übertrug der
Vertrag von Wien das ehemalige Großherzogtum Berg an Preußen[804].


*
* *


Während der sieben Jahre Fremdherrschaft trug alles dazu bei, das Nationalgefühl entstehen zu lassen, wo es noch nicht existierte, und sie stärkte es dort, wo es bereits bestand.
Indem sie "das deutsche Chaos entwirrte", die buntscheckigen und ältlichen Verwal-
tungsstränge abriß, die Gesetze und die Gerichtsorganisation vereinheitlichte sowie durch
die Konskription Männer zusammenbrachte, die, obwohl Nachbarn, bis dahin einander
unbekannt waren - aber auch indem sie gemeinsame steuerliche Lasten und gleiche wirtschaftliche Leiden auferlegte -, ließ die Fremdherrschaft eine öffentliche Meinung wachsen, wo bis 1806 der politische Horizont an den Grenzen der winzigen Fürstentümer endete. Zu Beginn fürchtete Beugnot nur die preußische Grafschaft Mark. Nach den Wirr-
nissen von 1813, die auch in jenen Gebieten ausgebrochen waren, deren er sich sicher
glaubte, begriff er, daß sich die Einheit des deutschen Nationalgefühls zu bilden begonnen hatte.

---

[803] Arch. nat., AF IV, 1266, 1840, 1865; F$^{ie}$ III, Roer 4. Er überbrachte 195.000 Francs, die er
dem Schatz abzüglich der Spesen übergab. Am 2. Dez. verließ er Aachen in Richtung Paris. Brief
an den Herzog von Richelieu vom 31. März 1817, AB XIX, 349; (Nachlaß Beugnot).
[804] Justus Gruner zweimal und der Fürst von Solms verwalteten dieses Gebiet. Die Kriegskontributionen und militärischen Lasten blieben drückend. Nach dem Verfliegen der ersten Begeisterung
stellte sich vielerorts der Eindruck ein, daß die Gegenwart zu oft an die Vergangenheit erinnere.

# Schlußbetrachtung

Auf den beiden Ufern des Rheines hat sich die Erinnerung an Napoleon in der Gedankenwelt des Volkes tiefer als im übrigen Deutschland erhalten. Noch heute wird von ihm als einem allmächtigen Wesen, wie von einer legendären Persönlichkeit gesprochen, der man all das Gute zuschreibt, das die französische Herrschaft in diesen Gebieten bewirkte, aber ebenso all das Schlechte, das sie gleichzeitig verursachte. Die historische Wahrheit ist jedoch vielschichtiger, und den tiefreichenden Einfluß der revolutionären Ideen und der napoleonischen Herrschaft weiß das Volk, das alles vereinfacht, nicht zu trennen, und so ist es nicht imstande ihn zu erkennen.

Auf dem rechten Ufer des Rheins, in den Ländern, die später das Großherzogtum Berg bilden sollten, wirkte sich das Handeln Frankreichs zunächst nur in einer indirekten Art aus. Gewiß bemerkte Goethe im Jahre 1792 bei den Bürgern der Städte echte Sympathien für die demokratischen Ideen; gewiß wußte auch die Landbevölkerung, daß auf der anderen Seite des Flusses, auf dem bereits eroberten und unter französischem Einfluß umgestalteten linken Ufer die Kirchengüter säkularisiert, der Grundbesitz entlastet und die antiquierte Macht des Adels und der Kirche beseitigt worden waren. Aber während mehrerer Jahre stand das rechte Ufer nur durch die unaufhörlichen Durchzüge der Truppen und die drückenden militärischen Requisitionen in unmittelbarerem Kontakt mit Frankreich. Erst 1806 begannen in diesen Regionen die großen Veränderungen, die der politischen Zersplitterung, dem ernstesten Hindernis gegen die Wirkung der französischen Ideen, ein Ende bereiteten. In diesem Augenblick hatte Napoleon, als unumschränkter Herrscher Frankreichs, zu seinen Gunsten die Revolution zurückgedrängt und vereinnahmt. Er hatte von der großen Bewegung von 1789 und den monarchischen Traditionen diejenigen Prinzipien beibehalten, die ihm einzig die unumschränkte Gewalt sicherten: Die "Demokratisierung" der Gesellschaft und die Zentralisation des Staates. Von Freiheit war keine Rede mehr, von der Teilnahme der Nation an der Führung der öffentlichen Angelegenheiten blieb nur ein äußerer Schein, die unterworfene und gezähmte Nationalversammlung. Die Konstitution des napoleonischen Frankreich war- dem Ausspruch eines Historikers folgend - wie die der Bourbonen: nicht mehr, als eine gutgeregelte Verwaltung. In einem Punkt allerdings unterschieden sie sich zumindest theoretisch: Die Standesunterschiede und Kastenprivilegien waren abgeschafft. Selbst auf diese Elemente beschränkt, hätte eine derartige Konstitution für Deutschland ein großer Fortschritt sein können.

Plötzlich wurden die kleinen Gebiete des rechten Rheinufers zusammengefaßt, ihre Grenzen ausradiert und ein Staat gebildet, der hätte bestehen und leben können, wäre er besser gestaltet gewesen. In diesem neuen Staat wurde die Zentralisation eingeführt und ein einheitlicher Verwaltungskörper eingerichtet. Der Antrieb kam vom Zentrum; durch die Präfekten und die Maires, die die "Kollegien" und die zahlreichen "Magistrate" ersetzten, wurde die Einheitlichkeit verwirklicht. Die administrative Zentralisation und die Allmacht des Staates wurden in Deutschland ohne den Anschein einer örtlichen Vertretung eingeführt. In der Praxis gab es Schwierigkeiten: Der Landeseinwohner wegen wollte Beugnot sehr behutsam neue Traditionen und bislang unbekannte Verwaltungsgewohnheiten einbürgern. Nun, wenn es auch verhältnismäßig einfach war, die französischen Einrichtungen bei einem fremden Volk einzuführen, so war es nicht leicht, Menschen für diese Institutionen zu rekrutieren. Mit den Jahren, dachte Beugnot, kämen diese Menschen "aus den Institutionen selbst hervor".

Der soziale Einfluß war stärker als der politische. Er wirkte durch die zumindest theoretische Abschaffung dessen, was noch an Leibeigenschaft und Feudalismus übrig geblieben war, durch die Abschaffung der Unterschiede zwischen Bürgern und Bauern, zwischen Adeligen und Nichtadeligen, durch die religiöse Toleranz, welche die französischen Verwaltungsbeamten durchsetzten, durch die theoretische Trennung von Kirche und Schule, durch die als Dienstleistung des Staates konzipierte Wohlfahrtspflege, durch den allen auferlegten Militärdienst, durch die gleichmäßig verteilten Steuern: Auf diese Weise fand die Idee der Gleichheit Verbreitung.

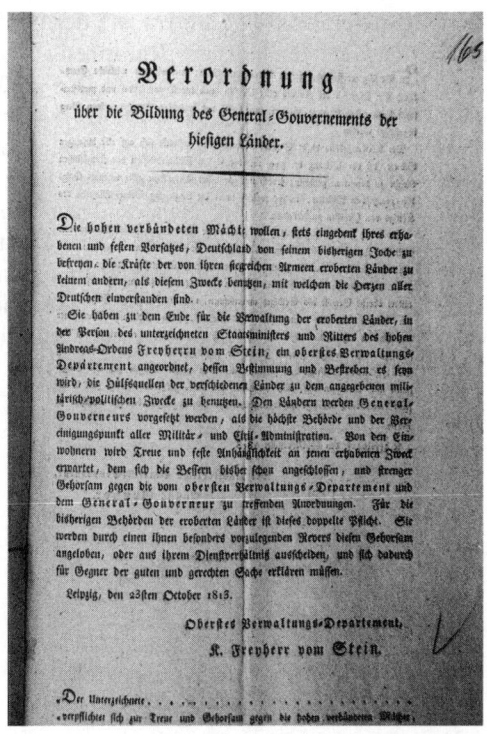

*Abb. 28: Verordnung betreffend die Bildung des Generalgouvernements Berg*

Aber als die Dekrete die neuen Prinzipien verkündeten und das Volk sich mit den verbliebenen Resten der revolutionären Ideen vertraut machte, unterdrückte die napoleonische Herrschaftspraxis gerade diejenigen, die der französische Einfluß befreit und zusammengebracht hatte. Die Härten des Schutzzollsystems ruinierten das Großherzogtum Berg, diesen Pufferstaat - der zwischen dem Rhein als unüberwindlicher Zollgrenze und dem übrigen Deutschland, das fast vollständig der Kontinentalsperre entging, gelegen war - mehr als jedes andere Land. Diese rechtsrheinische Region hatte Napoleon immer als Abwehrzone gegen den Schleichhandel betrachtet. Hier waren die Staatsmonopole verhaßt und drückend; während das linke Ufer von allen zum Schutz der Industrie und der Finanzen Frankreichs getroffenen Maßnahmen profitierte, litt das Großherzogtum durch die ununterbrochene Rückwirkung eben dieser Maßnahmen. Die Prüfungen der napoleonischen Herrschaft verschleierten somit die dauerhaften Wohltaten, die aus der Verbindung mit einem vereinten, zentralisierten Volk herrührten, "über das eine Revolution hinweggegangen war".

Die Frage, wie die Entwicklung ohne ein solches Ereignis verlaufen wäre, ist in der Geschichtswissenschaft müßig. Trotzdem ist es vorstellbar, daß die französischen Ideen, auch ohne die Eroberung durch Waffengewalt und ohne unmittelbare französische Herrschaft, den Rhein überschritten hätten, nach und nach in die deutsche Bevölkerung eingedrungen wären und sie zum modernen Leben erweckt hätten. Man kann ebenfalls vermuten, daß die bereits von Stein vor 1806 in Ländern wie der Grafschaft Mark erzielten Fortschritte in den benachbarten Gebieten heilsame Reformen ausgelöst hätten. Aber wer könnte die Zeit ermessen, die dafür nötig gewesen wäre! Der große Fortschritt, den die französische Herrschaft in Deutschland bewirkte, bestand in der Beschleunigung und dem Abschluß einer Entwicklung, die sich bereits zuvor abzeichnete, sowie in der rücksichtslosen Errichtung von Modellstaaten wie Westfalen und Berg, in denen die preußischen Minister Stein und Hardenberg, aus der Nähe und auf deutschem Boden, einen zentralisierten Organismus und eine regelmäßige Verwaltung funktionieren sahen. Auch sahen sie dort die Anwendung einer einheitlichen Gesetzgebung und vor allem die Prinzipien der sozialen Gleichheit, die zu übernehmen sie selbst sich noch nicht entscheiden konnten. In dem Maße, wie sie für diese Prinzipien warb, trug die französische Herrschaft außerordentlich zur künftigen Entwicklung Deutschlands bei.

# Anhang

# Anhang A

## Tabelle: Regionen des Großherzogtums Berg[1]

| Name der Landschaft | vorrevolutionärer Landesherr | Einwohnerzahl |
|---|---|---|
| Fürstentum Siegen | Fürst von Nassau-Oranien | 25.917 |
| Fürstentum Dillenburg | | 22.168 |
| Füstentum Hadamar u. Beilstein | | 27.238 |
| Herrschaft Westerburg-Schadeck | Graf von Leiningen | 3.500 |
| Amt Runkel | Fürst von Wied-Runkel | 3.560 |
| Stadt und Amt Deutz | Erzbischof von Köln, danach Fürst | 5.857 |
| Stadt und Amt Königswinter | von Nassau-Usingen | 12.545 |
| Amt Villich | | 2.684 |
| Grafschaft Gimborn-Neustadt | Graf Walmoden | 9.163 |
| Grafschaft Wildenburg | Graf Hatzfeld | |
| Grafschaft von Homburg | Fürst von Wittgenstein | |
| Herzogtum Berg | Kurfürst von Bayern | 261.320 |
| Teile des rechtsrheinischen Herzogtums Kleve | König von Preußen | 51.358 |
| Fürstentum Essen | | 43.088 |
| Herrschaft Werden | | 7.325 |
| Herrschaft Elten | | 1.481 |
| Amt Rheina-Wolbeck | früher Bischof von Münster, dann | 18.000 |
| Amt Horstmar | Herzog von Looz, schließlich Rheingraf zu Salm | 45.000 |
| Grafschaft Bentheim | Graf Bentheim-Steinfurt | 25.000 |
| Grafschaft Steinfurt | | 3.000 |
| Fürstentum Münster | König von Preußen | 90.000 |
| Grafschaft Lingen | König von Preußen | 55.000 |
| Grafschaft Tecklenburg | | |
| Grafschaft Rheda | Graf Rheda | 5.000 |
| Grafschaft Dortmund | Graf von Nassau-Oranien | 5.000 |
| Grafschaft Mark | König von Preußen | 196.602 |
| Grafschaft Lippstadt | König von Preußen und die Gräfin von Lippe-Detmold | 2.900 |
| Grafschaft Limburg | Graf von Limburg | 4.000 |
| | | Total 896.706 |

[1] Auszug aus einer Tabelle der Verwaltung für Rechnungslegung und öffentliche Ausgaben von 1870, AF IV* 470.

| Datum der Vereinigung mit dem Großherzogtum | Zwischenzeitliche Einteilung in Provinzen von der Vereinigung bis zum 1. Mai 1809 | Neue Territorialeineinteilung nach dem frz. System vom 1. Mai 1809[2] | |
| --- | --- | --- | --- |
| | | Departements | Arrondissements |
| 1. August 1806 | Provinz Dillenburg | Teil des Sieg-Departements | Teil von Siegen<br><br>Arrondissement Dillenburg |
| 1. August 1806<br><br>28. März 1806<br><br>1. März 1806 (ca.) | Provinz Berg | Teil des Rhein-Departements<br>Teil des Sieg-Departements<br><br>Rhein-Departement | Teil des Arrondissements Mülheim<br>Teil des Arrondissements Siegen, Düsseldorf, Elberfeld, Mülheim |
| 1. März 1806 (ca.) | Provinz Kleve | Teil des Rhein-Departements | Arrondissement Essen |
| 1. August 1806 | Provinz Steinfurt | Teil des Ems-Departements | Arrondissement Coesfeld |
| 1. Mai 1808 | Provinz Münster | Teil des Ems-D. | Münster |
| 1. Mai 1808 | Provinz Lingen-Tecklenburg | Teil des Ems-Departements | Lingen |
| 1. Mai 1808 | Grafschaft Rheda | Teil des Ruhr-D. | Teil von Hamm |
| 1. Mai 1808 | Grafschaft Dortmund | Teil des Ruhr-D. | Teil Dortmunds |
| 1. Mai 1808 | Provinz Mark | Provinz Mark | Dortmund, Hagen, Hamm<br>Hamm<br>Teil Hagens |
| | | | |

[2] Zum Zeitpunkt der Reorganisation des öffentlichen Staatsschatzes, vgl. Kapitel IX, „Die Finanzen"

# Anhang B

## Rapport der Kommissare des Königs für die Organisation des Königreichs Westfalen

*In diesem Bericht, dessen Urschrift von der Hand Beugnots stammt und sich unter den vom Grafen Beugnot übergebenen Papieren befindet (Archives nationales AB XIX, 337), findet man Beugnots Ideen über die Art, die französische Verwaltung in Deutschland einzuführen.*

### Staatsrat

Sire,

als diejenigen von uns, die in Paris residierten, die Befehle Ihrer Majestät entgegennahmen, hatten Sie ihnen empfohlen, Ihnen Einzelheiten, und *viele* Einzelheiten zu schicken: Das hieß, uns anzuzeigen, daß die kleinsten Einzelheiten über Westfalen großes Interesse vor Ihren Augen fänden; und indem sie zu Ihnen oft von Ihren Untertanen sprächen, man niemals Gefahr laufen würde, aufdringlich zu sein.

Es entspricht dieser Überzeugung, Sire, daß wir Eure Majestät bitten, uns zu erlauben, zu Ihnen von heute ab weniger über das zu sprechen, was wir getan haben und beobachten konnten, als über das, was wir vorhaben, um Ihre väterlichen Wünsche zu erfüllen Wir beschäftigen uns damit, die angesehensten Werke über Deutschland zu sammeln, alles das, was positive Erkenntnisse über das Königreich Westfalen geben kann, berücksichtigt unter den Berichten über das Territorium, die Bevölkerung, die Landwirtschaft und die Industrie. Wir versuchen zu gleicher Zeit herauszufinden, woraus die normalen Einnahmen der verschiedenen Souveräne bestanden, die sich Westfalen teilten, und welche besonderen Belastungen der Kriegszustand dieser Gegend auferlegt hat, damit Eure Majestät einerseits erfahren können, welches Ihre gewohnten Hilfsquellen sein werden und zu welchen Anstrengungen andererseits Ihre Untertanen in Notzeiten fähig sind.

Wir müssen zunächst Eure Majestät ersuchen zu berücksichtigen, daß die gewöhnlichen Kontributionen, die sich mehr oder weniger den in Frankreich bekannten angleichen, in Seinen Staaten nicht den wesentlichen Teil der Einnahmen des Souveräns ausmachen. Diese Einnahme besteht in sehr ausgedehnten Grundbesitzdomänen, deren Verwaltung im allgemeinen gelobt wird, und die um so mehr gedeihen konnte, als jeder Fürst, indem er nur einen begrenzten Teil des Staates hatte, diesem seine Klugheit und die Wirtschaftlichkeit des Familienvaters hat entgegen persönlichen Abhängigkeiten, deren Aufzählung sehr lang sein und von denen man Beispiele in Frankreich nur auf vier oder fünf Jahrhunderte zurückgehend finden würde; denn das Feudalsystem, das in Euren Staaten besteht, ist nicht dieses gemäßigte und beinahe erloschene Feudalsystem, das man 1789 in Frankreich fand, wo es nur aus Privilegien und Ehrenrechten bestand: Die Besitzungen gehören dem Fürsten oder sind von ihm abhängig. Die Bauern sind seine Pächter oder seine Leibeigenen; die Menschen, die persönlich frei sind, sind zu allen Zeiten zu Leistungen oder zu Grundzinsen verpflichtet; überall begegnet man Spuren einer ehemals bestehenden Hörigkeit oder einer jüngst erfolgten und sehr rigorosen Bauernbefreiung. Der Adel (wenn man die fürstlichen Häuser ausnimmt) ist arm und findet sein Auskommen nur in zivilen oder militärischen Verwendungen. Dies ist, Sire, die Lage der Dinge, die Eure Majestät zum Ruhm berufen ist, sie zu verbessern. Aber jede Reform muß langsam und maßvoll erfolgen: Diese Angelegenheit ist eine derjenigen, deren Erfolg sich die Zeit vorbehalten hat, und wir glauben, daß es sehr schwierig sein wird, in Ihren Staaten eine Organisation zum Erfolg zu bringen, deren Elemente erst noch geschaffen werden müssen, und die vielleicht nur den Effekt haben würde, der Autorität und den Einnahmen Eurer Majestät abträglich zu sein.

Geht man aber behutsam vor, gibt es nichts, was man nicht von den ausgezeichneten Eigenschaften Ihrer Untertanen - Ergebenheit, Geduld, Frömmigkeit, Treue - erwarten könnte; Eure Majestät haben keine gefährlichen Schwankungen, Intrigen und den geheimen Groll zu befürchten, die Regierungswechsel ansonsten mit sich bringen. Sie werden mit Respekt empfangen und bald mit Liebe bedient werden. Aber, Sire, wir dürfen Eurer Majestät folgendes nicht verhehlen: Um diese Eigenschaften zu bewahren, ist es unbedingt zu wünschen, daß Eure Majestät nur in geringem Umfang Fremde beschäftige. hier gehören die Verwaltungsposten zur ehemaligen Apanage des armen Landadels. Diese Posten sind über das Notwendige hinaus vermehrt, und wenn Eure Majestät sich in der harten Notwendigkeit befinden wird, sie zu vermindern, wird es sich schwierig zeigen, den Einwohnern des Landes nicht wenigstens alle der erhalten gebliebenen Beamtenstellen vorzubehalten. Wir erbitten von Eurer Majestät die Erlaubnis, diesbezügliche Versprechungen in Ihrem Namen abzugeben. Der Gang der Verwaltung wird zunächst schwieriger sein, als wenn man dorthin bereits entsprechend erfahrene Franzosen berufen würde, aber diese ersten Schwierigkeiten betreffen uns, und wir glauben, Eurer Majestät besser zu dienen, indem wir Verwaltungsleute aus Seinen Untertanen heranziehen, als voll ausgebildete Beamte aus Frankreich zu rufen, nur um unsere Mission bequemer zu erfüllen.

Im übrigen gibt es in den Staaten Eurer Majestät viele ausgebildete und durch wertvolle Arbeiten empfohlene Leute. Wenn man deren Vorstellungen auf die Wissenschaft und die Verwaltung lenkt, werden sie mit Sicherheit schnelle Fortschritte machen. Die Neigung zu Literatur und Künsten ist in Kassel verbreitet. Wir haben dies an dem Bedauern gemerkt, das man dort empfunden hat, als man sah, das aus dem Museum Friederichs einige für sich genommen wenig bemerkenswerte Gegenstände entnommen wurden, die aber in einer Stadt, die weit entfernt ist von den unermeßlichen Depots, die Paris oder Rom an ähnlichen oder kostbareren Objekten enthalten, von unschätzbarem Wert sind.

Wir werden, Sire, mit der Inspektion aller öffentlichen Einrichtungen beginnen, vordringlich mit denjenigen, die schlecht zu funktionieren scheinen. Und wenn wir dort irgendwelche Mißstände zu reformieren finden und dort irgendwelche durch die Humanität erforderlichen Änderungen vornehmen müssen, werden wir dies, Ihre Befehle voraussetzend, tun. Wir sind ganz sicher, darin Ihre Zustimmung zu finden.

Wir sind mit dem tiefsten Respekt, Sire, Eurer Majestät sehr untertänige, sehr gehorsame und sehr ergebene Diener.

Die Kommissare des Königs für die Organisation des Königreichs Westfalen.

# Anhang C

## Über das Zollwesen des Rheinbundes

*Am 5. August 1807 sandte Champagny an Napoleon den folgenden Bericht "über die Reformen, die vorzuschlagen es Anlaß geben wird, hinsichtlich des Zollwesens derjenigen Länder, die den Rheinbund bilden, und über die Maßnahmen, die ratsamer durchzuführen sein werden, um die Einfuhr französischer Gewerbeerzeugnisse in die konföderierten Länder zu begünstigen".*

Ihre Majestät hat mir befohlen, auf folgende Frage zu antworten: Was kann der Handel der verschiedenen Fürsten, die den Rheinbund bilden, wünschen? Welche Maßnahmen sind zu treffen, um dort die Produkte unserer Gewerbe einzuführen?

Indem sie Deutschland eine neue Gestalt und Verfassung gab, hat das Genie und der Sieg Eurer Majestät ihm auch neue Interessen, neue Beziehungen gegeben und vor allem die Bande zu Frankreich enger geknüpft. Dem französischen Handel wird es genügen, in Freiheit die natürlichen Auswirkungen dieser großen Revolution zu ernten, die Handelsinteressen Deutschlands sind fast in keinem Punkt dem entgegengesetzt, und die gegenseitigen Beziehungen sind fast alle dem Austausch günstig.

Unsere Weine und unsere Branntweine werden in Deutschland immer nachgefragt sein; unsere Seiden, unsere Luxus- und Modewaren werden ihm noch lange gefallen, unsere Tücher werden dort jeden Tag größeren Absatz finden, unsere Baumwollstoffe werden bald dort importiert werden können.

Das vorrangigste Interesse unseres Handels besteht darin, in allen Rheinbundstaaten zu erhalten oder zu bewahren: die Freiheit des Transits; die des Transportes auf den Flüssen; die Offenheit der Märkte, und darüber zu wachen, daß sie durch keinerlei Beschränkung behindert sein mögen.

Man kann auch sagen, daß hierin das Interesse dieser Staaten selbst in Übereinstimmung mit dem unsrigen ist.

Die enge Nachbarschaft und die extreme Aufsplitterung der Territorien erlaubte bis zu diesem Tag den kleinen Staaten Deutschlands kaum, ein Zollsystem ähnlich dem der großen Mächte einzurichten. Es ist wichtig, dafür zu sorgen, daß diese arrondierten, vergrößerten Staaten sich heute nicht hinter einer Zollgrenze verschanzen, die, unter dem Vorwand, ihren eigenen Handel zu schützen, den unsrigen zurückdrängen würde.

Der Nutzen des freien Durchgangs durch die Rheinbundstaaten ist für den französischen Handel von hoher Bedeutung. Selbst zu den Zeiten, als die Seeverbindungen noch nicht behindert waren, wurden die Stoffe aus Lyon, die Pariser Moden, insgesamt alle

Luxus- und Hochpreisobjekte auf dem Landweg quer durch Deutschland nach Polen oder nach Rußland befördert, wobei der hohe Preis der Seeversicherungen für diese Art Artikel die Kosten des Landtransportes kompensierte. Und im übrigen war für diese Objekte die *Regelmäßigkeit* dieser Transporte von großer Bedeutung. Allein Preußen, indem es ihren Transit behinderte, zwang sie, in Lübeck den Seeweg zu nehmen; aber während der Freiheit der Leipziger Messen profitierten diese Transporte von dem Umstand, auf dem Landweg fortgesetzt werden zu können. Heute, wo Frankreich vom Seeweg nicht mehr Gebrauch machen kann, läuft unser Handel mit Polen und Rußland Gefahr, abgeschnitten zu werden, wenn es in der Macht der deutschen Staaten läge, den Transit über Zölle und Wegegelder zu behindern.

Es steht mir nicht zu, Sire, zu entscheiden, auf welche Art Eure Majestät glaubt eingreifen zu müssen, um dem französischen Handel diese kostbare Freiheit zu sichern; ich werde mich damit begnügen, Sie zu erinnern, welches in dieser Hinsicht die Grundsätze der ehemaligen deutschen Verfassung und die Rechte des Oberhauptes des Reiches waren.

Die Souveräne, die zu der ehemaligen deutschen Konföderation gehörten, hatten ohne Zweifel das Recht, in ihren Staaten Binnenzollgrenzen zu errichten, die aber nur Abgaben auf Konsumgüter bedeuteten, und die als Teil des Steuersystems ein Bestandteil der Landesgewalt waren.

Aber sie besaßen keineswegs die gleiche Unabhängigkeit in bezug auf die Außenzölle, d.h. Wegezölle, Transitabgaben und all diejenigen, die den Handel der anderen Staaten des Reiches behindern konnten. Die Einrichtung solcher Zölle und die Änderungen der Tarife konnten ohne die Zustimmung des Kaisers und der einstimmigen Bewilligung der Kurfürsten nicht durchgeführt werden. Die großen Messen wie die von Frankfurt, Leipzig, Braunschweig usw., deren Geleitfreiheit sich auf das ganze Reich erstreckte, konnten ebenfalls nur durch kaiserliches Privileg eingerichtet werden.

Es trifft zu, daß am Ende und als die Bindungen, die den deutschen Staatskörper zusammenhielten, begannen schwächer zu werden, sich einzelne Staaten im Vertrauen auf ihre Macht von den bestehenden Einrichtungen befreiten; das Kurfürstentum Brandenburg z.B. setzte dem Transit von Waren nicht nur Abgaben, sondern auch Schikanen entgegen, die den Handel zwangen, eine andere Route zu nehmen.

Ohne Zweifel wurden diese Betrachtungen Eurer Majestät schon dargelegt. Sie wird vielleicht glauben, beim neuen Rheinbund diese zweckmäßige Gesetzgebung anwenden zu müssen, aus welcher der ehemalige deutsche Staatskörper lange Zeit Nutzen gezogen hat und die eine glückliche Harmonie zwischen den Handelsinteressen aller Staaten aufrechterhielt. Sie wird vielleicht glauben, es so einrichten zu müssen, daß alle Zollgesetze in den Staaten des Rheinbundes nur unter der Ratifikation Eurer Majestät selbst in Seiner Qualität als Beschützer des Bundes erlassen werden können, damit sie geprüft werden, sowohl im allgemeinen Interesse des Bundes als auch im Interesse Frankreichs.

Was den Absatz der französischen Gewerbeprodukte in Deutschland betrifft, so ist der einzige Rivale, den sie fürchten könnten, England. Eure Majestät hat ihn durch das Dekret vom 21. November hinweggefegt. Deutschland kann zwar seither seine Konsumbedürfnisse nicht mehr aus England befriedigen, hat aber das Joch seiner Industrie abgeworfen. Ich habe nichts unterlassen, um die französischen Fabrikanten anzuregen, von einer so günstigen Gelegenheit zu profitieren. Ohne Zweifel wird Eure Majestät in der

Zeit des Seefriedens das große Werk zu erhalten wissen, das Seine Triumphe begründet hat, so weit es Ihr die Umstände erlauben werden.

Dann wird Sie ohne Zweifel daran denken können, den Rheinbundstaaten erneut den freien Transit durch Frankreich zu gewähren, und dieser Transit selbst wird ein Vorteil für unseren Handel sein.

Dann werden auch Maßnahmen getroffen werden können, um den Absatz unserer Kolonialwaren in Deutschland wiederherzustellen.

Die Baumwollspinnerei und -weberei haben in den Rheinbundstaaten kaum Aufschwung genommen, folglich, - und dieser Augenblick nähert sich, wenn unsere Betriebe unseren gesamten Bedarf gedeckt haben werden, werden sie jenseits des Rheins den Überschuß ihrer Produkte absetzen können. Und dieser Absatz ist gesichert, wenn bei der Ausfuhr die Erstattung der bei der Einfuhr von Baumwolle in Wolle erhobenen Abgabe durchgeführt wird, wie dies durch das Dekret vom 21. Februar 1806 versprochen worden ist. Aber ich muß es Eurer Majestät sagen: Bis zu diesem Tag ist dieses Versprechen für den französischen Handel illusorisch geblieben, und die Formalitäten, die erforderlich sind, um die Herkunft der eingeführten Baumwollstoffe nachzuweisen, sind unmöglich zu erfüllen, nachdem sie durch so viele Hände gegangen sind und zahlreiche Veredlungen erfahren haben. Die Veranlassung einfacherer Formalitäten ist unerläßlich, um diesen Absatz zu erzielen.

Die Ermäßigung der Einfuhrzölle auf unsere Weine ist ein weiterer Gegenstand, der geeignet ist, die Aufmerksamkeit Eurer Majestät zu erregen. Ich habe die Ehre gehabt, Ihr die Beschwerden des Rhein-Departements gegen die neuen von seiner Hoheit, dem Großherzog von Baden, festgesetzten Abgaben zu unterbreiten.

Zusammengefaßt verlangen die Interessen des französischen Handels im Verhältnis zu den Staaten des Rheinbundes:

1. daß die Zollgesetze und die Einrichtung großer Messen in diesen Staaten wenigstens in bezug auf den französischen Handel der Ratifikation Eurer Majestät als Protektor des Bundes unterworfen werden;

2. daß der Transit zu Lande und zu Wasser für die französischen Waren frei sei von jeder Beschränkung und nur solchen Abgaben unterliegt, die ein Prozent des Wertes nicht überschreiten und den Rheinbundstaaten ein Gleiches gewähren;

3. daß die Einfuhrzölle dieser Staaten für Weine aus Frankreich, Tücher, Seidenwaren und Bänder in keinem Fall zehn Prozent des Wertes überschreiten, wobei den Rheinbundstaaten auf die gleichen Waren ein gleicher Vorteil zu gewähren wäre.

Ich bin mit einem tiefen Respekt, Sire, Eurer kaiserlichen und königlichen Majestät der sehr untertänige, sehr gehorsame und sehr treue Diener und Untertan.

*gez.:* CHAMPAGNY*

---

* Archives nationales, AF IV 1060, p. Nr. 87, aufgezeichnet im Anschluß an die von einem Sekretär des Staatsrates, Périer, in Deutschland durchgeführten Reise. Périer war beauftragt worden, die Möglichkeiten zu untersuchen, den französischen Handel jenseits des Rheins zu fördern und dem englischen Handel Konkurrenz zu machen. Man sieht, daß Champagny sich nur darum bemühte, eine künstliche Handelsvormachtstellung Frankreichs zu sichern.

# Anhang D

## Tarif von Trianon (5. August 1810)

*Montalivet hatte einen Dekretentwurf mit interessanten Begründungen vorbereitet; Napoleon wollte nicht, daß das Dekret vom 5. August begründet wurde, und diese Bestandteile wurden verworfen:*

Napoleon usw.

In Erwägung, daß die Situation der französischen Kolonien, deren Einwohner Wir nicht aufhören als Unsere Untertanen zu betrachten, trotz der Umstände, die einige augenblicklich von Unserem Empire trennen, Unserer ganzen Fürsorge bedarf;

daß durch das Ausschließen aller Kolonialwaren in Unseren Häfen Wir Unseren Untertanen aus den Kolonien den Zugang zum Mutterland versperren würden;

in Erwägung, daß wenn Wir ohne Vorsichtsmaßnahmen die besagten Waren erhielten, Wir auf der anderen Seite dem Fortschritt, welchen die Kultivierung von Baumwolle auf dem Kontinent gemacht hat, den unerwarteten Erfolgen des Verfahrens, aus Trauben Zucker zu gewinnen, den wertvollen bereits erzielten Ergebnisse um einige für die Färberei geeignete Ingredienzien zu ersetzen, schaden;

in Ansehung, daß diese verschiedenen Rücksichten Maßnahmen erfordern, dergestalt, daß die Waren Unserer Kolonien ohne ausgeschlossen zu sein, bei genügend hohen Preisen bleiben, um das Gedeihen der einheimischen Kulturen zu sichern.

In Erwägung, daß diese Preise keinesfalls Unsere Untertanen belasten sollen, die bereits an den Konsum dieser Waren gewöhnt sind;

daß die heutige Verteuerung aus den Prohibitionen resultiert, die Wir als gerechte Gegenmaßnahmen haben befehlen müssen;

daß der Grund der Verteuerung in dem Mangel an Waren und in den verbotenen Zuschlägen derjenigen liegt, die versuchen, sie unter Verletzung der Gesetze einzuführen;

daß, indem Wir die Prohibitionen aufheben, der Handelspreis auf sein altes Niveau zurückkehren und es daher möglich sein wird, Abgaben von einiger Bedeutung zu erheben, ohne daß die besagten Waren die aktuellen Preise erreichen.

In Erwägung, daß also Unsere Völker anstatt einen Tribut an das Ausland zu bezahlen, die Einnahmen des Schatzes des Empires vermehren werden und infolgedessen Unsere Mittel Unsere Staaten zu schützen und zu verteidigen;

in Erwägung, daß die Interessen des Kontinents für alle Souveräne die gleichen sind, wäre es

ungerecht, wenn Frankreich alleine alle Lasten trüge;

daß die Prohibitionen für alle unter dem Schutz Unseres Empires stehenden Länder die gleichen sind;

es eine Neuerung bedeuten würde, wenn man die besagten Prohibitionen unterschiedlich handhabe;

haben Wir dekretiert und dekretieren Wir wie folgt:

## Titel I

### Schiffahrtslizenzen

### Artikel 1

Allen Handeltreibenden oder Reedern der Häfen Unseres Kaiserreichs oder der alliierten oder neutralen Staaten, die unter Unserem Schutz stehen, auf begründeten Antrag der genannten Handeltreibenden oder Reeder wird die Erlaubnis erteilt:

1. Diejenigen Waren und Gewerbeerzeugnisse auszuführen, deren Ausfuhr erlaubt ist, nachdem sie den dafür vorgesehenen Zolltarif bezahlt haben;

2. Nur solche Waren und Rohstoffe zu importieren, die aus dem Gebiet der alliierten oder neutralen Staaten und der Kolonien von Martinique, Guadelupe und Tabago stammen.

### Artikel 2

Die Schiffahrtslizenzen werden den dem vorliegenden Dekret beigefügten Muster entsprechen; sie werden Unseren Untertanen kostenfrei erteilt.

## Titel II

### Bei der Einfuhr von Waren und Gütern zu erhebende Abgaben

### Artikel 3

Für die im gegenwärtigen Artikel genannten Gegenstände sind folgende Zollabgaben zu entrichten: ...

## Artikel 4

Die genannten Abgaben werden an allen Landes- und Meeresgrenzen Unseres Kaiserreichs erhoben.

## Artikel 5

Die gleichen Abgaben werden für Unsere Rechnung in allen Häfen des Nordens, wo Unsere Zölle gelten, erhoben.

## Artikel 6

Sie werden zum Nutzen Unseres Königreichs Italien in den Häfen und an den Landes- und Meeresgrenzen des besagten Königreiches erhoben.

## Artikel 7

Sie werden auf Rechnung der entsprechenden Mächte in allen Staaten des Rheinbundes, im Königreich beider Sizilien und in Spanien erhoben.

## Artikel 8

Der dem Kaiserreich von den durch die Mächte, die er beschützt, erhobenen Abgaben zukommende Teil wird durch besondere Dekrete festgelegt.

## Artikel 9

Die Abgabe wird jedes Mal fällig, wenn die Waren von einem Gebiet in ein anderes gehen, außer wenn durch reguläre Zollbegleitscheine bewiesen wird, daß für die Ware bereits die Abgabe bezahlt wurde.

## Artikel 10

Für Baumwollstoffe aus Neapel und aus Spanien wird bei ihrer Einfuhr nach Frankreich oder in das Königreich Italien nur die im vorherigen Zolltarif vorgesehene Abgabe fällig.

## Artikel 11

Wenn Baumwollstoffe von französischen Fabriken ausgeführt werden, wird den Fabrikanten die Hälfte der Abgabe erstattet.

# Titel III

## Allgemeine Bestimmungen

### Artikel 12

Unsere Zolltarife blieben für alle in Artikel 3 des gegenwärtigen Dekretes nicht aufgeführten Waren unverändert.

### Artikel 13

Unsere Minister der auswärtigen Beziehungen, des Inneren, der Marine und der Finanzen sind mit der Ausführung des Gegenwärtigen beauftragt.*

## Anhang E

*Eingabe von den Mitgliedern der Handelskammer von Köln an den Präfekten des Roer-Departements gerichtet gegen das Projekt der Vereinigung des Großherzogtums von Berg mit dem Kaiserreich*

Köln, den 16. September 1810

Die Handelskammer an M. Ladoucette, Präfekt des Roer-Departements, Mitglied der Ehrenlegion, Baron des Reiches.

Herr Präfekt,
würde die Vereinigung des Großherzogtums Berg mit dem französischen Kaiserreich für die Industrie unseres Departements vorteilhaft oder schädlich sein?

Dies ist die große Frage, die Ihre Fürsorge für die Prosperität unseres Departements Sie veranlaßt hat, uns zu stellen, und die zu beantworten wir uns bemühen werden, soweit es die Auskünfte erlauben, die uns über die Industrie unseres Arrondissements zugekommen sind.

Die Natur, Herr Präfekt, scheint das Land von Berg dazu bestimmt zu haben, ein Gewerbeland zu sein: Die Berge, die es in fast alle Richtungen zerschneiden, die kleinen Flüsse, die es bewässern, die Nähe zum Rhein, die ihm große Möglichkeiten zur Verbindung mit benachbarten und entfernten Ländern bietet, die geringe Fruchtbarkeit, die sein Boden aufweist, all dies scheint die Einwohner dieses Landes aufzufordern, in den Fabri-

---

* Archives nationales, AF$^{IV}$ 1061 (nicht datiert).

354

ken und den Gewerben diejenigen Nahrungsquellen zu suchen, die ihnen die Landwirtschaft versagt. Überdies bevölkerte sich dieses Land nach und nach mit einer Rasse von robusten und fleißigen Menschen, deren Gewerbefleiß sich nicht damit zufrieden gab, die schönsten Teile Europas - Frankreich, Italien und Spanien - zu nutzen, sondern der auch jenseits des Ozeans in den Vereinigten Staaten von Amerika Märkte zu finden wußte.

Diese Reihe von Erfolgen wurde durch die Verlegung der französischen Zollgrenze an das Rheinufer unterbrochen; nachdem Frankreich und Italien ihrer Industrie verschlossen worden war, waren sie gezwungen, sich nach Norden zu wenden, oder ihre Betriebe auf das linke Rheinufer zu verlagern, um ihre Beziehungen mit dem Süden Europas aufrecht zu erhalten.

Damit kommen wir zu dem Zeitabschnitt, aus dem die meisten der entlang des linken Rheinufers eingerichteten gewerblichen Betriebe stammen, vor allem die von Köln, von Neuß und aus anderen Gebieten unseres Arrondissements. Mehrere Gewerbetreibende des Herzogtums Berg verlagerten seit dieser Zeit ihre Betriebe auf das linke Rheinufer, und Köln, das seit drei Jahrhunderten fast keine Gewerbe mehr hatte, sah im Ring seiner Mauern neue Betriebe aller Art entstehen, Betriebe für Velours, für Velourbänder, für Seide, für Florettseide und Leinen, Seidenfabriken, Baumwollspinnereien, Siamosenfabriken, Baumwollfabriken usw. usw., Betriebe, die fast ihr gesamtes Rohmaterial aus Frankreich, aus Italien und aus der Levante beziehen. Diese Fabrikanten stecken beträchtliche Summen in die neuen Betriebe, aber der Erfolg entspricht nicht insgesamt ihren Hoffnungen. Sie waren gezwungen, ihre Arbeiter aus der ärmsten Klasse des Volkes zu nehmen, die, gewöhnt an Landstreicherei und an Bettelei, weder Ahnung von Ordnung noch von Moral hatten, und deren eingewurzelter Hang zur Lumperei und zur Faulheit den Gewerbetreibenden ein derart unüberwindliches Hindernis bereitete, daß zehn Jahre Beharrlichkeit und Arbeit nicht genügt haben, den Arbeitern unseres Arrondissements den gleichen Geist von Aktivität zu vermitteln, der den Einwohnern des Landes Berg sozusagen angeboren ist und ohne den es unmöglich ist, Fabriken zum Gedeihen zu bringen.

Aus dem, was wir gerade gesagt haben, ergibt sich folgendes:

1. daß der Arbeitslohn bei uns teurer sein muß als auf dem rechten Rheinufer, denn unsere Arbeiter arbeiten weniger und geben mehr aus als die des Landes Berg;

2. daß unsere Produkte von einer geringeren Qualität sind als die der im Großherzogtum hergestellten Erzeugnisse, weil unsere Arbeiter, da sie in den Klöstern keinen Unterhalt mehr finden, nur aus Not arbeiten, während die des Landes Berg sich bemühen, ihren Produkten alle Vollkommenheit zu geben, deren sie fähig sind;

3. daß zwangsläufig unsere Fabriken die Konkurrenz mit den Fabriken des Großherzogtums Berg nicht mehr würden durchhalten können, wenn dieses Großherzogtum mit dem französischen Imperium verbunden würde.

Diese Folgerungen sind derartig wahr, Herr Präfekt, daß trotz der erheblichen Abgaben, denen die Gewerbeerzeugnisse aus Elberfeld usw. bei der Einfuhr nach Frankreich unterworfen sind, diese Fabriken des anderen Ufers nicht aufgehört haben, mit den unseren im Innern Frankreichs zu rivalisieren, und daß, ohne die äußerste Strenge des Zolls, es ganz unmöglich gewesen wäre, unsere Fabriken auf den Stand des Gedeihens zu bringen, auf dem sie sich heute befinden.

Nehmen wir jetzt den Fall, daß das Großherzogtum mit dem Kaiserreich vereinigt wird, was würde sich daraus ergeben? Die Fabrikanten des Großherzogtums würden nicht zögern, sich aller unserer Märkte in Frankreich und in Italien zu bemächtigen. Unsere Fabrikanten würden in die zwingende Notwendigkeit versetzt werden, entweder auf ihre Industrie zu verzichten oder ihre Betriebe in die ehemaligen Standorte auf dem rechten Rheinufer zu verlagern; die zahlreichen in Köln, Neuß, Grevenbroich, Viersen, Rheydt und in anderen an den Rhein grenzenden Standorten gegründeten Betriebe, Betriebe, die so viel Mühe und Opfer gekostet haben, würden ins Nichts zurückfallen; die Arbeiter, durch ihre Mühen zu nützlichen und arbeitsamen Bürgern herangebildet, würden ihre einzige Erwerbsquelle versiegen sehen, die ihnen in der derzeitigen Stagnation des Handels bleibt. Kaum der Lässigkeit und dem Laster entrissen, würden sie in Trägheit und in Armut zurückfallen und die schöne Zeit, die über unserer Industrie zu scheinen begann, würde auf immer verschwinden, um einem trüben Nichtstun samt seinen untrennbaren Begleitern, dem Elend, der Bettelei, der Unmoral, Platz zu machen.

Dieses Bild, so getreu es sein möge, wird durch einige Fabrikanten als übertrieben angesehen werden können, die, obwohl sie seit zehn Jahren auf dem linken Rheinufer niedergelassen sind, nicht aufgehört haben, bedeutendere Betriebe auf dem rechten Ufer zu besitzen. Es ist ganz natürlich anzunehmen, daß diese Fabrikanten besonders stark die Vereinigung des Großherzogtums Berg mit dem Kaiserreich wünschen, damit sie Betriebe aufgeben können, die, nur aus Notwendigkeit auf unserem Ufer gegründet, mehr Kosten verursachen und weniger Gewinn abwerfen als ihre ehemaligen Betriebe im Lande Berg; viel fehlt aber daran, daß die alten französischen Fabrikanten die gleiche Meinung teilen. Man muß nur die Fabrikanten aus Aachen, aus Krefeld, aus Rouen, aus Saint-Nicolas, aus Lyon, aus Paris usw. usw. befragen; wir sind überzeugt, daß alle die Vereinigung des Großherzogtums Berg als eines der größten Unglücke ansehen werden, die ihre Industrie treffen könnten.

Aber, wird man sagen, wenn die Industrie der Fabrikanten des Bergischen Landes eine so entschiedene Überlegenheit erworben hat, kann es Frankreich nur nützlich sein, dieses Land mit seinem Territorium zu vereinigen. Diese Vereinigung wird der nationalen Industrie ein neues Wachstum bescheren und unter anderem der französischen Regierung den unschätzbaren Vorteil bieten, aus seinem eigenen Land das Eisen zu beziehen, das für seine Marine erforderlich ist. Der Anschluß des Großherzogtums, was auch die inländischen Fabrikanten sagen, kann also nur mit den großen politischen Absichten der französischen Regierung übereinstimmen.

Dieser Einwand ist, wir gestehen es, scheinbar blendend, aber er ist nicht begründet. Indem sie die Vereinigung ihres Landes mit dem französischen Kaiserreich verlangen, können die Fabrikanten des Großherzogtums kein anderes Ziel verfolgen, als Frankreich und Italien auszunutzen. Jedoch, diese Nutzung erfolgt schon durch französische Fabrikanten, es ist also auf deren Kosten, wenn man den Fabrikanten des Bergischen Landes erlauben würde, an dieser Nutzung teilzuhaben. Die französische Industrie wird also keine neuen Märkte gewinnen, aber sie würde mehr Konkurrenz im Inneren haben; zudem, dieses Mehr an Konkurrenz, ohne eine entsprechend größere Zahl der Märkte, ist nur eine Zunahme der Bevölkerung, es kann nicht als eine Zunahme der nationalen Industrie betrachtet werden.

Was die Vorteile anbetrifft, die Frankreich aus den Eisenhütten des Bergischen Landes für seine Marine ziehen würde, so könnten diese auch ohne den Anschluß des Großherzogtums erreicht werden. Die französische Regierung hat nur diesen Fabrikanten einige Erleichterungen zu gewähren, und man wird sehen, daß sie sich drängen werden, den französischen Werften alles für den Bedarf der Marine notwendige Eisen zu liefern. Es gibt sogar in der Umgebung von Düren einige Eisen- und Stahlfabrikanten, die, als Folge der neuen Ordnung der Dinge ihre Fabriken aus dem Bergischen Land in unser Departement verlagert haben; diese Verlagerungen werden ohne Zweifel häufiger, sobald die Erfahrung diese Fabrikanten gelehrt haben wird, daß die Eifel durch seine Örtlichkeiten genauso für diese Art der Fabrikation geeignet ist wie das Großherzogtum Berg.

Im übrigen, wenn die Fabrikanten des Großherzogtums noch heute die Vereinigung mit dem Kaiserreich fordern, so resultiert das vor allem aus der alten Gewohnheit, in Verbindung mit dem Süden Europas zu sein, als aus der Notwendigkeit, ihre Fabriken zu versorgen, was sie veranlaßt, dieses Verlangen vorzubringen. Es gab eine Zeit, in der die Fabrikanten aus Elberfeld, aus Solingen usw. sich ohne Umsatz verloren glaubten als Folge der Verlegung der Zollgrenze auf das linke Ufer des Rheins; aber ihre Betriebsamkeit ließ sie Mittel finden, ihre Verluste auszugleichen; aus dem Süden vertrieben richteten sie ihre Blicke nach Norden, sie waren dort über ihre Erwartungen hinaus erfolgreich, und ihre Aktivität, bestens unterstützt durch den Ausschluß der Engländer von allen Märkten des Kontinents, erhielt den Fabriken des Bergischen Landes ihre ganze frühere Prosperität.

Dieses schöne Ergebnis der Anstrengungen ihrer Industrie würde verloren sein, sowohl für sie wie für Frankreich, wenn der Anschluß des Großherzogtums vollzogen würde. Ihre frühere Gewohnheit würde sie bald dazu bringen, ihre ehemaligen Verbindungen mit Frankreich und Italien zu erneuern; sie würden ihre Verbindungen mit dem Norden aufgeben, und es würden nur die Fabrikanten aus Sachsen und den anderen Provinzen des nördlichen Deutschlands sein, die von dieser Handelsrevolution profitierten.

Diese Betrachtungen, Herr Präfekt, werden genügen, sie davon zu überzeugen, daß der Anschluß des Großherzogtums Berg, weit entfernt dem französischen Kaiserreich oder den Fabrikanten des Bergischen Landes reelle Vorteile zu bieten, unkalkulierte Verluste für die inländischen Fabrikanten nach sich ziehen würde. In der Ahnung der Gefahr, die sie bedroht, wagen auch die Fabrikanten unseres Arrondissements Sie anzuflehen, Herr Präfekt, die aufgeklärtesten Fabrikanten der Fabrikstädte, die in unseren Departements bestehen, nach Aachen zu berufen, sie zu hören und aus ihnen eine Anzahl von Deputierten mit dem Auftrag auszuwählen, zu den Füßen des Thrones Seiner Majestät ihre sehr untertänigen Einwendungen gegen eine Maßnahme vorzubringen, die ohne Zweifel, den größten Teil ihrer Industrie vernichten würde.

Hinzufügen könnten wir mehrere andere Überlegungen über den Nutzen der Aufträge, den die Händler des linken Ufers als Folge der Verschiebung der Zollgrenze in das Bergische Land verlieren würden; über die Erleichterungen, die der Anschluß des Großherzogtums dem Schleichhandel geben würde und über das Interesse, das Frankreich hat, diese mächtige Grenze, die der Rhein bildet, aufrecht zu erhalten. Aber um nicht zu weitschweifig zu sein, halten wir uns nicht mit der Formulierung dieser Einwände auf, und wir werden mit einer anderen Betrachtung schließen, die nicht weniger bedeutend ist als die, die vorangegangen ist.

Die Fabrikanten aus Elberfeld und aus der Gemarke begehren nur, anstatt den Anschluß wie diejenigen aus Remscheid und aus Solingen zu verlangen, die Erlaubnis, mittels mäßiger Abgaben die Produkte ihrer Fabriken unter Ausschluß der anderen ausländischen Fabriken nach Frankreich und nach Italien einführen zu können. Diese Erlaubnis, wenn sie gewährt würde, hätte den gleichen Wert wie die Vereinigung, denn sie würde die gleichen Resultate haben. Wir haben indessen zu viel Vertrauen in die Weisheit unserer Regierung, um nicht überzeugt zu sein, daß sie eine ihren höchsten Interessen diametral entgegengesetzte Forderung zurückweisen wird.

Wir bitten Sie, Herr Präfekt, von diesen Betrachtungen den Gebrauch zu machen, den Ihre Klugheit als den Umständen angemessen urteilen wird; unsere Wünsche werden erfüllt sein, wenn Sie sie Ihrer Aufmerksamkeit als würdig beurteilen.

Wir haben die Ehre, Herr Präfekt, mit dem tiefsten Respekt Ihre sehr untertänigen und sehr gehorsamen Diener zu sein.

Die Mitglieder der Handelskammer:
gez.: GEIMANN, Vizepräs.
MERKENS
P.-J. RIEGELER*

## Anhang F

## Rapport von Bacher, Minister in Frankfurt, über die neue, von den englischen Waren eingeschlagene Richtung und die Auswirkungen des Tarifs von Trianon

Die Spediteure aus Frankreich fahren fort, Ballen mit Waren aller Art und Kolonialwaren für die Schweiz zu versenden, während sie täglich auf dem Weg über Lüneburg oder den über Leipzig neue davon erhalten. Die ersten Häuser dieser Stadt sind mit ganz beträchtlichen Vorauszahlungen belastet, um den Transit von Baumwolle aus Brasilien zu beschleunigen, die an sie von Rußland über Königsberg und Leipzig gerichtet ist. Man behauptet, daß die neuen Wege, die gegenwärtig die Güter und Kolonialwaren nehmen, seitdem die Küsten Hollands und die Hansestädte bis zur Oder ihnen nicht mehr so zugänglich sind wie in der Vergangenheit, nach und nach eine starke Zunahme auf allen Straßen erzeugt hat, die von verschiedenen Ausgangspunkten Rußlands einerseits nach Preußen, andererseits über Polen und Mähren bis Wien und die ottomanischen Provinzen in die des österreichischen Kaiserreichs für englische in den Levantehäfen ausgeladene Waren führen, daß die Donau anstelle des Rheins zum Kanal werden wird, durch den

---

* Archives nationales, F$^{12}$ 549-559, Ladoucette, Präfekt des Roer-Departements, hatte erfahren, daß die Berger den Anschluß verlangten; er konsultierte die Handelskammer von Köln, die ihm die obige Antwort gab; in dem Brief, mit dem er diese Bittschrift übermittelte, bat er den Kaiser, ein Departement zu schützen, wo es 1.300 Betriebe gab.

358

sich die Rheinbundstaaten in Zukunft damit werden versorgen können. Die deutschen Kaufleute betrachten diese gewaltige Revolution im Handel, die Holland und Niederdeutschland zur völligen merkantilen Bedeutungslosigkeit hat absinken lassen, als Vorbedingung zum Aufbau besonders starker Beziehungen mit Rußland, Österreich und Bayern, und man ist infolgedessen bestrebt, gesicherte Wege einzurichten, um nicht nur Kolonialwaren, sondern auch die englischen Waren bis zu den Rheinbundstaaten und von dort bis zum Rhein und sogar in die Schweiz gelangen zu lassen, sobald sie dort zu einem ausreichend hohen Preis verkauft werden können, der die Transportkosten deckt. Angenommen also, aber dies liegt noch in weiter Ferne, daß man durch die in Niedersachsen und im Königreich Westfalen getroffenen Maßnahmen mittels einer dreifachen Sperrlinie die Passage zwischen Rhein und Elbe undurchlässig machen könnte, würde sich hieraus nur die andere Wirkung ergeben, im gleichen Verhältnis das Eintreffen von aus Rußland über Königsberg und Leipzig kommenden Waren zu erhöhen. Selbst angenommen, daß der König von Sachsen, der sehr beachtliche Summen aufgewendet hat, um die Fabriken für Musselin, Kaliko, Kattun und Baumwollstoffe aller Art aufzubauen, die jetzt in seinen Ländern blühen, die Sperrlinie von Wittenberg bis zu den Grenzen von Böhmen ausdehnen und gleichzeitig einverstanden sein wollte, den Tarif der auf Baumwolle zu erhebenden Abgaben einzuführen, was im Gegensatz zu seinem Interesse steht, seinen Fabriken den günstigsten Preis und die schönsten Qualitäten zu beschaffen, dieses schmerzhafte Opfer, das den gesamten Gebirgsteil von Sachsen in tiefstes Elend stürzen würde, wäre für Frankreich ohne jeden Vorteil und würde nur dazu dienen, die Regierung und die Kaufleute Österreichs zu bereichern. Diese würden die Erhebung von Ein- und Ausfuhrzöllen nutzen und beträchtliche Gewinne erzielen, die ihnen der Transit von Gütern und Kolonialwaren sichern würde, die man niemals daran hindern können wird, durch Schleichhandel über Böhmen in das Vogtland, das Bayreuther Land und die Oberpfalz sowie über Oberösterreich und die Steiermark in das Land Salzburg und Berchtesgaden zu gelangen, die immer die Verbindungswege gewesen sind, auf denen die französischen Waren und alle die prohibierten Waren in die Provinzen des Kaiserreichs Österreich passierten, trotz aller Überwachung durch eine von dieser Macht unterhaltenen Kette von Zöllnern.

Die Arbeiter der Manufakturen für Baumwollwaren würden gezwungen sein, aus Sachsen und dem Vogtland, sogar aus Bayern und dem Land Baden und der Schweiz zu emigrieren, um Brot in den von Österreich errichteten, von Engländern geleiteten Betrieben zu finden, die auf diese Weise die Rheinbundstaaten erneut mit ihren Erzeugnissen überschwemmen würden. Auf diese Weise hat Frankreich während und seit der Revolution einen wertvollen Teil seiner Handwerker und Arbeiter verloren, die ehedem zum Ansehen der Manufakturen von Lyon, Saint-Etienne, Sedan, Verviers und der Orthe- und Roer-Departements beigetragen haben, von denen wiederum Österreich, Böhmen, Mähren und ein Teil Sachsens Zug um Zug profitiert haben.*

---

* Affaire étrangères, Allemagne, 740, Bulletin von Frankfurt, 2. Okt. 1810.

# Anhang G

## Industrie- und Handelsvereinigung in Altena, Iserlohn, Lüdenscheid

*In den Papieren, die M. Héron de Villefosse mir liebenswürdigerweise anvertraut hat, schien mir eine Denkschrift über die Industrie der Grafschaft Mark besonders bemerkenswert, die der preußische Ingenieur Eversmann 1807 an den Ingenieur der Bergwerke Héron de Villefosse übersandte. Hier ist das, was er über die Eisendrahtfabriken im Gebiet von Altena sagt:*

"Die ältesten Eisendrahtfabriken befinden sich im Besitz von zahlreichen Verlegern: Der Gewinn ist daher weniger hoch, aber man erzielt auf diese Weise ein moralisch vertretbares Maß an Einkommen, darin besteht die Nahrung des Volkes ...; nachdem seit einigen Jahren die Geschicklichkeit der Arbeiter zugenommen hat, hat man, um das Verhältnis zwischen Einnahme und Ausgabe, zwischen Produktion und Verbrauch aufrechtzuerhalten, während einiger Monate im Jahr die Hämmer anhalten und die Herstellung und die Arbeit nach bestimmten Regeln festlegen und ihnen bestimmte Grenzen auferlegen müssen, um die verhängnisvollen Wettbewerbsauswirkungen zu vermeiden. In den Städten Iserlohn, Altena, Lüdenscheid hat man seit langen Jahren die Gewohnheit, in jeder Stadt nur einen Artikel fertigzustellen und sich nicht gegenseitig zu hemmen. Außerdem bestehen in diesen Städten Vereinigungen, die man Kugel nennt, die sich verpflichtet haben, den gesamten Eisendraht bei den Mitgliedern der Vereinigung zu gewissen Preisen zu kaufen, und die Mitglieder verpflichten sich im Gegenzug, ihn zu einem festgesetzten Preis zu verkaufen. Die Regeln und Vereinigungen sind von der Obrigkeit gesetzlich gebilligt und werden für diejenigen höher angewendet, die der Vereinigung nicht angehören. Dies ist notwendig, damit die Fabriken bestehen können, denn ohne dies würden die wenig Kapital besitzenden und einen schnellen Umsatz benötigenden Verleger zu jedem Preis verkaufen und Bankrott gehen. Dank dieses Systems können die Vereinigungen durch ihren Kredit in einer so schlechten Zeit wie der gegenwärtigen überdauern (die große Behinderung ist die durch die Engländer verhinderte Schiffahrt). Die Oberaufsicht über die Fabriken, besonders die des Eisendrahtes, ist einer aus allen Schichten der Mitglieder entnommenen Deputation unter der Leitung eines Kommissars anvertraut. Sie ist vom Landesherrn ernannt und damit beauftragt, die Einhaltung der Regeln zu überwachen, weil die Umstände des Geschäftes es oft erforderlich machen, rasche Maßnahmen zu treffen." - "Alle Branchen haben Vereinigungen, für die präzise Regeln gelten. Die Arbeiter verfügen dank ihrer Vereinigung über ein angemessenes Einkommen. Die gute Wirtschaftslage der Region ist eine Folge dieser Vereinigungen; ihre Beibehaltung entspricht einem allgemeinen Wunsch."

Nemnich, der Altena und seine Umgebung 1809 besuchte, beschreibt summarisch die Vereinigung, die er "Altenaer Eisendrahtstapel" nennt. Der gesamte in Altena hergestellte Eisendraht wird dem Stapel dieser Stadt geliefert: Zu diesem Zweck besonders ernannte Personen prüfen ihn mit größter Sorgfalt und nehmen nach Bezahlung des Wertes an die, die geliefert haben, ihn in den Stapel. Alle Aufträge aus dem Land selbst oder aus dem Ausland werden niemals an Fremde, sondern nur an die Mitglieder der Vereinigung vergeben, die 100 Köpfe umfaßt. Gegenwärtig (1809) befinden sich für mehr als eine halbe Million Eisendrähte auf Lager, und das Lager wächst jeden Tag wegen fehlenden Absatzes. Als die Zeiten besser waren, war die Produktion kaum ausreichend, um alle Aufträge zu befriedigen, genauso in Iserlohn und in Lüdenscheid. (Nemnich, Tagebuch einer der Kultur und Industrie gewidmeten Reise, Bd. II, S. 457-458).

# Anhang H

## Schreiben des Polizeiministers und Antwort des Generaldirektors der Polizei von Hamburg bezüglich der Geheimgesellschaften

[6. Februar 1813

An den Herrn Generaldirektor der Polizei in Hamburg.

Monsieur, die Ernennung des ehemaligen preußischen Ministers Stein zum Kabinettsministers in Rußland und sein Eintreffen in Königsberg werden den Bewegungen und Intrigen der Geheimgesellschaften in Deutschland, bei denen M. Stein einer der hauptsächlichen Anstifter gewesen ist, einen neuen Auftrieb geben. Die Boten dieser zwielichtigen Gesellschaften werden es nicht versäumen, bei der ersten Gelegenheit falsche Gerüchte auszusäen, beunruhigende Nachrichten zu verbreiten, um die öffentlichen Meinung aufzuhetzen; sie werden auch dafür arbeiten, die Treue der Offiziere und den Mut der Soldaten zu erschüttern in der Erwartung, daß sie imstande seien, das große Ziel ihrer strafbaren Machenschaften zu erreichen, d.h. daß sich die deutschen Völker gegen die Franzosen erheben.

Unter diesen Gesellschaften, die sich in Deutschland unter verschiedenen Namen sehr vermehrt haben, die aber alle von denselben Grundsätzen geleitet werden, verdient der des Tugend-Freundes, der in Preußen seine Wiege hat, eine ganz besondere Aufmerksamkeit, sowohl wegen der Zahl wie des Ranges, der Kühnheit oder der Mittel seiner Anhänger. Ich füge meinem Schreiben eine Liste einiger bekannter Mitglieder dieser Vereinigung wie auch den Chiffreschlüssel bei, dessen sie sich bei ihrer Korrespondenz bedienen. Diese Hinweise, den einzelnen Dokumenten hinzugefügt, die Sie bis jetzt über diese Gesellschaften gesammelt haben, über die der Eingeweihten, die zu verschiedenen Zeiten in der 32. Militärdivision, in Westfalen und in den Nachbarländern festgenommen oder gemeldet worden sind, werden Sie in den Stand setzen, von jetzt ab ein Überwachungssystem aufzubauen, das zu brauchbaren Ergebnissen führen wird.

Sie müssen zunächst die höchste Aufmerksamkeit auf alle unbekannten oder hergelaufenen Ausländer, besonders auf die aus Mecklenburg oder von der gesamten Küste zwischen Holland und Preußen kommenden richten. Sie werden mir jede Woche die Namensliste dieser Ausländer senden, deren Schritte Sie mit Sorgfalt überwachen lassen werden, und, ohne neue Anweisungen abzuwarten, werden Sie unverzüglich alle diejenigen festnehmen lassen, die den Geheimbünden anzugehören scheinen, und Sie werden darauf achten, daß sie keines ihrer Papiere in Sicherheit bringen können.

Stellen Sie so schnell wie möglich eine ständige enge Verbindung mit dem Herrn General von Bongars, mit den französischen Generälen, die in den angrenzenden Staaten kommandieren, mit dem Intendanten von Erfurt und den Generalkommissaren der Polizei von Braunschweig, Magdeburg usw. usw. her. Diese Verbindungen, von deren Ergebnissen Sie mir genau zu berichten haben, werden Sie über die Umtriebe aufklären, die mit der 32. Militärdivision zusammenhängen: Sie werden auch, indem eine Menge zerstreuter Dokumente in meinem Ministerium zentralisiert wird, dazu beitragen, meine Aufmerksamkeit auf die Erkenntnisse, die ich bereits erhalten habe, und auf die Gesamtheit der Machenschaften, die in den verbündeten Staaten unternommen werden können, zu fixieren.

Ich fordere dieselbe Aufmerksamkeit gegenüber einer religiösen Sekte, die bekannt ist unter der Bezeichnung Mährische oder Herrenhuter Brüder und deren Prinzipien fast zum gleichen Ziel tendieren wie die Machenschaften des Tugend-Freundes und die, wegen ihrer religiösen Anschauungen und ihres weltlichen Interesses mit den englischen Inseln in Verbindung stehen. Sie finden beigefügt einen Vermerk, der einige Angaben über diese Sekte, über ihren Geist und ihre Aktivitäten enthält. Verschaffen Sie sich Informationen über die Einrichtungen, die sie im Rheinbund und in den hanseatischen Departements unterhält, über ihre wichtigsten Leiter und die Geheimboten, die sie in Marsch setzt, um ihre Lehre zu verbreiten oder um die geheimen Verbindungen zu unterhalten, die zwischen verschiedenen Hauptorten bestehen. Ich kenne einen dieser Geheimboten namens Rauftler, der 1809 Professor am Herrenhuter Institut in Ebersdorf in Meißen war: Wenn er in Ihrem Bezirk auftaucht, lassen Sie ihn festnehmen.

Hochachtungsvoll usw.

Hamburg, den 17. Februar 1813

Monseigneur, ich habe mit dem Brief, mit dem Eure Exzellenz mich am 6. Februar beehrt hat, verschiedene Aktenstücke bezüglich der Existenz von in Deutschland verbreiteten Geheimbünden erhalten, für die Sie eine strenge, eindeutige und regelmäßige Überwachung vorschreiben.

Diese Angelegenheit, Monseigneur, hat meine Aufmerksamkeit oft in Anspruch genommen, und ich habe mich ihr noch kurz vor meiner Abreise nach Paris ganz besonders gewidmet, jedoch weder aus Kassel noch aus Erfurt, von wo ich äußerst verschwommene Hinweise erhalten hatte, habe ich Auskünfte bekommen, die zu ihrer Aufklärung dienlich wären. Da alles, was bis zum heutigen Tag gesagt, geschrieben oder getan worden ist, ohne Ergebnis blieb, denke ich, daß man einen Schlußstrich unter die Vergangenheit ziehen und die Erforschung dieser Gesellschaften in Angriff nehmen müßte, als hätte man sich noch nie damit beschäftigt. Die Befehle und Instruktionen Eurer Exzellenz enthalten die Anweisungen, die ich allen Agenten Eures Ministeriums im Norden gegeben habe, und sie informieren und über die Verbindungen, die ich erneut mit allen ausländischen Polizeibehörden aufnehmen soll, mich auf die Anweisungen stützend, die ich erhalten habe. Nachdem alles für den Erfolg Eurer Absichten bereit ist, bitte ich Euch, mir einige Betrachtungen zu gestatten, die der Angelegenheit die ihr angemessene Aufmerksamkeit widmen werden.

Der Orden oder die Vereinigung der *Tugendfreunde* ist tatsächlich in Preußen entstanden. Der Minister vom Stein, der ehemalige Polizeidirektor von Berlin Grunert, der in Prag festgesetzt worden ist, der Graf von Chazot, ein Adjutant des Königs (der gerade im Sterben liegt) und der Verräter von York waren seine herausragenden Anhänger. Das Ziel dieses Ordens bestand hauptsächlich in der nationalen Vereinigung aller deutschsprachigen Völker, um, wie man sagt, der Macht Frankreichs Paroli bieten zu können. Dieses bekanntgewordene Vorhaben konnte zahlreiche Anhänger unter den deutschen Wissenschaftlern und Studenten gewinnen, aber es mußte auf Opposition beim Handel und in der Landwirtschaft stoßen, und besonders bei denjenigen, die zu der großen Zahl der souveränen Häuser Deutschlands zählen. Die Antipathie der deutschen Völker gegeneinander, auch solche, die benachbart sind, bildete ein unüberwindliches Hindernis, gegen das die Tugendfreunde vergeblich agitierten. Dies hat sich bald nach dem Bekanntwerden ihrer Ideen gezeigt, die nur an den Universitäten und bei einigen Wissenschaftlern Sympathie gefunden haben; überall sonst sind sie auf Ablehnung gestoßen.

Nichts dergleichen gab es, als das Direktorium die Gleichheit proklamierte und über die republikanischen Verfassungen nachdenkend voranschritt. Damals gingen die Völker, ohne Rücksicht auf frühere Benennungen oder territoriale Verhältnisse, den neuen Ideen entgegen.

Einer in Deutschland häufig anzutreffenden Meinung zufolge, hat man in den Jahren 1797, 1798 und 1799 die Freiheit fast in den Händen gehalten. Es ist keineswegs selten, besonders in Frankfurt am Main, von aufgeklärten Menschen zu hören, daß sie einen Augenblick geglaubt haben, daß Deutschland nurmehr eine Republik bilden würde. Diese Feinheit, Monseigneur, verdient es festgehalten zu werden. Sie spricht gegen die Tugendfreunde oder andere Vereinigungen, die den Grundsatz vertreten, daß alles, was die deutsche Sprache spricht, sich zu einer Nation zusammenschließen sollte. In dem Maße, wie sich die Doktrin des Direktoriums als erfolgreich erwies, sind die Sektierer dieser Zeit davon entfernt, mit ihren Plänen Erfolg zu haben.

Diese Wahrheit wird jedoch von den Beteiligten keineswegs anerkannt; es besteht kein Zweifel, daß sie an strafbaren Projekten festhalten und daran arbeiten, ihre Maximen zu verbreiten. Es ist also notwendig, sie zu überwachen und sie zu überraschen.

Aber man darf ihnen bei weitem nicht die Bedeutung zumessen, die sie sogar dadurch erlangt zu haben scheinen, daß man wenig über sie wußte. Diese Bedeutung besteht in Wirklichkeit nur im Kopf der Poilzeiagenten von Erfurt und vor allem in den Köpfen derer aus Westfalen. Um sie zurückzusetzen, genügt es, sich dasjenige anzuschauen, was vier Jahre an Wachsamkeit, Festnahmen, bei den Postanstalten gelesene oder abgefangene Briefe und auf vielerlei Art beschäftigte Agenten herausgefunden haben. Eine wenig ergiebige Namensliste, eine vage und irrige Notiz über die Sekte der Mährischen Brüder und eine geheime Schrift; kein Stück, so wenig bedeutend es sei, hat das Vorhandensein umstürzlerischer Pläne beweisen können. Als General Bongars und der Intendant von Erfurt mir diese Liste übersandten, ließ ich sie deren Unbrauchbarkeit spüren, solange, wie nicht Initialen und die Angabe des Berufsstandes, des Geburtsortes und Wohnortes beweisen würden, daß diese Namensliste nicht willkürlich aufgestellt worden sei. In der Tat könnte ich in acht Tagen ein Dutzend von Personen für jeden Namen in dieser Aufstellung festnehmen lassen, so groß ist die Ähnlichkeit in Deutschland, wenn zwischen den Initialen und dem Berufsstand nicht differenziert wird. Weder M. de Bongars noch M. Devismes haben andere Erklärungen geben können, als die, daß ihre

Agenten ihnen diese Aufstellung geliefert hätten, mit allen anderen Notizen, mit denen die Polizei aus Westfalen mich überschüttet hat, ohne daß ich jemals in dieser Flut eine genaue Vorstellung oder eine zutreffende Auskunft bemerkt hätte. 1811 habe ich dem Ministerium die Abschriften aller Notizen zusenden lassen, die der General Bongars mir insgeheim über die Korrespondenz der Gendarmerie schickte. Mit dem, was ich ihm eines Tages schrieb, daß ich nämlich in all diesen Rapporten, die man ihm schickte, nur Worte sähe, ist die Flut fast gänzlich versiegt.

Das, was mir an Brauchbarem geschickt wurde, beschränkt sich auf einige Exemplare einer Broschüre über den Aufbau der Geheimgesellschaft, hinter denen sich die mit Bleistift geschriebene Rede befindet, die ich gerade habe übersetzen lassen, und von der ich eine Abschrift hier beifüge. Es scheint, daß dies das Werk irgendeines Träumers ist. Ein Hausierer hat angegeben, sie in Hamburg bei einem Straßenhändler gekauft zu haben. Das ist sehr wahrscheinlich. Diese Rede hat den Anschein, das Gegenstück zum Orden des Tugendbundes zu sein. Während er diesem die Absicht unterstellt, Frankreich durch seine geheimen Machenschaften zu bekämpfen, beschuldigt der Mann der Bleistiftnotiz Frankreich, eine geheime Sekte zu beherbergen, die der Urheber aller Kriege sei, die sie in Spanien und Deutschland unternommen habe. Der Autor irrt sich sicherlich ganz und gar, während die Absicht des *Tugendfreundes* sehr wohl bewiesen ist. Aber können sie irgendeinen Erfolg erhoffen? Gewiß nicht durch sich selbst, ich habe es bereits gesagt, solange wie sie ihre kollektiven Projekte auf Deutschland als Ganzes richten; aber wohl, wenn es sich nur darum handelt, die Völker aufzuwiegeln und sie zur Unzufriedenheit zu bringen. Diese Aufgabe ist keineswegs schwierig, und es ist leider nicht erforderlich, Mitglied dieses Ordens zu sein, um diese Absicht zu haben und ihr mit Eifer zu folgen.

Was die Mährischen Brüder angeht, so ist die Wichtigkeit, der auf sie beziehenden Notiz, nicht weniger irrig. Diese Sekte mag wohl, wie die Quäker und andere, nach der durch ihre Institution und ihre Erziehung vorgeschriebenen Gleichheit streben, aber nichts beweist, daß sie in diesem Moment wie in anderen eifriger seien, Neuanhänger zu gewinnen und ihre Doktrin zu verbreiten.

Es gibt einige Mähren in Hamburg: Es sind in der Mehrzahl armselige Handwerker, die allein mit ihrer Arbeit beschäftigt sind, wenn es nicht zu den Stunden ihrer Gebete ist. Man kennt einige ihrer religiösen Führer, bei denen aber dieselbe Gleichgültigkeit zu beobachten ist.

Ich habe es als notwendig angesehen, diese Einzelheiten Eurer Exzellenz zu unterbreiten, in der Absicht, durchblicken zu lassen, daß die Polizei von Erfurt und Westfalen, die letztere vor allem, sich über die Bedeutung dieser Orden oder Sekten hat irreführen lassen, indem sie die tatsächliche Existenz dessen vermutete, wonach sie fahndet.

Nichtsdestoweniger werde ich allen Spuren folgen, die sie mir zu geben beliebten; aber ich werde den Klippen, an denen die Polizei gescheitert ist, ausweichen, indem ich diesen Orden nicht immer all das beimesse, was leider nur das Ergebnis der allgemeinen Unzufriedenheit, der von ihrem Willen und ihrer Mithilfe unabhängigen Unruhe ist. Es wäre eine glückliche Fügung, wenn alles dem Tugendfreund zugeschrieben werden könnte. Man würde nur einen schwachen Feind zu bekämpfen haben und man könnte ihn aufdecken und sichere und individuelle Schläge austeilen. Es ist aber andererseits unheilvoll, daß fast die gesamte Bevölkerung darauf aus ist, sich von Frankreich zu lösen und seinen Einfluß abzuschütteln.

Anhang I

## Kritische Anmerkungen zu den Memoiren von Beugnot

Die *Memoiren* von Beugnot, deren Originalmanuskript sich nicht unter dem vom Enkel des Kaiserlichen Kommissars dem Nationalarchiv übereigneten Nachlaß befindet, sind zunächst abschnittsweise, dann vollständig im Intervall von mehreren Jahren in zwei Zeitschriften erschienen: der *Revue Française* (Neue Folge) und der *Revue Contemporaine*. Die Fragmente sind in folgender Reihenfolge erschienen: - I. Rev. Fr. (August 1838, Teil VIII, S. 201-264: 1783 und 1785; dies sind die ersten zwei Kapitel der ersten Ausgabe der *Memoiren*; anzumerken ist, daß in der in *Rev. Fr.* diese beiden Fragmente 1783 und 1785 jeweils die Bezeichnung VI und VII tragen, was beweist, daß es eine erste Serie von fünf Kapiteln gab, welche die Familie niemals veröffentlicht hat; darüber hinaus hat man in den als Buch erschienenen *Memoiren* am Ende des zweiten Kapitels den letzten Absatz ausgelassen, den die *Rev. Fr.* eingeflochten hatte. Beugnot protestierte dort gegen die Lebenserinnerung von Target in der Halsbandaffäre. - II. *Rev. Fr.,* 1838 (Oktober und November), Bd. IX, S. 25-58 und 241-286, Erinnerungen aus den Jahren 1793 und 1794; dies sind die Kapitel V und VI der *Memoiren*. - III. *Rev. Fr.,* 1839 (Februar), Bd. X, S. 88-113, Wahlen von 1789; dies sind die Kapitel III und IV der *Memoiren*. Hierbei ist zu anzumerken, daß in der *Revue* dieses Fragment als Kapitel XII und XIII der Memoiren bezeichnet ist. Zwischen der Halsbandaffäre, beziffert VII, und den Wahlen, beziffert XII, hat es somit fünf Kapitel gegeben, die die Familie niemals veröffentlicht hat. IV. *Revue Contemporaine*, 1852, August/September, Bd. III, S. 337-361 und 518-536. Die letzten Tage des Kaiserreichs; dies sind die Kapitel XIV und XV der *Memoiren*. - V. *Revue Contemporaine*, 1852-1853, Dezember/Januar, Bd. V, S. 29-67, 161-203. Das Großherzogtum Berg; dies sind die Kapitel VII-XIII der *Memoiren*. - VI. *Revue Contemporaine*, 1854, Februar/März, Bd. XII, S. 37-72, 187-238, die Restauration; dies sind die Kapitel XVI-XVIII der *Memoiren*.

Allein die Kapitel XIX bis XXII der ersten Edition der *Memoiren* waren noch nicht veröffentlicht. Meine Absicht besteht nicht darin, und kann es nicht sein, eine umfassende kritische Würdigung der *Memoiren* von Beugnot zu geben. Ich wollte einfach eine gewisse Zahl im Verlauf dieser Arbeit notierten Beobachtungen wieder aufnehmen und entwickeln, prüfen, bis zu welchem Punkt die Kapitel, die er dem Großherzogtum Berg gewidmet hat, als Quelle für die Historiker benutzt werden können. In der ersten Ausgabe der *Memoiren,* 1866 erschienen (zwei Bände), bilden die Erinnerungen an Deutschland Kapitel VII bis XIV (Band I, S. 287 bis Schluß, Band II, S. 1 bis 45). Nach dieser Ausgabe zitiere ich.

---

* Archives nationales Die Urschrift des Schreibens des Polizeiministers befindet sich in F$^7$ 6583 (2449 Serien 2); die Antwort von d'Aubignosc ist in F$^7$ 8306 (Nr. 107).

Kapitel VII (S. 290-302). - In der Aufzählung der Länder, die das Großherzogtum bildeten, und über die Beugnot "Einzelheiten berichtet", vergißt er das Herzogtum Kleve.

Kapitel VII (S. 303-304). - Beugnot stellt die Abtretung von Wesel durch Murat als Ergebnis eines *Austausches* dar, und er fügt hinzu, daß er in seinen Papieren ein *Doppel* des Austauschvertrages aufbewahrt. In Wirklichkeit wurde Wesel Murat einfach abgenommen und der von Beugnot aufbewahrte "schöne Vertrag" ist eine Kopie der in Berlin am 10. April 1808 geschlossenen Konvention, mit Bezug auf die Inbesitznahme der nach Tilsit abgetretenen Territorien. Diese Kopie befindet sich heute im Museum Carnavalet, das Original im Nationalarchiv (AF IV, pl. 2193).

Kapitel VII (S. 319). - Es war erst im Oktober 1809, daß Maret von Beugnot einen Vorschlag über die Organisation der Regierung anforderte; man hatte ihm ein Jahr Zeit gelassen, das Land zu studieren.

Kapitel VII (S. 333). - Die Inspektionsreise, die die *Memoiren* in das Jahr 1809 verlegen, fand im folgenden Jahr statt. Ich habe es in der Veröffentlichung beschrieben, die ich von dem Bericht dieser Reise herausgegeben habe *(Die Industrie des Großherzogtums Berg im Jahre 1811, Ergänzung zu den Memoiren Beugnot)*. Ich verweise au meine kritischen Anmerkung zu dieser Stelle der *Memoiren*.

Kapitel VIII (S. 331-332). - Ich habe vergeblich nach einer Bestätigung dessen gesucht, was Beugnot vorgibt, nämlich von einer von ihm spontan vorgenommene Versendung eines Siegesbulletins zu wissen, das er in Deutschland, in Holland und auf dem rechten Rheinufer verbreitet hätte. In Wirklichkeit schrieb Maret am 6. Mai, am Tag nach der Schlacht von Ebersberg (und nicht von Esslingen) an Beugnot einen Brief, den Theremin verfaßte, in dem er ihm über die Schlacht berichtete und ihm empfahl, nicht alles das zu veröffentlichen, was er ihm schrieb, sondern sich nur einfach dessen in Unterhaltungen zu bedienen, und nur die amtlichen im *Moniteur* eingesetzten Bulletins zu veröffentlichen. Am 22. Mai dankte Beugnot Maret für seine Mitteilung und versprach ihm, seine Ratschläge zu berücksichtigen. Offensichtlich will Beugnot in seinen *Memoiren* glauben machen, daß er in diesem Augenblick die öffentliche Meinung in Deutschland bestimmte.

Kapitel VII (S. 333). - Es scheint nicht, daß der Sohn des Grafen Nesselrode bei Wagram im Dienste der Österreicher gefallen sei, denn in einem Rapport vom Januar 1810, nach dem er erklärt hat, daß er von Nesselrode nicht hat erreichen können, daß dieser seinen Sohn vom österreichischen Dienst zurückrufe, fügte Beugnot hinzu: "Er hat jetzt ein Regiment, es geht ihm beim Wiener Hof gut" (AF IV, 1840). Nesselrode hatte jedoch nur einen Sohn in fremdem Dienst. Aber die Wirklichkeit war weniger dramatisch: Der Innenminister, der gezwungen war, sich offiziell über einen französischen Sieg zu freuen, (der ihn den Verlust seines Sohnes kostete, der in feindlichem Dienst getötet worden war), gab hier ein schönes Thema für eine literarische Entwicklung ab; Beugnot hat sich die Gelegenheit nicht entgehen lassen, einige pathetische, aber unzutreffende Zeilen zu schreiben.

Kapitel VII (S. 339-340). - Ungenauigkeit der Daten: Die Landung bei Walcheren war am 22. und nicht am 29. Juli, Wagram ist am 6. und nicht am 5.

Kapitel VII (S. 348 f). - Die gesamte, sich auf Roederer und auf seine Berufung in die Staatskanzlei beziehende Stelle ist *arrangiert* und voller Ungenauigkeiten, die, geschickt zusammengestellt, ein dramatisches Ganzes bilden: Maret wollte aus de Sémonville einen Polizeiminister machen (und nicht den des Großherzogtums) und führte ihn in

Saint-Cloud im *Juni* 1810 ein. Allerdings, das Roederer für die Staatskanzlei des Großherzogtums nominierende Dekret stammt vom 24. September und datiert aus den Tuilerien. Sicherlich war Beugnot durch diese Ernennung verstört, die ihm eine strenge Kontrolle in Paris bescherte, und er schrieb an Roederer einen Brief, der *ein wenig erstaunte*, denn Roederer erwartete vertrauensvollere erste Annäherungen (Thérémin an Beugnot, 12. Oktober 1810, AB XIX, 351), aber bald waren die Beziehungen herzlich, und Roederer verbrachte kurz darauf "sehr angenehme" Tage in Düsseldorf. Beugnot benahm sich nicht "als Mann, der seine Schiffe verbrannt hat" und wenn er Ende des Jahres 1810 um die Stelle des Direktors der Stadtbibliothek bat, wobei ihn Roederer übrigens unterstützte, ist es, daß sich eine Gelegenheit bot, nach Paris zu gehen. Um seine Situation als würdig des Interesses darzustellen, erzählt Beugnot, daß das Wahlkollegium des Départements Aube ihn in diesem Augenblick für den Senat vorschlug, und daß der Kaiser es ablehnte. Jedoch erst 1812, d.h. zwei Jahre später, gab das Kollegium von *Haute-Marne* Beugnot 94 Stimmen gegen 109 Stimmen für den Baron Henrion de Pensey. Schließlich möchte Beugnot seine Leser glauben machen, daß er, verfolgt, verkannt, "es nicht mehr aushaltend" nach Aachen ging und dort die Mutter des Kaisers, die Prinzessin Pauline und den *König* Louis traf, der ihn als Finanzminister nehmen wollte! Die Reise müßte also nach den *Memoiren* im Oktober und November 1810 stattgefunden haben: Zu dieser Zeit war Louis-Napoleon nicht mehr *König* von Holland und residierte nicht in Aachen. Die Wirklichkeit ist, daß die Mutter des Kaisers, Pauline und Louis Ende Juli und Anfang August 1809 in Aachen waren; Beugnot verbrachte dort zweifellos einige Tage während dieser Zeit, denn seine amtliche Korrespondenz aus Düsseldorf und seine Verfügungen zeigen eine Lücke zwischen dem 27.-29. Juli und dem 7. August; nacheinander schickte er am 9., 10. und 11. August drei Polizeibulletins von Düsseldorf nach Paris, um die verlorene Zeit wieder wettzumachen. Ich schließe aus dem allen, daß Beugnot mit in Teilen exakten Erinnerungen, aber unterschiedlichen Daten, eine fortgesetzte Erzählung zusammenstellte, in der es den Anschein einer chronologischen und logischen Folge gibt und die ihn als einen verkannten, unabhängigen und energischen Mann zeigen soll: Er schreibt sich eine unnachgiebige Haltung zu, die er niemals besessen hatte; die genauen Texte zeigen dies.

Man müßte also die "Stücke", die dem Kapitel VIII (Feldzug in Österreich) folgen, so festlegen: Der Reise nach Aachen (Kapitel IX, S. 349-355), die Hochzeit Napoleon (Kapitel X, S. 356-365, Kapitel IX, S. 343-345), die Ernennung Roederers (Kapitel X, S. 345-349).

Kapitel X (S. 363). - Die Abschaffung der Leibeigenschaft wurde mit Maret vorbereitet wurde. Das von Beugnot geschickte Dekretprojekt über das Hypothekenwesen wurde zurückgewiesen. Er schrieb, daß Napoleon "nicht die Zeit hatte, sich zu äußern", allerdings unterzeichnete er am 3. November 1809 ein das französische Hypothekensystem im Großherzogtum einführende Dekret.

Kapitel XI (Band II, S. 375-376). - Es war ein Pastor, der die in den *Memoiren* wiedergegebene Ansprache hielt: Beugnot fand es zweifellos pikanter, Napoleon durch einen Rabbiner feierlich anreden zu lassen. Die Ansprache scheint übrigens von Beugnot ersonnen zu sein, siehe Redlich, zit. Werk, S. 26-27.

Kapitel XIV (Band II, S. 1-45). - Dieses Kapitel enthält im einzelnen betrachtet fast exakte Hinweise, aber die zeitliche Reihenfolge der Ereignisse ist nicht beachtet worden. Es ist richtig, daß Napoleon vom 25. Juli bis zum 3. August 1813 nach Mainz kam; aber er kam allein dorthin und Marie-Louise blieb in Paris, um dort dem Regentschaftsrat vorzusitzen; alles, was Beugnot über sie sagt, muß demnach vernachlässigt werden. - Beugnot arbeitete wenigstens einmal mit dem Kaiser: Er fertigte die Urschrift einiger Dekrete an, zweifellos um Fain momentan zu vertreten, aber es scheint nicht, daß er irgendeinen Brief nach seinem Diktat eigenhändig geschrieben habe. Die Urschriften von Mainz sind nicht aus seiner Hand. Später erinnerte er sich an die Hinweise, die ihm Fain über die Korrespondenz des Kaisers gegeben hatte und benutzte sie. - Die durch das Dekret von Nossen befohlenen Beschlagnahmungen fanden vor der Abreise Beugnots nach Mainz und nicht nach seiner Rückkehr im August statt. Es war außerdem nicht im August, daß Lemarois (und nicht Lemarrois) Damas "ersetzte"; es war im Februar, daß der Adjutant des Kaisers beauftragt worden ist, eine Revolte zu unterdrücken, die am 21. Januar ausgebrochen war. - Diese Revolte, deren Bedeutung Beugnot eigenwillig herunterspielt, weil es ihm mißfiel, sich daran zu erinnern, daß man ihm einen General zu ihrer Unterdrückung zur Seite stellte, ist nicht allein durch das Tabakmonopol verursacht worden (siehe Kapitel XI). - Die Niederwerfung war härter als sie Beugnot beschreibt und eine zweifellos von ihm vor dem Eintreffen von Lemarois einberufene Militärkommission sprach von den ersten Tagen an viele Verurteilungen aus. - Die Angelegenheit des Grafen von Bentinck (und nicht von Bentheim), Bürgermeister von Varel, gehört in den April und nicht in den August. - Der Abtransport der Kranken (S. 30) beschäftigte Beugnot seit April; ebenfalls seit dem Monat *April* bereitete er seine Abreise vor. Die Folge der in diesem Kapitel berichteten Ereignisse müßte somit zurechtgerückt werden: Aufstand von Anfang 1813, Eintreffen des Generals Lemarois, Niederwerfung, von Turc getroffene Zollmaßnahmen, Affäre des Grafen von Bentinck, Evakuierung der aus Deutschland kommenden Kranken, Schlacht von Leipzig.

Saint-Beuve, der den *Memoiren* von Beugnot, die gerade erschienen, einen Artikel widmete, schrieb: "Diese Memoiren verdienen es weniger als Zeugnis angesehen zu werden, das einer Nachprüfung der historischen Tatsachen standhält, als vielmehr unter dem Titel *Lebensnahe Porträts und Bilder* (Nouveaux Lundis, Bd. II, S. 1ff)." Der *Eindruck*, den allein das Lesen Saint Beuve gegeben hat, ist überreich durch ein Studium der Dokumente bestätigt, die er 1866 nicht auswerten konnte.

# Anhang J

## Hinweise zur Karte des Großherzogtums

Die diesem Werk beigefügte Karte ist ein Ausschnit aus der CARTE DU ROYAUME DE WESTPHALIE und der Nachbarländer (1809), welche die Lage der Bergwerke, Fabriken, Salinen, Steinbrüche und anderer metallverarbeitender Werkstätten angibt, vom Chefingenieur Héron de Villefosse, Generalinspekteur der Bergwerke und Fabriken der eroberten Länder gezeichnet, die in Band I der *Richesse Minérale* (erschienen 1810) abgebildet ist. - Die breite blaue Umrandung zeigt die Grenzen des Landes zum Zeitpunkt seiner größten Ausdehnung: Die Grenzen der vier Departements sind durch eine weniger breite blaue Linie markiert.

Die *Kohlengruben* sind durch ein Viereck, das zwei Diagonale kreuzen, gekennzeichnet; die *metallverarbeitenden Betriebe* durch einen Kreis, von einer transversalen Linie durchschnitten und gekrönt von einem nach rechts neigenden Pfeil; die *Eisen- und Stahlhämmer* durch dasselbe Zeichen, von einem nach links zeigenden Kreuz gekrönt; die *Erzgruben* durch ein Rechteck, von einer Diagonale durchschnitten und von einem Kreis und einem Pfeil gekrönt; die *Eisenhütten* durch ein Dreieck mit demselben krönenden Zeichen; - die Städte mit einem *Bergwerks- und Fabrikenrat* sind durch zwei, in sich gekreuzte Hämmer dargestellt; die *Salinen* durch einen Kreis, durch einen waagerechten Strich durchschnitten und im unteren Teil schwarz; usw. Ich habe nur die Zeichen der meist vorkommenden metallverarbeitenden Betriebe aufgeführt. Da diese Karte nur die *metallverarbeitenden* Betriebe anzeigt, sieht man auf ihr keine der bedeutenden Webereien, keine der Spinnereien, Strumpf- und Bandwirkereien des Großherzogtums aufgeführt. Hieraus erklärt sich das Fehlen der Stadt Barmen. Andererseits gibt es Namensfehler, z.B. wird die Grafschaft Mark mit Marc angegeben usw. Dennoch ist es mir notwendig erschienen, diese Karte zu reproduzieren, nicht nur, weil sie klar ist und die Departementseinteilungen wiedergibt, sondern auch, weil sie unter allen Karten des Großherzogtums, die ich gesehen habe, die einzige war, die derart vollständig ist.

# Charles Schmidt (1872-1956)

## Zur intellektuellen Biographie eines Historikers und
## "politischen Archivars"
## im Kontext der französischen Historiographiegeschichte

### von Burkhard Dietz

Als Charles Schmidt sein Werk "Le Grand-Duché de Berg (1806-1813) - Étude sur la Domination Française en Allemagne sous Napoléon I$^{er}$" im Jahr 1905 veröffentlichte[1], wurde die französische Geschichtswissenschaft - ähnlich wie die deutsche - noch weitgehend von Positivisten dominiert[2], die eine außerordentlich faktengesättigte Geschichte der Politik, der Haupt- und Staatsaktionen, gekrönten Häupter und großen Männer in den Mittelpunkt ihrer wissenschaftlichen Arbeit stellten. Methodisch beschränkten sie sich in der Regel darauf, die einzelnen Ereignisse, "les événements particuliers", in chronologischer Reihenfolge zu präsentieren oder die Dokumente gleich selbst sprechen zu lassen. Für die vor jeder Auswertung oder Quellenpublikation vorzunehmende Prüfung der Dokumente hatten sie ein ausgeklügeltes System philologischer Kritik entwickelt, bei dem man sich in Frankreich stark an den als vorbildlich erachteten deutschen Standards orientierte[3]. Französische Kritiker, die sich zu dieser Zeit bereits nachdrücklich zu Wort

---

[1] Als die organisatorischen Rahmenbedingungen zur vorliegenden Edition geschaffen waren und die Übersetzungsarbeiten begonnen hatten, habe ich einige der hier wesentlich differenzierter und ausführlicher dargestellten Überlegungen bereits grob formuliert und in einem kleinen Beitrag veröffentlicht; vgl. *Burkhard Dietz*, Charles Schmidt. Pionier der Geschichtsschreibung zum Großherzogtum Berg, in: *ders.* (Hg.), Das Großherzogtum Berg als napoleonischer Modellstaat. Eine regionalhistorische Zwischenbilanz, Köln 1995, S. 93-106.

[2] Zur Verbreitung des wissenschaftlichen Positivismus seit Auguste Comte vgl. *H. Stuart Hughes*, Consciousness and Society. The Reorientation of European Social Thought 1890-1930, 2. Aufl. New York 1977, S. 33 ff.

[3] Zur Vorgeschichte der "Annales" vgl. insbes. *Georg Iggers*, Neue Geschichtswissenschaft. Vom Historismus zur Historischen Sozialwissenschaft, München 1978, S. 55-96. - *Ursula A. J. Becher*, Geschichtsinteresse und historischer Diskurs. Ein Beitrag zur Geschichte der französischen Geschichtswissenschaft im 19. Jahrhundert, Wiesbaden 1986. - *Heinz-Otto Sieburg*, Französische Geschichtswissenschaft im 20. Jahrhundert. Hauptströmungen und Modellfälle, in: Geschichtswissenschaft zwischen Wissenschaft und Politik. Deutschland, Frankreich, Polen im 19. und 20. Jahrhundert, hg. v. *Heiner Timmermann*, Saarbrücken 1987, S. 255-279. - *Peter Schöttler*, Eine spezifische Neugierde. Die frühen "Annales" als interdisziplinäres Projekt, in: Comparativ 4 (1992), S. 112-126. - Zu der für die wissenschaftliche Sozialisation Charles Schmidts besonders relevanten

meldeten, sprachen in diesem Zusammenhang gern polemisch von den "Stammesgötzen der Historiker" - den Götzen der Politik, des Individuums und der Chronologie - und von der "Gewohnheit, sich in der Erforschung der Ursprünge zu verlieren"[4].

Ungeachtet solcher Kritik, die vorerst nur bei den Wirtschaftshistorikern - den "ersten Dissidenten der Politikgeschichte" (P. Burke) - zu begrenzten methodischen und inhaltlichen Innovationen führte, sollte die eigentliche Revolution der französischen Geschichtswissenschaft durch die "Annales"-Bewegung noch etliche Jahre auf sich warten lassen. Der mit Charles Schmidt nahezu gleichaltrige Lucien Febvre (1878-1956) und auch der etwas jüngere Marc Bloch (1886-1944), die Doyens dieser wissenschaftlichen Revolution, waren beide kurz nach der Jahrhundertwende gerade erst dabei, im Umfeld des Soziologen Henri Berr (1863-1954) und der von ihm gegründeten Zeitschrift "Revue de Synthèse historique" neue methodisch-theoretische Ansätze zu reflektieren und in der Forschungspraxis zu erproben. Kurzum: Zu dem Zeitpunkt, als Charles Schmidt seine Veröffentlichung vorlegte, hatte also allenfalls die Inkubationszeit der "Annales" begonnen, aber bis zu ihrem ersten programmatisch abgeklärten öffentlichen Auftritt sollten noch über zwanzig Jahre vergehen[5]. Diese Feststellung ist von grundsätzlicher Bedeutung, wenn es darum geht, heute, das heißt in einer Zeit, in der die Schule der "Annales" unser Bild von der französischen Geschichtswissenschaft des 20. Jahrhunderts maßgeblich prägt, den historiographiegeschichtlichen Stellenwert eines Werkes vom Anfang dieses Säkulums genauer zu bestimmen. Nicht weniger wichtig ist es allerdings, sich zur wissenschaftsgeschichtlichen Charakterisierung einer solchen Studie die allgemeinen gesellschaftlichen und die individuellen Rahmenbedingungen vor Augen zu führen, in denen sie entstand und welche die Einschätzungen und Sichtweisen ihres Autors beeinflußten.

Periode der französischen Historiographiegeschichte bis 1914 vgl. speziell *Martin Siegel*, Science and the Historical Imagination: Patterns in French Historical Thought (1866-1914), Ph. D. Diss., Columbia University 1965.

[4] *François Simiand*, Méthode historique et sciences sociales, in: Revue de Synthèse Historique 6 (1903), S. 1-22.

[5] *Peter Burke*, Offene Geschichte. Die Schule der 'Annales', Berlin 1991, S. 12 ff

# I.

## Zur intellektuellen Biographie Charles Schmidts

Charles Schmidt wurde 1872 im lothringischen Saint-Dié, einer kleinen gewerblich geprägten Stadt nordwestlich von Colmar, im französischen Département Vosges geboren. Seine Familie, die dem gehobenen Bildungsbürgertum abgehörte, stammte aus dem nahegelegenen Elsaß. Sein Großvater väterlicherseits war der seinerzeit sehr angesehene, an der Universität Straßburg lehrende protestantische Theologieprofessor Guillaume-Adolphe Charles Schmidt (1812-1895), ein Gelehrter alten Typs, der zugleich ein exzellenter Historiker war und dessen zahlreiche wissenschaftliche Werke für die Entwicklung der elsässischen Landesgeschichte und französischen Mediävistik in der zweiten Hälfte des 19. Jahrhunderts von einiger Bedeutung waren[6]. Bereits als Kind verließ Schmidt, der immerhin bis zum Alter von dreiundzwanzig Jahren Gelegenheit hatte, seinen Großvater zu erleben und von ihm zu lernen, die lothringische Heimat und kam mit seiner Familie nach Paris[7], wo er ganz im Sinne des seit 1870/71 betont frankophon eingestellten elsaß-lothringischen Bürgertums nach französischen Kriterien erzogen wurde und die Gymnasien "Buffon" und "Janson-de-Sailly" besuchte[8], beides renommierte Institute des

---

[6] Guillaume-Adolphe Charles Schmidt, der sich in der Regel nur Charles Schmidt oder Karl Schmidt nannte, veröffentlichte neben zahlreichen wissenschaftlichen Beiträgen rund zwanzig, zum Teil recht umfangreiche Monographien zur Religions- und Kulturgeschichte des Mittelalters und der Frühen Neuzeit. Von besonderer Bedeutung sind seine Studien über Persönlichkeiten der Reformationsgeschichte und über Sekten und Mystik im späteren Mittelalter (14.-16. Jahrhundert). Bei der Wiederentdeckung der Geschichte der Katharer im Gefolge von *Emmanuel Le Roy Laduries* "Montaillou" (1975) wurde Schmidts Werk "Histoire et doctrine de la secte des cathares ou albigeois" (Paris 1849) mehrfach nachgedruckt (New York 1980; Bayonne 1983). - Zur Biographie und Bibliographie von Guillaume-Adolphe Charles Schmidt vgl. *Ernest-Rodolphe Reuss*, Notice nécrologique sur M. Charles Schmidt, professeur à la Faculté de théologie de Strasbourg (1812-1895), Strasbourg 1895 sowie *Paul Heitz*, Verzeichnis der Werke von Guillaume-Adolphe Charles Schmidt, in: *Guillaume-Adolphe Charles Schmidt*, Wörterbuch der Straßburger Mundart. Aus dem Nachlasse von Charles Schmidt mit einem Porträt des Verfassers, Straßburg 1896.

[7] Wie Schmidt selbst in einem Brief an den Düsseldorfer Staatsarchivdirektor Otto Reinhard Redlich berichtet, hatte er in Paris verschiedene Verwandte, einen Onkel, der als Industrieller tätig war und unter anderem "Geschäftsverbindungen mit einer Firma in Wermelskirchen" unterhielt, und einen Vetter, der mit einer Unternehmerstochter aus Elberfeld verheiratet war (Hauptstaatsarchiv Düsseldorf [HStAD], Nachlaß Otto Reinhard Redlich, Rep. 165.36, 70).

[8] Alle biographischen Informationen zu Charles Schmidt basieren, soweit im folgenden nicht anders annotiert, auf dem Nachruf von *Marcel Baudot*, Charles Schmidt, in: Bibliothèque de l'École de Chartes 114 (1956), S. 338-340. Ich danke Mme Isabelle Neuschwander vom "Centre d'accueil et de recherche des Archives Nationales" bei der "Direction des Archives de France" für die Übermittlung dieses Textes und ihre Hilfsbereitschaft. - Marcel Baudot war der Nachfolger

"Enseignement secondaire", das im französischen Unterrichtswesen mit den Universitäten und den elitären Spezialhochschulen eine organisatorische Einheit bildete. Dies war hinsichtlich der wissenschaftlichen Qualifikation der Lehrer von großer Bedeutung, begannen viele spätere Hochschullehrer ihre berufliche Laufbahn doch zunächst an Gymnasien dieser Art.

Zumindest die letztgenannte Schule, das Gymnasium "Janson-de-Sailly", war und ist bekannt dafür, unter den staatlichen höheren Lehranstalten der französischen Metropole eine der besten, traditionsreichsten und strengsten zu sein, wie der berühmte Historiker Philippe Ariès (1914-1984) bezeugt, der hier - von einem Jesuitengymnasium kommend - nicht nur den Respekt vor der klassischen Antike beigebracht bekam, sondern der auch das besondere Milieu der Schule zu schätzen wußte, das von "Kinder(n) aus reichen internationalen Familien, insbesondere aus Lateinamerika", geprägt war[9]. Da das französische Unterrichtssystem wie das des kaiserlichen Deutschland nicht nur den jeweiligen gesellschaftlichen Strukturen seines Staates entsprach, sondern auch selbst erheblich zu deren Reproduktion beitrug, waren die Gymnasien auch in Frankreich die bevorzugten Ausbildungsstätten des gebildeten Bürgertums, das seine Kinder hier mit Hilfe von Disziplin, humanistischen Bildungsinhalten und bewußt ohne jeden Bezug zum allgemeinen Berufsalltag der Zeit auf ein Studium an einer weiterführenden Bildungseinrichtung vorbereiten ließ. Für die Absolventen kamen neben den leichter zugänglichen Fakultäten der Universitäten mit ihrem verschulten Unterricht zur Heranbildung neuer staatstreuer Lehrergenerationen damit auch die begehrten, durch schwere Aufnahmeprüfungen aber besonders abgeschirmten "Grandes écoles" in den Blick, die in erster Linie auf eine Stellung im höheren Staatsdienst oder im öffentlichen Leben vorbereiten sollten[10].

Wie später für Philippe Ariès so diente auch für Charles Schmidt der Besuch des Gymnasiums der Vorbereitung auf ein Studium der Geschichte an der Sorbonne, einem der bedeutendsten Zentren des geisteswissenschaftlichen Establishments in Frankreich. Doch ganz im Gegensatz zu dem streng katholischen Ariès, der schon während seiner Studienzeit Kontakt zur "Action française", dem intellektuellen Sammelbecken der ra-

---

Schmidts im Amt des "Inspecteur général des bibliothèques et des archives de la France". - Wichtige Ergänzungen zu der ansonsten - auch und gerade in der französischen Historiographiegeschichte - nahezu unbekannten intellektuellen Biographie des Charles Schmidt bieten sein rekonstruiertes Schriftenverzeichnis (vgl. die Aufstellung am Ende dieses Beitrags) sowie die Informationen, die der leitende Redakteur des "Dictionnaire de Biographie française", H. Tribout de Morembert, 1988 Frau Dr. Franziska Wein (Düsseldorf) zukommen ließ (vgl. *Franziska Wein*, Deutschlands Strom - Frankreichs Grenze. Geschichte und Propaganda am Rhein 1919-1930, Essen 1992, S. 38 f). - Zur profranzösischen Einstellung des alteingesessenen elsässischen Bürgertums vgl. *Wilhelm Kapp*, Das elsässische Bürgertum. Eine kulturpsychologische Studie, Straßburg 1908.

[9] *Philippe Ariès*, Ein Sonntagshistoriker. Philippe Ariès über sich, Frankfurt a.M. 1990, S. 37.

[10] *Theodore Zeldin*, Higher Education in France 1848-1940, in: Journal of Contemporary History 2 (1967), S. 53-80. - *Terry Nichols Clark*, Prophets and Patrons. The French University and the Emergence of the Social Sciences, Cambridge 1973, S. 187 ff. - *Antoine Prost*, L'enseignement en France 1800-1967, Paris 1968. - *Françoise Mayeur*, De la Révolution à l'école républicaine 1789-1930 (Histoire générale de l'enseignement et de l'éducation, hg. v. *Louis-Henri Parias*, Bd. III), Paris 1981.

dikalen französischen Royalisten und Nationalisten aufnahm, orientierte sich der Lutheraner Charles Schmidt, der in der Metropole seinen französischen Patriotismus allein
schon wegen seiner der 'Deutschstämmigkeit' verdächtigen Herkunft stets unter Beweis
zu stellen hatte[11], offensichtlich an gemäßigten Hochschullehrern. Einer eingehenden
Untersuchung zufolge gehörten sie in politischer Hinsicht ausschließlich dem linksdemokratischen, patriotisch-republikfreundlichen und tendenziell sogar pazifistischen Lager
an[12]. Daß die mit diesen Überzeugungen verbundenen Werte bald auch Charles Schmidt
prägten, ja für das geistige Klima seines ganzen Lebens sowie für die Atmosphäre in seinem Freundes- und Bekanntenkreises bestimmend werden sollten, belegen nicht nur seine
Werke, sondern auch die Namen jener Kollegen, mit denen er in fünf Jahrzehnten enger
zusammenarbeitete[13].

An erster Stelle sind hier jedoch jene Professoren zu nennen, denen er seine erste
große Monographie, das "Grand-Duché de Berg", als "témoignage de reconnaissance et
d'affection", als Zeichen der Dankbarkeit und Zuneigung, widmete[14]. Beide waren renommierte Fachhistoriker an staatlichen Hochschulen, die wegen ihrer ausgesprochen
gemäßigten, republikanischen Geisteshaltung von den Vertretern der "Action française"
öffentlich angefeindet wurden. Gemeint sind die beiden Kalvinisten Ernest Denis (1849-
1921) und Charles Seignobos (1854-1942). Denis, ein bedeutender Experte für die Geschichte Deutschlands vom späten 18. bis zum frühen 20. Jahrhundert[15], seit 1896 an der
Sorbonne und später an der Université de Paris tätig, war aller Wahrscheinlichkeit nach
der entscheidende akademische Lehrer Charles Schmidts. Schon zur Jahrhundertwende,
als er sich noch nicht so sehr der unmittelbaren Zeitgeschichte zugewandt und gegenüber
den soziologischen Verfahren Émile Durkheims (1858-1917) geöffnet hatte, galt er weithin als ein überzeugter Linksrepublikaner; gleichwohl war er ein entschiedener Befürworter des Nationalstaatsgedankens, den er unter anderem in seinen zahlreichen Untersuchungen zur neueren tschechischen Geschichte immer wieder besonders hervorhob.

---

[11] Vgl. hierzu *Pierre Barral*, L'Esprit Lorrain. Cet accent singulier du patriotisme français, Nancy
1989. - Zu der bei vielen Elsässern psychologisch tief verwurzelten Zwangsvorstellung, schon aufgrund ihres deutschen Idioms keine vollwertigen Franzosen zu sein, siehe *Frédéric Hoffet*, Psy-
choanalyse de l'Alsace, Paris 1951, S. 108 ff.

[12] *Beate Gödde-Baumanns*, Deutsche Geschichte in französischer Sicht. Die französische Historiographie von 1871 bis 1918 über die Geschichte Deutschlands und der deutsch-französischen
Beziehungen in der Neuzeit, Wiesbaden 1971, S. 463-470. - *Christian Simon*, Staat und Geschichtswissenschaft in Deutschland und Frankreich 1871-1914. Situation und Werk von Ge-
schichtsprofessoren an den Universitäten Berlin, München, Paris, 2 Bde., Frankfurt a.M. 1988, S.
395-450, 522-536.

[13] Vgl. dazu das Schriftenverzeichnis von Charles Schmidt am Ende dieses Beitrags.

[14] Vgl. die Widmung von Charles Schmidt im Vorwort zum vorliegenden Band.

[15] *Ernest Denis*, L'Allemagne de 1789 à 1810. Fin de l'ancienne Allemagne, Paris 1896. - *Ders.*,
L'Allemagne 1810-1852. La Conférération germanique, Paris 1898. - *Ders.*, La fondation de
l'Empire allemand (1852-1870), Paris 1906. - *Ders.*, La Guerre, Paris 1915. - *Ders./Émile Durkheim*, Qui a voulu la guerre? Les origines de la guerre d'après les documents diplomatiques, Paris
1915. - *Ders.*, L'opinion publique dans le pays rhénans après 1815, in: L'Alsace-Lorraine et la
frontière du Nord-Est. Travaux du comité d'études, Paris 1918, S. 393-414. - *Ders.*, L'Allemagne
et la Paix, Paris 1918.

Stärker noch als Ernest Denis wurde um 1900 Charles Seignobos, der zweite akademische Lehrer Schmidts, der sich in der neueren Politik- und Diplomatiegeschichte sowie in der Methodenlehre einen Namen gemacht hatte[16], zur Zielscheibe ideologischer Agitationen der nationalistischen Rechten: Obwohl Seignobos neben Gabriel Monod (1844-1912), dem Gründer und Leiter der "Revue historique", und Ernest Lavisse (1842-1922), dem damals führenden Spezialisten für Historische Hilfswissenschaften und Inhaber des Lehrstuhls für Neuere Geschichte an der Sorbonne, eigentlich einer der anerkanntesten Repräsentanten der an den staatlichen Hochschulen Frankreichs etablierten Geschichtswissenschaft war[17], wurde er im Verlauf der innenpolitischen Krise um die Affäre Dreyfus von der traditionell starken politischen Rechten aufgrund seiner republikfreundlichen, demokratischen Grundeinstellung als "Exponent der verhaßten linken Universität" diffamiert und so persönlich in die ideologischen Grabenkämpfe der Dritten Republik verwickelt[18].

Umstände wie diese waren es, die Charles Schmidt schon früh zu einem *homo politicus* machten, zu einem in die Ereignisse der Gegenwart verstrickten jungen Wissenschaftler, der nicht länger selbstvergessen in die mehr oder weniger unverfängliche Abgelegenheit einer fernen Vergangenheit zu flüchten vermochte, sondern der nun seinen eigenen politischen Standort zu bestimmen und zu bekennen hatte. Kaum verwunderlich war es daher, daß er sich auch fachlich dem zuwandte, was die Franzosen "Gegenwartsgeschichte" nennen, das heißt der Geschichte seit der "Großen Revolution" von 1789. Passioniert wie seine akademischen Lehrer nahm er seit 1894 Anteil an den Prozessen und der sich 1898 bis 1906 zu einem "unblutigen Bürgerkrieg" (G. Mann) steigernden gesellschaftlichen und innenpolitischen Krise, welche die Affäre um den aus dem Elsaß stammenden jüdischen Hauptmann Alfred Dreyfus (1859-1935) auslöste. Ihn hatte man - wie sich bald herausstellen sollte - völlig zu Unrecht des Landesverrats zugunsten des Deutschen Reiches bezichtigt[19].

Spätestens in diesem Kontext konnte Schmidt verfolgen, welchen eminenten Stellenwert die von Seignobos und anderen Historikern der Epoche vertretene Methode der

---

[16] *Charles Seignobos*, Histoire de la civilisation, Bd. II: Au moyen âge et dans les temps modernes, Paris 1887. - *Ders.*, Histoire politique de l'Europe contemporaine. Évolution des partis et des formes politiques 1814-1896, Paris 1897 (dt.: Politische Geschichte des modernen Europa. Entwicklung der Parteien und Staatsformen, 1814-1896, Leipzig 1910). - *Ders.*, La politique extérieure, in: La réorganisation de la France. Conférences faites à l'École des Hautes Études Sociales, novembre 1915 - janvier 1916, Paris 1917. - *Ders.*, Études de politique et d'histoire, hg. v. *J. Letaconnoux*, Paris 1934.

[17] *Beate Gödde-Baumanns*, Art. Ernest Denis, Ernest Lavisse, Gabriel Monod, Charles Seignobos, in: Historiker-Lexikon. Von der Antike bis zum 20. Jahrhundert, hg. v. *Rüdiger vom Bruch u. Rainer A. Müller*, München 1991, S. 69 f, 176 f, 217 f, 286 f.

[18] *François Caron*, Frankreich im Zeitalter des Imperialismus 1851-1918 (Geschichte Frankreichs, hg. v. *Jean Favier*, Bd. 5), Stuttgart 1991, S. 477.

[19] *Pierre Miquel* (Hg.), Une énigme? L'Affaire Dreyfus, Paris 1972. - *Philippe Braud/François Burdeau*, Histoire des idée politiques depuis la Révolution, Paris 1983. - *Norman L. Kleeblatt* (Hg.), The Dreyfus-Affair. Art, Truth and Justice, Berkeley 1987. - *Siegfried Thalheimer* (Hg.), Die Affäre Dreyfus, 2. Aufl. München 1986.

philologischen Echtheitsprüfung und Kritik von Dokumenten[20] auch für die Gegenwart hatte, insbesondere für die alltägliche Praxis der Gerichte. In den zahlreichen juristischen Verfahren um 1900 wurden die Historiker mitunter zu ausschlaggebenden Experten, ja gleichsam zu "Untersuchungsrichtern" (M. Bloch) und Meinungsmachern, die neben Literaten wie Émile Zola (1840-1902) einen erheblichen Einfluß auf die öffentliche Meinung, speziell auf die Haltung der politisierten Intellektuellen und die akut von einer Spaltung bedrohte Gesellschaft Frankreichs hatten. In der Dreyfus-Affäre, die wie in einem Brennspiegel "einige der entscheidenden geistigen und politischen Strömungen ... des Frankreich der Jahrhundertwende" bündelte, nämlich den Nationalismus, Antisemitismus und Antigermanismus[21], waren es Historiker wie Seignobos, aber auch arrivierte Philologen wie Paul Meyer (Professor am Collège de France und Direktor der "École des Chartes"), Auguste Molinier (Professor an der "École des Chartes" und an der "École des Hautes Études") und Arthur Giry (Mitglied des "Institut de France"), die "gestützt auf die Autorität ihres Amtes und die strenge Wissenschaftlichkeit ihrer Methode" zugunsten von Dreyfus und damit gegen die Propaganda des formierten Rechtsradikalismus öffentlich Stellung bezogen[22]. Sie alle waren Lehrer Charles Schmidts und sollten seine persönliche Haltung zu politischen und wissenschaftlichen Fragen nachhaltig beeinflussen.

Dieser kurze Exkurs über die eminenten Verwicklungen von Politik- und Wissenschaftsgeschichte in der Dritten Republik macht deutlich, daß Charles Schmidt keineswegs ohne Hintergedanken gehandelt haben konnte, als er sein Werk, das zeitlich auf dem Höhepunkt dieses "französischen Kulturkampfes" (B. Gödde-Baumanns) erschien, ausgerechnet Ernest Denis und Charles Seignobos in "Dankbarkeit und Zuneigung" zueignete. Neben seiner besonderen persönlichen und wissenschaftlichen Verbundenheit brachte er damit gewissermaßen zwangsläufig auch seine politische Solidarität mit diesen linksdemokratischen, gleichwohl aber betont patriotischen und national gesinnten Exponenten des universitären Lebens zum Ausdruck.

Vorerst beendete Charles Schmidt sein Studium an der Sorbonne, indem er die sogenannte Lizentiatur ablegte. Nach französischem System war damit zwar die Phase der wissenschaftlichen Grundausbildung, die in diesem ersten Examen unter Beweis gestellt werden mußte, abgeschlossen, doch war damit noch keineswegs die intellektuelle Neugier und der gewiß nicht unerhebliche akademische Ehrgeiz von Charles Schmidt befrie-

---

[20] *Charles-Victor Langlois/Charles Seignobos*, Introduction aux études historiques, Paris 1897. - *Charles Seignobos*, La méthode historique appliquée aux sciences sociales, Paris 1901.

[21] *Ulrich Raulff*, Die Geburt eines Begriffs. Reden von 'Mentalität' zur Zeit der Affäre Dreyfus, in: *ders.* (Hg.), Mentalitäten-Geschichte. Zur historischen Rekonstruktion geistiger Prozesse, Berlin 1987, S. 5-68, Zit. S. 50. - Vgl. hierzu auch *Michel Winock*, Nationalisme, antisémitisme et fascisme en France, Paris 1990. - *Eugen Weber*, L'Action française, Paris 1990. - *Zeev Sternhell*, La droite révolutionnaire 1885-1914. Les origines françaises du fascisme, 2. Aufl. Paris 1984. - *Raoul Girardet*, Le nationalisme français 1871-1914, Paris 1966.

[22] *Ulrich Raulff*, Ein Historiker im 20. Jahrhundert: Marc Bloch, Frankfurt a.M. 1995, S. 184 ff, 221. - Vgl. hierzu in allgemeiner Perspektive auch *Pascal Ory/Jean-François Sirinelli*, Les intellectuels en France de l'Affaire Dreyfus à nos jours, Paris 1986 und *Bernard-Henri Lévy*, Die abenteuerlichen Wege der Freiheit. Frankreichs Intellektuelle von der Dreyfus-Affäre bis zur Gegenwart, München 1992.

digt. Er beschloß vielmehr, eine den berühmten "Grandes écoles" statusmäßig gleichberechtigte weiterführende Bildungsanstalt zu besuchen, ein Institut, das - in diesem Punkt ähnlich wie die "École Normale Superieure" (ENS) oder die "École Pratique des Hautes Études" (EHE) - direkt auf den höheren Staatsdienst und nur indirekt auf eine akademische Laufbahn vorbereitete: Gemeint ist die 1821, in der Phase der Restauration zur Erforschung und Manifestierung älterer, vorrevolutionärer Rechtsansprüche des Adels und des Besitzbürgertums gegründete "École des Chartes" in Paris, in die Charles Schmidt eintrat, nachdem er die schwierigen Aufnahmekriterien erfüllt hatte[23].

Diese "Fachschule für künftige Archivare und Bibliothekare, deren Diplom die Absolventen bei einer Bewerbung um" hochdotierte und einflußreiche "Staatsstellen vor anderen Kandidaten privilegierte"[24], war ähnlich wie die "Grandes écoles" von einem ausgeprägten Korpsgeist beseelt, denn auch nach dem Ende der Ausbildung hielten die Schüler eines bestimmten Jahrgangs - oft ihr ganzes Leben lang - zusammen, sie bildeten Seilschaften und Verbindungen und halfen einander bei der Eroberung angestrebter Positionen. Diese Tradition gibt es bekanntlich in den "Grandes écoles" noch heute, so daß es nicht weiter verwunderlich ist, wenn im Umfeld eines hohen Politikers bis hinauf zum Staatspräsidenten sehr viele Gleichaltrige auszumachen sind[25].

An der "École des Chartes", die in der zweiten Hälfte des 19. Jahrhunderts "im Zeichen von katholischem Konservatismus und einer Heiligung der Traditionen" ein "goldenes Zeitalter" der Förderung durch den Staat erfuhr und die heute noch "eine vorzügliche Ausbildung in jenen Forschungspraktiken" bietet, "die der Geschichte den Anschein einer exakten Wissenschaft verleihen", fand sich Charles Schmidt in der Minderheit derjenigen Studenten wieder, die protestantischen Glaubens waren und zudem liberaldemokratische Überzeugungen vertraten. Weithin galt das Institut nämlich - aufgrund seiner revanchistischen Gründungsgeschichte und folglich mit Bezug auf spätere Epochen nicht immer zu Recht - als "eine Brutstätte der Republikfeindschaft"[26]. Dem außerordentlich guten Ruf der Schule, die als eine der besten auf ihrem Gebiet galt[27], tat diese Einschätzung aber zur Jahrhundertwende keinen Abbruch, und so berichtete ein belgischer Akademiker, tief beeindruckt von seinem Besuch in Paris: "Die École des Chartes erschien mir als eine Einrichtung, die nicht ihresgleichen hat. Zusammen mit der École Pratique

---

[23] *Georges Duby*, Eine andere Geschichte, Stuttgart 1992, S. 33 f. - *Becher*, Geschichtsinteresse und historischer Diskurs (s. Anm. 3), S. 22 f, 59: Im Vergleich zur ENS wurde die "École des Chartes" zumindest zeitweise sogar als qualitativ höherrangig eingeschätzt. - Zur wechselvollen Geschichte der "École des Chartes" vgl. *Yves-Marie Bercé u.a.*, École nationale des Chartes, Paris 1994.

[24] *Simon*, Staat und Geschichtswissenschaft (s. Anm. 12), S. 370 ff. - *Duby*, Eine andere Geschichte (Anm. 23), a.a.O.

[25] *Ulrich Wickert*, Frankreich. Die wunderbare Illusion, Hamburg 1989, S. 43-62. - *Klaus Harpprecht*, Mein Frankreich. Eine schwierige Liebe, Reinbek 1999, S. 189-209. - Als französische Innenansicht vgl. auch *Ezra Suleiman*, Les élites en France. Grands corps et grandes écoles, Paris 1979.

[26] *Simon*, Staat und Geschichtswissenschaft (s. Anm. 12), a.a.O. - *Duby*, Eine andere Geschichte (s. Anm. 23), a.a.O.

[27] Vgl. hierzu *Guy Thuillier/Jean Tulard*, Les écoles historiques, Paris 1990.

des Hautes Études bietet sie das Solideste, Vollständigste, Wissenschaftlichste, was die historische Lehre in Paris zu bieten hat."[28] Zu Schmidts Zeiten lehrten an ihr unter anderem die in der Zunft bekannten Archivare Philippe Lauer (1874-1953), Charles Porée (1872-1940), Georges de Manteyer (1862-1936) und Jules Mathorez (1873-1923).

Thematisch beschränkten sich die "Chartisten" oft - und hier unterschied sich Schmidt nicht von seinen Kollegen - auf Lokales oder Regionales[29], sie arbeiteten faktenorientiert und standen den "Sociétés savantes" sowie der positivistischen Zeitschrift "Revue des questions historiques" nahe, der ersten historischen Fachzeitschrift in Frankreich überhaupt[30]. In ihr sollte auch Charles Schmidt bald als Rezensent publizieren. In methodischer Hinsicht galten die Absolventen der "École des Chartes" um 1900 als Repräsentanten einer betont quellenkritischen, akribisch dokumentierenden Geschichtswissenschaft, der es in den letzten Jahrzehnten gelungen war, mit dem einstigen methodischen Vorsprung der deutschen Geschichtswissenschaft gleichzuziehen. Trotzdem orientierten sich viele ambitionierte Nachwuchswissenschaftler Frankreichs auch weiterhin an den Verhältnissen in Deutschland, wobei vor allem die starke Akzentuierung der Forschung und interdisziplinären Zusammenarbeit in den deutschen Geisteswissenschaften als besonders fortschrittlich angesehen wurde. So kam es nicht von ungefähr, daß neben Seignobos etwa auch so berühmte Historiker wie Ernest Lavisse (1842-1922) und Marc Bloch gezielt in Deutschland studiert hatten, galt die deutsche Universität doch schlechthin als "eine Ansammlung von Laboratorien", in denen zahllose Experimente durchgeführt und Neuerungen erprobt wurden[31].

Patriotische französische Wissenschaftler bemühten sich folglich, diesen wissenschaftlichen Vorsprung wettzumachen, dem in ihren Augen und im mehr oder weniger großen kausalen Zusammenhang die besonders schmerzliche machtpolitisch-militärische Überlegenheit des kaiserlichen Deutschland entsprach. Der wesentliche Ausgangspunkt ihrer Überlegungen und Initiativen war also die Niederlage von 1870/71, nach der Historiker wie der bereits erwähnte Gabriel Monod und später vor allem Charles-Victor Langlois (1863-1929) und Ernest Lavisse sowie Schmidts Lehrer Seignobos und Denis versuchten, in Frankreich auf der Grundlage einer erneuerten Geschichtswissenschaft ein patriotisch-republikanisches Nationalbewußtsein zu begründen[32]. Wie sehr dies gelang, ist bis heute allenthalben zu beobachten, und so ist es durchaus nicht abwegig, wenn ei-

---

[28] *Paul Frédéricq*, L'enseignement supérieur de l'histoire: notes et impressions de voyage, Paris 1899, zit. nach *Pierre Nora*, Zwischen Geschichte und Gedächtnis, Berlin 1990, S. 34.

[29] *Pierre Ayçoberry*, L'histoire régionale en France: Orientations politiques et choix méthodologiques du debut du XIXe siècle à nos jours, in: Aspekte der historischen Forschung in Frankreich und Deutschland, hg. v. *Gerhard A. Ritter u. Rudolf Vierhaus*, Göttingen 1981, S. 193-201.

[30] *Charles-Olivier Carbonell*, Histoire et historiens, Toulouse 1976, S. 325 ff.

[31] Rückblickend auf die Entwicklung vor und nach der Jahrhundertwende *Charles Andler*, La rénovation présente des universités allemandes et des universités françaises, in: *ders.*, L'humanisme travailliste. Essais de pédagogie sociale, Paris 1927, S. 124.

[32] *Markus Völkel*, Geschichte als Vergeltung. Zur Grundlegung des Revanchegedankens in der deutsch-französischen Historikerdiskussion von 1870/71, in: Historische Zeitschrift 257 (1993), S. 63-107. - *Becher*, Geschichtsinteresse (s. Anm. 3), S. 26 ff, 59 ff. - *Gödde-Baumanns*, Deutsche Geschichte in französischer Sicht (s. Anm. 12), S. 8 ff.

ner der besten Kenner des gegenwärtigen Frankreich sich kürzlich erst zu der Feststellung veranlaßt sah, dieser Staat befinde sich offenbar ganz "im Griff der Geschichte"[33]. Zum ungewöhnlich hohen Stellenwert der Geschichte bei der ständigen nationalen Selbstbespiegelung der "Grande nation" stellte ein angesehener Historiker mit skeptischem Unterton fest, "daß die Franzosen nicht nur ein besonderes", sondern ein schon "fast neurotisches Verhältnis zu ihrer Vergangenheit haben", auch wenn sich der "Geist der Geschichte" tatsächlich als "der hauptsächliche Baumeister des französischen Staates und der französischen Nation" erwiesen habe[34].

Im Umfeld der Sorbonne und der "École des Chartes" kam Charles Schmidt mit nahezu allen entscheidenden Repräsentanten dieses neuen französischen Selbstbewußtseins zusammen bis er schließlich nach ersten eigenen akademischen Gehversuchen mit so berühmten Altmeistern wie Langlois oder Émile Bourgeois (1857-1934), Professor an der Sorbonne und an der "École Libre des Sciences Politiques", gemeinsam publizieren konnte und zum regelmäßigen Beiträger etwa der von Lavisse herausgegebenen "Revue de Paris" wurde[35]. Für einen noch jungen Historiker und Archivar war das eine Auszeichnung besonderer Art, gewissermaßen eine akademische Nobilitierung, und so ist es durchaus gerechtfertigt festzustellen, daß Schmidt bald selbst mit zum Kreis jener "Baumeister" gehörte, die an der Begründung eines geschichtlich fundierten republikanischen Patriotismus arbeiteten, auch wenn er letztlich nur in der zweiten oder dritten Reihe der Aktivisten stehen sollte. Inhaltlich flexibel und zum Teil durchaus innovativ erschloß und beherrschte er ein breites Spektrum von zum Teil neuen historischen Themen, vor allem aus dem Bereich der französischen "Gegenwartsgeschichte" seit 1789 mit Schwerpunkten in der Wirtschafts- und Verfassungsgeschichte. Methodisch blieb er jedoch immer dem "Seignobosismus" verhaftet, der positivistisch aus den Quellen schöpfenden Methodologie des von Lucien Febvre geschmähten, hingegen von Marc Bloch so sehr "verehrten Meisters" Charles Seignobos[36].

Das Entrée zu dieser Karriere stellte der erfolgreiche Abschluß des Studiums an der "École des Chartes" dar. Sie absolvierte Charles Schmidt, zweifellos einer ihrer Musterschüler, im Jahre 1897, das heißt im Alter von fünfundzwanzig Jahren, und legte mit seinem Examen erste Kostproben seines wissenschaftlichen Könnens vor, nämlich a) die zunächst nicht veröffentlichte Schrift "Sublet de Noyers, ein Vorläufer von Louvois und Colbert", eine biographisch orientierte Untersuchung über die Bedeutung eines Staatssekretärs unter Richelieu und Ludwig XIV. für den Ausbau des französischen Merkantilismus im 17. Jahrhundert, insbesondere die Verbindung von finanz- und militärgeschichtli-

---

[33] *Jürg Altwegg*, Die langen Schatten von Vichy. Frankreich, Deutschland und die Rückkehr des Verdrängten, München 1998, S. 361-377.

[34] *Jacques Le Goff*, Der Appetit auf Geschichte, in: Leben mit der Geschichte. Vier Selbstbeschreibungen, hg. v. *Pierre Nora*, Frankfurt a.M. 1989, S. 172. - Grundlegend hierzu *Nora*, Zwischen Geschichte und Gedächtnis (s. Anm. 28), S. 34-72.

[35] *Pierre Nora*, L'instructeur national, in: *ders.* (Hg.), Les lieux de mémoire, Bd. I: La République, Paris 1984. - *Gödde-Baumanns*, Deutsche Geschichte in französischer Sicht (s. Anm. 12), S. 66 ff (Lavisse), 77 ff (Bourgeois). - *Dies.*, Art. Ernest Denis etc., in: Historiker-Lexikon (s. Anm. 17).

[36] *Raulff*, Ein Historiker im 20. Jahrhundert (s. Anm. 22), S. 185 ff.

chen Aspekten[37], und b) die Studie über "Die Lehnsherren, Bauern und das agrarische Eigentum im Elsaß des Mittelalters", die nicht nur seine mentalen Beziehungen zur Heimat widerspiegelte, sondern vor allem auch seine Ambitionen in der Forschung und seine frühe Orientierung hin zur Wirtschafts-, Verfassungs- und Sozialgeschichte offenbarte[38]. Insofern ist es durchaus bezeichnend, daß kein Geringerer als Christian Pfister (1857-1933), der Lehrer Marc Blochs und nachmalige Gründungsrektor der französischen Universität Straßburg[39], zur Veröffentlichung dieser Untersuchung ein Vorwort beisteuerte.

Bevor Charles Schmidt jedoch, nunmehr mit dem anerkannten "Diplôme d'archiviste paléographe" bestens für den höheren staatlichen Archiv- und Bibliotheksdienst gerüstet, eine berufliche Tätigkeit aufnehmen konnte, die seiner hochqualifizierten Ausbildung entsprach, mußte er sich für einige Monate damit begnügen, seine Existenz als Bürovorsteher für den Präfekten des mittelfranzösischen Departements Loiret in Orléans zu fristen - immerhin eine gute Gelegenheit für den staatlichen Arbeitgeber, das Pflichtbewußtsein und die Arbeitsdisziplin des Berufsanfängers Schmidt einer ersten Bewährungsprobe zu unterziehen.

Gleichwohl gelang es ihm schon nach kurzer Zeit, eine seiner Ausbildung adäquate Stelle als Direktor des Département-Archivs de l'Yonne in Auxerre zu bekommen, wo er die Nachfolge des in der Zunft seinerzeit recht bekannten Francis Molard antrat. Hier, in der für ihren guten Wein und ihr mildes Klima bekannten Kleinstadt des südlichen Burgund, die nur zögernd einen modernen städtischen Charakter annahm[40], verbrachte Charles Schmidt ganze zwei Jahre. Er reüssierte gleich mit einem großen archivalischen Bestandsverzeichnis zur Geschichte des Mittelalters und der Frühen Neuzeit bis zum Beginn der Französischen Revolution sowie mit umfangreichen Quelleneditionen, von denen die zur Geschichte des Direktoriums und zur Ideologie des Republikanismus im Widerstreit zum Royalismus von symbolischer Bedeutung für sein weiteres Schaffen sein sollten[41]. Nicht zuletzt aufgrund dieser vielfältigen publizistischen Aktivitäten, wahrscheinlich aber auch aufgrund seiner nach wie vor guten persönlichen Verbindungen aus der Zeit des Studiums, gelang es Charles Schmidt schon im Oktober 1899, der - in Frank-

---

[37] Im französischen Sprachgebrauch wurde diese Arbeit als "thèse" bezeichnet (*Baudot*, Charles Schmidt, s. Anm. 8, S. 339). - Vgl. dazu die spätere Publikation von *Charles Schmidt*, Le rôle et les attributions d'un "Intendant de finances aux armées". Sublet de Noyers, de 1632 à 1636, in: Revue d'histoire moderne et contemporaine 2 (1900/1901), S. 151-175.

[38] *Charles Schmidt*, Les Seigneurs, les paysans et la propriété rurale en Alsace au moyen âge, mit einem Vorwort v. *Christian Pfister*, Paris 1897.

[39] Zu Pfister vgl. *Charles-Olivier Carbonell/Georges Livet* (Hg.), Au berceau des "Annales". Le milieu strasbourgeois, l'histoire en France au début du XXe siècle (Actes du Colloque de Strasbourg, 11.-13. oct. 1979), Toulouse 1983, S. 48.

[40] *Denise Pineaux*, Architecture civile et urbanisme à Auxerre 1800-1914, Auxerre 1978.

[41] Inventaire sommaire des archives Departementales antérieures à 1790, hg. u. bearb. v. *Eugène Drot u. Charles Schmidt*, Redaktion: *Francis Molard* (Yonne, Archives hospitalières, Série H., Supplément, Tome IV), Auxerre 1897. - Résumé des délibérations du directoire du Departement [de l'Yonne] du 29 octobre 1791 au 16 août 1792, hg. u. bearb. v. *Édouard Duponteil, Charles Schmidt u.a.*, Auxerre 1899. - Les origines de l'opinion républicaine dans l'Yonne. Royalistes et antiroyalistes en 1791, hg. u. bearb. v. *Charles Schmidt* (Procès-verbaux de l'administration Departementale de 1790 à 1800, Tome IV), Auxerre 1899.

reich lange mit einem gewissen Makel behafteten - Beschäftigung in der sogenannten Provinz zu entkommen und eine Anstellung als Archivar in der Abteilung für neuere Geschichte der Pariser Nationalarchive zu erhalten. Mit seinem publizistischen Engagement, das im Zusammenhang mit ersten Vorbereitungen zu seinem "Grand-Duché de Berg" bereits seit 1898/99 auch durch Archivreisen ins Ausland ergänzt wurde[42], hatte er frühzeitig die Weichen für eine außergewöhnliche, wissenschaftlich fundierte Karriere im höheren staatlichen Archiv- und Bibliotheksdienst Frankreichs gelegt.

Mit großer Energie, die erstaunlicherweise in der gesamten Zeit seiner Tätigkeit als Staatsarchivar an den Nationalarchiven kaum nachlassen sollte, stürzte sich Schmidt nun in die Arbeit: Nicht allein zum privaten Vergnügen, sondern auch in beruflicher Mission beteiligte er sich zunächst in organisatorischer und publizistischer Hinsicht - und während er gewiß schon an seiner Studie über die Geschichte des Großherzogtums Berg schrieb - an der Gründung der noch heute bestehenden und sehr angesehenen Zeitschrift "Revue d'histoire moderne et contemporaine", er veröffentlichte - ohne je eine schöpferische Pause einzulegen - Aufsätze für etwa zehn durchweg namhafte Periodika, etwa für "La révolution française", die "Revue germanique", die republikanische "Revue historique" von Gabriel Monod, den staatlichen "Service éducatif du Musée pédagogique", die "Revue de Paris" von Ernest Lavisse, die "Revue historique des doctrines économiques et sociales" und selbstverständlich auch für verschiedene archiv- und bibliothekswissenschaftliche Fachorgane. Darüber hinaus gab er in amtlicher Funktion nicht weniger als sechs große Inventare über bestimmte, bisher nicht aufgearbeitete Aktenbestände der Nationalarchive, unter anderem die über die geschichtlichen Grundlagen des Königs- und Kaiserhauses, über das Polizeiwesen, über die nichtkatholische Religionsausübung und schließlich auch die über Handel und Gewerbe heraus[43].

---

[42] HStAD, BR 2093 (Alte Dienstregistratur), 294, fol. 359-359': erstes Schreiben Schmidts an das Königliche Preußische Staatsarchiv Düsseldorf, 25.10.1899. Weitere Schreiben datieren vom 4. November 1899 (ebd., fol. 360-360'), 22. Januar 1900 (ebd., fol. 448-449'), 23. Juli 1900 (ebd., fol. 463-464'), 29. Juli 1900 (ebd., fol. 465-465') sowie direkt adressiert an Otto Reinhard Redlich (1864-1939), den Direktor des Staatsarchivs Düsseldorf, vom 16. Dezember 1904, 31. Dezember 1904, 19. August 1905, 17. Januar 1907 (HStAD, Nachlaß Otto Reinhard Redlich, Rep. 165.36, 70). In allen diesen Korrespondenzen, nach deren Absender Schmidt in den Jahren 1904/05 in der Pariser Avenue de Neuilly 109 wohnte, geht es im wesentlichen um Ankündigungen von Archivbesuchen, um Fragen der Unterbringung, um Rezensionsbegehren und -reaktionen, die Übermittlung von Sonderdrucken, persönliche Neujahrs- und Genesungswünsche etc. Außerdem ist überliefert, daß Charles Schmidt am Morgen des 2. August 1900 erstmals im Staatsarchiv Düsseldorf erschien und dort die Benutzungsordnung unterzeichnete (ebd., fol. 466).
Vgl. in diesem Zusammenhang außerdem die zweifellos auf der Basis solcher Archivreisen verfaßten Schriften: *Charles Schmidt*, Un manuscrit de la bibliothèque de Cassel. Le "Stammbuch" d'un étudiant allemand du XVIe siècle, in: Bibliographie moderne 1898, Nr. 5. - *Ders.*, Rapport sur un voyages d'archives (Suisse, Allemagne, Autriche-Hongrie), in: Bibliographe moderne (1900), Nr. 1. - *Ders.*, Les bords du Rhin (Ministère de l'Instruction publique et des Beaux Arts. Musée pédagogique. Service des projections lumineuses. Notices sur les vues), Melun 1900. - *Ders.*, Berlin et Potsdam (Ministère de l'Instruction publique et des Beaux Arts. Musée pédagogique. Service des projections lumineuses. Notices sur les vues), Melun 1900.
[43] Vgl. hierzu im einzelnen das am Ende dieses Beitrags unter Abschnitt III. abgedruckte Schriftenverzeichnis von Charles Schmidt sowie *Baudot*, Charles Schmidt (s. Anm. 8), S. 339.

Flankiert wurden die archivischen Tätigkeiten durch eine ganze Serie von großen Quellenpublikationen, von denen an dieser Stelle besonders hervorgehoben werden sollen die "Protokolle der Ausschüsse für Landwirtschaft, Handel und Industrie bei den Revolutionsversammlungen", die "Geschichtsquellen Frankreichs seit 1789", die "Dokumente zur Wirtschaftsgeschichte des 19. Jahrhunderts" und die Veröffentlichung über "Die modernen Wirtschaftsarchive", welche einmal mehr unterstrich, daß Charles Schmidt thematisch, aber auch methodisch die Zeichen der Zeit erkannt hatte: Ähnlich wie sein Lehrer Ernest Denis, der sich der Soziologie Émile Durkheims näherte[44], und Charles Seignobos, der die Erneuerung der französischen Geschichtswissenschaft durch eine Beseitigung der theologischen und dynastischen Elemente vorantrieb[45], so begann Charles Schmidt, verstärkt über wirtschafts-, verfassungs- und sozialgeschichtliche Themen zu arbeiten, diese miteinander zu verknüpfen und in den breiten Fluß der von der großen Politik beherrschten Ereignisgeschichte einzubetten. Ein wissenschaftlicher und publizistischer Höhepunkt war in diesem Zusammenhang zweifellos seine "thèse de doctorat" über die Geschichte des Großherzogtums Berg, mit der Schmidt 1905 zum "docteur ès lettres" promoviert wurde und die uns später noch etwas eingehender beschäftigen wird[46].

In der Zeit bis 1914, die als erste Schaffensperiode Charles Schmidts anzusehen ist, hatten seine Forschungen zunächst vieles gemeinsam mit den Arbeiten von Historikern wie Henri Hauser (1866-1946), Henri Sée (1864-1936) und Paul Mantoux (1877-1956), die seit der Jahrhundertwende die Trends zu sozioökonomischen Fragestellungen in der französischen Geschichtswissenschaft wesentlich bestimmten und in nicht unerheblichem Maße zur Vorbereitung der "Annales" beitrugen[47]. Akribisch verfolgten sie die Entwicklung der jüngeren Historischen Schule der Nationalökonomie in Deutschland, deren führender Kopf Gustav Schmoller (1838-1917) seit 1872 Professor in Straßburg war, die Arbeit in den interdisziplinären Laboratorien in Leipzig, wo Karl Lamprecht (1856-1915) in Kooperation mit Geographen, Anthropologen, Sprachwissenschaftlern und Psychologen völlig neue Wege ging, und sie nahmen mit Interesse zur Kenntnis, wie 1893 die bald im deutschsprachigen Raum für innovative Forschungsansätze tonangebende "Vierteljahrschrift für Sozial- und Wirtschaftsgeschichte" gegründet wurde[48].

---

[44] S. Anm. 15.

[45] *Iggers*, Neue Geschichtswissenschaft (s. Anm. 3), S. 60. - Vgl. hierzu auch *William Keylor*, Academy and Community. The Foundation of the French Historical Profession, Cambridge 1975.

[46] *Baudot*, Charles Schmidt (s. Anm. 8), a.a.O. - Zu Schmidts "Le Grand-Duché de Berg" s. meine Ausführungen weiter unten unter Abschnitt II. - Das erfolgreiche Bestehen der "thèse de doctorat" war im allgemeinen auch die Voraussetzung für die Berufung auf einen Lehrstuhl (*Iggers*, Neue Geschichtswissenschaft, s. Anm. 3, S. 61).

[47] *Burke*, Offene Geschichte (s. Anm. 5), S. 13. - *Duby*, Eine andere Geschichte (s. Anm. 23), S. 9.

[48] *Rüdiger vom Bruch*, Gustav Schmoller, in: Deutsche Geschichtswissenschaft um 1900, hg. v. *Notker Hammerstein*, Stuttgart 1988, S. 219-238. - *Luise Schorn-Schütte*, Karl Lamprecht. Kulturgeschichtsschreibung zwischen Wissenschaft und Politik, Göttingen 1984. - *Steffen Sammler*, "Histoire nouvelle" und deutsche Geschichtswissenschaft. Der Einfluß deutscher Historiker auf die Herausbildung der Geschichtskonzeption von Marc Bloch, in: Karl Lamprecht weiterdenken. Universal- und Kulturgeschichte heute, hg. v. *Gerald Diesener*, Leipzig 1993, S. 258-271. - *Lutz Ra-*

Bei einer solch regen Publikationstätigkeit war es natürlich nicht weiter verwunderlich, daß auch Kulturinstitute, historische Gesellschaften und Vereine sich darum bemühten, Charles Schmidt für eine aktive Beteiligung an ihrer Arbeit zu gewinnen, verfügte er doch zweifellos über das nötige wissenschaftliche und organisatorische Knowhow, um Projekte zu fördern und für ihre Realisierung einzutreten. Auf diese Weise wurde Schmidt im Laufe der Zeit nicht nur Präsident des Vereins der Ehemaligen seiner Ausbildungsschule, Präsident der "Société de l'École des Chartes", sondern auch der französischen "Gesellschaft für die Geschichte von 1848", Vorsitzender des französischen Vereins der Archivare und der "Gesellschaft für die Geschichte des französischen Protestantismus". Ferner wurde er aktives Mitglied beim "Comité des travaux historiques et scientifiques" sowie der "Commission pour la recherche et la publication des documents relatifs à la vie économique de la Révolution Française". Und selbst nach seiner Pensionierung im Jahre 1946 arbeitete er noch aktiv in der "Kommission des diplomatischen Archivs des französischen Außenministeriums" mit[49].

Für Charles Schmidts wissenschaftliche Entwicklung nach 1918, für die allgemein eine etwas stärkere Hinwendung zu sozialgeschichtlichen Themenbereichen, insbesondere zur Geschichte sozialer Bewegungen, des alltäglichen Lebens und der Kultur festzustellen ist und die deshalb als eine eigene, zweite Schaffensperiode angesehen werden sollte[50], waren seine Erfahrungen während des Ersten Weltkrieges von entscheidender Bedeutung[51]. Recht unmittelbar bewirkten sie eine scharfe Politisierung seines publizistischen Wirkens. Zwar ist nicht überliefert, welche spezielle Funktion Schmidt während des Krieges hatte, aber es spricht einiges dafür, daß er nicht zuletzt aufgrund seiner deutschen Sprachkenntnisse ähnlich wie Marc Bloch und andere in der Informationsbeschaffung und -verarbeitung geübte Wissenschaftler[52] für nachrichtendienstliche Zwecke im deutsch-französischen Grenzraum eingesetzt wurde. Schließlich war Schmidt schon gleich zu Beginn seiner Tätigkeit als Archivar an den Nationalarchiven mit Sondermissionen im Ausland betraut gewesen, denn seine Archivrecherchen in der Schweiz, in Österreich-Ungarn und Deutschland, die ihn unter anderem auch nach Berlin, Potsdam,

---

phael, Deutsch-französischer Historikerstreit um Karl Lamprecht, in: Historische Zeitschrift 251 (1990), S. 325-363.

[49] *Baudot*, Charles Schmidt (s. Anm. 8). - *Wein*, Deutschlands Strom (s. Anm. 8), S. 38.

[50] *Charles Schmidt*, Les journées de juin 1848, Paris 1926. - *Ders.*, Bibliothèques pour enfants, in: Revue de Paris, 1 juin 1931. - *Ders.*, La bibliothèque et la vie moderne, in: Archives et bibliothèques, Paris 1935. - *Ders.*, Un siècle de livres français sur l'Alsace 1830-1930. Volumes et brochures - manuscrits et documents (Katalog einer am 15. März 1937 eröffneten Ausstellung), Strasbourg 1937. - *Ders./Robert Anchel*, Introduction, in: La bataille pour la paix. Messages, déclarations et discours des chefs de gouvernement. Principaux documents officiels (10 septembre - 5 octobre 1938), Paris 1938. - *Ders.*, Des ateliers nationaux aux barricades de juin (Collection du centenaire de la révolution de 1848), Paris 1948. - Avant-propos, in: *Mathilde Leriche/Georges Prévot*, Bibliothèques scolaires, bibliothèques d'enfants, Paris 1950.

[51] Vgl. hierzu und zum folgenden *Marc Ferro*, La grande guerre et ses effets sur la science historique, in: Les philosophes et la guerre de 14, hg. v. *Philippe Soulez*, Paris 1988, S. 29-32.

[52] Mit aufschlußreichen Hinweisen auf weitere Parallelfälle und die besondere Eignung von Historikern für nachrichtendienstliche Tätigkeiten vgl. *Raulff*, Ein Historiker im 20. Jahrhundert (s. Anm. 22), S. 74 ff.

Kassel und Düsseldorf geführt hatten[53], waren anfangs auch dienstliche Missionen gewesen, bei denen Schmidt zwar als Privatmann auftrat, sich aber mit Hilfe des französischen Außenministeriums und der Botschaften als angeblich armer Student und unter Vorgabe rein persönlicher Forschungsabsichten Zugang zu den staatlichen Archiven verschafft hatte. Tatsächlich handelte Schmidt (der seine Tätigkeit in den Pariser Nationalarchiven bekanntlich am 1. Oktober 1899 angetreten, sich aber in einem Schreiben vom 25. Oktober 1899 an das Preußische Staatsarchiv Düsseldorf immer noch als Student mit privaten Forschungsabsichten vorgestellt hatte[54]) wahrscheinlich schon längst in höherem Auftrag. Der Verdacht liegt mithin auf der Hand, daß die sogenannten persönlichen Forschungsabsichten zu diesem Zeitpunkt nur von untergeordneter Bedeutung waren und es in erster Linie darum ging, im Auftrag der französischen Archivverwaltung, wichtige Zeugnisse des nationalen historischen Erbes jenseits des eigenen Hoheitsgebiets zu ermitteln und zu inventarisieren.

Gerade auch unter Berücksichtigung der seit 1870/71 äußerst angespannten außenpolitischen Lage zwischen Frankreich und Preußen-Deutschland, die in Frankreich nicht nur zu "ungeheuren Militärausgaben"[55], sondern unter Außenminister Théophile Delcassé (1852-1923) seit 1898 auch zu einer mit Rußland abgestimmten geheimen Einkreisungspolitik zu Ungunsten des Deutschen Reiches führte[56], lassen die Auslandsreisen Charles Schmidts einen nachrichtendienstlichen Auftrag als zumindest ergänzende Komponente zu den persönlichen Forschungsinteressen vermuten. Selbst die spätere Auswertung eines Teils der im Ausland ermittelten Akten und die Veröffentlichung des "Grand-Duché de Berg" waren durchaus im Interesse der staatlichen Auftraggeber, denn wie kaum eine andere Periode der französischen Geschichte war die imperiale Vergangenheit Frankreichs im Zeitalter Napoleons I. um 1900 dazu geeignet, das durch die Niederlage von 1870 beschädigte nationale Selbstbewußtsein der "Grande nation" zu stärken, die nationale Identität eventuell neu zu definieren sowie territoriale Besitzansprüche mit historischen Argumenten zu legitimieren. Das Beispiel von Charles Schmidt offenbart so die Anfänge einer Entwicklung hin zur nationalstaatlichen Instrumenatlisierung der Wissenschaften, allen voran der Geschichte, die im Zuge des immer stärker eskalierenden Dualismus zwischen Frankreich und Deutschland bald auf beiden Seiten des Rheins in eine systematische, staatlich geförderte Geschichtspropaganda und Gegnerforschung einmünden sollte[57]. Gute Archivare wie Charles Schmidt, von denen es in Paris hieß, daß sie der Na-

---

[53] Vgl. hierzu die einschlägigen Berichte Schmidts in seinem Schriftenverzeichnis, abgedruckt am Ende dieses Beitrags.

[54] HStAD, BR 2093 (Alte Dienstregistratur), 294, fol. 359.

[55] *Charles Seignobos*, Geschichte der französischen Nation, München 1947, S. 336.

[56] *François Caron*, Frankreich im Zeitalter des Imperialismus (s. Anm. 18), S. 554 ff. - *Franz Knipping/Ernst Weisenfeld* (Hg.), Eine ungewöhnliche Geschichte. Deutschland - Frankreich seit 1870, Bonn 1988. - *Philippe Levillain/Rainer Riemenschneider* (Hg.), La guerre de 1870/71 et ses conséquences. Der Krieg von 1870/71 und seine Folgen, Bonn 1990.

[57] *Wein*, Deutschlands Strom (s. Anm. 8), S. 15-46. - *Pierre Renouvin*, Les buts de guerre du gouvernement français 1914-1918, in: Revue historique 235 (1966), S. 1-38. - *Walter A. McDougall*, France's Rhineland Diplomacy 1914-1924. The Last Bid for a Balance of Power in Europe, Princeton 1978, S. 15 ff. - *Peter Schöttler*, Die historische "Westforschung" zwischen Abwehrkampf

tion als "treue Helfer der Staatsgewalt, von Politik und Diplomatie," mitunter mehr nutzen konnten als ein Artilleriegeneral, wurden nach Auffassung eines französischen Experten gewissermaßen zu Gralshütern des nationalen Gedächtnisses, und die Archive zu "Geheimwaffen", zu "wahre(n) Kriegsmaschinen, um deren Besitz man sich bisweilen bitter stritt"[58].

Genau in diesem Sinne wurde Charles Schmidt nach dem 11. November 1918, dem bis heute in Frankreich mit sakraler Feierlichkeit begangenen Tag des Waffenstillstandes und der besiegelten Überlegenheit über Deutschland, eingesetzt[59], als er vom Büro Paul Tirards (1879-1945), des französischen Hochkommissars und Vorsitzenden der "Hohen Interalliierten Kommission für die Rheinlande", für den von ihm in Koblenz zu Propagandazwecken eingerichteten "Service Presse et Information" der französischen Armee bei dem zuständigen Ministerium angefordert und damit beauftragt wurde, die in den rheinischen Archiven verstreut lagernden Aktenbestände zur Geschichte der ersten Rheinlandbesetzung in der Zeit der Französischen Revolution und Napoleons I., das heißt aus der Zeit von 1794 bis 1813/15, mit dem Ziel einer eventuellen Rückführung nach Paris zu identifizieren, zu sichten und zu inventarisieren[60]. Da auch die französischen Nationalarchive ein lebhaftes Interesse an diesen Akten hatten, stand einer unverzüglichen Abkommandierung Schmidts und weiterer fünf Archivare, die ihm zur Unterstützung zugeteilt wurden, nichts im Wege, auch wenn die Arbeitsgruppe darüber hinaus propagandistisch verwertbares Material zusammenstellen sollte, um die historischen Gemeinsamkeiten des Rheinlandes und Frankreichs betonen und eine profranzösische Grundstimmung in der linksrheinischen Bevölkerung erzeugen zu können.

Diese Sondermission sollte die Gruppe der Archivare immerhin ganze drei Jahre beschäftigen. Charles Schmidt führte sie schon im Januar 1919 zu einer ersten vierzehntägigen Inspektionsreise nach Deutschland, von der er einen präzisen Bericht vorlegte. In ihm forderte Schmidt für den Fall des Friedensschlusses, daß "die Grenze Frankreichs auf den Verlauf von 1814 zurückgeführt werden" und "von Deutschland die Verwaltungsakten der Kantone zurückgefordert werden" sollten, "um sie in die Bestände der (französischen, B.D.) Départements Bas-Rhin oder de la Moselle neu- oder wiedereinzugliedern"[61]. Wenn auch in archivalischer Perspektive formuliert, so hatte Schmidt damit im Prinzip genau das zum Ausdruck gebracht, was Tirard und die von ihm nicht uner-

---

und territorialer Offensive, in: *ders.* (Hg:), Geschichtswissenschaft als Legitimationswissenschaft 1918-1945, Frankfurt a.M. 1997, S. 204-261. - *Burkhard Dietz*, Die interdisziplinäre "Westforschung" der Weimarer Republik und NS-Zeit als Gegenstand der Wissenschafts- und Zeitgeschichte. Überlegungen zu Forschungsstand und Forschungsperspektiven, in: Geschichte im Westen 14 (1999), H. 2.

[58] *Nora*, Zwischen Geschichte und Gedächtnis (s. Anm. 28), S. 50.

[59] Zum folgenden vgl. *Wein*, Deutschlands Strom (s. Anm. 8), S. 38 f.

[60] Archives Nationales (AN), AJ$^9$ 2953, 6176-63: Briefwechsel zwischen dem Ministère de l'Instruction publique et des Beaux Arts und dem Haut Commissariat de la République française, betr. Auftrag an Charles Schmidt ,etc. zur Inventarisierung der rheinischen Quellen zur Revolutionsgeschichte.

[61] *Charles Schmidt*, Rapport sur une mission dans les territoires rhénans (18.-31.1.1919), o.O. (Paris) 4. Februar 1919 (Manuskript, AN, AJ$^9$ 2953).

heblich beeinflußte historisch-politisch argumentierende Kriegszielpublizistik Frankreichs forderte, nämlich eine "friedliche Eroberung" der linksrheinischen Gebiete[62].

Zwar ließen sich letztlich weder der von Schmidt vorgeschlagene Aktentransfer noch die über die Rückgewinnung Elsaß-Lothringens hinausreichenden Gebietsansprüche Frankreichs realisieren. Doch zeigt der Einsatz der Archivare, daß es der französischen 'Kulturpolitik' im besetzten Rheinland nach 1918 - will man sie überhaupt als solche bezeichnen - nicht nur darum ging, die vermeintliche mentale Affinität zwischen Rheinländern und Franzosen auf kultureller Ebene zu fördern, oder anders gesagt: die antipreußischen Ressentiments der rheinischen Bevölkerung soweit zu steigern, daß daraus eine grundsätzlich profranzösische Stimmungslage, eine zum Ausscheren aus dem Reich bereite Grundhaltung und Hinwendung nach Paris entstehen konnte. Vordergründig waren dies gewiß die Hauptziele der französischen Kulturpropaganda, zugleich ging es aber - wie die Tätigkeit der Archivare verdeutlicht - auch darum, geschichtliche Argumente für die Verbesserung des angeschlagenen nationalen Selbstbewußtseins der Besatzungsmacht einschließlich ihrer Soldaten zu sammeln sowie - nicht zuletzt (!) - Dokumente für die historische und juristische Legitimation der territorialen Ansprüche in Besitz zu nehmen. Im Rahmen der französischen Rheinlandpolitik nach 1918 hatte der Auftrag der von Charles Schmidt geleiteten Archivarsgruppe, der vom französischen Hochkommissar nach Kräften unterstützt wurde[63], mithin eine eminent politisch-strategische Bedeutung, die einen ersten vagen Eindruck davon vermittelt, zu welchen keineswegs nur harmlosen Aufgaben diese stets diskret und im Verborgenen arbeitende Berufsgruppe auch im weiteren Verlauf des "Jahrhunderts der Extreme" (E. Hobsbawm) noch Verwendung finden sollte[64].

Dem dienstlichen Auftrag entsprechend sollten auch die Arbeitsergebnisse vielfältig sein. Zunächst legte Charles Schmidts Gruppe "politischer Archivare" 1920/21 ein um-

---

[62] Vgl. dazu *Gerd Krumeich,* Der Rhein als strategische Grenze, in: Franzosen und Deutsche am Rhein 1789 - 1918 - 1945, hg. v. *Peter Hüttenberger u. Hansgeorg Molitor,* Essen 1989, S. 67-79. - *Werner Kern,* Die Rheintheorie der historisch-politischen Literatur Frankreichs im Ersten Wekltkrieg, phil. Diss. Saarbrücken 1973, S. 599 ff. - *Renouvin,* Les buts de guerre (s. Anm. 57), a.a.O.

[63] AN, AJ$^9$ 2953: Schreiben Rousseliers, eines Assistenten im Büro Tirard, an die alliierten Hochkommissare vom 29. August 1919 mit der Bitte um Unterstützung der französischen Archivare (vgl. *Wein,* Deutschlands Strom, s. Anm. 8, S. 38 f).

[64] Zur politischen Instrumentalisierung der Berufsgruppe der Archivare vgl. die einleitenden Bemerkungen in *Wolfgang Hans Stein* (Hg.), Inventar von Quellen zur deutschen Geschichte in Pariser Archiven und Bibliotheken, Koblenz 1986, S. 29-67 sowie *Karl-Heinz Roth,* Eine höhere Form des Plünderns. Der Abschlußbericht der "Gruppe Archivwesen" der deutschen Militärverwaltung in Frankreich 1940-1944, in: 1999. Zeitschrift für Sozialgeschichte des 20. und 21. Jahrhunderts 4 (1989), H. 2, S. 79-112. - *Ders.,* Clios rabiate Hilfstruppen. Archivare und Archivpolitik im deutschen Faschismus, in: Archivmitteilungen (AM). Zeitschrift für Archivwesen, archivalische Quellenkunde und historische Hilfswissenschaften 41 (1991), H. 1, S. 1-10. - In zeitgenössischer Perspektive und mit Bezug auf den Einsatz deutscher Archivare in Frankreich vgl. auch *Georg Schnath,* Drei Jahre deutscher Archivschutz, in: Deutschland - Frankreich 2 (1943), S. 114-117.

fangreiches Inventar vor[65], "das in die rheinischen und Pariser Akten der ersten französischen Militärverwaltung der Rheinlande einführte"[66] und noch im selben Jahr unter der offiziellen Herausgeberschaft des französischen Hochkommissars sowie versehen mit einem Vorwort des renommierten Mediävisten Charles-Victor Langlois in Buchform publiziert wurde. Nicht zuletzt aufgrund ihres politischen Stellenwerts erhielt diese Veröffentlichung im Jahre 1923 von der angesehenen "Académie des Sciences Morales et Politiques", einer der fünf Akademien des 1795 gegründeten "Institut de France", den hoch dotierten Jahrespreis der Klasse für Geschichte und Geographie[67]. Spätestens mit dieser herausragenden Auszeichnung, immerhin verliehen vom dem vierzigköpfigen "parlement des savants" Frankreichs und der höchsten Körperschaft für Wissenschaft und Kunst des Landes, trat Charles Schmidt, der als Leiter der Arbeitsgruppe und federführender Autor im Mittelpunkt der Preisverleihung stand, endgültig aus dem engen Rahmen seines bisher eher konventionellen Werdegangs als Historiker und Archivar heraus. Die akademische Öffentlichkeit und mit ihr in verstärktem Maße auch höchste administrative und politische Stellen wurden nun auf ihn, seine Person, seine Veröffentlichungen und seine wissenschaftlich-politischen Botschaften aufmerksam.

Eine größere öffentliche Wirkung erzielte Schmidt etwa zur selben Zeit auch mit zwei weiteren Publikationstätigkeiten, die zum einen noch während seiner Abkommandierung zum Stabe des "Service Presse et Information" der französischen Armee in Koblenz, zum anderen in der Folgezeit zwischen 1920 und 1923 entstanden. Gemeint ist erstens das umfangreiche publizistische und redaktionelle Engagement, das Charles Schmidt bei der 1919 gegründeten Zeitschrift "Revue Rhénane - Rheinische Blätter", einer zweisprachigen kulturellen Monatsschrift, entfaltete[68]. Sie sollte nach Aussage ihres Mentors, des

---

[65] *Charles Schmidt u.a.* (Bearb.), Les sources de l'histoire des territoires rhénans de 1792 à 1814 dans les archives rhénanes et à Paris, mit einem Vorwort v. *Charles-Victor Langlois*, hg. vom *Haut-commissariat de la Répubilque française dans les provinces du Rhin*, Paris 1921.

[66] *Wein*, Deutschlands Strom (s. Anm. 8), S. 38 f: Die Schrift wurde vom Haute-commissariat de la République française am 26. Juli 1921 unter anderem verschickt an: die alliierten Hochkommissare, die Delegierten der Haute Commission Interalliée des Territoires Rhénans, den französischen Staatspräsidenten, das Ministère de l'Instruction publique et des Beaux Arts, das französische Verteidigungsministerium, das Außenministerium am Quai d'Orsay, Raymond Poincaré, Marschall Ferdinand Foch, Maurice Barrès, die Historiker und Publizisten François-Alphonse Aulard, Albert Mathiez, Frantz Funck-Brentano, Jean de Pange sowie die übrigen Bearbeiter des Bandes. Durch Anordnung vom 23. März 1923 erhielten das Inventar auch die rheinischen Archivare und Historiker Joseph Hansen, Otto Reinhard Redlich, Theodor Ilgen, Max Bär, Justus Hashagen und Alois Schulte (AN, AJ$^9$ 2953).

[67] *André Damien*, L'Institut de France, Paris 1999. - *Antoine Marès*, L'Institut de France, le parlement des savants, Paris 1995. - *Jacques Fontaine* (Hg.), Bicentenaire de l'Institut de France 1795-1995. Actes des colloques, Paris 1995. - Einen instruktiven Überblick gibt *Henri de Montfort*, Institute of France, in: Encyclopedia Americana 15 (1954), S. 169-172.

[68] *Klaus Pabst*, Der Vertrag von Versailles und der deutsche Westen, in: Rheinland-Westfalen im Industriezeitalter. Beiträge zur Landesgeschichte des 19. und 20. Jahrhunderts, Bd. 2: Von der Reichsgründung bis zur Weimarer Republik, hg. v. *Kurt Düwell u. Wolfgang Köllmann*, Wuppertal 1984, S. 271-289, hier: S. 279 f. - La Revue Rhénane - Rheinische Blätter. Revue littéraire, économique et artistique, Mainz, 1. Jg. (1920/21) - 10. Jg. (1929/30). - Vgl. hierzu insbes. *Ingrid*

französischen Hochkommissars Tirard, der - auch auf diesem Gebiet - "faktisch obersten öffentlichen Autorität links des Rheins"[69], durch ihre inhaltliche Ausrichtung auf die Bereiche Literatur, Wirtschaft und Kunst dazu beitragen, "den im rechtsrheinischen Deutschland gepflegten Geist der Revanche durch Rückbesinnung auf die gemeinsamen Grundlagen der rheinischen und französischen Kultur zu überwinden"[70]. Das gelang ihr jedoch nur zum Teil, obwohl ihr "selbst von deutsch-nationaler Seite ... ein höheres geistiges Niveau bescheinigt" wurde, "als es zuvor irgendeine deutsche Zeitschrift im Rheinland" aufgewiesen habe[71]. Dies wiederum war kein Wunder, denn schließlich zählten keine Geringeren als Thomas und Heinrich Mann, Kasimir Edschmid, Hermann Hesse, Waldemar Bonsels und Ernst Robert Curtius zu ihren Stammautoren, und der damals immer bekannter werdende Pariser Nationalarchivar Charles Schmidt gestaltete maßgeblich ihren historisch-politischen Teil, in dem er nicht müde wurde, "die vielfältigen Gemeinsamkeiten deutscher und französischer Geschichte" zu betonen[72]. Dem Auftrag Tirards und gewiß auch seinem eigenen, unter französischen Intellektuellen recht verbreiteten Glauben an eine auch politisch für die Sicherung des Friedens aktivierbare rheinisch-französische Schicksalsgemeinschaft konnte er damit wohl entsprechen[73], doch zeigte die geringe Zahl der deutschen Käufer und Abonnenten der "Revue Rhénane", daß ihnen die hier propagierten Ideen letztlich nur wenig zusagten. Ihnen war entweder die politisch motivierte Kulturpropaganda tatsächlich zu massiv, oder es wirkte sich der starke, von deutsch-nationaler Seite ausgeübte "wohlorganisierte soziale Druck gegen alles Französische" aus, "dem übrigens auch die Teilnehmer von französischen Sprachkursen ausgesetzt wurden"[74].

Die zweite Publikationstätigkeit Charles Schmidts, die freilich eine noch größere öffentliche Wirkung nach sich ziehen sollte als die soeben erwähnten journalistischen Versuche, stand im unmittelbaren Zusammenhang mit der Reorganisation des regionalen und lokalen Archivwesens im nun wieder französischen Elsaß-Lothringen, mit der er eigentlich schon unmittelbar nach dem Ende des Ersten Weltkrieges von der zentralen staatli-

---

*Voss/Jürgen Voss*, Die "Revue Rhénane" als Instrument der französischen Kulturpolitik am Rhein (1920-1930), in: Archiv für Kulturgeschichte 64 (1982), S. 403-451.

[69] *Wilhelm Jannsen*, Kleine rheinische Geschichte, Düsseldorf 1997, S. 378.

[70] *Paul Tirard*, La France sur le Rhin. Douze annés d'occupation rhénane, Paris 1930, S. 259. - Vgl. auch Ders., L'Art Française en Rhénanie pendant l'occupation 1918-1930, Paris 1930.

[71] *Pabst*, Der Vertrag von Versailles (s. Anm. 68), S. 280. - *Walter Steiner*, Französischer Geistesdruck am Rhein. Geschehenes und Gegenwärtiges nach authentischem Material, Berlin 1927, S. 117 f. - *Peter Hüttenberger*, Methoden und Ziele der französischen Besatzungspolitik nach dem Ersten Weltkrieg in der Pfalz, in: Blätter für deutsche Landesgeschichte 108 (1972), S. 105-122, bes. S. 109 f.

[72] *Pabst*, Der Vertrag von Versailles (s. Anm. 68), S. 280.

[73] *Kern*, Die Rheintheorie (s. Anm. 62), S. 113 f.

[74] *Pabst*, Der Vertrag von Versailles (s. Anm. 71), S. 280. - *Gerhard Brunn*, Französische Kulturpolitik in den Rheinlanden nach 1918 und die Wiesbadener Kunstausstellung des Jahres 1921, in: Franzosen und Deutsche am Rhein 1789 - 1918 - 1945, hg. v. *Peter Hüttenberger u. Hansgeorg Molitor*, Essen 1989, S. 219-242, insbes. 224 ff. - *Günter Plum*, Gesellschaftsstruktur und politisches Bewußtsein in einer katholischen Region 1928-1933. Untersuchungen am Beispiel des Regierungsbezirks Aachen, Stuttgart 1972, S. 39 f.

chen Archivverwaltung beauftragt worden war[75], die er aber wegen der Sondermission beim "Service Presse et Information" de facto erst von 1920/21 bis 1923 in Angriff nehmen konnte. Dabei ging es, wie in allen Bereichen des politischen und staatlich kontrollierten Lebens der jahrzehntelang von der "mère patrie" abgetrennten Landesteile, darum, das Prinzip der französischen Zentralisierung durchzusetzen und gemäß den Vorschriften neu zu organisieren. Diese zweite Sondermission, die der in Paris seit seiner Kindheit zur patriotischen Staatstreue erzogene, aber in Lothringen geborene Charles Schmidt offenbar ohne Bedenken übernahm und zur vollsten Zufriedenheit seiner Vorgesetzten durchführte, ähnelte sehr dem Auftrag zur Inventarisierung der französischen Aktenbestände im besetzten Rheinland und war wie dieser nicht nur sehr ehrenvoll, sondern gerade durch die Wiederholung von signifikanter Bedeutung für das ihm mittlerweile von höheren Stellen entgegengebrachte Vertrauen. Die erneute Auswahl Schmidts, eines Protestanten, der wie viele Angehörige dieser konfessionellen Minorität Frankreichs im Schatten der ihnen seit der "Großen Revolution" gewährten Freiheitsrechte "immer wieder mit besonderem Eifer und strengem Pflichtbewußtsein bestrebt" war, "dem Staat und der Gesellschaft zu dienen"[76], wies unmißverständlich darauf hin, daß hier eine Karriere bald auf anderer Ebene fortgesetzt werden sollte.

Neben seinen beruflichen Qualifikationen und seiner in besonderem Maße gezeigten Loyalität gegenüber den Dienststellen des Staates, trugen dazu gewiß auch seine vielfältigen wissenschaftlich-publizistischen Aktivitäten bei, wie doch in Frankreich generell schriftstellerische und geisteswissenschaftliche Leistungen, zumal in der "Belle Époque" und der ihr in kulturgeschichtlicher Perspektive sehr ähnlichen Periode der Zwischenkriegszeit, in besonderer Weise gesellschaftlich geachtet und honoriert wurden. So sehr diese Zeit durch neue politische, soziale und kulturelle Strömungen bestimmt war, zeigte sie doch einen deutlichen "Hang zur restaurativen Beharrung", in der Literaten und Publizisten höchstes Ansehen genossen und gemeinsam mit den an Renommee noch hinzugewinnenden Wissenschaftlern wesentlich dazu beitrugen, dem kulturellen Leben Frankreichs, das den Verlust seiner Großmachtstellung vor allem mental noch nicht realisiert hatte, weiterhin den Glanz der Vorkriegszeit zu erhalten. Zur "treuen Gesellschaft" der Intellektuellen, die dies bewirkten, gehörte auch Charles Schmidt, der im Gegensatz zu manchem anderen Publizisten jedoch kaum dazu neigte, ein "idealistisch überhöhte(s) Bild Frankreichs" zu zeichnen, sondern sich - etwa in seinem "Grand-Duché de Berg" - nachhaltig darum bemühte, den Stellenwert der antimonarchischen und republikanischen Traditionen von 1789 für das nach seiner Identität suchende moderne Frankreich zu betonen[77].

---

[75] *Baudot*, Charles Schmidt (s. Anm. 8), S. 340.

[76] *Harpprecht,* Mein Frankreich (s. Anm. 25), S. 226.

[77] *René Rémond*, Frankreich im 20. Jahrhundert, Teil 1: 1918-1958 (Geschichte Frankreichs, hg. v. *Jean Favier*, Bd. 6), Stuttgart 1994, S. 30, 43 f, 280-294, 304. - *Andreas Wirsching,* Vom Weltkrieg zum Bürgerkrieg? Politischer Extremismus in Deutschland und Frankreich 1918-1933/39. Berlin und Paris im Vergleich, München 1999.

Zur Durchsetzung der Tradition der *égalité*, aus der verfassungsrechtlich das Prinzip des französischen Zentralismus abgeleitet worden war[78], widmete sich Charles Schmidt also seit 1920/21, ausgerüstet mit einem ministeriellen Erlaß, der Reorganisation des elsaß-lothringischen Archivwesens. Daß er dabei vor Ort nicht nur mit dem wachsenden Unmut der Bevölkerung gegen die Bevormundungen aus Paris konfrontiert wurde, die der euphorischen Begrüßung der französischen Befreier bald nach dem Friedensschluß mit großer Ernüchterung folgte[79], sondern auch mit den sich rasch formierenden Aktionen der zahlreichen Protestgruppen, vor allem den Agitationen der separatistischen Heimatrechtbewegung und der frühen Propaganda der germanophil-nationalistischen Volkstumspolitiker, liegt auf der Hand, zumal Schmidt sich ja selbst als Vertreter der Pariser Zentralgewalt zu erkennen geben mußte. Ohne Rücksicht auf die besonderen Gegebenheiten des Grenzlandes, das den Deutschen in vier Jahrzehnten etliche politische Zugeständnisse abgetrotzt hatte[80], wurde die staatsrechtliche Rückführung der "Départements de l'Est" von französischer Seite konsequent zu Ende geführt. Und die Bevölkerung, die in der Öffentlichkeit von nun an nur noch französisch sprechen und möglichst auch nicht mehr laut beten sollte, wurde nicht nur durch die Tätigkeit der "commissions de triage" einer eingehenden Zuverlässigkeitsprüfung unterzogen und in nationale Gütekategorien unterteilt; in "zum Teil skandalöser Weise" wurde durch die "Sequestierung und Liquidation" angeblich "deutscher Vermögenswerte", die gerade das mehrheitlich profranzösische Besitzbürgertum trafen, ein ständig wachsendes Unbehagen geschürt. "Nach fünf Jahren dauernder Bevormundung durch Paris war der immense politische Kredit, den Frankreich im Elsaß besaß, erschöpft."[81]

Die Haltung, die Schmidt nun in dieser sich rasch zuspitzenden Situation an den Tag legte, charakterisiert seine persönliche, immer historisch begründete politische Überzeugung recht unmittelbar: Aus freien Stücken überschritt er den engen Rahmen seiner eigentlichen dienstlichen Mission und schloß sich der profranzösischen Propaganda an, deren Liga zu diesem Zeitpunkt im wesentlichen durch den Germanisten Henri Lichtenberger (1864-1941), den Theologen Émile Wetterlé (1861-1931) und durch den "Historiker des Elsaß", Rodolphe Reuss (1841-1924), angeführt wurde[82]. Im Jahre 1920, von dem

---

[78] *Braud/Burdeau,* Histoire des idées politiques (s. Anm. 19). - *Albert Thibaudet,* Les idées politiques de la France, 2. Aufl. Genève 1979. - *Peter Claus Hartmann,* Französische Verfassungsgeschichte der Neuzeit (1450-1980). Ein Überblick, Darmstadt 1985.

[79] *Martin Béhe,* Heures inoubliables. Recueil des relations des fêtes de libération ..., Strasbourg 1920. - *Georges Delahache,* Les débuts de l'administration française en Alsace et en Lorraine, Paris 1921. - L'Alsace depuis son retour à la France, hg. vom *Comité d'Études et d'Informations,* 2 Bde., Strasbourg 1932/33.

[80] Das Elsaß von 1870-1932, hg. v. *J. Rossé, M. Stürmel, A. Bleicher, F. Deiber u. J. Keppi,* 4 Bde., Colmar 1936, hier bes. Bd. 1, S. 539 ff. - *Karl Roos,* Politik und Gewaltpolitik in Elsaß-Lothringen, Zürich 1928, S. 73 ff. - *Georges Wolf,* Das elsässische Problem, Straßburg 1926, S. 13 ff.

[81] *Lothar Kettenacker,* Nationalsozialistische Volkstumspolitik im Elsaß, Stuttgart 1973, S. 14.

[82] *Henri Lichtenberger,* La France et l'Alsace-Lorraine, Lausanne 1915. - *Émile Wetterlé,* L'Alsace doit rester française, Paris 1917. - *Rodolphe Reuss,* La question d'Alsace-Lorraine, Paris

hier die Rede ist, als nämlich Charles Schmidt mit seiner Broschüre "Was die Deutschen mit Elsaß-Lothringen vor hatten ..." erstmals in die Debatte um die sogenannte "elsaß-lothringische Frage" eingriff[83], standen ihnen in publizistischer Hinsicht allenfalls die Alldeutschen Hans und Friedrich Spieser gegenüber, ein elsässischer Pfarrer und sein Sohn[84], die auf völkisch-heimattümelnde Weise "für deutsche Blut-und-Boden-Belange die Lanze" brachen[85]. Sie erhielten seit kurzem Schützenhilfe von den geopolitisch argumentierenden Historikern Martin Spahn (1875-1945) aus Köln und Karl Stählin (1865-1939) aus Berlin, die in ihren Darstellungen zur Geschichte Elsaß-Lothringens die Zugehörigkeit des Grenzlandes zum deutschen Staatsgebiet betonten[86]. Und auch der mit vehementer nationalistischer Entschiedenheit auf den Plan tretende "militante Apostel des Deutschtums" Robert Ernst (1897-1980), der spätere Führer der Altelsässer im Reich und NS-Oberstadtkommandant von Straßburg, war 1920 gerade im Begriff, beim "Verband der elsaß-lothringischen Studentenbünde" und beim "Deutschen Schutzbund für die Grenz- und Auslandsdeutschen" in die deutsche Propaganda einzugreifen[87].

Anders als die Fachhistoriker, welche die "elsaß-lothringische Frage" seit 1870/71 mit weit in die politische Geschichte zurückreichenden Recherchen und Argumenten zu beantworten suchten[88], ging es Charles Schmidt im Kern um einen bis dahin völlig neuen Aspekt der historisch-politischen Beziehungen, nämlich um den der breit und systematisch angelegten "Germanisierungspolitik" der Deutschen, die seit 1920 durch Schmidts Publikationen erstmals einer breiteren Öffentlichkeit vorgestellt wurde. Im Vorwort zur oben genannten Broschüre schrieb Schmidt über die Hintergründe und den Wert seiner Entdeckung, ihm seien durch die Wirren des Krieges einige "authentische und unwiderlegbare Zeugnisse" des deutschen Militärs in die Hände gefallen, die den "sicheren Beweis" dafür lieferten, "daß Elsaß-Lothringen von der deutschen Regierung als 'feindli-

---

1918. - Zu Lichtenberger und Reuss vgl. *Gödde-Baumanns,* Deutsche Geschichte (s. Anm. 12), S. 271 f, 334-346.

[83] *Charles Schmidt,* Was die Deutschen mit Elsaß-Lothringen vor hatten ..., Nancy 1920. - Diese Schrift wurde zunächst offenbar in faksimilierter Form in Frankreich verbreitet; vgl. dazu das in der Bibliothèque nationale de France (Paris) nachgewiesene Exemplar: Ce qu'ils auraient fait de l'Alsace-Lorraine. Les plans de germanisation pendant la guerre d'après des documents officiels allemands. L'école et l'église. La conférence de Bingen et la colonisation. Le futur régime constitutionel. Le programme du maréchal de Hindenburg, Nancy o.J. (58 S., Faks.).

[84] *Hans Spieser,* Elsaß-Lothringen als Bundesstaat, Berlin 1908. - *Ders.,* Gedanken eines Elsässers, Berlin 1913.

[85] *Kettenacker,* Nationalsozialistische Volkstumspolitik (s. Anm. 81), S. 93.

[86] *Martin Spahn,* Geschichte Elsaß-Lothringens, Leipzig 1919. - *Karl Stählin,* Geschichte Elsaß-Lothringens, München 1920. - Zu Spahn vgl. *Bernd Faulenbach,* Art. Martin Spahn, in: Historiker-Lexikon (s. Anm. 17), S. 294. - Zu dem weitgehend unbekannten Osteuropahistoriker Stählin vgl. *Karen Schönwalder,* Historiker und Politik. Geschichtswissenschaft im Nationalsozialismus, Frankfurt a.M. 1992, S. 305.

[87] *Kettenacker,* Nationalsozialistische Volkstumspolitik (s. Anm. 81), S. 76-92, bes. S. 79 f. - Zu Ernst vgl. auch *Michael Fahlbusch,* Wissenschaft im Dienst der nationalsozialistischen Politik? Die "Volksdeutschen Forschungsgemeinschaften" von 1931-1945, Baden-Baden 1999, S. 60, 72, 369 ff, 407.

[88] *Gödde-Baumanns,* Deutsche Geschichte (s. Anm. 12), S. 325-349.

ches Land' betrachtet wurde und daß man in Deutschland nach 44 Jahren gemeinsamen Lebens mit der elsaß-lothringischen Bevölkerung auf den Gedanken kam, die Gewaltmittel der militärischen Okkupation sowie ihre Ausnahmegesetze in den Dienst einer völligen Germanisierung der Reichslande zu stellen". Das Ziel seiner Veröffentlichung sei es daher, "in aller Genauigkeit" aufzuzeigen, "wie sich die Deutschen während des Krieges benahmen, was sie nach dem Krieg mit den Reichslanden vor hatten" und "welches Bild von den elsaß-lothringischen Verhältnissen ihre Propaganda in der ganzen Welt zu verbreiten beabsichtigte"[89]. Tatsächlich ließ Schmidt jedoch - mit Ausnahme eines im Druck reproduzierten Schriftstücks - die im Staatsarchiv Straßburg aufgefundenen Dokumente, die ursprünglich bei Kriegsende von deutschen Beamten hätten vernichtet werden sollen, in dieser Propagandaschrift noch nicht selbst sprechen, sondern faßte deren Inhalte in kommentierender Form zusammen - freilich nicht ohne sich historischer und politischer Beurteilungen zu enthalten. Gleichwohl legte er neben konkreten territorialen Aufteilungsplänen unter anderem stichhaltig dar, daß zwischen dem Reichskanzler und dem Chef des deutschen Generalstabes 1917 eine schriftlich fixierte Übereinkunft darüber erzielt worden war, nach dem eventuellen Sieg der kaiserlichen Truppen eine Zwangsliquidation französischen Eigentums, speziell von Immobilien und Industrieunternehmen, durchzuführen, den gesamten Grenzraum zu Frankreich einer konsequenten Umsiedlung zu unterziehen und deutsch zu bevölkern, die Schaltzentralen der Wirtschaft und des Finanzwesens dem französischen Einfluß zu entziehen, alle Bildungs- und klerikalen Einrichtungen zu "germanisieren", die mittlere und höhere Beamtenschaft auszutauschen sowie weite Teile des öffentlichen Lebens deutscher Kontrolle zu unterstellen.

Die besondere politische Brisanz dieser Aktenfunde, die in französischer Perspektive in aller erwünschten Deutlichkeit nachwiesen, daß von einer angeblich liberalen oder gar demokratisch-entgegenkommenden Politik des Deutschen Reiches gegenüber Elsaß-Lothringen und von einer eventuellen Gewährung der Autonomie in Wirklichkeit keine Rede sein konnte, sondern daß ganz im Gegenteil sogar geheime Pläne zu einer rücksichtslosen "Germanisierung" der Grenzlande existierten, diese Brisanz wurde in den Leitstellen der französischen Propaganda sofort erkannt. Entsprechend positiv nahm man Schmidts Entdeckung zweifellos in politischen und wissenschaftlichen Kreisen auf. Die ausführliche und methodisch sauber erarbeitete Quellenpublikation, die Schmidt daraufhin in Ergänzung seiner auf ein breiteres Publikum zielenden Vorabveröffentlichung von 1920 zwei Jahre später in französischer Sprache vorlegte, wurde deshalb gleich auch in einer deutschen und englischen Übersetzung produziert[90]. Versehen mit einer längeren Einleitung sowie einem Vorwort aus der Feder des renommierten Neuzeithistorikers Émile Bourgeois, der soeben erst gemeinsam mit seinem Kollegen Georges Pagès (1867-1939) von der Sorbonne im Auftrag der Senatskommission für auswärtige Angelegenheiten einen ersten, wegen seines Quellenbezugs richtungweisenden Bericht über die Ur-

---

[89] *Schmidt*, Was die Deutschen (s. Anm. 83), S. 10 f.

[90] *Charles Schmidt*, Les plans secrets de la politique allemande en Alsace-Lorraine (1915-1918), mit einem Vorwort v. *Émile Bourgeois*, Paris 1922. - *Ders.*, Die geheimen Pläne der deutschen Politik in Elsaß-Lothringen (1915-1918), Paris 1923. - *Ders.*, A Revelation. Germany's Secret Views for Alsace-Lorraine (1915-1918), with a preface of *Émile Bourgeois*, Paris 1924.

sachen des "großen Krieges" von 1914/18 veröffentlicht hatte[91], wurden die betreffenden Dokumente nunmehr auf über zweihundert Seiten wortgetreu ediert.

In seiner Einleitung, hob Schmidt diesmal mehr die Bedeutung der Dokumente für die dauerhafte Erhaltung des Friedens unter französischen Vorzeichen hervor. Mit Blick auf ein eventuelles Referendum stellte er die neueste Entwicklung der deutschen Propaganda dar und arbeitete die zunehmend völkische Akzentuierung ihrer Argumentation anhand verschiedener Periodika sehr differenziert heraus. Auch die in Köln erscheinende Zeitschrift "Die Westmark", eines der übelsten Organe der militanten völkischen Presse am Rhein, das die lange Kontinuität der aggressiven deutschen Propaganda und Gebietsansprüche im Westen verkörperte und bald von nationalsozialistischen Pamphleten abgelöst wurde, entging ihm dabei nicht[92]. Mit feinem Gespür und klarem Blick dekuvrierte Schmidt damit bereits 1922 die spezifischen Argumentationsweisen des völkischen Nationalismus und der rücksichtslosen "Germanisierungspläne", die in dieser Zeit von Politikern und Wissenschaftlern unterschiedlichster Couleur aus älteren geistigen Traditionen entwickelt wurden[93] und die schon bald, in der zweite Katastrophe des 20. Jahrhunderts, unter der Ägide Himmlers eine unrühmliche Wirkung bei der Umsetzung der nationalsozialistischen "Lebensraumpolitik" und "Großraumordnung" erhalten sollten[94]. Indem Schmidt diese Pläne beim Namen nannte und mit dem Begriff der "Germanisierung" beziehungsweise "Germanisation" versah, trug er in nicht unerheblichem Maße zur zeitgeschichtlichen Ursachenforschung und Aufklärung der zeitgenössischen Beobachter der deutschen Außenpolitik bei. Dieser Gesichtspunkt konnte ihm selbst freilich 1922 noch nicht in seiner ganzen Tragweite bewußt sein. Im Vordergrund seines Erkenntnisinteresses stand vielmehr das tief verwurzelte historische Bewußtsein von der Unverzichtbarkeit der durch die Revolution von 1789 errungenen republikanischen Traditionen für die Selbstbestimmung eines jeden Franzosen und der ganzen Nation. Und so setzte er denn auch ans Ende seiner Einleitung das für ihn aus den feindlichen Dokumenten ablesbare Kredo: Die "Elsaß-Lothringer waren mit ihren Herzen nicht bei Deutschland, sie waren ihren Überlieferungen treu geblieben; sie waren durch und durch Republikaner; durch die große Revolution wurden sie an Frankreich festgeschmiedet"[95].

Bekenntnisse wie diese hörte man in Paris und überall in Frankreich gern, und so war es kein Wunder, daß sich ihr Autor in den wichtigen politisch-administrativen und akademischen Zirkeln der Hauptstadt bald eines besonderen Ansehens erfreute. Kaum nach

---

[91] *Émile Bourgeois/Georges Pagès,* Les origines et les responsabilités de la grande guerre, preuves et aveux, Paris 1921.

[92] Die Westmark. Rheinische Monatsschrift für Politik, Wirtschaft und Kultur, 1.-2. Jg., Köln 1921-1922.

[93] *Kurt Sontheimer,* Antidemokratisches Denken in der Weimarer Republik. Die politischen Ideen des deutschen Nationalismus zwischen 1918 und 1933, 3. Aufl. München 1978.

[94] *Hermann Graml,* Rassismus und Lebensraum. Völkermord im Zweiten Weltkrieg, in: Deutschland 1933-1945. Neue Studien zur nationalsozialistischen Herrschaft, hg. v. *Karl Dietrich Bracher, Manfred Funke u. Hans-Adolf Jacobsen,* 2. Aufl. Bonn 1993, S. 440-451. - *Lothar Gruchmann,* Nationalsozialistische Großraumordnung. Die Konstruktion einer "deutschen Monroe-Doktrin", Stuttgart 1962.

[95] *Schmidt,* Die geheimen Pläne (s. Anm. 90), S. 22.

Paris zurückgekehrt, erhielt er 1923 - wie oben bereits erwähnt - für die unter seiner Leitung erstellte Edition französischer Dokumente in rheinischen Archiven den sehr renommierten Jahrespreis der "Académie des Sciences Morales et Politiques" in der Kategorie der Disziplinen Geschichte und Geographie. Auf diese Weise empfahl sich Schmidt, der sich nach seiner akademischen Grundausbildung und der Promotion mit seiner Geschichte des Großherzogtums Berg zu einem rundum staatstreuen, thematisch und methodisch jedoch nur begrenzt innovativen Historiker und vor allem zu einem "politischen Archivar" entwickelt hatte, immer mehr für höhere Aufgaben. Neben der unbestrittenen wissenschaftlichen Qualifikation war es aber insbesondere seine unverrückbare politische Zuverlässigkeit, die ihn geeignet erscheinen ließ, zu Beginn des Jahres 1928 die Nachfolge von Alexandre Vidier (1874-1927) als "Inspecteur général des bibliothèques et des archives de la France" anzutreten[96]. Dieses hohe Amt, immerhin das zweithöchste nach dem des Generaldirektors der Archive Frankreichs, das in der hierachischen Ordnung der öffentlichen Ämter und vom Renommee her zwar als herausragend, aber - im Vergleich zum erwähnten Generaldirektor der Archive, zum Direktor der Nationalbibliothek und zu den Präsidenten der Akademien - eben als zweitrangig anzusehen ist, nahm Schmidt mit großem Verantwortungsbewußtsein bis zu seiner Pensionierung im Jahre 1941 wahr.

Im Vordergrund seiner dienstlichen Tätigkeit standen von nun an aber wohl eher administrative und repräsentative Aufgaben sowie Verpflichtungen im wissenschaftsorganisatorischen Bereich, so etwa in den Vorständen zahlreicher akademischer Vereinigungen und Zeitschriftenredaktionen[97]. Zur eigenständigen wissenschaftlichen Arbeit kam Schmidt jedenfalls, wie ein Blick auf sein Schriftenverzeichnis zeigt, seit dem Ende der 1920er Jahre kaum noch. So sah er sich etwa gezwungen, vom Vertrag zu einer thematisch besonders reizvollen Auftragsarbeit zurückzutreten, bei der es darum ging, zum fünfzigjährigen Jubiläum des 1881 in Straßburg gegründeten Kreditinstituts "Société Générale Alsacienne - Allgemeine Elsässische Bankgesellschaft" ein Buch über den Rhein zu realisieren. Wegen eigener Arbeitsüberlastung empfahl Schmidt 1928 dem Auftraggeber und Generaldirektor dieser Bank, seinem Freund René Debrix (1881-1956), für ihn den in Straßburg lehrenden Lucien Febvre als Autor zu gewinnen. Wie wir wissen, nahm Febvre den Auftrag gerne an und realisierte innerhalb der nächsten Jahre mit seinem großen Essay "Der Rhein und seine Geschichte" ein inhaltlich und methodisch einzigartiges Projekt, das nicht umsonst bald als "Meisterwerk" (J. Le Goff) der neuen französischen Geschichtsschreibung angesehen werden sollte[98].

Dafür wurde Schmidt jetzt als relativ bekannte Persönlichkeit des Bibliotheks- und historisch orientierten Wissenschaftsbereichs öfter gebeten, Vorworte zu Publikationen von Bekannten und Freunden wie etwa seinem alten Lehrer und Archivarskollegen Charles Porée beizusteuern. Unter ihnen befand sich freilich auch der arrivierte Wirtschaftshisto-

---

[96] Vgl. hierzu und zum folgenden *Baudot,* Charles Schmidt (s. Anm. 8), S. 340.

[97] Siehe dazu im einzelnen meine Ausführungen oben bei Anm. 43 bis 49.

[98] *Lucien Febvre,* Der Rhein und seine Geschichte, hg. v. *Peter Schöttler,* Frankfurt a.M. 1994 (Original 1935). - Zur Entstehungsgeschichte des Buches und Auftragsvergabe an Charles Schmidt vgl. darin das Nachwort von *Peter Schöttler,* Lucien Febvres Entmythologisierung der Rheinischen Geschichte, S. 218 f.

riker Arthur Louis Dunham, der sich auf die Geschichte der englisch-französischen Handelsbeziehungen und die Industriegeschichte Frankreichs im 19. Jahrhunderts spezialisiert hatte und dessen Werk "La Révolution Industrielle en France" 1953 mit einleitenden Texten von Charles Schmidt und Georges Bourgin (1879-1958) veröffentlicht wurde[99]. Darüber hinaus konnte Schmidt aber nur noch wenige und zudem kurze Artikel und Ansprachen zu recht allgemeinen Themen selbst verfassen, etwa zur Frage von "Bibliotheken für Kinder" (1931) oder zum Kontext von "Bibliothek und modernem Leben" (1935). Allein der bibliographisch angelegte Katalog einer 1937 in Straßburg gezeigten Ausstellung zur Geschichte des französischen Buchdrucks im Elsaß sowie ein weiterer Ausstellungskatalog zur Hundertjahrfeier der Revolution von 1848 ragen als größere Projekte der 1930er und 1940er Jahre aus der Liste von sonst eher unbedeutenden Gelegenheitsarbeiten hervor. Bis zu seinem Tod im ansehnlichen Alter von vierundachtzig Jahren hielt Schmidt jedoch an seiner Koautorenschaft bei der Edition des enzyklopädischen deutsch-französischen Wörterbuchs "Sachs-Villatte" im Langenscheidt Verlag fest, eine Zusammenarbeit, die ursprünglich auf das Jahr 1917 zurückging.

So beschloß Charles Schmidt 1956 das erfüllte Leben eines Historikers und Archivars, der stets darum bemüht gewesen war, im Sinne eines intellektuellen Anwalts zugleich die in der Französischen Revolution errungenen Grundwerte der modernen Welt wie auch die dafür nach seiner Auffassung existentiellen Rahmenbedingungen des französischen Staatsgebildes mit seinen bescheidenen Mitteln zu verteidigen. Für dieses Bemühen, das er freilich mit vielen Zeitgenossen teilte[100], für das aber nur wenigen in vergleichbarer Weise gesellschaftliche Anerkennung widerfuhr, wurde er nicht nur in hohe Ämter berufen, sondern schließlich sogar zum Offizier der Ehrenlegion ernannt. Als Privatmann und "politischer Archivar", der glücklicherweise durch seine Pensionierung zu Beginn der 1940er Jahre einer weiteren Konfrontation mit Hitlers akademischen Hilfstruppen entgehen konnte, blieb er bis zuletzt, als er in Paris in Begleitung einer "Menge von Freunden" von der lutherischen Kirche des Stadtteils Saint-Marcel aus zu Grabe getragen wurde, ein "großzügiger, nachsichtiger und liebevoller Mensch", dem Zeitlebens große Sympathien entgegengebracht worden waren und der sich neben einem "liebenswürdigen Skeptizismus" vor allem durch "eine unerschütterliche Ausgeglichenheit, einen lebendigen, auf

---

[99] *Arthur Louis Dunham*, Anglo-french Treaty of Commerce 1860 and the Progress of the Industrial Revolution in France, Ann Arbor 1930 (2. Aufl. New York 1971). - *Ders.*, The Pioneer Period of European Railroads, Boston 1946. - *Ders.*, A New Perspective on the Industrial Revolution in France, in: Michigan Alumnus Quarterly Review 57 (1951). - *Ders.* (Hg.), Facts and Factors in Economic History, Cambridge 1932. - *Ders.*, La révolution industrielle en France (1815-1848), mit einem Vorwort v. *Charles Schmidt* u. einer Einleitung v. *Georges Bourgin*, übersetzt v. *Louis Blanchard*, Paris 1953 (engl.: The Industrial Revolution in France, 1815-1848, New York 1955).

[100] Vgl. hierzu *Jacques Leenhardt*, Zur Soziologie der französischen Intellektuellen, in: Archiv für Kulturgeschichte 71 (1989), S. 209-225, bes. S. 213. - *Pierre Naville*, La révolution et les intellectuels, Paris 1975. - Mit Blick auf die hier relevante Generation der im späten 19. Jahrhundert aufgewachsenen und sozialisierten "Intellektuellen" und deren Lebensleistungen auf dem Gebiet der Demokratisierung der Dritten Republik vgl. *Christophe Charle*, Social History of France in the Nineteenth Century, Oxford 1991, S. 211-217 sowie *Fritz Ringer*, Fields of Knowledge. French academic culture in comparative perspective, Cambridge 1992.

Vertrauen gegründeten Glauben, die Leidenschaft zur Wahrheit und einen angeborenen Gerechtigkeitssinn" ausgezeichnet hatte[101].

## II.

## Zur Charakteristik und Rezeption von Charles Schmidts

## "Le Grand-Duché de Berg"

Soweit zur Biographie und zu den intellektuellen Kapazitäten eines Historikers und Archivars, der in Deutschland heute fast nur noch durch die vorliegende Schrift bekannt ist. Zu ihrer historiographischen Würdigung ist an dieser Stelle festzustellen:

(1.) Die wahrscheinlich unter der Betreuung von Ernest Denis und Charles Seignobos entstandene Studie ist insofern als 'großer Wurf' anzusehen, als Charles Schmidt - mit sicherem Instinkt für eine ausgewogene Gewichtung der Kapitel, für eine anschauliche Darstellungsweise und für feine, hintergründige Wertungen - ein Werk 'aus einem Guß' geschaffen hat, das nicht nur von Grund auf aus den archivischen Quellen geschöpft ist, sondern auch in seiner Zeit inhaltlich-thematisch keine Wünsche offenließ. Daß sich dies heute - zumindest partiell - aufgrund der zwischenzeitlich auf bestimmten thematischen Feldern fortgeschrittenen Forschung[102] anders verhält, ändert nichts an der grundsätzlichen Berechtigung dieses positiven Urteils und damit auch am nutzbringenden Effekt der vorliegenden Übersetzung für die künftige Erforschung der Geschichte des Großherzogtums Berg beziehungsweise anderer napoleonischer Satellitenstaaten.

(2.) Schmidts Studie ist von der Methodik her äußerst konventionell, das heißt sie ist faktengesättigt, ereignisgeschichtlich orientiert und sehr quellennah geschrieben, sie ist eigentlich ohne jedes theoretische Reflexionsniveau. Der Positivismus dieses Werkes war aber - wie wir bei unserem biographisch-wissenschaftsgeschichtlichen Rückblick bereits gesehen haben - durchaus symptomatisch für die Absolventen der "École des Chartes", zugleich freilich auch für die überwiegende Mehrheit der zeitgenössischen Historiker, insbesondere für die von Charles Schmidt so verehrten Lehrer Ernest Denis und Charles Seignobos, wobei letzterer übrigens gerade wegen seiner altbackenen methodischen Vorstellungen später von Lucien Febvre als unzeitgemäß kritisiert wurde[103]. Charles Schmidt

---

[101] *Baudot,* Charles Schmidt (s. Anm. 8), S. 338 f.

[102] Vgl. dazu die am Ende dieses Bandes abgedruckte Bibliographie neuerer Forschungsbeiträge, in der die wichtigsten Publikationen zur Geschichte des Großherzogtums Berg und des Rheinbundes, die seit der Veröffentlichung von Charles Schmidts "Grand-Duché de Berg" erschienen sind, aufgeführt werden.

[103] Vgl. hierzu *Raulff,* Ein Historiker (s. Anm. 22), S. 184 ff.

gab in seinem Buch jedenfalls völlig unkaschiert zu erkennen, daß er in methodischer Hinsicht ein Traditionalist war.

(3.) Von der historisch-politischen Grundauffassung her ist die Studie ein nüchternes Manifest für ein liberaldemokratisch und vor allem republikanisch verfaßtes Staatswesen, in dem der kleinen Klasse der Herrschenden weder Privilegien noch Prunksucht, weder eine selbstherrliche Selbstinszenierung noch eine irgendwie geartete egoistische Funktionalisierung des Staates gestattet sein sollte. So stellte Schmidt etwa Murat und seine Frau als maßlos geltungssüchtige, strafbar-eigennützige und dabei leicht dümmliche Personen dar, die nicht einmal merkten, wenn sie von Talleyrand mit dem Versprechen auf immer noch größere Herrschaftsgebiete zum Besten gehalten wurden.

Sehr pointiert fiel auch Schmidts Urteil über Napoleon aus: Bei aller Genialität im Organisatorischen und Strategischen Denken hatte Napoleon - nach Schmidt - "von der großen Bewegung von 1789 und den monarchischen Traditionen diejenigen Prinzipien beibehalten, die ihm einzig die unumschränkte Gewalt sicherten."[104]. Einseitig habe Napoleon die Demokratisierung der Gesellschaft und die Zentralisierung des Staates vorangetrieben, doch das Ziel der Freiheit sei dabei völlig auf der Strecke geblieben.

Trotz solcher für einen französischen Historiker des frühen 20. Jahrhunderts nicht gerade üblichen Wertungen[105], gab sich Charles Schmidt zugleich aber auch - im oben eingehend erläuterten Sinne - als Patriot zu erkennen. So stellte er sein Werk unter das bezeichnende Motto des Frühhistoristen Johannes von Müller (1752-1809)[106] "Ein Stoß mußte von außen kommen ...", womit er natürlich den Anstoß zur Modernisierung der besetzten Territorien durch die französischen Beamten meinte. - Und so wurde Schmidt nicht müde, die Elemente der gesellschaftlichen Erneuerung, die seines Erachtens doch erheblich vorangetrieben worden seien, zu betonen.

Zugleich machte er jedoch keinen Hehl daraus, daß er vor allem die wirtschaftlichen Begleit- und Folgeerscheinungen der französischen Besatzung für das Großherzogtum Berg und seine einst so erfolgreichen Gewerbe als eine historische Heimsuchung beurteile und daß die französische Herrschaft dem betroffenen Gebiet nichts anderes als einen ständigen wirtschaftlichen Rückschlag zugefügt habe[107]. So kam Schmidt zu dem ab-

---

[104] Zitat aus der vorliegenden Übersetzung, siehe S. 339.

[105] Zur wechselhaften, nach dem jeweiligen politisch-ideologischen Hintergrund des Verfassers ausgerichteten Napoleoninterpretation vgl. in neuerer Perspektive *Ernst Schulin,* Geschichte der Geschichtsschreibung über die Französische Revolution, in: *Ders.,* Die Französische Revolution, 2. Aufl. München 1989, S. 22-51 sowie mit Blick auf die hier relevante ältere Forschungsliteratur vor allem *Pieter Geyl,* Napoleon for and against, London 1949. - Einen instruktiven Überblick über die um 1900 aktuelle Geschichtsschreibung zur Französischen Revolution unter besonderer Berücksichtigung der Deutschlandpolitik Napoleons, wodurch aufschlußreiche Vergleiche mit den Deutungsansätzen Schmidts ermöglicht werden, vermittelt *Gödde-Baumanns,* Deutsche Geschichte (s. Anm. 12), S. 166-179. Für einen solchen interpretatorischen und historiographiegeschichtlichen Vergleich wären vor allem heranzuziehen die einschlägigen Werke von Albert Sorel, Arthur Lévy, Albert Vandal, Alfred Rambaud und Émile Bourgeois. - Vgl. hierzu auch die von Charles Schmidt selbst im Literaturverzeichnis seines Werkes aufgeführten Titel.

[106] Schmidt nannte ihn in der selbstgewählten französisierten Form "Jean de Müller". - Vgl. hierzu *Horst Walter Blanke,* Art. Johannes v. Müller, in: Historiker-Lexikon (s. Anm. 17), S. 218 f.

[107] Vgl vorliegende Übersetzung, S. 340.

schließenden Urteil, daß wohl "daß die französischen Ideen, auch ohne die Eroberung durch Waffengewalt und ohne unmittelbare französische Herrschaft, den Rhein überschritten hätten, nach und nach in die deutsche Bevölkerung eingedrungen wären und sie zum modernen Leben erweckt hätten"[108]. Gleichwohl könne diese prophetische These von niemandem bewiesen werden, und daher bleibe, gewissermaßen unter dem Strich, die soziale Gleichheit - beziehungsweise ihre beschleunigte Ingangsetzung - noch vor den Stein-Hardenbergschen Reformen als die dauerhafte "Wohltat" der französischen Herrschaft übrig[109].

(4.) Das thematische Spektrum, das Schmidt in den zwölf Kapiteln seines Buches entfaltet, verlangt zweifellos auch einem Historiker von heute noch Respekt ab. Ohne hier in Details gehen zu wollen, kann doch festgestellt werden, daß er nahezu alle Bereiche des gesellschaftlichen und wirtschaftlichen Lebens ausleuchtete, daß er die territoriale Entwicklung nachzeichnete und sich zugleich ausführlich mit den Verwaltungs- und Justizreformen beschäftigte, daß er die Militärverfassung darstellte und auch den Bereichen von Schule und Kirche ein eigenes Kapitel widmete. Doch trotz aller Ausgewogenheit und Breite auf der inhaltlich-thematischen Ebene ist nicht zu übersehen, daß Charles Schmidt ein ganz besonderes Anliegen verfolgte: Bei jeder sich bietenden Gelegenheit ging er wirtschafts- und sozialgeschichtlichen Fragestellungen nach, setzte er Akzente und eröffnete neue Perspektiven. Sehr großen Raum nehmen daher seine Schilderungen der wirtschaftlichen Verhältnisse, der Einführung der sozialen Reformen, der Protest- beziehungsweise Aufstandsbewegung, der Veränderungen und Klimawechsel im Bereich der öffentlichen Meinung und der kollektiven Mentalitäten ein. In historiographie- und wissenschaftsgeschichtlicher Hinsicht ist dies sein ganz besonderes Verdienst: ein Werk geschaffen zu haben, in dem noch vor dem Auftreten der "Annales" eine Lanze gebrochen wurde für eine verstärkte Berücksichtigung wirtschaftlicher und gesellschaftlicher Prozesse, das heißt für moderne Zugriffe auf essentielle Lebensbereiche.

Trotz dieser relativen Modernität, welche die inhaltliche Gestaltung des vorliegenden Werkes auszeichnet, wurde es von den Zeitgenossen, wenn überhaupt, dann nur äußerst zögernd wahrgenommen und rezipiert[110]. Gewiß ist dies größtenteils mit der ideologisch

---

[108] Ebd., S. 341

[109] Ebd., vgl. S. 340 f. - Vgl. hierzu auch *Heinz Rob,* Napoleonische Bauernbefreiung. Staatskunst im Großherzogtum Berg, Staatsversagen im Königreich Westphalen, in: *Dietz* (Hg.), Das Großherzogtum Berg (s. Anm. 1), S. 66-78. - *Klaus Rob* (Bearb.), Quellen zu den Reformen in den Rheinbundstaaten, Bd. 1: Regierungsakten des Großherzogtums Berg 1806-1813; Bd. 2: Regierungsakten des Königreichs Westphalen 1807-1813, München 1992.

[110] Durch Rezensionen oder kommentierende Beiträge wurden Charles Schmidts Veröffentlichungen in Deutschland offenbar nur von sehr wenigen Fachleuten rezipiert. Im Mittelpunkt standen dabei (1.) der Düsseldorfer Staatsarchivdirektor Otto Reinhard Redlich, der durch seine Bekanntschaft mit Schmidt als Archivbenutzer, seine Tätigkeit als Übersetzer des Schmidtschen Beitrags "Die Industrie des Großherzogtums Berg im Jahre 1810" (in: Beiträge zur Geschichte des Niederrheins 19, 1905, S. 64-96) und sein persönliches Interesse an wirtschafts- und sozialgeschichtlichen Fragestellungen zur Rezeption von Schmidts Studien besonders motiviert war. Redlich war es denn auch, der Schmidts "Le Grand-Duché de Berg" in den "Beiträgen zur Geschichte des Niederrheins" ausführlich rezensierte und in der "Zeitschrift des Bergischen Geschichtsvereins" mit einer thematisch kommentierenden Miszelle wenigstens dem regionalen Publikum vorstellte. (2.)

motivierten Skepsis zu erklären, welche die in der Regel stramm deutsch-nationale Historikerschaft den Arbeiten ihrer französischen Kollegen grundsätzlich entgegenbrachte. An dieser skeptisch-distanzierten, vor dem Hintergrund des Sieges von 1870/71 auch arroganten und nach der Niederlage von 1918 sogar feindseligen Grundhaltung der auch in der Weimarer Republik mehrheitlich konservativ und betont national eingestellten deutschen Historiker gegenüber ihren französischen Kollegen änderte sich bis nach 1945 tendenziell wenig. Erst als es im Verlaufe der 1960er Jahre zu einer zunehmenden Öffnung der traditionellen, bis dahin positivistisch-historistisch ausgerichteten deutschen Geschichtswissenschaft hin zur Soziologie und anderen historisch beeinflußten Nachbardisziplinen kam und sich eine grundlegende Revision der Geschichtsauffassung in der Bundesrepublik anbahnte, begann man auf breiterer Basis damit, die außerordentlichen Leistungen der französischen Forschung zu rezipieren und anzuerkennen[111].

In umgekehrter Richtung, von Frankreich nach Deutschland, waren die geistigen Grenzen offenbar wesentlich transparenter[112], daran änderte selbst die Dreyfus-Affäre wenig, auch wenn sie im Gefolge der tiefgreifenden Verbitterung über die Annexion Elsaß-Lothringens insgesamt sehr zur Ideologisierung der französischen Gesellschaft und speziell zur anti-deutschen Mobilisierung der politischen Rechtsgruppierung beitrug: Unter französischen Historikern, die um 1900 noch stark von der Geographie beeinflußt wurden und deshalb besondere Emanzipations- und Professionalisierungsenergien freisetzten[113], rezipierte man - manchmal durchaus mit unterschwelliger Bewunderung - die

---

Ein weiterer Multiplikator von Schmidts Forschungsergebnissen war Paul Darmstaedter, selbst ein Experte für die Geschichte der napoleonischen Wirtschaftspolitik. Er rezensierte die von Schmidt bearbeitete Edition "Procès-verbaux des comités d'agriculture ..." für die "Historische Zeitschrift" (HZ), die sich auch im Rahmen von Sammelbesprechungen mit anderen Veröffentlichungen Schmidts beschäftigte. In den "Annalen des Historischen Vereins für den Niederrhein", den "Preußischen Jahrbüchern", der "Vierteljahrschrift für Sozial- und Wirtschaftsgeschichte" oder anderen relevanten historischen Zeitschriften der Zeit wurden die Studien Schmidts, insbesondere sein "Grand-Duché de Berg", nicht gesondert rezensiert.
*Otto Reinhard Redlich,* Rez. v. Charles Schmidt, Le Grand-Duché de Berg, in: Beiträge zur Geschichte des Niederrheins. Düsseldorfer Jahrbuch 21 (1906/07), S. 319-322. - *Ders.,* Elberfelder Industrie vor hundert Jahren, in: Zeitschrift des Bergischen Geschichtsvereins 43 (1910), S. 49-59. - *Paul Darmstaedter,* Rez. v. Fernand Gerbaux u. Charles Schmidt, Procès-verbaux des comités d'agriculture ..., Bd. 1, in: HZ 100 (1908), S. 645 ff. - Vgl. auch ebd. S. 187 (Bespr. v. "État sommaire ..."), HZ 98 (1907), S. 223 (Bespr. v. "La Réforme de l'Université Impériale"), HZ 105 (1910), S. 324 f (Bespr. v. "Comité de Commerce ..., Bd. 2).
[111] *Jürgen Kocka,* Sozialgeschichte. Begriff - Entwicklung - Probleme, 2. Aufl. Göttingen 1986, S. 67-81. - *Winfried Schulze,* Deutsche Geschichtswissenschaft nach 1945, München 1989, S. 207-227, 281-311. - *Karl Dietrich Erdmann,* Die Ökumene der Historiker. Geschichte der Internationalen Historikerkongresse und des Comité International des Sciences Historiques, Göttingen 1987, S. 275 ff. - *Peter Schöttler,* Zur Geschichte der Annales-Rezeption in Deutschland (West), in: Alles Gewordene hat Geschichte. Die Schule der Annales in ihren Texten 1929-1992, Leipzig 1994, S. 40-60.
[112] Vgl. Anm. 48 sowie *Lucien Febvre,* Der Rhein und seine Geschichte (s. Anm. 98), S. 9-14.
[113] *Burke,* Offene Geschichte (s. Anm. 5), S. 19.

ausgefeilte deutsche Methodenlehre, den damit begründeten Anspruch auf Wissenschaftlichkeit und politische Relevanz, man rezipierte eifrig Ranke, Dilthey und Droysen[114].

Besonders interessiert verfolgte man im Frankreich der Jahrhundertwende aber auch
den Lamprecht-Streit um die Aufwertung der Sozial-, Wirtschafts- und Kulturgeschichte
gegenüber der dominierenden Politikgeschichte, denn auch in Frankreich und im gesamten französischsprachigen Raum verstärkten sich fast zur gleichen Zeit die Einflüsse der
Soziologie. Vorangetrieben durch die Tätigkeit von Forschern wie etwa dem oben bereits
mehrfach erwähnten Émile Durkheim sowie Henri Pirenne (1862-1935) und einigen anderen wurde die Forderung nach einer vor allem auch die neuere Zeit berücksichtigenden
Sozial-, Wirtschafts- und Kulturgeschichte in Frankreich besonders intensiv und kontrovers diskutiert, schließlich hatte Jules Michelet (1798-1874), der erste Historiker der
"Großen Revolution", schon 1842 eine "Geschichte von unten" einzuklagen versucht,
eine "Geschichte derjenigen, die gelitten und gearbeitet haben, zugrundegegangen und
gestorben sind, ohne daß sie ihre Mühsal hätten beschreiben können"[115].

So wird es verständlich, warum Charles Schmidts Standardwerk zur Geschichte des
Großherzogtums Berg in Deutschland zunächst kaum zur Kenntnis genommen wurde,
allenfalls von einigen besonders an der Revolutionszeit und napoleonischen Ära interessierten Archivaren und spezialisierten Historikern[116]. Ansonsten aber stützte man sich -
so wie es allgemein üblich war - bei seiner wissenschaftlichen Lektüre lieber auf 'deutsche Hausmannskost', auf altbacken Landesgeschichtliches und vor allem auf Deutsch-
Nationales: etwa (a) auf Rudolf Goeckes schmale Arbeit über das Großherzogtum Berg
von 1877 oder (b) auf Otto Reinhard Redlichs - übrigens erheblich von der frühen Rezeption des Schmidtschen Werkes profitierende - Untersuchungen über Napoleons Aufenthalte in Düsseldorf und das Verhalten der bergischen Unternehmer unter den Bedingungen der französischen Zoll- und Handelspolitik oder schließlich und endlich (c) auf
die landsmannschaftlich-pathetischen und betont nationalen Darstellungen von Justus
Hashagen und Alexander Conrady von 1917 und 1922[117].

Dabei bestand zu einer solchen Mißachtung des Schmidtschen Werks zumindest aus
ideologischer Sicht tatsächlich keinerlei Grund. Das wußten auch die wenigen Rezen-
senten und tatsächlichen Experten zu berichten, die sich vor 1945 mit diesem frühen
Standardwerk regionaler Geschichtsschreibung beschäftigten. Gleichwohl wurde
Schmidts "Le Grand-Duché de Berg" erst eingehender berücksichtigt, als weit nach 1945
die Landes- beziehungsweise die moderne Regionalgeschichte mit ihrem Repertoire kriti-
scher Methoden und Fragestellungen die einst ideologisch besetzten Gebiete der deutschen Geschichte einer gründlichen Überprüfung unterzogen.

---

[114] *Becher,* Geschichtsinteresse (s. Anm. 3), S. 67 ff.

[115] *Jules Michelet* (1842), Oeuvres, Bd. 4, Paris 1974, S. 8.

[116] Vgl. Anm. 110.

[117] Vgl. hierzu neben der im Anhang zum vorliegenden Band abgedruckten Forschungsbibliographie die Literaturberichte von *Burkhard Dietz,* Das Großherzogtum Berg in der neueren historischen Forschung, in: *ders.* (Hg.), Das Großherzogtum Berg (s. Anm. 1), S. 11-18 und *Ingeborg
Schnelling-Reinicke,* Neuere Literatur zur "Franzosenzeit", in: Düsseldorfer Jahrbuch 67 (1996),
S. 471-478.

Maßgeblich gefördert wurde diese Entwicklung (1.) durch die wissenschaftliche Westorientierung der neuen deutschen Sozialgeschichte, die auf den ersten deutsch-französischen Historikertreffen nach 1945 die weit fortgeschrittenen Leistungen der Annales-Bewegung entdeckte und daraus unter Berücksichtigung älterer volksgeschichtlicher Traditionen die "Strukturgeschichte" gründete[118]; gefördert wurde diese Entwicklung aber auch (2.) durch die nun verstärkt einsetzende Kooperation der Archivare, die sich zu mehrmonatigen internationalen Arbeitskolloquien, zu den "Stage(s) technique(s) international d'archives", in Paris trafen und dabei (a) die umfangreichen Aktenbestände des französischen Nationalarchivs zum Großherzogtum Berg in den Blick nahmen (Helmut Dahm in den 1950er Jahren, Helmut Richtering um 1970) sowie (b) die zahlreichen Inventarverzeichnisse von Charles Schmidt zu einzelnen Teilen dieser umfassenden Aktenbestände (wieder-)entdeckten[119].

Doch abschließend noch einmal zurück zu meiner These, Schmidts Studie über das Großherzogtum Berg hätte eigentlich schon den deutschen Zeitgenossen aus ideologisch-politischer Sicht als unverfänglich erscheinen müssen, so daß einer intensiven Rezeption nichts hätte im Wege stehen dürfen. Für diese These sprechen vor allem zwei Argumente: Erstens die nüchtern-positivistische, bisweilen etwas spröde und bei allen, zum Teil gut versteckten Werturteilen äußerst zurückhaltende Darstellungsweise von Charles Schmidt, der in der sachlichen Sprache des Archivars Fakten und Prozesse erläuterte, Hintergründe und Zusammenhänge aufwies und dabei eine dezidierte Abneigung gegen alles Pathetische zeigte, insbesondere gegen die weit verbreiteten Heldenverehrungen Napoleons, Murats und anderer Galeonsfiguren der französischen Revolutionsgeschichte beziehungsweise ihrer monarchischen Ausflüsse. Zweitens spricht für diese These die intellektuelle Biographie Charles Schmidts, deren Grundzüge oben dargestellt werden konnten.

---

[118] Vgl. Anm. 111 sowie *Willi Oberkrome,* Volksgeschichte. Methodische Innovation und völkische Ideologisierung in der deutschen Geschichtswissenschaft 1918-1945, Göttingen 1993, S. 11-21, 220-229.

[119] *Helmut Richtering,* Quellen des französischen Nationalarchivs zur Geschichte der Lande zwischen Rhein und Weser in napoleonischer Zeit, in: Westfälische Forschungen 24 (1972), S. 87-152.

# III.

## Anhang: Schriftenverzeichnis Charles Schmidt (1872-1956)[120]

Sublet de Noyers, précurseur de Louvois et de Colbert (nicht veröffentlichte Abschluß-arbeit der "École des Chartes"), Paris 1897

Les Seigneurs, les paysans et la propriété rurale en Alsace au moyen âge, mit einem Vorwort v. *Christian Pfister*, Paris: Berger-Levrault 1897

(Hg. u. Bearb. mit *Eugène Drot u.a.*) Inventaire sommaire des archives Departementales antérieures à 1790, Redaktion: *Francis Molard* (Yonne, Archives hospitalières, Série H., Supplément, Tome IV), Auxerre: A. Gallot 1897 (234 S.)

Un manuscrit de la bibliothèque de Cassel. Le "Stammbuch" d'un étudiant allemand du XVIe siècle, in: Bibliographie moderne 1898, Nr. 5 (8 S.)

(Hg. u. Bearb. mit *Édouard Duponteil u.a.*) Résumé des délibérations du directoire du Departement [de l'Yonne] du 29 octobre 1791 au 16 août 1792, Auxerre: A. Gallot 1899 (80 u. 447 S.)

(Hg. u. Bearb.) Les Origines de l'opinion républicaine dans l'Yonne. Royalistes et anti-royalistes en 1791 (Procès-verbaux de l'administration Departementale de 1790 à 1800, Tome IV), Auxerre: A. Gallot 1899 (80 S.)

Un cours de bibliographie [du P. Laire] à la fin du XVIIIe siècle, in: Bibliographe moderne 1899, Nr. 2, Nr. 6 (23 S.)

Rapport sur un voyages d'archives (Suisse, Allemagne, Autriche-Hongrie), in: Bibliographe moderne (1900), Nr. 1 (39 S.)

---

[120] Ohne Berücksichtigung von Rezensionen und journalistischen Artikeln (zum Beispiel in der zweisprachigen "La Revue Rhénane - Rheinische Blätter. Revue littéraire, économique et artistique", Mainz 1 [1920/21] - 10 [1929/30], an deren historischem Teil Schmidt intensiv mitarbeitete); aufgebaut in chronologischer Reihenfolge nach den verfügbaren Erscheinungsdaten der Publikationen. Im wesentlichen zusammengestellt auf der Grundlage von bibliothekarischen Recherchen in den Verbundkatalogen der Bundesrepublik Deutschland, im Katalog der Université Marc Bloch (Strasbourg) und im Katalog der Bibliothèque nationale de France (Paris). Trotz des aufgeführten, relativ hohen Anteils von sogenannter "grauer Literatur" etwa im Bereich der archivalischen Bestandsverzeichnisse, aber auch der Eigen- und Sonderdrucke anderer staatlicher Institutionen, die erfreulicherweise in den Katalog der Bibliothèque nationale de France aufgenommen wurden, kann das vorliegende Verzeichnis - auch nach mehrfacher gewissenhafter Prüfung - keinen Anspruch auf letzte bibliographische Exaktheit und Vollständigkeit erheben. Abweichungen in den Notationen der einzelnen Bibliotheken wurden jedoch abgeglichen und zum Beispiel hinsichtlich der Eigennamen von Mitherausgebern, Koautoren etc. ergänzt.

Paris (Ministère de l'Instruction publique et des Beaux Arts. Musée pédagogique. Service des projections lumineuses. Notices sur les vues), Melun: Impr. administrative 1900 (19 S.)

Les environs de Paris (Ministère de l'Instruction publique et des Beaux Arts. Musée pédagogique. Service des projections lumineuses. Notices sur les vues), Melun: Impr. administrative 1900 (16 S.)

Causses de la Lozère, gorges du Tarn (Ministère de l'Instruction publique et des Beaux Arts. Musée pédagogique. Service des projections lumineuses. Notices sur les vues), Melun: Impr. administrative 1900 (16 S.)

Les bords du Rhin (Ministère de l'Instruction publique et des Beaux Arts. Musée pédagogique. Service des projections lumineuses. Notices sur les vues), Melun: Impr. administrative 1900 (12 S.)

Berlin et Potsdam (Ministère de l'Instruction publique et des Beaux Arts. Musée pédagogique. Service des projections lumineuses. Notices sur les vues), Melun: Impr. administrative 1900 (16 S.)

Le rôle et les attributions d'un "Intendant de finances aux armées". Sublet de Noyers, de 1632 à 1636, in: Revue d'histoire moderne et contemporaine 2 (1900/1901), S. 151-175

Une visite aux Archives Nationales (Ministère de l'Instruction publique et des Beaux Arts. Musée pédagogique. Service des projections lumineuses), Melun: Impr. administrative 1902 (24 S.)

La bibliothèque de Trianon, a-t-elle été transportée à Sainte-Hélène?, Besançon: P. Jacquin 1902 (7 S.)

Les sources de l'histoire d'un Departement aux Archives Nationales, in: Révolution française. Revue d'histoire moderne et contemporaine, 14 mars 1902 (40 S.)

Une source de l'histoire contemporaine: le fonds de la police générale aux Archives Nationales, in: Revue d'histoire moderne et contemporaine 4 (1902/1903), S. 313-327

L'industrie du Grand-Duché de Berg en 1810. Addition aux Mémoires de Beugnot, in: Revue d'histoire moderne et contemporaine 5, (1903/1904), S. 525-541, 605-622

La réforme de l'université impériale en 1811, hg. v. der Société nouvelle de libre et d'éducation, Paris: G. Bellais 1905 (132 S.)

Le Grand-Duché de Berg (1806-1813). Étude sur la domination française en Allemagne sous Napoléon Ier, Paris: F. Alcan 1905 (XVI, 528 S.)

Die Industrie des Großherzogtums Berg im Jahre 1810. Ein Nachtrag zu Beugnots Memoiren, in: Beiträge zur Geschichte des Niederrheins. Jahrbuch des Düsseldorfer Geschichtsvereins 19 (1905), S. 64-96

Le Sieur Giller, citoyen français, in: Revue germanique 1 (1905), Nr. 4, S. 515-519

(mit *André Fauconnet*) Études sur [Friedrich von] Schiller. Publication pour le centenaire de la mort du poète par la Société pour l'Étude des langues et des littératures modernes et la Société d'histoire moderne, Paris: F. Alcan 1905 (VII, 228 S.)

(Hg. u. Berab. mit *Fernand Gerbaux u.a.*) Procès-verbaux des comités d'agriculture et de commerce de la Constituante, de la Législative et de la Convention, Bd. I: Assemblée Constituante (1. Teil: 2 septembre 1789 - 21 janvier 1791), Paris: Impr. nationale 1906; Bd. II: Assemblée Constituante et Assemblée Législative (2. Teil), Paris: ebd. 1907; Bd. III: Convention nationale (1. Teil), Paris: ebd. 1908; Bd. IV: Convention nationale (2. Teil), Paris: ebd. 1910; Bd. V: Tables, Paris: ebd. 1937

La crise industrielle de 1788 en France, in: Revue historique XCVII (1907), (19 S.)

(Hg. u. Bearb.) Les sources de l'histoire de France depuis 1789 aux Archives Nationales, mit einem Vorwort v. *Alphonse Aulard*, Paris: H. Champion 1907 (288 S.)

(Hg.) L'industrie. Instruction, recueil de textes et notes, hg. v. der Commission de recherche et de publication des documents relatifs à la vie économique de la révolution (Bulletin trimestriel de la Commission, Nr. 3-4), Paris: Leroux 1910 (253 S.)

Jean-Baptiste Say et le blocus continental, in: Revue d'histoire des doctrines économiques et sociales 1911 (8 S.)

L'industrie cotonnière dans le Haut-Rhin en 1806, in: Bulletin de la Société industrielle de Mulhouse, mars 1911, Mulhouse: V. Bader 1911 (38 S.)

(Hg.) Le commerce. Instruction, recueil de textes et notes, hg. v. der Commission de recherche et de publication des documents relatifs à la vie économique de la révolution (Bulletin trimistriel de la Commission), Paris: Impr. nationale 1911 (343 S.)

(Hg.) Une conquête douanière. Documents des Archives Nationales relatifs à la préparation de la réunion de Mulhouse à la France 1785-1798, hg. v. der Société industrielle de Mulhouse, Paris: Berger-Levrault 1911, 2. Aufl. Mulhouse: Meininger 1912 (VII, 162 S.)

Une enquête sur la drapperie à Sedan en 1803, in: Revue d'histoire des doctrines économiques et sociales 5 (1912)

(Hg.) Les documents de l'histoire économique du XIXe siècle (Bibliographe moderne, Nr. 3-4, 1911), Besançon: Jacques & Demontrond 1912

Napoléon et les routes balkaniques, in: Revue de Paris, 15 novembre 1912 (20 S.)

Gand, ville française, in: Revue de Paris, 1 mai 1913 (16 S.)

Les débuts de l'industrie cotonnière en France 1760-1806, Teil I: Jusqu'au traité de 1786, Teil II: De 1786 à 1806, in: Revue d'histoire économique et sociale 6 (1913) u. 7 (1914), Paris: M. Rivière

Les documents de l'histoire économique du XIXe siècle. Le dépôt de Bâle, in: Bibliographe moderne, Nr. 5-6 (1912-1913), Besançon: Jacques & Demontrond 1914 (7 S.)

(Bearb.), Brieflicher Sprach- und Sprechunterricht für das Selbststudium der französischen Sprache, von *Charles Toussaint* u. *G. Langenscheidt*, unter Mitwirkung v. *A. Gornay*, neu bearb. v. *Charles Schmidt*, Berlin: G. Langenscheidt 1914 (84 S.)

Anvers et le système continental 1792-1814, in: Revue de Paris, 1 février 1915 (18 S.)

Méthode Toussaint-Langenscheidt. Sachs-Villatte. Dictionnaire encyclopédique français-allemand et allemand-français, 2. Teil, 26. Aufl., hg. u. bearb. v. *Adolphe Biel, Auguste Tönnies u. Charles Schmidt*, Berlin: Langenscheidt 1917, 1921

Devant la statue de Lezay-Marnésia, in: Revue de Paris, 1 mars 1919 (15 S.)

Rapport sur une mission dans les territoires rhénans (18.-31.1.1919), o.O. (Paris) 4. Februar 1919, Manuskript, Archives Nationales, AJ$^9$ 2953

Ce qu'ils auraient fait de l'Alsace-Lorraine. Les plans de germanisation pendant la guerre d'après des documents officiels allemands. L'école et l'église. La conférence de Bingen et la colonisation. Le futur régime constitutionel. Le programme du maréchal de Hindenburg, Nancy: Berger-Levrault (o.J.), (58 S., Faks.)

Was die Deutschen mit Elsaß-Lothringen vor hatten, Nancy: Berger-Levrault 1920 (64 S.)

(Bearb. mit *Joseph Estienne, Jacques de Font-Réaulx, Jean de Pange, Albert Pfeiffer, Georges Ritter*) Les sources de l'histoire des territoires rhénans de 1792 à 1814 dans les archives rhénanes et à Paris, mit einem Vorwort v. *Charles-Victor Langlois*, hg. vom Haut-commissariat de la Répubilque française dans les provinces du Rhin, Paris: F. Rieder 1921 (II, 323 S.)

Les plans secrets de la politique allemande en Alsace-Lorraine (1915-1918), mit einem Vorwort von Émile Bourgeois, Paris: Payot 1922 (263 S.)

Die geheimen Pläne der deutschen Politik in Elsaß-Lothringen (1915-1918), Paris: Fischbacher 1923 (I, 242 S.)

A Revelation. Germany's Secret Views for Alsace-Lorraine (1915-1918), with a preface of *Émile Bourgeois*, Paris: Berger-Levrault 1924 (XXIX, 223 S.)

Les journées de juin 1848, Paris: Hachette 1926 (128 S.)

Les archives économiques modernes, in: Revue de Paris, 15 mai 1926 (19 S.)

Bibliothèques pour enfants, in: Revue de Paris, 1 juin 1931 (19 S.)

(mit *Pol Neveux*) Préface, in: *Léo Crozet,* Manuel pratique du bibliothécaire, hg. v. der Association des Bibliothécaires français Paris: Jouve et Cie 1933, 2. Aufl. ebd. 1937 (8 S.)

La bibliothèque et la vie moderne, in: Archives et bibliothèques, Paris: E. Nourry 1935 (9 S.)

Avant-propos, in: Archives Departementales de l'Yonne. Répertoire numérique de la série M, 4 Bde., bearb. v. *Charles Porée*, Auxerre 1937

Un siècle de livres français sur l'Alsace 1830-1930. Volumes et brochures - manuscrits et documents (Katalog einer am 15. März 1937 eröffneten Ausstellung), Strasbourg 1937 (116 S.)

(mit *Robert Anchel*) Introduction, in: La bataille pour la paix. Messages, déclarations et discours des chefs de gouvernement. Principaux documents officiels (10 septembre - 5 octobre 1938), Paris 1938

Des ateliers nationaux aux barricades de juin (Collection du centenaire de la révolution de 1848), Paris: Presses Univ. de France 1948 (67 S.)

Avant-propos, in: *Mathilde Leriche/Georges Prévot*, Bibliothèques scolaires, bibliothèques d'enfants, Paris: Bourrelier 1950

Avant-propos, in: *Arthur Louis Dunham,* La révolution industrielle en France (1815-1848), aus dem Englischen übersetzt v. *Louis Blanchard*, mit einer Einleitung v. *Georges Bourgin*, Paris: M. Riviere 1953 (16 u. 417 S.)

(Hg. mit *Adolphe Biel u. Auguste Tönnies*) Sachs-Villatte. Dictionnaire encyclopédique français allemand et allemand-français, 4. Bearb., durch einen Nachtrag ergänzt, Berlin: Langenscheidt 1956

# Probleme der Sozial- und Wirtschaftsgeschichte
# des Großherzogtums Berg

Jörg Engelbrecht

## I.

Obwohl die Forschung zur Geschichte des Rheinbunds in den letzten zwanzig Jahren deutlich intensiviert worden ist, nicht zuletzt auch in der Absicht, eine Korrektur an der bislang vorherrschenden Beschäftigung mit der preußischen Reformzeit vorzunehmen[1] fehlt es immer noch an detaillierten Studien zur Sozial- und Wirtschaftsgeschichte[2]. Dies hängt ohne Frage mit dem Übergangscharakter der Rheinbundzeit zusammen, der es kaum sinnvoll erscheinen läßt, sie unter sozial- und wirtschaftsgeschichtlichen Aspekten als eigenständige Epoche zu betrachten[3]. Will man also die Geschichte des Großherzogtums Berg in dieser Hinsicht näher beleuchten, so wird ein Blick zurück, zu den Verhältnissen während des Ancien Régime, aber auch ein Blick nach vorn, in die preußische Zeit erforderlich. Die nachfolgenden Ausführungen erheben keinesfalls den Anspruch, die soeben konstatierten Forschungslücken zu schließen; sie wollen vielmehr solche thematischen Felder aufzeigen, die in der Darstellung von Charles Schmidt nicht ausreichend zur Geltung kommen oder die von ihm zeitbedingt

---

[1] Vgl. den Literaturbericht von Otto Dann, Deutschland unter französischem Einfluß, in: Archiv für Sozialgeschichte 26 (1986), S. 416-428. Als jüngste Publikation ist zu nennen: Paul Nolte, Staatsbildung als Gesellschaftsreform. Politische Reformen in Preußen und den süddeutschen Staaten 1800-1820, Frankfurt a.M./ New York 1990. Vgl. auch die Bibliographie im vorliegenden Band.
[2] Auf diesen Mangel hat vor einiger Zeit bereits Roger Dufraisse hingewiesen; ders., Das napoleonische Deutschland. Stand und Probleme der Forschung unter besonderer Berücksichtigung der linksrheinischen Gebiete, in: Napoleonische Herrschaft und Modernisierung, hg. v. Helmut Berding, Göttingen 1980, S. 473. Demgegenüber ist das linke Rheinufer in napoleonischer Zeit - nicht zuletzt auch durch die zahlreichen Arbeiten von Roger Dufraisse - in dieser Hinsicht weit besser erforscht. Vgl. Dann (wie Anm. 1) und Hansgeorg Molitor, Bewegungen im deutsch-französischen Rheinland um 1800, in: Jahrbuch für westdeutsche Landesgeschichte 6 (1980), S. 187-209.
[3] So wird die Rheinbundzeit in den einschlägigen Arbeiten selten scharf vom voraufgegangenen Ancien Régime, eher schon von der Zeit nach 1815 unterschieden. Vgl. etwa Wolfgang Köllmann, Rheinland-Westfalen an der Schwelle des Industriezeitalters, in: ders., Bevölkerung in der industriellen Revolution, Göttingen 1974, S. 208-228; Gerhard Adelmann, Strukturwandlungen der rheinischen Leinen- und Baumwollgewerbe zu Beginn der Industrialisierung, in: Vierteljahrsschrift für Sozial- und Wirtschaftsgeschichte 53 (1966), S. 162-184; Wolfgang Hoth, Die Industrialisierung einer rheinischen Gewerbestadt - dargestellt am Beispiel Wuppertal, Köln 1975; Joachim Kermann, Manufakturen im Rheinland 1750-1833, Bonn 1972; Karl Emsbach, Die soziale Betriebsverfassung der rheinischen Baumwollindustrie im 19. Jahrhundert, Bonn 1982.

nicht beachtet wurden und die auch von der bisherigen Forschung noch unzulänglich behandelt worden sind. Neben wirtschaftlichen und sozialen Problemen, wird es dabei auch um die Frage der Durchsetzung moderner Staatlichkeit in Deutschland gehen.

## II.

Als eine Grundvoraussetzung moderner Staatlichkeit gilt die territoriale Geschlossenheit des Staatsgebiets. In dieser Hinsicht unterscheiden sich die Staaten des Rheinbunds grundlegend von ihren Vorgängern im Alten Reich. Zwar war hier die territoriale Zersplitterung unterschiedlich stark ausgeprägt, doch kaum einer Dynastie ist es gelungen, ein zusammenhängendes Territorium zu schaffen, das frei von konkurrierenden Herrschaftsansprüchen intermediärer Gewalten war[4]. In dieser Frage ist das absolutistische Herrschaftsprogramm weit hinter seinen selbstgesteckten Zielen zurückgeblieben. Es war indes weniger die Schwäche des absolutistischen Systems, als vielmehr die Tatsache seiner Einbindung in ein im Kern immer noch feudales Beziehungsgeflecht, das die Existenz der kleineren Herrschaftsbezirke garantierte. Solange das Heilige Römische Reich deutscher Nation bestand, bildete es die einzig mögliche Legitimationsgrundlage für sämtliche seiner Glieder, von den Kurfürstentümern bis hin zu den Kleinstterritorien der Reichsritter. Ein wesentlicher Unterschied bestand freilich zwischen all diesen Herrschaftsgebieten unterschiedlichsten Charakters: Während die größeren unter ihnen theoretisch seit längerem aus sich selbst heraus existenzfähig waren, ist es schwer vorstellbar, daß die Herrschaftsgebiete der unzähligen kleinen und kleinsten weltlichen und geistlichen Fürsten allein lebensfähig gewesen wären. In ganz besonderer Weise hingen die geistlichen Staaten von der Existenz des Reichs ab. Die Reichskirche mit ihrem exklusiv adligen Charakter und ihrer Doppelstellung im weltlichen und geistlichen Bereich, war das Ergebnis der Verfassungsentwicklung im Alten Reich und findet keine Parallele in anderen Ländern Europas.

Im Westen des Reichs, auf dem Gebiet des späteren Großherzogtums Berg, war die territoriale Zersplitterung verhältnismäßig schwach ausgeprägt, vergleicht man sie etwa mit der des Mittelrheingebiets oder mit der Situation in Franken und Schwaben. Doch auch hier lassen sich im Jahre 1789 immerhin 29 selbständige Herrschaften oder zumindest Teile von diesen nachweisen[5], von denen aber auch die größeren an Ausdehnung wie an Bevölkerungszahl mit den süddeutschen nachmaligen Rheinbundstaaten, etwa mit Baden oder mit Württemberg nicht konkurrieren konnten[6]. Das Besondere an der staatlichen Entwicklung des

---

[4] Vgl. Dietmar Willoweit, Struktur und Funktion intermediärer Gewalten im Ancien Régime, in: Gesellschaftliche Strukturen als Verfassungsproblem, Berlin 1978, S. 9-27.

[5] Angaben nach Schmidt, Großherzogtum, S. 14ff. Diese Zahl bezieht sich auf die Zeit der größten territorialen Ausdehnung des Großherzogtums im Jahre 1808.

[6] Die bevölkerungsreichsten Gebiete waren das alte Herzogtum Berg mit 261.325, die Grafschaft Mark mit 196.602 sowie der rechtsrheinische Teil des Herzogtums Kleve mit rund 55.000 Einwohnern; ebd. Zum Vergleich: Im Jahre 1803, noch vor der Säkularisation und der Mediatisierung, lebten in

Westens im Verlauf der frühen Neuzeit war der Umstand, daß es sich hier um Territorien handelte, deren Herrscher nicht im Land selbst residierten. Mit Ausnahme des Erzstifts Köln und des Fürstbistums Münster, waren es sogenannte "Nebenländer" fernab residierender Dynastien, vor allem der Hohenzollern und der Wittelsbacher. Selbst die geistlichen Staaten Köln und Münster standen während der frühen Neuzeit die längste Zeit unter dem Einfluß des Hauses Wittelsbach, als deren "Sekundogenitur" sie galten, so daß auch ihre Entwicklung im Kontext der Geschichte dieses Hauses gesehen werden muß. Die daneben auch vorhandenen einheimischen Fürsten- und Grafenhäuser, namentlich im westfälischen Teil des späteren Großherzogtums[7] bildeten innerhalb der Geschichte des westlichen Reichsgebiets keinen bedeutenden Faktor.

Die Heterogenität dieses Raums, der sich, das sei beiläufig erwähnt, in etwa mit der Ausdehnung des heutigen Bundeslandes Nordrhein-Westfalen deckt, bezog sich aber noch auf andere, nicht weniger wichtige Merkmale. Zu denken ist hier in erster Linie an die wirtschaftlichen Unterschiede zwischen dem agrarisch bestimmten Westfalen und dem gewerblich geprägten Rheinland, wobei im Einzelnen starke regionale Differenzierungen in Rechnung zu stellen sind[8]. Auch die Zahl und Größe der Städte differierte von einem zum anderen Landesteil. Während Teile des Rheinlands bereits eine Zone relativ starker urbaner Verdichtung bildeten, waren Städte von überregionaler Bedeutung in Westfalen kaum zu finden. Die Residenzstadt Münster war im Grunde das einzige Zentrum, daß sich mit größeren rheinischen Städten messen konnte[9], während andere Orte, auch solche von einiger wirtschaftlicher Bedeutung, über den Status von Land- und Ackerbürgerstädten noch kaum hinausgekommen waren. Selbst die Reichsstadt Dortmund zählte beispielsweise noch im Jahre 1818 wenig mehr als 4000 Einwohner; ihr Gewerbe war noch weitgehend unterentwickelt. Iserlohn und Hagen, zwei Gewerbe- und Handelszentren der Grafschaft Mark, verfügten zwar über eine leistungsfähige Wirtschaft von überregionaler Bedeutung, doch kam beiden Orten wirklich urbane Qualität nur in Ansätzen zu. Im Rheinland waren es vor allem Bonn,

---

Württemberg etwa 650.000 Einwohner; allein die Bevölkerungsgewinne Badens durch den Reichsdeputationshauptschluß erreichten mit 237.000 knapp die Einwohnerzahl des Herzogtums Berg; Angaben nach: Manfred Hettling, Reform ohne Revolution. Bürgertum, Bürokratie und kommunale Selbstverwaltung in Württemberg von 1800 bis 1850, Göttingen 1990, S. 30 und Hermann Schmid, Die Säkularisation und Mediatisation in Baden und Württemberg, in: Baden und Württemberg im Zeitalter Napoleons, Bd. 2, Stuttgart 1987, S. 139.

[7] Zu nennen sind hier etwa Steinfurt, Tecklenburg und Bentheim in Westfalen, Essen, Werden und Elten im Rheinland.

[8] Immer noch unersetzt, gleichwohl in manchen Aspekten ergänzungsbedürftig, ist in diesem Zusammenhang die Arbeit von Fritz Schulte, Die Entwicklung der gewerblichen Wirtschaft in Rheinland-Westfalen im 18. Jahrhundert, Köln 1959.

[9] Vgl. Monika Lahrkamp, Münster in napoleonischer Zeit 1800-1815, Münster 1976; Mechthild Siekmann, Die Stadt Münster um 1770. Eine räumlich-statistische Darstellung der Bevölkerung, Sozialgruppen und Gebäuden, Münster 1989. Vgl. auch allgemein: Hans H. Blotevogel, Zentrale Orte und Raumbeziehungen in Westfalen vor der Industrialisierung (1780-1850), Münster 1975.

Köln, Aachen, Düsseldorf, Elberfeld-Barmen und Duisburg, die, aus jeweils völlig unterschiedlichen Gründen, als Städte von herausragender Bedeutung anzusprechen sind. Bonn war unbestritten das geistige Zentrum des katholischen Rheinlands, in dem die Aufklärung ihre nachhaltigsten Spuren zurückgelassen hatte. Köln und Aachen, die beiden alten Reichsstädte, befanden sich zwar gegen Ende des 18. Jahrhunderts in einem Zustand fortgeschrittenen Verfalls, doch konnte zumindest Köln seine von jeher bestehende Monopolstellung im Rheinhandel noch erfolgreich behaupten und muß nach wie vor als wichtiges Handelszentrum angesprochen werden. Düsseldorf hatte im Jahre 1716 seine Residenz verloren und war in den folgenden Jahrzehnten weit hinter seine einstige Bedeutung zurückgefallen, doch nahm es als Verwaltungssitz der Herzogtümer Jülich und Berg nach wie vor eine wichtige Funktion wahr[10]. Wie auch im benachbarten Duisburg[11], expandierte hier der Sektor des Handels in der zweiten Hälfte des 18. Jahrhunderts beträchtlich. Gleichsam als "Aufsteiger" unter den rheinischen Städten sind Elberfeld und Barmen anzusprechen[12]. Ihr beispielloser wirtschaftlicher Aufschwung führte dazu, daß sie aus bescheidenen Anfängen am Ende des 18. Jahrhunderts zu respektabler Größe herangewachsen waren. Mit etwa 14.000 Einwohnern war Elberfeld um diese Zeit nächst Düsseldorf mit knapp 20.000 Einwohnern die zweitgrößte Stadt des Herzogtums Berg.

Ein weiteres Differenzkriterium für die verschiedenen Teile Rheinland-Westfalens - wie auch des späteren Großherzogtums Berg - war die Konfession. Neben den geistlichen Fürstentümern Köln und Münster rechneten das Herzogtum Jülich und das Oberquartier des Herzogtums Geldern zu den mehrheitlich katholisch geprägten Gebieten. Das Herzogtum Berg war konfessionell gemischt; mehrheitlich protestantisch waren das Herzogtum Kleve, die Grafschaft Mark und das Siegerland. Zu beachten ist, daß die Protestanten dort, wo sie sich in einer Minderheitenposition befanden, ein besonderes wirtschaftliches Verhalten an den Tag legten, das wiederum ursächlich war für ihren unbestreitbaren ökonomischen Erfolg. Es genügt in diesem Zusammenhang auf die bekannte These Max Webers über den Zusammenhang zwischen der protestantischen Ethik und dem Geist des Kapitalismus zu verweisen, für die unser Raum besonders anschauliche Beispiele bietet[13]. In erster Linie ist hier an das Bergische Land zu denken, aber auch an die Messingindustrie im Raum Stolberg oder die Textilfabrikation in Monschau.

---

[10] Klaus Müller, Unter pfalz-neuburgischer und pfalz-bayerischer Herrschaft (1614-1806), in: Düsseldorf. Geschichte von den Ursprüngen bis ins 20. Jahrhundert, hg. v. Hugo Weidenhaupt, Bd. 2, Düsseldorf 1988, S. 7-312.

[11] Günter von Roden, Geschichte der Stadt Duisburg, 2 Bde., Duisburg 1969-74.

[12] Für beide Städte fehlt eine wissenschaftlichen Ansprüchen genügende Darstellung ihrer Geschichte bis 1806. Als Grundlage muß immer noch herhalten Otto Schell, Geschichte der Stadt Elberfeld, Elberfeld 1900 und Adolf Werth, Geschichte der Stadt Barmen, Barmen 1908. Zum Teil die Zeit bis 1806 berührend neuerdings: Eberhard Illner, Bürgerliche Organisierung in Elberfeld 1775-1850, Neustadt a.d. Aisch 1982.

[13] Max Weber, Die protestantische Ethik und der Geist des Kapitalismus, München 1965.

# III.

Das Großherzogtum Berg war ein künstliches Gebilde, ohne organischen Zusammenhalt. Insofern steht dieses Staatswesen auch in der Tradition des Alten Reichs, in dem solche, meist auf dem Erbweg zusammengekommenen Territorialverbände verhältnismäßig häufig anzutreffen waren[14]. Anders als in den Rheinbundstaaten Bayern oder Württemberg existierte auch kein "Staatsbewußtsein" oder die Vorstellung einer, wie auch immer gearteten Zusammengehörigkeit zwischen den einzelnen Landesteilen und ihren Bewohnern. Die Erinnerung an die vereinigten Herzogtümer Jülich-Kleve-Berg, deren Ausdehnung sich über weite Strecken mit der des Großherzogtums deckte, war verblaßt und in den zweihundert Jahren, die seit ihrer Auflösung vergangen waren, durch andere Einflüsse überlagert worden. Der Niederrheinisch-Westfälische Reichskreis, in dem nahezu alle Territorien des späteren Großherzogtums einmal zusammengeschlossen waren, stellte wegen seiner geringen Bedeutung ebenfalls kein einigendes Band dar. Die Territorien haben im rheinisch-westfälischen Raum bis zum Ende des Alten Reichs den Staatsbildungs- und Integrationsprozeß nur unvollkommen vorantreiben können. Integrative Momente sind vielmehr in einzelnen sozialen Gruppierungen zu suchen, die, wie beispielsweise der Adel oder Teile des Wirtschaftsbürgertums, schon seit längerem territorienübergreifend organisiert und orientiert waren.

Zwar spielte der Adel[15] im Großherzogtum Berg nicht mehr die entscheidende politische Rolle und auch sein wichtigstes Forum, der Landtag, wurde nur ein einziges Mal in der Geschichte dieses Staatswesens einberufen, doch darf darüber nicht vergessen werden, daß es nach wie vor der Adel war, aus dem sich die großherzogliche Beamtenschaft in Teilen rekrutierte. Der rheinische Adel bildete zusammen mit dem westfälischen bereits seit langer Zeit eine geschlossene "Adelslandschaft", die sowohl den stiftsfähigen münsterschen, als auch den Landadel Kurkölns, Jülich-Bergs und Kleve-Marks umfaßte[16] Die familiären Beziehungen zwischen rheinischem und westfälischem Adel, der Güitererwerb in verschiedenen Territorien und die sich daraus ergebende Standesfähigkeit hatten zur Ausbildung einer soziale Schicht geführt, innerhalb derer eine eindeutige Zuordnung zu einem bestimmten Territorium in den seltensten Fällen möglich ist. Selbst der münstersche Adel, der immer

---

[14] Man denke an die Besitzungen des Hauses Wittelsbach nach 1777, die neben dem Kurfürstentum Bayern und der Oberpfalz auch die Kurpfalz, Neuburg, Sulzbach, Jülich, Berg und Bergen op Zoom umfaßten.

[15] Zusammenfassende Arbeiten über den rheinisch-westfälischen Adel während des Ancien Régime und des Großherzogtums Berg fehlen. Für den münsterländischen Adel liegt allerdings eine wegweisende Fallstudie vor. Vgl. Heinz Reif, Westfälischer Adel, 1770-1860. Vom Herrschaftsstand zur regionalen Elite, Göttingen 1979.

[16] Rudolfine Freiin von Oer, Landständische Verfassungen in den geistlichen Fürstentümern Nordwest-Deutschlands, in: Ständische Vertretungen in Europa im 17. und 18. Jahrhundert, hg. v. Dietrich Gerhard, Göttingen 1969, S. 103.

noch die größte Homogenität aufwies, war mit Besitz und Standschaft auch in den rheinischen Territorien vertreten, seine Vertreter bekleideten wichtige Positionen innerhalb der dortigen Verwaltungen, sowohl in Münster als auch in Düsseldorf oder Bonn. Als ein wesentlicher Integrationsfaktor hatte sich die Tatsache erwiesen, daß Köln und Münster über lange Zeit unter einem gemeinsamen Landesherren aus dem Hause Wittelsbach vereinigt waren[17]. Dieser Umstand hatte nicht unwesentlich zur Entstehung einer räumlichen Mobilität des Adels zwischen dem rheinischen und dem westfälischen Raum beigetragen. Die fast durchgängige Katholizität des rheinisch-westfälischen Adels hatte diesen Prozeß eher noch gefördert. Lediglich Kleve und Mark wiesen einen nennenswerten Anteil protestantischer Adelsfamilien auf, ohne daß sich damit bei ihnen eine besondere politische Orientierung verband.

Eine noch höhere räumliche Mobilität wies das rheinische und westfälische Wirtschaftsbürgertum auf[18]. Bedingt durch seine zum Teil bereits weltumspannenden Handelsaktivitäten und die Notwendigkeit einer starken Marktorientierung, hatten die Kaufleute und Fabrikanten den engeren Rahmen ihres jeweiligen Territoriums längst mental und real gesprengt. Die Landeshoheit war ihnen nur insofern von Interesse, als sich ein gutes Verhältnis zu ihr durch mancherlei Privilegien und Handelsvergünstigungen auszahlte. Ansonsten hatte man wenig Bezugspunkte innerhalb des vorgegebenen politischen Verbandes. Die soziale Basis des Wirtschaftsbürgertums war - in dieser Hinsicht dem Adel nicht unähnlich - die Familie, worunter hier ein erweiterter Familienverband begriffen werden muß, der auch alle entfernten und angeheirateten Verwandten umfaßte. Ausbau und Pflege der Familienbeziehungen, die zumeist mit Wirtschaftsbeziehungen einhergingen, waren wichtige Momente für die Stabilität dieser Gruppe, die ihr auch in den schwierigen Jahren nach 1794 eine verhältnismäßig sichere Basis für ihre ökonomischen Aktivitäten boten. Schwerpunktmäßig läßt sich diese Schicht im Aachener Raum, in Köln, Krefeld, im Bergischen Land und in der Grafschaft Mark nachweisen. Konfessionell rechneten sie fast ausschließlich zu den Protestanten, wobei das reformierte Element ein Übergewicht besaß. Die wirtschaftlichen "Leitsektoren" Rheinland-Westfalens waren einmal die Textilindustrie mit Schwerpunkten im Aachener Raum, am Niederrhein, im Bergischen Land und in Ravensberg[19], daneben aber auch die metall- und eisenverarbeitenden Gewerbe der Eifel, des Sieger- und des Bergischen Landes sowie der

---

[17] Dies betrifft die Jahre 1585-1650, 1683-1688, 1719-1761.

[18] Unter dem Begriff "Wirtschaftsbürgertum" soll hier die gesellschaftliche Gruppierung der Großkaufleute, Verleger und Fabrikanten verstanden werden, die nicht oder nicht mehr in das ständische Gefüge des Ancien Régime integriert war. Sie unterschied sich auch erheblich von jenem in Zünften eingebundenen Handwerksbürgertum, wie es für die Städte charakteristisch war.

[19] Vgl. Herbert Kisch, Die hausindustriellen Textilgewerbe am Niederrhein vor der industriellen Revolution, Göttingen 1981.

Grafschaft Mark[20]. Die Jahre um 1800 markierten für das Wirtschaftsbürgertum eine Zeit des politischen Erwachens. Nachdem sie bislang dem Staat und seinen Repräsentanten eher indifferent gegenübergestanden hatten, wurde den Frühunternehmern in immer stärkerem Maße die Notwendigkeit bewußt, selbst aktiv für ihre wirtschaftlichen Interessen tätig werden zu müssen. Die gezielte Förderung, die die Franzosen den Unternehmern auf dem linken Rheinufer zuteil werden ließen, erzeugte dabei einen Nachahmungseffekt auf dem rechten Rheinufer[21]. Während also eine bestimmte Gruppierung innerhalb der nach wie vor sehr heterogenen Schicht des "Bürgertums" in ökonomischem und gesellschaftlichem Aufstieg begriffen war, ist die Situation des Stadt- und Zunftbürgertums zu jener Zeit eher durch Stagnation und Niedergang gekennzeichnet. Zunftunruhen und Bürgerkämpfe bestimmten die Wirklichkeit in vielen alten Städten Rheinland-Westfalens am Ende des 18. Jahrhunderts und lähmten deren wirtschaftliche Kraft[22]. Starres Festhalten an überkommenen Privilegien und die Ablehnung neuer Produktionsformen, hatten in einem bereits länger währenden Prozeß dazu geführt, daß sich der innovative Teil der Wirtschaft außerhalb der Städte angesiedelt und damit die Grundlage für ein blühendes ländliches Gewerbe gelegt hatte. Aus solchen Gewerbeorten sind nicht selten im Verlauf des 18. Jahrhunderts bedeutende Städte hervorgegangen[23].

Anders stellt sich die Situation für die noch schmale Schicht des Bildungsbürgertums dar, die in weiten Teilen identisch war mit der bürgerlichen Beamtenschaft. Im Umfeld der Residenzen und Verwaltungsmittelpunkte - Beispiele sind abermals Bonn, Düsseldorf und Münster - hatte sich ein reges kulturelles Leben entfaltet, das zum Teil auch auf die Sphäre des Hofes zurückwirkte. Institutionell war diese bürgerliche Kultur in den zahlreichen Logen, Lesegesellschaften und anderen aufgeklärten Sozietäten organisiert, die in unserem Raum allenthalben anzutreffen waren[24]. Auch private Zirkel, wie ihn die Gebrüder Jacobi in Düsseldorf unterhielten, oder der "Kreis von Münster" um den Minister Franz von Fürstenberg und die Fürstin von Gallitzin verdienen in diesem Zusammenhang Erwähnung. Die

---

[20] Vgl. Hermann Kellenbenz, Europäisches Eisen. Produktion - Verarbeitung - Handel (Vom Ende des Mittelalters bis ins 18. Jahrhundert), in: ders. (Hg.), Schwerpunkte der Eisengewinnung und Eisenverarbeitung in Europa 1500-1650, Köln 1974, S. 397-452.

[21] Jeffry M. Diefendorf, Businessmen and Politics in the Rhineland, 1789-1834, Princeton N.J. 1980; Jörg Engelbrecht, Außenpolitische Bestrebungen rheinischer Unternehmer im Zeitalter der Französischen Revolution, in: Francia 17/2 (1990), S. 119-141.

[22] Vgl. etwa Klaus Müller, Städtische Unruhen im Rheinland des späten 18. Jahrhunderts, in: Rheinische Vierteljahrsblätter 54 (1990), S. 164-187; ders., Studien zum Übergang vom Ancien Régime zur Revolution im Rheinland, in: ebd. 46 (1982), S. 102-160.

[23] Elberfeld und Barmen bieten hier das anschaulichste Beispiel. Auch der Aufstieg Krefelds im Zusammenhang mit der Seidenindustrie gehört in diese Reihe; vgl. hierzu Peter Kriedte, Die Stadt im Prozeß der europäischen Proto-Industrialisierung, in: Die Alte Stadt 9 (1982), S. 19-51.

[24] Vgl. allgemein: Richard van Dülmen, Die Gesellschaft der Aufklärer, Frankfurt a. M. 1986; Winfried Dotzauer, Freimaurergesellschaft am Rhein, Wiesbaden 1977; Illner, Bürgerliche Organisierung (wie Anm. 12).

Entstehung bürgerlicher Assoziationen blieb indes keineswegs auf die großen Städte beschränkt. Auch in den kleineren Gewerbeorten, so etwa im bergisch-märkischen Raum, lassen sich Logen, Lesegesellschaften und sonstige Sozietäten nachweisen[25]. Die ohne Zweifel vorhandene Vielzahl bürgerlicher Assoziationen darf aber nicht darüber hinwegtäuschen, daß ihr tatsächlicher Einfluß, sei es im Rahmen der Gemeinde oder gar einer Region, sehr begrenzt blieb. Diese begrenzte Reichweite der Aufklärung sollte sich in der Zeit des Großherzogtums fortsetzen.

Auch die Einrichtungen des niederen und höheren Bildungswesens erfuhren in der zweiten Hälfte des 18. Jahrhunderts einen starken Ausbau. So kam es beispielsweise im westfälischen Teil des späteren Großherzogtums zur Gründung oder zur Reformierung mehrerer Bildungseinrichtungen, von denen die Universität Münster (gegr. 1773/80) nur die bedeutendste war[26]. Bei allem Fortschritt, den das Bildungswesen in Rheinland-Westfalen in der zweiten Hälfte des 18. Jahrhunderts erkennbar machte, bleibt es erstaunlich, daß gerade die wichtige gesellschaftliche Gruppe des Wirtschaftsbürgertums nur wenig daran partizipierte. Akademische Bildung und praktische wirtschaftliche Betätigung blieben noch für lange Zeit völlig getrennte Sphären, wie andererseits auch naturwissenschaftliche Erkenntnis und deren praktisch-technische Umsetzung eine erhebliche zeitliche Differenz aufwiesen[27].

Eine wichtige gesellschaftliche Gruppe gilt es noch zu erwähnen: die Beamten. Traditionell waren die obersten Landesbehörden in denjenigen Territorien, die nach 1806 das Großherzogtum Berg bildeten, vom Adel beherrscht. Allerdings hatte sich hier, zumindest im Bereich des ehemaligen Herzogtums Berg, in den Jahren der Besetzung und vollends in der Phase der Reorganisiation der Verwaltung nach 1801 eine Akzentverschiebung ergeben. So waren es seit 1794/95 nicht mehr länger die ständisch gebundenen adligen Beamten, die den Ton in den Kollegien angaben, sondern vielmehr jene bürgerlichen und nobilitierten Räte, die schon seit längerem die Hauptlast der anfallenden Verwaltungsarbeit geleistet hatten. Der

---

[25] In Hamm existierte seit 1791 eine "westfälisch-ökonomische Gesellschaft zur Beförderung der Ökonomie (...)"; Lesegesellschaften gab es in Elberfeld, Solingen, Remscheid, Bochum, Schwelm und Lüdenscheid; Freimaurerlogen lassen sich nachweisen in Düsseldorf (2), Münster, Duisburg (2), Emmerich, Ruhrort, Hagen, Hamm (2), Schwelm, Iserlohn (2) und Solingen. Letztere war allerdings eine Gründung in großherzoglich-bergischer Zeit; Angaben nach van Dülmen, Gesellschaft (wie Anm. 24).

[26] Alwin Hanschmidt, Die erste münstersche Universität 1773/80-1818, in: Die Universität Münster 1780-1980, hg. v. Heinz Dollinger, Münster 1980, S. 3-28; Klaus Goebel, Die Schulreform im 18. Jahrhundert in Münster, Kurköln und Westfalen, in: Köln-Westfalen 1180-1980. Landesgeschichte zwischen Rhein und Weser, hg. v. Peter Berghaus und Siegfried Kessemeier Bd. 1: Beiträge, Münster 1980, S. 384-388; Gerhard Schormann, Das Schul- und Bildungswesen im Herzogtum Berg, in: Das Herzogtum Berg, Düsseldorf 1985, S. 71-75; Wilhelm Zimmermann, Die Anfänge und der Aufbau des Lehrerbildungs- und Volksschulwesens am Rhein um die Wende des 18. Jahrhunderts (1770-1826), Bd. 1, Köln 1953.

[27] Vgl. hierzu allg. A.E. Musson (Hg.), Wissenschaft, Technik und Wirtschaftswachstum im 18. Jahrhundert, Frankfurt a.M. 1977.

landständische Adel hatte demgegenüber seit dem Zusammenbruch der Jahre 1794/95 seinen dominierenden Einfluß verloren und sollte ihn fortan auch nicht mehr zurückgewinnen. Es gibt zahlreiche Hinweise für die Vermutung, daß auch die politische Zentrale in München diese Entwicklung keineswegs bedauerte, hatten doch die jülich-bergischen Stände in der Vergangenheit dem Kurhaus mehr als einmal große Schwierigkeiten bereitet. Die Neuorganisation der bergischen Behörden im Jahre 1802 beseitigte endgültig die überkommene Unterscheidung zwischen "adligen" und "gelehrten", also bürgerlichen Räten. Damit war man einer rationalen Verwaltungsorganisation schon ein wichtiges Stück näher gekommen.

Die Reorganisation der Verwaltung im Jahre 1802 war indes Stückwerk geblieben. Zwar gab es in Düsseldorf genaue Vorstellungen darüber, wie die zukünftige Regierungs- und Verwaltungsarbeit personell und organisatorisch vonstatten gehen sollte, doch reichte die Zeit bis 1806 nicht hin, um tatsächlich einen neuen Verwaltungsaufbau zustande zu bringen. Die Apanagialregelung des Hauses Wittelsbach, wonach dem Schwager des Kurfürsten, Herzog Wilhelm in Bayern, die Domanialeinkünfte des Herzogtums Berg zustanden, und die damit verbundene Zweiteilung der Düsseldorfer Beamtenschaft in eine "Herzogliche Regierung" und einen "Kurfürstlichen Geheimen Rat" in den Jahren 1804-1806 vereitelten viele der ursprünglich angestrebten Verwaltungsreformen. So konnte sich letztlich die neue großherzoglich-bergische Landesherrschaft unter Murat auf keinen bereits eingespielten Beamtenapparat stützen, sondern mußte sich, wie im einzelnen noch zu zeigen sein wird, oft auf Improvisationen verlassen. Es gab allerdings unter den Beamten einige, die ihre politisch-administrativen Vorstellungen unter der pfalzbayerischen Herrschaft nicht hatten verwirklichen können und hierzu erst während der großherzoglichen Zeit eine Chance erhielten. Was die westfälischen Teile des Großherzogtums angeht, so war es hier um die Verwaltung bis zum Jahre 1806 nicht eben gut bestellt gewesen. Lediglich in Kleve und Mark läßt sich von einer funktionierenden Administration sprechen, was nicht zuletzt auch auf das Wirken des Freiherrn vom Stein während seiner Zeit als Kammerpräsident zurückzuführen ist. Im Fürstbistum Münster und in den verschiedenen kleineren weltlichen Territorien Westfalens, befand sich die Verwaltung allgemein in einem beklagenswerten Zustand[28].

Im Bereich der Agrarverfassung lassen sich die größten Unterschiede zwischen den rheinischen und den westfälischen Teilen des späteren Großherzogtums ausmachen. Während in Westfalen, mit Ausnahme des Paderborner Landes und der Grafschaft Mark, ein erheblicher Teil der bäuerlichen Bevölkerung unfrei und zu Diensten und Abgaben an den Grundherrn verpflichtet war, überwogen im Rheinland die freien Pächter, deren Lasten zumeist in Geldzahlungen umgewandelt worden waren. In beiden Gebieten spielte allerdings die Eigenwirtschaft des Adels eine untergeordnete Rolle. Grundherrschaft bedeutete hier wie da

---

[28] Für Münster vgl. die Denkschrift des Reichsfreiherrn Kerkerink zur Borg über den Zustand des Fürstbistums Münster im Jahre 1780, hg. v. Georg Erler, in: Zeitschrift. f. vaterländ. Geschichte u. Altertumskunde 69 (1911), S. 403-450.

Rentengrundherrschaft[29]. Zum Teil hatte sich auch noch das Institut der Marken erhalten, eine Form gemeinschaftlicher Nutzung von Wald und Flur, ohne daß die Markgenossen ihrerseits als Eigentümer zu betrachten waren. Grundsätzlich blieben die Marken in herrschaftlichem Obereigentum, wobei die Landesherren das Besitzrecht für sich beanspruchten. Lokale Adlige übten im Rahmen der Markenverfassung Aufsichts- und Gerichtsfunktionen aus, hatten aber auch schon bestimmte Teile der Mark ausgesondert und ihrem Allod zugeschlagen. Unverkennbar war im 18. Jahrhundert die Tendenz, die Marken aufzulösen und parzelliert zu veräußern. In gewerblich geprägten Gegenden, wo die Landwirtschaft ohnehin nur noch von untergeordneter Bedeutung war, ist es am frühesten zu solchen "Gemeinheitsteilungen" gekommen[30]. In weiten Teilen Rheinland-Westfalens läßt sich ein intensives ländliches Nebengewerbe, zumeist im Bereich der Textilproduktion nachweisen. Schwerpunkte waren das westliche Münsterland, Ravensberg und der linke Niederrhein, vor allem die Gebiete um Viersen, Gladbach und Krefeld[31]. Zum überwiegenden Teil produzierte die Landbevölkerung für die Verleger in den textilindustriellen Zentren Rheinland-Westfalens, und zwar entweder im Kaufsystem oder bereits im voll ausgebildeten Verlagswesen.

IV.

Nicht erst in großherzogliche Zeit lassen sich Ansätze für eine Modernisierung von Staat und Gesellschaft erkennen. Schon während der zweiten Hälfte des 18. Jahrhunderts kam eine Diskussion über die Reformbedürftigkeit des Ancien Régime in Gang, die in unterschiedlichem Ausmaß zur tatsächlichen Veränderung der Verhältnisse beitrug. Die angedeuteten Unterschiede in bezug auf die Reichweite der Reformen hingen vor allem von der Durchsetzungsfähigkeit der leitenden Beamten ab. Da es sich bei den meisten der hier zu betrachtenden Territorien um Nebenländer landfremder Dynastien handelte, besaßen die Landesbehörden einen nicht zu unterschätzenden Gestaltungsspielraum, den sie nach Kräften zu nutzen wußten. Die generelle Tendenz der Reformen zielte auf eine Straffung der Verwaltung, eine Beschränkung des Einflusses der intermediären Gewalten sowie ganz allgemein auf eine stärkere Rationalisierung und Verrechtlichung des politischen Lebens. Hervorzuheben sind in

---

[29] Die rheinisch-westfälische Agrarverfassung in der frühen Neuzeit ist bislang nur unzureichend erforscht. Für das Rheinland vgl. Volker Henn, Zur Lage der rheinischen Landwirtschaft im 16. bis 18. Jahrhundert, in: Zeitschrift f. Agrargeschichte und Agrarsoziologie 21 (1973), S. 169-201 und Christian Reinicke, Agrarkonjunktur und technisch-organisatorische Innovationen auf dem Agrarsektor im Spiegel niederrheinischer Pachtverträge, Köln 1989; für Westfalen: Hildegard Ditt, Struktur und Wandel westfälischer Agrarlandschaften, Münster 1965; Arnulf Jürgens, Bäuerliche Rechtsverhältnisse des ausgehenden 18. Jahrhunderts in Westfalen und im östlichen Preußen. Münstersche Eigentumsordnung 1770 und Preußisches Allgemeines Landrecht 1794 im Vergleich, in: Westfälische Zeitschrift 126/127 (1976/1977), S. 91-139.

[30] Vgl. hierzu Wilhelm Engels, Ablösungen und Gemeinheitsteilungen in der Rheinprovinz. Ein Beitrag zur Geschichte der Bauernbefreiung, Bonn 1957.

[31] Vgl. pars pro toto: Wolfgang Mager, Protoindustrialisierung und agrarisch-heimgewerbliche Verflechtung in Ravensberg während der Frühen Neuzeit. Studien zu einer Gesellschaftsformation im Übergang, in: Geschichte und Gesellschaft 8 (1982), S. 435-474.

416

diesem Zusammenhang die Statthalter der Herzogtümer Jülich-Berg, vor allem Graf Goltstein (1765-1775) und die Freiherrn von Hompesch (1794-1806); in Kleve-Mark fiel die Zeit der verstärkten administrativen Modernisierungsanstrengungen mit der Tätigkeit des Kammerpräsidenten Freiherrn vom Stein (1793-1802) zusammen. Ansätze zu einer Reorganisation der kleve-märkischen Verwaltung reichten allerdings noch weiter zurück und müssen im Zusammenhang mit der Behördenentwicklung im gesamten Königreich Preußen gesehen werden. Im Fürstbistum Münster fehlten vergleichbare Beamte. Seit der Entlassung des Ministers Franz von Fürstenberg im Jahre 1780 wurde das Land von Bonn aus verwaltet. Folglich konnten in Münster die Landstände, allen voran das Domkapitel, einen beherrschenden Einfluß auf die politisch-administrativen Verhältnisse bewahren[32].

Es wäre indes zu kurz gegriffen, wollte man die Modernisierung allein an der Entwicklung der Staatsverwaltung festmachen. Von mindestens ebenso großer Bedeutung waren jene vorwiegend im Umfeld des Bildungsbürgertums angesiedelten kulturellen Prozesse, und die Transformation der Wirtschaft, von denen weiter oben bereits die Rede war. Anders als bei den politischen Strukturen, die den Zusammenbruch des Ancien Régimes nicht überlebten, lag hier ein zukunftsweisendes Potential, das erst im Verlauf des 19. Jahrhunderts zu seiner vollen Entfaltung gelangen sollte. Unter den Verhältnissen, wie sie bis 1803 bzw. 1806 geherrscht hatten, blieben diese Entwicklungen allerdings disparat und beschränkten sich auf einzelne Territorien oder Teile derselben, während andere wenig oder überhaupt nicht davon berührt wurden.

Die Säkularisation und die Mediatisierung des Jahres 1802/03 haben die hier in Frage stehenden Gebiete in sehr unterschiedlichem Ausmaß berührt. Während ihre Auswirkungen im Bereich des Herzogtums Berg und des rechtsrheinischen Kleve eher peripher blieben, vor allem weil es sich hier um eine reine Vermögenssäkularisation handelte[33], waren die geistlichen Staaten fundamental davon betroffen[34]. Sie verloren nicht nur ihre staatliche Existenz und wurden anderen Landesherren zugeschlagen, weit gravierender waren die sozialen Folgen, namentlich für den Adel, der in der Kirche und ihren Pfründen eine wichtige Versorgungsgrundlage besessen hatte. Die Säkularisation der geistlichen Staaten war zwar seit längerem Gegenstand einer öffentlichen Debatte gewesen[35], doch kam ihre tatsächlich Durchführung für die Betroffenen völlig unvorbereitet. Zu einer durchgreifenden territorialen Flurbereinigung durch das Instrument der Mediatisierung ist es im westfälischen Raum

---

[32] Zur Verwaltungs- und Behördengeschichte der genannten Territorien vgl. Kurt G. A. Jeserich u.a. (Hg.), Deutsche Verwaltungsgeschichte, Bd. 1, Stuttgart 1983, S. 690-734. Dort auch Hinweise auf weiterführende Literatur.

[33] Vgl. Jörg Engelbrecht, Die Säkularisation der Klöster im Herzogtum/Großherzogtum Berg, in: Das Herzogtum Berg (wie Anm. 26), S. 44-49.

[34] Harm Klueting, Die Säkularisation von 1802/03 im Rheinland und in Westfalen. Versuch eines Überblicks, in: Monatshefte für evangelische Kirchengeschichte des Rheinlands 30 (1981), S. 265-297.

[35] Vgl. Anton Rauscher (Hg.), Säkularisierung und Säkularisation vor 1800, München u.a. 1976; Hans Müller, Säkularisation und Öffentlichkeit am Beispiel Westfalen, Münster 1961.

allerdings nicht gekommen. Es wurden im Gegenteil neue Kleinstaaten geschaffen, so etwa das Herzogtum Arenberg oder das Fürstentum Rheina-Wolbeck. Die bereits existierenden kleineren weltlichen Herrschaftsbezirke blieben in ihrer Existenz bis 1806 unangetastet. Lediglich die Reichsstadt Dortmund wurde mediatisiert und fiel kurioserweise an Oranien-Nassau, obwohl die Stadt fast ringsum vom Gebiet der preußischen Grafschaft Mark umgeben war[36]. Auch hierin wird man ein Indiz für die im Grunde planlos verlaufende territoriale Neuordnung im Westen des Reiches sehen dürfen.

Im Gegensatz zu Süd- und Südwestdeutschland, wo die Bestimmungen des Reichsdeputationshauptschlusses zum Ausgangspunkt einer staatlichen Arrondierung und langfristigen Modernisierung wurden, unterblieben solche Impulse in Rheinland und Westfalen, sieht man einmal von den linksrheinischen Gebieten ab. Zwar hatte sich Preußen mit dem zeitweiligen Gewinn des Fürstbistums Münster und anderer säkularisierter westfälischer Territorien als dominierende politische Kraft in diesem Raum etabliert, doch währte seine Herrschaft zu kurz, als daß sie dauerhafte Wirkungen hätte zeigen können.

V.

Durch die Ereignisse der Jahre 1805/06 verschoben sich die politischen Kräfte in Europa und im Reich abermals zugunsten Frankreichs. Unter den deutschen Fürsten waren es vor allem die süddeutschen Parteigänger Napoleons, die den größten Nutzen daraus zogen, während Preußen und Österreich auf einem Tiefpunkt ihrer politischen und militärischen Entwicklung angelangt waren. Napoleon hatte damit im Westen Deutschlands freie Hand, um hier eine den Interessen Frankreichs entgegenkommende staatliche Ordnung zu etablieren. Charles Schmidt hat bereits gezeigt, daß dem zunächst keine klare Konzeption zugrunde lag[37]. Bestimmend waren vielmehr allein die französischen Macht- und Sicherheitsinteressen. Wie schon im Fürstenbund gleichen Namens von 1658, sollte der am 12. Juli 1806 gegründete "Rheinbund" in erster Linie ein mit Frankreich fest verbundener Zusammenschluß der deutschen Mittelstaaten sein, wobei der Gedanke einer "deutschen Trias", der Zusammenschluß des "Dritten Deutschland", bereits seit längerem in der Diskussion gewesen war[38].

---

[36] Heinz-K. Junk, Zum Städtewesen im Großherzogtum Berg (1806-1813), in: Städteordnungen des 19. Jahrhunderts. Beiträge zur Kommunalgeschichte Mittel- und Westeuropas, hg. v. Helmut Naunin, Köln/Wien 1984, S. 295 sowie Helmuth Croon, Bürgermeisterei und Stadt im Bergischen Land im 19. Jahrhundert, in: Beiträge und Materialien zur Lokal- und Regionalgeschichte des Bergischen Landes, hg. v. Burkhard Dietz u. Holger F. Becker, Wuppertal 1985 (= Neues Bergisches Jahrbuch 2), S. 148-169.

[37] Schmidt, Großherzogtum, S. 14 ff. Eberhard Weis, Napoleon und der Rheinbund, in: ders., Deutschland und Frankreich um 1800. Aufklärung, Revolution, Reform, München 1990, S. 186-217.

[38] Elisabeth Fehrenbach, Vom Ancien Régime zum Wiener Kongreß, München 1981, S. 76. Zum Trias-Gedanken vgl. auch Peter Burg, Die deutsche Trias in Idee und Wirklichkeit. Vom alten Reich zum Deutschen Zollverein, Stuttgart 1989, S. 8-20.

Eine reformerische Absicht war auf französischer Seite zwar durchaus vorhanden, doch blieben die entsprechenden Pläne den übergreifenden politischen Zielen des Kaiserreichs untergeordnet[39]. Keinesfalls war daran gedacht nach dem Vorbild der linksrheinischen Gebiete, die nach 1798 und endgültig ab 1801 in das französische Staatsgebiet integriert worden waren zu verfahren. Die französischen Verfassungsgrundsätze sollten in Berg nur insoweit Anwendung finden, wie es die Verhältnisse erforderlich machten. Damit verband sich nicht zuletzt die Absicht, die neue Herrschaftsform den Bewohnern des Landes verlokkend erscheinen zu lassen. In diesem Sinne war daran gedacht, Berg zu einem Modellstaat zu machen der, so drückte es Napoleon 1810 aus, "doit être l'école normale des autres États de la Confédération du Rhin[40]". Die Reaktion auf den Herrscherwechsel, der für viele Bewohner des Großherzogtums nicht überraschend kam[41], fiel bei den einzelnen sozialen Gruppierungen recht unterschiedlich aus, wobei einschränkend bemerkt werden muß, daß wir nur in sehr begrenztem Umfang über die Reaktion der Bevölkerung unterrichtet sind.

## VI.

Der Adel, als Stand ohnehin schon in den letzten Jahren des Ancien Regime politisch weitgehend entmachtet und durch die Säkularisation und die Mediatisierung seiner wichtigsten Versorgungsgrundlage beraubt, konnte von den veränderten Verhältnissen die wenigsten Vorteile für sich erhoffen. Wenn sich auch die neue Regierung bemühte, wenigstens Teile der adligen Beamtenschaft in das Verwaltungssystem zu übernehmen, so wurde doch deutlich, daß man innerhalb der Behörden die Bildung einer Adelsopposition zu verhindern trachtete. Unter diesem Gesichtspunkt muß die Berufung des Grafen Nesselrode zum Innenminister des neuen Staatswesens als eine eher beschwichtigende Maßnahme gesehen werden. Gleiches gilt auch für die Bestellung Gisbert von Rombergs zum Präfekten des Ruhr- und des Grafen von Spee zum Präfekten des Rheindepartements. Außer ihnen wurden zwar noch weitere Angehörige des rheinisch-westfälischen Adels in führende Positionen, zumal des Staatsrats berufen, doch haben sie darin allesamt keine wirklich bedeutenden Funktionen ausgeübt[42]. Dies gilt um so mehr, als die eigentlichen "starken Männer" in der Verwaltung Agar und

---

[39] Elisabeth Fehrenbach, Traditionale Gesellschaft und revolutionäres Recht. Die Einführung des Code Napoléon in den Rheinbundstaaten, Göttingen 1974, S. 14 ff, S. 26 f.

[40] Zit. nach Rainer Wohlfeil, Napoleonische Modellstaaten, in: Napoleon und die Staatenwelt seiner Zeit, hg. v. Wolfgang von Grote, Freiburg i.Br. 1969, S. 43.

[41] Über die künftige Zugehörigkeit des Landes war zumindest im ehemaligen Herzogtum Berg schon seit etwa 1799 spekuliert worden, da seit diesem Zeitpunkt immer deutlicher wurde, daß Pfalzbayern kein dauerhaftes Interesse an seinen rheinischen Besitzungen mehr hatte.

[42] Graf Friedrich Hinrich von Borcke, Joseph Ludwig Franz von Goltstein, Friedrich Heinrich von Hatzfeld, Johann Franz von Rappard und Ignaz Freiherr von Trips; Meent W. Francksen, Staatsrat und Gesetzgebung im Grpßherzogtum Berg (1806-1813), Frankfurt a.M. 1982, S. 230 ff. Vgl. auch den Beitrag von Heinz-K. Junk in diesem Band.

später Beugnot waren. Allenfalls auf lokaler und regionaler Ebene, in erster Linie in Westfalen, war der Adel als Ordnungsfaktor unentbehrlich und behielt seine dortigen Ämter weitgehend bei[43]. Seine Stellung innerhalb der ländlichen Agrarverfassung wurde allerdings durch die bald nach 1806 einsetzende antifeudale Reformpolitik zunehmend bedroht. Dennoch ist es dem Adel gelungen, in der Zeit des Großherzogtums als Stand zu "überwintern" und ein Bewußtsein seiner einstigen politischen Bedeutung zu konservieren, an das die Adelsbewegung in preußischer Zeit anknüpfen konnte[44]. Ihm kam dabei zweifellos zugute, daß es in Berg, anders als im benachbarten Königreich Westfalen, nur in begrenztem Umfang zur Schaffung eines napoleonischen Verdienstadels gekommen ist[45].

In größerer Zahl wurden die bürgerlichen, ehedem "gelehrte Räte" genannten Beamten in die neue Administration übernommen. Hier zeigt sich eine starke Kontinuität zwischen dem Verwaltungspersonal aus den letzten Jahren des Ancien Régime und der neuen Herrschaft. Berücksichtigt wurden in erster Linie Männer, die bereits ihre reformerische Gesinnung unter Beweis gestellt hatten. Die persönliche Qualifikation zählte dabei mehr als die Standeszugehörigkeit oder die regionale Herkunft. Die Rekrutierung der bergischen Beamtenschaft gestaltete sich dennoch anders als in den süddeutschen Rheinbundstaaten Bayern, Baden und Württemberg. Während dort ein geschlossener Beamtenkörper entstand, der in erster Linie loyal zum Staat stehen sollte und dafür mit materieller Sicherheit und zahlreichen Privilegien belohnt wurde[46], scheint die Auswahl der großherzoglichen Beamten keinem anderen Prinzip als dem der Qualifikation gefolgt zu sein. Eine staatsintegrative Intention im Sinne der süddeutschen Staaten verband sich damit erkennbar nicht. Auch ein Proporz zwischen den rheinischen und westfälischen Beamten hat sich mehr oder weniger zufällig ergeben.

Ein gutes Beispiel für die Rekrutierungsmuster der Beamten bietet der Staatsrat Georg Arnold Jacobi[47]. Dieser hatte sowohl in der französischen Verwaltung auf dem linken Rheinufer, wo er es bis zum Mitglied der Zentraladministration des Departements Niedermaas gebracht hatte, als auch in der bergischen Verwaltung Erfahrungen sammeln können. Während seines Studiums an der Universität Göttingen war er mit den wirtschaftstheoretischen Vorstellungen Adam Smiths bekannt geworden. Überdies stand er aufgrund seiner Herkunft und seiner verwandtschaftlichen Beziehungen dem rheinischen Wirtschaftsbürger-

---

[43] Vgl. Heinz Reif, Umbruchserfahrung und Konflikt. Adel und Bauern im Münsterland, in: Deutschland zwischen Revolution und Restauration, hg. v. Helmut Berding/ Hans-Peter Ullmann, Königstein/Düsseldorf 1981, S. 242 ff.

[44] Alfred Hartlieb von Wallthor, Konservativer Adel in den Rheinlanden und in Westfalen nach den Befreiungskriegen, in: Rheinland-Westfalen im Industriezeitalter, hg. v. Kurt Düwell/ Wolfgang Köllmann, Bd. 1, Wuppertal 1983, S. 19-26; Reinhold K. Weitz, Der niederrheinische und westfälische Adel in der Auseinandersetzung um Verfassung und Status, in: ebd., S. 27-38.

[45] Monika Lahrkamp, Die französische Zeit, in: Westfälische Geschichte, hg. v. Wilhelm Kohl, Bd. 2, Düsseldorf 1983, S. 31.

[46] Vgl. hierzu Bernd Wunder, Privilegierung und Disziplinierung. Die Entstehung des Berufsbeamtentums in Bayern und Württemberg (1780-1825), München/ Wien 1978.

[47] Über ihn vgl. Francksen, Staatsrat (wie Anm. 42) S. 240-244.

tum sehr nahe, was sich förderlich auf den wirtschaftspolitischen Kurs des Großherzogtums auswirkte[48].

Auch andere führende Beamte des Großherzogtums rechneten zu jenen reformerischen Kreisen, die bereits vor 1806 hervorgetreten waren. Theodor Ark etwa, Mitglied des Staatsrats, stand in engem Kontakt zu den wirtschaftsbürgerlichen Kreisen des Landes. Er hatte unter anderem im Jahre 1801 ein Gutachten verfaßt, das die Gründung eines bergischen Handlungsvorstands befürwortete[49]. Auch Ark hatte vermutlich in Göttingen studiert und war von Smith beeinflußt.

Aus der ehemals klevischen Verwaltung ist der Staatsrat Wilhelm Heinrich Sethe hervorzuheben. Er war Abkömmling einer alten preußischen Beamtenfamilie. Seine juristische Ausbildung hatte er an den Universitäten Duisburg, Halle und Göttingen erhalten. Damit rechnete auch er zu denjenigen, die mit den fortschrittlichen Vorstellungen in der damaligen Staats- und Rechtswissenschaft der Zeit vertraut waren. In großherzoglicher Zeit galt sein besonderens Engagement der Einführung des französischen Zivilrechts[50].

Auch die preußische Verwaltung hielt nach 1815 am Qualifikationsprinzip fest und übernahm eine Reihe von großherzoglich-bergischen Beamten, darunter fast sämtliche Mitglieder des Staatsrats in ihre Dienste[51].

---

[48] Sein Bruder Johann Friedrich war einer der bedeutendsten Aachener Tuchfabrikanten, der es 1802 bis zum interimistischen Präfekten des Roerdepartements gebracht hatte; Sabine Graumann, Französische Verwaltung am Niederrhein. Das Roerdepartement 1798-1814, Essen 1990, S. 49. Die Mutter, Betty von Clermont, stammte aus einer der angesehensten Fabrikantenfamilien dieser Region.

[49] HStAD, Jülich-Berg II, 4717, Bl. 5-21. Über Ark vgl. auch Burkhard Dietz/Frank Hoffmann, Das Fabriken- und Manufakturwesen des Großherzogtums Berg zu Beginn des Jahres 1809. Eine ökonomische Zustandsbeschreibung des Staatsrats Theodor Ark, in: Zeitschrift des Bergischen Geschichtsvereins 92 (1986), S.173-195.

[50] Francksen, Staatsrat (wie Anm. 42), S. 250-252. Sethe hat im übrigen seine Erinnerungen an diese Zeit schriftlich niedergelegt; ders., Weltgeschichte am Rhein erlebt. Erinnerungen des Rheinländers Christoph Wilhelm Heinrich Sethe aus der Zeit des europäischen Umbruchs, hg. v. Adolf Klein /Justus Bockemühl, Köln 1974.

[51] Wachter, Personal-Etat der Beamten des General-Gouvernements Berg, in: Beiträge zur Geschichte des Niederrheins 7 (1893), S. 226-260.

# VII.

Die Wirtschaftsbürger, jedenfalls der Teil, der bereits unternehmerische Züge erkennen ließ, waren diejenigen, die den Herrscherwechsel lebhaft begrüßten. Ihnen bot sich jetzt zum ersten Mal die Chance, langgehegte Pläne zu realisieren und damit Anschluß an die Verhältnisse auf dem linken Rheinufer zu finden. Hatten unter dem Ancien Régime, bei aller Aufgeschlossenheit der Verwaltung gegenüber den Forderungen der Wirtschaft, die Münchener Beamten die meisten reformerischen Ansätze blockiert, so versprach man sich von der französisch dominierten Regierung größeres Entgegenkommen. Diese Erwartungen sind bis zu einem gewissen Grad erfüllt worden, wenngleich sie insgesamt noch hinter den Errungenschaften auf dem linken Rheinufer zurückblieben. Die Crux bestand darin, daß viele der geplanten Maßnahmen an die Einführung einer Verfassung gekoppelt waren, und da deren Einführung unterblieb, kamen sie über das Planungsstadium nicht hinaus. Bei der Bewertung der großherzoglich-bergischen Reformpolitik werden wir also immer zwischen einer intentionalen und einer realen Ebene zu unterscheiden haben. Dies gilt für nahezu alle Bereiche, nicht allein für den ökonomischen Sektor.

Zu den wichtigsten Veränderungen im Bereich der Wirtschaftsverfassung, von denen namentlich die exportorientierten Gewerbe des Bergischen profitierten, gehören die Abschaffung der Zünfte und Privilegien sowie die Einführung der Gewerbefreiheit im Jahre 1809. Die damit verbundene Liberalisierung des Wirtschaftslebens hatte jedoch in den einzelnen Branchen recht verschiedene Auswirkungen. Während große Teile der Textilfabrikanten und -kaufleute diese Maßnahme begrüßten, gab es im Bereich der Kleineisenindustrie Stimmen, die dadurch einen Qualitätsverlust der Produkte befürchteten[52]. Die Diskussion um dieses Problem war indes nicht neu. Bereits in den letzten Jahren der pfalzbayerischen Herrschaft war lebhaft über den Wert von Privilegien und Monopolen gestritten worden und selbst in den 1830er Jahren gab es noch Stimmen, die sich gegen eine uneingeschränkte Gewerbefreiheit aussprachen[53].

Die tatsächlichen Probleme der bergischen Wirtschaft lagen auf ganz anderen Gebieten. So galt es zunächst, die angestammten Absatzmärkte zu bewahren oder, wo dies nicht möglich war, durch neue zu substituieren. Entgegen der in der älteren Literatur häufig anzutreffenden Vorstellung, als habe die Gründung des Großherzogtums unmittelbar zu einem dramatischen wirtschaftlichen Einbruch geführt[54], war es wohl eher so, daß zahlreiche

---

[52] So beispielsweise in Solingen, wo die einheimischen Fabrikanten in Petitionen an den Innenminister um die Beibehaltung ihrer "Schwert- und Messerfabrik" samt den damit verbundenen Privilegien baten; vgl. Heinz Rosenthal, Solingen. Geschichte einer Stadt, Bd. 2, Duisburg 1972, S. 240/241. Nordrhein-Westfälisches Hauptstaatsarchiv Düsseldorf (HStAD), Großherzogtum Berg, 5583.

[53] Vgl. die verschiedenen Beiträge im "Westfälischen" bzw. "Rheinisch-Westfälischen Anzeiger", der von Arnold Mallinckrodt in Dortmund herausgegeben wurde.

[54] vgl. Schmidt, Großherzogtum, S. 345 ff.; Edmund Strutz, Bergische Wirtschaftsgeschichte, in: Justus Hashagen u.a., Bergische Geschichte, Remscheid 1958, S. 394.

Branchen erst in den Jahren nach 1806 zu einer bis dahin nie gekannten Blüte gelangten[55]. In nahezu allen wirtschaftlichen Sektoren, vor allem aber denjenigen, die sich mit der Produktion "englischer" Waren beschäftigten, wozu nach damaligem Verständnis Textil- und Kleineisenindustrie zählten, kam es zu einem deutlichen Wachstumsschub. Napoleon gewährte den bergischen Produzenten eine Reihe wichtiger Vergünstigungen, sowohl im Handel mit Frankreich als auch mit anderen Ländern seiner Einflußzone, nicht zuletzt mit Italien. Seine Absicht war es, die bergische Wirtschaft als mögliche Konkurrenz der britischen zu stärken[56]. Erst die Verschärfung der Kontinentalsperre durch den Tarif von Trianon im Jahre 1810 führte zu einem konjunkturellen Abschwung.

Die großherzogliche Zeit brachte der bergischen Wirtschaft ferner den Vorteil einer stärkeren Verrechtlichung der ökonomischen Sphäre, wobei einschränkend anzumerken ist, daß hier vieles im Planungsstadium blieb und bis 1813 nicht mehr realisiert werden konnte. Während des Ancien Régime hatte man Wirtschaftspolitik vor allem unter fiskalischen Aspekten betrachtet und wenig Verständnis für die besonderen Probleme der einzelnen Branchen und Gewerbeorte aufgebracht. Zwar gab es eine Anzahl von Beamten, die sich nach Kräften bemühten, eine den Interessen der Wirtschaft entgegenkommende Politik zu betreiben, doch blieb deren Einfluß bis 1806 begrenzt[57]. Solange Wirtschaftsfragen nach Belieben zu "causae politici" deklariert und in die Kompetenz der Regierungsbehörden gezogen werden konnten, Wirtschaftssachen hingegen von Gerichten behandelt wurden, denen die entsprechende Kompetenz abging, war an eine kontinuierliche Handels- und Gewerbepolitik nicht zu denken.

Zu den wichtigsten Errungenschaften der Jahre nach 1806 gehörte die sukzessive Übernahme der französischen Handels- und Gewerbegesetzgebung, wie sie auf dem linken

---

[55] Vgl. Rudolf Boch, Grenzenloses Wachstum? Das rheinische Wirtschaftsbürgertum und seine Industrialisierungsdebatte 1814-1857, Göttingen 1991 (= Bürgertum 3), S. 39. Dies gilt im übrigen nicht allein für die bergische Wirtschaft. Während der deutsche Anteil am gesamten französischen Import 1792 lediglich 5,4% betragen hatte, steigerte er sich in den Jahren 1807 und 1809 auf 11 bzw. 28% und selbst im Jahr 1813 lag er noch bei 19,7%; Fehrenbach, Ancien Régime (wie Anm. 38), S. 95.
[56] Kisch, Textilgewerbe (wie Anm. 19), S. 344; Boch, Wachstum (wie Anm. 55), S. 38, verweist darauf, daß das bergische Gewerbe bis etwa 1810 zu den "Kriegsgewinnlern" dieser Zeit gehörte. Ergänzend verweist er auf die These Hans-Ulrich Wehlers, daß die Zeit zwischen 1789 und 1815 eine Phase beschleunigten wirtschaftlichen Wachstums darstellte, von der, wie andere deutsche Staaten auch, das (Groß-)Herzogtum Berg profitierte; ebd., S. 50, Anm. 15. Vgl. hierzu auch Martin Kutz, Die Entwicklung des Außenhandels Mitteleuropas 1789-1815, in: Geschichte und Gesellschaft 6 (1980), S. 538-558. Daß es innerhalb dieser konjunkturellen Aufwärtsbewegung deutliche Unterschiede zwischen einzelnen Firmen, Branchen und Gewerbeorten gegeben hat, steht außer Frage, bedarf aber von Fall zu Fall einer Überprüfung.
[57] Es handelte sich hier durchweg um Beamte, die, wie etwa Friedrich Heinrich Jacobi, von der Theorie Adam Smiths beeinflußt waren. Über F. H. Jacobi vgl. Fritz Schulte, Die wirtschaftlichen Ideen Friedrich Heinrich Jacobis, in: Düsseldorfer Jahrbuch 48 (1956), S. 280-292.

Rheinufer schon bald nach Beginn der französischen Besetzung erfolgt war[58]. Die bereits erwähnte Aufhebung der Zünfte und Privilegien zählte ebenso dazu, wie die Schaffung von Handels- und Gewerbegerichten, die paritätisch mit Juristen und Wirtschaftsvertretern besetzt sein sollten[59]. Zur tatsächlichen Einrichtung dieser Gerichte ist es in großherzoglicher Zeit nicht mehr gekommen. Allerdings diente das entsprechende Gesetz vom 17. Dezember 1811 später als Grundlage für die Errichtung der Gewerbegerichte in zahlreichen Städten der Rheinprovinz in den Jahren 1840 bis 1858[60]. Auch ein eigenes Handelsrecht in Gestalt des von Frankreich übernommenen "Code de commerce" wurde eingeführt, doch geschah dies erst ein Jahre vor dem Ende des Großherzogtums[61].

Die Vereinheitlichung der Maße und Gewichte und deren Umstellung auf das Dezimalsystem war bereits im Jahr 1809 vorgesehen. Obwohl umfangreiche Vorarbeiten hierzu geleistet wurden, unterblieb die Umstellung aus nicht näher ersichtlichen Gründen[62]. Immerhin wurde aber das Münzwesen bereinigt und der Franc mit Wirkung vom 1. Januar 1810 als einzig gültiges Zahlungsmittel in Berg eingeführt[63]. Bei kaufmännischen Transaktionen blieben aber auch weiterhin andere Währungen im Umlauf, so daß das Großherzogtum faktisch nicht zu einem einheitlichen Währungsgebiet wurde[64]. Immerhin gelang es, die zahlreichen Binnenzölle und die städtische Akzise zu beseitigen, womit einer seit langem bestehenden Forderung endlich Rechnung getragen wurde[65].

Die auf französischer Seite zu beobachtende Zurückhaltung gegenüber einer durchgreifenden Modernisierung der bergischen Wirtschaft hatte einen einleuchtenden Grund: Vorrangiges Ziel der Politik des Kaiserreichs war und blieb der Schutz der eigenen Wirtschaft. Die Belange Bergs, auch wenn es sich hier um ein eng mit Frankreich verbundenes Staatswesen handelte, blieben daneben von nachgeordneter Bedeutung und erfuhren nur insoweit Berücksichtigung, als es den Interessen der französischen Seite entgegenkam. Die Politik gegenüber dem bergischen Wirtschaftsbürgertum unterschied sich daher auch erheblich von derjenigen, wie sie auf dem linken Rheinufer praktiziert wurde. Waren hier die Unternehmer seit etwa 1797 zu einer staatstragenden Gruppe geworden, die zumindest auf lokaler und regionaler Ebene eine gewisse Partizipation beanspruchen konnte[66], so blieben sie in Berg,

---

[58] Günther Bernert, Die französischen Gewerbegerichte (Conseils de Prud'hommes) und ihre Einführung in den linksrheinischen Gebieten zwischen 1808 und 1813, in: Vom Gewerbe zum Unternehmen, hg. v. Karl-Otto Scherner/ Dietmar Willoweit, Darmstadt 1982, S. 112-151.

[59] HStAD, Großherzogtum Berg, 5610.

[60] Francksen, Staatsrat (wie Anm. 42), S. 159/160.

[61] In den linksrheinischen Departements wurde das Handelsgesetzbuch bereits im Jahre 1808, also zeitgleich mit den übrigen französischen Gebieten übernommen.

[62] HStAD, Großherzogtum Berg, 5554. Francksen, Staatsrat (wie Anm. 42), S. 103, gibt dem Desinteresse Beugnots die Schuld für die unterbliebene Maß- und Gewichtsvereinheitlichung.

[63] Konrad Schneider, Das Münzwesen des Großherzogtums Berg, Urbar b. Koblenz 1978.

[64] Francksen, Staatsrat (wie Anm. 42), S. 103/104.

[65] HStAD, Großherzogtum Berg, 5565.

[66] Vgl. hierzu Diefendorf, Businessmen (wie Anm. 21).

wie schon zu Zeiten des Ancien Régime, von jeglicher institutionalisierter politischen Mitverantwortung ausgeschlossen. Auch an den der Gesetzgebung vorausgehenden Beratungen waren sie erkennbar nicht beteiligt. Die Bildung von Handelskammern, wie sie in Köln, Aachen und Krefeld bereits existierten, war zwar Bestandteil des bergischen Verfassungsprojekts, doch sind sie bis 1813 nicht mehr ins Leben gerufen worden. Dabei war gerade die unternehmerische Selbstorganisation eine zentrale Forderung des Wirtschaftsbürgertums[67]. Erste Ansätze solcher Zusammenschlüsse, zunächst auf der Ebene einzelner Städte, reichten in die letzten Jahrzehnte des 18. Jahrhunderts zurück[68]. Sie waren zumeist in Abwehr zünftischer Forderungen entstanden und blieben anfangs dieser Linie verpflichtet. Während der Revolutionskriege kam es zu einem engeren Zusammenschluß der einzelnen Organisationen zum "Bergischen Handlungsvorstand", dessen Politik durchaus als erfolgreich anzusehen ist. Selbst außenpolitisch verstanden es die Unternehmer, ihre Interessen zu vertreten, wobei sie auch in direkte Verhandlungen mit den Franzosen eintraten[69]. Eine Anerkennung von seiten der Regierung blieb dieser Institution jedoch versagt, wenngleich sich die Behörden von Fall zu Fall durchaus zu einer Kooperation mit den Wirtschaftsvertretern bereit fanden[70].

In dieser Hinsicht verfuhren die großherzoglichen Behörden nicht anders als ihre Vorgänger. Zwar war die Aufgeschlossenheit der meisten Beamten für Fragen der Wirtschaft ausgeprägter, als es während des Ancien Régimes der Fall gewesen war, dies führte jedoch nicht soweit, den Vertretern des Wirtschaftsbürgertums ein, wie auch immer geartetes, politisches Mitspracherecht einzuräumen. Unternehmerische Politik, soweit sie von der regierungsoffiziellen abwich, blieb folglich auf die bestehenden informellen Kontakte zu auswärtigen Mächten, vor allem zu Frankreich angewiesen. Einen Höhepunkt erlebten die diplomatischen Aktivitäten der Unternehmer in den Jahren nach 1811 als sie, wegen der mittlerweile eingetretenen konjunkturellen Verschlechterung im Lande, den Anschluß Bergs an Frankreich betrieben[71]. Nicht erst das Scheitern dieser Bemühungen ist jedoch ein Indiz für die relative Einflußlosigkeit der Unternehmer angesichts der realen Machtverhältnisse im Rahmen der französisch-bergischen Beziehungen.

Die Folgewirkungen dieser gescheiterten Organisationsbemühungen zeigten sich nach 1813/15. Mit der Entscheidung der preußischen Regierung, die im Linksrheinischen bereits

---

[67] Dies zeigte sich im Zusammenhang mit den ersten Plänen zur Einführung von Gewerbegerichten. Um ihre Stellungnahme gebeten, betonten die Vertreter der wichtigsten Gewerbeorte übereinstimmend, daß solche Gerichte einer institutionellen Ergänzung durch unternehmerische Organisationen, die zeitgenössische Bezeichnung lautete "Handlungsvorstand", bedürften; vgl. HStAD, Großherzogtum Berg, 5610.

[68] Elly Mohrmann, Studie zu den ersten organisatorischen Bestrebungen der Bourgeoisie in einigen Städten des Rheinlandes, in: Beiträge zur deutschen Wirtschafts- und Sozialgeschichte des 18. und 19. Jahrhunderts, Berlin 1962, S. 189-249.

[69] Engelbrecht, Außenpolitische Bestrebungen (wie Anm. 21).

[70] HStAD, Jülich-Berg II, 5808.

[71] HStAD, Großherzogtum Berg, 5606, 5608. Schmidt, Großherzogtum, S. 269ff.

existierenden Handelskammern beizubehalten, während es rechtsrheinisch erst nach 1830 zur Gründung entsprechender Institutionen kam, hatten Gewerbestädte wie Köln, Aachen oder Krefeld zunächst einen eindeutigen Vorsprung vor Elberfeld, Düsseldorf oder Solingen. Ob man so weit gehen kann, aus diesem Umstand auch auf eine politische Nachzüglerrolle des rechtsrheinischen Unternehmertums zu schließen, sei hier dahingestellt. Auffällig ist jedoch, daß die meisten Wortführer der rheinischen Wirtschaft nach 1815 aus Köln oder aus Aachen, seltener jedoch aus rechtrheinischen Städten kamen.

## VIII.

Was die politischen Mitwirkungsmöglichkeiten des Bürgertums angeht, so waren diese - abermals im Gegensatz zum linksrheinischen Roerdepartement - beschränkt. Auch hier zeigt sich ein unübersehbarer Gegensatz zwischen der intentionalen und der realen Ebene. Geplant war, in den Napoleoniden die überkommene Institution des Landtags durch eine Notablenversammlung zu ersetzen, deren Mitglieder sich aus dem Kreis Höchstbesteuerten rekrutieren sollten. Tatsächlich ist es aber nur im Königreich Westfalen zur Errichtung sogenannter "Reichsstände" gekommen, die allerdings Zeit ihres Bestehens nur zweimal zusammenkamen[72]. In Berg unterblieb eine solche Einrichtung, obwohl entsprechende Pläne vorhanden waren und auch Napoleon das Zustandekommen einer Repräsentativversammlung ausdrücklich begrüßte. Lediglich die Landstände, die in ihrer Zusammensetzung weitgehend identisch waren mit denjenigen des Ancien Régime, wurden unter der Herrschaft Murats einmal zusammengerufen[73].

Repräsentative politische Gremien sind in Ansätzen auf der Ebene der Departements geschaffen worden. Hier wurde aus dem Kreis der Meistbesteuerten ein aus 15 bis 25 Personen bestehender Departementsrat gebildet. Der Departementsrat sollte jährlich einmal zusammentreten und bei dieser Gelegenheit über das Verfahren der Steuerumlage beraten. Außerdem bestand die Gelegenheit, dem Präfekten über die besondere Lage in den einzelnen Orten Bericht zu erstatten. In den nachgeordneten Arrondissements gab es ähnlich gebildete Institutionen mit vergleichbaren Aufgaben[74]. Gegenüber den politischen Mitwirkungsmöglichkeiten vor 1806 stellten diese Institutionen gewiß eine deutliche Verbesserung dar. Doch auch hier läßt sich beobachten, daß die Räte nicht im vorgesehenen Umfang einberufen wurden und damit in der Praxis weniger Einfluß besaßen, als ihnen eigentlich zugedacht war.

Im Grunde blieb das politische System des Großherzogtums Berg, soweit es die Partizipation des Bürgertums betrifft, der Tradition des aufgeklärten, besser: des Staatsabsolutismus verpflichtet[75]. Träger der Reformen waren ausschließlich die Behörden und die darin tätigen Beamten, nicht aber die bürgerliche Öffentlichkeit. Insofern blieb es in Berg überwie-

---

[72] Herbert Obenaus, Die Reichsstände des Königreichs Westfalen, in: Francia 9 (1981), S. 299-329.

[73] Francksen, Staatsrat (wie Anm. 42), S. 174 ff.

[74] Schmidt, Großherzogtum, S. 116 ff.

[75] Wohlfeil, Modellstaaten (wie Anm. 40), S. 46.

gend bei Reformen auf der staatlich-administrativen Ebene. Eine durchgreifende gesellschaftliche Modernisierung, von der mittelfristig auch wichtige integrative Impulse hätten ausgehen können, unterblieb oder wurde nur sehr zögerlich betrieben. Das Bürgertum besaß andererseits noch nicht die erforderliche Kraft und Formation, um seine Forderungen nach Partizipation stärker zur Geltung bringen zu können

## IX.

Eine bürgerliche Öffentlichkeit, die auch den politischen Diskurs pflegte, hatte sich seit der zweiten Hälfte des 18. Jahrhunderts in ganz Deutschland und ansatzweise auch in Rheinland-Westfalen herausgebildet. Allerdings blieb die Reichweite der Aufklärung in unserem Gebiet begrenzt. Es fehlte an geistigen Zentren, die eine entsprechende Ausstrahlungskraft hätten entwickeln können. Überdies hatte die im Zuge der Illuminatenverfolgung in den späten 1780er Jahren einsetzende repressive Politik der Obrigkeit manche vielversprechende Ansätze zunichte gemacht. Seit etwa 1800 lassen sich jedoch wieder verstärkt aufklärerische Initiativen beobachten. Dies gilt für die Bildung von Log und geselligen Vereinen ebenso, wie für das Buch- und Pressewesen, das, ungeachtet einer zunehmend schärfer werdenden Zensur[76], sich noch einige Zeit relativ frei behaupten konnte. Die um die Jahrhundertwende zu registrierende Neugründung von Zeitungen und Zeitschriften mag man auch als Reaktion auf den Ausfall der bis etwa 1794 im Rheinland dominierenden stadtkölnischen Presse bewerten, deren Bezug Bewohnern des rechten Rheinufers vorübergehend unmöglich war[77].

In großherzoglicher Zeit eignete dem sich als kritisch verstehenden Teil der bürgerlichen Öffentlichkeit notwendig ein gewisser Subversionscharakter, weil die Behörden über ein gut ausgebautes Polizei- und Spitzelsystem verfügten und mögliche oppositionelle Regungen im Keim zu ersticken suchten. Dies bekam etwa der seit 1798 von Arnold Mallinckrodt herausgegebene "Westfälische Anzeiger" zu spüren. Der "Anzeiger" unterschied sich erheblich von den sonst üblichen Intelligenzblättern, die vornehmlich amtliche Verlautbarungen und Anzeigen abdruckten. Sein Spektrum umfaßte Beiträge über Wirtschaft, Statistik, Pädagogik, Rechtswissenschaft, Medizin und Belletristik und war durchaus nicht, wie man aus dem Titel schließen könnte, auf den westfälischen Raum beschränkt. Viele Themen wurden kontrovers diskutiert und durch Einsendungen von Lesern ergänzt. Bis 1809 gelang es Mallinckrodt, sich der französischen Zensur zu entziehen, und als das Blatt schließlich

---

[76] Rüdiger Busch, Die Aufsicht über das Bücher- und Pressewesen in den Rheinbundstaaten Berg, Westfalen und Frankfurt. Ein Beitrag zur Geschichte der Bücher- und Pressezensur, Karlsruhe 1970.

[77] Zu den Neugründungen im Bereich der Presse gehörten allein in Düsseldorf um 1800 die "Kriegs- und Friedenszeitung", die "Staats- und Gelehrtenzeitung", die "Niederrheinischen Zeitung" und der "Courier du Bas-Rhin". Überwiegend war diesen Blättern allerdings nur eine kurze Erscheinungsdauer beschert; vgl. Hans Stöcker, Düsseldorfer Zeitungskunde. Ein Überblick über die Düsseldorfer Zeitungen und allgemeinen Zeitschriften von 1723 bis 1947, Düsseldorf 1947, S. 14 ff.

doch noch einem Zensor unterstellt wurde, trat er von der Redaktion zurück. Erst 1815 übernahm Mallinckrodt wieder die Leitung der Zeitschrift, die nunmehr in "Rheinisch-Westfälischer Anzeiger" umbenannt wurde[78].

Die bürgerlichen Assoziationen, vornehmlich Freimaurerlogen und Lesegesellschaften, begannen sich nach 1806 verstärkt neu zu formieren. So kam es in Solingen 1807 zur Gründung einer "Gesellschaft Erholung", deren Mitglieder sich aus den Angehörigen des Besitzbürgertums rekrutierten[79]. In Elberfeld, wo sich bereits unter dem Ancien Régime ein reges geselliges Leben nachweisen läßt, entstand eine Freimaurerloge sowie mehrere neue Lese- bzw. Geselligkeitsvereine[80]. In der Hauptstadt Düsseldorf wurde unmittelbar nach der Gründung des Großherzogtums die Loge "Zum heiligen Joachim" gegründet, deren Zusammensetzung allerdings keine Gemeinsamkeit mehr mit den beiden zuvor hier existierenden Logen aufwies[81]. Im westfälischen Teil des Großherzogtums, in dem der Assoziationsgedanke ebenfalls kräftige Wurzeln geschlagen hatte, bot sich ein ähnliches Bild.

Zu bedenken ist jedoch, daß der geistige Freiraum, der den bürgerlichen Vereinigungen blieb, zunehmend eingeengt wurde. Aufgrund des sich in manchen Teilen Deutschlands formierenden Widerstands gegen die napoleonische Dominanz, für den der Zug der Schillschen Offiziere im Jahre 1809 nur das auffälligste Beispiel war, gingen auch die Behörden im Großherzogtum Berg zu einer eher repressiven Politik über[82]. Stärker als bisher wurden die Vereine einer Überwachung unterworfen, so daß von den ursprünglich wirksamen aufklärerischen Impulsen nicht mehr viel übrig blieb. Mehr und mehr wandelten sie sich zu reinen Geselligkeitsvereinen, in denen gutes Essen und Glücksspiel wichtiger waren als die freie Diskussion. Auch dienten die Zusammenkünfte vielfach der Pflege und Anbahnung wirtschaftlicher Kontakte[83].

---

[78] Margot Lindemann, Deutsche Presse bis 1815. Geschichte der deutschen Presse, Teil I, Berlin 1969, S. 275/276; Günther Sandgathe, Der "Westfälische Anzeiger" und die politischen Strömungen seiner Zeit (1798-1809), Dortmund 1960.

[79] Rosenthal, Solingen (wie Anm. 52), S. 338.

[80] Illner, Organisierung (wie Anm. 12), S. 31 passim.

[81] August Pauls, Düsseldorfer Freimaurerei im 18. Jahrhundert, Leipzig 1928, S. 112/113.

[82] Die Kontrolle der Vereine erfolgte auch zu dem Zweck, der Verwaltung ein möglichst genaues Bild der Volksstimmung zu vermitteln. Solche Polizeiaufgaben waren staatlicher Natur und wurden von den jeweiligen Maires bzw. dem dazu bestellten Kommissär wahrgenommen; vgl. Friedrich Wilhelm Emmelmann, Handbuch für Maires (...) besonders im Großherzogthum Berg, Herborn 1812; Friedrich Keinemann, Zur Beobachtung der Volksstimmung während der Zeit der französischen Herrschaft im westfälischen Raum, in: ders., Ancien Régime, Kulturkampf, Nachkriegszeit, Hamm 1974, S. 77-84.

[83] Symptomatisch hierfür war die Elberfelder "Erste Lesegesellschaft"; vgl. Illner, Bürgerliche Organisierung (wie Anm. 12), S. 38/39. Ein zeitgenössischer Reisender hatte schon im Jahre 1804 über die Elberfelder Gesellschaft "Harmonie" bemerkt: " Mir scheint aber dieses Institut mehr ähnliches mit einer Börse, als einer Lesegesellschaft zu haben; denn da die meisten Mitglieder Kaufleute sind, so werden hier manche Handlungsgeschäfte gemacht." Zit. nach Illner, S. 35.

# X.

Es gab daneben aber auch Betätigungsfelder, in denen sich bürgerliches Engagement ungehindert entfalten und man wegen der damit verbundenen sozialdisziplinierenden Funktion
durchaus mit staatlichem Entgegenkommen rechnen konnte. Gemeint ist jener Bereich, der
nach heutigem Begriff als "Sozialpolitik" bezeichnet würde, zur damaligen Zeit aber meist
"Armenwesen" genannt wurde. Auch hier liegen die Anfänge nicht erst in großherzoglicher
Zeit sondern bereits im Jahre 1800. Sowohl in Düsseldorf als auch in Elberfeld war es damals
zur Gründung sogenannter "Armenanstalten" gekommen, wobei in beiden Fällen auswärtige
Vorbilder wirksam geworden waren[84].

Bedingt durch die Kriegseinwirkungen, von denen das Herzogtum Berg seit 1795 unmittelbar betroffen war, stellten sich hier soziale Probleme in bislang ungekannter Schärfe.
Große Teile der Bevölkerung, darunter namentlich auch der Stadtbewohner, sanken unter das
Existenzminimum ab, es kam sogar verschiedentlich zu Unruhen, die den sozialen Frieden
erheblich störten[85]. Auf dem Lande machten umherziehende Bettler und organisierte Banden
die Straßen unsicher, denen man unter anderem mit der Aufstellung eines bergischen
Sicherheitskorps zu begegnen suchte[86]. Die Säkularisation der Klöster in den Jahren 1802/03
führte zu einer abermaligen Verschärfung der sozialen Lage gerade derjenigen Schichten, die
zuvor durch die Orden unterstützt worden waren. Der Staat war seinerseits noch nicht in der
Lage, die bislang von der Kirche ausgeübten Funktionen in eigener Verantwortung zu
übernehmen, so daß die karitative Arbeit weitgehend der Initiative der Städte und ihrer
Bürger überlassen blieb.

Die wachsende Einsicht in die gesellschaftlich bedingte Natur der Armut und - vor allem
in Elberfeld - der traditionell stark ausgeprägte Caritasgedanke der reformierten Kirche
führten zu verstärkten Anstrengungen, der Verelendung beizukommen. Dabei konzentrierte
man in beiden Fällen die wohltätigen Bestrebungen in erster Linie auf Alte und Kranke,
während man die Gesunden durch erzieherische Maßnahmen in den Arbeitsprozeß einzuglie-
dern suchte. Das Ausmaß der in den Jahren 1800 bis 1810 herrschenden Armut mag man

---

[84] Für Düsseldorf vgl. Angelika Riemann, Krieg, Verelendung und Armenpolitik, in: Das Herzogtum
Berg (wie Anm. 26), S. 61-70; für Elberfeld: Barbara Lube, Mythos und Wirklichkeit des Elberfelder
Systems, in: Gründerzeit. Versuch einer Grenzbestimmung im Wuppertal, hg. v. Karl-Hermann Beeck,
Köln 1984, S. 158-184. Dort auch Hinweise auf die ältere Literatur.

[85] Vgl. exemplarisch Arno Herzig, Sozialer Protest in Schwelm. Zum Verhalten der Unterschichten im
Hungerjahr 1795, in: Beiträge zur Heimatkunde der Stadt Schwelm und ihrer Umgebung N.F. 33
(1983), S. 10-24.

[86] HStAD, Jülich-Berg II, 4517. Das Bandenwesen war keineswegs auf die rechtsrheinischen Gebiete
beschränkt. Auch in den linksrheinischen französischen Departements stellte die solcherart organisierte
Kriminalität eine erhebliche Bedrohung dar; vgl. Norbert Finzsch, Räuber und Gendarmerie im
Rheinland: Das Bandenwesen in den vier rheinischen Departements vor und während der Zeit der
französischen Verwaltung (1794-1814), in: Francia 15 (1987), S. 435-471.

daran ersehen, daß in Elberfeld bei einer Bevölkerung von 19.000 Einwohnern während dieses Zeitraums regelmäßig etwa 1.000 Personen unterstützt wurden[87].

Die Effizienz dieser Einrichtungen überzeugte offenkundig auch die Behörden und führte im Jahr 1809 zu einer Verordnung, nach der in allen Kantonen und Mairien des Großherzogtums sogenannte "Wohlthätigkeits-, Central- und Hilfsbureaus" eingerichtet werden sollten[88]. Da auch die bereits bestehenden Wohlfahrtseinrichtungen in den neugeschaffenen Institutionen aufgehen sollten, handelte es sich hier um eine Art "Verstaatlichung" der Armenfürsorge. Es ist dies eines der wenigen Beispiele, daß Modernisierungsimpulse, die auf eine gesellschaftliche Initiative zurückgingen, von den Behörden aufgegriffen und fortgeführt wurden.

XI.

Das Bildungswesen hatte ebenfalls stark unter den Auswirkungen der Säkularisation zu leiden, denn bis zu diesem Zeitpunkt befanden sich die Mehrzahl der Schulen in kirchlicher Trägerschaft[89]. Erst ganz allmählich hatten sich daneben besondere Schulformen etabliert, die den Bedürfnissen des Wirtschaftsbürgertums Rechnung tragen sollten. Hierzu zählte die kurzlebige "Kurfürstliche Handlungsakademie" in Düsseldorf sowie eine Art "Höherer Handelsschule" in Elberfeld[90]. Auch in Westfalen gab es eine Reihe solcher auf den Bereich der praktischen Bildung konzentrierten Einrichtungen[91]. Lehranstalten diesen Typs hatten aber vorläufig noch einen mehr oder weniger experimentellen Charakter und ihr Erfolg hing entscheidend von der Person ihres Gründers oder Leiters ab. Der Regelfall des rheinisch-westfälischen Schulwesens waren die Elementar-, die deutschen und die Lateinschulen, deren Qualität von Territorium zu Territorium recht unterschiedlich war. Auf diesem Sektor eine Vereinheitlichung zu schaffen, war das Ziel der großherzoglich-bergischen Administration. Das Vorbild hierfür gab das französische Schulwesen ab, das nach der Revolution grundlegend modernisiert worden war. Auch in Berg begriff man nun das Schulwesen als eine primär staatliche Aufgabe. Dies stellte gewiß eine Neuorientierung gegenüber den vorhergehenden Zuständen dar, doch andererseits hatte bereits das Preußische Allgemeine Landrecht von 1794 bestimmt: "Schulen und Universitaeten sind Veranstaltungen des Staats[92]"; damit war

---

[87] Lube, Mythos und Wirklichkeit (wie Anm. 84), S. 166.

[88] Johann Joseph Scotti, Sammlungen der Gesetze und Verordnungen, welche in den ehemaligen Herzogthümern Jülich, Cleve und Berg und in dem vormaligen Großherzogthum Berg (...) ergangen sind, Bd. III, Düsseldorf 1822, Nr. 3226.

[89] Vgl. Schormann, Schul- und Bildungswesen (wie Anm. 26) mit weiterführender Literatur.

[90] Klaus Pott, Das Weissensteinsche "Kaufmanns-Institut" in Elberfeld (1792-1802), in: Zeitschrift des Bergischen Geschichtsvereins 92 (1986), S. 41-56.

[91] Josef Lamers, Die Industrieschulen des Herzogtums Westfalen um die Wende des 18. Jahrhunderts, Paderborn 1918.

[92] Teil II, Titel 12, § 1, in: Preußisches Allgemeines Landrecht. Ausgewählte öffentlich-rechtliche Vorschriften, hg. v. Ernst Pappermann, Paderborn 1972, S. 111. Private Schulen waren zwar nicht

das staatliche Monopol im Bildungswesen begründet. Die Schulaufsicht in Berg oblag zunächst einer dazu geschaffenen Schulkommission, deren Zusammensetzung weitgehend mit der unter gleichem Namen bereits bestehenden Einrichtung identisch war. 1809 kam es zur Einrichtung einer Schuldirektion, und ab 1811 war unmittelbar das Innenministerium die aufsichtführende Behörde. Es zeigte sich sehr bald, daß die ehrgeizigen Pläne zu einer grundlegenden Neuorganisation des gesamten Bildungswesens unrealistisch waren. Bereits die erste Bestandsaufnahme erbrachte ein so buntscheckiges Bild der vorhandenen Schultypen und Curricula, daß an ihre kurzfristige Vereinheitlichung nicht zu denken war. Außerdem bestanden erhebliche Unterschiede im Hinblick auf den Schulbesuch: Während in den protestantischen Gebieten des Großherzogtums 83,8% der Kinder regelmäßig den Unterricht besuchten, waren es in den katholischen Bereichen nur 53,4%[93]. Es gehört zu den wenigen greifbaren Erfolgen der bergischen Schulpolitik, die Frequenz des Schulbesuchs deutlich gesteigert zu haben, wenngleich man von einer allgemeinen Schulpflicht noch deutlich entfernt blieb[94].

Im Bereich der Lehrerbildung[95] konnte man in großherzoglicher Zeit nahtlos an die Einrichtungen des Ancien Régime anknüpfen. Bereits 1784 war es im Fürstbistum Münster zur Errichtung einer sogenannten "Normalschule" gekommen, der 1805 in Düsseldorf eine entsprechende Einrichtung folgte, die aus dem Bergischen Schulfonds finanziert wurde. Dieser wiederum wurde aus dem Vermögen der aufgehobenen Klöster gespeist[96]. Solche Normalschulen waren auch in Frankreich für die Lehrerbildung üblich. Waren die Ausbildungszeiten an dieser Lehranstalt auch verhältnismäßig kurz, so läßt sich doch von einem ersten Schritt zur Vereinheitlichung der Lehrerausbildung sprechen. Die Vorteile dieser Normalschulen haben nach 1815 auch die preußischen Behörden erkannt und hielten - jetzt unter dem Namen "Lehrerseminar" - an dieser Einrichtung fest[97].

Die in Düsseldorf vorgesehene bergische Landesuniversität ist über den formalen Gründungsbeschluß durch Napoleon am 17. Dezember 1811 nicht hinausgelangt[98]. Der Rußlandfeldzug und die bald darauf einsetzende Erosion der napoleonischen Herrschaft haben

---

grundsätzlich verboten, bedurften aber der ausdrücklichen behördlichen Genehmigung. Auch unterstanden sie der allgemeinen staatlichen Schulaufsicht; ebd., §§ 3 u.4.

[93] Schormann, Schul- und Bildungswesen (wie Anm. 26), S. 73.

[94] Ebd., S. 74.

[95] Vgl. hierzu Wilhelm Zimmermann, Die Anfänge und der Aufbau des Lehrerbildungs- und Volksschulwesens am Rhein um die Wende des 18. Jahrhunderts, Teil 1, Köln 1953.

[96] Der Bergische Schulfonds in Düsseldorf, in: Jahrbuch für den Regierungsbezirk Düsseldorf 1909, S. 198-218.

[97] Kurt Düwell, Das Schul- und Hochschulwesen, in: Rheinische Geschichte, hg. v. Franz Petri/Georg Droege, Bd. 3, Düsseldorf 1979, S. 474.

[98] Zunächst war die bereits bestehende Münsteraner Universität als Landesuniversität vorgesehen, doch schied Münster bereits 1810 aus dem Verband des Großherzogtums aus; vgl. Eduard Hegel, Geschichte der katholisch-theologischen Fakultät Münster, Bd. 1, Münster 1966, S. 117 f.

ihre tatsächliche Gründung verhindert[99]. So blieb die Duisburger Universität, obgleich bereits 1806 ihre Aufhebung beschlossen, dann aber nicht durchgeführt worden war, die einzige Hochschule auf dem Gebiet des Großherzogtums Berg. Sie fristete noch bis 1818 ein kümmerliches Dasein, bis sie schließlich zugunsten der rheinpreußischen Landesuniversität Bonn aufgehoben wurde[100].

XII.

Das Kirchenwesen auf dem Gebiet des Großherzogtums Berg bedurfte, jedenfalls im Hinblick auf die katholische Kirche, mehr als andere Bereiche einer grundlegenden Neuordnung[101]. Die Zerschlagung der alten Diözesen im Zuge der Säkularisation[102], die starke Beeinträchtigung der Seelsorge durch die Aufhebung der Orden hatten zu einer tiefgreifenden Verunsicherung der Bevölkerung geführt. Gerade in den ländlichen Gebieten, wo der Einfluß der Kirche seit jeher besonders stark gewesen war, waren die mentalen Auswirkungen dieses Umbruchs gravierend. Von den besonderen Auswirkungen der Säkularisation auf den (katholischen) Adel Rheinland-Westfalens war bereits an anderer Stelle die Rede. Grundsätzlich betrachtete man im Großherzogtum die Organisation der Kirche und religiösen Gemeinschaften als Sache des Staates. Diese Haltung war auch in Frankreich maßgeblich, wo durch das Konkordat des Jahres 1801 die kirchlichen Mitspracherechte auf ein Minimum begrenzt worden waren[103]. Folglich zielte die staatliche Kirchenpolitik darauf ab, die kirchliche Autonomie, wie sie beispielsweise in Vermögensfragen bestanden hatte, zugunsten einer Kontrolle durch die Behörden aufzuheben. Außerdem beabsichtigte man, die Grenzen der weltlichen und der Kirchengemeinden künftig zur Deckung zu bringen[104]. Diese, wie auch zahlreiche andere Maßnahmen, sind jedoch niemals verwirklicht worden. Es blieb bei dem weitgehend desolaten Zustand der kirchlichen Organisation.

Auf einem anderen Gebiet wirkte sich die Kirchenpolitik allerdings förderlich aus. Die Behörden trachteten vor allem danach, die bestehenden Gegensätze zwischen den Kon-

---

[99] Julius Asbach, Der Zustand des bergischen Schulwesens im Jahre 1809 und die Napoleonische Universität in Düsseldorf, in: Annalen des Historischen Vereins für den Niederrhein 69 (1900), S. 129-137.

[100] Günter von Roden, Die Universität Duisburg, Duisburg 1968, S. 94. Zwischen 1811 und 1818 waren insgesamt noch 133 Studenten dort immatrikuliert, die meisten (94) im Fach Medizin; ebd., S. 325.

[101] Vgl. hierzu Dieter Foitzheim, Staatskirchenrecht im ehemaligen Großherzogtum Berg, Amsterdam 1967.

[102] Formal sind die alten Diözesen auf dem rechten Rheinufer nicht aufgelöst worden. Sie unterstanden als Verwaltungsbezirke Administratoren oder apostolischen Vikaren. Für den Bereich des Großherzogtums amtierte ein solcher in Deutz. Linksrheinisch waren die alten kirchlichen Strukturen durch die Gründung des Bistums Aachen zerschlagen worden; vgl. Eduard Hegel, Die katholische Kirche in den Rheinlanden 1815-1945, in: Petri/Droege, Rheinische Geschichte (wie Anm. 97), S. 333.

[103] S. Delacroix, La Réorganisation de l'Eglise de France après la Révolution, Bd. 1, Paris 1962.

[104] Schmidt, Großherzogtum, S. 205.

fessionen auszugleichen und die zahlreichen bestehenden Streitigkeiten beizulegen. Sie setzten hier eine Politik fort, die bereits in den letzten Jahrzehnten des 18. Jahrhunderts im Zeichen der Aufklärung begonnen hatte. Auch eine Eindämmung der zahlreichen kirchlichen Feiertage und eine Begrenzung der Prozessionen war schon unter der alten Regierung angestrebt worden[105].

Was die Stellung der etwa 5.000 Juden im Land angeht, so ist die Politik des Großherzogtums als ambivalent zu bewerten. Während Charles Schmidt noch feststellt, die neue Herrschaft hätte ihnen vollkommene Freiheit und Gleichheit gebracht und sie den übrigen Bürgern gleichgestellt[106], so muß dieses Urteil im Lichte neuerer Forschungen relativiert werden[107]. Zwar wurden 1808 alle die Juden betreffenden Sondergesetze, mit Ausnahme einer Zuzugsbeschränkung für Auswärtige abgeschafft und ferner der Wille bekundet "die Juden allmählig in die nemlichen Rechte und Freiheiten zu setzen, deren die übrigen Bewohner des Großherzogthums geniessen[108]," doch ließ man dieser Absichtserklärung keine Ausführungsbestimmungen folgen. So blieb die Rechtsstellung der bergischen Juden letztlich der Auslegung durch die Behörden überlassen, wobei im Großherzogtum, stärker als im Roerdepartement, die jeweils unterschiedlichen Judengesetze des Ancien Régime die Verwaltungspraxis bestimmt haben[109]. Ganz anders war dies hingegen im benachbarten Königreich Westfalen, wo die völlige Emanzipation der Juden de jure tatsächlich erreicht worden ist[110]. Einen großen Vorzug genossen die bergischen Juden allerdings gegenüber ihren linksrheinischen Glaubensgenossen. Das sogenannte "Schändliche Dekret" des Jahres 1808, das in Frankreich die Rechtsstellung der Juden als Bürger zweiter Klasse begründete[111], fand in Berg keine Anwendung. Entsprechend verzichtete man auch in preußischer Zeit in den ehemals bergischen Gebieten auf die Anwendung des Dekrets, während man ansonsten daran festhielt[112].

---

[105] Ebd., S. 208 f.

[106] Ebd., S. 209.

[107] Vgl. hierzu Arno Herzig, Judentum und Emanzipation in Westfalen, Münster 1973; Jörg Engelbrecht, Französische Judenpolitik und Judengesetzgebung im Rheinland, in: Geschichte der Juden im Kreis Viersen, Viersen 1991, S. 39-49.

[108] Aus der Deklaration über die künftige Rechtsstellung der Juden vom 22. Juli 1808; abgedruckt bei: Jakob Toury, Dokumente zur Judenemanzipation im Großherzogtum Berg (1808), in: Bulletin des Leo-Baeck-Instituts 45 (1969), S. 142. Der Text findet sich jetzt auch in den Regierungsakten (wie Anm. 114), S. 34. Eine hinzugefügte Klausel bestimmte ferner, daß diese Bestimmung nicht für ausländische Juden Anwendung finden solle; ebd.

[109] Engelbrecht, Judenpolitik (wie Anm. 107), S. 47 f.

[110] Helmut Berding, Die Emanzipation der Juden im Königreich Westfalen 1807-1813, in: Archiv für Sozialgeschichte 23 (1983), S. 23-50.

[111] Philippe Bourdrel, Histoire des Juifs de France, Paris 1974, S. 144-160.

[112] Dieter Kastner (Bearb.), Der Rheinische Provinziallandtag und die Emanzipation der Juden im Rheinland 1825-1845. Eine Dokumentation, Teil 1, Köln 1989, S. 17.

# XIII.

Zu einschneidenden Veränderungen kam es in großherzoglicher Zeit auf dem Sektor der Agrarverfassung. Davon waren gleich zwei soziale Gruppen betroffen: der Adel und die Bauern. Die von den Franzosen erstrebte Entfeudalisierung der Gesellschaft war ihrerseits die notwendige Voraussetzung für die Einführung neuer Rechtsnormen, die auf eine liberale Eigentümergesellschaft zugeschnitten waren[113]. Allerdings gestaltete sich die Praxis der Ablösungsgesetzgebung und deren Durchführung als sehr schwierig, nicht allein, weil der Adel dagegen Widerstand leistete, sondern auch weil die Besitz- und Rechtsverhältnisse überall andere waren. Die Madrider Dekrete vom 12. Dezember 1808 und vom 11. Januar 1809 hatten zwar die für die Grundherrschaft konstitutiven gemischten Eigentumsformen abgeschafft und den ehemaligen Leibeigenen und Erbpächtern ihren Besitz zu vollem Eigentum übertragen, damit war aber noch keine Entscheidung hinsichtlich der am Boden haftenden Abgaben und Dienste verbunden.[114] Außerdem war der Text der Dekrete offen für interpretatorische Spielräume. An der Beibehaltung der Abgaben hatte indes nicht nur der Adel ein Interesse. Auch der Staat verfügte in seinen Domänen über entsprechende Einkünfte, die zu den fiskalisch bedeutendsten rechneten. Außerdem war ein Teil der Staatsdomänen als Dotation für den napoleonischen Verdienstadel vorgesehen, der die künftige Elite des Landes bilden sollte[115].

Es kam in der Folge zu zahlreichen Streitigkeiten und Prozessen über die Rechtsnatur der Lasten und die Form ihrer Ablösung, die auch durch ein neues Agrargesetz vom 13. September 1811 nicht völlig beigelegt werden konnten. Dieses Gesetz verfügte die entschädigungslose Aufhebung aller "usurpierten", also steuerähnlichen Abgaben und die Umwandlung aller sonstigen Lasten in eine ablösbare Grundrente. Die bäuerlichen Dienste wurden sogar ersatzlos abgeschafft. Damit waren zwar die Forderungen der Bauern weitgehend erfüllt worden, doch zeigte sich, daß die Gerichte in vielen Fällen nicht gewillt waren, sich diesen Vorgaben anzuschließen, denn sie urteilten weiterhin zugunsten des Adels[116].

Begleitet wurden die Auseinandersetzungen um eine Reform der Agrarverfassung von einer heftigen publizistischen Kontroverse, die die unterschiedliche Bewußtseins- und Interessenlage im Hinblick auf die angestrebte Entfeudalisierung der Gesellschaft deutlich machte. Während der Verleger und Publizist Arnold Mallinckrodt in seinem "Westfälischen Anzeiger", aber auch in Büchern und Streitschriften vehement für die Interessen der Bauern focht, gehörten seine Kontrahenten sowohl der Verwaltung als auch dem Adel an. Zu ihnen

---

[113] Fehrenbach, Traditionale Gesellschaft (wie Anm. 39), S. 83 ff.

[114] Der Text der beiden Dekrete findet sich in den Regierungsakten des Großherzogtums Berg 1806-1813, bearb. v. Klaus Rob, München 1992, S. 92-103 und 161-162.

[115] Die Dotationspolitik war im Großherzogtum Berg allerdings nicht so stark ausgeprägt wie im benachbarten Königreich Westfalen; vgl. Lahrkamp, Die französische Zeit (wie Anm. 45), S. 31.

[116] Fehrenbach, Traditionale Gesellschaft (wie Anm. 39), S. 100.

rechneten von Romberg, von Hövel und Sethe[117]. Diese Auseinandersetzungen, auf die an dieser Stelle nicht näher eingegangen werden kann, machen deutlich, daß es innerhalb der Gesellschaft noch immer starke Kräfte der Beharrung gab, während sich auf der anderen Seite auch solche Stimmen Gehör verschafften, denen die erreichten Reformen noch immer nicht weit genug gingen. Dabei besaßen die konservativen Kräfte den Vorzug, daß sie auch innerhalb der Beamtenschaft auf Verbündete rechnen konnten.

## XIV.

Die nach 1811 immer deutlicher werdende Erosion des Großherzogtums Berg hatte mehrere Ursachen. Einmal waren die von der seit 1806 betriebenen Politik ausgehenden integrativen Impulse zu schwach, als daß sie ein "Staatsbewußtsein" hätten erzeugen können. Außerdem setzte eine rationale und zielgerichtete Reformpolitik im Großherzogtum nicht vor 1808, also mit der Übernahme der Herrschaft durch Napoleon selbst ein. Die bestehenden mentalen, sozialen und wirtschaftlichen Unterschiede, die zwischen den verschiedenen Landesteilen seit jeher bestanden, ließen sich in der kurzen Zeit der Existenz des Großherzogtums nicht überwinden. Es genügt, in diesem Zusammenhang an die ungeheueren Integrationanstrengungen in den süddeutschen Rheinbundstaaten zu erinnern, um das Ausmaß der zu lösenden Probleme abschätzen zu können[118]. Die napoleonische Kriegspolitik konterkarierte zudem immer wieder die reformerischen Absichten, so daß vielfach Kommissar Beugnot und andere Beamte als die eigentlichen Sachwalter der bergischen Interessen erscheinen, während man in Paris eher fiskalischen oder militärpolitischen Zielen den Vorrang gab. Vieles von dem, was tatsächlich in Ansätzen verwirklicht wurde, blieb auf diese Weise Torso und konnte bis 1813 keine durchschlagende Kraft mehr entfalten. An erster Stelle ist hier an die Einführung des französischen Zivilrechts zu denken, dessen Einführung mit so großen Schwierigkeiten verbunden war, daß es erst nach 1815 zu seiner eigentlichen Wirksamkeit kommen konnte[119].

Es blieb ferner ein grundlegendes Defizit der großherzoglichen Zeit, daß nicht versucht wurde, die Eliten stärker an den politischen Beratungen und Entscheidungen zu beteiligen und sie so zu staatstragenden Kräften zu machen. Der staatsabsolutistische Charakter der

---

[117] Sandgathe, Der "Westfälische Anzeiger" (wie Anm. 78), S. 110 f; Helmut Richtering, Gisbert von Romberg, in: Westfälische Lebensbilder, Bd. 9, Münster 1962, S. 97.

[118] Vgl. Werner K. Blessing, Staatsintegration als soziale Integration. Zur Entstehung einer bayerischen Gesellschaft im frühen 19. Jahrhundert, in: Zeitschrift für Bayerische Landesgeschichte 41 (1978), S. 634-700; Manfred Hettling, Reform ohne Revolution. Bürgertum, Bürokratie und kommunale Selbstverwaltung in Württemberg von 1800 bis 1850, Göttingen 1990.

[119] Der Code Napoléon blieb allerdings nur im Bereich des ehemaligen Herzogtums Berg in Kraft. In Kleve und Mark wurde nach 1815 das Allgemeine Preußische Landrecht verbindlich; Fehrenbach, Traditionale Gesellschaft (wie Anm. 39), S. 212, Anm. 1. Der Text des Einführungsdekrets und die Durchführungsbestimmungen sind abgedruckt in: Regierungsakten (wie Anm. ..*), S. 182-225.

Politik verhinderte, daß sich das Bürgertum aber auch der Adel stärker mit diesem Staatswesen identifizieren konnten. Die betroffenen gesellschaftlichen Gruppen haben dies durchaus als Mangel erkannt und sind dann in preußischer Zeit bestrebt gewesen, ihren Teil des politischen Einflusses zurückzugewinnen oder - wie im Fall des Wirtschaftsbürgertums - erstmals zu erlangen.

Für die Masse der Bevölkerung hat sich in großherzoglicher Zeit wenig zum Positiven verändert. Die meisten Maßnahmen, die auf eine Verbesserung der allgemeinen Lebensbedingungen abzielten, konnten bis 1813 nicht mehr greifen. Auch unter diesem Aspekt war also wenig Anhänglichkeit an den Staat zu erwarten. Seit 1811 verschlechterte sich die materielle Situation der Menschen überdies drastisch. Die wirtschaftliche Rezession und die damit einhergehende Arbeitslosigkeit, immer neue Steuern und Abgaben, daneben aber auch das Konskriptionswesen, führten zu einer dauerhaften Entfremdung zwischen Staat und Bevölkerung. Zu aktivem Widerstand gegen die französische Herrschaft ist es dennoch erst verhältnismäßig spät gekommen und die Aufstandsbewegungen waren sehr unterschiedlich motiviert[120]. Nur vordergründig ging es dabei um die Verweigerung des Militärdienstes: Während es sich bei den Unruhen in den gewerblich geprägten Orten eher um Arbeiteraufstände handelte, deren Ursachen primär wirtschaftlich bestimmt waren, kam es in den ehemals nassauischen Territorien des Großherzogtums zu Treuebekundungen an die ehemaligen Herrscher aus dem Haus Oranien. Von einer organisierten "Befreiungsbewegung" zu sprechen, verbietet sich angesichts des überwiegend spontanen und unkoordinierten Charakters des Widerstands.

## XV.

Im Gegensatz zum linken Rheinufer, das immerhin fast zwanzig Jahre französischer Herrschaft erlebte und dessen Bewohner sehr bald nach der Okkupation in den französischen Staatsverband integriert wurden, konnten in den sieben Jahren großherzoglich-bergischer Regierung keine dauerhaft neuen Strukturen geschaffen werden. Immerhin gelang es aber bis zu einem gewissen Grad, die während des Ancien Régime bestehenden gesellschaftlichen Verhältnisse zu zerschlagen, wobei sich viele der hiervon betroffenen Bereiche auch schon vor 1806 im Zustand fortgeschrittenen Verfalls befunden hatten. In mancher Hinsicht, so etwa bei der Bauernbefreiung oder der Schaffung unternehmerischer Selbstverwaltungorgane haben die Reformprojekte der großherzoglichen Phase in den 1830er Jahren noch späte Früchte getragen.

Die meisten der bis 1813 ungelösten Integrationsprobleme standen auch noch nach 1815, nunmehr unter preußischen Vorzeichen, auf der Tagesordnung. Auch wenn es im Großherzogtum noch nicht zur Schaffung einer staatsbürgerlichen Gesellschaft gekommen war, so

---

[120] Zu den Aufstandsbewegungen von 1813 vgl. Heinz Rosenthal, Der bergische Aufstand 1813, in: Hildener Jahrbuch 1965-1970 (1971), S. 197-206; S.N. Iskjul', Der Aufstand im Großherzogtum Berg gegen Napoleon im Jahre 1813, in: Zeitschrift des Bergischen Geschichtsvereins 92 (1986), S. 57-68.

hatte doch die alte Ständegesellschaft zu existieren aufgehört. Eine Restauration der ständischen Gesellschaft, wie sie von Preußen zunächst intendiert war, mußte deshalb auf lebhaften Widerspruch stoßen. Vor allem im Rheinland formierte sich nach der "Wiedervereinigung" des linken und des rechten Rheinufers eine massive Opposition gegen die politischen Pläne Preußens. Deren Wortführer kamen zumeist aus linksrheinischen Städten, wo sie in französischer Zeit bereits in hohem Maße zu Trägern politischer Verantwortung geworden waren. Die rechtsrheinischen Gebiete schlossen sich ihnen an, ohne daß hier allerdings eine breite Trägerschicht erkennbar wurde. Schließlich erreichte die Rheinprovinz im Gesamtverband der preußischen Monarchie einen Sonderstatus, der ihr viele Errungenschaften der französischen Epoche, vor allem das "Rheinische Recht" garantierte[121].

Anders sah die Situation in Westfalen aus, dessen nördlicher Teil, das Münsterland, ohnehin nur kurze Zeit Bestandteil des Großherzogtums gewesen war. Bereits die territoriale Einteilung der ehemals großherzoglich-bergischen Gebiete in zwei separate Provinzen läßt erkennen, daß man in Preußen nach der Devise "divide et impera" versuchte, den Widerstand in der Rheinprovinz nicht auch auf die westfälischen Herrschaftsgebiete ausgreifen zu lassen. Dennoch formierte sich auch hier eine Opposition, die aber einen völlig anderen Charakter aufwies als im Rheinland. Vor allem der westfälische Adel war es, der danach strebte, wieder zum Herrschaftsstand zu werden, nachdem ihm in der Zeit des Großherzogtums der größte Teil seiner Funktionen und Privilegien verloren gegangen war. Unter dem Begriff der ständischen Gesellschaft verstand man hier immer noch die altständische Gesellschaft des Ancien Régime, innerhalb derer der Adel unbestritten eine dominierende Stellung bekleidete. Es bedurfte zahlreicher Auseinandersetzungen, bis es gelungen war, den ehemaligen Herrschaftsstand Adel nunmehr als regionale Funktionselite in den neuen Staat einzubinden und ihn mit ihm zu versöhnen.[122]

---

[121] Vgl. hierzu Karl-Georg Faber, Die Rheinlande zwischen Restauration und Revolution. Probleme der rheinischen Geschichte von 1814-1848 im Spiegel der zeitgenössischen Publizistik, Wiesbaden 1966.
[122] Vgl. Reif, Westfälischer Adel (wie Anm. 15).

# Verwaltung und Verwalter des Großherzogtums Berg

*Heinz-K. Junk*

Hat der von Napoleon I. unter dem Namen Westfalen gegründete Staat wohl wegen seiner Größe und seines Ranges als Königreich trotz seiner späteren Entstehung einige Aufmerksamkeit auf sich gezogen[1], so herrscht in der Literatur einschließlich der Studien zu Teilaspekten der bergischen Geschichte bis ins dritte Viertel des 20. Jahrhunderts eine weit verbreitete Verwirrung über den jeweiligen Zustand bzw. Umfang des Großherzogtums Berg[2], ja sogar über seinen Landesherrn[3]. Nach dem Versuch von Rudolf Goecke[4] entstand mit Charles Schmidts Studie *"Le grand-duché de Berg"* das erste und bis heute grundlegende und aktuelle Werk über Berg als Rheinbundstaat in französischer Sprache[5], was seine Benutzung in Deutschland behindert haben mag.

Die Veränderungen der als Übergangszeit bezeichneten Epoche zwischen dem Ausbruch der Französischen Revolution und dem Vollzug der Wiener Kongreßakte auch räumlich zu erfassen, haben sich nur wenige Autoren die Mühe gemacht, obwohl doch die Zugehörigkeit eines Ortes zu einem bestimmten Staat in einer konkreten Zeit schließlich auch z.B. die Aussage zuläßt, ob dieses oder jenes Recht bzw. Rechtssystem angewendet wurde. Bezeichnenderweise sind es noch am ehesten Juristen gewesen, die die

---

[1] *A. K. v. Specht*: Das Königreich Westfalen und seine Armee 1813, Kassel 1848; *Rudolf Goecke/Theodor Ilgen*: Das Königreich Westphalen, Düsseldorf 1888; *Arthur Kleinschmidt*: Geschichte des Königreichs Westfalen, Gotha 1913; *Helmut Berding*: Napoleonische Herrschafts- und Gesellschaftspolitik im Königreich Westfalen 1807-1813 (Kritische Studien zur Geschichtswissenschaft 7), Göttingen 1973; Deutschland und Frankreich im Zeitalter der Französischen Revolution, hg. von *dems.*, Frankfurt a. M. 1989.

[2] Die Quellenpublikationen sind genannt bei *Heinz-K. Junk*: Das Großherzogtum Berg. Zur Territorialgeschichte des Rheinlandes und Westfalens in napoleonischer Zeit, in: Westfälische Forschungen 33 (1983), S. 29-82; *ders.*: Zum Städtewesen im Großherzogtum Berg (1806-1813), in: Städteordnungen des 19. Jahrhunderts. Beiträge zur Kommunalgeschichte Mittel- und Westeuropas, hg. von *Helmut Naunin* (Städteforschung A 19), Köln/Wien 1984, S. 272-306; außerdem ist kürzlich erschienen: Quellen zu den Reformen in den Rheinbundstaaten, hg. von der Historischen Kommission bei der Bayerischen Akademie der Wissenschaften, Bd. 1: Regierungsakten des Großherzogtums Berg 1806-1813, bearb. von *Klaus Rob*, München 1992; einen Überblick verschafft die Quellenkunde zur Deutschen Geschichte der Neuzeit von 1500 bis zur Gegenwart, hg. von *Winfried Baumgart*, Bd. 3: Absolutismus und Zeitalter der Französischen Revolution (1715-1815), bearb. von *Klaus Müller*, Darmstadt 1982; vgl. auch die leider nur als Manuskript vorliegende Zusammenstellung von *Paul Hoffmann* (Bearb.): Amtsdruckschriften für Rheinland und Westfalen in der Zeit 1803-1816, Hauptstaatsarchiv Düsseldorf [im folgenden: HStAD] 1984.

[3] Belege bei *Heinz-K. Junk*: Territorialgeschichte (wie Anm. 2), S. 31.

[4] Das Großherzogtum Berg unter Joachim Murat, Napoleon I. und Louis Napoleon 1806-1813, Köln 1877.

[5] *Charles Schmidt*: Le grand-duché de Berg (1806-1813). Étude sur la domination française en Allemagne sous Napoléon Ier, Paris 1905.

räumlichen Auswirkungen etwa von Friedensverträgen aufzuarbeiten versuchten[6]. Die Bemühungen, die Territorialveränderungen auch kartographisch zu erfassen, sind meist in regionalen Geschichtsatlanten publiziert worden[7]. Da der Bearbeitungsraum solcher Atlanten in der Regel durch moderne Verwaltungsgrenzen (Provinzen oder Bundesländer) definiert ist, gibt es nicht einen einzigen, der Berg als Rheinbundstaat ganz erfaßt; das gilt selbst für den leider Torso gebliebenen Geschichtlichen Atlas der Rheinprovinz[8]. Es sind deshalb immer die Geschichtsatlanten für die Nachbarlandschaften mit zu benutzen[9]. Ein nicht völlig gelöstes und mangels Quellen wohl auch nicht mehr ganz zu lösendes Problem stellt die topographisch exakte Grundlage der Rekonstruktion dar, da es für das Gebiet rechts des Rheines eine ausreichend zuverlässige Landesaufnahme mit Verwaltungsgrenzen der Zeit zwischen 1806 und 1813 nicht gibt, andererseits bis zum Jahre 1872 Grundstücke existierten, die nicht eindeutig einer bestimmten Gemeinde zugeteilt waren. Da eine Bearbeitung aus den Gemeindeübersichtskarten des rheinisch-westfälischen Katasters (um 1830) soweit ich sehe nicht begonnen wurde, sind die früheste exakte Grundlage die Gemeindegrenzen in der preußischen Meßtischblatt-Neuaufnahme aus dem letzten Jahrzehnt des 19. Jahrhunderts[10]. Auch Charles Schmidt hatte schon

---

[6] Neben den Studien auf der Ebene des Reiches oder auch einzelner Reichskreise hier vor allem *(Otto) v. Woringen*: Historische Darstellung der Bildung des vormaligen Herzogthums respective Großherzogthums Berg und der während des Bestehens desselben geschehenen Territorialveränderungen, in: Archiv für die Geschichtskunde des preußischen Staates (hg. von *L. v. Ledebur*) 17 (1835), S. 305-329; *W. F. C. Starke*: Beiträge zur Kenntniß der bestehenden Gerichtsverfassung und der neusten Resultate der Justizverwaltung in dem Preussischen Staate, II. Theil: Justiz-Verwaltungs-Statistik, 2. [u.a. Westfalen] und 3. Abtheilung [u.a. Rheinprovinz], Berlin 1839.

[7] Hier steht für Berg in erster Linie zur Verfügung: Geschichtlicher Handatlas von Westfalen, hg. vom Provinzialinstitut für westfälische Landes- und Volksforschung, Lieferung 1 f, Münster 1975-83, insbes. die Karten von *Wilhelm Kohl* für die Jahre 1804, 1809, 1811 und 1818 in der 1. Lfg.; für das Rheinland sind, da der Geschichtliche Atlas der Rheinlande, hg. von *Franz Irsigler/Günter Löffler*, Lfg. 1 ff, Köln 1982-89, noch keine Karte zur Übergangszeit enthält, weiterhin die älteren Atlanten zu benutzen: Geschichtlicher Handatlas der Rheinprovinz, bearb. von *Josef Nießen*, Köln/Bonn 1926; Geschichtlicher Handatlas der deutschen Länder am Rhein. Mittel- und Niederrhein, bearb. von *dems.*, Köln/Lörrach 1950.

[8] Vgl. *Constantin Schulteis*: Erläuterungen zum geschichtlichen Atlas der Rheinprovinz, Bd. 1: Die Karten von 1813 und 1818 (Publikationen der Gesellschaft für Rheinische Geschichtskunde XII,1), Bonn 1895.

[9] Geschichtlicher Atlas von Hessen, hg. im Auftrag der Arbeitsgemeinschaft der Historischen Kommissionen in Hessen, Frankfurt a. M. 1960-84, insbes. die von *Friedrich Uhlhorn* bearbeiteten Karten 15b (Nassau), 22 (Hessen 1789), 23 (Hessen 1803, 1807, 1812; Königreich Westfalen); Geschichtlicher Handatlas Niedersachsens, hg. von *Georg Schnath* u.a. (Veröffentlichungen der Historischen Kommission für Hannover, Oldenburg, Braunschweig, Schaumburg-Lippe und Bremen 20), Berlin 1939; *Georg Sello*: Die territoriale Entwicklung des Herzogtums Oldenburg (Studien und Vorarbeiten zum Historischen Atlas Niedersachsens 3), Neudruck Osnabrück 1975 der Ausgabe Göttingen 1917; *J. Kuyper*: Gemeenteatlas van Nederland, deel 2: Gelderland, Leeuwarden o.J. (ca. 1867); Geschiedkundige Atlas van Nederland, 's Gravenhage, Deel 14: De Republiek en 1795, bearb. von *A. A. Beekmann*, o.J. (Karten 1912, Text 1913), Deel 15: De Fransche Tijd (1795-1815), bearb. von *J. C. Ramaer*, 1926.

[10] Gemeindegrenzen [Westfalens] 1897, bearb. im Provinzialinstitut für westfälische Landes- und Volksforschung, Maßstab 1 : 300.000 und 1 : 500.000, 2. Aufl. Dortmund 1977 (im Maßstab 1 :

Schwierigkeiten, eine brauchbare Karte seines Untersuchungsobjektes zu finden, und wich auf eine bereits 1810 veröffentlichte Karte der Bodenschätze Deutschlands aus[11]. Die später erschienene Literatur bot ihm nichts Besseres an[12]. Gedruckte topographische oder archivalische Karten hat er offensichtlich nicht ausgewertet[13]. Schmidts Darstellung der Gebietsveränderungen beschränkt sich auf eine wohl aus den Schriftquellen gearbeitete, nicht einmal übermäßig präzise Tabelle[14].

Zur Einordnung der Geschichte des Großherzogtums Berg sind einige der älteren Darstellungen zur Rheinbundzeit noch zu benutzen[15]. Von der Sachaussage her nicht über-

---

500.000 auch im Geschichtlichen Handatlas Westfalens, vgl. hierzu *Stephanie Reekers*: Zur Karte "Gemeindegrenzen 1897", in: Westfälische Forschungen 26 (1974), S. 157-167; für das Rheinland ist immer noch zu verwenden die Historisch-statistische Grundkarte der Rheinlande, Maßstab 1 : 80.000, o.O.u.J.; trotz der Titelformulierung für die Übergangszeit höchstens in einzelnen Punkten nützlich ist *Friedrich Hoffmann/Stephanie Reekers* (Bearb.): [Teil] E. Nordrhein-Westfalen, in: Verwaltungsgrenzen in der Bundesrepublik Deutschland seit Beginn des 19. Jahrhunderts, Textband (Veröffentlichungen der Akademie für Raumforschung und Landesplanung, Forschungs- und Sitzungsberichte 110), Hannover 1977, S. 165-234; zur methodischen Grundlage vgl. *Walter Koch*: Die deutschen Gemeindegrenzen und ihr historischer Wert, Greifswalder Diss. von 1932, Quakenbrück 1935; *Emil Meynen*: Die Gemeindegrenzenkarten der deutschen Länder, in: Zeitschrift für Raumforschung 1950, S. 20-39; zur Erarbeitung der Rekonstruktionskarten *Heinz-K. Junk*: Territorialgeschichte (wie Anm. 2), S. 31 f.

[11] *A. M. Héron de Villefosse*: De la richesse minérale, Paris 1810, Bd. 1, Anhang: Carte du Royaume de Westphalie et des pays circonvoisins (en 1809).

[12] Die bei *Charles Schmidt*: Grand-duché (wie Anm. 5), S. 126 f (Übers. S. ), wiedergegebenen Kartenskizzen aus *Eduard Rothert*: Rheinland-Westfalen im Wechsel der Zeiten, Düsseldorf 1900, sind schlimmer als wertlos.

[13] Neben den Kartenbeständen in den Hauptstaatsarchiven in Düsseldorf und Wiesbaden sowie im Staatsarchiv Münster wären sicher zugänglich gewesen: Topographisch-militairischer Atlas von dem Großherzogthume Berg und dem Kaiserlich Französischen Département de la Lippe, hg. von dem Geographischen Institute, Weimar 1813; Spezial-Atlas des Königreichs Westfalen, hg. von dems., Weimar 1809; Topographische Karte [im Maßstab 1 : 86.400] in XXII Blaettern den größten Theil von Westphalen enthaltend, sowie auch das Herzogthum Westphalen und einen Theil der Hannövrischen, Braunschweigischen und Hessischen Länder, nach astronomischen und trigonometrischen Ortsbestimmungen auf Befehl seiner Majestät Friedrich Wilhelms III. Königs von Preußen hg. vom General Major [*Carl Ludwig Edler*] von Le Coq im Jahr 1805. [Nur 20 Blätter erschienen; Nachdruck im Maßstab 1 : 100.000: Veröffentlichungen der Historischen Kommission für Westfalen XXVI,2, Münster 1957]; nicht sicher ist die damalige Benutzbarkeit der Carte du Grand-Duché de Berg Divisé en quatre Départemens, 1 : 115.000, Manuskript, um 1808 (heute in der Staatsbibliothek der Stiftung Preußischer Kulturbesitz, Berlin [Kartenabteilung im Westteil der Stadt], Kart. N 32588). Vgl. außerdem *Hans Kleinn*: Nordwestdeutschland in der exakten Kartographie der letzten 250 Jahre, in: Westfälische Forschungen 17 (1964), S. 28-82, und 18 (1965), S. 43-74; *Hartmut Klein*: Kartographische Quellen zur westfälischen Landeskunde, in: Westfälische Forschungen 28 (1976/77), S. 135-180, und 35 (1985), S. 80-130.

[14] Grand-duché (wie Anm. 5), S. 482 f (Übers. S. ); vgl. die Eingliederungsdaten ebd. und bei *Heinz-K. Junk*: Territorialgeschichte (wie Anm. 2), Anlage 1.

[15] U.a. *Theodor Bitterauf*: Geschichte des Rheinbundes, Bd. 1: Die Gründung des Rheinbundes und der Untergang des alten Reiches [mehr nicht erschienen], München 1905; *Adalbert Wahl*: Geschichte des europäischen Staatensystems im Zeitalter der französischen Revolution und der Freiheitskriege (1789-1815), Nachdruck Darmstadt 1967 der Ausgabe München/Berlin 1912; *Max Braubach/Eduard Schulte*: Die politische Neugestaltung Westfalens 1795-1815, in: Der Raum

holt sind auch einige der im 19. und im 1. Drittel des 20. Jahrhunderts aus nationalistischer Sicht wertenden Publikationen[16]. Eine aus heutiger Sicht adäquate Beschäftigung mit der Übergangszeit, dem Rheinbund und einzelnen seiner Mitglieder ist erst zwei Jahrzehnte nach dem Zweiten Weltkrieg in stärkerem Maße zu registrieren[17]. Während der "Territorien-Ploetz" den Zeitraum praktisch unterschlägt, stellen sich neuere Handbücher dem Thema[18]. Zur besseren Einordnung der Verhältnisse in den Rheinbundstaaten sind immer die französischen mit zu betrachten[19].

---

Westfalen II,2, Berlin 1934, S. 71-158; vgl. auch *Peter Burg*: Der Wiener Kongreß. Der Deutsche Bund im europäischen Staatensystem, München 1984.
[16] Mit der Empörung des zeitweilig Unterlegenen das umfangreiche Werk von *Heinrich Berghaus*: Deutschland seit hundert Jahren, Abt. II: Deutschland vor fünfzig Jahren. Geschichte der Gebiets-Eintheilung und der politischen Verfassung des Vaterlandes, 3 Bde., Leipzig 1861-62; nach einem vollen Jahrhundert und allerdings einem verlorenen Krieg immer noch beleidigt *Alexander Conrady*: Die Rheinlande in der Franzosenzeit (1750 bis 1815), 2 Bde., Stuttgart 1922. Von der anderen Seite werden aber auch vorwiegend die eigenen Wohltaten und der Undank dafür gesehen: *Alfred Rambaud*: L'Allemagne sous Napoléon Ier (1804-1811), 4. Aufl. Paris 1897.
[17] Für Berg wichtig u.a. *Dieter Froitzheim*: Staatskirchenrecht im ehemaligen Großherzogtum Berg, Kölner Diss., Amsterdam 1967; *Franz-Ludwig Knemeyer*: Regierungs- und Verwaltungsreformen in Deutschland zu Beginn des 19. Jahrhunderts, Köln/Berlin 1970; *Meent W. Francksen*: Staatsrat und Gesetzgebung im Großherzogtum Berg (1806-1813) (Rechtshistorische Reihe 23), Frankfurt a.M./Bern 1982; Reformen im rheinbündischen Deutschland, hg. von *Eberhard Weis/Elisabeth Müller-Luckner* (Schriften des Historischen Kollegs, Kolloquien 4), München 1984; Herzogtum Nassau 1806-1866. Politik - Wirtschaft - Kultur [Ausstellungskatalog], Wiesbaden 1981; Das Herzogtum Berg 1794-1815 [Ausstellungskatalog], Düsseldorf 1985 (mit Beiträgen u.a. von *Bernd Dreher/Jörg Engelbrecht* [S. 9-11: Herzogtum und Großherzogtum Berg 1794-1815] und *Elisabeth Fehrenbach* [S. 30-33: Die napoleonischen Reformen im Großherzogtum Berg].
[18] *Kurt v. Raumer*: Deutschland um 1800. Krise und Neugestaltung 1789-1815, in: Handbuch der deutschen Geschichte, neu hg. von *Leo Just*, Bd. 3/I, 1. Teil, Wiesbaden 1980; *Franz-Ludwig Knemeyer*: Die Rheinbundstaaten bis 1814, in: *Kurt G.A. Jeserich/Hans Pohl/Georg-Christoph v. Unruh* (Hg.): Deutsche Verwaltungsgeschichte, Bd. 2, Stuttgart 1983, S. 333-344 (= Kapitel VII § 1).
[19] *Jacques Godechot*: Les institutions de la France sous la révolution et l'empire, 2. Aufl. Paris 1968; *Karl-Georg Faber*: Verwaltungs- und Justizbeamte auf dem linken Rheinufer während der französischen Herrschaft. Eine personengeschichtliche Studie, in: Aus Geschichte und Landeskunde (Festschrift *Franz Steinbach*), Bonn 1960, S. 350-388; *ders.*: Die Rheinländer und Napoleon, in: Francia 1 (1973), S. 374-394; zuletzt insbesondere *Sabine Graumann*: Französische Verwaltung am Niederrhein. Das Roerdepartement 1798-1814 (Düsseldorfer Schriften zur Neueren Landesgeschichte und zur Geschichte Nordrhein-Westfalens 27), Essen 1990.

## Errichtung, Vergrößerung, Verkleinerung und Auflösung des Landes[20]

### Die Übertragung an Joachim Murat

In einem weiteren Sinne begann die Geschichte des Großherzogtums Berg bereits 1798, als *Siéyès Talleyrand la nécessité d'établir un Etat intermédiaire entre le Rhin et la Prusse* (die Notwendigkeit, einen Staat zwischen dem Rhein und Preußen zu schaffen) vor Augen hielt, selbst wenn sich zu diesem Zeitpunkt noch niemand über Ausdehnung und Namen dieses Pufferstaates zwischen dem 1795 an den Rhein vorgerückten Frankreich und dem vom Ruhme Friedrichs II. zehrenden Preußen im klaren war[21]. Obwohl vielfach das Jahr des Ausbruchs der Französischen Revolution, 1789, als Stichjahr für die großen Veränderungen des europäischen Staatensystems angesehen wird, war das alte Deutsche Reich, das sogenannte Heilige Römische Reich Deutscher Nation, zumindest rechts des Rheins bis zum Jahre 1801 äußerlich intakt[22], wie auch der Zustand des deutschsprachigen linken Rheinufers, das sich - wie gesagt - seit 1795 in französischer Hand befand, von beiden Seiten noch als vorläufig angesehen wurde. Der Deutsche Kaiser hatte allerdings im Frieden von Campo Formio 1797 den tatsächlichen Besitz dieser Länder als sogenannte Anwartschaft Frankreichs auf deutschen Reichsboden akzeptiert und den geschädigten erblichen Fürsten Kompensationen versprochen[23]. Die kürzlich errichteten Départements auf dem linken Rheinufer hingen noch von einer interrimistischen Zwischeninstanz ab[24]. Der Friede von Lunéville erklärte 1801 die 1797 in Aussicht genommene Regelung für endgültig[25]. Auf seiner Grundlage wurde später der Reichsdepu-

---

[20] Vgl. *Heinz-K. Junk*: Territorialgeschichte (wie Anm. 2), Anlage 1.

[21] *Paul Bailleu* (Hg.): Preußen und Frankreich von 1795 bis 1807. Diplomatische Korrespondenzen, 1. Teil: 1795-1800, 2. Teil: 1800-1807 (Publikationen aus den preußischen Staatsarchiven 8, 29), Berlin 1881-87, hier I, 4. Anhang, 4 vom 24. 7. 1798; *Charles Schmidt*: Grand-duché (wie Anm. 5), S. 3 (Übers. S. ), zitiert (falsch) ein späteres Schreiben; vgl. Correspondance de Napoléon Ier, publiée par ordre de l'Empereur Napoléon III, 32 Bde., Paris 1858-70 [im folgenden: CN], hier XI, 1863, 9127 vom 30. 1. 1806; *Martin Göhring*: Napoleon. Vom alten zum neuen Europa, Berlin/Frankfurt a. M. 1959, S. 80.

[22] Vgl. *Günther Wrede* (Bearb.): Die westfälischen Länder im Jahre 1801. Politische Gliederung, Übersichtskarte 1 : 500.000 (Veröffentlichungen der Historischen Kommission für Westfalen XXVI,1), Münster 1952.

[23] Napoleonische Friedensverträge, hg. von *Heinrich Wolfensberger* (Quellen zur Neueren Geschichte 5), Bern 1946, S. 7-16, hier Geheimartikel I, XII.

[24] *Sabine Graumann*: Verwaltung (wie Anm. 19), S. 24-45; vgl. *Heinrich Geffcken*: Die Städte der Rheinprovinz mit besonderer Berücksichtigung der Stadt Köln am Rhein, in: Verfassung und Verwaltungsorganisation der Städte, 1. Bd.: Königreich Preußen (Schriften des Vereins für Socialpolitik 117), Leipzig 1906, S. 241-300, hier S. 246; *Franz-Ludwig Knemeyer*: Verwaltungsreformen (wie Anm. 17), S. 32-36.

[25] Art. VI f (*Heinrich Wolfensberger*: Friedensverträge (wie Anm. 23), S. 17-23; Diplomatisches Handbuch. Sammlung der wichtigsten europäischen Friedensschlüsse, Congressacten und sonstigen Staatsurkunden vom Westphälischen Frieden bis auf die neueste Zeit, hg. von *Friedrich Wilhelm Ghillany*, 1. Teil, Nördlingen 1855, S. 283-291.

tationshauptschluß ausgehandelt[26]. Die Land- und Vermögensverluste der zugunsten Frankreichs verzichtenden weltlichen Fürsten wurden rechts des Rheines durch die Überlassung von säkularisiertem Kirchengut, darunter fast allen geistlichen Fürstentümern, mindestens ausgeglichen[27].

In die Umverteilungsverhandlungen schaltete sich insbesondere die Französische Republik schon früh ein, der es schließlich nicht gleichgültig sein konnte, wer am Rhein ihre direkten Nachbarn wurden. Sie schloß deshalb am 23. Mai 1802 in Paris mit Preußen einen Vertrag, der dessen Gebietsentschädigung im rheinisch-westfälischen Raum bereits neun Monate vor dem offiziellen Reichsdeputationshauptschluß regelte[28]. Die Textredaktoren des Reichsdeputationshauptschlusses übernahmen die Zuteilung der Hochstifte Münster (teilweise) und Paderborn sowie der Abteien Essen, Werden und u.a. Elten an Preußen fast wörtlich aus dem Pariser Vertrag und machten bei der Festlegung der Teilungslinie durch das aufgehobene Hochstift Münster, in das das Großherzogtum Berg später hineinwachsen sollte, teilweise sogar die gleichen Schreibfehler bei den Grenzorten. Zur Jahresmitte 1802 besetzte Preußen den ihm zugedachten Teil und nahm für einige Monate auch die den anderen Fürsten zugedachten Anteile von Münster in Besitz[29]. Nach dem Vollzug dieser Umschichtung (s. Karte 1) trat zunächst relative Ruhe

---

[26] Das Ende des Alten Reiches, hg. von *Ernst Walder* (Quellen zur Neueren Geschichte 10), Bern 1948, S. 15-64; Quellen zum Verfassungsorganismus des Heiligen Römischen Reiches Deutscher Nation 1495-1815, hg. von *Hanns Hubert Hofmann* (Ausgewählte Quellen zur deutschen Geschichte der Neuzeit 13), Darmstadt 1976, 66; Quellensammlung zur Geschichte der Deutschen Reichsverfassung in Mittelalter und Neuzeit, bearb. von *Karl Zeumer* (Quellensammlungen zum Staats-, Verwaltungs-, und Völkerrecht 2), 2. Aufl. Tübingen 1913, 212; vgl. *Emil Wallner*: Die kreissässigen Reichsterritorien am Vorabend des Luneviller Friedens, in: Mitteilungen des Österreichischen Instituts für Geschichtsforschung, Ergänzungs-Bd. XI, 1929, S. 681-716, hier S. 681.

[27] Vgl. die Aufstellungen bei *Heinrich Berghaus*: Deutschland (wie Anm. 16) II,1, Kap. 10; *Carl Wilhelm v. Lancizolle*: Übersicht der deutschen Reichsstandschafts- und Territorialverhältnisse, Berlin 1830, §§ 29-31.

[28] *Alexandre de Clercq*: Recueil des traités de la France, 2 Bde., Paris 1864, hier I, S. 583-587.

[29] Sammlung der Gesetze und Verordnungen, welche in dem königlich Preußischen Erbfürstenthume Münster und in den standesherrlichen Gebieten Horstmar, Rheina-Wolbeck, Dülmen und Ahaus-Bocholt-Werth über Gegenstände der Landeshoheit, Verfassung, Verwaltung und Rechtspflege vom Jahre 1359 bis zur französischen Militair-Occupation und zur Vereinigung mit Frankreich und dem Großherzogtum Berg in den Jahren 1806 und respective 1811 ergangen sind, 3 Bde., Münster 1842 [im folgenden: Slg 1842], hier II, Hochstift Münster 568 vom 24. 6. 1802, sowie III, Grafschaft Horstmar 1 vom 12. 11. 1802, Fürstentum Rheina-Wolbeck 1 vom 14. 2. 1803, Herrschaft Dülmen 1 vom 29. 11. 1802, Herrschaft Ahaus-Bocholt-Werth 1 vom 28.-30. 11. 1802 [die Abteilung "Erbfürstenthum Münster" im Bd. III ist folgend mit "Efsm" zitiert]; *Franz Scholand*: Verhandlungen über die Säkularisation und Aufteilung des Fürstbistums Münster (1795-1806), in: Westfälische Zeitschrift 79 (1921), S. 42-94, insbes. S. 54, 75, 80; vgl. *Clemens v. Olfers*: Beiträge zur Geschichte der Verfassung und Zerstückelung des Oberstiftes Münster, Münster 1848; *Franz Darpe*: Geschichte des Fürstentums Rheina-Wolbeck, in: Westfälische Zeitschrift 33 (1875), 1, S. 113-153; *Josef Tönsmeyer*: Vom Landesfürstentum Rheina-Wolbeck zur Gutsherrschaft Rheine-Bentlage, hg. von *Hans Dieter Tönsmeyer*, Rheine 1980; *Hermann Rothert*: Westfälische Geschichte, Bd. 3: Absolutismus und Aufklärung, Nachdruck 1976 der 4. Aufl. Gütersloh 1951, S. 152; *Bernhard Vollmer*: Die Vogtei Kleves und Brandenburg-Preußens über das Reichsstift Elten, in: Annalen des Historischen Vereins für den Niederrhein 115 (1929), S. 255-

ein. Erst Mitte Dezember 1805 ging die Flurbereinigung weiter: Bayern tauschte sein letztes niederrheinisches Nebenland, das Herzogtum Berg, gegen die preußische, unter französischer Militärverwaltung stehende Markgrafschaft Ansbach; Berg sollte an einen deutschen Reichsfürsten fallen, der von Napoleon noch zu bestimmen war. Vollzogen wurde die Abtretung erst im März 1806[30].

282.
[30] Die Staatsverträge des Königreichs Bayern (1806-1858), hg. von *G. M. Kletke*, Regensburg 1860, 3 vom 15. 3. 1806; *Charles Schmidt*: Grand-duché (wie Anm. 5), S. 6 (Übers. S. ); vgl. *Karl Heinrich Ludwig Pölitz*: Der Rheinbund, historisch und statistisch dargestellt, Leipzig 1811, S. 237.

Karte 1: Niederrhein und westliches Westfalen nach Vollzug des Reichsdeputations-hauptschlusses (Stand: 1. Januar 1806)

Entwurf: H. K. Junk

Im Februar 1806 sah sich Preußen genötigt, auf den ihm bis dahin verbliebenen rechtsrheinischen Rest des Herzogtums Kleve zugunsten eines von Napoleon zu bestimmenden Fürsten (man beachte die hier fehlende Einschränkung der Formulierung) zu verzichten. J'en ferai la dot d'une princesse de ma famille (ich werde es zur Mitgift einer Prinzessin aus meiner Familie machen), soll Napoleon einmal von diesem Land gesagt haben, und nun machte er es wahr: Am 15. März 1806 verlieh er die Herzogtümer Kleve und Berg seinem Marschall Joachim Murat, dem Ehemann seiner Schwester Caroline[31]. Die Bekanntmachung der Investitur enthielt formelhaft die Bestimmung en toute souveraineté, obwohl von Unabhängigkeit überhaupt keine Rede sein konnte. Herzog Joachim von Kleve und Berg blieb nämlich französischer Bürger, behielt den 1804 geschaffenen Rang eines Großwürdenträgers des Französischen Kaiserreiches mit dem Titel eines Großadmirals sowie den Dienstgrad eines (aktiven) französischen Marschalls und wurde auch nicht aus der Familie entlassen, der Napoleon als Oberhaupt vorstand: eine gleich mehrfache Gehorsamsverpflichtung also gegenüber dem Kaiser der Franzosen. Daß Napoleon mit der Belehnung seines Schwagers, der ja kein Reichsfürst war, den Übergabevertrag mit Bayern brach, und Joachim nie dem Deutschen Kaiser den eigentlich schuldigen Lehnseid leistete, hat in den letzten Monaten vor der Auflösung des Deutschen Reiches keine Rolle mehr gespielt, doch war er sich dieser Tatsache wohl bewußt[32].

Noch im Monat seines Regierungsantritts ließ Herzog Joachim en vertu des ordres de l'Empereur (in Ausführung kaiserlicher Anordnungen) die Herrschaften Homburg, Gimborn-Neustadt und Wildenburg besetzen und wies seinen Adjutanten, den General Beaumont, an, die Inbesitznahme von Kleve durch die der ehemaligen Reichsabteien Essen, Werden und Elten zu vollenden. Die Behauptung Joachims, die Abteien seien Teile des abgetretenen Herzogtums Kleve, war aber nicht soweit hergeholt, wie Napoleons Anweisung an Talleyrand - Dites qu'Essen et Werden apartiennent à Clèves! (Behaupten Sie, daß Essen und Werden zu Kleve gehören!) - sich anhörte, denn die drei Ländchen waren tatsächlich vor der Abtretung Kleves an Napoleon bezüglich der landständischen Vertretung und der Steuerverfassung mit dem Herzogtum vereinigt worden[33].

---

[31] *Charles Schmidt*: Grand-duché (wie Anm. 5), S. 6, 8 f (Übers. S. ); Handbuch der für die Königlich Preußischen Rheinprovinzen verkündigten Gesetze, Verordnungen und Regierungsbeschlüsse aus der Zeit der Fremdherrschaft, hg. von *Alexander v. Daniels*, Bd. V, Köln 1837, 66 vom 30. 3. 1806; *August Fournier*: Napoleon I., 3 Bde. in 1, 4. Aufl. Leipzig 1922, hier II, S. 84; *Karl Heinrich Ludwig Pölitz*: Rheinbund (wie Anm. 30), S. 237; *Woldemar Harleß*: Protokoll über die Huldigung der Stände zu Düsseldorf im Jahre 1806, in: Zeitschrift des Bergischen Geschichtsvereins 7 (1871), S. 191-194.

[32] Bulletin des lois de l'Empire Français, 4e série, Paris 1805-14 [im folgenden: Bulletin des lois], hier I, 1 vom 28 Floreal an XII (= 18. 5. 1804); CN XII, 1863, 9976 vom 15. 3. 1806; *Rainer Wohlfeil*: Napoleonische Modellstaaten, in: *Wolfgang v. Groote* (Hg.): Napoleon I. und die Staatenwelt seiner Zeit, Freiburg 1969, S. 33-57, hier S. 35, 42; *August Fournier*: Napoleon (wie Anm. 31) II, S. 12, 117; *Martin Göhring*: Napoleon (wie Anm. 21), S. 81.

[33] *Albert Lumbroso*: Correspondance de Joachim Murat (1791-1808) (Biblioteca Storica 109), Turin 1899, CXL f vom 28. 3. 1806; HStAD, Bestand Großherzogtum Berg [im folgenden: GhB] 22, gedruckte Bekanntmachung vom gleichen Tage; CN XII, 9969 vom 14. 3. 1806; vgl. *Charles Schmidt*: Grand-duché (wie Anm. 5), S. 12 (Übers. S. ); *Paul Bailleu*: Preußen und Frankreich (wie Anm. 21) II, S. LXX und Nr. 362 vom 30. 6. 1806; *Rudolfine Freiin v. Oer*: Der Friede von Preßburg (Neue Münstersche Beiträge zur Geschichtsforschung 8), Münster 1965; *Hans-Bernd*

Während die Eingliederung der drei Herrschaften an der Südostgrenze offenbar problemlos verlief, gab es bei den Abteien Schwierigkeiten. Die Preußen weigerten sich, sich aus ihnen zurückzuziehen, und protestierten auch gegen die Besitznahme von Zevenaer, Huissen und Malburgen, die von Holland beansprucht wurden. Die sechs Orte wurden zum Zankapfel, obwohl ihre Fläche praktisch bedeutungslos war[34]. Nach dem zunächst erfolglosen Versuch, sich in den sicheren Besitz der drei Abteien (ohne die an Mark gefallene Exklave Huckarde-Dorstfeld der Abtei Essen) zu setzen, befahl Herzog Joachim am 31. März 1806 die Suche nach Archivalien, die seine Ansprüche hätten belegen können; schließlich einigte er sich dann aber mit Preußen auf eine gemeinsame Interimsverwaltung, die vom 23. August bis zum 31. Oktober 1806 amtierte. Die endgültige Regelung - nach den Maßstäben dieser Zeit - sollte noch fast zwei Jahre auf sich warten lassen[35].

## Die Gründung des Rheinbundes

Die Unterzeichnung der Rheinbundakte am 12. Juli 1806 durch eine Anzahl deutscher Reichsstände unter dem Protektorat Frankreichs und ihr gleichzeitiger, folgerichtiger Austritt aus dem Deutschen Reich versetzte letzterem den Todesstoß[36]. Die Rheinbundmitglieder besaßen offiziell die volle Souveränität, doch wurde diese de facto durch Napoleon als Protektor eingeschränkt. Eine von Frankreich unabhängige Außenpolitik war ihnen verwehrt. In Art. 38 der Rheinbundakte und den späteren Beitrittsverträgen zum

*Spies*: Die Mediatisierung der Herrschaft Homburg an der Mark (1806), in: Bonner Universitätsblätter 1976, S. 65-67; 1770-1815 Weltgeschichte am Rhein erlebt. Erinnerungen des Rheinländers Christoph Wilhelm Henrich Sethe aus der Zeit des europäischen Umbruchs, hg. von *Adolf Klein/Justus Bockemühl*, Köln 1973, S. 44.
[34] *Albert Lumbroso*: Correspondance (wie Anm. 33), CXLIII, CXLV-CXLVII, CLXII, CLXVII, CXCII, CXCV von 1806 und 1808; *Paul Bailleu*: Preußen und Frankreich (wie Anm. 21) II, 343, 345-347, 349, 351, 353-356, 359 f, 362 f, 365, 367 von 1806; vgl. § 3 Reichsdeputationshauptschluß.
[35] *Johann Josef Scotti* (Hg.): Sammlung der Gesetze und Verordnungen, welche in den ehemaligen Herzogthümern Jülich, Cleve und Berg und in dem vormaligen Großherzogtum Berg über Gegenstände der Landeshoheit, Verfassung, Verwaltung und Rechtspflege ergangen sind vom Jahr 1745 bis zu der am 15. April 1815 eingetretenen Königlich Preußischen Landes-Regierung, 4 Bde., Düsseldorf 1821-22 [im folgenden: *Johann Josef Scotti*: Jülich], 2868 vom 31. 3. 1806, entspricht einem Befehl vom gleichen Tage in HStAD GhB 4298,1, Bl. 2; vgl. ebd., Bl. 47; 4289,2, Bl. 1-6 vom 8. 4. 1806; 4290 passim; *Charles Schmidt*: Grand-duché (wie Anm. 5), S. 21 f (Übers. S. ); *Rudolf Goecke*: Großherzogtum Berg (wie Anm. 4), S. 14 f; *Adalbert Wahl*: Staatensystem (wie Anm. 15), S. 165; *Franz Körholz*: Die Säkularisation und Organisation in den preußischen Entschädigungsländern Essen, Werden und Elten 1802-1806 (Münstersche Beiträge zur Geschichtsforschung N.F. 14), Münster 1907, S. 123.
[36] *Ernst Walder*: Ende des Alten Reiches (wie Anm. 26), S. 68-87; *Peter Adolf Winkopp*: Die rheinische Konföderationsakte oder der am 12. Juli 1806 zu Paris abgeschlossene Vertrag, Frankfurt a.M. 1808; *Johann Ludwig Klüber*: Staatsrecht des Rheinbundes, Tübingen 1808, S. 561-576; *G. M. Kletke*: Staatsverträge (wie Anm. 30), 7; *Hanns Hubert Hofmann*: Verfassungsorganismus (wie Anm. 26), 69, 70a; Quellen zur Verfassungsentwicklung des Heiligen Römischen Reiches Deutscher Nation, bearb. von *Heinz Duchhardt* (Texte zur Forschung 43), Darmstadt 1983, II,7; *Karl Zeumer*: Reichsverfassung (wie Anm. 26), 214, 216.

Bund wurde die Höhe der Militärkontingente der Einzelstaaten festgesetzt, die aufzustellen waren und bei Bedarf - der nur zu bald eintrat - unter französischem Oberbefehl zu marschieren hatten. Der Rheinbund, dessen innere verfassungsrechtliche Entwicklung Absichtserklärung blieb, bildete im wesentlichen ein Soldatenreservoir des französischen Kaisers[37].

Den aufgenommenen Fürsten wurde ihre neue Abhängigkeit durch Gebietserweiterungen schmackhaft gemacht: Fürstenhäuser, die sich zum Beitritt nicht verstehen konnten oder deren Selbständigkeit nicht mehr wünschenswert war, wurden mediatisiert. Davon waren auch Länder betroffen, die erst seit dem Reichsdeputationshauptschluß (in dieser Form) existierten. Der Herzog von Kleve und Berg wurde Großherzog von Berg und erhielt (vgl. Karte 2) die nassau-oranischen Fürstentümer Siegen, Dillenburg, Hadamar und Beilstein, die leiningen-westerburgischen Herrschaften Westerburg und Schadeck, einen Teil des Fürstentums Wied-Runkel und von Nassau-Usingen die von diesem erst 1803 bei Auflösung des Erzstiftes Köln erworbenen Ämter Deutz, Vilich und Königswinter. Die ebenfalls an Berg gefallenen Grafschaften Bentheim, Steinfurt und Horstmar sowie das Fürstentum Rheina-Wolbeck bildeten im Norden eine große Exklave. Horstmar und Rheina-Wolbeck waren dem Wild- und Rheingrafen von Salm-Grumbach bzw. dem Herzog von Looz-Corswarem 1803 erst bei Auflösung des Hochstifts Münster zugefallen. Die Annexion der Herrschaften Homburg, Gimborn-Neustadt und Wildenburg wurde nachträglich gerechtfertigt und die Übernahme von Styrum und Lage festgesetzt[38]. Lage war eine Enklave in der Grafschaft Bentheim. Da sie offenbar nicht von einem Reichsstand zu Lehen ging und die holländische Provinz Overijssel über sie eine mindestens nominelle Schutzherrschaft ausübte[39], war sie de jure als einziges der Berg einverleibten Gebiete nicht Teil des Deutschen Reiches. Zur Angliederung der nassau-oranischen Erbländer stellte Beugnot[40] später fest, auf sie habe man zur Abrundung des neuen Staates nicht verzichten können. Geographisch gesehen war das Gegenteil der Fall! Der Grund für die Übernahme war rein politisch: Napoleon wollte keinen seiner erklärten Gegner, in diesem Fall den ehemaligen Statthalter der Niederlande, den Prinzen von Oranien, an der Südostflanke des neuen Staates dulden.

---

[37] Art. 10 Rheinbundakte; *Karl Beck*: Zur Verfassungsgeschichte des Rheinbundes (Wissenschaftliche Beilage zum Programm des großherzoglichen Realgymnasiums und der Realschule zu Mainz 1890), Mainz 1890, S. 10 f.

[38] §§ 3, 12 Reichsdeputationshauptschluß; Art. 5, 16, 20, 24-27 Rheinbundakte; vgl. *Konrad Schneider*: Die Entschädigungspolitik Wied-Runkels auf dem Regensburger Kongreß von 1802/03, in: Nassauische Annalen 89 (1978), S. 41-48, sowie zu den enteigneten Fürsten zuletzt *Heinz Gollwitzer*: Die Standesherren, 2. Aufl. Göttingen 1964.

[39] Vgl. Staatsarchiv Münster [im folgenden: StAM] GhB A1, Bl. 34; *Ludwig Sager*: Wie es mit der "Herrlichkeit" zu Ende ging, in: Jahrbuch des Heimatvereins der Grafschaft Bentheim 1958, S. 86-88; *Heinz-K. Junk*: Territorialgeschichte (wie Anm. 2), Anm. 67 zu Anlage 1.

[40] Mémoires du Comte [Jacques Claude] Beugnot, ancien ministre (1783-1815), publié par le Comte *Albert Beugnot*, 3. Aufl. Paris 1889, S. 252-254.

Karte 2: Niederrhein und westliches Westfalen nach der Gründung des Rheinbundes (Stand: 1. September 1806)

Entwurf: H. K. Junk

Der Friede von Tilsit und seine Folgen für Berg

Nach Preußens Niederlage bei Jena und Auerstedt im Herbst des Jahres 1806 wurden seine Westbesitzungen unter französische Militärverwaltung gestellt, bis der Friede von Tilsit am 9. Juli 1807 über ihr weiteres Schicksal entschied. Schon Ende Oktober 1806 diktierte Napoleon den Entwurf zu einem Friedensvertrag, dessen Abtretungsbestimmungen in der endgültigen Fassung erhalten blieben. Im Vorgriff auf die vertragliche Regelung - ein nun schon fast vertraut wirkendes Verhalten - erfolgte die bergische Besitzergreifung in Essen, Werden und Elten noch im November 1806[41]. Napoleon verwendete die preußischen Gebiete westlich der Elbe in erster Linie zur Gründung eines neuen Satellitenstaates, des Königreiches Westfalen, das er seinem jüngsten Bruder Hieronymus (Jérôme) anvertraute, aber auch das Großherzogtum Berg oder besser dessen Herrscherpaar vergaß er nicht. Diesem überließ er im Januar 1808 die Grafschaft Mark mit dem preußischen Anteil an Lippstadt, das Erbfürstentum Münster, die Grafschaften Tecklenburg, Lingen und Dortmund, letztere (aus nassau-oranischem Neubesitz) als Kriegsbeute behandelt. Außerdem wurden die Besitzungen des Hauses Bentheim-Tecklenburg-Rheda zugunsten Bergs mediatisiert: die Grafschaft Limburg (an der Lenne) und die Herrschaft Rheda[42]. Dafür verzichtete Joachim Murat gezwungenermaßen auf Wesel zugunsten Frankreichs und sagte die Abtretung der klevischen Orte Zevenaer, Huissen und Malburgen an das inzwischen von Napoleons Bruder Ludwig regierte Königreich Holland binnen dreier Monate zu. Nach Vollzug aller dieser Änderungen hatte Berg seine größte Ausdehnung erreicht (Karte 3). Der Gebietsstand und die Einwohnerzahl von 1806 hatten sich ungefähr verdreifacht[43].

---

[41] *Paul Bailleu*: Preußen und Frankreich (wie Anm. 21) II, 437 vom Ende Oktober 1806; *Heinrich Wolfensberger*: Friedensverträge (wie Anm. 23), S. 52-58; Slg 1842 III, S. 5 und Efsm 186-190 von Oktober/November 1806; *Clemens v. Olfers*: Oberstift Münster (wie Anm. 29), S. 143-146; *Charles Schmidt*: Grand-duché (wie Anm. 5), S. 21 (Übers. S. ).

[42] HStAD GhB 27,2, Bl. 2 f; Slg 1842 III, Efsm 194 vom 21. 1. 1808; § 12 Reichsdeputationshauptschluß; *Hermann Rothert*: Westfälische Geschichte (wie Anm. 29) III, S. 134, 177; *Constantin Schulteis*: Erläuterungen (wie Anm. 8), S. 84; *Ludwig Schriver*: Geschichte des Kreises Lingen, 2 Bde., Lingen 1905-10; *Gustav Luntowski*: Die kommunale Selbstverwaltung (Geschichte Dortmunds im 19. und 20. Jahrhundert 1), Dortmund 1977, S. 15-18, 44 f; *Charles Schmidt*: Grand-duché (wie Anm. 5), S. 22 (Übers. S. ).

[43] HStAD GhB 27,2, Bl. 2 f; vgl. *Albert Lumbroso*: Correspondance (wie Anm. 33), CC vom 12. 2. 1808; *D. P. M. Graswinckel*: De rechterlijke archieven der voormalige kleefsche enclaves in Gelderland, 1543-1816, 's Gravenhage 1927; *Ernst Moritz Klingenburg*: Die Entstehung der deutsch-niederländischen Grenze im Zusammenhang mit der Neuordnung des niederländisch-niederrheinischen Raumes 1813-1815 (Deutsche Schriften zur Landes- und Volksforschung 7), Leipzig 1940; *Hermann Hüffer*: Forschungen auf dem Gebiete des französischen und des rheinischen Kirchenrechts, Münster 1863, S. 228-230; *Charles Schmidt*: Grand-duché (wie Anm. 5), S. 24 (Übers. S. ); *Johann Andreas Demian*: Statistik der Rheinbundstaaten, 2 Bde., Frankfurt a. M. 1812, hier II, S. 53, 57, 59; *Karl Heinrich Ludwig Pölitz*: Rheinbund (wie Anm. 30), S. 369.

## Die Abtretung des Nordens an Frankreich

Napoleon hatte 1806 den Blockadezustand für die Britischen Inseln erklärt, sah sich aber großen Schwierigkeiten gegenüber, diese Kontinentalsperre auch wirklich durchzusetzen, da große Teile der europäischen Nordküste eben nicht unter dem direkten Zugriff Frankreichs standen. 1810 ging er daran, diesen "Fehler" zu beheben: Nachdem er zur Jahresmitte Holland dem Französischen Kaiserreich einverleibt hatte, ließ er im Dezember des gleichen Jahres die Annexion Norddeutschlands verkünden[44]. Davon waren gleich mehrere Rheinbundstaaten betroffen: neben Berg das Herzogtum Oldenburg, das Königreich Westfalen, das Herzogtum Arenberg und das Fürstentum Salm, aber auch die nach Auflösung des Deutschen Reiches "souveränen" Hansestädte Bremen, Hamburg und Lübeck. Berg verlor dabei aber nicht nur etwa ein Viertel seines Gebietes, sondern es konnte sogar eine Neuerwerbung machen. Nachdem Frankreich sich bei dieser Gelegenheit sowohl den Nordteil (Meppen) wie auch ein Stück (Dülmen) des Südteils des zweigeteilten Herzogtums Arenberg einverleibt hatte, sollte das Herzogtum anscheinend nicht als Staat erhalten bleiben; der verbliebene Rest, das ehemalige Vest Recklinghausen und ein Zipfel von Dülmen, wurden Berg zugeteilt[45].

Die neue Grenze war eine Zollgrenze. Ihre Festlegung im Gelände nahm vor allem auf diesen Zweck Rücksicht. Das war der Hintergrund für die im August 1811 nachträglich vorgenommene Annexion der Orte Wolbeck und Angelmodde (seit 1975 beide zur Stadt Münster) ins Kaiserreich. Da das entsprechende Dekret im Wortlaut nicht eindeutig war, ergab sich daraus ein Streit der beiden beteiligten Präfekten, in dem - wie unter den obwaltenden Umständen kaum anders zu erwarten - der Franzose sich durchsetzte[46].

---

[44] Bulletin des lois XIII, 5724 vom 9. 7. 1810, 5949 vom 13. 9. 1810, 6163 vom 13. 12. 1810, 6304 vom 26. 12. 1810, 6700 vom 27. 4. 1811; *Antoinette Joulia*: Ein französischer Verwaltungsbezirk in Deutschland. Das Oberems-Departement (1810-1813), in: Osnabrücker Mitteilungen 80 (1973), S. 21-102.

[45] *Johann Andreas Demian*: Statistik (wie Anm. 43) I, S. 5 f; Slg 1842 III, Efsm 197 vom 13. 12. 1810 und S. 437; *Heinrich Dicke*: Die Gesetzgebung und Verwaltung im Fürstentum Salm 1802-1810 (Beiträge zur Geschichte Niedersachsens und Westfalens 33), Hildesheim 1912, S. 160 f; *Charles Schmidt*: Grand-duché (wie Anm. 5), S. 129 f (Übers. S. ); *Wilhelm Kohl* in: Geschichtlicher Handatlas Westfalens (wie Anm. 7); *Constantin Schulteis*: Erläuterungen (wie Anm. 8), S. 88, nach: Der Rheinische Bund, hg. von *Peter Adolf Winkopp*, 23 Bde., 1806-13, hier 18 (1811), S. 309 f; *Adolf Dorider*: Geschichte der Stadt Recklinghausen in den neueren Jahrhunderten (1577-1933), Recklinghausen 1955; StAM Kartensammlung A 11, Karte der Grafschaft Recklinghausen (1811); vgl. HStAD GhB 84,1, zu Protesten des Herzog-Vaters v. Arenberg ebd. 84,2; Beispiele der lokalen Grenzziehungsprozedur bei *Heinz-K. Junk*: Kaiserliche Adler am Dümmerbach, in: Senden. Eine Geschichte der Gemeinde ..., hg. von der Gemeinde Senden, Senden 1992, S. 369-394, und *Paul Bahlmann*: Der Regierungsbezirk Münster. Seine Zusammensetzung, Eintheilung und Bevölkerung, Münster 1893, S. 17.

[46] HStAD GhB 77; Dekret vom 6. 8. 1811, Druck bei *(Otto) v. Woringen*: Historische Darstellung (wie Anm. 6), Anlage C; StAM Kartensammlung A 1143, Carte ... de Wolbeck (1812); vgl. *Charles Schmidt*: Grand-duché (wie Anm. 5), S. 129 (Übers. S. ) mit Bezug auf Archives Nationales, Paris, AFIV pl. 4505; weitere Belege bei *Heinz-K. Junk*: Städtewesen (wie Anm. 2).

Karte 3: Berg nach dem Vollzug des Friedens von Tilsit und der Einführung des französischen Verwaltungssystems (Stand: 1. Juli 1809)

Entwurf: H. K. Junk

## Karte 4: Berg nach der Annexion Norddeutschlands (Stand: 1. Januar 1812)

Grenzen und Orte

■ Berg/Landeshauptstadt

Territorium

⊞ Departement/Präfektur

◉ Arrondissement/Unterpräf.

• Kanton/Sitz des Friedensgerichts

○ Munizipalität (s. Namenliste)

Arr Neuenhaus 1811 Apr 28 vom West-Ems-Dept zum Lippe-Dept

Issel-Mündungen-Dept

Ober-Issel-Departement

KAISERREICH FRANKREICH

Ober-Ems-Departement

Arr Steinfurt 1811 Apr 28 vom Issel-Mündungen-Dept zum Lippe-Dept

Lippe-Departement

Arr Münster 1811 Apr 28 vom Ober-Issel-Dept zum Lippe-Dept

Wolbeck

Arr Rees 1811 Apr 28 vom Ober-Issel-Dept zum Lippe-Dept

Sassenberg

Warendorf

Rheda

KGR WEST-FALEN

Sendenhorst

Oelde

(LIPPE)

Lüdinghausen

Ahlen

Beckum

Werne

Hamm

Lipp-stadt

Dinslaken

Dorsten

Recklinghausen

Soest

Dortmund

Unna

Bochum

Duisburg

Essen

Hoerde

Werden

Hattingen

Limburg

Iser-lohn

GROSS-HERZOGTUM HESSEN

Ratingen

Velbert

Schwelm

Hagen

Elber-Fd B.

Neuen-rade

Düsseldorf

Mettmann

Rons-dorf

Lennep

Lüden-scheid

Rich-rath

Sol.

Op-laden

Wermels-kchn

Wipper-Pürth

Gummersb.

Bens-berg

Lindlar

Mül-heim

Hom-burg

Wald-bröl

Netphen

Siegburg

Eitorf

Siegen

Dillenburg

Königs-winter

Hennef

Herborn

Renne-rod

Driedorf

Rhein-Mosel-Departement

HERZOGTUM NASSAU

Hadamar

Unter-Maas-Departement

Roer-Departement

Ourthe-Dept

Dept

Saar-Dept

0  10  20km

Fe

Entwurf: H. K. Junk

453

## Auflösung und provisorische Verwaltung

Der mißglückte Rußlandfeldzug ließ das napoleonische System zunächst langsam, dann immer schneller zerfallen. Bereits Mitte Oktober 1813 betrachtete man in Paris die Besetzung des Großherzogtums Berg durch die gegen Napoleon verbündeten Staaten als unmittelbar bevorstehend, und über die geschehene Einnahme großer Teile des Landes am 10. November war man spätestens zwei Tage danach informiert[47]. Preußen errichtete für seine früheren Landesteile zunächst Militärgouvernements, erst das links der Elbe, dann durch Teilung die Gouvernements zwischen Elbe und Weser sowie zwischen Weser und Rhein. Die vorher nicht-preußischen Gebiete wurden einem Zentralverwaltungsdepartement der Verbündeten unter Leitung des Freiherrn vom Stein unterstellt, das aber nicht als bleibende Einrichtung gedacht war. Ihm war u.a. das Generalgouvernement Berg nachgeordnet, das kurze Zeit auch die 1810/11 an Frankreich gefallenen Gebiete umfaßte sowie ein paar Landstriche, die sonst herrenlos gewesen wären[48]. Der Prinz von Oranien erreichte eine Sonderregelung; er erhielt nach Abschluß eines Allianzvertrages mit den Verbündeten seine Fürstentümer zurück[49]. Hannover übernahm wieder sein Pfand Bentheim. Lediglich ein Zwischenspiel blieb der Versuch der Häuser Bentheim, Salm-Salm, Salm-Kyrburg, Salm-Horstmar (Salm-Grumbach), Looz-Corswarem und Croy, ihre 1803, 1806 bzw. 1810/11 verlorene Landeshoheit wiederzuerlangen[50]. Da die Gouvernements

---

[47] *Pierre-Louis Comte de Roederer*: Aus der Umgebung Bonapartes. Tagebuch. Persönliche und politische Notizen eines Vertrauten der Tuilerien, mit einer Einleitung und Bemerkungen von *Maurice Vitrac*, übersetzt von *Pfaff*, Berlin 1909, S. 340, 343.

[48] Sammlung der für die Königlich Preußische Rheinprovinz seit dem Jahre 1813 hinsichtlich der Rechts- und Gerichtsverfassung ergangenen Gesetze, Verordnungen, Ministerial-Rescripte etc., hg. von *Fr. August Lottner*, Bd. I, Berlin 1834, 1 vom 25. 11. 1813; Slg 1842 III, Efsm 208 f vom 18. bzw. 19. 11. 1813; vgl. *Heinrich Kochendörffer*: Das Militärgouvernement zwischen Weser und Rhein, in: Westfälische Zeitschrift 89 (1932), S. 149-172; *Peter Graf v. Kielmansegg*: Stein und die Zentralverwaltung 1813/14, Stuttgart 1964, S. 22-28, 74-84, 167-169; *Karl-Georg Faber*: Die Rheinlande zwischen Restauration und Revolution, Wiesbaden 1966, S. 17; *Gustav Sichelschmidt*: Das Bergische Land unter dem General-Gouvernement Berg (1813-1815), Kölner Diss. von 1937, Düsseldorf 1938 (Abdruck auch in: Annalen des Historischen Vereins für den Niederrhein 133 (1938), S. 1-76; *Fritz Vollheim*: Die provisorische Verwaltung am Nieder- und Mittelrhein während der Jahre 1814-1816, Diss. Bonn 1911; *Kurt v. Raumer*: Ost und West in der Erhebung von 1813 (Gesellschaft für Rheinische Geschichtskunde, Vorträge 7), Bonn 1940.

[49] *Wilhelm Just*: Verwaltung und Bewaffnung im westlichen Deutschland nach der Leipziger Schlacht 1813 und 1814, Göttingen 1911, S. 40; vgl. *Peter Graf v. Kielmansegg*: Stein (wie Anm. 48), S. 54 f; *Hans Sarholz*: Das Herzogtum Nassau 1813-1815, in: Nassauische Annalen 57 (1937), S. 55-119.

[50] StAM Zivilgouvernement 49; Staatsarchiv Osnabrück. Abteilung 300 Staats- u. Kabinettsministerium zu Hannover; *Max Bär*: Abriß der Verwaltungsgeschichte des Regierungsbezirks Osnabrück (Quellen und Darstellungen zur Geschichte Niedersachsens 5), Hannover/Leipzig 1901, S. 156; beste zusammenfassende Darstellung bei *Wilhelm Kohl*: 150 Jahre Landkreis Steinfurt 1816-1966 (Schriften zur Geschichte und Landeskunde des Landkreises Steinfurt 1), Burgsteinfurt 1966, S. 54-63, 139-165; vgl. *ders.*: Legalität und Politik im Widerstreit. Die münsterländischen Mediatisierten im Jahre 1813, in: *Heinz Dollinger* u.a. (Hg.): Weltpolitik, Europagedanke, Regionalismus (Festschrift *Heinz Gollwitzer*), Münster 1982, S. 175-192; *Wilhelm Just*: Verwaltung (wie Anm. 49), S. 36-38; *Peter Graf v. Kielmansegg*: Stein (wie Anm. 48), S. 80-82.

**Karte 5: Das ehemalige Großherzogtum Berg unter provisorischer Verwaltung (Stand: 1. Januar 1815)**

Erläuterung

*a)* 1813 Dez vom GG Berg zum MGWR (s. Anlage 1, Nr. 17–19, 27–29)

*b)* 1813 Nov/Dez als bergisch betrachtet, dann zum MGWR (s. Anl. 1, Nr. 30–34)

*c)* linksrheinische Gebiete unter zeitweiliger Aufsicht des bergischen Generalgouverneurs (1814 Jan – März)

*d)* 1817 von den Niederlanden an Preußen (vgl. Anlage 1, Nr. 2 f)

KFST / KÖNIGREICH HANNOVER

HZT OLDENBURG

strittig

KÖNIGREICH DER NIEDERLANDE (ORANIEN)

*a)*

Militärgouvernement

*b)*

zwischen

*a)*

*a)*

Weser und Rhein

*a)*

*c)*

*d)*

*a)*

GROSS-HERZOGTUM HESSEN

(Generalgouvernement Niederrhein 10.3. – 15.6.'14)

Provinz Hztt Jülich – Kleve – Berg

Provinz . (Ghzt Niederrhein) (15.4.1815)

Westgrenze des Königreiches Preußen (1.1.1818)

Düsseldorfer Kreis

Elberfelder Kreis

General-

Wipperfürther Kreis

gouvernement

(Kanton Waldbröl)

Mülheimer Kreis

Berg

"Oran. Netphen Irmgart eichen

Generalgouvernement Nieder- und Mittelrhein 15.6.1814 – 23.3.1816

1815 an Preußen

Erb-

länder"

1815 an Preuß.

HZT NASSAU

0   10   20km

(Generalgouvernement Mittelrhein 2.2. – 15.6.1814)

Fe

Entwurf: H. K. Junk

455

aber wie Flickenteppiche miteinander verzahnt waren, einigten sich ihre Leiter - Gruner für das Generalgouvernement Berg in Düsseldorf, der Freiherr von Vincke für das preußische Militärgouvernement zwischen Weser und Rhein in Münster - über den Austausch einiger Gebiete und erhielten so einigermaßen geschlossene Amtsbereiche[51].

Der Rheinübergang der Verbündeten in der Neujahrsnacht 1813/14 und der fortgesetzte Feldzug brachten ausgedehnte Gebiete unter deren zunächst militärische Kontrolle, die auf dem linken Rheinufer aber bald die Errichtung einer Zivilverwaltung notwendig machte, die in die Zuständigkeit der Steinschen Zentralverwaltung fiel. Ein Beschluß der Verbündeten errichtete am 12. Januar 1814 aus jeweils mehreren ehemaligen Départements die beiden Generalgouvernements Mittelrhein in Trier und Niederrhein in Aachen. Gruner nahm als eine seiner vorläufig letzten Amtshandlungen in Düsseldorf die Neueinteilung des Rumpf-Generalgouvernements Berg in vier Kreise vor und übernahm, nachdem er schon von dort aus für einige Zeit die Aufsicht über linksrheinische Gebiete geführt hatte, am 2. Februar das Amt des Generalgouverneurs vom Mittelrhein; Sack erhielt dieselbe Funktion für den Niederrhein am 10. März 1814. Noch im gleichen Jahr wurde das Generalgouvernement Niederrhein bis an die Mosel ausgedehnt, und sein Gouverneur Sack wurde im folgenden Jahr auch für das Generalgouvernement Berg zuständig[52]. Die Schlußakte des Wiener Kongresses wurde durch eine Reihe zweiseitiger Verträge vorbereitet, die auch die Abtretung der Niedergrafschaft Lingen und von Teilen des ehemaligen Hochstifts Münster an Hannover und den Gebietsaustausch mit dem Herzogtum Nassau, verflochten mit dem Vergleich zwischen Preußen und dem Prinzen von Oranien (nun König der Niederlande), regelten. Die letzten Gebietsänderungen zogen sich bis in das Jahr 1817 hinein, dann war nicht nur der rheinisch-westfälische Raum, sondern Mitteleuropa neu geordnet[53].

---

[51] Slg 1842 III, Efsm 210 vom 12. 12. 1813; vgl. *Peter Graf v. Kielmansegg*: Stein (wie Anm. 48), S. 83; *Paul Wentzcke*: Justus Gruner, der Begründer der preußischen Herrschaft im Bergischen Lande, Heidelberg 1913.

[52] *Alfred Hartlieb v. Wallthor* (Bearb.): Staats- und Verwaltungsgliederung 1789-1946/47, in: Deutscher Planungsatlas, Bd. I: Nordrhein-Westfalen, Lieferung 36, Hannover 1982, Sp. 11; vgl. *Peter Graf v. Kielmansegg*: Stein (wie Anm. 48), S. 100 f, 138 ff; *Fr. August Lottner*: Sammlung (wie Anm. 48) I, S. 2 f und Nr. 8 vom 27. 1. 1814; *Heinz-K. Junk*: Territorialgeschichte (wie Anm. 2), Sp. 6 der Anlage 1 und Karte 5.

[53] *Max Bär*: Osnabrück (wie Anm. 50), S. 189; Gesetz-Sammlung für die Königlichen Preußischen Staaten 1818, Anhang, 3 f vom 31. 5. 1813; *Friedrich Hoffmann/Stephanie Reekers*: Verwaltungsgrenzen (wie Anm. 10), S. 193.

*Verwaltungsgrundsätze und -einrichtungen*

## Gliederung in Arrondissements 1806

Herzog Joachim von Berg und Kleve[54], der seine Länder staatsrechtlich zunächst lediglich in Personalunion regierte, ging noch im Monat seiner Investitur daran, sie zu einer Realunion zusammenzuschließen, indem er eine einheitliche Verwaltung für alle Landesteile schuf. Allerdings nannte er sich auch später noch - wohl nach feudalen Vorbildern - Großherzog von Kleve und Berg, während seine Minister und Beamten in ihren Briefköpfen das offizielle Großherzogtum Berg verwendeten. Aus der landesherrlichen Titulatur mag der in der Literatur teilweise auftauchende falsche Doppelname Kleve-Berg für den Einheitsstaat Berg abgeleitet worden sein.

Zu Anfang August 1806 wurden auf Napoleons Aufforderung nach einem Plan von Ende März und einem vorbereitenden Dekret von Mitte April 1806 zunächst sechs Distrikte eingerichtet: Der rechtsrheinische Rest von Kleve wurde in die Bezirke Wesel und Duisburg, Berg in die Bezirke Düsseldorf, Elberfeld, Mülheim/Rhein und Siegburg gegliedert. Die damals schon eingegliederten Herrschaften Styrum, Gimborn-Neustadt, Homburg und Wildenburg sowie - mindestens vom Anspruch her - die Abteien Elten, Essen und Werden wurden dabei dem jeweils angrenzenden Distrikt zugeteilt. Das war noch nicht die Einführung des französischen Systems, ja strenggenommen nicht einmal die Aufhebung der überkommenen kleinen Ämter und Herrlichkeiten[55], aber die Zahl der unmittelbaren Ansprechpartner der obersten Landesbehörden wurde doch sehr verringert. Für die durch die Rheinbundakte im Norden und Süden erworbenen Gebiete wurden etwas später die Distrikte Steinfurt und Dillenburg errichtet. Alle Distrikte wurden unter der Aufsicht der Regierung von Provinzialräten geleitet, die etwa preußischen Landräten entsprachen[56]. Diese Einteilung wurde bis zur Einführung des französischen Systems im

---

[54] Nur diese beiden Kernländer sind im Wappen des späteren Großherzogtums repräsentiert, spätere auch flächengroße Erwerbungen nicht berücksichtigt; vgl. *Heinz-K. Junk*: Zum Wappen des Großherzogtums Berg, in: Düsseldorfer Jahrbuch 60 (1986), S. 201-209.

[55] CN XII, 10009 vom 23. 3., 10056 vom 4. 4. 1806; *Albert Lumbroso*: Correspondance (wie Anm. 33), CXL vom 28. 3. 1806; *Johann Josef Scotti*: Jülich (wie Anm. 35), 2882 vom 14. 4. 1806, Art. 14; Recueil des actes du gouvernement du Grand-Duché de Berg, Sammlung der Regierungsverhandlungen für das Großherzogthum Berg, 1. Jahrgang (1806/07), Düsseldorf 1808 [im folgenden: Recueil], hier 17 vom 22., 18 vom 29. 1. 1807, S. 77-87, zit. nach dem Abdruck in: Der Rheinische Bund 2 (1807), S. 154-158; die Verwaltungsordnung vom 3. 8. 1806: Der Rheinische Bund 1 (1806), S. 118-128, und *Johann Josef Scotti*: Jülich (wie Anm. 35), 2906; Erinnerungen Sethes (wie Anm. 33), S. 146; vgl. *Charles Schmidt*: Grand-duché (wie Anm. 5), S. 38 f (Übers. S. ); *Constantin Schulteis*: Erläuterungen (wie Anm. 8), S. 85; *Rainer Wohlfeil*: Modellstaaten (wie Anm. 32), S. 44; *Franz-Ludwig Knemeyer*: Verwaltungsreformen (wie Anm. 17), S. 49; zusammenfassend *ders.*: Rheinbundstaaten (wie Anm. 18), S. 334-336.

[56] *Charles Schmidt*: Grand-duché (wie Anm. 5), S. 38 f (Übers. S. ); *Wilhelm Kohl*: Landkreis Steinfurt (wie Anm. 50), S. 39, 136; vgl. Recueil (wie Anm. 55) 21 vom 19. 2. 1807, S. 97 f zum 20./26. 8. 1806; *A. J. Weidenbach*: Nassauische Territorien vom Besitzstande unmittelbar vor der französischen Revolution bis 1866, in: Nassauische Annalen 10 (1870), S. 253-360; Verhandlungen der Praefektur des Sieg-Departements, Herborn 1809-13; *Heinrich Geffcken*: Städte der

Jahre 1809 beibehalten; nur der Distrikt Wesel wurde nach Abtretung der namengeben-
den Stadt an Frankreich in Distrikt Emmerich umbenannt[57].

### Verwaltungsgliederung nach französischem Muster

Napoleon ging nach seinem Regierungsantritt in Berg relativ rasch an eine grundlegende Verwaltungsreorganisation des Großherzogtums heran. Unterstützt von seinem
Statthalter Beugnot, der selbst einmal Präfekt eines französischen Départements gewesen
war, führte er vier Monate nach Joachim Murats Abdankung das französische Verwaltungssystem auf allen Ebenen ein[58]. Berg wurde nun in vier Départements, zwölf Arrondissements und 79 Kantone gegliedert; die Kantone waren allerdings keine Verwaltungsbezirke, sondern die Zuständigkeitsbereiche der erst später eingerichteten Friedensgerichte. Die Munizipalitäten oder Mairien, wie sie von nun an gewöhnlich genannt wurden, waren nicht im Dekret aufgeführt, obwohl sie als Verwaltungsebene sehr viel bedeutender waren (s.u.)[59].

Zum Jahreswechsel 1811/12 wurden die administrativen Konsequenzen aus der Abtretung an Frankreich gezogen: die Reste des aufgehobenen Emsdépartements wurden mit
dem Ruhrdépartement, die bergisch gewordenen Teile des aufgelösten Herzogtums Arenberg bis auf Hullern mit dem Rheindépartement vereinigt. Fortan bestanden nur noch drei
Départements: Rhein, Ruhr und Sieg. Bei dieser Gelegenheit wurden auch einige Kantonsgrenzen geändert. Aus den Resten der Kantone St. Mauritz und Telgte entstand der
neue Kanton Sendenhorst im Arrondissement Dortmund, an den der Kanton Ahlen die
Mairie Sendenhorst abgab. Die Kantone Warendorf und Sassenberg (nun zum Arrondissement Hamm) und Lüdinghausen (einschließlich Hullern aus der ehemaligen Grafschaft Dülmen) blieben verkleinert erhalten. Das ehemalige Vest Recklinghausen bildete
die Kantone Recklinghausen und Dorsten im Arrondissement Essen des Rheindépartements. Die drei kleinen, jeweils nur eine bzw. zwei Mairien umfassenden Kantone Wil-

---

Rheinprovinz (wie Anm. 24), S. 250.

[57] Vgl. HStAD GhB 4420,1, Bl. 74: Schr. des Provinzialrats Freiherr v. Sonsfeld vom 2. 3. 1809,
Kopf.

[58] Gesetz-Bülletin des Großherzogthums Berg, 2 Abteilungen, Düsseldorf 1810-13 [im folgenden: Gesetz-Bülletin Berg], hier I, 7 vom 18. 12. 1808 (Handbuch der für die Königlich Preußischen Rheinprovinzen verkündigten Gesetze, Verordnungen und Regierungsbeschlüsse aus der
Zeit der Fremdherrschaft, hg. von *Alexander v. Daniels*, Bd. VII, Köln 1842, 7); vgl. *Franz-Ludwig Knemeyer*: Verwaltungsreformen (wie Anm. 17), S. 54; Mémoires du Comte Beugnot (wie
Anm. 40), S. 240.

[59] Gesetz-Bülletin Berg I, 5 vom 14. 11. 1808 (*Johann Josef Scotti*: Jülich (wie Anm. 35), 3030);
vgl. HStAD GhB 31; *Horst Conrad*: Die Gemeindeordnung in Westfalen 1800-1979, in: Archiv-
pflege in Westfalen und Lippe 15 (Mai 1981), S. 21-25; *Charles Schmidt*: Grand-duché (wie Anm.
5), S. 117 (Übers. S. ); *Wilhelm Kohl* in: Geschichtlicher Handatlas von Westfalen (wie Anm. 7) I,
Karte für 1809; CN XVIII, 1865, 14472 vom 14. 11. 1808. Gerichtsorganisation: Gesetz-Bülletin
Berg II, 52 vom 17. 12. 1811, Art. 19; Erinnerungen Sethes (wie Anm. 33), S. 161. Zusammensetzung der Munizipalitäten: HStAD GhB 4420,1, abgedruckt bei *Heinz-K. Junk*: Territorialgeschichte (wie Anm. 2), als Anlage 2 (mit Einwohnerzahlen); für Hinweise zur Ergänzung des nicht
ganz vollständigen Ortsverzeichnisses in Gesetz-Bülletin Berg I, Nachtrag, danke ich Herrn Dr.
Martin Sagebiel, StAM.

denburg (Arrondissement Siegen), Westerburg und Runkel (Arrondissement Dillenburg) wurden mit den Nachbarkantonen Siegen, Rennerod und Hadamar vereinigt[60].

Wie in den anderen Rheinbundstaaten auch ergab sich der Zwang zur institutionellen und administrativen Neuordnung aus der Zusammensetzung des Großherzogtums aus Partikeln unterschiedlichster Herkunft; insgesamt waren es über 40 Teile jeweils eigener staatsrechtlicher Entwicklung. Napoleon beabsichtigte, diese auf das französische System ausgerichtete Neuorganisation so musterhaft auszuführen, daß die bergische Verwaltung den anderen Staaten des Rheinbunds als Vorbild (école normale) dienen konnte. Nach dem bereits 1799 von dem französischen Verwaltungsspezialisten Roederer, der 1810 als Graf Roederer Minister-Staatssekretär für Berg mit Sitz in Paris wurde, formulierten Grundsatz *Délibérer c'est le fait de plusieurs, administrer c'est le fait d'un seul* (Beraten mögen viele, entscheiden kann nur einer!) war die französische und wurde nun die bergische Verwaltung aufgebaut[61].

Wichtigster Angelpunkt des Systems war der Leiter der Départementsverwaltung, der der Regierung verantwortliche, doch mit weitestgehender Amtsgewalt ausgestattete Präfekt[62]. Seine jeweils für ein Arrondissement zuständigen Gehilfen waren die Unterpräfekten. Diese besaßen jedoch - wie die Beigeordneten auf der Ebene der Munizipalitäten - keine eigene, sondern nur eine abgeleitete Amtsgewalt. In den Arrondissements, in denen die Präfekten ständig präsent waren, also in Düsseldorf, Dortmund, Dillenburg und (zunächst) Münster, gab es folgerichtig keinen separaten Unterpräfekten[63]. Da die Kantone keine Verwaltungsaufgaben hatten, waren die Maires als Leiter der Munizipalitäten deshalb direkt dem jeweiligen Präfekten unterstellt[64]. Präfekten und Unterpräfekten nahmen ihre Tätigkeit am 1. Mai 1809 auf. Für die Munizipalitäten, die sich juristisch im steten Zustand der Unmündigkeit befanden, damit der Präfekt als ihr "Vormund" sie leichter kontrollieren konnte[65], folgte der Wechsel danach zu unterschiedlichen Zeit-

---

[60] HStAD GhB 84,1, Schr. vom 17. 12. 1811, Kartensammlung 1742 (ca. 1811); Gesetz-Bülletin Berg II, 53 vom 17. 12. 1811 (*Alexander v. Daniels*: Handbuch (wie Anm. 58) VII, 40); *Wilhelm Kohl* in: Geschichtlicher Handatlas von Westfalen (wie Anm. 7) I, Karte für 1811; vgl. *Charles Schmidt*: Grand-duché (wie Anm. 5), S. 130 (Übers. S. ); Karte des Ruhrdepartements, 1811, Reproduktion im Anhang zu *Gustav Luntowski*: Selbstverwaltung (wie Anm. 42).

[61] *Rainer Wohlfeil*: Modellstaaten (wie Anm. 32), S. 43 f; *Franz-Ludwig Knemeyer*: Verwaltungsreformen (wie Anm. 17), S. 35; *Heinz-K. Junk*: Territorialgeschichte (wie Anm. 2), S. 40 und Anlage 1.

[62] *Justus Hashagen*: Die Rheinlande beim Abschluß der französischen Fremdherrschaft, in: *Joseph Hansen* (Hg.): Die Rheinprovinz 1815-1915, Bonn 1917, S. 1-56, hier S. 4; vgl. *Heinrich Heffter*: Die deutsche Selbstverwaltung im 19. Jahrhundert, Stuttgart 1950, S. 61, 2. Aufl. 1969, S. 61 f; *Sabine Graumann*: Verwaltung (wie Anm. 19), S. 46 ff.

[63] *Justus Hashagen*: Fremdherrschaft (wie Anm. 62), S. 4; *Friedrich Lau*: Geschichte der Stadt Düsseldorf I, Neudruck Düsseldorf 1980 der Ausgabe Düsseldorf 1921, 1, S. 85; *Franz-Ludwig Knemeyer*: Verwaltungsreformen (wie Anm. 17), S. 35.

[64] *Heinrich Kochendörffer*: Territorialentwicklung und Behördenverfassung von Westfalen 1802-1813, in: Westfälische Zeitschrift 86 (1929), S. 97-218, hier S. 141; vgl. *Helmut Richtering*: Das Ruhr-Departement im Herbst 1809. Ein Reisebericht des Präfekten von Romberg, in: Beiträge zur Geschichte Dortmunds und der Grafschaft Mark 55 (1958), S. 65-107, hier S. 69; *Gustav Luntowski*: Selbstverwaltung (wie Anm. 42), S. 19f.

[65] *Franz-Ludwig Knemeyer*: Verwaltungsreformen (wie Anm. 17), S. 53; zu diesem bis vor we-

punkten, z.B. im Emsdépartement im Monat Mai, im Ruhrdépartement erst im August[66].

Tab. 1: Verwaltungsebenen und -organe

| Verwaltungsebene | Verwaltungsleiter | Beratungsorgan |
|---|---|---|
| Département | Präfekt | Generalrat |
| Arrondissement | Unterpräfekt | Arrondissementsrat |
| Munizipalität | Maire | Munizipalrat |

Nach: Gesetz-Bülletin Berg I, 7 vom 18.12.1808, 13 vom 10.3., II, 16f. vom 3.11. 1809

Während man bei der Festlegung der Départements- und Arrondissementsgrenzen ohne große Rücksichten auf historische Zusammenhänge vorging, tastete man Kirchspiels-, Bauerschafts- und Honschaftsgrenzen weitgehend nicht an. So konnte die Grenze zwischen Ruhr- und Emsdépartement mit den Nordgrenzen der Kirchspiele Senden, Venne, Drensteinfurt, Sendenhorst, Enniger, Ennigerloh und Ostenfelde definiert werden. Zeitgenössische Karten der Verwaltungseinteilung sind jedoch meist recht schematisch geraten; aus ihnen können exakte Grenzverläufe nur dann abgeleitet werden, wenn sie z.B. durch Bäche markiert waren oder bis in die Zeit zuverlässiger Landesaufnahmen unverändert als Gemeinde- oder höherrangige Verwaltungsgrenzen erhalten blieben[67]. In einigen Fällen sind jedoch zumindest zeitweise Kantonsgrenzen entstanden, in denen ältere Territorialgrenzen fortlebten: die Kantone Essen und Werden entsprachen räumlich (abgesehen von der Herrschaft Byfang) den gleichnamigen Reichsstiften. Die ehemaligen Reichsherrschaften Gimborn-Neustadt und Homburg vor der Mark bildeten nun die Kantone Gummersbach und Homburg, die ehemaligen Grafschaften Limburg (an der Lenne) und (bis 1811) Westerburg die gleichnamigen Kantone; auch die Reichsherrschaft Wildenburg bildete, obwohl nur eine Munizipalität umfassend, bis 1811 einen separaten Kanton. Rechtliche Unterschiede waren in nur einem Fall verantwortlich für die Einrichtung eines Kantons aus einer Einzelmairie, nämlich in Lippstadt, das über die ganze Zeit der Existenz des Großherzogtums Kondominium mit dem Fürstentum Lippe

---

nigen Jahren in Frankreich fortgeltenden Grundsatz: *K. P. Schmid*: Gemeinden sind unmündig, in: Die Zeit vom 7. 8. 1981; die Regierung Mitterand/Mauroy hat auch hier Reformen durchgeführt. Zum "Kuratel" des Staates über die Gemeinden auch *Wolfgang R. Krabbe*: Die deutsche Stadt im 19. und 20. Jahrhundert, Göttingen 1989, S. 12 f.

[66] *Charles Schmidt*: Grand-duché (wie Anm. 5), S. 482 f (Übers. S. ), nimmt als Stichtag die Reorganisation des Trésor public (1. 5. 1809) an. StAM, Nachlaß Giesbert v. Romberg [im folgenden: NvR] A 115; Münsterisches Intelligenzblatt No. 19 vom 12. 5. 1809, S. 359; (Sammlung der) Praefectur-Verhandlungen des Ruhrdepartements, Dortmund 1809-13 [im folgenden: Praef-VhRuhr], hier 1809, S. 24; *Wilhelm Kohl*: Landkreis Steinfurt (wie Anm. 50), S. 43.

[67] Gesetz-Bülletin Berg I, 5 (S. 118 f); *Heinrich Ohde*: Verfassungs- und Verwaltungsgeschichte der Unterbehörden des Erbfürstentums Münster, Hildesheim 1910, S. 89 f; vgl. *Heinz-K. Junk*: Altkarten als Grundlage territorialgeschichtlicher Untersuchungen. Das Beispiel des Großherzogtums Berg (1806-1813), in: *Wolfgang Scharfe/Hans Vollet/ Erwin Herrmann* (Hg.): Kartenhistorisches Kolloquium Bayreuth '82, Berlin 1983, S. 157-167.

blieb. Nach diesem Muster hätte eigentlich auch das Kirchspiel Valbert im Arrondissement Hagen eine Sonderstellung verdient gehabt, denn in ihm besaß seit alters das Großherzogtum Hessen(-Darmstadt) Rechte. Da aber hier die Samtherrschaft nicht bis zum einzelnen Untertanen reichte, der also entweder Hesse oder Berger war, hat man wohl davon abgesehen[68].

Die Rechtsreformen in Berg griffen aber ganz bewußt über den Bereich der Verwaltung hinaus. Die Vereinheitlichung der Grundsätze in der Organisation und Rechtsverfassung wurde als Mittel der politischen Uniformierung und damit als Methode der Hegemonialpolitik eingesetzt[69]. Der französische Code Civil von 1804 (das Gesetzbuch Napoleon), eine Sammlung des Personen-, Sachen-, Erb- und Schuldrechts, beruhend auf den Grundgedanken der Gleichheit vor dem Gesetz sowie der Freiheit des Individuums und des Eigentums, wurde zum 1. Januar 1810 auch in Berg in der für das Königreich Westfalen erarbeiteten (deutschsprachigen) Fassung in Kraft gesetzt, während andere Rheinbundmitglieder ihn nur mit Änderungen übernahmen[70]. In der Folge wurden auch die übrigen napoleonischen Gesetzbücher, die Zivilprozeßordnung von 1806, das Handelsgesetzbuch von 1807, die Strafprozeßordnung von 1808 und das Strafgesetzbuch von 1810 in Berg eingeführt[71].

Die Reform hatte nicht die erwarteten positiven Folgen, da das rechtliche Umfeld nicht mit den neuen Gesetzbüchern im Einklang stand und beispielsweise das Gerichtssystem nach französischem Muster und das Notariat erst noch zu schaffen waren. Trotz dieser Mängel und weil er gegenüber den Rechtsvorschriften der Kleinstaaten unbestreitbar einen Fortschritt darstellte, ist der Code Napoléon bis zur Einführung des Bürgerlichen Gesetzbuches für das Deutsche Reich am 1. Januar 1900 in dem ehemaligen Herzogtum Berg und den Gebieten links des Rheines geltendes Recht geblieben[72].

---

68 Vgl. *Heinz-K. Junk*: Stadt und Stadtraum im 19. und 20. Jahrhundert, in: Lippstadt. Beiträge zur Stadtgeschichte, hg. von *Wilfried Ehbrecht* (Quellen und Forschungen zur Geschichte der Stadt Lippstadt 2), Lippstadt 1985, S. 611-667, hier S. 616-620; StAM Kartensammlung A 5747: Karte der Municipalität Ebbe (1810).

69 *Elisabeth Fehrenbach*: Der Einfluß des napoleonischen Frankreich auf das Rechts- und Verwaltungssystem Deutschlands, in: *Armgard v. Reden-Dohna* (Hg.): Deutschland und Italien im Zeitalter Napoleons (Veröffentlichungen des Instituts für europäische Geschichte, Beiheft 5), Wiesbaden 1979, S. 23-29, hier S. 23.

70 Gesetz-Bülletin Berg II, 2 vom 12. 11. 1809, bes. Art. 1 f; vgl. Gedanken über die Einführung des Code Napoléon in den Staaten des Rheinbundes, in: Der Rheinische Bund 3 (1807), S. 474-479, 4 (1807), S. 497, und 6 (1808), S. 93; *Elisabeth Fehrenbach*: Einfluß (wie Anm. 69), S. 30; *Werner Schubert*: Französisches Recht in Deutschland zu Beginn des 19. Jahrhunderts (Forschungen zur Neueren Privatrechtsgeschichte 24), Köln/Wien 1977.

71 Vgl. Gesetz-Bülletin Berg II, Bulletins 27-30.

72 Vgl. *Elisabeth Fehrenbach*: Einfluß (wie Anm. 69), S. 25, 31; zum ganzen Komplex siehe auch *dies.*: Der Kampf um die Einführung des Code Napoléon in den Rheinbundstaaten (Veröffentlichungen des Instituts für europäische Geschichte, Vorträge 56), Wiesbaden 1973, bes. S. 34 f, 50-52; *Fritz Hartung*: Deutsche Verfassungsgeschichte vom 15. Jahrhundert bis zur Gegenwart (Grundriß der Geschichtswissenschaft II,4), 2. Aufl. Leipzig/Berlin 1922, S. 123; *Justus Bockemühl*: 150 Jahre rheinpreußisches Notariat, in: Erinnerungen Sethes (wie Anm. 33), S. 289-346.

## Die Munizipalitäten

Errichtung der Munizipalitäten - Das Verhältnis der Gemeinden, also auch der Städte, zu ihrer jeweiligen Landesherrschaft war nach Ort und Zeit sehr verschieden gewesen, denn allgemeine Gemeindeordnungen gab es ja nirgends. Landgemeinden im modernen Sinne existierten zu dieser Zeit nicht, sieht man von den auch als zivile Einrichtung aufgefaßten Kirchspielen und ihren Untergliederungen, den Bauer- bzw. Honschaften ab. Je nach Territorium waren sie zu Ämtern mit wechselnden Befugnissen zusammengefaßt oder auch (einzeln oder in kleinen Gruppen) als Landgerichte alter Art konstituiert. Selbstverwaltungsrechte stark wechselnden Umfangs besaßen in den später zum Großherzogtum gehörenden Ländern lediglich als Städte oder Städtchen anerkannte Orte: die Spanne der Abhängigkeit von der Landesverwaltung reichte von den westfälischen Wigbolden und bergischen Freiheiten bis zur Reichsstadt Dortmund. Maßgebend für die Stellung der Städte waren in jedem einzelnen Fall die verbrieften Privilegien und die ersessenen Rechte, die Macht des Landesherrn und die Widerstandskraft der Gemeinden[73]. Während die später als Landgemeinden bezeichneten Orte in der Regel völlig von der Landesverwaltung abhängig waren, waren den Städten meist einige Bereiche in Selbstverwaltung überlassen: städtisches und Stiftungs-Vermögen, Sozialfürsorge (Armenwesen), Gesundheits- und Baupolizei, Straßenbau sowie Feuerlösch- und Schulwesen. In Auftragsverwaltung zogen die Städte die Landessteuern für das Stadtgebiet ein und führten das Geld in einer Summe an die Landeskasse ab. Ansätze zur Kontrolle der Verwaltenden durch die Einwohner konnten meist nur im Rahmen der Ratswahl zur Geltung kommen, doch lief diese nur selten nach Prinzipien ab, die heute als demokra-tisch eingeordnet würden. In den preußischen Gebieten trat die staatliche Verwaltung mehr in den Vordergrund: Arbeit von Fachbeamten nach einheitlichen Grundsätzen war zumindest der Anspruch, dem die zur Verfügung stehenden Personen aber nur zu oft nicht gerecht wurden[74].

In Berg war die Selbständigkeit der städtischen Magistrate in inneren Angelegenheiten vor 1770 von der Landesverwaltung im großen und ganzen nicht angefochten worden, doch wurde kurz danach in den kleineren Städten die mittelalterliche Ratsverfassung suspendiert und auch formell die Verwaltung in die Hände eines Bürgermeisters gelegt. Dies kann - die Absicht einer Unterdrückung der städtischen Selbstverwaltung läßt sich nicht belegen - die Konsequenz aus einer tatsächlichen Entwicklung gewesen sein, die das Übergewicht der Verwaltungsaufgaben immer mehr auf den Bürgermeister verschoben hatte. Die gleiche Tendenz läßt sich auch im Herzogtum Kleve feststellen.

---

[73] Erlaß des Großherzogs Joachim vom 1. 9. 1806, in: Der Rheinische Bund 1 (1806), S. 252-254, hier S. 254; vgl. *Ernst v. Meier*: Französische Einflüsse auf die Staats- und Rechtsentwicklung Preußens im XIX. Jahrhundert, 2 Bde., Leipzig 1907-08, hier II, S. 323 f; *Matthias M. Ester*: Kontinuität und Wandel zwischen fürstbischöflicher, französischer und preußischer Zeit, in: Warendorfer Schriften 11/12 (1981/82), S. 7-55, hier S. 22; *Alfred Hartlieb v. Wallthor*: Die landschaftliche Selbstverwaltung Westfalens in ihrer Entwicklung seit dem 18. Jahrhundert, 1. Teil: Bis zur Berufung des Vereinigten Landtages (1847) (Veröffentlichungen des Provinzialinstituts für Westfälische Landes- und Volksforschung I,14), Münster 1965, S. 31.

[74] *Alfred Hartlieb v. Wallthor*: Landschaftliche Selbstverwaltung (wie Anm. 73), S. 29, 31; vgl. *Wilhelm Kohl*: Landkreis Steinfurt (wie Anm. 50), S. 32.

Tab. 3: Mairien des Großherzogtums Berg 1809/10 (zu den Karten 3 und 4)

Die Départements- und Arrondissementsnamen sind **fett**, die Kantonssitze *kursiv* hervorgehoben.

**Rhein-Département**
**Arrondissement Düsseldorf**
*Düsseldorf*
*Ratingen*
Eckamp
Kaiserswerth
Angermund
Mintard
*Velbert*
Hardenberg
Wülfrath
*Mettmann*
Gerresheim
Hubbelrath
Haan
*Richrath*
Monheim
Benrath
Hilden
*Opladen*
Witzhelden
Burscheid
Schlebusch

**Arrondissement Elberfeld**
*Elberfeld*
*Barmen*
*Ronsdorf*
Cronenberg
Remscheid
*Lennep*
Hückeswagen
Radevormwald
Lüttringhausen
*Wipperfürth*
Klüppelberg
Kürten
Olpe
*Wermelskirchen*
Dabringhausen
Burg

*Solingen*
Dorp
Höhscheid
Wald
Merscheid
Gräfrath

**Arrondissement Mülheim**
*Mülheim (Rhein)*
Deutz
Merheim
Wahn
Heumar
*Bensberg*
Odenthal
Gladbach
Rösrath
*Lindlar*
Overath
Engelskirchen
*Siegburg*
Sieglar
Niederkassel
Lohmar
Wahlscheid
*Hennef*
Lauthausen
Neunkirchen
Uckerath
Oberpleis
*Königswinter*
Oberkassel
Vilich
Menden

**Arrondissement Essen**
*Essen*
Steele
Altenessen
Borbeck
*Werden*

Kettwig
*Duisburg*
Mülheim/Ruhr
Ruhrort
*Dinslaken*
Holten
Götterswickerkamm
Gahlen
*Ringenberg*
Schermbeck
Rees
Isselburg
Haldern
*Emmerich*
Elten
Wehl
*Recklinghausen* (1812)
Herten (1812)
Datteln (1812)
Waltrop (1812)
*Dorsten* (1812)
Buer (1812)
Marl (1812)
Kirchhellen (1812)
Bottrop (1812)

**Sieg-Département**
**Arrondissement Dillenburg**
Dillenburg
Ewersbach
Eibach
Haiger
*Herborn*
Hörbach
Bicken
Eisemrod
*Driedorf*
Elsoff
Mengerskirchen
*Rennerod*
Emmerichenhain
Marienberg
Höhn
*Westerburg*

Gemünden
*Hadamar*
Offheim
Niederzeuzheim
Lahr
Frickhofen
*Schadeck* (Kanton Runkel)
Schupbach

**Arrondissement Siegen**
*Siegen*
Freudenberg
Wilnsdorf
Weidenau
*Friesenhagen* (Kanton Wildenburg)
*Netphen*
Irmgarteichen
Hilchenbach
Ferndorf
*Waldbröl*
Eckenhagen
Denklingen
Morsbach
Dattenfeld
*Eitorf*
Herchen
Much
Ruppichteroth
*Nümbrecht* (Kanton Homburg)
Drabenderhöhe
Marienberghausen
Wiehl
*Gummersbach*
Gimborn
Marienheide
Neustadt
Ründeroth

**Ruhr-Département**
**Arrondissement Dortmund**
*Dortmund*
Lünen
Castrop
*Bochum*

Wattenscheid
Lütgendortmund
Herne
*Hörde*
Schwerte
Witten
*Unna*
Kamen
Fröndenberg
Aplerbeck
*Werne*
Herbern
Nordkirchen
Bork
*Lüdinghausen*
Ascheberg
Olfen
Seppenrade
Senden
Ottmarsbocholt (1812)

**Arrondissement Hagen**
*Hagen*
Enneperstraße
Boele
Herdecke
Breckerfeld
*Schwelm*
Langerfeld
Haßlinghausen
Ennepe
Volmarstein
*Hattingen*
Sprockhövel
Blankenstein
*Limburg*
Ergste
*Iserlohn*
Hemer
*Neuenrade*
Altena
Plettenberg
*Lüdenscheid*
Halver

Meinerzhagen
Ebbe

**Arrondissement Hamm**
*Hamm*
Rhynern
Pelkum
*Soest*
Lohne
Borgeln
Schwefe
*Ahlen*
Drensteinfurt
Heessen
Sendenhorst (1812: *Sendenhorst*)
*Beckum*
Lippborg
Vorhelm
*Oelde*
Ostenfelde
Liesborn
Wadersloh
*Lippstadt*
*Rheda*
Gütersloh
Clarholz
Herzebrock

**Ems-Département**
**Arrondissement Münster**
*Münster*
*St. Mauritz*
Roxel
Nienberge
Amelsbüren
Wolbeck
*Greven*
Altenberge
Nordwalde
Saerbeck
Emsdetten
*Telgte*
Ostbevern
Everswinkel

Lengerich
Lengerich Kirchspiel
Ladbergen
Lienen
*Warendorf*
Altwarendorf
Freckenhorst
Hoetmar
*Sassenberg*
Harsewinkel
Beelen
Füchtorf

**Arrondissement Coesfeld**
*Coesfeld*
Legden
Osterwick
Rorup
Lette
*Billerbeck*
Havixbeck
Darfeld
Nottuln
*Horstmar*
Laer
Schöppingen
Borghorst
Metelen
Steinfurt
*Ochtrup*
Wettringen
Nienborg
Gronau
*Rheine*

Neuenkirchen
Salzbergen
*Bentheim*
Gildehaus
Schüttorf

**Arrondissement Lingen**
*Lingen*
Bawinkel
Schepsdorf
Emsbüren
Bramsche
Plantlünne
*Nordhorn*
Wietmarschen
Neuenhaus
Veldhausen
*Emlichheim* (Emlingkamp)
Kleinringe
Uelsen
Wilsum
*Freren*
Lengerich
Thuine
Beesten
*Ibbenbüren*
Mettingen
Recke
Hopsten
*Tecklenburg*
Lotte
Cappeln
Bevergern

Vgl. Heinz-K. Junk: Territorialgeschichte (wie Anm. 2), S. 72-83.

Diese Verschiebung der wirklichen Exekutive von einem Kollegium auf eine einzelne Person dient in der Literatur stellenweise dazu, die offensichtliche Vorliebe der Rheinländer für die Bürgermeisterverfassung auf vorfranzösische Gegebenheiten zurückzuführen[75].

---

[75] *Franz Steinbach/Erich Becker*: Geschichtliche Grundlagen der kommunalen Selbstverwaltung in Deutschland (Rheinisches Archiv 20), Bonn 1932, S. 134, 187 f; *Ilse Barleben*: Die Entwicklung der städtischen Selbstverwaltung im Herzogtum Kleve während der Reform Friedrich Wilhelms I. (Rheinisches Archiv 18), Bonn 1931, S. 115 f; vgl. *Erich Becker*: Die Selbstverwaltung

In den Wigbolden und kleinen Städten des Hochstifts Münster erfolgte die Aufsicht durch die Amtsdrosten, die in die inneren Angelegenheiten jedoch kaum eingriffen, während Münster selbst als Immediatstadt nur den obersten Landesbehörden unterstand. Nach der Säkularisierung des Hochstifts strafften die Preußen in dem ihnen zugefallenen Teil die Verwaltung und schafften 1803 die jährliche Ratswahl ab. Die Stadtverwaltung wurde zu einem untergeordneten Teil der Staatsverwaltung. Die mit den übrigen Teilen des Hochstifts Münster bedachten Fürsten nahmen in ihren Kleinstaaten grundsätzliche Veränderungen der Verwaltungssysteme nicht vor[76].

Nach einem Probelauf - im Oktober 1806 wurde der alte Düsseldorfer Magistrat aufgelöst und durch einen Stadtrat ersetzt, dem nur noch ein Mitglied des alten Rates angehörte, die Leitung der Verwaltung einem besoldeten Stadtdirektor übertragen[77] - begann zwischen dem Abschluß des Friedens von Tilsit und seinem Vollzug nun die wirkliche Reorganisation der bergischen Verwaltung, ausgehend von den Gemeinden. Die Munizipalverwaltungsordnung vom 13. Oktober 1807 zeichnete das Pluviôse-Gesetz nach, d.h. die französische Gemeindeordnung vom 17. Februar 1800 (28 pluviôse VIII): Das Land sollte in Munizipalitäten genannte Großgemeinden eingeteilt werden. Ihre Beamten, vor allem die (Gemeinde-)Direktoren, berief in den größeren Munizipalitäten der Großherzog selbst, in den kleineren der Innenminister[78]. Die tatsächliche Einteilung in die neuen Gemeindeeinheiten brauchte allerdings einige Zeit. Die Durchführung des Gesetzes begann mit entsprechenden Einzeldekreten für eine Reihe von größeren Orten, deren Gebietsumfang einigermaßen klar war: Düsseldorf im Oktober, Elberfeld im Dezember 1807, Solingen, Lennep, Barmen, Mülheim (Rhein), Emmerich, Essen, Duisburg, Ratingen, Mülheim (Ruhr) im Januar, Wipperfürth im Februar 1808. Weitere Munizipalitäten, u.a. Cronenberg, Hückeswagen, Remscheid und Ronsdorf im Juni/Juli 1808, wurden mit der Ernennung ihrer Beamten und Gemeinderäte um die Jahresmitte errichtet[79].

---

des Volkes in den Gemeinden des 19. Jahrhunderts und der Gegenwart, in: Aus Geschichte und Landeskunde (Festschrift Franz Steinbach), Bonn 1960, S. 535-560; *Edith Ennen*: Grundzüge des niederrheinländischen Städtewesens im Spätmittelalter (1350-1550), in: *dies./Klaus Flink* (Hg.): Soziale und wirtschaftliche Bindungen im Mittelalter am Niederrhein (Schriftenreihe des Stadtarchivs Kleve 3), Kleve 1981, S. 55-94, hier S. 58; *Heinrich Heffter*: Selbstverwaltung (wie Anm. 62), 1950, S. 104 f, 2. Aufl. 1969, S. 105 f.

[76] *Alfred Hartlieb v. Wallthor*: Landschaftliche Selbstverwaltung (wie Anm. 73), S. 30; *Wilhelm Kohl*: Landkreis Steinfurt (wie Anm. 50), S. 25, 27 f, 32.

[77] *Friedrich Lau*: Düsseldorf (wie Anm. 63) I,1, S. 82, I,2, S. 291 ff; *Charles Schmidt*: Grandduché (wie Anm. 5), S. 41 (Übers. S. ).

[78] *Johann Josef Scotti*: Jülich (wie Anm. 35), 2987 vom 13. 10. 1807 (Inhalt auszugsweise auch bei *Herbert Weber*: Die Municipal-Verwaltung des Großherzogtums Berg von 1807, in: Zeitschrift des Bergischen Geschichtsvereins 86 (1973), S. 234-239); vgl. *Karl-Georg Faber*: Die Entstehung der Großgemeinden im Oberbergischen Kreis, in: Rheinische Vierteljahrsblätter 25 (1960), S. 253-299, hier S. 268; Der Rheinische Bund 4 (1807), S. 526-547.

[79] HStAD GhB 4361, 4451, 4458, 4464 f; ich danke Herrn Dr. Walter Lorenz, Stadtarchiv Remscheid, für Hinweise. *Franz-Ludwig Knemeyer*: Verwaltungsreformen (wie Anm. 17), S. 53, gibt fälschlich nur zehn Orte (ohne Namensnennung) an; vgl. *Otto Schell*: Geschichte der Stadt Elberfeld, Elberfeld 1900, S. 297 f; *Ilse Barleben*: Mülheim an der Ruhr. Beiträge zu seiner Geschichte von der Erhebung zur Stadt bis zu den Gründerjahren, Mülheim/Ruhr 1959, S. 25; *Otto R. Redlich*: Mülheim an der Ruhr. Seine Geschichte von den Anfängen bis zum Übergang an Preußen

Es zeugt zwar von Selbstbewußjsein, nicht jedoch von juristischem Kenntnisreichtum, wenn heute eine Gemeinde ihr "Stadtrecht" auf dieses Kommunalrecht zurückführt, das den Unterschied zwischen Stadt- und Landgemeinden gar nicht kennt. In den Spezialdekreten werden die neuen Verwaltungseinheiten korrekt als Munizipalität angesprochen, die Bezeichnung Stadt erhalten aber nur diejenigen, die sie traditionell führten. Eine Erhebung zur Stadt ist aus der Bildung einer Munizipalität gleichen Namens nicht abzuleiten, auch dann nicht, wenn sie mehr als 5000 Einwohner hatte. Die Munizipalverwaltungsordnung[80] nennt zwar normierend Munizipalitäten mit mehr als 5000 Einwohnern Städte, doch scheint dies, da ohne jede sonstige rechtliche Konsequenz, lediglich die Verwendung eines gewohnten Begriffs für eine größere Siedlung zu sein[81]. So bleibt auch Barmen trotz der über 12.000 liegenden Einwohnerzahl *la commune de Barmen y compris les districts de Gemark, Wupperfeld, Rittershausen, Wichlinghausen et adjacens* (die Gemeinde Barmen einschließlich der Bezirke Gemark, Wupperfeld, Rittershausen, Wichlinghausen und Umgebung), etwas später immer noch *le canton de Barmen composé des communes ci-après qu'on appelle Rotten* (der Friedensgerichtsbezirk Barmen, bestehend aus den folgenden, 'Rotten' genannten Gemeinden ...). Das neu entstandene Gebilde wird also nicht als Stadt angesehen, sondern als eine Reihe von zwanzig kleineren, zu einem Verwaltungsbezirk zusammengefaßten Ortschaften. Diese Einordnung übernimmt zunächst auch die preußische Statistik, die sich für Barmen nicht zum Begriff Stadt durchringen kann und es bei Bürgermeistereibezirk beläßt[82]. Selbst die ausdrückliche Heraushebung eines Ortes als *bourg* (Städtchen, Flecken) während des Bestehens des Großherzogtums Berg hat in vielen Fällen nicht mehr zu besagen, als daß es sich um eine geschlossene Siedlung von gewisser Größe in einem Streusiedlungsgebiet handelt, vor allem wenn die Siedlung erst wesentlich später oder überhaupt nicht zur Stadt erwuchs (vgl. unten Karte 6).

In der ersten Hälfte des Jahres 1808 trat man in den westlichen Landesteilen der flächendeckenden Munizipalitätseinteilung näher. Am 3. Januar 1808 schlug beispielsweise der Provinzialrat Graf Spee dem Innenminister die Untergliederung seines Arrondissements Düsseldorf in zehn Munizipalitäten vor. Die vorgesehenen Einheiten erschienen aber wohl zu groß; deshalb sah die verwirklichte Einteilung vom 6. Juli 1808 auf dem gleichen Gebiet 17 Gemeinden vor. Wenn diese Maßnahmen selbst im Arrondissement Düsseldorf, auf das die Regierung noch am ehesten ein Auge haben konnte, erst im Juli

---

1815, Mülheim/Ruhr 1939, S. 327 f; *Heinrich Geffcken*: Städte der Rheinprovinz (wie Anm. 24), S. 250.

[80] Gesetz-Büelletin Berg I, 7 vom 18. 12. 1808, Titel III § 1.

[81] Vgl. *Helmuth Croon*: Rheinische Städte und ihre Bürger im 19. Jahrhundert (Umschlagtitel: Remscheid 1808-1958. 150 Jahre Stadtrechte), o.O.u.J. (Remscheid 1958), bes. S. 7 f, und *ders.*: Gemeindeordnungen in Südwestdeutschland, in: *Helmut Naunin*: Städteordnungen (wie Anm. 2), S. 233-271; *Walter Lorenz*: Remscheid 175 Jahre Stadt. 1808-1983, Remscheid o.J. (1983), bes. S. 16 ff; Rheinisches Städtebuch, hg. von *Erich Keyser* (Deutsches Städtebuch III,3), Stuttgart 1956, S. 427 (Wuppertal-Cronenberg), 352 (Remscheid).

[82] HStAD GhB 4361, Dekrete vom 4. 1. 1808; Beschreibung des Regierungsbezirkes Düsseldorf nach seinem Umfange, seiner Verwaltungs-Einteilung und Bevölkerung, Düsseldorf 1817, Ortschaftsverzeichnis, S. 4; vgl. *Heinz-K. Junk*: Territorialgeschichte (wie Anm. 2), S. 82, sowie zum schon rein quantitativen Unterschied zwischen Stadt und Munizipalität (Mairie) Tab. 4.

1808 in ein konkreteres Stadium traten, muß man davon ausgehen, daß der Ende dieses Monats eintreffende Statthalter, der Kaiserliche Kommissar Beugnot, eine zwar vielleicht auf dem Papier vollzogene Verwaltungsreform, sicher aber mit dem neuen Recht nur sehr wenig vertraute Gemeindedirektoren vorfand, die ja nicht vor Bildung ihres Amtsbezirks ernannt werden konnten. Zudem war die neue Ordnung auf die im Mai 1808 erst erworbenen Gebiete noch nicht ausgedehnt. Noch im März 1809 beschäftigte sich der Innenminister mit Vorschlägen des inzwischen amtierenden Präfekten des Emsdépartements zur Errichtung von Munizipalitäten. In den westfälischen Teilen des Großherzogtums konnten ja die Munizipalitäten erst gebildet werden, als die neue Verwaltungsordnung mit der Übernahme der französischen Verwaltungshierarchie schon erlassen, wenn auch noch nicht auf allen Ebenen in die Tat umgesetzt war[83].

Organe und Funktionen der Munizipalitäten - Das revolutionäre Frankreich hatte auch für die Gemeinden die Privilegien (im Sinne von Vorrechten) abgeschafft und damit die rechtlichen Unterschiede zwischen Stadt- und Landgemeinden aufgehoben; Unterschiede wurden - aus rein praktischen Gründen - nur noch nach Einwohnerzahlen gemacht. Städte im traditionellen Sinne gab es damit - juristisch gesehen - links des Rheines nicht mehr[84]. Diese grundsätzliche Gleichstellung - in der Realität die gemeinsame Degradierung zu staatlichen Verwaltungsbezirken - hatte am 14. Dezember 1798 bereits die französische Verfassunggebende Versammlung beschlossen, ja sogar die Bezeichnung *ville* (Stadt) verboten und die Benennung als *commune* (Gemeinde) angeordnet. Daß man sich bei allem Bemühen doch nicht ganz von traditionellen Vorstellungen lösen konnte, zeigt aber der erlaubte Zusatz *urbaine* (städtisch) bzw. *rurale* (ländlich)[85]. Die auch in den folgenden französischen Gemeindeordnungen erhaltene rechtliche Gleichstellung erlaubte die Zusammensetzung von Munizipalitäten aus historischen Städten und umliegenden Dörfern bzw. Bauerschaften. Rechtsgrenzen zwischen der Kernstadt und dem Landgebiet fielen weg, und auch in der Praxis war eine Herrschaft der als Korporation (im Sinne einer juristischen Person) aufgelösten, engeren Stadt über die Umgebung nicht mehr möglich[86]. Die Instruktion über die Errichtung der Munizipalitäten vom 31. Mai 1808 zeigte    eindeutig,    daß    sie    nach    Vorstellung    der    Regierung

---

[83] HStAD GhB 4420,1, Bl. 108, 4421, Bl. 6 f, 16-18, 25; vgl. *Heinz-K. Junk*: Territorialgeschichte (wie Anm. 2), S. 82; *Matthias M. Ester*: Kontinuität (wie Anm. 73), S. 33.
[84] *Edith Ennen*: Land und Städte im Rheinland, in: Rheinisches Städtebuch (wie Anm. 66), S. 17-28, hier S. 22; vgl. die entsprechenden Blätter des Rheinischen Städteatlas, Köln/Bonn 1972 ff, Abschnitt III,9.
[85] *Hugo Preuß*: Die Entwicklung des deutschen Städtewesens, Bd. 1: Entwicklungsgeschichte der deutschen Städteverfassung, Leipzig 1906, S. 233, vgl. S. 296; *Karl-Georg Faber*: Die kommunale Selbstverwaltung in der Rheinprovinz im 19. Jahrhundert, in: Rheinische Vierteljahrsblätter 30 (1965), S. 132-151, hier S. 135.
[86] *Fritz v. Ameln*: Die historische Entwicklung des rheinischen Landbürgermeisters, Diss. Köln 1933, S. 29-37; vgl. das bei *Hugo Preuß*: Städtewesen (wie Anm. 85), S. 295, zitierte bayerische Edikt über das Gemeindewesen vom 24. 9. 1808; *Clemens Graf v. Looz-Corswarem*: Die politische und verfassungsmäßige Entwicklung der Stadt Nordhorn vom Spätmittelalter bis zur hannoverschen Städteordnung, in: *ders./Michael Schmitt* (Hg.): Nordhorn. Beiträge zur 600jährigen Stadtgeschichte, Nordhorn 1979, S. 98-141, hier S. 116; *Heinrich Heffter*: Selbstverwaltung (wie Anm. 62), 1950, S. 56 f; *Klaus Diekmann*: Die Herrschaft der Stadt Soest über ihre Börde, in: Westfälische Zeitschrift 115 (1965), S. 101-218.

Tab. 4: Städtische Bevölkerung in Auswahl

| Arrondissement (Kreis) | Stadt | Bevölkerung der Stadt 1806/07 | Bevölkerung der Mairie 1809 |
|---|---|---|---|
| Düsseldorf | Düsseldorf | 13 473 | 20 258 |
| | Ratingen | 2 624 | 2 875 |
| | Mettmann | 1 742 | 3 771 |
| | Kaiserswerth | 1 421 | 2 981 |
| | Gerresheim | Unterpräfekt | 3 232 |
| Elberfeld | Elberfeld | 12 666 | 19 255 |
| | Lennep | 2 863 | 3 670 |
| | Solingen | 2 846 | 3 194 |
| | Ronsdorf | 1 870 | 3 173 |
| | Radevormwald | 910 | 4 323 |
| Mülheim/Rhein | Mülheim/Rhein | 3 271 | 3 226 |
| | Wipperfürth | 2 605 | 2 857 |
| | Deutz | 1 443 | 2 683 |
| | Bergneustadt | 607 | 2 784 |

Nach: Heinz-K. Junk: Städtewesen (wie Anm. 2), S. 304

nicht Samt-, sondern Einheitsgemeinden waren. Die beabsichtigte Auflösung der vorgefundenen Hon- und Bauerschaften zugunsten der Mairien stieß jedoch auf den Widerstand dieser Einzelgemeinden. Sie sind deshalb als sogenannte Spezialgemeinden mit eigenem Vermögen und teilweise eigenem Haushalt erhalten geblieben[87].

Berg übernahm vom linken Rheinufer auch die gemeinsame Verwaltung mehrerer kleiner Gemeinden in einer Mairie. Während sie dort möglicherweise auf dem Hintergrund der zunächst eingerichteten Kantonsmunizipalitäten, aber sicher beeinflußt durch den Mangel an geeigneten Kandidaten für die zu besetzenden Stellen entstand und erst nachträglich sanktioniert wurde - das französische Kommunalrecht kennt seit dem Pluviôse-Gesetz von 1800 samtgemeindliche Organisationsformen nicht mehr -, wurde diese Einrichtung in Berg von vornherein geschaffen[88]. Man muß dies aber nicht unbedingt ausschließlich auf die linksrheinischen Erfahrungen zurückführen, denn Institutionen, Aufgaben und Formen der Landgemeindeverwaltung gab es bis zum Ende des Alten Reiches auch in Berg und den später angeschlossenen Fürstentümern "vor Ort" nur

---

[87] *Karl-Georg Faber*: Großgemeinden (wie Anm. 78), S. 269 f, 277 (mit Hinweis auf HStAD GhB 4420,1, Bl. 158 f); vgl. PraefVhRuhr (wie Anm. 66) 1810, 6081 vom 14. 5. 1810; *Franz Steinbach/Erich Becker*: Grundlagen (wie Anm. 75), S. 110; *H. Franz*: Maire und Bürgermeister, Marburger Diss., Düren 1938, S. 34.

[88] *Karl-Georg Faber*: Großgemeinden (wie Anm. 78), S. 269; *ders.*: Selbstverwaltung (wie Anm. 85), S. 143; vgl. *Heinrich Geffcken*: Städte der Rheinprovinz (wie Anm. 24), S. 251; *Heinrich Heffter*: Selbstverwaltung (wie Anm. 62), 1950 und 1969, S. 106; *Sabine Graumann*: Verwaltung (wie Anm. 19), S. 32 f, 36-39, 74, 83-88.

Tab. 5: Verwaltungseinteilung

| Département Arrondissement | Kantone 1809 | Kantone 1812 | Munizipalitäten 1809 | Munizipalitäten 1812 |
|---|---|---|---|---|
| Großherzogtum | 78 | 58 | 288 | 220 |
| Rhein | 26 | 25 | 90 | 91 |
| Düsseldorf | 6 | 6 | 21 | 21 |
| Elberfeld | 7 | 7 | 22 | 22 |
| Mülheim/Rhein | 6 | 6 | 26 | 26 |
| Essen | 7 | 6 | 21 | 22 |
| Sieg | 14 | 11 | 51 | 51 |
| Dillenburg | 7 | 5 | 24 | 24 |
| Siegen | 7 | 6 | 27 | 27 |
| Ruhr | 20 | 23 | 70 | 78 |
| Dortmund | 6 | 6 | 23 | 25 |
| Hagen | 7 | 7 | 24 | 24 |
| Hamm | 7 | 10 | 23 | 29 |
| Ems | 19 | (2) | 77 | (9) |
| Münster | 7 | (2) | 26 | (9) |
| Coesfeld | 6 | - | 25 | - |
| Lingen | 6 | - | 26 | - |

Vgl. Heinz-K. Junk: Territorialgeschichte (wie Anm. 2), S. 63-83.

ansatzweise; was an Aufgaben der öffentlichen Verwaltung anfiel, wurde in der Regel auf der Ebene der Ämter erledigt, die zwar meist größer als die nach dem neuen System gebildeten Munizipalitäten waren, aber wie diese mehrere Ortsgemeinden zusammenfaßten. Es ist also nicht weiter überraschend, daß die bergischen Munizipalitäten in der Regel größer waren als die französischen. Die Suche nach geeigneten Bürgermeistern für die 1809/10 unter 300 liegende Zahl gestaltete sich trotzdem schwierig. In einer Reihe von Fällen bot sich offenbar nur die Möglichkeit, benachbarte Mairien in Personalunion von nur einem Maire verwalten zu lassen: Ratingen und Eckamp, Hilden und Richrath, Sprockhövel und Hattingen, Werne und Herbern, Oelde und Clarholz, Senden und Ascheberg, Lüdinghausen und Seppenrade, Wadersloh und Liesborn, Stadt und Kirchspiel Lengerich (Grafschaft Tecklenburg), Rorup und Lette, Billerbeck und Havixbeck, Ochtrup und Wettringen, Neuenhaus und Velthausen sowie Lengerich (Grafschaft Lingen) und Thuine[89].

[89] HStAD GhB 4362, Bl. 263 f; StAM Landesregierung Münster 322, Verzeichnis vom 8. 8. 1809; *Helmut Richtering*: Ruhr-Departement 1809 (wie Anm. 64), S. 75, 81; PraefVhRuhr (wie Anm. 66) 1810, 6081 vom 14. 5. 1810; *Karl-Georg Faber*: Großgemeinden (wie Anm. 78), S. 275; vgl. *Peter Burg*: Kommunalreformen im Kontext historischen Wandels, in: Jahrbuch für westdeutsche Landesgeschichte 8 (1982), S. 251-283, bes. S. 254-258.

## Karte 6: Städte im Bereich des Großherzogtums Berg

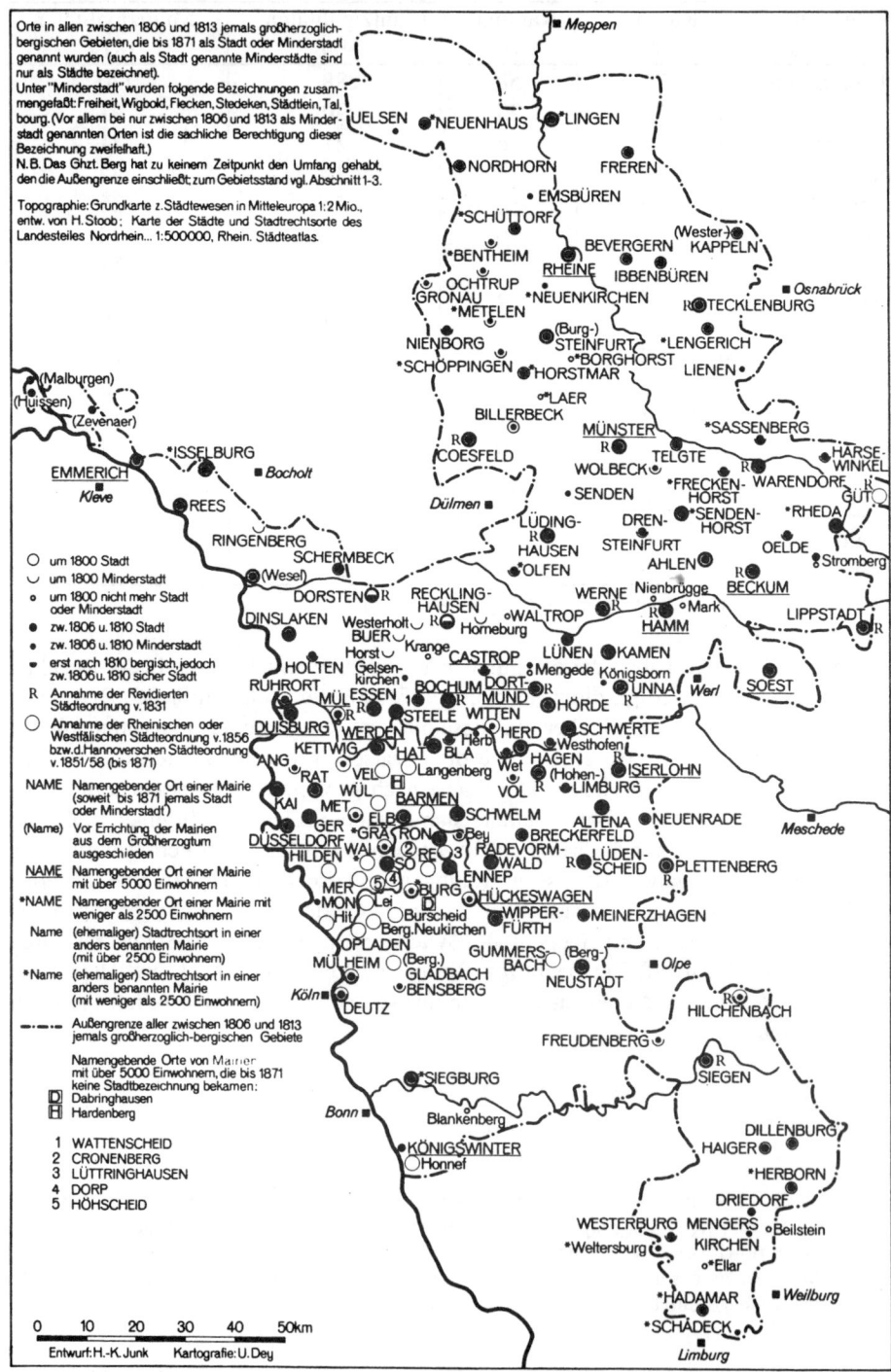

Orte in allen zwischen 1806 und 1813 jemals großherzoglich-bergischen Gebieten, die bis 1871 als Stadt oder Minderstadt genannt wurden (auch als Stadt genannte Minderstädte sind nur als Städte bezeichnet).
Unter "Minderstadt" wurden folgende Bezeichnungen zusammengefaßt: Freiheit, Wigbold, Flecken, Stedeken, Städtlein, Tal, bourg. (Vor allem bei nur zwischen 1806 und 1813 als Minderstadt genannten Orten ist die sachliche Berechtigung dieser Bezeichnung zweifelhaft.)
N.B. Das Ghzt. Berg hat zu keinem Zeitpunkt den Umfang gehabt, den die Außengrenze einschließt; zum Gebietsstand vgl. Abschnitt 1-3.

Topographie: Grundkarte z. Städtewesen in Mitteleuropa 1:2 Mio., entw. von H. Stoob; Karte der Städte und Stadtrechtsorte des Landesteiles Nordrhein... 1:500000, Rhein. Städteatlas.

○ um 1800 Stadt
∪ um 1800 Minderstadt
• um 1800 nicht mehr Stadt oder Minderstadt
● zw. 1806 u. 1810 Stadt
∪ zw. 1806 u. 1810 Minderstadt
● erst nach 1810 bergisch, jedoch zw. 1806 u. 1810 sicher Stadt
R Annahme der Revidierten Städteordnung v. 1831
○ Annahme der Rheinischen oder Westfälischen Städteordnung v. 1856 bzw. d. Hannoverschen Städteordnung v. 1851/58 (bis 1871)

NAME Namengebender Ort einer Mairie (soweit bis 1871 jemals Stadt oder Minderstadt)
(Name) Vor Errichtung der Mairien aus dem Großherzogtum ausgeschieden
NAME Namengebender Ort einer Mairie mit über 5000 Einwohnern
*NAME Namengebender Ort einer Mairie mit weniger als 2500 Einwohnern
Name (ehemaliger) Stadtrechtsort in einer anders benannten Mairie (mit über 2500 Einwohnern)
*Name (ehemaliger) Stadtrechtsort in einer anders benannten Mairie (mit weniger als 2500 Einwohnern)
-----  Außengrenze aller zwischen 1806 und 1813 jemals großherzoglich-bergischen Gebiete

Namengebende Orte von Mairien mit über 5000 Einwohnern, die bis 1871 keine Stadtbezeichnung bekamen:
D Dabringhausen
H Hardenberg

1 WATTENSCHEID
2 CRONENBERG
3 LÜTTRINGHAUSEN
4 DORP
5 HÖHSCHEID

0   10   20   30   40   50km

Entwurf: H.-K. Junk     Kartografie: U. Dey

Nur theoretisch war die Neuorganisation Mitte 1809 abgeschlossen, denn von einem zufriedenstellenden Funktionieren der Behörden konnte keine Rede sein, da sie weitgehend durch Einheimische geführt werden mußten, denen das neue Recht fremd war. Und wenn auch vielfach vorhandene Beamte in die Dienste der neuen Herren traten, so fühlten sie sich - gewöhnt an einen kollegialen Geschäftsgang - doch oft durch die Notwendigkeit selbständigen Handelns überfordert. Dies wurde, wie Beugnot noch im Dezember 1811 beklagte, im Bereich der unteren Verwaltungsstufe besonders deutlich[90]. Gerade bei den Gemeinden kam aber noch ein Aspekt hinzu, der in den übergeordneten Verwaltungsebenen zumindest in dieser Schärfe nicht auftrat: Es mußte auch neues, mit - zumindest öffentlicher - Verwaltung bisher nicht in Berührung gekommenes Personal verwendet werden, denn die Bürgermeister wurden in der Regel aus den Eingesessenen der Gemeinde ausgewählt, und Verwaltungserfahrung war dabei ein höchstens nachrangiges Kriterium.

Der Bürgermeister war der Hauptverwaltungsbeamte einer Munizipalität, die als Ableitung von seinem französischen Amtstitel *Maire* kurz auch *Mairie* genannt wurde. Der Maire wurde je nach Einwohnerzahl seines Amtsbereiches vom Landesherrn oder dem Innenminister ernannt wurde. Er war Beamter des Staates, nicht der Gemeinde, und damit hatte seine Verantwortlichkeit nach unten hinter seiner Verantwortlichkeit dem Präfekten gegenüber zurückzustehen. Der Maire verwaltete Eigentum und Einkünfte der Gemeinde, regelte die Ausgaben nach der Genehmigung des Haushalts durch die Präfektur - die Gemeinde war ja nur beschränkt geschäftsfähig (wie eine minderjährige Person) - und ließ die der Gemeinde übertragenen öffentlichen Arbeiten ausführen. Außerdem war er aufgrund der Verwaltungsordnung Mitglied und Vorsitzender des Munizipalrates[91]. Zu seiner Entlastung waren dem Maire Beigeordnete zugeteilt, deren Zahl von der Gemeindegröße abhing, meist zwei. Die Beigeordneten hatten jedoch nur delegierte Amtsgewalt und wurden, soweit sie ihn nicht bei Abwesenheit oder sonstiger Verhinderung zu vertreten hatten, zu Rate gezogen oder mit begrenzten Aufgaben betraut, wenn und soweit dem Maire dies dienlich erschien, denn er teilte seine Verantwortlichkeit nicht mit ihnen[92].

Das Amt des Maire und auch des Beigeordneten war ein unbesoldetes Ehrenamt. Zu ihm wurden im allgemeinen wohlhabende Männer herangezogen, deren Vermögen ihren Unterhalt sicherstellte und deren laufende Tätigkeit häufigere Abwesenheit erlaubte. Die Maires lassen sich jedoch nach beruflicher und sozialer Stellung nicht einer einheitlichen Gruppe zuordnen. In stark gewerblich ausgerichteten Gebieten, beispielsweise in El-

---

[90] *Rainer Wohlfeil*: Modellstaaten (wie Anm. 32), S. 45; *Charles Schmidt*: Grand-duché (wie Anm. 5), S. 145 (Übers. S. ); *Karl-Georg Faber*: Großgemeinden (wie Anm. 78), S. 278; *Helmut Richtering*: Ruhr-Departement 1809 (wie Anm. 64), S. 69.

[91] *Karl-Georg Faber*: Großgemeinden (wie Anm. 78), S. 268; *Justus Hashagen*: Fremdherrschaft (wie Anm. 62), S. 7 f; vgl. *Heinrich Heffter*: Selbstverwaltung (wie Anm. 62), 1950 und 1969, S. 62; *Ernst v. Meier*: Einflüsse (wie Anm. 73) I, S. 192-195; *Jacques Godechot*: Les institutions (wie Anm. 19), S. 596; *Georg Rolef*: Die rheinische Landgemeindeverfassung seit der französischen Zeit, Bonner Diss., Berlin/Leipzig 1912, S. 29.

[92] Gesetz-Bülletin Berg I, 7 vom 18. 12. 1808, Titel III § 1; vgl. *Jacques Godechot*: Les institutions (wie Anm. 19), S. 596; *Fritz v. Ameln*: Landbürgermeister (wie Anm. 86), S. 48; *Justus Hashagen*: Fremdherrschaft (wie Anm. 62), S. 8.

berfeld, Barmen, Mülheim/Ruhr und Iserlohn, waren Kaufleute und Fabrikanten, auf dem Land, aber manchmal auch in Städten, Angehörige des Adels stark vertreten. Aus deren Reihe ragten der Freiherr von Wendt, ehemaliger Inhaber der bergischen Unterherrschaft Hardenberg, nun Maire der aus dieser errichteten Munizipalität, und der Freiherr von Droste zu Vischering, ehemaliger Erbdroste des Hochstifts Münster, als Maire von Darfeld heraus[93].

Der Munizipalrat war in der Theorie ein Organ der Selbstverwaltung, das einzige auf dieser Ebene sogar. Seine Zusammensetzung wurde allerdings nach Vorschlagslisten von der Regierung bestimmt, und da die Mitglieder in der Regel aus den Reihen der Begüterten (gemessen an den gezahlten Steuern) genommen wurden, stellten sie auch keine Vertretung der gesamten Einwohnerschaft dar. In vielen Städten kam dabei eine stärkere Repräsentation der Gewerbetreibenden heraus, so daß dort die Grundbesitzer nicht so überwogen wie in den kleineren Orten. Der Rat tagte jährlich zur Beratung und Prüfung des Gemeindehaushalts. Weitere Sitzungen durften - sollten sie rechtsgültig sein - nur nach vorheriger Genehmigung durch den Präfekten stattfinden[94].

Die Aufstellung eines einheitlichen Gemeindehaushaltes war gegenüber den zumindest in den bedeutenderen Städten in der Regel vorhandenen verschiedenen Spezialkassen sicherlich ein Fortschritt[95]. Der erreichte Überblick über die Kommunalfinanzen ergab jedoch kein schönes Bild. Die Beseitigung der verschiedensten Privilegien hatte nämlich auch viele Einnahmequellen der Städte und Kirchspiele versiegen lassen, und die als Ersatz gedachten Zuschläge auf die allgemeinen Staatssteuern sowie sonstige mögliche Gemeindeabgaben deckten die Ausgaben nicht[96]. Die nicht zuletzt durch die Kriegskontributionen entstandene hohe Verschuldung konnte über den ganzen betrachteten Zeitraum nicht abgebaut werden[97].

---

[93] Gesetz-Bülletin Berg II, 17 vom 3. 11. 1809; HStAD GhB 4362, Bl. 264; StAM Landesregierung Münster 322, Verzeichnis vom 8. 8. 1809.

[94] Gesetz-Bülletin Berg II, 17 vom 3. 11. 1809; PraefVhRuhr (wie Anm. 66) 1810, 3225 vom 15.3.1810; *Justus Hashagen*: Fremdherrschaft (wie Anm. 62), S. 8; *Franz Steinbach/ Erich Bekker*: Grundlagen (wie Anm. 75), S. 86, 134; vgl. *Georg Rolef*: Landgemeindeverfassung (wie Anm. 92), S. 29; *Fritz v. Ameln*: Landbürgermeister (wie Anm. 86), S. 49.

[95] Gesetz-Bülletin Berg II, 66 vom 17. 12. 1811, Art. 1; *Otto R. Redlich/Arnold Dresen/Johannes Petry*: Geschichte der Stadt Ratingen von den Anfängen bis 1815, Ratingen 1926, S. 190; *Karl-Georg Faber*: Großgemeinden (wie Anm. 78), S. 278.

[96] Gesetz-Bülletin Berg II, 66 vom 17. 12. 1811, Art. 8, und 65 vom gleichen Tage; vgl. *Bruno Engler*: Die Verwaltung der Stadt Münster von den letzten Zeiten der fürstbischöflichen bis zum Ausgang der französischen Herrschaft 1802-1813, Münsteraner Diss., Hildesheim 1905, S. 79; *Monika Lahrkamp*: Münster in napoleonischer Zeit 1800-1815 (Quellen und Forschungen zur Geschichte der Stadt Münster NF 7/8), Münster 1976, S. 317; *Justus Hashagen*: Fremdherrschaft (wie Anm. 62), S. 16; *Ilse Barleben*: Mülheim an der Ruhr (wie Anm. 79), S. 26.

[97] Vgl. Gesetz-Bülletin Berg II, 63 vom 17. 12. 1811, 118 vom 21. 2. 1813, Art. 5 f. Urteile zur Staatsaufsicht über die Gemeindefinanzen bei *Charles Schmidt*: Grand-duché (wie Anm. 5), S. 147 (Übers. S. ); *Wilhelm Kohl*: Landkreis Steinfurt (wie Anm. 50), S. 44; *Otto Schell*: Elberfeld (wie Anm. 79), S. 316; *Justus Hashagen*: Fremdherrschaft (wie Anm. 62), S. 10.

## Landesherren und leitende Beamte

### Die Großherzöge

Mitte 1808 winkte Joachim Murat, der als Vertreter des Kaisers in Spanien weilte, eine erneute Beförderung. Napoleon benötigte in Neapel für seinen auf den spanischen Thron versetzten Bruder Joseph einen Nachfolger, und Joachim ergriff die Chance, König zu werden. Im Vertrag von Bayonne vom 15. Juli 1808 gab Joachim Napoleon König Beider Sizilien das bergische Großherzogtum an den kaiserlichen Schwager zurück, der den großherzoglichen Titel darauf selbst führte und die Regierung des Landes übernahm, das aber mit Frankreich nicht vereinigt wurde[98]. Sein Vertreter in Düsseldorf wurde Jacques Claude Beugnot, einer der erfahrensten Verwaltungsfachleute des Kaiserreichs, den Napoleon 1809 zum Grafen erhob. Er übernahm gleichzeitig für Agar, der Joachim Murat nach Neapel folgte, die Stelle des Finanzministers[99]. Die persönliche Übernahme Bergs war für Napoleon anscheinend nur eine Zwischenlösung gewesen. Im März 1809 - die Bevölkerung Bergs wurde erst einen Monat später informiert - belehnte er damit seinen vierjährigen Neffen Napoleon Ludwig, den ältesten lebenden Sohn des Königs Ludwig von Holland (und älteren Bruder des späteren Kaisers Napoleon III.). Napoleon übernahm Vormundschaft und Regentschaft für den dritten bergischen Großherzog, der die Herrschaft nie selbst antreten konnte. Der wirkliche Landesherr blieb aber der Kaiser, der Beugnot deshalb auch weiterhin in seiner Funktion beließ[100]. Bergische Landesherren während der Existenz des Großherzogtums waren demnach:

Joachim Murat (1771-1815), Schwager Napoleons I., Kavallerieoffizier, 1804 Prinz und Großadmiral von Frankreich, 1806 *Herzog von Kleve und Berg*, 1806-08 *Großherzog von (Kleve und) Berg*, 1808-15 (Joachim Napoleon) König Beider Sizilien[101].

Napoleon I. Bonaparte (1769-1821), Artillerieoffizier, 1804-14/15 Kaiser der Franzosen, 1804-13 König von Italien, 1806-13 Beschützer des Rheinbundes, 1808-09 *Großher-*

---

[98] *Albert Lumbroso*: Correspondance (wie Anm. 33), S. 2 f; *Karl Heinrich Ludwig Pölitz*: Rheinbund (wie Anm. 30), S. 299; *Charles Schmidt*: Grand-duché (wie Anm. 5), S. 66, 72 (Übers. S. ); vgl. *Alexandre de Clercq*: Recueil (wie Anm. 28) II, S. 263-266 (Vertrag von Bayonne); Slg 1842 III, Efsm 195 vom 7. 8. 1808, und Gesetz-Bülletin Berg I, 5 vom 14. 11. 1808.

[99] *Rainer Wohlfeil*: Modellstaaten (wie Anm. 32), S. 42; Mémoires du Comte Beugnot (wie Anm. 40), S. 242, 259, 292 (kaiserliches Dekret vom 2. 2. 1809); daß Berg aus europäischer Sicht höchstens einen Nebenschauplatz darstellt, ergibt sich u.a. aus *Vincent Cronin*: Napoleon. Stratege und Staatsmann, Taschenbuchausgabe, München 1983, in dem Beugnot S. 270 f nur als Präfekt auftaucht, Berg insgesamt überhaupt nicht.

[100] *Charles Schmidt*: Grand-duché (wie Anm. 5), S. 74 f (Übers. S. ); Gesetz-Bülletin Berg I, 12 vom 3. 3. 1809; vgl. Slg 1842 III, Efsm 196 vom 3. 3. 1809; *Johann Andreas Demian*: Statistik (wie Anm. 43) II, S. 75; *T. Spaans-van der Bijl*: Lodewijk Napoleon, Zaltbommel 1967, S. 186; Erinnerungen Sethes (wie Anm. 33), S. 166.

[101] *Alexander v. Daniels*: Handbuch (wie Anm. 31) V, 66 vom 30. 3. 1806; *Johann Josef Scotti*: Jülich (wie Anm. 35), 2860 vom 15. 3. 1806; Rheinbundakte vom 12. 7. 1806, Art. 5; Vertrag von Bayonne vom 15. Juli 1808, Art. 7; *Klaus-Jürgen Matz*: Regententabellen zur Weltgeschichte, München 1980, S. 69; *Vincent Cronin*: Napoleon (wie Anm. 99), S. 638 f; vgl. *Jules Chavanon/Georges Saint-Yves*: Joachim Murat (1767-1815), Paris 1905.

*zog von Berg (und Kleve)*, 1809-13 Vormund und Regent des Großherzogs Napoleon Ludwig[102].

Napoleon Ludwig Bonaparte (1804-31), 1806-10 Prinz von Holland, 1809-13 *Großherzog von Berg* (unter Vormundschaft und Regentschaft des Vorigen)[103].

### Die Minister

Mit der folgenden Zusammenstellung dienstlicher Lebensläufe von Ministern und Beamten soll vor allem die starke personelle Kontinuität von Verwaltungseliten über politische Umbrüche hinaus deutlich gemacht werden; der Aufbau einer neuen Verwaltungsorganisation ohne die zumindest teilweise Weiterverwendung der bisher im Amt befindlichen Verwaltungskräfte wäre auch praktisch unmöglich gewesen. Politische Einstellung bzw. gewachsene und langjährig erwiesene Loyalität zum neuen Herrscherhaus reichten als alleinige "Qualifikation" eben nicht mehr aus, vielmehr mußte schon eine gewisse Fachausbildung, besser noch außerdem mehrjährige Erfahrung in der Verwaltung vorhanden sein, wenn eine Behörde funktionieren sollte. Eine gewisse Zahl von Männern, die an die neuen Verhältnisse und Grundsätze bereits gewöhnt war, wurde zwar aus Frankreich, aber nach 1813 auch aus den preußischen Kernprovinzen "importiert" - für die beim Aufbau der bergischen Streitkräfte aus französischen Diensten übernommenen Offiziere und Unteroffiziere verwendet man gern den Begriff "Korsettstangen" -, doch der überwiegende Teil der Arbeit mußte von dem schon länger vorhandenen Personal erledigt werden. Die aus dieser Situation entspringende Kontinuität ist praktisch auf allen Ebenen von der Staats- bis zur Gemeindeverwaltung zu verzeichnen[104]. Beim Personal der Munizipalverwaltung trifft diese nivellierende Einschätzung allerdings eher auf die an die Selbstverwaltung gewöhnten Städte, als auf die Gemeinden des platten Landes zu, die an derartige Traditionen nicht anknüpfen konnten.

---

[102] *Johann Josef Scotti*: Jülich (wie Anm. 35), 3013 vom 7. 8. 1808; *ders.* (Hg.): Sammlung der Gesetze und Verordnungen, welche in dem Herzogthum Cleve und der Grafschaft Mark über Gegenstände der Landeshoheit, Verfassung, Verwaltung und Rechtspflege ergangen sind, vom Jahre 1418 bis zum Eintritt der königlich preußischen Regierungen im Jahre 1816, 5 Bde., Düsseldorf 1826 [im folgenden: *Johann Josef Scotti*: Cleve], 2890 vom 7. 8. 1808; Vertrag von Bayonne vom 15. Juli 1808, Art. 7; Gesetz-Bülletin Berg I, 12 vom 3. 3. 1809.

[103] *Johann Josef Scotti*: Cleve (wie Anm. 102), 2891 vom 3. 4. 1809; Gesetz-Bülletin Berg I, 12 vom 3. 3. 1809 (= Slg 1842 III, Efsm 196); Erinnerungen Sethes (wie Anm. 33), S. 166; *Vincent Cronin*: Napoleon (wie Anm. 99), S. 638 f.

[104] Vgl. *Meent W. Francksen*: Staatsrat (wie Anm. 17), S. 31, der den Staatsrat auch personell als Fortsetzung des bergischen Geheimen Rats ansieht; siehe auch in diesem Band den Beitrag von Herrn Dr. Jörg Engelbrecht, dem ich für Hinweise zu den Stichworten Fuchsius, Nesselrode, Spee, Jansen, Spies, Pfeill und Siebel herzlich danke. Zur Personengeschichte des Rheinlandes und Westfalens allgemein: Rheinische Lebensbilder, hg. von *Edmund Strutz/Bernhard Poll*, 3 Bde. Düsseldorf 1961-68; Westfälische Lebensbilder, bisher 15 Bde. (Veröffentlichungen der Historischen Kommission für Westfalen XVIIa), Münster 1930-90. Alle in den Kurzbiographien aufgeführten Funktionen beziehen sich auf Berg bzw. ab 1814/15 auf Preußen, bei den Munizipalbeamten auf die jeweilige Stadt, falls nicht anderes angegeben ist.

Den obersten Rang der zivilen bergischen Amtsträger nahmen die Minister ein, die wie üblich für bestimmte Ressorts ernannt waren. Den ersten Rang hatte dabei der Minister-Staatssekretär, dessen Funktion dem gleichnamigen, in Frankreich schon länger vorhandenen Aufgabenbereich entsprach: er war die direkte Kontaktperson zwischen dem Landesherrn und den übrigen Ministern. Er müßte als Ministerpräsident eingeordnet werden, hätte es eine solche Position neben dem Herrscher im kaiserlichen Frankreich geben können. Da aber der Landesherr selbst sein eigener Regierungschef war, ist der Minister-Staatssekretär am ehesten mit einem Minister im Amt des Ministerpräsidenten vergleichbar; er nahm außerdem die in Berg aber nur rudimentär anfallenden Äußeren Beziehungen wahr - eigene diplomatische Vertreter hat Berg nicht gehabt. Napoleons bergische Minister-Staatssekretäre residierten in Paris, da jeder andere Amtssitz mit der Aufgabe als Kontaktperson nicht vereinbar gewesen wäre[105]. Die Amtsinhaber waren:

Agar (de Mercuez), (1806/08:) Comte de (Graf v.) Mosbourg, Jean Antoine Michel (1771-1844), 1806-08 Finanzminister und *provisorischer Minister-Staatssekretär* sowie (in Abwesenheit des Großherzogs) Präsident des Staatsrats, 1808-15 Finanzminister des Königreiches Beider Sizilien (unter Joachim Murat)[106].

Gaudin, (1808:) Comte (Graf) Gaudin, (1809:) Duc de Gaëte (Herzog v. Gaëta), Martin Michel Charles (1756-1841), 1799-1814 Finanzminister der Französischen Republik bzw. des Französischen Kaiserreiches, 1808 als Ansprechpartner der bergischen Regierung in Paris de facto *provisorischer Minister-Staatssekretär*[107].

Maret, (1809:) Comte (Graf) Maret, (dann) Duc de (Herzog v.) Bassano, Hugues Bernard (1763-1839), 1804-11 Minister-Staatssekretär des Französischen Kaiserreiches, 1809-10 *Minister-Staatssekretär*, 1811-13 Außenminister des Französischen Kaiserreiches, 1834 Ministerpräsident des Königreichs Frankreich[108].

---

[105] *Johann Josef Scotti*: Jülich (wie Anm. 35), 2882 vom 14. 4. 1806; *Charles Schmidt*: Grandduché (wie Anm. 5), S. 37 f, 85 (Übers. S. ); *Dieter Froitzheim*: Staatskirchenrecht (wie Anm. 17), S. 26 f, 31; vgl. *Otto Friedrich Winter* u.a. (Hg.): Repertorium der diplomatischen Vertreter aller Länder, Bd. 3: 1764-1815, Graz/Köln 1965.

[106] Dictionnaire de Biographie Française I, 1933, Sp. 686-689; HStAD GhB Urkunde 17 vom 14. 11. 1807; Recueil (wie Anm. 55) o.Nr. vom 20. 11. 1806, S. 37 f, und 13 vom 25. 12. 1806, S. 59; *Charles Schmidt*: Grand-duché (wie Anm. 5), S. 33, 37 f (Übers. S. ); *Otto Schell*: Elberfeld (wie Anm. 79), S. 297; Erinnerungen Sethes (wie Anm. 33), S. 45. Der von Murat verliehene Grafentitel (das zu Mosbourg verschriebene Morsbroich ist eine im heutigen Leverkusen liegende ehemalige Ordenskommende) wurde 1813 in Frankreich anerkannt bzw. in einen französischen umgewandelt (*Vicomte A. Révérend*: Armorial du Premier Empire. Titres, majorats et armoiries concédés par Napoléon Ier, 4 Bde., Paris 1894-97, hier I, S. 4).

[107] Dictionnaire de Biographie Française XV, 1980, Sp. 704-707; *Bertold Spuler*: Regenten und Regierungen der Welt II,3, 2. Aufl. Würzburg 1962, S. 120; *Franz-Ludwig Knemeyer*: Verwaltungsreformen (wie Anm. 17), S. 54 f; *Pierre-Louis Comte de Roederer*: Tagebuch (wie Anm. 47), S. 298; *Charles Schmidt*: Grand-duché (wie Anm. 5), S. 89 (Übers. S. ); *Vicomte A. Révérend*: Armorial (wie Anm. 106) II, 1895, S. 215.

[108] *Bertold Spuler*: Regenten (wie Anm. 107), S. 121 f, 128; Erinnerungen Sethes (wie Anm. 33), S. 158; *Franz-Ludwig Knemeyer*: Verwaltungsreformen (wie Anm. 17), S. 55; *Charles Schmidt*: Grand-duché (wie Anm. 5), S. 89 (Übers. S. ); *Vicomte A. Révérend*: Armorial (wie Anm. 106) III, 1896, S. 186.

Roederer, (1808:) Comte (Graf) Roederer, Pierre Louis (1754-1835), 1802-04 Kultus-
und Unterrichtsminister der Französischen Republik bzw. des Französischen Kaiserreiches, 1806-08 Finanzminister des Königreiches Beider Sizilien (unter Joseph Bonaparte), 1810-13 *Minister-Staatssekretär*[109].

Daneben gab es nur zwei weitere Ministerien: eins für die Finanzen und eins für die Auf-
gaben des klassischen Innen-Ressorts[110]. Während das Innenministerium in deutscher
Hand blieb, waren die Finanzminister nach Düsseldorf entsandte Franzosen, die neben
ihrem eigentlichen Ressort auch noch Stellvertreter des abwesenden Landesherrn waren:
Agar eher der Sache nach, Beugnot als Kaiserlicher Kommissar ausdrücklich. Daß die
Statthalterfunktion Bekanntheit mit dem Herrscher und besonderes Vertrauen von seiner
Seite voraussetzt, dürfte von Ort und Zeit unabhängig sein; die - von kurzzeitigen Vertre-
tungen abgesehen - ausschließliche Betrauung geborener (National-)Franzosen mit dem
Finanz-Ressort ist ein Merkmal, das sich auch auf niedrigeren Ebenen wie ein roter Fa-
den durch das napoleonische Herrschaftssystem zieht - bis hin zur Bestallung von Regi-
mentszahlmeistern[111]. Eher erstaunlich ist dagegen, daß das Ressort Krieg, das die
Durchführung der Konskription und die Verwaltung der Truppenteile zu überwachen hatte, dem in deutscher Hand befindlichen Innenministerium zugeteilt war und blieb, das
außerdem eine Justizabteilung umfaßte. Als Finanzminister fungierten:

Agar, Jean Antoine Michel, 1806-08 *Finanzminister*[112].

Rappard, Johann Franz (1790:) v. (1759-1822), Jurist, 1783 Referendar bei der preußischen Kriegs- und Domänenkammer Hamm, 1790 Rat ebd., 1802 Mitglied des außerordentlichen Organisationskomitees für die preußischen Entschädigungsländer Münster, Essen, Werden und Elten, 1806 preußischer Übergabekommissar des Herzogtums
Kleve an Joachim Murat, dann in bergische Dienste (Generaldirektor der Domänen),
1806-14 Mitglied des Staatsrates, 1807 *amtierender Finanzminister*, 1809 General-
procureur bei der Rechnungsprüfungskommission, 1812 als Mitglied des Staatsrates
bestätigt (2. Sektion), 1813-15 als Direktor des Steuer-, Zoll- und Rechnungsrevisi-
onswesens Mitglied des Gouvernementsrates (mit einer angerechneten Dienstzeit von
32 Jahren und 10.000 Frcs. Gehalt), 1816-17 bei der Regierung Düsseldorf, 1817-22
bei der Regierung Aachen[113].

---

[109] *Bertold Spuler*: Regenten (wie Anm. 107), S. 121; *Pierre-Louis Comte de Roederer*: Tagebuch (wie Anm. 47), S. 247, 299, 308; Erinnerungen Sethes (wie Anm. 33), S. 45, 158, 185; *Vicomte A. Révérend*: Armorial (wie Anm. 106) IV, 1897, S. 157; vgl. *Vincent Cronin*: Napoleon
(wie Anm. 99), S. 77, 359; *Monika Lahrkamp*: Münster (wie Anm. 96), S. 85; *Meent W. Francksen*: Staatsrat (wie Anm. 17), S. 20 f.
[110] Keinen Eintrag für Berg und keine Angabe von Ministern für Neapel-Sizilien haben *Bertold
Spuler*: Regenten (wie Anm. 107), und *Klaus-Jürgen Matz*: Regententabellen (wie Anm. 101).
[111] Vgl. CN XXI, 1867, 17322 vom 3. 2. 1811 (S. 382).
[112] Weitere Angaben s.o. unter Minister-Staatssekretäre.
[113] HStAD GhB 338, 340; *Meent W. Francksen*: Staatsrat (wie Anm. 17), S. 31, 42, 225, 247 f;
Personal-Etat der Beamten des General-Gouvernements Berg, in: Beiträge zur Geschichte des
Niederrheins 7 (1893), S. 226-260, hier 4/214/288/298; *Justus v. Gruner*: Die Zustände im Großherzogtum Berg zu Anfang der Organisation des Generalgouvernements im Jahre 1813, in: Zeitschrift des Bergischen Geschichtsvereins 46 (1913), S. 204-219, hier S. 210, 213; 150 Jahre Regierung und Regierungsbezirk Aachen, Aachen 1967, S. 345 f; vgl. *Ernst Heinrich Kneschke*:

Beugnot, (1808:) Chevalier (Ritter) Beugnot, (1809:) Comte (Graf) Beugnot, Jacques Claude (1761-1835), Jurist, 1791 Deputierter der französischen Nationalversammlung, 1800-06 Präfekt des französischen Départements Seine-Inférieure (heute Seine-Maritime), 1806-07 Mitglied des französischen Staatsrates (im ordentlichen, ab 1807 im außerordentlichen Dienst), 1807-08 Finanzminister des Königreichs Westfalen, 1808-13 Kaiserlicher Kommissar (Statthalter) im Großherzogtum Berg und *Finanzminister*, 1814-15 Marineminister des Königreichs Frankreich, 1816 Deputierter der französischen Nationalversammlung[114].

Bislinger, Johann Peter Josef (1760-1844), 1779 Sekretär der Kunstakademie in Düsseldorf, 1781 wirklicher Rat und Referendar, 1797 Richter am Hofgericht, 1802 Mitglied der Landesdirektion, 1804 Geheimer Rat und Richter am Oberappellationsgericht, 1806-13 Mitglied des Staatsrates und Chef der 1. Division des Finanzministeriums, 1812 *amtierender Finanzminister*, 1814 Mitglied des Kassationsgerichtes in Düsseldorf, 1816-22 Rat bei der Regierung zu Kleve, 1822-26 bei der zu Düsseldorf, 1826 Oberregierungsrat, 1829 verabschiedet[115].

Die Leitung des Innenministeriums war die personell stabilste von allen auf dieser Ebene. Sie wurde ausgeübt von:

Fuchsius, Johann Engelbert (1792:) v. (1754-1828), Jurist, 1778 Sekretär des Vizekanzlers von Jülich-Berg, 1788 gelehrter Rat im jülich-bergischen Geheimen Rat und damit gleichzeitig Mitglied des Oberappellationsgerichts, 1799-1800 Referendar im bayerischen Staatsrat zu München (Ministerial-Justiz-Departement), 1802 Direktor der 1. Deputation der Landesdirektion und des 1. Senats des Oberappellationsgericht zu Düsseldorf, 1806 *provisorischer Innenminister*, 1806-11 Präsident des Oberappellationsgerichtes, 1806-14 Mitglied des Staatsrates (1811-12 de facto Präsident), 1809 Offizier der Ehrenlegion, 1811 I. Präsident des Appellationsgerichts, 1813 Präsident des Finanzkollegiums (der Nachfolgebehörde des Finanzministeriums), 1814-19 Präsident des Kassationsgerichtshofes zu Düsseldorf und Mitglied der Gesetzkommission, Kommissar zur Auseinandersetzung der Angelegenheiten der mediatisierten Fürsten, danach in den Ruhestand[116].

---

Neues allgemeines deutsches Adels-Lexikon, 9 Bde., unveränderter Abdruck der Ausgabe von 1859-70, Leipzig 1929-30, hier VII, S. 344 f.

[114] Dictionnaire de Biographie Française VI, 1954, Sp. 361 f; *Mémoires du Comte Beugnot* (wie Anm. 40), S. 240-242; *Bertold Spuler*: Regenten (wie Anm. 107), S. 122; *Dieter Froitzheim*: Staatskirchenrecht (wie Anm. 17), S. 31; Erinnerungen Sethes (wie Anm. 33), S. 45; *Wilhelm Just*: Verwaltung (wie Anm. 49), S. 28 f; *Charles Schmidt*: Grand-duché (wie Anm. 5), S. 84 f (Übers. S. ); *Vicomte A. Révérend*: Armorial (wie Anm. 106) I, S. 92; *Gerhard Huck* in: ... und reges Leben ist überall sichtbar! Reisen im Bergischen Land um 1800, hg. von *Gerhard Huck/Jürgen Reulecke* (Bergische Forschungen 15), Neustadt/Aisch 1978, S. 165 f; *Meent W. Francksen*: Staatsrat (wie Anm. 17), S. 14, 19-21, 55, 105-108, 223; *Heinz-K. Junk*: Territorialgeschichte (wie Anm. 2), S. 41; *ders.*: Adler (wie Anm. 45).

[115] HStAD GhB 338, 4219; *Meent W. Francksen*: Staatsrat (wie Anm. 17), S. 193, 229 f.

[116] Rheinisch-Westfälischer Anzeiger vom 26. 4. 1828, Sp. 666-668; *Dieter Froitzheim*: Staatskirchenrecht (wie Anm. 17), S. 26; *Charles Schmidt*: Grand-duché (wie Anm. 5), S. 37 f (Übers. S. ); Recueil (wie Anm. 55) o.Nr. vom 20. 11. 1806; Collegialstatus der Churfürstlichen Landesdirection und Justizstellen im Herzogthum Berg 1802, in: Beiträge zur Geschichte des Niederrheins 6 (1892), S. 203-207, hier S. 202; *Wilhelm Just*: Verwaltung (wie Anm. 49), S. 28 f, 31;

Nesselrode-Reichenstein zum Stein, Johann Franz Joseph Graf v. (1755-1824), 1777 Statthalter des kurkölnischen Vestes Recklinghausen, kurkölnischer Obristhofmeister, 1780-1806 Erbdirektor der Ritterschaft, Erbmarschall und Erbkämmerer des Herzogtums Berg, 1785 Präsident des kurkölnischen Hofrats, 1806-13 *Innenminister*, 1811 Offizier der Ehrenlegion, 1812 amtierender Kaiserlicher Kommissar, 1812-13 Präsident des Staatsrates[117].

## Die leitenden Beamten

Die Berufung in die Spitzenpositionen der Beamtenschaft behielt sich auch in Berg der Landesherr vor. Für die allgemeine Landesverwaltung einschließlich der Präfekturen und Unterpräfekturen ist dies nicht überraschend, doch erstreckte sich der Vorbehalt hier bis auf die Beamten der acht größten Munizipalitäten. In der nachfolgenden Zusammenstellung werden nur die Präfekten, deren büroleitende Beamte (die Generalsekretäre), die Unterpräfekten und die Maires der großen Städte berücksichtigt. Die städtischen Beigeordneten waren offenbar einer stärkeren Fluktuation ausgesetzt und konnten nicht alle ermittelt werden. Sie werden nur aufgeführt, wenn sie Amtszeiten als Maire bzw. Bürgermeister aufzuweisen haben[118]. Von den Staatsräten wurden nur diejenigen berücksichtigt, die auch andere Funktionen hatten; sie sind bereits von Meent W. Francksen monographisch behandelt worden[119].

---

Erinnerungen Sethes (wie Anm. 33), S. 160, 165; *Meent W. Francksen*: Staatsrat (wie Anm. 17), S. 31-33, 151, 178 f, 225, 233-235; *Ernst Heinrich Kneschke*: Neues Adels-Lexikon (wie Anm. 113) III, S. 386 f; Deutsches Biographisches Archiv, hg. von *Bernhard Fabian*, München 1982, Fiche 358, 53 f nach Neuer Nekrolog der Deutschen 6 (1828) [1829].

[117] *Albert Lumbroso*: Correspondance (wie Anm. 33), CLV (o.D., wohl Juli 1806); *Charles Schmidt*: Grand-duché (wie Anm. 5), S. 38, 86 (Übers. S. ); Gesetz-Bülletin Berg II, 68 vom 30. 12. 1811; *Dieter Froitzheim*: Staatskirchenrecht (wie Anm. 17), S. 26, 31; Erinnerungen Sethes (wie Anm. 33), S. 45, 163, 165; *Meent W. Francksen*: Staatsrat (wie Anm. 17), S. 21, 31, 176, 178 f, 223 f, 245-247; *Wilhelm Just*: Verwaltung (wie Anm. 49), S. 31; *Justus v. Gruner*: Zustände (wie Anm. 113), S. 208, 211, 213; *Max Braubach*: Max Franz von Österreich, letzter Kurfürst von Köln und Fürstbischof von Münster, Münster 1925, S. 91; *Ludwig Bette*: Das Vest Recklinghausen in der arenbergischen und französischen Zeit, in: Vestische Zeitschrift 18 (1908), S. 1-80, hier S. 23; *Anton Fahne*: Geschichte der Kölnischen, Jülichschen und Bergischen Geschlechter, 2. Teil, Neudruck Osnabrück 1965 der Ausgabe von 1853, S. 101 f; *Th. J. J. Lenzen*: Beyträge zur Statistik des Herzogthumes Berg, 2 Hefte, Düsseldorf 1802-06, hier II, S. 86; *Arnold Robens*: Der ritterbürtige landständische Adel des Großherzogthums Niederrhein, Bd. 1, Aachen 1818, S. 68; *Ernst Heinrich Kneschke*: Neues Adels-Lexikon (wie Anm. 113) VI, S. 471-474.

[118] Verordnung des Großherzogs Joachim vom 3. 8. 1806 über die Einrichtung von Arrondissements und Ernennung von Provinzialräten, in: Der Rheinische Bund 1 (1806), S. 118-128, hier Art. 1 f; vgl. Gesetz-Bülletin Berg I, 13 vom 10. 3., II, 17 vom 3. 11. 1809. Die Präfekturräte (im Rhein- und im Emsdepartement je vier, im Sieg- und im Ruhrdepartement je drei) sind einer weiteren Darstellung vorbehalten und deshalb - wie auch die Munizipalräte und Polizeikommissare der großen Städte - hier nicht weiter berücksichtigt.

[119] Vgl. *Meent W. Francksen*: Staatsrat (wie Anm. 17), S. 7, 69, 101, 229 ff (Kurzbiographien).

Borcke(-Hüth), Friedrich Heinrich (1790: Graf) v. (1776-1825), 1804-06 Mitarbeiter der preußischen Kriegs- und Domänenkammer zu Münster, 1806 preußischer Schul- und Domänenrat, 1806-09 Provinzialrat des Arrondissements Dillenburg, 1809-12 *Präfekt des Rheindépartements*, 1811 Mitglied der Ehrenlegion, 1812-14 Mitglied des Staatsrates, 1814 Mitorganisator des Landsturms, 1816-17 Landrat des Kreises Rees[120].

Mylius, Karl Joseph Freiherr (1775 erteiltes erbländisch-österreichisches Prädikat 1826 in Preußen anerkannt) v. (1778-1838), 1804 1. Adjoint (Beigeordneter) von Köln, dann Präfekturrat des französischen Roerdépartements, 1808-09 Generalsekretär des Finanzministeriums zu Düsseldorf, 1809-11 *provisorischer Präfekt des Emsdépartements*, 1811 Präfekt ad interim des französischen Lippedépartements, dann zurück ins Ministerium nach Düsseldorf, 1811 fast gleichzeitig ernannt zum Unterpräfekten des Arrondissements Gorcum (französisches Maasmündungsdépartement) und zum Senatspräsidenten am Appellationsgerichtshof in Düsseldorf (entscheidet sich für die letztere Stelle), 1815-19 Oberbürgermeister von Köln, 1819 Rat und später Senatspräsident am Appellationsgerichtshof in Köln[121].

Romberg, Giesbert Christian Friedrich Freiherr v. (1773-1859), Schwager des Maire von Münster (1811) Max Freiherr v. Boeselager, Rittergutsbesitzer und Bergbauunternehmer, 1789 zur stiftmünsterischen und 1793 zur märkischen Ritterschaft aufgeschworen, 1793 preußischer Kammerherr, 1809-13 *Präfekt des Ruhrdépartements*, 1811 Mitglied der Ehrenlegion, 1813-16 Landesdirektor zu Dortmund, Vorschlag des Freiherrn vom Stein zur Verwendung als Regierungspräsident in Arnsberg nicht verwirklicht, keine weiteren öffentlichen Funktionen[122].

---

[120] HStAD GhB 4220; Gesetz-Bülletin Berg I, 13 vom 10. 3. 1809, II, 68 vom 30. 12. 1811; *Charles Schmidt*: Grand-duché (wie Anm. 5), S. 40, 135, 137 (Übers. S. ); Gothaisches Genealogisches Taschenbuch der gräflichen Häuser 1903, Gotha o.J., S. 118; *Helmut Dahm* in: Neue Deutsche Biographie II, 1955, S. 460; *Wilhelm Kohl/Helmut Richtering* (Bearb.): Behörden der Übergangszeit 1802-1816 (Das Staatsarchiv Münster und seine Bestände 1), Münster 1964, S. 194 f; *Rüdiger Schütz* (Bearb.): Grundriß zur deutschen Verwaltungsgeschichte 1815-1945, Reihe A: Preußen, Bd. 7: Rheinland, Marburg 1978, S. 314; *Meent W. Francksen*: Staatsrat (wie Anm. 17), S. 225, 230 f.

[121] HStAD GhB 4220, 4362, Bl. 197 (Ministerialerlaß vom 26. 4. 1809), 228; StAM NvR A 133; *Charles Schmidt*: Grand-duché (wie Anm. 5), S. 137, 240 (Übers. S. ); *Max Bär*: Die Behördenverfassung der Rheinprovinz seit 1815 (Publikationen der Gesellschaft für Rheinische Geschichtskunde 35), photomechanischer Nachdruck 1965 der Ausgabe Bonn 1919, S. 232, 401 f; *Wilhelm Kohl/Helmut Richtering*: Übergangszeit (wie Anm. 120), S. 189, 221; *Rüdiger Schütz*: Deutsche Verwaltungsgeschichte A 7 (wie Anm. 120), S. 386; *Monika Lahrkamp*: Münster (wie Anm. 96), S. 90, 191-194; *Sabine Graumann*: Verwaltung (wie Anm. 19), S. 60 f, 76 f, 263 Anm. 168, 267; Genealogisches Handbuch des Adels, Freiherrliche Reihe B II, Limburg/Lahn 1957, S. 300; vgl. *J. v. Münsterman* (Hg.): Almanach des Lippe-Departements für das Jahr 1813, Münster 1812, S. 53; *Ernst Heinrich Kneschke*: Neues Adels-Lexikon (wie Anm. 113) VI, S. 433 - 435.

[122] Gesetz-Bülletin Berg I, 13 vom 10. 3. 1809, II, 68 vom 30. 12. 1811; PraefVhRuhr (wie Anm. 66) 1809, S. 5, 1810, S. 45; Genealogisches Handbuch des Adels, Freiherrliche Reihe A III, Limburg/Lahn 1959, S. 399; Hochstift-münsterischer Hof- und Adreß-Calender für 1802, S. 47; *Helmut Richtering*: Ruhr-Departement 1809 (wie Anm. 64), S. 72 f; *Charles Schmidt*: Grand-duché (wie Anm. 5), S. 81, 136 f (Übers. S. ); *Helmut Richtering* in: Westfälische Lebensbilder (wie

Schmitz, (Johann) Anton (1770-1857), 1802 Hofrat, 1806 Direktor des Hofrats (Gerichts) in Steinfurt, dann bis 1809 Provinzialrat des Distriktes Steinfurt, 1809-13 *Präfekt des Siegdépartements*, 1811 Mitglied der Ehrenlegion, 1813 ausgewiesen, 1819 Rat am Appellationsgericht in Köln[123].

Spee, Franz Joseph Anton Graf v. (1781-1839), 1806-09 Provinzialrat des Arrondissements Düsseldorf, 1809 als Präfekt des Emsdépartements vorgesehen (Amt abgelehnt, da der Gesundheitszustand des Vaters [Carl Wilhelm Graf v. Spee (1758-1810)] seine Anwesenheit im Rheinland erforderte), 1812-13 *Präfekt* des *Rheindépartements*, 1813-16 Landesdirektor zu Düsseldorf (mit einer angerechneten Dienstzeit von 7 Jahren und 6.000 Frcs. Gehalt)[124].


## Generalsekretäre

Druffel, Johann Gerhard Franz (1804: v.) (1759-1834), 1789-1802 stiftmünsterischer Geheimer Staatsreferendar (Leiter der Geheimen Hof- und Kabinettskanzlei) bzw. Geheimer Rat, 1802-03 Rat bei der preußischen Spezialorganisationskommission zu Münster, 1803-06 Rat bei der preußischen Kriegs- und Domänenkammer ebd., 1806-09 Mitglied des Administrationskollegiums ebd., 1809-11 *Generalsekretär der Präfektur des Emsdépartements*, 1811 provisorischer Unterpräfekt des Arrondissements Münster im französischen Oberisseldépartement und vorgesehen als solcher des Arrondissements Almelo im gleichen Département, 1811-13 Generalsekretär des fran-

---

Anm. 104) IX, 1962, S. 90-107; *Wilhelm Kohl/Helmut Richtering*: Übergangszeit (wie Anm. 120), S. 191 f, 248 f, 269 ff; *Monika Lahrkamp*: Münster (wie Anm. 96), S. 191, 194; vgl. *Friedrich Keinemann*: Westfalen im Zeitalter der Restauration und der Julirevolution 1815-1833 (Veröffentlichungen der Historischen Kommission für Westfalen XXIIa,5), Münster 1987, S. 36 Anm. 99; *Friedrich v. Klocke*: Die Familie von Boeselager (Sonderveröffentlichung der Vereinigten westfälischen Adelsarchive e.V. 2), Münster 1977, S. 204; *Ernst Heinrich Kneschke*: Neues Adels-Lexikon (wie Anm. 113) VII, S. 566 f.

[123] HStAD GhB 4361; Collegialstatus (wie Anm. 116), S. 207; Gesetz-Bülletin Berg I, 13 vom 10. 3. 1809, II, 68 vom 30. 12. 1811; *Charles Schmidt*: Grand-duché (wie Anm. 5), S. 137, 139 f (Übers. S. ); *Justus v. Gruner*: Zustände (wie Anm. 113), S. 205 f, 210; *Max Bär*: Rheinprovinz (wie Anm. 121), S. 401 f; *Wilhelm Kohl/Helmut Richtering*: Übergangszeit (wie Anm. 120), S. 195 f, 202; *Wilhelm Kohl*: Landkreis Steinfurt (wie Anm. 50), S. 136-139; *Meent W. Francksen*: Staatsrat (wie Anm. 17), S. 49; *Erwin Dickhoff*: Die Bürgermeister der Stadt Coesfeld von 1803 bis 1946, in: Geschichtsblätter des Kreises Coesfeld 16 (1991), S. 147-189, hier S. 154 Anm. 9.

[124] HStAD GhB 4361 f; Gesetz-Bülletin Berg I, 13 vom 10. 3. 1809, II, 99 vom 21. 3. 1812; *Charles Schmidt*: Grand-duché (wie Anm. 5), S. 39, 136 f, 143 (Übers. S. ); Personal-Etat (wie Anm. 114), 98/132; Genealogisches Handbuch des Adels, Gräfliche Reihe A III, Limburg/ Lahn 1958, S. 423 (ohne Angabe von öffentlichen Funktionen); Erinnerungen Sethes (wie Anm. 33), S. 209; *Monika Lahrkamp*: Münster (wie Anm. 96), S. 191 f; *Friedrich Lau*: Düsseldorf (wie Anm. 63) I,1, S. 81, 85, 283; *Max Bär*: Rheinprovinz (wie Anm. 121), S. 71; Deutsches Biographisches Archiv (wie Anm. 116), Fiche 1200, 276-283 nach Neuer Nekrolog der Deutschen 17 (1839) [1841]; vgl. *Justus v. Gruner*: Zustände (wie Anm. 113), S. 211, 213; *Ernst Heinrich Kneschke*: Neues Adels-Lexikon (wie Anm. 113) VIII, S. 550-552; *Ambrosius Franz Graf v. Spee*: Die Nachfahren des Franz Anton Reichsgraf von Spee, Bonn 1949; *ders.*: Ahnen und Nachkommen des Franz Anton Reichsgraf von Spee, Bonn 1961, S. 12.

zösischen Lippedépartements, 1813-16 Rat bei der preußischen Regierungskommission Münster und 1816-34 Geheimer Regierungsrat bei der Regierung ebd.[125].

Jansen, Arnold (geb. um 1755), 1794-1800 jülich-bergischer Geheimer Ratssekretär und jülischer Lehenssekretär, 1802 Secretär bei der 1. Deputation der Landesdirektion und dem 1. Senat des Oberappellationsgerichts zu Düsseldorf, 1809-13 *Generalsekretär der Präfektur des Rheindépartements*, 1815 Landesdirektionssekretär (mit einer angerechneten Dienstzeit von 40 Jahren und 3.000 Frcs. Gehalt sowie weiteren 1.000 Frcs. als Sekretär des Medizinalrates)[126].

Müller, Justus Conrad, seit 1780/81 im Staatsdienst, steigt auf zum Direktor der preußischen Kriegs- und Domänenkammer Minden, 1803 der Kammer in Münster, 1809-13 *Generalsekretär der Präfektur des Ruhrdépartements* (faßt die Ernennung als "Kränkung" auf), 1813-16 der Landesdirektion zu Dortmund[127].

Pagenstecher, Beamter in nassauischen Diensten, 1809 *Generalsekretär der Präfektur des Siegdépartements*, 1813 (zwischen der Ausweisung des Präfekten Schmitz und der Übernahme des Landes durch den Prinzen von Oranien) amtierender Präfekt des Siegdépartements[128].

Unterpräfekte

Engelhard, Daniel Friedrich (geb. um 1772), 1810/11-13 Chef des statistischen Büros im Innenministerium zu Düsseldorf, 1813 *Unterpräfekt des Arrondissements Siegen*, dann (von Gruner) amtsenthoben und ausgewiesen[129].

Herrmann, 1809-13 *Unterpräfekt des Arrondissements Siegen*[130].

---

[125] Gesetz-Bülletin Berg I, 13 vom 10. 3. 1809; StAM GhB J 60, Schr. vom 22. 4. 1811; Slg 1842 III, Efsm 197 und 200 (= Bulletin des lois XIII, 6163 und 6304); CN XXI, 16853 vom 30. 8. 1810; *Wilhelm Kohl/Helmut Richtering*: Übergangszeit (wie Anm. 120), S. 5, 10 f, 221, 231, 257; *Alfred Hartlieb v. Wallthor* in: Westfälische Lebensbilder (wie Anm. 104) VIII, 1959, S. 84-100; *Monika Lahrkamp*: Münster (wie Anm. 96), S. 12, 43, 45, 109, 112, 152, 178, 194 f, 237, 242; *Meent W. Francksen*: Staatsrat (wie Anm. 17), S. 70, 269 f; *Bernd Walter*: Die Beamtenschaft in Münster zwischen ständischer und bürgerlicher Gesellschaft ... (1800-1850) (Veröffentlichungen der Historischen Kommission für Westfalen XXIIa,3), Münster 1987, S. 401; *Friedrich Keinemann*: Westfalen (wie Anm. 122), S. 501; *J. v. Münsterman*: Almanach 1813 (wie Anm. 121), S. 53; *Johannes Katz*: Das letzte Jahrzehnt des Fürstbistums Münster unter bes. Berücksichtigung des Geheimen Staatsreferendars Johann Gerhard Druffel, Bonner phil. Diss., Würzburg 1933; *Ernst Heinrich Kneschke*: Neues Adels-Lexikon (wie Anm. 113) II, S. 590.

[126] Collegialstatus (wie Anm. 116), S. 204, 206; Gesetz-Bülletin Berg I, 13 vom 10. 3. 1809; Personal-Etat (wie Anm. 113), 99/140; Hof- und Staatskalender.

[127] HStAD GhB 4362, Bl. 43 ff; Gesetz-Bülletin Berg I, 13 vom 10. 3. 1809; PraefVhRuhr (wie Anm. 66) 1809, S. 5, 1810, S. 45; *Wilhelm Kohl/Helmut Richtering*: Übergangszeit (wie Anm. 120), S. 11, 191, 248; *Monika Lahrkamp*: Münster (wie Anm. 96), S. 178, 234.

[128] Gesetz-Bülletin Berg I, 13 vom 10. 3. 1809; *Justus v. Gruner*: Zustände (wie Anm. 113), S. 205.

[129] HStAD GhB 4365; Gesetz-Bülletin Berg II, 130 vom 19. 3. 1813; *Wilhelm Kohl/Helmut Richtering*: Übergangszeit (wie Anm. 120), S. 201; *Meent W. Francksen*: Staatsrat (wie Anm. 17), S. 157; *Justus v. Gruner*: Zustände (wie Anm. 113), S. 209 f.

[130] Gesetz-Bülletin Berg (wie Anm. 65) I, 13 vom 10. 3. 1809; *Charles Schmidt*: Grand-duché (wie Anm. 5), S. 139 (Übers. S. ); *Wilhelm Kohl/Helmut Richtering*: Übergangszeit (wie Anm.

Holtzbrinck, Heinrich Wilhelm v. (1766-1841), Rittergutsbesitzer, 1790 preußischer Landrat des Kreises Altena, 1809 Landesdirektor (der Grafschaft Mark), 1809-11 *Unterpräfekt des Arrondissements Hagen*, 1817 erneut Landrat des Kreises Altena[131].

Mauve, Karl Philipp (1755-1821), 1787 Rat der preußischen Kriegs- und Domänenkammer zu Minden und Deputatus für Lingen, 1806 mit der Verwaltung des Bevergernschen Kreises im Erbfürstentum Münster beauftragt, 1809-11 *Unterpräfekt des Arrondissements Lingen*, 1816 Landrat des Kreises Tecklenburg[132].

Oer, Clemens Wenceslaus Freiherr v. (1768-1835), Rittergutsbesitzer, 1788 stiftmünsterischer Offizier (1802 als Lieutenant entlassen), 1805 preußischer Landrat des Kreises Beckum, 1809-11 *Unterpräfekt des Arrondissements Coesfeld*, 1811-13 des Arrondissements Steinfurt (französisches Lippedépartement), 1816-27 erneut Landrat des Kreises Beckum[133].

Pettmesser, Jean François (geb. 1755 in Straßburg/Elsaß), Bailli im Elsaß, in der Revolutionszeit Richter in Hagenau (Département Bas-Rhin), dann im Saardépartement Inspektor der Kontributionen bzw. später Unterpräfekt des Arrondissements Prüm bis 1806, 1809-13 *Unterpräfekt des Arrondissements Mülheim*, danach Ruhestand[134].

Schleicher, Bürgermeister von Elberfeld (?), 1810 provisorisch, 1812 definitiv (-1813) *Unterpräfekt des Arrondissements Elberfeld*[135].

Seyssel d'Aix (Seissel), Karl Theodor August Graf v. (1780-1863), 1808 Abteilungsleiter im Innenministerium, 1809-13 Arrondissements-Steuerempfänger zu Mülheim/ Rhein, 1813 *Unterpräfekt des Arrondissements Elberfeld*, 1815 Kreisdirektor, 1816-48 Land-

---

120), S. 201.

[131] HStAD GhB 4362, Bl. 85; Gesetz-Bülletin Berg I, 13 vom 10. 3. 1809; PraefVhRuhr (wie Anm. 66) 1809, S. 5, 1810, S. 47; *Wilhelm Kohl/Helmut Richtering*: Übergangszeit (wie Anm. 120), S. 198; *Dietrich Wegmann*: Die leitenden staatlichen Verwaltungsbeamten der Provinz Westfalen 1815-1918, phil. Diss. (Veröffentlichungen der Historischen Kommission für Westfalen XXIIa,1), Münster 1969, S. 286 f; *Ernst Heinrich Kneschke*: Neues Adels-Lexikon (wie Anm. 113) IV, S. 460 f.

[132] Gesetz-Bülletin Berg I, 13 vom 10. 3. 1809; *Wilhelm Kohl/Helmut Richtering*: Übergangszeit (wie Anm. 120), S. 11, 31, 196; *Dietrich Wegmann*: Verwaltungsbeamte (wie Anm. 131), S. 306; *Bernd Walter*: Beamtenschaft (wie Anm. 125), S. 430 f (Sohn).

[133] Gesetz-Bülletin Berg I, 13 vom 10. 3. 1809; *Dietrich Wegmann*: Verwaltungsbeamte (wie Anm. 131), S. 311 f; *J. v. Münsterman*: Almanach 1813 (wie Anm. 121), S. 55; *Wilhelm Kohl/Helmut Richtering*: Übergangszeit (wie Anm. 120), S. 30, 196, 228; *Eduard Schulte*: Die letzte Rangliste des Münsterschen Militärs, in: Westfalen 15 (1930), S. 157-162, hier S. 158 Nr. 29; Gothaisches Genealogisches Taschenbuch der Freiherrlichen Häuser 1908, Gotha o.J., S. 533; *Monika Lahrkamp*: Münster (wie Anm. 96), S. 567; *Erwin Dickhoff*: Bürgermeister (wie Anm. 123), S. 158 Anm. 2, nennt 1846 als Todesjahr.

[134] HStAD GhB 4361; GBull Berg I, 13 vom 10. 3. 1809, II, 112 vom 21. 2. 1813; *Peter Burg*: Verwaltung in der Modernisierung, Paderborn 1994, S. 136, 193; vgl. *Charles Schmidt*: Grandduché (wie Anm. 5), S. 40 (Übers. S. ).

[135] HStAD GhB 4361; GBull Berg I, 13 vom 10. 3. 1809, II, 112 vom 21.2.1813; *Charles Schmidt*: Grand-duché (wie Anm. 5), S. 139 (Übers. S. ). *Edmund Strutz*: Die Ahnentafeln der Elberfelder Bürgermeister und Stadtrichter von 1708-1808 (Bergische Forschungen 3), 2. Aufl. Neustadt/Aisch 1963, erwähnt keinen Elberfelder Bürgermeister dieses oder eines ähnlichen Namens.

rat des Kreises Elberfeld, 1816 auch kommissarischer Landrat des Kreises Solingen, Oberstleutnant a.D.[136].

Sonsfeld, Freiherr v., 1806-09 Provinzialrat des Arrondissements Wesel bzw. Emmerich, 1809-13 *Unterpräfekt des Arrondissements Essen*, 1813 Mitglied der Ehrenlegion[137].

Spiess (Spies v. Büllesheim), Ludwig Freiherr v. (1785-1860), nach dem Studium der Rechts- und Kameralwissenschaften in Münster 1809 Beamter im Innenministerium zu Düsseldorf, 1810/11 dort Sous-chef, 1813 *Unterpräfekt des Arrondissements Mülheim*, 1815 Kreisdirektor, 1816-20 Landrat des Kreises Mülheim/Rhein, 1820 aus dem Staatsdienst ausgeschieden, Grundbesitzer, 1826-43 und 1854-60 Mitglied des rhein. Provinzial-Landtags[138].

Unzer (Untzer), Moritz Joachim Gottlieb Freiherr v. (geb. 1765), Rittergutsbesitzer, preußischer Major a.D., vor 1807 preußischer Landrat des Kreises Hörde, 1809-10/11 *Unterpräfekt des Arrondissements Elberfeld*, 1811-13 *des Arrondissements Hagen*, 1813 Mitglied der Ehrenlegion, 1817-21 Landrat des Kreises Bochum[139].

Wiethaus, Heinrich David Reinhard (1768-1854), Jurist, 1794 Bürgermeister von Hamm, 1804 Rat bei der preußischen Kriegs- und Domänenkammer zu Hamm, 1809 *Unterpräfekt des Arrondissements Hamm*, 1817-36 Landrat des Kreises Hamm[140].

Munizipalbeamte

■ Barmen:

Keuchen, Peter, 1808 zunächst 1. Beigeordneter, dann *Direktor*, 1809-10 *Maire*[141].

---

[136] HStAD GhB 4361; Gesetz-Bülletin Berg II, 19 vom 3. 11. 1809, 130 vom 19. 3. 1813; *Justus v. Gruner*: Zustände (wie Anm. 113), S. 211; Personal-Etat (wie Anm. 113), 108; Gothaisches Genealogisches Taschenbuch der Gräflichen Häuser auf das Jahr 1868, S. 812 (vgl. ebd. 1837, S. 464); *Max Bär*: Rheinprovinz (wie Anm. 121), S. 71; *Rüdiger Schütz*: Deutsche Verwaltungsgeschichte A 7 (wie Anm. 120), S. 238, 330; Deutsches Biographisches Archiv (wie Anm. 116), Fiche 1181, 106; *Ernst Heinrich Kneschke*: Neues Adels-Lexikon (wie Anm. 113) VIII, S. 482 f.

[137] HStAD GhB 4420,1, Bl. 74; vgl. Gesetz-Bülletin Berg II, 114 vom 21. 2. 1813; *Charles Schmidt*: Grand-duché (wie Anm. 5), S. 135 (Übers. S. ).

[138] HStAD GhB 4365; Gesetz-Bülletin Berg II, 112 vom 21. 2. 1813; Personal-Etat (wie Anm. 113), 116; *Max Bär*: Rheinprovinz (wie Anm. 121), S. 71, 232, 263 f; *Günter Aders*: Die Düsseldorfer Jugenderinnerungen des Freiherrn Ludwig Spies von Büllesheim, in: Düsseldorfer Jahrbuch 47 (1955), S. 144-176, hier S. 175; vgl. *Ernst Heinrich Kneschke*: Neues Adels-Lexikon (wie Anm. 113) VIII, S. 564.

[139] HStAD GhB 4361; PraefVhRuhr (wie Anm. 66) 1811, 1696 vom 5. 2. 1811; Gesetz-Bülletin Berg I, 13 vom 10. 3. 1809, II, 114 vom 21. 2. 1813; *Charles Schmidt*: Grand-duché (wie Anm. 5), S. 135 [Dunzer] (Übers. S. ); *Wilhelm Kohl/Helmut Richtering*: Übergangszeit (wie Anm. 121), S. 199; *Dietrich Wegmann*: Verwaltungsbeamte (wie Anm. 131), S. 340 f; vgl. *Bernd Walter*: Beamtenschaft (wie Anm. 131), S. 467; *Ernst Heinrich Kneschke*: Neues Adels-Lexikon (wie Anm. 113) IX, S. 345.

[140] Gesetz-Bülletin Berg I, 13 vom 10. 3. 1809; PraefVhRuhr (wie Anm. 66) 1809, S. 5, 1810, S. 47; *Dietrich Wegmann*: Verwaltungsbeamte (wie Anm. 131), S. 347.

[141] HStAD GhB 4361; Gesetz-Bülletin Berg II, 17 vom 3. 11. 1809; Elberfeld und Barmen. Beschreibung und Geschichte, hg. von *Wilhelm Langewiesche*, Neudruck Wuppertal o.J. (um 1981) der Ausgabe Barmen 1863, S. 249.

Wilkhaus, Wilhelm, 1810-13 *Maire*, 1813-14 Bürgermeister[142].

■ Dortmund:

Brügmann (Bruggemann), Johann Arnold Caspar (1750-1815), 1789-1802 2. Bürgermeister, 1803-09 Justizbürgermeister, 1809-12 *Maire*[143].

Mallinckrodt, Franz (1766-1832), Vetter des Publizisten und Präfekturrats des Ruhrdépartements Arnold M., 1801-03 Ratsherr, 1803-06 Ratsverwandter, 1806-09 Polizeibürgermeister, 1809-12 1. Beigeordneter, 1812-13 *Maire*, 1813-32 Bürgermeister[144].

■ Düsseldorf:

Pfeill, Maximilian August Freiherr v. (1762-1824), Grundbesitzer, 1785 adliger Rat im jülich-bergischen Geheimen Rat, zugleich kurkölnischer Kämmerer, 1801 Vizepräsident des Geheimen Rats, 1802 (2.) Vizepräsident der Landesdirektion, 1806-08 *Stadtdirektor*, 1808-13 *Maire*, 1809 Mitglied des Generalrats des Rheindépartements, 1813 Marschkommissar[145].

Schnabel, Heinrich (geb. um 1778), 1808 3. Beigeordneter, 1809-13 1. Beigeordneter, 1813-14 Oberbürgermeister, 1813 Polizeidirektor, 1815 Gouvernementsrat und Polizeidirektor, 1821-52 Landrat des Kreises Mülheim/Rhein, daneben 1831-35 Polizeidirektor in Aachen[146].

■ Elberfeld:

---

[142] *Wilhelm Langewiesche*: Elberfeld und Barmen (wie Anm. 141), S. 252.

[143] Gesetz-Bülletin Berg II, 17 vom 3. 11. 1809; PraefVhRuhr (wie Anm. 66) 1810, S. 46; *Gustav Luntowski*: Selbstverwaltung (wie Anm. 42), S. 44 f; *Gustav Mallinckrodt*: Die Dortmunder Ratslinie seit dem Jahre 1500 (Beiträge zur Geschichte Dortmunds und der Grafschaft Mark 6), Dortmund 1895, S. 109-115; vgl. *Karl Rübel*: Wann wurde die Grafschaft und freie Reichsstadt Dortmund preußisch?, in: Beiträge zur Geschichte Dortmunds und der Grafschaft Mark 21 (1912), S. 44-72, hier S. 50 f; *August Meininghaus*: Die Dortmunder Magistratslinie von 1803 bis 1918, in: ebd. 26 (1919), S. 1-83, hier S. 9-11, 39.

[144] Gesetz-Bülletin Berg II, 17 vom 3. 11. 1809; PraefVhRuhr (wie Anm. 66) 1810, S. 46; *Gustav Mallinckrodt*: Ratslinie (wie Anm. 143), S. 114 f; *Karl Rübel*: Dortmund (wie Anm. 143), S. 54 f, 60; *August Meininghaus*: Magistratslinie (wie Anm. 143), S. 10-13, 59; *Luise v. Winterfeld*: Geschichte der freien Reichs- und Hansestadt Dortmund, Dortmund 1934, S. 188 f; *Gustav Luntowski*: Arnold Mallinckrodt (1768-1825), ein Vertreter des frühen Liberalismus in Westfalen, in: Beiträge zur Geschichte Dortmunds und der Grafschaft Mark 73 (1981), S. 281-299, hier S. 288; *ders.*: Arnold Mallinckrodt (1768-1825), in: Westfälische Lebensbilder (wie Anm. 104) XV, 1990, S. 91-107.

[145] HStAD GhB 4220, 4361; Gesetz-Bülletin Berg II, 17 vom 3. 11. 1809; *Charles Schmidt*: Grand-duché (wie Anm. 5), S. 41, 143 (Übers. S. ); Collegialstatus (wie Anm. 116), S. 204; *Justus v. Gruner*: Zustände (wie Anm. 113), S. 211; *Friedrich Lau*: Düsseldorf (wie Anm. 63) I,1, S. 80, 82, 85 f, 92, 95, 218, I,2, S. 295; vgl. Gothaisches Genealogisches Taschenbuch der Gräflichen Häuser 1894, Gotha o.J., S. 774.

[146] HStAD GhB 4361; Gesetz-Bülletin Berg II, 17 vom 3. 11. 1809; Personal-Etat (wie Anm. 113), 5/134/173; *Justus v. Gruner*: Zustände (wie Anm. 113), S. 211; *Max Bär*: Rheinprovinz (wie Anm. 121), S. 71, 264, 328 f, 334-337; Erinnerungen Sethes (wie Anm. 33), S. 207; *Friedrich Lau*: Düsseldorf (wie Anm. 63) I,1, S. 95, 141, 283, I,2, S. 295 f; *Rüdiger Schütz*: Deutsche Verwaltungsgeschichte A 7 (wie Anm. 120), S. 398, 526.

Delandas (de Landas), Peter Jacob (1761-1831), 1807 1. Beigeordneter, 1808-09 *Maire*[147].

Siebel, Johann Abraham (1744-1816), Textilfabrikant, 1807 2. Beigeordneter, 1809 1. Beigeordneter, 1809/10 *Maire*[148].

Troost, Abraham, 1809-10 2. Beigeordneter, 1810-11 *Maire*[149].

Bredt, Peter Meinhardt, 1812-13, Maire[150].

Brüning, (Johann) Rüt(t)ger (1775-1837), Kaufmann, 1803-05 Ratsverwandter, 1806 Bürgermeister, 1807 Stadtrichter, 1808 Mitglied des Munizipalrates, 1809 3. Beigeordneter, 1813 *Maire*, 1814-37 (bei unveränderter Kommunalverfassung) Oberbürgermeister[151].

■ Iserlohn:

Scheibler, Friedrich (1781:) Edler v. (1777-1824), Fabrikant und Bergwerksbesitzer, 1809 Mitglied des Generalrats des Ruhrdépartements, 1809-13 *Maire*, 1812-13 Mitglied der 2. Sektion des Staatsrates, später preußischer Major der Landwehr[152].

■ Mülheim/Ruhr:

Vorster (Vörster), Hermann, Kaufmann, 1808 *Direktor*, 1809-13 *Maire*[153].

---

[147] HStAD GhB 4361; Gesetz-Bülletin Berg II, 17 vom 3. 11. 1809; nach *Edmund Strutz*: Ahnentafeln (wie Anm. 135), S. 94 f, 133, Enkel des Bürgermeisters Johann Peter de Landas; *Otto Schell*: Elberfeld (wie Anm. 79), S. 298, 309, 317; vgl. *Wilhelm Langewiesche*: Elberfeld und Barmen (wie Anm. 141), S. 209.

[148] HStAD GhB 4361; Gesetz-Bülletin Berg II, 17 vom 3. 11. 1809; *Wilhelm Langewiesche*: Elberfeld und Barmen (wie Anm. 141), S. 209. Aus einer Familie, die zwischen 1745 und 1793 zehn mal den Bürgermeister von Elberfeld gestellt hatte, vgl. *Edmund Strutz*: Ahnentafeln (wie Anm. 135), S. 230 f; wahrscheinlich der ebd., S. 139, genannte Enkel Johann Abraham (1773-1830) des dreimaligen Bürgermeisters Johann Rütger Siebel.

[149] Gesetz-Bülletin Berg II, 17 vom 3. 11. 1809; *Otto Schell*: Elberfeld (wie Anm. 79), S. 313, 316; nach *Edmund Strutz*: Ahnentafeln (wie Anm. 135), S. 169, bereits 1799 zum Bürgermeister vorgeschlagen.

[150] *Johann Victor Bredt*: Geschichte der Familie Bredt, 2. Aufl. Münster 1936, nach S. 122, S. 123.

[151] Gesetz-Bülletin Berg II, 17 vom 3. 11. 1809; *Otto Schell*: Elberfeld (wie Anm. 79), S. 313, 316, 328, 332, 341 f; *Edmund Strutz*: Ahnentafeln (wie Anm. 135), S. 180 f, 183; vgl. Deutsches Biographisches Archiv (wie Anm. 116), Fiche 151, 125 nach Neuer Nekrolog der Deutschen 15 (1837) [1839].

[152] HStAD GhB 4220; Gesetz-Bülletin Berg II, 17 vom 3. 11. 1809; PraefVhRuhr (wie Anm. 66) 1810, S. 47; *Meent W. Francksen*: Staatsrat (wie Anm. 17), S. 248 f; vgl. *Charles Schmidt*: Grand-duché (wie Anm. 5), S. 110 f (Übers. S. ); *Bernd Walter*: Beamtenschaft (wie Anm. 125), S. 450; Gothaisches Genealogisches Taschenbuch der briefadeligen Häuser 1914, Gotha o.J., S. 810; zur Genealogie auch *Heinrich Ewald*: Rheinische Heraldik (Rheinischer Verein für Denkmalpflege und Heimatschutz 27. Jgg., H. 2), Düsseldorf 1934, Tafel nach S. 158; *Hans Carl Scheibler/Karl Wülfrath* (Hg.): Westdeutsche Ahnentafeln (Publikationen der Gesellschaft für Rheinische Geschichtskunde 44), Bd. 1, Weimar 1939, S. 380.

[153] HStAD GhB 4361; Gesetz-Bülletin Berg II, 17 vom 3. 11. 1809; *Ilse Barleben*: Mülheim an der Ruhr (wie Anm. 79), S. 33-36, 407.

- ■ Münster:

Schweling, Dr. Johann Henrich (1760 - 1824), Jurist, 1802 Syndikus des Domkapitels zu Münster, 1802 2. Bürgermeister, 1807 1. Bürgermeister, 1809-24 1. Beigeordneter (sowie 1809-11 und 1821-24 *interimistischer Bürgermeister*)[154].

- ■ Soest:

Dohm, Carl Thomas Friedrich (1764-1831), Jurist, 1804-09 Justizassessor und Magistratsmitglied (auf Lebenszeit), 1809-11 *Maire*, 1811 Richter am Tribunal I. Instanz zu Dortmund[155].

Butte, Johann Friedrich Heinrich (1769-1816), 1807-09 Ratmann und Magistratsmitglied (auf Lebenszeit), 1809-11 1. Beigeordneter, 1811-13 *(amtierender) Maire*, 1813-16 Bürgermeister[156].

### Zusammenfassung und Ausblick

Während Départements und Arrondissements bald der Auflösung verfielen, blieben nach dem Übergang des Hauptteils des Großherzogtums an Preußen die Munizipalitätsverwaltungsordnung und in der Regel auch die Munizipalitäten dem Umfang nach erhalten[157]. Der halbamtliche Begriff der Mairie wurde nur als Bürgermeisterei ins Deutsche übertragen. Das war eigentlich aber nur als Übergangslösung vorgesehen, denn als Muster für den Verwaltungsaufbau der wieder- oder neugewonnenen Westgebiete Preußens sollten dessen östliche Gebiete dienen, der als Kernraum angesehene Teil des nun errichteten Einheitsstaates. Wiederholte und einstimmige Gutachten und Berichte der Regierungs- und Oberpräsidenten des Rheinlandes und Westfalens ließen die preußische Regierung jedoch noch zweieinhalb Jahrzehnte von einer grundsätzlichen Änderung der vorgefundenen Lokalverwaltung absehen[158].

---

[154] Gesetz-Bülletin Berg II, 17 vom 3. 11. 1809; *J. v. Münsterman*: Almanach 1813 (wie Anm. 121), S. 60; *Monika Lahrkamp*: Münster (wie Anm. 96), S. 95 f, 146, 198, 236, 258 f, 292, 295, 314-317, 335 f; *Bernd Walter*: Beamtenschaft (wie Anm. 125), S. 458 (mit teilweise abweichenden Daten). Die Ernennung des Clemens August Freiherr v. Ketteler (Vater) wurde noch vor dem Amtsantritt widerrufen; vgl. Sammlung der von der Präfectur des Ems-Departement (sic) publicirten Verfügungen, Münster 1809-10, hier 1809, 7 (S. 11, Name bereits getilgt).

[155] Gesetz-Bülletin Berg II, 17 vom 3. 11. 1809; Stadtarchiv Soest A 2914, Bl. 154, 157; ebd., Kirchenbuch der Gemeine zu S. Pauli 1712-1818 zum 23. 10. 1764; ich danke Herrn Dr. Gerhard Köhn, Stadtarchiv Soest, für den Hinweis auf ebd., P 22 (Archigymnasium Soest), 1213; PraefVhRuhr (wie Anm. 66) 1810, S. 47; StAM NvR A 133.

[156] Stadtarchiv Soest, A 2914, Bl. 154, 157, 160 f.

[157] *Edith Ennen*: Land und Städte (wie Anm. 84), S. 22; *Gustav Luntowski*: Selbstverwaltung (wie Anm. 42), S. 19 f. *Franz-Ludwig Knemeyer*: Rheinbundstaaten (wie Anm. 18), S. 342, geht auf die Gemeindeverfassung nicht ein.

[158] Königlicher Erlaß vom 2. 6. 1820, in: Jahrbücher für die preußische Gesetzgebung (hg. von *Karl Albert v. Kamptz*) 15 (1820), S. 249 f; vgl. *Dietmar Flach*: Stadt und Bürgermeisterei, in: Jahrbuch für westdeutsche Landesgeschichte 7 (1981), S. 279-302, hier S. 281; *Werner Schubert*: Das französische Recht in Deutschland zu Beginn der Restaurationszeit (1814-1820), in: Zeitschrift der Savigny-Stiftung für Rechtsgeschichte, Germanistische Abteilung 94 (1977), S. 129-

Mit der Ausnahme einer Reihe von vor allem größeren Städten, die sich durch die Annahme der preußischen Revidierten Städteordnung von 1831 von dieser gemeinsamen Rechtsgrundlage entfernten, lösten erst die Gemeindeordnungen von 1841 für Westfalen und 1845 für die Rheinprovinz das bergische Recht ab, ließen aber die Bürgermeisterverfassung und die grundsätzliche Rechtsgleichheit von Stadt und Land bestehen. Bis zur Verleihung der Städteordnungen an die Rheinprovinz bzw. die Provinz Westfalen im Jahre 1856 wurden damit selbst größere Städte, die die Revidierte Städteordnung nicht eingeführt hatten, verwaltungstechnisch zu Landgemeinden[159]. Als gewichtige Gründe für die Beibehaltung der Mairie- bzw. Bürgermeistereiverfassung wurden damals genannt: 1) Die Bürgermeisterverfassung war zweckmäßig und arbeitete kostengünstig, wenn auch die Vertretung der Bürgerschaft einiges zu wünschen übrig ließ[160]. 2) Die Maires hatten von den Pfarrern die Führung der früheren Kirchenbücher, nun Zivilstandsregister genannt, übernommen, und vor einer Entscheidung über die künftige Regelung der Zivilgerichtsbarkeit konnte man dies nicht widerrufen, ohne ein großes Durcheinander zu verursachen; dieses Argument erledigte sich allerdings zumindest in den Gebieten, die den Code Napoléon nicht beibehielten, schon nach relativ kurzer Zeit[161]. 3) Was eine Stadt war, ließ sich nicht so einfach feststellen, denn die Grenzen zwischen Stadt und Land waren fließend. Der Wunsch nach Beibehaltung einer einheitlichen Ordnung für städtische und ländliche Gemeinden beruhte deshalb auf den tatsächlichen Verhältnissen[162]. 4) Mit dem Blick auf die Idee vom allgemeinen Staatsbürgertum wurde betont, Städte im gesetzlichen Sinne als privilegierte Korporationen mit besonderem Bürgerrecht gebe es im Rheinland nicht[163].

Insbesondere gegen das letzte Argument setzte sich die preußische Zentralregierung jedoch durch, wenn auch erst 1856: Die westfälische Städteordnung war eher den Verhältnissen in den preußischen Kernprovinzen nachgezeichnet, die rheinische behielt demgegenüber die Bürgermeisterverfassung bei. Die Folge davon war, daß die Städte aus den Bürgermeistereiverbänden, denen sie meist bis dahin gemeinsam mit Landgemeinden angehörten, ausscheiden mußten[164]. Oft entstanden dann gleichnamige Stadt- und Landbürgermeistereien, die in vielen Fällen (in der Rheinprovinz um 1865 in 51 von 127

184, hier S. 159.

[159] *Fritz v. Ameln*: Landbürgermeister (wie Anm. 86), S. 66; vgl. *Ernst Rudolf Huber*: Deutsche Verfassungsgeschichte seit 1789, Bd. 1: Reform und Restauration 1789-1830, Stuttgart 1957, S. 177 f; *Clemens Graf v. Looz-Corswarem*: Nordhorn (wie Anm. 86), S. 116, 127; *Gustav Luntowski*: Selbstverwaltung (wie Anm. 42), S. 21; *Hugo Preuß*: Deutsches Städtewesen (wie Anm. 85), S. 321; *Heinrich Heffter*: Selbstverwaltung (wie Anm. 62), 1950 und 1969, S. 105, 333 f; Rheinisches Städtebuch (wie Anm. 66), Ziffern 9a; *Heinz-K. Junk*: Wesel im 19. Jahrhundert (1814-1918), in: Geschichte der Stadt Wesel, hg. von *Jutta Prieur*, Bd. 1, Düsseldorf 1991, S. 308-369, hier S. 314 f.

[160] *Karl-Georg Faber*: Selbstverwaltung (wie Anm. 85), S. 140, 144.

[161] Gesetz-Bülletin Berg II, 3 vom 12. 11. 1809, Art. 8; *Max Bär*: Rheinprovinz (wie Anm. 121), S. 273; vgl. Stadtarchiv Wesel B9/122, fol. 47 f.

[162] *Karl-Georg Faber*: Selbstverwaltung (wie Anm. 85), S. 137.

[163] *Max Bär*: Rheinprovinz (wie Anm. 121), S. 275; *Karl-Georg Faber*: Selbstverwaltung (wie Anm. 85), S. 137; *Heinrich Heffter*: Selbstverwaltung (wie Anm. 62), 1950, S. 57.

[164] *H. Franz*: Maire und Bürgermeister (wie Anm. 87), S. 35 f; *Hugo Preuß*: Deutsches Städtewesen (wie Anm. 85), S. 347.

Städten) von einem Bürgermeister in Personalunion geleitet wurden[165]. Beim Kampf um die Beibehaltung des französischen Rechts - allerdings nicht nur des Kommunalverfassungsrechts - ging die Front quer durch die Sozialgruppen, in erster Linie aber war es das Bürgertum, das sich dafür aussprach[166].

In den Gebieten, die im Geltungsbereich französischen bzw. französisch beeinflußten Verwaltungsrechts gelegen hatten, war der vorwiegend inhaltlich bestimmte alte Stadtbegriff - zumindest bei der Anerkennung neuer Städte - durch eine Definition nach statistischer Größe ersetzt worden. Die Verwaltungsordnung des Großherzogtums Berg von 1808 bezeichnete Munizipalitäten unter 2500 Einwohnern als *lieux* (Orte), die mit 2500 bis 5000 Einwohnern als *villes ou bourgs* (Städte oder Flecken), die über 5000 Einwohnern dann nur noch als Städte. Das machte theoretisch aus Siegburg, einer der ältesten Städte des Bergischen Landes, einen "Ort", aus der großen, überwiegend ländlichen Gemeinde Hardenberg (Langenberg/Neviges) dagegen eine "Stadt". Die zwischen Städten und Landgemeinden hergestellte Rechtsgleichheit äußerte sich aber in der gleichzeitigen Herabdrückung auf den Status staatlicher Verwaltungsbezirke und der fast totalen Abschaffung jeglicher Selbstverwaltung[167].

Gewöhnungsprozesse an neue Institutionen und Grundsätze waren wegen der kurzfristigen Veränderungen, die durch die fortschreitende "Flurbereinigung" auf staatlicher Ebene hervorgerufen wurden, kaum möglich. Der Reichsdeputationshauptschluß von 1802/03, die Rheinbundakte von 1806, der Friede von Tilsit von 1807 und die französische Annexion Norddeutschlands 1811 bereinigten die politische Landkarte jeweils durch die Beseitigung der staatlichen Existenz kleiner Länder. So gehörten ja nur das alte Herzogtum Berg und das rechtsrheinische Kleve südlich der Lippe von der Erhebung Joachim Murats zum Herzog bis zur Auflösung des Großherzogtums ständig zu diesem Staat. Eine Reihe anderer Teile wechselte zwischen 1802 und 1812 viermal den Besitzer. Die Maßnahmen dieser Übergangszeit - zu ihnen gehörte beispielsweise eine Bauernbefreiung und die Abschaffung von Zwangsdiensten - fanden auch deshalb nicht die volle Anerkennung, weil sie für die Bevölkerung hinter den zunehmend rücksichtsloser durchgesetzten wirtschaftlichen und militärischen Forderungen des Französischen Kaiserreiches zurücktraten[168]. Es bleibt aber festzuhalten, daß zwar - mangels Gelegenheit nach dem Frieden von Tilsit - die preußischen Reformen im westlichen Deutschland nicht

---

[165] *Hugo Preuß*: Deutsches Städtewesen (wie Anm. 85), S. 347; vgl. *Gustav Luntowski*: Selbstverwaltung (wie Anm. 42), S. 21; *Max Bär*: Rheinprovinz (wie Anm. 121), S. 280. Ich danke Herrn Prof. Dr. Helmuth Croon für den Hinweis auf die Personalunionen.

[166] *Horst Lademacher*: Die nördlichen Rheinlande von der Rheinprovinz bis zur Bildung des Landschaftsverbandes Rheinland (1815-1953), in: Rheinische Geschichte, hg. von *Franz Petri/ Georg Droege*, Bd. 2: Neuzeit, Düsseldorf 1976, S. 510 ff.

[167] Gesetz-Bülletin Berg I, 7 vom 18.12.1808; sinngemäß gleich bereits die Verwaltungsordnung Murats: *Johann Josef Scotti*: Jülich (wie Anm. 35), 2987 vom 13.10.1807; vgl. *Justus Hashagen*: Fremdherrschaft (wie Anm. 62), S. 9 f. *Carl Haase*: Die Entstehung der westfälischen Städte (Veröffentlichungen des Provinzialinstituts für Westfälische Landes- und Volksforschung I,11), 3. Aufl. Münster 1976, verwendet folgerichtig keine Belege aus dieser Zeit.

[168] *Max Bär*: Osnabrück (wie Anm. 50), S. 167; vgl. *Friedrich Bülau*: Geschichte Deutschlands von 1806-1830, Hamburg 1842, S. 25; *Heinz-K. Junk*: Territorialgeschichte (wie Anm. 2), Anlage 1; *Rainer Wohlfeil*: Modellstaaten (wie Anm. 32), S. 46.

durchgeführt wurden bzw. werden konnten, daß jedoch gleiche oder ähnliche Verbesserungen vor allem für die Landbevölkerung in Kraft gesetzt wurden, die nur dem französischen Rechtskreis entstammten. Dieses neue Recht konnte schon deshalb nicht einfach aufgehoben werden, weil es nicht die Absicht der neuen Landesherren war, auf den vorrevolutionären Stand zurückzufallen. Die französische Fremdherrschaft war zwar vorüber - und als etwas grundsätzlich anderes stellte sich in vielen Teilen des Rheinlandes und Westfalens die preußische Herrschaft auch nicht dar -, aber sie hinterließ in Recht und Verwaltung ein Erbe, das die "Beutepreußen" zwischen Maas und Weser nicht missen mochten und das vom Tisch zu wischen die Regierung in Berlin nicht wagte.

# Bibliographie zur Geschichte des Rheinbundes und des Großherzogtums Berg

## Eine Auswahl der seit 1905 erschienenen Forschungsliteratur

### von Burkhard Dietz und Jörg Engelbrecht

Adenauer, Hans-Günther, Die Entwicklung der Obergerichte in Jülich-Berg in der Zeit 1550-1810, Diss. jur., Köln 1969

Andreas, Willy, Das Zeitalter Napoleons und die Erhebung der Völker, Heidelberg 1955

Angermann, Erich, Der deutsche Frühkonstitutionalismus und das amerikanische Vorbild, in: Historische Zeitschrift 219 (1974), S. 1-32

Auch, Hans Günter, Komödianten, Kalvinisten und Kattun. Geschichte des Wuppertaler und Schwelmer Theaters im 18. und 19. Jahrhundert (1700-1850), Emsdetten 1960

Becker, Rolf, Gründerzeit im Wuppertal - dargestellt am Verhältnis von Polizei und Alltag in Elberfeld und Barmen 1806-1870, in: Gründerzeit. Versuch einer Grenzbestimmung im Wuppertal, hrsg. v. Karl-Hermann Beeck (Schriftenreihe des Vereins für Rheinische Kirchengeschichte 80), Köln 1984, S. 64-108

Bendel, Johann (Hrsg.), Köln-Mülheim (Mülheim am Rhein) in der Franzosenzeit oder das Tagebuch des Hofkammerrats K. J. Z. Bertoldi 1802-1824, Köln 1925 [ND Köln 1974]

Berding, Helmut, Napoleonische Herrschafts- und Gesellschaftspolitik im Königreich Westfalen 1807-1813 (Kritische Studien zur Geschichtswissenschaft 7), Göttingen 1973

Berding, Helmut, Les dotations impériales dans le royaume de Westphalie, in: Revue de l'Institut Napoléon 192 (1976), 91-101

Berding, Helmut (Hrsg.), Napoleonische Herrschaft und Modernisierung (Geschichte und Gesellschaft 6, H. 4), Göttingen 1980

Berding, Helmut (Hrsg.), Privatkapital, Staatsfinanzen und Reformpolitik im Deutschland der napoleonischen Zeit, Ostfildern 1981

Berding, Helmut, Le Royaume de Westphalie, État-Modèle, in: Francia 10 (1982), S. 345-358

Berding, Helmut, Judenemanzipation im Rheinbund, in: Reformen im rheinbündischen Deutschland, hrsg. v. Eberhard Weis, München 1984, S. 269-283

Berding, Helmut, Staatliche Identität, nationale Integration und politischer Regionalismus, in: Blätter für deutsche Landesgeschichte 121 (1985), S. 371-393

Berding, Helmut/Ullmann, Hans-Peter (Hrsg.), Deutschland zwischen Revolution und Restauration, Düsseldorf 1981

Bergeron, Louis, Les idées économiques de préfet Beugnot, in: Revue de l'Institut Napoléon 111 (1969), S. 79-82

Bitterauf, Theodor, Geschichte des Rheinbundes, Bd.1: Die Gründung des Rheinbundes und der Untergang des alten Reiches, München 1905 (ND Hildesheim 1983) [mehr nicht erschienen]

Blessing, Werner K., Staatsintegration als soziale Integration. Zur Entstehung einer bayerischen Gesellschaft im frühen 19. Jahrhundert, in: Zeitschrift für Bayerische Landesgeschichte 41 (1978), S. 633-700

Bockemühl, Justus, Von der Bedeutung des Dekrets über die Organisation des Notariatswesens im Großherzogtum Berg vom 29. Januar 1811 für die Entwicklung des modernen Notariats in Deutschland, in: 75 Jahre Oberlandesgericht Düsseldorf, hrsg. v. Heinrich Wiesen, Köln 1981, S. 285-294

Botzenhart, Manfred, Metternich und Napoleon, in: Francia 1 (1973), S. 584-594

Botzenhart, Manfred, Reform, Restauration, Krise. Deutschland 1789-1847, Frankfurt a.M. 1985

Brand, Jürgen, Geschichte der ehemaligen Stifter Essen und Werden während der Übergangszeit von 1806-1813 unter besonderer Berücksichtigung der großherzoglich bergischen Justiz und Verwaltung, in: Beiträge zur Geschichte von Stadt und Stift Essen 86 (1971), S. 5-155

Braubach, Max/Schulte, Eduard, Die politische Neugestaltung Westfalens 1789-1815, in: Der Raum Westfalen, Bd. 2/2, Münster 1934, S. 71-158

Braubach, Max, Vom Westfälischen Frieden bis zum Wiener Kongreß (1648-1815), in: Rheinische Geschichte, hrsg. v. Franz Petri u. Georg Droege, Bd. 2: Neuzeit, Düsseldorf 1976, S. 219-365

Buchwald, Ursula, Die Reform der Verwaltung im Raume Porz 1806-1813, in: Rechtsrheinisches Köln 2 (1976), S. 69-108

Buchwald, Ursula, Die Schulen im Raume Porz 1806-1813, in: Rechtsrheinisches Köln 3 (1977), S. 85-104

Burg, Peter, Kommunalreformen im Kontext historischen Wandels. Die napoleonischen und die modernen Gemeindezusammenlegungen im Vergleich, in: Jahrbuch für Westdeutsche. Landesgeschichte 8 (1982), S. 251-283

Burg, Peter, Die deutsche Trias in Idee und Wirklichkeit. Vom Alten Reich zum deutschen Zollverein, Stuttgart 1989

Burg, Peter, Verwaltung in der Modernisierung. Französische und preußische Regionalverwaltung vom Ancien Régime zum Revolutionszeitalter (Forschungen zur Regionalgeschichte 15), Paderborn 1994

Busch, Rüdiger, Die Aufsicht über das Bücher- und Pressewesen in den Rheinbundstaaten Berg, Westfalen und Frankfurt. Ein Beitrag zur Geschichte der Bücher- und Pressezensur (Studien und Quellen zur Geschichte des deutschen Verfassungsrechts A/7), Karlsruhe 1970

Chardon-Bordas, Jeannine (Bearb.), Archives du Grand-Duché de Berg (1806-1813). Inventaire, Paris 1987

Connely, Owen, Napoleon's Satellite Kingdoms, Toronto 1969

Demel, Walter, „Beförderungen" und Versetzungen. Zur Personalpolitik Montgelas' 1814/1816, in: Zeitschrift für Bayerische Landesgeschichte 42 (1979), S. 107-125

Demel, Walter, Der bayerische Staatsabsolutismus 1806/07-1817. Staats- und gesellschaftspolitische Motivationen und Hintergründe der Reformära in der ersten Phase des Königreichs Bayern, München 1983

Descheemaeker, Jacques, Histoire de la Maison d'Arenberg d'après les Archives françaises, Paris 1969

Dietz, Burkhard/Hoffmann, Frank, Das Fabriken- und Manufakturwesen des Großherzogtums Berg zu Beginn des Jahres 1809. Eine ökonomische Zustandsbeschreibung des Staatsrats Theodor Ark, in: Zeitschrift des Bergischen Geschichtsvereins 92 (1986), S. 173-195

Dietz, Burkhard (Hrsg.), Das Großherzogtum Berg als napoleonischer Modellstaat. Eine regional-historische Zwischenbilanz, Köln 1995

Dipper, Christof, Die Bauernbefreiung in Deutschland 1790-1850, Stuttgart 1980

Doeberl, Michael, Rheinbundverfassung und bayerische Konstitution, München 1924

Dreher, Bernd/Engelbrecht, Jörg (Bearb.), Das Großherzogtum Berg. Herzogtum, Großherzogtum, Generalgouvernement. Katalog des Stadtmuseums Düsseldorf, Düsseldorf 1985

Dufraisse, Roger, L'Allemagne à l'époque napoléonienne. Questions d'histoire politique, économique et sociale, Bonn/Berlin 1992

Dunan, Marcel, Napoléon et l'Allemagne. Le système continental et les débuts du royaume de Bavière, 1806-1810, Paris 1942

Engelberg, Ernst, Über die Revolution von oben, Wirklichkeit und Begriff, in: Zeitschrift für Geschichtswissenschaft 22 (1974), S. 1183-1212

Engelbrecht, Jörg, Französische Judenpolitik und Judengesetzgebung im Rheinland, in: Geschichte der Juden im Kreis Viersen (Schriftenreihe des Kreises Viersen 38), Viersen 1991, S. 39-49

Engelbrecht, Jörg, Führungsschichten in der Spätphase des Herzogtums und in den Anfängen des Großherzogtums Berg, in: Düsseldorfer Jahrbuch 64 (1993), S. 57-73

Engelbrecht, Jörg, Grundzüge der französischen Verwaltungspolitik auf dem linken Rheinufer, in: Napoleonische Herrschaft in Deutschland und Italien - Verwaltung und Justiz, hrsg. v. Christof Dipper, Wolfgang Schieder u. Reiner Schulze (Schriften zur Europäischen Rechts- und Verwaltungsgeschichte 16), Berlin 1995, S. 79-91

Engelbrecht, Jörg, Das Herzogtum Berg im Zeitalter der Französischen Revolution. Modernisierungsprozesse zwischen bayerischem und französischem Modell (Quellen und Forschungen aus dem Gebiet der Geschichte, N.F. Bd. 20), Paderborn 1996

Engels, Wilhelm, Ablösungen und Gemeinheitsteilungen in der Rheinprovinz. Ein Beitrag zur Geschichte der Bauernbefreiung (Rheinisches Archiv 51), Bonn 1957

d'Ester, Karl, Zur Geschichte der Presse und der öffentlichen Meinung im Großherzogtum Berg, in: Zeitschrift des Bergischen Geschichtsvereins 34 (1911), S. 1-26

Faber, Karl-Georg, Die Entstehung der Großgemeinden im Oberbergischen Kreis, in: Rheinische Vierteljahrsblätter 25 (1960), S. 253-299

Färber, Konrad Maria, Kaiser und Erzkanzler. Carl von Dalberg und Napoleon am Ende des Alten Reiches, Regensburg 1988

Fehrenbach, Elisabeth, Verfassungs- und sozialpolitische Reformen und Reformprojekte in Deutschland unter dem Einfluß des napoleonischen Frankreich, in: Historische Zeitschrift 228 (1979), S. 288-316

Fehrenbach, Elisabeth, Traditionale Gesellschaft und revolutionäres Recht. Die Einführung des Code Napoléon in den Rheinbundstaaten (Kritische Studien zur Geschichtswissenschaft 13), Göttingen ³1983

Fisher, Herbert A. L., Studies in Napoleonic Statesmanship. Germany, New York 1968

Francksen, Meent W., Staatsrat und Gesetzgebung im Großherzogtum Berg (1806-1813), (Rechtshistorische Reihe 23), Frankfurt a.M. 1982

Freund, Michael, Napoleon und die Deutschen. Despot oder Held der Freiheit?, München 1969

Froitzheim, Dieter, Staatskirchenrecht im ehemaligen Großherzogtum Berg (Kanonistische Studien und Texte 23), Amsterdam 1967

Gillot, [Colonel], Le Général Le Marois. Un aide de camp de Napoléon, Paris 1957

Goebel, Klaus, Zuwanderung zwischen Reformation und Franzosenzeit. Ein Beitrag zur vorindustriellen Bevölkerungs- und Wirtschaftsgeschichte Wuppertals zwischen 1527 und 1808, Wuppertal 1966

Graumann, Sabine, Französische Verwaltung am Niederrhein. Das Roerdepartement 1798-1814 (Düsseldorfer Schriften zur neueren Landesgeschichte und zur Geschichte Nordrhein-Westfalens 27), Essen 1990

Gruner, Justus v., Die Zustände im Großherzogtum Berg zu Anfang der Organisation des Generalgouvernements im Jahre 1813, in: Zeitschrift des Bergischen Geschichtsvereins 46 (1913), S. 204-219

Güthling, Wilhelm, Die Grafschaft Mark im „Tagebuch einer der Kultur und Industrie gewidmeten Reise" von 1808, in: Der Märker 11 (1962), S. 77-83

Hartlieb von Wallthor, Alfred, Die landschaftliche Selbstverwaltung Westfalens in ihrer Entwicklung seit dem 18. Jahrhundert, Teil 1: Bis zur Berufung des Vereinigten Landtags 1847 (Veröffentlichungen des Provinzialinstituts für Westfälische Landes- und Volksforschung, Reihe I, Bd. 14), Münster 1965

Hashagen, Justus, Das Rheinland und die französische Herrschaft, Bonn 1908

Hashagen, Justus, Das Rheinland beim Abschluß der französischen Fremdherrschaft, in: Die Rheinprovinz 1815-1915. Hundert Jahre preußischer Herrschaft, hrsg. v. dems, Bonn 1917

Hashagen, Justus, Entwicklungsstufen der rheinischen Presse bis 1848, Essen 1925

Hashagen, Justus u.a., Bergische Geschichte, Remscheid-Lennep 1958

Heitzer, Heinz, Insurrectionen zwischen Elbe und Weser. Volksbewegungen gegen die französische Fremdherrschaft im Königsreich Westfalen (1806-1813), Berlin 1959

Herzig, Arno, Judentum und Emanzipation in Westfalen (Veröffentlichungen des Provinzialinstituts für Westfälische Landes- und Volksforschung, Reihe I, Bd. 17), Münster 1973

Hettling, Manfred, Reform ohne Reform. Bürgertum, Bürokratie und kommunale Selbstverwaltung in Württemberg von 1800 bis 1850 (Kritische Studien zur Geschichtswissenschaft 86), Göttingen 1990

Hild, Paul, Das Privatrecht im Gebiet des ehemaligen Herzogtums Berg vom 14.Jahrhundert bis zur Einführung des BGB, Diss. jur., Tübingen 1963

Hölzle, Erwin, Das napoleonische Staatssystem in Deutschland, in: Historische Zeitschrift 148 (1933), S. 277-293

Höring, Hans, Die Entwicklung wirtschaftspolitischer Aufgaben und Meinungen im Wuppertal von 1800-1871, Wuppertal-Elberfeld 1930

Hoth, Wolfgang, Die Industrialisierung einer rheinischen Gewerbestadt - dargestellt am Beispiel Wuppertal (Schriften zur rheinisch-westfälischen Wirtschaftsgeschichte 28), Köln 1975

Hoth, Wolfgang, Unternehmerzusammenschlüsse in Lennep und Remscheid vor 1840, in: Zeitschrift des Bergischen Geschichtsvereins 86 (1973), S. 240-244

Hoth, Wolfgang, Die ersten Dampfmaschinen im Bergischen Land, in: Technikgeschichte 47 (1980), S. 365-392

Huck, Gerhard/Reulecke, Jürgen (Hrsg.), „...und reges Leben ist überall sichtbar!" Reisen im Bergischen Land um 1800 (Bergische Forschungen 15), Neustadt a.d.Aisch 1978

Illner, Eberhard, Bürgerliche Organisierung in Elberfeld 1775-1850 (Bergische Forschungen 18), Neustadt a.d. Aisch 1982

Iskjul', S.N., Der Aufstand im Großherzogtum Berg gegen Napoleon im Jahre 1813, in: Zeitschrift des Bergischen Geschichtsvereins 92 (1986), S. 57-86

Jansen, Karl-Heinz, Die Entwicklung des Düsseldorfer Gerichtswesens vom 16. bis zum 19. Jahrhundert, in: Düsseldorfer Jahrbuch 49 (1959), S. 50-142 [zugl. Diss. jur. Köln 1958]

Jeismann, Michael, Das Vaterland der Feinde. Studien zum nationalen Feindbegriff und Selbstverständnis in Deutschland und Frankreich 1792-1918, Stuttgart 1992

Jordan, Horst/Wolff, Heinz (Hrsg.), Werden und Wachsen der Wuppertaler Wirtschaft. Von der Garnnahrung 1527 zur modernen Industrie, Wuppertal 1977

Junk, Heinz-K., Das Großherzogtum Berg. Zur Territorialgeschichte des Rheinlandes und Westfalens in napoleonischer Zeit, in: Westfälische Forschungen 33 (1983), S. 29-83

Junk, Heinz-K., Zum Städtewesen im Großherzogtum Berg (1806-1813), in: Städteordnungen des 19. Jahrhunderts. Beiträge zur Kommunalgeschichte Mittel- und Westeuropas, hrsg. v. Helmut Naunin (Städteforschung, Reihe A, Bd. 19), Köln 1984, S. 272-306

Kandil, Mahmoud, Sozialer Protest gegen das napoleonische Herrschaftssystem. Äußerungen der Bevölkerung des Großherzogtums Berg 1808-1813 aus dem Blickwinkel der Obrigkeit, Aachen 1995 [in gekürzter Fassung unter demselben Titel auch als Aufsatz in der Zeitschrift des Bergischen Geschichtsvereins 97 (1995/96), S. 125-147]

Kaschuba, Wolfgang, Aufbruch in die Moderne - Bruch der Tradition? Volkskultur und Staatsdisziplin in Württemberg während der napoleonischen Ära, in: Baden und Württemberg im Zeitalter Napoleons, Bd.2, Stuttgart 1987, S. 669-689

Keinemann, Friedrich, Zur Beobachtung der Volksstimmung während der Zeit der französischen Herrschaft im westfälischen Raum, in: ders., Ancien Régime, Kulturkampf, Nachkriegszeit. Neue Beiträge zur westfälischen Landesgeschichte, Hamm 1974, S. 77-84

Keinemann, Friedrich (Hrsg.), Westfalen um 1800. Ausgewählte Quellen zur gesellschaftlichen Struktur, zur Kultur und zum alltäglichen Leben sowie zur Entwicklung des politischen Bewußtseins, Hamm 1978

Kell, Eva, Die Frankfurter Union (1803 bis 1806), in: Zeitschrift für Historische Forschung 18 (1991), S. 71-97

Kießling, Hermann, Ein Beitrag zur Geschichte der Konskription im Großherzogtum Berg, in: Mitteilungen des Stadtarchivs, des Historischen Zentrums und des Bergischen Geschichtsvereins, Abt. Wuppertal, 7/1 (1982), S. 24-29

Kisch, Herbert, Die hausindustriellen Textilgewerbe am Niederrhein vor der industriellen Revolution. Von der ursprünglichen zur kapitalistischen Akkumulation (Veröffentlichungen des Max-Planck-Instituts für Geschichte 65), Göttingen 1981

Klein, Adolf/Bockemühl, Justus (Hrsg.), 1770-1815. Weltgeschichte am Rhein erlebt. Erinnerungen des Rheinländers Christoph Wilhelm Heinrich Sethe aus der Zeit des europäischen Umbruchs, Köln 1973

Klueting, Harm, Die Säkularisation im Herzogtum Westfalen 1802-1834. Vorbereitung, Vollzug und wirtschaftlich-soziale Auswirkungen der Klosteraufhebung (Kölner historische Abhandlungen 27), Köln 1980

Klueting, Harm, Nachholung des Absolutismus: Die rheinbündischen Reformen im Herzogtum Westfalen in hessen-darmstädtischer Zeit (1802-1816), in: Westfälische Zeitschrift 137 (1987), S. 227-244

Knemeyer, Franz-Ludwig, Regierungs- und Verwaltungsreformen in Deutschland zu Beginn des 19. Jahrhunderts, Köln 1970

Knemeyer, Franz-Ludwig, Die Rheinbundstaaten bis 1814, in: Deutsche Verwaltungsgeschichte, Bd. 2, hrsg. v. Kurt G. A. Jeserich, Hans Pohl u. Georg-Christoph v. Unruh, Stuttgart 1983, S. 333-344

Kochendörfer, Heinrich, Territorialentwicklung und Behördenverfassung von Westfalen 1802-1813, in: Westfälische Zeitschrift 86 (1929), S. 97-218

Kochendörfer, Heinrich, Das Militärgouvernement zwischen Weser und Rhein, in: Westfälische Zeitschrift 89 (1932), S. 149-172

Kochendörfer, Heinrich, Die Berichte des Militär- und Civilgouverneurs in den Provinzen zwischen Weser und Rhein 1813-1816, in: Westfälisches Adelsblatt 7 (1930), S. 38-106

Kohl, Wilhelm/Richtering, Helmut (Bearb.), Behörden der Übergangszeit 1802-1816 (Das Staatsarchiv Münster und seine Bestände 1), Münster 1964

Kohl, Wilhelm, Politische Gliederung 1804. Politische Gliederung 1809 und 1811, [Karten und Kartenerläuterungen], in: Geschichtlicher Handatlas von Westfalen, Lieferung 1, Münster 1975

Kocks, Werner, Verhaltensweise und geistige Einstellung niederbergischer Unternehmer der frühindustriellen Zeit, Diss. Köln 1956

Köllmann, Wolfgang, Sozialgeschichte der Stadt Barmen im 19. Jahrhundert (Soziale Forschung und Praxis 21), Tübingen 1960

Lahrkamp, Monika, Münster in napoleonischer Zeit 1800-1815. Administration, Wirtschaft und Gesellschaft im Zeichen von Säkularisation und französischer Herrschaft (Quellen und Forschungen zur Geschichte der Stadt Münster N.F. 7/8), Münster 1981

Lahrkamp, Monika, Die französische Zeit, in: Westfälische Geschichte, hrsg. v. Wilhelm Kohl, Bd. 2: Das 19. und das 20. Jahrhundert (Veröffentlichungen der Historischen Kommission für Westfalen im Provinzialinstitut für Westfälische Landes- und Volksforschung 43), Düsseldorf 1983, S. 1-43

Lange, Gisela, Das ländliche Gewerbe in der Grafschaft Mark am Vorabend der Industrialisierung (Schriften zur rheinisch-westfälischen Wirtschaftsgeschichte 29), Köln 1976

Lohausen, Hermann, Die obersten Zivilgerichte im Großherzogtum und im Generalgouvernement Berg von 1812-1819 (Rechtsgeschichtliche Schriften 8), Köln 1995

Lottes, Günther, Deutschland im napoleonischen System, in: Europas Mitte, hrsg. v. Heinz Duchhardt, Bonn 1988, S. 138-143

Lube, Barbara, Mythos und Wirklichkeit des Elberfelder Systems, in: Gründerzeit. Versuch einer Grenzbestimmung im Wuppertal, hrsg. v. Karl-Hermann Beeck (Schriftenreihe des Vereins für Rheinische Kirchengeschichte 80), Köln 1984, S. 158-184

Lünsmann, Fritz, Die Armee des Königreichs Westfalen 1807-1813, Berlin 1935

Luntowski, Gustav, Arnold Mallinckrodt, in: Westfälische Lebensbilder, Bd.15, Münster 1990, S. 91-107

Meiners, W., Die bergische Industrie während der Fremdherrschaft (1806-1813) mit besonderer Berücksichtigung Elberfelds, in: Monatsschrift des Bergischen Geschichtsvereins 13 (1906), S. 16-39

Mieck, Ilja, Napoléon Ier et les réformes en Allemagne, in: Francia 15 (1987), S. 473-491

Mosler, Hans, Die Einführung der Rheinschiffahrtsoktroi-Konvention am deutschen Niederrhein 1803-1807, Düsseldorf 1908

Nehls, Alfred (Hrsg.), Der Speckrussenaufstand 1813: Gummersbach am Ende der napoleonischen Herrschaft (Beiträge zur Gummersbacher Geschichte 2), Gummersbach 1988

Nellen, Walter, Die Entwicklung des Düsseldorfer Gerichtswesens von der Einführung des Code Civil in Berg bis zum Inkrafttreten der Reichsjustizgrundgesetze, 1. Januar 1810 bis 1. Oktober 1879, in: Düsseldorfer Jahrbuch 50 (1960), S. 28-101 [zugl. Diss. jur. Köln 1960]

Nolte, Paul, Staatsbildung und Gesellschaftsreform. Politische Reformen in Preußen und den süddeutschen Staaten 1800-1820, Frankfurt a.M. 1990

Obenaus, Herbert, Die Reichsstände des Königreichs Westfalen, in: Francia 9 (1981), S. 299-329

Oer, Rudolfine Freiin von, Der Friede von Preßburg, Münster 1965

Overkott, Franz, In Rußland Vermißte aus Rheinland und Westfalen nebst angrenzenden Gebieten in Napoleons „Großer Armee" 1812-1813 (Bergische Forschungen 5), Neustadt a.d. Aisch 1963

Pausch, Alfons (Hrsg.), Deutsch-französische Zollordnung für das Großherzogtum Berg aus dem Jahre 1809, Köln 1982

Pauls, August, Eine Auseinandersetzung zwischen Napoleon I. und dem Präfekten Ladoucette über rheinische Wirtschaftsfragen (1811), in: Annalen des Historischen Vereins für den Niederrhein 148 (1949), S. 148-153

Pivka, Otto v., Napoleons Verbündete in Deutschland, Bd.1: Westfalen und Kleve-Berg (Armeen und Waffen 1), Bonn 1979

Redlich, Otto R., Elberfelder Industrie vor hundert Jahren, in: Zeitschrift des Bergischen Geschichtsvereins (1910), S. 49-59

Redlich, Otto R., Zur Geschichte der Industrie am Niederrhein, in: Düsseldorfer Jahrbuch 31 (1920/24), S. 51-62

Reekers, Stefanie, Quellen zur statistischen Erfassung der industriellen Gewerbe Westfalens im 18. und beginnenden 19. Jahrhundert, in: Westfälische Forschungen 15 (1962), S. 172-185

Reekers, Stefanie, Beiträge zur statistischen Darstellung der gewerblichen Wirtschaft Westfalens um 1800, Teil 5: Grafschaft Mark, in: Westfälische Forschungen 21 (1968), S. 98-146

Reif, Heinz, Westfälischer Adel, 1770-1860. Vom Herrschaftsstand zur regionalen Elite (Kritische Studien zur Geschichtswissenschaft 35), Göttingen 1979

Reulecke, Jürgen, Nachzügler und Pionier zugleich: das Bergische Land und der Beginn der Industrialisierung in Deutschland, in: Region und Industrialisierung, hrsg. v. Sidney Pollard (Kritische Studien zur Geschichtswissenschaft 42), Göttingen 1980, S. 52-68

Reulecke, Jürgen/Dietz, Burkhard (Hrsg.), Mit Kutsche, Dampfroß, Schwebebahn. Reisen im Bergischen Land II (1750-1910), (Bergische Forschungen 19) Neustadt a.d. Aisch 1984

Richtering, Helmut, Das Ruhrdepartement im Herbst 1809. Ein Reisebericht des Präfekten von Romberg, in: Beiträge zur Geschichte Dortmunds und der Grafschaft Mark 55 (1959), S. 67-107

Richtering, Helmut, Gisbert von Romberg, in: Westfälische Lebensbilder, Bd. 9, Münster 1962, S. 90-107

Richtering, Helmut, Quellen des französischen Nationalarchivs zur Geschichte der Lande zwischen Rhein und Weser in napoleonischer Zeit, in: Westfälische Forschungen 24 (1972), S. 87-152

Ringel, Hermann, Bergische Wirtschaft zwischen 1790 und 1860. Probleme der Anpassung und Eingliederung einer frühindustriellen Landschaft, Neustadt a.d. Aisch 1966

Rob, Klaus, Karl Theodor von Dalberg (1744-1817). Eine politische Biographie für die Jahre 1744-1806, Frankfurt a.M. 1984

Rob, Klaus (Hrsg.), Regierungsakten des Großherzogtums Berg 1806-1813 (Quellen zu den Reformen in den Rheinbundstaaten 1), München 1992

Rob, Klaus (Hrsg.), Regierungsakten des Königreichs Westfalen 1807-1813 (Quellen zu den Reformen in den Rheinbundstaaten 2), München 1992

Roederer, Pierre-Louis, Tagebuch des Grafen P.-L. Roederer, Minister und Staatsrat unter Napoleon I., Berlin 1909

Roederer, Pierre-Louis, Bonaparte me disait. Conversations notées par le comte P.-L. Roederer, Paris 1942

Roederer, Pierre-Louis, Mémoires sur la Révolution, le Consulat et l'Empire. Textes choisis et présentés par Octave Aubry, Paris 1942

Rössler, Hellmut, Napoleons Griff nach der Karlskrone. Das Ende des alten Reiches 1806, München 1957

Rosenthal, Heinz, Der bergische Aufstand 1813, in: Hildener Jahrbuch 10 (1965-70), S. 197-206

Rosenthal, Heinz, Solingen. Geschichte einer Stadt, Bd. 2: Von 1700 bis zur Mitte des 19. Jahrhunderts, Duisburg 1972

Sandgathe, Günther, Der „Westfälische Anzeiger" und die politischen Strömungen seiner Zeit (1798-1809), (Dortmunder Beiträge zur Zeitungsforschung 5), Dortmund 1960

Schäfer, Walter, Die ideengeschichtlichen Grundlagen der Reform des Volksschulwesens im Großherzogtum Berg und in der Stadt Düsseldorf von 1799-1816, Diss. Köln 1929

Schell, Otto, Bergische Konskriptionen im Jahre 1812, in: Monatsschrift des Bergischen Geschichtsvereins 19 (1912), S. 163-166

Schmidt, Charles, Die Industrie des Großherzogtums Berg im Jahre 1810. Ein Nachtrag zu Beugnots Memoiren, in: Beiträge zur Geschichte des Niederrheins. Düsseldorfer Jahrbuch 19 (1905), S. 64-96

Schmidt, Georg, Der napoleonische Rheinbund - ein erneuertes Altes Reich?, in: Alternativen zur Reichsverfassung in der Frühen Neuzeit?, hrsg. v. Volker Press u. Dieter Stievermann (Schriften des Historischen Kollegs, Kolloquien 23), München 1995, S. 227-246

Schmidt, Gerhard, Reformbestrebungen in Sachsen in den ersten Jahrzehnten des 19. Jahrhunderts (Quellen und Forschungen zur sächsischen Geschichte 7), Dresden 1969

Schmidt, Hans, Napoleon in der deutschen Geschichtsschreibung, in: Francia 14 (1986), S. 530-560

Schmitt, Hans A., Germany without Prussia. A Closer Look at the Confederation of the Rhine, in: German Studies Review 6 (1983), S. 9-39

Schneider, Konrad, Das Münzwesen des Großherzogtums Berg, Urbar b. Koblenz 1978

Schubert, W., Französisches Recht in Deutschland zu Beginn des 19. Jahrhunderts. Zivilrecht, Gerichtsverfassungsrecht und Zivilprozeßrecht (Forschungen zur neueren Privatrechtsgeschichte 24), Köln 1977

Schuck, Gerhard, Rheinbundpatriotismus und politische Öffentlichkeit zwischen Aufklärung und Frühliberalismus. Kontinuitätsdenken und Diskontinuitätserfahrung in den Staatsrechts- und Verfassungsdebatten der Rheinbundpublizistik (Frankfurter historische Abhandlungen 36), Stuttgart 1994

Schulz, Andreas, Herrschaft durch Verwaltung. Die Rheinbundreformen in Hessen-Darmstadt unter Napoleon (1803-1815), Stuttgart 1991

Schumacher, Karl, Die Bergischen Infanteristen Gerhard Deiter und Karl Rosendahl. Ein Beitrag zur Geschichte der militärischen Verhältnisse Düsseldorfs zur Zeit des Großherzogtums und des Generalgouvernements Berg, in: Düsseldorfer Jahrbuch 26 (1913/14), S. 53-64

Schumacher, Martin, Auslandsreisen deutscher Unternehmer 1750-1851 unter besonderer Berücksichtigung von Rheinland-Westfalen (Schriften zur rheinisch-westfälischen Wirtschaftsgeschichte 17), Köln 1968

Severin, Bettina, Modellstaatspolitik im rheinbündischen Deutschland. Berg, Westfalen und Frankfurt im Vergleich, in: Francia 24/2 (1997), S. 181-204

Shanahan, William O., A Neglected Source of German Nationalism: The Confederation of the Rhine 1806-1813, in: Essays in Honor of Louis L. Snyder, hrsg. v. dems. u. Michael Palumbo, Westport 1981, S. 103-130

Sichelschmidt, Gustav, Das Bergische Land unter dem Generalgouvernement Berg (1813-1815), in: Annalen des Historischen Vereins für den Niederrhein 133 (1938), S. 1-76

Sieburg, Friedrich (Hrsg.), Napoleon und Europa, Köln 1971

Spies, Hans-Bernd (Hrsg.), Die Erhebung gegen Napoleon 1806-1814/15, Darmstadt 1981

Sonnen, Wilhelm Joseph, Zur Verwaltungsgeschichte Hildens in der ersten Hälfte des 19. Jahrhunderts im Rahmen der Entwicklung der rheinischen Gemeindeverfassung, in: Hildener Jahrbuch 1 (1936), S. 75-98

Steiner, Gustav, Rheinbund und „Königreich Helvetien", 1805-1807, in: Basler Zeitschrift für Geschichte und Altertumskunde 18 (1919), S. 1-159

Stosch, Manfred v., Düsseldorfs „öffentliche Biblioteque" 1770-1809, in: Düsseldorf in der deutschen Geistesgeschichte (1750-1850), hrsg. v. Gerhard Kurz, Düsseldorf 1984, S. 37-53

Strangmeier, Heinrich, Hildener und Benrather Polizeiberichte aus der Franzosenzeit, in. Hildener Jahrbuch 10 (1965-70), S. 115-188

Strangmeier, Heinrich (Hrsg.), Schulbericht des Hildener Predigers Peter David Batzenschläger aus der Franzosenzeit (1809-1812), in: Niederbergische Beiträge 31 (1974), S. 257-281

Strutz, Edmund, Die Stadt- und Gerichtsverfassung Elberfelds von 1610-1807, in: Zeitschrift des Bergischen Geschichtsvereins 52 (1920/21), S. 1-93

Tarlé, Eugen, Deutsch-französische Wirtschaftsbeziehungen zur napoleonischen Zeit, in: Schmollers Jahrbuch 38 (1914), S. 667-202

Toury, Jacob, Dokumente zur Juden-Emanzipation im Großherzogtum Berg (1808), in: Bulletin des Leo-Baeck-Instituts 11 (1968), S. 137-154

Vollmer, Aloys Philipp, Handwerk und Gewerbe, Handel und Verkehr in den ehemaligen Stiftsgebieten Essen und Werden sowie der Reichsstadt Essen zur Zeit der französischen Herrschaft 1806-1813. Ein Beitrag zur Geschichte des Großherzogtums Berg, Essen 1909

Vollmer, Ingrid, Das rheinpreußische Notariat im Gebiet des ehemaligen Großherzogtums Berg (1806-1822), Düren 1937

Vossnack, H., Jugenderinnerungen eines Elberfelders aus der Russen- und Franzosenzeit, in: Monatsschrift des Bergischen Geschichtsvereins 14 (1907), S. 29-41, 45-51

Weber, Herbert, Die Municipal-Verwaltung des Großherzogtums Berg von 1807, in: Zeitschrift des Bergischen Geschichtsvereins 86 (1973), S. 234-239

Weidemann, Johannes, Neubau eines Staates. Staats- und verfassungsgeschichtliche Untersuchung des Königreichs Westphalen (Schriften der Akademie für Deutsches Recht), Leipzig 1936

Weis, Eberhard (Hrsg.), Reformen im rheinbündischen Deutschland (Schriften des Historischen Kollegs, Kolloquien 4), München 1984

Weis, Eberhard, Napoleon und der Rheinbund, in: ders., Deutschland und Frankreich um 1800, München 1990, S. 186-217

Weis, Eberhard, Kontinuität und Diskontinuität zwischen den Ständen des 18. Jahrhunderts und den frühkonstitutionellen Parlamenten von 1818/1819 in Bayern und Württemberg, in: ders., Deutschland und Frankreich um 1800, München 1990, S. 218-242

Weisweiler, Wilhelm, Geschichte des rheinpreußischen Notariats, Bd.1: Die französische Zeit, Essen 1916

Werner, Gerhard, Wuppertal in napoleonischer Zeit, Wuppertal 1967

Wierichs, Marion, Napoleon und das „Dritte Deutschland" 1805/1806. Die Entstehung der Großherzogtümer Baden, Berg und Hessen, Frankfurt a.M. 1978

500

Willemsen, Heinrich, Das bergische Schulwesen unter französischer Herrschaft (1806-1813), in: Mitteilungen der Gesellschaft für deutsche Erziehungs- und Schulgeschichte 18 (1908), S. 1-57, 65-95, 153-209

Willemsen, Heinrich, Ein Gutachten von Georg Arnold Jacobi über die Düsseldorfer Universität, in: Beiträge zur Geschichte des Niederrheins. Düsseldorfer Jahrbuch 25 (1912), S. 79-98

Wittmütz, Volkmar, Schule der Bürger. Die höhere Schule in Wuppertal 1800-1850, Wuppertal 1981

Wittmütz, Volkmar, Das kommunale Budget in Elberfeld und Barmen während des 19. Jahrhunderts als Indikator für Gründerzeit, in: Gründerzeit. Versuch einer Grenzbestimmung im Wuppertal, hrsg. v. Karl-Hermann Beeck (Schriftenreihe des Vereins für Rheinische Kirchengeschichte 80), Köln 1984, S. 246-273

Wohlfeil, Rainer, Napoleonische Modellstaaten, in: Napoleon I. und die Staatenwelt seiner Zeit, hrsg. v. Wolfgang v. Groote, Freiburg 1969, S. 33-57

Woolf, Stuart, Napoléon et la conquête de l'Europe, Paris 1990

Ziehen, Eduard, Winkopps „Rheinischer Bund" (1806-1813) und der Reichsgedanke, in: Archiv für Hessische Geschichte und Altertumskunde N.F. 18 (1934), S. 292-326

Zimmermann, Wilhelm, Die Anfänge und der Aufbau des Lehrerbildungs- und Volksschulwesens am Rhein, Bd. 2: Lehrerbildung und Primärschulen am Rhein zur französischen Zeit 1794-1814, Köln 1957

# Ortsregister

## A

Amsterdam 88, 256, 263, 265, 271, 279, 284, 291, 313, 432
Angelmodde 451
Amgermund 463
Anhalt-Dessau 272
Anholt 102, 103
Ansbach 17, 18
Antwerpen 130, 248, 258, 279
Aplerbeck 465
Aremberg 104, 105
Arenberg 6, 20, 25, 102, 150f., 225, 325, 451, 458
Arnheim 104, 257
Arrondissement Elberfeld 330, 463
Arrondissement Essen 99, 225, 345, 458, 463
Arrondissement Krefeld 249
Ascheberg 465, 471
Atlantik 67
Auerstädt 29
Auerstedt 450
Beckum 465, 484
Beelen 466
Beesten 466
Beilstein 25, 58, 344, 448
Belgien 97, 281, 290, 312
Benevent 46
Benrath 59, 463
Bensberg 327, 331, 336, 463
Bentheim 6, 25 , 30, 100, 130, 145, 151, 368, 409, 448, 454, 466
Beresina 134, 141
Bergen op Zoom 411
Bergisches Land 12ff., 35, 239, 276, 289, 336, 356f., 410, 412, 418, 454, 475, 490
Bergneustadt 470
Berlin 7-11, 17, 26, 29f., 36, 43, 51, 57, 128, 146, 175, 177, 189, 197, 232, 251, 259, 267, 279, 299, 301, 320f., 325, 363, 366, 371, 374, 376, 378, 381, 383, 388ff., 403ff., 425, 428, 439ff., 454, 460f., 473, 491
Beugnot 448, 458, 469, 473, 475, 478, 479
Bevergern 466

Augsburg 263
Austerlitz 17, 316, 324
Auxerre 380, 402, 405

## B

Baden 1, 23, 24, 53, 72,101, 165, 167, 172, 175, 272, 287, 350, 359, 408, 409, 420
Bailleu 442, 446, 447, 450
Baltisches Meer 275
Bar-le-Duc 213
Barmen 18, 120, 240, 241, 254, 274, 277, 293, 314, 328, 331, 369, 410, 413, 463, 467 f., 474, 485, 486, 487
Basel 14, 16, 263, 266ff.
Batavien 29
Batavische Republik 37, 322
Bayern 14, 18, 19, 22ff., 39, 40, 41, 48, 53, 67, 126, 229, 254 f., 255, 272, 276, 287, 292, 344, 359, 344, 359, 411, 415, 420, 444, 446
Bayonne 29, 60, 62f., 75, 475f.
Bayreuth 97, 147, 460

Bicken 464
Biebrich 101
Billerbeck 466, 471
Birmingham 240
Bislinger 479
Bistum Münster 123, 128, 130, 177, 296, 306, 309
Bistum Speyer 134
Bistum Lüttich 278
Bistum Münster 204
Blankenstein 287, 414, 465
Bochum 414, 464, 485
Boele 465
Böhmen 292, 322, 359
Bonn 12, 24, 154, 192f., 384, 393, 407, 409, 412ff., 432, 439, 441, 454, 459, 466, 469, 481f.
Borbeck 463
Borgeln 465
Borghorst 466
Bork 465
Bottrop 464
Boulogne 16, 330
Bourges 142

# Z

# Personenregister

## A

Agar 8, 33, 38-51, 58ff., 75, 82,
    109,144, 163, 168f., 217f., 229,
    235, 253, 255, 325, 419, 475, 477f.
Alef 144, 153, 154, 159
Alexander I., Zar von Rußland 313,
    329, 333, 400, 446, 458, 459, 475
Alix 111, 38
Almendingen, von 168, 169
Amé 8, 241, 242
Ardenne, von 8, 124, 139
Arenberg, von 6, 20, 25, 99, 131,
    150f., 225, 275, 326, 418, 451, 458
Ark 42, 421
Arnould 245
Arrighi 156, 235
Augereau 97
Aulard 387, 404
Aulard 89

## B

Bacher 21, 66, 104, 161, 167, 253,
    255f., 263, 264, 269, 275, 293, 300,
    302, 310f., 314, 358
Baggesen 320
Bailleu 9, 14, 15, 16, 18, 19, 23, 26,
    28f., 58f., 101, 442, 446, 447, 450
Bär 387, 454, 456, 481, 482, 485, 486,
    489, 490
Barante 73, 76
Baron von Jever 135
Bassano, de 8, 10, 78, 83, 146, 311,
    477
Baston 9, 146, 311
Baudot 372, 380, 381, 382, 383, 389,
    394, 396
Bauer 65, 151, 462
Baumestier 179

Bayern 344, 359
Bayern 39, 40, 41, 48, 53
Bayern 67
Bayonne 29
Bénézech 112
Benrath 59

Berkheim 321
Berlepesch, von 166
Bernadotte 34, 231
Bernay 56
Bernus 273
Berr 371
Berstecher 245
Berthier 21
Beugnot 1-9, 12, 25, 30f., 38, 42, 44f.,
    49, 54, 57f., 60, 62ff., 67-119, 121,
    124, 127ff., 128ff., 132, 134ff.,
    141f., 145-156, 158ff., 170ff.,
    178ff., 188, 211-235, 241, 254f.,
    257f., 264, 269-277, 280, 286,
    287f., 290, 292ff., 300, 302, 304ff.,
    310-319, 322, 324-340, 346, 365ff.,
    403, 420, 435, 448, 458, 469, 473,
    475, 478, 479
Beurnonville 16, 25, 34
Beveren, von 118
Bignon 18, 320
Bislinger 42, 92, 160, 479
Blanchard 112, 395, 406
Bloch 371, 376, 378, 379, 382, 383,
    402
Blücher 26, 29
Blutel 244
Bodelschwingh 122
Bölling 186, 187
Bonaparte 15 ,54, 245, 309, 475, 476,
    478
Bondy, de 319
Bonsels 388
Borcke 43, 112, 419, 481
Borghese 21, 235
Borke, de 58
Bourbonen 309, 340
Bourdon 250
Bourgeois 379, 392, 393, 397, 405
Bourgin 395, 406
Bourrienne 165, 168
Bourrienne 266
Brandenburg 177
Braunschweig 309, 349, 362, 439
Braunschweig-Oels 132, 138, 304,
    309, 311, 320, 336
Brayer 53

Bredt 487
Bremen 104
Brenier 331, 332

516

Hymen, von  185

# I

Ilgen  2, 10, 288, 387, 438

# J

Jacobi  33, 42, 86, 92, 93, 413, 420, 423
Jansen  476, 483
Jérôme Bonaparte, Kg. v. Westfalen 10, 58, 74, 82f., 110, 271,327, 332, 450
Joest  242ff.
Johannot  244
Jollivet  73, 86
Joseph Bonaparte, Kg. von Neapel (1806) u. v. Spanien (1808)  19, 478
Josephine de Beauharnais 37
Joubert  36
Jourdan  34
Jung  321
Jung-Stilling  153
Junot  59, 135

# K

Kamp  295
Kampz, von  164
Karl der Großen  312, 313
Karl Theodor von Bayern  484
Kellermann  58, 331
Kerkerink zur Borg  415
Ketteler, von  119, 150ff., 488
Keuchen  485
Keversberg, von  31, 337
Kindlinger  148, 153
Kléber  54
Kloten  136
Knapp  11, 114, 162, 311, 329
Knatz  242
Kneip  309
Knipping  2, 4
Knipping  384
Kochs, von  43
König Louis von Holland 20, 67ff., 103, 135, 165, 258, 367
König von Neapel  63, 64

König von Preußen  15ff., 26ff., 115, 134, 232, 275, 344,
König von Württemberg  53
Königin Hortense  von Holland 69, 72
Kurfürst von Bayern  48, 344
Kurfürst von Hessen  132, 329
Kurfürsten von Bayern  39, 229
Kylman, von  185

# L

La Besnardière  24
Laborde  319
Ladoucette  70, 313, 332, 354, 358
Lafayette  33, 319
Laffite  319
Lagrange  73
Lahorie  54
Lameth, de  213, 319
Lamotte  34
Lamprecht  382
Langlois  376ff., 387, 405
Lassaulx  164
Latour  72
Lauer  378
Laumond  35, 37
Lauriston  331
Lavisse  375, 378ff.
Le Goff  379, 394
Le Marois  3, 7
Lefèvre  34
Lelong  3
Lemarois  6, 7, 133ff., 296, 329, 330-338., 368
Levasseur  11, 242
Lévy  376, 397
Lézay-Marnésia  178, 268
Lichtenberger  390
Linden  42, 92
List  302, 317
Loison  29, 109
Looz, von  25, 344
Louis Bonaparte (s. auch König Louis von Holland) 10, 12, 20, 24, 66, 67, 68, 70, 72, 80, 83, 105, 165, 258, 261, 316f., 322, 367, 395, 406, 438, 478
Louis Napoleon  10, 66f., 70, 72, 83, 105, 302, 367, 438
Louis von Preußen  316, 322
Louviers  279, 282

517

# Sachregister

## A

# C

# D

# E

# H

527

# R

# Z

# W

# Abbildungsnachweis

Archiv des Bergischen Geschichtsvereins, Wuppertal:  19, 25, 27

Archiv Dr. A. Rothkopf, Gummersbach: Farbtafeln XI, XII 20, 26

Archiv Morsches, Bergisch Gladbach: Farbtafeln I-VII

Bibliotèque nationale de France, Paris: 11, 18

Graumann, S., Französische Verwaltung am Niederhein. Das Roerdepartement , Essen 1990: 13, 14

Historisches Museum der Pfalz, Speyer: Farbtafel VIII, 5

Musée de l'Histoire de France, Versailles: 6

Musée de Malmaison, Paris: Farbtafeln IX, X, 23

Museum für Frühindustrialisierung, Wuppertal: Farbtafeln XIII-XV

Napoleon-Museum Arenberg: 24

Stadtarchiv Leverkusen-Opladen: 22

Stadtarchiv Solingen: 3, 16, 17, 23, 27

Stadtmuseum Düsseldorf: 2, 7, 8, 9, 10, 12

Privatbesitz: 8